Kemper / Kisters-Kölkes / Berenz / Bode / Pühler
BetrAVG
Kommentar zum Betriebsrentengesetz

Reihe Arbeitsrechtliche Kurzkommentare
herausgegeben von Hans-Jürgen Dörner,
Vizepräsident des Bundesarbeitsgerichts

BetrAVG

Kommentar zum Betriebsrentengesetz

von

Dr. jur. Kurt Kemper,
Rechtsanwalt in Düsseldorf

Margret Kisters-Kölkes,
Rechtsanwältin und Steuerberaterin in Mülheim an der Ruhr

Dr. jur. Claus Berenz,
Prokurist und Leiter der Rechtsabteilung des PSVaG in Köln

Dr. jur. Christoph Bode,
Rechtsanwalt in Schondorf am Ammersee

Dr. jur. Karl-Peter Pühler,
Rechtsanwalt in Köln

3. überarbeitete und erweiterte Auflage

Luchterhand 2008

Bibliografische Information Der Deutschen Bibliothek
Die Deutsche Bibliothek verzeichnet diese Publikation in der Deutschen Nationalbibliografie; detaillierte bibliografische Daten sind im Internet über http://dnb.ddb.de abrufbar.

ISBN 978-3-472-07013-9

Zitiervorschlag: *Kemper/Kisters-Kölkes/Berenz/Bode/Pühler* BetrAVG, § ... Rz ...

www.wolterskluwer.de
www.luchterhand-fachverlag.de

Alle Rechte vorbehalten.
Luchterhand – eine Marke von Wolters Kluwer Deutschland GmbH.
© 2008 by Wolters Kluwer Deutschland GmbH, Luxemburger Str. 449, 50939 Köln.
Das Werk einschließlich aller seiner Teile ist urheberrechtlich geschützt.
Jede Verwertung außerhalb der engen Grenzen des Urheberrechtsgesetzes ist ohne Zustimmung des Verlages unzulässig und strafbar. Das gilt insbesondere für Vervielfältigungen, Übersetzungen, Mikroverfilmungen und die Einspeicherung und Verarbeitung in elektronischen Systemen.
Umschlagkonzeption: Martina Busch, Grafikdesign, Fürstenfeldbruck
Satz: Hümmer GmbH, Waldbüttelbrunn
Druck: Wilco, NL
⊗Gedruckt auf säurefreiem, alterungsbeständigem und chlorfreiem Papier.

Vorwort zur 3. Auflage

Die betriebliche Altersversorgung gewinnt immer mehr an sozialpolitischer Bedeutung. Dies zeigen nicht zuletzt die zum Betriebsrentengesetz (BetrAVG) ergangenen Entscheidungen und gesetzlichen Änderungen. Seit dem Stand der 2. Auflage dieses Kommentars (September 2005) wurde das Betriebsrentengesetz geändert

➤ durch das Gesetz zur Änderung des Betriebsrentengesetzes und anderer Gesetze vom 2.12.2006. Die Änderung betrifft die Umstellung des Finanzierungsverfahrens des Pensions-Sicherungs-Vereins auf vollständige Kapitaldeckung (Änderung des § 10 Abs. 2 BetrAVG, Einfügung des § 30 i BetrAVG);

➤ durch das Gesetz zur Anpassung der Regelaltersgrenze an die demografische Entwicklung und zur Stärkung der Finanzierungsgrundlagen in der gesetzlichen Rentenversicherung vom 20.4.2007, das am 1.1.2008 in Kraft getreten ist. Die Änderungen setzen die »Rente mit 67« in der gesetzlichen Rentenversicherung für die betriebliche Altersversorgung um (Änderung der §§ 2 Abs. 1 und 6 BetrAVG);

➤ durch das Gesetz zur Förderung der zusätzlichen Altersvorsorge und zur Änderung des Dritten Buches Sozialgesetzbuch (bei Redaktionsschluss noch nicht verkündet). Die Änderung betrifft die Herabsetzung des Mindestalters von 30 auf 25 Jahre ab 1.1.2009 bei der Unverfallbarkeit dem Grunde nach (Änderung der §§ 1 b und 30 f BetrAVG).

Reflexwirkungen auf die betriebliche Altersversorgung hat natürlich auch das Allgemeine Gleichbehandlungsgesetz (AGG).

In der 3. Auflage werden diese Neuregelungen ebenso behandelt wie die aktuelle Rechtsprechung und neues Fachschrifttum.

Geblieben ist es bei dem Anliegen der Autoren, den Praktikern im Betriebsrentenrecht eine gleichermaßen verlässliche und fundierte wie effektive Arbeitshilfe zu bieten. Die bewährte Konzeption des Mittelwegs zwischen »Grundzügen« und »Großkommentar« wurde daher beibehalten. Unverändert bleibt auch, dass die Kommentierungen auf fünf

Autoren verteilt sind, von denen jeder für seinen Teilbereich die Verantwortung für die Auswahl des Stoffes, die Textfassungen und die fachlichen Wertungen trägt.

Düsseldorf/Mülheim an der Ruhr/Köln/München, im November 2007

Kemper/Kisters-Kölkes/Berenz/Bode/Pühler

Inhaltsverzeichnis

Vorwort zur 3. Auflage V
Literaturverzeichnis XI
Abkürzungsverzeichnis XXIII
Gesetzestext BertAVG 1

Erster Teil
Arbeitsrechtliche Vorschriften

Erster Abschnitt
Durchführung der betrieblichen Altersversorgung

§ 1	Zusage des Arbeitgebers auf betriebliche Altersversorgung	37
§ 1 a	Anspruch auf betriebliche Altersversorgung durch Entgeltumwandlung	165
§ 1 b	Unverfallbarkeit und Durchführung der betrieblichen Altersversorgung	189
§ 2	Höhe der unverfallbaren Anwartschaft	223
§ 3	Abfindung	282
§ 4	Übertragung	320
§ 4 a	Auskunftsanspruch	354

Zweiter Abschnitt
Auszehrungsverbot

§ 5	Auszehrung und Anrechnung	379

Dritter Abschnitt
Altersgrenze

§ 6	Vorzeitige Altersleistung	388

Vierter Abschnitt
Insolvenzsicherung

§ 7	Umfang des Versicherungsschutzes	414
§ 8	Übertragung der Leistungspflicht und Abfindung ...	470
§ 9	Mitteilungspflicht; Forderungs- und Vermögensübergang	480

Inhaltsverzeichnis

§ 10	Beitragspflicht und Beitragsbemessung	496
§ 10a	Säumniszuschläge; Zinsen; Verjährung	534
§ 11	Melde-, Auskunfts- und Mitteilungspflichten	539
§ 12	Ordnungswidrigkeit	568
§ 13	(Aufgehoben)	572
§ 14	Träger der Insolvenzsicherung	573
§ 15	Verschwiegenheitspflicht	580

Fünfter Abschnitt
Anpassung

§ 16	Anpassungsprüfungspflicht	582

Sechster Abschnitt
Geltungsbereich

§ 17	Persönlicher Geltungsbereich und Tariföffnungsklausel	623
§ 18	Sonderregelungen für den öffentlichen Dienst	642
§ 18a	Verjährung	660

Zweiter Teil
Steuerrechtliche Vorschriften

§§ 19–25 *(nicht kommentiert)*	662

Dritter Teil
Übergangs- und Schlussvorschriften

§ 26	[Ausschluss der Rückwirkung]	663
§ 27	[Direktversicherung und Pensionskassen]	663
§ 28	[Auszehrungs- und Anrechnungsverbot]	663
§ 29	[Vorzeitige Altersleistungen]	664
§ 30	[Erstmalige Beitrags- und Leistungspflicht bei Insolvenzsicherung]	665
§ 30a	[Leistungen der betrieblichen Altersversorgung]	667
§ 30b	[Übergangsvorschrift zu § 4]	675
§ 30c	[Übergangsregelung für Ausnahmen von der Anpassungsprüfungspflicht]	676
§ 30d	[Übergangsregelung zu § 18]	677
§ 30e	[Übergangsregelung zu § 1 Abs. 2 Nr. 4]	679
§ 30f	[Übergangsregelung zu § 1b]	680

§ 30 g	[Übergangsregelung zu § 2 Abs. 5 a]	681
§ 30 h	[Übergangsregelung zu § 17 Abs. 5]	681
§ 30 i	Barwert zu sichernder Anwartschaften	682
§ 31	[Übergangsregelung für den Insolvenzschutz]	688
§ 32	[Inkrafttreten]	689

Anhang I

Zusatzversorgung im öffentlichen Dienst und Privatisierung 690

Anhang II

Einkommensteuergesetz (Auszug)		706
§ 3	[Steuerfreie Einnahmen]	706
§ 4 b	Direktversicherung	708
§ 4 c	Zuwendungen an Pensionskassen	709
§ 4 d	Zuwendungen an Unterstützungskassen	709
§ 4 e	Beiträge an Pensionsfonds	713
§ 6 a	Pensionsrückstellung	714
§ 19	[Nichtselbständige Arbeit]	717
§ 22	Arten der sonstigen Einkünfte	718
§ 40 b	Pauschalierung der Lohnsteuer bei bestimmten Zukunftssicherungsleistungen	725
§ 52	Anwendungsvorschriften	726

Anhang III

Steuerliche Förderung der privaten Altersvorsorge und betrieblichen Altersversorgung (BMF-Schreiben vom 17.11.2004) 728

Anhang IV

Betriebliche Altersversorgung – Klärung weiterer Zweifelsfragen (BMF-Schreiben vom 20.9.2005) 755

Stichwortverzeichnis 761

Zu den Autoren 779

Literaturverzeichnis

Ahrend/Förster/Rößler Steuerrecht der betrieblichen Altersversorgung, Loseblattausgabe, Stand März 2004.

Albert/Schumann/Sieben/Menzel Betriebliche und private Altersversorgung nach der Rentenreform, 2001.

Andresen Insolvenzsicherung für Betriebsrenten als politische Aufgabe, BetrAV 2006, 211.

Andresen/Förster/Rößler/Rühmann Arbeitsrecht der betrieblichen Altersversorgung, Loseblattausgabe, Stand 2004.

Batz Betriebliche Altersversorgung aus Sicht eines Unternehmens, Festschrift für Kemper 2005, S. 1 ff.

Baumeister Auswirkungen europäischer Entwicklungen auf deutsche Betriebsrentensysteme, BetrAV 2003, 14.

Baumeister/Merten Rente ab 67 – Neue Altersgrenzen in der gesetzlichen und zusätzlichen Altersvorsorge, DB 2007, 1306.

Bepler Die vorgezogene Betriebsrente des vorzeitig Ausgeschiedenen, Festschrift für W. Förster, 2001, S. 237.

Berger/Kiefer/Langenbrinck Betriebliche Altersversorgung im öffentlichen Dienst, Kommentar, Loseblatt, Stand Juli 2007.

Berenz Der Schutz des Pensions-Sicherungs-Vereins vor missbräuchlicher Inanspruchnahme seiner Leistungen: Systematik des § 7 Abs. 5 BetrAVG, Festschrift für Kemper 2005, S. 5 ff.

ders. Betriebliche Altersversorgung – Schutz bei Insolvenz, Arbeit und Arbeitsrecht 2005, 488.

ders. Insolvenzsicherung der betrieblichen Altersversorgung: Systematik des Anspruchsübergangs nach § 9 Abs. 2 auf den PSVaG, DB 2004, 1098 = BetrAV 2004, 455.

ders. Die Berechnung von vorzeitigen Altersversorgungsleistungen bei Insolvenzsicherung durch den PSVaG, DB 2001, 2346 = BetrAV 2001, 749.

ders. Überblick über die neue Insolvenzordnung – Auswirkungen auf die betriebliche Altersversorgung, BetrAV 1999, 149.

ders. Nochmals: Fehlende Unverfallbarkeitsregelung in der Versorgungsordnung, BB 2001, 1093.

ders. Gleichbehandlung und Altersgrenze in der betrieblichen Altersversorgung – Besitzstandsschutz bei Vereinheitlichung auf das bisherige Endalter der Männer, BB 1996, 530.

ders. Gesetzesmaterialien zum Betriebsrentengesetz, hrsg. von der Arbeitsgemeinschaft für betriebliche Altersversorgung, 2003.

ders. Contractual Trust Arrangements (CTA) und die gesetzliche Insolvenzsicherung der betrieblichen Altersversorgung durch den PSVaG, DB 2006, 2125.

ders. Abwicklung von Anwartschaften aufgrund Entgeltumwandlungszusagen über eine rückgedeckte Gruppen-Unterstützungskasse nach Eintritt der Insolvenz des Arbeitgebers, BetrAV 2006, 514.

ders. Übergang des Vermögens einer Unterstützungskasse auf den PSVaG bei Insolvenz des Trägerunternehmens – Systematik des § 9 Abs. 3 BetrAVG, DB 2006, 1006.

ders. Pflichten des Arbeitgebers im Zusammenhang mit der gesetzlichen Insolvenzsicherung der betrieblichen Altersversorgung – Systematik des § 11 BetrAVG, BetrAV 2006, 225.

ders. Der Schutz des PSVaG gemäß § 7 Abs. 5 BetrAVG vor missbräuchlicher Inanspruchnahme seiner Leistungen, BetrAV 2005, 518.

Birk Diskriminierung von Frauen und älteren Arbeitnehmern in der betrieblichen Altersversorgung bei beitragsorientierter Gestaltung, BetrAV 2003, 197 ff.

Birkenbeul Praxisgesichtspunkte für die Sicherung betrieblicher Versorgungszusagen in einer Großinsolvenz, BetrAV 2006, 227.

Blomeyer Der Entgeltumwandlungsanspruch des Arbeitnehmers in individual- und kollektivrechtlicher Sicht, DB 2001, 1413 = BetrAV 2001, 501.

Blomeyer/Rolfs/Otto Betriebsrentengesetz, Kommentar, 4. Aufl. 2006.

Blumenstein Vergleichende Darstellung der beitragsorientierten Leistungszusage und der Beitragszusage mit Mindestleistung, Festschrift für Kemper 2005, S. 25 ff.

ders. Änderung des Gesetzes zur Verbesserung der betrieblichen Altersversorgung im Rahmen des Entwurfes eines Alterseinkünftegesetzes, BetrAV 2004, 236.

ders. Neues Abkommen zur Übertragung von Direktversicherungen oder Versicherungen in einer Pensionskasse bei Arbeitgeberwechsel, BetrAV 2006, 252.

Bode Die organschaftliche Mitbestimmung des Betriebsrates nach § 87 Abs. 1 Nr. 8 BetrVG bei betrieblichen Pensionskassen, Diss., Erlangen/Nürnberg 1977.

Bode/Grabner Anpassung von Betriebsrenten nach § 16 BetrAVG – Rechtsentwicklung, Prüfungsverfahren, Lasten und Finanzierung –, Festschrift für Kemper 2005, S. 41 ff.

dies. (Hrsg.) Pensionsfonds und Entgeltumwandlung in der betrieblichen Altersversorgung, 2002, mit Nachtrag 2003.

Bode/Grabner/Stein Brutto-Entgeltumwandlung vs. »Riester-Förderung«, DB 2001, 1893.
Bremer Aspekte der Insolvenzsicherung durch den PSVaG im Insolvenzplan, BetrAV 2006, 230.

Cisch Das Prinzip der Einheit von Versorgungszusagen und die verschiedenen Zusageformen betrieblicher Altersversorgung nach dem Altersvermögensgesetz (AVmG) und dem Hüttenknappschaftlichen Zusatzversicherungs-Neuregelungs-Gesetz (HZvNG), Festschrift für Kemper 2005, S. 61 ff.
ders. Aktuelle Rentenreform – Die arbeitsrechtlichen Konsequenzen, Beilage 3, DB 2005, 12.

Dierkes/Geyer Willkür oder rechtliche Bindungen bei der Berechnung des Ausgleichsbetrages? – Zu den Berechnungsgrundlagen des Ausgleichsbetrages der Mitgliedschaft in den öffentlich-rechtlichen Zusatzversicherungskassen unter besonderer Berücksichtigung der kommunalen Zusatzversicherungskassen in den neuen Bundesländern –, Festschrift für Kemper 2005, S. 75 ff.
Doetsch Differenzierte Gestaltung der betrieblichen Altersversorgung ohne Verletzung des Gleichbehandlungsgrundsatzes, Festschrift für Kemper 2005, S. 91 ff.
ders. Auskunfts- und Informationspflichten von Arbeitgebern und externen Versorgungsträgern bei der betrieblichen Altersversorgung, BetrAV 2003, 48.
Dörner/Luczak/Wildschütz Handbuch Arbeitsrecht, 6. Aufl. 2007 (zitiert: DLW-*Autor*).
Dresp Die regulierte Deregulierung der Pensionskassen, Festschrift für Kemper 2005, S. 111 ff.
Drochner/Hill/Uebelhack Betriebsrentenanpassung – eine unendliche Geschichte, Festschrift für Kemper 2005, S. 125 ff.

Engelstädter Versorgungsbesitzstände nach verschlechternder Neuregelung von Versorgungszusagen, Festschrift für Kemper 2005, S. 143 ff.

Feder Vereinfachungen für den Arbeitgeber bei Meldungen und Beitragszahlungen an den PSVaG, BetrAV 2006, 224.
Feldkamp Die Rolle der Versicherungsmathematik beim PSVaG, BetrAV 2006, 232.
Festschrift für Wolfgang Förster zum 60. Geburtstag Betriebliche Altersversorgung im 21. Jahrhundert: Rechtliche, personalpolitische und fi-

nanztechnische Herausforderungen, hrsg. von Andresen/Rößler/Rühmann, 2001.

Fitting Betriebsverfassungsgesetz, 22. Aufl. 2004.

Förster Ausgliederung von Pensionsverpflichtungen auf eine Pensionsgesellschaft, BetrAV 2001, 133.

Förster/Cisch Die Änderungen im Betriebsrentengesetz durch das Alterseinkünftegesetz und deren Bedeutung für die Praxis, BB 2004, 2126.

dies. Rechtsprechung des Bundesarbeitsgerichts zur betrieblichen Altersversorgung im Jahr 2004, BB 2005, 773.

Förster/Rühmann/Cisch Betriebsrentengesetz, Kommentar, 11. Aufl. 2007.

Förster/Meier Betriebswirtschaftlicher Vergleich der Durchführungswege für die betriebliche Altersversorgung, Festschrift für Kemper 2005, S. 153 ff.

Gareis Insolvenzrechtliche Regelungen betreffend den PSVaG im Betriebsrentengesetz (BetrAVG), ZInsO 2007, 23 = BetrAV 2007, 219.

Gehrke/Heubeck Gutachten zur künftigen Funktionsfähigkeit der Insolvenzsicherung durch den Pensions-Sicherungs-Verein VVaG, BetrAV 2002, 433 ff.

Goldbach/Obenberger Die betriebliche Altersversorgung nach dem Betriebsrentengesetz, 2., neu bearbeitete Auflage 2008.

Grabner/Bode Neue BAG-Rechtsprechung zur vorgezogenen betrieblichen Altersrente im Widerspruch zur arbeitsrechtlichen Gleichbehandlung, BB 2001, 2425.

dies. Betriebliche Altersversorgung aus Entgeltumwandlung, DB 2001, 481.

Griebeling/Griebeling Betriebliche Altersversorgung, 2. Aufl. 2003 (zit.: *Griebeling* BAV).

Gunkel Bewährtes System vor neuen Herausforderungen, BetrAV 2006, 213.

Hanau, P. Probleme der betrieblichen Altersversorgung in Konzernen, Festschrift für Kemper 2005, S. 165 ff.

Hanau/Arteaga/Rieble/Veit Entgeltumwandlung, 2. Aufl. 2006.

Hanau/Goertz Versorgungsbezüge bei vorzeitigem Ausscheiden aus dem öffentlichen Dienst – zum Beschluss des Bundesverfassungsgerichts vom 15. Juli 1998, ZBR 1999, 361 ff.

Harder/Buschner Aktueller Rechtsstand der betrieblichen Altersversorgung, NWB Fach 3, 13217.

Hartsoe Aktueller Stand der Diskussion zur Zillmerung und Anmerkungen dazu, BetrAV 2006, 323.

Heither Gestaltung des Anspruchs eines Arbeitnehmers auf Gehaltsumwandlung (§ 1 a BetrAVG) durch Tarifverträge, NZA 2001, 1275.

Henning Die betriebliche Mitbestimmung bei der Entgeltumwandlung, 2003.

Hessling Zillmerung und Verbraucherschutz, BetrAV 2006, 318.

Heubeck/Oster Zur mehrfachen Kürzung bei vorzeitiger Altersrente und bei Besitzständen, BetrAV 2001, 230.

Hill Das neue Umwandlungsrecht – seine Auswirkungen auf die betriebliche Altersversorgung, BetrAV 1995, 114.

Höfer Gesetz zur Verbesserung der betrieblichen Altersversorgung, Kommentar, Loseblattausgabe, Band I: Arbeitsrecht, Stand Juni 2006 – (zit.: BetrAVG)

ders. Gesetz zur Verbesserung der betrieblichen Altersversorgung, Band II: Steuerrecht, Kommentar, Loseblattausgabe, Stand März 2007 – (zit.: BetrAVG, Steuerrecht, Rz).

ders. Das neue Betriebsrentenrecht, Erg.-Bd. zum BetrAVG, 2003.

ders. Neues vom BAG zur Unverfallbarkeit – sind die neuen Rechenregeln für die Bemessung der unverfallbaren Anwartschaft auf »vorzeitige Altersleistungen« sinnvoll?, DB 2001, 2045.

ders. Die Neuregelung des Betriebsrentengesetzes durch das Alterseinkünftegesetz, DB 2004, 1426.

Höfer/Witt/Kuchem Die Anpassung betrieblicher Versorgungsregelungen an die neuen Altersgrenzen der gesetzlichen Rentenversicherung, BB 2007, 1445.

Hölscher Umsetzung der europäischen Pensionsfondsrichtlinie – das letzte Mosaiksteinchen eines grenzüberschreitenden betrieblichen Altersversorgungssystems?, Festschrift für Kemper 2005, S. 177 ff.

Hoppach Betriebliche Altersversorgung und Zeitkonten – Gegensatz oder sinnvolle Ergänzung?, Festschrift für Kemper 2005, S. 193 ff.

Hoppenrath Das Finanzierungsverfahren für die gesetzliche Insolvenzsicherung der betrieblichen Altersversorgung durch den PSVaG nach 30 Jahren auf dem Prüfstand, Festschrift für Kemper 2005, S. 211 ff.

ders. Ermittlung der Forderung des PSVaG im Konkurs, BetrAV 1982, 7.

ders. Pensionsfonds und Insolvenzsicherung, BetrAV 2001, 114.

ders. Die Insolvenzsicherung der betriebliche Altersversorgung nach geltendem Recht, BetrAV 2002, 731.

Hoppenrath/Berenz Das neue Finanzierungsverfahren des PSVaG, DB 2007, 630 = BetrAV 2007, 215.

Hoppenrath/Wohlleben Möglichkeiten der Insolvenzsicherung, Festschrift für Förster, 2001, S. 285 ff.

Hundt Der PSVaG in seiner vielfältigen Gestalt als Element der sozialen Sicherung – Aufwärtstrend festigen, BetrAV 2006, 209.

Jaeger Zillmerung und Entgeltumwandlung, BetrAV 2006, 517.

Kaarst/Paulweber Wandel der Unverfallbarkeitssystematik in der betrieblichen Altersversorgung für beitragsorientierte Zusagen mit variablen Überschussanteilen, BetrAV 2005, 524.

Kemper Zusammentreffen unterschiedlicher Versorgungsregelungen anlässlich eines Betriebsübergangs, BB 1990, 785 ff. = BetrAV 1990, 7 ff.

ders. Neuordnung der Berufs- und Erwerbsunfähigkeit – Auswirkungen auf die Invalidenrente in der betrieblichen Altersversorgung, BetrAV 1998, 289.

ders. Neue Abfindungs- und Übernahmemöglichkeiten (§§ 3 und 4 BetrAVG) in: Höfer (Hrsg.) Neue Chancen für Betriebsrenten, 1998.

ders. Einzelfragen zur Mitbestimmung des Betriebsrats bei einer Pensionskasse, Gedenkschrift für Blomeyer, 2003, S. 157 ff.

ders. Entgeltumwandlung und Mitbestimmung, BetrAV 2002, 751 ff.

ders. Entgeltumwandlung und erzwingbare Mitbestimmung, Festschrift für Förster, 2001, S. 207 ff.

ders. Buchbesprechung, BetrAV 2003, 372 ff.

ders. Bericht aus der Arbeit des Fachausschusses Arbeitsrecht, BetrAV 1992, 250 ff.

ders. Die Unverfallbarkeit betrieblicher Versorgungsanwartschaften von Arbeitnehmern, 1977.

ders. Aktuelle Aspekte in der Rechtsprechung des Bundesarbeitsgerichts zur betrieblichen Altersversorgung, Festschrift für Andresen, 2006, 463 ff.

Kemper/Kisters-Kölkes Arbeitsrechtliche Grundzüge der betrieblichen Altersversorgung, 4. Aufl. 2007 (zit.: *Kemper/Kisters-Kölkes* Grundzüge).

dies. Betriebliche Altersversorgung, 2. Aufl. 1999 (zit.: *Kemper/Kisters-Kölkes* Musterverträge)

Kiefer/Langenbrink Kommentar zur betrieblichen Altersversorgung im öffentlichen Dienst, Loseblattausgabe, Stand April 2003.

Kisters-Kölkes Informationspflichten beim Betriebsübergang, Festschrift für Kemper 2005, S. 227 ff.

Klein, R. Die Pensionskasse im Spannungsfeld zwischen Arbeits- und Versicherungsrecht – Die Änderungen des Betriebsrentengesetzes durch das AltEinkG und deren Auswirkungen auf die Pensionskassen –, Festschrift für Kemper 2005, S. 243 ff.

Klemm Abfindung und Übertragung von Versorgungsanwartschaften auf betriebliche Altersvorsorge im Lichte des Altersvermögensgesetzes, NZA 2002, 416.

Koch Begriff der Pensionskasse, BetrAV 2003, 418.

Kollroß/Frank Anmerkungen zum Urteil des LAG München vom 15.3.2007 (4 Sa 1152/06), DB 2007, 1146.

Kremhelmer/Cisch Neue Rechtsprechung des Bundesarbeitsgerichts zur Betriebsrente, DB Beilage 3/2005 zu Heft 23, S. 25 f.

Küpper P. Der Rechtsweg bei mittelbaren Versorgungszusagen, Festschrift für Kemper 2005, S. 273 ff.

Küpper St. Aktuelle Tarifpolitik, BetrAV 2002, 9.

ders. Tarifvertragliche Vereinbarungen zur Altervorsorge auf Basis des AVmG, RdA 2002, 379.

Konzen Kollektivrechtliche Grundlagen und Grenzen der Entgeltumwandlung in der betrieblichen Altersversorgung, Gedenkschrift für Blomeyer, 2003, S. 173 ff.

Kort Bestandssicherung betrieblicher Altersversorgung beim Betriebsübergang, Gedenkschrift für Blomeyer, 2003, S. 199 ff.

Langenbrinck/Mühlstädt Betriebsrente der Beschäftigten des öffentlichen Dienstes, Einführung, 3. Aufl. 2007.

Langohr-Plato Steuerrechtliche Anforderung an die betriebliche Altersversorgung von Gesellschafter-Geschäftsführern einer GmbH – Eine kritische Analyse aus arbeitsrechtlicher Sicht –, Festschrift für Kemper 2005, S. 283 ff.

ders. Rechtshandbuch Betriebliche Altersversorgung, 4. Aufl. 2007.

Langohr-Plato/Teslau Die Beitragszusage mit Mindestleistung, DB 2003, 661.

dies. Das Alterseinkünftegesetz und seine arbeitsrechtlichen Konsequenzen für die betriebliche Altersversorgung, NZA 2005, 1297 ff.

Mittelsten Scheid St. Die einkommensteuerrechtliche Einordnung der Gegenwertzahlung, BetrAV 2005, 452 ff.

Mühlstädt Portabilität in der Zusatzversorgung des öffentlichen Dienstes im Vergleich zur gesetzlichen Regelung in § 4 BetrAVG, Festschrift für Kemper 2005, S. 303 ff.

ders. Die aktuelle Rechtsprechung des Bundesverfassungsgerichts zum Betriebsrentenrecht und ihre Auswirkungen auf die Altersversorgung im öffentlichen Dienst, ZTR 1999, 343 ff.

Murmann Die Bedeutung des PSVaG im Wandel der betrieblichen Altersvorsorge, BetrAV 2006, 210.

Neise Die Mitnahme von unmittelbaren Versorgungszusagen beim Wechsel des Arbeitsgebers – Erfahrungen aus 15 Jahren Portabilität im Konzern –, Festschrift für Kemper 2005, S. 325 ff.

Neumann Invaliditätsversorgung für Gesellschafter-Geschäftsführer, BFH-Urteil vom 28.1.2004 – ein Auslegungsproblem?, Festschrift für Kemper 2005, S. 337 ff.

dies. Einmal betriebliches Ausscheiden – zweimal Betriebsrentenkürzung, Festschrift für W. Förster, 2001, S. 219.

Niermann/Risthaus Zwei wichtige Verwaltungsanweisungen zu den steuerlichen Änderungen bei der privaten Altersvorsorge sowie der betrieblichen Altersversorgung durch das Alterseinkünftegesetz, DB Beilage Nr. 2/2005 zu Heft 18 v. 6.5.2005.

Paulsdorff Kommentar zur Insolvenzsicherung der betrieblichen Altersversorgung, 2. Aufl. 1996.

Paulsdorff/Wohlleben Die Rechtsstellung des Pensions-Sicherungs-Vereins auf Gegenseitigkeit (PSVaG) nach neuem Insolvenzrecht, Kölner Schrift zur Insolvenzordnung, 2. Aufl. 2000, S. 1655 ff.

Perreng Mitbestimmungsrechte des Betriebsrates bei Entgeltumwandlung, Festschrift für Kemper 2005, S. 347 ff.

Pophal Wie ist die Beitragszusage mit Mindestleistung von der beitragsorientierten Leistungszusage abzugrenzen?, Festschrift für Kemper 2005, S. 355 ff.

ders. Aktuelle Fragen zur rückgedeckten Unterstützungskasse, BetrAV 2003, 412.

Pühler Privatisierung öffentlicher Einrichtungen – Rahmenbedingungen für die betriebliche Altersversorgung, PersV 2005, 204 ff.

Reichel/Heger Betriebliche Altersversorgung, Grundriss, 2003.

Reichenbach Outsourcing von Pensionsverpflichtungen, Festschrift für Kemper 2005, S. 365 ff.

Reinecke Der betriebsrentenrechtliche Verschaffungsanspruch oder der richtige Beklagte im Betriebsrentenrecht, Festschrift für Kemper 2005, S. 383 ff.

ders. Neue Rechtsprechung des Bundesarbeitsgerichts zum Betriebsrentenrecht, BetrAV 2003, 25 ff.

Rieble/Klumpp Naturalleistungszusagen als betriebliche Altersversorgung, Gedenkschrift für Blomeyer, 2003, S. 317 ff.

Riehl Voraussetzungen für die Anerkennung von Vermögenswerten als Plan Assets nach US-GAAP und IAS, BetrAV 2002, 636.

ders. Bilanzierung bei Mitgliedern/Beteiligten in Zusatzversorgungskassen, BetrAV 2006, 521.

Rößler Der triftige Grund in der Besitzstandsschutzrechtsprechung des Ruhegeldsenats des Bundesarbeitsgerichts (Zur Übertragbarkeit der wirtschaftlichen Lage im Sinne des § 16), 2005.

Rolfs Die Übertragung von Versorgungsanwartschaften und der Irrtum über den Umfang der Anwartschaft, NZA 2005, 745.

ders. Anpassung betrieblicher Versorgungssysteme an die geänderte Lebensarbeitszeit, BetrAV 2007, 599.

Rürup, B. Zukunft der betrieblichen Altersvorsorge im Lichte der Rentenreformen und des Alterseinkünftegesetzes, Festschrift für Kemper 2005, S. 395 ff.

Sarazin Leistungen der neuen Zusatzversorgung und ihre steuerliche Behandlung, BetrAV 2003, 189 ff.

Sasdrich Die deutsche Insolvenzsicherung hat sich bewährt, BetrAV 2002, 727 ff.

Sasdrich/Wirth Betriebliche Altersversorgung gestärkt, BetrAV 2001, 401, BABl. 6–7/2001, 16.

Saunders Emanzipation der Frau im Rahmen der betrieblichen Altersversorgung, Festschrift für Kemper 2005, S. 405 ff.

Schack/Tacke/Thau (Hrsg.) Praktiker-Handbuch zur Umsetzung der betrieblichen Altersversorgung, 2. Aufl. 2005.

Schleusener/Suckow/Vogt AGG, Kommentar zum Allgemeinen Gleichbehandlungsgesetz, 2007.

Schliemann Tarifrecht für die Entgeltumwandlung bei Betriebsrenten, DB 2001, 2554.

Schnitker/Grau Mitbestimmungsrechte des Betriebsrats bei der Einführung einer betrieblichen Altersversorgung im Wege der Entgeltumwandlung nach § 1a BetrAVG, BB 2003, 1061 ff.

dies. Neue Rahmenbedingungen für das Recht der betrieblichen Altersversorgung durch das Alterseinkünftegesetz, NJW 2005, 11.

Schoden BetrAVG – Betriebliche Altersversorgung, Kommentar, Loseblattwerk, 2. Aufl. 2003.

Schulte Vermögensübergang auf den PSVaG nach dem Betriebsrentengesetz – Grundvermögen einer Unterstützungskasse, Rpfleger 2007, 365 = BetrAV 2007, 527.

Schwark/Raulf Beitragszusage mit Mindestleistung bei Direktzusagen in der betrieblichen Altersversorgung?, DB 2003, 940.

Seeger Lohnsteuerpflicht von Umlage- und Gegenwertzahlungen an Zusatzversorgungseinrichtungen? DB 2005, 1588.

Sievers TzBfG, Kommentar zum Teilzeit- und Befristungsgesetz, 2. Aufl. 2007.

Staier Aktuelle Entwicklungen bei Unterstützungskassenzusagen aus Sicht der gesetzlichen Insolvenzsicherung durch den PSVaG, BetrAV 2006, 220.

Steinmeyer Die Reichweite tariflicher Regelungsmacht nach dem neuen Altersvermögensgesetz, BetrAV 2001, 727.

Stephan Die Neuregelung des Betriebsrentenrechts im öffentlichen Dienst, ZTR 2001, 103 ff.

dies. Neuordnung der betrieblichen Altersversorgung im öffentlichen Dienst, ZTR 2002, 49 ff.

Stöhr Pensionsverpflichtungen als Funded Plan – Möglichkeiten zur Bilanzverkürzung nach internationalem Handelsrecht, BetrAV 2000, 430.

Teichmann in: Soergel, Bürgerliches Gesetzbuch mit Einführungsgesetz und Nebengesetzen, 11. Aufl. 1978 ff.

Tenbrock Die betriebliche Altersversorgung im Betriebsübergang bei konkurrierenden Versorgungszusagen, 2006.

Teslau Der Einfluss des Versicherungsrechts auf das Arbeitsrecht der betrieblichen Altersversorgung, Festschrift für Kemper 2005, S. 415 ff.

Thüsing Auswirkungen des AGG auf die betriebliche Altersversorgung, BetrAV 2006, 704.

Uebelhack Beitragszusagen mit Mindestleistung – Eine neue Zusageform für Betriebsrenten, Gedenkschrift für Blomeyer, 2003, S. 467 ff.

Uhlenbruck, Jan Auskunftspflicht von Gruppen-Unterstützungskassen gegenüber dem PSVaG, BetrAV 2007, 226.

Uhlenbruck, Wilhelm Widerruf von betrieblichen Versorgungszusagen wegen wirtschaftlicher Notlage? Zur Rechtsstellung des PSVaG im außergerichtlichen Vergleich und im Insolvenzplanverfahren, KSI 2006, 121.

Uttlinger/Breier/Kiefer/Hoffmann/Dassau Bundes-Angestelltentarifvertrag, Loseblattausgabe, Stand Mai 2003.

Wein Aktuelle Rechtsprechung in der Zusatzversorgung des öffentlichen Dienstes, BetrAV 2007, 537.

Windel/Hoppenrath Die Insolvenzsicherung der betrieblichen Altersversorgung, Handbuch der betrieblichen Altersversorgung, hrsg. von der Arbeitsgemeinschaft für betriebliche Altersversorgung, Loseblattausgabe.

Wimmer (Hrsg.) Frankfurter Kommentar zu Insolvenzordnung (FK-InsO), 4. Aufl. 2006.

Wohlleben Neuregelungen zur Insolvenzsicherung der Betriebsrenten, DB 1998, 1230.

ders. Die Rechtsstellung des PSVaG vor und in der Unternehmensinsolvenz, BetrAV 2006, 217.

Wollenschläger Arbeitsrecht, 2. Aufl. 2004.

Ziegler Einstandspflicht von Pensionskassen bei einer Geschlechtsdiskriminierung in der Satzung – Besprechung des BAG-Urteils 3 AZR 550/03 –, Festschrift für Kemper 2005, S. 429 ff.

Abkürzungsverzeichnis

a.A.	anderer Ansicht
a.a.O.	am angegebenen Ort
AAÜG	Anspruchs- und Anwartschaftsüberführungsgesetz
ABA	Arbeitsgemeinschaft für betriebliche Altersversorgung
Abb.	Abbildung
ABG	Allgemeine Bemessungsgrundlage
abl.	ablehnend
ABl.	Amtsblatt
ABlEG	Amtsblatt der Europäischen Gemeinschaften
Abs.	Absatz
Abschn.	Abschnitt
abw.	abweichend
a.E.	am Ende
a.F.	alte Fassung
AG	Amtsgericht
a.G.	auf Gegenseitigkeit
AGG	Allgemeines Gleichbehandlungsgesetz (AGG)
AGB	Allgemeine Geschäftsbedingungen
AIB	Allgemeine Versicherungsbedingungen für die Insolvenzsicherung der betrieblichen Altersversorgung
AktG	Aktiengesetz
ALB	Allgemeine Versicherungsbedingungen für die Lebensversicherung
ALG	Gesetz zur Alterssicherung der Landwirte
allg.	allgemein(e)
Alt.	Alternative
AltZertG	Gesetz über die Zertifizierung von Altersvorsorgeverträgen – Altersvorsorgeverträgezertifizierungsgesetz
a.M.	anderer Meinung
amtl.	amtlich
Amtl. Begr.	Amtliche Begründung
Anh.	Anhang
Anl.	Anlage
Anm.	Anmerkung

Abkürzungsverzeichnis

AnVNG	Angestelltenversicherungs-Neuregelungsgesetz
AO	Abgabenordnung
AP	Arbeitsrechtliche Praxis (Entscheidungssammlung)
ArbG	Arbeitsgericht
ArbGG	Arbeitsgerichtsgesetz
ArbN	Arbeitnehmer
ArbNähnl.Pers.	Arbeitnehmerähnliche Personen
ArbPlSchG	Arbeitsplatzschutzgesetz
ArEV	Arbeitsentgelt-Verordnung
arg.	argumentum
Art.	Artikel
ArVNG	Arbeiterrentenversicherungs-Neuregelungsgesetz
aRW	aktueller Rentenwert
AT	außertariflich
ATO	Allgemeine Tarifordnung für Arbeitnehmer des öffentlichen Dienstes
Aufl.	Auflage
AV	Angestelltenversicherung
AVAVG	Gesetz über Arbeitsvermittlung und Arbeitslosenversicherung
AVG	Angestelltenversicherungsgesetz
AVO	Ausführungsverordnung
AVV	Allgemeine Verwaltungsvorschriften
BA	Bundesagentur für Arbeit
BABl.	Bundesarbeitsblatt (Zeitschrift)
BaFin	Bundesanstalt für Finanzdienstleistungsaufsicht
BAG	Bundesarbeitsgericht
BAGE	Amtliche Sammlung der Entscheidungen des Bundesarbeitsgerichts
BAnz.	Bundesanzeiger
BAT	Bundes-Angestelltentarifvertrag
BB	Betriebs-Berater (Zeitschrift)
BBG	Bundesbeamtengesetz
Bd.	Band
BDA	Bundesvereinigung Deutscher Arbeitgeberverbände
BDI	Bundesverband der Deutschen Industrie
BDSG	Bundesdatenschutzgesetz
Begr.	Begründung

Beil.	Beilage
Bek.	Bekanntmachung
Bem.	Bemerkung
ber.	berichtigt
bes.	besonders
Beschl.	Beschluss
betr.	betrifft
BetrAV	Betriebliche Altersversorgung (Zeitschrift)
BetrAVG	Gesetz zur Verbesserung der betrieblichen Altersversorgung (Betriebsrentengesetz – BetrAVG)
BetrVG	Betriebsverfassungsgesetz
BewDV	Durchführungsverordnung zum Bewertungsgesetz
BewG	Bewertungsgesetz
BFH	Bundesfinanzhof
BFHE	Amtliche Sammlung der Entscheidungen des Bundesfinanzhofs
BGB	Bürgerliches Gesetzbuch
BGBl.	Bundesgesetzblatt
BGH	Bundesgerichtshof
BGHZ	Amtliche Sammlung der Entscheidungen des Bundesgerichtshofs in Zivilsachen
Bl.	Blatt
BMF	Bundesminister(ium) der Finanzen
BMI	Bundesminister(ium) des Innern
BMT	Bundes-Manteltarif
BMTV	Bundesmanteltarifvertrag
BPersVG	Bundespersonalvertretungsgesetz
BR-Drucks.	Bundesrats-Drucksache
BRRG	Beamtenrechtsrahmengesetz
BRT	Bundesrahmentarif
BRTV	Bundesrahmentarifvertrag
Bsp.	Beispiel
BStBl.	Bundessteuerblatt
BT	Bundestag
BT-Drucks.	Drucksache des Deutschen Bundestages
Buchst.	Buchstabe
BundesbeamtenG	Bundesbeamtengesetz
BPersVG	Personalvertretungsgesetz des Bundes
BVerfG	Bundesverfassungsgericht

Abkürzungsverzeichnis

BVerfGE	Amtliche Sammlung der Entscheidungen des Bundesverfassungsgerichts
BVerwG	Bundesverwaltungsgericht
BvS	Bundesanstalt für vereinigungsbedingte Sonderaufgaben
BVG	Bundesversorgungsgesetz
BVV	Beamtenversicherungsverein des deutschen Bank- und Bankiersgewerbes
bzgl.	bezüglich
bzw.	beziehungsweise
ca.	circa
DB	Der Betrieb (Zeitschrift)
ders.	derselbe
DEÜV	Datenerfassungs- und Übermittlungsverordnung
DGB	Deutscher Gewerkschaftsbund
dgl.	desgleichen
d.h.	das heißt
dies.	dieselben
Diss.	Dissertation
DLW	Dörner/Luczak/Wildschütz, Handbuch Fachanwalt Arbeitsrecht
Drucks.	Drucksache
EG	Europäische Gemeinschaft
e.G.	eingetragene Genossenschaft
EGBGB	Einführungsgesetz zum Bürgerlichen Gesetzbuch
EGInsO	Einführungsgesetz zur Insolvenzordnung
Einf.	Einführung
EinfG	Einführungsgesetz
EinigungsV	Einigungsvertrag
Einl.	Einleitung
einschl.	einschließlich
EP	Entgeltpunkte
E-RAG 1982	Entwurf eines Gesetzes über die Anpassung der Renten der gesetzlichen Rentenversicherung im Jahr 1982
Erg.	Ergänzung
Erl.	Erlass, Erläuterungen
EStDV	Einkommensteuer-Durchführungsverordnung
EStG	Einkommensteuergesetz

Abkürzungsverzeichnis

EStR	Einkommensteuer-Richtlinien
etc.	et cetera
EU	Europäische Union
EuGH	Europäischer Gerichtshof
EV	Einigungsvertrag
e.V.	eingetragener Verein
evtl.	eventuell
EzA	Entscheidungssammlung zum Arbeitsrecht (Loseblattausgabe)
f.	folgende
ff.	fortfolgende
FK-InsO	Wimmer (Hrsg.), Frankfurter Kommentar zur Insolvenzordnung
Fn.	Fußnote
FinMin	Finanzminister(ium)
FS	Festschrift
GBl.	Gesetzblatt
GbR	Gesellschaft bürgerlichen Rechts
gem.	gemäß
ggf.	gegebenenfalls
GleiBG	Gleichberechtigungsgesetz
GmbH	Gesellschaft mit beschränkter Haftung
GmbHG	Gesetz betreffend die Gesellschaft mit beschränkter Haftung
GmBl.	Gemeinsames Ministerialblatt
grds.	grundsätzlich
GS	Großer Senat
GVBl.	Gesetz- und Verordnungsblatt
HambGVBl	Hamburgisches Gesetz- und Verordnungsblatt
HambPersVG	Hamburgisches Personalvertretungsgesetz
HBG	Hessisches Beamtengesetz
HGB	Handelsgesetzbuch
h.L.	herrschende Lehre
h.M.	herrschende Meinung
Hrsg.	Herausgeber
IASC	International Accounting Standards Committee
IAR	Internationales Arbeitsrecht
i.d.F.	in der Fassung

Abkürzungsverzeichnis

i.d.R.	in der Regel
IdW	Institut der Wirtschaftsprüfer e.V.
i.E.	im Einzelnen
i.e.S.	im engeren Sinne
IHK	Industrie- und Handelskammer
insbes.	insbesondere
InsO	Insolvenzordnung
i.S.	im Sinne
i.S.d.	im Sinne des/der
i.S.v.	im Sinne von
i.V.m.	in Verbindung mit
Kap.	Kapitel
KnVNG	Knappschaftsrentenversicherungs-Neuregelungsgesetz
KO	Konkursordnung
krit.	kritisch
KSchG	Kündigungsschutzgesetz
KSI	Krisen-, Sanierungs- und Insolvenzberatung (Zeitschrift)
KVdR	Krankenversicherung der Rentner
LAG	Landesarbeitsgericht
LAGE	Entscheidungen der Landesarbeitsgerichte (Loseblattausgabe)
LFZG, LohnFG	Gesetz über die Fortzahlung des Arbeitsentgelts im Krankheitsfalle (Lohnfortzahlungsgesetz)
LG	Landgericht
lit.	Litera, Buchstabe(n)
LPVG, LPersVG	Landespersonalvertretungsgesetz
LS	Leitsatz
LSG	Landessozialgericht
LStDV	Lohnsteuerdurchführungsverordnung
LStR	Lohnsteuer-Richtlinien
max.	maximal
MBG	Mitbestimmungsgesetz
m.E.	meines Erachtens
Min.Bl.	Ministerialblatt
Mio.	Million
m.N.	mit Nachweisen
Mrd.	Milliarde

MTB	Manteltarifvertrag für Arbeiter des Bundes
MTL	Manteltarifvertrag für Arbeiter der Länder
MTV	Manteltarifvertrag
MünchArbR	Münchener Handbuch zum Arbeitsrecht
MünchKomm	Münchener Kommentar
MuSchG	Mutterschutzgesetz
m.w.N.	mit weiteren Nachweisen
m.z.N.	mit zahlreichen Nachweisen
NachhBG	Nachhaftungsbegrenzungsgesetz
Nachw.	Nachweise
NachwG	Nachweisgesetz
n.F.	neue Fassung
NJW	Neue Juristische Wochenschrift (Zeitschrift)
Nr.	Nummer
n.v.	nicht veröffentlicht
NZA	Neue Zeitschrift für Arbeitsrecht (Zeitschrift)
o.g.	oben genannten
OGH	Oberster Gerichtshof
oHG	offene Handelsgesellschaft
OLG	Oberlandesgericht
OVG	Oberverwaltungsgericht
OWiG	Gesetz über Ordnungswidrigkeiten
PersV	Die Personalvertretung (Zeitschrift)
pFV	positive Forderungsverletzung
PK	Pensionskasse
Prot.	Protokoll
PSVaG	Pensions-Sicherungs-Verein auf Gegenseitigkeit
PublG	Publizitätsgesetz
RAG	Reichsarbeitsgericht
rd.	rund
RdA	Recht der Arbeit (Zeitschrift)
RdErl.	Runderlass
RegE	Regierungsentwurf
RG	Reichsgericht
RGBl.	Reichsgesetzblatt
RL	Richtlinie
Rpfleger	Der Deutsche Rechtspfleger (Zeitschrift)
RRG	Rentenreformgesetz

Abkürzungsverzeichnis

Rspr.	Rechtsprechung
RTV	Rahmentarifvertrag
RÜG	Rentenüberleitungsgesetz
RV	Rentenversicherung
RVO	Reichsversicherungsordnung
Rn.	Randnummer
s.	siehe
S.	Seite
s.a.	siehe auch
SG	Sozialgericht
SGB IV	Sozialgesetzbuch, IV. Buch: Gemeinsame Vorschriften für die Sozialversicherung
SGB VI	Sozialgesetzbuch, VI. Buch: Gesetzliche Rentenversicherung
SGB IX	Sozialgesetzbuch, IX. Buch: Rehabilitation und Teilhabe behinderter Menschen
SGG	Sozialgerichtsgesetz
Slg.	Sammlung der Rechtsprechung des Gerichtshofes der Europäischen Gemeinschaft
s.o.	siehe oben
sog.	so genannt (~e, ~er, ~es)
SprAuG	Sprecherausschussgesetz
str.	streitig
st.Rspr.	ständige Rechtsprechung
SvEV	Verordnung über die sozialversicherungsrechtliche Beurteilung von Zuwendungen des Arbeitgebers als Arbeitsentgelt – Sozialversicherungsentgeltverordnung
SVG	Soldatenversorgungsgesetz
teilw.	teilweise
TO	Tarifordnung
TOA	Tarifordnung A für Angestellte im Öffentlichen Dienst
TOB	Tarifordnung B für Arbeiter im Öffentlichen Dienst
TV	Tarifvertrag
TVG	Tarifvertragsgesetz
Tz.	Textzahl
TzBfG	Gesetz über Teilzeitarbeit und befristete Arbeitsverträge (Teilzeit- und Befristungsgesetz)

Abkürzungsverzeichnis

u.	und
u.a.	und andere
UK	Unterstützungskasse
UmwG	Umwandlungsgesetz
unstr.	unstreitig
u.v.	unveröffentlicht
Urt.	Urteil
usw.	und so weiter
u.U.	unter Umständen
v.	von, vom
VAG	Versicherungsaufsichtsgesetz
VAHRG	Gesetz zur Regelung von Härten im Versorgungsausgleich
VBL	Versorgungsanstalt des Bundes und der Länder
Verf.	Verfassung
VersR	Versicherungsrecht (Zeitschrift)
VG	Verwaltungsgericht
VGH	Verwaltungsgerichtshof
vgl.	vergleiche
VglO	Vergleichsordnung
v.H.	vom Hundert
VO	Verordnung
VOBl.	Verordnungsblatt
Voraufl.	Vorauflage
Vorbem.	Vorbemerkung
VRG	Vorruhestandsgesetz
VVaG	Versicherungsverein auf Gegenseitigkeit
VVG	Versicherungsvertragsgesetz
VVG-E	Entwurf eines Gesetzes zur Reform des Versicherungsvertragsrechts, BT-Drucks. 16/5862 vom 28.6.2007
VwGO	Verwaltungsgerichtsordnung
VwVfG	Verwaltungsverfahrensgesetz
VwZG	Verwaltungszustellungsgesetz
WE	Werteinheiten in der gesetzlichen Rentenversicherung
z.B.	zum Beispiel
ZBR	Zeitschrift für Beamtenrecht

Abkürzungsverzeichnis

ZGR	Zeitschrift für Unternehmens- und Gesellschaftsrecht
ZHR	Zeitschrift für das gesamte Handels- und Wirtschaftsrecht
Ziff.	Ziffer
ZInsO	Zeitschrift für das gesamte Insolvenzrecht
ZIP	Zeitschrift für Wirtschaftsrecht und Insolvenzpraxis
zit.	zitiert
ZPO	Zivilprozessordnung
z.T.	zum Teil
ZTR	Zeitschrift für Tarif-, Arbeits- und Sozialrecht des öffentlichen Dienstes
zust.	zustimmend
zutr.	zutreffend

Gesetz zur Verbesserung der betrieblichen Altersversorgung (Betriebsrentengesetz – BetrAVG)

Vom 19. Dezember 1974 (BGBl. I S. 3610)
zuletzt geändert durch Gesetz zur Anpassung der Regelaltersgrenze an die demografische Entwicklung und zur Stärkung der Finanzierungsgrundlagen der gesetzlichen Rentenversicherung (RV-Altersgrenzenanpassungsgesetz) vom 20. April 2007 (BGBl. I S. 554)

Erster Teil
Arbeitsrechtliche Vorschriften

Erster Abschnitt
Durchführung der betrieblichen Altersversorgung

§ 1 Zusage des Arbeitgebers auf betriebliche Altersversorgung

(1) Werden einem Arbeitnehmer Leistungen der Alters-, Invaliditäts- oder Hinterbliebenenversorgung aus Anlass seines Arbeitsverhältnisses vom Arbeitgeber zugesagt (betriebliche Altersversorgung), gelten die Vorschriften dieses Gesetzes. Die Durchführung der betrieblichen Altersversorgung kann unmittelbar über den Arbeitgeber oder über einen der in § 1b Abs. 2 bis 4 genannten Versorgungsträger erfolgen. Der Arbeitgeber steht für die Erfüllung der von ihm zugesagten Leistungen auch dann ein, wenn die Durchführung nicht unmittelbar über ihn erfolgt.

(2) Betriebliche Altersversorgung liegt auch vor, wenn

1. der Arbeitgeber sich verpflichtet, bestimmte Beiträge in eine Anwartschaft auf Alters-, Invaliditäts- oder Hinterbliebenenversorgung umzuwandeln (beitragsorientierte Leistungszusage),

2. der Arbeitgeber sich verpflichtet, Beiträge zur Finanzierung von Leistungen der betrieblichen Altersversorgung an einen Pensionsfonds, eine Pensionskasse oder eine Direktversicherung zu zahlen

und für Leistungen zur Altersversorgung das planmäßig zuzurechnende Versorgungskapital auf der Grundlage der gezahlten Beiträge (Beiträge und die daraus erzielten Erträge), mindestens die Summe der zugesagten Beiträge, soweit sie nicht rechnungsmäßig für einen biometrischen Risikoausgleich verbraucht wurden, hierfür zur Verfügung zu stellen (Beitragszusage mit Mindestleistung),

3. künftige Entgeltansprüche in eine wertgleiche Anwartschaft auf Versorgungsleistungen umgewandelt werden (Entgeltumwandlung) oder

4. der Arbeitnehmer Beiträge aus seinem Arbeitsentgelt zur Finanzierung von Leistungen der betrieblichen Altersversorgung an einen Pensionsfonds, eine Pensionskasse oder eine Direktversicherung leistet und die Zusage des Arbeitgebers auch die Leistungen aus diesen Beiträgen umfasst; die Regelungen für Entgeltumwandlung sind hierbei entsprechend anzuwenden, soweit die zugesagten Leistungen aus diesen Beiträgen im Wege der Kapitaldeckung finanziert werden.

§ 1 a Anspruch auf betriebliche Altersversorgung durch Entgeltumwandlung

(1) Der Arbeitnehmer kann vom Arbeitgeber verlangen, dass von seinen künftigen Entgeltansprüchen bis zu 4 vom Hundert der jeweiligen Beitragsbemessungsgrenze in der allgemeinen Rentenversicherung durch Entgeltumwandlung für seine betriebliche Altersversorgung verwendet werden. Die Durchführung des Anspruchs des Arbeitnehmers wird durch Vereinbarung geregelt. Ist der Arbeitgeber zu einer Durchführung über einen Pensionsfonds oder eine Pensionskasse (§ 1 b Abs. 3) bereit, ist die betriebliche Altersversorgung dort durchzuführen; andernfalls kann der Arbeitnehmer verlangen, dass der Arbeitgeber für ihn eine Direktversicherung (§ 1 b Abs. 2) abschließt. Soweit der Anspruch geltend gemacht wird, muss der Arbeitnehmer jährlich einen Betrag in Höhe von mindestens einem Hundertsechzigstel der Bezugsgröße nach § 18 Abs. 1 des Vierten Buches Sozialgesetzbuch für seine betriebliche Altersversorgung verwenden. Soweit der Arbeitnehmer Teile seines regelmäßigen Entgelts für betriebliche Altersversorgung verwendet, kann der Arbeitgeber verlangen, dass während eines laufenden Kalenderjahres gleich bleibende monatliche Beträge verwendet werden.

(2) Soweit eine durch Entgeltumwandlung finanzierte betriebliche Altersversorgung besteht, ist der Anspruch des Arbeitnehmers auf Entgeltumwandlung ausgeschlossen.

(3) Soweit der Arbeitnehmer einen Anspruch auf Entgeltumwandlung für betriebliche Altersversorgung nach Absatz 1 hat, kann er verlangen, dass die Voraussetzungen für eine Förderung nach den §§ 10 a, 82 Abs. 2 des Einkommensteuergesetzes erfüllt werden, wenn die betriebliche Altersversorgung über einen Pensionsfonds, eine Pensionskasse oder eine Direktversicherung durchgeführt wird.

(4) Falls der Arbeitnehmer bei fortbestehendem Arbeitsverhältnis kein Entgelt erhält, hat er das Recht, die Versicherung oder Versorgung mit eigenen Beiträgen fortzusetzen. Der Arbeitgeber steht auch für die Leistungen aus diesen Beiträgen ein. Die Regelungen über Entgeltumwandlung gelten entsprechend.

§ 1 b Unverfallbarkeit und Durchführung der betrieblichen Altersversorgung

(1) Einem Arbeitnehmer, dem Leistungen aus der betrieblichen Altersversorgung zugesagt worden sind, bleibt die Anwartschaft erhalten, wenn das Arbeitsverhältnis vor Eintritt des Versorgungsfalls, jedoch nach Vollendung des 30. Lebensjahres* endet und die Versorgungszusage zu diesem Zeitpunkt mindestens fünf Jahre bestanden hat (unverfallbare Anwartschaft). Ein Arbeitnehmer behält seine Anwartschaft auch dann, wenn er aufgrund einer Vorruhestandsregelung ausscheidet und ohne das vorherige Ausscheiden die Wartezeit und die sonstigen Voraussetzungen für den Bezug von Leistungen der betrieblichen Altersversorgung hätte erfüllen können. Eine Änderung der Versorgungszusage oder ihre Übernahme durch eine andere Person unterbricht nicht den Ablauf der Fristen nach Satz 1. Der Verpflichtung aus einer Versorgungszusage stehen Versorgungsverpflichtungen gleich, die auf betrieblicher Übung oder dem Grundsatz der Gleichbehandlung beruhen. Der Ablauf einer vorgesehenen Wartezeit wird durch die Beendigung des Arbeitsverhältnisses nach Erfüllung der Voraussetzungen der Sätze 1 und 2 nicht berührt. Wechselt ein Arbeitnehmer vom Geltungsbereich dieses Gesetzes in einen anderen Mitgliedstaat der Europäischen Union, bleibt die Anwartschaft in gleichem Umfange

---

* Durch Gesetz zur Förderung der betrieblichen Altersversorgung ab 1.1.2009: 25. Lebensjahres

wie für Personen erhalten, die auch nach Beendigung eines Arbeitsverhältnisses innerhalb des Geltungsbereichs dieses Gesetzes verbleiben.

(2) Wird für die betriebliche Altersversorgung eine Lebensversicherung auf das Leben des Arbeitnehmers durch den Arbeitgeber abgeschlossen und sind der Arbeitnehmer oder seine Hinterbliebenen hinsichtlich der Leistungen des Versicherers ganz oder teilweise bezugsberechtigt (Direktversicherung), so ist der Arbeitgeber verpflichtet, wegen Beendigung des Arbeitsverhältnisses nach Erfüllung der in Absatz 1 Satz 1 und 2 genannten Voraussetzungen das Bezugsrecht nicht mehr zu widerrufen. Eine Vereinbarung, nach der das Bezugsrecht durch die Beendigung des Arbeitsverhältnisses nach Erfüllung der in Absatz 1 Satz 1 und 2 genannten Voraussetzungen auflösend bedingt ist, ist unwirksam. Hat der Arbeitgeber die Ansprüche aus dem Versicherungsvertrag abgetreten oder beliehen, so ist er verpflichtet, den Arbeitnehmer, dessen Arbeitsverhältnis nach Erfüllung der in Absatz 1 Satz 1 und 2 genannten Voraussetzungen geendet hat, bei Eintritt des Versicherungsfalles so zu stellen, als ob die Abtretung oder Beleihung nicht erfolgt wäre. Als Zeitpunkt der Erteilung der Versorgungszusage im Sinne des Absatzes 1 gilt der Versicherungsbeginn, frühestens jedoch der Beginn der Betriebszugehörigkeit.

(3) Wird die betriebliche Altersversorgung von einer rechtsfähigen Versorgungseinrichtung durchgeführt, die dem Arbeitnehmer oder seinen Hinterbliebenen auf ihre Leistungen einen Rechtsanspruch gewährt (Pensionskasse und Pensionsfonds), so gilt Absatz 1 entsprechend. Als Zeitpunkt der Erteilung der Versorgungszusage im Sinne des Absatzes 1 gilt der Versicherungsbeginn, frühestens jedoch der Beginn der Betriebszugehörigkeit.

(4) Wird die betriebliche Altersversorgung von einer rechtsfähigen Versorgungseinrichtung durchgeführt, die auf ihre Leistungen keinen Rechtsanspruch gewährt (Unterstützungskasse), so sind die nach Erfüllung der in Absatz 1 Satz 1 und 2 genannten Voraussetzungen und vor Eintritt des Versorgungsfalles aus dem Unternehmen ausgeschiedenen Arbeitnehmer und ihre Hinterbliebenen den bis zum Eintritt des Versorgungsfalles dem Unternehmen angehörenden Arbeitnehmern und deren Hinterbliebenen gleichgestellt. Die Versorgungszusage gilt in dem Zeitpunkt als erteilt im Sinne des Absatzes 1, von dem an der Arbeitnehmer zum Kreis der Begünstigten der Unterstützungskasse gehört.

(5) Soweit betriebliche Altersversorgung durch Entgeltumwandlung erfolgt, behält der Arbeitnehmer seine Anwartschaft, wenn sein Ar-

beitsverhältnis vor Eintritt des Versorgungsfalles endet; in den Fällen der Absätze 2 und 3

1. dürfen die Überschussanteile nur zur Verbesserung der Leistung verwendet,

2. muss dem ausgeschiedenen Arbeitnehmer das Recht zur Fortsetzung der Versicherung oder Versorgung mit eigenen Beiträgen eingeräumt und

3. muss das Recht zur Verpfändung, Abtretung oder Beleihung durch den Arbeitgeber ausgeschlossen werden.

Im Fall einer Direktversicherung ist dem Arbeitnehmer darüber hinaus mit Beginn der Entgeltumwandlung ein unwiderrufliches Bezugsrecht einzuräumen.

§ 2 Höhe der unverfallbaren Anwartschaft

(1) Bei Eintritt des Versorgungsfalles wegen Erreichens der Altersgrenze, wegen Invalidität oder Tod haben ein vorher ausgeschiedener Arbeitnehmer, dessen Anwartschaft nach § 1 b fortbesteht, und seine Hinterbliebenen einen Anspruch mindestens in Höhe des Teiles der ohne das vorherige Ausscheiden zustehenden Leistung, der dem Verhältnis der Dauer der Betriebszugehörigkeit zu der Zeit vom Beginn der Betriebszugehörigkeit bis zum Erreichen der Regelaltersgrenze in der gesetzlichen Rentenversicherung entspricht; an die Stelle des Erreichens der Regelaltersgrenze tritt ein früherer Zeitpunkt, wenn dieser in der Versorgungsregelung als feste Altersgrenze vorgesehen ist, spätestens der Zeitpunkt, in dem der Arbeitnehmer ausscheidet und gleichzeitig eine Altersrente aus der gesetzlichen Rentenversicherung für besonders langjährig Versicherte in Anspruch nimmt. Der Mindestanspruch auf Leistungen wegen Invalidität oder Tod vor Erreichen der Altersgrenze ist jedoch nicht höher als der Betrag, den der Arbeitnehmer oder seine Hinterbliebenen erhalten hätten, wenn im Zeitpunkt des Ausscheidens der Versorgungsfall eingetreten wäre und die sonstigen Leistungsvoraussetzungen erfüllt gewesen wären.

(2) Ist bei einer Direktversicherung der Arbeitnehmer nach Erfüllung der Voraussetzungen des § 1 b Abs. 1 und 5 vor Eintritt des Versorgungsfalles ausgeschieden, so gilt Absatz 1 mit der Maßgabe, daß sich der vom Arbeitgeber zu finanzierende Teilanspruch nach Absatz 1, soweit er über die von dem Versicherer nach dem Versicherungsvertrag

auf Grund der Beiträge des Arbeitgebers zu erbringende Versicherungsleistung hinausgeht, gegen den Arbeitgeber richtet. An die Stelle der Ansprüche nach Satz 1 tritt auf Verlangen des Arbeitgebers die von dem Versicherer auf Grund des Versicherungsvertrages zu erbringende Versicherungsleistung, wenn

1. spätestens nach 3 Monaten seit dem Ausscheiden des Arbeitnehmers das Bezugsrecht unwiderruflich ist und eine Abtretung oder Beleihung des Rechts aus dem Versicherungsvertrag durch den Arbeitgeber und Beitragsrückstände nicht vorhanden sind,

2. vom Beginn der Versicherung, frühestens jedoch vom Beginn der Betriebszugehörigkeit an, nach dem Versicherungsvertrag die Überschußanteile nur zur Verbesserung der Versicherungsleistung zu verwenden sind und

3. der ausgeschiedene Arbeitnehmer nach dem Versicherungsvertrag das Recht zur Fortsetzung der Versicherung mit eigenen Beiträgen hat.

Der Arbeitgeber kann sein Verlangen nach Satz 2 nur innerhalb von 3 Monaten seit dem Ausscheiden des Arbeitnehmers diesem und dem Versicherer mitteilen. Der ausgeschiedene Arbeitnehmer darf die Ansprüche aus dem Versicherungsvertrag in Höhe des durch Beitragszahlungen des Arbeitgebers gebildeten geschäftsplanmäßigen Deckungskapitals oder, soweit die Berechnung des Deckungskapitals nicht zum Geschäftsplan gehört, das nach § 176 Abs. 3 des Gesetzes über den Versicherungsvertrag berechneten Zeitwerts* weder abtreten noch beleihen. In dieser Höhe darf der Rückkaufswert auf Grund einer Kündigung des Versicherungsvertrages nicht in Anspruch genommen werden; im Falle einer Kündigung wird die Versicherung in eine prämienfreie Versicherung umgewandelt. § 176 Abs. 1 des Gesetzes über den Versicherungsvertrag** findet insoweit keine Anwendung.

(3) Für Pensionskassen gilt Absatz 1 mit der Maßgabe, daß sich der vom Arbeitgeber zu finanzierende Teilanspruch nach Absatz 1, soweit er über die von der Pensionskasse nach dem aufsichtsbehördlich genehmigten Geschäftsplan oder, soweit eine aufsichtsbehördliche Genehmigung nicht vorgeschrieben ist, nach den allgemeinen Versicherungsbedingungen und den fachlichen Geschäftsunterlagen im Sinne des § 5

---

* Ab 1.1.2008: »§ 169 Abs. 3 und 4 des Versicherungsvertragsgesetzes berechneten Wertes« gem. VVG-E, BT-Drucks. 16/5862 v. 28.6.2007 S. 80.

** Ab 1.1.2008: »§ 169 Abs. 1 des Versicherungsvertragsgesetzes« gem. VVG-E, BT-Drucks. 16/5862 v. 28.6.2007 S. 80.

Abs. 3 Nr. 2 Halbsatz 2 des Versicherungsaufsichtsgesetzes (Geschäftsunterlagen) auf Grund der Beiträge des Arbeitgebers zu erbringende Leistung hinausgeht, gegen den Arbeitgeber richtet. An die Stelle der Ansprüche nach Satz 1 tritt auf Verlangen des Arbeitgebers die von der Pensionskasse auf Grund des Geschäftsplanes oder der Geschäftsunterlagen zu erbringende Leistung, wenn nach dem aufsichtsbehördlich genehmigten Geschäftsplan oder den Geschäftsunterlagen

1. vom Beginn der Versicherung, frühestens jedoch vom Beginn der Betriebszugehörigkeit an, Überschußanteile, die auf Grund des Finanzierungsverfahrens regelmäßig entstehen, nur zur Verbesserung der Versicherungsleistung zu verwenden sind oder die Steigerung der Versorgungsanwartschaften des Arbeitnehmers der Entwicklung seines Arbeitsentgeltes, soweit es unter den jeweiligen Beitragsbemessungsgrenzen der gesetzlichen Rentenversicherungen liegt, entspricht und

2. der ausgeschiedene Arbeitnehmer das Recht zur Fortsetzung der Versicherung mit eigenen Beiträgen hat.

Der Absatz 2 Satz 3 bis 6 gilt entsprechend.

(3a) Für Pensionsfonds gilt Absatz 1 mit der Maßgabe, dass sich der vom Arbeitgeber zu finanzierende Teilanspruch, soweit er über die vom Pensionsfonds auf der Grundlage der nach dem geltenden Pensionsplan im Sinne des § 112 Abs. 1 Satz 2 in Verbindung mit § 113 Abs. 2 Nr. 5 des Versicherungsaufsichtsgesetzes berechnete Deckungsrückstellung hinausgeht, gegen den Arbeitgeber richtet.

(4) Eine Unterstützungskasse hat bei Eintritt des Versorgungsfalles einem vorzeitig ausgeschiedenen Arbeitnehmer, der nach § 1 b Abs. 4 gleichgestellt ist, und seinen Hinterbliebenen mindestens den nach Absatz 1 berechneten Teil der Versorgung zu gewähren.

(5) Bei der Berechnung des Teilanspruchs nach Absatz 1 bleiben Veränderungen der Versorgungsregelung und der Bemessungsgrundlagen für die Leistung der betrieblichen Altersversorgung, soweit sie nach dem Ausscheiden des Arbeitnehmers eintreten, außer Betracht; dies gilt auch für die Bemessungsgrundlagen anderer Versorgungsbezüge, die bei der Berechnung der Leistung der betrieblichen Altersversorgung zu berücksichtigen sind. Ist eine Rente der gesetzlichen Rentenversicherung zu berücksichtigen, so kann das bei der Berechnung von Pensionsrückstellungen allgemein zulässige Verfahren zugrunde gelegt werden, wenn nicht der ausgeschiedene Arbeitnehmer die Anzahl der im Zeitpunkt des Ausscheidens erreichten Entgeltpunkte nach-

weist; bei Pensionskassen sind der aufsichtsbehördlich genehmigte Geschäftsplan oder die Geschäftsunterlagen maßgebend. Bei Pensionsfonds sind der Pensionsplan und die sonstigen Geschäftsunterlagen maßgebend. Versorgungsanwartschaften, die der Arbeitnehmer nach seinem Ausscheiden erwirbt, dürfen zu keiner Kürzung des Teilanspruchs nach Absatz 1 führen.

(5a) Bei einer unverfallbaren Anwartschaft aus Entgeltumwandlung tritt an die Stelle der Ansprüche nach Absatz 1, 3a oder 4 die vom Zeitpunkt der Zusage auf betriebliche Altersversorgung bis zum Ausscheiden des Arbeitnehmers erreichte Anwartschaft auf Leistungen aus den bis dahin umgewandelten Entgeltbestandteilen; dies gilt entsprechend für eine unverfallbare Anwartschaft aus Beiträgen im Rahmen einer beitragsorientierten Leistungszusage.

(5b) An die Stelle der Ansprüche nach den Absätzen 2, 3, 3a und 5a tritt bei einer Beitragszusage mit Mindestleistung das dem Arbeitnehmer planmäßig zuzurechnende Versorgungskapital auf der Grundlage der bis zu seinem Ausscheiden geleisteten Beiträge (Beiträge und die bis zum Eintritt des Versorgungsfalls erzielten Erträge), mindestens die Summe der bis dahin zugesagten Beiträge, soweit sie nicht rechnungsmäßig für einen biometrischen Risikoausgleich verbraucht wurden.

(6) *(weggefallen)*

§ 3 Abfindung

(1) Unverfallbare Anwartschaften im Falle der Beendigung des Arbeitsverhältnisses und laufende Leistungen dürfen nur unter den Voraussetzungen der folgenden Absätze abgefunden werden.

(2) Der Arbeitgeber kann eine Anwartschaft ohne Zustimmung des Arbeitnehmers abfinden, wenn der Monatsbetrag der aus der Anwartschaft resultierenden laufenden Leistung bei Erreichen der vorgesehenen Altersgrenze 1 vom Hundert, bei Kapitalleistungen zwölf Zehntel der monatlichen Bezugsgröße nach § 18 des Vierten Buches Sozialgesetzbuch nicht übersteigen würde. Dies gilt entsprechend für die Abfindung einer laufenden Leistung. Die Abfindung ist unzulässig, wenn der Arbeitnehmer von seinem Recht auf Übertragung der Anwartschaft Gebrauch macht.

(3) Die Anwartschaft ist auf Verlangen des Arbeitnehmers abzufinden, wenn die Beiträge zur gesetzlichen Rentenversicherung erstattet worden sind.

(4) Der Teil der Anwartschaft, der während eines Insolvenzverfahrens erdient worden ist, kann ohne Zustimmung des Arbeitnehmers abgefunden werden, wenn die Betriebstätigkeit vollständig eingestellt und das Unternehmen liquidiert wird.

(5) Für die Berechnung des Abfindungsbetrages gilt § 4 Abs. 5 entsprechend.

(6) Die Abfindung ist gesondert auszuweisen und einmalig zu zahlen.

§ 4 Übertragung

(1) Unverfallbare Anwartschaften und laufende Leistungen dürfen nur unter den Voraussetzungen der folgenden Absätze übertragen werden.

(2) Nach Beendigung des Arbeitsverhältnisses kann im Einvernehmen des ehemaligen mit dem neuen Arbeitgeber sowie dem Arbeitnehmer

1. die Zusage vom neuen Arbeitgeber übernommen werden oder

2. der Wert der vom Arbeitnehmer erworbenen unverfallbaren Anwartschaft auf betriebliche Altersversorgung (Übertragungswert) auf den neuen Arbeitgeber übertragen werden, wenn dieser eine wertgleiche Zusage erteilt; für die neue Anwartschaft gelten die Regelungen über Entgeltumwandlung entsprechend.

(3) Der Arbeitnehmer kann innerhalb eines Jahres nach Beendigung des Arbeitsverhältnisses von seinem ehemaligen Arbeitgeber verlangen, dass der Übertragungswert auf den neuen Arbeitgeber übertragen wird, wenn

1. die betriebliche Altersversorgung über einen Pensionsfonds, eine Pensionskasse oder eine Direktversicherung durchgeführt worden ist und

2. der Übertragungswert die Beitragsbemessungsgrenze in der allgemeinen Rentenversicherung nicht übersteigt.

Der Anspruch richtet sich gegen den Versorgungsträger, wenn der ehemalige Arbeitgeber die versicherungsförmige Lösung nach § 2 Abs. 2 oder 3 gewählt hat oder soweit der Arbeitnehmer die Versicherung oder Versorgung mit eigenen Beiträgen fortgeführt hat. Der neue Arbeitgeber ist verpflichtet, eine dem Übertragungswert wertgleiche Zusage zu erteilen und über einen Pensionsfonds, eine Pensionskasse oder eine Direktversicherung durchzuführen. Für die neue Anwartschaft gelten die Regelungen über Entgeltumwandlung entsprechend.

(4) Wird die Betriebstätigkeit eingestellt und das Unternehmen liquidiert, kann eine Zusage von einer Pensionskasse oder einem Unternehmen der Lebensversicherung ohne Zustimmung des Arbeitnehmers oder Versorgungsempfängers übernommen werden, wenn sichergestellt ist, dass die Überschussanteile ab Rentenbeginn entsprechend § 16 Abs. 3 Nr. 2 verwendet werden. § 2 Abs. 2 Satz 4 bis 6 gilt entsprechend.

(5) Der Übertragungswert entspricht bei einer unmittelbar über den Arbeitgeber oder über eine Unterstützungskasse durchgeführten betrieblichen Altersversorgung dem Barwert der nach § 2 bemessenen künftigen Versorgungsleistung im Zeitpunkt der Übertragung; bei der Berechnung des Barwerts sind die Rechnungsgrundlagen sowie die anerkannten Regeln der Versicherungsmathematik maßgebend. Soweit die betriebliche Altersversorgung über einen Pensionsfonds, eine Pensionskasse oder eine Direktversicherung durchgeführt worden ist, entspricht der Übertragungswert dem gebildeten Kapital im Zeitpunkt der Übertragung.

(6) Mit der vollständigen Übertragung des Übertragungswerts erlischt die Zusage des ehemaligen Arbeitgebers.

§ 4 a Auskunftsanspruch

(1) Der Arbeitgeber oder der Versorgungsträger hat dem Arbeitnehmer bei einem berechtigten Interesse auf dessen Verlangen schriftlich mitzuteilen,

1. in welcher Höhe aus der bisher erworbenen unverfallbaren Anwartschaft bei Erreichen der in der Versorgungsregelung vorgesehenen Altersgrenze ein Anspruch auf Altersversorgung besteht und

2. wie hoch bei einer Übertragung der Anwartschaft nach § 4 Abs. 3 der Übertragungswert ist.

(2) Der neue Arbeitgeber oder der Versorgungsträger hat dem Arbeitnehmer auf dessen Verlangen schriftlich mitzuteilen, in welcher Höhe

aus dem Übertragungswert ein Anspruch auf Altersversorgung und ob eine Invaliditäts- oder Hinterbliebenenversorgung bestehen würde.

Zweiter Abschnitt
Auszehrungsverbot

§ 5 Auszehrung und Anrechnung

(1) Die bei Eintritt des Versorgungsfalles festgesetzten Leistungen der betrieblichen Altersversorgung dürfen nicht mehr dadurch gemindert oder entzogen werden, daß Beträge, um die sich andere Versorgungsbezüge nach diesem Zeitpunkt durch Anpassung an die wirtschaftliche Entwicklung erhöhen, angerechnet oder bei der Begrenzung der Gesamtversorgung auf einen Höchstbetrag berücksichtigt werden.

(2) Leistungen der betrieblichen Altersversorgung dürfen durch Anrechnung oder Berücksichtigung anderer Versorgungsbezüge, soweit sie auf eigenen Beiträgen des Versorgungsempfängers beruhen, nicht gekürzt werden. Dies gilt nicht für Renten aus den gesetzlichen Rentenversicherungen, soweit sie auf Pflichtbeiträgen beruhen, sowie für sonstige Versorgungsbezüge, die mindestens zur Hälfte auf Beiträgen oder Zuschüssen des Arbeitgebers beruhen.

Dritter Abschnitt
Altersgrenze

§ 6 Vorzeitige Altersleistung

Einem Arbeitnehmer, der die Altersrente aus der gesetzlichen Rentenversicherung als Vollrente in Anspruch nimmt, sind auf sein Verlangen nach Erfüllung der Wartezeit und sonstiger Leistungsvoraussetzungen Leistungen der betrieblichen Altersversorgung zu gewähren. Fällt die Altersrente aus der gesetzlichen Rentenversicherung wieder weg oder wird sie auf einen Teilbetrag beschränkt, so können auch die Leistungen der betrieblichen Altersversorgung eingestellt werden. Der ausgeschiedene Arbeitnehmer ist verpflichtet, die Aufnahme oder Ausübung einer Beschäftigung oder Erwerbstätigkeit, die zu einem Wegfall oder zu einer Beschränkung der Altersrente aus der gesetzlichen Rentenversicherung führt, dem Arbeitgeber oder sonstigen Versorgungsträger unverzüglich anzuzeigen.

Vierter Abschnitt
Insolvenzsicherung

§ 7 Umfang des Versicherungsschutzes

(1) Versorgungsempfänger, deren Ansprüche aus einer unmittelbaren Versorgungszusage des Arbeitgebers nicht erfüllt werden, weil über das Vermögen des Arbeitgebers oder über seinen Nachlaß das Insolvenzverfahren eröffnet worden ist, und ihre Hinterbliebenen haben gegen den Träger der Insolvenzsicherung einen Anspruch in Höhe der Leistung, die der Arbeitgeber aufgrund der Versorgungszusage zu erbringen hätte, wenn das Insolvenzverfahren nicht eröffnet worden wäre. Satz 1 gilt entsprechend,

1. wenn Leistungen aus einer Direktversicherung aufgrund der in § 1b Abs. 2 Satz 3 genannten Tatbestände nicht gezahlt werden und der Arbeitgeber seiner Verpflichtung nach § 1b Abs. 2 Satz 3 wegen der Eröffnung des Insolvenzverfahrens nicht nachkommt,

2. wenn eine Unterstützungskasse oder ein Pensionsfonds die nach ihrer Versorgungsregelung vorgesehene Versorgung nicht erbringt, weil über das Vermögen oder den Nachlass eines Arbeitgebers, der der Unterstützungskasse oder dem Pensionsfonds Zuwendungen leistet (Trägerunternehmen), das Insolvenzverfahren eröffnet worden ist.

§ 11* des Versicherungsvertragsgesetzes findet entsprechende Anwendung. Der Eröffnung des Insolvenzverfahrens stehen bei der Anwendung der Sätze 1 bis 3 gleich

1. die Abweisung des Antrags auf Eröffnung des Insolvenzverfahrens mangels Masse,

2. der außergerichtliche Vergleich (Stundungs-, Quoten- oder Liquidationsvergleich) des Arbeitgebers mit seinen Gläubigern zur Abwendung eines Insolvenzverfahrens, wenn ihm der Träger der Insolvenzsicherung zustimmt,

3. die vollständige Beendigung der Betriebstätigkeit im Geltungsbereich dieses Gesetzes, wenn ein Antrag auf Eröffnung des Insolvenzverfahrens nicht gestellt worden ist und ein Insolvenzverfahren offensichtlich mangels Masse nicht in Betracht kommt.

(1a) Der Anspruch gegen den Träger der Insolvenzsicherung entsteht mit dem Beginn des Kalendermonats, der auf den Eintritt des Siche-

---

* Ab 1.1.2008: »§ 14« gem. VVG-E, BT-Drucks. 16/5862 v. 28.6.2007 S. 80.

rungsfalles folgt. Der Anspruch endet mit Ablauf des Sterbemonats des Begünstigten, soweit in der Versorgungszusage des Arbeitgebers nicht etwas anderes bestimmt ist. In den Fällen des Absatzes 1 Satz 1 und 4 Nr. 1 und 3 umfaßt der Anspruch auch rückständige Versorgungsleistungen, soweit diese bis zu sechs Monaten vor Entstehen der Leistungspflicht des Trägers der Insolvenzsicherung entstanden sind.

(2) Personen, die bei Eröffnung des Insolvenzverfahrens oder bei Eintritt der nach Absatz 1 Satz 4 gleichstehenden Voraussetzungen (Sicherungsfall) eine nach § 1b unverfallbare Versorgungsanwartschaft haben, und ihre Hinterbliebenen haben bei Eintritt des Versorgungsfalls einen Anspruch gegen den Träger der Insolvenzversicherung, wenn die Anwartschaft beruht,

1. auf einer unmittelbaren Versorgungszusage des Arbeitgebers oder

2. auf einer Direktversicherung und der Arbeitnehmer hinsichtlich der Leistungen des Versicherers widerruflich bezugsberechtigt ist oder die Leistungen aufgrund der in § 1b Abs. 2 Satz 3 genannten Tatbestände nicht gezahlt werden und der Arbeitgeber seiner Verpflichtung aus § 1b Abs. 2 Satz 3 wegen der Eröffnung des Insolvenzverfahrens nicht nachkommt.

Satz 1 gilt entsprechend für Personen, die zum Kreis der Begünstigten einer Unterstützungskasse oder eines Pensionsfonds gehören, wenn der Sicherungsfall bei einem Trägerunternehmen eingetreten ist. Die Höhe des Anspruchs richtet sich nach der Höhe der Leistungen gemäß § 2 Abs. 1, 2 Satz 2 und Abs. 5, bei Unterstützungskassen nach dem Teil der nach der Versorgungsregelung vorgesehenen Versorgung, der dem Verhältnis der Dauer der Betriebszugehörigkeit zu der Zeit vom Beginn der Betriebszugehörigkeit bis zum Erreichen der in der Versorgungsregelung vorgesehenen festen Altersgrenze entspricht, es sei denn, § 2 Abs. 5a ist anwendbar. Für die Berechnung der Höhe des Anspruchs nach Satz 3 wird die Betriebszugehörigkeit bis zum Eintritt des Sicherungsfalles berücksichtigt. Bei Pensionsfonds mit Leistungszusagen gelten für die Höhe des Anspruchs die Bestimmungen für unmittelbare Versorgungszusagen entsprechend, bei Beitragszusagen mit Mindestleistung gilt für die Höhe des Anspruchs § 2 Abs. 5b.

(3) Ein Anspruch auf laufende Leistungen gegen den Träger der Insolvenzsicherung beträgt im Monat höchstens das Dreifache der im Zeitpunkt der ersten Fälligkeit maßgebenden monatlichen Bezugsgröße gemäß § 18 des Vierten Buches Sozialgesetzbuch. Satz 1 gilt entsprechend bei einem Anspruch auf Kapitalleistungen mit der Maßgabe, daß zehn

vom Hundert der Leistung als Jahresbetrag einer laufenden Leistung anzusetzen sind.

(4) Ein Anspruch auf Leistungen gegen den Träger der Insolvenzsicherung vermindert sich in dem Umfang, in dem der Arbeitgeber oder sonstige Träger der Versorgung die Leistungen der betrieblichen Altersversorgung erbringt. Wird im Insolvenzverfahren ein Insolvenzplan bestätigt, vermindert sich der Anspruch auf Leistungen gegen den Träger der Insolvenzsicherung insoweit, als nach dem Insolvenzplan der Arbeitgeber oder sonstige Träger der Versorgung einen Teil der Leistungen selbst zu erbringen hat. Sieht der Insolvenzplan vor, daß der Arbeitgeber oder sonstige Träger der Versorgung die Leistungen der betrieblichen Altersversorgung von einem bestimmten Zeitpunkt an selbst zu erbringen hat, entfällt der Anspruch auf Leistungen gegen den Träger der Insolvenzsicherung von diesem Zeitpunkt an. Die Sätze 2 und 3 sind für den außergerichtlichen Vergleich nach Absatz 1 Satz 4 Nr. 2 entsprechend anzuwenden. Im Insolvenzplan soll vorgesehen werden, daß bei einer nachhaltigen Besserung der wirtschaftlichen Lage des Arbeitgebers die vom Träger der Insolvenzsicherung zu erbringenden Leistungen ganz oder zum Teil vom Arbeitgeber oder sonstigen Träger der Versorgung wieder übernommen werden.

(5) Ein Anspruch gegen den Träger der Insolvenzsicherung besteht nicht, soweit nach den Umständen des Falles die Annahme gerechtfertigt ist, daß es der alleinige oder überwiegende Zweck der Versorgungszusage oder ihre Verbesserung oder der für die Direktversicherung in § 1b Abs. 2 Satz 3 genannten Tatbestände gewesen ist, den Träger der Insolvenzsicherung in Anspruch zu nehmen. Diese Annahme ist insbesondere dann gerechtfertigt, wenn bei Erteilung oder Verbesserung der Versorgungszusage wegen der wirtschaftlichen Lage des Arbeitgebers zu erwarten war, daß die Zusage nicht erfüllt werde. Ein Anspruch auf Leistungen gegen den Träger der Insolvenzsicherung besteht bei Zusagen und Verbesserungen von Zusagen, die in den beiden letzten Jahren vor dem Eintritt des Sicherungsfalls erfolgt sind, nur

1. für ab dem 1. Januar 2002 gegebene Zusagen, soweit bei Entgeltumwandlung Beträge von bis zu 4 vom Hundert der Beitragsbemessungsgrenze in der allgemeinen Rentenversicherung für eine betriebliche Altersversorgung verwendet werden oder

2. für im Rahmen von Übertragungen gegebene Zusagen, soweit der Übertragungswert die Beitragsbemessungsgrenze in der allgemeinen Rentenversicherung nicht übersteigt.

(6) Ist der Sicherungsfall durch kriegerische Ereignisse, innere Unruhen, Naturkatastrophen oder Kernenergie verursacht worden, kann der Träger der Insolvenzsicherung mit Zustimmung der Bundesanstalt für Finanzdienstleistungsaufsicht die Leistungen nach billigem Ermessen abweichend von den Absätzen 1 bis 5 festsetzen.

§ 8 Übertragung der Leistungspflicht und Abfindung

(1) Ein Anspruch gegen den Träger der Insolvenzsicherung auf Leistungen nach § 7 besteht nicht, wenn eine Pensionskasse oder ein Unternehmen der Lebensversicherung sich dem Träger der Insolvenzsicherung gegenüber verpflichtet, diese Leistungen zu erbringen, und die nach § 7 Berechtigten ein unmittelbares Recht erwerben, die Leistungen zu fordern.

(1a) Der Träger der Insolvenzsicherung hat die gegen ihn gerichteten Ansprüche auf den Pensionsfonds, dessen Trägerunternehmen die Eintrittspflicht nach § 7 ausgelöst hat, im Sinne von Absatz 1 zu übertragen, wenn die Bundesanstalt für Finanzdienstleistungsaufsicht hierzu die Genehmigung erteilt. Die Genehmigung kann nur erteilt werden, wenn durch Auflagen der Bundesanstalt für Finanzdienstleistungsaufsicht die dauernde Erfüllbarkeit der Leistungen aus dem Pensionsplan sichergestellt werden kann. Die Genehmigung der Bundesanstalt für Finanzdienstleistungsaufsicht kann der Pensionsfonds nur innerhalb von drei Monaten nach Eintritt des Sicherungsfalles beantragen.

(2) Der Träger der Insolvenzsicherung kann eine Anwartschaft ohne Zustimmung des Arbeitnehmers abfinden, wenn der Monatsbetrag der aus der Anwartschaft resultierenden laufenden Leistung bei Erreichen der vorgesehenen Altersgrenze 1 vom Hundert, bei Kapitalleistungen zwölf Zehntel der monatlichen Bezugsgröße nach § 18 des Vierten Buches Sozialgesetzbuch nicht übersteigen würde oder wenn dem Arbeitnehmer die Beiträge zur gesetzlichen Rentenversicherung erstattet worden sind. Dies gilt entsprechend für die Abfindung einer laufenden Leistung. Die Abfindung ist darüber hinaus möglich, wenn sie an ein Unternehmen der Lebensversicherung gezahlt wird, bei dem der Versorgungsberechtigte im Rahmen einer Direktversicherung versichert ist. § 2 Abs. 2 Satz 4 bis 6 und § 3 Abs. 5 gelten entsprechend.

§ 9 Mitteilungspflicht; Forderungs- und Vermögensübergang

(1) Der Träger der Insolvenzsicherung teilt dem Berechtigten die ihm nach § 7 oder § 8 zustehenden Ansprüche oder Anwartschaften schriftlich mit. Unterbleibt die Mitteilung, so ist der Anspruch oder die Anwartschaft spätestens ein Jahr nach dem Sicherungsfall bei dem Träger der Insolvenzsicherung anzumelden; erfolgt die Anmeldung später, so beginnen die Leistungen frühestens mit dem Ersten des Monats der Anmeldung, es sei denn, daß der Berechtigte an der rechtzeitigen Anmeldung ohne sein Verschulden verhindert war.

(2) Ansprüche oder Anwartschaften des Berechtigten gegen den Arbeitgeber auf Leistungen der betrieblichen Altersversorgung, die den Anspruch gegen den Träger der Insolvenzsicherung begründen, gehen im Falle eines Insolvenzverfahrens mit dessen Eröffnung, in den übrigen Sicherungsfällen dann auf den Träger der Insolvenzsicherung über, wenn dieser nach Absatz 1 Satz 1 dem Berechtigten die ihm zustehenden Ansprüche oder Anwartschaften mitteilt. Der Übergang kann nicht zum Nachteil des Berechtigten geltend gemacht werden. Die mit der Eröffnung des Insolvenzverfahrens übergegangenen Anwartschaften werden im Insolvenzverfahren als unbedingte Forderungen nach § 45 der Insolvenzordnung geltend gemacht.

(3) Ist der Träger der Insolvenzsicherung zu Leistungen verpflichtet, die ohne den Eintritt des Sicherungsfalles eine Unterstützungskasse erbringen würde, geht deren Vermögen einschließlich der Verbindlichkeiten auf ihn über; die Haftung für die Verbindlichkeiten beschränkt sich auf das übergegangene Vermögen. Wenn die übergegangenen Vermögenswerte den Barwert der Ansprüche und Anwartschaften gegen den Träger der Insolvenzsicherung übersteigen, hat dieser den übersteigenden Teil entsprechend der Satzung der Unterstützungskasse zu verwenden. Bei einer Unterstützungskasse mit mehreren Trägerunternehmen hat der Träger der Insolvenzsicherung einen Anspruch gegen die Unterstützungskasse auf einen Betrag, der dem Teil des Vermögens der Kasse entspricht, der auf das Unternehmen entfällt, bei dem der Sicherungsfall eingetreten ist. Die Sätze 1 bis 3 gelten nicht, wenn der Sicherungsfall auf den in § 7 Abs. 1 Satz 4 Nr. 2 genannten Gründen beruht, es sei denn, daß das Trägerunternehmen seine Betriebstätigkeit nach Eintritt des Sicherungsfalls nicht fortsetzt und aufgelöst wird (Liquidationsvergleich).

(3a) Absatz 3 findet entsprechende Anwendung auf einen Pensionsfonds, wenn die Bundesanstalt für Finanzdienstleistungsaufsicht die Genehmigung für die Übertragung der Leistungspflicht durch den Träger der Insolvenzsicherung nach § 8 Abs. 1a nicht erteilt.

(4) In einem Insolvenzplan, der die Fortführung des Unternehmens oder eines Betriebes vorsieht, kann für den Träger der Insolvenzsicherung eine besondere Gruppe gebildet werden. Sofern im Insolvenzplan nichts anderes vorgesehen ist, kann der Träger der Insolvenzsicherung, wenn innerhalb von drei Jahren nach der Aufhebung des Insolvenzverfahrens ein Antrag auf Eröffnung eines neuen Insolvenzverfahrens über das Vermögen des Arbeitgebers gestellt wird, in diesem Verfahren als Insolvenzgläubiger Erstattung der von ihm erbrachten Leistungen verlangen.

(5) Dem Träger der Insolvenzsicherung steht gegen den Beschluß, durch den das Insolvenzverfahren eröffnet wird, die sofortige Beschwerde zu.

§ 10 Beitragspflicht und Beitragsbemessung

(1) Die Mittel für die Durchführung der Insolvenzsicherung werden auf Grund öffentlich-rechtlicher Verpflichtung durch Beiträge aller Arbeitgeber aufgebracht, die Leistungen der betrieblichen Altersversorgung unmittelbar zugesagt haben oder eine betriebliche Altersversorgung über eine Unterstützungskasse, eine Direktversicherung der in § 7 Abs. 1 Satz 2 und Abs. 2 Satz 1 Nr. 2 bezeichneten Art oder einen Pensionsfonds durchführen.

(2) Die Beiträge müssen den Barwert der im laufenden Kalenderjahr entstehenden Ansprüche auf Leistungen der Insolvenzsicherung decken zuzüglich eines Betrages für die aufgrund eingetretener Insolvenzen zu sichernden Anwartschaften, der sich aus dem Unterschied der Barwerte dieser Anwartschaften am Ende des Kalenderjahres und am Ende des Vorjahres bemisst. Der Rechnungszinsfuß bei der Berechnung des Barwerts der Ansprüche auf Leistungen der Insolvenzsicherung bestimmt sich nach § 65 des Versicherungsaufsichtsgesetzes; soweit keine Übertragung nach § 8 Abs. 1 stattfindet, ist der Rechnungszinsfuß bei der Berechnung des Barwerts der Anwartschaften um ein Drittel höher. Darüber hinaus müssen die Beiträge die im gleichen Zeitraum entstehenden Verwaltungskosten und sonstigen Kosten, die mit der Gewährung der Leistungen zusammenhängen, und die Zuführung zu einem

von der Bundesanstalt für Finanzdienstleistungsaufsicht festgesetzten Ausgleichsfonds decken; § 37 des Versicherungsaufsichtsgesetzes bleibt unberührt. Auf die am Ende des Kalenderjahres fälligen Beiträge können Vorschüsse erhoben werden. Sind die nach den Sätzen 1 bis 3 erforderlichen Beiträge höher als im vorangegangenen Kalenderjahr, so kann der Unterschiedsbetrag auf das laufende und die folgenden vier Kalenderjahre verteilt werden. In Jahren, in denen sich außergewöhnlich hohe Beiträge ergeben würden, kann zu deren Ermäßigung der Ausgleichsfonds in einem von der Bundesanstalt für Finanzdienstleistungsaufsicht zu genehmigenden Umfang herangezogen werden.

(3) Die nach Absatz 2 erforderlichen Beiträge werden auf die Arbeitgeber nach Maßgabe der nachfolgenden Beträge umgelegt, soweit sie sich auf die laufenden Versorgungsleistungen und die nach § 1 b unverfallbaren Versorgungsanwartschaften beziehen (Beitragsbemessungsgrundlage); diese Beträge sind festzustellen auf den Schluß des Wirtschaftsjahres des Arbeitgebers, das im abgelaufenen Kalenderjahr geendet hat:

1. Bei Arbeitgebern, die Leistungen der betrieblichen Altersversorgung unmittelbar zugesagt haben, ist Beitragsbemessungsgrundlage der Teilwert der Pensionsverpflichtung (§ 6a Abs. 3 des Einkommensteuergesetzes).

2. Bei Arbeitgebern, die eine betriebliche Altersversorgung über eine Direktversicherung mit widerruflichem Bezugsrecht durchführen, ist Beitragsbemessungsgrundlage das geschäftsplanmäßige Deckungskapital oder, soweit die Berechnung des Deckungskapitals nicht zum Geschäftsplan gehört, die Deckungsrückstellung. Für Versicherungen, bei denen der Versicherungsfall bereits eingetreten ist, und für Versicherungsanwartschaften, für die ein unwiderrufliches Bezugsrecht eingeräumt ist, ist das Deckungskapital oder die Deckungsrückstellung nur insoweit zu berücksichtigen, als die Versicherungen abgetreten oder beliehen sind.

3. Bei Arbeitgebern, die eine betriebliche Altersversorgung über eine Unterstützungskasse durchführen, ist Beitragsbemessungsgrundlage das Deckungskapital für die laufenden Leistungen (§ 4d Abs. 1 Nr. 1 Buchstabe a des Einkommensteuergesetzes) zuzüglich des Zwanzigfachen der nach § 4d Abs. 1 Nr. 1 Buchstabe b Satz 1 des Einkommensteuergesetzes errechneten jährlichen Zuwendungen für Leistungsanwärter im Sinne von § 4d Abs. 1 Nr. 1 Buchstabe b Satz 2 des Einkommensteuergesetzes.

4. Bei Arbeitgebern, soweit sie betriebliche Altersversorgung über einen Pensionsfonds durchführen, ist Beitragsbemessungsgrundlage 20 vom Hundert des entsprechend Nummer 1 ermittelten Betrages.

(4) Aus den Beitragsbescheiden des Trägers der Insolvenzsicherung findet die Zwangsvollstreckung in entsprechender Anwendung der Vorschriften der Zivilprozeßordnung statt. Die vollstreckbare Ausfertigung erteilt der Träger der Insolvenzsicherung.

§ 10 a Säumniszuschläge; Zinsen; Verjährung

(1) Für Beiträge, die wegen Verstoßes des Arbeitgebers gegen die Meldepflicht erst nach Fälligkeit erhoben werden, kann der Träger der Insolvenzsicherung für jeden angefangenen Monat vom Zeitpunkt der Fälligkeit an einen Säumniszuschlag in Höhe von bis zu eins vom Hundert der nacherhobenen Beiträge erheben.

(2) Für festgesetzte Beiträge und Vorschüsse, die der Arbeitgeber nach Fälligkeit zahlt, erhebt der Träger der Insolvenzsicherung für jeden Monat Verzugszinsen in Höhe von 0,5 vom Hundert der rückständigen Beiträge. Angefangene Monate bleiben außer Ansatz.

(3) Vom Träger der Insolvenzsicherung zu erstattende Beiträge werden vom Tage der Fälligkeit oder bei Feststellung des Erstattungsanspruchs durch gerichtliche Entscheidung vom Tage der Rechtshängigkeit an für jeden Monat mit 0,5 vom Hundert verzinst. Angefangene Monate bleiben außer Ansatz.

(4) Ansprüche auf Zahlung der Beiträge zur Insolvenzsicherung gemäß § 10 sowie Erstattungsansprüche nach Zahlung nicht geschuldeter Beiträge zur Insolvenzsicherung verjähren in sechs Jahren. Die Verjährungsfrist beginnt mit Ablauf des Kalenderjahres, in dem die Beitragspflicht entstanden oder der Erstattungsanspruch fällig geworden ist. Auf die Verjährung sind die Vorschriften des Bürgerlichen Gesetzbuchs anzuwenden.

§ 11 Melde-, Auskunfts- und Mitteilungspflichten

(1) Der Arbeitgeber hat dem Träger der Insolvenzsicherung eine betriebliche Altersversorgung nach § 1 b Abs. 1 bis 4 für seine Arbeitnehmer innerhalb von 3 Monaten nach Erteilung der unmittelbaren Versor-

gungszusage, dem Abschluß einer Direktversicherung oder der Errichtung einer Unterstützungskasse oder eines Pensionsfonds mitzuteilen. Der Arbeitgeber, der sonstige Träger der Versorgung, der Insolvenzverwalter und die nach § 7 Berechtigten sind verpflichtet, dem Träger der Insolvenzsicherung alle Auskünfte zu erteilen, die zur Durchführung der Vorschriften dieses Abschnittes erforderlich sind, sowie Unterlagen vorzulegen, aus denen die erforderlichen Angaben ersichtlich sind.

(2) Ein beitragspflichtiger Arbeitgeber hat dem Träger der Insolvenzsicherung spätestens bis zum 30. September eines jeden Kalenderjahres die Höhe des nach § 10 Abs. 3 für die Bemessung des Beitrages maßgebenden Betrages bei unmittelbaren Versorgungszusagen und Pensionsfonds auf Grund eines versicherungsmathematischen Gutachtens, bei Direktversicherungen auf Grund einer Bescheinigung des Versicherers und bei Unterstützungskassen auf Grund einer nachprüfbaren Berechnung mitzuteilen. Der Arbeitgeber hat die in Satz 1 bezeichneten Unterlagen mindestens 6 Jahre aufzubewahren.

(3) Der Insolvenzverwalter hat dem Träger der Insolvenzsicherung die Eröffnung des Insolvenzverfahrens, Namen und Anschriften der Versorgungsempfänger und die Höhe ihrer Versorgung nach § 7 unverzüglich mitzuteilen. Er hat zugleich Namen und Anschriften der Personen, die bei Eröffnung des Insolvenzverfahrens eine nach § 1 unverfallbare Versorgungsanwartschaft haben, sowie die Höhe ihrer Anwartschaft nach § 7 mitzuteilen.

(4) Der Arbeitgeber, der sonstige Träger der Versorgung und die nach § 7 Berechtigten sind verpflichtet, dem Insolvenzverwalter Auskünfte über alle Tatsachen zu erteilen, auf die sich die Mitteilungspflicht nach Absatz 3 bezieht.

(5) In den Fällen, in denen ein Insolvenzverfahren nicht eröffnet wird (§ 7 Abs. 1 Satz 4) oder nach § 207 der Insolvenzordnung eingestellt worden ist, sind die Pflichten des Insolvenzverwalters nach Absatz 3 vom Arbeitgeber oder dem sonstigen Träger der Versorgung zu erfüllen.

(6) Kammern und andere Zusammenschlüsse von Unternehmern oder anderen selbständigen Berufstätigen, die als Körperschaften des öffentlichen Rechts errichtet sind, ferner Verbände und andere Zusammenschlüsse, denen Unternehmer oder andere selbständige Berufstätige kraft Gesetzes angehören oder anzugehören haben, haben den Träger der Insolvenzsicherung bei der Ermittlung der nach § 10 beitragspflichtigen Arbeitgeber zu unterstützen.

(7) Die nach den Absätzen 1 bis 3 und 5 zu Mitteilungen und Auskünften und die nach Absatz 6 zur Unterstützung Verpflichteten haben die vom Träger der Insolvenzsicherung vorgesehenen Vordrucke zu verwenden.

(8) Zur Sicherung der vollständigen Erfassung der nach § 10 beitragspflichtigen Arbeitgeber können die Finanzämter dem Träger der Insolvenzsicherung mitteilen, welche Arbeitgeber für die Beitragspflicht in Betracht kommen. Die Bundesregierung wird ermächtigt, durch Rechtsverordnung mit Zustimmung des Bundesrates das Nähere zu bestimmen und Einzelheiten des Verfahrens zu regeln.

§ 12 Ordnungswidrigkeiten

(1) Ordnungswidrig handelt, wer vorsätzlich oder fahrlässig

1. entgegen § 11 Abs. 1 Satz 1, Abs. 2 Satz 1, Abs. 3 oder Abs. 5 eine Mitteilung nicht, nicht richtig, nicht vollständig oder nicht rechtzeitig vornimmt,

2. entgegen § 11 Abs. 1 Satz 2 oder Abs. 4 eine Auskunft nicht, nicht richtig, nicht vollständig oder nicht rechtzeitig erteilt oder

3. entgegen § 11 Abs. 1 Satz 2 Unterlagen nicht, nicht richtig, nicht vollständig oder nicht rechtzeitig vorlegt oder entgegen § 11 Abs. 2 Satz 2 Unterlagen nicht aufbewahrt.

(2) Die Ordnungswidrigkeit kann mit einer Geldbuße bis zu zweitausendfünfhundert Euro geahndet werden.

(3) Verwaltungsbehörde im Sinne des § 36 Abs. 1 Nr. 1 des Gesetzes über Ordnungswidrigkeiten ist die Bundesanstalt für Finanzdienstleistungsaufsicht.

§ 13

(weggefallen)

§ 14 Träger der Insolvenzsicherung

(1) Träger der Insolvenzsicherung ist der Pensions-Sicherungs-Verein Versicherungsverein auf Gegenseitigkeit. Er ist zugleich Träger der Insolvenzsicherung von Versorgungszusagen Luxemburger Unternehmen nach Maßgabe des Abkommens vom 22. September 2000 zwischen der Bundesrepublik Deutschland und dem Großherzogtum Luxemburg über Zusammenarbeit im Bereich der Insolvenzsicherung betrieblicher Altersversorgung. Er unterliegt der Aufsicht durch die Bundesanstalt für Finanzdienstleistungsaufsicht. Die Vorschriften des Versicherungsaufsichtsgesetzes gelten, soweit dieses Gesetz nichts anderes bestimmt.

(2) Der Bundesminister für Arbeit und Sozialordnung weist durch Rechtsverordnung mit Zustimmung des Bundesrates die Stellung des Trägers der Insolvenzsicherung der Kreditanstalt für Wiederaufbau zu, bei der ein Fonds zur Insolvenzsicherung der betrieblichen Altersversorgung gebildet wird, wenn

1. bis zum 31. Dezember 1974 nicht nachgewiesen worden ist, daß der in Absatz 1 genannte Träger die Erlaubnis der Aufsichtsbehörde zum Geschäftsbetrieb erhalten hat,

2. der in Absatz 1 genannte Träger aufgelöst worden ist oder

3. die Aufsichtsbehörde den Geschäftsbetrieb des in Absatz 1 genannten Trägers untersagt oder die Erlaubnis zum Geschäftsbetrieb widerruft.

In den Fällen der Nummern 2 und 3 geht das Vermögen des in Absatz 1 genannten Trägers einschließlich der Verbindlichkeiten auf die Kreditanstalt für Wiederaufbau über, die es dem Fonds zur Insolvenzsicherung der betrieblichen Altersversorgung zuweist.

(3) Wird die Insolvenzsicherung von der Kreditanstalt für Wiederaufbau durchgeführt, gelten die Vorschriften dieses Abschnittes mit folgenden Abweichungen:

1. In § 7 Abs. 6 entfällt die Zustimmung der Bundesanstalt für Finanzdienstleistungsaufsicht.

2. § 10 Abs. 2 findet keine Anwendung. Die von der Kreditanstalt für Wiederaufbau zu erhebenden Beiträge müssen den Bedarf für die laufenden Leistungen der Insolvenzsicherung im laufenden Kalenderjahr und die im gleichen Zeitraum entstehenden Verwaltungskosten und sonstigen Kosten, die mit der Gewährung der Leistungen zu-

sammenhängen, decken. Bei einer Zuweisung nach Absatz 2 Nr. 1 beträgt der Beitrag für die ersten 3 Jahre mindestens 0,1 vom Hundert der Beitragsbemessungsgrundlage gemäß § 10 Abs. 3; der nicht benötigte Teil dieses Beitragsaufkommens wird einer Betriebsmittelreserve zugeführt. Bei einer Zuweisung nach Absatz 2 Nr. 2 oder 3 wird in den ersten 3 Jahren zu dem Beitrag nach Nummer 2 Satz 2 ein Zuschlag von 0,08 vom Hundert der Beitragsbemessungsgrundlage gemäß § 10 Abs. 3 zur Bildung einer Betriebsmittelreserve erhoben. Auf die Beiträge können Vorschüsse erhoben werden.

3. In § 12 Abs. 3 tritt an die Stelle der Bundesanstalt für Finanzdienstleistungsaufsicht die Kreditanstalt für Wiederaufbau.

Die Kreditanstalt für Wiederaufbau verwaltet den Fonds im eigenen Namen. Für Verbindlichkeiten des Fonds haftet sie nur mit dem Vermögen des Fonds. Dieser haftet nicht für die sonstigen Verbindlichkeiten der Bank. § 11 Abs. 1 Satz 1 des Gesetzes über die Kreditanstalt für Wiederaufbau in der Fassung der Bekanntmachung vom 23. Juni 1969 (BGBl. I S. 573), das zuletzt durch Artikel 14 des Gesetzes vom 21. Juni 2002 (BGBl. I S. 2010) geändert worden ist, ist in der jeweils geltenden Fassung auch für den Fonds anzuwenden.

§ 15 Verschwiegenheitspflicht

Personen, die bei dem Träger der Insolvenzsicherung beschäftigt oder für ihn tätig sind, dürfen fremde Geheimnisse, insbesondere Betriebs- oder Geschäftsgeheimnisse nicht unbefugt offenbaren oder verwerten. Sie sind nach dem Gesetz über die förmliche Verpflichtung nichtbeamteter Personen vom 2. März 1974 (Bundesgesetzbl. I S. 469, 547) von der Bundesanstalt für Finanzdienstleistungsaufsicht auf die gewissenhafte Erfüllung ihrer Obliegenheiten zu verpflichten.

Fünfter Abschnitt
Anpassung
§ 16 Anpassungsprüfungspflicht

(1) Der Arbeitgeber hat alle drei Jahre eine Anpassung der laufenden Leistungen der betrieblichen Altersversorgung zu prüfen und hierüber nach billigem Ermessen zu entscheiden; dabei sind insbesondere die Belange des Versorgungsempfängers und die wirtschaftliche Lage des Arbeitgebers zu berücksichtigen.

(2) Die Verpflichtung nach Absatz 1 gilt als erfüllt, wenn die Anpassung nicht geringer ist als der Anstieg

1. des Verbraucherpreisindexes für Deutschland oder

2. der Nettolöhne vergleichbarer Arbeitnehmergruppen des Unternehmens

im Prüfungszeitraum.

(3) Die Verpflichtung nach Absatz 1 entfällt, wenn

1. der Arbeitgeber sich verpflichtet, die laufenden Leistungen jährlich um wenigstens eins vom Hundert anzupassen oder

2. die betriebliche Altersversorgung über eine Direktversicherung im Sinne des § 1b Abs. 2 oder über eine Pensionskasse im Sinne des § 1b Abs. 3 durchgeführt wird, ab Rentenbeginn sämtliche auf den Rentenbestand entfallende Überschußanteile zur Erhöhung der laufenden Leistungen verwendet werden und zur Berechnung der garantierten Leistung der nach § 65 Abs. 1 Nr. 1 Buchstabe a des Versicherungsaufsichtsgesetzes festgesetzte Höchstzinssatz zur Berechnung der Deckungsrückstellung nicht überschritten wird oder

3. eine Beitragszusage mit Mindestleistung erteilt wurde; Absatz 5 findet insoweit keine Anwendung.

(4) Sind laufende Leistungen nach Absatz 1 nicht oder nicht in vollem Umfang anzupassen (zu Recht unterbliebene Anpassung), ist der Arbeitgeber nicht verpflichtet, die Anpassung zu einem späteren Zeitpunkt nachzuholen. Eine Anpassung gilt als zu Recht unterblieben, wenn der Arbeitgeber dem Versorgungsempfänger die wirtschaftliche Lage des Unternehmens schriftlich dargelegt, der Versorgungsempfänger nicht binnen drei Kalendermonaten nach Zugang der Mitteilung schriftlich widersprochen hat und er auf die Rechtsfolgen eines nicht fristgemäßen Widerspruchs hingewiesen wurde.

(5) Soweit betriebliche Altersversorgung durch Entgeltumwandlung finanziert wird, ist der Arbeitgeber verpflichtet, die Leistungen mindestens entsprechend Absatz 3 Nr. 1 anzupassen oder im Falle der Durchführung über eine Direktversicherung oder eine Pensionskasse sämtliche Überschussanteile entsprechend Absatz 3 Nr. 2 zu verwenden.

(6) Eine Verpflichtung zur Anpassung besteht nicht für monatliche Raten im Rahmen eines Auszahlungsplans sowie für Renten ab Vollendung des 85. Lebensjahres im Anschluss an einen Auszahlungsplan.

Sechster Abschnitt
Geltungsbereich

§ 17 Persönlicher Geltungsbereich und Tariföffnungsklausel

(1) Arbeitnehmer im Sinne der §§ 1 bis 16 sind Arbeiter und Angestellte einschließlich der zu ihrer Berufsausbildung Beschäftigten; ein Berufsausbildungsverhältnis steht einem Arbeitsverhältnis gleich. Die §§ 1 bis 16 gelten entsprechend für Personen, die nicht Arbeitnehmer sind, wenn ihnen Leistungen der Alters-, Invaliditäts- oder Hinterbliebenenversorgung aus Anlaß ihrer Tätigkeit für ein Unternehmen zugesagt worden sind. Arbeitnehmer im Sinne von § 1 a Abs. 1 sind nur Personen nach den Sätzen 1 und 2, soweit sie aufgrund der Beschäftigung oder Tätigkeit bei dem Arbeitgeber, gegen den sich der Anspruch nach § 1 a richten würde, in der gesetzlichen Rentenversicherung pflichtversichert sind.

(2) Die §§ 7 bis 15 gelten nicht für den Bund, die Länder, die Gemeinden sowie die Körperschaften, Stiftungen und Anstalten des öffentlichen Rechts, bei denen das Insolvenzverfahren nicht zulässig ist, und solche juristische Personen des öffentlichen Rechts, bei denen der Bund, ein Land oder eine Gemeinde kraft Gesetzes die Zahlungsfähigkeit sichert.

(3) Von den §§ 1 a, 2 bis 5, 16, 18 a Satz 1, §§ 27 und 28 kann in Tarifverträgen abgewichen werden. Die abweichenden Bestimmungen haben zwischen nichttarifgebundenen Arbeitgebern und Arbeitnehmern Geltung, wenn zwischen diesen die Anwendung der einschlägigen tariflichen Regelung vereinbart ist. Im übrigen kann von den Bestimmungen dieses Gesetzes nicht zuungunsten des Arbeitnehmers abgewichen werden.

(4) Gesetzliche Regelungen über Leistungen der betrieblichen Altersversorgung werden unbeschadet des § 18 durch die §§ 1 bis 16 und 26 bis 30 nicht berührt.

(5) Soweit Entgeltansprüche auf einem Tarifvertrag beruhen, kann für diese eine Entgeltumwandlung nur vorgenommen werden, soweit dies durch Tarifvertrag vorgesehen oder durch Tarifvertrag zugelassen ist.

§ 18 Sonderregelungen für den öffentlichen Dienst

(1) Für Personen, die

1. bei der Versorgungsanstalt des Bundes und der Länder (VBL) oder einer kommunalen oder kirchlichen Zusatzversorgungseinrichtung pflichtversichert sind, oder

2. bei einer anderen Zusatzversorgungseinrichtung pflichtversichert sind, die mit einer der Zusatzversorgungseinrichtungen nach Nummer 1 ein Überleitungsabkommen abgeschlossen hat oder aufgrund satzungsrechtlicher Vorschriften der Zusatzversorgungseinrichtungen nach Nummer 1 ein solches Abkommen abschließen kann, oder

3. unter das Gesetz über die zusätzliche Alters- und Hinterbliebenenversorgung für Angestellte und Arbeiter der Freien und Hansestadt Hamburg (Erstes Ruhegeldgesetz– 1. RGG), das Gesetz zur Neuregelung der zusätzlichen Alters- und Hinterbliebenenversorgung für Angestellte und Arbeiter der Freien und Hansestadt Hamburg (Zweites Ruhegeldgesetz– 2. RGG) oder unter das Bremische Ruhelohngesetz in ihren jeweiligen Fassungen fallen oder auf die diese Gesetze sonst Anwendung finden,

gelten die §§ 2, 5, 16, 27 und 28 nicht, soweit sich aus den nachfolgenden Regelungen nichts Abweichendes ergibt; § 4 gilt nicht, wenn die Anwartschaft oder die laufende Leistung ganz oder teilweise umlage- oder haushaltsfinanziert ist.

(2) Bei Eintritt des Versorgungsfalles erhalten die in Absatz 1 Nr. 1 und 2 bezeichneten Personen, deren Anwartschaft nach § 1 b fortbesteht und deren Arbeitsverhältnis vor Eintritt des Versorgungsfalles geendet hat, von der Zusatzversorgungseinrichtung eine Zusatzrente nach folgenden Maßgaben:

1. Der monatliche Betrag der Zusatzrente beträgt für jedes Jahr der aufgrund des Arbeitsverhältnisses bestehenden Pflichtversicherung bei einer Zusatzversorgungseinrichtung 2,25 vom Hundert, höchstens jedoch 100 vom Hundert der Leistung, die bei dem höchstmöglichen Versorgungssatz zugestanden hätte (Voll-Leistung). Für die Berechnung der Voll-Leistung

   a) ist der Versicherungsfall der Regelaltersrente maßgebend,

   b) ist das Arbeitsentgelt maßgebend, das nach der Versorgungsregelung für die Leistungsbemessung maßgebend wäre, wenn im

Zeitpunkt des Ausscheidens der Versicherungsfall im Sinne der Versorgungsregelung eingetreten wäre,

c) finden § 2 Abs. 5 Satz 1 und § 2 Abs. 6 entsprechende Anwendung,

d) ist im Rahmen einer Gesamtversorgung der im Falle einer Teilzeitbeschäftigung oder Beurlaubung nach der Versorgungsregelung für die gesamte Dauer des Arbeitsverhältnisses maßgebliche Beschäftigungsquotient nach der Versorgungsregelung als Beschäftigungsquotient auch für die übrige Zeit maßgebend,

e) finden die Vorschriften der Versorgungsregelung über eine Mindestleistung keine Anwendung und

f) ist eine anzurechnende Grundversorgung nach dem bei der Berechnung von Pensionsrückstellungen für die Berücksichtigung von Renten aus der gesetzlichen Rentenversicherung allgemein zulässigen Verfahren zu ermitteln. Hierbei ist das Arbeitsentgelt nach Buchstabe b zugrunde zu legen und – soweit während der Pflichtversicherung Teilzeitbeschäftigung bestand – diese nach Maßgabe der Versorgungsregelung zu berücksichtigen.

2. Die Zusatzrente vermindert sich um 0,3 vom Hundert für jeden vollen Kalendermonat, den der Versorgungsfall vor Vollendung des 65. Lebensjahres eintritt, höchstens jedoch um den in der Versorgungsregelung für die Voll-Leistung vorgesehenen Vomhundertsatz.

3. Übersteigt die Summe der Vomhundertsätze nach Nummer 1 aus unterschiedlichen Arbeitsverhältnissen 100, sind die einzelnen Leistungen im gleichen Verhältnis zu kürzen.

4. Die Zusatzrente muss monatlich mindestens den Betrag erreichen, der sich aufgrund des Arbeitsverhältnisses nach der Versorgungsregelung als Versicherungsrente aus den jeweils maßgeblichen Vomhundertsätzen der zusatzversorgungspflichtigen Entgelte oder der gezahlten Beiträge und Erhöhungsbeträge ergibt.

5. Die Vorschriften der Versorgungsregelung über das Erlöschen, das Ruhen und die Nichtleistung der Versorgungsrente gelten entsprechend. Soweit die Versorgungsregelung eine Mindestleistung in Ruhensfällen vorsieht, gilt dies nur, wenn die Mindestleistung der Leistung im Sinne der Nummer 4 entspricht.

6. Verstirbt die in Absatz 1 genannte Person, erhält eine Witwe oder ein Witwer 60 vom Hundert, eine Witwe oder ein Witwer im Sinne des

§ 46 Abs. 1 des Sechsten Buches Sozialgesetzbuch 42 vom Hundert, eine Halbwaise 12 vom Hundert und eine Vollwaise 20 vom Hundert der unter Berücksichtigung der in diesem Absatz genannten Maßgaben zu berechnenden Zusatzrente; die §§ 46, 48, 103 bis 105 des Sechsten Buches Sozialgesetzbuch sind entsprechend anzuwenden. Die Leistungen an mehrere Hinterbliebene dürfen den Betrag der Zusatzrente nicht übersteigen; gegebenenfalls sind die Leistungen im gleichen Verhältnis zu kürzen.

7. Versorgungsfall ist der Versicherungsfall im Sinne der Versorgungsregelung.

(3) Personen, auf die bis zur Beendigung ihres Arbeitsverhältnisses die Regelungen des Ersten Ruhegeldgesetzes, des Zweiten Ruhegeldgesetzes oder des Bremischen Ruhelohngesetzes in ihren jeweiligen Fassungen Anwendung gefunden haben, haben Anspruch gegenüber ihrem ehemaligen Arbeitgeber auf Leistungen in sinngemäßer Anwendung des Absatzes 2 mit Ausnahme von Absatz 2 Nr. 3 und 4 sowie Nr. 5 Satz 2; bei Anwendung des Zweiten Ruhegeldgesetzes bestimmt sich der monatliche Betrag der Zusatzrente abweichend von Absatz 2 nach der nach dem Zweiten Ruhegeldgesetz maßgebenden Berechnungsweise.

(4) Die Leistungen nach den Absätzen 2 und 3 werden, mit Ausnahme der Leistungen nach Absatz 2 Nr. 4, jährlich zum 1. Juli um 1 vom Hundert erhöht, soweit in diesem Jahr eine allgemeine Erhöhung der Versorgungsrenten erfolgt.

(5) Besteht bei Eintritt des Versorgungsfalles neben dem Anspruch auf Zusatzrente oder auf die in Absatz 3 oder Absatz 7 bezeichneten Leistungen auch Anspruch auf eine Versorgungsrente oder Versicherungsrente der in Absatz 1 Satz 1 Nr. 1 und 2 bezeichneten Zusatzversorgungseinrichtungen oder Anspruch auf entsprechende Versorgungsleistungen der Versorgungsanstalt der deutschen Kulturorchester oder der Versorgungsanstalt der deutschen Bühnen oder nach den Regelungen des Ersten Ruhegeldgesetzes, des Zweiten Ruhegeldgesetzes oder des Bremischen Ruhelohngesetzes, in deren Berechnung auch die der Zusatzrente zugrunde liegenden Zeiten berücksichtigt sind, ist nur die im Zahlbetrag höhere Rente zu leisten.

(6) Eine Anwartschaft auf Zusatzrente nach Absatz 2 oder auf Leistungen nach Absatz 3 kann bei Übertritt der anwartschaftsberechtigten Person in ein Versorgungssystem einer überstaatlichen Einrichtung in das Versorgungssystem dieser Einrichtung übertragen werden, wenn

ein entsprechendes Abkommen zwischen der Zusatzversorgungseinrichtung oder der Freien und Hansestadt Hamburg oder der Freien Hansestadt Bremen und der überstaatlichen Einrichtung besteht.

(7) Für Personen, die bei der Versorgungsanstalt der deutschen Kulturorchester oder der Versorgungsanstalt der deutschen Bühnen pflichtversichert sind, gelten die §§ 2 bis 5, 16, 27 und 28 nicht. Bei Eintritt des Versorgungsfalles treten an die Stelle der Zusatzrente und der Leistungen an Hinterbliebene nach Absatz 2 und an die Stelle der Regelung in Absatz 4 die satzungsgemäß vorgesehenen Leistungen; Absatz 2 Nr. 5 findet entsprechend Anwendung. Die Höhe der Leistungen kann nach dem Ausscheiden aus dem Beschäftigungsverhältnis nicht mehr geändert werden. Als pflichtversichert gelten auch die freiwillig Versicherten der Versorgungsanstalt der deutschen Kulturorchester und der Versorgungsanstalt der deutschen Bühnen.

(8) Gegen Entscheidungen der Zusatzversorgungseinrichtungen über Ansprüche nach diesem Gesetz ist der Rechtsweg gegeben, der für Versicherte der Einrichtung gilt.

(9) Bei Personen, die aus einem Arbeitsverhältnis ausscheiden, in dem sie nach § 5 Abs. 1 Satz 1 Nr. 2 des Sechsten Buches Sozialgesetzbuch versicherungsfrei waren, dürfen die Ansprüche nach § 2 Abs. 1 Satz 1 und 2 nicht hinter dem Rentenanspruch zurückbleiben, der sich ergeben hätte, wenn der Arbeitnehmer für die Zeit der versicherungsfreien Beschäftigung in der gesetzlichen Rentenversicherung nachversichert worden wäre; die Vergleichsberechnung ist im Versorgungsfall aufgrund einer Auskunft der Deutschen Rentenversicherung Bund vorzunehmen.

§ 18 a Verjährung

Der Anspruch auf Leistungen aus der betrieblichen Altersversorgung verjährt in 30 Jahren. Ansprüche auf regelmäßig wiederkehrende Leistungen unterliegen der regelmäßigen Verjährungsfrist nach den Vorschriften des Bürgerlichen Gesetzbuchs.

Zweiter Teil
Steuerrechtliche Vorschriften

§ 19–25

(Hier nicht abgedruckt)

Dritter Teil
Übergangs- und Schlußvorschriften

§ 26 [Beendigung des Arbeits- oder Dienstverhältnisses vor dem Inkrafttreten des Gesetzes]

Die §§ 1 bis 4 und 18 gelten nicht, wenn das Arbeitsverhältnis oder Dienstverhältnis vor dem Inkrafttreten des Gesetzes beendet worden ist.

§ 27 [Übergangsvorschrift zu § 2]

§ 2 Abs. 2 Satz 2 Nr. 2 und 3 und Abs. 3 Satz 2 Nr. 1 und 2 gelten in Fällen, in denen vor dem Inkrafttreten des Gesetzes die Direktversicherung abgeschlossen worden ist oder die Versicherung des Arbeitnehmers bei einer Pensionskasse begonnen hat, mit der Maßgabe, daß die in diesen Vorschriften genannten Voraussetzungen spätestens für die Zeit nach Ablauf eines Jahres seit dem Inkrafttreten des Gesetzes erfüllt sein müssen.

§ 28 [Übergangsvorschrift zu § 5]

§ 5 gilt für Fälle, in denen der Versorgungsfall vor dem Inkrafttreten des Gesetzes eingetreten ist, mit der Maßgabe, daß diese Vorschrift bei der Berechnung der nach dem Inkrafttreten des Gesetzes fällig werdenden Versorgungsleistungen anzuwenden ist.

§ 29 [Übergangsvorschrift zu § 6]

§ 6 gilt für die Fälle, in denen das Altersruhegeld der gesetzlichen Rentenversicherung bereits vor dem Inkrafttreten des Gesetzes in Anspruch genommen worden ist, mit der Maßgabe, daß die Leistungen der betrieblichen Altersversorgung vom Inkrafttreten des Gesetzes an zu gewähren sind.

§ 30 [Anspruch nach § 7]

Ein Anspruch gegen den Träger der Insolvenzsicherung nach § 7 besteht nur, wenn der Sicherungsfall nach dem Inkrafttreten der §§ 7 bis 15 eingetreten ist; er kann erstmals nach dem Ablauf von sechs Monaten nach diesem Zeitpunkt geltend gemacht werden. Die Beitragspflicht des Arbeitgebers beginnt mit dem Inkrafttreten der §§ 7 bis 15.

§ 30 a [Betriebliche Altersversorgung für nach dem 17. Mai 1990 zurückgelegte Beschäftigungszeiten]

(1) Männlichen Arbeitnehmern,

1. die vor dem 1. Januar 1952 geboren sind,

2. die das 60. Lebensjahr vollendet haben,

3. die nach Vollendung des 40. Lebensjahres mehr als 10 Jahre Pflichtbeiträge für eine in der gesetzlichen Rentenversicherung versicherte Beschäftigung oder Tätigkeit nach den Vorschriften des Sechsten Buches Sozialgesetzbuch haben,

4. die die Wartezeit von 15 Jahren in der gesetzlichen Rentenversicherung erfüllt haben und

5. deren Arbeitsentgelt oder Arbeitseinkommen die Hinzuverdienstgrenze nach § 34 Abs. 3 Nr. 1 des Sechsten Buches Sozialgesetzbuch nicht überschreitet,

sind auf deren Verlangen nach Erfüllung der Wartezeit und sonstiger Leistungsvoraussetzungen der Versorgungsregelung für nach dem 17. Mai 1990 zurückgelegte Beschäftigungszeiten Leistungen der betrieblichen Altersversorgung zu gewähren. § 6 Satz 3 gilt entsprechend.

(2) Haben der Arbeitnehmer oder seine anspruchsberechtigten Angehörigen vor dem 17. Mai 1990 gegen die Versagung der Leistungen der betrieblichen Altersversorgung Rechtsmittel eingelegt, ist Absatz 1 für Beschäftigungszeiten nach dem 8. April 1976 anzuwenden.

(3) Die Vorschriften des Bürgerlichen Gesetzbuchs über die Verjährung von Ansprüchen aus dem Arbeitsverhältnis bleiben unberührt.

§ 30 b [Übergangsvorschrift zu § 4]

§ 4 Abs. 3 gilt nur für Zusagen, die nach dem 31. Dezember 2004 erteilt wurden.

§ 30 c [Übergangsvorschrift zu § 16]

(1) § 16 Abs. 3 Nr. 1 gilt nur für laufende Leistungen, die auf Zusagen beruhen, die nach dem 31. Dezember 1998 erteilt werden.

(2) § 16 Abs. 4 gilt nicht für vor dem 1. Januar 1999 zu Recht unterbliebene Anpassungen.

(3) § 16 Abs. 5 gilt nur für laufende Leistungen, die auf Zusagen beruhen, die nach dem 31. Dezember 2000 erteilt werden.

(4) Für die Erfüllung der Anpassungsprüfungspflicht für Zeiträume vor dem 1. Januar 2003 gilt § 16 Abs. 2 Nr. 1 mit der Maßgabe, dass an die Stelle des Verbraucherpreisindexes für Deutschland der Preisindex für die Lebenshaltung von 4-Personen-Haushalten von Arbeitern und Angestellten mit mittlerem Einkommen tritt.

§ 30 d [Übergangsregelung zu § 18]

(1) Ist der Versorgungsfall vor dem 1. Januar 2001 eingetreten oder ist der Arbeitnehmer vor dem 1. Januar 2001 aus dem Beschäftigungsverhältnis bei einem öffentlichen Arbeitgeber ausgeschieden und der Versorgungsfall nach dem 31. Dezember 2000 eingetreten, sind für die Berechnung der Voll-Leistung die Regelungen der Zusatzversorgungseinrichtungen nach § 18 Abs. 1 Satz 1 Nr. 1 und 2 oder die Gesetze im Sinne des § 18 Abs. 1 Satz 1 Nr. 3 sowie die weiteren Berechnungsfaktoren jeweils in der am 31. Dezember 2000 geltenden Fassung maßgebend; § 18 Abs. 2 Nr. 1 Buchstabe b bleibt unberührt. Die Steuerklasse III/0 ist zugrunde zu legen. Ist der Versorgungsfall vor dem 1. Januar 2001 eingetreten, besteht der Anspruch auf Zusatzrente mindestens in der Höhe, wie er sich aus § 18 in der Fassung vom 16. Dezember 1997 (BGBl. I S. 2998) ergibt.

(2) Die Anwendung des § 18 ist in den Fällen des Absatzes 1 ausgeschlossen, soweit eine Versorgungsrente der in § 18 Abs. 1 Satz 1 Nr. 1 und 2 bezeichneten Zusatzversorgungseinrichtungen oder eine entsprechende Leistung aufgrund der Regelungen des Ersten Ruhegeldgesetzes, des Zweiten Ruhegeldgesetzes oder des Bremischen Ruhelohngesetzes bezogen wird, oder eine Versicherungsrente abgefunden wurde.

(3) Für Arbeitnehmer im Sinne des § 18 Abs. 1 Satz 1 Nr. 4, 5 und 6 in der bis zum 31. Dezember 1998 geltenden Fassung, für die bis zum 31. Dezember 1998 ein Anspruch auf Nachversicherung nach § 18 Abs. 6 entstanden ist, gilt Absatz 1 Satz 1 für die aufgrund der Nachversicherung zu ermittelnde Voll-Leistung entsprechend mit der Maßgabe, dass sich der nach § 2 zu ermittelnde Anspruch gegen den ehemaligen Arbeitgeber richtet. Für den nach § 2 zu ermittelnden Anspruch gilt § 18 Abs. 2 Nr. 1 Buchstabe b entsprechend; für die übrigen Bemessungsfaktoren ist auf die Rechtslage am 31. Dezember 2000 abzustellen. Leistungen der gesetzlichen Rentenversicherung, die auf einer Nachversicherung wegen Ausscheidens aus einem Dienstordnungsverhältnis beruhen, und Leistungen, die die zuständige Versorgungseinrichtung aufgrund von Nachversicherungen im Sinne des § 18 Abs. 6 in der am 31. Dezember 1998 geltenden Fassung gewährt, werden auf den Anspruch nach § 2 angerechnet. Hat das Arbeitsverhältnis im Sinne des § 18 Abs. 9 bereits am 31. Dezember 1998 bestanden, ist in die Vergleichsberechnung nach § 18 Abs. 9 auch die Zusatzrente nach § 18 in der bis zum 31. Dezember 1998 geltenden Fassung einzubeziehen.

§ 30 e [Übergangsregelung zu § 1 Abs. 2 Nr. 4]

(1) § 1 Abs. 2 Nr. 4 zweiter Halbsatz gilt für Zusagen, die nach dem 31. Dezember 2002 erteilt werden.

(2) § 1 Abs. 2 Nr. 4 zweiter Halbsatz findet auf Pensionskassen, deren Leistungen der betrieblichen Altersversorgung durch Beiträge der Arbeitnehmer und Arbeitgeber gemeinsam finanziert und die als beitragsorientierte Leistungszusage oder als Leistungszusage durchgeführt werden, mit der Maßgabe Anwendung, dass dem ausgeschiedenen Arbeitnehmer das Recht zur Fortführung mit eigenen Beiträgen nicht eingeräumt werden und eine Überschussverwendung gemäß § 1 b Abs. 5 Nr. 1 nicht erfolgen muss. Wird dem ausgeschiedenen Arbeitnehmer ein Recht zur Fortführung nicht eingeräumt, gilt für die Höhe der unverfallbaren Anwartschaft § 2 Abs. 5 a entsprechend. Für die Anpas-

sung laufender Leistungen gelten die Regelungen nach § 16 Abs. 1 bis 4. Die Regelung in Absatz 1 bleibt unberührt.

§ 30 f [Übergangsvorschrift zu § 1 b]*

Wenn Leistungen der betrieblichen Altersversorgung vor dem 1. Januar 2001 zugesagt worden sind, ist § 1 b Abs. 1 mit der Maßgabe anzuwenden, dass die Anwartschaft erhalten bleibt, wenn das Arbeitsverhältnis vor Eintritt des Versorgungsfalles, jedoch nach Vollendung des 35. Lebensjahres endet und die Versorgungszusage zu diesem Zeitpunkt

1. mindestens zehn Jahre oder

2. bei mindestens zwölfjähriger Betriebszugehörigkeit mindestens drei Jahre

bestanden hat (unverfallbare Anwartschaft); in diesen Fällen bleibt die Anwartschaft auch erhalten, wenn die Zusage ab dem 1. Januar 2001 fünf Jahre bestanden hat und bei Beendigung des Arbeitsverhältnisses das 30. Lebensjahr vollendet ist. § 1 b Abs. 5 findet für Anwartschaften aus diesen Zusagen keine Anwendung.

---

* § 30 f i.d.F. ab 1.1.2009:
(1) Wenn Leistungen der betrieblichen Altersversorgung vor dem 1. Januar 2001 zugesagt worden sind, ist § 1 b Abs. 1 mit der Maßgabe anzuwenden, dass die Anwartschaft erhalten bleibt, wenn das Arbeitsverhältnis vor Eintritt des Versorgungsfalles, jedoch nach Vollendung des 35. Lebensjahres endet und die Versorgungszusage zu diesem Zeitpunkt
1. mindestens zehn Jahre oder
2. bei mindestens zwölfjähriger Betriebszugehörigkeit mindestens drei Jahre bestanden hat (unverfallbare Anwartschaft); in diesen Fällen bleibt die Anwartschaft auch erhalten, wenn die Zusage ab dem 1. Januar 2001 fünf Jahre bestanden hat und bei Beendigung des Arbeitsverhältnisses das 30. Lebensjahr vollendet ist. ²§ 1 b Abs. 5 findet für Anwartschaften aus diesen Zusagen keine Anwendung.
(2) Wenn Leistungen der betrieblichen Altersversorgung vor dem 1. Januar 2009 und nach dem 31. Dezember 2000 zugesagt worden sind, ist § 1 b Abs. 1 Satz 1 mit der Maßgabe anzuwenden, dass die Anwartschaft erhalten bleibt, wenn das Arbeitsverhältnis vor Eintritt des Versorgungsfalls, jedoch nach Vollendung des 30. Lebensjahres endet und die Versorgungszusage zu diesem Zeitpunkt fünf Jahre bestanden hat; in diesen Fällen bleibt die Anwartschaft auch erhalten, wenn die Zusage ab dem 1. Januar 2009 fünf Jahre bestanden hat und bei Beendigung des Arbeitsverhältnisses das 25. Lebensjahr vollendet ist.

§ 30 g [Übergangsvorschrift zu Anwartschaften]

(1) § 2 Abs. 5 a gilt nur für Anwartschaften, die auf Zusagen beruhen, die nach dem 31. Dezember 2000 erteilt worden sind. Im Einvernehmen zwischen Arbeitgeber und Arbeitnehmer kann § 2 Abs. 5 a auch auf Anwartschaften angewendet werden, die auf Zusagen beruhen, die vor dem 1. Januar 2001 erteilt worden sind.

(2) § 3 findet keine Anwendung auf laufende Leistungen, die vor dem 1. Januar 2005 erstmals gezahlt worden sind.

§ 30 h [Übergangsvorschrift zu § 17]

§ 17 Abs. 5 gilt für Entgeltumwandlungen, die auf Zusagen beruhen, die nach dem 29. Juni 2001 erteilt werden.

§ 30 i [Barwert zu sichernder Anwartschaften]

(1) Der Barwert der bis zum 31. Dezember 2005 aufgrund eingetretener Insolvenzen zu sichernden Anwartschaften wird einmalig auf die beitragspflichtigen Arbeitgeber entsprechend § 10 Abs. 3 umgelegt und vom Träger der Insolvenzsicherung nach Maßgabe der Beträge zum Schluss des Wirtschaftsjahres, das im Jahr 2004 geendet hat, erhoben. Der Rechnungszinsfuß bei der Berechnung des Barwerts beträgt 3,67 vom Hundert.

(2) Der Betrag ist in 15 gleichen Raten fällig. Die erste Rate wird am 31. März 2007 fällig, die weiteren zum 31. März der folgenden Kalenderjahre. Bei vorfälliger Zahlung erfolgt eine Diskontierung der einzelnen Jahresraten mit dem zum Zeitpunkt der Zahlung um ein Drittel erhöhten Rechnungszinsfuß nach § 65 des Versicherungsaufsichtsgesetzes, wobei nur volle Monate berücksichtigt werden.

(3) Der abgezinste Gesamtbetrag ist gemäß Absatz 2 am 31. März 2007 fällig, wenn die sich ergebende Jahresrate nicht höher als 50 Euro ist.

(4) Insolvenzbedingte Zahlungsausfälle von ausstehenden Raten werden im Jahr der Insolvenz in die erforderlichen jährlichen Beiträge gemäß § 10 Abs. 2 eingerechnet.

§ 31 [Übergangsvorschrift]

Auf Sicherungsfälle, die vor dem 1. Januar 1999 eingetreten sind, ist dieses Gesetz in der bis zu diesem Zeitpunkt geltenden Fassung anzuwenden.

§ 32 [Inkrafttreten]

Dieses Gesetz tritt vorbehaltlich des Satzes 2 am Tage nach seiner Verkündung[1] in Kraft. Die §§ 7 bis 15 treten am 1. Januar 1975 in Kraft.

---

1 Das Gesetz wurde am 19. Dezember 1974 verkündet.

Erster Teil
Arbeitsrechtliche Vorschriften

Erster Abschnitt
Durchführung der betrieblichen Altersversorgung

§ 1 Zusage des Arbeitgebers auf betriebliche Altersversorgung

(1) ¹Werden einem Arbeitnehmer Leistungen der Alters-, Invaliditäts- oder Hinterbliebenenversorgung aus Anlass seines Arbeitsverhältnisses vom Arbeitgeber zugesagt (betriebliche Altersversorgung), gelten die Vorschriften dieses Gesetzes. ²Die Durchführung der betrieblichen Altersversorgung kann unmittelbar über den Arbeitgeber oder über einen der in § 1 b Abs. 2 bis 4 genannten Versorgungsträger erfolgen. ³Der Arbeitgeber steht für die Erfüllung der von ihm zugesagten Leistungen auch dann ein, wenn die Durchführung nicht unmittelbar über ihn erfolgt.

(2) Betriebliche Altersversorgung liegt auch vor, wenn

1. der Arbeitgeber sich verpflichtet, bestimmte Beiträge in eine Anwartschaft auf Alters-, Invaliditäts- oder Hinterbliebenenversorgung umzuwandeln (beitragsorientierte Leistungszusage),

2. der Arbeitgeber sich verpflichtet, Beiträge zur Finanzierung von Leistungen der betrieblichen Altersversorgung an einen Pensionsfonds, eine Pensionskasse oder eine Direktversicherung zu zahlen und für Leistungen zur Altersversorgung das planmäßig zuzurechnende Versorgungskapital auf der Grundlage der gezahlten Beiträge (Beiträge und die daraus erzielten Erträge), mindestens die Summe der zugesagten Beiträge, soweit sie nicht rechnungsmäßig für einen biometrischen Risikoausgleich verbraucht wurden, hierfür zur Verfügung zu stellen (Beitragszusage mit Mindestleistung),

3. künftige Entgeltansprüche in eine wertgleiche Anwartschaft auf Versorgungsleistungen umgewandelt werden (Entgeltumwandlung) oder

§ 1 Zusage des Arbeitgebers auf betriebliche Altersversorgung

4. der Arbeitnehmer Beiträge aus seinem Arbeitsentgelt zur Finanzierung von Leistungen der betrieblichen Altersversorgung an einen Pensionsfonds, eine Pensionskasse oder eine Direktversicherung leistet und die Zusage des Arbeitgebers auch die Leistungen aus diesen Beiträgen umfasst; die Regelungen für Entgeltumwandlung sind hierbei entsprechend anzuwenden, soweit die zugesagten Leistungen aus diesen Beiträgen im Wege der Kapitaldeckung finanziert werden.

Übersicht

	Rn.
A. Regelungsgehalt	1
B. Zusage des Arbeitgebers auf betriebliche Altersversorgung	5
I. Grundsatz der Vertragsfreiheit	14
II. Versorgungsverhältnis	22
1. Begriff der betrieblichen Altersversorgung	27
a) Arbeitsverhältnis als Anlass für eine betriebliche Altersversorgung	29
b) Biologisches Ereignis (Alter, Invalidität, Tod)	35
c) Versorgungszweck	49
d) Abgrenzung zu anderen Arbeitgeberleistungen	52
2. Durchführungswege	54
a) Unmittelbare Versorgungszusage	58
b) Direktversicherung	64
c) Pensionskasse	73
d) Pensionsfonds	81
e) Unterstützungskasse	90
3. Rechtsbegründungsakte	100
a) Einzelzusage	104
b) Gesamtzusage	108
c) Vertragliche Einheitsregelung	110
d) Betriebsvereinbarung	112
e) Sprecherausschussgesetz	119
f) Tarifvertrag	120
g) Betriebliche Übung	126
h) Gleichbehandlung (Gleichberechtigung)	133
4. Leistungsplan	148
a) Teilnahmeberechtigung	153
b) Leistungssystem	156
c) Leistungsformen	168
d) Bemessungsgrößen (Dienstzeit, versorgungsfähiges Einkommen)	172
e) Allgemeine Leistungsvoraussetzungen	180
f) Spezielle Leistungsvoraussetzungen	188
C. Einstandspflicht des Arbeitgebers	201
D. Änderung des Versorgungsverhältnisses	210
I. Änderung des Durchführungsweges	213
II. Änderung des Rechtsbegründungsaktes	216
III. Schließung eines Versorgungssystems für Neuzugänge	218

Zusage des Arbeitgebers auf betriebliche Altersversorgung § 1

	1. Individualrechtliche Rechtsbegründungsakte	220
	2. Kollektivrechtliche Rechtsbegründungsakte	222
IV.	Änderung des Leistungsplans	225
	1. Betriebsvereinbarung	227
	a) Umstrukturierende oder verschlechternde Betriebsvereinbarung	229
	b) Vertretungskompetenz des Betriebsrats	232
	c) Drei-Stufen-Theorie (Rechts- oder Billigkeitskontrolle)	235
	d) Kündigung	273
	2. Tarifvertrag	280
	3. Individualrechtliche Rechtsbegründungsakte	287
	a) Einzelzusage	288
	b) Gesamtzusage/vertragliche Einheitsregelung	291
	c) Betriebliche Übung/Gleichbehandlung	300
	d) Sprecherausschussgesetz	302
	4. Widerrufsmöglichkeiten	303
	a) Steuerunschädliche Widerrufsvorbehalte	304
	b) Treupflichtvorbehalte	306
	c) Freiwilligkeitsvorbehalt bei Unterstützungskassen	313

E. Erzwingbare Mitbestimmung des Betriebsrats bei der betrieblichen Altersversorgung   316

I.	Arbeitgeberfinanzierte betriebliche Altersversorgung	322
	1. Sperrwirkung des Einleitungssatzes von § 87 Abs. 1 BetrVG	322
	2. Mitbestimmung bei unmittelbaren Versorgungszusagen und Direktversicherungen	330
	a) Mitbestimmungsfreie Räume	332
	b) Mitbestimmungspflichtige Räume	333
	3. Mitbestimmung bei Pensionskassen, Pensionsfonds und Unterstützungskassen	334
	4. Zuständigkeiten	355
	5. Verletzung des Mitbestimmungsrechts	357
II.	Arbeitnehmerfinanzierte betriebliche Altersversorgung	360
	1. Entgeltumwandlung außerhalb § 1 a BetrAVG	361
	2. Entgeltumwandlung innerhalb § 1 a BetrAVG	366

F. Regelungsgegenstand des § 1 Abs. 2 BetrAVG   377

G. Die beitragsorientierte Leistungszusage, § 1 Abs. 2 Nr. 1 BetrAVG   379

H. Die Beitragszusage mit Mindestleistung, § 1 Abs. 2 Nr. 2 BetrAVG   387

I.	**Die Entgeltumwandlung, § 1 Abs. 2 Nr. 3 BetrAVG**	396
I.	Inhalt der Entgeltumwandlung	401
II.	Gestaltungsvarianten der Entgeltumwandlung	405
	1. Herabsetzung der Barbezüge	406
	2. Versicherungstechnisch wertgleiche Umwandlung	410
	3. Gewährung von Versorgungsbezügen	418
III.	Arbeitsrechtliche Rahmenbedingungen der Entgeltumwandlung	419
	1. Sonderregelungen des § 1 b Abs. 5 BetrAVG	420

§ 1 Zusage des Arbeitgebers auf betriebliche Altersversorgung

	2. Ermittlung der unverfallbaren Versorgungsanwartschaft	421
	3. Wegfall der Besonderheiten bei der Abfindung von Versorgungsanwartschaften aus Entgeltumwandlung durch das Alterseinkünftegesetz	422
	4. Wegfall der Besonderheiten bei der Übertragung von Versorgungsanwartschaften aus Entgeltumwandlung durch das Alterseinkünftegesetz	423
	5. Anpassung von laufenden Rentenleistungen aus einer Entgeltumwandlung	425
	6. Insolvenzschutz für Versorgungsrechte aus Entgeltumwandlung	426
IV.	Übergangsregelungen – Abgrenzung zwischen Alt- und Neuzusage	430
	1. Übergangsregelungen	430
	2. Grundsätze zur Abgrenzung einer Alt- von einer Neuzusage	433
	3. Problematische Fallgruppen	436
V.	Einige steuerliche Aspekte der Entgeltumwandlung	438
	1. Steuerliche Anerkennung einer Entgeltumwandlungsvereinbarung	438
	2. Steuerliche Förderung gemäß § 10 a, Abschnitt XI EStG	443
VI.	Sozialversicherungsrechtliche Aspekte	446

J. Beiträge des Arbeitnehmers aus seinem Arbeitsentgelt, § 1 Abs. 2 Nr. 4 BetrAVG — 447

I.	Hintergrund der gesetzlichen Neuregelung	447
II.	Umfassungszusage	449
III.	Anwendung der Regelungen zur Entgeltumwandlung auf die Versorgungsleistungen aus Eigenbeiträgen	450
IV.	Übergangsbestimmungen und Sonderregelungen zur Versorgung aus Eigenbeiträgen	452

A. Regelungsgehalt

1 § 1 Abs. 1 BetrAVG[1] enthält den gesetzgeberischen Versuch, einige Grundlagen des Arbeitsrechts der betrieblichen Altersversorgung zu beschreiben, und zwar

– den Begriff »betriebliche Altersversorgung« verkoppelt mit der »Zusage des Arbeitgebers«,

---

[1] Gesetz zur Verbesserung der betrieblichen Altersversorgung v. 19.12.1974 BGBl. I S. 3610 zuletzt geändert durch das RV-Altersgrenzenanpassungsgesetz v. 20.4.2007 BGBl. I S. 554 ff. Art. 12, 568 und ab 1.1.2009 geändert durch das »Gesetz zur Förderung der betrieblichen Altersversorgung« (dazu BR-Drucks. 540/07 v. 10.8.2007 und § 1 b Rn. 27); hinzukommen geringfügige Änderungen durch das neue VVG. Dies sind aber nur redaktionelle Änderungen in § 2 Abs. 2 BetrAVG und § 7 Abs. 1 BetrAVG.

Zusage des Arbeitgebers auf betriebliche Altersversorgung § 1

– die »unmittelbare und mittelbare Durchführung« der betrieblichen Altersversorgung und

– die »Einstandspflicht des Arbeitgebers« für die Erfüllung der von ihm zugesagten Leistungen auch dann, wenn die Durchführung der betrieblichen Altersversorgung »mittelbar« erfolgt.

Der Gesetzgeber geht im Wesentlichen von dem bisher durch Rechtsprechung und Schrifttum geschaffenen Rechtszustand aus und bestätigt ihn als Basis für die im BetrAVG getroffenen Einzelregelungen. Eine umfassende gesetzliche Regelung des Arbeitsrechts der betrieblichen Altersversorgung erfolgt nicht und war auch nicht beabsichtigt. Nur so lassen sich einige Formulierungen verstehen. Der »Erste Abschnitt« des BetrAVG behandelt zwar auch die »Durchführung der betrieblichen Altersversorgung«, aber – wie vor dem 1.1.2001[2] – im Kern die Unverfallbarkeit dem Grunde und der Höhe nach verbunden mit Regelungen über Abfindung und Übertragung unverfallbarer Anwartschaften und laufenden Leistungen (§§ 3–4 BetrAVG) und Ankunftsansprüchen (§ 4 a BetrAVG), ergänzt um den Anspruch auf betriebliche Altersversorgung durch Entgeltumwandlung in § 1 a BetrAVG. In § 1 Abs. 2 BetrAVG wird auch nur scheinbar der Begriff betriebliche Altersversorgung erweitert. Im Grunde genommen handelt es sich um Beschreibungen von Strukturen, in denen betriebliche Versorgungsleistungen erbracht werden können (z.B. beitragsorientierte Leistungszusage, Beitragszusage mit Mindestleistung).[3] 2

§ 1 Abs. 1 BetrAVG gibt – einschließlich der Definition des Begriffes betriebliche Altersversorgung – nur einige gesetzliche Hinweise auf der Basis der bisherigen Rechtslage, ohne wesentliche konstitutive Regelungen zu treffen. Dies gilt auch für die erstmals normierte Einstandspflicht des Arbeitgebers bei mittelbaren Versorgungszusagen gem. § 1 Abs. 1 S. 3 BetrAVG.[4] 3

Es erscheint deshalb gerechtfertigt, bei der Kommentierung zu § 1 Abs. 1 BetrAVG auf die nicht ausdrücklich im BetrAVG geregelten arbeitsrechtlichen Grundlagen der betrieblichen Altersversorgung einzugehen. Dazu gehört auch die Behandlung aktueller Gesetze in ihrer Be- 4

---

2 Vgl. Fassung des BetrAVG ab 1.1.1999 – Art. 8 des Rentenreformgesetzes 1999 v. 11.12.1997 BGBl. I S. 2998, 3025, mit Änderung von § 4 BetrAVG durch Art. 15 Steuerbereinigungsgesetz 1999 v. 22.12.1999 BGBl. I S. 2601, 2618.
3 S. dazu Rn. 377 ff.
4 S. dazu Rn. 201 ff.

§ 1 Zusage des Arbeitgebers auf betriebliche Altersversorgung

deutung für die betriebliche Altersversorgung, also des AGG[5] und des RV-Altersgrenzenanpassungsgesetzes[6]. Ferner ist das am 01.01.2009 in Kraft tretende »Gesetz zur Förderung der betrieblichen Altersversorgung«[7] zu erwähnen. Wichtig erscheint zudem, steuerliche Hinweise bei den einzelnen Durchführungswegen zu geben, zumal die steuerliche Behandlung der betrieblichen Altersversorgung durch das Alterseinkünftegesetz[8] eine grundlegende Neuordnung erfahren hat.[9]

B. Zusage des Arbeitgebers auf betriebliche Altersversorgung

5 § 1 Abs. 1 S. 1 BetrAVG bestimmt den sachlichen Geltungsbereich des BetrAVG. Nur wenn »betriebliche Altersversorgung« vom Arbeitgeber zugesagt wird, gelten die Vorschriften des BetrAVG, von denen, abgesehen von den in § 17 Abs. 3 BetrAVG für Tarifverträge aufgezeigten Ausnahmen, nicht zu Ungunsten der Arbeitnehmer abgewichen werden kann.[10]

6 Für den Begriff betriebliche Altersversorgung[11] sind nach der gesetzlichen Klammerdefinition maßgebend

– die Veranlassung der Zusage des Arbeitgebers durch das Arbeitsverhältnis,

– die Auslösung der Leistung durch ein biologisches Ereignis,

– der Versorgungszweck der Leistung.

7 Damit wiederholt das Gesetz die Kriterien, welche die BAG-Rechtsprechung seit langem beschrieben hat.[12] Diese Kriterien sind abschließend. Insbesondere genügt der Versorgungszweck der Leistung. Auf die

---

5 Allgemeines Gleichbehandlungsgesetz i.d.F. v. 14.8.2006 BGBl. I S. 1897, i.d.F. des Gesetzes zur Änderung des Betriebsrentengesetzes und anderer Gesetze v. 2.12.2006 BGBl. I S. 2742).
6 Gesetz zur Anpassung der Regelaltersgrenze an die demografische Entwicklung und zur Stärkung der Finanzierungsgrundlagen der gesetzlichen Rentenversicherung v. 20.4.2007 BGBl. I S. 554, das am 1.1.2008 in Kraft getreten ist.
7 Dazu BR-Drucks. 540/07 v. 10.8.2007 = BetrAV 2007, 560 und § 1 b Rn. 27.
8 V. 5.7. 2004 BGBl. I S. 1427.
9 BMF-Schreiben v. 17.11.2004, s. Anhang II.
10 S. dazu § 17 Rn. 23 ff.
11 S. dazu Rn. 27–53.
12 BAG 8.5.1990, 3 AZR 121/89, EzA § 7 BetrAVG Nr. 35; 3.11.1998, 3 AZR 454/97, EzA § 7 BetrAVG Nr. 56, DB 1998, 2428; 18.2.2003, 3 AZR 81/02, EzA § 1 BetrAVG Ablösung Nr. 35.

Zusage des Arbeitgebers auf betriebliche Altersversorgung § 1

Form der versprochenen Leistung (z.b. Kapital oder Rente) kommt es nicht an.[13] Fehlt eines dieser Begriffselemente, handelt es sich möglicherweise um eine andere betriebliche Sozialleistung, z.b. Sterbegeld. Die Schutzbestimmungen des BetrAVG sind aber dann nicht anzuwenden (z.b. Insolvenzschutz).

Unerheblich ist, ob der Arbeitgeber die Leistung wegen einer schon erbrachten oder noch zu erbringenden Betriebstreue zusagt.[14] 8

Die Bezeichnung der Leistung als betriebliche Altersversorgung reicht nicht aus, um den Schutz des BetrAVG beanspruchen zu können.[15] 9

Es gibt kein zusätzliches ungeschriebenes Tatbestandsmerkmal, dass die wirtschaftliche Last der betrieblichen Altersversorgung vom Arbeitgeber getragen werden muss.[16] Seit dem 1.1.1999 enthält das BetrAVG den Hinweis, dass betriebliche Altersversorgung auch vorliegt, wenn künftige Entgeltansprüche in eine wertgleiche Anwartschaft auf Versorgungsleistung umgewandelt werden (Entgeltumwandlung) – so die Formulierung im heutigen § 1 Abs. 2 Nr. 3 BetrAVG (früher § 1 Abs. 6 BetrAVG). Diese Vorschrift ist lediglich deklaratorisch. Auch Entgeltumwandlungszusagen vor dem 1.1.1999 sind betriebliche Altersversorgung i.S.d. BetrAVG.[17] 10

Unabhängig davon, dass sowohl die arbeitgeber- als auch die arbeitnehmerfinanzierte betriebliche Altersversorgung dem gesetzlichen Begriff der betrieblichen Altersversorgung unterfällt, gibt es im BetrAVG Unterschiede in der rechtlichen Behandlung dieser beiden Arten der betrieblichen Altersversorgung, z.b. bei den Unverfallbarkeitsmodalitäten[18] und dem Insolvenzschutz.[19] Dies gilt auch für rechtliche Wertungen außerhalb des BetrAVG, z.b. bei Mitbestimmungsrechten des Betriebsrats.[20] 11

Bei Eigenbeiträgen des Arbeitnehmers kann betriebliche Altersversorgung vorliegen, wenn die Zusage des Arbeitgebers auch die Leistungen 12

---

13 BAG 18.3.2003, 3 AZR 315/02, DB 2004, 1624.
14 BAG 8.5.1990, 3 AZR 121/89, EzA § 7 BetrAVG Nr. 35, BetrAV 1991, 18, DB 1990, 2375.
15 *LAG Köln* 25.1.1983, 7 Sa 1130/83, DB 1984, 1788 und BAG 3.11.1998, 3 AZR 454/97, EzA § 7 BetrAVG Nr. 56; 18.2.2003, 3 AZR 81/02, EzA § 1 BetrAVG Ablösung Nr. 35.
16 BAG 26.6.1991, 3 AZR 641/88, BetrAV 1991, 67.
17 S. dazu Rn. 396 ff.
18 S. dazu § 1 b Rn. 12 ff.
19 S. dazu § 7 Rn. 95 ff.
20 S. dazu Rn. 316–376.

§ 1   Zusage des Arbeitgebers auf betriebliche Altersversorgung

aus diesen Beiträgen umfasst (Umfassungszusagen gem. § 1 Abs. 2 Nr. 4 BetrAVG).[21] Hier wird der Unterschied zwischen der arbeitgeber- und arbeitnehmerfinanzierten betrieblichen Altersversorgung innerhalb einer Versorgungsstruktur besonders deutlich. Trotz der Umfassung durch den Arbeitgeber gelten für die Eigenbeiträge des Arbeitnehmers die Regelungen für Entgeltumwandlung.

13 Problematisch ist, dass nach der gesetzlichen Formulierung in § 1 Abs. 1 S. 1 BetrAVG die Zusage des Arbeitgebers als Begriffselement für die betriebliche Altersversorgung erscheint. Zutreffend dürfte sein, dass betriebliche Altersversorgung Gegenstand der Zusage ist. Aus diesem Grunde wäre es besser gewesen, insoweit die bis zum 1.1.2001 geltende Fassung des § 1 BetrAVG beizubehalten. Dort stand die Klammerdefinition für den Begriff betriebliche Altersversorgung vor dem Wort »zugesagt«.

I. Grundsatz der Vertragsfreiheit

14 Betriebliche Altersversorgung muss vom Arbeitgeber zugesagt werden. Dies ist nach der gesetzlichen Formulierung im BetrAVG die sog. »**Versorgungszusage**« (vgl. z.B. § 1 b BetrAVG). Auch in der Rechtsprechung und dem Fachschrifttum wird dieser Begriff durchgängig verwandt.[22]

15 Zu einer Versorgungszusage kann kein Arbeitgeber gezwungen werden. Es gilt der Grundsatz der **Vertragsfreiheit** in der Ausformung der »**Entschlussfreiheit**«.[23]

16 Die Entschlussfreiheit beinhaltet auch das Recht des Arbeitgebers, eine betriebliche Altersversorgung wieder abzuschaffen, natürlich unter Wahrung möglicherweise entstandener arbeitsrechtlicher Besitzstände. Gibt es solche nicht, z.B. bei der Schließung eines Versorgungssystems für Neuzugänge[24], ist die Entschlussfreiheit des Arbeitgebers, für diesen Kreis der Versorgungsberechtigten die bisherige betriebliche Altersversorgung abzuschaffen, grundsätzlich gegeben. Das verstößt auch nicht gegen den arbeitsrechtlichen Gleichbehandlungsgrundsatz.[25]

---

21 S. dazu Rn. 447 ff.
22 *Blomeyer/Rolfs/Otto* Rn. 32 ff. zu § 1; *Höfer* BetrAVG, Rn. 117 ff. zu ART; für die jüngste Rechtsprechung z.B. BAG 25.6.2002, 3 AZR 360/01, EzA § 1 BetrAVG Betriebliche Übung Nr. 3.
23 *Kemper/Kisters-Kölkes* Grundzüge, Rn. 5 ff.
24 S. dazu Rn. 218 ff.
25 S. dazu Rn. 133–147.

Zusage des Arbeitgebers auf betriebliche Altersversorgung § 1

Die Entschlussfreiheit des Arbeitgebers ist eingeschränkt, wenn es sich nicht um eine arbeitgeberfinanzierte, sondern um eine arbeitnehmerfinanzierte betriebliche Altersversorgung durch Entgeltumwandlung gem. § 1 a BetrAVG handelt. Bestimmte Arbeitnehmer (§ 17 Abs. 1 S. 3 BetrAVG)[26] können vom Arbeitgeber verlangen, dass von ihren künftigen Entgeltansprüchen Teile durch Entgeltumwandlung für die betriebliche Altersversorgung verwendet werden.[27] Diese Regelung ist verfassungskonform.[28] 17

Bei der arbeitnehmerfinanzierten betrieblichen Altersversorgung ist die Entschlussfreiheit des Arbeitgebers dann im Grundsatz unbeschränkt, wenn die Entgeltumwandlung außerhalb des gesetzlichen Rahmens des § 1 a BetrAVG erfolgt, z.B. die Höchstgrenzen für den Umwandlungsanspruch überschritten werden oder bei einem Arbeitnehmer keine Sozialversicherungspflicht besteht. Darauf braucht sich der Arbeitgeber nicht einzulassen. 18

Nach dem Entschluss des Arbeitgebers, eine betriebliche Altersversorgung einzuführen, gilt ebenfalls der Grundsatz der Vertragsfreiheit, dann in der Ausformung der »**Gestaltungsfreiheit**«. 19

Hat der Arbeitgeber sich entschlossen, eine betriebliche Altersversorgung einzuführen, ist die Gestaltungsfreiheit jedoch nicht unbegrenzt. Es setzen arbeitsrechtliche Bindungen ein. So sind z.B. bei der inhaltlichen Ausgestaltung der betrieblichen Altersversorgung die Vorschriften des BetrAVG für die Unverfallbarkeit und die Anpassung oder andere Regelungen als Mindestbedingungen maßgebend. Von den Bestimmungen des BetrAVG kann nur in Ausnahmefällen zu Ungunsten des Arbeitnehmers abgewichen werden.[29] Natürlich gelten für die betriebliche Altersversorgung auch die allgemeinen arbeitsrechtlichen Vorschriften. Dabei sind Gesetze wie das AGG und das RV-Altersgrenzenanpassungsgesetz von aktueller Bedeutung.[30] 20

Wie bei der Entschlussfreiheit ist auch bei der Gestaltungsfreiheit zwischen **arbeitgeberfinanzierter** und **arbeitnehmerfinanzierter** betrieblicher Altersversorgung zu unterscheiden. Bei einer betrieblichen Altersversorgung durch Entgeltumwandlung hat der Arbeitgeber die gesetzlichen Voraussetzungen des § 1 a BetrAVG solange zu beachten, wie 21

---

26 S. dazu § 17 Rn. 23 ff.
27 S. dazu § 1 a Rn. 5 ff.
28 BAG-Urteil 12.6.2007, 3 AZR 14/06, BetrAV 2007, 668.
29 Vgl. § 17 Abs. 3 BetrAVG insbes. Satz 3.
30 Dazu Rn. 37b.

sich die Entgeltumwandlung im Rahmen des § 1 a BetrAVG bewegt. Für Entgeltumwandlungen außerhalb von § 1 a BetrAVG verbleibt es bei der Gestaltungsfreiheit innerhalb allgemeiner arbeitsrechtlicher Bindungen.

II. Versorgungsverhältnis

22 Gegenstand der **Versorgungszusage** des Arbeitgebers ist betriebliche Altersversorgung. Durch die Versorgungszusage wird das **Versorgungsverhältnis** begründet. Wenn eine Versorgungszusage erteilt ist, aber noch keine Leistungen gewährt werden, ist eine **Versorgungsanwartschaft** entstanden. Tritt nach Begründung der Versorgungsanwartschaft ein Versorgungsfall ein, entsteht der **Versorgungsanspruch**. Der **Versorgungsanwärter** oder seine Hinterbliebenen werden zum **Versorgungsempfänger**.[31]

23 **Die Versorgungszusage ist ein rechtlicher Vorgang.** Versorgungsverpflichtungen entstehen »nicht von selbst«.[32] Die Versorgungszusage beruht auf dem arbeitsrechtlichen Grundverhältnis zwischen Arbeitgeber und Arbeitnehmer, dem Grundgeschäft (= »Valutageschäft«) für die betriebliche Altersversorgung.[33] Das gilt gleichermaßen für die unmittelbare und mittelbare Durchführung der betrieblichen Altersversorgung gem. § 1 Abs. 1 S. 2 BetrAVG.

24 Die Versorgungszusage ist Basis für alle rechtlich relevanten Umstände des Versorgungsverhältnisses. Sie kann alle Durchführungswege der betrieblichen Altersversorgung, sämtliche konkrete Verpflichtungstatbestände (Rechtsbegründungsakte) und unterschiedliche Regelwerke (Leistungspläne) umfassen.

25 Elemente des durch die Versorgungszusage begründeten Versorgungsverhältnisses sind unabhängig voneinander

– der **Durchführungsweg,**

– der **Rechtsbegründungsakt** und

– der **Leistungsplan.**

26 Das bedeutet, dass im Rahmen eines Versorgungsverhältnisses grundsätzlich für jeden Durchführungsweg jeder Rechtsbegründungsakt ge-

---

31 Vgl. die Wortwahl in § 7 Abs. 1 und 2 BetrAVG.
32 *Höfer* BetrAVG, Rn. 207 zu ART.
33 *Blomeyer/Rolfs/Otto* Rn. 268 zu § 1; *Höfer* BetrAVG, Rn. 117 zu ART.

1. Begriff der betrieblichen Altersversorgung

Betriebliche Altersversorgung ist Gegenleistung für die Betriebstreue des Arbeitnehmers.[35] Erst muss der Arbeitnehmer grundsätzlich diese »Vorleistung« erbringen, dann setzen nach Eintritt des Versorgungsfalles die Leistungen des Arbeitgebers ein. Das Austauschverhältnis von Leistung und Gegenleistung ist also zeitlich versetzt, was z.B. für die Auslegung der Anpassungsvorschrift in § 16 BetrAVG von Bedeutung ist.[36]

Betriebliche Altersversorgung ist jedoch nicht ausschließlich »aufgeschobener Arbeitslohn«, hat also nicht nur Entgeltcharakter. Die Verknüpfung der betrieblichen Altersversorgung mit der »Betriebstreue« macht deutlich, dass es sich um eine Leistung auch mit Versorgungscharakter handelt. Dieses Spannungsfeld zwischen Entgelt- und Versorgungscharakter wird z.B. deutlich bei Änderungen von Versorgungsanwartschaften oder -ansprüchen. Einerseits sind die Rechtspositionen aus einer Versorgungszusage zu wahren und zu erfüllen, andererseits gibt es bei Pflichtverletzungen des Arbeitnehmers oder wirtschaftlich schwierigen Situationen des Arbeitgebers grds. Veränderungsmöglichkeiten.[37]

a) Arbeitsverhältnis als Anlass für eine betriebliche Altersversorgung

Gemäß § 1 Abs. 1 S. 1 BetrAVG muss betriebliche Altersversorgung »aus Anlass« eines Arbeitsverhältnisses zugesagt werden. Ein Arbeitsverhältnis beruht auf einem Arbeitsvertrag zwischen Arbeitgeber und Arbeitnehmer. Der Arbeitsvertrag kann vor dem Arbeitsantritt geschlossen werden. Das Arbeitsverhältnis wird durch den Arbeitsvertrag begründet, allerdings erst mit Arbeitsantritt aktualisiert.

---

34 Eine Ausnahme stellt die Beitragszusage mit Mindestleistung dar, die nur bei den Durchführungswegen Pensionsfonds, Pensionskasse und Direktversicherung zulässig ist; dazu Rn. 387 ff.
35 So schon BAG 10.3.1972, 3 AZR 278/71, EzA § 242 BGB Ruhegeld Nr. 11; m.w.N. *Langohr-Plato* Rn. 65 ff.; dazu auch § 17 Rn. 1 ff.
36 BAG 28.4.1992, 3 AZR 142/91, EzA § 16 BetrAVG Nr. 22 und 28.4.1992, 3 AZR 244/91, EzA § 16 BetrAVG Nr. 23.
37 S. dazu Rn. 210–315.

§ 1   Zusage des Arbeitgebers auf betriebliche Altersversorgung

30   Auch ein Dienstverhältnis gem. § 611 BGB kann Anlass für eine betriebliche Altersversorgung sein.[38]

31   Gem. § 17 Abs. 1 S. 1 BetrAVG sind Arbeitnehmer i.S.d. §§ 1 bis 16 BetrAVG Arbeiter und Angestellte einschließlich der zu ihrer Berufsausbildung Beschäftigten; ein Berufsausbildungsverhältnis steht einem Arbeitsverhältnis gleich. Das BetrAVG geht von dem im Arbeitsrecht üblichen Begriff des Arbeitnehmers aus. Der persönliche Geltungsbereich des BetrAVG wird also in der für Arbeitnehmerschutzgesetze üblichen Weise beschrieben.[39] In § 17 Abs. 1 S. 2 BetrAVG wird der Schutzbereich der betrieblichen Altersversorgung auf »Nichtarbeitnehmer« ausgedehnt.[40]

32   Für das BetrAVG gilt der allgemeine Arbeitgeberbegriff.[41] Arbeitgeber ist »jeder, der die Dienstleistungen vom Arbeitnehmer kraft Arbeitsvertrages fordern kann«,[42] also z.B. auch eine OHG oder KG als Personengesellschaft. Bei einer BGB-Gesellschaft ist jeder einzelne Gesellschafter Arbeitgeber. Die Gesellschafter haften als Gesamtschuldner (§ 426 BGB).

Die Rechtsform des Arbeitgebers ist unerheblich.[43]

33   Betriebliche Altersversorgung muss durch das Arbeitsverhältnis veranlasst sein. Damit wird klargestellt, dass zwischen der Versorgungszusage und dem Arbeitsverhältnis ein Kausalzusammenhang bestehen muss. Versorgungszusagen, die aus anderen Gründen erteilt werden, z.B. aus verwandtschaftlichen, ehelichen oder freundschaftlichen oder sonstigen außerbetrieblichen Motiven, sind keine betriebliche Altersversorgung.[44] Es reicht nicht aus, dass die Tätigkeit (ohne arbeits- oder dienstvertragliche Grundlage) dem Arbeitgeber wirtschaftlich zugute kommt.[45]

34   Voraussetzung für betriebliche Altersversorgung ist nicht das Schon- oder Noch-Bestehen eines Arbeitsverhältnisses (= Arbeitsvertrag).

---

38   Vgl. § 17 Abs. 1 S. 2 BetrAVG.
39   *Blomeyer/Rolfs/Otto* Rn. 4 ff. zu § 17 BetrAVG; *Höfer* BetrAVG, Rn. 5517 ff. zu § 17; BAG 25.1.2000, 3 AZR 769/98, EzA § 17 BetrAVG Nr. 9, DB 2001, 2102; s. § 17 Rn. 2.
40   S. dazu § 17 Rn. 4 ff.
41   *Blomeyer/Rolfs/Otto* Rn. 37 ff. zu § 1.
42   BAG 9.9.1982, 2 AZR 253/80, AP Nr. 1 zu § 611 BGB Hausmeister = EzA § 23 KSchG Nr. 5.
43   *Blomeyer/Rolfs/Otto* Rn. 38 zu § 1.
44   *Blomeyer/Rolfs/Otto* Rn. 30 zu § 1.
45   BAG 20.4.2004, 3 AZR 297/03, EzA § 17 BetrAVG Nr. 10; dazu auch *Kemper* FS Andresen, S. 463 ff., 472 f.

Zusage des Arbeitgebers auf betriebliche Altersversorgung § 1

Das Arbeitsverhältnis muss lediglich der Anlass für die Versorgungszusage sein. Deshalb können Versorgungszusagen vor und nach dem Beginn des Arbeitsverhältnisses erteilt werden, z.B. auch noch im »Rentnerstadium« nach Ausscheiden des Arbeitnehmers aus dem Arbeitsverhältnis oder anlässlich der Beendigung des Arbeitsverhältnisses als Aktiver.

b) Biologisches Ereignis (Alter, Invalidität, Tod)

Betriebliche Altersversorgung liegt nur dann vor, wenn sie durch die in § 1 Abs. 1 S. 1 BetrAVG genannten biologischen Ereignisse Alter, Invalidität oder Tod ausgelöst wird. Andere Ereignisse, die zu Arbeitgeberleistungen im Arbeitsverhältnis führen können, z.B. Jubiläen, Heirat, Geburt, Weihnachten oder allgemeines Ausscheiden aus dem Arbeitsverhältnis, erfüllen nicht den Begriff der betrieblichen Altersversorgung.[46] 35

Ein **Alter** bei der betrieblichen Altersversorgung ist nicht jedes Lebensalter. Es muss ein »**Pensionsalter**« sein. Dies ist i.d.R. nur erfüllt, wenn mindestens das 60. Lebensjahr vollendet ist. Ausnahmen sind möglich, z.B. bei bestimmten Berufsgruppen.[47] 36

Eine Leistung, die durch ein Alter vor Vollendung des 60. Lebensjahres ausgelöst worden ist, z.B. ein Übergangsgeld, wird dann betriebliche Altersversorgung, wenn das »normale Pensionsalter«, z.B. 60, erreicht ist.[48] 37

Die Festlegung eines Pensionsalters ist eine zulässige unterschiedliche Behandlung wegen des Alters gem. § 10 S. 3 Nr. 4 AGG, weil die betriebliche Altersversorgung ein »betriebliches System der sozialen Sicherheit« ist. Die Festlegung differenzierender Altersgrenzen für verschiedene Gruppen von Beschäftigten wird ausdrücklich für zulässig erklärt.[49] Im Übrigen stellt § 2 Abs. 2 S. 2 AGG fest, dass für Betriebsrenten das BetrAVG gilt. Es ist also offen, ob das AGG überhaupt bei der betrieblichen Altersversorgung zur Anwendung kommen kann.[50] Das wird der EuGH entscheiden müssen. 37a

---

46 S. dazu Aufstellung unter Rn. 52 f. und BAG 12.12.2006, 3 AZR 475/05, Pressemitteilung FA 2007, 57.
47 Dazu Merkblatt des PSVaG 300/M4, das im Internet unter www.psvag.de zur Verfügung steht.
48 Auch mit Insolvenzschutz, s. § 7 Rn. 11 ff.
49 Dazu *Voigt* in Schleusener/Suckow/Voigt, AGG Rn. 34 zu § 10.
50 *Kemper/Kisters-Kölkes* Grundzüge, Rn. 19 und Rn. 79; i.E. *Thüsing* BetrAV 2006, 704 ff.

37b Die Gestaltungsfreiheit beim Pensionsalter wird auch nicht durch das am 1.1.2008 in Kraft getretene RV-Altersgrenzenanpassungsgesetz eingeschränkt. Dieses Gesetz betrifft nur die gesetzliche Rentenversicherung und die möglichen steuerlichen Förderungen, bei denen auf den steuerlichen Begriff der betrieblichen Altersversorgung abzustellen ist. Ist also bei »Altzusagen« vor dem 1.1.2008 eine feste Altersgrenze 63 oder 65 vereinbart, gilt diese weiterhin. Dasselbe ist der Fall, wenn ab dem 1.1.2008 z.B. eine feste Altersgrenze von 60 Inhalt der Versorgungszusage wird.[51]

38 Weder das BetrAVG noch andere Gesetze definieren den Begriff **Invalidität**. Insoweit besteht Gestaltungsfreiheit, die allerdings dort ihre Grenzen findet, wenn der Versorgungszweck nicht erfüllt ist, z.B. wenn der Arbeitgeber eine kurzfristige Arbeitsunfähigkeit des Arbeitnehmers zum Anlass nimmt, eine lebenslange Rente zu zahlen.

39 Üblich ist es, in Leistungsplänen[52] Begriffe der gesetzlichen Rentenversicherung zu übernehmen, also z.B. mit Invalidität die teilweise oder volle Erwerbsminderung i.S.v. § 43 SGB VI zu definieren. Bei versicherungsförmiger betrieblicher Altersversorgung (z.B. Direktversicherungen oder Pensionskassen) wird häufig Invalidität gem. der Definition der Berufsunfähigkeit in den allgemeinen Versicherungsbedingungen vereinbart.[53]

40 Es kann auch ein unternehmensindividueller Begriff der Invalidität, z.B. die fehlende Fähigkeit, den Arbeitsplatz ordnungsgemäß auszufüllen, gewählt werden, wenn dies nicht dazu führt, dass der Invaliditätsbegriff missbraucht wird, um die Schutzwirkungen des BetrAVG (z.B. Insolvenzsicherung) eintreten zu lassen.

41 Der Invaliditätsbegriff führt bei Auslegung von Leistungsplänen für die betriebliche Altersversorgung zu Schwierigkeiten, wenn man sich in der Vergangenheit an die Begriffsbildung der gesetzlichen Rentenversicherung angelehnt hat. Die früheren Begriffe Berufs- und Erwerbsunfähigkeit sind geändert worden. Nunmehr wird zwischen teilweiser und voller Erwerbsminderung unterschieden.[54]

---

51 Dazu i.E. *Baumeister/Merten* DB 2007, 1306 ff.
52 S. dazu Rn. 148–200.
53 Zur Bedeutung derartiger Jeweiligkeitsklauseln unter dem Aspekt der AGB-Kontrolle gem. §§ 305 ff. BGB Rn. 151.
54 Gesetz zur Reform der Renten wegen verminderter Erwerbsfähigkeit v. 20.12.2000 BGBl. I S. 1827.

Zusage des Arbeitgebers auf betriebliche Altersversorgung § 1

In der Regel wird man bei erteilten Versorgungszusagen, die den Invaliditätsbegriff der gesetzlichen Rentenversicherung übernommen haben, die bisherigen Begriffe Berufs- und Erwerbsunfähigkeit transformieren können in die neuen Begriffe der teilweisen und vollen Erwerbsminderung, da das Arbeitsrecht keinen eigenständigen Invaliditätsbegriff kennt.[55] 42

Ob damit im Grundsatz bei »Altzusagen« lediglich die Notwendigkeit einer redaktionellen Anpassung an die neuen Begriffe besteht oder eine materielle Änderung verbunden ist, weil die neuen mit den alten Begriffen materiell nicht deckungsgleich sind, ist offen.[56] Wird erkennbar an die jeweiligen Regelungen in der gesetzlichen Rentenversicherung angeknüpft, kann es sich um eine »dynamische Verweisung« in den Altzusagen handeln. 43

Das Entsprechende gilt bei »Neuzusagen«, wenn die bisherigen Begriffe Berufs- und Erwerbsunfähigkeit noch weiter verwendet worden sind, also in den »Neuzusagen« genauso formuliert sind wie in den bisherigen Altzusagen. Allerdings kann dies nur für eine Übergangszeit gelten. Werden die alten Begriffe über einen längeren Zeitraum weiterverwandt, dürften sie eine eigene Bedeutung erhalten und sich von der gesetzlichen Rentenversicherung »abkoppeln«. Es empfiehlt sich also, »alte« Versorgungsregelungen zu überarbeiten und an die neue Rechtslage und Terminologie in der gesetzlichen Rentenversicherung anzupassen. 44

§ 1 AGG will Benachteiligungen aus Gründen einer Behinderung verhindern oder beseitigen. Eine unterschiedliche Behandlung wegen Behinderung ist zulässig, wenn nach § 8 AGG eine Rechtfertigung vorliegt.[57] 44a

Der Invaliditätsbegriff in der betrieblichen Altersversorgung ist zu unterscheiden von einer Behinderung i.S.v. § 2 Abs. 1 S. 1 SGB IX und in der Regel nicht deckungsgleich. Es genügt also, wenn Behinderte grundsätzlich eine Versorgungszusage erhalten und eine Invaliditätsleistung unabhängig von der Behinderung beanspruchen können.[58]

Wird betriebliche Altersversorgung durch **Tod** des Arbeitnehmers ausgelöst, gibt es bei der Feststellung des biologischen Ereignisses Tod 45

---

55 BAG 19.4.1983, 3 AZR 4/81, EzA § 6 BetrAVG Nr. 6, AP Nr. 3 zu § 1 BetrAVG Invaliditätsrente m. Anm. *Höfer/Küpper; Kemper* BetrAV 1998, 289; a.A. *Langohr-Plato* Rn. 28 ff.
56 Speziell zur ergänzenden Auslegung eines Versorgungstarifvertrags bei geändertem gesetzlichen Invaliditätsbegriff BAG 15.11.2005, 3 AZR 520/04.
57 *Schleusener* in Schleusener/Suckow/Voigt Rn. 30 ff. zu § 8.
58 So auch *Kemper/Kisters-Kölkes* Grundzüge, Rn. 25.

keine Schwierigkeiten. Es entstehen jedoch häufig Abgrenzungsfragen zu anderen betrieblichen Sozialleistungen, die ebenfalls durch den Tod ausgelöst werden können, z.B. Sterbegeld und Übergangsgeld an Hinterbliebene. Diese sind keine betriebliche Altersversorgung und unterfallen damit nicht dem Schutzbereich des BetrAVG. In derartigen Fällen ist Abgrenzungskriterium der Versorgungszweck,[59] den z.B. Sterbe- und Übergangsgeld nicht verfolgen.

46 Bei der Bestimmung des Hinterbliebenenbegriffs gilt ebenfalls der Grundsatz der Vertragsfreiheit. Aus arbeitsrechtlichen Gesichtspunkten gibt es kaum Einschränkungen. Üblicherweise werden der überlebende Ehegatte und die Kinder (Halbwaisen, Vollwaisen) begünstigt. Auch Lebenspartner können begünstigt sein. Ob gesetzliche Unterhaltspflichten bestehen, ist unerheblich.

Getrennt lebende Ehegatten können als Begünstigte ausgeschlossen werden.[60]

47 Auch steuerlich sind Hinterbliebenenleistungen in gewissem Umfang anerkannt.[61] Das hat aber keine arbeitsrechtliche Bedeutung. Arbeitsrechtlich ist es also möglich, auch Hinterbliebene zu begünstigen, selbst wenn dies steuerlich nicht anerkannt wird. Die fehlende steuerliche Anerkennung führt nicht zur Einschränkung des arbeitsrechtlichen Begriffs der betrieblichen Altersversorgung.

48 Betriebliche Altersversorgung liegt auch vor, wenn nur **ein** biologisches Ereignis zu Versorgungsleistungen führt, wenn also z.B. nur Altersleistungen, aber keine Invaliditäts- oder Hinterbliebenenleistungen zugesagt werden.

c) Versorgungszweck

49 Hat die Arbeitgeberleistung einen anderen Zweck als die Versorgung des Arbeitnehmers im Alter, bei Invalidität und der Hinterbliebenen bei Tod des Arbeitnehmers zu gewährleisten, liegt keine betriebliche Altersversorgung vor.[62] Zielt die Leistung z.B. auf Unterstützung bei Arbeitslosigkeit, Krankheit und zur Begleichung von Beerdigungskosten

---

59 S. dazu Rn. 49 ff.
60 BAG 28.3.1995, 3 AZR 343/94, EzA § 1 BetrAVG Hinterbliebenenversorgung Nr. 4.
61 Vgl. dazu i.E. BMF-Schreiben v. 17.11.2004 Anhang, das allerdings den Hinterbliebenenbegriff im steuerlichen Sinne einschränkt.
62 BAG 18.3.2003, 3 AZR 315/02, DB 2004, 1624; BAG 12.12.2006, 3 AZR 475/05, Pressemitteilung FA 2007, 57.

(Sterbegeld) oder zur befristeten Erleichterung des Übergangs in den Ruhestand (Übergangsgeld), handelt es sich nicht um betriebliche Altersversorgung. Das BetrAVG ist dann mit seinen Schutzbestimmungen nicht anwendbar.

Die Form der zugesagten Leistungen hat mit der Erfüllung des Versorgungszweckes nichts zu tun. Rentenzahlungen und Kapitalleistungen können in gleicher Weise Versorgungszwecke erfüllen.[63] Die Höhe der Versorgungsleistung ist nicht entscheidend für den Versorgungszweck, es sei denn, die Leistungen sind so gering, dass ein Versorgungsbeitrag nicht mehr erbracht wird.

Ein Versorgungszweck ist auch dann gegeben, wenn es sich nicht um unmittelbare Unterstützung für den Lebensunterhalt handelt, sondern z.B. der Zweck der Leistung darin besteht, dem Hinterbliebenen die Möglichkeit zu geben, ein Hypothekendarlehen zu tilgen, um nach dem Tod des Ehegatten keine Finanzierungsaufwendungen mehr für das gemeinsam genutzte Haus zu haben[64] oder dem überlebenden Ehegatten eine Überlegungsphase zu verschaffen, wie er in Zukunft sein Leben gestaltet, z.B. in Bezug auf Berufstätigkeit oder Kindererziehung.

d) Abgrenzung zu anderen Arbeitgeberleistungen

In der nachfolgenden Aufstellung wird versucht anhand der gesetzlichen Definition der betrieblichen Altersversorgung einige sonstige Arbeitgeberleistungen danach einzuordnen, ob sie den Begriff der betrieblichen Altersversorgung erfüllen oder nicht.

Abfindungen aus Anlass einer Kündigung	keine betriebliche Altersversorgung[65]
Altersteilzeit	keine betriebliche Altersversorgung[66]; werden jedoch wegen Altersteilzeit die Versorgungsleistungen aufgestockt oder erstmals gewährt, handelt es sich insoweit um betriebliche Altersversorgung

---

63 BAG 18.3.2003, 3 AZR 315/02, DB 2004, 1624.
64 Dazu auch *Reichel/Heger* Rn. 117 ff., die die Hinterbliebenenversorgung grds. unter dem Aspekt des Versorgungszweckes diskutieren.
65 *Förster/Rühmann/Cisch* Rn. 33 zu § 1.
66 *Reichel/Heger* Rn. 128 ff.

§ 1 Zusage des Arbeitgebers auf betriebliche Altersversorgung

Arbeitszeitkonten (Zeitguthaben)	keine betriebliche Altersversorgung[67]
Deputate	können betriebliche Altersversorgung sein[68]
Gewinnbeteiligungen	können betriebliche Altersversorgung sein[69]
Handelsvertreterzusagen	betriebliche Altersversorgung[70]
Jubiläumsgelder	keine betriebliche Altersversorgung[71]
Kaufpreisrente	keine betriebliche Altersversorgung[72]
Krankheitsbeihilfen	keine betriebliche Altersversorgung[73]
Krankenversicherungsbeiträge	können betriebliche Altersversorgung sein[74]
Notfallleistungen	keine betriebliche Altersversorgung, kein Versorgungszweck, nicht durch ein biologisches Ereignis ausgelöst[75]
Nutzungsrechte (Werkswohnung)	können betriebliche Altersversorgung sein[76]
Rückdeckungsversicherungen	keine betriebliche Altersversorgung[77]
Sterbegelder	keine betriebliche Altersversorgung[78]
Treueprämien	i.d.R. keine betriebliche Altersversorgung[79]

---

[67] Dazu *Hoppach* FS Kemper, S. 193 ff. und Rn. 54; s.a. unter Zeitguthaben.
[68] BAG 2.12.1986, 3 AZR 123/86, EzA § 242 BGB Geschäftsgrundlage Nr. 2; 12.12.2006, 3 AZR 475/05, Pressemitteilung FA 2007, 57.
[69] BAG 30.10.1980, 3 AZR 805/79, EzA § 1 BetrAVG Nr. 12.
[70] BGH 18.2.1982, I ZR 20/80, DB 1982, 1269.
[71] *Höfer* BetrAVG, Rn. 68 ff. zu ART.
[72] *Blomeyer/Rolfs/Otto* Rn. 58 zu § 1; *Höfer* BetrAVG, Rn. 108 ff. zu ART.
[73] BAG 14.6.2005, 3 AZR 301/04, DB 2006, 288; 12.12.2006, 3 AZR 475/05, Pressemitteilung FA 2007, 57
[74] Hanseatisches LAG 22.4.1998, 8 Sa 2150/96.
[75] BAG 25.10.1994, 3 AZR 279/94, EzA § 1 BetrAVG Nr. 68, BB 1995, 573.
[76] Dazu *Höfer* BetrAVG, Rn. 45 zu ART.
[77] BAG 14.10.1972, 3 AZR 65/72, DB 1972, 2068.
[78] *Förster/Rühmann/Cisch* Rn. 36 zu § 1
[79] BAG 27.7.1972, 5 AZR 141/72, EzA § 611 BGB Gratifikation, Prämie Nr. 32; m.w.N. *Blomeyer/Rolfs/Otto* Rn. 66 zu § 1

Zusage des Arbeitgebers auf betriebliche Altersversorgung § 1

Übergangsgelder (Übergangszuschuss)	i.d.R. keine betriebliche Altersversorgung, wenn Voraussetzung ist das Ausscheiden »im Einvernehmen mit der Firma«.[80] Andererseits kann ein »Übergangszuschuss« bei Eintritt in den Ruhestand in einer Versorgungsordnung betriebliche Altersversorgung sein, da dann der Zweck der Zusage die Versorgung im Alter ist.[81]
Vermögensbildung	keine betriebliche Altersversorgung[82]
Vorruhestandsleistungen	keine betriebliche Altersversorgung[83]
Weihnachtsgeld an Rentner	betriebliche Altersversorgung bei Einbringung in ein betriebliches Versorgungssystem[84]
Zeitguthaben (Arbeitszeitkonten)	können betriebliche Altersversorgung sein[85], z.B. wenn sie **umgewandelt worden** sind.

2. Durchführungswege

§ 1 Abs. 1 S. 2 BetrAVG stellt fest, dass die Durchführung der betrieblichen Altersversorgung unmittelbar über den Arbeitgeber, aber auch mittelbar über einen Versorgungsträger erfolgen kann. Der Gesetzgeber differenziert damit entsprechend dem üblichen Sprachgebrauch zwischen **unmittelbaren** und **mittelbaren** Versorgungszusagen. 54

Neben der unmittelbaren Versorgungszusage gibt es also vier mittelbare Durchführungswege: Direktversicherung, Pensionskasse, Pensionsfonds und Unterstützungskasse (§ 1b Abs. 2–4 BetrAVG). Werden diese Durchführungswege nicht beschritten, ist das BetrAVG nicht ein- 54a

---

80 BAG 26.4.1988, 3 AZR 411/86, EzA § 7 BetrAVG Nr. 25; 3.11.1998, 3 AZR 454/97, EzA § 7 BetrAVG Nr. 56.
81 BAG 18.3.2003, 3 AZR 315/02, DB 2004, 1624.
82 *Höfer* BetrAVG, Rn. 89 zu ART.
83 *Reichel/Heger* Rn. 128 ff.
84 BAG 19.5.1981, 3 AZR 308/80, EzA § 16 BetrAVG Nr. 11; 18.2.2003, 3 AZR 81/02, EzA § 1 BetrAVG Ablösung Nr. 35; 29.04.2003, 3 AZR 247/02, EzA § 1 BetrAVG Betriebliche Übung Nr. 4; 12.12.2006, 3 AZR 475/05, Pressemitteilung FA 2007, 54; 12.12.2006, 3 AZR 57/06.
85 *Höfer* BetrAVG, Rn. 73 ff. zu ART; *Reichel/Heger* Rn. 134 ff.; zu Zeitkonten und betriebliche Altersversorgung *Hoppach* FS Kemper, S. 193 ff.; s.a. unter Arbeitszeitkonten.

schlägig. Deshalb sind auch Arbeitszeitkonten keine betriebliche Altersversorgung i.S.d. BetrAVG.

54b Aus Gesichtspunkten des individuellen Arbeitsrechts bestehen kaum Unterschiede zwischen den Durchführungswegen. In allen Durchführungswegen ist der Arbeitgeber in vergleichbarer Weise verpflichtet. Unterschiede ergeben sich im kollektiven Arbeitsrecht (Mitbestimmung des Betriebsrats[86]), im Wesentlichen aus betriebswirtschaftlich-steuerlicher Sicht.[87]

55 Die **unmittelbare Versorgungszusage,** auch Direktzusage oder Pensionszusage (§ 6 a EStG) genannt, wird direkt (unmittelbar) vom Arbeitgeber dem Arbeitnehmer erteilt, die Versorgungsleistungen werden an den ehemaligen Arbeitnehmer oder die Hinterbliebenen nach Eintritt des Versorgungsfalles direkt (unmittelbar) vom Arbeitgeber erbracht. Das Versorgungsverhältnis beschränkt sich auf die Zweierbeziehung zwischen Arbeitgeber und Arbeitnehmer, sowohl beim Verpflichtungs- als auch beim Erfüllungsgeschäft.[88] Der Arbeitgeber ist nicht nur Zusagender, sondern auch Versorgungsträger.

56 Bei einer **mittelbaren Versorgungszusage** wird bei der Begründung des Versorgungsverhältnisses zwischen Arbeitgeber und Arbeitnehmer ein externer rechtlich selbstständiger Versorgungsträger geschaltet. Rechtlich zulässig – wenn es sich um betriebliche Altersversorgung innerhalb des BetrAVG handeln soll – sind nur die in § 1b Abs. 2 bis 4 BetrAVG genannten Versorgungsträger, also bei einer Direktversicherung eine Lebensversicherung und die sog. rechtsfähigen Versorgungseinrichtungen Pensionskasse, Pensionsfonds und Unterstützungskasse.[89]

57 Der Durchführungsweg ist wie der Rechtsbegründungsakt und der Leistungsplan ein selbstständiges Element des Versorgungsverhältnisses, das heißt, grundsätzlich kann für jeden Durchführungsweg jeder Rechtsbegründungsakt und jeder Leistungsplan gewählt werden.[90] Der Durchführungsweg ist scharf vom Leistungsplan und dem Rechts-

---

86 Rn. 316 ff.
87 Zum Verbreitungsgrad der Durchführungswege *Schwind* BetrAV 2007, 365.
88 *Blomeyer/Rolfs/Otto* Rn. 201 zu § 1.
89 Zum Rechtsweg bei mittelbaren Versorgungszusagen *Küpper* FS Kemper, S. 273 ff.
90 Ausnahme: Beitragszusage mit Mindestleistung gem. § 1 Abs. 2 Nr. 2 BetrAVG, die nur bei den Durchführungswegen Pensionsfonds, Pensionskasse und Direktversicherung zulässig ist; s. Rn. 387 ff.

begründungsakt zu trennen als ein weiterer Bestandteil des Versorgungsverhältnisses:

> **Beispiel:** 57a
>
> Der Abschluss eines Gruppenlebensversicherungsvertrags bestimmt nur den Durchführungsweg (Direktversicherung) und den Leistungsplan (Allgemeine Versicherungsbedingungen), legt aber den Rechtsbegründungsakt (z.B. Gesamtzusage, Betriebsvereinbarung, Tarifvertrag) nicht fest.

a) Unmittelbare Versorgungszusage

Eine unmittelbare Versorgungszusage ist dann Durchführungsweg für die betriebliche Altersversorgung, wenn Inhalt des Versorgungsverhältnisses lediglich die **Zweierbeziehung** zwischen Arbeitgeber und Arbeitnehmer ist. In der Regel räumt der Arbeitgeber dem Arbeitnehmer einen Rechtsanspruch auf die zugesagten Leistungen ein. 58

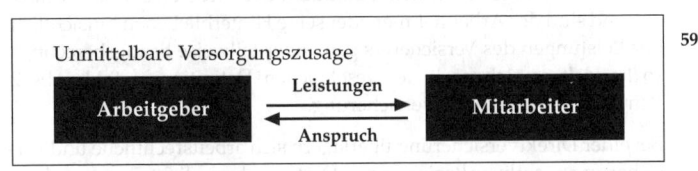

```
Unmittelbare Versorgungszusage                                 59
              Leistungen
  Arbeitgeber  ─────────▶  Mitarbeiter
              ◀─────────
                Anspruch
```

Immer wenn in einer Unternehmensbilanz Pensionsrückstellungen gem. § 249 HGB oder § 6a EStG ausgewiesen sind, handelt es sich um den Durchführungsweg unmittelbare Versorgungszusage. 60

Im Ertragsteuerrecht können für unmittelbare Versorgungszusagen Pensionsrückstellungen gem. § 6a EStG gebildet werden.[91] In der Anwartschaftsphase wird die Pensionsrückstellung gewinnmindernd aufgebaut. Hierdurch entsteht beim Unternehmen ein Innenfinanzierungseffekt. Die Versorgungsleistung selbst ist Betriebsausgabe. 61

In der Anwartschaftsphase gibt es beim Arbeitnehmer keine steuerlichen Auswirkungen. Es findet kein steuerlicher Lohnzufluss statt. Die Zahlung der Versorgungsleistung ist vom Versorgungsempfänger als nachträgliche Einkunft aus nichtselbstständiger Arbeit gem. § 19 Abs. 1 S. 1 Nr. 2 EStG lohnsteuerpflichtig. Der Versorgungsfreibetrag gem. § 19 Abs. 2 S. 1 EStG kann geltend gemacht werden. Dasselbe 62

---

91 Hierzu *Langohr-Plato* Rn. 77 ff.

gilt für den Arbeitnehmerpauschbetrag gem. § 9 a S. 1 Nr. 1 EStG. Die Besteuerung findet also nachgelagert statt.[92]

63 Durch das Alterseinkünftegesetz[93] ist die Besteuerung von Beiträgen und Leistungen der gesetzlichen Rentenversicherung grundlegend geändert worden. Die Ertragsanteilbesteuerung wird langfristig abgelöst durch eine nachgelagerte Besteuerung der Sozialversicherungsrenten.[94] Da die gesetzlichen Renten künftig mit einem höheren Besteuerungsanteil in die steuerliche Bemessungsgrundlage einfließen und zudem der Versorgungsfreibetrag – ergänzt um einen Zuschlag zum Versorgungsfreibetrag – sukzessiv abgeschmolzen wird, werden künftig Betriebsrenten in weitergehendem Umfang einer Besteuerung unterliegen. Die Nettoversorgung sinkt. Der Versorgungsbedarf steigt.[95]

b) Direktversicherung

64 Wird für die betriebliche Altersversorgung eine Lebensversicherung auf das Leben des Arbeitnehmers durch den Arbeitgeber abgeschlossen und sind der Arbeitnehmer oder seine Hinterbliebenen hinsichtlich der Leistungen des Versicherers ganz oder teilweise bezugsberechtigt, so handelt es sich nach der gesetzlichen Definition in § 1b Abs. 2 BetrAVG um eine Direktversicherung.

65 Bei einer Direktversicherung überlagern sich arbeitsrechtliche und versicherungsrechtliche Beziehungen. Die Grundverpflichtung des Arbeitgebers ergibt sich aus der Zusage auf Direktversicherungsleistungen, dem Valutaverhältnis. Das Deckungsverhältnis besteht zwischen dem Arbeitgeber als Versicherungsnehmer und der Lebensversicherungsgesellschaft aufgrund des abgeschlossenen Versicherungsvertrags. Bezugsberechtigte sind der Arbeitnehmer oder seine Hinterbliebenen.[96]

65a Der Abschluss der Direktversicherung bedarf der Einwilligung des Arbeitnehmers, auch bei Gruppenversicherungen (§ 159 VVG). Das Bezugsrecht kann widerruflich, eingeschränkt und uneingeschränkt unwiderruflich sein i.S.d. VVG. Das in § 1b Abs. 2 S. 1 BetrAVG genannte

---

92 Einzelheiten bei *Langohr-Plato* Rn. 94 ff.
93 V. 5.7.2004 BGBl. I S. 1427.
94 Dazu auch BMF-Schreiben v. 24.2.2005 – IV C 3 S 2255–51/05 – BetrAV 2005, 254; dazu auch *Niermann/Risthaus* DB Beilage Nr. 2/2005 zu Heft Nr. 18 v. 6.5.2005.
95 *Kemper/Kisters-Kölkes* Grundzüge, Rn. 34.
96 BAG 8.9.1999, 3 AZR 136/98, EzA § 1 BetrAVG Lebensversicherung Nr. 8; zu weiteren Einzelheiten und Abgrenzungen *Blomeyer/Rolfs/Otto* Rn. 163 ff. zu § 1b.

Zusage des Arbeitgebers auf betriebliche Altersversorgung § 1

Verbot des Widerrufs eines Bezugsrechts ist nur arbeitsrechtlich zu verstehen: Ein arbeitsrechtliches unwiderrufliches Bezugsrecht wegen Erfüllung der Unverfallbarkeitsmöglichkeiten dem Grunde nach führt nicht automatisch zu einem unwiderruflichen versicherungsvertraglichen Bezugsrecht. Das besteht nur, wenn die Voraussetzungen dafür gem. VVG erfüllt sind.

Das arbeitsrechtliche Grundverhältnis kann zu einer Einstandspflicht des Arbeitgebers gem. § 1 Abs. 1 S. 3 BetrAVG führen.[97] 66

Im Gegensatz zur Direktversicherung ist die **Rückdeckungsversicherung** kein Durchführungsweg der betrieblichen Altersversorgung.[98] Eine Rückdeckungsversicherung ist häufig eine Finanzierungsmaßnahme bei den Durchführungswegen unmittelbare Versorgungszusage und Unterstützungskasse. Versicherungsnehmer ist der Arbeitgeber oder die Unterstützungskasse. Bezugsberechtigter bei einer Rückdeckungsversicherung sind nicht – anders als bei einer Direktversicherung – der Arbeitnehmer oder seine Hinterbliebenen, sondern der Arbeitgeber selbst oder bei einer Unterstützungskasse die Unterstützungskasse. Die Beiträge zu einer Rückdeckungsversicherung sind Betriebsausgaben. Der Wert der Versicherung ist zu aktivieren. Die Rückdeckungsversicherung gehört zum Vermögen des Arbeitgebers. Ihr Wert ist nicht zweckgebunden für betriebliche Altersversorgung. 67

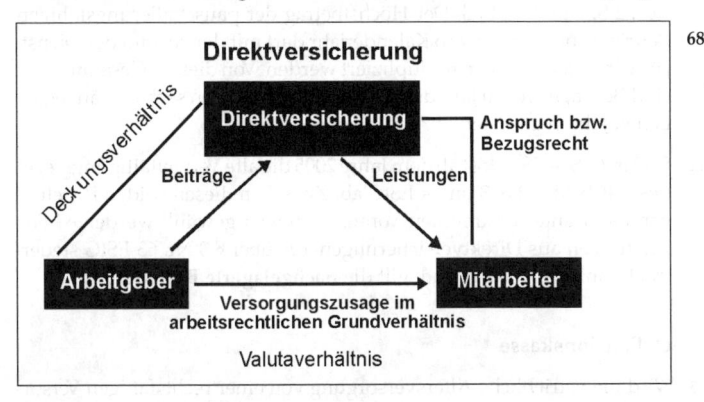

68

Ertragsteuerlich sind die Beiträge, die der Arbeitgeber an das Lebensversicherungsunternehmen zahlt, Betriebsausgaben (§ 4 b EStG).[99] 69

---
97 S. dazu Rn. 201–209.
98 BAG 14.10.1972, 3 AZR 65/72, DB 1972, 2068.
99 Dazu *Langohr-Plato* Rn. 106 ff.

§ 1　Zusage des Arbeitgebers auf betriebliche Altersversorgung

70　Beim Arbeitnehmer findet bei Direktversicherungen, die vor dem 1.1.2005 abgeschlossen worden sind, eine **vorgelagerte Besteuerung** statt. Die Versicherungsbeiträge sind in der Anwartschaftsphase grds. lohnsteuerpflichtig. Über die Anwendung von § 40 b EStG, der einen Pauschalsteuersatz von 20 % (zuzüglich Kirchensteuer, Solidaritätszuschlag) vorsieht, kann die Besteuerung gemindert werden. Allerdings können maximal pro Kalenderjahr 1.752,– € (bei Durchschnittsbildung 2.148,– €) pauschal besteuert werden. Die vorgelagerte Besteuerung gem. § 40 b EStG ist bei Kapitalversicherungen, die vor dem 1.1.2005 abgeschlossen worden sind, weiter möglich. Bei »alten« Rentendirektversicherungen besteht ein Wahlrecht, auf die »neue« Besteuerung überzugehen.[100]

70a　Für Direktversicherungen, die nach dem 31.12.2004 abgeschlossen worden sind oder werden, gilt gem. § 3 Nr. 63 EStG im Rahmen der dort festgelegten Voraussetzungen die Steuerfreiheit der Beiträge, wenn der Beitrag 4 % der Beitragsbemessungsgrenze (West) zuzüglich eines festen Betrages vom 1.800,– € nicht übersteigt.[101] Werden die Höchstbeträge überschritten, setzt die individuelle Besteuerung beim Arbeitnehmer ein.

71　Bei Beitragszahlung zu einer Direktversicherung anlässlich der Beendigung des Dienstverhältnisses gilt die Vervielfältigungsregel des § 40 b Abs. 2 S. 3 und 4 EStG. Der Höchstbetrag der pauschalierungsfähigen Beiträge von 1.752,– € pro Kalenderjahr darf mit der Anzahl der Dienstjahre im Unternehmen multipliziert werden. Von diesem Gesamtbetrag sind Beiträge, die im Jahr des Ausscheidens und den sechs vorangegangenen Jahren geleistet wurden, abzuziehen.

72　§ 3 Nr. 63 S. 4 EStG löst ab dem Jahre 2005 die alte Vervielfältigungsregel des § 40 b Abs. 2 S. 3 und 4 EStG ab. Zwischen diesen beiden Regelungen kann unter bestimmten Voraussetzungen gewählt werden.[102] Für Leistungen aus Direktversicherungen, die über § 3 Nr. 63 EStG steuerfrei finanziert worden sind, gilt die **nachgelagerte Besteuerung**.

c) Pensionskasse

73　Wird die betriebliche Altersversorgung von einer rechtsfähigen Versorgungseinrichtung durchgeführt, die dem Arbeitnehmer oder seinen Hinterbliebenen auf ihre Leistungen einen Rechtsanspruch gewährt,

---

100　§ 52 Abs. 52 a EStG i.d.F. des Alterseinkünftegesetzes.
101　Dazu i.E. BMF-Schreiben v. 17.11.2004 Rn. 168 ff. – s. Anhang III.
102　Dazu i.E. BMF-Schreiben v. 17.11.2004 Rn. 210 – s. Anhang III.

Zusage des Arbeitgebers auf betriebliche Altersversorgung § 1

handelt es sich gem. § 1 b Abs. 3 BetrAVG um eine Pensionskasse. Der Gesetzgeber geht im BetrAVG dabei als selbstverständlich davon aus, dass es sich bei einer Pensionskasse um ein Lebensversicherungsunternehmen handelt. Die weiteren Einzelheiten zur Definition einer Pensionskasse finden sich in § 118 a VAG.

Pensionskassen können in der Rechtsform eines Versicherungsvereins 74 auf Gegenseitigkeit oder einer Aktiengesellschaft geführt werden.[103]

Wie bei einer Direktversicherung überlagern sich bei einer Pensions- 75 kasse arbeitsrechtliche und versicherungsrechtliche Beziehungen. Das Valutaverhältnis beinhaltet die Grundverpflichtung des Arbeitgebers. Das Deckungsverhältnis besteht zwischen dem Arbeitgeber und der Pensionskasse. Dem Arbeitnehmer oder seinen Hinterbliebenen werden Rechtsansprüche auf die Leistungen der Pensionskasse eingeräumt.

Das arbeitsrechtliche Grundverhältnis kann zu einer Einstandspflicht 76 des Arbeitgebers gem. § 1 Abs. 1 Satz 3 BetrAVG führen.[104]

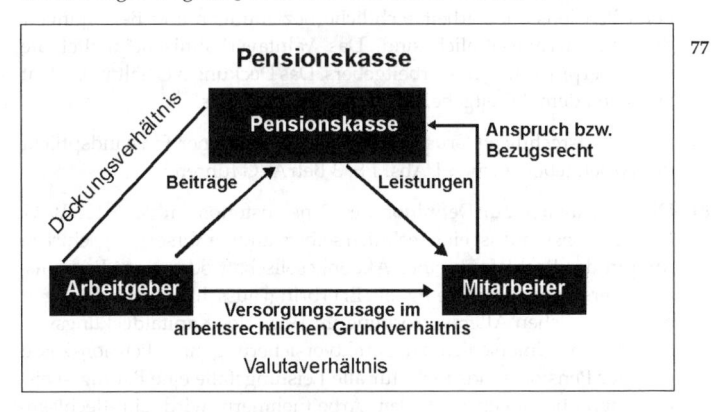

77

Pensionskasse

Deckungsverhältnis

Pensionskasse ← Anspruch bzw. Bezugsrecht

Beiträge → ← Leistungen

Arbeitgeber —— Versorgungszusage im arbeitsrechtlichen Grundverhältnis —→ Mitarbeiter

Valutaverhältnis

Die Zuwendungen des Arbeitgebers an die Pensionskasse sind Be- 78 triebsausgaben (§ 4 c EStG).

Pensionskassenbeiträge sind lohnsteuerlich den Direktversicherungs- 79 beiträgen bis zum 31.12.2001 gleichgestellt gewesen. Es galt der Grundsatz der vorgelagerten Besteuerung. § 40 b a.F. EStG war anwendbar.

---

103 Zum Wesen der Pensionskasse *Dresp* FS Kemper, S. 111 ff.
104 S. dazu Rn. 201–209.

§ 1 Zusage des Arbeitgebers auf betriebliche Altersversorgung

80 Seit dem 1.1.2002 wurde gem. § 3 Nr. 63 EStG eine begrenzte Lohnsteuerfreiheit gewährt. Beiträge, die der Arbeitgeber an eine Pensionskasse zahlt, sind bis zu 4 % der jeweiligen Beitragsbemessungsgrenze in der gesetzlichen Rentenversicherung (West) einkommensteuerfrei. Dabei sind arbeitgeber- und arbeitnehmerfinanzierte Beiträge zusammenzurechnen. Beiträge, die diese Grenze übersteigen, konnten im Rahmen von § 40 b EStG pauschal versteuert werden. Ab dem 1.1.2005 sind Pensionskassen und Direktversicherungen gem. der erweiterten Fassung des § 3 Nr. 63 EStG durch das Alterseinkünftegesetz steuerlich gleichgestellt.

d) Pensionsfonds

81 § 1 b Abs. 3 BetrAVG definiert den Pensionsfonds gleichlautend wie eine Pensionskasse. Der Pensionsfonds ist seit dem 1.1.2002 ein neuer Durchführungsweg der betrieblichen Altersversorgung.

82 Wie bei Direktversicherung und Pensionskasse überlagern sich auch beim Pensionsfonds arbeitsrechtliche Beziehungen und Beziehungen, die versicherungsähnlich sind. Das Valutaverhältnis beinhaltet die Grundverpflichtung des Arbeitgebers. Das Deckungsverhältnis besteht zwischen dem Arbeitgeber und der Pensionsfonds.

83 Das arbeitsrechtliche Grundverhältnis kann zu einer Einstandspflicht des Arbeitgebers gem. § 1 Abs. 1 S. 3 BetrAVG führen.[105]

84 Die Einzelheiten zur Definition des Pensionsfonds enthält § 112 VAG. Der Pensionsfonds ist eine rechtlich selbstständige Versorgungseinrichtung in der Rechtsform einer Aktiengesellschaft oder eines Pensionsfondsvereins auf Gegenseitigkeit. Er erbringt ausschließlich Leistungen der betrieblichen Altersversorgung im Wege des Kapitaldeckungsverfahrens. Im Unterschied zu Direktversicherung und Pensionskasse darf der Pensionsfonds nicht für alle Leistungsfälle eine Beitrags-Leistungsgarantie abgeben.[106] Den Arbeitnehmern wird ein Rechtsanspruch auf Leistung gegenüber dem Pensionsfonds eingeräumt. Bei der Leistungsform ist der Pensionsfonds beschränkt: er ist verpflichtet, zumindest eine lebenslange Altersrente oder einen Auszahlungsplan vorzusehen. Die Pensionspläne können beitrags- und leistungsbezogen sein. Ein Pensionsfonds kann »untergedeckt« sein, wenn durch den Arbeitgeber eine »Sicherstellung« des Pensionsplans erfolgt (§ 115 Abs. 2 VVG).

---

105 S. dazu Rn. 201–209.
106 Dazu *Höfer* BetrAVG, Rn. 1530 ff. zu ART.

Zusage des Arbeitgebers auf betriebliche Altersversorgung §1

Für den Pensionsfonds gelten im Wesentlichen die auf ein Lebensversicherungsunternehmen anzuwendenden Vorschriften des VAG (§§ 113 ff. VAG).[107] Der Pensionsfonds hat freiere Möglichkeiten bei der Vermögensanlage als Lebensversicherungsunternehmen (Pensionskassen), was höhere Renditechancen und höheres Risiko beinhaltet, sowohl für die Arbeitgeber als auch für die Arbeitnehmer.[108] Das Risiko des Arbeitnehmers wird allerdings begrenzt. Der Arbeitgeber muss sicherstellen, dass die Mindestleistung bei einer Beitragszusage mit Mindestleistung gem. § 1 Abs. 2 Nr. 2 BetrAVG oder die Leistung bei einer Leistungszusage gem. § 1 Abs. 1 S. 3 BetrAVG gewährleistet ist. 85

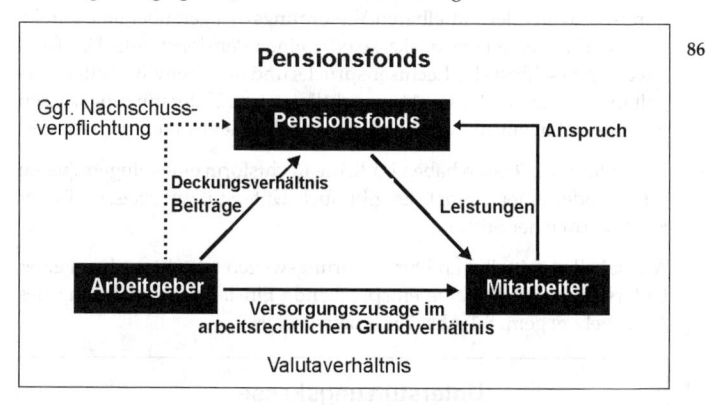

Pensionsfonds 86

Ggf. Nachschussverpflichtung ······► **Pensionsfonds** ◄─── Anspruch

Deckungsverhältnis
Beiträge ↗   Leistungen ↘

Arbeitgeber ─── Versorgungszusage im arbeitsrechtlichen Grundverhältnis ─── **Mitarbeiter**

Valutaverhältnis

Ertragsteuerlich sind die Beiträge des Arbeitgebers an den Pensionsfonds Betriebsausgaben (§ 4e EStG). Eine Sonderregelung gibt es gem. § 4e Abs. 3 EStG bei der Übertragung von Versorgungsverpflichtungen auf einen Pensionsfonds. 87

Die Beiträge des Arbeitgebers sind im Rahmen des § 3 Nr. 63 EStG – wie bei Pensionskassen und (seit 1.1.2005) bei Direktversicherungen – steuerfrei. Keine Lohnsteuerpflicht entsteht bei Übertragungen von Versorgungsverpflichtungen aus unmittelbaren Versorgungszusagen und Unterstützungskassen auf einen Pensionsfonds (§ 3 Nr. 66 EStG). 88

Die Versorgungsleistungen, die aus lohnsteuerfreien Beiträgen gem. § 3 Nrn. 63 und 66 EStG resultieren, sind vom Arbeitnehmer gem. § 22 Nr. 5 EStG zu versteuern. Sie unterliegen damit der vollen Einkommensbesteuerung **(nachgelagerte Besteuerung)**. 89

---

107 Dazu *Reichel/Heger* S. 46 ff. und *Höfer* BetrAVG, Rn. 1514 ff. zu ART.
108 § 115 VAG.

e) Unterstützungskasse

90 Wird die betriebliche Altersversorgung von einer rechtsfähigen Versorgungseinrichtung durchgeführt, die auf ihre Leistungen keinen Rechtsanspruch gewährt, so handelt es sich gem. § 1 b Abs. 4 BetrAVG um eine Unterstützungskasse.

91 Der formelle Ausschluss des Rechtsanspruchs auf Leistungen der betrieblichen Altersversorgung ist historisch bedingt. Der arbeitsrechtliche Verpflichtungsumfang des Arbeitgebers ist in vergleichbarer Weise verfestigt wie bei rechtsverbindlichen unmittelbaren Versorgungszusagen oder mittelbaren Versorgungszusagen über eine Direktversicherung, eine Pensionskasse oder einen Pensionsfonds. Das BAG hat den Ausschluss des Rechtsanspruchs und den Freiwilligkeitsvorbehalt in Satzungen oder Leistungsrichtlinien von Unterstützungskassen umgedeutet in ein an sachliche Gründe gebundenes Widerrufsrecht.[109]

92 Unterstützungskassen haben i.d.R. die Rechtsform eines eingetragenen Vereins oder einer GmbH. Es gibt auch Unterstützungskassen in der Rechtsform einer Stiftung.

93 Wie bei allen mittelbaren Durchführungswegen besteht auch bei einer Unterstützungskasse eine entsprechende Einstandsverpflichtung des Arbeitgebers gem. § 1 Abs. 1 S. 3 BetrAVG.[110]

94

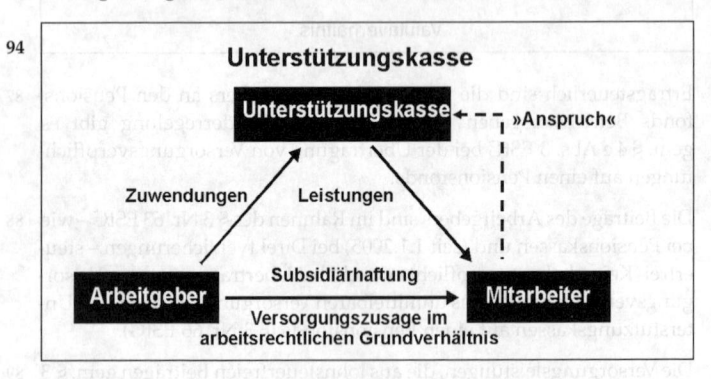

Unterstützungskasse

Unterstützungskasse ←--- »Anspruch«

Zuwendungen / Leistungen

Arbeitgeber —— Subsidiärhaftung ——→ Mitarbeiter
Versorgungszusage im arbeitsrechtlichen Grundverhältnis

---

[109] BAG 17.11.1992, 3 AZR 76/92, EzA § 1 BetrAVG Unterstützungskasse Nr. 10; 26.8.1997, 3 AZR 235/96, EzA § 1 BetrAVG Ablösung Nr. 17 und 11.12.2001, 3 AZR 512/00, EzA § 1 BetrAVG Ablösung Nr. 33.

[110] S. dazu Rn. 201–209; zum »richtigen« Beklagten und Rechtsweg bei Unterstützungskasse i.E. *Reinecke* und *Küpper*, jeweils in FS Kemper, S. 383 ff. und 273 ff.

Zusage des Arbeitgebers auf betriebliche Altersversorgung § 1

Unterstützungskassen können ihr Vermögen, das ihnen vom Arbeitgeber zugewandt worden ist, in Darlehensform beim Arbeitgeber anlegen (reservepolsterdotierte Unterstützungskasse). 95

Weit verbreitet sind Unterstützungskassen, die als Finanzierungsinstrument eine Rückdeckungsversicherung nutzen, die also ihr Vermögen zur Ausfinanzierung der zu erbringenden Versorgungsleistungen verwenden. Wird dadurch der gesamte Verpflichtungsumfang abgedeckt, handelt es sich um kongruente Rückdeckungsversicherungen. Wird nur ein Teil der Verpflichtungen abgedeckt, bezeichnet man dies als partielle Rückdeckung. 96

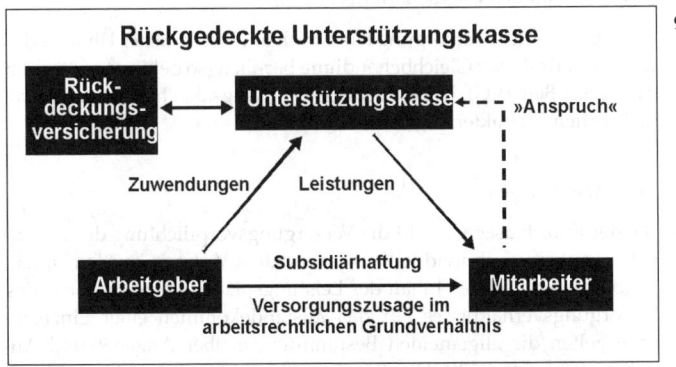

Rückgedeckte Unterstützungskasse 97

```
Rückdeckungsversicherung ↔ Unterstützungskasse ←--- »Anspruch«
                                ↑   ↓
                           Zuwendungen  Leistungen
                                ↑   ↓
                    Arbeitgeber ——— Subsidiärhaftung ——— Mitarbeiter
                         Versorgungszusage im
                    arbeitsrechtlichen Grundverhältnis
```

Beim Arbeitgeber sind die Zuwendungen an die Unterstützungskasse Betriebsausgaben (§ 4 d EStG). 98

Beim Arbeitnehmer findet eine **nachgelagerte Besteuerung** statt. Es gelten dieselben Grundsätze wie bei unmittelbaren Versorgungszusagen.[111] 99

3. Rechtsbegründungsakte

Der Rechtsbegründungsakt ist der Verpflichtungstatbestand für die Begründung des Versorgungsverhältnisses. Der Rechtsbegründungsakt ist vom Durchführungsweg und vom Leistungsplan zu unterscheiden. Für jeden Rechtsbegründungsakt können grds. alle Durchführungswege gewählt, ein Leistungsplan kann unabhängig vom Rechtsbegründungsakt und Durchführungsweg entwickelt werden.[112] 100

---

111 Dazu vorstehend Rn. 62 f.
112 Ausnahme: Beitragszusage mit Mindestleistung gem. § 1 Abs. 2 Nr. 2 BetrAVG.

§ 1 Zusage des Arbeitgebers auf betriebliche Altersversorgung

101 Der Rechtsbegründungsakt ist nicht nur maßgebend für die Begründung der Arbeitgeberverpflichtung, sondern auch rechtliche Basis für deren Änderung oder Aufhebung. Bei den einzelnen Rechtsbegründungsakten gibt es unterschiedliche rechtliche Änderungs- und Aufhebungsmodalitäten.[113]

102 Rechtsbegründungsakte können sein

– individualrechtliche Vereinbarungen (Einzelzusage, Gesamtzusage, vertragliche Einheitsregelung) oder

– Kollektivverträge (Betriebsvereinbarung, Vereinbarungen nach dem Sprecherausschussgesetz, Tarifvertrag).

103 Betriebliche Altersversorgung kann auch auf betrieblicher Übung oder dem Grundsatz der Gleichbehandlung beruhen (so deklaratorisch § 1 b Abs. 1 S. 4 BetrAVG). Diese Rechtsbegründungsakte haben individualrechtlichen Charakter.[114]

a) Einzelzusage

104 Bei der Einzelzusage beruht die Versorgungsverpflichtung des Arbeitgebers auf einem individuell ausgehandelten Vertrag über den Durchführungsweg und den Inhalt des Leistungsplanes als Bestandteile des Versorgungsverhältnisses Für das Zustandekommen einer Einzelzusage gelten die allgemeinen Bestimmungen über Angebot und Annahme (§§ 145 ff. BGB). Die Annahme durch den Arbeitnehmer kann gem. § 151 S. 1 BGB stillschweigend erfolgen, da betriebliche Altersversorgung ihn i.d.R. begünstigt. Die Einzelzusage wird Bestandteil des Arbeitsvertrages und teilt dessen rechtliches Schicksal.

105 Die Einzelzusage ist bei der Begründung nicht formbedürftig.[115] Das steuerrechtlich in § 6 a Abs. 1 Nr. 3 EStG bei unmittelbaren Versorgungszusagen geforderte Schriftformerfordernis ist arbeitsrechtlich irrelevant.[116] Als Bestandteil des Arbeitsvertrages bedarf die Aufhebung oder Kündigung einer Einzelzusage der Schriftform (§ 623 BGB).

---

113 S. dazu Rn. 210–315.
114 BAG 16.9.1986, GS 1/82, EzA § 77 BetrVG 1972 Nr. 17, 27.7.1988, 5 AZR 244/87, EzA § 242 BGB Gleichbehandlung Nr. 47; dazu Rn. 126 ff. und 133 ff.
115 Der Arbeitnehmer hat allerdings nach dem Nachweisgesetz (BGBl. 1995 I S. 946) einen Anspruch auf schriftliche Abfassung der Versorgungszusage (Niederschrift); dazu *Höfer* BetrAVG, Rn. 218 ff. zu ART.
116 BAG 5.2.1981, 3 AZR 748/79, BB 1981, 1708, AP Nr. 188 zu § 242 BGB Ruhegehalt.

Zusage des Arbeitgebers auf betriebliche Altersversorgung § 1

Voraussetzung für die Wirksamkeit des Arbeitgeberangebots ist ein Bindungswille. Das bloße Inaussichtstellen oder die Vorankündigung einer Versorgungszusage ist rechtlich nicht bindend. Es genügt aber der objektiv erkennbare Wille des Arbeitgebers, überhaupt eine Versorgungszusage erteilen zu wollen. Dazu gehört nicht ein im Detail ausgearbeiteter Leistungsplan. Es genügt ein »**Blankettangebot**«. Dieses hat der Arbeitgeber nach billigem Ermessen gem. § 315 BGB auszufüllen. Tut er dies nicht oder entspricht die Festlegung nicht den Billigkeitsgrundsätzen, wird die Regelungslücke durch eine gerichtliche Entscheidung geschlossen.[117] Der Arbeitgeber muss bei seiner verbindlichen Festlegung nicht nur die rechtsgeschäftlich verbindlichen Vorgaben berücksichtigen, sondern auch die bei seinem »Blankettangebot« von ihm geweckten Vorstellungen und Erwartungen.[118] Zur Klarstellung sei darauf hingewiesen, dass ein verbindliches Arbeitgeberangebot (auch in der Form eines »Blankettangebots«) noch keine Versorgungszusage darstellt. Hinzukommen muss immer die Annahme des Arbeitgeberangebotes durch den Arbeitnehmer, was aber i.d.R. stillschweigend gem. § 151 BGB erfolgt.

106

Rechtlich unverbindlich ist eine interne Willensbildung des Arbeitgebers, z.B. die Billigung einer beabsichtigten Versorgungszusage an einen Arbeitnehmer durch den Aufsichtsrat einer Aktiengesellschaft. Erst wenn der Vorstand als Organ der Aktiengesellschaft eine entsprechende Verpflichtungserklärung gegenüber dem Arbeitnehmer abgegeben hat, liegt ein Angebot vor, das der Arbeitnehmer annehmen kann.[119]

107

b) Gesamtzusage

Eine Gesamtzusage ist ein Bündel gleichstrukturierter, nicht gleichhoher Versorgungszusagen und richtet sich an alle Arbeitnehmer eines Unternehmens oder an nach sachlichen Kriterien abgrenzbare Arbeitnehmergruppen. Das Angebot des Arbeitgebers wird in allgemeiner Form, etwa am »schwarzem Brett«, durch das Aushändigen einer »Versorgungsordnung«, bekannt gemacht. Eine ausdrückliche Annahmeerklärung der begünstigten Arbeitnehmer wird nicht erwartet, sie wird stillschweigend gem. § 151 BGB unterstellt.[120]

108

---

117 BAG 13.3.1973, 3 AZR 446/74, EzA § 242 BGB Ruhegeld Nr. 41 und 23.11.1978, 3 AZR 708/77, EzA § 242 BGB Ruhegeld Nr. 77, DB 1979, 364; eine betriebliche Übung kann einer kollektiven Blankettzusage ähneln: BAG 25.6.2002, 3 AZR 360/01, EzA § 1 BetrAVG Betriebliche Übung Nr. 3.
118 BAG 19.11.2002, 3 AZR 167/02, EzA § 1 BetrAVG Ablösung Nr. 38.
119 Dazu *Höfer* BetrAVG, Rn. 215f. zu ART.
120 BAG 18.3.2003, 3 AZR 101/02, EzA § 1 BetrAVG Nr. 39.

§ 1 Zusage des Arbeitgebers auf betriebliche Altersversorgung

109 Die Versorgungszusagen werden bei einer Gesamtzusage Bestandteile der einzelnen Arbeitsverträge. Den individualrechtlichen Charakter einer Gesamtzusage hat der Große Senat des BAG in seinem Beschluss vom 16.9.1986[121] herausgestellt. Dies gilt unabhängig von dem kollektiven Bezug der zugesagten Leistungen, der i.d.R. für die Arbeitnehmer erkennbar ist. Der kollektive Bezug der Gesamtzusage kann aber dann entscheidend sein, wenn sie später abgelöst oder geändert werden soll.[122]

Im Übrigen gelten dieselben Grundsätze wie bei der Begründung einer Einzelzusage.[123]

c) Vertragliche Einheitsregelung

110 Wie bei einer Gesamtzusage handelt es sich auch bei einer vertraglichen Einheitsregelung um ein Bündel gleichstrukturierter, nicht gleichhoher Versorgungszusagen an Gesamtbelegschaften oder objektiv abgrenzbare Arbeitnehmergruppen. Der allgemein geltenden Regelung gehen die Arbeitgeberentscheidungen über die Höhe (Dotierungsrahmen[124]) der einzusetzenden Mittel und über die Verteilungsgrundsätze in einem Leistungsplan voraus.[125] Auch bei einer vertraglichen Einheitsregelung entstehen vertragliche Ansprüche wie bei einer Gesamtzusage und einer Einzelzusage.[126] Die Versorgungszusagen werden Bestandteil der einzelnen Arbeitsverträge und teilen deren rechtliches Schicksal. Auch entsteht ein kollektiver Bezug wie bei der Gesamtzusage, was bedeutsam ist für etwaige Änderungen, z.B. auch durch kollektivrechtliche Regelungen, z.B. Betriebsvereinbarungen.[127]

Im Übrigen gelten dieselben Grundsätze wie bei der Begründung einer Einzelzusage.[128]

111 Der Unterschied zwischen vertraglicher Einheitsregelung und Gesamtzusage ist nicht rechtlicher Natur – in beiden Fällen werden die Versorgungszusagen Bestandteile der einzelnen Arbeitsverträge –, sondern liegt in den Formalien des Zusageaktes. Im Gegensatz zur Gesamtzu-

---

121 BAG 16.9.1986, GS 1/82, EzA § 77 BetrVG 1972 Nr. 17.
122 S. dazu Rn. 291–299.
123 S. dazu Rn. 104–107.
124 S. dazu Rn. 333.
125 BAG 16.9.1986, GS 1/82, EzA § 77 BetrVG 1972 Nr. 17.
126 Deshalb ist auf die vorstehenden Ausführungen unter Rn. 104–107 zu verweisen.
127 S. dazu Rn. 291–299.
128 Dazu Rn. 104–107.

sage werden das Angebot und die Annahme des »Versorgungsvertrages« bei einer vertraglichen Einheitsregelung ausdrücklich dokumentiert, z.B. durch persönliche Anschreiben, die vom begünstigten Arbeitnehmer ausdrücklich angenommen werden.

d) Betriebsvereinbarung

Die Betriebsvereinbarung ist ein Vertrag, der zwischen Arbeitgeber und Betriebsrat im Rahmen seiner Zuständigkeit zur Festsetzung von Rechtsnormen über den Inhalt, den Abschluss und die Beendigung von Arbeitsverhältnissen sowie über betriebliche und betriebsverfassungsrechtliche Fragen schriftlich für einen oder mehrere Betriebe (dann Gesamt- oder Konzernbetriebsvereinbarungen) geschlossen wird.[129] Regelungsgegenstand einer Betriebsvereinbarung kann auch betriebliche Altersversorgung sein. 112

Eine Betriebsvereinbarung liegt nur vor, wenn die Voraussetzungen des § 77 Abs. 2 BetrVG formal eingehalten sind. Arbeitgeber und Betriebsrat müssen einen gemeinsamen Beschluss fassen und diesen schriftlich niederlegen. Beide Seiten müssen gemeinsam unterzeichnen. Die Verpflichtung des Arbeitgebers, die Betriebsvereinbarung an geeigneter Stelle im Betrieb auszulegen, hat keine konstitutive Bedeutung, verhindert also nicht die Wirksamkeit einer Betriebsvereinbarung.[130] 113

Betriebsvereinbarungen gelten unmittelbar und zwingend (§ 77 Abs. 4 BetrVG). Sie gestalten unmittelbar das Versorgungsverhältnis. Sie sind nicht Bestandteil des einzelnen Arbeitsvertrages, sondern haben eigenen Rechtsnormcharakter. Sie gelten natürlich nur für Arbeitnehmer, die den Betriebsrat wählen können, also z.B. nicht für leitende Angestellte und ehemalige Arbeitnehmer (Versorgungsempfänger, mit unverfallbarer Anwartschaft ausgeschiedene Versorgungsanwärter)[131], es sei denn es wurde eine Jeweiligkeitsklausel vereinbart.[132] 114

Die Arbeitnehmer können nicht auf Rechte aus einer Betriebsvereinbarung ohne Zustimmung des Betriebsrats verzichten (§ 77 Abs. 4 BetrVG). Sie brauchen auch dem Abschluss einer Betriebsvereinbarung nicht zuzustimmen. 115

---

129 § 77 BetrVG und *Blomeyer/Rolfs/Otto* Rn. 89 ff. zu Anh. § 1.
130 *Blomeyer/Rolfs/Otto* Rn. 94 zu Anh. § 1.
131 BAG 25.10.1988, 3 AZR 483/86, EzA § 77 BetrVG 1972 Nr. 26.
132 BAG 23.09.1997, 3 AZR 529/96, EzA § 1 BetrAVG Ablösung Nr. 14, zur Bedeutung von Jeweiligkeitsklauseln nach AGB-Kontrolle gem. §§ 305 ff. BGB Rn. 151.

§ 1 Zusage des Arbeitgebers auf betriebliche Altersversorgung

116 Parteien der Betriebsvereinbarung sind der Arbeitgeber und auf der Belegschaftsseite der Betriebsrat. Ist ein **Gesamtbetriebsrat** vorhanden, so ist dieser gem. § 50 BetrVG für die betriebliche Altersversorgung zuständig.[133] Die Zuständigkeit des Gesamtbetriebsrates ist zwingend. Sie kann weder durch Tarifvertrag noch durch Betriebsvereinbarung abbedungen werden. Wird auf betrieblicher Ebene eine freiwillige Betriebsvereinbarung abgeschlossen, um einer betriebsübergreifenden Regelung zu entgehen, ist diese unzulässig. Durch eine solche Handlungsweise können die Betriebsräte nicht die Zuständigkeit des Gesamtbetriebsrates auch für die einzelnen Betriebe unterlaufen.[134] Existiert in einem Konzern ein **Konzernbetriebsrat** (§ 54 BetrVG), so **kann** dieser zuständig sein.[135]

117 Besteht ein Tarifvertrag über betriebliche Altersversorgung, kann eine Betriebsvereinbarung nicht geschlossen werden (§ 77 Abs. 3 BetrVG). Dies gilt auch, wenn betriebliche Altersversorgung »üblicherweise« durch Tarifvertrag geregelt wird. Dies ist in bestimmten Tarifbereichen bei der betrieblichen Altersversorgung durch Entgeltumwandlung der Fall, da eine Vielzahl von Tarifverträgen über arbeitnehmerfinanzierte betriebliche Altersversorgung abgeschlossen worden ist.[136]

118 Soweit Betriebsvereinbarungen betriebliche Altersversorgung regeln, die über die tarifvertraglich begründeten Versorgungszusagen hinausgehen, ist Raum für eine Betriebsvereinbarung ohne die Sperrwirkung des § 77 Abs. 3 BetrVG.

e) Sprecherausschussgesetz

119 Bei leitenden Angestellten gem. § 5 BetrVG, die nicht vom Betriebsrat vertreten werden, können als Rechtsbegründungsakte für eine betriebliche Altersversorgung Vereinbarungen nach § 28 Abs. 2 SprAuG gewählt werden.[137] Derartige Vereinbarungen haben ebenso wie Betriebsvereinbarungen eigenen Normcharakter. Die Versorgungszusagen werden also nicht Bestandteile der einzelnen Arbeitsverträge. Richtlinien

---

133 BAG 8.12.1981, 3 ABR 53/80, EzA § 242 BGB Ruhegeld Nr. 96.
134 BAG 21.1.2003, 3 ABR 26/02, EzA § 50 BetrVG 2001 Nr. 2.
135 Zu den Einzelheiten der Zuständigkeit eines Konzernbetriebsrats *Blomeyer/Rolfs/Otto* Rn. 438 zu Anh. § 1 und BAG 14.12.1993, AZR 618/93, EzA § 7 BetrAVG Nr. 47; dazu auch *Hanau* FS Kemper, S. 165 ff.; BAG 24.01.2006, 3 AZR 483/04, n.v.
136 *Küpper* BetrAV 2002, 9 und RdA 2002, 379 zur Sperrwirkung des § 77 Abs. 3 BetrVG i.E. *Blomeyer/Rolfs/Otto* Rn. 95 zu Anh. § 1.
137 Dazu i.E. *Blomeyer/Rolfs/Otto* Rn. 113 ff. zu Anh. § 1 und *Höfer* BetrAVG, Rn. 269 ff. zu ART.

nach § 28 Abs. 1 SprAuG reichen nicht aus, weil sie keine normativen Wirkungen haben.[138]

f) Tarifvertrag

Durch einen schriftlichen Vertrag zwischen einer Gewerkschaft und einem oder mehreren Arbeitgebern oder einem Arbeitgeberverband können Rechtsnormen zur Regelung von Arbeits- und Wirtschaftsbedingungen festgesetzt werden. Das sind entweder Firmen- oder Verbandstarifverträge. Inhalt von Tarifverträgen kann auch betriebliche Altersversorgung sein.

Das Zustandekommen richtet sich nach § 1 Abs. 2 TVG. Es ist eine schriftliche Vereinbarung erforderlich. Die Vertragsparteien müssen tariffähig sein.

Der Tarifvertrag hat normative Wirkung (§ 4 Abs. 2 und 4 TVG). Er wird nicht zum Inhalt der einzelnen Arbeitsverträge. Die Regelungen eines Tarifvertrages gelten unmittelbar und zwingend für tarifgebundene Arbeitgeber (Mitglieder eines Arbeitgeberverbandes) und tarifgebundene Arbeitnehmer (Gewerkschaftsmitglieder). Wenn zwischen nicht tarifgebundenen Arbeitgebern und Arbeitnehmern arbeitsvertraglich, z.B. durch Bezugnahme und Verweisung auf den jeweiligen Tarifvertrag, die Geltung eines Tarifvertrages vereinbart wird, handelt es sich nicht um den Rechtsbegründungsakt Tarifvertrag, sondern möglicherweise um eine vertragliche Einheitsregelung.

Es gibt Verbandstarifverträge zwischen Gewerkschaften und Arbeitgeberverbänden, aber auch Haustarifverträge für einzelne Arbeitgeber oder Konzerne.[139]

Auch durch eine Allgemeinverbindlicherklärung nach § 5 TVG kann eine Bindung an den Tarifvertrag entstehen. Eine Allgemeinverbindlicherklärung bewirkt, dass auch nicht tarifgebundene Arbeitgeber den Tarifvertrag gegen sich gelten lassen müssen. Voraussetzung hierfür ist, dass die tarifgebundenen Arbeitgeber weniger als 50 % der unter den Tarifvertrag fallenden Arbeitnehmer beschäftigen und die Allgemeinverbindlicherklärung im öffentlichen Interesse geboten erscheint. Zuständig für die Allgemeinverbindlicherklärung ist der Bundesministerium für Arbeit und Soziales.

---

[138] *Blomeyer/Rolfs/Otto* Rn. 116 zu Anh. § 1; *Höfer* BetrAVG, Rn. 271 zu ART.
[139] Zur Tarifkonkurrenz i.E. *Blomeyer/Rolfs/Otto* Rn. 124 zu Anh. 1.

§ 1　Zusage des Arbeitgebers auf betriebliche Altersversorgung

124 Durch Individualvereinbarung kann von Tarifverträgen zugunsten des Arbeitnehmers abgewichen werden (Günstigkeitsprinzip § 4 Abs. 3 TVG). Im Verhältnis zur Betriebsvereinbarung gilt das Günstigkeitsprinzip nicht, wenn die Sperrwirkung des § 77 Abs. 3 BetrVG eingreift.[140] Im Betriebsrentengesetz sind einige Bestimmungen tarifdispositiv (§ 17 Abs. 3 S. 1 BetrAVG).[141] § 17 Abs. 5 BetrAVG enthält einen Tarifvorrang.[142]

125 **Blankettzusagen**[143] auf Leistungen der betrieblichen Altersversorgung in **Tarifverträgen** sind praktisch nicht möglich. Die Arbeitsgerichte wären zudem nicht befugt, ein solches Blankett anstelle der Tarifvertragsparteien nach § 315 Abs. 3 BGB auszufüllen.[144]

g) Betriebliche Übung

126 Ein Anspruch auf betriebliche Altersversorgung kann sich aufgrund einer betrieblichen Übung ergeben (so deklaratorisch § 1b Abs. 1 S. 4 BetrAVG).[145]

127 Unter einer betrieblichen Übung ist ein gleichförmiges und wiederholtes Verhalten des Arbeitgebers zu verstehen, aus dem die Arbeitnehmer schließen können, ihnen solle eine Leistung oder Vergünstigung auf Dauer eingeräumt werden. Nach herrschender Auffassung stellt die betriebliche Übung eine Willenserklärung eines Arbeitgebers dar, die von den Arbeitnehmern konkludent angenommen wird, ohne dass es darauf ankommt, ob der Arbeitgeber einen Verpflichtungswillen hatte. Maßgebend ist vielmehr, ob die Arbeitnehmer aus dem Erklärungsverhalten des Arbeitgebers unter Berücksichtigung von Treu und Glauben sowie aller Begleitumstände auf einen Bindungswillen des Arbeitgebers schließen durften und das entsprechende Angebot stillschweigend annehmen konnten.[146]

---

140 I.E. *Blomeyer/Rolfs/Otto* Rn. 129 zu Anh. § 1.
141 Dazu i.E. § 17 Rn. 23 ff.
142 Dazu i.E. § 17 Rn. 38 ff.
143 S. dazu Rn. 106.
144 BAG 19.12.2000, 3 AZR 213/00, EzA § 1 BetrAVG Nr. 76.
145 BAG 19.7.2005, 3 AZR 472/04, EzA BetrAVG § 1 Nr. 7 Betriebliche Übung; 12.12.2006, 3 AZR 57/06.
146 BAG 22.1.2002, 3 AZR 454/00, und 21.1.1997, 1 AZR 572/96, EzA BGB § 242 Betriebliche Übung Nr. 36 und § 77 BetrVG 1972 Nr. 57; 17.11.1998, 1 AZR 147/98, EzA § 242 BGB Gleichbehandlung Nr. 79; 25.6.2002, 3 AZR 360/01, EzA § 1 BetrAVG Betriebliche Übung Nr. 3, DB 2003, 1004; 29.4.2003, 3 AZR 247/02, EzA § 1 BetrAVG Betriebliche Übung Nr. 4; 19.07.2005, 3 AZR 472/04, EzA § 1 BetrAVG Betriebliche Übung Nr. 7.

Zusage des Arbeitgebers auf betriebliche Altersversorgung §1

Bei einer betrieblichen Übung wird die betriebliche Altersversorgung 128
Bestandteil der einzelnen Arbeitsverträge wie bei einer Einzelzusage,
Gesamtzusage oder vertraglichen Einheitsregelung und teilt deren
rechtliches Schicksal.

Wird ohne Vorbehalt und unabhängig vom Leistungsplan jahrelang ein 129
Rentnerweihnachtsgeld gezahlt, wird eine Versorgungsanwartschaft
erworben, und zwar ab Diensteintritt und nicht erst bei oder nach Eintritt des Versorgungsfalls.[147]

Dasselbe gilt, wenn allen Arbeitnehmern innerhalb bestimmter Fristen 130
übereinstimmend Versorgungszusagen erteilt werden.[148]

Bei entsprechendem Vorbehalt entsteht keine betriebliche Übung. Das 131
ist der Fall, wenn z.B. eine Weihnachtsgratifikation für Betriebsrentner
nur auf das jeweilige Kalenderjahr bezogen gewährt wird.[149]

Eine betriebliche Übung entsteht nicht, wenn der Arbeitgeber durch 132
sein Verhalten lediglich einer ohnehin bestehenden Verpflichtung nachkommen will.[150]

h) Gleichbehandlung (Gleichberechtigung)

Der Verpflichtung aus einer Versorgungszusage stehen Versorgungsver- 133
pflichtungen gleich, die auf dem Grundsatz der Gleichbehandlung beruhen (so deklaratorisch § 1b Abs. 1 S. 4 BetrAVG). Die Verpflichtung
ist Bestandteil des Arbeitsvertrages und teilt dessen rechtliches Schicksal.[151]

Die Verletzung des Gleichbehandlungsgrundsatzes setzt voraus, dass 134
einzelne Arbeitnehmer oder Gruppen von Arbeitnehmern ohne sachlichen Grund schlechter gestellt werden.[152]

Wird der Gleichbehandlungsgrundsatz verletzt, führt dies nicht zur 135
Nichtigkeit der bestehenden Versorgungsregelungen. Vielmehr ist die

---

147 BAG 30.10.1984, 3 AZR 236/82, EzA § 242 BGB Betriebliche Übung Nr. 14;
  29.4.2003, 3 AZR 247/02, EzA § 1 BetrAVG Betriebliche Übung Nr. 4.
148 BAG 29.10.1985, 3 AZR 462/83, EzA § 242 BGB Betriebliche Übung Nr. 17.
149 BAG 16.4.1997, 10 AZR 705/96, EzA § 242 BGB Betriebliche Übung Nr. 39.
150 BAG 22.1.2002, 3 AZR 454/00, EzA § 77 BetrVG Ruhestand Nr. 2; ausführlich
  zur Gestaltung der betrieblichen Altersversorgung ohne Verletzung des
  Gleichbehandlungsgrundsatzes *Doetsch* FS Kemper, S. 91 ff.
151 Dazu ausführlich *Langohr-Plato* Rn. 1332 ff.
152 BAG 27.7.1988, 5 AZR 244/87, EzA § 242 BGB Gleichbehandlung Nr. 47, DB
  1988, 2519; 29.9.2004, 5 AZR 43/04, EzA § 242 BGB 2002 Gleichbehandlung
  Nr. 4; 25.5.2004, 3 AZR 15/03, n.v.

ohne sachlichen Grund benachteiligte Arbeitnehmergruppe so zu behandeln wie die begünstigten Arbeitnehmer (»Gleichbehandlung nach oben«).[153] Allgemein verstoßen Regelungen in der betrieblichen Altersversorgung gegen den Gleichbehandlungsgrundsatz, wenn sie nach Abstammung, Herkunft, Religion, politischer Betätigung oder Einstellung differenzieren (§ 75 BetrVG). Dasselbe gilt bei Unterscheidung mit oder ohne Gewerkschaftsbezug (Art. 9 Abs. 3 S. 2 GG). Das Stichtagsprinzip ist ein Differenzierungsgrund.[154] Dasselbe gilt bei Unterscheidung bei Betriebsübergängen gem. § 613 a BGB oder Umwandlungen (Verschmelzungen).[155]

135a Gerechtfertigt ist auch eine Differenzierung danach, ob sich der Arbeitnehmer anteilig mit eigenen Mitteln an der Finanzierung der betrieblichen Altersversorgung beteiligt. Wer nicht selbst erkannt hat, dass Eigenvorsorge notwendig ist, verzichtet sachlich gerechtfertigt auf eine Anschub- oder Ergänzungsfinanzierung durch den Arbeitgeber.[156] Auf jeden Fall ist es zulässig, entsprechende Verpflichtungen zur Eigenbeteiligung an betrieblicher Altersversorgung bei Einstellung in den Arbeitsvertrag aufzunehmen.[157]

136 Bei Männern und Frauen gilt der Gleichbehandlungsgrundsatz i.V.m. dem Grundsatz der Gleichberechtigung der Geschlechter gem. Art. 3 Abs. 2 und 3 GG. Dabei ist zwischen unmittelbarer und mittelbarer Diskriminierung zu unterscheiden. Eine unmittelbare Diskriminierung liegt vor, wenn erkennbar zwischen den Geschlechtern unterschieden wird, z.B. Witwen-, aber keine Witwerversorgung. Mittelbar ist die Diskriminierung z.B., wenn mehr Frauen als Männer durch eine Regelung benachteiligt werden, z.B. bei Teilzeitarbeit, die – zumindest bis zum Ende des vorherigen Jahrhunderts – überwiegend Frauenarbeit war.[158] Eine Diskriminierung kann auch durch einen mittelbaren Durchführungsweg bewirkt werden, z.B. wenn ein Leistungsplan einer Pensionskasse Männer gegenüber Frauen benachteiligt.[159]

137 Für den Bereich der betrieblichen Altersversorgung haben sich besondere Problemkreise in Bezug auf den Gleichbehandlungs- und Gleichberechtigungsgrundsatz herausgebildet, z.B. in Bezug auf Männer

---

153 BAG 9.12.1997, 3 AZR 661/96, EzA § 1 BetrAVG Nr. 16, DB 1998, 1823.
154 Dazu i.E. *Kemper/Kisters-Kölkes* Grundzüge Rn. 545 m.w.N.
155 Weitere Nachweise bei *Blomeyer/Rolfs/Otto* Rn. 70 zu Anh. § 1.
156 Ebenso *Langohr-Plato* Rn. 1427 ff. und *Doetsch* FS Kemper, S. 91 ff., 100; a.A. *Blomeyer/Rolfs/Otto* Rn. 71 zu Anh. § 1.
157 So ausdrücklich *Blomeyer/Rolfs/Otto* Rn. 71 zu Anh. § 1.
158 Dazu i.E. *Höfer* BetrAVG, Rn. 777 ff. zu ART und *Saunders* FS Kemper, S. 405 ff.
159 Dazu BAG 7.9.2004, 3 AZR 550/03, BetrAV 2005, 201.

Zusage des Arbeitgebers auf betriebliche Altersversorgung § 1

und Frauen, Vollzeit- und Teilzeitkräfte, Arbeiter und Angestellte und Außen- und Innendienstlern.

Männer und Frauen dürfen in Leistungsplänen nicht unterschiedlich behandelt werden. So ist es unzulässig, dass bei Zusage einer Witwenleistung eine Witwerleistung nicht erbracht werden soll.[160]   138

Es gilt auch das Lohngleichheitsgebot von Mann und Frau des Art. 141 EG-Vertrag (früher Art. 119 EG-Vertrag). Danach sind insbesondere unterschiedliche Altersgrenzenregelungen für Männer und Frauen unwirksam. So liegt z.B. eine unmittelbare Diskriminierung von Männern vor, wenn Frauen mit Vollendung des 60. Lebensjahres, Männer jedoch erst mit Vollendung des 63. Lebensjahres eine betriebliche Altersleistung beanspruchen können.[161]   139

Dies gilt bei unterschiedlichen Altersgrenzen allerdings nur für Leistungen für nach dem 17.5.1990 (Datum der sog. Barber-Entscheidung des EuGH[162]) zurückgelegte Beschäftigungszeiten.[163] Für Beschäftigungszeiten davor wird weder gegen Art. 141 EG-Vertrag noch gegen Art. 3 Abs. 2 GG verstoßen: Nach Art. 3 Abs. 2 GG dürfen die bisher noch für Frauen bestehenden Nachteile in der beruflichen Entwicklung durch die Festsetzung eines früheren Rentenalters ausgeglichen werden.[164]   140

Auf die Rechtsprechung des EuGH und des BAG hat der Gesetzgeber reagiert. Er stellt über § 30a BetrAVG die Männer fiktiv den Frauen bei vorzeitigen Altersleistungen in der betrieblichen Altersversorgung gleich, soweit Versorgungsleistungen nach dem 17.5.1990 erdient wurden.[165]   141

Keine Übergangsfrist gilt, wenn nur eine Witwenversorgung und keine Witwerversorgung zugesagt wurde.[166]   142

Nach der Rechtsprechung des EuGH[167] ist auch eine Pensionskasse verpflichtet, den Grundsatz des gleichen Entgelts für Männer und Frauen   143

---

160 BAG 5.9.1989, 3 AZR 575/88, EzA Art. 3 GG Nr. 25.
161 EuGH 17.5.1990, Rs. C-262/88, EzA Art. 119 EG-Vertrag Nr. 4 (Barber); dazu auch BAG 7.9.2004, 3 AZR 550/03, EzA Art. 141 EG-Vertrag 1999 Nr. 16.
162 EuGH 17.5.1990, Rs. C-262/88, EzA Art. 119 EG-Vertrag Nr. 4 (Barber).
163 Dies gilt auch für schwerbehinderte Arbeitnehmer: BAG 23.5.2000, 3 AZR 228/99, EzA § 1 BetrAVG Gleichbehandlung Nr. 20.
164 BAG 18.3.1997, 3 AZR 759/95, EzA Art. 3 GG Nr. 61; 3.6.1997, 3 AZR 910/95, EzA Art. 119 EG-Vertrag Nr. 45.
165 S. dazu Kommentierung zu § 30a.
166 BAG 5.9.1989, 3 AZR 575/88, EzA Art. 3 GG Nr. 25.
167 EuGH 9.10.2001, Rs. C-379/99, EzA Art. 141 EG-Vertrag 1999 Nr. 7.

gem. Art. 141 EG-Vertrag unmittelbar anzuwenden, selbst wenn die entsprechenden Zuwendungen des Arbeitgebers als Trägerunternehmen nicht geleistet worden sind oder versicherungsrechtlich bei der Pensionskasse dafür die Voraussetzungen nicht bestehen. Dem benachteiligten Arbeitnehmer steht also sowohl gegenüber dem Arbeitgeber als auch gegenüber der Pensionskasse ein Erfüllungsanspruch zu.[168] Dies führt zwar im Außenverhältnis zur gemeinsamen Haftung des Trägerunternehmens und der Pensionskasse gegenüber dem begünstigten Arbeitnehmer, aber nur aufgrund europäischer Rechtsgrundsätze.[169] Der EuGH[170] hat angedeutet, dass es Sache des nationalen Gesetzgebers ist, die Widersprüchlichkeiten, die auch das BAG[171] gesehen hat, im nationalen Rechtskreis zu lösen. Dies führt dazu, dass im »Innenverhältnis« die Pensionskasse in einem solchen Fall nicht endgültig die entsprechenden Verpflichtungen übernehmen muss, sondern gem. § 1 Abs. 1 S. 3 BetrAVG das Trägerunternehmen bzw. der Arbeitgeber. Der Arbeitgeber steht bei mittelbarer Durchführung der betrieblichen Altersversorgung letztlich für die Erfüllung der von ihm zugesagten Leistungen ein. Dies ist der Fall, wenn eine Pensionskasse in derartigen Fällen vom Arbeitnehmer unmittelbar in Anspruch genommen wird und der Arbeitgeber keine entsprechenden Zuwendungen an die Pensionskasse geleistet hat.[172]

144 Ein Verstoß gegen den Gleichbehandlungsgrundsatz liegt vor, wenn **teilzeitbeschäftigte Arbeitnehmer** nicht entsprechend ihrem Teilzeitgrad eine Teilversorgung erhalten.[173] Der Arbeitgeber kann eine den Verwaltungsaufwand reduzierende Gruppenbildung vornehmen, z.B. eine Unterteilung in vollzeitig, halbzeitig und unterhalbzeitig Beschäftigte.[174]

145 Bei Gesamtversorgungssystemen können geringfügig Beschäftigte (Rechtszustand vor dem 1.4.1999!) von einer arbeitgeberfinanzierten be-

---

168 BAG 19.11.2002, 3 AZR 631/97, EzA Art. 141 EG-Vertrag 1999 Nr. 11; BAG 7.9.2004, 3 AZR 550/03, BetrAV 2005, 201. Das BAG lässt offen, ob der »mittelbare Versorgungsträger« (Pensionskasse) letztlich die »Zahllast« zu tragen hat. Dem benachteiligten Arbeitnehmer steht es frei, ob er gegen den Arbeitgeber oder – so im konkreten Fall (BAG 19.11.2002) – gegen die Pensionskasse vorgeht; dazu auch BAG 23.3.2004, 3 AZR 279/03, AP Nr. 28 zu BetrAVG § 1 Berechnung; s.a. Rn. 201 ff.
169 Zum »richtigen« Beklagten in diesen Fällen *Reinecke* FS Kemper, S. 383 ff.
170 EuGH 9.10.2001, Rs. C-379/99, EzA Art. 141 EG-Vertrag 1999 Nr. 7.
171 BAG 23.3.1999, 3 AZR 631/97 (A), EzA Art. 119 EWG-Vertrag Nr. 58.
172 *Steinmeyer* BetrAV 2004, 936.
173 BAG 13.12.1994, 3 AZR 367/94, EzA § 1 BetrAVG Gleichbehandlung Nr. 5.
174 BAG 5.10.1993, 3 AZR 695/92, EzA Art. 119 EWG-Vertrag Nr. 14.

trieblichen Altersversorgung ausgeschlossen werden.[175] Für Versorgungssysteme, die nicht in Abhängigkeit von der gesetzlichen Rentenversicherung ausgestaltet sind, liegen keine höchstrichterlichen Entscheidungen vor.[176]

Arbeiter und Angestellte dürfen für Dienstzeiten ab dem 1.7.1993 in der betrieblichen Altersversorgung nicht unterschiedlich behandelt werden.[177] 146

Bei **Außen- und Innendienstlern** ist eine unterschiedliche Behandlung bei der betrieblichen Altersversorgung denkbar.[178] Es kommt darauf an, ob es dafür sachliche Gründe gibt, z.B. den Wunsch des Arbeitgebers, Außendienstler in besonderer Weise an das Unternehmen zu binden, weil diese Mitarbeiter zeit- und kostenaufwendig geschult werden müssen und der gesamte Unternehmenserfolg im Wesentlichen von den Außendienstlern abhängig ist.[179] 147

4. Leistungsplan

Der Leistungsplan bestimmt die konkreten Rechte und Pflichten von Arbeitgeber und Arbeitnehmer im Versorgungsverhältnis. 148

Der Leistungsplan ist wie der Rechtsbegründungsakt und der Durchführungsweg ein selbstständiges Element des Versorgungsverhältnisses. Grundsätzlich kann jeder Leistungsplan in jedem Durchführungsweg und in jedem Rechtsbegründungsakt verwirklicht werden.[180] 149

---

175 BAG 22.2.2000, 3 AZR 845/98, EzA § 1 BetrAVG Gleichbehandlung Nr. 16; s.a. *Hanau* DB 2005, 946 ff. zu dem Spezialproblem der Gleichbehandlung geringfügig Beschäftigter beim Entgelt.
176 Zu weiteren Einzelheiten zum Gleichbehandlungsgrundsatz und betrieblicher Altersversorgung *Langohr-Plato* Rn. 1332 ff. und *Doetsch* FS Kemper, S. 91 ff.
177 BAG 23.4.2002, 3 AZR 268/01, EzA § 1 BetrAVG Gleichbehandlung Nr. 24; 10.12.2002, 3 AZR 3/02, EzA § 1 BetrAVG Gleichbehandlung Nr. 26.
178 BAG 17.2.1998, 3 AZR 783/96, EzA § 1 BetrAVG Gleichbehandlung Nr. 14 und 9.12.1997, 3 AZR 661/96, EzA § 1 BetrAVG Gleichbehandlung Nr. 16; 20.7.2004, 3 AZR 316 und 552/03, n.v.
179 Zu weiteren Einzelheiten zum Gleichbehandlungsgrundsatz *Höfer* BetrAVG, Rn. 657 ff. zu ART, *Blomeyer/Rolfs/Otto* Rn. 36 ff. zu Anh. § 1 und *Doetsch* FS Kemper, S. 91 ff.
180 Ausnahmen: Ein Pensionsfonds kann nur lebenslange Altersrente gewähren, allerdings sind auch Auszahlungspläne möglich, die eine Teilkapitalisierung bis zu bestimmten Grenzen möglich machen, § 112 Abs. 1 Nr. 4 VAG i.V.m. § 1 Abs. 1 Nr. 4 Altersvorsorgeverträge-Zertifizierungsgesetz; dazu auch *Kemper/Kisters-Kölkes* Grundzüge, Rn. 140; die Beitragszusage mit Mindest-

150 Bei der inhaltlichen Gestaltung des Leistungsplans gilt der Grundsatz der Vertragsfreiheit in der Ausformung der Gestaltungsfreiheit.[181] Zusätzlich sind Mitbestimmungsrechte des Betriebsrates zu beachten.[182]

151 Sind die einzelnen Elemente des Leistungsplans nicht eindeutig gestaltet, sondern ergeben sich Auslegungszweifel, so gehen diese zu Lasten desjenigen, der die Formulierungskompetenz gehabt hat (**Unklarheitenregel**).[183] Das ist üblicherweise der Arbeitgeber. Von Bedeutung ist ebenfalls § 305c Abs. 2 BGB, der auch bei einer Versorgungsregelung einschlägig ist.[184] Dies gilt zumindest dann, wenn es sich um individuell ausgehandelte Versorgungszusagen handelt, z.B. bei den Rechtsbegründungsakten Gesamtzusage und vertragliche Einheitsregelung. Etwas anderes gilt möglicherweise bei Betriebsvereinbarung, Tarifvertrag und Richtlinien gem. § 28 Abs. 2 S. 1 SprAuG, bei denen die Unklarheitenregelung des § 305c Abs. 2 BGB wegen § 310 Abs. 4 S. 1 BGB nicht gilt. Hier dürfte die »allgemeine« Unklarheitenregelung Anwendung finden. Das hat die Rechtsprechung[185] aber offen gelassen.[186]

152 Die Unklarheitenregel kommt aber erst dann zum Zuge, wenn nach Ausschöpfung aller in Betracht kommender Auslegungsmethoden ein nicht behebbarer Zweifel bleibt.[187]

a) Teilnahmeberechtigung

153 Die Teilnahmeberechtigung umschreibt den persönlichen Geltungsbereich des Versorgungsverhältnisses, also die konkret begünstigten Mitarbeiter, die versorgungsberechtigten Arbeitnehmer oder sonstige von der Versorgungsregelung erfasste Personen (§ 17 Abs. 1 S. 2 BetrAVG).

154 Ein Hinweis darauf, dass sowohl männliche als auch weibliche Beschäftigte gemeint sind, ist nicht notwendig. Es kann bei der Formulierung

---

leistung gem. § 1 Abs. 2 Nr. 2 BetrAVG ist nur bei den Durchführungswegen Pensionsfonds, Pensionskasse und Direktversicherung zulässig, s. Rn. 387 ff.
181 S. dazu Rn. 14–21.
182 S. dazu Rn. 316–376.
183 BAG 27.1.1998, 3 AZR 444/96, EzA § 1 BetrAVG Unterstützungskasse Nr. 11; BAG 12.6.2007 – 3 AZR 83/06.
184 Dazu BAG 23.9.2003, 3 AZR 551/02, EzA § 305c BGB 2002 Nr. 1; BAG 12.6.2007 – 3 AZR 83/06.
185 BAG 22.01.2002, 3 AZR 554/00, EzA § 77 BetrVG 1972 Ruhestand Nr. 2.
186 Dazu i.E. *Blomeyer/Rolfs/Otto* Rn. 258 ff. zu Anh. § 1.
187 BAG 22.1.2002, 3 AZR 554/00, EzA § 77 BetrVG 1972 Ruhestand Nr. 2; 16.4.1997, 3 AZR 28/96, EzA Art. 3 GG Nr. 65, und 19.12.2000, 3 AZR 174/00, EzA § 1 BetrAVG Wartezeit Nr. 1.

auch nur die »übliche« männliche Form gewählt werden. Dies stellt keine Diskriminierung der weiblichen Beschäftigten dar.[188]

Bei der Bestimmung der Teilnahmeberechtigung hat der Arbeitgeber grundsätzlich – natürlich unter Beachtung der entsprechenden erzwingbaren Mitbestimmungsrechte des Betriebsrats[189] – im Rahmen der Vertragsfreiheit Gestaltungsfreiheit, jedoch muss immer der Gleichbehandlungs- und Gleichberechtigungsgrundsatz beachtet werden.[190]

b) Leistungssystem

In der betrieblichen Altersversorgung gibt es eine Vielzahl unterschiedlicher Leistungssysteme. Üblich ist es, sowohl eine Dienstzeit- als auch eine Entgeltkomponente vorzusehen. Wer länger arbeitet und/oder mehr verdient, erhält höhere Versorgungsleistungen. Bei einer dienstzeitabhängigen Ausgestaltung kann die Teilzeitbeschäftigung entsprechend dem Teilzeitgrad zu berücksichtigen werden.[191]

Die Leistungsplanstruktur eines Versorgungssystems kann innerhalb des Betriebsrentenrechts von einer **Leistungszusage** bis an den Grenzbereich einer reinen **Beitragszusage** reichen. Außerhalb des Schutzbereiches des Betriebsrentengesetzes sind auf Grund der Vertragsfreiheit auch reine Beitragszusagen denkbar,[192] z.B. wenn nur Beitragszahlungen an eine Lebensversicherungsgesellschaft oder eine Pensionskasse zugesagt werden. Im Zweifel handelt es sich in diesen Fällen jedoch um beitragsorientierte Leistungszusagen, für die das BetrAVG gilt.

Bei der **Leistungszusage** steht im Vordergrund die dem Arbeitnehmer durch den Arbeitgeber zugesagte Leistung im Versorgungsfall, während eine reine **Beitragszusage** aus dem Aufwand resultiert, den der Arbeitgeber für die Finanzierung der Versorgungsleistung aufbringt, ohne die Gewähr dafür zu übernehmen, dass aus dem Aufwand (= Beitrag) im Versorgungsfall eine bestimmte Versorgungsleistung gezahlt werden kann. Bei einer reinen Beitragszusage hat der Arbeitgeber seine arbeitsrechtliche Verpflichtung erfüllt, wenn er den Beitrag erbracht hat. Ob und in welcher Höhe aus dem Beitrag eine Leistung wird, liegt in der Risikosphäre des Arbeitnehmers.

---

188 BAG 11.11.1986, 3 ABR 74/85, EzA § 1 BetrAVG Gleichberechtigung Nr. 2, DB 1987, 994.
189 S. dazu Rn. 316–376.
190 Dazu i.E. unter Rn. 126–132 und Rn. 133–147.
191 BAG 3.11.1998, 3 AZR 432/97, EzA § 3 TVG Auslegung Nr. 31; *Kemper/Kisters-Kölkes* Grundzüge, Rn. 127 ff.
192 BAG 5.9.2004, 3 AZR 550/03, EzA Art. 141 EGV Nr. 16, BetrAV 2005, 201.

§ 1   Zusage des Arbeitgebers auf betriebliche Altersversorgung

159 Reine Beitragszusagen kennt das Arbeitsrecht der betrieblichen Altersversorgung **innerhalb** des Betriebsrentengesetzes nicht.[193] Es bleibt immer die Einstandspflicht des Arbeitgebers gem. § 1 Abs. 1 S. 3 BetrAVG.[194]

160 Es gibt aber Leistungsplanstrukturen, die sich in Richtung einer Beitragszusage bewegen, z.B. die beitragsorientierte Leistungszusage (§ 1 Abs. 2 Nr. 1 BetrAVG) einschließlich der Entgeltumwandlungszusage gem. § 1 Abs. 2 Nr. 3 BetrAVG und die Beitragszusage mit Mindestleistung (§ 1 Abs. 2 Nr. 2 BetrAVG). Auch Umfassungszusagen gem. § 1 Abs. 2 Nr. 4 BetrAVG sind in Bezug auf die Eigenbeiträge der Arbeitnehmer keine reine Beitragszusagen.[195]

161 Eine Annäherung an eine reine Beitragszusage ist auch möglich, wenn sich die Leistung z.B. an einer »Versicherung« orientiert, für die der Arbeitgeber Beiträge aufbringt, z.B. bei einer kongruent rückgedeckten Unterstützungskasse, Direktversicherung, Pensionskasse oder einem Pensionsfonds. Rechtlich ist aber auch bei derartiger Gestaltung des Leistungsplans die Verpflichtung des Arbeitgebers nicht auf die Erfüllung der »Beitragszahlungspflicht« beschränkt.[196]

162 Unabhängig von Leistungszusage und Beitragszusage reicht das Spektrum der Leistungsplanstrukturen von **Festbetragssystemen** (z.B. 10,– € pro Dienstjahr) über **dynamische Systeme** (z.B. 0,5 % vom rentenfähigen Arbeitseinkommen pro Dienstjahr) zu **Gesamtversorgungssystemen** (z.B. 70 % des Bruttoeinkommens abzüglich der Sozialversicherungsrente).

163 Verbreitet sind sog. Pläne mit persönlicher Verdienstrelation (**Renteneckwertsysteme**) als Festbetragssystem (z.B. der Festbetrag pro Dienstjahr richtet sich nach einem bestimmten Normeinkommen z.B. einem Tarifgehalt × zugeordnetem Eckwert; der individuelle Festbetrag wird dann aus dem Verhältnis des individuellen Arbeitseinkommens zu dem »Normeinkommen« bestimmt).

---

193 S. dazu Rn. 157 und BAG 5.9.2004, 3 AZR 550/03, BetrAV 2005, 201; dazu auch *Reichel/Heger* S. 54.
194 S. dazu Rn. 201–209.
195 S. dazu i.E. Rn. 449 ff. und *Blumenstein* FS Kemper, S. 25 ff. sowie *Pophal* FS Kemper, S. 355 ff.
196 Z.B. bei Insolvenz des Versorgungsträgers, dazu Rn. 201–209; dazu auch *Blomeyer/Rolfs/Otto* Rn. 268 ff. zu § 1.

Zusage des Arbeitgebers auf betriebliche Altersversorgung §1

▶ **Beispiel:** 164

Persönliche Verdienstrelation:	individueller rentenfähiger Arbeitsverdienst / einheitlicher Vergleichsverdienst
Vergleichsverdienst:	1.300 €
Individueller rentenfähiger Arbeitsverdienst:	1.500 €
vordefinierte Altersrente:	300 €
persönliche Altersrente:	1.500 € × 300 € = 346,15 € / 1.300 €

Üblich sind auch sog. **Bausteinmodelle**, bei denen die Leistungsbemes- 165
sung bei dynamischer Planstruktur sich nicht nach dem Endgehalt bei
Eintritt des Versorgungsfalles, sondern nach dem Lebensdurchschnittseinkommen (wie in der gesetzlichen Rentenversicherung) richtet (z.B.
0,5 % vom rentenfähigen Arbeitseinkommen im Monat Juli eines jeden
Dienstjahres).

▶ **Beispiel:** 166

0,5 % × rentenfähiger Arbeitsverdienst des jeweiligen Jahres

		Baustein	Erdiente Summe
01	1.000 €	5,00 €	5,00 €
02	1.030 €	5,15 €	10,15 €
03	1.061 €	5,30 €	15,45 €
04	1.093 €	5,46 €	20,91 €
05	1.126 €	5,63 €	26,54 €
:			
35	2.732 €	13,66 €	302,31 €
36	2.814 €	14,07 €	316,38 €
37	2.898 €	14,49 €	330,87 €
38	2.985 €	14,93 €	345,80 €
39	3.075 €	15,37 €	361,17 €
40	3.167 €	15,84 €	377,01 €

167 Besondere Leistungsplanstrukturen enthalten die beitragsorientierte Leistungszusage, die Beitragszusage mit Mindestleistung und die Umfassungszusage gem. § 1 Abs. 2 BetrAVG.[197]

c) Leistungsformen

168 Die Gestaltungsfreiheit als Ausfluss der Vertragsfreiheit gilt auch bei den Leistungsformen.

169 Versorgungsleistungen können im Spektrum von lebenslänglich laufenden Renten bis zu Einmalbeträgen zugesagt werden. Alle Zwischenformen sind denkbar, z.b. ratenweise Auszahlung eines Kapitals, Zeitrenten, abgekürzte Leibrenten. Dies gilt im Grundsatz für alle Durchführungswege der betrieblichen Altersversorgung.

170 Sollen bei Direktversicherung, Pensionskasse und Pensionsfonds die steuerlichen Rahmenbedingungen des § 3 Nr. 63 EStG genutzt werden, ist die Gestaltungsfreiheit eingeschränkt. Es muss eine lebenslange Rente gezahlt werden. Auch ist ein Auszahlungsplan denkbar. Eine Teilkapitalisierung ist zulässig.[198]

171 Als Leistungsform sind Geldleistungen üblich. Betriebliche Altersversorgung liegt aber auch vor, wenn Sachleistungen, z.B. Deputate erbracht werden.[199] Ob eine Deputatleistung jedoch eine Leistung der betrieblichen Altersversorgung darstellt, muss anhand der gegebenen Zusage oder des bestehenden Tarifvertrages im Einzelfall entschieden werden.[200]

d) Bemessungsgrößen (Dienstzeit, versorgungsfähiges Einkommen)

172 Die wichtigsten Bemessungsgrößen für Versorgungsleistungen sind die versorgungsfähige Dienstzeit und das versorgungsfähige Einkommen. Auch bei diesen Leistungsplanelementen gilt der Grundsatz der Vertragsfreiheit in der Ausformung der Gestaltungsfreiheit, natürlich unter Beachtung des Gleichbehandlungsgrundsatzes.[201]

---

197 S. dazu Rn. 377 ff; s.a. *Blumenstein* FS Kemper, S. 25 ff. und *Pophal* FS Kemper, S. 355 ff.
198 Dazu i.E. *Kemper/Kisters-Kölkes* Grundzüge Rn. 141 f.; für den Pensionsfonds i.E. wird verwiesen auf § 112 VAG, für die Pensionskasse auf § 118 a VAG.
199 BAG 2.12.1986, 3 AZR 123/86, EzA § 611 BGB Fürsorgepflicht Nr. 46.
200 Vgl. z.B. für ein Kohlebezugsrecht LAG Düsseldorf 5.5.1977, 14 Sa 1374/76, DB 1977, 2054; dazu auch *Rieble/Klumpp* Gedenkschrift für Blomeyer, S. 317 ff.
201 Einzelheiten hierzu *Höfer* BetrAVG, Rn. 921 ff. zu ART.

Bei Formulierungen dieser Leistungsplanelemente muss besondere 173
Sorgfalt walten, da auch hier die Unklarheitenregelung gilt.

Es ist nicht erforderlich, die gesamte Betriebszugehörigkeit oder das ge- 174
samte Einkommen als versorgungsfähig zu erklären.

Bei der versorgungsfähigen Dienstzeit können Ausbildungs-, Ruhens- 175
oder Probezeiten ausgenommen werden. Ebenso ist es zulässig, die rentenfähigen Dienstjahre zu begrenzen, z.B. auf 30 Jahre.[202]

Es ist möglich, nur die Dienstzeit für versorgungsfähig zu erklären, die 176
ab einem bestimmten Stichtag, z.B. nach einem Betriebsübergang gem.
§ 613a BGB oder nach Erwerb einer bestimmten Funktion, im Unternehmen verbracht wurde.

Beim versorgungsfähigen Einkommen können nicht regelmäßig ge- 177
währte Einkommensteile ausgenommen werden, z.B. Weihnachtsgeld,
Urlaubsgeld[203], Überstundenzuschläge, Tantiemen und Ähnliches.[204]

Fehlt eine genaue, nicht auslegungsfähige Definition des versorgungs- 178
fähigen Einkommens, wird z.B. das »Bruttoentgelt« für versorgungsfähig erklärt, ergibt sich eine Vielzahl von Auslegungszweifeln:

– Der Begriff Bruttoentgelt beinhaltet nicht notwendigerweise alle Bruttobezüge.[205]

– Unter dem Begriff »Tariflohn« sind normalerweise nicht tarifliche Vergütungszuschläge für Mehr-, Nacht-, Sonn- und Feiertagsarbeit sowie Gratifikationen und vermögenswirksame Leistungen zu verstehen.[206]

– Das Bruttogehalt umfasst nicht den Arbeitgeberanteil zur gesetzlichen Kranken- und Rentenversicherung und auch nicht den Arbeitgeberzuschuss zu einer »befreienden Lebensversicherung«.[207]

---

202 Zur Anrechnung von Vordienstzeiten, insbesondere für die gesetzliche Unverfallbarkeit dem Grunde nach BAG 25.04.2006, 3 AZR 78/05, EzA § 2 BetrAVG Nr. 27.
203 Zum tariflichen Urlaubsgeld und tariflichen Sonderzahlungen i.E. BAG 24.01.2006, 3 AZR 479/04, EzA BetrAVG § 1 Nr. 86.
204 Zur Auslegung des Begriffs »rentenfähiger Arbeitsverdienst« BAG 15.2.2005, 3 AZR 237/04, EzA § 4 TVG Metallindustrie Nr. 131 und vom 18.10.2005, 3 AZR 48/05, EzA § 1 BetrAVG Nr. 86.
205 BAG 14.8.1990, 3 AZR 321/89, EzA § 1 BetrAVG Nr. 58, DB 1991, 343; 18.10.2005, 3 AZR 48/05, DB 2006 224.
206 LAG Hamm 6.4.1982 – 6 Sa 412/81 – DB 1982, 1523; BAG 24.01.2006, 3 AZR 479/04, DB 2006, 1120.
207 Dazu und weitere Einzelheiten zum versorgungsfähigen Einkommen *Höfer* BetrAVG, Rn. 933 ff. zu ART und *Blomeyer/Rolfs/Otto* Rn. 220 zu Anh. § 1.

179 – Der Einkommensvorteil aus der Privatnutzung eines Dienstwagens kann zum versorgungsfähigen Einkommen zählen.[208]
– Vergütungen für Rufbereitschaften sind i.d.R. keine versorgungsfähigen Bezüge.[209]

e) Allgemeine Leistungsvoraussetzungen

180 Allgemeine Leistungsvoraussetzungen sind Bestimmungen in Leistungsplänen, nach denen ein Teil der Belegschaft nicht oder erst ab einem bestimmten Zeitpunkt begünstigt werden soll.

181 Zulässig sind **Höchstaufnahmealter**.[210] Sie führen dazu, dass Mitarbeiter, die bei Dienstbeginn das Höchstalter überschritten haben, keine Versorgungszusage erhalten.

181a Dem steht das AGG nicht entgegen. § 10 Nr. 4 AGG lässt eine unterschiedliche Behandlung wegen des Alters dann zu, wenn die Klausel objektiv und angemessen und durch ein legitimes Ziel gerechtfertig ist. Das ist der Fall, da ein System der betrieblichen Altersversorgung mit dem Höchstaufnahmealter abgesichert wird.[211]

182 **Stellungsbezogene Kriterien** können im Rahmen des Gleichbehandlungs- und Gleichberechtigungsgrundsatzes den Kreis der Teilnahmeberechtigten eines Versorgungssystems bestimmen. Differenzierungsgründe sind z.B. Versorgungsbedarf oder Bindungsabsicht an ein Unternehmen.[212]

183 Vor Erreichen der Stellung, z.B. der Erteilung der Prokura, oder eines bestimmten Tätigkeitsbereiches im Unternehmen besteht keine Versorgungszusage.[213]

184 Leistungspläne können **Wartezeiten** vorsehen. Diese bedeuten zur Risikobegrenzung eine Leistungsausschlussphase. Während der Wartezeit können bei Eintritt eines Versorgungsfalles keine Leistungen beansprucht werden, obwohl die Versorgungszusage besteht. Deshalb beziehen sich Wartezeiten nur auf den Ausschluss von vorzeitigen Leistungs-

---

208 BAG 21.8.2001, 3 AZR 746/00, EzA § 1 BetrAVG Nr. 78.
209 BAG 18.11.2003, 3 AZR 628/02, n.v.
210 BAG 14.1.1986, 3 AZR 456/84, EzA § 1 BetrAVG Nr. 40.
211 Dazu auch *Kemper/Kisters-Kölkes* Grundzüge Rn. 148.
212 BAG 17.02.1998, 3 AZR 783/96, EzA § 1 BetrAVG Gleichbehandlung Nr. 14 und BAG 19.03.2002, 3 AZR 229/01, n.v.
213 Dazu § 1 b Rn. 59 ff.

fällen bei Invalidität oder Tod. Bei einer reinen Altersrente läuft die Wartezeit immer bis zum Eintritt des Versorgungsfalls.

Die Dauer einer Wartezeit kann unabhängig von Unverfallbarkeitsfristen bestimmt werden (§ 1 b Abs. 1 Satz 5 BetrAVG).[214] Der Arbeitgeber kann die Dauer der Wartezeit festlegen, solange er sich dabei nicht in Widerspruch zu höherrangigem Recht setzt.[215] So ist eine Wartezeit von zwanzig Jahren rechtlich nicht zu beanstanden.[216] 184a

Wartezeiten können rechtlich wie ein Höchstaufnahmealter wirken, wenn sie spätestens bis zur Vollendung des 65. Lebensjahres erfüllt sein müssen und z.B. 10 Jahre betragen. Dies bedeutet im Ergebnis ein Höchstaufnahmealter von 55 Jahren.[217] 185

Etwas anderes gilt, wenn nach dem Leistungsplan die Wartezeit noch nach Vollendung des 65. Lebensjahres abgeleistet werden kann.[218] 186

Sog. Mindestalter- und/oder Mindestdienstzeitbestimmungen (Vorschaltzeiten)[219] sind in leistungsausschließende Wartezeiten umzudeuten.[220] 187

f) Spezielle Leistungsvoraussetzungen

Die speziellen Leistungsvoraussetzungen beziehen sich auf die einzelnen Leistungsarten, also die Alters-, Invaliditäts- und Todesfallleistung. 188

Bei der **Altersleistung** sind übliche Leistungsvoraussetzungen die Vollendung eines Pensionsalters und das Ausscheiden aus dem Arbeitsverhältnis bzw. Erwerbsleben.[221] Ein Pensionsalter kann frühestens die Vollendung des 60. Lebensjahres sein. Eine Ausnahme gilt bei bestimmten Berufsgruppen, z.B. bei Piloten, für die ein früheres Pensionsalter, z.B. die Vollendung des 55. Lebensjahres, vereinbart werden kann. Das AGG ist wegen § 10 Abs. 4 nicht einschlägig. 189

---

214 Dazu § 1 b Rn. 116 ff.
215 BAG 24.2.2004, 3 AZR 5/03, EzA § 1 b BetrAVG Nr. 2.
216 BAG 9.3.1982, 3 AZR 389/79, EzA § 1 BetrAVG Nr. 18.
217 BAG 7.7.1977, 3 AZR 570/76, EzA § 1 BetrAVG Nr. 1.
218 BAG 7.7.1977, 3 AZR 422/76, EzA § 1 BetrAVG Nr. 2.
219 BAG 24.2.2004, 3 AZR 5/03, EzA § 1 b BetrAVG Nr. 2; s. dazu auch § 1 b Rn. 53 ff.
220 BAG 7.7.1977, 3 AZR 572/76, EzA § 1 BetrAVG Wartezeit Nr. 3; 24.2.2004, 3 AZR 5/03, EzA § 1 b BetrAVG Nr. 2.
221 Die Beendigung des Arbeitsverhältnisses muss nicht mit dem Zahlungsbeginn der Leistung übereinstimmen BAG 15.6.2004, 3 AZR 403/03, EzA § 4 TVG Bundespost Nr. 16, DB 2005, 292.

§ 1 Zusage des Arbeitgebers auf betriebliche Altersversorgung

190 Bei den **vorzeitigen Altersleistungen** wird i.d.R. an die Inanspruchnahme einer Altersrente aus der gesetzlichen Rentenversicherung vor Vollendung des 65. Lebensjahres und an das Ausscheiden aus dem Arbeitsverhältnis bzw. aus dem Erwerbsleben angeknüpft.[222]

191 Es bestehen keine Bedenken, vorzeitige Altersleistungen auch ohne die Voraussetzungen des § 6 BetrAVG zuzusagen, z.B. bei Arbeitnehmern, die über berufsständische Versorgungswerke versorgt werden (angestellte Rechtsanwälte, Ärzte, Apotheker u. Ä.).

192 Bei einer **Invaliditätsleistung** sind üblicherweise die im Rahmen der Gestaltungsfreiheit definierte Invalidität und die Beendigung des Arbeitsverhältnisses Leistungsvoraussetzungen.[223] Tritt die Invalidität während der Wartezeit ein, entsteht kein Anspruch auf Invaliditätsleistung, möglicherweise kann ein Anspruch auf Altersleistung entstehen, wenn bei Beendigung des Arbeitsverhältnisses eine gesetzlich unverfallbare Anwartschaft entstanden war.[224] Es ist zulässig, eine Invaliditätsleistung nur zu gewähren, wenn das Arbeitsverhältnis beendet wird.[225]

193 Eine betriebliche Versorgungsordnung kann vorsehen, dass eine Invaliditätsleistung nur geschuldet wird, wenn die Invalidität nach Vollendung eines bestimmten Mindestalters (z.B. 50. Lebensjahr) eintritt.[226]

194 Die Invalidität wird häufig entsprechend den Regelungen in der gesetzlichen Rentenversicherung definiert.[227]

195 Die **Todesfallleistung**[228] (Witwen-, Witwer-, Waisenleistung) wird durch den Tod des Versorgungsanwärters oder des Versorgungsempfängers ausgelöst.

196 Bei Todesfallleistungen sind die begünstigten Hinterbliebenen (z.B. überlebender Ehegatte, Kind des Verstorbenen) zu bestimmen. Es kann ein Ehegatte namentlich benannt werden oder allgemein von der Witwe/dem Witwer die Rede sein. Es kann auch vorgesehen sein, dass nur der Ehegatte begünstigt ist, mit dem der verstorbene Arbeit-

---

222 S. § 6 Rn. 1 ff.
223 Vgl. BAG 5.6.1984, 3 AZR 376/82, EzA § 242 BGB Ruhegeld Nr. 108; 15.10.1985, 3 AZR 93/84, EzA § 1 BetrAVG Nr. 35; 14.1.1986, 3 AZR 473/84, EzA § 1 BetrAVG Nr. 36.
224 BAG 18.03.1986, 3 AZR 641/84, EzA BetrAVG § 1 Nr. 41; dazu kritisch *Höfer* BetrAVG Rn. 2952 zu § 1 b.
225 BAG 09.01.1990, 3 AZR 319/88, EzA § 1 BetrAVG Nr. 54.
226 BAG 20.10.1987, 3 AZR 208/86, EzA § 1 BetrAVG Nr. 50.
227 S. dazu Rn. 38–48.
228 Dazu i.E. *Langohr-Plato* Rn. 39 ff.

Zusage des Arbeitgebers auf betriebliche Altersversorgung § 1

nehmer während seines Beschäftigungsverhältnisses verheiratet war. Wird in einem solchen Fall die Ehe erst nach dem Ausscheiden geschlossen, werden keine Hinterbliebenenleistungen fällig.[229]

Das Risiko bei Hinterbliebenenleistungen für den Arbeitgeber kann im Leistungsplan begrenzt werden durch Spätehenklauseln[230], Ehedauerklauseln[231] und Altersdifferenzklauseln.[232] Ob eine »Haupternährerklausel« zulässig ist, ist offen.[233] **197**

Bei Witwenversorgung ist eine Mindestaltersklausel zulässig.[234] Dasselbe gilt für Witwerversorgung.

Waisenleistungen sind üblicherweise zeitlich begrenzte Leistungen, die nur bis zur Vollendung des 18. oder 21. Lebensjahres gewährt werden. Bei längeren Bezugszeiten wird die Gewährung der Waisenleistung häufig an die Dauer einer Berufsausbildung geknüpft. **198**

Ein Ausschluss nichtehelicher Kinder von Waisenrenten ist gem. Art. 6 Abs. 5 GG unwirksam. **199**

Ein Entfallen der Waisenrente bei Heirat der Waise verstößt gegen Art. 6 GG.[235] **200**

---

229 BAG 19.12.2000, 3 AZR 186/00, EzA § 1 BetrAVG Hinterbliebenenversorgung Nr. 9.
230 BAG 9.11.1978, 3 AZR 784/77, EzA § 242 BGB Ruhegeld Nr. 76, 409; 28.7.2005, 3 AZR 457/04, BetrAV 2006, 584; nach EU-Recht möglicherweise fraglich, dazu BAG 27.6.2006, 3 AZR 352/05 (A), BetrAV 2006, 592, EzA EGV 1999 Richtlinie 2000/78 Nr. 2.
231 BAG 11.8.1987, 3 AZR 6/86, EzA § 1 BetrAVG Hinterbliebenenversorgung Nr. 2.
232 BAG 18.7.1972, 3 AZR 472/71, EzA § 242 BGB Ruhegeld Nr. 17, DB 1972, 1372; 26.8.1997, 3 AZR 235/96, EzA § 1 BetrAVG Ablösung Nr. 17. Das BAG hat mit Beschluss vom 27.6.2006, 3 AZR 352/05 (A), EzA EGV 1999 Richtlinie 2000/78 Nr. 2 dem EuGH die Frage vorgelegt, ob eine Altersdifferenzklausel gegen Primärrecht der EU verstößt und wenn ja, ob ein Rechtfertigungsgrund in der Risikobegrenzung für den Arbeitgeber gegeben sein kann. Des Weiteren wird gefragt, ob eine unbegrenzte Rückwirkung eintritt oder nicht; dazu auch Schlussanträge des Generalanwalts vom 15.2.2007 C – 411/05 – zu EuGH-Vorlageverfahren zur Frage der Zulässigkeit von Altersgrenzen für den Eintritt in den Ruhestand BetrAV 2007, 378 ff.
233 BAG 26.9.2000, 3 AZR 387/99, EzA § 1 BetrAVG Hinterbliebenenversorgung Nr. 8.
234 BAG 19.2.2002, 3 AZR 99/01, EzA § 1 BetrAVG Hinterbliebenenversorgung Nr. 10.
235 So LAG Hamm 20.5.1980 DB 1980, 1550.

C. Einstandspflicht des Arbeitgebers

201 Bei mittelbaren Versorgungszusagen, also Direktversicherung, Pensionskasse, Pensionsfonds und Unterstützungskasse, hat der Arbeitgeber gem. § 1 Abs. 1 S. 3 BetrAVG für die Erfüllung der von ihm zugesagten Leistungen »einzustehen«. Der Gesetzgeber geht damit von einer »generellen Erfüllungspflicht« des Arbeitgebers aus, der die betriebliche Altersversorgung zugesagt hat. In diesem Zusammenhang wird auch vom Verschaffungsanspruch[236] oder von der Subsidiärhaftung des Arbeitgebers gesprochen. Durch die Subsidiärhaftung entsteht keine Gesamtschuldnerschaft zwischen Arbeitgeber und Versorgungsträger, selbst wenn eine Pensionskasse aufgrund EU-Recht unmittelbar in Anspruch genommen werden kann.[237]

202 Die Einstandspflicht besteht bei allen Leistungsplanstrukturen, also z.B. gleichermaßen bei »normalen« Leistungszusagen und bei beitragsorientierten Leistungszusagen, bei Beitragszusagen mit Mindestleistung und auch bei Umfassungszusagen gem. § 1 Abs. 2 Nr. 4 BetrAVG. Trotz Eigenbeiträgen des Arbeitnehmers bei derartigen Umfassungszusagen erstreckt sich die Arbeitgeberverpflichtung auch auf die Leistungen aus den Arbeitnehmerbeiträgen.[238]

203 Die gesetzliche Regelung in § 1 Abs. 1 S. 3 BetrAVG dokumentiert die bisherige Rechtslage.[239] Auch bei mittelbaren Versorgungszusagen beruhen die Rechte des Arbeitnehmers gegenüber dem Arbeitgeber auf einem arbeitsrechtlichen Grundverhältnis. Das bedeutet: Bleiben die Leistungen des externen Versorgungsträgers hinter den zugesagten Leistungen zurück, z.B. weil nicht oder nicht in ausreichendem Umfang Versicherungsbeiträge in eine Direktversicherung gezahlt wurden, richten sich die Ansprüche unmittelbar gegen den Arbeitgeber.[240] In Sonderfällen soll es auch möglich sein, dass die Einstandspflicht nicht

---

236 BAG 29.8.2000, 3 AZR 201/00, EzA § 1 BetrAVG Zusatzversorgung Nr. 12; 18.9.2001, 3 AZR 689/00, EzA § 613a BGB Nr. 205. Der Verschaffungsanspruch ergibt sich heute aus § 1 Abs. 1 S. 3 BetrAVG: BAG 7.9.2004, 3 AZR 550/03, BetrAV 2005, 201; vgl. auch BAG 7.3.1995, 3 AZR 282/94, EzA § 1 BetrAVG Gleichbehandlung Nr. 9, DB 1995, 2020; zum Verschaffungsanspruch i.E. *Reinecke* FS Kemper, S. 383 ff.
237 BAG 07.09.2004, 3 AZR 550/03, EzA Art. 141 EG-Vertrag 1999 Nr. 16; dazu auch *Blomeyer/Rolfs/Otto* Rn. 272 zu § 1.
238 Dazu i.E. Rn. 449.
239 BAG 7.9.2004, 3 AZR 550/03, EzA Art 141 EGV Nr. 16, BetrAV 2005, 201; dazu *Ziegler* FS Kemper, S. 429 ff.
240 BAG 17.11.1992, 3 AZR 51/92, EzA § 7 BetrAVG Nr. 45; dazu *Reinecke* FS Kemper, S. 383 ff.

den Arbeitgeber, sondern den mittelbaren Versorgungsträger (z.B. Konzernpensionskasse) trifft.[241] Das widerspricht § 1 Abs. 1 S. 3 BetrAVG und ist im Übrigen auch nicht mit dem Versicherungsprinzip vereinbar. Eine Pensionskasse kann nur »einstehen«, wenn der Arbeitgeber die entsprechenden Deckungsmittel zur Verfügung gestellt hat, nicht schon dann, wenn dies möglicherweise der Fall sein sollte, weil eine Einbindung der Pensionskasse in einen Konzern besteht.

Das Entsprechende gilt, wenn eine Unterstützungskasse mangels Zuwendungen des Arbeitgebers nicht in der Lage ist, die Leistungen, die im Leistungsplan oder in der Satzung vorgesehen sind, zu erbringen.[242]

204

Der Arbeitgeber hat also auch bei mittelbarer Durchführung der betrieblichen Altersversorgung das Versorgungsrisiko. Jede mittelbare Versorgungszusage beinhaltet auch eine unmittelbare Leistungspflicht des Arbeitgebers, die dann auflebt, wenn der externe Versorgungsträger die Leistungen aus der mittelbaren Versorgungszusage nicht erfüllt. Das ist nicht zu verwechseln mit Gesamtschuldnerschaft gem. § 421 BGB.[243]

205

Dies ist unstreitig, wenn der externe Versorgungsträger aus Gründen, die der Arbeitgeber zu vertreten hat, nicht in der Lage ist, die Versorgungsleistungen zu erbringen, z.B. weil der Arbeitgeber keine Zuwendungen oder Versicherungsprämien erbracht hat.[244]

206

Problematisch ist die Einstandspflicht des Arbeitgebers ebenfalls, wenn es dem Versorgungsträger nicht möglich ist, die vom Arbeitgeber schon finanzierten Leistungen zu erbringen, weil er sich in einer schlechten wirtschaftlichen Lage befindet. Dies kann eintreten, wenn z.B. eine Pensionskasse insolvent wird, was theoretisch möglich ist, oder aus einer Direktversicherung mit versicherungsvertraglich unwiderruflichem Bezugsrecht deshalb keine Leistungen erbracht werden, weil die Lebensversicherungsgesellschaft insolvent wird.

207

Das Problem entsteht immer dann, wenn die gesetzliche Insolvenzsicherung der §§ 7 ff. BetrAVG nicht eintritt. Bei Pensionskassen und Direktversicherungen mit versicherungsvertraglich unwiderruflichem

208

---

241 BAG 23.3.2004, 3 AZR 279/03, AP Nr. 28 zu BetrAVG § 1 Berechnung.
242 BAG 17.5.1973, 3 AZR 381/72, EzA § 242 BGB Ruhegeld Nr. 23.
243 So zu Recht *Blomeyer/Rolfs/Otto* Rn. 272 zu § 1.
244 S. für eine Pensionskasse zum Spezialproblem des Art. 141 EG-Vertrag auch Rn. 143 und BAG 7.9.2004, 3 AZR 550/03, EzA Art. 141 EGV Nr. 16, BetrAV 2005, 201.

Bezugsrecht handelt es sich um nicht durch den PSVaG geschützte Gestaltungen der betrieblichen Altersversorgung.[245] Der Gesetzgeber hat trotz des theoretischen Insolvenzrisikos einer Pensionskasse und einer Lebensversicherungsgesellschaft das Bedürfnis für einen gesetzlichen Insolvenzschutz durch den PSVaG nicht gesehen und sich damit begnügt, die staatliche Aufsicht als Mindestform des Insolvenzschutzes anzusehen.[246] Deshalb wird darüber nachgedacht, die gesetzliche Insolvenzsicherung insoweit weiter zu entwickeln.[247]

209 Erstreckt man die Einstandspflicht des Arbeitgebers gem. § 1 Abs. 1 S. 3 BetrAVG auch auf die Insolvenz des Versorgungsträgers,[248] haftet der Arbeitgeber auch für das »Versicherungsrisiko«, das er nicht beeinflussen kann.[249] Andererseits ist es aus der Sicht der betroffenen Versorgungsberechtigten unerheblich, aus welchem Grunde die Versorgungsleistungen nicht erbracht werden können. So muss ein Arbeitgeber unstreitig auch dann bei einer unmittelbaren Versorgungszusage die Leistungen erbringen, wenn er durch Bildung eines Sondervermögens bei einer Bank eine interne Ausfinanzierung vorgenommen hat, diese jedoch ausfällt, weil das bei der Bank angesammelte Aktien- oder Fondsvermögen wegen Kursverfalls nicht ausreicht, die Leistungen zu erfüllen, oder die Bank insolvent wird, was theoretisch trotz der Finanzaufsicht möglich ist.

209a Eine vergleichbare Problematik ergibt sich, wenn Sanierungsmaßnahmen bei einer Pensionskasse dazu führen, dass die sog. »Garantierente« – nach den Versicherungsbedingungen in zulässiger Weise! – unterschritten wird. Eine Einstandspflicht des Arbeitgebers ist in derartigen Fällen gegeben, wenn Inhalt der Versorgungszusage die »Garantierente« und nicht »die Leistung der Pensionskasse nach den Versicherungsbedingungen« ist. Das ist eine Frage der Auslegung der Arbeitgeberzusage. Im Zweifel gelten in diesen Fällen die »Versicherungsbedingungen«, da der Arbeitgeber mit der Anmeldung des Arbeitnehmers bei der Pensionskasse die Versicherungsbedingungen in der jeweiligen Fassung zum arbeitsrechtlichen Inhalt seiner Versorgungszusage gemacht hat.

---

245 S. dazu § 7 Rn. 19.
246 Vgl. dazu *Sasdrich* BetrAV 2002, 727 ff.
247 Vgl. Gutachten zur künftigen Funktionsfähigkeit der Insolvenzsicherung durch den PSVaG von *Gehrke* und *Heubeck* BetrAV 2002, 433.
248 So BAG 12.6.2007 – 3 AZR 14/06.
249 So *Kemper/Kisters-Kölkes* Grundzüge, Rn. 38; so auch *Blomeyer/Rolfs/Otto* Rn. 271 zu § 1.

D. Änderung des Versorgungsverhältnisses

Das auf einer Versorgungszusage beruhende ursprüngliche Versorgungsverhältnis kann auf mehrfache Weise Änderungen erfahren. Diese können
- den Durchführungsweg,
- den Rechtsbegründungsakt und
- den Leistungsplan

betreffen.

210

Die Änderungen können verbunden sein mit Verbesserungen oder Verschlechterungen von Versorgungsanwartschaften bzw. Versorgungsansprüchen der Versorgungsberechtigten. Die Änderungen können sich nur auf noch nicht begründete Versorgungsverhältnisse beziehen (Schließung oder Änderung eines Versorgungssystems für Neuzugänge).

211

Die rechtlichen Änderungsmöglichkeiten richten sich im Grundsatz nach dem Rechtsbegründungsakt des zu ändernden Versorgungssystems. Darüber hinaus sind die Grundsätze von der Störung der Geschäftsgrundlage (§ 313 BGB) anwendbar. Denkbar ist auch eine Änderung aufgrund eines vorbehaltenen Widerrufs.

212

I. Änderung des Durchführungsweges

Soll lediglich ein Wechsel des Durchführungsweges vorgenommen werden **ohne Änderung** oder **mit Verbesserung des Leistungsplanes**, richtet sich das Änderungsinstrumentarium nach dem gewählten Rechtsbegründungsakt.[250]

213

In der Regel ergibt sich eine Zustimmungspflicht des Versorgungsberechtigten bei individualrechtlichen Rechtsbegründungsakten, des Betriebsrats oder des Tarifpartners bei Betriebsvereinbarungen und Tarifverträgen, soweit die Änderung im überwiegenden Interesse des Arbeitgebers liegt und das Interesse des Arbeitnehmers bzw. des Betriebsrats oder des Tarifpartners (Gewerkschaft) nicht beeinträchtigt wird. Der Partner des Arbeitgebers bei dem jeweils gewählten Rechtsbegründungsakt wird sich zudem i.d.R. mit einer solchen Änderung einverstanden erklären.[251] Im Übrigen unterliegt der Wechsel des Durchführungsweges und auch des speziellen Versorgungsträgers (z.B. die konkrete Versicherungsgesellschaft) der Entscheidungsfreiheit des Ar-

214

---

250 S. dazu Rn. 100–147.
251 Dazu *Höfer* BetrAVG, Rn. 1297 ff. zu ART.

beitgebers.[252] Es bestehen auch keine erzwingbaren Mitbestimmungsrechte des Betriebsrates.[253]

215 Wird durch die Änderung des Durchführungsweges die Rechtsqualität des Versorgungsverhältnisses verändert, soll also anstelle der mit Rechtsanspruch versehenen Durchführungswege unmittelbare Versorgungszusage, Pensionskasse/Pensionsfonds und Direktversicherung eine Unterstützungskasse treten, die ihre Leistungen formal ohne Rechtsanspruch gewährt (§ 1b Abs. 4 BetrAVG), so ist die Einverständniserklärung des Versorgungsberechtigten notwendig, da sich formal die rechtliche Qualität der Versorgungszusage ändert.[254] Die Verpflichtung zur Einverständniserklärung ergibt sich aber möglicherweise aus der arbeitsrechtlichen Einstandspflicht des Arbeitgebers gem. § 1 Abs. 1 S. 3 BetrAVG für die über die Unterstützungskasse zugesagten Versorgungsleistungen.

II. Änderung des Rechtsbegründungsaktes

216 Soll der Rechtsbegründungsakt ausgetauscht werden, z.B. von einer Gesamtzusage zu einer Betriebsvereinbarung gewechselt werden, gilt in Bezug auf Änderungen **ohne Verschlechterung** des Leistungsplans bzw. bei **Verbesserungen** des Leistungsplans ein identisches Änderungsschema wie bei dem Wechsel des Durchführungsweges.

217 Bei individualrechtlichen Rechtsbegründungsakten, z.B. Gesamtzusage, vertragliche Einheitsregelung oder betriebliche Übung, die in einen Kollektivvertrag (Betriebsvereinbarung) »umgeformt« werden sollen, ist jedoch eine ausdrückliche Zustimmung des Versorgungsberechtigten nicht notwendig. Nach der Rechtsprechung des BAG kann eine Gesamtzusage, vertragliche Einheitsregelung oder eine betriebliche Übung durch eine Betriebsvereinbarung »umstrukturiert« werden.[255]

III. Schließung eines Versorgungssystems für Neuzugänge

218 Es ist grundsätzlich ohne Verstoß gegen den arbeitsrechtlichen Gleichbehandlungsgrundsatz möglich, ein Versorgungssystem für Neuzu-

---

[252] BAG 16.2.1993, 3 ABR 29/92, EzA § 87 BetrAVG 1972 Betriebliche Lohngestaltung Nr. 41; 29.7.2003, 3 ABR 34/02, EzA § 87 BetrVG 2001 Betriebliche Lohngestaltung Nr. 2.
[253] BAG 29.7.2003, 3 ABR 34/02, EzA § 87 BetrVG 2001 Betriebliche Lohngestaltung Nr. 2.
[254] Z.B. wegen einseitiger Widerrufsmöglichkeiten, s. dazu Rn. 313.
[255] S. dazu i.E. Rn. 291–300.

gänge zu schließen oder zu ändern.[256] Mitbestimmungsrechte des Betriebsrates bestehen nicht.[257]

Das rechtliche Instrumentarium richtet sich nach dem gewählten Rechtsbegründungsakt.

Schließungen von Versorgungssystemen sind nur bei einheitlichen Regelwerken für die betriebliche Altersversorgung von Gesamtbelegschaften oder von größeren Mitarbeitergruppen denkbar, also nur dann, wenn für das Versorgungsverhältnis als Rechtsbegründungsakt eine Gesamtzusage, vertragliche Einheitsregelung, betriebliche Übung, der Grundsatz der Gleichbehandlung (Gleichberechtigung) oder eine Betriebsvereinbarung/Tarifvertrag gewählt worden ist. 219

1. Individualrechtliche Rechtsbegründungsakte

Die Schließung eines Versorgungswerkes bei den individualrechtlichen Rechtsbegründungsakten geschieht dadurch, dass den neu eintretenden Mitarbeitern ab einem bestimmten Stichtag keine Versorgungszusagen mehr oder andere Versorgungszusagen erteilt werden und dies ausdrücklich in den Arbeitsverträgen mit den Neuzugängen dokumentiert ist. Bei einer Gesamtzusage ist auch ein entsprechender Aushang am schwarzen Brett möglich. Mitbestimmungsrechte des Betriebsrats sind bei einer Schließung nicht zu beachten, wohl aber bei Änderungen für Neuzugänge.[258] 220

Das Entsprechende gilt bei der Beendigung einer betrieblichen Übung, aber auch beim Grundsatz der Gleichbehandlung (Gleichberechtigung), da nach dem Stichtagsprinzip kein Verstoß anzunehmen ist, wenn Neuzugänge keine Versorgungszusage erhalten.[259] 221

2. Kollektivrechtliche Rechtsbegründungsakte

Bei Betriebsvereinbarungen und Tarifverträgen müssen neue Betriebsvereinbarungen und Tarifverträge über die Schließung des Versorgungssystems geschlossen oder entsprechende Kündigungen ausgesprochen werden. Die nach dem Abschluss der neuen Betriebsvereinba- 222

---

256 BAG 8.12.1977, 3 AZR 530/76, EzA § 242 BGB Ruhegeld Nr. 68 und 11.9.1980, 3 AZR 606/78, EzA § 242 BGB Ruhegeld Nr. 94; dazu auch *Langohr-Plato* Rn. 1457 ff.
257 S. dazu Rn. 332.
258 S. dazu Rn. 316–376.
259 Rn. 135.

rungen oder Tarifverträge oder dem Ablauf der Kündigungsfrist eintretenden Neuzugänge fallen dann nicht mehr unter den persönlichen Geltungsbereich dieser Kollektivverträge, unabhängig von der Nachwirkung eines Tarifvertrages gem. § 4 Abs. 5 TVG. Die Nachwirkungsphase erfasst keine Neuzugänge nach Auslaufen eines Tarifvertrages.[260]

223 Bei einer beendeten Betriebsvereinbarung entfällt die Nachwirkung für Neuzugänge schon aufgrund § 77 Abs. 6 BetrVG, weil es sich bei der Gesamtdotierung einer betrieblichen Altersversorgung nicht um einen erzwingbaren Tatbestand handelt, der Gegenstand des Spruches einer Einigungsstelle sein kann.[261] Durch die Schließung des Versorgungssystems nach Ablauf der Kündigungsfrist wird der Dotierungsrahmen mitbestimmungsfrei herabgesetzt.

224 Bei Vereinbarungen nach dem Sprecherausschussgesetz (§ 28 Abs. 2) gelten die gleichen Voraussetzungen wie bei einer Betriebsvereinbarung.[262] Eine Nachwirkung wie gem. § 77 Abs. 6 BetrVG bei Betriebsvereinbarungen enthält § 28 SprAuG jedoch nicht.

IV. Änderung des Leistungsplans

225 **Verbesserungen des Leistungsplans** sind im Rahmen eines Durchführungswegs und/oder eines Rechtsbegründungsakts unschwer möglich. Die Regelungsinstrumente sind dieselben wie bei Begründung der Versorgungszusage und richten sich nach dem gewählten Rechtsbegründungsakt.

226 Bei der **Verschlechterung des Leistungsplans** richten sich die rechtlichen Änderungsmöglichkeiten ebenfalls nach dem gewählten Rechtsbegründungsakt. Dabei gilt im Grundsatz sowohl bei kollektivrechtlichen als auch bei individualrechtlichen Rechtsbegründungsakten das **Ablösungsprinzip**: die alte Regelung kann durch eine neue abgelöst werden, selbst wenn diese für die Versorgungsberechtigten zu Nachteilen bei den bisherigen Versorgungsverhältnissen führt.[263]

Zusätzlich sind Mitbestimmungsrechte des Betriebsrats zu beachten.[264]

---

260 BAG 17.8.1999, 3 AZR 55/98, EzA § 1 BetrVG Betriebsvereinbarung Nr. 2, dazu auch *Wollenschläger* Arbeitsrecht, Rn. 274 ff.
261 S. dazu Rn. 316–376.
262 Dazu *Blomeyer/Rolfs/Otto* Rn. 119 zu Anh. § 1.
263 BAG 16.9.1986, GS 1/82, EzA § 77 BetrVG 1972 Nr. 17; 22.5.1990, 3 AZR 128/89, EzA § 1 BetrAVG Ablösung Nr. 2; 17.6.2003, 3 ABR 43/02, EzA § 1 BetrAVG Ablösung Nr. 40.
264 S. dazu Rn. 316–376.

1. Betriebsvereinbarung

Eine Betriebsvereinbarung über betriebliche Altersversorgung kann grundsätzlich nach dem Ablösungsprinzip verändert werden durch eine neue Betriebsvereinbarung. 227

Die Regelungsmacht der Betriebspartner ist jedoch begrenzt, zum einen durch die Vertretungskompetenz des Betriebsrats, zum anderen unterliegt die neue Betriebsvereinbarung einer Rechts- oder Billigkeitskontrolle. 228

a) Umstrukturierende oder verschlechternde Betriebsvereinbarung

Die neue ablösende Betriebsvereinbarung kann Verschlechterungen nur für einzelne begünstigte Arbeitnehmer enthalten. Die bisher bereit gestellten Versorgungsmittel (Dotierungsrahmen[265]) werden also nicht verringert, sondern nur umverteilt: ein Teil der Versorgungsberechtigten wird schlechter, ein anderer besser gestellt als bisher. In einem solchen Fall spricht man von einer ablösenden **umstrukturierenden** Betriebsvereinbarung. 229

Wird der Dotierungsrahmen verkleinert, sollen also im Prinzip alle bisher begünstigten Versorgungsberechtigten oder ein Teil von ihnen weniger betriebliche Altersversorgung erhalten als bisher, spricht man von einer ablösenden **verschlechternden** Betriebsvereinbarung. 230

Die Unterscheidung zwischen umstrukturierenden und verschlechternden Betriebsvereinbarungen ist z.B. von Bedeutung bei den Mitbestimmungsrechten des Betriebsrats und bei der Zuständigkeit einer Einigungsstelle.[266] 231

b) Vertretungskompetenz des Betriebsrats

Eine neue ablösende Betriebsvereinbarung kann nur die Versorgungsberechtigten erfassen, die betriebsverfassungsrechtlich von dem Betriebsrat vertreten werden können, der Abschlusspartner der neuen Betriebsvereinbarung ist. Das bedeutet, dass grds. schon ausgeschiedene Arbeitnehmer, seien sie Rentner oder Inhaber von aufrechterhaltenen Anwartschaften, von der ablösenden neuen Betriebsvereinbarung nicht 232

---

265 S. dazu Rn. 332.
266 S. dazu Rn. 316–376.

§ 1 Zusage des Arbeitgebers auf betriebliche Altersversorgung

erfasst werden.[267] Das Entsprechende gilt für leitende Angestellte gem. § 5 BetrVG.

233 Eine Ausnahme besteht, wenn in den Arbeitsverträgen mit diesem Personenkreis **Jeweiligkeitsklauseln** enthalten bzw. enthalten gewesen sind, die auf die Geltung der alten Betriebsvereinbarung in der jeweils gültigen Fassung verwiesen haben. Insoweit handelt es sich um eine dynamische Verweisung auf die allgemeine betriebliche Versorgungsregelung in Form einer Betriebsvereinbarung.[268] Bei einer derartigen Jeweiligkeitsklausel entstehen keine Probleme der AGB-Kontrolle, auch hinsichtlich § 308 Nr. 4 BGB und § 307 Abs. 1 Satz 2 BGB. Die Verweisung bewirkt lediglich eine Gleichstellung mit den von der Betriebsvereinbarung erfassten Arbeitnehmern.[269]

234 Offen ist die Frage, ob eine ablösende Betriebsvereinbarung auch dann Rentner und mit aufrechterhaltener Anwartschaft schon ausgeschiedene Mitarbeiter (keine leitenden Angestellten) erfassen kann, wenn in den früheren Arbeitsverträgen keine Jeweiligkeitsklausel in Bezug auf Betriebsvereinbarungen enthalten gewesen ist. Zurzeit geht die herrschende Auffassung in der Rechtsprechung dahin, dass dann eine entsprechende Vertretungskompetenz des Betriebsrats fehlt. Es mehren sich aber die Stimmen, die auch in diesen Fällen eine Regelungskompetenz bejahen, weil eine Betriebsvereinbarung über betriebliche Altersversorgung immer nur Auswirkungen in dem Zeitraum entwickelt, wenn der begünstigte Mitarbeiter sein Arbeitsverhältnis beendet hat und somit nicht mehr vom Betriebsrat vertreten werden kann. Man argumentiert deshalb, die Jeweiligkeitsklausel sei bei Betriebsvereinbarungen über betriebliche Altersversorgung immer stillschweigend vereinbart.[270]

---

267 Dazu BAG 17.8.2004, 3 AZR 318/03, BB 2005, 720; 12.10.2004, 3 AZR 557/03, EzA § 1 BetrAVG Hinterbliebenenversorgung Nr. 11, BetrAV 2005, 297.
268 Vgl. i.E. *Kemper/Kisters-Kölkes* Grundzüge, Rn. 104; s. BAG 25.10.1988, 3 AZR 483/86, EzA § 77 BetrVG 1972 Nr. 26; 18.4.1989, 3 AZR 688/87, EzA § 77 BetrVG 1972 Nr. 28; 23.9.1997, 3 AZR 529/96, EzA § 1 BetrAVG Ablösung Nr. 14. Zum Verhältnis Jeweiligkeitsklausel und Veränderungssperre gem. § 2 Abs. 5 BetrAVG BAG 17.8.2004, 3 AZR 318/03, EzA § 2 BetrAVG Nr. 22, BB 2005, 720.
269 Dazu i.E. *Blomeyer/Rolfs/Otto* Rn. 549 ff zu Anh. 1.
270 Dazu BAG 12.10.2004, 3 AZR 557/03, EzA § 1 BetrAVG Hinterbliebenenversorgung Nr. 11, BetrAV 2005, 297.

c) Drei-Stufen-Theorie (Rechts- oder Billigkeitskontrolle)

Eine ablösende umstrukturierende oder verschlechternde Betriebsvereinbarung unterliegt einer arbeitsgerichtlichen Rechts- oder Billigkeitskontrolle. Dies lässt sich damit begründen, dass die Bestandsinteressen der nach der alten Regelung begünstigten Arbeitnehmer abzuwägen sind mit den Änderungsinteressen der Betriebspartner. Hierbei gilt der Grundsatz der Verhältnismäßigkeit und des Vertrauensschutzes. Je dringender die Änderungsinteressen auf Unternehmensseite sind, desto tiefer dürfen die Einschnitte in den bisherigen Leistungsplan sein. In diesem Zusammenhang hat das BAG ein Prüfungsschema entwickelt, das den »**Besitzstand**« der alten Regelung in maximal drei Stufen aufteilt und jeder Stufe Eingriffsgründe zuordnet.[271]

235

Neben diese abstrakte Kontrolle kann eine konkrete Kontrollmöglichkeit für jeden einzelnen Versorgungsberechtigten auf Betroffenheit als Härtefall treten.[272] Diese abstrakte und konkrete Kontrolle kann durch den einzelnen betroffenen Versorgungsberechtigten im Klagewege bei den Arbeitsgerichten herbeigeführt werden, und zwar im Urteilsverfahren, auch noch, wenn das Arbeitsverhältnis beendet ist, also z.B. bei oder nach Eintritt des Versorgungsfalls.

236

Die Drei-Stufen-Theorie hat keinen monolithischen Charakter, sondern kann nur als Orientierungsmaßstab für Arbeitgeber und Betriebsrat angesehen werden, weil Prüfungsgrundlage der allgemeine Grundsatz der Verhältnismäßigkeit und des Vertrauensschutzes ist. Dies erklärt Modifizierungen des BAG in Bezug auf die Drei-Stufen-Theorie in jüngster Zeit.[273]

237

Ausgangspunkt für die Rechts- oder Billigkeitskontrolle der neuen ablösenden Betriebsvereinbarung ist der **totale Besitzstand** der alten Regelung, also eine »fiktive« Fortgeltung des bisherigen Leistungsplans. Zu diesem Besitzstand gehört also nicht nur die bis zum Änderungszeitpunkt »erdiente«, sondern auch die bei Fortgeltung der alten Regelung nach dem Änderungszeitpunkt »erdienbare« Versorgung.

238

---

271 So grundlegend BAG 17.4.1985, 3 AZR 72/83, EzA § 1 BetrAVG Unterstützungskasse Nr. 2; 11.9.1990, 3 AZR 380/89, EzA § 1 BetrAVG Ablösung Nr. 3; 17.11.1992, 3 AZR 76/92, EzA § 1 BetrAVG Unterstützungskasse Nr. 10; bestätigend BAG 11.12.2001, 3 AZR 512/00, EzA § 1 BetrAVG Ablösung Nr. 33, 3 AZR 128/01, EzA § 1 BetrAVG Ablösung Nr. 32 und 10.9.2002, 3 AZR 635/01, EzA § 1 BetrAVG Ablösung Nr. 34 m. Anm. *Schumann*.
272 BAG 17.3.1987, 3 AZR 64/84, EzA § 1 BetrAVG Nr. 48.
273 BAG 11.12.2001, 3 AZR 512/00, EzA § 1 BetrAVG Ablösung Nr. 33, 3 AZR 128/01, EzA § 1 BetrAVG Ablösung Nr. 32 und 10.9.2002, 3 AZR 635/01, EzA § 1 BetrAVG Ablösung Nr. 34, DB 2003, 1525 m. Anm. *Schumann*.

239 Die **erste Besitzstandsstufe** ist der am Änderungsstichtag gem. § 2 BetrAVG erdiente Teilbetrag, mit Beachtung des Festschreibungseffektes der Bemessungsgrundlagen gem. § 2 Abs. 5 BetrAVG.[274] Auch bei dynamischen Leistungsplanstrukturen ist der Teilbetrag der ersten Besitzstandsstufe also immer ein Festbetrag.

240 Die erste Besitzstandsstufe ist so zu ermitteln, als ob der Arbeitnehmer am Änderungsstichtag ausgeschieden wäre, unabhängig davon, ob er zu diesem Zeitpunkt die Unverfallbarkeitsmodalitäten des § 1b Abs. 1 BetrAVG erfüllt hat. Auch wenn der Arbeitnehmer nach dem alten Leistungsplan erst zwei Jahre im Änderungszeitpunkt begünstigt ist, hat er einen »erdienten« Teilbetrag.

241 Der Teilbetrag ist nach dem Quotierungsprinzip gem. § 2 Abs. 1 BetrAVG zu ermitteln, soweit dieses Prinzip für die Unverfallbarkeit der Höhe nach maßgebend ist.[275]

242 ▶ **Beispiel:**

> Die Altersleistung beträgt für die ersten zehn versorgungsfähigen Jahre 200,– € (Sockelbetrag) und steigt für jedes zusätzliche Jahr um 5,– €. Der Arbeitnehmer ist im Alter von 25 Jahren in das Unternehmen eingetreten. Pensionsalter ist das Alter 65. Die Änderung erfolgt, als der Arbeitnehmer 35 Jahre alt ist.
>
> Erste Besitzstandsstufe: $10/40 \times (200\,€ + 30 \times 5\,€)$[276]

243 Bei **beitragsorientierten Leistungszusagen** (§ 1 Abs. 2 Nr. 1 BetrAVG) und **Beitragszusagen mit Mindestleistung** (§ 1 Abs. 1 Nr. 2 BetrAVG) gelten zur Ermittlung der ersten Besitzstandsstufe die Sonderregelungen in § 2 Abs. 5a BetrAVG und in § 2 Abs. 5b BetrAVG.[277]

244 Bei unmittelbaren Versorgungszusagen, Unterstützungskassenzusagen und Pensionsfondszusagen mit der Leistungsstruktur einer beitragsorientierten Leistungszusage bedeutet dies also, dass zur ersten Besitzstandsstufe der erdiente Besitzstand zählt, der bis zum Änderungsstichtag aus den zugeteilten Beiträgen finanziert wurde.

---

274 S. dazu § 2 Rn. 150 ff.
275 S. dazu § 2 Rn. 17 ff.
276 Es wird also immer »durchquotiert«. Im Beispielsfall sind also nicht etwa 200 € der ersten Besitzstandsstufe zuzuordnen, BAG 25.05.2004, 3 AZR 145/03, EzA § 2 BetrAVG Nr. 21.
277 S. dazu § 2 Rn. 169–179.

Zusage des Arbeitgebers auf betriebliche Altersversorgung § 1

Das Entsprechende gilt für Beitragszusagen mit Mindestleistung bei den Durchführungswegen Pensionskasse, Pensionsfonds und Direktversicherung. Zur ersten Besitzstandsstufe gehört in diesen Fällen immer das planmäßig zuzurechnende Versorgungskapital, das sich aus den bis zum Änderungsstichtag geleisteten Beiträgen (Beiträge und die daraus bis zum Eintritt des Versorgungsfalles erzielten Erträge) ergibt. 245

Bei dynamischen Leistungsplanstrukturen (z.b. bei einer endgehaltsabhängigen Leistungszusage) ist nicht nur das Quotierungsprinzip des § 2 Abs. 1 BetrAVG maßgebend, sondern auch die Festschreibung der Bemessungsgrundlagen im Änderungszeitpunkt gem. § 2 Abs. 5 BetrAVG. Damit ergibt sich auch bei dynamischen Leistungsplanstrukturen für die erste Besitzstandsstufe immer ein Festbetrag. 246

Die **zweite Besitzstandsstufe** (»erdiente Dynamik«, »prozentualer Besitzstand«) gibt es nur bei dynamischen Leistungsplanstrukturen. Sie erfasst den bis zum Änderungsstichtag erdienten Besitzstand unter Berücksichtigung der Dynamik bis zum Eintritt des Versorgungsfalles. 247

▶ **Beispiel:** 248

Sieht der Leistungsplan einen jährlichen Steigerungsprozentsatz von 0,4 % des versorgungsfähigen Arbeitseinkommens vor und sind im Änderungszeitpunkt 12 Dienstjahre abgeleistet, so beträgt der erdiente dynamische Besitzstandsteil der zweiten Stufe 4,8 % des versorgungsfähigen Arbeitseinkommens bei Eintritt des Versorgungsfalls und nicht wie bei der ersten Besitzstandsstufe des maßgebenden Einkommens im Änderungsstichtag entsprechend § 2 Abs. 5 BetrAVG.

Auch hier wird wie bei der ersten Besitzstandsstufe bei nicht gleichmäßig steigenden Leistungsplanstrukturen (z.B. Sockelbetrag 5 % zuzüglich Steigerungsbetrag 0,2 % des maßgebenden Einkommens) nach der Quotierungsmethode des § 2 Abs. 1 S. 1 BetrAVG verfahren, also »durchquotiert«.[278] 249

Diese Definition der erdienten Dynamik für die zweite Besitzstandsstufe ist nur dann richtig, wenn die dynamische Versorgungszusage für die Zukunft gänzlich aufgehoben wird, nach dem Änderungszeitpunkt keine Anwartschaftssteigerung mehr erfolgt, also **nur** der sich aus § 2 Abs. 1 BetrAVG ergebende und entsprechend § 2 Abs. 5 250

---

[278] S. dazu vorstehendes Beispiel zur ersten Besitzstandsstufe; bestätigt durch BAG 25.5.2004, 3 AZR 145/03, EzA § 2 BetrAVG Nr. 21.

§ 1 Zusage des Arbeitgebers auf betriebliche Altersversorgung

BetrAVG errechnete Versorgungsbesitzstand – die erste Besitzstandsstufe zuzüglich darauf entfallender Dynamik – aufrechterhalten wird. Anders verhält es sich aber, wenn zwar in den Faktor »Endgehalt« – auch für die vor dem Änderungszeitpunkt liegende Zeit – verschlechternd eingegriffen, aber zugleich die Möglichkeit eröffnet wird, nach veränderten Berechnungsmaßstäben für die Zukunft weitere dienstzeitabhängige Zuwächse zu erwerben. In einem solchen Fall kann erst beim Ausscheiden aus dem Arbeitsverhältnis festgestellt werden, ob mit der ablösenden Neuregelung in die vom begünstigten Arbeitnehmer erdiente Dynamik eingegriffen worden ist.[279]

251 Das BAG ist der Auffassung, Besitzstandswahrung bedeute nicht, dass der Arbeitnehmer Anspruch darauf hat, den dynamisch bis zum Ausscheiden fortgeschriebenen Besitzstand im Änderungszeitpunkt erhalten zu bekommen und zusätzlich Zuwächse nach der Neuregelung zu erwerben. Der Besitzstand aus einer erdienten Dynamik ist bereits dann aufrechterhalten, wenn der begünstigte Arbeitnehmer **im Versorgungsfall** zumindest den Betrag oder den Rentenwert erhält, den er zum Änderungsstichtag bei Aufrechterhaltung der bisherigen Dynamik der dienstzeitunabhängigen Bemessungsfaktoren erreicht hatte. Dies ist Ausdruck des Vertrauensschutzes. Verbleibt dem Arbeitnehmer in jedem Falle das, worauf er zum Änderungszeitpunkt vertrauen durfte, verletzt eine verschlechternde Neuordnung schützenswertes Vertrauen nicht.

252 ▶ **Beispiel:**

Der Arbeitnehmer ist mit dem 25. Lebensjahr in das Unternehmen eingetreten. Feste Altersgrenze ist das 65. Lebensjahr. Die Neuordnung sieht vor, dass bei einer dynamischen Leistungsplanstruktur (0,5 % des versorgungsfähigen Einkommens pro Dienstjahr) die erste Besitzstandstufe gewahrt bleibt, und zwar €-fest:

Bei einem versorgungsfähigen Einkommen im Änderungszeitpunkt von 2.000,– € monatlich nach 15 Dienstjahren bei 40 möglichen Dienstjahren sind das also:

400 € × 15/40 = 150 € (§ 2 Abs. 1 und 5 BetrAVG)

---

[279] So z.B. BAG 11.12.2001, 3 AZR 128/01, EzA BetrAVG § 1 Ablösung Nr. 32 und 10.9.2002, 3 AZR 635/01, EzA § 1 BetrAVG Ablösung Nr. 34, DB 2003, 1525 m. Anm. *Schumann*; vgl. dazu z.B. *Kemper/Kisters-Kölkes* Grundzüge Rn. 554.

Zusage des Arbeitgebers auf betriebliche Altersversorgung §1

Für künftige Dienstjahre sollen nach der Neuordnung 10,– € pro Dienstjahr als Steigerungsbetrag gewährt werden.

Es ist dann **im Versorgungsfall** festzustellen, ob in die bis zum Änderungszeitpunkt erdiente Dynamik eingegriffen worden ist. Dabei ist die Summe der künftigen Steigerungsbeträge von 10,– € pro Dienstjahr als »Dynamik« der im Änderungszeitpunkt erdienten 150,– € zu werten.

Gegen eine solche Regelung bestehen keine Bedenken wegen Verstoßes gegen den arbeitsrechtlichen Gleichbehandlungsgrundsatz.[280] 253

Prozessual ist in derartigen Fällen eine etwa beeinträchtigte erdiente Dynamisierung des bis zum Abänderungszeitpunktes erdienten Besitzstandes als Mindestanspruch anzuerkennen. Dem Begünstigten muss im Ergebnis als Betriebsrente zumindest das Produkt aus dem bis zum Ablösestichtag erdienten Prozentsatz und dem tatsächlichen Endgehalt bei Ausscheiden zuerkannt werden. 254

Dasselbe gilt für die Höhe der »unverfallbaren Anwartschaft nach einer verschlechternden Neuordnung«.[281] Grundsätzlich gilt auch nach einer Neuordnung das Quotierungsprinzip gem. § 2 Abs. 1 BetrAVG. Es ist aber sodann zu prüfen, ob der so ermittelte Betrag hinter der garantierten Mindestrente zurück bleibt. Ist dies der Fall, muss die garantierte Mindestrente gezahlt werden.[282] 254a

Die **dritte Besitzstandsstufe** bezieht sich auf die noch erdienbaren Versorgungsteilbeträge, die in der Zeit nach dem Änderungsstichtag erworben werden können (Steigerungsbeträge). 255

Den einzelnen Besitzstandsstufen sind Eingriffsgründe von unterschiedlicher Intensität zugeordnet. Für Eingriffe in die erste Besitzstandsstufe müssen **zwingende Gründe** vorliegen. Das BAG hatte dies angenommen für eine **wirtschaftliche Notlage**.[283] 256

---

280 BAG 11.12.2001, 3 AZR 128/01, EzA § 1 BetrAVG Ablösung Nr. 32 und 10.9.2002, 3 AZR 675/01, DB 2003, 1525, m. Anm. *Schumann*, EzA § 1 BetrAVG Ablösung Nr. 34.
281 So *Förster/Cisch* BB 2005, 773.
282 BAG 16.12.2003, 3 AZR 39/03, EzA § 1 BetrAVG Ablösung Nr. 41; dazu auch *Förster/Cisch* BB 2005, 773, *Kemper/Kisters-Kölkes* Grundzüge, Rn. 624 f. und *Engelstädter* FS Kemper, S. 143 ff.
283 BAG 6.12.1979, 3 AZR 274/78, EzA § 7 BetrAVG Nr. 4 und 20.1.1987, 3 AZR 313/85.

§ 1 Zusage des Arbeitgebers auf betriebliche Altersversorgung

257 Dies ist heute nicht mehr so, nachdem der Insolvenzsicherungsfall der wirtschaftlichen Notlage in § 7 BetrAVG mit Wirkung vom 1.1.1999 ersatzlos gestrichen worden ist.[284] Stellt eine wirtschaftliche Notlage einen zwingenden Grund dar, könnte der Arbeitgeber z.B. schon insolvenzgeschützte Rechtspositionen ersatzlos entziehen, ohne dass der Versorgungsberechtigte durch eine Eintrittspflicht des PSVaG geschützt wäre. Ab 1.1.1999 ist deshalb eine wirtschaftliche Notlage kein zwingender Änderungsgrund mehr.[285] In derartigen Fällen besteht für den Arbeitgeber die Möglichkeit, im Rahmen eines außergerichtlichen Vergleichs unter Beteiligung des PSVaG eine Lösung herbeizuführen (§ 7 Abs. 1 S. 3 Nr. 3 BetrAVG). Der Arbeitgeber kann bei einer wirtschaftlichen Notlage aber auch nach § 18 InsO einen Insolvenzantrag wegen drohender Zahlungsunfähigkeit stellen und damit zu einem Zeitpunkt, in dem er noch handlungsfähig ist. Ggf. kann ein Insolvenzplan vereinbart werden, der das Unternehmen wieder auf eine wirtschaftlich tragfähige Basis stellt.

258 Zwingende Gründe sind anzunehmen, wenn die bestehende Versorgungsregelung zu einer **absoluten** oder auch nur **planwidrigen Überversorgung** führt. Dann liegt eine Störung der Geschäftsgrundlage vor (§ 313 BGB).[286]

259 Von einer absoluten Überversorgung spricht man, wenn die Versorgung aus der gesetzlichen Rentenversicherung und der betrieblichen Altersversorgung höher ist als das Nettoeinkommen in der Aktivitätszeit oder bei vergleichbaren Aktiven (»Nettoversorgungsgrad« über 100).

260 Unter planwidriger Überversorgung versteht man eine Situation, bei der das ursprünglich angestrebte Versorgungsziel deshalb verfehlt wird, weil sich externe Verhältnisse (Steuer- und Abgabelast der aktiven Arbeitnehmer) seit Installierung des alten Versorgungssystems wesentlich geändert haben. Dies ist z.B. bei Gesamtversorgungssystemen anzutreffen, bei denen die Höhe der betrieblichen Altersversorgung unter Berücksichtigung der Sozialversicherungsrente ermittelt wird, z.B. eine Gesamtversorgung von 70 % des letzten Bruttoeinkommens zugesagt ist.[287]

---

284 Einführungsgesetz zur Insolvenzordnung vom 5.10.1994, BGBl. I S. 2911, 2947.
285 BAG 17.6.2003, 3 AZR 396/02, EzA § 7 BetrAVG Nr. 69; s. dazu auch § 7 Rn. 18 a.
286 BAG 24.01.2006, 3 AZR 583/04.
287 BAG 23.10.1990, 3 AZR 260/89, EzA § 1 BetrAVG Ablösung Nr. 4; 9.4.1991, 3 AZR 598/89, EzA § 1 BetrAVG Nr. 5; 28.7.1998, 3 AZR 100/98, EzA § 1 BetrAVG Ablösung Nr. 18; 23.9.1997, 3 ABR 85/96, EzA § 77 BetrVG 1972

Für Eingriffe in die zweite Besitzstandsstufe sind **triftige Gründe** erforderlich. 261

Diese sind dann gegeben, wenn der Arbeitgeber eine Anpassung der laufenden Leistungen gem. § 16 Abs. 1 BetrAVG wegen einer schlechten wirtschaftlichen Lage verweigern kann.[288] Ein triftiger Grund, der einen Eingriff in die erdiente Dynamik rechtfertigen kann, liegt damit vor, wenn ein unveränderter Fortbestand des Versorgungswerks langfristig zu einer Substanzgefährdung des Versorgungsschuldners führen würde. Dies ist dann der Fall, wenn die Kosten des bisherigen Versorgungswerks nicht mehr aus den Unternehmenserträgen und etwaigen Wertzuwächsen des Unternehmensvermögens erwirtschaftet werden können, sodass eine die Entwicklung des Unternehmens beeinträchtigende Substanzaufzehrung droht.[289]

Bei steuerbefreiten Berufsverbänden in der Rechtsform eines nicht eingetragenen oder eingetragenen Vereins (z.B. Gewerkschaften und Unternehmerverbände), die nicht am Markt zu Gewinnerzielung tätig sind, gelten Besonderheiten. Hier kommt es nicht in erster Linie auf die Vermögenssituation und deren Entwicklung an, sondern auf die künftige Entwicklung des Beitragseinkommens einerseits und der Versorgungsverbindlichkeiten andererseits. 262

Dabei sind die sog. ungedeckten Verpflichtungen auch bei nicht rechtsfähigen, nicht bilanzierungspflichtigen Idealvereinen nach handelsrechtlichen Bestimmungen zu ermitteln, unabhängig davon, ob ein handels- oder steuerrechtlicher Passivierungszwang besteht. 263

Eine zutreffende Abbildung der wirtschaftlichen Lage nach bilanzrechtlichen Regeln kann einem Versorgungsschuldner auch nicht deshalb versagt werden, weil dieser hierauf in der Vergangenheit unter Außerachtlassung wirtschaftlicher Vernunft verzichtet und so die wahre Vermögenslage objektiv falsch dargestellt hat. An einer solchen Verhal- 264

Nr. 60; zur »Störung der Geschäftsgrundlage« auch BAG 11.12.2001, 3 AZR 512/00, EzA § 1 BetrAVG Ablösung Nr. 33.
288 BAG 23.4.1985, 3 AZR 156/83, EzA § 16 BetrAVG Nr. 16; 17.4.1985, 3 AZR 72/83, EzA § 1 BetrAVG Unterstützungskasse Nr. 2; 11.5.1999, 3 AZR 380/98, EzA § 1 BetrAVG Ablösung Nr. 20; BAG 11.12.2001, 3 AZR 512/00, EzA § 1 BetrAVG Ablösung Nr. 33; einschränkend: *Rößler* Der triftige Grund in der Bestandsrechtsprechung des BAG – Zur Übertragung der wirtschaftlichen Lage i.S.d. § 16 BetrAVG – Frankfurt 2005, passim.
289 So BAG 11.12.2001, 3 AZR 128/01, EzA BetrAVG § 1 Ablösung Nr. 32 und 10.9.2002, 3 AZR 635/01, EzA § 1 BetrAVG Ablösung Nr. 34, DB 2003, 1525 m. Anm. *Schumann*; BAG 13.12.2005, 3 AZR 217/05, EzA Art. 9 GG Nr. 86, RdA 2007, 182 ff. mit Anm. *Steinmeyer*.

§ 1   Zusage des Arbeitgebers auf betriebliche Altersversorgung

tensweise, die Gläubiger und Arbeitsplätze gefährdet, kann niemand von Rechts wegen festgehalten werden.[290] Kaufmännisches Fehlverhalten hindert also nicht die Eingriffsmöglichkeit seitens des Arbeitgebers.[291]

265 Dies gilt auch, wenn eine Unterstützungskassenversorgung reduziert werden soll. Bei Unterstützungskassen entstehen schon aus steuerlichen Gesichtspunkten i.d.R. Kassenvermögen, die nicht den vollen Gegenwert der Versorgungsverbindlichkeiten erreichen, sodass das hinter der Unterstützungskasse stehende Trägerunternehmen regelmäßig selbst für die Deckung eines Teils der künftigen Versorgungsverbindlichkeiten sorgen muss.[292]

266 Anhaltspunkte für das Vorliegen triftiger Gründe liegen auch in einem erheblichen Personalabbau, insbesondere bei Arbeitnehmer- oder Arbeitgeberorganisationen, die keinen Gewinn anstreben. Insoweit ist ein erheblicher Personalabbau ein starkes Indiz für wirtschaftliche Schwierigkeiten. Das Personal ist auch Substanz eines Unternehmens. Das Entsprechende gilt bei signifikanten Beitragsrückgängen und rückläufigen Mitgliederzahlen.

267 **Indizwirkung** für das Vorliegen triftiger Gründe und auch sonstiger Änderungsgründe hat eine Betriebsvereinbarung, die verdeutlicht, dass bei dem Unternehmen Änderungsgründe vorliegen.[293] Eine derartige Betriebsvereinbarung ist eine freiwillige Betriebsvereinbarung, da die Herabsetzung des Dotierungsrahmens mitbestimmungsfrei durch den Arbeitgeber bewirkt werden kann.[294] Ist eine derartige, die Änderungsgründe bestätigende Betriebsvereinbarung geschlossen worden, so ist bei der Prüfung der Klage eines betroffenen Versorgungsberechtigten nur noch eine individuelle (konkrete) Rechts- oder Billigkeitskontrolle vorzunehmen.[295]

268 Auch nichtwirtschaftliche Gründe können triftige Eingriffsgründe sein,[296] z.B. »Umverteilung« bei den Leistungsarten von Alters- auf Invaliditätsleistungen.

---

290 BAG 11.12.2001, 3 AZR 512/00, EzA § 1 BetrAVG Ablösung Nr. 33.
291 BAG 18.9.2001, 3 AZR 728/00, EzA § 1 BetrAVG Ablösung Nr. 31.
292 BAG 11.12.2001, 3 AZR 512/00, EzA BetrAVG § 1 Ablösung Nr. 33.
293 BAG 11.12.2001, 3 AZR 128/01, EzA § 1 BetrAVG Ablösung Nr. 32 und 10.9.2002, 3 AZR 635/01, EzA § 1 BetrAVG Ablösung Nr. 34, DB 2003, 1525 m. Anm. *Schumann*.
294 S. dazu Rn. 332.
295 S. dazu Rn. 236.
296 BAG 11.9.1990, 3 AZR 380/89, EzA § 1 BetrAVG Ablösung Nr. 3; 7.7.1992, 3 AZR 522/91, EzA § 1 BetrAVG Ablösung Nr. 9.

Zusage des Arbeitgebers auf betriebliche Altersversorgung §1

Auf der dritten Eingriffsstufe, bei Eingriffen in noch nicht erdiente Zuwachsraten, reichen **sachlich-proportionale Gründe**. Solche Eingriffe dürfen nicht willkürlich sein. Sie müssen nachvollziehbar erkennen lassen, welche Umstände und Erwägungen zur Änderung der Versorgungszusage Anlass gegeben haben. Das Vertrauen der Arbeitnehmer in den Fortbestand der bisherigen Regelung darf nicht über Gebühr beeinträchtigt werden.[297]

269

Sachlich-proportionale Eingriffsgründe liegen z.B. vor,

270

– wenn sich unterschiedliche Versorgungssysteme in einem Unternehmen herausgebildet haben und diese nunmehr harmonisiert werden sollen[298]; das soll auch gelten bei einer Harmonisierung, die deshalb notwendig wird, weil anlässlich eines Betriebsübergangs gem. § 613a Abs. 1 S. 3 BGB unterschiedliche Versorgungssysteme entstanden sind.[299] Das ist zumindest dann zu überdenken, wenn die Neuordnung in unmittelbarem zeitlichen Zusammenhang mit dem Betriebsübergang steht.[300]

– wenn eine wirtschaftlich ungünstige Entwicklung des Unternehmens absehbar ist, ohne dass eine wirtschaftliche Schieflage im Sinne von § 16 BetrAVG entsprechend den Verhältnissen bei triftigen Gründen vorliegen muss[301],

– wenn »Modernisierungen« der alten betrieblichen Altersversorgung wegen möglicher Verstöße gegen den Gleichbehandlungsgrundsatz oder den Gleichberechtigungsgrundsatz oder wegen veränderter Sozialversicherungsverhältnisse notwendig erscheinen[302].

Ob die Öffnung eines für den Neuzugang geschlossenen Versorgungssystems ein sachlich-proportionaler Eingriffsgrund in bestehende Versorgungsanwartschaften ist,[303] erscheint fraglich. Dann müsste logischerweise auch der Verzicht auf eine Schließung ein Eingriffsgrund sein. In derartigen Fällen dürfte es generell um eine sachlicheÄnde-

270a

---

297 BAG 11.12.2001, 3 AZR 128/01, EzA § 1 BetrAVG Ablösung Nr. 32 und 10.9.2002, 3 AZR 635/01, EzA § 1 BetrAVG Ablösung Nr. 34, DB 2003, 1525 m. Anm. *Schumann*.
298 BAG 8.12.1981, 3 ABR 53/80, EzA § 242 BGB Ruhegeld Nr. 96.
299 BAG 29.7.2003, 3 AZR 630/02, EzA § 1 BetrAVG Ablösung Nr. 42; s. dazu auch *Keper/Kisters-Kölkes* Grundzüge, Rn. 710f.
300 Dazu *Kemper* BB 1990, 785.
301 BAG 11.5.1999, 3 AZR 21/98, EzA § 1 BetrAVG Ablösung Nr. 20; 18.9.2001, 3 AZR 728/00, EzA § 1 BetrAVG Ablösung Nr. 31.
302 BAG 22.4.1986, 3 AZR 496/83, EzA § 1 BetrAVG Unterstützungskasse Nr. 3; dazu auch *Langohr-Plato* Rn. 1440ff.
303 So wohl BAG 08.12.1981, 3 ABR 53/80, EzA BGB § 242 Nr. 96 Ruhegeld.

rung aus wirtschaftlichen Gründen gehen, also um eine Verkleinerung des Dotierungsrahmens mit neuen Verteilungsgrundsätzen.

270b Das RV-Altersgrenzenanpassungsgesetz[304] strahlt auch auf die betriebliche Altersversorgung aus, wenn gleich dadurch die Gestaltungsfreiheit bei Leistungsplänen insgesamt und beim Pensionsalter im Besonderen nicht eingeschränkt wird.[305] Daraus ist aber kein sachlich-proportionaler Änderungsgrund für Leistungspläne herzuleiten, die noch die alten Regelaltersgrenzen in der gesetzlichen Rentenversicherung enthalten. Die Begründung dafür liegt darin, dass durch die Heraufsetzung der Altersgrenzen in der gesetzlichen Rentenversicherung und die Übertragung der neuen Regelaltersgrenzen auf die betriebliche Altersversorgung ein Entlastungseffekt für den Arbeitgeber eintreten kann, der naturgemäß nicht als Anlass für eine Reduzierung des Dotierungsrahmens herangezogen werden kann. Eine Ausnahme gilt natürlich, wenn in dem Leistungsplan des ursprünglichen Systems auf die jeweiligen gesetzlichen Regelaltersgrenzen als Pensionsalter in Form einer dynamischen Jeweiligkeitsklausel Bezug genommen wird.[306]

271 Kaufmännisches Fehlverhalten in der Vergangenheit schließt die Berechtigung, in Versorgungsanwartschaften einzugreifen, nicht aus.[307]

272 Die Drei-Stufen-Theorie als Maßstab für eine Rechts- oder Billigkeitskontrolle ist für Eingriffe in Versorgungsanwartschaften entwickelt worden. Bei **Beziehern von Versorgungsleistungen** (Rentnern) sind ebenfalls Eingriffe möglich, allerdings nur in Bezug auf vereinbarte Spannen- und Wertsicherungsklauseln, zumindest wenn in dem Arbeitsvertrag vereinbart wurde, dass die Betriebsvereinbarungen »in der jeweils gültigen Fassung« maßgebend sein sollen.[308] Darunter fällt z.B. die Veränderung einer volldynamischen Leistungsplan-Struktur, wenn einsichtige Gründe bestehen, zu einer Garantiedynamik in Anlehnung (nicht in Anwendung!) von § 16 Abs. 3 Nr. 1 BetrAVG in Zukunft überzugehen. Im Rentnerstadium darf es jedoch nicht zu Umstrukturierungen oder Verwirklichung von veränderten Gerechtigkeitsvorstellungen kommen.[309]

---

304 Vom 20.4.2007 BGBl. I S. 554 ff. Art. 12, 568; dazu auch § 2 Rn. 27 ff.
305 Rn. 37 b; dazu auch *Rolfs* BetrAV 2007, 599.
306 Dazu *Höfer/Witt/Kuchem* BB 2007, 1445.
307 BAG 18.9.2001, 3 AZR 728/00, EzA § 1 BetrAVG Ablösung Nr. 31.
308 BAG 25.10.1988, 3 AZR 483/86, EzA § 77 BetrVG 1972 Nr. 26; 18.4.1989, 3 AZR 688/87, EzA § 77 BetrVG 1972 Nr. 28; s. dazu auch Rn. 232 ff.
309 BAG 12.10.2004, 3 AZR 557/03, EzA § 1 BetrAVG Hinterbliebenenversorgung Nr. 11, BetrAV 2005, 297.

d) Kündigung

Eine Betriebsvereinbarung über betriebliche Altersversorgung kann von den Betriebspartnern – soweit nichts anderes vereinbart ist – mit einer Frist von drei Monaten gekündigt werden (§ 77 Abs. 5 BetrVG). Eine Nachwirkung gem. § 77 Abs. 6 BetrVG tritt nicht ein. Die Herabsetzung des Dotierungsrahmens ist mitbestimmungsfrei. Dafür ist eine Einigungsstelle nicht zuständig.[310] Offen ist, ob eine Nachwirkung angenommen werden kann, wenn der Arbeitgeber mit der Kündigung nur eine Kürzung des Dotierungsrahmens mit verändertem Leistungsplan erreichen will.[311]

273

Die Kündigung ist eine einseitig empfangsbedürftige Willenserklärung, bedarf keiner Begründung und unterliegt keiner inhaltlichen Kontrolle.[312]

274

Die Kündigung einer Betriebsvereinbarung über betriebliche Altersversorgung bewirkt zunächst die Schließung des Versorgungswerkes für künftig eintretende Mitarbeiter.[313]

275

Kündigungswirkungen treten auch für die von der gekündigten Betriebsvereinbarung begünstigten Arbeitnehmer ein. Das BAG unterscheidet zwischen der Kündbarkeit einer Betriebsvereinbarung und den Rechtsfolgen einer Kündigung. Die aufgrund der gekündigten Betriebsvereinbarung erworbenen Besitzstände der betroffenen Arbeitnehmer werden kraft Gesetzes nach den Grundsätzen der Verhältnismäßigkeit und des Vertrauensschutzes geschützt. Damit tritt faktisch eine besondere Art der »Nachwirkung« der gekündigten Betriebsvereinbarung ein.

276

Die aufgrund der gekündigten Betriebsvereinbarung erworbenen Besitzstände können in derselben Weise verändert werden, wie dies im Rahmen der Drei-Stufen-Theorie bei einer ablösenden neuen Betriebsvereinbarung der Fall ist. Durch die Kündigung kann der Arbeitgeber also nicht mehr erreichen, als der Abschluss einer ablösenden Betriebsvereinbarung bewirken könnte. Allerdings kann der Arbeitgeber bei einer Kündigung einer Betriebsvereinbarung die Änderungswirkung einseitig erreichen, ohne den Betriebsrat einzuschalten. Dabei sind natürlich die erzwingbaren Mitbestimmungsrechte des Betriebsrates bei

277

---

310 I.E. Rn. 316 ff.
311 Dazu BAG 18.9.2001, 3 AZR 728/00, NZA 2002, 1164 und *Blomeyer/Rolfs/Otto* Rn. 594 zu Anh. § 1.
312 BAG 17.8.2004, 3 AZR 189/03, EzA § 1 BetrAVG Betriebsvereinbarung Nr. 5.
313 S. dazu unter Rn. 222 ff.

§ 1 Zusage des Arbeitgebers auf betriebliche Altersversorgung

den Verteilungsgrundsätzen auf dem abgesenkten Dotierungsniveau zu beachten.[314]

278 Soweit hiernach die Wirkungen der Kündigung einer Betriebsvereinbarung über betriebliche Altersversorgung beschränkt sind, bleibt die Betriebsvereinbarung als Rechtsgrundlage erhalten. Die nach der Kündigung der Betriebsvereinbarung verbleibenden Rechtspositionen genießen unverändert den Schutz des § 77 BetrVG. Für die Teile der Versorgungsbesitzstände, die unangetastet bleiben, ist weiterhin die gekündigte Betriebsvereinbarung maßgebend und Rechtsbegründungsakt.[315]

279 Der Betriebsrat hat das Recht, in einem arbeitsgerichtlichen Beschlussverfahren klären zu lassen, welche Wirkungen mit der Kündigung der Betriebsvereinbarung eingetreten sind. Wurden mit der Kündigung Eingriffe in Besitzstände vorgenommen, wird in diesem Verfahren für alle betroffenen Arbeitnehmer geklärt, ob Gründe vorlagen, wie gewichtig diese Gründe waren und welche Besitzstandstufe von der Kündigung betroffen ist. Der Arbeitgeber hat die Darlegungs- und Beweislast.[316] Unabhängig davon verbleibt dem einzelnen betroffenen Arbeitnehmer die Klagemöglichkeit im Urteilsverfahren.[317]

2. Tarifvertrag

280 Tarifverträge können grundsätzlich gekündigt werden, unabhängig von der Nachwirkung gem. § 4 Abs. 5 TVG, oder durch einen neuen Tarifvertrag abgeändert werden. Für das Verhältnis des späteren zum früheren Tarifvertrag gilt das Ablösungsprinzip. Versorgungstarifverträge können auch zum Nachteil der Versorgungsberechtigten geändert werden.[318]

---

314 S. dazu Rn. 333.
315 BAG 11.5.1999, 3 AZR 21/98, EzA § 1 BetrAVG Betriebsvereinbarung Nr. 1; 17.8.1999, 3 ABR 55/98, EzA § 1 BetrAVG Betriebsvereinbarung Nr. 2 und 21.8.2002, 3 ABR 44/00, EzA § 1 BetrAVG Betriebsvereinbarung Nr. 4; 17.8.2004, 3 AZR 189/03, EzA § 1 BetrAVG Betriebsvereinbarung Nr. 5; 25.05.2004, 3 AZR 145/03, EzA § 2 BetrAVG Nr. 21; zu den Kündigungswirkungen einer Betriebsvereinbarung über betriebliche Altersversorgung auch BAG 19.9.2006 – 1 ABR 58/05 – NZA 2007, 1128.
316 BAG 17.8.1999, 3 AZR 55/98, EzA § 1 BetrAVG Betriebsvereinbarung Nr. 2, DB 2000, 774.
317 S. dazu Rn. 236.
318 BAG 24.8.1993, 3 AZR 313/93, EzA § 1 BetrAVG Ablösung Nr. 10; 27.2.2007, 3 AZR 734/05, DB 2007, 1763.

Zusage des Arbeitgebers auf betriebliche Altersversorgung § 1

Im Gegensatz zu den Verhältnissen bei ablösenden Betriebsvereinbarungen[319] findet eine arbeitsgerichtliche Rechts- oder Billigkeitskontrolle nicht statt. Bei Änderung eines Versorgungstarifvertrages bezieht sich die gerichtliche Überprüfung nur auf Verstöße gegen das Grundgesetz, gegen zwingendes Gesetzesrecht, gegen die guten Sitten und gegen tragende Grundsätze des Arbeitsrechts.[320]

281

Offen ist, in welchem Umfang ein Besitzstandsschutz von Versorgungsanwartschaften und Versorgungsansprüchen zu den tragenden Grundsätzen des Arbeitsrechts gehört.

282

Ein neuer Versorgungstarifvertrag verstößt zumindest dann nicht gegen tragende Grundsätze des Arbeitsrechts, wenn die »Drei-Stufen-Theorie«, die das BAG für ablösende Betriebsvereinbarungen entwickelt hat, beachtet wird.[321] Andererseits darf die »Drei-Stufen-Theorie« nicht »unbesehen« bei Tarifverträgen angewandt werden.[322]

283

Das BAG hat den Abbau einer Überversorgung durch Tarifvertrag für zulässig gehalten, und zwar derart, dass Lohnerhöhungen der aktiven Arbeitnehmer solange nicht zur Anpassung einer dynamischen Rente führen, bis der Betrag der nettolohnbezogenen Obergrenze erreicht ist.[323] Nicht beanstandet wurde auch eine Regelung über das Abschmelzen der Versorgungsleistungen im öffentlichen Dienst durch Einführung einer nettolohnbezogenen Versorgungsobergrenze.[324] Das Entsprechende dürfte für die Neuregelung bei der Zusatzversorgung im öffentlichen Dienst gelten.[325]

284

Es gibt keinen Eigentumsschutz gem. Art. 14 GG für tarifvertraglich erworbene Versorgungsanwartschaften und Versorgungsansprüche.[326]

285

---

319 S. dazu vorstehend Rn. 227–279.
320 BAG 14.12.1982, 3 AZR 251/80, EzA § 242 BGB Ruhegeld Nr. 100 und 24.8.1993, 3 AZR 313/93, EzA § 1 BetrAVG Ablösung Nr. 10; zur Grundrechtsbindung eines Tarifvertrages BAG 12.10.2004, 3 AZR 571/03, EzA Art. 3 GG Nr. 102.
321 So *Kemper/Kisters-Kölkes* Grundzüge, Rn. 572.
322 BAG 28.07.2005, 3 AZR 14/05, EzA § 1 BetrAVG Ablösung Nr. 44; 27.02.2007, 3 AZR 734/05, DB 2007, 1763; a.A. *Blomeyer/Rolfs/Otto* Rn. 610 zu Anh. § 1.
323 BAG 24.8.1993, 3 AZR 313/93, DB 1994, 891; auch die Reduzierung einer tariflich vereinbarten Rente im öffentlichen Dienst ist bei planmäßiger Überversorgung zulässig BAG 25.5.2004, 3 AZR 23/03, DB 2005, 1801.
324 BAG 24.4.1990, 3 AZR 259/88, DB 1990, 2171.
325 OLG Karlsruhe 22.09.2005, 12 U 99/04, ZTR 2005, 586 und 07.12.2006, 12 U 91/05, ZTR 2007, 317.
326 So *Blomeyer/Rolfs/Otto* Rn. 609 zu Anh. § 1.

286 Die »erdiente Anwartschaftsdynamik« und die künftigen Zuwachsraten stehen unter dem Vorbehalt der Änderung des Tarifvertrages. Dies gilt im Zweifel auch, wenn der Versorgungsfall bereits eingetreten ist. Ein Tarifvertrag über eine betriebliche Altersversorgung kann also durch einen neuen Tarifvertrag zu Änderungen bei den Versorgungsempfängern führen.[327]

3. Individualrechtliche Rechtsbegründungsakte

287 Bei den individualrechtlichen Rechtsbegründungsakten gilt im Grundsatz auch das Ablösungsprinzip. Die Versorgungszusagen sind Bestandteil der einzelnen Arbeitsverträge geworden und teilen deren rechtliches Schicksal.

a) Einzelzusage

288 Eine Einzelzusage kann geändert werden durch Abänderungsvertrag oder Änderungskündigung.[328]

289 Ein Abänderungsvertrag während eines bestehenden Arbeitsverhältnisses ist nur wirksam, wenn der Begünstigte ausdrücklich zugestimmt hat. Das Schweigen auf einen entsprechenden Antrag des Arbeitgebers gilt als Ablehnung.[329]

290 Eine Änderungskündigung unterliegt den Kündigungsschutzvorschriften gem. §§ 1 und 2 KSchG. Dies führt dazu, dass i.d.R. eine sozial gerechtfertigte Kündigung nicht vorliegt. Personen- und verhaltensbedingte Gründe entfallen.[330] Denkbar sind möglicherweise betriebsbedingte Gründe.

b) Gesamtzusage/vertragliche Einheitsregelung

291 Bei Gesamtzusagen und vertraglichen Einheitsregelungen werden die Versorgungszusagen wie bei einer Einzelzusage Bestandteil der Einzelarbeitsverträge und können im Prinzip durch Änderungsvertrag und

---

327 BAG 24.8.1993, 3 AZR 313/93, EzA § 1 BetrAVG Ablösung Nr. 10; 27.02.2007, 3 AZR 734/05, DB 2007, 1763; das gilt auch für mit unverfallbarer Anwartschaft ausgeschiedene ehemalige Arbeitnehmer: BAG 13.12.2005, 3 AZR 478/04.
328 BAG 14.8.1990, 3 AZR 301/89, EzA § 17 BetrAVG Nr. 5, DB 1991, 501; 3.7.1990, 3 AZR 382/88, EzA § 611 BGB Aufhebungsvertrag Nr. 7.
329 *Höfer* BetrAVG, Rn. 318 ff. zu ART m.w.N.
330 *Höfer* BetrAVG, Rn. 362 ff. zu ART m.w.N.

Änderungskündigung modifiziert werden. Es liegt auf der Hand, dass bei einer Vielzahl gleichstrukturierter Versorgungszusagen diese Änderungsmodalitäten kaum zu einem einheitlichen neuen Regelwerk führen.[331]

In Ausnahmefällen ist es möglich, trotz des Ablösungsprinzips, das sich immer auf identische arbeitsrechtliche Rechtsquellen bezieht, und ohne Verstoß gegen das Günstigkeitsprinzip Gesamtzusagen und vertragliche Einheitsregelungen durch eine ablösende Betriebsvereinbarung zu verändern.[332] 292

Das gilt zum einen für eine **Umstrukturierung** des Versorgungssystems unter Wahrung des ursprünglichen Dotierungsrahmens. Kollektiv gesehen wird also das Günstigkeitsprinzip eingehalten. Auch bei einer derartigen Umstrukturierung einer Gesamtzusage/vertraglichen Einheitsregelung unterliegt die ablösende Betriebsvereinbarung einer Rechts- oder Billigkeitskontrolle entsprechend der »Drei-Stufen-Theorie«.[333] 293

Ist in der Gesamtzusage oder vertraglichen Einheitsregelung ein **Vorbehalt der Betriebsvereinbarungsoffenheit**[334] **enthalten**, kann ebenfalls eine Ablösung durch eine Betriebsvereinbarung erfolgen, auch wenn es sich um nachteilige Regelungen für alle Versorgungsberechtigten handelt. Auch eine derartige Betriebsvereinbarung unterliegt der Rechts- oder Billigkeitskontrolle entsprechend der »Drei-Stufen-Theorie«.[335] 294

Der Vorbehalt der Betriebsvereinbarungsoffenheit braucht nicht schriftlich oder ausdrücklich in den Gesamtzusagen und vertraglichen Einheitsregelungen fixiert zu sein, es genügt, wenn sich Anhaltspunkte hierfür aus dem Regelwerk oder sonstigen Umständen ergeben.[336] 295

So hat das BAG bei Gewährung von Jubiläumsleistungen durch Gesamtzusagen den Vorbehalt der Betriebsvereinbarungsoffenheit anerkannt, wenn der Begünstigte aus den Umständen erkennen konnte, dass diese Sozialleistung nur unter dem Vorbehalt der Ausübung des Mitbestimmungsrechts des Betriebsrates gewährt werden sollte.[337] Wei- 296

---

331 BAG 16.9.1986, GS 1/82, EzA § 77 BetrVG 1972 Nr. 17.
332 Dazu BAG 17.6.2003, 3 ABR 43/02, BetrAV 2004, 794, RdA 2004, 305 m. Anm. *Däubler*.
333 S. dazu Rn. 235–272; BAG 24.01.2006, 3 AZR 483/04, EzA § 1 BetrAVG Ablösung Nr. 46; dazu m.w.N. *Blomeyer/Rolfs/Otto* Rn. 566 zu Anh. § 1.
334 Muster dazu bei *Kemper/Kisters-Kölkes* Mustervertäge, S. 13 f. und 34 ff.
335 BAG 24.01.2006, 3 AZR 483/04, EzA § 1 BetrAVG Ablösung Nr. 46.
336 BAG 16.9.1986, GS 1/82, EzA § 77 BetrVG 1972 Nr. 17.
337 BAG 3.11.1987, 8 AZR 316/81, EzA § 77 BetrVG 1972 Nr. 20.

teres Indiz für eine stillschweigende Betriebsvereinbarungsoffenheit ist, wenn Nachträge zu Gesamtzusagen durch Betriebsvereinbarungen erfolgt sind.[338] Eine Gesamtzusage, die anlässlich eines Betriebsübergangs gem. § 613a Abs. 1 S. 2 BGB aus einer Betriebsvereinbarung beim Veräußerer entstanden ist, ist beim Erwerber betriebsvereinbarungsoffen.[339]

297 Unabhängig davon ist es möglich, Gesamtzusagen und vertragliche Einheitsregelungen überzuleiten in Betriebsvereinbarungen, wenn z.b. redaktionelle Überarbeitungen des Leistungsplanes vorgenommen werden und das Ergebnis eine Betriebsvereinbarung ist. Insoweit handelt es sich um eine Umstrukturierung, die nach dem kollektiven Günstigkeitsprinzip durch eine ablösende Betriebsvereinbarung zulässig ist. Für diese neue umstrukturierende Betriebsvereinbarung gilt dann wieder das Ablösungsprinzip wie bei »normalen« Betriebsvereinbarungen, durch die betriebliche Altersversorgung begründet worden ist.

298 Eine Gesamtzusage/vertragliche Einheitsregelung kann auch dann durch eine Betriebsvereinbarung verändert werden, wenn die Geschäftsgrundlage der bisherigen betrieblichen Altersversorgung entfallen oder erschüttert ist, nach dem Wortlaut des § 313 BGB also eine **»Störung der Geschäftsgrundlage«** vorliegt. In diesem Fall hat der Arbeitgeber ein einseitiges Widerrufsrecht, das zu einer Anpassung des Leistungsplanes führen kann. Da bei diesem Anpassungsrecht Mitbestimmungsrechte des Betriebsrats gewahrt werden müssen, sieht der Große Senat des BAG auch eine Betriebsvereinbarung als geeignetes Ablösungsinstrument.[340]

299 Unabhängig von den vorstehend geschilderten Einschränkungen sind Ablösungen von Gesamtzusagen und vertraglichen Einheitsregelungen durch Betriebsvereinbarungen rechtlich zulässig gewesen, soweit sie vor dem 31.12.1982 vorgenommen worden sind.[341] Auch derartige Betriebsvereinbarungen unterliegen der Rechts- oder Billigkeitskontrolle nach der »Drei-Stufen-Theorie«.[342]

---

338 *Höfer* BetrAVG, Rn. 353 zu ART m.w.N.
339 BAG 14.8.2001, 1 AZR 619/00, EzA § 87 BetrVG 1972 Betriebliche Lohngestaltung Nr. 73; 29.7.2003, 3AZR 630/02, EzA § 1 BetrAVG Ablösung Nr. 42; 28.6.2005, 1 AZR 213/04, EzA § 77 BetrVG 2001 Nr. 12, NZA 2005, 1431; dazu auch *Kemper/Kisters-Kölkes* Grundzüge, Rn. 690.
340 BAG 16.9.1986, GS 1/82, EzA § 77 BetrVG 1972 Nr. 17; 10.12.2002, 3 AZR 92/02, EzA § 1 BetrAVG Ablösung Nr. 37.
341 So BAG 20.11.1990, 3 AZR 573/89, EzA § 77 BetrVG 1972 Nr. 38 und LAG Hamm 17.12.2002, 6 Sa 727/01, n.v.
342 BAG 17.11.1992, 3 AZR 76/92, EzA § 1 BetrAVG Unterstützungskasse Nr. 10;

c) Betriebliche Übung/Gleichbehandlung

Bei betrieblicher Altersversorgung, die auf einer betrieblichen Übung oder dem Verstoß gegen den Gleichbehandlungsgrundsatz beruht, gelten im Grundsatz dieselben Änderungsmöglichkeiten wie bei den Rechtsbegründungsakten Gesamtzusage und vertragliche Einheitsregelung, also Abänderungsvertrag oder Änderungskündigung.[343]   300

Eine betriebliche Übung kann zudem dadurch geändert werden, indem der Arbeitgeber über einen längeren Zeitraum zu erkennen gibt, dass er die bisherige betriebliche Übung anders zu handhaben gedenkt als bisher, er z.b. ein Rentnerweihnachtsgeld nur noch freiwillig zahlen will. Darin sieht das BAG eine einvernehmliche Änderung der ursprünglichen betrieblichen Übung, wenn der Arbeitgeber klar und unmissverständlich zum Ausdruck bringt, die bisherige Übung einer vorbehaltlosen Zahlung solle beendet und durch eine Leistung ersetzt werden, auf die in Zukunft kein Rechtsanspruch mehr bestehe.[344]   301

d) Sprecherausschussgesetz

Für die Änderung von betrieblicher Altersversorgung, die auf dem Sprecherausschussgesetz beruht, gelten die gleichen Voraussetzungen wie für eine Betriebsvereinbarung, wenn es sich um eine Vereinbarung gem. § 28 Abs. 2 S. 1 SprAuG handelt.[345]   302

4. Widerrufsmöglichkeiten

Unter bestimmten Voraussetzungen kann ein Leistungsplan durch einen einseitigen Akt des Arbeitgebers, einen sog. Widerruf, zum Nachteil der Versorgungsberechtigten verändert werden. Man unterscheidet   303

– die steuerunschädlichen Widerrufsvorbehalte mit Einschluss des Treupflichtvorbehaltes und

– den besonderen Freiwilligkeitsvorbehalt beim Durchführungsweg Unterstützungskasse.

10.9.2002, 3 AZR 635/01, EzA § 1 BetrAVG Ablösung Nr. 34, 14.6.2005, 3 AZR 185/04, EzA § 3 BetrAVG Nr. 10.
343 BAG 18.3.2003, 3 AZR 101/02, EzA § 1 BetrAVG Ablösung Nr. 39.
344 Dazu für Weihnachtsgratifikationen aufgrund betrieblicher Übung BAG 26.3.1997, 10 AZR 612/96, EzA § 242 BGB Betriebliche Übung Nr. 43; 4.5.1999, 10 AZR 290/98, EzA § 611 BGB Gratifikation, Prämie Nr. 150.
345 So *Höfer* BetrAVG, Rn. 2358 zu ART; zweifelnd *Blomeyer/Rolfs/Otto* Rn. 574 zu Anh. § 1.

§ 1 Zusage des Arbeitgebers auf betriebliche Altersversorgung

a) Steuerunschädliche Widerrufsvorbehalte

304 In R6 der Einkommensteuer-Richtlinien sind Widerrufsvorbehalte formuliert. Sie werden als steuerunschädlich bezeichnet, weil sie der Bildung von Pensionsrückstellungen gem. § 6a EStG für entsprechend formulierte Leistungspläne bei unmittelbaren Versorgungszusagen nicht entgegenstehen. Nach ihrem Wortlaut lassen diese steuerunschädlichen Widerrufsvorbehalte die Kürzung und Einstellung von zugesagten Versorgungsleistungen zu, wenn sich nachhaltige Veränderungen der wirtschaftlichen, sozialversicherungs- und rechtlichen Verhältnisse, insbesondere der steuerrechtlichen Verhältnisse, beim Arbeitgeber seit Erteilung der Versorgungszusage ergeben haben.

305 Die von der Finanzverwaltung vorgegebenen Formulierungen haben arbeitsrechtlich keine konstitutive Wirkung, sondern lediglich deklaratorische Bedeutung. Sie sollen nur die Rechtsgrundsätze der Störung der Geschäftsgrundlage (§ 313 BGB) umschreiben und gelten also materiell auch dann, wenn sie im Leistungsplan nicht ausdrücklich enthalten sind.[346] An die geänderten zivilrechtlichen Rahmenbedingungen sind sie bis heute nicht angepasst worden.

b) Treupflichtvorbehalt

306 Nach seinem Wortlaut lässt der Treupflichtvorbehalt Widerrufsmöglichkeiten des Arbeitgebers zu, wenn der Versorgungsberechtigte in grober Weise gegen Treu und Glauben verstoßen hat oder Handlungen begeht, die zu einer fristlosen Entlassung berechtigen würden.

307 Diese Formulierung ist ebenfalls nicht konstitutiv, sondern deklaratorisch. Auch wenn dieser Treupflichtvorbehalt in Leistungsplänen nicht ausdrücklich aufgenommen worden ist, können Treupflichtverletzungen zu einem Widerruf führen.

308 Es ist jedoch zu beachten, dass nicht jeder Grund für eine fristlose Entlassung den Widerruf einer Versorgungsanwartschaft oder eines Versorgungsanspruchs rechtfertigt. Es muss sich immer um eine besonders verwerfliche schwerwiegende Treupflichtverletzung handeln.[347]

309 Der Arbeitnehmer darf die Unverfallbarkeit durch seine Treupflichtverletzungen nicht erschlichen haben.[348] Dabei reicht jede Treupflichtver-

---
346 BAG 17.6.2003, 3 AZR 396/02, EzA § 7 BetrAVG Nr. 69.
347 BAG 8.2.1983, 3 AZR 463/80, EzA § 1 BetrAVG Rechtsmissbrauch Nr. 1; i.E. *Blomeyer/Rolfs/Otto* Rn. 527 ff. zu Anh. § 1.
348 BAG 11.5.1982, 3 AZR 1239/79, EzA § 1 BetrAVG Nr. 23.

letzung aus, die eine fristlose Entlassung rechtfertigen kann. Insoweit braucht es sich nicht um eine »besonders verwerfliche schwerwiegende« Treupflichtverletzung zu handeln. Es geht ja nur darum, ob die Unverfallbarkeitsmodalitäten bei der fiktiven Beendigung des Arbeitsverhältnisses erfüllt gewesen wären.

▶ **Beispiel:** 310

> Der Arbeitnehmer beginnt im 8. Dienstjahr (bei Erteilung der Versorgungszusage zu Beginn des Arbeitsverhältnisses im Jahre 1990) mit Unterschlagungen. Diese werden erst im 12. Dienstjahr entdeckt.
>
> Die Anwartschaft kann widerrufen werden und entfällt. Hätte nämlich der Arbeitgeber im 8. Dienstjahr die Unterschlagungen schon entdeckt, hätte er das Arbeitsverhältnis fristlos im Jahre 1998 kündigen können. Dann wäre die Anwartschaft verfallen (§ 30 f. BetrAVG i.V.m. § 1 BetrAVG a.F.).

Zeitanteilig kann die Anwartschaft erhalten bleiben, wenn ohne Pflicht- 311
verletzung die Unverfallbarkeit erreicht ist.[349]

▶ **Beispiel:** 312

> Wie vorstehendes Beispiel. Der Arbeitnehmer beginnt im 12. Dienstjahr mit den Unterschlagungen, die erst im 16. Dienstjahr entdeckt werden. Die für 12 Dienstjahre ermittelte unverfallbare Anwartschaft bleibt trotz Widerrufs erhalten, wenn es sich nicht um eine besonders gravierende Treupflichtverletzung bei den Unterschlagungen gehandelt hat.

c) Freiwilligkeitsvorbehalt bei Unterstützungskassen

Gemäß § 1 b Abs. 4 BetrAVG gewähren Unterstützungskassen auf ihre 313
Leistungen keinen Rechtsanspruch. Aus diesem Grunde enthalten die Leistungspläne und Satzungen/Gesellschaftsverträge dieses Durchführungsweges den Vorbehalt der Freiwilligkeit der Leistungen und des Ausschlusses des Rechtsanspruches. Diese Klauseln hat das BAG umgedeutet in ein an ausreichende sachliche Gründe gebundenes Widerrufsrecht und im Ergebnis die Leistungen und Leistungserwartungen bei Unterstützungskassen in Richtung eines »Quasi-Rechtsanspruchs« arbeitsrechtlich verfestigt.[350]

---

349 BAG 8.5.1990, 3 AZR 152/88, EzA § 1 BetrAVG Rechtsmissbrauch Nr. 3.
350 BAG 17.11.1992, 3 AZR 76/92, EzA § 1 BetrAVG Unterstützungskasse Nr. 10; 26.8.1997, 3 AZR 235/96, EzA § 1 BetrAVG Ablösung Nr. 17.

§ 1   Zusage des Arbeitgebers auf betriebliche Altersversorgung

314 Unabhängig davon besteht aufgrund dieses Freiwilligkeitsvorbehaltes in Satzungen oder Leistungsrichtlinien von Unterstützungskassen im Verhältnis zu rechtsverbindlichen Versorgungszusagen in den Durchführungswegen unmittelbare Versorgungszusage, Direktversicherung, Pensionskasse und Pensionsfonds ein wesentlicher Unterschied. Der Freiwilligkeitsvorbehalt gibt bei Unterstützungskassen dem Arbeitgeber unter bestimmten Voraussetzungen[351] ein einseitiges Widerrufsrecht für den Leistungsplan entsprechend den Grundsätzen der »Drei-Stufen-Theorie«[352], während der Arbeitgeber bei mit Rechtsanspruch versehenen Versorgungszusagen darauf angewiesen ist, dass Änderungsinstrumentarium einverständlich mit dem Partner des Versorgungsvertrages, dem Tarifpartner oder dem Betriebspartner, zu nutzen, wenn man einmal von dem einseitigen Kündigungsrecht bei Betriebsvereinbarung und Tarifvertrag absieht.

315 Wird z.B. bei dem Durchführungsweg unmittelbare Versorgungszusage eine rechtsverbindliche Gesamtzusage als Rechtsbegründungsakt gewählt, so kommen als Änderungsmöglichkeiten nur infrage ein Abänderungsvertrag, eine Änderungskündigung und in Ausnahmefällen eine ablösende Betriebsvereinbarung.[353] Wird dagegen bei einer Gesamtzusage als Durchführungsweg eine Unterstützungskasse gewählt, so bewirken der Freiwilligkeitsvorbehalt und der Ausschluss des Rechtsanspruches, dass der Arbeitgeber einseitig sein Widerrufsrecht im Rahmen der Drei-Stufen-Theorie ausüben kann, ohne eine Einigung mit den Versorgungsberechtigten oder dem Betriebsrat über die Absenkung des Versorgungsniveaus herbeiführen zu müssen. Diese einseitigen Handlungsmöglichkeiten gibt es sonst nur bei den Rechtsbegründungsakten Betriebvereinbarung und Tarifvertrag wegen des arbeitgeberseitigen Kündigungsrechts. Unabhängig davon sind natürlich auch bei einem Widerruf von Unterstützungskassenzusagen die entsprechenden Mitbestimmungsrechte des Betriebsrates in Bezug auf die neuen Verteilungsgrundsätze auf dem abgesenkten Versorgungsniveau zu beachten.[354]

---

351 Dazu BAG 11.12.2001, 3 AZR 512/00, EzA § 1 BetrAVG Ablösung Nr. 33; 11.12.2001, 3 AZR 128/01, EzA § 1 BetrAVG Ablösung Nr. 32.
352 BAG 11.12.2001, 3 AZR 512/00, EzA § 1 BetrAVG Ablösung Nr. 33; s. dazu auch Rn. 235 ff.
353 S. dazu Rn. 291 ff.
354 BAG 11.12.2001, 3 AZR 512/00, EzA § 1 BetrAVG Ablösung Nr. 33; auch schon BAG 17.4.1985, 3 AZR 72/83, EzA § 1 BetrAVG Unterstützungskasse Nr. 2; s. dazu auch Rn. 316–376.

E. Erzwingbare Mitbestimmung des Betriebsrats bei der betrieblichen Altersversorgung

Betriebliche Altersversorgung ist die bedeutendste und »teuerste« betriebliche Sozialleistung und sollte deshalb gemeinsam von den Betriebspartnern (Betriebsrat, Arbeitgeber) und den Sozialpartnern (Gewerkschaften, Arbeitgeberverbände) getragen werden. Andererseits ist betriebliche Altersversorgung eine freiwillige Leistung, soweit sie arbeitgeberfinanziert ist. Deshalb können alle Aspekte der betrieblichen Altersversorgung zwischen Betriebsrat und Arbeitgeber nur auf freiwilliger Basis geregelt werden. Nur in begrenztem Umfang bestehen erzwingbare Mitbestimmungsrechte des Betriebsrats. 316

Gesetzliche Grundlage für die erzwingbare Mitbestimmung des Betriebsrats bei der betrieblichen Altersversorgung sind die Nrn. 8 und 10 von § 87 BetrVG einschließlich des Einleitungssatzes.

Der Betriebsrat hat, soweit eine gesetzliche oder tarifliche Regelung nicht besteht, mitzubestimmen bei Form, Ausgestaltung und Verwaltung von Sozialeinrichtungen, deren Wirkungsbereich auf den Betrieb, das Unternehmen oder den Konzern beschränkt ist (§ 87 Abs. 1 Nr. 8 BetrVG) und bei Fragen der betrieblichen Lohngestaltung, insbesondere bei der Aufstellung von Entlohnungsgrundsätzen und der Einführung und Anwendung von neuen Entlohnungsmethoden sowie deren Änderung (§ 87 Abs. 1 Nr. 10 BetrVG). Nr. 10 des § 87 Abs. 1 BetrVG ist bei den Sozialeinrichtungen Pensionskasse, Pensionsfonds und Unterstützungskasse Auffangtatbestand zu Nr. 8.[355] 317

Betriebliche Altersversorgung ist Sozialloh und unterfällt deshalb § 87 Abs. 1 Nr. 10 BetrVG. Insoweit geht es um erzwingbare Mitbestimmungsrechte des Betriebsrats. 318

Freiwillige Betriebsvereinbarungen über betriebliche Altersversorgung sind immer möglich (§ 88 BetrVG, insbesondere Nr. 2).[356] 319

Wird als Rechtsbegründungsakt für eine betriebliche Altersversorgung eine Betriebsvereinbarung gewählt, so handelt es sich um eine teilmitbestimmte Betriebsvereinbarung.[357] Die erzwingbaren Mitbestimmungsrechte des Betriebsrates sind also bei diesem Rechtsbegrün- 320

---

355 *Blomeyer/Rolfs/Otto* Rn. 854 zu Anh. § 1 z.B. für die Pensionskasse.
356 *Blomeyer/Rolfs/Otto* Rn. 404 zu Anh. § 1.
357 BAG 11.5.1999, 3 AZR 21/98, EzA § 1 BetrAVG Betriebsvereinbarung Nr. 1 und 17.8.1999, 3 AZR 55/98, EzA § 1 BetrAVG Betriebsvereinbarung Nr. 2.

dungsakt bei der Leistungsplangestaltung immer gewahrt. Hinzu kommt die freiwillige Festlegung des Dotierungsrahmens.

321 Die erzwingbaren Mitbestimmungsrechte des Betriebsrats bei der betrieblichen Altersversorgung sind unterschiedlich bei einer arbeitgeber- und arbeitnehmerfinanzierten betrieblichen Altersversorgung. Dies gilt nicht, wenn freiwillige Betriebsvereinbarungen geschlossen werden, was sowohl bei der arbeitgeberfinanzierten als auch bei der arbeitnehmerfinanzierten betrieblichen Altersversorgung möglich und empfehlenswert ist.[358]

I. Arbeitgeberfinanzierte betriebliche Altersversorgung

1. Sperrwirkung des Einleitungssatzes von § 87 Abs. 1 BetrVG

322 Mitbestimmungsrechte des Betriebsrats entfallen, soweit eine gesetzliche oder tarifliche Regelung besteht (Einleitungssatz von § 87 Abs. 1 BetrVG).

323 Die Sperrwirkung in Bezug auf eine vorrangige gesetzliche oder tarifvertragliche Regelung setzt verbindliche Regelungen voraus. Bei Vorliegen einer gesetzlichen oder tariflichen Regelung wird unterstellt, dass damit dem Schutzbedürfnis der Arbeitnehmer, das die Grundlage der Mitbestimmung darstellt, bereits ausreichend Rechnung getragen ist.

324 Entscheidend ist, ob die gesetzliche bzw. tarifliche Bestimmung einen zwingenden Mindestschutz gewährt und sie auch inhaltlich eine ausreichende Regelung enthält. Für das Mitbestimmungsrecht ist unbeachtlich, ob das Gesetz eine günstigere Regelung durch die Betriebspartner zulässt.[359]

325 Die Sperrwirkung bezieht sich auf sämtliche einseitig zwingende Schutzbestimmungen für die Arbeitnehmer im BetrAVG, z.B. die Unverfallbarkeitsmodalitäten dem Grunde und der Höhe nach, die Insolvenzsicherung, nicht jedoch auf die Anpassungsvorschrift des § 16 BetrAVG, da Versorgungsempfänger nach der herrschenden Auffassung nicht vom Betriebsrat vertreten werden können.[360]

326 Keine Mitbestimmungssperre tritt ein, wenn das BetrAVG Regelungslücken enthält, z.B. in Bezug auf die Ermittlung der Höhe vorzeitiger Altersleistungen gem. § 6 BetrAVG.[361]

---

[358] So auch *Perreng* FS Kemper, S. 347 ff.
[359] *Blomeyer/Rolfs/Otto* Rn. 398 ff. zu Anh. § 1, wie das z.B. nach § 17 Abs. 3 S. 3 BetrAVG der Fall ist.
[360] *Blomeyer/Rolfs/Otto* Rn. 399 zu Anh. § 1; *Höfer* BetrAVG, Rn. 1018 ff. zu ART.
[361] I.E. § 6 Rn. 43 ff.

Im Übrigen ist immer da Raum für erzwingbare Mitbestimmungsrechte des Betriebsrats, wenn für Arbeitnehmer günstigere Regelungen als im BetrAVG enthalten geschaffen werden, z.B. bei einer vertraglichen Unverfallbarkeit, die günstigere Modalitäten aufweist als die gesetzliche. 327

Bei einem Tarifvertrag geht die Sperrwirkung nur so weit die tarifliche Regelung reicht. Günstigere Regelungen als im Tarifvertrag können ebenfalls Mitbestimmungsrechte des Betriebsrats begründen.[362] Die Sperrwirkung eines Tarifvertrags besteht nicht, wenn eine Tariföffnungsklausel eine betriebliche Regelung ausdrücklich erlaubt.[363] 328

Wenn Öffnungsklauseln für Betriebsvereinbarungen gem. § 77 Abs. 3 BetrVG in Tarifverträgen enthalten sind, geht es um die Ausfüllung der Tarifverträge, nicht um erzwingbare Mitbestimmungsrechte des Betriebsrats. 329

2. Mitbestimmung bei unmittelbaren Versorgungszusagen und Direktversicherungen

Unmittelbare Versorgungszusagen und Direktversicherungen sind keine Sozialeinrichtungen gem. § 87 Abs. 1 Nr. 8 BetrVG. Sie sind nur im Rahmen der Nr. 10 dieser Vorschrift mitbestimmungspflichtig, weil es bei der betrieblichen Altersversorgung um Fragen der betrieblichen Lohngestaltung geht. 330

Betriebliche Altersversorgung ist, wenn sie arbeitgeberfinanziert ist, in vollem Umfang eine freiwillige betriebliche Sozialleistung. Deshalb unterscheidet die Rechtsprechung bei der arbeitgeberfinanzierten betrieblichen Altersversorgung mitbestimmungsfreie und mitbestimmungspflichtige Räume. Nur Teilbereiche der betrieblichen Altersversorgung unterliegen der erzwingbaren Mitbestimmung. Dies gilt für alle Durchführungswege gleichermaßen.[364] 331

---

[362] *Blomeyer/Rolfs/Otto* Rn. 401 f. zu Anh. § 1; zu Auskunftsrechten des Betriebsrats in derartigen Fällen BAG 19.3.1981, 3 ABR 38/80, AP Nr. 14 zu § 80 BetrVG 1972 m. Anm. *Kemper/Küpper* EzA § 80 BetrVG 1972 Nr. 18.

[363] *Blomeyer/Rolfs/Otto* Rn. 401 zu Anh. § 1

[364] Zu den Einzelheiten für die Durchführungswege Pensionskasse, Pensionsfonds und Unterstützungskasse s. Rn. 334–354.

§ 1 Zusage des Arbeitgebers auf betriebliche Altersversorgung

a) Mitbestimmungsfreie Räume

332 Bei der arbeitgeberfinanzierten betrieblichen Altersversorgung gibt es nach der gefestigten Rechtsprechung des BAG[365] folgende mitbestimmungsfreie Räume:

- Mitbestimmungsfrei ist die **Einführung** oder **Abschaffung** einer betrieblichen Altersversorgung. Dabei müssen natürlich die individualrechtlichen Besitzstände gewahrt werden. Gibt es keine individualrechtlichen Besitzstände, z.B. bei Schließung eines Versorgungssystems für Neuzugänge[366], gibt es keine Mitbestimmungsrechte des Betriebsrats.

- Mitbestimmungsfrei ist nur die Grundentscheidung über die Einführung oder Abschaffung einer betrieblichen Altersversorgung. Hat der Arbeitgeber z.B. einen Entschluss zur Einführung einer betrieblichen Altersversorgung gefasst, kann er diesen nicht mehr einseitig zurücknehmen, wenn es über mitbestimmungspflichtige Einzelheiten (z.B. den Leistungsplan) mit dem Betriebsrat keine Einigung gibt. Hier muss notfalls ein Einigungsstellenspruch herbeigeführt werden.

Das Entsprechende gilt, wenn ein Versorgungssystem für Neuzugänge nicht abgeschafft werden soll, sondern lediglich eine Herabsetzung des Dotierungsrahmens geplant ist.

- Mitbestimmungsfrei ist die **Wahl des Durchführungsweges** (einschließlich der Wahl des konkreten Versorgungsträgers, z.B. bei einer Direktversicherung die konkrete Lebensversicherungsgesellschaft).[367] Dies gilt auch für einen Wechsel des Durchführungsweges.[368] Auch hier müssen möglicherweise individualrechtliche Besitzstände gewahrt bleiben. Das bedeutet, dass häufig mit der mitbestimmungsfreien Änderung des Durchführungswegs inhaltliche Änderungen des Leistungsplanes verbunden sind, weil im neuen Durchführungsweg der bisherige Leistungsplan nicht 1:1 abgebildet

---

365 Dazu die grundlegenden BAG-Beschlüsse v. 12.6.1975, 3 AZR 13/74, 137/73 und 66/74, EzA § 87 BetrVG 1972 Lohn- und Arbeitsentgelt Nr. 3, AP Nrn. 1–3 zu § 87 BetrVG 1972 Altersversorgung; bestätigt in BAG 11.12.2001, 3 AZR 512/00, EzA § 1 BetrAVG Ablösung Nr. 33.
366 S. dazu Rn. 218 ff.
367 BAG 29.7.2003, 3 ABR 34/02, EzA § 87 BetrVG 2001 Betriebliche Lohngestaltung Nr. 2.
368 *Höfer* BetrAVG, Rn. 1058 zu ART, der zu Recht darauf hinweist, dass faktisch bei Wechsel des Durchführungsweges ein Mitbestimmungsrecht besteht, weil sich üblicherweise auch der Leistungsplan ändert. Das ist aber mitbestimmungspflichtig.

werden kann. Insoweit muss eine Änderung des Leistungsplanes erfolgen und das dafür zulässige arbeitsrechtliche Instrumentarium angewandt werden.[369]

- Mitbestimmungsfrei ist die **Auswahl des Begünstigtenkreises** für eine betriebliche Altersversorgung. Dabei muss selbstverständlich der Gleichbehandlungsgrundsatz[370] gewahrt werden, der aber keinen kollektivrechtlichen, sondern individualrechtlichen Charakter hat.

- Mitbestimmungsfrei ist die gesamte Höhe der Mittel, die der Arbeitgeber für eine betriebliche Altersversorgung bereitstellen will, der sog. **Dotierungsrahmen**.

- Der Dotierungsrahmen eines betrieblichen Versorgungssystems ist keine feststehende Größe, sondern hängt von vielen unternehmensinternen und -externen Umständen ab, z.b. der Fluktuation der Mitarbeiter, der Schrumpfung der Belegschaft, der Entgeltsteigerung. Ferner können Änderungen von Gesetzen, z.b. die Verkürzung der Unverfallbarkeitsfristen seit dem 1.1.2001 in § 1b BetrAVG, oder die Rechtsprechung, z.b. zur Anpassung laufender Versorgungsleistungen gem. § 16 BetrAVG, die Höhe des Gesamtaufwandes für die betriebliche Altersversorgung verändern.

Üblicherweise wird der Dotierungsrahmen nach versicherungsmathematischen Grundsätzen ermittelt.[371] Dabei ist eine Vielzahl von Prämissen zu berücksichtigen. Ob diese Prämissen in Bezug auf die tatsächliche Entwicklung der Versorgungslasten im Einzelnen oder insgesamt zutreffend festgelegt werden, ist für die Frage der Bestimmung des Dotierungsrahmens in Bezug auf Mitbestimmungsrechte des Betriebsrates häufig unerheblich. Es reicht aus, wenn sich Arbeitgeber und Betriebsrat auf bestimmte Berechnungsprämissen verständigen. Unter identischen Prämissen ist dann die mitbestimmungsrechtlich relevante Frage zu beantworten, ob ein Dotierungsrahmen überschritten oder verringert wird oder gleich bleibt.

Die Reduzierung des Dotierungsrahmens ist grundsätzlich mitbestimmungsfrei. Auf dem abgesenkten Niveau setzt aber die erzwingbare Mitbestimmung bei der Leistungsplangestaltung ein. Nur wenn bei Kürzung oder Einstellung von Versorgungsleistungen aus tatsäch-

332a

---

369 Dazu Rn. 225 ff.
370 S. dazu Rn. 133–147.
371 *Blomeyer/Rolfs/Otto* Rn. 409 ff. zu Anh. § 1; *Höfer* BetrAVG, Rn. 1039 ff. zu ART.

lichen und rechtlichen Gründen kein Verteilungsspielraum für die reduzierten Versorgungsmittel bleibt, ein abweichender Leistungsplan also nicht aufgestellt werden kann, sind derartige Eingriffe mitbestimmungsfrei.[372] Das ist z.B. der Fall, wenn eine Reduzierung entsprechend der Drei-Stufen-Theorie[373] erfolgt und sowohl sachlich-proportionale als auch triftige Eingriffsgründe vorliegen und nur die erste Besitzstandsstufe erhalten bleiben kann.

b) Mitbestimmungspflichtige Räume

333 Zum mitbestimmungspflichtigen Bereich gehören:

- umfassende **Informationsrechte** des Betriebsrats über die betriebliche Altersversorgung;

- ein **Initiativrecht** des Betriebsrats in Fragen der betrieblichen Altersversorgung. Dies stößt naturgemäß an Grenzen, wenn die Initiative des Betriebsrats auf eine Ausweitung des Dotierungsrahmens gerichtet ist. Dies kann der Betriebsrat nicht verlangen. Der Betriebsrat muss in einem solchen Fall Vorschläge unterbreiten, welche Reduzierungen bei anderen Leistungsplanelementen vorgenommen werden sollen;[374]

- Kernbereich der erzwingbaren Mitbestimmung bei der arbeitgeberfinanzierten betrieblichen Altersversorgung sind die Verteilungsgrundsätze der vom Arbeitgeber zur Verfügung gestellten gesamten Versorgungsmittel, also die **Leistungsplangestaltung**,[375] soweit der vom Arbeitgeber vorgegebene Dotierungsrahmen eingehalten wird. Es geht um die **Verteilungsgerechtigkeit** des vom Arbeitgeber bestimmten Gesamtaufwandes für die betriebliche Altersversorgung.[376]

---

372 BAG 21.1.2003, 3 AZR 30/02, EzA § 3 BetrAVG Nr. 9.
373 S. dazu Rn. 235 ff.
374 BAG 12.6.1975, 3 AZR 13/74, EzA § 87 BetrVG 1972 Lohn- und Arbeitsentgelt Nr. 2.
375 Dazu BAG 29.7.2004, 3 ABR 34/02, EzA § 87 BetrVG 2001 Betriebliche Lohngestaltung Nr. 2.
376 BAG 11.12.2001, 3 AZR 512/00, EzA § 1 BetrAVG Ablösung Nr. 33; 21.1.2003, 3 AZR 30/02, EzA § 3 BetrAVG Nr. 9.

3. Mitbestimmung bei Pensionskassen, Pensionsfonds und Unterstützungskassen

Pensionskassen, Pensionsfonds und Unterstützungskassen sind Sozialeinrichtungen gem. § 87 Abs. 1 Nr. 8 BetrVG. Der Betriebsrat hat bei Form, Ausgestaltung und Verwaltung mitzubestimmen. 334

Eine Sozialeinrichtung ist eine abgesonderte Vermögensmasse, die sozialen Zwecken dient und einer eigenen Organisation bedarf.[377] Dies ist unstreitig bei den rechtlich selbstständigen Versorgungsträgern Pensionskasse, Pensionsfonds und Unterstützungskasse. Ob bei Treuhandlösungen (Contractual Trust Arrangements-CTA)[378] ein zweckgebundenes Sondervermögen im Sinne einer Sozialeinrichtung gem. § 87 Abs. 1 Nr. 8 BetrAVG vorliegen kann, dürfte sich nur bei Kenntnis der konkreten rechtlichen Ausgestaltung der Treuhandlösung entscheiden lassen. In der Regel fehlt es bei diesen CTA-Modellen an Rechten der versorgungsberechtigten Arbeitnehmer gegenüber dem CTA, so dass kein Raum für eine erzwingbare Mitbestimmung des Betriebsrates besteht.[379] 335

Unmittelbare Versorgungszusagen mit Rückdeckungsversicherungen erfüllen ebenso wie Direktversicherungen nicht das Kriterium der Sozialeinrichtung. Die Rückdeckungsversicherung ist nicht zweckgebunden für die Erfüllung von unmittelbaren Versorgungszusagen. Das in einer Direktversicherung angesammelte Kapital liegt nicht beim Arbeitgeber, sondern bei der Lebensversicherungsgesellschaft.[380] 336

Pensionskassen, Pensionsfonds und Unterstützungskassen unterfallen allerdings nur dann § 87 Abs. 1 Nr. 8 BetrVG, wenn sie sich in ihrem Wirkungsbereich auf den Betrieb, das Unternehmen oder den Konzern beschränken, es sich also z.B. um Konzernpensionskassen, Konzernpensionsfonds oder Konzernunterstützungskassen handelt. 337

Überbetriebliche Pensionskassen, Pensionsfonds und Unterstützungskassen unterfallen nicht unmittelbar der erzwingbaren Mitbestimmung der Betriebsräte der einzelnen Trägerunternehmen. Es ist nur möglich, dass die Betriebsräte der einzelnen nicht miteinander verbundenen Trä- 338

---

377 BAG 12.6.1975, 3 ABR 13/74, EzA § 87 BetrVG 1972 Lohn- und Arbeitsentgelt Nr. 2; 9.12.1980, 1 ABR 80/77, EzA § 87 BetrVG 1972 Betriebliche Lohngestaltung Nr. 1.
378 Dazu *Höfer* BetrAVG, Rn. 4599 ff. zu § 7.
379 So auch *Höfer* BetrAVG, Rn. 1142 zu ART; zum Outsourcing von Pensionsverpflichtungen *Reichenbach* FS Kemper, S. 365 ff.
380 BAG 18.3.1976, 3 ABR 32/75, EzA § 87 BetrVG 1972 Lohn- und Arbeitsentgelt Nr. 5, AP Nr. 4 zu § 77 BetrVG 1972 Altersversorgung.

geunternehmen mittelbar Einfluss auf die Willensbildung dieser überbetrieblichen Einrichtungen nehmen können.[381]

339 Handelt es sich um eine mitbestimmungspflichtige Pensionskasse, Pensionsfonds oder Unterstützungskasse entspricht die Mitbestimmung bei der **Ausgestaltung**, das ist der Leistungsplan, derjenigen gem. § 87 Abs. 1 Nr. 10 BetrVG bei unmittelbaren Versorgungszusagen und Direktversicherungen.[382] § 87 Abs. 1 Nr. 10 BetrVG stellt insoweit einen Auffangtatbestand zu § 87 Abs. 1 Nr. 8 BetrVG dar.[383]

340 Hinzu kommt die Mitbestimmung bei der **Form** und **Verwaltung** der Pensionskasse, des Pensionsfonds und der Unterstützungskasse.

341 Unter Form wird zunächst die Rechtsform verstanden. Insoweit ist die Mitbestimmung aus der Sicht des Betriebsrats im Wesentlichen inhaltsleer, da die Rechtsformen dieser Versorgungsträger abschließend vorgeschrieben sind und arbeitsrechtlich keine Bedeutung haben.

342 Zur Form der Sozialeinrichtung gehört aber auch die **Organisationsform** der Mitbestimmung.[384]

343 Es gibt bei Sozialeinrichtungen zwei Organisationsformen, die **zweistufige** und die **organschaftliche Form**.

344 Die **zweistufige** Form entspricht der Betriebsverfassung. Das Mitbestimmungsrecht des Betriebsrats besteht nicht gegenüber der Sozialeinrichtung, sondern gegenüber dem Arbeitgeber. Deshalb muss der Betriebsrat Mitbestimmungsrechte bei einer Pensionskasse, einem Pensionsfonds oder einer Unterstützungskasse zunächst in einer ersten Stufe gegenüber dem Arbeitgeber (Trägerunternehmen) reklamieren und eine Regelungsabrede oder eine Betriebsvereinbarung herbeiführen und notfalls einen Spruch der Einigungsstelle erwirken. In einer zweiten Stufe hat der Arbeitgeber die Inhalte der Absprache mit dem Betriebsrat in die Sozialeinrichtung zu transformieren. Er hat die von ihm beherrschten Organe der Sozialeinrichtung anzuweisen, die mit dem Betriebsrat vereinbarten Regelungen in der Sozialeinrichtung umzusetzen.

345 Bei der **organschaftlichen** Form einigen sich Arbeitgeber und Betriebsrat darauf, die Organe der Sozialeinrichtung paritätisch zu besetzen.

---

381 BAG 22.4.1986, 3 AZR 100/83, EzA § 87 BetrVG 1972 Altersversorgung Nr. 1 und 9.5.1989, 3 AZR 439/88, EzA § 87 BetrVG 1972 Altersversorgung Nr. 3.
382 Rn. 333.
383 So auch *Blomeyer/Rolfs/Otto* Rn. 854 zu Anh. § 1 für die Pensionskasse.
384 Dazu *Kemper* Gedenkschrift für Blomeyer, S. 157, 161 ff.

Dies setzt voraus, dass die Sozialeinrichtung in den maßgebenden Organen nach Satzung oder Gesellschaftsvertrag paritätisch besetzt wird. Wird z.b. eine Unterstützungskasse in der Rechtsform eines eingetragenen Vereins geführt, muss der Vorstand aus einer gleichen Anzahl von Arbeitgeber- und Arbeitnehmervertretern bestehen. Bei Pensionskassen und Pensionsfonds führt dies zu Schwierigkeiten, weil Betriebsräte häufig nicht die Anforderungen der Finanzaufsicht für die Qualifikation von Organmitgliedern erfüllen.[385]

Solange die organschaftliche Lösung praktiziert wird, sind Arbeitgeber und Betriebsrat an sie gebunden.[386]   346

Ob die zweistufige oder organschaftliche Organisationsform der Mitbestimmung gewählt wird, kann Gegenstand eines Spruches der Einigungsstelle sein.[387]   347

Unter Verwaltung einer Sozialeinrichtung können verstanden werden   348

– die Organisation der Sozialeinrichtung,

– die Aufstellung der Grundsätze für die Geschäftsführung,

– die Überwachung der Einhaltung der Satzungsbestimmungen,

– die Prüfung der Pensionsanträge und die Entscheidung hierüber und

– die Entscheidung über Streitfragen aus Anlass von Beschwerden.

Der wesentliche Bereich der Verwaltung besteht in der Vermögensverwaltung.[388] Handelt es sich bei der Sozialeinrichtung um eine Pensionskasse oder einen Pensionsfonds, sind jedoch Arbeitgeber und Betriebsrat nicht frei, über die Anlage der Vermögensmittel der mittelbaren Versorgungsträger zu entscheiden. Es müssen die einschlägigen versicherungsaufsichtsrechtlichen Bestimmungen beachtet werden. Das Mitbestimmungsrecht des Betriebsrats tritt insoweit hinter das Versicherungsrecht zurück, weil ja auch der Arbeitgeber daran gebunden ist.   349

Alle Vermögensanlagen, die den aufsichtsrechtlichen Bestimmungen widersprechen, können demnach nicht im Rahmen der erzwingbaren oder auch freiwilligen Mitbestimmung durchgesetzt werden. Es sind immer die Anlagevorschriften bei Pensionskassen und Pensionsfonds zu beachten.[389]   350

---

385 Dazu *Bode* Die organschaftliche Mitbestimmung des Betriebsrates nach § 87 Abs. 1 Nr. 8 BetrVG bei betrieblichen Pensionskassen, S. 152 ff.
386 BAG 13.7.1978, 3 ABR 108/77, EzA § 87 BetrVG 1972 Sozialeinrichtung Nr. 9.
387 Dazu *Kemper* Gedenkschrift für Blomeyer, S. 157, 161.
388 *Höfer* BetrAVG, Rn. 1115 ff. zu ART und *Bode* a.a.O., S. 52 ff. m.w.N.
389 *Kemper* Gedenkschrift für Blomeyer, S. 157, 164 ff.

§ 1 Zusage des Arbeitgebers auf betriebliche Altersversorgung

351 Eine weitere Beschränkung der Entscheidungsfreiheit von Arbeitgeber und Betriebsrat bei der Vermögensanlage einer Pensionskasse oder eines Pensionsfonds und damit auch des erzwingbaren Mitbestimmungsrechts des Betriebsrats ergibt sich daraus, dass nach § 7a VAG die Vorstände von Versicherungsunternehmen[390] zuverlässig und fachlich geeignet sein müssen. Diese Qualifikationserfordernisse des Vorstandes dienen dem Schutz der Versicherten. Es soll die Gefahr verringert werden, dass vom Vorstand Fehlentscheidungen getroffen werden. Das Versicherungsaufsichtsgesetz geht also von einer Entscheidungskompetenz des Vorstandes zum Wohle des Versicherten aus. Aus diesem Grunde lässt es sich mit den Grundsätzen des Versicherungsaufsichtsrechts nicht vereinbaren, wenn außen stehende Stellen, z.B. Arbeitgeber und Betriebsrat, unmittelbar Einfluss auf das Tagesgeschäft des Vorstandes nehmen können. Der Vorstand muss in der Lage sein, selbstständige Anlageentscheidungen zu treffen.

352 Damit ist der Begriff der Verwaltung gem. § 87 Abs. 1 Nr. 8 BetrVG bei Pensionskassen und Pensionsfonds insoweit einzuschränken, als nicht jede einzelne Verwaltungsmaßnahme und Vermögensanlage mitbestimmungspflichtig ist.

353 Andererseits darf die Mitbestimmung des Betriebsrats bei der Verwaltung, insbesondere der Vermögensanlage, nicht »ausgehebelt« werden. Handelt es sich um die Grundsatzfrage, wie groß der Anteil des Vermögens sein soll, der im Rahmen der aufsichtsrechtlichen Bestimmungen in Aktien oder sonstigen Wertpapieren angelegt werden soll, dürfte ein Mitbestimmungsrecht einzuräumen sein.

354 Ein Mitbestimmungsrecht des Betriebsrats bei der **Besetzung des Vorstandes** einer Pensionskasse oder Pensionsfonds ist im Rahmen der zweistufigen Organisationsform nicht denkbar. Bei der Besetzung des Vorstandes geht es weder um die Ausgestaltung noch um die Verwaltung einer Pensionskasse oder eines Pensionsfonds, sondern um die Bestimmung eines Handlungsorgans einer Sozialeinrichtung selbst. Diese Kompetenz hat ausschließlich der Arbeitgeber, weil die zweistufige Organisationsform der Mitbestimmung bei der Sozialeinrichtung denklogisch voraussetzt, dass der Arbeitgeber in der Lage ist, mitbestimmungspflichtige Tatbestände in »seiner« Sozialeinrichtung umzusetzen. Dies setzt voraus, dass er entsprechende Weisungen dem Vorstand

---

[390] Der Pensionsfonds ist kein Versicherungsunternehmen. Dennoch ist über § 113 VAG § 7a VAG anwendbar.

einer Pensionskasse oder eines Pensionsfonds – natürlich im Rahmen des Versicherungsaufsichtsrechts – geben kann.[391]

4. Zuständigkeiten

Existiert ein **Gesamtbetriebsrat**, sind nicht die einzelnen Betriebsräte für Fragen der betrieblichen Altersversorgung zuständig, sondern der Gesamtbetriebsrat (§ 50 Abs. 1 S. 1 BetrVG). Für Fragen der betrieblichen Altersversorgung gibt es die Notwendigkeit einer unternehmenseinheitlichen Regelung.[392]   355

Erhält ein **Konzernbetriebsrat** von Gesamtbetriebsräten die Regelungskompetenz für Fragen der betrieblichen Altersversorgung übertragen, so ist er für eine konzerneinheitliche betriebliche Altersversorgung zuständig.[393] Im Übrigen ist die originäre Zuständigkeit des Konzernbetriebsrats nach denselben Kriterien zu bestimmen wie die Zuständigkeit des Gesamtbetriebsrats. Zwingende Erfordernisse für eine konzerneinheitliche Regelung genügen. Mit dem Begriff des »Nichtregelnkönnens« (§ 58 Abs. 1 BetrVG) ist sowohl die objektive als auch die subjektive Unmöglichkeit gemeint.[394]   356

5. Verletzung des Mitbestimmungsrechts

Der Betriebsrat kann die Verletzung des Mitbestimmungsrechts im Beschlussverfahren vor den Arbeitsgerichten geltend machen.[395]   357

Die Verletzung des Mitbestimmungsrechts des Betriebsrats hat die Unwirksamkeit der einseitig vom Arbeitgeber getroffenen Maßnahme zur Folge. Die Beachtung des Mitbestimmungsrechts des Betriebsrats ist Wirksamkeitsvoraussetzung für jede mitbestimmungspflichtige Maßnahme.[396] Diese Unwirksamkeit kann sich zum Nachteil der Arbeitnehmer auswirken. Eine unter Verletzung des Mitbestimmungsrechts einseitig vom Arbeitgeber vorgenommene Verbesserung der bestehenden   358

---

391 Zu weiteren Einzelfragen bei den Mitbestimmungsrechten des Betriebsrats bei einer Pensionskasse *Kemper* Gedenkschrift für Blomeyer, S. 157 ff.
392 BAG 8.12.1981, 3 ABR 53/80, EzA § 242 BGB Ruhegeld Nr. 96, DB 1982, 46; 21.1.2003, 3 ABR 26/02, EzA § 50 BetrVG 2001 Nr. 2; 9.12.2003, 1 ABR 49/02, EzA § 50 BetrVG 2001 Nr. 3.
393 BAG 19.3.1981, 3 ABR 38/80, AP Nr. 14 zu § 80 BetrVG 1972 m. Anm. *Kemper/Küpper* EzA § 80 BetrVG 1972 Nr. 18; dazu auch *Hanau* FS Kemper, S. 165 ff.
394 BAG 24.1.2006, 3 AZR 483/04, EzA § 1 BetrAVG Ablösung Nr. 46.
395 BAG 5.3.1994, 1 ABR 34/93, EzA § 23 BetrVG 1972 Nr. 36.
396 BAG 19.7.2005, 3 AZR 472/04, EzA BetrAVG § 1 Nr. 7 Betriebliche Übung; dazu auch *Höfer* BetrAVG, Rn. 1152 ff. zu ART.

Versorgungszusage kann unwirksam sein. Die Versorgungsanwartschaften der betroffenen Arbeitnehmer bleiben so bestehen, wie sie ohne die einseitige Maßnahme des Arbeitgebers zuvor bestanden haben. Die Verletzung von Mitbestimmungsrechten des Betriebsrats führt nicht dazu, dass sich individualrechtliche Ansprüche ergeben, die noch nicht bestanden haben.[397]

359 Das BAG hat jedoch entschieden, dass es dem Arbeitgeber aus Gründen des Vertrauensschutzes unter Umständen verwehrt sein kann, sich auf die Unwirksamkeit zu berufen. Dies soll aber nur insoweit gelten, wie der Arbeitnehmer auf der Grundlage der unwirksamen Vertragsregelung bereits Vorkehrungen getroffen hat, die nicht mehr rückgängig gemacht werden können.[398]

II. Arbeitnehmerfinanzierte betriebliche Altersversorgung

360 Bei der erzwingbaren Mitbestimmung des Betriebsrats bei der arbeitnehmerfinanzierten betrieblichen Altersversorgung ist zu unterscheiden, ob es sich um eine Entgeltumwandlung gem. § 1 Abs. 2 Nr. 3 BetrAVG innerhalb des § 1a BetrAVG oder außerhalb dieser Bestimmung handelt.[399]

1. Entgeltumwandlung außerhalb § 1a BetrAVG

361 Bei einer Entgeltumwandlung gem. § 1 Abs. 2 Nr. 3 BetrAVG außerhalb der gesetzlichen Regelung des § 1a BetrAVG gelten im Grundsatz vergleichbare Abgrenzungen von mitbestimmungsfreien und mitbestimmungspflichtigen Räumen, wie sie bei der arbeitgeberfinanzierten betrieblichen Altersversorgung bestehen.

362 Der Arbeitgeber entscheidet mitbestimmungsfrei, ob er sich auf eine derartige Entgeltumwandlung einlässt, in welchem Durchführungsweg dies geschehen soll, welcher Personenkreis davon Gebrauch machen darf und in welchem Umfang er Entgeltumwandlungen zulässt.

---

397 BAG 19.7.2005, 3 AZR 472/04, EzA BetrAVG § 1 Betriebliche Übung Nr. 7.
398 BAG 4.5.1982, 3 AZR 1202/79, EzA BetrVG § 87 Nr. 13 Lohn- und Arbeitsentgelt, dazu auch *Höfer* BetrAVG, Rn. 1154 ff. zu ART.
399 Dazu i.E. *Kemper* BetrAV 2002, 751 ff.; *Henning* passim; *Konzen* Gedenkschrift für Blomeyer, S. 173, 192 f.; *Schnitker/Grau* BB 2003, 1061; dazu auch *Perreng* FS Kemper, S. 347 ff; umfassend *Hanau/Arteaga/Rieble/Veit* Entgeltumwandlung A Rn. 425 ff.

Zusage des Arbeitgebers auf betriebliche Altersversorgung §1

Grundsätzlich ist der Betriebsrat über derartige Entgeltumwandlungen zu informieren. Der Betriebsrat hat auch ein Initiativrecht gegenüber dem Arbeitgeber, derartige Entgeltumwandlungen anzuregen. 363

Entscheidend ist, dass es bei der arbeitnehmerfinanzierten betrieblichen Altersversorgung keinen vom Arbeitgeber gesetzten Dotierungsrahmen gibt. Die bei der arbeitgeberfinanzierten betrieblichen Altersversorgung sinnvolle erzwingbare Mitbestimmung bei den Verteilungsgrundsätzen der vom Arbeitgeber bereit gestellten Versorgungsmittel geht ins Leere. Der Gesichtspunkt der Verteilungsgerechtigkeit hat bei der Entgeltumwandlung keine Bedeutung. Die Mittel, die für die betriebliche Altersversorgung eingesetzt werden, werden vom Versorgungsberechtigten selbst aufgebracht und sind ausschließlich für seine eigene betriebliche Altersversorgung zu verwenden. Eine andere »Verteilung« ist nicht denkbar.[400] 364

Es gibt auch keine Mitbestimmung bei der sog. Leistungsplangestaltung der Entgeltumwandlung, also z.b. bei der Frage, unter welchen Prämissen die vom Arbeitnehmer bereitgestellten Entgeltbestandteile in betriebliche Altersversorgung »wertgleich« umgewandelt werden.[401] Die abweichende Auffassung übersieht, dass es sich um eine Rechtsfrage handelt, ob künftige Entgeltansprüche in eine wertgleiche Anwartschaft auf Versorgungsleistungen im Sinne von § 1 Abs. 2 Nr. 3 BetrAVG umgewandelt werden. »Wertgleich« ist ein Rechtsbegriff, der möglicherweise auszulegen ist. Das hat mit Mitbestimmung nichts zu tun. Es geht nicht um die Verteilungsgerechtigkeit. Es spielt auch keine Rolle, dass der Arbeitnehmer sich grundsätzlich frei entscheiden kann, ob er das Entgeltumwandlungsangebot zu den vom Arbeitgeber mit dem Betriebsrat ausgehandelten Konditionen nutzt oder nicht.[402] Es geht lediglich um die Frage, ob die vom Arbeitgeber einseitig gesetzten Konditionen dem Wertgleichheitsgebot des § 1 Abs. 2 Nr. 3 BetrAVG entsprechen oder nicht. An dieser Rechtsfrage ändert sich auch nichts dadurch, dass der Betriebsrat an der Arbeitgeberentscheidung mitwirkt. Dies ist nicht Ausfluss der erzwingbaren Mitbestimmung, die sich auf Verteilungsgerechtigkeit und nicht auf die Ausfüllung des Begriffes Wertgleichheit bezieht. Auch aus diesem Grunde geht es nicht 365

---

400 Dazu i.E. *Kemper* FS für Förster, S. 207, 213; a.A. *Perreng* FS Kemper, S. 347, 350 ff.
401 So aber *Schumann* in Albert/Schumann/Sieben/Menzel Rn. 449 und ihm folgend *Höfer* BetrAVG, Rn. 1094 ff. zu ART.
402 So aber *Höfer* BetrAVG, Rn. 1095 zu ART.

um mitbestimmungsrelevante Fragen der Entgeltauszahlung gem. § 87 Abs. 1 Nr. 4 BetrVG.[403]

2. Entgeltumwandlung innerhalb § 1 a BetrAVG

366 Bei einer betrieblichen Altersversorgung durch Entgeltumwandlung gem. § 1 a BetrAVG sind wegen der Sperrwirkung des Einleitungssatzes von § 87 Abs. 1 BetrVG die erzwingbaren Mitbestimmungsrechte des Betriebsrats praktisch ausgeschlossen. Die entscheidenden Gestaltungsrechte haben der einzelne Arbeitnehmer, der konkrete Arbeitgeber und die Tarifvertragsparteien.[404]

367 Besteht ein Tarifvertrag über eine Entgeltumwandlung nach § 1 a BetrAVG, so sind dessen Regeln maßgebend. Mitbestimmungsrechte des Betriebsrats entfallen gem. § 77 Abs. 3 BetrVG. Wenn Öffnungsklauseln für Betriebsvereinbarungen gem. § 77 Abs. 3 BetrVG vorhanden sind, geht es nicht um erzwingbare Mitbestimmungsrechte des Betriebsrats, sondern um die Ausfüllung des Tarifvertrages.

368 Wird die Entgeltumwandlung nach § 1 a BetrAVG nicht durch einen Tarifvertrag geregelt, greifen wesentliche Mitbestimmungssperren gem. § 87 Abs. 1 Einleitungssatz BetrVG wegen der gesetzlichen Regelung der Entgeltumwandlung.[405]

369 § 1 a BetrAVG beschränkt sowohl die mitbestimmungsfreien Räume des Arbeitgebers als auch die mitbestimmungspflichtigen Räume des Betriebsrats.

370 Der Arbeitgeber hat keine Entscheidungsfreiheit, wenn der einzelne Arbeitnehmer den Anspruch gem. § 1 a BetrAVG geltend macht.

371 § 1 a BetrAVG bestimmt auch im Einzelnen die Art und Weise die Durchführung des Anspruchs. Der Arbeitgeber kann zum Teil einseitig den Durchführungsweg der betrieblichen Altersversorgung bei der

---

403 *Fitting* § 87 Rn. 465 bestätigt, dass die wichtigsten Entscheidungen im Rahmen des § 1 a BetrAVG durch Gesetz oder Tarifvertrag vorgegeben sind. Warum eine Mitbestimmung »hinsichtlich einer solchen kollektiven Entscheidung« nach § 87 Abs. 1 Nr. 4 BetrVG in Betracht kommen soll, wird nicht begründet. Die einseitige Vorgabe des Durchführungsweges hat mit der Rechtsfrage der Wertgleichheit gem. § 1 Abs. 2 Nr. 3 BetrAVG nichts zu tun; wie hier auch *Hanau/Arteaga/Rieble/Veit* Entgeltumwandlung A Rn. 430.
404 *Henning* versucht einige mitbestimmungsfähige »Randbereiche« aufzuzeigen, S. 134 ff., insbes. S. 163; dazu auch *Kemper* BetrAV 2003, 372 ff. und *Hanau/Arteaga/Rieble/Veit* A Rn. 434 ff.
405 Dazu *Kemper* BetrAV 2002, 751.

Entgeltumwandlung bestimmen. Folglich ergeben sich insoweit keine Rechte des Betriebsrats. Selbst wenn man unter Vereinbarung gem. § 1a Abs. 1 Satz 2 BetrAVG eine Betriebsvereinbarung versteht[406], handelt es sich nicht um eine erzwingbare Betriebsvereinbarung. Wenn der Arbeitgeber einseitig die Durchführung des Anspruchs bestimmen kann, zählt dazu zwangsläufig auch die Auswahl des Versorgungsträgers gem. § 1a Abs. 1 Satz 3 BetrAVG einschließlich z.B. des konkreten Versorgungsträgers und dessen konkreter Leistungsplanstruktur (z.B. Beitragszusage mit Mindestleistung). Das ist naturgemäß keine mitbestimmungsrelevante Frage der Entgeltauszahlung gem. § 87 Abs. 1 Nr. 4 BetrVG.[407] Auch § 87 Abs. 1 Nr. 11 BetrVG ist nicht einschlägig.[408]

Der Arbeitgeber kann bei der Entgeltumwandlung nach § 1a BetrAVG den anspruchsberechtigten Personenkreis nicht bestimmen, da ein individualrechtlicher Anspruch des einzelnen Arbeitnehmers besteht, wenn dieser die Voraussetzungen des § 17 Abs. 1 S. 3 BetrAVG erfüllt. Auch hier ist der Betriebsrat nicht einzuschalten. 372

Naturgemäß gibt es auch bei der Entgeltumwandlung nach § 1a BetrAVG keinen vom Arbeitgeber mitbestimmungsfrei zu bestimmenden Dotierungsrahmen. § 1a BetrAVG bestimmt im Einzelnen, in welchem Umfang ein Arbeitnehmer seine künftigen Entgeltansprüche in betriebliche Altersversorgung umwandeln kann. 373

In Bezug auf die mitbestimmungspflichtigen Räume ist der Arbeitgeber verpflichtet, den Betriebsrat über die Rahmenbedingungen einer Entgeltumwandlung nach § 1a BetrAVG zu informieren. 374

Ein Initiativrecht des Betriebsrats bei der Entgeltumwandlung nach § 1a BetrAVG besteht nicht, da es allein in der Entscheidung des einzelnen Arbeitnehmers liegt, ob er von dem gesetzlichen Anspruch Gebrauch macht oder nicht. 375

Letztlich gibt es auch bei der Entgeltumwandlung gem. § 1a BetrAVG keinen vom Arbeitgeber gesetzten Gesamtdotierungsrahmen. Der Gesichtspunkt der Verteilungsgerechtigkeit hat keine Bedeutung. Ob das Wertgleichheitsgebot des § 1 Abs. 2 Nr. 3 BetrAVG eingehalten ist, ist eine Rechtsfrage, die nicht der Mitbestimmung unterliegt.[409] 376

---

406 So *Berenz* Gesetzesmaterialien BetrAVG § 1a, S. 65.
407 A.A. wohl *Fitting* § 87 Rn. 465 ohne erkennbare Begründung; s. dazu auch Rn. 365; wie hier auch *Hanau/Arteaga/Rieble/Veit* Entgeltumwandlung A Rn. 430.
408 *Hanau/Arteaga/Rieble/Veit* Entgeltumwandlung A Rn. 430.
409 S. dazu auch vorstehend unter Rn. 361–365.

F. Regelungsgegenstand des § 1 Abs. 2 BetrAVG

377 Die Regelung des § 1 Abs. 2 BetrAVG ist das Ergebnis umfangreicher und teilweise kontroverser Diskussionen über Wesen und Natur der betrieblichen Altersversorgung, die zu einer ersten Aufnahme der beitragsorientierten Leistungszusage sowie der Entgeltumwandlung durch das Rentenreformgesetz 1999[410] führten. Das Altervermögensgesetz (AVmG)[411] hat weiterhin dazu geführt, dass die Beitragszusage mit Mindestleistung als Form der betrieblichen Altersversorgung im BetrAVG verankert wurde. Mit dem Hüttenknappschaftlichen Zusatzversicherungs-Neuregelungs-Gesetz (HZvNG)[412] wurde schließlich zum 1.7.2002 eine gesonderte Regelung für die sog. Eigenbeiträge und deren Einordnung in das Recht der betrieblichen Altersversorgung getroffen.

378 § 1 Abs. 2 BetrAVG stellt keine einheitliche, homogene Regelung dar, sondern gibt Antworten des Gesetzgebers auf Grundsatzfragen zur betrieblichen Altersversorgung. Dies zeigt sich daran, dass die Nrn. 1 und 2 Gestaltungsformen einer Versorgungszusage behandeln, während die Nrn. 3 und 4 sich damit befassen, unter welchen Bedingungen Leistungen, welche aus einer Umwandlung von Entgeltansprüchen oder aus Eigenbeiträgen finanziert werden, als Leistungen der betrieblichen Altersversorgung anzusehen sind.

G. Die beitragsorientierte Leistungszusage, § 1 Abs. 2 Nr. 1 BetrAVG

379 Die beitragsorientierte Leistungszusage hat sich aus der Leistungszusage entwickelt, welche als traditionelle Zusageform in § 1 Abs. 1 BetrAVG geregelt ist. Bei einer derartigen einfachen Leistungszusage wird für den Arbeitnehmer eine Leistung nach bestimmten Formeln ohne Berücksichtigung der hierfür erforderlichen Vermögensmittel definiert:

---

410 Gesetz zur Reform der gesetzlichen Rentenversicherung (Rentenreformgesetz 1999) v. 16.12.1997, Art. 8, BGBl. I S. 2998.
411 Gesetz zur Reform der gesetzlichen Rentenversicherung und zur Förderung eines kapitalgedeckten Altersvorsorgevermögens (Altersvermögensgesetz – AVmG) v. 26.6.2001, Art. 9, BGBl. I S. 1310.
412 Gesetz zur Einführung einer kapitalgedeckten Hüttenknappschaftlichen Zusatzversicherung und zur Änderung anderer Gesetze (Hüttenknappschaftliches Zusatzversicherungs-Neuregelung-Gesetz – HZvNG) v. 21.6.2002, Art. 3, BGBl. I S. 2167.

Zusage des Arbeitgebers auf betriebliche Altersversorgung § 1

▶ **Beispiel:**

Ein Versorgungswerk enthält eine Regelung, wonach die Höhe der Altersrente für jedes Dienstjahr 0,25 % des zuletzt bezogenen versorgungsfähigen Einkommens bis zur Beitragsbemessungsgrenze und 1 % des zuletzt bezogenen versorgungsfähigen Einkommens oberhalb der Beitragsbemessungsgrenze beträgt (klassische endgehaltsbezogene Leistungszusage mit gespaltener Rentenformel).

Bei einem solchen Versorgungssystem ergibt sich der Versorgungsaufwand des Arbeitgebers aus den zur Finanzierung der definierten Leistung nötigen Aufwendungen.

Im Laufe der Jahre stellte sich ein verstärktes Bedürfnis der Unternehmen nach mehr Kostentransparenz in der betrieblichen Altersversorgung ein. Dies führte dazu, dass der Wirkungszusammenhang zwischen der Leistung und dem Versorgungsaufwand umgekehrt wurde. An die Stelle der definierten Leistung, die den Aufwand bzw. den Beitrag bestimmte, trat der vom Arbeitgeber definierte Beitrag, aus dem die Leistung zu ermitteln ist. Bei einer beitragsorientierten Versorgungsgestaltung steht mithin der **Versorgungsaufwand (Beitrag)** im Vordergrund, den der Arbeitgeber für die Altersversorgung einsetzen will, und weniger die Leistung, welche hieraus finanziert wird.[413] 380

Diese besondere Versorgungsgestaltung wurde bereits lange vor Inkrafttreten des Rentenreformgesetzes 1999 entwickelt und zunehmend praktiziert. Sie stellt heute die maßgebende Gestaltungsform für eine Vielzahl von Versorgungsregelungen dar. In der konkreten Ausgestaltung sagt der Arbeitgeber zumeist einen bestimmten Prozentsatz des Einkommens als Versorgungsaufwand zu. Dieser kann in Abhängigkeit von bestimmten Bemessungsgrößen, wie beispielsweise der Beitragsbemessungsgrenze in der allgemeinen Rentenversicherung, gestaffelt sein. 381

▶ **Beispiel:**

Das Versorgungswerk sieht vor, dass für jedes versorgungsfähige Dienstjahr ein Versorgungsaufwand im Umfang von 2 % des im jeweiligen Dienstjahr bezogenen versorgungsfähigen Einkommens bis zur Beitragsbemessungsgrenze und im Umfang von 16 % des im jeweiligen Dienstjahr bezogenen versorgungsfähigen Einkom-

---

[413] *Bode/Grabner* S. 25; *Hanau/Arteaga/Rieble/Veit* Teil B Rn. 506 ff.; vgl. i.E. auch Rn. 156 f.

mens oberhalb der Beitragsbemessungsgrenze für betriebliche Versorgungsleistungen erbracht wird.

382 Im Hinblick auf die Leistungsermittlung gibt es im Wesentlichen zwei alternative Berechnungsmethoden.

383 Bei Anwendung des sog. **Versicherungsprinzips** werden aus dem jeweiligen Versorgungsaufwand sofort im Zeitpunkt der Einbringung durch Anwendung eines alters- und ggf. geschlechtsabhängigen Umrechnungsfaktors versicherungsmathematisch gleichwertige Renten- oder auch Kapitalbausteine ermittelt. In die Umrechnungsfaktoren sind u.a. der zugrunde gelegte Zinssatz, die ggf. garantierte bzw. erwartete Rentenanpassung und die Sterbe- und Invalidisierungswahrscheinlichkeiten eingearbeitet. Die Versorgungsleistung ergibt sich aus der Summe der bis zum Eintritt des Versorgungsfalls insgesamt erworbenen Bausteine.

Alternativ ist es nach dem sog. **Sparprinzip** möglich, den jeweiligen Versorgungsaufwand auf einem betriebsinternen Versorgungskonto, i.d.R. unter Anwendung eines Mindestzinses, anzusammeln, welches für jeden Mitarbeiter (real oder fiktiv) geführt wird. Erst bei Eintritt des Versorgungsfalles wird aus dem auf diesem Konto befindlichen Versorgungskapital die maßgebliche Versorgungsleistung abgeleitet, indem das angesammelte Kapital unmittelbar ausgekehrt oder versicherungsmathematisch – unter Anwendung einer Umrechnungstabelle – eine Rente ermittelt wird.[414]

384 **Abb.:** Vergleich des Versicherungsprinzips mit dem Sparprinzip – Verlauf einer Jahresrentenanwartschaft

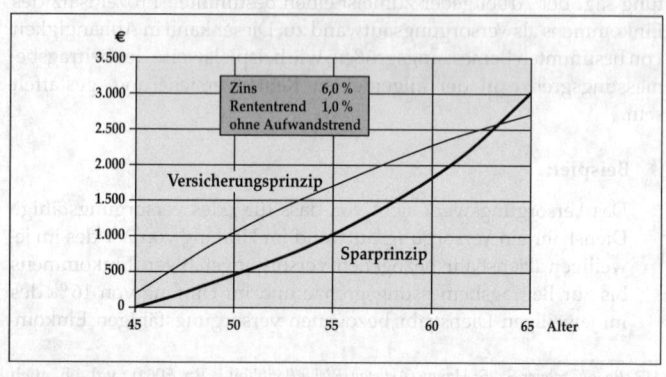

---

414 Vgl. *Bode/Grabner* S. 111 f., 163 f.; *Gerstenberg* BetrAV 1994, 120.

Zusage des Arbeitgebers auf betriebliche Altersversorgung § 1

Die Grafik zeigt den Beispielsfall eines Mitarbeiters, dem im Alter 45 eine Versorgungszusage erteilt wird und für den der Arbeitgeber einen anfänglichen Versorgungsaufwand von 1.000,- € p.a. erbringt. Für den Aufwand wird unterstellt, dass er sich über den Zeitablauf nicht verändert. Die unterschiedlichen Verlaufskurven zeigen den grundsätzlichen Unterschied zwischen Versicherungsprinzip und Sparprinzip. Beim Versicherungsprinzip wird das Risiko vorzeitig eintretender Versorgungsfälle durch die sofortige Bildung von Renten- bzw. Kapitalbausteinen (und die damit verbundene Abführung fiktiver Risikoprämien) stärker abgesichert als beim Sparprinzip. Im Gegenzug fällt die Höhe der Altersleistung beim Versicherungsprinzip geringer aus, da die höhere vorzeitige Risikoversorgung die Altersrente bzw. das Alterskapital ermäßigt. Das Sparprinzip hingegen unterstellt, dass bei vorzeitig eintretenden Versorgungsfällen nur das jeweils angesammelte Versorgungskapital für die Versorgungsleistung verwendet wird. Eine Versicherung vorzeitig eintretender Risiken erfolgt mithin nicht, so dass die Altersleistung relativ umfangreicher ausfällt.

Die beitragsorientierte Leistungszusage ist **keine reine Beitragszusage**. 385
Eine solche würde dann vorliegen, wenn die Verpflichtung des Arbeitgebers gegenüber dem Arbeitnehmer sich allein darauf beschränken würde, einen festgelegten Beitrag an einen Versorgungsträger zu entrichten und er für die spätere Versorgungsleistung nicht einzustehen hätte. Eine derartige Form der betrieblichen Altersversorgung kennt das deutsche Recht nicht.[415]

Die beitragsorientierte Leistungszusage enthält daher das Versprechen, 386 eine (in Abhängigkeit vom zugesagten Beitrag) definierte Versorgungsleistung zu erbringen. Daher wird sie im internationalen Vergleich trotz der Beitragsorientierung, welche u.a. in der durch das AVmG geschaffenen Regelung des § 2 Abs. 5 a BetrAVG reflektiert wird, als eine sog. »defined benefit« – Gestaltung beurteilt.[416]

▶ **Beispiel:**

Nachfolgend wird der Verlauf einer beitragsorientierten Versorgungszusage dargestellt, welche am Sparprinzip ausgerichtet ist. Zur Vereinfachung wird ein gleich bleibender jährlicher Beitrag von 1.000,- € unterstellt, der sich in der Anwartschaftsphase mit 4 % p.a. verzinst. Der Versorgungsberechtigte nimmt die Rentenleis-

---
415 Dazu auch Rn. 158 ff.
416 *Blomeyer* BetrAV 2001, 430.

§ 1 Zusage des Arbeitgebers auf betriebliche Altersversorgung

tung mit Vollendung des regulären Pensionsalters 65 in Anspruch. Zur Ermittlung des Umrechnungsfaktors für die Rentenleistung im Alter 65 wird erneut eine Verzinsung während der Rentenbezugsphase von 4 %, eine Hinterbliebenrentenanwartschaft im Umfang von 60 % und eine garantierte Mindestanpassung der laufenden Rentenleistung von 1 % jährlich unterstellt. Es wird der Umrechnungsfaktor für einen männlichen Mitarbeiter verwendet.

Alter (zu Beginn des Jahres)	Versorgungsaufwand	Stand Versorgungskonto zum Ende des Jahres
35	1.000	1.000
36	1.000	2.040
37	1.000	3.122
38	1.000	4.247
39	1.000	5.417
40	1.000	6.634
41	1.000	7.899
42	1.000	9.215
43	1.000	10.584
44	1.000	12.007
45	1.000	13.487
46	1.000	15.026
47	1.000	16.627
48	1.000	18.292
49	1.000	20.024
50	1.000	21.825
51	1.000	23.698
52	1.000	25.646
53	1.000	27.672

Alter (zu Beginn des Jahres)	Versorgungsaufwand	Stand Versorgungskonto zum Ende des Jahres
54	1.000	29.779
55	1.000	31.970
56	1.000	34.249
57	1.000	36.619
58	1.000	39.084
59	1.000	41.647
60	1.000	44.313
61	1.000	47.086
62	1.000	49.969
63	1.000	52.968
64	1.000	56.087
65	0	58.330

Die Höhe der Altersrente im Alter 65 ergibt sich aus der Multiplikation des aufgelaufenen Betrages mit dem versicherungsmathematischen Umrechnungsfaktor:

58.330,– € × 6,38 % = 3.721,– € (Jahresrente)

H. Die Beitragszusage mit Mindestleistung, § 1 Abs. 2 Nr. 2 BetrAVG

Von Gesetzes wegen ist die Beitragszusage mit Mindestleistung nicht für alle fünf Durchführungswege der betrieblichen Altersversorgung eröffnet. Vielmehr kann dieser Zusagetyp nur im Durchführungsweg der Pensionskasse, der Direktversicherung oder des Pensionsfonds gewählt werden.[417] Die Beitragszusage mit Mindestleistung stellt in mehrfacher Hinsicht eine Kompromisslösung des Gesetzgebers dar.

---

417 Eine abw. Ansicht vertritt *Höfer* BetrAVG, Rn. 2538 ff. zu § 1; vgl. hierzu nachfolgend unter Rn. 394 ff.

§ 1 Zusage des Arbeitgebers auf betriebliche Altersversorgung

So ist sie als eine Form der betrieblichen Altersversorgung zu sehen, welche sich am Kapitalmarkt orientiert, indem sie Chancen und Risiken des Kapitalmarkts in besonderer Weise für die betriebliche Altersversorgung zulässt.[418]

388 Entscheidet sich der Arbeitgeber dafür, eine Beitragszusage mit Mindestleistung gem. § 1 Abs. 2 Nr. 2 BetrAVG zu erteilen, so wird während der Aktivitätsphase des Mitarbeiters ein Versorgungskapital aus Beiträgen des Arbeitgebers oder des Arbeitnehmers für die Altersversorgung des Mitarbeiters bei einer Pensionskasse, einer Direktversicherung oder einem Pensionsfonds aufgebaut. Die Höhe dieses Versorgungskapitals ist nicht nur von den Beiträgen abhängig, sondern auch von den Erträgen, welche auf das jeweilige Kapital bis zum Eintritt des Versorgungsfalles erwirtschaftet werden. Mithin ist die Versorgungsleistung vor Eintritt des Versorgungsfalles nicht endgültig festgelegt.[419]

389 Konzeptionell trägt der Mitarbeiter im Rahmen der Beitragszusage mit Mindestleistung das Anlagerisiko. Dieses Risiko ist jedoch begrenzt, da der Arbeitnehmer in jedem Fall die sog. Mindestleistung erwarten kann. Diese Mindestleistung besteht in der Summe der Beiträge, welche der Arbeitgeber dem Mitarbeiter zugesagt hat. Hiervon abzuziehen sind ggf. Risikoprämien, mit denen vorzeitige Versorgungsfälle abgedeckt werden, wie beispielsweise eine Erwerbsminderungsleistung bzw. eine Hinterbliebenenleistung bei vorzeitigem Tod.

▶ **Beispiel:**

Der Arbeitgeber erteilt eine Beitragszusage mit Mindestleistung, welche einen Beitrag für jedes anrechnungsfähige Dienstjahr im Umfang von 1 % des jeweiligen versorgungsfähigen Einkommens vorsieht. Der 30-jährige Mitarbeiter hat im Jahr 2003 ein Jahreseinkommen von 40.000,– €, so dass dies einen jährlichen Beitrag im Umfang von 400,– € an die Pensionskasse ergibt. Über einen Zeitraum von 35 Jahren, bis zum Eintritt in den Ruhestand im Alter 65, würde der Mitarbeiter vom Arbeitgeber eine Summe von insgesamt 14.000,– € erhalten. Dies stellt grundsätzlich die Mindestleistung dar. Zieht der Arbeitgeber jedoch von dem jährlichen Beitrag eine Prämie ab, um damit vorzeitige Versorgungsfälle abzudecken, beispielsweise im Umfang von jährlich 50,– €, so verbleibt als Mindest-

---

[418] *Blomeyer* BetrAV 2001, 430; *Bode/Grabner* DStR 2002, 679; *Höfer* DB 2001, 1146; *Sasdrich/Wirth* BetrAV 2001, 401; *Schwark/Raulf* DB 2003, 940.
[419] Ebenso *Kemper/Kisters-Kölkes* Grundzüge, Rn. 134 f.

Zusage des Arbeitgebers auf betriebliche Altersversorgung § 1

versorgungsleistung für den Mitarbeiter ein Betrag in Höhe von 12.250,- € (14.000,- € abzgl. 35 × 50,- €). Erwirtschaftet demgegenüber die jeweilige Versorgungseinrichtung eine durchschnittliche Verzinsung des jährlich eingebrachten Sparbeitrags von 6% p.a., so ergibt sich für den Mitarbeiter ein Versorgungskapital im Alter 65 im Umfang von ca. 39.000,- €.

Aus dem Versorgungskapital, das im Rahmen der Mindestleistung bei Eintritt des Versorgungsfalles vorhanden ist, können auch laufende Rentenleistungen finanziert werden. Die Ermittlung der jeweiligen Rentenleistung erfolgt nach ähnlichen Grundsätzen wie im Rahmen einer beitragsorientierten Leistungszusage bei Vorliegen des Sparprinzips durch Anwendung eines versicherungsmathematisch ermittelten Verrentungsfaktors auf das jeweils vorhandene Versorgungskapital.[420] 390

Die Tatsache, dass der Gesetzgeber auch im Rahmen der Beitragszusage eine Mindestleistung vorgesehen hat, lässt darauf schließen, dass der Arbeitnehmer das Anlagerisiko nicht vollständig tragen soll. Eine reine Beitragszusage ist daher im deutschen Rechtsraum nicht möglich, sondern im Zweifelsfall in eine Beitragszusage mit Mindestleistung umzudeuten.[421] 391

Nach Sinn und Zweck des Gesetzes müsste die Beitragszusage mit Mindestleistung auch für Versorgungszusagen eröffnet sein, welche die Zahlung von Arbeitnehmerbeiträgen gem. § 1 Abs. 2 Nr. 4 BetrAVG vorsehen.[422] 392

Bisher ist noch nicht geklärt, ob die Rentenleistung, welche sich aus dem Versorgungskapital einer Beitragszusage mit Mindestleistung ergibt, in ihrer Höhe umfassend zu garantieren ist. Es lässt sich auch vertreten, dass zumindest derjenige Teil der Rentenleistung, der auf das Mindestkapital entfällt, zu garantieren ist, während der Teil der Rente, der sich aus dem die Mindestleistung überschreitenden Versorgungskapital ergibt, auch Schwankungen in Abhängigkeit von den Erträgen des Kapitalmarkts unterworfen sein kann. Hierfür spricht, dass Leistungen aus einer Beitragszusage mit Mindestleistung gem. § 16 Abs. 3 Nr. 3 BetrAVG nicht anzupassen sind. Dies gilt gem. § 16 Abs. 3 Nr. 3 Hs. 2 BetrAVG sogar dann, wenn eine Beitragszusage mit Mindestleistung aus einer Entgeltumwandlung herrührt. Mithin hat der Gesetzgeber von einem Anpassungsmodus der klassischen Art abgesehen und es 393

---

420 *Sasdrich/Wirth* BetrAV 2001, 401; vgl. hierzu Rn. 383.
421 *Blomeyer/Rolfs/Otto* BetrAVG § 1 Rn. 89.
422 Vgl. hierzu nachfolgend Rn. 447 ff.

stattdessen vorgezogen, die Erhöhung von Leistungen aus einer Beitragszusage mit Mindestleistung weiterhin von der Erwirtschaftung von Erträgen aus dem Kapitalmarkt abhängig zu machen.[423]

394 Teile der Literatur sind der Auffassung, dass die Beitragszusage mit Mindestleistung nicht nur für versicherungsförmige (kapitalgedeckte) Durchführungswege zulässig sei, sondern auch im Rahmen einer unmittelbaren Versorgungszusage oder der Zusage über eine Unterstützungskasse gewählt werden könne.[424] Diese Auffassung stützt sich auf den Gesetzeswortlaut des § 2 Abs. 5 b BetrAVG, welcher auch für die unmittelbare Versorgungszusage und die Unterstützungskassenzusage gelten würde. Diese Auffassung ist jedoch nicht überzeugend. So ist die Beitragszusage mit Mindestleistung eine typische Versorgungsgestaltung für ein Versorgungskonzept, welches näher am Kapitalmarkt orientiert ist. Die hierfür erforderliche Auslagerung von Vermögensmitteln und deren Anlage am Kapitalmarkt ist eine typische Charakteristik für die der Versicherungsaufsicht unterstehenden Durchführungswege Pensionskasse, Direktversicherung oder Pensionsfonds. Demgegenüber ist jedoch bei einer Direktzusage oder einer Unterstützungskassenzusage eine Versicherungsaufsicht gerade nicht gegeben. Des Weiteren ist in den Gesetzesmaterialien festgehalten, dass die Beitragszusage mit Mindestleistung nicht allen Durchführungswegen zugänglich ist.[425]

395 In der Praxis lässt sich allerdings die Gestaltungsform einer Beitragszusage mit Mindestleistung über eine beitragsorientierte Leistungszusage im Ergebnis weitgehend nachbilden. Der Arbeitgeber kann sich hierbei verpflichten, die im Rahmen der beitragsorientierten Leistungszusage erbrachten Beiträge als Mindestkapital zu garantieren und zusätzliche Erträge, welche über spezielle Anlageinstrumente erzielt werden, als zusätzliche Leistungen zu gewähren, beispielsweise im Rahmen einer Auslagerung von Vermögensmitteln in ein Sondervermögen.[426] Vor diesem Hintergrund ist für den Rückgriff auf eine Beitragszusage mit Mindestleistung bei einer Direktzusage oder einer Unterstützungskassenregelung kein praktischer Bedarf vorhanden.

---

423 *Sasdrich/Wirth* BetrAV 2001, 401; *Blomeyer* BetrAV 2001, 430.
424 *Höfer* BetrAVG, Rn. 2538 ff. zu § 1.
425 *Berenz* Gesetzesmaterialien BetrAVG, § 1, S. 56; *Schwark/Raulf* DB 2003, 940.
426 Vgl. *Bode/Grabner* S. 163; *Bode* BetrAV 2001, 1.

I. Die Entgeltumwandlung, § 1 Abs. 2 Nr. 3 BetrAVG

Die Entgeltumwandlung ist keine Gestaltungsform und kein Zusagetypus der betrieblichen Altersversorgung, sondern eine besondere Art der Finanzierung, an welche der Gesetzgeber einige spezielle gesetzliche Regelungen geknüpft hat. Bei der Entgeltumwandlung einigen sich der Arbeitgeber und der Arbeitnehmer darauf, künftige Entgeltansprüche nicht bar zu vergüten, sondern in eine Anwartschaft auf Leistungen der betrieblichen Altersversorgung umzuwandeln bzw. einzutauschen. Die Entgeltumwandlung kann in besonderer Weise einen bestehenden Bedarf abdecken, nämlich

– die individuelle Besteuerung und Verbeitragung von Teilen der Barvergütung von der aktiven Tätigkeitsphase auf die Rentenbezugsphase verlagern, sowie

– bestehende Versorgungslücken schließen.

Nachdem die Entgeltumwandlung seit den 80er Jahren des vorigen Jahrhunderts kontinuierlich an Bedeutung zunahm und auf breiter Ebene diskutiert wurde,[427] nahm der Gesetzgeber sie als besondere Erscheinungsform der betrieblichen Altersversorgung mit dem Rentenreformgesetz 1999 ausdrücklich in das Gesetz auf.[428]

Zuvor hatte das Bundesarbeitsgericht bereits die Entgeltumwandlung ausdrücklich als betriebliche Altersversorgung anerkannt und die gegenteiligen Äußerungen des PSVaG, welcher Versorgungsleistungen aus Entgeltumwandlung als Spar- bzw. Gutschriftenmodell außerhalb der betrieblichen Altersversorgung verortete, ausdrücklich abgelehnt.[429]

Im Zuge des AVmG wurde die gesetzliche Regelung zur Entgeltumwandlung nicht inhaltlich abgeändert, jedoch systematisch umgestellt und in § 1 Abs. 2 Nr. 3 BetrAVG eingeordnet.

In der heutigen Praxis wird die Entgeltumwandlung in jedem Durchführungsweg praktiziert. Die Wahl des jeweiligen Durchführungsweges ist hierbei von vielfältigen Motiven geprägt. In Betracht kommen u.a.

---

427 Beispielhaft *Blomeyer* DB 1994, 882; *Bode* DB 1997, 1769; *Bode/Grabner* DB 2001, 481; *Bode* DB 1997, 1769; *Groeger* DB 1992, 2086; *Jaeger* BB 1997, 1474; *Höfer* DB 1998, 2266.
428 § 1 Abs. 5 BetrAVG (a.F.).
429 Vgl. BAG 26.6.1990–3 AZR 641/88 – EzA § 1 BetrAVG Nr. 59, DB 1990, 2475.

- eine konkrete tarifvertragliche Festlegung (insbesondere im Hinblick auf den Anspruch auf Entgeltumwandlung gem. § 1 a BetrAVG);

- die lohnsteuerliche Behandlung des Versorgungsaufwands aus Entgeltumwandlung während der Aktivitätsphase und der Leistungen aus Entgeltumwandlung in der Rentenbezugsphase;

- die sozialversicherungsrechtliche Behandlung des Versorgungsaufwands aus Entgeltumwandlung während der Aktivitätsphase und der Leistungen aus Entgeltumwandlung in der Rentenbezugsphase;

- die Finanzierung der aus der Entgeltumwandlung fließenden Versorgungsleistungen (betriebsinterne Finanzierung über Pensionsrückstellungen oder Auslagerung der Vermögenswerte an eine Unterstützungskasse, Pensionskasse, Direktversicherung oder einen Pensionsfonds);

- die Insolvenzsicherung des jeweiligen Durchführungsweges;

- der Verwaltungsaufwand im Zusammenhang mit dem jeweiligen Durchführungsweg;

- die Frage der Riesterförderung (nur im Durchführungsweg der Pensionskasse, der Direktversicherung oder des Pensionsfonds).

I. Inhalt der Entgeltumwandlung

401 Damit eine Entgeltumwandlung der Natur der Sache nach vorliegen kann, ist stets zu prüfen, ob sie überhaupt die Umwandlung vertraglich bereits vereinbarter Entgeltbestandteile betrifft oder ob der Versorgungsaufwand im Vorfeld einer arbeitsvertraglichen Absprache an Stelle einer Barvergütung zugesagt wird. Ist Letzteres der Fall, so entsteht die betriebliche Altersversorgung sozusagen **originär** und es liegt keine Entgeltumwandlung im Sinne des Gesetzes vor. Vielmehr übernimmt der Arbeitgeber die Finanzierung der Versorgungsanwartschaft von vornherein aus gegenüber der Aktivenvergütung zusätzlichen Vermögensmitteln.

402 Wird eine neue Vereinbarung über die Umwandlung von Entgeltansprüchen in Leistungen der betrieblichen Altersversorgung demgegenüber erst später während eines bereits bestehenden Arbeitsverhältnisses für künftige Ansprüche geschlossen, dann wird ein Teil der bislang bar erfolgten Vergütung durch eine andere Vergütungsform, nämlich eine Anwartschaft auf betriebliche Altersversorgung, ausgetauscht.

Zusage des Arbeitgebers auf betriebliche Altersversorgung § 1

Die betriebliche Altersversorgung entsteht dann **abgeleitet** aus einer Entgeltumwandlung.[430]

Die Entgeltumwandlung setzt sich im Wesentlichen aus zwei Vertragsbestandteilen zusammen.[431] Dies sind: 403

- eine **Vereinbarung zur Entgeltumwandlung**, in welcher eine Herabsetzung der Barvergütung künftig fälliger Entgeltansprüche vereinbart wird, und

- eine **Versorgungszusage** auf Leistungen der betrieblichen Altersversorgung.

Im Regelfall werden die vorgenannten Vertragsbestandteile miteinander verbunden und bedingen sich gegenseitig.

Arbeitsrechtlich ist zu beachten, dass die Herabsetzung der Entgeltansprüche regelmäßig allein für die betriebliche Altersversorgung gelten soll. Andere Sozialleistungen, wie beispielsweise Jubiläumsleistungen etc., werden i.d.R. weiterhin nach dem Stand der Barvergütung bemessen, der vor der Vereinbarung zur Entgeltumwandlung bestand. Aus diesem Grunde wird für den Mitarbeiter vielfach ein sog. **Schattengehalt** fortgeführt, welches ausschlaggebend für die Bemessung sonstiger Sozialleistungen des Arbeitgebers oder künftiger Gehaltssteigerungen ist.[432] 404

Aus **steuerlichen Gründen** (Zuflussprinzip!) ist die Vereinbarung zur Entgeltumwandlung abzuschließen, bevor die jeweiligen Entgeltansprüche zur Zahlung fällig werden.[433]

II. Gestaltungsvarianten der Entgeltumwandlung

In der praktischen Umsetzung der Entgeltumwandlung bestehen einige Gestaltungsvarianten, deren wesentliche Aspekte in der nachfolgenden Grafik aufgezeigt sind. 405

---

430 *Grabner* BetrAV 2003, 1.
431 *Blomeyer* BetrAV 2001, 430.
432 Zur steuerlichen Unbedenklichkeit einer solchen Schattengehaltsregelung vgl. BMF-Schreiben v. 17.11.2004 zur steuerlichen Förderung der privaten Altersvorsorge und betrieblichen Altersversorgung, IV C 4 – S 2222 – 177/04/IV C 5 – S 2333 – 269/04, BStBl. I 2004, S. 1065 ff., Rn. 164 sowie nachfolgend Rn. 438 ff.
433 Vgl. hierzu nachfolgend Rn. 438 ff.

§ 1 Zusage des Arbeitgebers auf betriebliche Altersversorgung

Abb.: Gestaltungsvarianten der Entgeltumwandlung

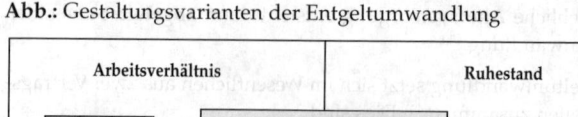

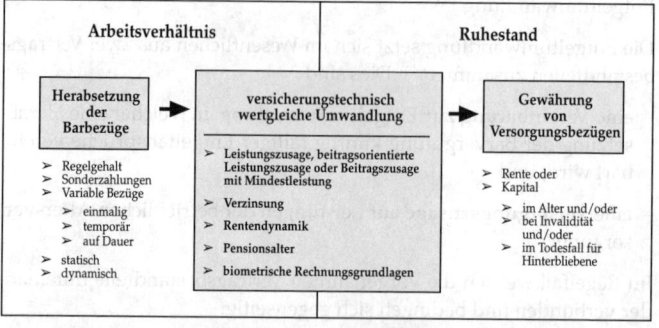

Arbeitsverhältnis		Ruhestand
Herabsetzung der Barbezüge →	**versicherungstechnisch wertgleiche Umwandlung** →	**Gewährung von Versorgungsbezügen**
➢ Regelgehalt ➢ Sonderzahlungen ➢ Variable Bezüge 　➢ einmalig 　➢ temporär 　➢ auf Dauer ➢ statisch ➢ dynamisch	➢ Leistungszusage, beitragsorientierte Leistungszusage oder Beitragszusage mit Mindestleistung ➢ Verzinsung ➢ Rentendynamik ➢ Pensionsalter ➢ biometrische Rechnungsgrundlagen	➢ Rente oder ➢ Kapital 　➢ im Alter und/oder 　➢ bei Invalidität und/oder 　➢ im Todesfall für Hinterbliebene

1. Herabsetzung der Barbezüge

406 Wie die vorstehende Grafik zeigt, kann der Arbeitnehmer grundsätzlich Entgeltansprüche jeder Art umwandeln. Hierzu zählen Teile der Regelvergütung oder variable Bezüge ebenso wie einmalige oder wiederkehrende Sonderzahlungen. Auch künftige vermögenswirksame Leistungen können Gegenstand einer Entgeltumwandlung sein. Der Verzicht auf zukünftige Urlaubsansprüche ist, soweit die Umwandlung nicht den gesetzlichen oder tariflichen Mindesturlaub betrifft, ebenfalls möglich. Selbst sog. Wertguthaben aus der Ansammlung nicht vergüteter Arbeitszeiten auf sog. Zeitkonten (vgl. § 7 Abs. 1 a SGB IV) können unter Beachtung bestimmter steuerlicher und sozialversicherungsrechtlicher Anforderungen in eine Anwartschaft auf betriebliche Altersversorgung umgewandelt werden.[434]

407 Im Rahmen der Entgeltumwandlungsvereinbarung kann dem Arbeitnehmer grundsätzlich die Wahl eingeräumt werden, ob ein Verzicht auf die Barvergütung von Entgeltansprüchen dauerhaft, über einige Umwandlungsperioden oder einmalig erfolgen soll. Allerdings ist zu beachten, dass eine flexible Umwandlung u.U. bei den unterschiedlichen Durchführungswegen steuerlich beschränkt ist.[435]

---

[434] *Bode/Grabner* S. 76 f.; *Hanau/Arteaga/Rieble/Veit* Teil A Rn. 69 ff.; BMF-Schreiben v. 17.11.2004 zur steuerlichen Förderung der privaten Altersvorsorge und betrieblichen Altersversorgung, IV C 4 – S 2222 – 177/04/IV C 5 – S 2333 – 269/04, BStBl. I 2004, S. 1065 ff., Rn. 163, 165 ff.

[435] So setzt beispielsweise der Betriebsausgabenabzug von Beiträgen an eine kongruent rückgedeckte Unterstützungskasse voraus, dass die Beiträge (aus Entgeltumwandlung) laufend entrichtet werden und entweder gleich bleiben oder steigen (§ 4 d Abs. 1 Satz 1 Nr. 1 c EStG); vgl. BMF-Schreiben v. 31.1.2002 – IV A 6 – S 2144 c – 9/01, DB 2002, 294.

Zusage des Arbeitgebers auf betriebliche Altersversorgung § 1

Schließlich kann der Arbeitnehmer dynamisch oder statisch Teile seines Einkommens umwandeln. Eine **dynamische** Umwandlung liegt beispielsweise dann vor, wenn der Arbeitnehmer eine Reduzierung von 50 % seiner jährlichen Sonderzahlung vereinbart, welche variabel sein kann. Eine **statische** Entgeltumwandlung ist gegeben, wenn ein fester Betrag, beispielsweise jährlich 4.000,– €, umgewandelt wird. 408

Sofern Entgeltansprüche **tariflich geregelt** sind, liegt es gem. § 17 Abs. 5 BetrAVG allein in der Kompetenz der Tarifvertragsparteien, derartige Ansprüche einer Entgeltumwandlung zugänglich zu machen.[436] 409

2. Versicherungstechnisch wertgleiche Umwandlung

Gemäß § 1 Abs. 2 Nr. 3 BetrAVG setzt Entgeltumwandlung als betriebliche Altersversorgung voraus, dass im Austausch für die Herabsetzung der Barbezüge eine wertgleiche Versorgungszusage erteilt wird. Bisher ist noch nicht abschließend geklärt, wann und unter welchen Umständen eine Wertgleichheit anzunehmen ist. Das Bundesfinanzministerium hat mit Schreiben vom 17.11.2004[437] für die lohnsteuerliche Anerkennung einer Entgeltumwandlungsvereinbarung festgestellt, dass diese eine versicherungsmathematisch wertgleiche Umrechnung des aus der Entgeltumwandlungsvereinbarung fließenden Versorgungsaufwands nicht voraussetzt. 410

Diese (lohnsteuerlich relevante) Feststellung bedeutet jedoch nicht, dass Entgeltumwandlung ohne versicherungsmathematische Methoden erfolgen könnte bzw. müsste. Die Anwendung versicherungsmathematischer Grundsätze und Regeln ist stets erforderlich, um betriebliche Versorgungsleistungen aus dem Versorgungsaufwand einer Entgeltumwandlung ermitteln zu können.[438] 411

Die Versicherungsmathematik spielt bei der Festlegung der Verrentungsfaktoren zur Umrechnung in Versorgungsleistungen eine entscheidende Rolle. Zu diesem Zweck sind in der im Gegenzug für die Entgeltumwandlung zu erteilenden Versorgungszusage die wesentlichen Parameter der Versorgung festzulegen. Hierzu zählt die exakte Zusageform, in der Praxis wohl zumeist eine beitragsorientierte Leistungszusage oder eine Beitragszusage mit Mindestleistung. 412

---

436 Vgl. hierzu auch § 17 Rn. 38 ff.
437 BMF-Schreiben v. 17.11.2004 zur steuerlichen Förderung der privaten Altersvorsorge und betrieblichen Altersversorgung, IV C 4 – S 2222 – 177/04/IV C 5 – S 2333 – 269/04, BStBl. I 2004 S. 1065 ff., Rn. 162.
438 Vgl. *Hanau/Arteaga/Rieble/Veit* Teil A Rn. 100 ff.; *Schack/Tacke/Thau* S. 342 ff.

413 Des Weiteren müssen Festlegungen zum Pensionsalter, zum Rechnungszins, zur Rentenanpassung und zu sonstigen biometrischen Rechnungsgrundlagen (beispielsweise Invalidisierungswahrscheinlichkeiten) getroffen werden.

414 Eine noch nicht endgültig geklärte Problematik stellt die Frage dar, ob der Arbeitgeber im Rahmen einer Entgeltumwandlung eine **Mindestverzinsung** des Versorgungsaufwandes gewähren muss, welcher über die Entgeltumwandlung in das Versorgungssystem fließt. Diese Frage sollte für die jeweiligen Durchführungsformen der Altersversorgung einheitlich behandelt werden. Frühere Auffassungen tendierten dazu, eine Wertgleichheit nur dann zu bestätigen, wenn eine Mindestverzinsung zugesagt wurde.[439] Dies ist jedoch sachlich zumindest nach der heutigen Gesetzeslage nicht mehr zutreffend.

415 Im Rahmen der Entgeltumwandlung steht nämlich neben der Leistungszusage und der beitragsorientierten Leistungszusage die Beitragszusage mit Mindestleistung (bei Durchführung der Versorgung über eine Pensionskasse, einen Pensionsfonds oder eine Direktversicherung) als Zusagetypus zur Verfügung. Für die Beitragszusage mit Mindestleistung hat der Gesetzgeber entschieden, dass der Arbeitgeber bzw. der von ihm gewählte externe Versorgungsträger die Mindestleistung gewährleisten muss. Dies bedeutet, dass der Arbeitgeber nur dafür einzustehen hat, dass bei Eintritt des Versorgungsfalles ein Mindestversorgungskapital im Umfang der nominell zugesagten Beiträge abzüglich eines biometrischen Risikoausgleichs zur Verfügung stehen. Die Gewähr eines Mindestzinses auf diese zugesagten Beiträge wird nicht gefordert. Was für die Beitragszusage mit Mindestleistung gilt, sollte auch bei der (beitragsorientierten) Leistungszusage ausschlaggebend sein, da der Gesetzgeber keinen Wettbewerb zwischen den Zusageformen beabsichtigt. Aus diesem Grund sollte auch bei einer Leistungszusage oder einer beitragsorientierten Leistungszusage aus arbeitsrechtlicher Sicht jedenfalls die Aufrechterhaltung der jeweils eingebrachten Beträge ausreichen, um eine Wertgleichheit im Rahmen der Entgeltumwandlung zu begründen.[440]

416 Ferner stellt sich die Frage, ob der Arbeitgeber **Verwaltungskosten**, die im Zusammenhang mit der Administration und Abwicklung einer Versorgung aus Entgeltumwandlung entstehen und die im Einzelfall auch sachlich begründbar und angemessen sind, von dem Versorgungsauf-

---

[439] *Höfer/Meier* BB 1998, 1894, welche eine sachlich nicht begründbare Verzinsung von 5,5 % verlangen, um eine Wertgleichheit herzustellen.
[440] Vgl. *Hanau/Arteaga/Rieble/Veit* Teil A Rn. 114.

wand aus einer Entgeltumwandlung abziehen kann oder ob er hierfür selbst einstehen muss. Eine Minderung des Aufwands ist als zulässig anzusehen, da der Arbeitgeber aus der Entgeltumwandlung heraus keine zusätzlichen Kosten tragen soll. Im Bereich der versicherungsförmigen Durchführungswege Pensionskasse, Pensionsfonds oder Direktversicherung sind Verwaltungskosten in der Praxis regelmäßig im jeweiligen Tarif berücksichtigt. Auch bei einer unmittelbaren Versorgungszusage oder im Bereich einer Unterstützungskasse besteht kein sachliches Argument, dem Arbeitgeber Verwaltungsaufwand aus der Entgeltumwandlung anzulasten.

Besonderheiten sind im Hinblick auf die Verwaltungskosten insoweit zu beachten, als es sich um **einmalige Abschlusskosten bei den versicherungsförmigen Durchführungswegen** handelt, die im sog. Zillmerungsverfahren bei den Versicherungstarifen berücksichtigt werden. Unter gezillmerten Tarifen versteht man dabei solche Tarife, bei denen mit den eingezahlten Beiträgen zunächst sämtliche Versicherungs- und Abschlusskosten vollständig getilgt werden, bevor die Beiträge erst danach zum Aufbau eines Deckungskapitals für die Altersversorgung führen.[441]

416a

Nachdem die Verwendung von gezillmerten Verträgen im Zusammenhang mit der Entgeltumwandlung bereits in den letzten Jahren – allerdings in ganz anderem Kontext, nämlich der Frage des Bestehens einer Aufklärungspflicht des Arbeitgebers bzw. des Vorliegens transparenter Versicherungsbedingungen – Gegenstand der Rechtsprechung[442] war, hat das LAG München in seinem (noch nicht rechtskräftigen) Urteil vom 15.3.2007[443] ausdrücklich entschieden, dass gezillmerte Lebensversicherungstarife im Rahmen der Entgeltumwandlung unzulässig sind, da es sich **nicht** um eine gemäß § 1 Abs. 2 Nr. 3 BetrAVG erforderliche Umwandlung in eine **wertgleiche Anwartschaft** handelt. Diese Argumentation ist in der Literatur[444] auf Kritik gestoßen, so dass abzuwarten bleibt, ob und inwieweit die höchstrichterliche Rechtsprechung dem LAG München folgen wird.

416b

Im Gegenzug zu den unter den obigen Einschränkungen abziehbaren Verwaltungskosten sind dem Arbeitnehmer sämtliche Erträge und Überschüsse, welche in der jeweiligen Versorgungsgestaltung mit

417

---

441 Vgl. *Jaeger* BetrAV 2006, 517; *Hessling* BetrAV 2006, 318.
442 ArbG Stuttgart 17.1.2005, 19 Ca 3152/04, BetrAV 2005, 692; LG Stuttgart 22.3.2005, 20 O 541/04, BetrAV 2005, 792; vgl. auch *Hartsoe* BetrAV 2006, 323 m.w.N.
443 LAG München 15.3.2007, 4 Sa 1152/06, DB 2007, 1143.
444 Vgl. *Kollroß/Frank* DB 2007, 1146.

dem aus der Entgeltumwandlung fließenden Versorgungsaufwand erzielt werden und nicht zur Abdeckung von Verwaltungskosten benötigt werden, leistungserhöhend zu gewähren.

3. Gewährung von Versorgungsbezügen

418 Abgesehen von der Festlegung der versicherungsmathematischen Parameter zur Umrechnung des Versorgungsaufwandes in eine wertgleiche Versorgungsleistung können im Rahmen der Entgeltumwandlung als Leistungsform Renten- oder Kapitalleistungen, als Leistungsart Alters-, Invaliden- und/oder Hinterbliebenenleistungen zugesagt werden, wobei jedoch der Risikocharakter betrieblicher Altersversorgung beachtet werden muss.

III. Arbeitsrechtliche Rahmenbedingungen der Entgeltumwandlung

419 Die besondere Eigenart der Entgeltumwandlung, welche auf einer Reduzierung der Barvergütung von Entgeltansprüchen beruht, hat bereits vor der Verankerung ausdrücklicher gesetzlicher Regelungen das Bundesarbeitsgericht dazu veranlasst, dem Arbeitgeber die Pflicht aufzuerlegen, Versorgungsrechte aus entsprechenden Vereinbarungen vertraglich sofort unverfallbar zu stellen.[445] Mit dem AVmG wurde die Entgeltumwandlung sodann in mehrfacher Beziehung besonderen gesetzlichen Schutzbestimmungen unterworfen.

1. Sonderregelungen des § 1 b Abs. 5 BetrAVG

420 Zu den speziellen Bestimmungen für die Entgeltumwandlungsversorgung[446] zählen

- die sofortige gesetzliche Unverfallbarkeit gem. § 1 b Abs. 5 S. 1 Hs. 1 BetrAVG;

- die Pflicht, bei Durchführung über eine Direktversicherung, eine Pensionskasse oder einen Pensionsfonds anfallende Überschussanteile nur zur Verbesserung der Leistung zu verwenden, § 1 b Abs. 5 S. 1 Hs. 2 Nr. 1 BetrAVG;

---

[445] BAG 8.6.1993, 3 AZR 670/92, EzA § 1 BetrAVG Lebensversicherung Nr. 4, DB 1993, 2538.
[446] Zu den früheren (durch das Alterseinkünftegesetz aufgehobenen) Besonderheiten im Hinblick auf die Abfindung und die Übertragung von Versorgungsanwartschaften aus Entgeltumwandlung vgl. 2. Aufl. § 1 Rn. 422 ff.

– die Einräumung des Rechtes, bei Durchführung über eine Direktversicherung, eine Pensionskasse oder einen Pensionsfonds die Versicherung oder Versorgung mit eigenen Beiträgen nach Ausscheiden aus dem Arbeitsverhältnis fortzusetzen, § 1 b Abs. 5 S. 1 Hs. 2 Nr. 2 BetrAVG;

– der Ausschluss des Rechtes, die Versorgung aus Entgeltumwandlung bei Durchführung über eine Direktversicherung, eine Pensionskasse oder einen Pensionsfonds zu verpfänden, abzutreten oder zu beleihen, § 1 b Abs. 5 S. 1 Hs. 2 Nr. 3 BetrAVG;

– die Einräumung eines unwiderruflichen Bezugsrechtes bei Durchführung der Entgeltumwandlung über eine Direktversicherung, § 1 b Abs. 5 S. 2 BetrAVG.[447]

2. Ermittlung der unverfallbaren Versorgungsanwartschaft

Im Hinblick auf die Höhe einer unverfallbaren Versorgungsanwartschaft aus Entgeltumwandlung hat der Gesetzgeber in § 2 Abs. 5 a BetrAVG eine Sonderregelung vorgesehen, wonach bei den Durchführungswegen Direktzusage, Unterstützungskasse und Pensionsfonds an Stelle der zeitlich-ratierlichen Versorgungsanwartschaft die bis zum Zeitpunkt des Ausscheidens erreichte Anwartschaft auf Versorgungsleistungen aus den bis zu diesem Zeitpunkt umgewandelten Entgeltbestandteilen aufrechtzuerhalten ist.[448] Diese Regelung gilt gem. § 30 g Abs. 1 BetrAVG nur für Zusagen, welche ab dem 1.1.2001 erteilt worden sind bzw. erteilt werden. Für zuvor erteilte Versorgungszusagen kann die Anwendung des § 2 Abs. 5 a BetrAVG einvernehmlich zwischen Arbeitgeber und Arbeitnehmer vereinbart werden. Ansonsten gelten die Regelungen des § 2 Abs. 1 BetrAVG zur zeitratierlichen Anwartschaftsberechnung bzw. – soweit einschlägig – die Regelungen des § 2 Abs. 2 und 3 BetrAVG zur versicherungsvertraglichen Lösung.[449]

---

447 Vgl. dazu § 1 b Rn. 128 ff.
448 Vgl. zur Ermittlung einer unverfallbaren Versorgungsanwartschaft § 2 Rn. 162 ff.
449 Vgl. i.E. § 2 Rn. 17 f., 111 f.; für Pensionskassen, deren Leistungen durch Beiträge der Arbeitnehmer und Arbeitgeber gemeinsam finanziert und die als beitragsorientierte Leistungszusage oder als Leistungszusage durchgeführt werden, steht die versicherungsvertragliche Lösung aufgrund der gewählten Leistungsfinanzierung nicht zur Verfügung; daher gilt für diese Pensionskassen ebenfalls § 2 Abs. 5 a BetrAVG, vgl. § 30 e Abs. 2 BetrAVG.

3. Anpassung von laufenden Rentenleistungen aus einer Entgeltumwandlung

425 Sofern eine Entgeltumwandlung nicht über eine Beitragszusage mit Mindestleistung abgewickelt wird, besteht gem. § 16 Abs. 5 Alternative 1, Abs. 3 Nr. 1 i.V.m. § 30 c Abs. 3 BetrAVG für ab dem 1.1.2001 erteilte Entgeltumwandlungszusagen die Verpflichtung, mindestens eine garantierte Anpassung im Umfang von 1 % p.a. vorzunehmen. Im Rahmen der Durchführung über eine Pensionskasse oder eine Direktversicherung sind sämtliche Überschussanteile gem. § 16 Abs. 5 Alternative 2, Abs. 3 Nr. 2 BetrAVG ab Rentenbeginn zur Erhöhung der laufenden Leistungen zu verwenden, wobei zur Berechnung der garantierten Leistung der jeweils nach § 65 Abs. 1 Nr. 1 a VAG festgesetzte Höchstzinssatz zur Berechnung der Deckungsrückstellung nicht überschritten werden darf.[450]

4. Insolvenzschutz für Versorgungsrechte aus Entgeltumwandlung

426–428 Seit dem 1.7.2002 gilt sowohl für arbeitgeberfinanzierte Zusagen als auch für Entgeltumwandlungszusagen eine einheitliche **Höchstgrenze** des gesetzlichen Insolvenzschutzes.[451] Nach § 7 Abs. 3 S. 1 BetrAVG sind die Leistungen der gesetzlichen Insolvenzsicherung auf das Dreifache der im Zeitpunkt der ersten Fälligkeit maßgebenden monatlichen Bezugsgröße gem. § 18 SGB IV begrenzt.[452]

429 Zu beachten ist jedoch, dass der PSVaG Versorgungsrechte aus Entgeltumwandlungszusagen und Erhöhungen von Entgeltumwandlungszusagen gem. § 7 Abs. 5 S. 3 BetrAVG grds. erst dann schützt, wenn ein Zeitraum von mindestens 2 Jahren ab Erteilung bzw. Erhöhung der Versorgungszusage bis zum Eintritt der Insolvenz vergangen ist. Dies gilt gem. § 7 Abs. 5 S. 3 Nr. 1 BetrAVG nicht für Versorgungszusagen, welche ab dem 1.1.2002 erteilt worden sind, soweit Versorgungsrechte durch Beiträge im Umfang von bis zu 4 % der Beitragsbemessungs-

---

[450] Vgl. dazu § 16 Rn. 100; diese Voraussetzung ist auch dann erfüllt, wenn zwar der nach § 65 Abs. 1 Nr. 1 a VAG festgesetzte Zinssatz zur Berechnung der Deckungsrückstellung überschritten wird, dieser höhere Zinssatz jedoch seinerseits auf einem aufsichtsbehördlich genehmigten Technischen Geschäftsplan beruht.
[451] Vgl. hierzu § 7 Rn. 111.
[452] Zu den früheren Sonderregelungen zur Höchstgrenze des gesetzlichen Insolvenzschutz bei Entgeltumwandlung vgl. 2. Aufl. § 1 Rn. 426 ff.

grenze in der allgemeinen Rentenversicherung finanziert worden sind. Insoweit besteht sofortiger gesetzlicher Insolvenzschutz.[453]

IV. Übergangsregelungen – Abgrenzung zwischen Alt- und Neuzusage

1. Übergangsregelungen

Die Tatsache, dass die Entgeltumwandlung vor dem 1.1.1999 überhaupt nicht gesetzlich normiert war, bevor erste gesetzliche Regelungen durch das RRG 1999 und detailliertere Bestimmungen durch das AVmG in das BetrAVG eingefügt wurden, hat dazu geführt, dass eine Vielzahl von **Übergangsbestimmungen** im Rahmen der Entgeltumwandlung zu beachten ist. Diese differenzieren danach, wann eine Versorgungszusage aus Entgeltumwandlung jeweils erteilt wurde. 430

Stichtage sind hier der 1.1.1999, der 1.1.2001, der 1.1.2002 sowie der 1.1.2005. 431

---

453 Vgl. hierzu im Detail § 7 Rn. 144 ff.

§ 1 Zusage des Arbeitgebers auf betriebliche Altersversorgung

Übergangsregelungen des BetrAVG im Rahmen der Entgeltumwandlung

Versorgungs-zusage erteilt	Vor dem 1.1.1999	Ab dem 1.1.1999	Ab dem 1.1.2001	Ab dem 1.1.2002	Ab dem 1.1.2005
Gesetzliche Unverfallbarkeit	Allgemeine Unverfallbarkeitsfristen, § 1 b BetrAVG i.V.m. § 30 f BetrAVG; • Mindestalter 35 Jahre und 10 Jahre Bestand der Zusage oder 3 Jahre Bestand und 12 Jahre Betriebszugehörigkeit alternativ (gerechnet ab 1.1.2001) • Mindestalter 30 Jahre und Bestand der Zusage 5 Jahre		Sofortige gesetzliche Unverfallbarkeit ab Erteilung der Zusage		
Höhe der unverfallbaren Anwartschaft	Ermittlung gemäß § 2 Abs. 1 BetrAVG: Zeitratierliche Berechnung für alle Durchführungswege bei Vereinbarung zwischen Arbeitgeber und Arbeitnehmer in den Durchführungswegen Direktzusage und Unterstützungskasse auch bis zum Ausscheiden erreichte Anwartschaft (§30 g Abs. 1 S. 2 BetrAVG) alternativ versicherungsvertragliche Lösung gemäß § 2 Abs. 2 bzw. 3 BetrAVG für Direktversicherungen und Pensionskassen		Ermittlung gemäß § 2 Abs. 5 a BetrAVG bei Direktzusagen, Unterstützungskassen und (ab. 1.1.2002) Pensionsfonds: Die bis zum Ausscheiden erreichte Anwartschaft aus den bis dahin umgewandelten Entgeltbestandteilen (ausnahmsweise auch anwendbar für Pensionskassen, § 30 e Abs. 2 S. 2 BetrAVG)	Bei Beitragszusagen mit Mindestleistung gilt § 2 Abs. 5 b BetrAVG: Planmäßig zuzurechnendes Versorgungskapital auf der Grundlage der bis zum Ausscheiden geleisteten Beiträge (Beiträge und die bis zum Eintritt des Versorgungsfalls erzielten Erträge), mindestens die Summe der bis dahin zugesagten Beiträge, soweit sie nicht rechnungsmäßig für einen biometrischen Risikoausgleich verbraucht wurden	

Zusage des Arbeitgebers auf betriebliche Altersversorgung § 1

Versorgungs-zusage erteilt	Vor dem 1.1.1999	Ab dem 1.1.1999	Ab dem 1.1.2001	Ab dem 1.1.2002	Ab dem 1.1.2005
Abfindung bei Beendigung des Arbeitsverhältnisses/ Übertragung einer gesetzlich unverfallbaren Anwartschaft	Abfindung gemäß § 3 BetrAVG: Keine Sonderregelung für Entgeltumwandlung Übertragung im Rahmen der generellen Regelungen des § 4 BetrAVG möglich	Abfindung gemäß § 3 BetrAVG: Keine Sonderregelung für Entgeltumwandlung Übertragung im Rahmen der generellen Regelungen des § 4 BetrAVG möglich	Einvernehmliche Abfindung einer unverfallbaren Anwartschaft aus Entgeltumwandlung bei Einhaltung der Grenzwerte des § 3 Abs. 1 S. 3 Nr. 1 und 2 BetrAVG möglich Ferner in allen Durchführungswegen Anspruch auf Übertragung der Versorgungsanwartschaft auf Verlangen des Arbeitnehmers auf neuen Arbeitgeber gemäß § 4 Abs. 4 BetrAVG, wenn neuer Arbeitgeber zustimmt und eine wertgleiche Zusage erteilt		Abfindung gemäß § 3 BetrAVG: Keine Sonderregelung für Entgeltumwandlung Übertragung im Rahmen der generellen Regelungen des § 4 BetrAVG möglich
Rentenanpassung	§ 16 Abs. 1 BetrAVG: Anpassungsüberprüfung und -entscheidung im Drei-Jahres-Turnus. Anpassungsmaßstab: Anstieg des Verbraucherpreisindexes oder der Nettolöhne vergleichbarer Arbeitnehmer	§ 16 Abs. 1 und 2 BetrAVG: Verpflichtung entfällt bei Erteilung einer Anpassungsgarantie von 1 % p.a. gemäß § 16 Abs. 3 Nr. 1 BetrAVG	Verpflichtung gemäß § 16 Abs. 5 BetrAVG d.h. mindestens Anpassungsgarantie von 1 % gemäß § 16 Abs. 3 Nr. 1 BetrAVG bzw. bei Direktversicherung oder Pensionskasse Verwendung sämtlicher ab Rentenbeginn anfallender Überschüsse zur Erhöhung der laufenden Leistungen	Verpflichtung gemäß § 16 Abs. 5 BetrAVG d.h. mindestens Anpassungsgarantie von 1 % gemäß § 16 Abs. 3 Nr. 1 BetrAVG bzw. bei Direktversicherung oder Pensionskasse Verwendung sämtlicher ab Rentenbeginn anfallender Überschüsse zur Erhöhung der laufenden Leistungen § 16 Abs. 3 Nr. 3 BetrAVG: Mindestleistung ist nicht anzupassen	§ 16 Abs. 5 BetrAVG: Beitragszusage mit Mindestleistung
	Verpflichtung entfällt nach § 16 Abs. 3 Nr. 2 BetrAVG bei Direktversicherung und Pensionskasse bei Verwendung sämtlicher seit Rentenbeginn auf den Rentenbestand anfallenden Überschüsse zur Erhöhung der laufenden Leistungen, wenn der durch § 65 VAG festgesetzte Höchstzinssatz zur Berechnung der Deckungsrückstellung eingehalten wird.				

Versorgungszusage erteilt	Vor dem 1.1.1999	Ab dem 1.1.1999	Ab dem 1.1.2001	Ab dem 1.1.2002	Ab dem 1.1.2005
Insolvenzschutz dem Grunde nach	Rechtsprechung: Bei Erfüllung der allgemeinen Unverfallbarkeitsfristen Insolvenzschutz wie für sonstige Zusagen		Trotz sofortiger gesetzlicher Unverfallbarkeit besteht Insolvenzschutz grundsätzlich erst nach Ablauf von zwei Jahren ab Zusageerteilung, § 7 Abs. 5 Satz 3 BetrAVG	Trotz sofortiger gesetzlicher Unverfallbarkeit besteht Insolvenzschutz grundsätzlich erst nach Ablauf von zwei Jahren ab Zusageerteilung, § 7 Abs. 5 Satz 3 BetrAVG Ausnahme: Sofortiger Insolvenzschutz, soweit durch Beträge bis zu 4 % der Beitragsbemessungsgrenze in der allgemeinen Rentenversicherung (West bzw. Ost) finanziert	
Insolvenzschutz der Höhe nach	Beachtung der allgemeinen Höchstgrenzen gemäß § 7 Abs. 3 BetrAVG				

Zusage des Arbeitgebers auf betriebliche Altersversorgung § 1

Die Abgrenzung im Hinblick auf die Erteilung der jeweiligen Entgeltumwandlungszusage vor oder nach einem bestimmten Stichtag kann hierbei im Einzelfall Probleme bereiten. 432

2. Grundsätze zur Abgrenzung einer Alt- von einer Neuzusage

Grundsätzlich gelten die mit dem AVmG eingeführten Änderungen des Betriebsrentengesetzes nur für Versorgungszusagen, welche ab dem 1.1.2001 »neu« erteilt wurden. Die Abgrenzung von sog. Alt- und Neuzusagen bezieht sich also im Rahmen der Entgeltumwandlungszusagen i.d.R. auf den Stichtag 1.1.2001. Allerdings hat der Gesetzgeber eine klare Festlegung, wann eine Neuzusage anzunehmen ist, nicht getroffen. 433

So stellt die arbeitsrechtliche Übergangsvorschrift des § 30 f BetrAVG auf den Zeitpunkt der Erteilung der Versorgungszusage ab, während sich die steuerrechtliche Übergangsvorschrift in § 52 Abs. 16 b EStG z.T. auf den Zeitpunkt der Vereinbarung der Entgeltumwandlung bezieht. 434

Das Bundesarbeitsgericht hat bisher das Prinzip der »**Einheit der Versorgungszusage**« vertreten, wonach eine neue Zusage insbesondere dann nicht erteilt werde, wenn zwischen der bisherigen und der neuen Zusage ein sachlicher Zusammenhang bestünde. Jedoch könne ein Arbeitnehmer durchaus über mehrere Versorgungszusagen des Arbeitgebers verfügen.[454] 434a

Die Finanzverwaltung hat mit dem BMF-Schreiben vom 17.11.2004 versucht, im Hinblick auf die Anwendbarkeit der Bestimmungen des § 3 Nr. 63 EStG bzw. § 40 b EStG in der Fassung vom 31.12.2004 eine weitergehende Abgrenzung zwischen Alt- und Neuzusage vorzunehmen.[455] 434b

Besonders problematisch sind die Fälle, in denen Zusagen aus Entgeltumwandlung bestehen, die vor einem bestimmten Stichtag erteilt wurden, und bei denen später (nach diesem Stichtag) die Umwandlungsvereinbarung dem Betrage nach erhöht oder verlängert werden. 435

---

454 Vgl. BAG 12.2.1981, 3 AZR 163/80, EzA § 1 BetrAVG Nr. 13, DB 1981, 1622; 28.4.1992, 3 AZR 354/91, BetrAV 1992, 229.
455 BMF-Schreiben v. 17.11.2004 zur steuerlichen Förderung der privaten Altersvorsorge und betrieblichen Altersversorgung, IV C 4 – S 2222 – 177/04/IV C 5 – S 2333 – 269/04, BStBl. I 2004, S. 1065 ff., Rn. 202–204.

3. Problematische Fallgruppen

436 Als mögliche Problemsachverhalte kommen – bezogen auf den Stichtag 1.1.2001 – folgende Konstellationen in Betracht:

1	Dauerhafte Entgeltumwandlung	Erhöhung des jährlichen Umwandlungsbetrages ab dem 1.1.2001		
2	Zeitlich befristete Entgeltumwandlung	Erhöhung des jährlichen Umwandlungsbetrages ab dem 1.1.2001 vor Ablauf der Befristung	oder	Verlängerung des Umwandlungszeitraums ab dem 1.1.2001
3	Wiederholte einmalige Entgeltumwandlung	Änderung des Umwandlungsbetrages bei erneuter Umwandlung	oder	Verlängerung des Umwandlungszeitraums ab dem 1.1.2001

437 Der Fall unter (1) stellt in Anlehnung an die vorhandene Rechtsprechung des BAG[456] zur Unverfallbarkeit relativ eindeutig eine Altzusage dar; bei den Fällen unter (2) und unter (3) ist eine eindeutige Zuordnung hingegen nicht möglich.[457]

V. Einige steuerliche Aspekte der Entgeltumwandlung

1. Steuerliche Anerkennung einer Entgeltumwandlungsvereinbarung

438 Ein tragendes Motiv der Entgeltumwandlung ist die Vermeidung lohnsteuerlichen Zuflusses während der aktiven Beschäftigungszeit. Mit der rechtzeitigen Herabsetzung der Barvergütung entfällt der Zufluss des von der Umwandlung betroffenen Entgeltes gem. § 19 Abs. 1 EStG. Vielmehr wird ein der Reduzierung der Barvergütung entsprechender Versorgungsaufwand in die Finanzierung betrieblicher Versorgungsleistungen für den Arbeitnehmer eingebracht, deren Besteuerung ab Eintritt in den Ruhestand erfolgt.

---

456 Vgl. BAG 12.2.1981, 3 AZR 163/80, EzA § 1 BetrAVG Nr. 13, DB 1981, 1622.
457 *Schack/Tacke/Thau* S. 336 ff.

Zusage des Arbeitgebers auf betriebliche Altersversorgung § 1

Damit eine Entgeltumwandlung steuerlich anerkannt wird, sind spezielle Anforderungen zu beachten, welche das Bundesfinanzministerium in einigen Schreiben konkretisiert hat. Erhebliche Bedeutung kommt hierbei dem Schreiben des Bundesfinanzministeriums vom 17.11.2004 zur steuerlichen Förderung der privaten Altersvorsorge und betrieblichen Altersversorgung zu.[458]

439

Hiernach wird eine Vereinbarung zur Herabsetzung von Arbeitslohn steuerlich anerkannt, wenn die Vereinbarung bereits erdiente, aber noch nicht fällig gewordene Entgeltanteile umfasst (Fälligkeitsprinzip). Dies gilt selbst dann, wenn eine Sonder- bzw. Einmalzahlung einen Zeitraum von mehr als einem Jahr betrifft. Mit dieser Regelung hat das Ministerium die bereits mit dem BMF-Schreiben vom 5.8.2002[459] erfolgte Ablösung des Erdienensprinzips, welches verlangte, dass eine Vereinbarung zur Entgeltumwandlung getroffen werden musste, bevor das jeweilige Entgelt erdient wurde, bestätigt.

440

Abgesehen hiervon kann der bisherige ungekürzte Arbeitslohn weiterhin Bemessungsgrundlage für künftige Erhöhungen des Arbeitslohns oder andere Arbeitgeberleistungen sein (sog. Schattengehaltsregelung).

441

Für die steuerliche Anerkennung als betriebliche Altersversorgung sind folgende Anforderungen maßgebend:[460]

442

– als Mindestaltersgrenze sollte grundsätzlich die Vollendung des 60. Lebensjahres vorgesehen werden. Ausnahmen sind dort zulässig, wo eine niedrigere Altersgrenze betriebsüblich ist (bspw. Piloten);

– im Rahmen der Hinterbliebenenversorgung ist zu beachten, dass grundsätzlich nur die Witwe/der Witwer und die Kinder[461] berück-

---

458 BMF-Schreiben v. 17.11.2004 zur steuerlichen Förderung der privaten Altersvorsorge und betrieblichen Altersversorgung, IV C 4 – S 2222 – 177/04/IV C 5 – S 2333 – 269/04, BStBl. I 2004 S. 1065 ff., Rn. 161 ff.
459 BMF-Schreiben v. 5.8.2002, IV C 4 – S 2222 – 284/02/IV C 5 – S 2333 – 146/02, BStBl. I 2002 S. 767, DB Beilage Nr. 6/2002.
460 BMF-Schreiben v. 17.11.2004 zur steuerlichen Förderung der privaten Altersvorsorge und betrieblichen Altersversorgung, IV C 4 – S 2222 – 177/04/IV C 5 – S 2333 – 269/04, BStBl. I 2004 S. 1065 ff., Rn. 154 ff.
461 Als versorgungsberechtigte Waisen kommen nur Kinder i.S.d. § 32 Abs. 3 und 4 S. 1 Nr. 1 bis 3 EStG in Betracht (vgl. BMF-Schreiben v. 17.11.2004 zur steuerlichen Förderung der privaten Altersvorsorge und betrieblichen Altersversorgung, IV C 4 – S 2222 – 177/04/IV C 5 – S 2333 – 269/04, BStBl. I 2004 S. 1065 ff., Rn. 157), wobei zu beachten ist, dass die Altersgrenze für ab dem 1.1.2007 erteilte Versorgungszusagen von 27 auf 25 Jahre abgesenkt wurde (vgl. Steueränderungsgesetz 2007 v. 19.7.2006, Art 1, BGBl. I S. 1652; BMF-Schreiben v. 4.10.2006 zur Altersgrenze bei der Hinterbliebenenversor-

sichtigt werden dürfen. Darüber hinaus sind aber auch Lebensgefährten als Versorgungsberechtigte zulässig.

442a Der **Begriff des Lebensgefährten** umfasst gemäß dem BMF-Schreiben vom 17.11.2004[462] zum einen die nach dem Lebenspartnerschaftsgesetz[463] eingetragenen (gleichgeschlechtlichen) Lebenspartner. Zum anderen werden auch die sonstigen nicht eingetragenen gleichgeschlechtlichen und die nichtehelichen verschieden geschlechtlichen Partner erfasst, wenn sie in eheähnlicher Gemeinschaft mit dem Mitarbeiter leben und die Voraussetzungen des BMF-Schreibens vom 25.7.2002 erfüllt sind.[464]

Danach reicht es regelmäßig aus, wenn

– der versorgungsberechtigte Partner namentlich mit Anschrift und Geburtsdatum in der schriftlichen Vereinbarung gegenüber dem Arbeitgeber benannt wird,

– der benannte Partner schriftlich die Kenntnisnahme der in Aussicht gestellten Versorgungsleistungen bestätigt und

– eine Versicherung erfolgt, dass eine gemeinsame Haushaltsführung besteht.

Eine Vererbung von Anwartschaften ist generell nicht zulässig, wobei für Direktversicherungen gewisse Ausnahmen bestehen.[465]

2. Steuerliche Förderung gemäß § 10 a, Abschnitt XI EStG

443 Eine besondere Förderung der Entgeltumwandlung hat der Gesetzgeber im Altersvermögensgesetz über die Einführung der sog. Riester-Förderung vorgesehen. Diese in § 10 a, Abschnitt XI EStG enthaltene steuerliche Förderung ist sehr komplex und kommt insbesondere den in der gesetzlichen Rentenversicherung pflichtversicherten Personen zu.

---

gung im Rahmen der betrieblichen Altersversorgung ab 2007, IV C 5 – S 2333 – 116/06).

462 BMF-Schreiben v. 17.11.2004 zur steuerlichen Förderung der privaten Altersvorsorge und betrieblichen Altersversorgung, IV C 4 – S 2222 – 177/04/IV C 5 – S 2333 – 269/04, BStBl. I 2004 S. 1065 ff., Rn. 157.

463 Gesetz zur Überarbeitung des Lebenspartnerschaftsrechts vom 15.12.2004, BGBl. I 2004 S. 3396.

464 BMF-Schreiben v. 25.7.2002 – IV A 6 – S 2176–28/02 – DB 2002, 1690.

465 BMF-Schreiben v. 17.11.2004 zur steuerlichen Förderung der privaten Altersvorsorge und betrieblichen Altersversorgung, IV C 4 – S 2222 – 177/04/IV C 5 – S 2333 – 269/04, BStBl. I 2004 S. 1065 ff., Rn. 158 f.

Zusage des Arbeitgebers auf betriebliche Altersversorgung § 1

Im Rahmen der betrieblichen Altersversorgung hat der Gesetzgeber die Durchführungswege Pensionsfonds, Pensionskasse und Direktversicherung für eine derartige steuerliche Förderung privilegiert. Der einschlägige § 82 Abs. 2 EStG sieht vor, dass zu den förderungsfähigen Altersvorsorgebeiträgen auch die aus dem individuell versteuerten Arbeitslohn des Arbeitnehmers geleisteten Zahlungen an einen Pensionsfonds, eine Pensionskasse oder eine Direktversicherung gehören, wenn diese Einrichtungen für den Zulageberechtigten eine Altersversorgungsleistung in Form einer Rente oder eines Auszahlungsplans i.S.d. § 1 Abs. 1 S. 1 Nr. 4 AltZertG gewährleisten und die Beiträge dem Aufbau einer kapitalgedeckten betrieblichen Altersversorgung dienen.[466] Mithin erfolgt in diesen Fällen eine vorgelagerte Besteuerung und Verbeitragung der Entgeltumwandlungsbeträge.[467]

444–445

VI. Sozialversicherungsrechtliche Aspekte

Hinsichtlich der Beitragspflicht zur Sozialversicherung für Leistungen der betrieblichen Altersversorgung aus Entgeltumwandlung ist zwischen der Anwartschafts- und der Leistungsphase zu unterscheiden.

446

Anwartschaftsphase

446a

Das im Entwurf vorliegende »Gesetz zur Förderung der zusätzlichen Altersvorsorge und zur Änderung des Dritten Buches Sozialgesetzbuch«, BR-Drucks. 540/07 vom 10.8.2007 sieht vor, dass die derzeit gesetzlich noch vorgesehene grundsätzliche Beitragspflicht der betrieblichen Altersversorgung aus Entgeltumwandlung in der Anwartschaftsphase ab 2009 rückgängig gemacht wird. Art. 1–3 des genannten Gesetzentwurfs sehen eine grundsätzliche Beibehaltung der Beitragsfreiheit vor. Daher gelten die in der Spalte »2005 bis 2008« dargestellten Bestimmungen bei unverändertem Inkrafttreten des o.g. Gesetzes auch über das Jahr 2008 hinaus – die Spalte »Ab 2009« ist dann unbeachtlich.

---

466 Zur bis zum Alterseinkünftegesetz bestehenden Unklarheit, ob Pensionskassen, Pensionsfonds oder Direktversicherungen im Zuge des § 82 Abs. 2 EStG stets eine betriebliche Altersversorgung gewähren müssen, vgl. 2. Aufl. § 1 Rn. 445.
467 Vgl. hierzu im Detail § 1 a Rn. 47 ff.; BMF-Schreiben v. 17.11.2004 zur steuerlichen Förderung der privaten Altersvorsorge und betrieblichen Altersversorgung, IV C 4 – S 2222 – 177/04/IV C 5 – S 2333 – 269/04, BStBl. I 2004 S. 1065 ff., Rn. 191 ff.

§ 1 Zusage des Arbeitgebers auf betriebliche Altersversorgung

Durchführungsweg	2005 bis 2008	Ab 2009
Direktzusage/ Unterstützungskasse	beitragsfrei bis zu 4% der BBG (§ 115 SGB IV)	uneingeschränkte Beitragspflicht (§ 14 Abs. 1 S. 2 SGB IV)
Direktversicherung	• im Rahmen des § 40 b EStG und bei Umwandlung aus einer Sonderzahlung beitragsfrei (§ 1 Abs. 1 S. 1 Nr. 4 SvEV, Fassung bis 2008) **für Altverträge** • beitragsfrei bis 4% der BBG (§ 1 Abs. 1 S. 1 Nr. 9 SvEV) für **Neuverträge ab 1.1.2005** unabhängig davon, ob eine Einmalzahlung oder eine laufende Entgeltumwandlung vorliegt	uneingeschränkte Beitragspflicht (§ 1 Abs. 1 S. 1 Nr. 4 SvEV, § 1 Abs. 1 S. 1 Nr. 9 SvEV, Fassung ab 2009)
Pensionskasse	• bis zu 4% der BBG beitragsfrei (§ 1 Abs. 1 S. 1 Nr. 9 SvEV), darüber hinausgehende Zuwendungen beitragsfrei, soweit Pauschalbesteuerung nach § 40 b EStG und Umwandlung von Sonderzahlung (§ 1 Abs. 1 S. 1 Nr. 4 SvEV) **für Altverträge**	uneingeschränkte Beitragspflicht (§ 1 Abs. 1 S. 1 Nr. 9 SvEV, Fassung ab 2009)

Zusage des Arbeitgebers auf betriebliche Altersversorgung   § 1

Durchführungsweg	2005 bis 2008	Ab 2009
	• beitragsfrei bis 4 % der BBG (§ 1 Abs. 1 S. 1 Nr. 9 SvEV) für **Neuverträge ab 1.1.2005**; SV-Pflicht für Aufstockungsbetrag nach § 3 Nr. 63 S. 3 EStG	
Pensionsfonds	beitragsfrei bis zu 4 % der BBG (§ 1 Abs. 1 S. 1 Nr. 9 SvEV)	uneingeschränkte Beitragspflicht (§ 1 Abs. 1 S. 1 Nr. 9 SvEV, Fassung ab 2009)

Leistungsbezugsphase 446b

In der Leistungsbezugsphase gibt es keine sozialversicherungsrechtlichen Unterschiede zur reinen arbeitgeberfinanzierten betrieblichen Altersversorgung.

J. Beiträge des Arbeitnehmers aus seinem Arbeitsentgelt, § 1 Abs. 2 Nr. 4 BetrAVG

I. Hintergrund der gesetzlichen Neuregelung

Im Zuge der Einführung der steuerlichen Förderung nach § 10 a, Abschnitt XI EStG durch das Altersvermögensgesetz war weiterhin die Frage offen, ob sog. Eigenbeiträge der Arbeitnehmer steuerlich gem. § 82 Abs. 2 EStG gefördert werden konnten. Eigenbeiträge sind insbesondere bei betrieblichen Pensionskassen weit verbreitet. Traditionell werden sie aufgrund einer arbeitsvertraglichen Verpflichtung auf Nettobasis aus dem versteuerten und verbeitragten Einkommen des Arbeitnehmers vom Arbeitgeber an die Pensionskasse abgeführt. Diese Beiträge und die daraus resultierenden Leistungen wurden grundsätzlich eher als eine besondere Form der privaten Altersversorgung betrachtet. Der Arbeitnehmer konnte hierdurch seine Altersversorgung verbessern und gleichzeitig kostengünstig den externen Versorgungsträger, den der Arbeitgeber nutzte, für diese zusätzlichen Versorgungsleistungen verwenden. Die Leistungen aus derartigen Beiträgen wur- 447

§ 1 Zusage des Arbeitgebers auf betriebliche Altersversorgung

den ferner nicht immer nach den Regeln des Betriebsrentengesetzes behandelt, bspw. nicht gem. § 16 BetrAVG angepasst, da eine klare Zuordnung zur betrieblichen Altersversorgung nicht bestand.

448 Im Rahmen der Riester-Förderung wurde diese unklare Situation hinsichtlich der Zuordnung von Leistungen aus derartigen Arbeitnehmerbeiträgen zur betrieblichen Altersversorgung offensichtlich. Der Gesetzgeber hat diese Frage im Zuge des HZvNG mit der Regelung des § 1 Abs. 2 Nr. 4 BetrAVG dahingehend gelöst, dass Beiträge, welche der Arbeitnehmer aus seinem versteuerten und verbeitragten Einkommen an eine Pensionskasse, einen Pensionsfonds oder eine Direktversicherung zahlt, zu Leistungen der betrieblichen Altersversorgung führen, wenn der Arbeitgeber sich dazu entschließt, eine sog. Umfassungszusage zu erteilen. Tut der Arbeitgeber dies nicht, sind entsprechende Beiträge keine betriebliche Altersversorgung und daher nicht gem. § 82 Abs. 2 EStG förderungsfähig.[468]

II. Umfassungszusage

449 Bisher ist noch nicht eindeutig geklärt, unter welchen Umständen eine Umfassungszusage erfolgt. Sofern der Arbeitgeber sich klar dazu bekennt, Leistungen aus Eigenbeiträgen des Mitarbeiters, welche dieser in einen versicherungsförmigen Durchführungsweg (Pensionskasse, Pensionsfonds, Direktversicherung) einzahlt, als Leistungen der betrieblichen Altersvorsorge zu umfassen, wie dies einige Unternehmen in der Zwischenzeit erklärt haben, bestehen keine Interpretationsschwierigkeiten. Solche treten vornehmlich dann auf, wenn eine eindeutige Erklärung des Arbeitgebers nicht vorliegt, so dass aus sonstigen Umständen ermittelt werden muss, ob eine Umfassungszusage gem. § 1 Abs. 2 Nr. 4 BetrAVG vorliegt oder nicht. Hier sollte der Arbeitgeber jeweils abwägen, ob er durch eine ausdrückliche Erklärung gegebenenfalls klare Verhältnisse schaffen sollte.

III. Anwendung der Regelungen zur Entgeltumwandlung auf die Versorgungsleistungen aus Eigenbeiträgen

450 Als Konsequenz einer Umfassungszusage werden die Leistungen, welche aus Eigenbeiträgen finanziert werden, gem. § 1 Abs. 2 Nr. 4 2. Hs. BetrAVG nicht nur wie Leistungen der betrieblichen Altersversorgung behandelt, sondern darüber hinaus wie Versorgungsleistungen aus Entgeltumwandlung. Dies bedeutet, dass die Sonderregelungen, welche

---

468 So auch *Jürgens* BetrAV 2002, 788.

im Bereich der Entgeltumwandlung maßgeblich sind (sofortige gesetzliche Unverfallbarkeit, Möglichkeit zur Fortführung der Versorgung bzw. Versicherung mit eigenen Beiträgen etc.[469]), auch auf Versorgungsleistungen aus Eigenbeiträgen angewandt werden.[470]

Dies gilt allerdings nur, soweit die zugesagten Leistungen im Wege der **Kapitaldeckung** finanziert werden. Diese besondere gesetzliche Abgrenzung dient dazu, im Bereich des öffentlichen Dienstes die Beiträge, welche an die Zusatzversorgungskassen im sog. Umlageverfahren geleistet werden, aus dem Bereich der Riester-Förderung auszunehmen.[471] 451

IV. Übergangsbestimmungen und Sonderregelungen zur Versorgung aus Eigenbeiträgen

Des Weiteren enthält § 30e BetrAVG spezielle Übergangs- und Sonderregelungen für Versorgungsleistungen aus Eigenbeiträgen. 452

Grundsätzlich stellen Leistungen aus derartigen Versorgungszusagen betriebliche Altersversorgung dar, wenn diese ab dem **1.7.2002** erteilt werden. 453

Die Bestimmungen zur **Entgeltumwandlung** gelten gem. § 30e Abs. 1 BetrAVG nur für solche umfasste Versorgungszusagen, welche ab dem **1.1.2003** erteilt werden. 454

§ 30e Abs. 2 BetrAVG sieht zusätzliche Spezialbestimmungen für besondere Arten von **Pensionskassen** vor, welche traditionell die Leistungen aus Eigenbeiträgen und Leistungen aus Arbeitgeberbeiträgen in einem einheitlichen Tarif bündeln, mithin die Leistungen gemeinsam finanzieren. Derartige Pensionskassen sind verwaltungstechnisch nicht darauf eingerichtet, für die Eigenbeiträge eine gesonderte Erfassung und Finanzierung in einem eigenen Tarif einzurichten. Hier gelten die Sonderregelungen des § 30e Abs. 2 BetrAVG, wenn die Versorgungszusage als (beitragsorientierte) Leistungszusage konzipiert ist. 455

In derartigen Fällen ist das Recht auf eine Fortführung der Versorgung mit eigenen Beiträgen gem. § 1b Abs. 5 Satz 1 Hs. 2 Nr. 2 BetrAVG ebenso ausgeschlossen wie die Pflicht zur gesonderten Überschussverwendung gem. § 1b Abs. 5 S. 1 Hs. 2 Nr. 1 BetrAVG. 456

---

469 Vgl. hierzu Rn. 419 ff.
470 Vgl. hierzu allerdings die Übergangsregelung in § 30e Abs. 1 BetrAVG sowie nachfolgend Rn. 454.
471 *Bode/Saunders* DB 2002, 1378.

456a Da den betreffenden Pensionskassen aufgrund der gewählten Leistungsfinanzierung die ansonsten für Pensionskassen mögliche Ermittlung gesetzlich unverfallbarer Anwartschaften anhand der versicherungsvertraglichen Lösung nicht zur Verfügung steht, hat der Gesetzgeber im Zuge des Alterseinkünftegesetzes auch für diese Pensionskassen die Bestimmung der unverfallbaren Versorgungsrechte gem. § 2 Abs. 5 a BetrAVG zugelassen.

457 Auch im Bereich der Rentenanpassung hat der Gesetzgeber die tatsächlichen Notwendigkeiten akzeptiert, indem er die Kassen von der für die Entgeltumwandlung geltenden gesonderten Leistungsanpassung durch Überschusszuweisung gem. § 16 Abs. 5 BetrAVG befreit hat.

§ 1 a Anspruch auf betriebliche Altersversorgung durch Entgeltumwandlung

(1) ¹Der Arbeitnehmer kann vom Arbeitgeber verlangen, dass von seinen künftigen Entgeltansprüchen bis zu 4 vom Hundert der jeweiligen Beitragsbemessungsgrenze in der allgemeinen Rentenversicherung durch Entgeltumwandlung für seine betriebliche Altersversorgung verwendet werden. ²Die Durchführung des Anspruchs des Arbeitnehmers wird durch Vereinbarung geregelt. ³Ist der Arbeitgeber zu einer Durchführung über einen Pensionsfonds oder eine Pensionskasse (§ 1 b Abs. 3) bereit, ist die betriebliche Altersversorgung dort durchzuführen; andernfalls kann der Arbeitnehmer verlangen, dass der Arbeitgeber für ihn eine Direktversicherung (§ 1 b Abs. 2) abschließt. ⁴Soweit der Anspruch geltend gemacht wird, muss der Arbeitnehmer jährlich einen Betrag in Höhe von mindestens einem Hundertsechzigstel der Bezugsgröße nach § 18 Abs. 1 des Vierten Buches Sozialgesetzbuch für seine betriebliche Altersversorgung verwenden. ⁵Soweit der Arbeitnehmer Teile seines regelmäßigen Entgelts für betriebliche Altersversorgung verwendet, kann der Arbeitgeber verlangen, dass während eines laufenden Kalenderjahres gleich bleibende monatliche Beträge verwendet werden.

(2) Soweit eine durch Entgeltumwandlung finanzierte betriebliche Altersversorgung besteht, ist der Anspruch des Arbeitnehmers auf Entgeltumwandlung ausgeschlossen.

(3) Soweit der Arbeitnehmer einen Anspruch auf Entgeltumwandlung für betriebliche Altersversorgung nach Abs. 1 hat, kann er verlangen, dass die Voraussetzungen für eine Förderung nach den §§ 10a, 82 Abs. 2 des Einkommensteuergesetzes erfüllt werden, wenn die betriebliche Altersversorgung über einen Pensionsfonds, eine Pensionskasse oder eine Direktversicherung durchgeführt wird.

(4) Falls der Arbeitnehmer bei fortbestehendem Arbeitsverhältnis kein Entgelt erhält, hat er das Recht, die Versicherung oder Versorgung mit eigenen Beiträgen fortzusetzen. Der Arbeitgeber steht auch für die Leistungen aus diesen Beiträgen ein. Die Regelungen über Entgeltumwandlung gelten entsprechend.

§ 1a Anspruch auf betriebliche Altersversorgung

Übersicht	Rn.
A. Rechtslage bis zum 31.12.2001	1
B. Rechtslage ab dem 1.1.2002	3
C. Anspruch auf betriebliche Altersversorgung durch Entgeltumwandlung	4
I. Anspruchsberechtigter Personenkreis	5
II. Anspruchsverpflichteter Arbeitgeber	9
III. Anspruchsinhalt und Anspruchshöhe	11
1. Anspruchsinhalt	11
2. Anspruchshöhe	15
IV. Durchführung des Anspruchs auf Entgeltumwandlung	22
D. Anspruchsbegrenzungen	31
I. Ausschluss wegen Tarifvorrangs	32
II. Tarifdispositivität des Anspruchs auf Entgeltumwandlung	38
III. Ausschluss durch bereits bestehende Entgeltumwandlung	40
E. Anspruch des Arbeitnehmers auf staatliche Förderung	42
I. Anspruch nur bei Umsetzung der Entgeltumwandlung über versicherungsförmige Durchführungswege	42
II. Steuerliche Förderung nach § 10a Abschnitt XI EStG	47
F. Fortsetzung der Versicherung oder Versorgung mit eigenen Beiträgen	55a
I. Anspruchsinhalt	55a
II. Einschränkungen	55c
III. Rechtsfolgen	55h
G. Mitbestimmung des Betriebsrats	56

A. Rechtslage bis zum 31.12.2001

1 Bis einschließlich 31.12.2001 konnte der Arbeitgeber frei darüber entscheiden, ob und ggf. in welcher Form und Höhe er in seinem Unternehmen eine betriebliche Altersversorgung einführt bzw. anbietet. Dieser Grundsatz war hinsichtlich des »Ob« der betrieblichen Altersversorgung ausnahmsweise in den Fällen durchbrochen, in denen der Arbeitgeber tarifgebunden war und ein Tarifvertrag den Arbeitgeber zur Gewährung von Leistungen der betrieblichen Altersversorgung verpflichtete. Eine weitere – allerdings sehr seltene – Einschränkung des Grundsatzes der Freiwilligkeit bestand, wenn die Gewährung der betrieblichen Altersversorgung gesetzlich vorgeschrieben war (vgl. z.B. Zusatzversorgung der deutschen Kulturorchester und der deutschen Bühnen).

2 Ausgehend von dieser **Entscheidungsfreiheit des Arbeitgebers** bestand nach dem bis Ende 2001 geltenden Recht **kein individualrecht-**

licher **Anspruch des Arbeitnehmers** gegenüber dem Arbeitgeber auf Entgeltumwandlung zu Gunsten von betrieblicher Altersversorgung. Dementsprechend bedurfte es bis zum genannten Zeitpunkt zur Durchführung einer Entgeltumwandlung nicht nur der Bereitschaft des Arbeitnehmers, auf Teile seines Barlohns zu Gunsten der Einräumung von betrieblichen Versorgungsrechten zu verzichten; vielmehr musste der Arbeitgeber mit dem beabsichtigten Vorgehen ebenfalls einverstanden sein und seinerseits eine entsprechende Versorgungszusage erteilen.

B. Rechtslage ab dem 1.1.2002

Die mit Wirkung zum 1.1.2002 neu eingeführte Vorschrift des § 1 a BetrAVG,[1] wonach grds. jedem in der gesetzlichen Rentenversicherung pflichtversicherten Arbeitnehmer ein **Anspruch auf Entgeltumwandlung von jährlich bis zu 4 % der jeweiligen Beitragsbemessungsgrenze in der allgemeinen Rentenversicherung (BBG)** zusteht, schränkt die bis zum 31.12.2001 bestehende grds. Entscheidungs- und Vertragsfreiheit nunmehr wesentlich ein. Eine Verletzung von Grundrechtspositionen des Arbeitgebers ist damit jedoch nicht verbunden.[2]

3

Der betreffende Arbeitnehmer ist zur Umwandlung von bestimmten Vergütungsansprüchen in betriebliche Versorgungsrechte berechtigt. Entgegen einer ursprünglich vom Gesetzgeber angedachten Variante (»Obligatorium« ggf. mit Möglichkeit zum »Opting-Out«) ist er hierzu aber nicht verpflichtet. Der betreffende Arbeitnehmer kann vielmehr eigenverantwortlich zum Aufbau einer betrieblichen Altersversorgung beitragen und damit die auf lange Sicht bereits absehbaren Lücken in der gesetzlichen Rentenversicherung zu schließen versuchen. Dies entspricht auch der Intention des Gesetzgebers, wonach über den Rechtsanspruch auf Entgeltumwandlung das mit dem Inkrafttreten des Altersvermögensgesetzes beschlossene Absenken des Leistungsniveaus in der gesetzlichen Rentenversicherung zumindest teilweise kompensiert werden soll.

3a

---

1 Vgl. Art. 35 Abs. 1 des Altersvermögensgesetzes v. 26.6.2001 BGBl. I S. 1310 ff.
2 BAG 12.6.2007, 3 AZR 14/06.

C. Anspruch auf betriebliche Altersversorgung durch Entgeltumwandlung

4 Nach § 1 a Abs. 1 S. 1 BetrAVG kann **jeder in der gesetzlichen Rentenversicherung pflichtversicherte Arbeitnehmer** von seinem Arbeitgeber verlangen, dass bis zu 4 % der jeweiligen BBG von seinen künftigen Entgeltansprüchen durch Entgeltumwandlung für seine betriebliche Altersversorgung verwendet werden.

I. Anspruchsberechtigter Personenkreis

5 Der Rechtsanspruch auf Entgeltumwandlung steht gem. § 17 Abs. 1 S. 3 BetrAVG den unter den persönlichen Geltungsbereich des Betriebsrentengesetzes fallenden Personen zu, sofern sie auf Grund ihrer Beschäftigung bei einem Arbeitgeber, gegen den sich der Anspruch auf Entgeltumwandlung richten würde, in der gesetzlichen Rentenversicherung pflichtversichert sind. Nach der Legaldefinition der gesetzlichen Rentenversicherung in § 125 Abs. 1 SGB VI werden hiervon sowohl die allgemeine Rentenversicherung als auch die knappschaftliche Rentenversicherung erfasst.

6 Diese Einschränkung auf die in der gesetzlichen Rentenversicherung Pflichtversicherten ist konsequent, denn der Rechtsanspruch auf Entgeltumwandlung stellt neben der staatlichen Förderung der privaten, kapitalgedeckten Eigenvorsorge eine flankierende Maßnahme zur Kompensation der relativen Leistungsabsenkung in der gesetzlichen Rentenversicherung durch das Altersvermögensgesetz dar.

7 Weitergehende Beschränkungen sieht das Gesetz in persönlicher Hinsicht nicht vor, so dass Arbeitnehmer und Nicht-Arbeitnehmer i.S.d. § 17 Abs. 1 S. 1 und 2 BetrAVG anspruchsberechtigt sind, und zwar unabhängig davon, ob sie beispielsweise **voll- oder teilzeitbeschäftigt** sind, bzw. ob ein lediglich **befristetes Arbeitsverhältnis** besteht. Der Anspruch steht nach § 17 Abs. 1 Satz 1 Hs. 2 BetrAVG auch den zu ihrer **Berufsausbildung** beschäftigten Arbeitnehmern zu. **Geringfügig Beschäftigte**, die von der Möglichkeit des Verzichts auf die Versicherungsfreiheit in der gesetzlichen Rentenversicherung durch eine entsprechende schriftliche Erklärung gegenüber ihrem Arbeitgeber Gebrauch gemacht haben,[3] sind in der gesetzlichen Rentenversicherung pflichtversichert und somit ebenfalls anspruchsberechtigt.

---

3 Vgl. § 5 Abs. 2 S. 2 SGB VI.

Mit der o.g. Einschränkung geht einher, dass den nicht der Sozialversi- 8
cherungspflicht in der gesetzlichen Rentenversicherung unterliegenden Beschäftigten kein gesetzlicher Anspruch auf Entgeltumwandlung zusteht. Damit sind insbesondere in der gesetzlichen Rentenversicherung freiwillig Versicherte sowie Arbeitnehmer, die einem berufsständischen Versorgungswerk angehören (Ärzte, Architekten, Steuerberater, Rechtsanwälte etc.), vom gesetzlichen Anspruch auf Entgeltumwandlung ausgeschlossen. An einer freiwilligen Vereinbarung einer Entgeltumwandlung sind die Vertragsparteien jedoch nicht gehindert.

II. Anspruchsverpflichteter Arbeitgeber

Der Anspruch des Arbeitnehmers richtet sich gegen jeden Arbeitgeber, 9
mit dem ein zur Sozialversicherungspflicht in der gesetzlichen Rentenversicherung führendes Beschäftigungsverhältnis besteht, vgl. § 17 Abs. 1 S. 3 BetrAVG.

Die Anspruchsverpflichtung besteht dabei **unabhängig von** der 10
Rechtsform. Die **Größe** des Arbeitgebers sowie die **Anzahl der beschäftigten Arbeitnehmer** sind ebenso unerheblich. Ist der Arbeitgeber in einen Konzern eingebunden, so richtet sich der Anspruch gegen das Unternehmen, bei dem der Arbeitnehmer beschäftigt ist, nicht gegen die Konzernmutter.[4]

III. Anspruchsinhalt und Anspruchshöhe

1. Anspruchsinhalt

Der Arbeitnehmer kann von seinem Arbeitgeber den **Abschluss einer** 11
Vereinbarung über Entgeltumwandlung verlangen. Im Rahmen dieser Vereinbarung wird festgelegt, welcher Teil seiner Arbeitsleistung zukünftig nicht mehr mit Barlohn, sondern mit einer Anwartschaft auf betriebliche Altersversorgung vergütet werden soll.[5]

Nach Ansicht des Bundesarbeitsgerichts zerfällt die Entgeltumwand- 12
lung in zwei Bestandteile:[6]

Zum einen wird für einen bestimmten Teil des Anspruches auf Barvergütung des Arbeitnehmers mit Wirkung für die Zukunft ein Erlassvertrag gem. § 397 BGB geschlossen. Der bisherige Anspruch des Arbeit-

---

4 Vgl. *Kemper/Kisters-Kölkes* Grundzüge, Rn. 422 f.
5 Vgl. *Bode/Grabner* S. 75.
6 BAG 26.6.1990, 3 AZR 641/88, DB 1990, 2475.

nehmers auf Barvergütung geht insoweit vollständig unter. Aus diesem Grunde ist die vom Gesetzgeber verwendete Diktion zumindest unglücklich, wenn nicht gar irreführend: Ein untergegangener Lohnanspruch kann nicht mehr »verwendet« werden.

Zum anderen erfolgt für den untergegangenen Teilanspruch eine Schuldersetzung durch die Erteilung einer Versorgungszusage.

13 Im Hinblick auf die **Ausgestaltung** der zu erteilenden betrieblichen Versorgungszusage ist der Arbeitgeber grds. **frei**.[7] In Betracht kommen sowohl Leistungszusagen oder beitragsorientierte Leistungszusagen als auch Beitragszusagen mit Mindestleistung. Letzteres kann aus § 16 Abs. 3 Nr. 3 BetrAVG entnommen werden, aus dem sich ergibt, dass bei einer Beitragszusage mit Mindestleistung eine Verpflichtung zur Anpassungsprüfung und -entscheidung selbst dann nicht besteht, wenn die betriebliche Altersversorgung auf Entgeltumwandlung beruht. Auch die Voraussetzungen für den Bezug der Leistungen sowie über Art und Umfang der zu gewährenden Versorgungsleistungen können vom Arbeitgeber einseitig festgelegt werden. Bei der Ausgestaltung der Versorgungszusage muss der Arbeitgeber allerdings das Gebot der Wertgleichheit beachten.[8]

14 **Gegenstand der Entgeltumwandlung** können grds. künftige, laufende Lohn- und Gehaltsansprüche jeder Art sowie künftige Ansprüche auf einmalige Entgeltzahlungen sein. Auch Sachbezüge[9] oder künftige vermögenswirksame Leistungen können grundsätzlich Gegenstand der Entgeltumwandlung sein.[10]

2. Anspruchshöhe

15 Der Höhe nach ist der Anspruch auf Entgeltumwandlung gem. § 1a Abs. 1 S. 1 BetrAVG **unabhängig vom individuellen Einkommen** des Anspruchsberechtigten auf einen **Höchstbetrag von jährlich 4 % der jeweiligen Beitragsbemessungsgrenze in der allgemeinen Rentenversicherung** begrenzt, auch für knappschaftlich versicherte Arbeitnehmer.

16 Hierbei ist nicht völlig geklärt, ob die für die alten Bundesländer geltende Beitragsbemessungsgrenze (West) oder die für die neuen Bundesländer geltende Beitragsbemessungsgrenze (Ost) Anwendung finden

---

7 Vgl. aber die Ausführungen zur Mitbestimmung des Betriebsrates unter Rn. 56–59.
8 Vgl. hierzu i.E. § 1 Rn. 410 f.
9 *Rieble*, BetrAV 2001, S. 584 (586).
10 *Bode/Grabner* S. 76; vgl. ferner i.E. § 1 Rn. 406.

soll. Die Beitragsbemessungsgrenze (West) ist in § 159 SGB VI geregelt, die Beitragsbemessungsgrenze (Ost) in § 228 a SGB VI. Da die Vorschrift des § 1 a BetrAVG keine ausdrückliche Regelung trifft, ließe sich mithin grds. annehmen, dass beide Beitragsbemessungsgrenzen Anwendung finden sollen. Ein solches Ergebnis wäre allerdings nicht sachgerecht und ist vom Gesetzgeber wohl auch nicht gewollt. Im Übrigen steht es im Gegensatz zu der Regelung des § 1 a Abs. 1 Satz 4 BetrAVG, welche vorsieht, dass der Mindestumwandlungsbetrag für den Arbeitnehmer 1/160 der Bezugsgröße nach § 18 Abs. 1 SGB IV betragen muss. § 18 Abs. 1 SGB IV enthält jedoch die Bezugsgröße (West), welche für die alten Bundesländer gilt. Angesichts dieses Widerspruchs liegt die Annahme nahe, dass der Gesetzgeber tatsächlich auf die Beitragsbemessungsgrenze (West) abstellen wollte.[11] Dies wird auch dadurch gestützt, dass im Referentenentwurf zum HZvNG eine Klarstellung erfolgen sollte, indem die Beitragsbemessungsgrenze durch den Zusatz »nach § 159 SGB IV« als Beitragsbemessungsgrenze (West) der alten Bundesländer festgeschrieben worden wäre. Diese Regelung wurde jedoch nicht Gesetz.

Unter Anwendung der **Beitragsbemessungsgrenze (West)** beträgt der maximale jährliche Entgeltumwandlungsbetrag nach § 1 a Abs. 1 BetrAVG im Jahre 2007 2.520,– €. 17

Selbstverständlich steht es den Vertragsparteien offen, Vergütungsbestandteile in einer Höhe von mehr als 4 % der jeweils maßgeblichen Beitragsbemessungsgrenze umzuwandeln. Dies ergibt sich zum einen bereits aus dem Gesetzeswortlaut, welcher dem Arbeitnehmer lediglich in der genannten Höhe einen einseitig durchsetzbaren Anspruch zugesteht. Zum anderen ergibt sich aus dem Charakter des Betriebsrentengesetzes als Arbeitnehmerschutzgesetz, dass lediglich die im Zusammenhang mit betrieblichen Versorgungsversprechen stehenden Mindestanforderungen geregelt werden. 18

Bei dem **Höchstbetrag von 4 %** der BBG handelt es sich um einen **Jahresbetrag**. Die Anspruchshöhe ist daher unabhängig davon, ob der Anspruchsberechtigte während des gesamten Kalenderjahres beim Anspruchsverpflichteten beschäftigt war oder nicht. Eine zeitanteilige Kürzung des Höchstbetrages bei unterjährigem Beginn oder Ende des Arbeitsverhältnisses lässt sich dem Gesetzeswortlaut nicht entnehmen. 19

---

11 Vgl. *Sasdrich/Wirth* BABl. 6–7/2001, S. 16; *Höfer* BetrAVG, Rn. 2623 zu § 1 a; *Blomeyer/Rolfs/Otto*, § 1 a Rn. 22; a.A. *PSVaG* Merkblatt 300/M12, Ziff. 3.1.2, der nach der jeweils für die betreffende Person maßgeblichen Beitragsbemessungsgrenze unterscheidet.

Diese Auffassung wird auch von der Finanzverwaltung – allerdings im Zusammenhang mit der Vorschrift des § 3 Nr. 63 EStG – geteilt.[12] Dies bedeutet, dass der Höchstbetrag unterjährig erneut in Anspruch genommen werden kann, auch wenn der Arbeitnehmer ihn in einem vorangegangenen Dienstverhältnis bereits ausgeschöpft hat.

20 Gemäß § 1 a Abs. 1 S. 4 BetrAVG muss ein Arbeitnehmer, sofern er seinen Anspruch auf Entgeltumwandlung geltend macht, einen **Mindestbetrag** von **jährlich 1/160stel der Bezugsgröße nach § 18 Abs. 1 SGB IV** für den Aufbau von betrieblichen Versorgungsanwartschaften verwenden. Im Jahr 2007 beträgt dieser Mindestbetrag 183,75 €. Die genannte Bestimmung soll den Aufbau sinnvoller Anwartschaften gewährleisten und zugleich dem Entstehen von Kleinstrenten vorbeugen.[13]

21 Des Weiteren kann der Arbeitgeber nach § 1a Abs. 1 S. 5 BetrAVG verlangen, dass im Falle der **Umwandlung von Teilen der regelmäßigen Monatsvergütung** während des laufenden Kalenderjahres **stets gleich bleibende monatliche Beträge** umgewandelt werden. Die genannte Vorschrift soll den Arbeitgeber vor unnötigem Verwaltungsaufwand schützen, der ihm entstünde, wenn während des Kalenderjahres ständig wechselnde Entgeltumwandlungsbeträge festgelegt werden könnten. Selbstverständlich muss sich der Arbeitgeber nicht auf die ihn schützende Bestimmung berufen und kann für die den Anspruch auf Entgeltumwandlung geltend machenden Arbeitnehmer auch flexible Umwandlungsmodalitäten zulassen.

IV. Durchführung des Anspruchs auf Entgeltumwandlung

22 Nach § 1 a Abs. 1 S. 2 BetrAVG wird die Durchführung des Anspruchs des Arbeitnehmers durch Vereinbarung geregelt.

23 Dabei kommen sowohl **Vereinbarungen auf individualrechtlicher Ebene** zwischen Arbeitgeber und Arbeitnehmer als **auch kollektivrechtliche Vereinbarungen** – d.h. Betriebsvereinbarungen oder Tarifverträge – in Betracht, um die näheren Einzelheiten, wie beispielsweise einen bestimmten Durchführungsweg für die betriebliche Altersversorgung oder auch die umzuwandelnden Entgeltansprüche festzulegen.[14]

---

12 BMF-Schreiben vom 17.11.2004 betreffend die steuerliche Förderung der privaten Altersvorsorge und betrieblichen Altersversorgung, IV C 4 – S 2222 – 177/04/IV C 5 – S 2333 – 269/04, BStBl. I 2004, S. 1065 ff., Rn. 173.
13 *Berenz* Gesetzesmaterialien BetrAVG § 1 a, S. 65.
14 Vgl. *Sasdrich* BetrAV 2001, 403.

Anspruch auf betriebliche Altersversorgung § 1 a

Im Falle von kollektivrechtlich geregelten Vorgaben sind die tarifgebundenen Arbeitsvertragsparteien und bei Vorliegen einer Betriebsvereinbarung der Arbeitgeber und alle Belegschaftsmitglieder gebunden.[15] Sofern daher durch Betriebsvereinbarung sämtliche unter den Geltungsbereich des Betriebsverfassungsgesetzes fallenden Arbeitnehmer hinsichtlich ihres Anspruchs auf Entgeltumwandlung auf einen einheitlichen Durchführungsweg verwiesen werden, besteht ein Mitspracherecht des einzelnen Arbeitnehmers nicht mehr, insbesondere kann der Arbeitnehmer nicht verlangen, dass die betriebliche Altersversorgung für ihn auf einem anderen Durchführungsweg umgesetzt wird.[16]

24

Als **mögliche Durchführungswege** bei Abschluss einer kollektivrechtlichen Regelung können **alle fünf Finanzierungsformen der betrieblichen Altersversorgung** (Direktzusage, Unterstützungskasse, Pensionskasse, Pensionsfonds, Direktversicherung) in Betracht gezogen werden.

25

Sofern keine kollektivrechtliche Vereinbarung getroffen wird, kommt lediglich eine einzelvertragliche Regelung in Betracht, welche gem. § 2 Abs. 1 S. 2 Nr. 6 NachwG der Schriftform bedarf.

26

Grundsätzlich können sich der Arbeitgeber und der Arbeitnehmer ebenfalls für jeden der fünf zur Verfügung stehenden Durchführungswege der betrieblichen Altersversorgung frei entscheiden. Das Gesetz enthält jedoch eine gewisse **Abstufung** bzw. Privilegierung der versicherungsförmigen Durchführungswege gegenüber einer Durchführung über eine Direktzusage oder eine Unterstützungskasse:

27

– Der Arbeitnehmer ist nicht verpflichtet, ein Angebot des Arbeitgebers auf unmittelbare Versorgung (Direktzusage) oder auf Unterstützungskassenversorgung anzunehmen.

– Wenn eine individualrechtliche Vereinbarung nicht zustande kommt, hat der Arbeitgeber nach § 1 a Abs. 1 S. 3 Hs. 1 BetrAVG das seinerseits Erforderliche im Rahmen des Anspruchs auf Entgeltumwandlung getan, wenn er entweder den Durchführungsweg der Pensionskasse oder denjenigen des Pensionsfonds anbietet. Nimmt der Arbeitnehmer ein entsprechendes Angebot des Arbeitgebers nicht an, so wird eine Entgeltumwandlung nicht durchgeführt.

---

15 So auch *Ahrend/Förster/Rühmann* § 1 a Rn. 15; *Albert/Schumann/Sieben/Menzel* Rn. 325.
16 Vgl. die abw. Auffassung hierzu unter Rn. 43–46.

– Sofern der Arbeitgeber überhaupt kein Angebot zur Durchführung der Entgeltumwandlung unterbreitet, verbleibt dem Arbeitnehmer gem. § 1a Abs. 1 S. 3 Hs. 2 BetrAVG als Auffanglösung die Umsetzung der Entgeltumwandlung über eine Direktversicherung. Hierzu ist der Arbeitgeber gesetzlich verpflichtet.

28 Aus dieser abgestuften gesetzlichen Regelung ergibt sich, dass seitens des anspruchsverpflichteten Arbeitgebers die Wahl eines versicherungsförmigen Durchführungsweges, nämlich des Pensionsfonds, der Pensionskasse oder einer Direktversicherung, auch einseitig durchgesetzt werden kann. Somit kann dem Arbeitgeber gegen seinen Willen ein insolvenzsicherungspflichtiger Durchführungsweg nicht aufgezwungen werden, weil er sich für die Durchführungswege Pensionskasse und Direktversicherung entscheiden kann.

29 Die konkrete Wahl des jeweiligen externen Versorgungsträgers trifft dabei, wie sich aus der Gesetzesbegründung ergibt, der Arbeitgeber. Ein gesetzliches Recht, dass der Arbeitnehmer im Falle des § 1a Abs. 1 S. 3 BetrAVG nicht nur die Durchführung der Altersversorgung über eine Direktversicherung verlangen, sondern auch den Versicherungsträger auswählen darf, findet sich also nicht.[17] Hierdurch soll Verwaltungsaufwand des Arbeitgebers vermieden werden, welcher sich ergäbe, wenn mit einer Vielzahl von externen Versorgungsträgern unterschiedlich zu behandelnde Verträge bestünden.

30 Aus der Regelung des § 1a BetrAVG ergibt sich mithin folgendes **Prüfungsschema:**

---

17 BAG 19.7.2005, 3 AZR 502/04 (A), DB 2005, 2252. Nach BAG 29.7.2003, 3 ABR 34/02, EzA § 87 BetrVG 2001 Betriebliche Lohngestaltung Nr. 2, DB 2004, 883 ist die konkrete Auswahl eines bestimmten Versorgungsträgers auch nicht mitbestimmungspflichtig.

Anspruch auf betriebliche Altersversorgung §1a

Abb.: Prüfungsschema zum Anspruch auf Entgeltumwandlung

Besteht eine Pflichtversicherung in der gesetzlichen Rentenversicherung?	→ Nein →	kein Anspruch
↓		
Ja		
↓		
Besteht bereits eine durch Entgeltumwandlung in Höhe von 4 % der BBG finanzierte (bzw. vom Abeitgeber angebotene) Altersversorgung?	→ Ja →	kein Anspruch
↓		
Nein/teilweise		
↓		
(Ggf. teilweiser) Anspruch auf Entgeltumwandlung bis zu 4 % der BBG		
↓		
Abschluss einer Vereinbarung über die Umsetzung des Anspruchs auf Entgeltumwandlung?	→ Ja →	Anspruch gem. Vereinbarung
↓		
Nein		
↓		
Ist der Arbeitgeber zu einer Durchführung über Pensionskasse oder Pensionsfonds bereit?	→ Nein →	Anspruch auf Direktversicherung
↓		
Ja		
↓		
Pensionsfonds oder Pensionskasse		

D. Anspruchsbegrenzungen

Der Anspruch des Arbeitnehmers auf Entgeltumwandlung besteht 31 nicht uneingeschränkt; er unterliegt vielmehr gewissen generellen Ausschlusstatbeständen und kann darüber hinaus auch hinsichtlich der Höhe beschränkt sein.

I. Ausschluss wegen Tarifvorrangs

32 Mit der im Zuge des Altersvermögensgesetzes neu geschaffenen Regelung des § 17 Abs. 5 BetrAVG wurde die vor der Gesetzesänderung bestehende Rechtsunsicherheit, ob die Umwandlung tarifvertraglich geregelter Entgeltansprüche nach dem Tarifvertragsgesetz generell untersagt oder aber – unter Verweis auf das Günstigkeitsprinzip des § 4 Abs. 3 TVG – zulässig ist, beseitigt.[18]

33 Nach der neuen Vorschrift können **tarifvertragliche Entgeltansprüche** nur dann Gegenstand einer Entgeltumwandlung sein, **soweit** dies **durch Tarifvertrag unmittelbar geregelt** wird oder über eine **Öffnungsklausel** zugelassen ist.

34 Auf Tarifvertrag beruhende Entgeltansprüche liegen regelmäßig nur dann vor, wenn sowohl der Arbeitgeber – als Mitglied des vertragschließenden Arbeitgeberverbandes oder als Vertragspartner eines Haustarifvertrages – als auch der Arbeitnehmer tarifgebunden sind. Auf Seiten des Arbeitnehmers besteht eine Tarifbindung nur, wenn der Arbeitnehmer Mitglied in einer Gewerkschaft ist. Dies bedeutet, dass in Fällen, in denen im Hinblick auf die Vergütung lediglich im Rahmen einer individualrechtlichen Vereinbarung auf tarifvertragliche Regelungen Bezug genommen wird, der Tarifvorrang mangels Tarifbindung nicht einschlägig ist.

35 Ein tarifgebundener Arbeitnehmer kann daher seinen Entgeltumwandlungsanspruch nicht durchsetzen, wenn er ausschließlich Tarifeinkommen bezieht und eine entsprechende Öffnungsklausel im Tarifvertrag fehlt. Bezieht der tarifgebundene Arbeitnehmer dagegen neben seinem tariflichen Entgelt auch noch **über- oder außertarifliches Entgelt**, so kann er insoweit von seinem Anspruch auf Entgeltumwandlung Gebrauch machen, ohne dass die Einschränkungen des § 17 Abs. 5 BetrAVG zu berücksichtigen sind.

36 Für einen **nicht tarifgebundenen Arbeitnehmer** ist der **Tarifvorbehalt** dagegen **ohne Belang**. Er kann seinen Anspruch auf Entgeltumwandlung grds. auch dann verwirklichen, wenn sein Arbeitgeber tarifgebunden ist. Dies kann in Unternehmen, in denen die Löhne und Gehälter grds. nach Tarifvertrag bemessen werden, dazu führen, dass Arbeitneh-

---

18 *Höfer* BetrAVG, Rn. 5673 zu § 17.

mer, die nicht Gewerkschaftsmitglieder sind, ihren Anspruch auf Entgeltumwandlung gegenüber dem Arbeitgeber geltend machen können, während gewerkschaftlich organisierten Arbeitnehmern dieses Recht bei fehlender Tariföffnungsklausel verwehrt ist. Hierin liegt kein Verstoß gegen den arbeitsrechtlichen Gleichbehandlungsgrundsatz.

Nach § 30 h BetrAVG gilt die Neuregelung in § 17 Abs. 5 BetrAVG nur in den Fällen, in denen die Entgeltumwandlung auf einer Zusage beruht, die nach dem 29.6.2001 erteilt wurde. Dies bedeutet, dass für bis zum genannten Zeitpunkt erteilte Entgeltumwandlungszusagen das bis dahin geltende Recht maßgeblich bleibt. 37

II. Tarifdispositivität des Anspruchs auf Entgeltumwandlung

Gemäß § 17 Abs. 3 S. 1 BetrAVG kann nach wie vor von den meisten Vorschriften des Betriebsrentengesetzes **durch Tarifvertrag abgewichen** werden. Im Zuge der Einführung des gesetzlichen Anspruchs auf Entgeltumwandlung wurde auch der abschließende Katalog der tarifdispositiven Vorschriften um die den Entgeltumwandlungsanspruch regelnde Vorschrift des § 1 a BetrAVG erweitert. 38

Daher ist jeweils vorab zu prüfen, ob hinsichtlich des Entgeltumwandlungsanspruchs eine einschlägige Tarifvertragsregelung vorliegt, welche von der gesetzlichen Regelung des § 1 a BetrAVG abweichende Bestimmungen enthält, denn diese Regelungen gehen der gesetzlichen Anspruchsgrundlage vor. So kann von den Tarifvertragsparteien beispielsweise der Entgeltumwandlungsanspruch selbst teilweise oder vollständig ausgeschlossen werden.[19] Daneben können auch weitere, vom Gesetz abweichende Bestimmungen vorgesehen sein, welche die Umsetzung des Umwandlungsanspruches betreffen. Insoweit kommt z.B. die Festlegung eines staatlich nicht geförderten Durchführungswegs oder aber die Festlegung eines versicherungsförmigen Durchführungswegs unter Ausschluss des Rechtsanspruchs auf riesterförderungsfähige Ausgestaltung der betrieblichen Altersversorgung gem. § 1 a Abs. 3 BetrAVG[20] in Betracht. 39

III. Ausschluss durch bereits bestehende Entgeltumwandlung

Gemäß **§ 1 a Abs. 2 BetrAVG** ist der **Anspruch** auf Entgeltumwandlung auch **insoweit ausgeschlossen, als bereits** eine durch **Entgeltum-** 40

---

[19] *Schliemann* DB 2001, 2554; eingrenzend hierzu § 17 Rn. 24 f.
[20] S. unten Rn. 42 f.

wandlung finanzierte betriebliche Altersversorgung für den Arbeitnehmer **besteht**. Der Gesetzgeber wollte damit diejenigen Unternehmen, welche bereits Versorgungssysteme aus Entgeltumwandlung betreiben, vor einer zusätzlichen Inanspruchnahme schützen.

41 Fraglich ist, wann dieser Ausschlusstatbestand anzunehmen ist. Nach Sinn und Zweck der Gesetzesregelung bietet es sich an, den neuen gesetzlichen Anspruch auf Entgeltumwandlung insoweit zu verneinen, als für den Arbeitnehmer schon vor dem 1.1.2002 ein Rechtsanspruch auf Umwandlung von Arbeitsentgelt in Höhe von bis zu 4 % der jeweils maßgeblichen Beitragsbemessungsgrenze begründet wurde und dieser Anspruch über den 1.1.2002 hinaus fortbesteht. Unternehmen sollen damit nicht gezwungen werden, zusätzlich zu einem bereits etablierten System ein weiteres Versorgungssystem einzurichten. Allerdings muss das jeweilige System auch die anspruchsberechtigten Mitarbeiter mit einschließen.[21] Mithin würde es ausreichen, wenn ein Versorgungssystem beim Arbeitgeber eingerichtet ist, welches eine durch Entgeltumwandlung finanzierte betriebliche Altersversorgung im gesetzlich geregelten Umfang ermöglicht.[22]

41a Dass der Arbeitnehmer von einem derartigen Anspruch auch im Einzelfall Gebrauch gemacht hat, sollte nicht als zusätzliches Kriterium gefordert werden, da die individuelle Nutzung des Anspruchs nicht vom Arbeitgeber vorgegeben werden kann. Zwar wird eine derartige individuelle Betrachtung teilweise unter Hinweis auf den Wortlaut der Vorschrift (»soweit«) vorgenommen,[23] letztlich handelt es sich hierbei jedoch nur um eine Klarstellung, dass der Arbeitnehmer bei bereits vorhandener geringerer Umwandlungsmöglichkeit (z.B. weil nur 1 % des Grundgehaltes in das bestehende System eingebracht werden kann) die Auffüllung einer etwaigen bis zur Obergrenze von 4 % der BBG bestehenden Differenz durch Abschluss einer Direktversicherung verlangen kann.[24]

41b Die anspruchsausschließende Wirkung des § 1a Abs. 2 BetrAVG kommt auch dann zum Tragen, wenn von einer Zusage des Arbeitgebers umfasste Eigenbeitragszusagen vorliegen, die nach § 1 Abs. 2 Nr. 4 Hs. 2 i.V.m. § 30e Abs. 1 BetrAVG wie Entgeltumwandlungszusagen zu behandeln sind.[25]

---

21 Vgl. *Goldbach/Obenberger* Betriebsrentengesetz 2005, Rn. 474.
22 Vgl. auch *Kemper/Kisters-Kölkes* Grundzüge, Rn. 479 ff.
23 *Blomeyer/Rolfs/Otto* § 1a Rn. 8.
24 Vgl. *Kemper/Kisters-Kölkes* Grundzüge, Rn. 485.
25 *Höfer* BetrAVG, Rn. 2647 zu § 1a.

E. Anspruch des Arbeitnehmers auf staatliche Förderung

I. Anspruch nur bei Umsetzung der Entgeltumwandlung über versicherungsförmige Durchführungswege

Sofern für die Umsetzung der Entgeltumwandlung die Wahl auf einen versicherungsförmigen Durchführungsweg gefallen ist, kann der Arbeitnehmer vom Arbeitgeber gem. **§ 1 a Abs. 3 BetrAVG** verlangen, dass dieser die **Voraussetzungen für die sog.** Riester-Förderung schafft. Der Arbeitgeber muss daher in diesem Fall auf entsprechendes Verlangen des Arbeitnehmers dafür Sorge tragen, dass die Entgeltumwandlung – nach Abzug von Lohnsteuern und Sozialabgaben – aus Netto-Beträgen und nicht wie sonst üblich aus Brutto-Beträgen erfolgt.

42

Teile der Literatur[26] vertreten in diesem Zusammenhang die Auffassung, auch bei einer durch Betriebsvereinbarung geregelten Durchführung der Entgeltumwandlung zugunsten einer Direktzusage könne sich der Mitarbeiter im Hinblick auf § 1 a Abs. 3 BetrAVG für einen anderen, nach § 10 a, Abschnitt XI EStG förderfähigen Durchführungsweg entscheiden.

43

Diese Ansicht verkennt jedoch, dass dieses Gestaltungsrecht des Mitarbeiters nach dem eindeutigen Wortlaut des § 1 a Abs. 3 BetrAVG gerade voraussetzt, dass die betriebliche Altersversorgung über einen Pensionsfonds, eine Pensionskasse oder eine Direktversicherung durchgeführt wird.[27] Nur wenn diese Bedingung erfüllt ist, besteht somit auch ein Recht des Mitarbeiters auf förderfähige Ausgestaltung der betrieblichen Altersversorgung. Hätte der Gesetzgeber einen Anspruch auf förderfähigen Bezügeaustausch etablieren wollen, hätte es näher gelegen, von der expliziten Formulierung der Bedingung – nämlich dass die betriebliche Altersversorgung über einen Pensionsfonds, eine Pensionskasse oder eine Direktversicherung durchgeführt wird – abzusehen. Da dies nicht geschehen ist, kann nicht von einem unbedingten Anspruch auf förderfähig ausgestaltete Entgeltumwandlung ausgegangen werden.

44

Darüber hinaus werden auch die Durchführungswege der Direktzusage und der Unterstützungskasse seit jeher staatlich insoweit gefördert, als der in der Anwartschaftsphase erbrachte Versorgungsaufwand beim versorgungsberechtigten Mitarbeiter keinen lohnsteuerbaren Zu-

45

---

26 Vgl. *Ahrend/Förster/Rühmann* § 1 Rn. 166; *Blomeyer* DB 2001, 1413 sowie *Blomeyer/Rolfs/Otto* § 1 a Rn. 60 f (der diese Ansicht in der Vorauflage zwischenzeitlich aufgegeben hatte).
27 Vgl. hierzu § 1 a Abs. 3 (letzter Teilsatz) BetrAVG.

fluss auslöst und erst die ab Eintritt des Versorgungsfalles gewährten betrieblichen Versorgungsleistungen der Lohnbesteuerung unterliegen. Ebenso wie bspw. die für Beiträge an die versicherungsförmigen Versorgungsträger nach § 3 Nr. 63 EStG vorgesehene Lohnsteuerfreiheit in der Anwartschaftsphase als Teil der staatlichen Förderung verstanden werden darf, so muss Gleiches auch für die bei Direktzusagen und Unterstützungskassen a priori gegebene nachgelagerte Besteuerung gelten. Die Annahme eines Anspruches auf Entgeltumwandlung in einem versicherungsförmigen Durchführungsweg kann somit nicht damit begründet werden, dass im Falle der Direktzusage oder der Unterstützungskasse dem Mitarbeiter die aus einer staatlichen Förderung resultierenden Vorteile entgingen. Vielmehr bestehen auch bei einem Bezügeaustausch auf Basis einer Direktzusage bzw. Unterstützungskasse lohnsteuerbezogene Vorteile, die es im Hinblick auf die staatliche Förderung der kapitalgedeckten Altersvorsorge zu berücksichtigen gilt.

46 Schließlich folgt auch aus § 1a Abs. 2 BetrAVG mittelbar, dass durch Kollektivvereinbarung die Direktzusage als Durchführungsweg und damit der Ausschluss der Riester-Förderung festgeschrieben werden kann. Soweit nämlich eine durch Entgeltumwandlung finanzierte betriebliche Altersversorgung besteht, ist nach der genannten Vorschrift der Anspruch des Arbeitnehmers auf Entgeltumwandlung ausgeschlossen. Da der Gesetzgeber dabei jedoch nicht weiter danach differenziert, auf welchem Durchführungsweg die betriebliche Altersversorgung umgesetzt wurde, bedeutet dies im Umkehrschluss, dass insbesondere auch ein durch unmittelbare Versorgungszusagen umgesetzter Bezügeaustausch für ein Entfallen des Anspruches auf Entgeltumwandlung nach § 1a Abs. 2 BetrAVG qualifiziert.

II. Steuerliche Förderung nach § 10a Abschnitt XI EStG

47 Soweit dem Arbeitnehmer ein Anspruch auf Entgeltumwandlung nach § 1a Abs. 1 BetrAVG zusteht und eine Durchführung über einen versicherungsförmigen Durchführungsweg vereinbart wird, besteht für den Arbeitnehmer zusätzlich ein Anspruch gegen den Arbeitgeber, die Voraussetzungen für die mit dem Altersvermögensgesetz neu geschaffene staatliche Förderung der kapitalgedeckten Altersversorgung, welche durch eine kombinierte Zulagen- und Sonderausgabenregelung die Einbußen in der gesetzlichen Rentenversicherung kompensieren soll, zu schaffen.

48 Die **Voraussetzungen für** die Gewährung der **staatlichen Förderung** sind in § 82 Abs. 2 EStG normiert. Danach müssen sog. **Altersvorsorge-**

beiträge zum Aufbau einer kapitalgedeckten betrieblichen Altersversorgung an den externen betrieblichen Versorgungsträger (Pensionskasse, Pensionsfonds, Direktversicherung) gezahlt werden. Zudem müssen die Leistungsrichtlinien der betrieblichen Versorgungsträger eine Auszahlung der zugesagten Altersversorgungsleistung in Form einer **Rente** oder eines **Auszahlungsplans** i.S.v. § 1 Abs. 1 Nr. 4 AltZertG vorsehen. Eine Zertifizierung nach Maßgabe von § 5 AltZertG ist dagegen anders als bei Altersvorsorgeverträgen im Rahmen der privaten Vorsorge (vgl. § 82 Abs. 1 EStG) nicht erforderlich.

Nach § 1 Abs. 1 Nr. 4 AltZertG liegt eine Rente oder ein Auszahlungsplan auch dann noch vor, wenn bis zu 30 % des zu Beginn der Auszahlungsphase zur Verfügung stehenden Kapitals außerhalb der monatlichen Leistungen ausgezahlt werden. Die zu Beginn der Auszahlungsphase zu treffende Entscheidung und Entnahme des Teilkapitalbetrags aus dem Vertrag führt zur Besteuerung nach § 22 Nr. 5 S. 1 EStG. Auch steht der Förderung nach Ansicht des BMF allein die Möglichkeit, anstelle dieser Auszahlungsformen eine Einmalkapitalauszahlung (100 % des zu Beginn der Auszahlungsphase zur Verfügung stehenden Kapitals) zu wählen, noch nicht entgegen.[28] 48a

Entscheidet sich der Arbeitnehmer für eine Einmalkapitalauszahlung, so sind von diesem Zeitpunkt an die Voraussetzungen des § 10 a und Abschnitt XI EStG nicht mehr erfüllt und die Beitragsleistungen können nicht mehr gefördert werden. Erfolgt die Ausübung des Wahlrechtes jedoch innerhalb des letzten Jahres vor dem altersbedingten Ausscheiden aus dem Erwerbsleben, so wird es aus Vereinfachungsgründen von der Finanzverwaltung nicht beanstandet, wenn die Beitragsleistungen weiterhin nach § 10 a und Abschnitt XI EStG gefördert werden. Bei Auszahlung des Einmalkapitalbetrags handelt es sich um eine schädliche Verwendung i.S.d. § 93 EStG, soweit sie auf steuerlich gefördertem Altersvorsorgevermögen beruht, mit der Folge, dass die auf das ausgezahlte geförderte Altersvorsorgevermögen gewährten Steuervorteile (Zulagen, Sonderausgabenabzug) zurückzuzahlen sind. 48b

Als **Altersvorsorgebeiträge** gelten die Umwandlungsbeträge, wenn sie – anders als bei der klassischen Entgeltumwandlung – aus dem Nettolohn, also nach Abzug von Steuern und ggf. anfallenden Sozialabgaben, entrichtet werden. Dies gilt auch, soweit der Arbeitnehmer trotz eines weiter bestehenden Arbeitsverhältnisses keinen Anspruch auf Arbeits- 49

---

28 BMF-Schreiben vom 17.11.2004 betreffend die steuerliche Förderung der privaten Altersvorsorge und betrieblichen Altersversorgung, IV C 4 – S 2222 – 177/04/IV C 5 – S 2333 – 269/04, BStBl. I 2004 S. 1065 ff., Rn. 193.

lohn mehr hat und anstelle der Beiträge aus einer Entgeltumwandlung die Beiträge gem. § 1 a Abs. 4 BetrAVG selbst erbringt.[29] Altersvorsorgebeiträge i.S.d. § 82 Abs. 2 EStG sind ferner auch die Beiträge des ehemaligen Arbeitnehmers, die dieser im Fall einer zunächst ganz oder teilweise durch Entgeltumwandlung oder durch Eigenbeiträge finanzierten und nach § 3 Nr. 63 oder § 10 a Abschnitt XI EStG geförderten betrieblichen Altersversorgung nach der Beendigung des Arbeitsverhältnisses nach Maßgabe des § 1 b Abs. 5 S. 1 Hs. 2 Nr. 2 BetrAVG selbst erbringt.[30] Voraussetzung für die Förderung durch Sonderausgabenabzug nach § 10 a EStG und Zulage nach Abschnitt XI EStG ist in diesen Fällen, dass der Steuerpflichtige zum begünstigten Personenkreis gehört.[31]

49a Der Altersvorsorgebeitrag wird durch den Staat – von der sog. Zentralen Zulagenstelle für Altersvermögen – **in Form eines Sonderausgabenvorteils bzw. einer Zulage steuerlich gefördert** (§§ 10 a, 79 bis 99 EStG). Die steuerliche Förderung ergibt sich dabei aus dem **Günstigkeitsvergleich** der beiden Förderungsinstrumente.

50 Die **Ermittlung der Zulage** bestimmt sich nach den komplex ausgestalteten Regelungen der §§ 10 a, 83 bis 86 EStG. Der maximale Förderungsbetrag ist jahresabhängig ausgestaltet und errechnet sich, wie in der nachfolgenden Tabelle dargestellt, aus einer **Grundzulage** (§ 84 EStG) zuzüglich einer **Kinderzulage** (§ 85 EStG) je steuerlich zu berücksichtigendem Kind.

Veranlagungszeitraum	Grundzulage	Kinderzulage
2002–2003	38 €	46 €
2004–2005	76 €	92 €
2006–2007	114 €	138 €
ab 2008	154 €	185 €

---

29 Vgl. hierzu die Ausführungen unter Rn. 55 a ff.
30 BMF-Schreiben vom 17.11.2004 betreffend die steuerliche Förderung der privaten Altersvorsorge und betrieblichen Altersversorgung, IV C 4 – S 2222 – 177/04/IV C 5 – S 2333 – 269/04, BStBl. I 2004 S. 1065 ff., Rn. 194 f.
31 BMF-Schreiben vom 17.11.2004 betreffend die steuerliche Förderung der privaten Altersvorsorge und betrieblichen Altersversorgung, IV C 4 – S 2222 – 177/04/IV C 5 – S 2333 – 269/04, BStBl. I 2004 S. 1065 ff., Rn. 196.

Anspruch auf betriebliche Altersversorgung § 1 a

Der Maximalbetrag der Zulage wird allerdings nur dann von der Zen- 51
tralen Zulagenstelle für Altersvermögen an den externen Versorgungsträger gezahlt, wenn der Arbeitnehmer einen **Mindesteigenbeitrag** leistet, dessen Berechnung aus § 86 Abs. 1 EStG hervorgeht. Er ergibt sich in einem ersten Schritt, wie in der anschließenden Tabelle dargestellt, aus dem kleineren Betrag der beiden Spalten abzüglich der maximalen Zulage:

Veranlagungszeitraum	Mindesteigenbeitrag	
	% der beitragspflichtigen Einnahmen des Vorjahres i.S.d. Sechsten Buches Sozialgesetzbuch abzüglich maximale Zulage in €	Betrag aus § 10 a Abs. 1 EStG, der jeweils noch um die maximale Zulage zu vermindern ist
2002–2003	1	525 €
2004–2005	2	1.050 €
2006–2007	3	1.575 €
ab 2008	4	2.100 €

Der so ermittelte Mindesteigenbeitrag wird nach unten weiterhin durch 52
einen sog. **Sockelbetrag** (§ 86 Abs. 1 Satz 4 EStG) begrenzt, der nicht unterschritten werden darf. Der Sockelbetrag war für die Veranlagungszeiträume 2002–2004 nach folgender Tabelle zu ermitteln:

Veranlagungszeitraum	Sockelbetrag		
	ohne Kind	1 Kind	ab 2 Kindern
2002–2004	45 €	38 €	30 €

Mit dem Alterseinkünftegesetz wurde für Veranlagungszeiträume ab 2005 ein einheitlicher Sockelbetrag von 60,– € pro Jahr eingeführt. Damit wird die Berechnung des Mindesteigenbeitrags für Zulageberechtigte, die nur den Sockelbetrag zu leisten haben, vereinfacht.

53 Schließlich errechnet sich die tatsächliche Zulage aus der Multiplikation der maximalen Zulage (Grundzulage zuzüglich Kinderzulage) mit dem Quotienten zwischen effektiv gezahltem Altersvorsorgebeitrag und Mindesteigenbeitrag, wobei die tatsächliche Zulage nach oben durch den Betrag der maximalen Zulage begrenzt wird.

54 Die dem Versorgungsträger zufließende Zuwendung besteht somit aus der Summe des Altersvorsorgebeitrags des Arbeitnehmers und der vom Staat (Zentrale Zulagenstelle für Altersvermögen) gewährten Zulage. Zu beachten ist dabei, dass der Anspruch auf die Zulage nach § 88 EStG erst mit Ablauf des Kalenderjahrs entsteht, in dem die Altersvorsorgebeiträge geleistet worden sind (Beitragsjahr). Die Zulage fließt somit frühestens im Folgejahr der Entgeltumwandlung an den betrieblichen Versorgungsträger.

55 Die grds. Vorgehensweise der Beitragsermittlung wird anhand der folgenden Abbildung näher erläutert:

Abb.: Ermittlung des Gesamtbeitrags

Bruttoumwandlungsbetrag

↓

abzüglich Steuern und ggf. anfallender Sozialabgaben

Altersvorsorgebeitrag Mitarbeiter

↓

Maximale Zulage und Mindesteigenbeitrag

↓

Tatsächliche Zulage = Maximale Zulage* MIN (Altersvorsorgebeitrag / Mindesteigenbeitrag; 1)

↓

Gesamtbeitrag = Altersvorsorgebeitrag Mitarbeiter + tatsächliche Zulage

F. Fortsetzung der Versicherung oder Versorgung mit eigenen Beiträgen

I. Anspruchsinhalt

Mit dem Alterseinkünftegesetz hat der Gesetzgeber eine Sonderbestimmung in § 1 a Abs. 4 BetrAVG aufgenommen, nach der dem Arbeitnehmer das Recht eingeräumt wird, die Versicherung oder Versorgung mit eigenen Beiträgen fortzusetzen, wenn er aufgrund eines fortbestehenden, ruhenden Arbeitsverhältnisses kein Entgelt erhält. Das Ruhen des Arbeitsverhältnisses entsteht regelmäßig **kraft Gesetzes** oder kraft ausdrücklicher oder stillschweigender **Vereinbarung** zwischen Arbeitgeber und Arbeitnehmer (z.B. wegen Wehrdienst, Elternzeit, Langzeiterkrankung oder der Entsendung eines Arbeitnehmers ins Ausland). Obwohl die Hauptpflichten des Arbeitsverhältnisses ruhen, soll weiterhin sichergestellt werden, dass die bislang aufgebaute Altersversorgung lückenlos fortgeführt werden kann. 55a

Arbeitnehmer, deren Arbeitsverhältnis ruht, können ab dem Inkrafttreten der Vorschrift zum 1.1.2005 von ihrem Recht auf Fortsetzung der Versicherung oder Versorgung Gebrauch machen und dementsprechend auch ab diesem Zeitpunkt Beiträge entrichten. Dies dürfte mangels entsprechender Übergangsregelung auch für Arbeitnehmer gelten, bei denen das Ruhen des Arbeitsverhältnisses bereits vor dem 1.1.2005 begonnen hatte, sofern bereits im aktiven Stadium ein Anspruch auf Entgeltumwandlung i.S.v. § 1 a BetrAVG bestanden hatte und von diesem Recht auch vor Beginn der Ruhensphase Gebrauch gemacht wurde. 55b

II. Einschränkungen

Aus der Formulierung des Gesetzes geht nicht zwingend hervor, dass ein Recht des Arbeitnehmers auf Fortsetzung der Altersversorgung mit eigenen Beiträgen nur bei bestimmten Durchführungswegen und nur bei arbeitnehmerfinanzierten Systemen zulässig wäre. Ausweislich der Gesetzesbegründung[32] ist die Regelung jedoch nur für externe Durchführungswege und damit nicht für Direktzusagen maßgeblich.[33] Teilweise wird in diesem Zusammenhang unter Hinweis auf die Systematik des Gesetzes sowie auf die Ausgestaltung des Anspruchs auf Fortsetzung der Versicherung oder Versorgung nach Ausscheiden i.S.v. 55c

---

32 BT-Drucks. 15/2150, S. 52.
33 *Goldbach/Obenberger* Betriebsrentengesetz 2005, Rn. 479.

§ 1 b Abs. 5 S. 1 Hs. 2 Nr. 2 BetrAVG vertreten, auch die Unterstützungskassenzusage sei vom Anwendungsbereich des § 1 a Abs. 4 BetrAVG ausgeschlossen.[34] Einer derartigen Auslegung der Vorschrift steht allerdings zunächst die klare Fassung der Gesetzesmaterialien entgegen.

55d Auch stehen die Regelungen zur Steuerfreiheit der Unterstützungskasse nach § 3 Nr. 1 KStDV einer »Beitragsleistung« des Arbeitnehmers nicht zwingend entgegen, da nach dem Wortlaut der Vorschrift lediglich eine Verpflichtung der Leistungsempfänger zu laufenden Beiträgen oder zu sonstigen Zuschüssen steuerschädlich wäre.[35] Freiwillige Zuwendungen der Leistungsempfänger an die Unterstützungskasse sowie Zuwendungen aufgrund einer Entgeltumwandlung sind dagegen nach allgemeiner Ansicht zulässig.[36] Dabei wären selbst Zuwendungen, zu denen der Arbeitnehmer im Verhältnis zu einem Dritten, wie beispielsweise dem Arbeitgeber, verpflichtet ist, im Verhältnis zur Unterstützungskasse als freiwillige Zuwendungen zu qualifizieren.

55e Gleichwohl wird man zu einer Fortsetzung der Versorgung durch Beiträge des Arbeitnehmers i.S.v. § 1 a Abs. 4 BetrAVG im Rahmen einer Unterstützungskassenzusage weder aus Arbeitgeber- noch aus Arbeitnehmersicht raten können. So ist letztlich weder die Struktur der sog. rückgedeckten Unterstützungskasse, bei der die vom Arbeitgeber vereinnahmten Beiträge von der Unterstützungskasse zur Finanzierung der Altersversorgung in eine Versicherung eingebracht werden, und noch weniger die Struktur einer klassischen polsterfinanzierten Unterstützungskasse auf die Umsetzung dieses Anspruchs ausgerichtet. Aus Arbeitnehmersicht spricht ferner vor allem die steuerliche Belastung sowohl der Beiträge, die vollumfänglich aus seinem Nettovermögen zu erbringen wären, als auch die spätere Vollbesteuerung der Leistungen als nichtselbständige Einkünfte i.S.v. § 19 EStG gegen eine Inanspruchnahme dieses Rechts, welches mithin bei der Unterstützungskasse wohl nur als theoretische Möglichkeit zu bewerten ist.

55f Aus der Gesetzesbegründung geht ferner hervor, dass das Beitragsfortsetzungsrecht nur für Entgeltumwandlungszusagen und Zusagen, die aus Eigenbeiträgen des Arbeitnehmers i.S.d. § 1 Abs. 2 Nr. 4 BetrAVG finanziert werden, gelten soll.[37] Ein Anspruch auf Fortsetzung einer bis-

---

34 Vgl. *Förster/Cisch* BB 2004, 2126, 2133; *Höfer* BetrAVG, Rn. 2668.13 f. zu § 1 a.
35 A.A. *Höfer* BetrAVG, Rn. 2668.14 zu § 1 a; zur Steuerschädlichkeit der Entgeltumwandlung bei bereits zugeflossenem Arbeitsentgelt vgl. auch OFD Münster Verfügung v. 3.9.1998 – S 2723 – 13 St – 31, DB 1998, 1940.
36 *Höfer* BetrAVG, Steuerrecht Rn. 2161.
37 BT-Drucks. 15/2150, S. 52.

her allein vom Arbeitgeber finanzierten Altersversorgung besteht daher während des Ruhens des Arbeitsverhältnisses nicht.[38] Ebenso wenig ist der Arbeitgeber verpflichtet, im Rahmen sog. »matching contribution«-Systeme seine Beitragsleistungen weiter zu erbringen.

Fraglich ist, ob die Beiträge während des Ruhens des Arbeitsverhältnisses verändert werden können, oder ob eine »Fortsetzung« der Versicherung oder Versorgung ein Abweichen von der ursprünglichen Beitragshöhe ausschließt. In Anlehnung an die Entscheidungsfreiheit des Arbeitnehmers bei der Geltendmachung des Entgeltumwandlungsanspruchs selbst dürfte Ersteres wohl grundsätzlich in den durch § 1a Abs. 1 BetrAVG gesetzten Grenzen zulässig sein. Es ist allerdings durch Auslegung der jeweiligen Zusage zu klären, ob bei Versorgungsregelungen mit dynamisch ausgestalteter Beitragsbemessung oder grundsätzlich fest vereinbarten Umwandlungsbeträgen die Beiträge auch während des Ruhens des Arbeitsverhältnisses einer Veränderung unterliegen können.

55g

III. Rechtsfolgen

Wegen des engen Bezugs zum bestehenden Beschäftigungsverhältnis sieht die Gesetzesbegründung eine Einstandspflicht des Arbeitgebers nach § 1 Abs. 1 S. 3 BetrAVG auch für den aus eigenen Beiträgen des Arbeitnehmers während der Ruhensphase finanzierten Versorgungsteil vor.[39] Insoweit gelten die Sonderregelungen zur Entgeltumwandlung, z.B. hinsichtlich der sofortigen Unverfallbarkeit (§ 1b Abs. 5 BetrAVG), des sofortigen Insolvenzschutzes (§ 7 Abs. 2 BetrAVG) sowie der Rentenanpassung (§ 16 Abs. 5 BetrAVG) entsprechend.

55h

G. Mitbestimmung des Betriebsrats

Ein Mitbestimmungsrecht des Betriebsrats im Zusammenhang mit den Fragen der betrieblichen Altersversorgung kann sich grds. aus § 87 Abs. 1 Nr. 8 bzw. Nr. 10 BetrVG ergeben.[40] Insoweit ist einerseits zwischen der arbeitgeberfinanzierten und der durch Entgeltumwandlung finanzierten betrieblichen Altersversorgung zu unterscheiden und muss andererseits im Rahmen der zuletzt genannten Fallgruppe danach differenziert werden, ob eine Entgeltumwandlung innerhalb des

56

---
38 Vgl. hierzu auch die Kritik von *Höfer* BetrAVG, Rn. 2668.11 f. zu § 1a.
39 BT-Drucks. 15/2150, S. 52.
40 Vgl. § 1 Rn. 316 f.

Rahmens des § 1a BetrAVG oder außerhalb dieser Bestimmung vorliegt.[41]

57 Bei einer den Anspruch nach § 1a BetrAVG umsetzenden Entgeltumwandlung besteht **praktisch keine erzwingbare Mitbestimmung**, da insoweit die Sperrwirkung des Einleitungssatzes in § 87 Abs. 1 BetrVG (»soweit eine gesetzliche oder tarifliche Regelung nicht besteht«) ein Gestaltungsrecht des Betriebsrats verhindert:

Soweit eine von § 1a BetrAVG abweichende tarifvertragliche Regelung besteht, sind allein diese Bestimmungen bei der Umsetzung der Entgeltumwandlung maßgeblich und kommt eine Mitbestimmung des Betriebsrats aufgrund der Vorschrift des § 77 Abs. 3 BetrVG nicht in Betracht. Aber auch dann, wenn der Tarifvertrag eine Öffnungsklausel zugunsten einer kollektivrechtlichen Regelung auf Basis einer Betriebsvereinbarung enthält, steht dem Betriebsrat kein erzwingbares Mitbestimmungsrecht zu, weil es dann lediglich um die Ausfüllung der tariflichen Regelungen geht.

58 Sofern kein Tarifvertrag zur Durchführung des Anspruchs auf Entgeltumwandlung besteht, gibt das Gesetz mit der in § 1a BetrAVG enthaltenen Regelung zur Umsetzung der Entgeltumwandlung so wesentliche Schranken für die in Frage stehenden Mitbestimmungsrechte vor, dass von einer erzwingbaren Mitbestimmung des Betriebsrats keine Rede mehr sein kann.[42]

59 Die vorstehenden Ausführungen betreffen lediglich die Mitbestimmung des Betriebsrates i.S. einer Mitentscheidung. Die **Initiativ- und Informationsrechte des Betriebsrates bestehen dagegen** auch im Rahmen des Anspruchs auf Entgeltumwandlung nach § 1a BetrAVG.

---

41 Vgl. § 1 Rn. 360 f.
42 So auch *Blomeyer* BetrAV 2001, 501 = DB 2001, 1413.

§ 1 b Unverfallbarkeit und Durchführung der betrieblichen Altersversorgung

(1) [1]Einem Arbeitnehmer, dem Leistungen aus der betrieblichen Altersversorgung zugesagt worden sind, bleibt die Anwartschaft erhalten, wenn das Arbeitsverhältnis vor Eintritt des Versorgungsfalls, jedoch nach Vollendung des 30. Lebensjahres[1] endet und die Versorgungszusage zu diesem Zeitpunkt mindestens fünf Jahre bestanden hat (unverfallbare Anwartschaft). [2]Ein Arbeitnehmer behält seine Anwartschaft auch dann, wenn er aufgrund einer Vorruhestandsregelung ausscheidet und ohne das vorherige Ausscheiden die Wartezeit und die sonstigen Voraussetzungen für den Bezug von Leistungen der betrieblichen Altersversorgung hätte erfüllen können. [3]Eine Änderung der Versorgungszusage oder ihre Übernahme durch eine andere Person unterbricht nicht den Ablauf der Fristen nach Satz 1. [4]Der Verpflichtung aus einer Versorgungszusage stehen Versorgungsverpflichtungen gleich, die auf betrieblicher Übung oder dem Grundsatz der Gleichbehandlung beruhen [5]Der Ablauf einer vorgesehenen Wartezeit wird durch die Beendigung des Arbeitsverhältnisses nach Erfüllung der Voraussetzungen der Sätze 1 und 2 nicht berührt. [6]Wechselt ein Arbeitnehmer vom Geltungsbereich dieses Gesetzes in einen anderen Mitgliedstaat der Europäischen Union, bleibt die Anwartschaft in gleichem Umfange wie für Personen erhalten, die auch nach Beendigung eines Arbeitsverhältnisses innerhalb des Geltungsbereichs dieses Gesetzes verbleiben.

(2) [1]Wird für die betriebliche Altersversorgung eine Lebensversicherung auf das Leben des Arbeitnehmers durch den Arbeitgeber abgeschlossen und sind der Arbeitnehmer oder seine Hinterbliebenen hinsichtlich der Leistungen des Versicherers ganz oder teilweise bezugsberechtigt (Direktversicherung), so ist der Arbeitgeber verpflichtet, wegen Beendigung des Arbeitsverhältnisses nach Erfüllung der in Absatz 1 Satz 1 und 2 genannten Voraussetzungen das Bezugsrecht nicht mehr zu widerrufen. [2]Eine Vereinbarung, nach der das Bezugsrecht durch die Beendigung des Arbeitsverhältnisses nach Erfüllung der in den Absatz 1 Satz 1 und 2 genannten Voraussetzungen auflösend bedingt ist, ist unwirksam. [3]Hat der Arbeitgeber die Ansprüche aus dem Versicherungsvertrag abgetreten oder beliehen, so ist er verpflichtet, den Arbeitnehmer, dessen Arbeitsverhält-

---

1 Durch Gesetz zur Förderung der betrieblichen Altersversorgung; BR-Drucks. 540/07 v. 10.8.2007, ab 1.1.2009: 25. Lebensjahres.

nis nach Erfüllung der in Absatz 1 Satz 1 und 2 genannten Voraussetzungen geendet hat, bei Eintritt des Versicherungsfalles so zu stellen, als ob die Abtretung oder Beleihung nicht erfolgt wäre. [4]Als Zeitpunkt der Erteilung der Versorgungszusage im Sinne des Absatzes 1 gilt der Versicherungsbeginn, frühestens jedoch der Beginn der Betriebszugehörigkeit.

(3) Wird die betriebliche Altersversorgung von einer rechtsfähigen Versorgungseinrichtung durchgeführt, die dem Arbeitnehmer oder seinen Hinterbliebenen auf ihre Leistungen einen Rechtsanspruch gewährt (Pensionskasse und Pensionsfonds), so gilt Absatz 1 entsprechend. Als Zeitpunkt der Erteilung der Versorgungszusage im Sinne des Absatz 1 gilt der Versicherungsbeginn, frühestens jedoch der Beginn der Betriebszugehörigkeit.

(4) [1]Wird die betriebliche Altersversorgung von einer rechtsfähigen Versorgungseinrichtung durchgeführt, die auf ihre Leistungen keinen Rechtsanspruch gewährt (Unterstützungskasse), so sind die nach Erfüllung der in Absatz 1 Satz 1 und 2 genannten Voraussetzungen und vor Eintritt des Versorgungsfalles aus dem Unternehmen ausgeschiedenen Arbeitnehmer und ihre Hinterbliebenen den bis zum Eintritt des Versorgungsfalles dem Unternehmen angehörenden Arbeitnehmern und deren Hinterbliebenen gleichgestellt. [2]Die Versorgungszusage gilt in dem Zeitpunkt als erteilt im Sinne des Absatz 1, von dem an der Arbeitnehmer zum Kreis der Begünstigten der Unterstützungskasse gehört.

(5) [1]Soweit betriebliche Altersversorgung durch Entgeltumwandlung erfolgt, behält der Arbeitnehmer seine Anwartschaft, wenn sein Arbeitsverhältnis vor Eintritt des Versorgungsfalles endet; in den Fällen der Absätze 2 und 3

1. dürfen die Überschussanteile nur zur Verbesserung der Leistung verwendet,

2. muss dem ausgeschiedenen Arbeitnehmer das Recht zur Fortsetzung der Versicherung oder Versorgung mit eigenen Beiträgen eingeräumt und

3. muss das Recht zur Verpfändung, Abtretung oder Beleihung durch den Arbeitgeber ausgeschlossen werden.

[2]Im Falle einer Direktversicherung ist dem Arbeitnehmer darüber hinaus mit Beginn der Entgeltumwandlung ein unwiderrufliches Bezugsrecht einzuräumen.

Unverfallbarkeit und Durchführung § 1 b

Übersicht Rn.

A. **Regelungsgehalt** 1
  I. Begriff Unverfallbarkeit 4
  II. Gesetzliche, vertragliche und richterrechtliche Unverfallbarkeit 6
  III. Arbeitgeber- und arbeitnehmerfinanzierte betriebliche Altersversorgung, Alt- und Neuzusagen 12

B. **Die gesetzlichen Unverfallbarkeitsmodalitäten bei der arbeitgeberfinanzierten betrieblichen Altersversorgung** 19
  I. Beendigung des Arbeitsverhältnisses 22
  II. Vollendung des Mindestalters von 30 26
  III. Bestandsdauer der Versorgungszusage 29
    1. Ende der Bestandsdauer der Versorgungszusage 32
    2. Zeitpunkt der Erteilung der Versorgungszusage 35
       a) Einzelzusage 36
       b) Gesamtzusagen/vertragliche Einheitsregelungen 40
       c) Betriebliche Übung/Gleichbehandlung 44
       d) Betriebsvereinbarung 46
       e) Sprecherausschussvereinbarung 49
       f) Tarifvertrag 51
    3. Vorschaltzeiten 53
    4. Statusbezogene Kriterien 59
    5. Inkrafttretensbestimmungen 63
    6. Zusagezeitpunkt und Änderung der Versorgungszusage 66
    7. Zusagezeitpunkt und Übernahme der Versorgungszusage durch eine andere Person 72
       a) Gesamtrechtsnachfolge 75
       b) Betriebsübergang 78
  IV. Bestandsdauer der Betriebszugehörigkeit (Mindestens 12 Jahre) 99
  V. Vorruhestandsregelung 114
  VI. Wartezeit und Unverfallbarkeitsmodalitäten 116
  VII. Wechsel in einen anderen Mitgliedstaat der Europäischen Union 119

C. **Die gesetzlichen Unverfallbarkeitsmodalitäten bei der arbeitnehmerfinanzierten betrieblichen Altersversorgung** 121
  I. Sofortige Unverfallbarkeit 124
  II. Sonderbedingungen bei Direktversicherung, Pensionskasse und Pensionsfonds 128

D. **Besonderheiten bei mittelbaren Versorgungszusagen** 133
  I. Direktversicherung 134
    1. Unwiderrufliches Bezugsrecht 134
    2. Zeitpunkt der Erteilung der Versorgungszusage 138
  II. Pensionskasse und Pensionsfonds 142
  III. Unterstützungskasse 143

A. Regelungsgehalt

1 § 1 b BetrAVG regelt getrennt nach den einzelnen Durchführungswegen die gesetzlichen Unverfallbarkeitsmodalitäten, die **Unverfallbarkeit dem Grunde nach**. Die Übergangsregelung in § 30 f BetrAVG[2] hat keine Bedeutung mehr. Insoweit wird auf die Vorauflage verwiesen.

2 Darüber hinaus werden die Versorgungsträger bei mittelbaren Versorgungszusagen (Direktversicherung, Pensionskasse, Pensionsfonds und Unterstützungskasse) in gesetzlichen Klammerdefinitionen beschrieben.[3]

3 § 1 b Abs. 1 S. 4 BetrAVG stellt deklaratorisch fest, dass betriebliche Altersversorgung auch auf den Rechtsbegründungsakten einer betrieblichen Übung und dem Grundsatz der Gleichbehandlung beruhen kann.[4]

I. Begriff Unverfallbarkeit

4 Unverfallbarkeit umschreibt die Frage nach dem Schicksal einer betrieblichen Versorgungszusage, wenn der Anlass hierfür, nämlich die arbeitsrechtliche Beziehung zwischen Zusagendem und Begünstigtem, nicht bis zum Eintritt eines Versorgungsfalles Bestand gehabt hat, sondern vorzeitig weggefallen ist. Aus der Verknüpfung der Unverfallbarkeitsphase mit dem Bestehen oder Nichtbestehen eines Arbeitsverhältnisses folgt zwangsläufig, dass Unverfallbarkeitsfragen nach dem Entstehen des Versorgungsanspruchs nicht auftreten. Eine Versorgungsleistung ist nach Eintritt des Versorgungsfalles »immer unverfallbar«, unabhängig davon, dass unter bestimmten Voraussetzungen, z.B. aufgrund eines einseitigen Widerrufs, eine Einstellung oder Kürzung der Zahlungen rechtlich möglich ist.[5]

---

2 Ab dem 1.1.2009 wird der § 30 f BetrAVG mit dem bisherigen Wortlaut § 30 f Abs. 1 BetrAVG werden. Im ersten Halbsatz werden die Wörter »(unverfallbare Anwartschaft)« gestrichen werden. Wegen der ab 1.1.2009 erfolgenden Herabsetzung des 30. auf das 25. Lebensjahr in § 1 b Abs. 1 S. 1 BetrAVG wird eine Übergangsregelung für »Altzusagen« vor dem 1.1.2009 und nach dem 31.12.2000 in einen neuen Abs. 2 des § 30 f BetrAVG aufgenommen werden. Dies erfolgt durch das »Gesetz zur Förderung der betrieblichen Altersversorgung« (Art. 4). S. BR-Drucks. 540/07 v. 10.8.2007 und Rz. 27.

3 S. dazu Kommentierung zu den Durchführungswegen der betrieblichen Altersversorgung bei § 1 Rz. 54–99.

4 S. dazu Kommentierung zu den Rechtsbegründungsakten der betrieblichen Altersversorgung bei § 1 Rz. 100–147, insbes. Rz. 126–147.

5 *Kemper* Die Unverfallbarkeit betrieblicher Versorgungsanwartschaften, S. 23; zu den Widerrufsmöglichkeiten s. § 1 Rz. 303–315. »Verfallbare« Anwartschaften können grundsätzlich im Rahmen einer Kündigungsschutzabfindung

Unverfallbarkeit und Durchführung § 1 b

Die Unverfallbarkeit einer Versorgungsanwartschaft führt bei Beendigung des Arbeitsverhältnisses nicht zu einem Versorgungsanspruch, sondern nur zur **Aufrechterhaltung der Anwartschaft**. Ein Versorgungsanspruch entsteht bei Ausscheiden nach Erfüllung der Unverfallbarkeitsmodalitäten erst, wenn nach Beendigung des Arbeitsverhältnisses ein Versorgungsfall eintritt.[6]

II. Gesetzliche, vertragliche und richterrechtliche Unverfallbarkeit

§ 1 b BetrAVG regelt die **gesetzliche** Unverfallbarkeit. Die gesetzlichen Unverfallbarkeitsmodalitäten gelten unabhängig davon, ob sie im Leistungsplan erwähnt worden sind oder nicht. Sie sind für den Arbeitgeber einseitig zwingend und begrenzen die Gestaltungsfreiheit bei Leistungsplänen. Fehlt eine Unverfallbarkeitsklausel in der Versorgungszusage, ist i.d.R. zugunsten des Arbeitgebers anzunehmen, dass die gesetzlichen Unverfallbarkeitsmodalitäten gelten sollen.[7]

Von den Unverfallbarkeitsmodalitäten kann nicht zu Ungunsten des Arbeitnehmers abgewichen werden, auch nicht durch Tarifvertrag (§ 17 Abs. 3 BetrAVG).

Sind günstigere als die gesetzliche Unverfallbarkeitsmodalitäten vorgesehen – was aufgrund der Gestaltungsfreiheit bei Leistungsplänen möglich ist – handelt es sich um eine **vertragliche** Unverfallbarkeit. Ob günstigere Unverfallbarkeitsmodalitäten vereinbart sind, richtet sich nach den allgemeinen Auslegungsregeln für Leistungspläne. Die Darlegungs- und Beweislast dafür hat der begünstigte Versorgungsberechtigte. Im Zweifel sind nur die gesetzlichen Regelungen maßgebend.[8]

Vor Inkrafttreten des BetrAVG gab es aufgrund einer Rechtsprechung des BAG[9] die **richterrechtliche** Unverfallbarkeit. Im Wege der richter-

---

nach §§ 9, 10 KSchG berücksichtigt werden. Daneben besteht aber kein Schadensersatzanspruch gem. § 628 Abs. 2 BGB, so BAG 12.6.2003, 8 AZR 341/02, EzA § 628 BGB 2002 Nr. 1; dazu auch *Kemper* RdA 2004, 310, BetrAV 2005, 302.
6 Zur Bedeutung einer Wartezeit im Leistungsplan s. § 1 Rz. 180–187; zum Verhältnis von Unverfallbarkeitsmodalitäten und Wartezeit § 1 b Abs. 1 S. 5 BetrAVG und dazu Rz. 116 ff.; s.a. BAG 24.2.2004, 3 AZR 5/03, EzA § 1 b BetrAVG Nr. 2.
7 *Blomeyer/Rolfs/Otto* Rz. 98 zu § 1 b; *Höfer* BetrAVG, Rz. 2674 zu § 1 b, m.w.N.
8 BAG 11.12.2001, 3 AZR 334/00, EzA § 1 BetrAVG Nr. 80; dazu auch *Höfer* BetrAVG, Rz. 2688 ff. zu § 1 b.
9 BAG 16.10.1980, 3 AZR 1/80, EzA § 7 BetrAVG Nr. 8; 10.3.1972, 3 AZR 278/71, EzA § 242 BGB Ruhegeld Nr. 11; 20.2.1975, 3 AZR 514/73, EzA § 242 BGB Ruhegeld Nr. 32, DB 1975, 1274; 7.8.1975, 3 AZR 12/75, EzA § 242 BGB Ruhegeld Nr. 44.

lichen Rechtsfortbildung wurde entschieden, dass einem Arbeitnehmer, der vor Vollendung des 65. Lebensjahres aus dem Unternehmen ausgeschieden war, eine Versorgungsanwartschaft erhalten bleibt, wenn er bis zum Ausscheiden eine mindestens 20-jährige Betriebszugehörigkeit abgeleistet hatte.

10 Die richterrechtliche Unverfallbarkeit gilt für alle vor dem Inkrafttreten des BetrAVG beendeten Arbeitsverhältnisse (22.12.1974, §§ 26, 32 BetrAVG). Endete das Arbeitsverhältnis jedoch noch vor dem 10.3.1972, ist die richterrechtliche Unverfallbarkeit begrenzt auf Arbeitsverhältnisse, die nach dem 1.1.1969 beendet wurden und bei deren Beendigung der betroffene Arbeitnehmer oder der Betriebsrat den Verfall der Anwartschaft beanstandet hat.[10]

11 Die richterrechtliche Unverfallbarkeit, die heute keine praktische Bedeutung mehr haben dürfte, unterliegt wie die gesetzliche Unverfallbarkeit dem Insolvenzschutz durch den PSVaG.[11] Bei der vertraglichen Unverfallbarkeit ist dies bis zum Eintritt eines Versorgungsfalles nicht der Fall (§ 7 Abs. 2 BetrAVG).[12]

III. Arbeitgeber- und arbeitnehmerfinanzierte betriebliche Altersversorgung

12 Bei der gesetzlichen Unverfallbarkeit ist zu unterscheiden zwischen der **arbeitgeber- und** der **arbeitnehmerfinanzierten** betrieblichen Altersversorgung.

13 Bei der arbeitgeberfinanzierten betrieblichen Altersversorgung gelten die Unverfallbarkeitsmodalitäten des § 1b Abs. 1 BetrAVG. Durch das »Gesetz zur Förderung der betrieblichen Altersversorgung« (Art. 4)[13] wird ab 1.1.2009 in einem § 30f Abs. 2 BetrAVG eine neue Übergangsregelung enthalten sein für »neue Altzusagen«, die vor dem 1.1.2009 und nach dem 31.12.2000 erteilt worden sind. Dies geschieht deshalb, weil in § 1b Abs. 1 S. 1 BetrAVG das Mindestalter von 30 auf 25 herabgesetzt wird für »Neuzusagen« ab 1.1.2009.

Handelt es sich um Entgeltumwandlung gem. § 1 Abs. 2 Nr. 3 BetrAVG gilt als gesetzliche Unverfallbarkeitsmodalität die sofortige Unverfallbarkeit (§ 1b Abs. 5 BetrAVG). Dasselbe gilt bei Umfassungszusagen

---

10 BAG 10.3.1972, 3 AZR 278/71, EzA § 242 BGB Ruhegeld Nr. 11.
11 BAG 20.1.1987, 3 AZR 503/85, EzA § 7 BetrAVG Nr. 22.
12 S. dazu § 7 Rz. 62 ff.
13 BR-Drucks. 540/07 v. 10.8.2007.

gem. § 1 Abs. 2 Nr. 4 BetrAVG,[14] wenn sie nach dem 31.12.2002 erteilt worden sind (§ 30 e BetrAVG).

Bis zum 31.12.2005 galten die Unverfallbarkeitsmodalitäten mit einer Unterscheidung zwischen Versorgungszusagen, die vor dem 1.1.2001 oder danach erteilt worden sind. Diese »Altzusagen« (vor dem 1.1.2001) gelten am 1.1.2001 als neu erteilt und damit sind die günstigeren Unverfallbarkeitsmodalitäten des § 1 b BetrAVG in der bis zum 31.12.2008 gültigen Fassung nach dem 31.12.2005 ausschließlich anzuwenden. Wegen dieser vor dem 1.1.2001 erteilten »alten Altzusagen« und der Übergangsregelung in § 30 f BetrAVG[15] wird auf die Vorauflage verwiesen. 14–17

Hinzu kommt eine besondere Unverfallbarkeitsmodalität bei Ausscheiden aufgrund einer Vorruhestandsregelung (§ 1 b Abs. 1 S. 2 BetrAVG).[16] 18

B. Die gesetzlichen Unverfallbarkeitsmodalitäten bei der arbeitgeberfinanzierten betrieblichen Altersversorgung

I. Beendigung des Arbeitsverhältnisses

Unter Arbeitsverhältnis ist das Rechtsverhältnis zu verstehen, das zwischen dem einzelnen Arbeitnehmer und dem Arbeitgeber aufgrund des Arbeitsvertrages besteht. Das Arbeitsverhältnis endet stets mit der Beendigung des Arbeitsvertrages.[17] »Arbeitsverhältnisse« können auch Rechtsverhältnisse zwischen Unternehmen und Personen sein, die für ein Unternehmen tätig sind (§ 17 Abs. 1 S. 2 BetrAVG[18]), z.B. Dienstverträge mit Geschäftsführern einer GmbH oder Vorständen mit einer Aktiengesellschaft, Beratungsverträge mit Freiberuflern.[19] 19–22

Als Beendigungsgründe kommen alle Formen der Vertragsbeendigung in Betracht, also Aufhebungsvertrag, Kündigung, Zeitablauf bei zulässiger Befristung, Tod des Arbeitnehmers. Der Grund für die Beendigung des Arbeitsverhältnisses ist unerheblich. Bei einer fristlosen Beendigung, bei einer fristlosen Kündigung oder bei besonders schweren Treuepflichtverletzungen kann sich das Problem des Widerrufs der Versorgungsanwartschaft stellen.[20] 23

---

14 S. dazu § 1 Rz. 447 ff.
15 Ab 1.1.2009 § 30 f Abs. 1 BetrAVG.
16 S. dazu Rz. 114 ff.
17 *Blomeyer/Rolfs/Otto* Rz. 74 ff. zu § 1 b; *Höfer* BetrAVG, Rz. 2937 ff. zu § 1 b.
18 S. dazu § 17 Rz. 3 ff.
19 Dazu BAG 20.4.2004, 3 AZR 297/03, EzA § 17 BetrAVG Nr. 10.
20 S. dazu § 1 Rz. 303–315.

§ 1 b   Unverfallbarkeit und Durchführung

24 Maßgebend ist der Zeitpunkt, zu dem das Arbeitsverhältnis endet bzw. die Beendigung vorgesehen ist, nicht der Zeitpunkt des Abschlusses eines Aufhebungsvertrages oder der Zeitpunkt der Kündigungserklärung.

24a Bei einem Betriebsübergang nach § 613 a BGB endet das Arbeitsverhältnis nicht.[21] Dasselbe gilt **betriebsrentenrechtlich** wenn das Arbeitsverhältnis zu einem Dienstverhältnis wird, z.b. weil der Arbeitnehmer in die Geschäftsführung berufen wird. Dies gilt unabhängig davon, dass in einem solchen Fall das Arbeitsverhältnis endet.[22] Begründung hierfür ist § 17 Abs. 1 S. 2 BetrAVG.

24b Eine Beendigung des Arbeitsverhältnisses tritt auch nicht ein, wenn das Arbeitsverhältnis ruht, z.B. bei einem Elternurlaub.[23] Das Arbeitsverhältnis wird aber i.d.R. beendet, wenn eine Vorruhestandsregelung getroffen wird. Dasselbe gilt bei Inanspruchnahme der Leistungen aus der gesetzlichen Rentenversicherung.[24]

25 Unverfallbarkeitsfragen treten nicht auf, wenn ein Arbeitnehmer die Unverfallbarkeitsmodalitäten während eines bestehenden Arbeitsverhältnisses erfüllt hat und ohne Beendigung des Arbeitsverhältnisses die Versorgungsanwartschaft verändert, abgefunden oder von einem anderen Rechtssubjekt übernommen werden soll.[25]

II. Vollendung des Mindestalters von 30

26 Es gilt die bürgerlich-rechtliche Altersbestimmung des § 187 Abs. 2 S. 2 BGB. Nicht maßgebend ist eine versicherungstechnische Altersbestimmung.

▶ **Beispiel:**

Wer z.B. am 1.1.1978 geboren ist, hat am 31. 12. um 24.00 Uhr des Jahres 2008 das 30. Lebensjahr vollendet, sodass bei einem Ausscheiden zu diesem Zeitpunkt die Anwartschaft aufrecht zu erhalten ist, wenn auch die andere Unverfallbarkeitsvoraussetzung (nur Bestandsdauer der Versorgungszusage) erfüllt ist.

---

21 S. dazu Rz. 78–98.
22 BAG 19.07.2007, 6 AZR 774/06, Pressemitteilung DB 2007 Heft 30, XX.
23 S. dazu Rz. 112 f.
24 Zu den Rechtsfolgen bei Inanspruchnahme der vorzeitigen Altersleistungen aus der gesetzlichen Rentenversicherung s. § 6 Rz. 6 ff.
25 S. hierzu Kommentierung zu §§ 3 und 4. Hier gilt der Grundsatz der Vertragsfreiheit.

Das Mindestalter 30 bedeutet keine mittelbare Diskriminierung von 27 Frauen und keinen Verstoß gegen das Grundgesetz und den EU-Vertrag (Art. 141).[26] Durch das »Gesetz zur Förderung der betrieblichen Altersversorgung« (Art. 4)[27] wird das Mindestalter für »Neuzusagen« ab 1.1.2009 auf 25 herabgesetzt werden. Der geänderte § 1b Abs. 1 S. 1 BetrAVG ist dann für »neue Altzusagen«, die vor dem 1.1.2009 und nach dem 31.12.2000 erteilt worden sind, mit der Maßgabe der jetzigen Unverfallbarkeitsmodalitäten (Mindestalter 30 und Zusagebestand mindestens 5 Jahre) anzuwenden, wenn das Arbeitsverhältnis bis zum 31.12.2013 endet. Diese »neuen Altzusagen« gelten ab dem 1.1.2009 als neu erteilt, was zur Folge hat, dass bei Beendigung des Arbeitsverhältnisses nach dem 31.12.2013 das Mindestalter 25 gilt.[28]

Scheidet ein Arbeitnehmer wenige Wochen oder Tage vor der Vollendung des maßgeblichen Lebensalters aus, verfällt die Versorgungsanwartschaft ersatzlos. Der Arbeitgeber muss über die Konsequenzen der Nichterfüllung der Unverfallbarkeitsvoraussetzungen nicht aufklären.[29] 28

III. Bestandsdauer der Versorgungszusage

Die Versorgungszusage muss mindestens fünf Jahre bestanden haben. 29 Die Frist muss immer gem. §§ 187 ff. BGB voll erfüllt sein. Ein auch nur geringes Unterschreiten führt zur Verfallbarkeit der Anwartschaft.[30]

Das Ende dieser Frist ist i.d.R. mit dem rechtlichen Ende des Arbeitsver- 30 hältnisses gleichzusetzen.[31]

---

26 So für das frühere Mindestalter 35: BAG 18.10.2005, 3 AZR 506/04, EzA Art. 141 EG-Vertrag 1999 Nr. 19.
27 BR-Drucks. 540/07 v. 10.8.2007.
28 So i.E. § 30 f Abs. 2 BetrAVG in der ab 1.1.2009 geltenden Fassung durch die Änderung des BetrAVG durch das »Gesetz zur Förderung der betrieblichen Altersversorgung« (Art. 4) BR-Drucks. 540/07 v. 10.8.2007.
29 BAG 3.7.1990, 3 AZR 382/89, EzA § 611 BGB Aufhebungsvertrag Nr. 7 und 22.2.2000, 3 AZR 4/99, EzA § 1 BetrAVG Nr. 72; dazu auch *Reinecke* BetrAV 2003, 25; BAG 17.10.2000, 3 AZR 605/99, EzA § 611 BGB Fürsorgepflicht Nr. 59, AP Nr. 116 zu BGB § 611 Fürsorgepflicht und 11.12.2001, 3 AZR 329/00, EzA § 611 BGB Fürsorgepflicht Nr. 62.
30 BAG 7.8.1975, 3 AZR 12/75, EzA § 242 BGB Ruhegeld Nr. 44; 29.3.1983, 3 AZR 26/81, EzA § 1 BetrAVG Nr. 26; 22.2.2000, 3 AZR 4/99, EzA § 1 BetrAVG Nr. 72, DB 2001, 2203.
31 S. dazu nachfolgend Rz. 32–34.

31 Den Fristbeginn bezeichnet das BetrAVG als Zeitpunkt der Erteilung der Versorgungszusage (vgl. § 1 b Abs. 2 S. 4, Abs. 3 S. 2 und Abs. 4 S. 2 BetrAVG).[32]

1. Ende der Bestandsdauer der Versorgungszusage

32 Die Bestandsdauer der Versorgungszusage endet üblicherweise mit der Beendigung des Arbeitsverhältnisses.

33 Für den Zusagebestand kommt es darauf an, dass das Arbeitsverhältnis nicht unterbrochen wurde.[33] Jede auch nur kurzfristige Unterbrechung führt dazu, dass die Frist nicht erfüllt ist. Die Grundsätze über die Zusammenrechnung bei einem inneren sachlichen Zusammenhang der Arbeitsverhältnisse können nicht herangezogen werden.[34] Die Unverfallbarkeitsmodalitäten müssen grds. im letzten, dem neuen Arbeitsverhältnis erfüllt sein.[35] Ob diese Grundsätze auch für Saisonarbeitnehmer gelten, ist fraglich.[36]

34 Die Bestandsdauer der Versorgungszusage endet – auch ohne Beendigung des Arbeitsverhältnisses –, wenn die Arbeitgeberverpflichtung entfallen ist, z.B. durch eine Aufhebung des Versorgungsverhältnisses während eines bestehenden Arbeitsverhältnisses gegen Zahlung einer Abfindung, was nicht gegen § 3 BetrAVG verstößt.[37]

2. Zeitpunkt der Erteilung der Versorgungszusage

35 Eine Versorgungszusage ist dann erteilt, wenn die Arbeitgeberverpflichtung gegenüber den Begünstigten erstmals entstanden ist. Das richtet sich nach dem gewählten Rechtsbegründungsakt.[38]

a) Einzelzusage

36 Eine Einzelzusage ist erteilt, wenn der Versorgungsvertrag zustande gekommen ist. Dieses richtet sich nach allgemeinem Vertragsrecht. Das gilt auch für eine **Blankettzusage**.[39] Bei einer Blankettzusage ist die Ver-

---

32 S. dazu nachfolgend Rz. 35–52.
33 BAG 22.2.2000, 3 AZR 4/99, EzA § 1 BetrAVG Nr. 72.
34 BAG 22.2.2000, 3 AZR 4/99, EzA § 1 BetrAVG Nr. 72.
35 So schon BAG 19.7.1993, 3 AZR 397/81, DB 1983, 2255.
36 *Kemper* Die Unverfallbarkeit betrieblicher Versorgungsanwartschaften, S. 83 f.
37 Dazu s. Kommentierung zu § 3 Rz. 36 ff.
38 S. dazu § 1 Abs. 1 Rz. 100–147.
39 S. dazu § 1 Abs. 1 Rz. 104–107.

sorgungszusage also schon erteilt, obwohl die Einzelheiten des Leistungsplanes noch nicht feststehen. Ein Versorgungsvertrag (und damit eine Versorgungszusage) ist jedoch noch nicht zustande gekommen, wenn der Arbeitgeber lediglich ein Angebot gem. § 145 BGB abgegeben hat, das der Arbeitnehmer innerhalb einer bestimmten Zeit annehmen kann oder nicht. Dann ist die Versorgungszusage erst erteilt, wenn das Angebot angenommen wird.

Allgemein wird angenommen, dass frühester Zusagezeitpunkt der Beginn der Betriebszugehörigkeit ist, selbst wenn der Versorgungsvertrag vor Beginn des Arbeitsverhältnisses geschlossen worden ist.[40] 37

Wird ein fiktiver Zusagezeitpunkt vereinbart, ist dies für die gesetzlichen Unverfallbarkeitsmodalitäten bedeutungslos. Der Zusagezeitpunkt kann also in Bezug auf die gesetzlichen Unverfallbarkeitsmodalitäten nicht rückdatiert werden. In einem solchen Fall handelt es sich um eine jederzeit mögliche vertragliche Verbesserung der Unverfallbarkeitsmodalitäten.[41] Das ist eine Frage der Auslegung der getroffenen Vereinbarungen. Die gesetzlichen Zusagezeitpunkte sind nicht disponibel, schon aus Gründen des damit verbundenen Insolvenzschutzes.[42] 38

Bei Vordatierungen kann es sich um eine den Zusagezeitpunkt nicht berührende Vorschaltzeit handeln.[43] 39

b) Gesamtzusagen/vertragliche Einheitsregelungen

Gesamtzusagen und vertragliche Einheitsregelungen werden i.d.R. schon lange in einem Unternehmen praktiziert. In diesem Fall stimmen Zusagezeitpunkt und rechtlicher Beginn des Arbeitsverhältnisses überein, wenn die Gesamtbelegschaft begünstigt ist.[44] 40

Bei neu eingeführten Versorgungssystemen gilt der Zeitpunkt als Zusagezeitpunkt, in dem die Arbeitgeberverpflichtung entstanden ist, bei einer Gesamtzusage z.B. der Aushang am »Schwarzen Brett« oder bei einer vertraglichen Einheitsregelung die Übergabe der Versorgungsordnung.[45] 41

---

40 BAG 21.1.2003, 3 AZR 121/02, EzA § 1b BetrAVG Nr. 1; *Blomeyer/Rolfs/Otto* Rz. 58 zu § 1b; *Höfer* BetrAVG, Rz. 2718 ff. zu § 1b.
41 So auch *Höfer* BetrAVG, Rz. 2717 zu § 1b.
42 BAG 21.1.2003, 3 AZR 121/02, EzA § 1b BetrAVG Nr. 1.
43 S. dazu nachfolgend Rz. 53 f.
44 *Blomeyer/Rolfs/Otto* Rz. 29 zu § 1b.
45 Dazu § 1 Rz. 108 f. und 110 f.

42 Wird die Zusage an das Erreichen einer bestimmten Stellung im Unternehmen geknüpft, z.B. bei Erreichen einer bestimmten Hierarchiestufe, so ist Zusage erst bei Erreichen des Status erteilt.[46]

43 Soll die Zusage erst nach Ablauf einer bestimmten Dienstzeit und/oder nach Vollendung eines Mindestalters erteilt werden, ist der Zusagezeitpunkt »vorverlegt« (Vorschaltzeiten).[47]

c) Betriebliche Übung/Gleichbehandlung

44 Bei einer betrieblichen Altersversorgung, die auf einer betrieblichen Übung oder dem Grundsatz der Gleichbehandlung beruht (deklaratorischer Hinweis auf Rechtsbegründungsakte dieser Art in § 1 b Abs. 1 S. 4 BetrAVG), ist die Zusage dann erteilt, wenn die betriebliche Übung entstanden ist und sich für den konkreten Arbeitnehmer auswirkt oder wenn ein Verstoß gegen den Gleichbehandlungsgrundsatz vorliegt, der einen willkürlich ausgeschlossenen Arbeitnehmer betrifft.[48]

45 Eine Versorgungszusage durch betriebliche Übung kann inhaltlich einer kollektiven Blankettzusage[49] ähneln, was auch für den Zeitpunkt der Erteilung der Versorgungszusage maßgebend ist. Schon vor Ausfüllung einer derartigen betrieblichen Übung gem. § 315 BGB durch den Arbeitgeber ist die Versorgungszusage erteilt.[50]

d) Betriebsvereinbarung

46 Zeitpunkt der Erteilung der Versorgungszusage bei einer Betriebsvereinbarung ist der Zeitpunkt, in dem die formellen Voraussetzungen des § 77 Abs. 2 BetrVG (mit Ausnahme des Aushanges am »Schwarzen Brett«) kumulativ erfüllt sind, wenn erstmals eine Betriebsvereinbarung für die betriebliche Altersversorgung abgeschlossen wird.[51]

---

46 BAG 20.4.1982, 3 AZR 1118/79, EzA § 1 BetrAVG Nr. 20, und 17.2.1998, 3 AZR 783/96, EzA § 1 BetrAVG Gleichbehandlung Nr. 14 und 28.7.1992, 3 AZR 173/92, EzA § 1 BetrAVG Gleichbehandlung Nr. 2; s. dazu nachfolgend Rz. 59 ff.
47 S. dazu nachfolgend Rz. 53 ff.
48 Dazu *Höfer* BetrAVG, Rz. 2767 ff. zu § 1 b m.w.N. und *Blomeyer/Rolfs/Otto* Rz. 30 ff. und Rz. 41 ff. zu § 1 b.
49 S. dazu § 1 Rz. 104–107.
50 BAG 25.6.2002, 3 AZR 360/01, EzA § 1 BetrAVG Betriebliche Übung Nr. 3.
51 S. dazu § 1 Rz. 112–118.

Besteht bei Eintritt eines Arbeitnehmers in ein Unternehmen bereits eine Betriebsvereinbarung und wird der Arbeitnehmer von ihr erfasst, hat er i.d.R. ab Beginn des Arbeitsverhältnisses eine Versorgungszusage.[52]   47

Ein Spruch der Einigungsstelle kann bei erzwingbaren Mitbestimmungstatbeständen eine Einigung zwischen Arbeitgeber und Betriebsrat ersetzen (vgl. § 76 BetrVG, insbesondere Abs. 5 und 6). Eine Erteilung einer Versorgungszusage durch einen Spruch der Einigungsstelle wird es üblicherweise nicht geben, da der Arbeitgeber mitbestimmungsfrei entscheiden kann, ob er eine betriebliche Altersversorgung einführt.[53] Eine Ausnahme kann gelten, wenn ein Fall des § 76 Abs. 6 BetrVG vorliegt, sich also Arbeitgeber und Betriebsrat dem Spruch im Voraus unterworfen oder ihn nachträglich angenommen haben. Dann ist Zeitpunkt der Erteilung der Versorgungszusage der Tag der Verkündung des Spruchs durch den Vorsitzenden der Einigungsstelle oder der Zeitpunkt der nachträglichen Annahme des Spruchs.[54]   48

e) Sprecherausschussvereinbarung

Bei Vereinbarungen nach § 28 Abs. 2 SprAuG ist die Versorgungszusage erteilt, wenn die Unterschriften der Vereinbarung geleistet werden.[55]   49

Bestehen bei Eintritt eines leitenden Angestellten in das Unternehmen derartige Vereinbarungen, ist Zusagezeitpunkt i.d.R. der Beginn des Arbeitsverhältnisses, wenn alle leitenden Angestellte begünstigt sind.   50

f) Tarifvertrag

Bei einem Tarifvertrag ist die Versorgungszusage erteilt, wenn er zustande gekommen und der Arbeitnehmer von seinem persönlichen Geltungsbereich erfasst ist.[56] Dies gilt auch, wenn im Tarifvertrag »Vorschaltzeiten«[57] vorgesehen sind.[58]   51

Bei Allgemeinverbindlicherklärungen (§ 5 TVG) ist der Tag der öffentlichen Bekanntmachung gem. § 5 Abs. 7 TVG der maßgebende Zusage-   52

---

52 *Blomeyer/Rolfs/Otto* Rz. 40 zu § 1 b.
53 S. dazu § 1 Rz. 316–376.
54 So auch *Höfer* BetrAVG, Rz. 2775 zu § 1 b.
55 *Blomeyer/Rolfs/Otto* Rz. 41 zu § 1 b.
56 *Blomeyer/Rolfs/Otto* Rz. 42 ff. zu § 1 b.
57 S. dazu Rz. 53 ff.
58 A.A. *Blomeyer/Rolfs/Otto* Rz. 43 zu § 1 b; wie hier *Höfer* BetrAVG, Rz. 2784 zu § 1 b.

zeitpunkt, wenn das Arbeitsverhältnis bereits besteht, sonst der Beginn des Arbeitsverhältnisses.[59]

3. Vorschaltzeiten

53 In Leistungsplänen wird als Leistungsvoraussetzung häufig vorgesehen, dass eine Aufnahme in das Versorgungssystem erst erfolgen soll, wenn eine **Mindestdienstzeit** abgeleistet und/oder ein **Mindestalter** erreicht ist. Derartige **Vorschaltzeiten** können grundsätzlich bei allen Rechtsbegründungsakten vorgesehen werden.[60]

54 Nach feststehender Rechtsprechung des BAG führen derartige Regelungen nicht zum Hinausschieben des Zeitpunktes der Erteilung der Versorgungszusage. Eine »**Zusage auf eine Zusage**« wird als Versorgungszusage i.S.d. § 1 b BetrAVG behandelt, weil das Erstarken einer Anwartschaft zum Vollrecht nur noch vom Fortbestand des Arbeitsverhältnisses und vom Eintritt des Versorgungsfalles abhängt.[61] Auf die Länge der Vorschaltzeit kommt es nicht an. Dies gilt auch dann, wenn eine arbeitsvertragliche Probezeit innerhalb eines unbefristeten Arbeitsverhältnisses als Vorschaltzeit festgelegt ist.[62] Bei Befristung eines Arbeitsverhältnisses handelt es sich nicht um Vorschaltzeiten, sondern um ein stellungsbezogenes Kriterium.[63] Werden nur Arbeitnehmer mit unbefristeten Arbeitsverhältnissen begünstigt, ist bei einem »vorgeschalteten« befristeten Arbeitsverhältnis die Versorgungszusage erst erteilt, wenn aus dem befristeten ein unbefristetes Arbeitsverhältnis geworden ist.[64]

▶ **Beispiel:**

Sollen Arbeitnehmer nach den Bestimmungen im Leistungsplan erst ab Vollendung des 30. Lebensjahres (Mindestalter) in ein Versorgungssystem aufgenommen werden, so hat ein Arbeitnehmer, der mit 25 Jahren in das Arbeitsverhältnis eintritt, sofort eine Versorgungszusage. Nach dem Grundsatz der Gestaltungsfreiheit kann jedoch für die versorgungsfähige Dienstzeit (Leistungshöhe) und die

---

59 *Höfer* BetrAVG, Rz. 2783 zu § 1 b.
60 Zu den denkbaren Unterschieden bei den Durchführungswegen Rz. 57 f.
61 So grundlegend BAG 7.7.1977, 3 AZR 572/76, EzA § 1 BetrAVG Wartezeit Nr. 3; bestätigt durch BAG 24.2.2004, 3 AZR 5/03, EzA § 1 b BetrAVG Nr. 2.
62 BAG 24.2.2004, 3 AZR 5/03, EzA § 1 b BetrAVG Nr. 2.
63 S. dazu Rz. 59 ff.
64 Dazu *Kemper* FS Andresen, S. 463, 470.

Unverfallbarkeit und Durchführung § 1 b

Erfüllung der Wartezeit erst die Zeit ab Vollendung des 30. Lebensjahres zählen.

Vorschaltzeiten sind in leistungsausschließende Wartezeiten umzudeuten.[65] Wartezeiten sind ein Element des Leistungsplanes und setzen den Bestand einer Versorgungszusage voraus. 55

Im Gegensatz zu einem Mindestalter kann ein **Höchstaufnahmealter** dazu führen, dass eine Versorgungszusage überhaupt nicht erteilt wird. Das ist zulässig.[66] 56

▶ **Beispiel:**

Es ist möglich, durch ein Höchstaufnahmealter von z.b. 45 Jahren alle Mitarbeiter ab dieser Altersstufe aus einem Versorgungssystem auszuschließen, selbst wenn diese bis zum Pensionsalter von z.b. 65 Jahren noch 20 Jahre Betriebstreue erbringen können. Unzulässig ist es dagegen vorzusehen, dass ein Mitarbeiter, der mit 25 Jahren in dasselbe Unternehmen eintritt, die Versorgungszusage erst nach Ableistung einer Mindestdienstzeit von z.b. 10 Jahren und/oder nach Vollendung eines Mindestalters von z.b. 30 Jahren erhält.[67]

Vorschaltzeiten beeinträchtigen den Zusagezeitpunkt unstreitig nicht bei den Durchführungswegen unmittelbare Versorgungszusage[68] und Unterstützungskasse.[69] 57

Problematisch ist, ob dies auch bei den Durchführungswegen Direktversicherung, Pensionskasse und Pensionsfonds gilt. Bei diesen Durchführungswegen wird in § 1 b Abs. 2 S. 4 und Abs. 3 S. 2 BetrAVG für den Zeitpunkt der Zusageerteilung auf den Versicherungsbeginn (frühestens auf den Beginn der Betriebszugehörigkeit) abgestellt. Folglich kann der Versicherungsbeginn nach dem Eintritt in das Arbeitsverhältnis liegen.[70] 58

---

65 BAG 24.2.2004, 3 AZR 5/03, EzA § 1 b BetrAVG Nr. 2; s. dazu auch § 1 Rz. 180–187.
66 BAG 7.7.1977, 3 AZR 570/76, EzA § 1 BetrAVG Nr. 1; dazu auch *Höfer* BetrAVG, Rz. 822 zu ART und *Blomeyer/Rolfs/Otto* Rz. 168 zu Anh. § 1 jeweils m.w.N. Zur Bedeutung des AGG bei einem Höchstaufnahmealter s. § 1 Rz. 181 a.
67 Zur AGG-Problematik s. § 1 Rz. 181 a.
68 BAG 7.7.1977, 3 AZR 572/76, EzA § 1 BetrAVG Wartezeit Nr. 3.
69 BAG 13.7.1978, 3 AZR 278/77, EzA § 1 BetrAVG Nr. 4.
70 S. dazu unter Rz. 138–141 und *Blomeyer/Rolfs/Otto* Rz. 253 ff. zu § 1 b; *Höfer* BetrAVG, Rz. 3018 zu § 1 b.

4. Statusbezogene Kriterien

59 Ist die Versorgungszusage an das Erreichen einer bestimmten **Stellung** (z.B. Abteilungsleiter, Meister) im Unternehmen geknüpft, ist die Zusage erst bei Erreichen des Status erteilt. Derartige statusbezogene Kriterien können grundsätzlich bei allen Rechtsbegründungsakten vorgesehen werden.

60 Voraussetzung ist, dass dem Arbeitgeber bis zum Erreichen des Status ein Entscheidungsspielraum bleibt, ob er die Versorgungszusage erteilt oder nicht.[71] Fehlt der Entscheidungsspielraum, gelten die Grundsätze wie bei den Vorschaltzeiten,[72] z.b. wenn die Versorgungsregelung nur Prokuristen begünstigen soll und sich der Arbeitgeber verpflichtet hat, nach zweijähriger Betriebszugehörigkeit Prokura zu erteilen. Zeitpunkt der Erteilung der Versorgungszusage ist in einem solchen Fall der Beginn des Arbeitsverhältnisses.[73]

61 Dasselbe gilt bei einer Blankettzusage.[74] Der Arbeitgeber hat keinen Entscheidungsspielraum.[75]

62 Es sind alle statusbezogenen Abgrenzungen in Bezug auf den Kreis der Versorgungsberechtigten möglich, die nach dem Gleichbehandlungs- oder Gleichberechtigungsgrundsatz[76] zulässig sind.

5. Inkrafttretensbestimmungen

63 Insbesondere bei den Rechtsbegründungsakten Betriebsvereinbarung und Tarifvertrag kommt es vor, dass vereinbart wird, diese Regelungen erst zu einem künftigen Zeitpunkt oder rückwirkend in Kraft treten zu lassen. Diese Bestimmungen sind wie Vorschaltzeiten auszulegen und haben keinen Einfluss auf den gesetzlichen Zusagezeitpunkt. Zusagezeitpunkt ist der Abschlusszeitpunkt der Betriebsvereinbarung oder des Tarifvertrages.[77]

---

71 BAG 17.2.1998, 3 AZR 783/96, EzA § 1 BetrAVG Gleichbehandlung Nr. 14 und 28.7.1992, 3 AZR 173/92, EzA § 1 BetrAVG Gleichbehandlung Nr. 2; 20.4.1982, 3 AZR 1118/79, EzA § 1 BetrAVG Nr. 20; dazu auch *Blomeyer/Rolfs/Otto* Rz. 51 ff. zu § 1 b.
72 S. dazu Rz. 235 ff.
73 BAG 20.4.1982, 3 AZR 1118/79, EzA § 1 BetrAVG Nr. 20.
74 S. dazu § 1 Rz. 104–107.
75 BAG 23.11.1978, 3 AZR 708/77, EzA § 242 BGB Ruhegeld Nr. 77.
76 S. dazu § 1 Rz. 133–147.
77 Dazu m.w.N. und zu § 1 b teilw. krit. *Höfer* BetrAVG, Rz. 2776 ff. zu § 1 b und *Blomeyr/Rolfs/Otto* Rz. 35 ff. zu § 1 b.

Unverfallbarkeit und Durchführung § 1 b

Ist ein Inkrafttreten der Regelung erst für die Zukunft vorgesehen, handelt es sich insoweit um leistungsausschließende Wartezeiten.[78] Soll die Regelung rückwirkend in Kraft treten, ist im Zweifel der Zusagezeitpunkt vertraglich vorverlegt, allerdings nur im Sinne einer vertraglichen Unverfallbarkeit.[79] 64

Derartige Inkrafttretensbestimmungen können sich aber auf die Leistungshöhe (versorgungsfähige Dienstzeit) und/oder auf die Erfüllung einer Wartezeit auswirken. Dies ist im Regelfall auch damit gemeint. 65

6. Zusagezeitpunkt und Änderung der Versorgungszusage

Eine Änderung der Versorgungszusage unterbricht nicht den Ablauf der Fristen für den Zusagebestand (§ 1 b Abs. 1 S. 3 BetrAVG). 66

Das BetrAVG geht – zumindest für die Bestimmung der Unverfallbarkeitsmodalitäten – vom Grundsatz der **Einheit der Versorgungszusage** aus.[80] Bei einer Änderung der Versorgungszusage gibt es i.d.R. keine zwei Zusagezeitpunkte, maßgebend bleibt der erste Zeitpunkt der Erteilung einer Versorgungszusage, unabhängig davon, in welcher Weise die Änderungen der Versorgungszusage geschehen, also unabhängig vom Rechtsbegründungsakt und dem Durchführungsweg. Es kann sich dabei um Veränderungen (Erhöhungen oder Reduzierungen) im selben Rechtsbegründungsakt und in verschiedenen Rechtsbegründungsakten, im selben Durchführungsweg und in verschiedenen Durchführungswegen handeln. 67

Es können auch Versorgungszusagen ausgetauscht werden. 68

▶ **Beispiel:**

Die ursprüngliche Versorgungszusage beruht auf einer Unterstützungskasse. Diese wird abgelöst durch eine unmittelbare Versorgungszusage (Austausch des Durchführungsweges!) **Oder:** Die ursprüngliche Versorgungszusage beruht auf einer Gesamtzusage. Diese wird durch eine Betriebsvereinbarung abgelöst (Austausch des Rechtsbegründungsaktes!).

---

78 S. dazu § 1 Rz. 184–187.
79 So auch BAG 6.3.1984, 3 AZR 82/82, EzA § 1 BetrAVG Nr. 31; das BAG spricht von »Auslegungsregel«, nicht vom »gesetzlichen« Zusagezeitpunkt.
80 *Höfer* BetrAVG, Rz. 2785 zu § 1 b; BAG 12.2.1981, 3 AZR 163/80, EzA § 1 BetrAVG Nr. 13 und 28.4.1981, 3 AZR 184/80, EzA § 1 BetrAVG Nr. 22; nach *Blomeyer/Rolfs/Otto* Rz. 114 ff. zu § 1 b handelt es sich beim Prinzip der »Einheit der Versorgung« lediglich um eine Auslegungsregel.

§ 1 b Unverfallbarkeit und Durchführung

69 Greift der Grundsatz der Einheit der Versorgungszusage, so handelt es sich trotz Änderung der Versorgungszusage nicht um eine Neuzusage, sondern die geänderte Zusage bleibt eine Altzusage. Dieser Unterschied ist für viele Bestimmungen des BetrAVG von Bedeutung, nicht nur bei der Übergangsvorschrift zu den neuen Unverfallbarkeitsfristen in § 30 f BetrAVG[81], sondern auch bei der Anwendung der Übergangsregeln in §§ 30 b ff. BetrAVG, z.B. zum Insolvenzschutz bei Entgeltumwandlung gem. § 7 Abs. 3 BetrAVG und bei der Anpassungsprüfungspflicht gem. § 16 BetrAVG. Ob der Grundsatz der Einheit der Versorgungszusage bei der Abgrenzung von Alt- und Neuzusagen in allen Rechtsgebieten der betrieblichen Altersversorgung gilt, ist offen. Es erscheint durchaus sinnvoll, bei der Anpassungsbestimmung des § 16 BetrAVG oder im Steuerrecht andere Abgrenzungskriterien aufzustellen als bei der Unverfallbarkeit.[82]

70 Eine Ausnahme vom Grundsatz der Einheit der Versorgungszusage ist dann anzunehmen, wenn die verschiedenen Versorgungszusagen nicht in einem sachlichen Zusammenhang stehen.[83] Dies ist z.B. der Fall, wenn eine arbeitgeberfinanzierte betriebliche Altersversorgung auf eine arbeitnehmerfinanzierte betriebliche Altersversorgung trifft. Hier laufen für jede Versorgungszusage eigenständige Unverfallbarkeitsfristen.[84] Umstritten ist dies für den Fall eines Karrieresprungs, wenn z.B. mit der Vorstandsbestellung eines ehemaligen leitenden Angestellten einer Aktiengesellschaft eine Erhöhungszusage von erheblichem Umfang erteilt wird.[85]

71 Ob Versorgungszusagen ersichtlich in keinem inneren Zusammenhang zu einander stehen, richtet sich nach objektiven Kriterien. Es reicht nicht aus, lediglich in die Versorgungszusage einen Hinweis aufzunehmen, dass die »neue« Versorgungszusage in keinem unmittelbaren sachlichen oder rechtlichen Zusammenhang zu etwa schon bestehenden oder künftigen Versorgungszusagen steht.[86] Würde man dieser Auffassung folgen, wäre der Grundsatz der Einheit der Versorgungszusage der Gestaltungsfreiheit der Parteien des Versorgungsverhältnisses un-

---

81 In Zukunft § 30 f Abs. 1; s. dazu Rz. 13.
82 Dazu auch *Kemper* FS Andresen, S. 463, 470 ff.
83 So BAG 28.4.1992, 3 AZR 354/91, BetrAV 1992, 229; dazu *Cisch* FS Kemper, S. 61 ff.
84 *Kemper* BetrAV 1992, 250; *Höfer* BetrAVG, Rz. 2795 zu § 1 b.
85 Dazu *Hanau* Gedenkschrift für Blomeyer, S. 114 ff. und *Blomeyer/Rolfs/Otto* Rz. 126 zu § 1 b.
86 So aber *Langohr-Plato* Rz. 336; dazu auch *Höfer* BetrAVG, Rz. 2795 ff. zu § 1 b.

terworfen und die gesetzlichen Unverfallbarkeitsmodalitäten – einschließlich der Insolvenzsicherung – in gewissem Rahmen gestaltbar.

7. Zusagezeitpunkt und Übernahme der Versorgungszusage durch eine andere Person

Die Übernahme der Versorgungszusage durch eine andere Person unterbricht nicht die Bestandsdauer der Versorgungszusage (§ 1 b Abs. 1 S. 3 BetrAVG). 72

Unter Übernahme ist i.d.R. ein Arbeitgeberwechsel zu verstehen. Dieser kann bewirkt werden durch eine Gesamtrechtsnachfolge, einen Betriebsübergang gem. § 613 a BGB oder durch eine Schuldübernahme bei einem dreiseitigen Vertrag zwischen dem bisherigen und dem neuen Arbeitgeber und dem Arbeitnehmer. Eine derartige Schuldübernahme richtet sich nach § 415 BGB. Die Sonderbestimmungen des § 4 BetrAVG sind zu beachten.[87] 73

§ 1 b Abs. 1 S. 3 BetrAVG betrifft nur die rechtsgeschäftliche Schuld- und Vertragsübernahme[88] und bezieht sich nicht auf Fälle der Gesamtrechtsnachfolge oder des Betriebsübergangs gem. § 613 a BGB, weil hier die Auswechslung des Versorgungsschuldners kraft Gesetzes geschieht und damit die Unverfallbarkeitsfrist ohnehin nicht unterbrochen wird.[89] Trotzdem sollen die Fälle der Gesamtrechtsnachfolge und des Betriebsübergangs als Einzelrechtsnachfolge gem. § 613 a BGB in Bezug auf die Auswirkungen auf die Unverfallbarkeitsmodalitäten dargestellt werden, da diese in der Praxis oft als Unterfälle von § 4 BetrAVG begriffen werden.[90] 74

a) Gesamtrechtsnachfolge

Von Gesamtrechtsnachfolge spricht man, wenn alle Rechte und Pflichten eines Rechtsträgers durch **einen** Rechtsakt auf einen neuen Rechtsträger übergehen. Eine Gesamtrechtsnachfolge geschieht bei Erbfolge (§§ 1922 ff. BGB) oder bei Umwandlungen gem. dem handelsrechtlichen Umwandlungsgesetz, z.B. bei Verschmelzungen und Spaltungen. 75

---

87 Dazu s. Kommentierung zu § 4.
88 *Kemper/Kisters-Kölkes* Grundzüge, Rz. 214 ff.
89 *Kemper/Kisters-Kölkes* Grundzüge, Rz. 635 ff.
90 Dazu auch *Reichenbach* FS Kemper, S. 365 ff.

76 Bei einer Gesamtrechtsnachfolge gehen grundsätzlich alle Arbeitsverhältnisse und Versorgungsverhältnisse auf den neuen Rechtsträger über, also bei der betrieblichen Altersversorgung die Versorgungsanwartschaften von aktiven und ehemaligen Arbeitnehmern und auch die Versorgungsansprüche ehemaliger Arbeitnehmer und ihrer Hinterbliebenen. Bei einer Abspaltung oder Aufspaltung muss im Spaltungsvertrag geregelt werden, welche Versorgungsverhältnisse von inaktiven ehemaligen Arbeitnehmern übergehen.[91] Bei Gesamtrechtsnachfolgen nach dem Umwandlungsgesetz ist gem. § 324 UmwG, § 613a BGB mit seinen Abs. 1 und 4 bis 6 zu beachten.

77 Bei Gesamtrechtsnachfolge treten also keine Unterbrechungen bei der Bestandsdauer der Versorgungszusage ein.

b) Betriebsübergang

78 § 613a BGB regelt den Gesamtkomplex des Schicksals von Arbeitsverhältnissen beim Übergang eines Betriebs oder Betriebsteils (Betriebsübergang) von einem bisherigen Inhaber (Veräußerer) auf einen neuen Inhaber (Erwerber). Diese Vorschrift wurde durch das Betriebsverfassungsgesetz 1972 in das BGB eingefügt und seit dem 1.4.2002 um die Abs. 5 und 6 ergänzt.[92]

Gemäß § 613a Abs. 5 BGB müssen der bisherige Arbeitgeber oder der neue Inhaber die von einem Übergang betroffenen Arbeitnehmer vor dem Übergang in Textform unterrichten, u.a. über die rechtlichen, wirtschaftlichen und sozialen Folgen des Übergangs und die hinsichtlich der Arbeitnehmer in Aussicht genommenen Maßnahmen. Dazu gehören auch Informationen über die Auswirkungen des Betriebsübergangs auf die betriebliche Altersversorgung einschließlich der Modalitäten einer Entgeltumwandlung gem. § 1a BetrAVG.[93]

---

91 Dazu BAG 22.2.2005, 3 AZR 499/03 (A), EzA § 126 UmwG Nr. 1; der Spaltungsplan ist nicht von einer Zustimmung des Versorgungsberechtigten und/oder des Pensions-Sicherungs-Vereins abhängig. Die registerrechtlichen Fragen (vgl. LG Hamburg 8.12.2005, 417 T 16/05, BetrAV 2006, 98) und die Haftungsprobleme beim übertragenden Rechtsträger sind mittlerweile gesetzlich gelöst durch das zweite Gesetz zur Änderung des Umwandlungsgesetzes v. 19.4.2007 (BGBl. I S. 542), das am 25.4.2007 in Kraft getreten ist; dazu i.E. *Düwell* FA 2007, 204 ff.
92 Gesetz zur Änderung des Seemannsgesetzes und andere Gesetze v. 23.3.2002 BGBl. I S. 1163.
93 Dazu *Kemper/Kisters-Kölkes* Grundzüge, Rz. 666 ff. und i.E. *Kisters-Kölkes* FS Kemper, S. 227 ff.

Unverfallbarkeit und Durchführung § 1 b

§ 613 a Abs. 6 BGB bestimmt, dass der Arbeitnehmer dem Übergang des Arbeitsverhältnisses innerhalb eines Monats nach Zugang der Unterrichtung gem. Abs. 5 schriftlich widersprechen kann, und zwar gegenüber dem bisherigen Arbeitgeber oder dem neuen Inhaber.

Sinn der Vorschrift ist es, die Gesamtheit der Arbeitsverhältnisse zu erhalten, die an den Betriebsmitteln »hängen«, wenn diese vom Veräußerer auf den Erwerber übergehen. Ein solcher Vorgang wirkt sich nicht als Unterbrechung der Unverfallbarkeitsmodalität Bestandsdauer der Versorgungszusage aus. 79

Der Betriebsübergang betrifft nur die Rechte und Pflichten aus den im Zeitpunkt des Übergangs bestehenden Arbeitsverhältnissen. Dazu gehört auch das Versorgungsverhältnis. Es handelt sich im Gegensatz zur Gesamtrechtsnachfolge um eine Einzelrechtsnachfolge. Durch § 613 a BGB wird der Erwerber verpflichtet, alle bestehenden Arbeitsverhältnisse, die dem Betrieb oder Betriebsteil beim Veräußerer zugeordnet waren, zu übernehmen. Der Erwerber kann keine Auswahl treffen, also z.B. nur Arbeitnehmer übernehmen, die er für besonders qualifiziert und leistungsfähig hält. Es handelt sich insoweit um ein Arbeitnehmerschutzgesetz.[94] 80

Zu den Rechten und Pflichten aus dem Arbeitsverhältnis gehört auch die bei dem Veräußerer verbrachte Betriebszugehörigkeit.[95] Das gilt auch für Beschäftigungszeiten in der ehemaligen DDR.[96] 81

▶ **Beispiel (alte Unverfallbarkeitsmodalitäten):**

Hat der Arbeitnehmer bei dem Veräußerer bis zum Betriebsübergang, ohne im Besitz einer Versorgungszusage zu sein, eine Betriebszugehörigkeit von neun Jahren abgeleistet und erteilt der Erwerber ab dem Zeitpunkt des Betriebsübergangs erstmals eine Versorgungszusage, so ist diese nach den »alten« Unverfallbarkeitsmodalitäten bei Beendigung des Arbeitsverhältnisses vor dem 1.1.2006 gesetzlich unverfallbar, wenn der Arbeitnehmer drei Jahre nach dem Betriebsübergang ausscheidet.

---

94 S. dazu auch § 7 Rz. 71 ff. unter besonderer Berücksichtigung der Insolvenzsicherung.
95 BAG 8.2.1983, 3 AZR 229/81, EzA § 613 a BGB Nr. 37; das gilt natürlich nur bei den alten Unverfallbarkeitsmodalitäten gem. § 30 f BetrAVG und – wie bisher – bei der Unverfallbarkeit der Höhe nach gem. § 2 BetrAVG; s. dazu § 2 Rz. 63.
96 BAG 19.12.2000, 3 AZR 451/99, EzA § 613 a BGB Nr. 197.

§ 1 b   Unverfallbarkeit und Durchführung

82 Gemäß § 613 a BGB gehen die **Versorgungsverhältnisse der aktiven Arbeitnehmer** über. Zu den Rechten und Pflichten aus bestehenden Versorgungsverhältnissen zählen also nur die Versorgungsanwartschaften der aktiven Arbeitnehmer, unabhängig davon, ob sie sich in der Verfallbarkeitsphase befinden oder ob im Übergangszeitpunkt die Unverfallbarkeitsmodalitäten schon erfüllt sind.[97]

83 Die Versorgungsanwartschaften gehen in vollem Umfang über, also sowohl hinsichtlich des vor dem Übergangszeitpunkt erdienten Teils als auch hinsichtlich der zukünftig erdienbaren Steigerungsbeträge.

83a Bei mittelbaren Versorgungszusagen (Direktversicherung, Unterstützungskasse, Pensionskasse, Pensionsfonds) des Veräußerers ist der Erwerber nicht verpflichtet, diese Durchführungswege beizubehalten. Bei einer Unterstützungskasse (beim Veräußerer) kann der Erwerber die Versorgungsleistungen also auch durch eine unmittelbare Versorgungszusage erbringen. Die Unterstützungskasse des Veräußerers muss nicht (kann aber!) auf den Erwerber übertragen werden.[98]

84 § 613 a BGB erfasst nicht die vor dem Betriebsübergang als Versorgungsempfänger oder mit aufrechterhaltener Anwartschaft beim Veräußerer ausgeschiedenen Arbeitnehmer.[99]

85 Wird die betriebliche Altersversorgung über einen Pensionsfonds, eine Pensionskasse oder eine Unterstützungskasse durchgeführt, wird der Erwerber nicht gem. § 613 a BGB ohne weiteres Trägerunternehmen. Dazu bedarf es einer Abrede mit dem Versorgungsträger selbst. Der Erwerber hat aber – wenn dies nicht geschieht – die bisher mittelbaren Versorgungszusagen unmittelbar fortzuführen.[100]

86 § 613 a BGB gilt nicht für Geschäftsführer einer GmbH oder für sonst tätige Organpersonen, da es sich insoweit nicht um Arbeitsverhältnisse, sondern um Dienstverhältnisse nach dem BGB handelt. In diesem Fall muss eine einzelvertragliche Übernahme des Dienstverhältnisses – und damit auch der erteilten Versorgungszusage – zwischen dem Veräußerer und dem Erwerber mit Zustimmung der Organperson vereinbart werden.

---

[97] BAG 24.3.1977, 3 AZR 649/76, EzA § 613 a BGB Nr. 12.
[98] BAG 13.3.1979, 3 AZR 859/77, EzA § 613 a BGB Nr. 22.
[99] BAG 24.3.1987, 3 AZR 384/85, EzA § 25 HGB Nr. 1; 18.3.2003, 3 AZR 313/02, EzA § 7 BetrAVG Nr. 68 betr. einen technischen Rentner; 23.3.2004, 3 AZR 151/03, EzA § 613 a BGB 2002 Nr. 22 mit Hinweis auf Haftung nach Firmenübernahme gem. § 26 HGB.
[100] BAG 15.3.1979, 3 AZR 859/77, EzA § 613 a BGB Nr. 22.

Unverfallbarkeit und Durchführung § 1 b

Es liegt kein Verstoß gegen den arbeitsrechtlichen Gleichbehandlungsgrundsatz vor, wenn die vom Erwerber übernommenen Arbeitnehmer in Bezug auf die betriebliche Altersversorgung anders behandelt werden als die schon beim Erwerber vorhandenen Arbeitnehmer. Kommt es z.B. erstmals anlässlich eines Betriebsübergangs zu Versorgungsverpflichtungen des Erwerbers, können die bisher unversorgten Arbeitnehmer des Erwerbers daraus keine Rechte herleiten.[101] 87

Erteilt der Erwerber den übernommenen Arbeitnehmern eine Versorgungszusage, so braucht er die Betriebszugehörigkeit vor dem Betriebsübergang nicht für versorgungsfähig zu erklären.[102] Das Entsprechende gilt bei einer Wartezeit. 88

§ 613 a BGB gilt grundsätzlich auch bei Veräußerungen eines Betriebs oder Betriebsteils während des Insolvenzverfahrens durch den Insolvenzverwalter. Der PSVaG tritt jedoch für gesetzlich unverfallbare Anwartschaften, die bis zur Insolvenz erdient wurden, ein.[103] 89

Der Erwerber muss nur für das nach der Insolvenz zu Erdienende, die Anwartschaftssteigerung, aufkommen. Dies ist jedoch im Wesentlichen theoretisch, da der Insolvenzverwalter bei Eröffnung des Insolvenzverfahrens i.d.R. die gesamte betriebliche Altersversorgung, soweit sie nicht durch den PSVaG zu übernehmen ist, wegen Störung der Geschäftsgrundlage (§ 313 BGB) widerrufen[104] und mit den weiter tätigen Arbeitnehmern neue Arbeitsverträge abschließen wird. 90

Ist die betriebliche Altersversorgung beim Veräußerer durch Rechtsnormen eines Tarifvertrags oder einer Betriebsvereinbarung geregelt, so wechselt der Rechtsbegründungsakt beim neuen Inhaber (Erwerber). Die betriebliche Altersversorgung wird Inhalt des Arbeitsverhältnisses zwischen dem neuen Inhaber und dem übergegangenen Arbeitnehmer und darf nicht vor Ablauf eines Jahres nach dem Zeitpunkt des Übergangs zum Nachteil des Arbeitnehmers geändert werden (§ 613 a Abs. 1 S. 2 BGB). Es findet also eine Transformation einer kollektivvertraglichen Rechtsbegründung in eine individualrechtliche Rechtsgrundlage statt. Man kann die Aussage vertreten, dass in einem solchen Fall die Betriebsvereinbarung des Veräußerers als Rechtsbegründungs- 91

---

101 BAG 25.8.1976, 5 AZR 788/75, EzA § 242 BGB Gleichbehandlung Nr. 11.
102 BAG 30.8.1979, 3 AZR 58/78, EzA § 613 a BGB Nr. 23 und 24.7.2001, 3 AZR 660/00, EzA § 613 a BGB Nr. 204.
103 BAG 11.2.1992, 3 AZR 117/91, EzA § 613 a BGB Nr. 97; s. dazu auch § 7 Rz. 71 ff.
104 S. dazu § 1 Rz. 303–315.

akt abgelöst wird durch eine Gesamtzusage oder vertragliche Einheitsregelung beim Erwerber.

92 Es ist möglich, die gem. § 613a Abs. 1 S. 2 BGB entstandenen Rechtsbegründungsakte (Gesamtzusage oder vertragliche Einheitsregelung) durch eine nachfolgende Betriebsvereinbarung beim Erwerber zu ändern. Wird eine Betriebsvereinbarung des Veräußerers im Zuge eines Betriebsübergangs nach § 613a Abs. 1 S. 2 BGB zum – individualrechtlichen – Inhalt des Arbeitsverhältnisses, ist sie vor einer Ablösung durch eine – spätere – Betriebsvereinbarung nicht in größerem Umfang geschützt, als wenn sie kollektivrechtlich weiter gelten würde. Dies bedeutet, dass es sich um eine »betriebsvereinbarungsoffene« individualrechtliche Versorgungszusage handelt, also eine Änderung mittels einer Betriebsvereinbarung zulässig ist. Der Arbeitnehmer, der unter dem Geltungsbereich einer Betriebsvereinbarung eine Anwartschaft auf betriebliche Altersversorgung erworben hat, musste immer mit einer kollektivvertraglichen Änderung rechnen. Daran ändert sich durch die »Transformation« nichts. Im Verhältnis zu der neuen Betriebsvereinbarung gilt damit nicht das Günstigkeits-, sondern das Ablösungsprinzip.[105] Im Sinne der Entscheidung des Großen Senats[106] ist die transformierte Versorgungszusage also betriebsvereinbarungsoffen. Widersprüchlich erscheint, dass in derartigen Fällen auch die einjährige Veränderungssperre des § 613a Abs. 2 S. 2 BGB gelten soll.[107]

93 Eine Transformation einer Betriebsvereinbarung in Individualrecht gem. § 613a Abs. 1 S. 2 BGB findet nicht statt, wenn bei dem Betriebsübergang die »**Betriebsidentität**« gewahrt bleibt. In einem solchen Fall bleibt das Betriebsratsmandat, das beim Veräußerer bestanden hat, auch beim Erwerber bestehen, sodass Rechtsbegründungsakt für die auf den Erwerber übergehende betriebliche Altersversorgung die Betriebsvereinbarung bleibt.[108]

94 Naturgemäß kommt es bei einem Betriebsübergang häufig zum **Zusammentreffen unterschiedlicher Versorgungsregelungen**. Es kann eine Gesamtzusage beim Veräußerer auf eine Gesamtzusage beim Erwerber

---

[105] BAG 14.8.2001, 1 AZR 619/00, EzA § 613a BGB Nr. 200; s. dazu auch § 1 Rz. 294 f.; BAG 29.07.2003, 3 AZR 630/02, EzA BetrAVG § 1 Ablösung Nr. 42; 28.06.2005, 1 AZR 213/04, EzA § 77 BetrVG 2001 Nr. 12, NZA 2005, 1431.
[106] BAG 16.9.1986, GS 1/82, EzA § 77 BetrVG 1972 Nr. 17.
[107] So wohl *Blomeyer/Rolfs/Otto* Rz. 319 zu Anh. § 1.
[108] BAG 27.7.1994, 7 ABR 37/93, EzA § 613a BGB Nr. 123; zur Fortgeltung von Gesamtbetriebsvereinbarungen nach Betriebsübergang BAG 18.9.2002, 1 ABR 54/01, EzA § 613a BGB 2002. Zu der Problematik der Betriebsidentität m.w.N. *Höfer* BetrAVG, Rz. 1223 ff. zu ART.

Unverfallbarkeit und Durchführung §1b

treffen. Es ist möglich, dass beim Veräußerer eine Gesamtzusage und beim Erwerber eine Betriebsvereinbarung über betriebliche Altersversorgung besteht. Denkbar ist auch eine Betriebsvereinbarung als Rechtsbegründungsakt beim Veräußerer, die auf eine Gesamtzusage beim Erwerber trifft. Letztlich können sowohl beim Veräußerer als auch beim Erwerber als Rechtsbegründungsakte eine Betriebsvereinbarung gewählt sein. Zusätzlich ist es möglich, dass die betriebliche Altersversorgung beim Erwerber »besser« oder »schlechter« ist als beim Veräußerer.

Die dadurch entstehenden unterschiedlichen Versorgungssysteme 95 beim Erwerber sind unter dem Aspekt des Gleichbehandlungsgrundsatzes nicht zu beanstanden. Es liegt ein sachlicher Differenzierungsgrund vor.[109]

Besonderheiten ergeben sich, wenn die Rechte und Pflichten bei dem Er- 96 werber schon durch Rechtsnormen eines anderen Tarifvertrags oder durch eine andere Betriebsvereinbarung geregelt werden, wenn also z.B. eine Betriebsvereinbarung über betriebliche Altersversorgung[110] des Veräußerers auf eine Betriebsvereinbarung des Erwerbers trifft. Gem. § 613 a Abs. 1 S. 3 BGB findet bei dieser Konstellation eine Transformation der betrieblichen Altersversorgung des Veräußerers in individuelle arbeitsvertragliche Regelungen beim Erwerber nicht statt. Auch wird die Betriebsvereinbarung des Veräußerers nicht fortgeführt (Ausnahme: Betriebsidentität!). Treffen Betriebsvereinbarungen über betriebliche Altersversorgung beim Erwerber und beim Veräußerer aufeinander, gilt die Betriebsvereinbarung des Erwerbers, allerdings mit der Maßgabe, dass bis zum Übergangszeitpunkt die Regelung des Veräußerers im Rahmen der Besitzstandwahrung maßgebend bleibt. Die Betriebsvereinbarung des Veräußerers wird »verdrängt«. Der bis zum Betriebsübergang erdiente Versorgungsbesitzstand ist aber aufrecht zu erhalten. Dies bedeutet nicht, dass der bis zum Betriebsübergang erdiente Besitzstand vom Erwerber zusätzlich zu der bei ihm erdienten Altersversorgung geschuldet wäre. Die gebotene Besitzstandswahrung führt grundsätzlich nur insoweit zu einem erhöhten Versorgungsanspruch, wie die Ansprüche aus der Betriebsvereinbarung des Erwerbers im Versorgungsfall hinter dem zurückbleiben, was bis zum Betriebsübergang nach der bis dahin geltenden Betriebsvereinbarung erdient wäre.[111]

---
109 BAG 25.8.1976, 5 AZR 788/75, EzA § 613 a BGB Nr. 8.
110 Dazu m.w.N. *Blomeyer/Rolfs/Otto* Rz. 317 ff. zu Anh. § 1; *Höfer* BetrAVG, Rz. 1257 ff. zu ART.
111 BAG 24.7.2001, 3 AZR 660/00, EzA § 613 a BGB Nr. 204; krit. dazu *Höfer* BetrAVG, Rz. 1261 ff. zu ART; *Blomeyer/Rolfs/Otto* Rz. 322 zu Anh. § 1.

97 Das BAG musste sich bisher nur mit der Wahrung des Besitzstandes bei einer Kollision von Betriebsvereinbarungen auseinander setzen, wenn die beim Erwerber vorhandene betriebliche Altersversorgung günstiger ist als die beim Veräußerer vorhandene, wenn also der erdiente Besitzstand beim Erwerber voll erhalten bleibt. Offen ist, wie der Besitzstand zu bestimmen ist, wenn die betriebliche Altersversorgung des Erwerbers wesentlich schlechter ist als die des Veräußerers.[112] Ohne Zweifel ist der bis zum Betriebsübergang nach § 2 BetrAVG bemessene Besitzstand auch in diesem Fall vom Erwerber zu gewähren. Offen ist, wie die vom Veräußerer zugesagten zukünftigen Steigerungen zu behandeln sind.

▶ **Beispiel:**

Betriebliche Altersversorgung
beim Veräußerer: 200,– € Altersrente.

Betriebliche Altersversorgung
beim Erwerber: 1,– € je Dienstjahr Altersrente

98 Erhält der Arbeitnehmer, der 20 von 40 Dienstjahren abgeleistet hat, 100,– € zuzüglich 1,– € je Dienstjahr, obwohl ihm eigentlich rechnerisch 5,– € je Dienstjahr zugesagt waren? Entscheidend ist, wie die Kollision gelöst wird. Es geht nicht an, dass allein durch die Verdrängungsregel des § 613a Abs. 1 S. 3 BGB in den zukünftig erdienbaren Besitzstand der Arbeitnehmer eingegriffen werden kann. Denn dies würde zur Folge haben, dass durch entsprechende Gestaltungen die Rechtsprechung des BAG zur Wahrung von Besitzständen nach den Grundsätzen der Verhältnismäßigkeit und des Vertrauensschutzes[113] umgangen werden könnte. Bei bestimmten Fallkonstellationen wäre das »Ordnungsprinzip« des § 613a Abs. 1 S. 3 BGB ein Reduzierungsinstrument für die betriebliche Altersversorgung ohne Rechts- oder Billigkeitskontrolle.[114] Die »Lösung« dieser Problematik ist nur dann möglich, wenn man

---

112 Dazu auch *Kemper* BB 1990, 785 ff.; *Kort* Gedenkschrift für Blomeyer, S. 199 ff.; *Höfer* BetrAVG, Rz. 1261 ff. zu ART, insbes. Rz. 1264 mit einem »Lösungsvorschlag«, der aber auch zu erheblichen Nachteilen für die übernommenen Mitarbeiter führen kann; ausführlich dazu *Tenbrock* Die betriebliche Altersversorgung im Betriebsübergang bei konkurrierenden Versorgungszusagen, Frankfurt am Main 2006, passim, insb. S. 294 ff.
113 Dazu s. § 1 Rz. 225 ff.
114 Das wäre nur anders, wenn man die Angemessenheit des durch die Ablösung erfolgten Eingriffs durch die garantierte Aufrechterhaltung des beim Veräußerer erdienten Besitzstands als gewährleistet ansieht. So *Blomeyer/Rolfs/Otto* Rz. 323 zu Anh. § 1. Das wäre aber eine Fiktion, die in einer Viel-

§ 613a Abs. 1 S. 3 BGB nur dann anwendet, wenn der Betriebsübergang mindestens zum Erhalt der Versorgungsanwartschaften beim Veräußerer in vollem Umfang, auch für die Zeit nach dem Betriebsübergang, führt. Entsprechend dürfte § 613a BGB in diesen Kollisionsfällen nicht »automatisch« zu einer Anwartschaftserhöhung führen. § 613a BGB ist kein rechtliches Änderungsinstrument für erteilte Versorgungszusagen, sondern will nur die bei Betriebsübergang bestehenden Versorgungspositionen bewahren, so als ob der Arbeitgeber nicht gewechselt wäre. Kommt es bei einem Betriebsübergang zu einem Zusammentreffen von Betriebsvereinbarungen mit unterschiedlichen Versorgungsniveaus, so kann im Betriebsübergang selbst kein sachlich proportionaler Änderungsgrund zulasten der übergehenden Arbeitsverhältnisse in Bezug auf die betriebliche Altersversorgung gesehen werden. Der Harmonisierungsbedarf ist in diesen Fällen nur eine gesetzliche Folge. § 613a Abs. 1 S. 3 BGB ist kein automatisches rechtliches Änderungsinstrument für eine Verschlechterung der betrieblichen Altersversorgung. Es muss zumindest eine Rechts- oder Billigkeitskontrolle entsprechend der »Dreistufentheorie« gefordert werden. Anderenfalls eröffnete § 613a Abs. 1 S. 3 BGB für Steigerungsbeträge der Versorgungsanwartschaften nach dem Betriebsübergang unangemessene Reduzierungsmöglichkeiten.[115]

IV. Bestandsdauer der Betriebszugehörigkeit (mindestens 12 Jahre)

Die Dauer der Betriebszugehörigkeit hat für die Unverfallbarkeit dem Grunde nach heute keine Bedeutung mehr. § 30f BetrAVG[116] ist gegenstandslos. Insoweit kann auf die Ausführungen in der Vorauflage und zu § 2 BetrAVG[117] verwiesen werden.

99–113

V. Vorruhestandsregelung

§ 1b Abs. 1 S. 2 BetrAVG enthält eine Unverfallbarkeitsmodalität, wenn ein Arbeitnehmer aufgrund einer Vorruhestandsregelung ausscheidet. Voraussetzung ist, dass der Arbeitnehmer ohne eine solche

114

---

zahl von Fallkonstellationen zu untragbaren Ergebnissen führen würde; dazu das Beispiel Rz. 98.
115 So auch *Tenbrock* Die betriebliche Altersversorgung im Betriebsübergang bei konkurrierenden Versorgungszusagen, Frankfurt am Main, 2006, S. 294 ff.; dazu auch *Kemper* FS Andresen, S. 463.
116 In der heutigen Fassung, ab 1.1.2009 § 30f Abs. 1 BetrAVG, s. dazu Rz. 1.
117 Rz. 57 ff.

Regelung die Wartezeit bis zur festen Altersgrenze und die sonstigen Leistungsvoraussetzungen des Leistungsplanes hätte erfüllen können. Die Voraussetzung für die Aufrechterhaltung der Anwartschaft nach den anderen gesetzlichen Unverfallbarkeitsmodalitäten im Ausscheidezeitpunkt ist nicht erforderlich. Es genügt also, wenn der Arbeitnehmer bis zum Erreichen der festen Altersgrenze die Fünf-Jahresfrist zuzüglich der Wartezeit und die sonstigen Leistungsvoraussetzungen hätte erfüllen können.[118]

115 Unter Vorruhestandsregelung ist jede Art einer vertraglichen Vereinbarung zwischen Arbeitgeber und Arbeitnehmer zu verstehen. Das BetrAVG stellt nicht auf besondere gesetzliche Regelungen über den Vorruhestand, z.B. das sog. Vorruhestandsgesetz,[119] ab. Dies wird dadurch bestätigt, dass der Gesetzgeber auch nach Veränderung der sonstigen gesetzlichen Unverfallbarkeitsmodalitäten in § 1 b BetrAVG die Unverfallbarkeitsmodalität beim Vorruhestand bestehen gelassen hat.[120]

VI. Wartezeit und Unverfallbarkeitsmodalitäten

116 Gemäß § 1 b Abs. 1 S. 5 BetrAVG wird der Ablauf einer vorgesehenen Wartezeit durch die Beendigung des Arbeitsverhältnisses nach Erfüllung einer Unverfallbarkeitsmodalität nicht berührt.

117 Die Wartezeit ist als Leistungsplanelement von den gesetzlichen Unverfallbarkeitsmodalitäten zu unterscheiden.[121] Die Wartezeit ist eine Leistungsausschlussphase in Form einer Anspruchsvoraussetzung. Die Versorgungszusage besteht auch während des Laufs der Wartezeit.

118 Die Wartezeit ist im Rahmen der Gestaltungsfreiheit unabhängig von den gesetzlichen Unverfallbarkeitsmodalitäten regelbar. Wartezeiten können also durchaus länger sein als die Unverfallbarkeitsfristen.

▶ **Beispiele:**

Es ist eine Wartezeit von zehn Jahren vorgesehen. Ein Arbeitnehmer ist am 1.1.2001 eingetreten und hat eine Versorgungszusage erhalten, die eine Alters-, Invaliditäts- und Todesfallleistung vorsieht. Er wird durch einen Verkehrsunfall am 2.9.2004 invalide. Es ist

---

118 BAG 28.3.1995, 3 AZR 496/94, EzA § 1 BetrAVG Nr. 70.
119 Außer Kraft getreten für Fälle ab 1.1.1989; § 14 VRG v. 13.4.1984 BGBl. I S. 601.
120 I.E. *Höfer* Rz. 2698 ff. zu § 1 b.
121 S. dazu § 1 Abs. 1 Rz. 108–187 und Rz. 54 ff.; zur Invaliditätsleistung § 1 Abs. 1 Rz. 192.

keine Versorgungsleistung zu zahlen. Wird infolge der Invalidität vor dem 31.12.2005 das Arbeitsverhältnis beendet, ist keine unverfallbare Anwartschaft aufrecht zu erhalten.

Geschieht der Unfall am 2.9.2005, ist ebenfalls keine Versorgungsleistung zu zahlen, wenn Anspruchsvoraussetzung allein der Eintritt der Invalidität ist. Wird dieses Arbeitsverhältnis nach dem 30.12.2005 beendet, entsteht eine unverfallbare Anwartschaft, vorausgesetzt, der Arbeitnehmer ist 30 Jahre alt. Aus dieser unverfallbaren Anwartschaft kann eine Alters- oder Hinterbliebenenleistung entstehen, wenn der Versorgungsfall nach dem 31.12.2010 eintritt (z.B. Tod, Invalidität nur, wenn andere Ursache).

VII. Wechsel in einen anderen Mitgliedstaat der Europäischen Union

§ 1b Abs. 1 S. 6 BetrAVG bestimmt, dass bei einem Wechsel des Arbeitnehmers von Deutschland in einen anderen Mitgliedstaat der Europäischen Union die Anwartschaft im gleichen Umfange wie für Personen erhalten bleibt, die auch nach Beendigung eines Arbeitsverhältnisses innerhalb Deutschlands verbleiben. 119

Diese Vorschrift hat rein deklaratorischen Charakter und beschreibt, was ohnehin auch vor Einfügung dieses Satzes in das BetrAVG gegolten hat.[122] Offiziell soll diese Regelung der Umsetzung der Richtlinie 98/49/EG des Rats vom 29.6.1998 zur Wahrung ergänzender Rentenansprüche von Arbeitnehmern und Selbstständigen, die innerhalb der Europäischen Gemeinschaft zu- und abwandern, dienen.[123] 120

C. Die gesetzlichen Unverfallbarkeitsmodalitäten bei der arbeitnehmerfinanzierten betrieblichen Altersversorgung

I. Sofortige Unverfallbarkeit

Gem. § 1b Abs. 5 BetrAVG gilt bei betrieblicher Altersversorgung, die vom Arbeitnehmer finanziert wird, die **sofortige** gesetzliche Unverfallbarkeit, also ohne Mindestalter oder Mindestzusagedauer. Deshalb sind derartige Versorgungszusagen bei einem 20-jährigen gesetzlich unverfallbar, wenn eine Entgeltumwandlung z.B. im Rahmen des § 1a BetrAVG erfolgt. 121

---

122 So zu Recht *Höfer* BetrAVG, Rz. 2979 zu § 1b.
123 *Förster/Rühmann/Cisch* Rz. 25 zu § 1b.

122–126 Für **Altzusagen**, die vor dem 1.1.2001 erteilt worden sind, galt die sofortige gesetzliche Unverfallbarkeit bei betrieblicher Altersversorgung durch Entgeltumwandlung nicht. Dies ergibt sich aus § 30 f S. 2 BetrAVG[124], in dem es heißt:

»§ 1 b Abs. 5 findet für Anwartschaften aus diesen Zusagen keine Anwendung.«

Da diese Zusagen auch unter die Übergangsregelung des § 30 f BetrAVG[125] fallen, ist diese Vorschrift heute gegenstandslos. Bei Beendigung des Arbeitsverhältnisses mit Ablauf des 31.12.2005 oder danach sind sie unverfallbar, wenn das Mindestalter 30 vollendet ist.

127 Zum gesetzlichen Insolvenzschutz der sofortigen gesetzlichen Unverfallbarkeit bei der arbeitnehmerfinanzierten betrieblichen Altersversorgung ist auf § 7 Abs. 5 S. 3 BetrAVG zu verweisen.[126]

II. Sonderbedingungen bei Direktversicherung, Pensionskasse und Pensionsfonds

128 Im 2. Hs. des 1. Satzes und im Satz 2 des § 1 b Abs. 5 BetrAVG sind einige Sonderbestimmungen in Bezug auf die Unverfallbarkeit bei Entgeltumwandlungszusagen enthalten, die über eine Direktversicherung, Pensionskasse oder einen Pensionsfonds abgewickelt werden. Im Wesentlichen geht es um

– die Verwendung der Überschussanteile,

– das Recht zur Fortsetzung der Versicherung oder Versorgung durch den ausgeschiedenen Arbeitnehmer mit eigenen Beiträgen,

– den Ausschluss des Rechts zur Verpfändung, Abtretung oder Beleihung durch den Arbeitgeber und

– die Einräumung eines unwiderruflichen Bezugsrechts bei Direktversicherungen.[127]

---

124 In der heute gültigen Fassung. Ab 1.1.2009 § 30 f Abs. 1 S. 2 BetrAVG; s. dazu Rz. 1.

125 In der heute gültigen Fassung. Ab 1.1.2009 § 30 f Abs. 1 BetrAVG; s. dazu Rz. 1.

126 Dazu i.E. *PSVaG* Merkblatt 300/M 12 unter 3., das im Internet unter www.psvag.de zur Verfügung steht und § 7 Rz. 137 ff., insbes. Rz. 144 ff.

127 Bei Pensionskassen und Pensionsfonds ist ein unwiderrufliches Bezugsrecht nur theoretisch oder gar nicht denkbar: so zu Recht *Höfer* BetrAVG, Rz. 3059 ff. zu § 1 b.

Unverfallbarkeit und Durchführung § 1 b

Dies sind selbstverständliche Schutzmaßnahmen für den ausgeschiedenen Arbeitnehmer, die im Wesentlichen der versicherungsförmigen Lösung bei der Höhe einer unverfallbaren Anwartschaft gem. § 2 Abs. 2 und 3 BetrAVG entsprechen.[128] 129

Eine Besonderheit ergibt sich insoweit, dass die versicherungsförmige Lösung für die Unverfallbarkeit der Höhe nach gem. § 2 Abs. 3 a BetrAVG für den Pensionsfonds nicht gilt, gem. § 1 b Abs. 5 BetrAVG aber auch bei einer Entgeltumwandlungszusage über einen Pensionsfonds dem Arbeitnehmer das Recht eingeräumt wird, eine Pensionsfondsversorgung mit eigenen Beiträgen fortzusetzen.[129] 130

Bei einer Entgeltumwandlungsdirektversicherung ist dem Arbeitnehmer mit Beginn der Entgeltumwandlung ein unwiderrufliches Bezugsrecht einzuräumen.[130] Dabei handelt es sich um ein unwiderrufliches Bezugsrecht i.S.d. Versicherungsvertragsgesetzes, nicht nur um eine arbeitsvertragliche Abrede zwischen Arbeitgeber und Arbeitnehmer.[131] 131

Durch ein solches versicherungsvertraglich unwiderrufliches Bezugsrecht gem. § 166 VVG wird zudem eine umfassende Insolvenzsicherung zugunsten des Arbeitnehmers herbeigeführt, was erklärt, dass auch in der Vergangenheit i.d.R. bei allen Direktversicherungen, die von Arbeitnehmern finanziert waren, ein solches unwiderrufliches Bezugsrecht eingeräumt wurde. 132

D. Besonderheiten bei mittelbaren Versorgungszusagen

In Bezug auf die Abwicklung der Unverfallbarkeitsmodalitäten dem Grunde nach enthalten die Abs. 2 bis 4 von § 1 b BetrAVG einige Regelungen, die auf die Besonderheiten der Durchführungswege Direktversicherung, Pensionskasse, Pensionsfonds und Unterstützungskasse abstellen, und zwar unabhängig davon, ob es sich um eine arbeitgeber- oder arbeitnehmerfinanzierte betriebliche Altersversorgung handelt. 133

---

128 S. dazu § 2 Rz. 111 ff. und 135 ff.
129 Dazu i.E. *Höfer* BetrAVG, Rz. 3051 ff. zu § 1 b; s.a. § 2 Rz. 147 ff.
130 Allgemein zum unwiderruflichen Bezugsrecht bei Direktversicherungen nachfolgend Rz. 134–137.
131 So zu Recht *Höfer* BetrAVG, Rz. 3059 zu § 1 b.

I. Direktversicherung

1. Unwiderrufliches Bezugsrecht

134 Bei einer Direktversicherung ist der Arbeitgeber gem. § 1 b Abs. 2 S. 1 BetrAVG verpflichtet, nach Erfüllung der Unverfallbarkeitsmodalitäten wegen Beendigung des Arbeitsverhältnisses das Bezugsrecht nicht mehr zu widerrufen, selbst wenn es sich um ein versicherungsrechtlich noch widerrufliches Bezugsrecht handelt. Diese Verpflichtung ist eine arbeitsvertragliche Verpflichtung und hat nicht die Rechtsqualität eines unwiderruflichen Bezugsrechts i.S.d. Versicherungsvertragsgesetzes.[132]

135 Erklärt der Arbeitgeber unabhängig davon den Widerruf des Bezugsrechts, so ist dieser Widerruf der Versicherungsgesellschaft gegenüber wirksam, wenn nicht ausdrücklich ein versicherungsvertraglich unwiderrufliches Bezugsrecht bestellt worden ist. Der Arbeitgeber macht sich dann möglicherweise schadensersatzpflichtig.

136 § 1 b Abs. 2 S. 2 BetrAVG verbietet auch eine Vereinbarung, durch die das Bezugsrecht nach Erfüllung der Unverfallbarkeitsmodalitäten und nach Beendigung des Arbeitsverhältnisses auflösend bedingt ist.

137 Im Falle der Abtretung oder Beleihung der Ansprüche aus dem Versicherungsvertrag muss der Arbeitgeber den mit unverfallbarer Anwartschaft ausgeschiedenen Arbeitnehmer so stellen, als ob die Abtretung oder Beleihung nicht erfolgt wäre, allerdings nicht schon im Zeitpunkt der Beendigung des Arbeitsverhältnisses, sondern erst bei Eintritt des Versicherungsfalles (z.B. bei Tod oder im Erlebensfall bei Erreichen des Endalters).[133]

2. Zeitpunkt der Erteilung der Versorgungszusage

138 Als Zeitpunkt der Erteilung der Versorgungszusage wird für eine Direktversicherung in § 1 b Abs. 2 S. 4 BetrAVG bestimmt, dass als dieser gilt der Versicherungsbeginn, frühestens jedoch der Beginn der Betriebszugehörigkeit. Bei wörtlicher Auslegung kann diese Bestimmung zu Konflikten mit der Vorschaltzeitenproblematik führen.[134]

---

[132] Das ist anders bei einer Entgeltumwandlungsdirektversicherung, dazu vorstehend Rz. 128–132; § 1 b Abs. 5 S. 2 BetrAVG spricht von der »Einräumung eines unwiderruflichen Bezugsrechts« (= § 166 VVG), § 1 b Abs. 2 S. 1 BetrAVG dagegen »nur« von der »Verpflichtung, das Bezugsrecht nicht mehr zu widerrufen« (= arbeitsrechtliche Verpflichtung).
[133] Zu den Einzelheiten hierzu *Höfer* BetrAVG, Rz. 3001 ff. zu § 1 b.
[134] S. dazu Rz. 53–58.

> **Beispiel:**
>
> Ein Arbeitgeber erteilt eine Versorgungszusage im Durchführungsweg der Direktversicherung mit der Vereinbarung, dass die Direktversicherung erst fünf Jahre nach Beginn des Arbeitsverhältnisses abgeschlossen werden soll. Wertet man eine solche Zusage auf eine Zusage schon als Versorgungszusage, ist Zusagezeitpunkt aufgrund der Vorschaltzeitenrechtsprechung der Beginn des Arbeitsverhältnisses. Stellt man auf § 1 b Abs. 2 S. 4 BetrAVG ab, ist Zusagezeitpunkt erst der Versicherungsbeginn fünf Jahre nach Beginn des Arbeitsverhältnisses.

Dieses Problem ist nur zu lösen, wenn man einerseits die Vorschaltzeitenrechtsprechung auf alle Durchführungswege der betrieblichen Altersversorgung, also nicht nur auf unmittelbare Versorgungszusagen und Unterstützungskassen, sondern auch auf Direktversicherungen, Pensionskassen und Pensionsfonds im Prinzip anwendet.[135] Andererseits erscheint es nicht gerechtfertigt, der gesetzlichen Bestimmung, dass als Zeitpunkt der Erteilung der Versorgungszusage der Versicherungsbeginn gilt, keine Bedeutung beizumessen. **139**

Sinn und Zweck dieser gesetzlichen Sondervorschrift in § 1 b Abs. 2 S. 4 BetrAVG ist es, z.B. bei arbeitgeberfinanzierten Direktversicherungen zu einem einheitlichen Stichtag alle neu eintretenden Arbeitnehmer zu versichern, damit bei einem Ausscheiden kurz nach Arbeitsbeginn, z.B. in der Probezeit, keine Rückabwicklung des Versicherungsvertrages erforderlich wird.[136] Aufgrund der besonderen Bestimmung eines Zusagezeitpunktes in § 1 b Abs. 2 S. 4 BetrAVG für Direktversicherungen erscheint eine Verschiebung des Zusagezeitpunktes trotz der Vorschaltzeitenrechtsprechung zumindest denkbar, wenn damit keine sachwidrige Verlegung des Zusagezeitpunktes vorgenommen wird. Eine derartige sachwidrige Verlegung könnte z.B. angenommen werden, wenn durch Verlagerung des Versicherungsabschlusses in die Zukunft die Unverfallbarkeitsmodalitäten seitens des Arbeitgebers unterlaufen werden. Das ist immer dann anzunehmen, wenn keine versicherungstechnischen Abwicklungsprobleme zu dem Auseinanderfallen des Beginns des Arbeitsverhältnisses und des Versicherungsbeginns geführt haben. **140**

---

135 Vgl. zu den ähnlichen Regelungen bei Pensionskasse und Pensionsfonds § 1 b Abs. 3 S. 2 BetrAVG und Rz. 142; dazu *Kemper/Kisters-Kölkes* Grundzüge, Rz. 215 ff.
136 *Höfer* BetrAVG, Rz. 3009 ff. zu § 1 b.

141 Wenn der Versicherungsbeginn weniger als ein Jahr später liegt als der Beginn des Arbeitsverhältnisses (Beginn der Betriebszugehörigkeit), dürfte man unterstellen können, dass die versicherungstechnischen Besonderheiten maßgebend gewesen sind. In einem solchen Fall muss § 1 Abs. 2 S. 4 BetrAVG gelten. Bei größeren Abweichungen dürfte die Vorschaltzeitenrechtsprechung die gesetzliche Vorschrift »verdrängen«.[137] Dabei können Probleme bei der versicherungsförmigen Lösung der Unverfallbarkeit der Höhe nach auftreten.[138]

II. Pensionskasse und Pensionsfonds

142 § 1 b Abs. 3 S. 2 BetrAVG bestimmt für die Durchführungswege Pensionskasse und Pensionsfonds, dass als Zeitpunkt der Erteilung der Versorgungszusage der Versicherungsbeginn, frühestens jedoch der Beginn der Betriebszugehörigkeit gilt. Zur Problematik dieser Bestimmung in Bezug auf die Vorschaltzeitenrechtsprechung wird Ausführungen zur Direktversicherung verwiesen.[139]

III. Unterstützungskasse

143 Bei der Unterstützungskasse verwirklicht § 1 b Abs. 4 BetrAVG die Unverfallbarkeit mit einer Gleichstellung des ausgeschiedenen Arbeitnehmers und seinen Hinterbliebenen mit den betriebstreuen Arbeitnehmern und deren Hinterbliebenen. Dies wird gerechtfertigt dadurch, dass eine Unterstützungskasse auf ihre Leistungen formal keinen Rechtsanspruch gewährt.[140] Insoweit ergeben sich aber in Bezug auf die Unverfallbarkeit keine Unterschiede zu den Verhältnissen der unmittelbaren Versorgungszusagen.

144 Das Entsprechende gilt in Bezug auf den Zeitpunkt der Erteilung der Versorgungszusage, der in § 1 b Abs. 4 S. 2 BetrAVG dahingehend definiert wird als der Zeitpunkt, von dem an der Arbeitnehmer zum Kreis der Begünstigten der Unterstützungskasse gehört. Für Unterstützungskassen gilt uneingeschränkt die Vorschaltzeitenrechtsprechung.[141]

---

137 Dazu BAG 19.4.1983, 3 AZR 24/81, EzA § 1 BetrAVG Lebensversicherung Nr. 1 zu einer Vorschaltzeit von 10 Jahren bei einer Direktversicherung, die als unzulässig angesehen wurde, und auch *Kemper/Kisters-Kölkes* Grundzüge, Rz. 215.
138 S. dazu § 2 Rz. 111 ff.
139 Vorstehend unter Rz. 138–141.
140 S. dazu § 1 Abs. 1 Rz. 90–99.
141 BAG 13.07.1978, 3 AZR 278/77, EzA § 1 BetrAVG Nr. 4.

§ 2 Höhe der unverfallbaren Anwartschaft

(1) ¹Bei Eintritt des Versorgungsfalles wegen Erreichens der Altersgrenze, wegen Invalidität oder Tod haben ein vorher ausgeschiedener Arbeitnehmer, dessen Anwartschaft nach § 1 b fortbesteht, und seine Hinterbliebenen einen Anspruch mindestens in Höhe des Teiles der ohne das vorherige Ausscheiden zustehenden Leistung, der dem Verhältnis der Dauer der Betriebszugehörigkeit zu der Zeit vom Beginn der Betriebszugehörigkeit bis zum Erreichen der Regelaltersgrenze in der gesetzlichen Rentenversicherung entspricht; an die Stelle des Erreichens der Regelaltersgrenze tritt ein früherer Zeitpunkt, wenn dieser in der Versorgungsregelung als feste Altersgrenze vorgesehen ist, spätestens der Zeitpunkt, in dem der Arbeitnehmer ausscheidet und gleichzeitig eine Altersrente aus der gesetzlichen Rentenversicherung für besonders langjährig Versicherte in Anspruch nimmt. ²Der Mindestanspruch auf Leistungen wegen Invalidität oder Tod vor Erreichen der Altersgrenze ist jedoch nicht höher als der Betrag, den der Arbeitnehmer oder seine Hinterbliebenen erhalten hätten, wenn im Zeitpunkt des Ausscheidens der Versorgungsfall eingetreten wäre und die sonstigen Leistungsvoraussetzungen erfüllt gewesen wären.

(2) ¹Ist bei einer Direktversicherung der Arbeitnehmer nach Erfüllung der Voraussetzungen des § 1 b Abs. 1 und 5 vor Eintritt des Versorgungsfalles ausgeschieden, so gilt Abs. 1 mit der Maßgabe, daß sich der vom Arbeitgeber zu finanzierende Teilanspruch nach Abs. 1, soweit er über die von dem Versicherer nach dem Versicherungsvertrag auf Grund der Beiträge des Arbeitgebers zu erbringende Versicherungsleistung hinausgeht, gegen den Arbeitgeber richtet. ²An die Stelle der Ansprüche nach Satz 1 tritt auf Verlangen des Arbeitgebers die von dem Versicherer auf Grund des Versicherungsvertrages zu erbringende Versicherungsleistung, wenn

1. spätestens nach 3 Monaten seit dem Ausscheiden des Arbeitnehmers das Bezugsrecht unwiderruflich ist und eine Abtretung oder Beleihung des Rechts aus dem Versicherungsvertrag durch den Arbeitgeber und Beitragsrückstände nicht vorhanden sind,

2. vom Beginn der Versicherung, frühestens jedoch vom Beginn der Betriebszugehörigkeit an, nach dem Versicherungsvertrag die Überschußanteile nur zur Verbesserung der Versicherungsleistung zu verwenden sind und

3. der ausgeschiedene Arbeitnehmer nach dem Versicherungsvertrag das Recht zur Fortsetzung der Versicherung mit eigenen Beiträgen hat.

³Der Arbeitgeber kann sein Verlangen nach Satz 2 nur innerhalb von 3 Monaten seit dem Ausscheiden des Arbeitnehmers diesem und dem Versicherer mitteilen. ⁴Der ausgeschiedene Arbeitnehmer darf die Ansprüche aus dem Versicherungsvertrag in Höhe des durch Beitragszahlungen des Arbeitgebers gebildeten geschäftsplanmäßigen Deckungskapitals oder, soweit die Berechnung des Deckungskapitals nicht zum Geschäftsplan gehört, das nach § 176 Abs. 3 des Gesetzes über den Versicherungsvertrag berechneten Zeitwerts* weder abtreten noch beleihen. ⁵In dieser Höhe darf der Rückkaufswert auf Grund einer Kündigung des Versicherungsvertrages nicht in Anspruch genommen werden; im Falle einer Kündigung wird die Versicherung in eine prämienfreie Versicherung umgewandelt. ⁶§ 176 Abs. 1 des Gesetzes über den Versicherungsvertrag** findet insoweit keine Anwendung.

(3) ¹Für Pensionskassen gilt Absatz 1 mit der Maßgabe, daß sich der vom Arbeitgeber zu finanzierende Teilanspruch nach Absatz 1, soweit er über die von der Pensionskasse nach dem aufsichtsbehördlich genehmigten Geschäftsplan oder, soweit eine aufsichtsbehördliche Genehmigung nicht vorgeschrieben ist, nach den allgemeinen Versicherungsbedingungen und den fachlichen Geschäftsunterlagen im Sinne des § 5 Abs. 3 Nr. 2 Halbsatz 2 des Versicherungsaufsichtsgesetzes (Geschäftsunterlagen) auf Grund der Beiträge des Arbeitgebers zu erbringende Leistung hinausgeht, gegen den Arbeitgeber richtet. ²An die Stelle der Ansprüche nach Satz 1 tritt auf Verlangen des Arbeitgebers die von der Pensionskasse auf Grund des Geschäftsplanes oder der Geschäftsunterlagen zu erbringende Leistung, wenn nach dem aufsichtsbehördlich genehmigten Geschäftsplan oder den Geschäftsunterlagen

1. vom Beginn der Versicherung, frühestens jedoch vom Beginn der Betriebszugehörigkeit an, Überschußanteile, die auf Grund des Finanzierungsverfahrens regelmäßig entstehen, nur zur Verbesserung der Versicherungsleistung zu verwenden sind oder die Steigerung der Versorgungsanwartschaften des Arbeitnehmers der Entwicklung seines Arbeitsentgeltes, soweit es unter den jeweiligen Beitragsbemessungsgrenzen der gesetzlichen Rentenversicherungen liegt, entspricht und

---

* Ab 1.1.2008: »§ 169 Abs. 3 und 4 des Versicherungsvertragsgesetzes berechneten Wertes« gem. VVG-E, BT-Drucks. 16/5862 v. 28.6.2007 S. 80.
** Ab 1.1.2008: »§ 139 Abs. 1 des Versicherungsvertragsgesetzes« gem. VVG-E, BT-Drucks. 16/5862 v. 28.6.2007 S. 80.

2. der ausgeschiedene Arbeitnehmer das Recht zur Fortsetzung der Versicherung mit eigenen Beiträgen hat.

³Der Absatz 2 Satz 3 bis 6 gilt entsprechend.

(3 a) Für Pensionsfonds gilt Absatz 1 mit der Maßgabe, dass sich der vom Arbeitgeber zu finanzierende Teilanspruch, soweit er über die vom Pensionsfonds auf der Grundlage der nach dem geltenden Pensionsplan im Sinne des § 112 Abs. 1 Satz 2 in Verbindung mit § 113 Abs. 2 Nr. 5 des Versicherungsaufsichtsgesetzes berechnete Deckungsrückstellung hinausgeht, gegen den Arbeitgeber richtet.

(4) Eine Unterstützungskasse hat bei Eintritt des Versorgungsfalles einem vorzeitig ausgeschiedenen Arbeitnehmer, der nach § 1 b Abs. 4 gleichgestellt ist, und seinen Hinterbliebenen mindestens den nach Absatz 1 berechneten Teil der Versorgung zu gewähren.

(5) ¹Bei der Berechnung des Teilanspruchs nach Absatz 1 bleiben Veränderungen der Versorgungsregelung und der Bemessungsgrundlagen für die Leistung der betrieblichen Altersversorgung, soweit sie nach dem Ausscheiden des Arbeitnehmers eintreten, außer Betracht; dies gilt auch für die Bemessungsgrundlagen anderer Versorgungsbezüge, die bei der Berechnung der Leistung der betrieblichen Altersversorgung zu berücksichtigen sind. ²Ist eine Rente der gesetzlichen Rentenversicherung zu berücksichtigen, so kann das bei der Berechnung von Pensionsrückstellungen allgemein zulässige Verfahren zugrunde gelegt werden, wenn nicht der ausgeschiedene Arbeitnehmer die Anzahl der im Zeitpunkt des Ausscheidens erreichten Entgeltpunkte nachweist; bei Pensionskassen sind der aufsichtsbehördlich genehmigte Geschäftsplan oder die Geschäftsunterlagen maßgebend. ³Versorgungsanwartschaften, die der Arbeitnehmer nach seinem Ausscheiden erwirbt, dürfen zu keiner Kürzung des Teilanspruchs nach Absatz 1 führen. ⁴Bei Pensionsfonds sind der Pensionsplan und die sonstigen Geschäftsunterlagen maßgebend.

(5 a) Bei einer unverfallbaren Anwartschaft aus Entgeltumwandlung tritt an die Stelle der Ansprüche nach Absatz 1, 3 a oder 4 die vom Zeitpunkt der Zusage auf betriebliche Altersversorgung bis zum Ausscheiden des Arbeitnehmers erreichte Anwartschaft auf Leistungen aus den bis dahin umgewandelten Entgeltbestandteilen; dies gilt entsprechend für eine unverfallbare Anwartschaft aus Beiträgen im Rahmen einer beitragsorientierten Leistungszusage.

(5 b) An die Stelle der Ansprüche nach den Absätzen 2, 3, 3 a und 5 a tritt bei einer Beitragszusage mit Mindestleistung das dem Arbeit-

nehmer planmäßig zuzurechnende Versorgungskapital auf der Grundlage der bis zu seinem Ausscheiden geleisteten Beiträge (Beiträge und die bis zum Eintritt des Versorgungsfalls erzielten Erträge), mindestens die Summe der bis dahin zugesagten Beiträge, soweit sie nicht rechnungsmäßig für einen biometrischen Risikoausgleich verbraucht wurden.

(6) (weggefallen)

§ 30 g [Übergangsregelung zu § 2 Abs. 5 a]

(1) [1]§ 2 Abs. 5 a gilt nur für Anwartschaften, die auf Zusagen beruhen, die nach dem 31. Dezember 2000 erteilt worden sind. [2]Im Einvernehmen zwischen Arbeitgeber und Arbeitnehmer kann § 2 Abs. 5 a auch auf Anwartschaften angewendet werden, die auf Zusagen beruhen, die vor dem 1. Januar 2001 erteilt worden sind.

(2) ...

Übersicht	Rn.
A. Allgemeines	1
I. Quotierungsverfahren	1
II. Versicherungsförmige Lösung	5
III. Zusätzliche Unverfallbarkeitsregeln ab dem 1.1.2001	10
B. Quotierungsverfahren gemäß § 2 Abs. 1 BetrAVG	17
I. Zwingende Anwendung	17
II. Versorgungsanspruch bei Eintritt des Versorgungsfalles	24
1. Erreichen der Altersgrenze	26
a) Altersgrenze 65 und Regelaltersgrenze	27
b) Altersgrenze zwischen 60 und 67	29
c) Altersgrenze unter 60	30
d) unterschiedliche Altersgrenzen für Männer und Frauen	33
2. Invalidität	42
3. Tod	45
4. Vorzeitige Altersleistung	47
III. Vorzeitiges Ausscheiden	50
IV. Ohne das vorherige Ausscheiden zustehende Leistung	54
V. Teilanspruch	57
1. Quotierungsverfahren	58
a) Beginn der Betriebszugehörigkeit	59
b) Ende der Betriebszugehörigkeit	61
c) Tatsächliche Betriebszugehörigkeit	62
d) Mögliche Betriebszugehörigkeit	65
e) Berechnung nach Monaten oder Tagen	66
f) Unverfallbarkeitsquote	68
2. Berechnungsbeispiele	69
a) Formel	69

Höhe der unverfallbaren Anwartschaft § 2

	b) Festbetragssysteme	70
	c) Dynamische Systeme	72
3.	Vordienstzeiten	74
4.	Nachdienstzeiten	77
5.	Vollzeit- und Teilzeitbeschäftigung	79

C. Mindestanspruch 80

D. Anwendung des Quotierungsverfahrens 82
    I. Unmittelbare Versorgungszusage 83
        1. Leistungszusage 84
        2. Beitragsorientierte Leistungszusage 85
        3. Entgeltumwandlung 89
    II. Direktversicherung 93
    III. Pensionskasse 99
    IV. Pensionsfonds 102
    V. Unterstützungskasse 107

E. Versicherungsförmige Lösung bei Direktversicherungen 111
    I. Wahlrecht des Arbeitgebers 111
    II. Rechtliche Grundlagen 113
        1. Verlangen des Arbeitgebers 115
        2. Erste soziale Auflage 119
            a) Unwiderrufliches Bezugsrecht 120
            b) Abtretung 122
            c) Beleihung 124
            d) Beitragsrückstände 126
            e) Verpfändung 127a
        3. Zweite soziale Auflage 128
        4. Dritte soziale Auflage 130
        5. Keine Auszahlung des Rückkaufswertes 132
        6. Rechtsfolgen bei der Verletzung der gesetzlichen Vorgaben 134a

F. Versicherungsförmige Lösung bei der Pensionskasse 135
    I. Quotierungsverfahren 135
    II. Versicherungsförmige Lösung 136
        1. Unwiderrufliches Bezugsrecht, Abtretung, Beleihung, Beitragsrückstände 137
        2. Überschussanteile 142
        3. Fortsetzung der Versicherung 144
        4. Verfügungsverbote 146
        5. Rechtsfolgen 146a

G. Pensionsfonds und rückgedeckte Unterstützungskasse 147

H. Festschreibeeffekt 150
    I. Festschreibung der Versorgungsregelungen und der Bemessungsgrundlagen 150
    II. Andere Versorgungsbezüge 155
    III. Besonderheiten bei Gesamtversorgungssystemen 156
    IV. Pensionskassen 159
    V. Pensionsfonds 160
    VI. Anderweitige Versorgungsanwartschaften 161

I. Entgeltumwandlung	162
J. Beitragsorientierte Leistungszusage	169
K. Beitragszusage mit Mindestleistung	172
L. Auskunft	180
M. Übersicht über die anzuwendenden gesetzlichen Bestimmungen	194
I. Arbeitgeberfinanzierte betriebliche Altersversorgung	194
II. Entgeltumwandlung	196

A. Allgemeines

I. Quotierungsverfahren

1   § 2 BetrAVG regelt die Höhe der unverfallbaren Anwartschaft, wenn ein Arbeitnehmer vor Eintritt eines Versorgungsfalles mit einer gesetzlich unverfallbaren Anwartschaft[1] aus dem Arbeitsverhältnis ausgeschieden ist. Es wurde bereits ausgeführt,[2] dass die Regelungen zur Unverfallbarkeit dem Grunde und der Höhe nach durch das Urteil des BAG vom 10.3.1972 ausgelöst wurden.[3] In dieser Entscheidung kommt der **Teilleistungsgedanke** zum Ausdruck. Es wird gefordert, dass der Arbeitnehmer, der in der Vergangenheit durch geleistete Betriebstreue einen Teil der Versorgungsanwartschaft erdient hat, diesen Teil auch bekommen soll, wenn er vorzeitig, d.h. vor Eintritt eines Versorgungsfalles, aus dem Arbeitsverhältnis ausgeschieden ist. Das mit Wirkung ab dem 22.12.1974 in § 2 BetrAVG aufgenommene Quotierungsverfahren hat seine Grundlage in dieser Entscheidung, in der bereits ausgeführt wurde, dass sich der Anspruch des Arbeitnehmers auf die erdiente Anwartschaft darauf richte, »den Teil der für das 65. Lebensjahr versprochenen Versorgung zu erhalten, der nach dem Verhältnis der tatsächlich zurückgelegten Betriebszugehörigkeit zu der für den Erwerb des Vollrechts erforderlichen Betriebszugehörigkeit erdient wurde«.[4]

2   Der Gesetzgeber ist ursprünglich davon ausgegangen, dass die Höhe der versprochenen Versorgung mit der Betriebszugehörigkeit im Zusammenhang steht. Unabhängig von der konkreten Ausgestaltung der Versorgungszusage und der Höhe der zugesagten Leistungen sowie den vorgegebenen Bemessungsgrundsätzen wurde damit aus-

---
1 Hierzu i.E. § 1 b.
2 S. § 1 b Rn. 9 f.
3 BAG 10.3.1972, 3 AZR 278/71, EzA § 242 BGB Ruhegeld Nr. 11, BAGE 24, 177, DB 1972, 1486.
4 Hierzu auch *Berenz* Gesetzesmaterialien, BetrAVG Allg. Begr., S. 609 f.

schließlich der Teilleistungsgedanke aus dem Verhältnis der tatsächlichen zur möglichen Betriebszugehörigkeit abgeleitet.

Es kommt bei dem Quotierungsverfahren nicht darauf an, wann die Versorgungszusage erteilt wurde. Der Arbeitnehmer bekommt auch nicht nur von der zugesagten **Altersleistung** den während des Arbeitsverhältnisses erdienten Teil, sondern – wenn zugesagt – auch den Teil der **Invaliditäts- oder Hinterbliebenenleistung**.[5] Dieses Berechnungsverfahren kann grds. in **allen Durchführungswegen** angewandt werden. Man spricht bei der Beschreibung des Teilleistungsgedankens auch vom m-n-tel-Verfahren, der pro-rata-temporis-Methode oder der (zeit)ratierlichen Berechnung. 3

In der ursprünglichen Gesetzesfassung war nur für die Direktversicherung und die Pensionskasse in Form der »versicherungsförmigen Lösung« (vgl. § 4 Abs. 3; früher vielfach versicherungsvertragliche Lösung genannt) ein alternatives Berechnungsverfahren vorgesehen. Zwischenzeitlich gibt es weitere Berechnungsverfahren für die betriebliche Altersversorgung aus Entgeltumwandlung, die beitragsorientierte Leistungszusage und die Beitragszusage mit Mindestleistung. 3a

Mit dem RV-Altergrenzenanpassungsgesetz[6] wurde das Quotierungsverfahren modifiziert. Es räumt die Möglichkeit ein, ab dem 1.1.2008 auf eine feste Altersgrenze von 65 Jahren oder auf die Regelaltersgrenze in der gesetzlichen Rentenversicherung als Obergrenze abzustellen. Hierzu wird auf die Ausführungen in Rn. 27 ff. verwiesen. 4

II. Versicherungsförmige Lösung

Für die versicherungsförmigen Durchführungswege **Direktversicherung** und **Pensionskasse** ist als Alternative zum Quotierungsverfahren in § 2 Abs. 2 S. 2 ff. und § 2 Abs. 3 S. 2 ff. BetrAVG die sog. versicherungsförmige Lösung vorgesehen. Diese verweist den mit einer unverfallbaren Anwartschaft ausgeschiedenen Arbeitnehmer auf den **Wert der abgeschlossenen Versicherung**, der höher, aber auch geringer sein kann als der Wert, der sich nach dem Quotierungsverfahren ergibt. Insbesondere in den Fällen, in denen erst geraume Zeit nach Beginn des Arbeitsverhältnisses eine solche Versicherung abgeschlossen wird, 5

---

5 BAG 20.11.2001, 3 AZR 550/00, EzA § 1 BetrAVG Invalidität Nr. 3, DB 2002, 1510.
6 Gesetz zur Anpassung der Regelaltersgrenze an die demografische Entwicklung und zur Stärkung der Finanzierungsgrundlagen der gesetzlichen Rentenversicherung (RV-Altersgrenzenanpassungsgesetz), BGBl. I 2007, S. 554.

reicht der in der Versicherung enthaltene Wert nicht aus, um die Leistung in der Höhe zu erbringen, die dem quotierten Wert der Versicherungsleistung entsprechen würde. Denn in den vorhergehenden Jahren des bestehenden Arbeitsverhältnisses wurde die Versicherung nicht finanziert.

6 Um den Abschluss von Direktversicherungen zugunsten der Arbeitnehmer zu fördern, hatte sich der Gesetzgeber dazu entschlossen, diese **besonderen Unverfallbarkeitsregeln** der Höhe nach für Direktversicherungen und Pensionskassen zu schaffen.[7]

7 Statt von der versicherungsförmigen Lösung wird zum Teil auch von der versicherungsförmigen Erhaltung der Versorgungsanwartschaft gesprochen.[8] Der Gesetzgeber hat nun in § 4 Abs. 3 S. 2 BetrAVG den Begriff »versicherungsförmige Lösung« eingeführt. Deshalb wird künftig dieser Begriff statt des Begriffes »versicherungsvertragliche Lösung« verwendet. Der zum Teil in der Literatur verwendete Begriff des »Ersatzverfahrens« ist unzutreffend, da der Gesetzgeber das Quotierungsverfahren und die versicherungsförmige Lösung alternativ für diese beiden Durchführungswege zur Verfügung stellt und nicht als Ersatz für das Quotierungsverfahren.

8 Für die Wahl der versicherungsförmigen Lösung müssen bestimmte Voraussetzungen erfüllt sein. Sie ist an **sog. soziale Auflagen** gebunden.[9]

9 Bei Direktversicherungen und Pensionskassen ist in der Praxis der Regelfall die Anwendung der versicherungsförmigen Lösung. Auch für eine betriebliche Altersversorgung aus Entgeltumwandlung ist dieses Verfahren anwendbar. Die versicherungsförmige Lösung gibt es nicht für die rückgedeckte Unterstützungskasse und auch nicht beim Pensionsfonds.

III. Zusätzliche Unverfallbarkeitsregeln ab dem 1.1.2001

10 Es hat sich in der Vergangenheit gezeigt, dass für bestimmte Formen der Zusagegestaltung das Quotierungsverfahren ungeeignet ist, weil es zu Ergebnissen führt, die nicht als gerecht bezeichnet werden können.[10] Deshalb hat der Gesetzgeber § 2 BetrAVG seit dem 1.1.2001 um die Abs. 5a und 5b für Neuzusagen ergänzt. Es wurden damit besondere

---

7 *Berenz* Gesetzesmaterialien BetrAVG § 2, S. 101 f.
8 BAG 29.7.1986, 3 AZR 15/85, EzA § 2 BetrAVG Nr. 9, BAGE 52, 287, DB 1987, 743.
9 Hierzu i.E. Rn. 119 ff.
10 *Höfer* BetrAVG, Rn. 3480 zu § 2.

Höhe der unverfallbaren Anwartschaft § 2

Unverfallbarkeitsregeln für die betriebliche Altersversorgung geschaffen, die mittels einer **Entgeltumwandlung** finanziert wird.[11] Entsprechendes gilt für die **beitragsorientierte Leistungszusage**[12] und für die **Beitragszusage mit Mindestleistung**.[13]

Für den seit dem 1.1.2002 neu geschaffenen Durchführungsweg **Pensionsfonds** gilt nach § 2 Abs. 3 a BetrAVG auch das Quotierungsprinzip, wenn eine Leistungszusage erteilt wurde oder erteilt wird. Für die beitragsorientierte Leistungszusage und für die Beitragszusage mit Mindestleistung sind auch beim Pensionsfonds die für diese Zusagegestaltungen neu geschaffenen Berechnungsregeln anzuwenden. 11

Bei den Durchführungswegen unmittelbare Versorgungszusage, Unterstützungskasse und bei Leistungen aus einem Pensionsfonds wird der Arbeitnehmer bei der betrieblichen Altersversorgung aus **Entgeltumwandlung** auf die **bis zum Ausscheiden erreichte Anwartschaft** verwiesen, die sich aus den bis dahin umgewandelten Entgeltbestandteilen ergibt. Allerdings ist diese Regelung nur anwendbar auf Versorgungszusagen, die seit dem **1.1.2001** erteilt wurden und erteilt werden.[14] Für eine betriebliche Altersversorgung aus Entgeltumwandlung, die vor diesem Stichtag zugesagt wurde, gilt das Quotierungsverfahren, es sei denn, dass Arbeitgeber und Arbeitnehmer die Anwendung der neuen Regelung nachträglich einzelvertraglich vereinbart haben.[15] 12

Bei einer **beitragsorientierten Leistungszusage**[16] wird in den vorgenannten drei Durchführungswegen der Arbeitnehmer ebenfalls auf die bis zum Ausscheiden erreichte Anwartschaft verwiesen, unabhängig davon, ob eine arbeitgeberfinanzierte betriebliche Altersversorgung vorliegt oder die betriebliche Altersversorgung aus einer Entgeltumwandlung resultiert. Diese Regelung ist ebenfalls nur anwendbar auf Versorgungszusagen, die **seit dem 1.1.2001** erteilt wurden bzw. erteilt werden. Auch für eine beitragsorientierte Leistungszusage, die vor dem 1.1.2001 erteilt wurde, gilt, dass einzelvertraglich die Anwendung von Abs. 5 a vereinbart werden kann (§ 30 g). 13

Für die Durchführungswege **Pensionskasse** und **Direktversicherung** bedurfte es bei der beitragsorientierten Leistungszusage keiner entsprechenden neuen gesetzlichen Regelung, da bei diesen beiden Durchfüh- 14

---

11 S. dazu Rn. 162 ff.
12 S. dazu Rn. 169 ff.
13 S. dazu Rn. 172 ff.
14 § 30 g BetrAVG; Pensionsfonds ab 1.1.2002.
15 S. dazu Rn. 166.
16 Hierzu i.E. § 1 Rn. 379 ff.

rungswegen die versicherungsförmige Lösung zur Anwendung kommen kann, die den Arbeitnehmer auf das verweist, was mit den gezahlten Beiträgen bis zum vorzeitigen Ausscheiden finanziert wurde. Entsprechendes gilt für die durch Entgeltumwandlung finanzierte betriebliche Altersversorgung, bei der aufgrund der Vorgaben in § 1b Abs. 5 BetrAVG für alle ab dem 1.1.2001 erteilten Zusagen die Voraussetzungen für die Erfüllung der sozialen Auflagen gegeben sein müssen.

15 Bei der **Beitragszusage mit Mindestleistung**[17] wird die betriebliche Altersversorgung extern finanziert. Die Beiträge werden für den Arbeitnehmer angelegt. Die aus den angelegten Mitteln resultierende Leistung erhält der ausgeschiedene Arbeitnehmer bei Eintritt des Versorgungsfalles.[18] Da die Beitragszusage mit Mindestleistung erst mit Wirkung ab dem 1.1.2002 geschaffen wurde, kann § 2 Abs. 5b BetrAVG nur auf Neuzusagen in den versicherungsförmigen Durchführungswegen (Pensionsfonds, Pensionskasse, Direktversicherung) angewandt werden.[19]

16 Zur Auskunftspflicht vgl. § 4a.

B. Quotierungsverfahren gemäß § 2 Abs. 1 S. 1 BetrAVG

I. Zwingende Anwendung

17 Nach dem Quotierungsverfahren bemisst sich grds. die Leistung, wenn ein Arbeitnehmer mit einer **gesetzlich unverfallbaren Anwartschaft** vor Eintritt des Versorgungsfalles aus dem Arbeitsverhältnis ausgeschieden ist. Dieses Verfahren ist zwingend bei einer **unmittelbaren Versorgungszusage** anzuwenden, wenn Abs. 5a BetrAVG nicht anzuwenden ist. Es gilt immer für die Leistungszusage. Für beitragsorientierte Leistungszusagen, die vor dem 1.1.2001 erteilt wurden, ist grds. ebenfalls das Quotierungsverfahren anzuwenden.[20]

---

17 Hierzu i.E. § 1 Rn. 387 ff.
18 S. dazu Rn. 172 ff.; hierzu auch *Blumenstein* FS Kemper, S. 25; *Pophal* FS Kemper, S. 355.
19 *Langohr-Plato* Rechtshandbuch, Rn. 258, bezweifelt, dass diese Zusageart in den Durchführungswegen Direktversicherung und Pensionskasse umgesetzt werden kann, auch wenn sie ausdrücklich in § 1 Abs. 2 Nr. 2 BetrAVG genannt ist, weil es sich um Versicherungen mit einer Garantieleistung handele, die höher oder niedriger als die Summe der eingezahlten Beiträge sein könne.
20 Ausnahme: Arbeitgeber und Arbeitnehmer einigen sich auf die Anwendung von § 2 Abs. 5a BetrAVG, s. Rn. 166.

Höhe der unverfallbaren Anwartschaft § 2

Zum **Nachteil** des Arbeitnehmers kann von dieser gesetzlichen Berechnungsregel **nicht abgewichen** werden. Es kann jedoch vertraglich vereinbart werden, dass für den Arbeitnehmer eine **günstigere Berechnungsmethode** zur Anwendung kommt oder auf eine Kürzung vollständig verzichtet wird. Eine solche Besserstellung muss deutlich zum Ausdruck gebracht werden.[21] Die Darlegungs- und Beweislast für ein günstigeres, vertraglich vereinbartes Berechnungsverfahren trägt der Arbeitnehmer.[22] Wird irrtümlich oder bewusst auf eine ratierliche Berechnung verzichtet, wirkt dies nicht gegen den PSVaG.[23]

18

In der Versorgungszusage muss nicht ausdrücklich auf die gesetzliche Regelung hingewiesen werden, wobei es jedoch üblich ist, auf die Unverfallbarkeitsregeln zu verweisen. Wird jedoch eine Versorgungszusage so formuliert, dass gegenüber dem Betriebsrentengesetz außergewöhnlich weitreichende Abweichungen vorgenommen werden, sind unmissverständliche Kürzungsvorbehalte in die Zusage aufzunehmen.[24]

19

Wird aus einer unverfallbaren Anwartschaft nach § 2 Abs. 1 BetrAVG die Versorgungsleistung ermittelt, die dem Arbeitnehmer bei Eintritt des Versorgungsfalles zusteht, sind hierfür **zwei Rechenschritte** erforderlich.

20

In einem ersten Schritt ist die **Versorgungsleistung nach den Versorgungsregeln** zu berechnen, die dem Arbeitnehmer zugesagt worden sind und die auf den Ausscheidezeitpunkt festgeschrieben wurden. Es wird dabei unterstellt, dass der ehemalige Arbeitnehmer **bis zum Eintritt des Versorgungsfalles** im Unternehmen verblieben wäre. Bei einer dienstzeitabhängigen Versorgungszusage werden folglich, soweit in der Versorgungsregelung vorgesehen, die bis zum Eintritt des Versorgungsfalles abgeleisteten Dienstjahre berücksichtigt (zur vorzeitigen Altersleistung aus unverfallbarer Anwartschaft vgl. § 6 Rn. 70 ff.).

21

Diese Versorgungsleistung, die sich bei unterstellter Betriebstreue ergeben hätte, wird in einem zweiten Schritt im Verhältnis der tatsächlich abgeleisteten Betriebszugehörigkeit zur bis zur festen Altersgrenze/Regelaltersgrenze möglichen Betriebszugehörigkeit gekürzt. Diese Be-

22

---

21 BAG 4.10.1994, 3 AZR 215/94, EzA § 2 BetrAVG Nr. 14, AP Nr. 22 zu § 2 BetrAVG; 21.8.2001, 3 AZR 649/00, EzA § 2 BetrAVG Nr. 17, DB 2002, 644.
22 BAG 12.3.1985, 3 AZR 450/82, EzA § 2 BetrAVG Nr. 6, DB 1985, 1948; hierzu auch Rn. 79.
23 BAG 17.6.2003, 3 AZR 462/02, EzA § 2 BetrAVG Nr. 20, DB 2004, 608.
24 BAG 21.8.2001, 3 AZR 649/00, EzA § 2 BetrAVG Nr. 17, DB 2002, 644; 21.8.1990, 3 AZR 422/89, EzA § 6 BetrAVG Nr. 16, DB 1991, 1632.

rechnungsregel ist auf Leistungszusagen und auf beitragsorientierte Leistungszusagen (auch durch Entgeltumwandlung finanzierte) anzuwenden, bei letzteren allerdings nur dann, wenn die Zusage vor dem 1.1.2001 erteilt wurde.

23 Dieses Berechnungsverfahren wird nicht nur bei der **Altersleistung** angewandt, sondern auch bei **Invaliditäts- und Todesfallleistungen**, wobei die Unverfallbarkeitsquote zum Ausscheidezeitpunkt anzuwenden ist, also keine neue Quote auf den Zeitpunkt des Eintritts des Versorgungsfalles zu ermitteln ist. Denn die mögliche Betriebszugehörigkeitsdauer ist auf die Altersgrenze zu berechnen, nicht auf den vorzeitigen Versorgungsfall.

II. Versorgungsanspruch bei Eintritt des Versorgungsfalles

24 Der Versorgungsfall wird im Gesetz nicht definiert. Es handelt sich dabei um den Zeitpunkt, in dem der Arbeitnehmer die **Anspruchsvoraussetzungen** für den Bezug einer betrieblichen Leistung nach Maßgabe der ihm erteilten Versorgungszusage erfüllt. Welche Voraussetzungen im konkreten Einzelfall erfüllt sein müssen, muss sich aus der Versorgungszusage ergeben, die der Arbeitgeber dem Arbeitnehmer erteilt hat.

25 Als Versorgungsfälle werden in § 2 Abs. 1 S. 1 BetrAVG das **Erreichen der Altersgrenze** (nicht die Inanspruchnahme einer vorzeitigen Altersleistung[25]), der Eintritt der **Invalidität** und der **Tod** genannt.[26] Voraussetzung ist, dass dem Arbeitnehmer derartige Versorgungsleistungen auch tatsächlich zugesagt wurden.

1. Erreichen der Altersgrenze

26 Das Gesetz selbst gibt keine Altersgrenze vor. Üblicherweise werden Altersleistungen zugesagt, die **frühestens ab Erreichen des 60. Lebensjahres** zu einer Versorgungsleistung führen.[27]

---

25 Vgl. hierzu § 6 Rn. 70 ff.
26 S. dazu § 1 Rn. 188 ff.
27 Vgl. zu den steuerlichen Rahmenbedingungen die Ausführungen im BMF-Schreiben v. 17.11.2004, BStBl. I S. 1065, Rn. 156 (Anhang).; zur Abgrenzung der Altersleistung von anderen Arbeitgeberleistungen vgl. § 1 Rn. 52 ff.

a) Altersgrenze 65 und Regelaltersgrenze

Der Gesetzgeber ist bis zum 31.12.2007 davon ausgegangen, dass spätestens mit **Vollendung des 65. Lebensjahres** die für die Berechnung der Teilleistung maßgebliche Betriebszugehörigkeit endet. Dies ergab sich aus § 2 Abs. 1 S. 1 BetrAVG, wonach die maximal mögliche Dienstzeit die Zeit vom Beginn der Betriebszugehörigkeit bis zur Vollendung des 65. Lebensjahres war. Damit markierte das 65. Lebensjahr auch die höchstmögliche Dauer der Betriebszugehörigkeit. Ist in der Versorgungszusage eine Altersgrenze von 70 Jahren vorgesehen, war bei der Anwendung des Quotierungsverfahrens die höchstmögliche Dienstzeit auf das Alter 65 begrenzt.

27

Das 65. Lebensjahr war auch der Zeitpunkt, zu dem die Regelaltersrente in der gesetzlichen Rentenversicherung ausgelöst wurde.[28] Mit dem RV-Altersgrenzenanpassungsgesetz[29] hat der Gesetzgeber mit Wirkung ab dem 1.1.2008 die Regelaltersgrenze stufenweise auf das 67. Lebensjahr angehoben mit der Konsequenz, dass für alle in der gesetzlichen Rentenversicherung versicherten Arbeitnehmer, die ab 1964 geboren wurden, die Regelaltersgrenze von 67 Jahren für die gesetzliche Altersrente maßgeblich ist. Für Versicherte, die von 1947 bis 1958 geboren wurden, erhöht sich die frühere Regelaltersgrenze von 65 um jeweils einen Monat, für Versicherte, die von 1959 bis 1963 geboren wurden, um jeweils zwei Monate (hierzu § 235 SGB VI). Für besonders langjährig Versicherte (§ 38 SGB VI) bleibt es bei einer Regelaltersgrenze von 65 Jahren in der gesetzlichen Rentenversicherung. Durch vertragliche Vereinbarungen kann das Arbeitsverhältnis auf den Zeitpunkt befristet werden, zu dem der Arbeitnehmer die Regelaltersgrenze erreicht.[30]

28

Die Anhebung der Regelaltersgrenze in der gesetzlichen Rentenversicherung kann der nachfolgenden Tabelle entnommen werden.

28a

Versicherte Geburtenjahr	Anhebung um Monate	auf Alter	
		Jahr	Monat
1947	1	65	1
1948	2	65	2
1949	3	65	3

---

28 § 35 SGB VI.
29 BGBl 2007 I S. 554.
30 DLW-*Dörner* D/Rn. 2306 ff.

§ 2 Höhe der unverfallbaren Anwartschaft

Versicherte Geburtenjahr	Anhebung um Monate	auf Alter	
		Jahr	Monat
1950	4	65	4
1951	5	65	5
1952	6	65	6
1953	7	65	7
1954	8	65	8
1955	9	65	9
1956	10	65	10
1957	11	65	11
1958	12	66	0
1959	14	66	2
1960	16	66	4
1961	18	66	6
1962	20	66	8
1963	22	66	10

28b Die Anhebung der Regelaltersgrenze in der gesetzlichen Rentenversicherung führt in der betrieblichen Altersversorgung nicht automatisch dazu, dass sich beim Quotierungsverfahren die mögliche Betriebszugehörigkeitsdauer verlängert. Dies ergibt sich nur bei solchen Versorgungszusagen, die auf die jeweilige Regelaltersgrenze in der gesetzlichen Rentenversicherung verweisen. Ist in der Versorgungszusage eine feste Altersgrenze von 65 Jahren (oder jünger) vorgesehen, bleibt diese Altersgrenze maßgeblich, da nach dem Wortlaut des Gesetzes eine günstigere Altersgrenze als die neue Regelaltersgrenze zur Anwendung kommt, wenn dies in der Versorgungszusage vorgesehen ist. Damit kann bei einer Vielzahl von Versorgungszusagen davon ausgegangen werden, dass sich an der Unverfallbarkeitsquote nichts ändert, solange nicht nach den von der Rechtsprechung des BAG entwickelten Grundsätzen unter Berücksichtigung des dreistufigen Besitzstandes[31] eine wirksame Anhebung der Altersgrenze vorgenommen wurde, soweit den Arbeitnehmern bisher eine Altersleistung ab Vollendung des 65. Lebensjahres (oder früher) zugesagt war. Die Frage ist allerdings, ob überhaupt für eine Verschlechterung der Versorgungszusage Eingriffsgründe vorliegen. Durch eine Anhebung der Altersgrenze werden die Arbeitgeber entlastet und nicht belastet, da die Versorgungsleistungen i.d.R. erst zu einem späteren Zeitpunkt in Anspruch genommen werden.

Für neu in das Unternehmen eintretende Arbeitnehmer bleibt es ebenfalls bei der bisher maßgeblichen Altersgrenze, wenn für sie nicht eine höhere Altersgrenze in Form der Regelaltersgrenze (in der jeweiligen Fassung des SGB VI) vorgegeben wird. Eine Anhebung der Altersgrenze bei diesem Personenkreis auf die jeweilige Regelaltersgrenze ist ohne weiteres möglich. So kann dies z.B. über eine entsprechende Betriebsvereinbarung umgesetzt werden. Für die Anhebung der Altersgrenze bei neu eintretenden Arbeitnehmern sind keine Besitzstände zu berücksichtigen. 28c

Die Anhebung der Regelaltersgrenze in der gesetzlichen Rentenversicherung soll sich nach dem Willen des Gesetzgebers nicht bei besonders langjährig Versicherten auswirken, d.h. bei solchen Versicherten, die im Ausscheidezeitpunkt mindestens 45 Versicherungsjahre abgeleistet haben. Für diesen Personenkreis ist § 2 Abs. 1 um eine Regelung ergänzt worden, nach der immer dann, wenn der Arbeitnehmer ausscheidet und **gleichzeitig** eine Altersrente für besonders langjährig Versicherte in Anspruch nimmt, keine Quotierung vorzunehmen ist. Diese Regelung ist nicht anzuwenden, wenn ein Arbeitnehmer z.B. im Alter 40 mit unverfallbarer Anwartschaft aus dem Arbeitsverhältnis ausscheidet. In diesem Fall ist bei Anwendung des Quotierungsverfahrens auf die Altersgrenze abzustellen, die in der Versorgungszusage vorgesehen ist. Die Regelung für besonders langjährig Versicherte greift nur dann, wenn auch gleichzeitig mit dem Ausscheiden die Altersrente in Anspruch genommen wird.[32] Die praktische Bedeutung dieser Regelung dürfte sehr eingeschränkt sein. 28d

Da in der Praxis neue Versorgungszusagen vielfach als beitragsorientierte Leistungszusagen erteilt werden, wird die Anhebung der Regelaltersgrenze keine weitreichende Bedeutung haben, da es bei dieser Zusa- 28e

---

31 § 1 Rn. 235 ff.; hierzu auch *LAG Frankfurt* 14.06.1995, 8 Sa 1016/04.
32 *Baumeister/Merten* DB 2007, 1306.

geart nicht auf die Altersgrenze bei der Berechnung der unverfallbaren Anwartschaft ankommt.

b) Altersgrenze zwischen 60 und 67

29 Dem Arbeitgeber steht es frei, bei Erteilung einer Zusage eine feste Altersgrenze zwischen dem 60. und 67. Lebensjahr zu wählen, z.B. das 62. Lebensjahr.[33] Ist eine solche Regelung in der Versorgungszusage vorgesehen, ist die Versorgungsleistung auf dieses Alter zu berechnen und bei dem Quotierungsverfahren auf diese Altersgrenze abzustellen.

c) Altersgrenze unter 60

30 Nur ausnahmsweise kann eine Altersleistung i.S.d. BetrAVG ausgelöst werden, wenn dem Arbeitnehmer z.B. ab Vollendung des 55. Lebensjahres Altersleistungen zugesagt wurden. Dies kann bei besonderen Berufsgruppen der Fall sein.[34] Ist ausnahmsweise eine Altersleistung vor Alter 60 zugesagt, ist auf diese Altersgrenze bei der Quotierung abzustellen.

31 Zur »Altersleistung« vor Alter 60 in Form von Übergangsgeldern wird auf § 1 Rn. 49 ff. verwiesen.

32 Zur Möglichkeit, in Tarifverträgen von § 2 BetrAVG abzuweichen, siehe die Ausführungen in § 17 Rn. 23.

d) Unterschiedliche Altersgrenzen für Männer und Frauen

33 Es verstößt gegen Art. 141 EU-Vertrag und gegen Art. 3 GG, wenn für Männer und Frauen unterschiedliche feste Altersgrenzen in einer Versorgungsregelung vorgegeben werden. Dies gilt uneingeschränkt für alle Versorgungszusagen, die ab dem 18.5.1990 erteilt wurden und erteilt werden. Denn am 17.5.1990 hat der Europäische Gerichtshof entschieden, dass eine Differenzierung den Grundsatz verletzt, wonach gleiches Entgelt für gleiche Arbeit zu zahlen ist.[35]

---

33 Vgl. z.B. § 36 SGB VI. Zu beachten ist, dass die Finanzverwaltung Versorgungszusagen, die ab dem 1.1.2012 erteilt werden, nur noch dann anerkennen will, wenn frühestens ab dem Alter 62 Altersleistungen vorgesehen sind.
34 Zur steuerlichen Behandlung: BMF-Schreiben v. 17.11.2004 a.a.O., Rn. 156 (Anhang III).
35 *EuGH* 17.5.1990, C-262/88, EzA Art. 119 EWG-Vertrag Nr. 4, DB 1990, 1824; hierzu auch § 1 Rn. 139 ff.

Höhe der unverfallbaren Anwartschaft § 2

Für Versorgungszusagen, die **vor dem 18.5.**1990 erteilt wurden, ist bei 34
der Unverfallbarkeitsquote für die Arbeitnehmer, für die unterschiedliche feste Altersgrenzen galten, zwischen der sog. **Vor-Barber-Zeit**
und der **Nach-Barber-Zeit** zu unterscheiden. Die Zeit der Betriebszugehörigkeit, die vor dem 18.5.1990 abgeleistet wurde, ist die Vor-Barber-Zeit. Die Zeit, die nach diesem Stichtag abgeleistet wurde, ist die Nach-Barber-Zeit.

In der Vor-Barber-Zeit konnten für Männer und Frauen unterschiedliche feste Altersgrenzen verwendet werden. Folglich ist bei der Unverfallbarkeitsquote für diesen Zeitraum auf die Altersgrenze abzustellen, die in der Zusage jeweils für Männer und Frauen vorgesehen war. Die Altersgrenze von 65 Jahren in der Vor-Barber-Zeit gilt auch für Arbeitnehmer, die schwerbehindert sind.[36] 35

In der Nach-Barber-Zeit ist eine Differenzierung zwischen Männern 36
und Frauen nicht mehr zulässig. Folglich ist die günstigere Altersgrenze der Frauen auch bei der Quotierung der Anwartschaft eines Mannes anzuwenden.[37] Ist für Männer eine Altersgrenze von 65 Jahren und für Frauen eine solche von 60 Jahren vorgesehen, ist bei einem **Mann**, der mit einer unverfallbaren Anwartschaft nach dem 18.5.1990 ausgeschieden ist oder ausscheidet, für die Beschäftigungszeiten vor dem 19.5.1990 von einer möglichen Betriebszugehörigkeit bis zum 65. Lebensjahr auszugehen. Für die Zeit ab dem 18.5.1990 ist für die mögliche Betriebszugehörigkeit auf das Alter 60 abzustellen, also auf das Rentenzugangsalter der Frauen. Bei Arbeitnehmerinnen ist keine Differenzierung vorzunehmen. Für sie ist die feste Altersgrenze maßgeblich, die in der Versorgungszusage vorgegeben ist, also in dem genannten Beispiel das Alter 60.[38]

▶ **Berechnungsbeispiel:**[39] 37

Ein Arbeitnehmer, geboren am 1.2.1934, ist am 1.10.1961 in das Unternehmen eingetreten und hat eine Versorgungszusage erhalten.

---

36 BAG 23.5.2000, 3 AZR 228/99, EzA § 1 BetrAVG Gleichbehandlung Nr. 20, DB 2001, 767.
37 BAG 22.1.2002, 3 AZR 554/00, EzA § 77 BetrVG 1972 Ruhestand Nr. 2, DB 2002, 1896; 3.6.1997, 3 AZR 910/95, EzA Art. 119 EWG-Vertrag Nr. 45, DB 1997, 1778.
38 BAG 22.1.2002, 3 AZR 554/00, EzA § 77 BetrVG 1972 Ruhestand Nr. 2, DB 2002, 1896; 3.6.1997, 3 AZR 910/95, EzA Art. 119 EWG-Vertrag Nr. 45, DB 1997, 1778.
39 Dieses Beispiel wurde im Wesentlichen der Entscheidung des BAG v. 3.6.1997, 3 AZR 910/95, EzA Art. 119 EWG-Vertrag Nr. 45, DB 1997, 1778, nachgebildet.

§ 2   Höhe der unverfallbaren Anwartschaft

Zugesagt wurden 405,41 € (792,91 DM) für die Vollendung des 65. Lebensjahres. Die im Unternehmen für alle Arbeitnehmer geltende Versorgungsordnung sieht für Männer eine feste Altersgrenze von 65 Jahren und für Frauen eine solche von 60 Jahren vor.

Zum 30.9.1993 wird das Arbeitsverhältnis beendet. Seit dem 1.3.1994 wird aus der gesetzlichen Rentenversicherung eine vorzeitige Altersrente gezahlt. Die vorzeitigen Versorgungsleistungen sind nach der Versorgungszusage im Verhältnis der Dienstjahre zu berechnen.

Die vorzeitige Altersrente wird nach Maßgabe der Versorgungszusage dienstzeitanteilig ermittelt und anschließend gem. § 2 BetrAVG quotiert. Für die Zeit vom 1.10.1961 bis zum 31.5.1990 bleibt es bei einem Rentenzugangsalter von 65 Jahren. Der tatsächlichen Betriebszugehörigkeit in diesem Zeitraum von 29 Jahren stehen damit 37 mögliche Jahre gegenüber. Dies ergibt einen Betrag von 317,75 € (621,47 DM). Für den Zeitraum vom 1.6.1990 bis zum 30.9.1993 stehen den 4 weiteren abgeleisteten Dienstjahren 33 erreichbare Dienstjahre bis zur Vollendung des 60. Lebensjahr gegenüber. Dies ergibt einen Betrag in Höhe von 49,14 € (96,11 DM). Damit wäre dem Arbeitnehmer eine vorzeitige Altersrente in Höhe von 366,89 € (717,58 DM) zu zahlen, wäre er nicht vorzeitig ausgeschieden.

Der vorgenannte Betrag ist mit der Unverfallbarkeitsquote zu gewichten, wobei zwischen der Vor-Barber-Zeit und der Nach-Barber-Zeit zu differenzieren ist. Ohne diese Differenzierung würde der Unverfallbarkeitsfaktor 0,8552 betragen. 384 tatsächlich im Unternehmen abgeleisteten Monaten würden 449 mögliche Monate gegenüber stehen. Die aufrechtzuerhaltende Teilrente würde 313,76 € (613,67 DM) betragen.

Da der Unverfallbarkeitsfaktor für die Zeit bis zum 31.5.1990 und für die spätere Zeit unterschiedlich zu ermitteln ist, ist für 344 Monate der tatsächlichen Beschäftigung bis zum 31.5.1990 von einem Rentenzugangsalter von 65 Jahren (449 Monate) auszugehen. Dies ergibt einen Unverfallbarkeitsfaktor von 0,7661. Bezogen auf die vorgenannten 366,89 € (717,58 DM) ergibt sich ein Teilanspruch von 281,08 € (549,74 DM). Für die Zeit ab dem 1.6.1990 bis zum 30.9.1993 stehen den 40 tatsächlichen Monaten 389 Monate der

---

Es wurden die dort genannten Zahlen übernommen. Die DM-Beträge sind im Klammerzusatz genannt, um einen Abgleich zu erleichtern.

möglichen Betriebszugehörigkeit gegenüber, wobei hier auf das 60. Lebensjahr abgestellt wird. Der Unverfallbarkeitsfaktor beträgt 0,1028. Dies ergibt einen Betrag von 37,72 € (73,77 DM). Zusammen ergibt sich eine Rente von 318,80 € (625,51 DM).

Dieses Beispiel zeigt, dass die Rechtsprechung zur Gleichbehandlung von Männern und Frauen zu höheren Leistungen bei Männern führt.[40] Dies wirkt sich am weitestgehenden aus, wenn ein junger Mann z.B. am 1.4.1990 in das Unternehmen eingetreten ist, er m.a.w. nahezu seine gesamte Dienstzeit mit einer Altersgrenze von 60 Jahren ableistet.

Soweit heute noch unterschiedliche Altersgrenzen mit Wirkung für die Zukunft angepasst werden sollen, wird auf die Ausführungen zur Änderung von Versorgungszusagen unter Wahrung von Besitzständen verwiesen.[41] 38

Die Differenzierung zwischen der Vor-Barber-Zeit und der Nach-Barber-Zeit ist nicht mehr in den Fällen vorzunehmen, in denen in einem betrieblichen Regelwerk noch heute unterschiedliche feste Altersgrenzen für Männer und Frauen vorgesehen sind. In diesem Fall ist für alle Arbeitnehmer, die ab dem 18.5.1990 eingetreten sind oder eine Versorgungszusage erhalten haben, ausschließlich die günstigere Altersgrenze der Frauen anzuwenden. 39

Für externe Versorgungsträger gelten die vorstehenden Aussagen entsprechend. Auch eine Pensionskasse muss für Männer und Frauen eine einheitliche feste Altersgrenze für die Zeit ab dem 18.5.1990 vorsehen. Soweit insoweit ein Nachfinanzierungsbedarf entsteht, wirkt sich dieser nicht im Verhältnis zu den versicherten Arbeitnehmern aus.[42] 40

Unterschiedlichen festen Altersgrenzen sollte besondere Beachtung bei einer Unternehmensbewertung (Due-Diligence-Prüfung) geschenkt werden. 41

---

40 Zur Bemessung der Altersleistung BAG 3.6.1997, 3 AZR 910/95, EzA Art. 119 EWG-Vertrag Nr. 45, DB 1997, 1778; 22.1.2002, 3 AZR 554/00, EzA § 77 BetrVG 1972 Ruhestand Nr. 2, DB 2002, 1896 und § 6 Rn. 36 ff.; auch BAG 7.9.2004, 3 AZR 550/03, EzA Art. 141 EG-Vertrag 1999 Nr. 16, DB 2005, 507.
41 S. § 1 Rn. 235 ff.; *Saunders* FS Kemper, S. 410 m.w.N.; auch *LAG Frankfurt* 14.6.1995, 8 Sa 1016/94.
42 *Ziegler* FS Kemper, S. 435.

2. Invalidität

42 Ist eine Invaliditätsleistung vorgesehen und sind für deren Bezug die Anspruchsvoraussetzungen erfüllt, erhält auch der Arbeitnehmer, der vor Eintritt des Versorgungsfalles aus dem Arbeitsverhältnis ausgeschieden ist, aus der unverfallbaren Anwartschaft eine Invaliditätsleistung. Auch in diesem Fall ist in einem ersten Schritt die Leistung nach Maßgabe der Versorgungszusage zu ermitteln, die ihm ohne dass vorherige Ausscheiden zugestanden hätte. Die für den »betriebstreuen« Arbeitnehmer ermittelte Invaliditätsleistung ist dann im Verhältnis der tatsächlichen zur möglichen Dauer der Betriebszugehörigkeit zu kürzen.

43 Der **Begriff** der Invalidität wird in § 2 Abs. 1 S. 1 BetrAVG nicht definiert.[43] Hierfür sind die Regeln aus der Versorgungszusage anzuwenden. Entsprechendes gilt für die Bedeutung einer Wartezeit im Zusammenhang mit einer Invaliditätsleistung.[44]

44 Bei der Berechnung einer betrieblichen Invaliditätsleistung aus einer unverfallbaren Anwartschaft kann es bei einer Versorgungszusage, die dienstzeitabhängig ist, zu einer **zweifachen Kürzung** kommen. Diese ergibt sich zum einen, weil nur die bis zum Eintritt des Versorgungsfalles abgeleisteten Dienstjahre berücksichtigt werden. Zum anderen ergibt sich eine Kürzung, weil die Versorgungsleistung auf das Lebensalter 65[45] ratierlich gekürzt wird. Eine solche Minderung ist zulässig.[46] Es reduziert sich auch nicht die mögliche Betriebszugehörigkeit auf den Zeitpunkt des Eintritts der Invalidität, da § 2 Abs. 1 S. 1 BetrAVG auf die mögliche Betriebszugehörigkeit bis zum Alter 65 (oder, wenn anwendbar, auf die Regelaltersgrenze) abstellt, also gerade nicht auf den Eintritt des Versorgungsfalles.

3. Tod

45 Das Quotierungsverfahren gilt auch, wenn eine Leistung durch Tod ausgelöst wird, nachdem zuvor der Arbeitnehmer mit einer gesetzlich unverfallbaren Anwartschaft ausgeschieden war. In diesem Fall stehen

---

43 Zu den möglichen Gestaltungen wird auf § 1 Rn. 192 ff. verwiesen.
44 Hierzu § 1 Rn. 184 ff.
45 Oder frühere vertragliche Altersgrenze oder ggf. auch eine spätere Altersgrenze.
46 BAG 21.8.2001, 3 AZR 649/00, EzA § 2 BetrAVG Nr. 17, DB 2002, 644; 15.2.2005, 3 AZR 298/04, VersR 2006, 530; 18.11.2003, 3 AZR 517/02, EzA § 6 BetrAVG Nr. 26, DB 2004, 1375; 7.9.2004, 3 AZR 524/03, EzA § 6 BetrAVG Nr. 27, DB 2005, 839.

den versorgungsberechtigten Hinterbliebenen die Leistungen zu, die sich aus der Versorgungszusage ergeben. § 2 Abs. 1 S. 2 BetrAVG spricht insoweit von den Hinterbliebenen des Arbeitnehmers, der mit einer unverfallbaren Anwartschaft ausgeschieden ist.

Auch für die Hinterbliebenenleistung gilt, dass in einem ersten Schritt die Leistung zu ermitteln ist, die an die Hinterbliebenen zu zahlen gewesen wäre, wenn der Arbeitnehmer als aktiver Mitarbeiter verstorben wäre. Die sich so ergebende Leistung ist dann nach dem Quotierungsverfahren zu kürzen. Auch für die Hinterbliebenenleistung gilt, dass die Unverfallbarkeitsquote auf das 65. Lebensjahr (oder, wenn anwendbar, auf die Regelaltersgrenze) zu berechnen ist. Hierzu wird auf Rn. 44 verwiesen. Verstirbt ein im Unternehmen tätiger Arbeitnehmer, liegt kein vorzeitiges Ausscheiden vor. Der Aktivetod löst die zugesagte Hinterbliebenenleistung aus. Es tritt der Versorgungsfall ein. Beim Tod des aktiven Arbeitnehmers erhalten die Hinterbliebenen die nach dem Leistungsplan zugesagten Leistungen. Eine Kürzung nach § 2 BetrAVG ist nicht vorzunehmen. 46

4. Vorzeitige Altersleistung

Anders als die Versorgungsfälle Alter, Invalidität und Tod ist die Inanspruchnahme einer **vorzeitigen Altersleistung aus einer gesetzlich unverfallbaren Anwartschaft** in § 2 Abs. 1 S. 1 BetrAVG nicht **angesprochen**. Hieraus leitet das BAG[47] in nunmehr ständiger Rechtsprechung ab, dass die fehlende Betriebstreue zwischen dem vorgezogenen Ruhestand und der in der Versorgungszusage festgelegten festen Altersgrenze grds. nicht dreifach mindernd berücksichtigt werden darf. 47

Diese Rechtsprechung des BAG ist von Bedeutung bei der Ermittlung der Leistung, die dem ausgeschiedenen Arbeitnehmer bei unterstellter Betriebstreue zugestanden hätte. Sie führt dazu, dass bei dienstzeitabhängigen Leistungszusagen die Dienstjahre bis zur festen Altersgrenze (oder, wenn anwendbar, auf die Regelaltersgrenze) hochzurechnen sind und nicht nur die Dienstjahre zählen, die bis zum Eintritt des Versorgungsfalles abgeleistet worden wären. Im Extremfall bedeutet dies, dass fünf Jahre (ggf. sieben Jahre) zusätzlich bei der Ermittlung der vorzeitigen Altersleistung anzusetzen sind. Der Arbeitnehmer bekommt mithin eine höhere Leistung, als er sie erhalten würde, wenn nur die 48

---

[47] BAG 23.1.2001, 3 AZR 164/00, EzA § 6 BetrAVG Nr. 23, DB 2001, 1887; 24.7.2001, 3 AZR 567/00, EzA § 6 BetrAVG Nr. 25, DB 2002, 588; 28.5.2002, 3 AZR 358/01, FA 2002, 437, AP Nr. 29 zu § 6 BetrAVG; BAG 7.9.2004, 3 AZR 524/03, EzA § 6 BetrAVG Nr. 27, DB 2005, 839.

§ 2 Höhe der unverfallbaren Anwartschaft

Dienstjahre berücksichtigt werden, die bis zur Inanspruchnahme der vorzeitigen Altersleistung anzusetzen sind.

▶ **Beispiel:**

Ein Arbeitnehmer, geboren am 21.11.1946, war vom 1.10.1989 bis zum 31.10.2003 bei einer Firma beschäftigt. Für jedes volle anrechenbare Dienstjahr sind je 17,70 € zugesagt worden. Seit dem 1.12.2006 bezieht er vorgezogene gesetzliche Altersrente und verlangt von der Firma die Zahlung der Betriebsrente. Für die vorzeitige Altersleistung ist vorgesehen, dass sie für jeden Monat der Inanspruchnahme vor der Vollendung des 65. Lebensjahres um 0,3 % gekürzt wird. Die vorzeitige Altersrente aus der gesetzlich unverfallbaren Anwartschaft ist wie folgt zu berechnen:

22 volle Jahre (1.10.1989–21.11.2011) × 17,70 € = 389,40 €
(und nicht 17 Jahre vom 1.10.1989–30.11.2006)

Dieser Betrag wird für 60 Monate × 0,3 % = 18 % = 70,09 € auf 319,31 € gekürzt. Diese Leistung wird mit der Unverfallbarkeitsquote gekürzt, d.h. auf 63,77 % (169 tatsächliche Monate zu 265 erreichbaren Monaten). Es ist eine Rente in Höhe von 203,62 € zu zahlen.[48]

48a Beim Ausscheiden eines aktiven Arbeitnehmers unter Inanspruchnahme der vorzeitigen Altersleistung gelangt § 2 Abs. 1 BetrAVG nicht zur Anwendung. Folglich werden bei der Leistungsbemessung nur die Jahre bis zur Inanspruchnahme der vorzeitigen Leistung berücksichtigt, wenn dies so in der Versorgungszusage vorgesehen ist.[49] Ob dadurch eine Benachteiligung betriebstreuer Arbeitnehmer entsteht, ist ungeklärt.

49 In **Tarifverträgen** kann von dieser Berechnungsregel abgewichen werden, weil die Tarifvertragsparteien nach § 17 Abs. 3 S. 1 BetrAVG das Recht haben, von § 2 BetrAVG abweichende Berechnungsregeln vorzusehen.[50]

---

48 So BAG 24.7.2001, 3 AZR 567/00, EzA § 6 BetrAVG Nr. 25, DB 2002, 588.
49 *Kemper/Kisters-Kölkes* Grundzüge, Rn. 328.
50 BAG 24.7.2001, 3 AZR 681/00, EzA § 2 BetrAVG Nr. 18, DB 2002, 590.

Höhe der unverfallbaren Anwartschaft § 2

III. Vorzeitiges Ausscheiden

Wird das Arbeitsverhältnis beendet, bevor der Versorgungsfall eingetreten ist, liegt ein vorzeitiges Ausscheiden vor. Zur Beendigung des Arbeitsverhältnisses und zum Ausscheiden mit einer gesetzlich unverfallbaren Anwartschaft wird auf § 1 b Rn. 4 f. und 22 ff. verwiesen. 50–53

IV. Ohne das vorherige Ausscheiden zustehende Leistung

Für den **ersten Berechnungsschritt** ist die Leistung zu ermitteln, die dem Arbeitnehmer zugestanden hätte, wenn er **bis zum Eintritt des Versorgungsfalles** im Unternehmen verblieben wäre. 54

Diese Leistung richtet sich nach der Versorgungszusage, dem Leistungsplan und den dort niedergelegten Rechenregeln. Insoweit kommt es darauf an, ob ein Festbetragssystem, eine bezüge- und dienstzeitabhängige Versorgungszusage oder z.b. eine Gesamtversorgungszusage[51] erteilt wurde. Aus der Zusage ergibt sich auch, ob ein Kapitel oder eine Rente zu berechnen ist. 55

Hinsichtlich der Bemessungsgrundlagen ist § 2 Abs. 5 BetrAVG zu berücksichtigen.[52] Dies bedeutet, dass für den Arbeitnehmer, der mit einer gesetzlich unverfallbaren Anwartschaft aus dem Arbeitsverhältnis ausscheidet, die Bemessungsgrundlagen und Versorgungsregelungen auf den Ausscheidezeitpunkt festgeschrieben werden. Dieser Festschreibeeffekt ergibt sich auch für versicherungsmathematische Abschläge.[53] 56

V. Teilanspruch

Der mit unverfallbarer Anwartschaft ausgeschiedene Arbeitnehmer bekommt den Teil der ihm zugesagten Leistung, der dem Verhältnis der tatsächlichen zur möglichen Betriebszugehörigkeit entspricht. 57

1. Quotierungsverfahren

Beim Quotierungsverfahren werden die tatsächliche und die mögliche Betriebszugehörigkeit berücksichtigt. In diesem Verhältnis wird die zugesagte Leistung, die ohne dass vorherige Ausscheiden dem Arbeitnehmer zugestanden hätte, gekürzt. 58

---

51 S. dazu § 1 Rn. 162.
52 S. dazu Rn. 150 ff.
53 BAG 17.8.2004, 3 AZR 318/03, EzA § 2 BetrAVG Nr. 22, DB 2005, 563.

a) Beginn der Betriebszugehörigkeit

59 Die Betriebszugehörigkeit beginnt grds. mit dem rechtlichen Beginn des Arbeitsverhältnisses. War dem Arbeitsverhältnis ein Berufsausbildungsverhältnis unmittelbar vorgeschaltet, ist die gesamte Betriebszugehörigkeit einschließlich der Zeit der Berufsausbildung zu berücksichtigen.[54]

60 Bei einem Betriebsübergang i.S.v. § 613a BGB oder § 324 UmwG wird die beim Vorarbeitgeber abgeleistete Dauer der Betriebszugehörigkeit sowohl bei der tatsächlichen als auch bei der möglichen Betriebszugehörigkeitsdauer mitberücksichtigt.[55]

b) Ende der Betriebszugehörigkeit

61 Das Ende der Betriebszugehörigkeit ist das Ende des Arbeitsverhältnisses. Auf den Grund, weshalb das Arbeitsverhältnis beendet wurde, kommt es nicht an. Lediglich bei einer Beendigung des Arbeitsverhältnisses durch Tod ist § 2 BetrAVG nicht zu berücksichtigen, da in diesem Fall kein Ausscheiden mit unverfallbarer Anwartschaft vorliegt. Das Ausscheiden erfolgt mit Eintritt des Versorgungsfalles, nicht vor Eintritt des Versorgungsfalles. Es ist folglich in diesem Fall auch nicht zu prüfen, ob die Unverfallbarkeitsvoraussetzungen erfüllt sind. Es wird lediglich geprüft, ob eine Hinterbliebenenleistung zugesagt ist und ob hierfür die Anspruchsvoraussetzungen erfüllt sind.

c) Tatsächliche Betriebszugehörigkeit

62 Die tatsächliche Betriebszugehörigkeit ist die Zeit, in der das Arbeitsverhältnis bestanden hat. Es kommt ausschließlich auf den **rechtlichen Bestand** des Arbeitsverhältnisses an. Problematisch ist die Betriebszugehörigkeitsdauer bei Saisonarbeitnehmern, die rechtlich ihr Arbeitsverhältnis beenden, aber Jahr für Jahr wieder eingestellt werden. Das BAG hat bisher die Frage offen gelassen, wie diese Arbeitnehmergruppe zu behandeln ist. In der Literatur wird die Auffassung vertreten, es könne eine durchgehende Betriebszugehörigkeit angenommen werden.[56]

---

[54] BAG 19.11.2002, 3 AZR 167/02, EzA § 1 BetrAVG Nr. 38 Ablösung Nr. 38, DB 2003, 2131.

[55] Hierzu BAG 8.2.1983, 3 AZR 229/81, EzA § 613a BGB Nr. 37, DB 1984, 301; für Beschäftigungszeiten in der ehemaligen DDR: BAG 19.12.2000, 3 AZR 451/99, EzA § 613a BGB Nr. 197, DB 2001, 2407; 19.04.2005, 3 AZR 4698/04, EzA § 1b BetrAVG Nr. 3, DB 2005, 1748.

[56] *Langohr-Plato* Rn. 347; *Höfer* BetrAVG, Rn. 2920 ff. zu § 2.

Höhe der unverfallbaren Anwartschaft § 2

Bei einem ruhenden Arbeitsverhältnis (Krankheit, Mutterschutz, Elternzeit) besteht das Arbeitsverhältnis fort. Dies bedeutet, dass auch diese Zeiten bei der Betriebszugehörigkeit uneingeschränkt zu berücksichtigen sind. 63

Zur Betriebszugehörigkeit gehören auch zwingend solche Vordienstzeiten, die kraft Gesetzes anzurechnen sind, wie z.b. gem. § 12 ArbPlSchG die abgeleistete Zeit des Grundwehr-/Zivildienstes.[57] 64

d) Mögliche Betriebszugehörigkeit

Die mögliche Betriebszugehörigkeit ist die Zeit vom Beginn des Arbeitsverhältnisses – ggf. unter Berücksichtigung einer Ausbildungszeit oder einer Vordienstzeit –[58] bis zur festen Altersgrenze (ggf. bis zur Regelaltersgrenze). Sie ist auch anzusetzen, wenn die Unverfallbarkeitsquote für eine Invaliditätsleistung zu ermitteln ist.[59] 65

e) Berechnung nach Monaten oder Tagen

Die Dauer der tatsächlichen und die Dauer der möglichen Betriebszugehörigkeit ist nach Monaten oder Tagen zu berechnen. Eine Berechnung nach Jahren ist nicht zulässig.[60] Restmonate mit mehr als 15 Kalendertagen sind aufzurunden.[61] 66

In der Praxis ist es üblich, bei der tatsächlichen Betriebszugehörigkeit angefangene Monate und bei der möglichen Betriebszugehörigkeit nur vollendete Monate zu berücksichtigen. Bei dieser Vorgehensweise wird der Arbeitnehmer etwas günstiger gestellt, als er stehen würde, wenn man nur angefangene Monate zählt.[62] 67

▶ **Berechnungsbeispiel:**

Ein Arbeitnehmer, geboren am 21.11.1946, war vom 15.10.1989 bis zum 31.10.2003 bei einem Unternehmen beschäftigt. Es ist eine feste Altersgrenze von 65 Jahren vorgesehen.

---

57 S. hierzu auch Rn. 74.
58 BAG 19.11.2002, 3 AZR 167/02, EzA § 1 BetrAVG Ablösung Nr. 38, DB 2003, 2131.
59 BAG 15.2.2005, 3 AZR 298/04, VersR 2006, 530.
60 BAG 4.10.1994, 3 AZR 215/94, EzA § 2 BetrAVG Nr. 14, BB 1995, 881.
61 BAG 20.11.2001, 3 AZR 550/00, EzA § 1 BetrAVG Invalidität Nr. 3, DB 2002, 1510.
62 *Höfer* BetrAVG, Rn. 3120 ff. zu § 2.

> Das Arbeitsverhältnis hat 169 angefangene Monate bestanden und bei der möglichen Betriebszugehörigkeit wären 265 vollendete Monate möglich gewesen. Die Unverfallbarkeitsquote beträgt mithin 0,6377.

f) Unverfallbarkeitsquote

68 Die anlässlich des Ausscheidens aus der tatsächlichen und der möglichen Betriebszugehörigkeitsdauer ermittelte Unverfallbarkeitsquote ist auf die dem Arbeitnehmer zugesagte Altersleistung anzuwenden. Diese Quote bleibt auch maßgeblich, wenn später aus der unverfallbaren Anwartschaft eine Invaliditäts- oder Hinterbliebenenleistung zu berechnen ist oder eine vorzeitige Altersleistung abgerufen wird.[63]

2. Berechnungsbeispiele

a) Formel

69 Das Quotierungsverfahren kann bei **jedem Leistungsplan**[64] angewandt werden. Ohne Bedeutung ist, ob es sich um eine **Renten-** oder **Kapitalzusage** handelt.

Die allgemeine Formel lautet:

$$V \times \frac{m}{n}$$

V = Versorgungsleistung nach Leistungsplan (fiktive volle Versorgungsleistung ohne das vorherige Ausscheiden)

m = tatsächliche Dauer der Betriebszugehörigkeit

n = bis zur festen Altersgrenze mögliche Dauer der Betriebszugehörigkeit

---

b) Festbetragssysteme

70 Ein Festbetragssystem kann einen festen Betrag als Monatsrente (100 € als Altersrente) oder als Kapitalleistung (10.000 € Alterskapital) vorsehen. Die Höhe der Leistung kann auch in Abhängigkeit von der Dienstzeit ermittelt werden.

---

63 BAG 21.8.2001, 3 AZR 649/00, EzA § 2 BetrAVG Nr. 17, DB 2002, 644.
64 Zu den Besonderheiten bei der beitragsorientierten Leistungszusage s. Rn. 169 ff. und der Beitragszusage mit Mindestleistung Rn. 172 ff.

Höhe der unverfallbaren Anwartschaft § 2

▶ **Beispiel:**

Je angefangenem Dienstjahr sind 10 € zugesagt als monatliche Altersrente. Der am 10.3.1966 geborene Arbeitnehmer ist am 1.4.1995 in das Arbeitsverhältnis eingetreten und zum 31.12.2006 ausgeschieden. Die feste Altersgrenze ist das 65. Lebensjahr.

36 × 10 € = 360 € sind als Altersrente bei unterstellter Betriebstreue bis zum 65. Lebensjahr zu zahlen.

Die tatsächliche Betriebszugehörigkeit beträgt 141 Monate, die bis zur Altersgrenze mögliche Betriebszugehörigkeit 431 Monate. Der Unverfallbarkeitsfaktor beträgt 0,3271. Es sind 117,77 € aufrechtzuerhalten.

Entsprechend ist bei einer Kapitalzusage zu rechnen. 71

▶ **Beispiel:**

Zugesagt sind 1.000 € je Dienstjahr.
36 × 1.000 € = 36.000 €
36.000 € × 0,3271 = 11.775,60 €.

c) Dynamische Systeme

Wird einem Arbeitnehmer eine gehaltsabhängige Versorgungszusage 72
erteilt, ist ebenfalls das Quotierungsverfahren anzuwenden.

▶ **Beispiel:**

Zugesagt sind 0,5 % der letzten Bezüge. Diese betragen im Ausscheidezeitpunkt 3.000 €.

36 × 0,5 % × 3.000 € = 540 €
540 € × 0,3271 = 176,63 €.

Dieses rentenfähige Einkommen wird auf den Zeitpunkt des Ausscheidens festgeschrieben.[65]

Bei einer Kapitalzusage wird entsprechend gerechnet. 73

---

[65] Vgl. Rn. 150 ff.

> **Beispiel:**
>
> 0,5 % der Jahresbezüge je Dienstjahr sind zugesagt. Der Jahresverdienst beträgt 39.000 €.
>
> 36 × 0,5 % × 39.000 € = 7.020 €
> 7.020 € × 0,3271 = 2.296,24 €.

3. Vordienstzeiten

74 Vordienstzeiten, die kraft Gesetzes anzurechnen sind, sind bei der tatsächlichen und bei der möglichen Betriebszugehörigkeit zu berücksichtigen, wenn eine Betriebszugehörigkeit anzurechnen ist (z.B. § 12 Abs. 1 i.V.m. § 6 Abs. 2 ArbPlSchG, ZDG). Sie sind nur teilweise zu berücksichtigen, wenn das Gesetz nur eine Teilanrechnung vorsieht (z.B. SoldatenG).

75 Da ein Arbeitnehmer jederzeit besser gestellt werden kann als dies das Gesetz vorgibt, kann der Arbeitgeber auch »Dienstzeiten schenken«, indem er Vordienstzeiten anrechnet. Die angerechneten Zeiten sind bei der Quotierung zu berücksichtigen, wenn dies nicht ausdrücklich ausgeschlossen ist.

76 Vielfach wird bei einem Arbeitgeberwechsel im Konzern eine Anrechnung vorgenommen. Der Arbeitnehmer soll nicht benachteiligt werden, wenn er zwischen Konzerngesellschaften wechselt. Zur Übertragung einer Anwartschaft beim Arbeitgeberwechsel vgl. auch § 4 BetrAVG.

4. Nachdienstzeiten

77 Sagt ein Arbeitgeber dem Arbeitnehmer zu, der mit einer gesetzlich unverfallbaren Anwartschaft aus dem Arbeitsverhältnis ausscheidet, dass die nach dem Ausscheiden abgeleisteten Dienstzeiten bei der betrieblichen Altersversorgung zu berücksichtigen sind, spricht man von der Anrechnung von Nachdienstzeiten.[66]

78 Die vertragliche Anrechnung von Nachdienstzeiten hat zum Ziel, dass der Arbeitnehmer so gestellt wird, als sei er nicht vorzeitig ausgeschieden. Damit führt die Anrechnung dieser Zeiten dazu, dass auf vertraglicher Basis keine Quotierung gem. § 2 Abs. 1 BetrAVG vorzunehmen ist. Dies wirkt sich i.d.R. nicht zu Lasten des PSVaG aus.[67]

---

66 BAG 10.3.1992, 3 AZR 140/91, EzA § 7 BetrAVG Nr. 43, DB 1992, 2251.
67 BAG 30.5.2006, 3 AZR 205/05, EzA § 2 BetrAVG Nr. 26.

5. Vollzeit- und Teilzeitbeschäftigung

Ohne Bedeutung ist bei der Berechnung gem. § 2 Abs. 1 BetrAVG, ob das Arbeitsverhältnis in Vollzeit oder in Teilzeit abgeleistet wurde. Die Differenzierung zwischen Vollzeit- und Teilzeitarbeit ist nur bei der Höhe der Versorgungsleistungen zu berücksichtigen.[68]

C. Mindestanspruch

In § 2 Abs. 1 S. 2 BetrAVG ist ein Mindestanspruch geregelt. Die Formulierung dieser Regelung ist misslungen. Denn der Gesetzgeber will eine Begrenzung der Versorgungsbezüge auf den Betrag anordnen, der gezahlt worden wäre, wenn der **Versorgungsfall im Zeitpunkt des Ausscheidens** mit unverfallbarer Anwartschaft **eingetreten** wäre. Diese Beschränkung der Ansprüche gilt nur für die Versorgungsfälle Invalidität und Tod.

Der Regelung in § 2 Abs. 2 S. 2 BetrAVG kommt keine große praktische Bedeutung zu. Sie kommt nur zur Anwendung, wenn der Leistungsplan ungewöhnlich gestaltet ist. Bei der Anwendung dieser Ausnahmeregelung ist keine Quotierung vorzunehmen.[69]

D. Anwendung des Quotierungsverfahrens

Das Quotierungsverfahren kann bei allen fünf Durchführungswegen der betrieblichen Altersversorgung von Bedeutung sein.

I. Unmittelbare Versorgungszusage

Das Quotierungsverfahren wurde für die unmittelbare Versorgungszusage geschaffen.

1. Leistungszusage

Bei Inkrafttreten des Betriebsrentengesetzes gab es nur Leistungszusagen.[70] Die dem Arbeitnehmer vom Arbeitgeber zugesagte Leistung

---

68 S. dazu § 1 Rn. 144.
69 Beispiele bei *Höfer* a.a.O., Rn. 3198 ff. zu § 2.
70 S. dazu § 1 Rn. 156 ff.

wird nach den gesetzlichen Bestimmungen bei einem vorzeitigen Ausscheiden zeitanteilig mit dem Quotierungsverfahren berechnet.

2. Beitragsorientierte Leistungszusage

85 Bei einer beitragsorientierten Leistungszusage[71] ist für Versorgungszusagen, die **ab dem 1.1.2001** erteilt wurden und erteilt werden, ausschließlich § 2 Abs. 5a BetrAVG anzuwenden, weil diese Vorschrift **an die Stelle** von Abs. 1 tritt.[72] Für Versorgungszusagen, die **vor diesem Stichtag** erteilt wurden, gilt das Quotierungsverfahren gem. § 2 Abs. 1 BetrAVG. Nach § 30g Abs. 1 S. 2 BetrAVG kann § 2 Abs. 5a BetrAVG auch auf Versorgungszusagen angewendet werden, die vor dem 1.1.2001 erteilt worden sind, wenn sich Arbeitgeber und Arbeitnehmer darauf einigen, dass diese Vorschrift anzuwenden ist. Es muss im Einzelfall eine einvernehmliche Erklärung herbeigeführt werden zwischen Arbeitgeber und Arbeitnehmer. Mittels einer Betriebsvereinbarung, insbesondere einer abändernden Betriebsvereinbarung, kann eine solche Anwendung nicht herbeigeführt werden. Dies ergibt sich aus dem Wortlaut des Gesetzes.

86 Es ist Sinn und Zweck dieser gesetzlichen Neuregelung, für beitragsorientierte Leistungszusagen ein »gerechteres« Berechnungsverfahren zu schaffen. Insoweit ist § 2 Abs. 5a BetrAVG lex specialis im Verhältnis zu § 2 Abs. 1 BetrAVG. Die gerechtere Berechnung ist insbes. von Bedeutung, wenn eine beitragsorientierte Leistungszusage durch Entgeltumwandlung finanziert wurde. Bei der früheren Rechtslage konnten Deckungslücken entstehen, die zu Lasten der Arbeitgeber gingen.[73]

87 Für beitragsorientierte Leistungszusagen, die **vor dem 1.1.2001** erteilt wurden, ist im Einzelfall zu prüfen, ob eine Vereinbarung i.S.v. § 30g Abs. 1 S. 2 BetrAVG sinnvoll ist.

▶ **Beispiel:**

> Ein Arbeitnehmer ist mit 25 Jahren in das Unternehmen eingetreten und erhält im Alter von 35 Jahren eine Versorgungszusage mit einem Jahresbeitrag von 1.000 €. Bei Erteilung der Versorgungszusage wird davon ausgegangen, dass ab dem 35. Lebensjahr für insgesamt 30 Jahre jährlich 1.000 € aufgewendet werden. Geht man von der Transformationstabelle aus, die in § 1 Rn. 386 wiedergege-

---

71 S. dazu § 1 Rn. 379 ff.
72 *Blumenstein* FS Kemper, S. 34 f.
73 Hierzu i.E. Beispiel *Höfer* a.a.O., Rn. 3480 f. zu § 2.

ben wurde, würde sich für diesen Arbeitnehmer eine Bemessungsgrundlage in Höhe von 58.330 € ergeben. Wenn dieser Arbeitnehmer im Alter von 38 Jahren aus dem Unternehmen ausscheidet, ergibt sich für die unverfallbare Anwartschaft eine Bemessungsgrundlage in Höhe von 18.957,25 €. Nach der neuen gesetzlichen Regelung wären 4.247 € die Bemessungsgrundlage, auf die der Umrechnungsfaktor anzuwenden ist.

In dem vorstehenden Beispiel wäre bei Anwendung des Quotierungsverfahrens – vereinfacht mit 13/40 eine Altersrente in Höhe von monatlich 100,78 € aufrechtzuerhalten, bei Anwendung von Abs. 5a 22,58 € Monatsrente. 88

3. Entgeltumwandlung

Die betriebliche Altersversorgung nach Entgeltumwandlung hat eine eigene Unverfallbarkeitsregelung der Höhe nach, wenn die Zusage ab dem 1.1.2001 erteilt wurde bzw. erteilt wird. Diese ist in § 2 Abs. 5a BetrAVG enthalten. Danach ist dem Arbeitnehmer, der vor Eintritt des Versorgungsfalles aus dem Unternehmen ausscheidet, die Anwartschaft aufrecht zu erhalten, die bis zum Ausscheiden finanziert wurde. 89

Wurde die Versorgungszusage aus Entgeltumwandlung vor dem 1.1.2001 erteilt, galt und gilt für diese Versorgungszusage das Quotierungsverfahren gem. § 2 Abs. 1 BetrAVG i.V.m. § 30g BetrAVG. 90

Für diese Altzusagen entsteht ein **Gleichwertigkeitsproblem**, wenn mit der Entgeltumwandlung erst begonnen wurde, nachdem das Arbeitsverhältnis bereits geraume Zeit bestanden hat und die Versorgungszusage so gestaltet wurde, dass bei einem unterstellten laufenden Verzicht für die Zukunft die Leistung zugesagt wurde, die sich ergibt, wenn der Arbeitnehmer bis zum Erreichen der Altersgrenze regelmäßig auf Entgelt verzichtet hätte. Hierzu wird auf Rn. 87 f. verwiesen. 91–92

II. Direktversicherung

Das Quotierungsverfahren ist auch anzuwenden, wenn die betriebliche Altersversorgung über eine Direktversicherung[74] umgesetzt wird, wenn eine Leistungszusage erteilt wurde.[75] Dies ergibt sich aus § 2 93

---

74 S. dazu § 1 Rn. 64 ff.
75 Zur Beitragszusage mit Mindestleistung vgl. Rn. 172 ff.; zu einer beitragsorientierten Leistungszusage vgl. Rn. 171.

§ 2 Höhe der unverfallbaren Anwartschaft

Abs. 2 S. 1 BetrAVG. Wie bei einer unmittelbaren Versorgungszusage ist die dem Arbeitnehmer über den Lebensversicherungsvertrag zugesagte Versorgungsleistung im Verhältnis der tatsächlich im Unternehmen abgeleisteten Dienstzeit zu der bis zum Erlebensfall Alter möglichen Dienstzeit zu quotieren.

94 In einem zweiten Schritt ist dann zu prüfen, welche Versicherungsleistung sich aus dem Versicherungsvertrag, der zum Ausscheidezeitpunkt beitragsfrei gestellt wurde, ergibt. Ist die Leistung aus dem Versicherungsvertrag höher als der Betrag, der mittels des Quotierungsverfahrens berechnet wurde, bekommt der Arbeitnehmer den quotierten Betrag. Der darüber hinausgehende Betrag aus dem Versicherungsvertrag steht dem Arbeitgeber zu. Ist dagegen die Leistung aus dem Versicherungsvertrag geringer als der durch das Quotierungsverfahren ermittelte Anspruch, richtet sich der **Differenzanspruch unmittelbar gegen den Arbeitgeber**. In einem solchen Fall hat der Arbeitnehmer bei Eintritt des Versicherungsfalles (Versorgungsfalles) zwei Zahlstellen: zum einen erhält er die Leistung aus dem Versicherungsvertrag, aufgrund des dem Arbeitnehmer eingeräumten Bezugsrechts unmittelbar vom Versicherer, zum anderen erhält er eine unmittelbare Leistung in Höhe der Differenz vom Arbeitgeber.

▶ **Beispiel:**

Einem Arbeitnehmer ist ein Kapital für den Erlebensfall in Höhe von 70.000 € zugesagt. Aus dem Versicherungsvertrag zahlt das Lebensversicherungsunternehmen 33.000 €. Der Arbeitnehmer ist nach der Hälfte der möglichen Dienstzeit ausgeschieden. Ihm stehen folglich 35.000 € zu. Der Arbeitgeber hat unmittelbar 2.000 € zu zahlen.

95 Die Höhe der Leistung aus der beitragsfreien Direktversicherung ergibt sich aus dem bis zum Ausscheiden gebildeten Kapital der Direktversicherung.

96 Wie die **Überschussanteile im Rahmen der Quotierung** zu berücksichtigen sind, ergibt sich aus den getroffenen Vereinbarungen. Sieht die Versorgungszusage vor, dass dem Arbeitnehmer nur die Garantieleistung zusteht, bleiben die Überschussanteile unberücksichtigt. Sind dagegen dem Arbeitnehmer neben der Garantieleistung auch die Überschussanteile zugesagt, ist beim Quotierungsverfahren eine Berechnung vorzunehmen, bei der die Überschussanteile nicht berücksichtigt werden. Sie stehen dem Arbeitnehmer ungekürzt zu, soweit sie wäh-

rend der Dauer des Arbeitsverhältnisses durch das Versicherungsunternehmen zugeteilt wurden. Die Überschussanteile, die in der Zeit nach der Beendigung des Arbeitsverhältnisses dem Versicherungsvertrag zugewiesen werden, kann der ausgeschiedene Arbeitnehmer nicht beanspruchen.[76] Das BAG geht davon aus, dass insoweit eine Regelungslücke durch Auslegung zu schließen ist, weil § 2 BetrAVG die Behandlung der Überschussanteile beim Quotierungsverfahren nicht regelt. Der Umstand, dass die während des bestehenden Arbeitsverhältnisses zugewiesenen Überschussanteile bei der Ermittlung der quotierten Leistung unberücksichtigt bleiben, führt deshalb dazu, dass dem Arbeitnehmer die Überschussanteile, die erst nach der Beendigung des Arbeitsvertrages erwirtschaftet werden und auf das dann angesparte Deckungskapital entfallen, ihm nicht mehr zustehen. Denn der Sinn des Quotierungsverfahrens besteht darin, dass der Arbeitgeber die Überschussanteile beanspruchen kann, die das Versicherungsunternehmen nach dem Ausscheiden des Arbeitnehmers für den entsprechenden Versicherungsvertrag erwirtschaftet und gutschreibt. Diesen Vorteil erkauft sich der Arbeitgeber, indem er dem Arbeitnehmer den **arbeitsrechtlichen Ausgleichsanspruch** (Differenzanspruch) einräumt.

Bei der Direktversicherung wird vielfach in der Praxis statt des Quotierungsverfahrens (arbeitsvertragliche Lösung) die **sog. versicherungsförmige Lösung** gewählt. Hierzu wird nachfolgend auf Rn. 111 ff. verwiesen. 97

Direktversicherungen sind vielfach als beitragsorientierte Leistungszusagen ausgestaltet. Auf diese wird dann in aller Regel die versicherungsförmige Lösung angewandt. Sind hierfür die Voraussetzungen nicht erfüllt, ist das Quotierungsverfahren anzuwenden. In Abs. 5a ist die Direktversicherung nicht genannt, weil wirtschaftlich betrachtet der bis zum Ausscheiden finanzierte Wert dem Wert entspricht, der sich aus der versicherungsförmigen Lösung ergibt. 98

III. Pensionskasse

Das Quotierungsverfahren kann auch bei Pensionskassen nach § 2 Abs. 3 S. 1 BetrAVG angewandt werden, wenn eine Leistungszusage verwendet wird.[77] Der vorstehend bei der Direktversicherung dargestellte vom Arbeitgeber auszugleichende Differenzanspruch im Rah- 99

---

76 BAG 29.7.1986, 3 AZR 15/85, EzA § 2 BetrAVG Nr. 9, DB 1987, 743.
77 Zu einer Beitragszusage mit Mindestleistung vgl. Rn. 172 ff.; zur beitragsorientierten Leistungszusage vgl. Rn. 171.

men der arbeitsvertraglichen Lösung ergibt sich, indem das nach dem aufsichtsbehördlich genehmigten Geschäftsplan oder, soweit ein solcher nicht vorgeschrieben ist, nach den allgemeinen Versicherungsbedingungen und den fachlichen Geschäftsunterlagen i.S.d. § 5 Abs. 3 Nr. 2 Hs. 2 VAG (Geschäftsunterlagen) ermittelte **Deckungskapital** dem quotierten Anspruch gegenübergestellt wird. Ist dieses Deckungskapital geringer als die Leistung, die nach dem Quotierungsverfahren ermittelt wurde, richtet sich der **Differenzanspruch** gegen den Arbeitgeber.

100 Soweit Überschussanteile dem Arbeitnehmer »gutgeschrieben« wurden, müssten die vorstehenden Überlegungen des BAG zur Überschussverwendung auch bei der Pensionskasse gelten. Rechtsprechung hierzu existiert nicht.

101 Auch bei der Pensionskasse ist es üblich, statt der arbeitsvertraglichen Lösung die versicherungsförmige Lösung anzuwenden, wenn ein Arbeitnehmer mit einer gesetzlich unverfallbaren Anwartschaft ausscheidet.

IV. Pensionsfonds

102 Für den Pensionsfonds wurde mit Wirkung **ab dem 1.1.2002** in § 2 Abs. 3a BetrAVG eine neue, eigenständige Regelung zur Ermittlung der unverfallbaren Anwartschaft der Höhe nach geschaffen, wenn eine Leistungszusage verwendet wird.[78] Danach gilt auch für den Pensionsfonds das **Quotierungsverfahren**. Dabei richtet sich ein **Differenzanspruch** gegen den Arbeitgeber. Der Differenzanspruch ergibt sich, indem die vom Pensionsfonds auf der Grundlage der nach dem geltenden Pensionsplan i.S.d. § 112 Abs. 1 S. 2 i.V.m. § 113 Abs. 2 Nr. 5 VAG berechnete Deckungsrückstellung dem quotierten Anspruch gegenübergestellt wird. Geht der quotierte Anspruch über die berechnete Deckungsrückstellung hinaus, muss der Arbeitgeber unmittelbar für die Differenz einstehen.

103 Beim Pensionsfonds besteht bei einer Leistungszusage nicht die Möglichkeit, von der versicherungsförmigen Lösung Gebrauch zu machen, weil der Gesetzgeber – anders als bei der Direktversicherung und bei der Pensionskasse – diese Berechnungsweise nicht in § 2 Abs. 3a BetrAVG aufgenommen hat.

---

[78] Zur Beitragszusage mit Mindestleistung vgl. Rn. 172 ff.; zur beitragsorientierten Leistungszusage vgl. Rn. 169 ff., aber auch Rn. 147 ff.

Höhe der unverfallbaren Anwartschaft § 2

Soweit mithin beim Pensionsfonds eine Leistungszusage als Pensionsplan vorgesehen ist, ist zwingend die arbeitsvertragliche Berechnungsweise in Form des Quotierungsverfahrens anzuwenden. 104–106

V. Unterstützungskasse

Wird einem mit unverfallbarer Anwartschaft ausgeschiedenen Arbeitnehmer die Leistung aufrecht erhalten, die ihm über eine Unterstützungskasse zugesagt worden ist, richtet sich die Höhe der unverfallbaren Anwartschaft nach § 2 Abs. 4 BetrAVG. Es ist bei der Leistungszusage das **Quotierungsverfahren** anzuwenden. Dies ergibt sich aus dem Verweis auf Abs. 1 in § 2 Abs. 4 BetrAVG. 107

Bei der rückgedeckten Unterstützungskasse besteht **nicht** die Möglichkeit, von der **versicherungsförmigen Lösung** Gebrauch zu machen, da eine solche nicht im Gesetz vorgesehen ist. Die Leistung wird in der Praxis vielfach auf die Leistungen aus der Rückdeckungsversicherung beschränkt. 108

Zur beitragsorientierten Leistungszusage vgl. Rn. 169 ff. 109

Da bei einer Unterstützungskasse eine Beitragszusage mit Mindestleistung nicht möglich ist, ist § 2 Abs. 5 b BetrAVG nicht anzuwenden. 110

E. Versicherungsförmige Lösung bei Direktversicherungen

I. Wahlrecht des Arbeitgebers

Bei einer Direktversicherung hat der Arbeitgeber ein **Wahlrecht**. Er kann zwischen der arbeitsvertraglichen Lösung (Quotierungsverfahren) und der versicherungsförmigen Lösung wählen, wenn bestimmte Voraussetzungen erfüllt sind. 111

Die versicherungsförmige Lösung ist in aller Regel dem Quotierungsverfahren dann vorzuziehen, wenn nicht bereits mit Beginn des Arbeitsverhältnisses die Direktversicherung abgeschlossen wird, weil dann Finanzierungsbeiträge fehlen und damit eine Deckungslücke entstehen kann, die vom Arbeitgeber bei der arbeitsvertraglichen Lösung zu schließen wäre. 112

II. Rechtliche Grundlagen

113 Die versicherungsförmige Lösung ergibt sich aus § 2 Abs. 2 S. 2 ff. BetrAVG. Danach tritt an die Stelle des Quotierungsverfahrens auf Verlangen des Arbeitgebers die Leistung, die sich aus dem beitragsfrei gestellten Direktversicherungsvertrag ergibt, wenn der Arbeitgeber die sog. **sozialen Auflagen** erfüllt und der Versicherungsvertrag in besonderer Form ausgestaltet ist. Die Voraussetzungen, die bei der versicherungsförmigen Lösung zu erfüllen sind, sind auch einzuhalten bei einer betrieblichen Altersversorgung aus **Entgeltumwandlung**, die über eine Direktversicherung abgewickelt wird.[79]

114 Bei Anwendung der versicherungsförmigen Lösung gibt es bei einer arbeitgeberfinanzierten Direktversicherung keinen Auffüllanspruch, der sich gegen den Arbeitgeber richten kann, wenn die zugesagte Leistung mit der versicherten Leistung deckungsgleich ist. Dies bedeutet für die Praxis, dass auf den Arbeitgeber keine Ansprüche zukommen können, die ihn zur Auffüllung der Leistung aus eigenen Mitteln zwingen (§ 1 Abs. 1 S. 3 BetrAVG).[80] Ein solcher Erfüllungsanspruch wäre nur denkbar, wenn der Versicherer nicht in der Lage wäre, dem Arbeitnehmer die Leistungen aus dem Versicherungsvertrag zu zahlen.[81]

114a Eine Einstandspflicht aus dem arbeitsrechtlichen Grundverhältnis bei der Wahl der versicherungsförmigen Lösung kann sich aber ergeben, wenn der arbeitsrechtliche Gleichbehandlungs- oder Gleichberechtigungsgrundsatz verletzt wurde.[82] Hat der Arbeitgeber für einen Arbeiter eine Direktversicherung erst nach 5-jähriger Betriebszugehörigkeit abgeschlossen, für einen zum gleichen Zeitpunkt eingestellten Angestellten aber bereits nach zwei Jahren, ist der Gleichbehandlungsgrundsatz verletzt. Dem Arbeiter fehlen drei Finanzierungsjahre. Der Arbeitgeber hat ihn so zu stellen, als sei bereits nach zweijähriger Betriebszugehörigkeit die Direktversicherung abgeschlossen worden. Auch Schadensersatzansprüche, die ein Arbeitnehmer gegen seinen ehemaligen

---

79 S. dazu § 1 b Rn. 128 ff.
80 Damit ist keine vollständige Enthaftung gemeint, wenn die versicherungsförmige Lösung umgesetzt wurde (so aber *Langohr-Plato* Rn. 397). Stimmen die arbeitsrechtliche Verpflichtung und der Versicherungsumfang nicht überein, richtet sich die nicht durch die Versicherungsleistung abgedeckte Leistung unmittelbar gegen den Arbeitgeber.
81 Zu der Frage, ob der Arbeitgeber das Versicherungsrisiko trägt, vgl. *Kemper/Kisters-Kölkes* Grundzüge, Rn. 37; auch § 1 Rn. 207 ff. sowie BAG 12.6.2007, 3 AZR 14/06, FA 2007, 248.
82 A.A. wohl *Teslau* FS Kemper, S. 418 ff.

Arbeitgeber hat, gehen nicht unter, wenn von der versicherungsförmigen Lösung Gebrauch gemacht wird.

Bei einer Direktversicherung, die durch Entgeltumwandlung finanziert 114b wurde, ist das Auffüllrisiko von der Verpflichtung des Arbeitgebers aus dem arbeitsrechtlichen Grundverhältnis, dem Arbeitnehmer eine wertgleiche betriebliche Altersversorgung zu verschaffen, zu unterscheiden. Der Versicherer kann nur die Leistung aus dem Versicherungsvertrag erbringen. Dies bedeutet, dass der Arbeitgeber, der seiner arbeitsrechtlichen Verpflichtung aus § 1 Abs. 2 Nr. 3 BetrAVG nicht oder nicht ausreichend nachgekommen ist, zwar auch die versicherungsförmige Lösung wählen kann, er aber selbst für die Differenz einzustehen hat, die sich ergeben würde, wenn er dem Arbeitnehmer eine wertgleiche Direktversicherung verschafft hätte.

Derartige Verpflichtungen aus dem arbeitsrechtlichen Grundverhältnis 114c bestehen unabhängig davon, ob bei der versicherungsförmigen Lösung der Arbeitnehmer nach dem Ausscheiden zum Versicherungsnehmer wurde oder nicht. Denn mit der Abtretung der Rechte aus dem Versicherungsvertrag wird nur die versicherungsrechtliche Ebene, nicht die arbeitsrechtliche Ebene tangiert. Deshalb ist die vielfach in der Praxis vorzufindende Aussage unzutreffend, dass bei Anwendung der versicherungsförmigen Lösung keine Haftungsrisiken für den Arbeitgeber bestehen, er allein mit der Übertragung der Versicherungsnehmereigenschaft von allen Verpflichtungen gegenüber dem ehemaligen Arbeitnehmer frei wird. Diese Aussage ist nur richtig, wenn das Valuta- und das Deckungsverhältnis identisch sind. Weicht das arbeitsrechtliche Verpflichtungsvolumen vom Deckungsverhältnis ab, besteht eine Einstandspflicht des Arbeitgebers.

1. Verlangen des Arbeitgebers

Nach § 2 Abs. 2 S. 2 BetrAVG setzt die Anwendung der versicherungs- 115 förmigen Lösung das **Verlangen des Arbeitgebers** voraus. Der Arbeitgeber muss von sich aus tätig werden. Es genügt nicht, dass ihm im Versicherungsvertrag bzw. in der Versorgungszusage die Möglichkeit vorbehalten ist, von der versicherungsförmigen Lösung Gebrauch zu machen. Dies gilt auch für eine Direktversicherung, die durch Entgeltumwandlung finanziert wird. Hat aber der Arbeitgeber im Versicherungsvertrag vorbehaltlos von Anfang an erklärt, dass er bei einem vorzeitigen Ausscheiden von der versicherungsförmigen Lösung Gebrauch machen wird, reicht dies nach der hier vertretenen Auffassung aus. Ein explizites Verlangen im Ausscheidezeitpunkt ist dann nicht erforderlich sein, weil der Arbeitnehmer von Anfang an weiß, welche Rechtsfolgen beim Ausscheiden eintreten. Da jedoch noch nicht gerichtlich geklärt ist, ob eine vorbehaltlose Erklärung im Versicherungsvertrag ausreichend ist, ist eine anlässlich des Ausscheidens wiederholte Erklärung empfehlenswert.

116 Nach § 2 Abs. 2 S. 3 BetrAVG kann der Arbeitgeber sein Verlangen nur innerhalb von **drei Monaten seit dem Ausscheiden** des Arbeitnehmers aus dem Arbeitsverhältnis diesem und dem Versicherer mitteilen. Es empfiehlt sich eine schriftliche Mitteilung. Die fristgemäß abgegebene Erklärung des Arbeitgebers ist jeweils eine einseitige, empfangsbedürftige, nicht zustimmungspflichtige Erklärung.

117 Die Frist ist gem. §§ 187 ff. BGB zu berechnen. Ist die Drei-Monats-Frist abgelaufen, kann der Arbeitgeber nicht mehr von der versicherungsförmigen Lösung Gebrauch machen.

118 Die Erklärung, die **gegenüber dem Arbeitnehmer und dem Versicherer** abzugeben ist, muss diesen auch innerhalb der Drei-Monats-Frist zugehen. Geht sie nur einem der beiden fristgemäß zu, ist es nicht möglich, die versicherungsförmige Lösung anzuwenden.

2. Erste soziale Auflage

119 Nach § 2 Abs. 2 S. 2 BetrAVG kann der Arbeitnehmer nur auf die versicherungsförmige Lösung verwiesen werden, wenn spätestens drei Monate nach dem Ausscheiden des Arbeitnehmers mit einer gesetzlich unverfallbaren Anwartschaft das **Bezugsrecht unwiderruflich** ist und eine **Beleihung** oder **Abtretung** der Rechte aus dem Versicherungsvertrag nicht vorhanden sind. Sind beim Ausscheiden **Beitragsrückstände** vorhanden, sind diese innerhalb der Drei-Monats-Frist auszugleichen.

a) Unwiderrufliches Bezugsrecht

120 Das Bezugsrecht aus dem Versicherungsvertrag muss unwiderruflich gestellt werden. Mit dem unwiderruflichen Bezugsrecht (§ 166 VVG; § 159 VVG-E) erhält der Arbeitnehmer die versicherungsrechtliche und nicht nur die arbeitsrechtliche Position, bei Eintritt des Versicherungsfalles die versicherte Leistung zu verlangen. Würde ihm nur ein widerrufliches Bezugsrecht oder ein Bezugsrecht unter Vorbehalt zustehen, wäre nicht gewährleistet, dass ihm auch tatsächlich die Leistungen aus dem Versicherungsvertrag zugute kommen, weil z.B. bei einer Insolvenz

des Arbeitgebers der Insolvenzverwalter das Bezugsrecht widerrufen müsste.[83]

In der Praxis wird vielfach dem Arbeitnehmer bereits bei Abschluss des Direktversicherungsvertrages im Versicherungsvertrag ein unwiderrufliches Bezugsrecht unter Vorbehalt eingeräumt. Dabei tritt die Unwiderruflichkeit unter der Bedingung ein, dass die Unverfallbarkeitsvoraussetzungen – unabhängig von einem vorzeitigen Ausscheiden – dem Grunde nach gem. § 1b Abs. 2 BetrAVG erfüllt werden.[84] Bei einer solchen Gestaltung wandelt sich automatisch das widerrufliche Bezugsrecht in ein unwiderrufliches Bezugsrecht bei Erfüllung der Unverfallbarkeitsfristen vor Ausscheiden aus dem Arbeitsverhältnis, so dass diese Voraussetzung für die Wahl der versicherungsförmigen Lösung ebenfalls automatisch erfüllt wird. Für eine Direktversicherung, die durch Entgeltumwandlung finanziert wird, muss ab Beginn der Entgeltumwandlung immer ein unwiderrufliches Bezugsrecht bestehen (§ 1b Abs. 5 S. 2 BetrAVG), wenn die Zusage ab dem 1.1.2001 erteilt wurde. Damit wird diese Voraussetzung der versicherungsförmigen Lösung automatisch bei einem vorzeitigen Ausscheiden erfüllt. Zurzeit ist höchstgerichtlich umstritten, ob bei einem bedingt widerruflichen Bezugsrecht der Insolvenzverwalter befugt ist, dieses vor Erfüllung der Unverfallbarkeitsvoraussetzungen zu widerrufen. Da der BGH[85] dies verneint hat, das BAG[86] dies aber zugestehen will, wurde der Gemeinsame Senat der obersten Gerichtshöfe zur Entscheidung angerufen.

b) Abtretung

Besteht ein unwiderrufliches Bezugsrecht, wurde aber eine Abtretung[87] vorgenommen, ist diese innerhalb der Drei-Monats-Frist rückgängig zu machen. Denn die Abtretung stellt eine Verfügung über den Versicherungsvertrag dar. Der Arbeitnehmer wäre benachteiligt, würde es bei der Abtretung bleiben, weil derjenige, zu dessen Gunsten die Abtretung vorgenommen wurde, sich insoweit aus dem Versicherungsvertrag befriedigen könnte, wie die Abtretung reicht.

---

83 BAG 8.6.1999, 3 AZR 136/98, EzA § 1 BetrAVG Lebensversicherung Nr. 8, DB 1999, 2069.
84 S. dazu § 1b Rn. 134 ff.
85 *BGH* 8.6.2005, IV ZR 30/04, BetrAV 2005, 786, NJW-RR 2005, 1412; 3.5.2006, IV ZR 134/05, DB 2006, 1488.
86 BAG-Beschluss 22.5.2007, 3 AZR 334/06, BetrAV 2007, 338.
87 Vgl. auch § 4b S. 2 EStG und *BFH* 28.2.2002, IV R 26/00, BStBl. II S. 358, DB 2002, 975; 14.6.1984, I R 172/80, n.v.

123 Der Gesetzgeber spricht von dem Rückgängigmachen der Abtretung. Gemeint ist, dass eine vom Arbeitgeber vorgenommene **Sicherungsabtretung** rückabgewickelt wird, also derjenige, zu dessen Gunsten die Abtretung erfolgte, auf seine Sicherungsrechte verzichtet. Bei einer betrieblichen Altersversorgung aus Entgeltumwandlung ist eine Abtretung arbeitsrechtlich unzulässig (§ 1 b Abs. 5 S. 1 BetrAVG), wenn die Zusage ab dem 1.1.2001 erteilt wurde.

c) Beleihung

124 Eine Beleihung der Direktversicherung liegt vor, wenn der Arbeitgeber von der Versicherungsgesellschaft ein Darlehn in Anspruch genommen hat, also eine Vorauszahlung auf die erst später fällig werdende Versicherungsleistung.

125 Dieses Darlehn ist zurückzuzahlen und damit die Beleihung aufzuheben. Bei einer betrieblichen Altersversorgung aus Entgeltumwandlung ist arbeitsrechtlich eine Beleihung unzulässig (§ 1 b Abs. 5 S. 1 BetrAVG), wenn die Zusage ab dem 1.1.2001 erteilt wurde.

d) Beitragsrückstände

126 Die Regelung, nach der Beitragsrückstände innerhalb der Drei-Monats-Frist auszugleichen sind, ist vor dem Hintergrund zu sehen, dass bei einer Direktversicherung mit unwiderruflichem Bezugsrecht kein gesetzlicher Insolvenzschutz besteht. Folglich müssen Beitragsrückstände ausgeglichen werden. Denn fehlende Beiträge vermindern den Wert der beitragsfreien Versicherung.[88]

127 Scheidet der Arbeitnehmer aus dem Arbeitsverhältnis aus und wurde die Direktversicherung über Jahresprämien finanziert, richtet sich die Frage nach den Beitragsrückständen nach der Fälligkeit der Versicherungsprämie. Bereits fällige, aber noch nicht gezahlte Jahresprämien sind zu zahlen, auch wenn sie Zeiten nach dem Ausscheiden umfassen.[89]

---

88 BAG 17.11.1992, 3 AZR 51/92, EzA § 7 BetrAVG Nr. 45, DB 1993, 986.
89 *Andresen/Förster/Rößler/Rühmann* Teil 10 B Rn. 912; *Höfer* BetrAVG, Rn. 3229 zu § 2.

e) Verpfändung

Auch wenn die Verpfändung[90] einer Direktversicherung nur in § 1 b Abs. 5 BetrAVG bei der Entgeltumwandlung angesprochen wird, geht doch die herrschende Meinung in der Literatur davon aus, dass bei Wahl der versicherungsförmigen Lösung auch eine Verpfändung rückgängig zu machen ist, auch wenn diese im Wortlaut des Gesetzes nicht angesprochen wird. Sie sei in den Normzweck einzubeziehen.[91] Folglich ist auch eine Verpfändung rückgängig zu machen. 127a

3. Zweite soziale Auflage

Die versicherungsförmige Lösung kann vom Arbeitgeber nur gewählt werden, wenn vom Beginn der Versicherung an, frühestens jedoch vom Beginn der Betriebszugehörigkeit an, alle Überschussanteile, nur zur Verbesserung der Versicherungsleistung verwendet werden. Dies bedeutet, dass alle Überschussanteile dem Arbeitnehmer zustehen müssen, die auf die Anwartschaftszeit entfallen. Für die Zeit ab Leistungsbeginn ist § 16 BetrAVG maßgeblich. Wurde die Direktversicherung durch Entgeltumwandlung finanziert, ist § 1 b Abs. 5 BetrAVG zu beachten. In diesem Fall stehen dem Arbeitnehmer immer die Überschussanteile zu. Umstritten ist, ob dies auch für die Zeit ab Rentenbeginn gilt. Während z.T. in der Literatur[92] die Auffassung vertreten wird, es sei zwingend immer § 16 Abs. 3 Nr. 2 BetrAVG anzuwenden, spricht der Wortlaut des Gesetzes von einem »oder«. Entsprechend wird in der Gesetzesbegründung zu § 16 Abs. 5 BetrAVG von der alternativen Anwendung gesprochen.[93] 128

Die Entscheidung, ob der Arbeitgeber die versicherungsförmige Lösung einsetzen will oder nicht, ist erst nach dem Ausscheiden des Arbeitnehmers aus dem Arbeitsverhältnis binnen drei Monaten zu treffen. Dennoch muss der Arbeitgeber bereits bei Abschluss des Direktversicherungsvertrages eine Vorentscheidung treffen. Will er eine Versicherungsgestaltung, bei der ihm die Überschussanteile zustehen (z.B. Beitragsverrechnung), kann er später die versicherungsförmige Lösung nicht wählen. Denn in diesem Fall werden die Überschussanteile nicht dem Versicherungsvertrag gutgeschrieben. 129

---

90 Zur Pfändung bei Unterhaltsansprüchen *OLG Stuttgart* 8.6.2000, 7 U 13/00, VersR 2001, 619, NJW-RR 2001, 150.
91 *Höfer* BetrAVG, Rn. 3001 zu § 1 b und Rn. 3259 zu § 2, zum Insolvenzschutz Rn. 19 zu § 7.
92 *Blomeyer/Rolfs/Otto* BetrAVG, § 16 Rn. 336.
93 BT-Drucks. 14/4595, S. 70.

4. Dritte soziale Auflage

130 Nach dem Versicherungsvertrag muss der ausgeschiedene Arbeitnehmer das Recht haben, die Versicherung mit **eigenen Beiträgen** fortzusetzen. Damit wird der Arbeitnehmer in die Lage versetzt, nicht nur die Leistungen aus einer beitragsfreien Direktversicherung zu erhalten, sondern die volle Versicherungsleistung einschließlich aller Überschussanteile, wenn er die Beiträge weiterzahlt. Mit der Fortführung der Versicherung wird aus der Direktversicherung nicht eine private Lebensversicherung, auch dann nicht, wenn der Arbeitnehmer Versicherungsnehmer wird. Es bleibt vielmehr eine Direktversicherung, die später von einem neuen Arbeitgeber »fortgeführt« werden kann.[94] Dass sich der Rechtscharakter durch Beitragszahlung durch den Arbeitnehmer nicht ändert, ergibt sich auch aus § 1 a Abs. 4 BetrAVG. Nichts anderes kann für den ehemaligen Arbeitnehmer gelten, der zur Erhaltung des Versicherungsschutzes eine Direktversicherung fortführt.

131 Für den Arbeitgeber ist es ohne Bedeutung, ob der Arbeitnehmer nach dem Ausscheiden den Versicherungsvertrag fortführt oder beitragsfrei stellt. Für den Arbeitnehmer hat die Fortführung der Versicherung den Vorteil, dass das günstigere Alter bei Versicherungsbeginn erhalten bleibt und keine neuen Abschlusskosten anfallen. Die Fortführungsmöglichkeit mit eigenen Beiträgen muss immer bei einer Direktversicherung gegeben sein, die durch Entgeltumwandlung finanziert wird (§ 1 b Abs. 5 S. 1 BetrAVG).

131a Eine Frist, ab wann der Arbeitnehmer nach dem Ausscheiden das Recht haben muss, die Versicherung mit eigenen Beiträgen fortzusetzen, wird im Gesetz nicht vorgegeben. Da nach dem Versicherungsvertrag die Beitragszahlung durch den Arbeitnehmer ermöglicht werden muss, richtet es sich nach diesem Vertrag, ab wann der Arbeitnehmer die Versicherung mit eigenen Beiträgen fortsetzen kann.

131b In der Praxis findet man häufig die Aussage, dass mit der Einräumung des Beitragszahlungsrechts verbunden sei, dass der ausgeschiedene Arbeitnehmer auch Versicherungsnehmer werden müsse. Diese Aussage ist unzutreffend. Der Arbeitnehmer kann Versicherungsnehmer werden, er muss aber nicht Versicherungsnehmer werden. Dass er Versicherungsnehmer werden kann, ergibt sich aus den gesetzlich normierten Verfügungsverboten. Wie nachfolgend dargestellt kann er den Versiche-

---

[94] *Teslau* FS Kemper, S. 419 ff., insbes. auch zu den steuerlichen Konsequenzen für Altzusagen; auch BMF-Schreiben v. 20.09.2005, IV C 5 – S 2333 – 205/05, BetrAV 2005, 755 (Anhang IV).

rungsvertrag zwar kündigen, nicht aber den Rückkaufwert erhalten. Da eine Kündigung des Versicherungsvertrages nur vom Versicherungsnehmer ausgesprochen werden kann, geht der Gesetzgeber unausgesprochen davon aus, dass der Arbeitnehmer nach dem Ausscheiden Versicherungsnehmer werden kann. Er muss aber für die Umsetzung der versicherungsförmigen Lösung nicht Versicherungsnehmer werden.[95]

5. Keine Auszahlung des Rückkaufswertes

Nach § 2 Abs. 2 S. 4 ff. BetrAVG sind die Verfügungsmöglichkeiten des ausgeschiedenen Arbeitnehmers hinsichtlich des Versicherungsvertrages eingeschränkt. Er kann den Versicherungsvertrag zwar **kündigen**, er kann aber nicht den Rückkaufwert in Anspruch nehmen, soweit dieser durch Beiträge des Arbeitgebers und/oder durch Entgeltumwandlung finanziert wurde. Die Höhe des Rückkaufswertes wird bis zum 31.12.2007 durch § 176 Abs. 3 VVG bestimmt, für ab dem 1.1.2008 abgeschlossene Direktversicherungen durch § 169 Abs. 3 und 4 VVG-E. Dies bedeutet, dass eine **Auszahlung** des Rückkaufswertes an den Arbeitnehmer bis zur Fälligkeit der Versicherungsleistung **ausgeschlossen** ist. Würde eine solche Auszahlung des Rückkaufswertes vorgenommen, wäre § 2 BetrAVG verletzt. Die Maßnahme wäre nach § 17 Abs. 3 S. 3 BetrAVG unwirksam. Eine Abfindung kommt nicht in Betracht, auch dann nicht, wenn die Grenzen des § 3 BetrAVG eingehalten werden. Das Abfindungsrecht hat nur der Arbeitgeber, nicht der Versicherer. Mit der Wahl der versicherungsförmigen Lösung gibt der Arbeitgeber implizit zu erkennen, dass er nicht abfinden will. Will der Versicherer aus verwaltungstechnischen Gründen eine Abfindung von Minianwartschaften im Rahmen des § 3 BetrAVG vornehmen, muss er sich entsprechend vom Arbeitgeber bevollmächtigen lassen. Eine solche Vollmacht dürfte aber bei einer Entgeltumwandlung nicht in Betracht kommen, weil dem Arbeitnehmer damit das Recht aus § 1b Abs. 5 BetrAVG genommen würde, die Versicherung mit eigenen Beiträgen fortzuführen. 132

Die Verfügungsmöglichkeiten des Arbeitnehmers sind aber auch anderweitig eingeschränkt. Er kann das Deckungskapital weder **abtreten** noch **beleihen**. 133

---

[95] *Höfer* BetrAVG, Rn. 3246 ff. zu § 2.

134 Hintergrund für diese Auflagen ist, dass dem Arbeitnehmer die Leistungen aus dem Versicherungsvertrag erst bei Eintritt des Versorgungsfalles in voller Höhe zufließen sollen.

6. Rechtsfolgen bei der Verletzung der gesetzlichen Vorgaben

134a Verlangt der Arbeitgeber nicht oder nicht rechtzeitig die versicherungsförmige Lösung, kommt das Quotierungsverfahren zur Anwendung. Hat der Arbeitgeber zwar sein Verlangen ausgeübt, erfüllt er aber nicht die sozialen Auflagen, kommt ebenfalls das Quotierungsverfahren zur Anwendung. Dies gilt auch dann, wenn nur eine Auflage nicht oder nicht rechtzeitig erfüllt wird.

134b Werden die Verfügungsverbote nach § 2 Abs. 2 S. 4 bis 6 BetrAVG nicht eingehalten, verstoßen vorgenommene Verfügungen gegen ein gesetzliches Verbot. Sie sind gem. § 134 BGB nichtig. Wird z.B. der Rückkaufswert vom Versicherer ausgezahlt, wäre der Arbeitgeber nicht von seiner arbeitsvertraglichen Verpflichtung frei. Er müsste bei Eintritt des Versicherungsfalles den Arbeitnehmer so stellen, als habe keine Auszahlung stattgefunden. Ob er sich beim Versicherer schadlos halten kann, ist keine Frage des Arbeitsrechts. Von seinem ehemaligen Arbeitnehmer kann er allenfalls gem. §§ 812 ff. BGB die Rückzahlung des Rückkaufswertes wegen ungerechtfertigter Bereicherung verlangen, wenn noch eine Bereicherung vorliegen sollte.

F. Versicherungsförmige Lösung bei der Pensionskasse

I. Quotierungsverfahren

135 Nach § 2 Abs. 3 S. 1 BetrAVG kann bei der Pensionskasse das Quotierungsverfahren zur Anwendung kommen. Hierzu wird auf die vorstehenden Ausführungen verwiesen.[96]

II. Versicherungsförmige Lösung

136 An die Stelle des Quotierungsverfahrens kann auch bei der Pensionskasse die versicherungsförmige Lösung treten. Die Anwendung dieser Vorschrift setzt voraus, dass soziale Auflagen erfüllt werden. Diese sind nicht identisch mit den sozialen Auflagen bei einer Direktversicherung.

---

96 S. dazu Rn. 99 ff.

Höhe der unverfallbaren Anwartschaft § 2

1. Unwiderrufliches Bezugsrecht, Abtretung, Beleihung, Beitragsrückstände

Während bei einer Direktversicherung dem Arbeitnehmer mit der Beendigung des Arbeitsverhältnisses ein **unwiderrufliches Bezugsrecht** eingeräumt werden muss, wird diese Voraussetzung für die versicherungsförmige Lösung bei der Pensionskasse nicht verlangt. Dies gilt ebenso für die **Abtretung** und **Beleihung** des Versicherungsvertrages. Es wird auch nicht gefordert, dass **Beitragsrückstände** im Zusammenhang mit dem Ausscheiden ausgeglichen werden. Wird allerdings über eine Pensionskasse eine betriebliche Altersversorgung aus Entgeltumwandlung abgewickelt, ist auch bei diesem Durchführungsweg eine Verfügung durch den Arbeitgeber gem. § 1b Abs. 5 BetrAVG ausgeschlossen. Angesprochen sind dort die Verpfändung, Beleihung und Abtretung, nicht Beitragsrückstände. Anders als bei der Direktversicherung ist bei einer Entgeltumwandlung über eine Pensionskasse dem Arbeitnehmer nicht bei Beginn der Entgeltumwandlung ein unwiderrufliches Bezugsrecht zu bestellen.[97] 137

Derartige Auflagen waren in der Vergangenheit bei einer Pensionskasse vielfach deshalb nicht erforderlich, weil die Pensionskassen in der Rechtsform des Versicherungsvereins auf Gegenseitigkeit geführt wurden.[98] Diese rechtliche Gestaltung führte dazu, dass die Arbeitnehmer nicht nur versicherte Personen waren, sondern i.d.R. gleichzeitig auch Mitglied des Versicherungsvereins. Folglich konnte gegen ihren Willen der Arbeitgeber nicht über den Versicherungsvertrag verfügen. 138

Die Pensionskassen, die in jüngerer Zeit gegründet wurden, haben vielfach die Rechtsform der Aktiengesellschaft (sog. Wettbewerbspensionskassen). Dies hat zur Konsequenz, dass ausschließlich der Arbeitgeber Versicherungsnehmer wird, nicht aber der Arbeitnehmer. Der Arbeitnehmer ist lediglich versicherte Person. Damit hätte es nahe gelegen, bei der Pensionskasse ebenso wie bei der Direktversicherung das unwiderrufliche Bezugsrecht und das Abtretungs- und Beleihungsverbot in § 2 Abs. 3 S. 3 ff. BetrAVG auch für die Pensionskasse aufzunehmen. Wenn eine solche soziale Auflage deshalb bei Pensionskassen als entbehrlich angesehen wird, weil eine wirtschaftliche Nutzung nur nach den strengen aufsichtsbehördlichen Richtlinien zur Vermögensanlage möglich ist, dann steht dies in Widerspruch zu § 1b Abs. 5 Nr. 3 BetrAVG, in dem der Gesetzgeber selbst angeordnet hat, dass bei einer 139

---
97 S. dazu § 1b Rn. 128 ff.
98 Zum Verhältnis der Mitgliedschaft zum unwiderruflichen Bezugsrecht: BAG 14.12.1999, 3 AZR 675/98, EzA § 4 BetrAVG Nr. 5, DB 2000, 1719.

betrieblichen Altersversorgung, die durch Entgeltumwandlung finanziert wird, auch bei einer Pensionskassenzusage das Recht zur Verpfändung, Abtretung und Beleihung durch den Arbeitgeber ausgeschlossen werden muss. Würde es solche Verfügungsmöglichkeiten nicht geben, wäre die gesetzliche Regelung obsolet. Es ist folglich eine **Regelungslücke** entstanden.

140 Solange der Gesetzgeber diese Regelungslücke nicht ausfüllt, sind vom Arbeitgeber diese sozialen Auflagen nicht zu erfüllen, wenn bei einer arbeitgeberfinanzierten Pensionskassenzusage von der versicherungsförmigen Lösung Gebrauch gemacht wird. Es sind aber die speziell für Pensionskassen geltenden und in § 2 Abs. 3 Sätze 2 und 3 genannten Auflagen zu erfüllen.

141 Damit können im Falle einer Insolvenz des Arbeitgebers Probleme entstehen, wenn der Insolvenzverwalter bei einer arbeitgeberfinanzierten betrieblichen Altersversorgung das Widerrufsrecht ausüben sollte. Deshalb sollte, auch wenn dies der Gesetzgeber – noch – nicht fordert, dem Arbeitnehmer immer ein unwiderrufliches Bezugsrecht ausdrücklich eingeräumt werden, wenn die Unverfallbarkeitsfristen erfüllt sind. Das Ausscheiden aus dem Arbeitsverhältnis ist nicht Voraussetzung für das unwiderrufliche Bezugsrecht.

2. Überschussanteile

142 Ebenso wie bei der Direktversicherung sind auch bei der Pensionskasse, soll die versicherungsförmige Lösung gewählt werden, alle **Überschussanteile** vom Versicherungsbeginn an **zur Erhöhung der Leistung** zu verwenden. Dabei handelt es sich um die Überschussanteile, die aufgrund des Finanzierungsverfahrens regelmäßig entstehen. Alternativ ist die Steigerung der Versorgungsanwartschaften des Arbeitnehmers zur Erhöhung der Leistung einzusetzen, die der Entwicklung seines Arbeitsentgeltes, soweit es unter den jeweiligen Beitragsbemessungsgrenzen der gesetzlichen Rentenversicherungen liegt, entspricht. Diese alternative Berechnungsweise kommt dann zur Anwendung, wenn bei der Pensionskasse keine Überschüsse entstehen.[99]

143 Die Alternative, die auf die Dynamisierung der Bezüge des Arbeitnehmers abstellt, dürfte zukünftig in der Praxis bei der Entgeltumwandlung keine Bedeutung mehr haben, da die Pensionskassen über § 1b Abs. 5 Nr. 1 BetrAVG gezwungen worden sind, für die Entgeltumwandlung ein System zu schaffen, bei dem alle Überschussanteile

---

99 *Höfer* BetrAVG, Rn. 3299 ff. zu § 2.

nur zur Verbesserung der Leistung verwendet werden. Zumindest bei Neuzusagen, die über eine Pensionskasse abgewickelt werden, dürften damit auch für arbeitgeberfinanzierte Leistungen Systeme zur Verfügung stehen, die ausschließlich die Überschussbeteiligung berücksichtigen.

3. Fortsetzung der Versicherung

Der Arbeitnehmer muss auch bei einer Pensionskasse die Möglichkeit 144 haben, die Versicherung mit **eigenen Beiträgen** fortzuführen. Die Satzungen der Pensionskassen räumen diese Möglichkeit in aller Regel ein.

Eine solche Fortführung der Pensionskassenversorgung durch eigene 145 Beiträge erhält dem Arbeitnehmer den Versicherungsschutz.

4. Verfügungsverbote

Hinsichtlich der Verfügungsbeschränkungen verweist § 2 Abs. 3 S. 3 146 BetrAVG auf die Regelungen, die für Direktversicherungen gelten. Dies bedeutet, dass auch bei einer Pensionskassenzusage der Arbeitnehmer nach dem Ausscheiden nicht über den **Rückkaufswert** verfügen kann. Er kann ihn weder **beleihen** noch **abtreten**. Bei einer **Kündigung** des Versicherungsvertrages kann der Rückkaufswert nicht in Anspruch genommen werden. Die Versicherung ist beitragsfrei fortzuführen. Die Höhe des Rückkaufswertes richtet sich nach § 176 Abs. 3 VVG bis zum 31.12.2007. Für ab dem 1.1.2008 abgeschlossene Versicherungen ist § 169 Abs. 3 und 4 VVG-E anzuwenden.

5. Rechtsfolgen

Zu den Rechtsfolgen bei der Verletzung der Verfügungsverbote wird 146a auf Rn. 134a f. verwiesen.

G. Pensionsfonds und rückgedeckte Unterstützungskasse

Beim Pensionsfonds und bei der rückgedeckten Unterstützungskasse 147 kommt nur das Quotierungsverfahren gem. § 2 Abs. 3a oder § 2 Abs. 4 BetrAVG bei der Leistungszusage zur Anwendung. Eine versicherungsförmige Lösung ist nicht für diese beiden Durchführungswege im Gesetz vorgesehen.

148 Für die beitragsorientierte Leistungszusage ist § 2 Abs. 5a BetrAVG maßgeblich.[100] Entsprechendes gilt für eine Versorgungszusage nach Entgeltumwandlung. Erfasst werden Versorgungszusagen, die frühestens ab dem 1.1.2001 erteilt wurden.

149 Für die Beitragszusage mit Mindestleistung ersetzt beim Pensionsfonds § 2 Abs. 5b BetrAVG das Quotierungsverfahren.[101] Bei einer rückgedeckten Unterstützungskassenzusage ist eine Beitragszusage mit Mindestleistung nicht möglich.

H. Festschreibeeffekt

I. Festschreibung der Versorgungsregelungen und der Bemessungsgrundlagen

150 Wird nach § 2 Abs. 1 BetrAVG das Quotierungsverfahren angewandt, sind nach § 2 Abs. 5 BetrAVG alle Veränderungen, die nach dem Ausscheiden des Arbeitnehmers eintreten, nicht zu berücksichtigen (Veränderungssperre). Die Versorgungsanwartschaft wird in dem Zustand eingefroren, der im Ausscheidezeitpunkt maßgeblich ist. Dies gilt gleichermaßen für die Versorgungsregelungen wie auch für die Bemessungsgrundlagen. Sie bezieht sich auf sämtliche Versorgungsregelungen und erfasst den gesamten Leistungsinhalt der Versorgungszusage einschließlich vorgesehener versicherungsmathematischer Abschläge[102] und dem im Ausscheidezeitpunkt zu ermittelnden Beschäftigungsgrad[103] und gilt auch für die der Berechnung zugrunde zu legende Vergütung.[104] Da Abs. 5 nur auf Abs. 1 verweist, ist fraglich, ob auch in den anderen Durchführungswegen dieser Festschreibeeffekt eintritt. Lediglich für den Pensionsfonds ist in § 2 Abs. 5 S. 3 BetrAVG geregelt worden, dass der Pensionsplan und die sonstigen Geschäftsunterlagen im Ausscheidezeitpunkt maßgebend sind. Man wird aus dem Sinn und Zweck der Regelung aber ableiten müssen, dass der Festschreibeeffekt immer bei einem vorzeitigen Ausscheiden unabhängig vom Durchführungsweg eintritt, wenn eine Leistungszusage verwendet wurde. Offen

---

100 S. dazu Rn. 169 ff.; vgl. hierzu auch *Höfer* BetrAVG, Rn. 350 und Rn. 357 ff., insbes. Rn. 350 zu § 2 mit dem Hinweis, dass die Deckungsmittel des Pensionsfonds nicht die erforderliche Deckungsrückstellung erreichen können und sich daraus eine Einstandspflicht des Arbeitgebers ergeben kann.
101 S. dazu Rn. 172 ff.; hierzu auch *Langohr-Plato/Teslau* DB 2003, 661.
102 BAG 17.8.2004, 3 AZR 318/03, EzA § 2 BetrAVG Nr. 22, DB 2005, 563.
103 BAG 24.7.2001, 3 AZR 567/00, EzA § 6 BetrAVG Nr. 25, BAGE 98, 212, DB 2002, 588.
104 BAG 15.2.2005, 3 AZR 298/04, VersR 2006, 530.

ist, ob der Festschreibeeffekt auch bei einer beitragsorientierten Leistungszusage und einer Beitragszusage mit Mindestleistung eintritt. Der Wortlaut des Gesetzes würde dagegen sprechen. Die Praxis erfordert eine solche Festschreibung. Es kann nicht sein, dass bei einer beitragsorientierten Leistungszusage, die sich z.b. an einer Tabelle ausrichtet, diese Tabelle nach dem Ausscheiden nicht maßgeblich bleiben soll[105] oder nach dem Ausscheiden des Arbeitnehmers bei einer Beitragszusage mit Mindestleistung das Anlagekonzept geändert wird.

Eine **Veränderung der Versorgungsregelung** liegt vor, wenn nach dem Ausscheiden des Arbeitnehmers die betriebliche Altersversorgung im Unternehmen des Arbeitgebers verbessert oder verschlechtert wird. Unabhängig davon, ob solche Veränderungen zulässig sind, sind sie bei dem ausgeschiedenen Arbeitnehmer nicht zu berücksichtigen. Ist der Arbeitnehmer aus dem Arbeitsverhältnis ausgeschieden und nach einer Änderung erneut eingetreten, ist die geänderte Versorgungsregelung für die neue Zusage maßgeblich.[106] 151

Dies gilt gleichermaßen auch für die **Bemessungsgrundlagen**, mit denen die Versorgungsanwartschaft berechnet wird. Besondere Bedeutung hat diese Regelung im Zusammenhang mit gehaltsabhängigen Versorgungszusagen.[107] Die Bezüge, auf die in der Versorgungsregelung abgestellt wird, werden auf den Ausscheidezeitpunkt festgeschrieben. Es findet keinerlei Dynamisierung statt. § 16 BetrAVG ist nicht entsprechend anzuwenden. Welche Bezüge bei einem Folgearbeitgeber verdient wurden, ist ebenfalls ohne Bedeutung.[108] Damit werden Versorgungsanwartschaften umso mehr entwertet, je früher der Arbeitnehmer mit einer unverfallbaren Anwartschaft ausgeschieden ist. Denn auch bei einem Anstieg der Verbraucherpreise[109] bleiben sie auf dem Niveau stehen, dass im Ausscheidezeitpunkt maßgeblich war. 152

▶ **Beispiel:**

Ein Arbeitnehmer hat eine gehaltsabhängige Versorgungszusage. Ihm stehen je Dienstjahr 0,5 % seiner letzten Bezüge zu. Dies sind im Ausscheidezeitpunkt 2.000 €. Er ist mit 25 Jahren eingetreten und mit 45 Jahren ausgetreten. Die feste Altersgrenze ist 65. Ihm stehen

---
105 Hierzu auch *Kaarst/Paulweber* BetrAV 2005, 524.
106 BAG 5.6.1984, 3 AZR 54/82.
107 S. dazu § 1 Rn. 162.
108 BAG 12.11.1991, 3 AZR 520/90, EzA § 2 BetrAVG Nr. 12, DB 1992, 638.
109 Dazu § 16 Rn. 37 ff.

$40 \times 0{,}5\,\% \times 2.000\,€ = 400\,€$

$400\,€ \times \dfrac{20}{40} = 200\,€$

zu. Wenn in den 20 Jahren bis zum Erreichen der Altersgrenze die Bezüge noch aufgrund von Tariferhöhungen auf 2.700 € gestiegen wären, ist dies ohne Bedeutung. Wenn aufgrund der Inflation eine Entwertung um 30 % in den zukünftigen 20 Jahren nach dem Ausscheiden eingetreten ist, ist dies ebenfalls ohne Bedeutung.

153 Der Festschreibeeffekt ist auch zu beachten, wenn vor dem Ausscheiden mit einer unverfallbaren Anwartschaft ein Wechsel von einer **Vollzeitbeschäftigung** zu einer **Teilzeitbeschäftigung** stattgefunden hat. Entscheidend ist dann der durchschnittliche Beschäftigungsgrad während des gesamten Arbeitsverhältnisses. Für die Zeit nach dem Ausscheiden darf nicht ein Beschäftigungsgrad fingiert werden.[110]

154 Die von der EU vorgeschlagene Portabilitätsrichtlinie sah eine Anpassung von Anwartschaften vor. Wegen der daraus sich ergebenden Mehrbelastungen haben u.a. die Niederlande ihre Zustimmung zur Umsetzung der Richtlinie verweigert. Die EU-Kommission hat zwischenzeitlich einen neuen Vorschlag vorgelegt, der eine Dynamisierung vorsieht. Hiergegen erhebt sich Widerstand.[111]

II. Andere Versorgungsbezüge

155 Ist bei der Berechnung der Versorgungsanwartschaft die Höhe anderer Versorgungsbezüge von Bedeutung, werden auch diese auf den Ausscheidezeitpunkt festgeschrieben. Zu den anderen Versorgungsbezügen gehören z.B. Renten aus der gesetzlichen Rentenversicherung.[112]

III. Besonderheiten bei Gesamtversorgungssystemen

156 Bei einer Gesamtversorgungszusage ist die Höhe der **gesetzlichen Rente** von Bedeutung. Um die Höhe der gesetzlichen Rente, die zu berücksichtigen ist, zu bestimmen, kann nach § 2 Abs. 5 S. 2 BetrAVG das sog. **Näherungsverfahren** angewandt werden, welches bei der Berechnung von Pensionsrückstellungen zulässig ist.[113] Weder der Arbeitge-

---

110 BAG 24.7.2001, 3 AZR 567/00, EzA § 6 BetrAVG Nr. 5, DB 2002, 588.
111 *Mann* BetrAV 2007, 651.
112 BAG 12.11.1991, 3 AZR 520/90, EzA § 2 BetrAVG Nr. 12, DB 1992, 638.
113 *BMF-Schreiben* v. 15.3.2007, IV B 2 – S 2176/07/0003, BetrAV 2007, 256.

ber noch der Arbeitnehmer können gegen den Willen des anderen Vertragspartners dieses Näherungsverfahren durchsetzen. Der Arbeitnehmer hat vielmehr das Recht, die Berechnung der gesetzlichen Rente mit seinen **individuellen Daten** zu verlangen. Wenn der Arbeitnehmer die Anzahl der im Zeitpunkt seines Ausscheidens erreichten sozialversicherungsrechtlichen Entgeltpunkte dem Arbeitgeber nachweist, kann der Arbeitgeber das Näherungsverfahren nicht anwenden. Nur dann, wenn der Arbeitnehmer untätig bleibt, d.h. dass er den Nachweis seiner individuellen Daten nicht erbringt, steht dem Arbeitgeber ein Wahlrecht zu. Er kann die individuelle Berechnung wählen. Er kann aber auch auf das Näherungsverfahren zurückgreifen. Wählt der Arbeitgeber die individuelle Berechnung, ist der Arbeitnehmer verpflichtet, dem Arbeitgeber auf eigene Kosten die benötigten sozialversicherungsrechtlichen Unterlagen zu beschaffen. Kommt der Arbeitnehmer dieser Verpflichtung nicht nach, kann der Arbeitgeber die Auskunft nach § 2 Abs. 6 BetrAVG a.F. bzw. § 4a BetrAVG verweigern.[114]

Auch für die Anrechnung von Sozialversicherungsrenten ist bei vorzeitig ausgeschiedenen Arbeitnehmern die Veränderungssperre gem. § 2 Abs. 5 BetrAVG anzuwenden. Es sind die sozialversicherungsrechtlichen Bezugsgrößen (z.B. Beitragsbemessungsgrenze) im Ausscheidezeitpunkt anzuwenden. Spätere Veränderungen bleiben unberücksichtigt, selbst wenn sie sich im Ausscheidezeitpunkt bereits abzeichnen.[115] 157

Sowohl die Anwendung des Näherungsverfahrens als auch die individuelle Berechnung der anzurechnenden Sozialversicherungsrente sind aufwendig und kompliziert.[116] Da Gesamtversorgungssysteme eine abnehmende Bedeutung haben, wird auf die Details des Berechnungsverfahrens nicht eingegangen. 158

IV. Pensionskassen

Bei Pensionskassen sind die aufsichtsbehördlich genehmigten Geschäftspläne oder Geschäftsunterlagen im Ausscheidezeitpunkt maßgebend. 159

---

[114] BAG 9.12.1997, 3 AZR 695/96, EzA § 2 BetrAVG Nr. 15, DB 1998, 2331; 20.11.2001, 3 AZR 550/00, EzA § 1 BetrAVG Invalidität Nr. 3, DB 2002, 1510.
[115] BAG 20.11.2001, 3 AZR 550/00, EzA § 1 BetrAVG Invalidität Nr. 3, DB 2002, 1510.
[116] Hierzu i.E. *Höfer* BetrAVG, Rn. 3373 ff. zu § 2.

V. Pensionsfonds

160 Für den Pensionsfonds ist auf den Pensionsplan und die sonstigen Geschäftsunterlagen im Ausscheidezeitpunkt abzustellen.

VI. Anderweitige Versorgungsanwartschaften

161 § 2 Abs. 5 S. 4 BetrAVG gibt zwingend vor, dass die Versorgungsanwartschaften, die dem Arbeitnehmer vom Arbeitgeber aufrecht zu erhalten sind, nicht um solche Anwartschaften gekürzt werden dürfen, die der Arbeitnehmer nach seinem Ausscheiden bei einem anderen Arbeitgeber erwirbt. Anders ist dies bei Versorgungsanwartschaften, die bei einem Vorarbeitgeber erdient wurden. Diese dürfen bei der Erteilung einer Versorgungszusage in den Grenzen des § 5 Abs. 2 BetrAVG berücksichtigt werden.[117]

I. Entgeltumwandlung

162 Für eine betriebliche Altersversorgung aus Entgeltumwandlung wurde § 2 BetrAVG um einen Abs. 5a ergänzt. Diese Vorschrift ist nur anzuwenden auf Versorgungszusagen, die **ab dem 1.1.2001** erteilt wurden und erteilt werden.[118]

163 Die neue Regelung ist anzuwenden bei Versorgungsanwartschaften, die auf einer **unmittelbaren Versorgungszusage** beruhen, sie ist aber auch anzuwenden auf Versorgungsanwartschaften, die von einem **Pensionsfonds** oder von einer **Unterstützungskasse** zu erfüllen sind. Keine Bedeutung hat diese Regelung für die **Direktversicherung** und für die **Pensionskasse**. In diesen Durchführungswegen steht die versicherungsförmige Lösung zur Verfügung.[119]

164 Bei einer betrieblichen Altersversorgung aus Entgeltumwandlung ist dem ausgeschiedenen Arbeitnehmer der Teil der Anwartschaft aufrecht zu erhalten, der sich aus den bis zum Ausscheiden des Arbeitnehmers umgewandelten Entgeltbestandteilen ergibt. Dies bedeutet, dass nur die wirtschaftlich vom Arbeitnehmer finanzierte Anwartschaft aufrechterhalten bleibt. Das Gesetz spricht von der »erreichten Anwartschaft«. Was konkret mit der erreichten Anwartschaft gemeint ist, wird im Gesetz nicht definiert.

---

117 BAG 20.11.1990, 3 AZR 31/90, EzA § 5 BetrAVG Nr. 24, DB 1991, 1837.
118 § 30 g BetrAVG.
119 S. dazu Rn. 111 ff.

Höhe der unverfallbaren Anwartschaft § 2

Mit dieser Regelung wird eine Finanzierungslücke geschlossen, die 165
sich beim Quotierungsverfahren ergeben kann. Hierzu wird auf die vorstehenden Ausführungen verwiesen.[120]

Für Versorgungszusagen, die vor dem 1.1.2001 erteilt wurden, kann § 2 166
Abs. 5 a BetrAVG angewandt werden, wenn dies zwischen dem Arbeitgeber und dem Arbeitnehmer ausdrücklich vereinbart wird. Es ist eine **individuelle Vereinbarung** zu treffen. Eine Betriebsvereinbarung kann nicht zur Anwendbarkeit des § 2 Abs. 5 a BetrAVG führen, auch dann nicht, wenn als Rechtsbegründungsakt eine Betriebsvereinbarung gewählt wurde.

Welche Bedeutung die **Übergangsregelung** in § 30 g BetrAVG hat, ist 167
noch offen. Es stellt sich die Frage, ob sie nur für solche Arbeitnehmer gilt, die mit einer gesetzlich unverfallbaren Anwartschaft ausgeschieden sind oder auch für diejenigen, die erst zukünftig ausscheiden werden, wenn diese eine Altzusage hatten. Dann würde sich die Frage auch darauf erstrecken, wann diese Vereinbarung zu treffen ist.

Sinnvoll ist es, § 30 g BetrAVG auch auf aktive Arbeitnehmer anzuwen- 168
den und mit diesen zu vereinbaren, dass diese Vorschrift beim Ausscheiden zur Anwendung kommen wird. Wenn eine solche Vereinbarung nach dem Ausscheiden getroffen werden kann, müsste sie auch während des bestehenden Arbeitsverhältnisses möglich sein. Hiergegen kann jedoch eingewandt werden, dass der aktive Arbeitnehmer, der noch in einem Arbeitsverhältnis steht, mit einem solchen Ansinnen des Arbeitgebers unter Druck gesetzt werden könnte. Der ehemalige Arbeitnehmer, dessen Arbeitsverhältnis bereits beendet ist, weiß nicht nur, wie hoch seine unverfallbare Anwartschaft ist, sondern er trifft die Entscheidung, die Anwartschaft auf § 2 Abs. 5 a BetrAVG zu beschränken, ohne dass dies noch Einfluss auf das Arbeitsverhältnis haben kann. Dies könnte dazu führen, dass § 30 g Abs. 1 S. 2 BetrAVG erst dann angewandt werden kann, wenn der Arbeitnehmer mit einer gesetzlich unverfallbaren Anwartschaft aus dem Arbeitsverhältnis tatsächlich ausgeschieden ist.

J. Beitragsorientierte Leistungszusage

In § 2 Abs. 5 a 2. Hs. BetrAVG ist auch eine Unverfallbarkeitsregelung 169
der Höhe nach enthalten, wenn die betriebliche Altersversorgung über eine beitragsorientierte Leistungszusage abgewickelt wird. In die-

---
120 S. dazu Rn. 89 ff.

sem Fall soll die Regelung, die für die Entgeltumwandlung geschaffen wurde, entsprechend gelten. Danach ist in den Durchführungswegen Direktzusage, Unterstützungskasse und Pensionsfonds die Anwartschaft aufrecht zu erhalten, die aus den bis zum Ausscheiden zugeteilten Beiträgen »erreicht« wurde. Diese Formulierung ist unklar. Sie lässt nicht erkennen, wie die Anwartschaft konkret zu ermitteln ist. Man wird auf den Leistungsplan abstellen müssen, der für die unmittelbare Versorgungszusage, die Unterstützungskasse oder dem Pensionsfonds maßgeblich war. Sieht dieser eine Umrechnung der Beiträge mittels einer Transformationstabelle vor, sind dem Arbeitnehmer die Leistungen aufrecht zu erhalten, die ihm während des Arbeitsverhältnisses zugeteilt wurden. Ergibt sich die Höhe der Leistung aus einer Rückdeckungsversicherung, ist der Wert der beitragsfreien Rückdeckungsversicherung maßgeblich.

170 Auch für die beitragsorientierte Leistungszusage gilt, dass die Neuregelung nur anzuwenden ist auf Versorgungszusagen, die nach dem 31.12.2000 erteilt worden sind und erteilt werden. Für Versorgungszusagen, die vor dem 1.1.2001 erteilt wurden, gilt das Quotierungsverfahren.

171 Für eine beitragsorientierte Leistungszusage, die im Durchführungsweg der Direktversicherung oder der Pensionskasse abgewickelt wird, war es nicht erforderlich, eine besondere Regelung zu schaffen. Denn sowohl bei der Entgeltumwandlung als auch bei der beitragsorientierten Leistungszusage kann über die versicherungsförmige Lösung dasselbe Ergebnis erzielt werden, wie dies nunmehr für die anderen Durchführungswege geschaffen wurde.[121]

K. Beitragszusage mit Mindestleistung

172 Die Beitragszusage mit Mindestleistung wurde erst mit Wirkung ab dem 1.1.2002 in das Betriebsrentengesetz eingefügt. Folglich ist die Regelung, die für diese Zusageart in § 2 Abs. 5 b BetrAVG neu geschaffen wurde, **nur** auf **Neuzusagen** anzuwenden.[122]

173 Diese neu geschaffene Regelung verdrängt bei der **Direktversicherung** sowohl die arbeitsvertragliche als auch die versicherungsförmige Lösung. Sie tritt an die Stelle des Abs. 2. Damit gibt es bei der Beitragszusage mit Mindestleistung nur ein einziges Berechnungsverfahren.[123]

---

121 *Blumenstein* FS Kemper, S. 35.
122 Ebenso *Höfer* BetrAVG, Rn. 3507 zu § 2.
123 *Blumenstein* a.a.O., S. 37; *Pophal* FS Kemper, S. 363.

Dies wirft die Frage auf, ob dennoch die Versicherungsnehmerstellung wie bei der versicherungsförmigen Lösung auf den Arbeitnehmer übertragen werden kann. Hierfür sprechen praktische Gründe, weil dann z.B. die Korrespondenz unmittelbar mit dem Arbeitnehmer geführt werden kann, der ja bei der Entgeltumwandlung sogar das Recht hat, die Versicherung mit eigenen Beiträgen fortzuführen (§ 1b Abs. 5 BetrAVG). Die Problematik[124] besteht darin, dass in Abs. 5b nicht ausdrücklich geregelt ist, dass bei Kündigung durch den Arbeitnehmer die Versicherung beitragsfrei zu stellen ist. Dies ist nach der hier vertretenen Auffassung nicht erforderlich, weil das Abfindungsverbot greift (§ 3 BetrAVG). Der Arbeitnehmer hat kein Abfindungsrecht.

Dies gilt entsprechend für die **Pensionskasse**. Hier werden die Regelungen nach Abs. 3 BetrAVG verdrängt. 174

Für den **Pensionsfonds** tritt bei der Beitragszusage mit Mindestleistung die Regelung in § 2 Abs. 5b BetrAVG an die Stelle des Quotierungsverfahrens gem. § 2 Abs. 3a BetrAVG. 175

§ 2 Abs. 5b BetrAVG ist nicht anzuwenden auf **unmittelbare Versorgungszusagen** und auf **Unterstützungskassenzusagen**. Dies ergibt sich aus dem eindeutigen Wortlaut des Gesetzes in § 1 Abs. 2 Nr. 2 BetrAVG, wonach die Beitragszusage mit Mindestleistung überhaupt nur für die versicherungsförmigen Durchführungswege geschaffen wurde. Soweit in der Literatur eine andere Auffassung vertreten wird, steht diese nicht mit dem Gesetz in Einklang. Die Einschränkung war vom Gesetzgeber gewollt. Dass es Gestaltungsmöglichkeiten in diesen beiden Durchführungswegen gibt, die sich einer Beitragszusage mit Mindestleistung annähern, führt nicht dazu, dass es sich um eine Beitragszusage mit Mindestleistung handelt. Folglich können die Anwartschaften ausscheidender Mitarbeiter auch nicht gem. § 2 Abs. 5b BetrAVG aufrechterhalten werden. 176

Soweit in der Literatur[125] die Auffassung vertreten wird, dass durch den Verweis in § 2 Abs. 5b BetrAVG auf Abs. 5a auch die unmittelbare Versorgungszusage und die Unterstützungskasse in den Anwendungsbereich einbezogen wird, kann diese Argumentation nicht überzeugen. Zwar wird in § 2 Abs. 5a BetrAVG auch auf Abs. 1 und Abs. 4 Bezug genommen, in denen die unmittelbare Versorgungszusage und die Unterstützungskassenzusage geregelt sind. Regelungsgehalt des § 2 Abs. 5a 177

---

124 Zweifelnd *Langohr-Plato* Rn. 420 ff.
125 *Höfer* a.a.O., Rn. 3499 zu § 2; dagegen *Bode* s. § 1 Rn. 394; *Schwark/Raulf* DB 2003, 940; *Uebelhack* in: Gedenkschrift für Blomeyer, S. 467; *Blumenstein* FS Kemper, S. 32 f.

BetrAVG ist aber die Höhe der unverfallbaren Anwartschaften aus **Entgeltumwandlung und** aus einer **beitragsorientierten Leistungszusage, nicht** der **Durchführungsweg.** Indem in § 2 Abs. 5 b BetrAVG auf Abs. 5 a verwiesen wird, kann sich dies denklogisch nur auf die Entgeltumwandlung beziehen, denn wenn eine Beitragszusage mit Mindestleistung vorliegt, kann nicht gleichzeitig eine beitragsorientierte Leistungszusage vorliegen.

178 Die Anwendung von § 2 Abs. 5 b BetrAVG führt dazu, dass dem mit unverfallbarer Anwartschaft ausgeschiedenen Arbeitnehmer bei Eintritt des Versorgungsfalles das ihm planmäßig zuzurechnende Versorgungskapital auf der Grundlage der bis zu seinem Ausscheiden geleisteten Beiträge zusteht. Dies sind die Beiträge und die bis zum Eintritt des Versorgungsfalles aus diesen Beiträgen erzielten Erträge. Mindestens muss der ehemalige Arbeitnehmer aber die Summe der bis zu seinem Ausscheiden zugesagten Beiträge erhalten, soweit sie nicht rechnungsmäßig für einen biometrischen Risikoausgleich verbraucht wurden.

▸ **Beispiel:**

Einem Arbeitnehmer sind jährliche Beiträge in Höhe von 1.000 € zugesagt. Er ist bei Zusageerteilung 35 Jahre alt. Die feste Altersgrenze ist das vollendete 65. Lebensjahr. Er scheidet im Alter von 45 Jahren mit einer unverfallbaren Anwartschaft aus.

Die Mindestleistung beträgt 10.000 € abzüglich etwaiger Beiträge, soweit sie für einen biometrischen Risikoausgleich verbraucht wurden.

179 Bei den erzielten Erträgen handelt es sich um alle Wertsteigerungen, die bis zum Ausscheiden und auch nach dem Ausscheiden auf die angelegten Beiträge entfallen. Umstritten ist, ob und in welchem Umfang Kosten abzuziehen sind.[126]

L. Auskunft

180–193 Die bis zum 31.12.2004 in § 2 Abs. 6 BetrAVG geregelte Auskunftsverpflichtung wurde in § 4 a BetrAVG übernommen. Abs. 6 wurde aufgehoben.

---

126 *Höfer* BetrAVG, Rn. 190 zu § 2; *Kemper/Kisters-Kölkes* Grundzüge, Rn. 135 f.; *Reichel/Heger* Rn. 226.

M. Übersicht über die anzuwendenden gesetzlichen Bestimmungen

I. Arbeitgeberfinanzierte betriebliche Altersversorgung

Bei der Anwendung der gesetzlichen Unverfallbarkeitsbestimmungen der Höhe nach ist nach dem Durchführungsweg, der Zusageart und dem Zeitpunkt der Zusageerteilung wie folgt bei einer arbeitgeberfinanzierten betrieblichen Altersversorgung zu unterscheiden:

194

	Leistungszusage	beitragsorientierte Leistungszusage	Beitragszusage mit Mindestleistung
unmittelbare Versorgungszusage	§ 2 Abs. 1 BetrAVG: Quotierungsverfahren	vor 1.1.2001 § 2 Abs. 1 BetrAVG: Quotierungsverfahren ab 1.1.2002 § 2 Abs. 5 a BetrAVG: erreichte Anwartschaft	nicht möglich
Unterstützungskasse	§ 2 Abs. 4 BetrAVG: Quotierungsverfahren	vor 1.1.2001 § 2 Abs. 4 BetrAVG: Quotierungsverfahren ab 1.1.2001 § 2 Abs. 5 a BetrAVG: erreichte Anwartschaft	nicht möglich
Direktversicherung	§ 2 Abs. 2 BetrAVG: a) Satz 1: Quotierungsverfahren b) Satz 2 ff.: versicherungsförmige Lösung	versicherungsförmige Lösung möglich	ab 1.1.2002 § 2 Abs. 5 b BetrAVG: zuzurechnendes Versorgungskapital, Mindestleistung

195

§ 2 Höhe der unverfallbaren Anwartschaft

	Leistungszusage	beitragsorientierte Leistungszusage	Beitragszusage mit Mindestleistung
Pensionskasse	§ 2 Abs. 3 BetrAVG: a) Satz 1: Quotierungsverfahren b) Satz 2 ff.: versicherungsförmige Lösung	versicherungsförmige Lösung möglich	ab 1.1.2002 § 2 Abs. 5b BetrAVG: zuzurechnendes Versorgungskapital, Mindestleistung
Pensionsfonds	ab 1.1.2002 § 2 Abs. 3a BetrAVG: Quotierungsverfahren	ab 1.1.2002 § 2 Abs. 5a BetrAVG: erreichte Anwartschaft	ab 1.1.2002 § 2 Abs. 5b BetrAVG: zuzurechnendes Versorgungskapital, Mindestleistung

II. Entgeltumwandlung

196 Für die betriebliche Altersversorgung aus Entgeltumwandlung ergibt sich folgende Übersicht:

	Leistungszusage	beitragsorientierte Leistungszusage	Beitragszusage mit Mindestleistung
unmittelbare Versorgungszusage	vor 1.1.2001 § 2 BetrAVG: Quotierungsverfahren ab 1.1.2001 § 2 Abs. 5a BetrAVG: erreichte Anwartschaft	vor 1.1.2001 § 2 Abs. 1 BetrAVG: Quotierungsverfahren ab 1.1.2002 § 2 Abs. 5a BetrAVG: erreichte Anwartschaft	nicht möglich

Höhe der unverfallbaren Anwartschaft § 2

	Leistungszusage	beitragsorientierte Leistungszusage	Beitragszusage mit Mindestleistung
Unterstützungskasse	vor 1.1.2001 § 2 Abs. 1 BetrAVG: Quotierungsverfahren ab 1.1.2001 § 2 Abs. 5 a BetrAVG: erreichte Anwartschaft	vor 1.1.2001 § 2 Abs. 4 BetrAVG: Quotierungsverfahren ab 1.1.2001 § 2 Abs. 5 a BetrAVG: erreichte Anwartschaft	nicht möglich
Direktversicherung	§ 2 Abs. 2 BetrAVG: a) Satz 1: Quotierungsverfahren b) Satz 2 ff.: versicherungsförmige Lösung	versicherungsförmige Lösung möglich	ab 1.1.2002 § 2 Abs. 5 b BetrAV: zuzurechnendes Versorgungskapital, Mindestleistung
Pensionskasse	§ 2 Abs. 3 BetrAVG: a) Satz 1: Quotierungsverfahren b) Satz 2 ff.: versicherungsförmige Lösung	versicherungsförmige Lösung möglich	ab 1.1.2002 § 2 Abs. 5 b BetrAVG: zuzurechnendes Versorgungskapital, Mindestleistung
Pensionsfonds	ab 1.1.2002 § 2 Abs. 5 a BetrAVG: erreichte Anwartschaft	ab 1.1.2002 § 2 Abs. 5 a BetrAVG: erreichte Anwartschaft	ab 1.1.2002 § 2 Abs. 5 b BetrAVG: zuzurechnendes Versorgungskapital, Mindestleistung

§ 3 Abfindung

(1) Unverfallbare Anwartschaften im Falle der Beendigung des Arbeitsverhältnisses und laufende Leistungen dürfen nur unter den Voraussetzungen der folgenden Absätze abgefunden werden.

(2) [1]Der Arbeitgeber kann eine Anwartschaft ohne Zustimmung des Arbeitnehmers abfinden, wenn der Monatsbetrag der aus der Anwartschaft resultierenden laufenden Leistung bei Erreichen der vorgesehenen Altersgrenze 1 vom Hundert, bei Kapitalleistungen zwölf Zehntel der monatlichen Bezugsgröße nach § 18 des Vierten Buches Sozialgesetzbuch nicht übersteigen würde. [2]Dies gilt entsprechend für die Abfindung einer laufenden Leistung. [3]Die Abfindung ist unzulässig, wenn der Arbeitnehmer von seinem Recht auf Übertragung der Anwartschaft Gebrauch macht.

(3) Die Anwartschaft ist auf Verlangen des Arbeitnehmers abzufinden, wenn die Beiträge zur gesetzlichen Rentenversicherung erstattet worden sind.

(4) Der Teil der Anwartschaft, der während eines Insolvenzverfahrens erdient worden ist, kann ohne Zustimmung des Arbeitnehmers abgefunden werden, wenn die Betriebstätigkeit vollständig eingestellt und das Unternehmen liquidiert wird.

(5) Für die Berechnung des Abfindungsbetrages gilt § 4 Abs. 5 entsprechend.

(6) Die Abfindung ist gesondert auszuweisen und einmalig zu zahlen.

Übersicht			Rn.
A. Allgemeines			1
	I.	Gesetzliche Neuregelung	1
	II.	Regelung bis zum 31.12.2004	7
	III.	Regelung bis zum 31.12.1998	11
	IV.	Alle Durchführungswege	16
	V.	Entgeltumwandlung	18
B. Anwendungsbereich			20
	I.	Schutz von ausgeschiedenen Anwärtern	20
		1. Gesetzliche Unverfallbarkeit	20
		2. Vertragliche Unverfallbarkeit	25
	II.	Schutz von Versorgungsempfängern	27
		1. Erfasster Personenkreis	27
		2. Zeitraum	34
		3. Wechsel der Rentenart	35

Abfindung § 3

III.	Abfindungen in bestehenden Arbeitsverhältnissen	36
IV.	Abfindungen von Versorgungsanwartschaften anlässlich eines Betriebsübergangs	40
V.	Verrechnung künftiger Rentenansprüche mit einer Abfindung	42

C. Gestaltungsformen — 44
- I. Abfindung, Teilabfindung, Verzicht — 44
- II. Verrechnung — 48
- III. Umgestaltung — 49

D. Bestehende Abfindungsmöglichkeiten — 50
- I. Abfindungsvereinbarung — 50
- II. Einseitiges Abfindungsrecht des Arbeitgebers — 53
  1. Bei Erreichen der Altersgrenze maßgeblicher Monatsbetrag — 58
  2. Leistungszusage, beitragsorientierte Leistungszusage — 63
  3. Beitragszusage mit Mindestleistung — 65
  4. 1 % der monatlichen Bezugsgröße — 69
  5. Bezugsgröße bei einer Kapitalzusage — 72
  6. Ausweis in einem Betrag — 74
- III. Ausschluss des Abfindungsrechts — 75
  1. Unzulässigkeit der Abfindung — 75
  2. Recht auf Übertragung — 76
  3. Versicherungsförmige Lösung — 80
- IV. Abfindungsrecht des Arbeitnehmers — 81
  1. Gesetzliche Neuregelung — 81
  2. Erstattung von Beiträgen der gesetzlichen Rentenversicherung — 84
- V. Keine Abfindung bei Liquidation — 86
- VI. Abfindung in der Insolvenz — 88
- VII. Abfindung bei Versorgungsempfängern — 91
  1. Laufende Leistungen — 91
  2. Abfindung in der Insolvenz — 95
  3. Keine Abfindung bei Liquidation — 96
  4. Abfindungsvereinbarungen — 97
- VIII. Besonderheiten bei einzelnen Durchführungswegen — 101
  1. Unmittelbare Versorgungszusagen — 101
  2. Unterstützungskasse — 102
  3. Direktversicherung — 103
  4. Pensionskasse — 110
  5. Pensionsfonds — 113

E. Konsequenzen des Verstoßes gegen das Abfindungsverbot — 115
- I. Nichtigkeit — 115
- II. Rückzahlung des Abfindungsbetrages — 117
- III. Zu geringe Abfindung — 118

F. Höhe der Abfindung — 119

G. Tarifverträge — 121

H. Besonderheiten bei Betriebsvereinbarungen — 123

§ 3 Abfindung

I. Abfindungsvorbehalte 126
J. Steuerliche Folgen einer Abfindung 129

A. Allgemeines

I. Gesetzliche Neuregelung

1 Mit Wirkung ab dem 1.1.2005 hat der Gesetzgeber durch das Alterseinkünftegesetz[1] die Abfindungsmöglichkeiten neu gestaltet und im Vergleich zur bisher geltenden Rechtslage weiter eingeschränkt. Der Anwendungsbereich der Vorschrift wurde erweitert. Während bisher § 3 des Betriebsrentengesetzes (BetrAVG) nur für **Anwärter** galt, die mit einer gesetzlich unverfallbaren Anwartschaft aus dem Arbeitsverhältnis ausgeschieden waren, gilt künftig die eingeschränkte Abfindungsmöglichkeit auch für **Versorgungsempfänger**. Damit können laufende Leistungen, soweit der Rentenbeginn nach dem 31.12.2004 liegt, künftig nur noch in den Grenzen des § 3 BetrAVG abgefunden werden.

2 Waren bisher Versorgungsanwartschaften i.d.R. bis zu einem Grenzwert von 4 % der Bezugsgröße gem. § 18 SGB IV abfindbar, sind seit dem 1.1.2005 nur noch Abfindungen möglich, wenn der Wert der Altersanwartschaft bei einer Rentenzusage **1 % der Bezugsgröße** nicht übersteigt. Bei Kapitalleistungen beträgt die Obergrenze 12/10 der monatlichen Bezugsgröße. Die Obergrenze von 1 % gilt auch für Versorgungsempfänger mit einem Rentenbeginn nach dem 31.12.2004.[2]

3 Mit den eingeschränkten Abfindungsmöglichkeiten verfolgt der Gesetzgeber das Ziel, Anwartschaften und laufende Leistungen zu erhalten. Er begründet dies mit der zunehmenden Bedeutung von Betriebsrenten für die Alterssicherung der Beschäftigten. Deshalb sollen unverfallbare Anwartschaften bis zum Rentenbeginn und laufende Betriebsrenten bis zum Lebensende erhalten bleiben. Eine vorzeitige Verwertung in Form einer Einmalzahlung widerspreche dem Versorgungszweck.[3]

4 Dieser Erhalt von Anwartschaften und laufenden Leistungen ist vor dem Hintergrund zu sehen, dass die Versorgung von Rentnern und künftigen Rentnern durch die Leistungen der gesetzlichen Rentenversi-

---

[1] Gesetz zur Neuordnung der einkommensteuerrechtlichen Behandlung von Altersvorsorgeaufwendungen und Altersbezügen (Alterseinkünftegesetz – AltEinkG) v. 5.7.2004 BGBl. I S. 1427 ff.
[2] Vgl. § 30g BetrAVG.
[3] BT-Drucks. 15/2150, S. 52.

cherung nicht mehr ausreichend sichergestellt wird bzw. sichergestellt werden kann. Die Absenkung des Versorgungsniveaus in der gesetzlichen Rentenversicherung führt dazu, dass die Versorgungsempfänger immer mehr auf ergänzende Leistungen angewiesen sind, sollen soziale Transferleistungen verhindert werden. So wie private Lebensversicherungen seit dem 1.1.2005 nur noch steuerlich gefördert werden, wenn sie eine lebenslängliche Rente vorsehen, wird in der betrieblichen Altersversorgung u.a. mittels eines Abfindungsverbotes die lebenslängliche Versorgung in den Vordergrund gestellt. Die Einschränkung der Abfindungsmöglichkeiten ist im Gesamtkontext mit anderen gesetzgeberischen Maßnahmen zu sehen. Hierzu gehört u.a. auch, dass die steuerliche Förderung für Zusagen ab dem 1.1.2005 für Direktversicherungszusagen, Pensionskassenzusagen und Pensionsfondszusagen auf Rentenzusagen beschränkt wird, die allerdings ein Kapitalwahlrecht vorsehen können.[4]

Da nur in beschränktem Umfang Abfindungsmöglichkeiten bestehen, ergibt sich ein weit reichendes **Abfindungsverbot**. Wird eine Abfindung vorgenommen, ohne dass die Voraussetzungen von § 3 BetrAVG erfüllt sind, ist die Abfindung unwirksam, weil sie gegen ein gesetzliches Verbot verstößt (§ 134 BGB). Der Arbeitgeber, der eine Abfindungszahlung vorgenommen hat, wird nicht von seiner Leistungspflicht befreit. Bei einem Versorgungsanwärter muss er bei Eintritt des Versorgungsfalles die zugesagten Leistungen erbringen. Bei einem Versorgungsempfänger besteht die Verpflichtung zur Zahlung einer Rente fort.

Mit dem Abfindungsverbot wird die Vertragsfreiheit eingeschränkt. Sinn und Zweck der Regelung ist es, dem Arbeitnehmer bzw. Versorgungsempfänger die zugesagte Versorgungsleistung zu erhalten. Sie soll beim Anwärter nicht vorzeitig in den Konsum fließen oder zur Vermögensbildung[5] verwendet werden.[6]

II. Regelung bis zum 31.12.2004

Bis zum 31.12.2004 galten die Beschränkungen des § 3 BetrAVG nur für solche Versorgungsanwärter, die mit einer gesetzlich unverfallbaren Anwartschaft aus dem Arbeitsverhältnis ausgeschieden waren. Die Zu-

---

4 § 3 Nr. 63 EStG n.F. i.V.m. BMF-Schreiben v. 17.11.2004, BStBl. I 2004, S. 1065, Rn. 177.
5 Vermögensbildung ist keine betriebliche Altersversorgung, s. § 1 Rn. 53 und BAG 18.3.2003, 3 AZR 313/02, EzA § 7 BetrAVG Nr. 68, NZA 2004, 848.
6 BAG 20.11.2001, 3 AZR 28/01, EzA § 3 BetrAVG Nr. 8, DB 2002, 2333.

lässigkeit einer Abfindung war ausschließlich davon abhängig, wie hoch der Wert der aufrechterhaltenen Anwartschaft war.

8 Mit den eingeschränkten Abfindungsmöglichkeiten verfolgte der Gesetzgeber das Ziel, den Arbeitgeber von Verwaltungsaufwand zu entlasten, indem geringfügige Anwartschaften nicht bis zum Eintritt des Versorgungsfalles über Jahre und Jahrzehnte verwaltet werden mussten. Um den Versorgungszweck zu erhalten, sind künftig nur noch Anwartschaften abfindbar, wenn der Wert der Altersrente den Grenzwert von 1 % der Bezugsgröße gem. § 18 SGB IV nicht übersteigt. Bei Kapitalzusagen beträgt der Grenzwert 10/12 der Bezugsgröße. Für den Bereich zwischen 1 % und 4 % wird damit nun der Arbeitgeber mit Verwaltungsaufwand belastet.

9 Zu den Abfindungsmöglichkeiten, die bis zum 31.12.2004 bestanden, wird auf die Ausführungen in der 1. Auflage verwiesen. Diese Regelungen sind für zukünftig vorzunehmende Abfindungen nicht mehr von Bedeutung. Für Abfindungen, die ab dem 1.1.2005 vorgenommen wurden oder künftig vorgenommen werden, gilt der neu gefasste § 3 BetrAVG. Die bis zum 31.12.2004 geltende Fassung des Gesetzes ist folglich nur von Bedeutung, wenn im Nachhinein geprüft werden soll, ob eine vor dem 1.1.2005 erfolgte Abfindung zulässig war oder nicht. Dies gilt für Abfindungen, die in der Zeit vom 1.1.1999 bis zum 31.12.2004 vorgenommen wurden. Für eine Due Diligence wird auf Rn. 14 f. verwiesen.

10 Ohne Bedeutung ist, zu welchem Zeitpunkt der Arbeitnehmer aus dem Arbeitsverhältnis ausgeschieden ist. Auch für Arbeitnehmer, deren Arbeitsverhältnis vor dem 1.1.2005 endete, gilt § 3 BetrAVG in der jetzigen Fassung, wenn nach dem 31.12.2004 eine Abfindung vorgenommen werden soll. § 3 BetrAVG in der bis zum 31.12.2004 geltenden Fassung war also nur maßgeblich, wenn die Abfindung vor dem 1.1.2005 erfolgte.

III. Regelung bis zum 31.12.1998

11 Seit Inkrafttreten des Betriebsrentengesetzes[7] ist in § 3 BetrAVG geregelt, unter welchen Voraussetzungen Anwartschaften abgefunden werden dürfen. Bis zum 31.12.1998 waren Abfindungen von Anwartschaften zulässig, wenn der Arbeitnehmer bei seinem Ausscheiden mit gesetzlicher Unverfallbarkeit eine Versorgungsanwartschaft besaß, die auf einer Zusage beruhte, die bis zum Ausscheidezeitpunkt weniger

---

7 22.12.1974 BGBl. I S. 3610.

Abfindung § 3

als 10 Jahre bestanden hatte. Dabei war der Gesetzgeber irrtümlich davon ausgegangen, dass der Wert einer Versorgungsanwartschaft entscheidend von der Dauer der Versorgungszusage abhängt.[8] Bestand die Versorgungszusage im Ausscheidezeitpunkt mehr als 10 Jahre, enthielt § 3 BetrAVG ein Abfindungsverbot.

§ 3 BetrAVG in seiner bis zum 31.12.1998 geltenden Fassung war ab dem 1.1.1999 nicht mehr anzuwenden. Der bis zum 31.12.1998 geltenden Fassung kann heute noch unter zwei Aspekten Bedeutung zukommen: 12

Es gibt in den Unternehmen noch Versorgungsregelungen, die hinsichtlich der Abfindungsmöglichkeiten auf den Gesetzeswortlaut verweisen, der bis zum 31.12.1998 maßgeblich war. Soweit lediglich deklaratorisch das damals geltende Recht wiedergegeben wurde, sind die Regelungen heute nicht mehr anzuwenden. Sie wurden automatisch ersetzt durch die neuen Fassungen von § 3 BetrAVG. Wurde bei den Formulierungen von dem Wortlaut des Gesetzes abgewichen, ist im Einzelfall zu prüfen, welche Bestandteile der Regelung ggf. fortgelten. 13

§ 3 BetrAVG in seiner bis zum 31.12.1998 geltenden Fassung ist aber auch von Bedeutung im Zusammenhang mit einer **Due Diligence** bei einem Anteilserwerb. Aus der Praxis heraus sind Fälle bekannt, bei denen entgegen dem Wortlaut des § 3 BetrAVG Abfindungen vorgenommen worden sind in der Hoffnung, sich damit der bestehenden Verpflichtungen auf Dauer entledigen zu können. Da dies rechtlich nicht möglich war, weil eine solche Abfindungsvereinbarung nichtig ist, muss der Erwerber des Anteils für die spätere Erfüllung dieser Verpflichtungen mit einstehen, wenn ein ehemaliger Arbeitnehmer zu einem späteren Zeitpunkt – z.B. bei Eintritt des Versorgungsfalles – die Zahlung der zugesagten Versorgungsleistung verlangt. 14

Für einen Unternehmenserwerb gem. § 613a BGB[9] hat dagegen § 3 BetrAVG keine Bedeutung, da bei einem Betriebsübergang nur die aktiven Arbeitnehmer übergehen, folglich unverfallbar ausgeschiedene Anwärter nicht vom Betriebsübergang erfasst werden. Das Risiko, aus einer unwirksamen Abfindung in Anspruch genommen zu werden, verbleibt beim Betriebsübergang beim abgebenden Unternehmen. 15

---

8 BAG 22.3.1983, 3 AZR 499/80, EzA § 3 BetrAVG Nr. 1, DB 1984, 727.
9 S. § 1b Rn. 78 ff.

IV. Alle Durchführungswege

16 § 3 BetrAVG gilt für alle fünf Durchführungswege der betrieblichen Altersversorgung. Ausnahmen bestehen nicht. Die Finanzierung der betrieblichen Altersversorgung ist ohne Bedeutung. Das Abfindungsverbot gilt somit gleichermaßen für eine arbeitgeberfinanzierte betriebliche Altersversorgung, eine Altersversorgung nach Entgeltumwandlung oder für mischfinanzierte Systeme. Zu messen ist die 1%-Grenze bei Anwärtern an der aufrechtzuerhaltenden Anwärterschaft. Ist sowohl der arbeitgeberfinanzierte Teil als auch der durch Entgeltumwandlung finanzierte Teil gesetzlich unverfallbar, sind beide Teile zusammenzurechnen. Entsprechendes gilt, wenn Versorgungsanwartschaften in verschiedenen Durchführungswegen erteilt wurden oder wenn eine Renten- und Kapitalzusage vorliegt.

17 Auch wenn der Gesetzgeber in der Neufassung des Gesetzes auf den Verweis auf § 1b Abs. 1–3 (§ 3 Abs. 1 S. 1 BetrAVG a.F.) und auf § 2 Abs. 4 (§ 3 Abs. 1 S. 6 BetrAVG a.F.) verzichtet hat, ergibt sich dies aus dem Sinn und Zweck des Gesetzes.

V. Entgeltumwandlung

18 In der Gesetzesfassung, die vom 1.1.1999 bis zum 31.12.2004 galt, gab es eine Sonderregelung für den Fall, dass die betriebliche Altersversorgung durch Entgeltumwandlung finanziert wurde. Es war nur eine einvernehmliche Abfindung in diesen Fällen möglich, wenn die Grenzwerte von 2 bzw. 4% nicht überschritten wurden. Zu den Einzelheiten wird auf die 1. Auflage verwiesen.

19 Eine besondere Regelung für die betriebliche Altersversorgung nach Entgeltumwandlung gibt es in der neuen Gesetzesfassung nicht mehr. Der Gesetzgeber ist davon ausgegangen, dass das Zustimmungserfordernis des Arbeitnehmers entfallen kann, weil der Arbeitnehmer das Recht erhält, von seinem Mitnahmeanspruch nach § 4 Abs. 3 BetrAVG Gebrauch zu machen.[10] In diesem Fall, aber auch wenn dem Arbeitnehmer gem. § 1b Abs. 5 BetrAVG das Recht einzuräumen ist, eine Versicherung oder Versorgung mit eigenen Beiträgen fortzuführen, ist eine Abfindung ausgeschlossen, weil ansonsten eine Fortführung des Versicherungsschutzes nicht möglich wäre. Jedenfalls bei Wahl der versicherungsförmigen Lösung in den Durchführungswegen Direktversicherung und Pensionskasse erklärt der Arbeitgeber mit seiner Wahl inzi-

---

10 S. Rn. 76 ff.

dent, dass er von seinem Abfindungsrecht keinen Gebrauch machen will.

B. Anwendungsbereich

I. Schutz von ausgeschiedenen Anwärtern

1. Gesetzliche Unverfallbarkeit

Bestandteil der gesetzlichen Definition der betrieblichen Altersversorgung ist die Erfüllung eines **Versorgungszwecks**. Folglich sollen die Versorgungsleistungen, die dem Arbeitnehmer zugesagt worden sind, ihm auch erst zu einem Zeitpunkt zufließen, zu dem er die Voraussetzungen erfüllt, um die Versorgungsleistungen zu beziehen. 20

§ 3 Abs. 1 BetrAVG bestimmt, dass gesetzlich unverfallbare Anwartschaften im Falle der Beendigung des Arbeitsverhältnisses nur unter den Voraussetzungen der folgenden Absätze abgefunden werden dürfen. Soweit die Voraussetzungen nicht vorliegen, besteht folglich ein Abfindungsverbot. Das Abfindungsverbot bzw. die eingeschränkte Abfindungsmöglichkeit entsteht in dem Zeitpunkt, in dem das Arbeitsverhältnis beendet wird. Es wirkt solange fort, bis der Versorgungsfall eintritt, bis mit anderen Worten aus dem Versorgungsanwärter ein Versorgungsempfänger wird. Ohne Bedeutung ist dabei, wie lange der Zeitraum zwischen der **Beendigung des Arbeitsverhältnisses** und dem Eintritt des Versorgungsfalles ist. Ohne Bedeutung ist auch, ob eine Rente, Leistungen aus einem Auszahlungsplan oder ein Kapital zugesagt wurde. Anders als in § 16 Abs. 5 BetrAVG sind Auszahlungspläne nicht vom Anwendungsbereich ausdrücklich ausgenommen. 21

Wird aus einer Versorgungsanwartschaft ein Versorgungsanspruch, entsteht bei einer laufenden Leistung ein neues Abfindungsverbot, wenn der Anspruch auf die laufende Leistung nach dem 31.12.2004 entsteht oder entstanden ist. Hierzu wird auf die Ausführungen unten Rn. 27 ff. verwiesen. 22

Auch wenn § 3 BetrAVG erst mit der Beendigung des Arbeitsverhältnisses zur Anwendung kommt, ist diese Vorschrift bereits zu beachten, wenn die **Beendigung** eines Arbeitsverhältnisses **bevorsteht**. Sie erlangt Bedeutung, wenn im Zusammenhang mit der Beendigung des Arbeitsverhältnisses eine Abfindung vorgenommen wird.[11] Besteht zwischen einer Abfindungszahlung im aktiven Arbeitsverhältnis und der 23

---

11 BAG 11.12.2001, 3 AZR 334/00, EzA § 1 BetrAVG Nr. 80, DB 2002, 2335.

Beendigung des Arbeitsverhältnisses ein **zeitlicher und sachlicher Zusammenhang**, ist eine Abfindung nur unter den Voraussetzungen des § 3 BetrAVG zulässig.[12] Wird eine Abfindung vorgenommen, die diese Voraussetzungen nicht erfüllt, wird die Abfindung mit dem Ausscheiden aus dem Arbeitsverhältnis unwirksam.

24 Ist der Arbeitnehmer mit einer gesetzlich unverfallbaren Anwartschaft aus dem Arbeitsverhältnis ausgeschieden, ist ohne Bedeutung, nach welcher gesetzlichen Regelung die Unverfallbarkeit eingetreten ist.[13] Dies bedeutet, dass § 3 BetrAVG gleichermaßen für Anwärter gilt, die vor dem 1.1.2005 ausgeschieden sind, wie auch für Anwärter, die nach dem 31.12.2004 ausgeschieden sind oder ausscheiden werden.

2. Vertragliche Unverfallbarkeit

25 § 3 BetrAVG ist nicht anzuwenden auf Versorgungsanwärter, deren Versorgungsanwartschaft anlässlich des Ausscheidens vertraglich aufrechterhalten wurde.[14] Ihre Versorgungsanwartschaften können ungeachtet der gesetzlichen Bestimmungen jederzeit – in aller Regel einvernehmlich –[15] abgefunden werden. Soweit in der erteilten Versorgungszusage hierfür Regelungen – z.B. auch für die Höhe einer Abfindungszahlung – vorgesehen sind, sind diese zu berücksichtigen.

26 Zur vertraglich unverfallbaren Anwartschaft wird auf die Ausführungen in § 1 b Rn. 6 ff. verwiesen. Vertraglich unverfallbare Anwartschaften sind uneingeschränkt abfindbar, weil sie nicht durch das Betriebsrentengesetz geschützt sind.

II. Schutz von Versorgungsempfängern

1. Erfasster Personenkreis

27 Versorgungsempfänger sind solche Personen, bei denen der Versorgungsfall eingetreten ist, die folglich bereits einen Anspruch auf die zugesagten Versorgungsleistungen erworben haben, auch wenn dieser ruht (technische Rentner). Während bis zum 31.12.2004 bei Versorgungsempfängern eine uneingeschränkte Abfindungsmöglichkeit bestand, werden mit Wirkung ab dem 1.1.2005 Versorgungsempfänger

---

12 BT-Drucks. 15/2150, S. 52.
13 Vgl. § 1 b Rn. 4 ff.
14 BT-Drucks. 15/2150, S. 52.
15 Zum Abfindungsvorbehalt aus steuerlicher Sicht vgl. BMF-Schreiben v. 6.4.2005 – IV B 2 – S 2176–10/05.

in den persönlichen Geltungsbereich des § 3 BetrAVG einbezogen. Dies bedeutet, dass ab diesem Stichtag nur noch in den Grenzen des § 3 BetrAVG eine Abfindungsmöglichkeit besteht.

Aus Gründen des Vertrauensschutzes werden Versorgungsempfänger von dem Anwendungsbereich des § 3 BetrAVG ausgenommen, deren **Versorgungsanspruch vor dem 1.1.2005 entstanden** ist. In § 30 g Abs. 2 BetrAVG heißt es zwar, dass die Vorschrift keine Anwendung findet auf **laufende Leistungen**, die vor dem 1.1.2005 »erstmals gezahlt worden sind«. Es kann aber nicht auf den Zeitpunkt der faktischen Zahlung ankommen. Entscheidend muss sein, wann erstmals die Voraussetzungen für die Entstehung des Anspruchs erfüllt waren. Dies bedeutet, dass das Abfindungsverbot in den Fällen nicht greift, bei denen die Zahlung einer laufenden Rente z.B. in 2005 aufgenommen wurde, der Anspruch aber bereits z.B. zum 1.7.2004 entstanden ist.[16] Auf den Grund, warum es erst zu einer Auszahlung in 2005 kommt, kann es nicht ankommen. Damit ist ohne Bedeutung, ob der Arbeitnehmer in der Lage war, vor dem 1.1.2005 seinen Anspruch geltend zu machen. Wurde z.b. durch den gesetzlichen Rentenversicherungsträger rückwirkend eine Rente wegen Erwerbsminderung auf einen Zeitpunkt vor dem 1.1.2005 anerkannt, greift § 3 BetrAVG nicht ein, wenn die betriebliche Invaliditätsrente auch rückwirkend zu zahlen ist. Offen ist, wie der Begriff »erstmalige Zahlung« oder »Anspruchentstehung« zu interpretieren ist, wenn Renten auf Zeit gewährt werden. Geht nach Ablauf der Zeit der Anspruch unter und wird erneut eine Rente zuerkannt,[17] ggf. wieder zeitlich befristet, könnte das Abfindungsverbot greifen, wenn z.b. von 2004 bis 2006 eine befristete Invalidenrente gezahlt wurde und in 2006 erneut befristet ein Anspruch zuerkannt wurde. Da der Arbeitgeber das Risiko der Unwirksamkeit einer Abfindung trägt, muss dieses Risiko bedacht werden.

Ist dem Versorgungsempfänger eine **Kapitalleistung** zugesagt, wird diese vereinbarungsgemäß bei Eintritt des Versorgungsfalles ausgezahlt. Die Auszahlung des Kapitals stellt keine Abfindung dar, weil originär diese Auszahlungsform zugesagt war. Eine Abfindung liegt auch nicht vor, wenn ein Arbeitnehmer von dem ihm eingeräumten Recht Gebrauch macht, statt einer Rente ein Kapital zu wählen (Kapitaloption).[18] Mit der Ausübung des Rechts geht die Rentenzusage unter

---

16 *Blomeyer/Rolfs/Otto* § 3 Rn. 36.
17 LSG Berlin-Brandenburg 13.2.2007, L 12 RJ 13/04.
18 *Langohr-Plato/Teslau* NZA 2004, 1300; *Förster/Cisch* BB 2004, 2132; *Andresen/ Förster/Rößler/Rühmann* Teil 10 D Rn. 50, 102, 225; *Blomeyer/Rolfs/Otto* § 3 Rn. 36.

und es besteht nur noch das Recht, das Kapital zu verlangen.[19] Wird ein Kapital in Raten ausgezahlt, liegt keine laufende Leistung vor, auch dann nicht, wenn die Ratenzahlung über 5 oder 10 Jahre gestreckt wird. Wenn zu solchen Auszahlungen zu § 16 BetrAVG die Auffassung vertreten wird[20], es sei eine Anpassung vorzunehmen, ist der Zweck der Regelung zu berücksichtigen. § 16 BetrAVG will die Kaufkraftstabilität erhalten. Ein solcher Zweck wird bei der Anwendung von § 3 BetrAVG nicht verfolgt. Wird allerdings vor Auszahlung des Kapitals dem Anwärter das Recht eingeräumt, eine Verrentung zu wählen oder behält sich das Unternehmen vor, ab einer bestimmten Größenordnung des Kapitals selbst die Verrentung zu wählen, ist nach der Ausübung des Wahlrechts § 3 BetrAVG anzuwenden.

30 Ruhte am 1.1.2005 der Anspruch auf Auszahlung einer Rente, ist dies deshalb ohne Bedeutung, weil der Anspruch auf die zugesagte betriebliche Versorgungsleistung bereits vor dem 1.1.2005 entstanden war.[21] Das **Ruhen** einer Versorgungsleistung ist üblicherweise vorgesehen, um ein Zusammentreffen von Aktivenbezügen mit einer Versorgungsleistung zu verhindern.

31 Entsprechendes gilt für einen »technischen Rentner«, wenn dessen Rentenbeginn vor dem 1.1.2005 lag. Von einem **technischen Rentner** spricht man dann, wenn ein Arbeitnehmer aus dem Erwerbsleben ausgeschieden ist, tatsächlich aber noch nicht die betriebliche Altersversorgung bezieht. Ein solcher Fall tritt ein, wenn ein Arbeitnehmer aus der gesetzlichen Rentenversicherung eine vorzeitige Altersrente bezieht. Mit der Zuerkennung und dem Bezug der gesetzlichen Rente erfolgt das Ausscheiden aus dem Erwerbsleben. Damit tritt der Versorgungsfall nach § 6 BetrAVG ein. Die nach dieser Vorschrift bestehende Möglichkeit, den Versorgungsanspruch erst später fällig zu stellen, ändert an dem Ausscheiden aus dem Erwerbsleben nichts. Betriebsrentenrechtlich besteht dann kein Anwartschaftsverhältnis mehr, sondern ein Versorgungsverhältnis. Ohne Bedeutung ist, ob sich an das frühere Arbeitsverhältnis ein geringfügiges Beschäftigungsverhältnis im Rahmen der sozialversicherungsrechtlichen Hinzuverdienstmöglichkeiten anschließt.[22]

32 Das Abfindungsverbot besteht auch, wenn Auszahlungen über einen **Auszahlungsplan** vorgenommen werden. Auch bei diesen Raten bzw.

---

19 BMF-Schreiben v. 17.11.2004, BStBl I 2004, S. 1065, Rn. 177.
20 *Höfer* BetrAVG, Rn. 5120 ff. zu § 16.
21 A.A. *Blomeyer/Rolfs/Otto* § 3 Rn. 36.
22 BAG 18.3.2003, 3 AZR 313/02, EzA § 7 BetrAVG Nr. 68, NZA 2004, 848.

Renten handelt es sich um laufende Leistungen i.S.d. Gesetzes, denn anders als in § 16 Abs. 5 BetrAVG sind die Zahlungen aus einem Auszahlungsplan nicht vom Anwendungsbereich ausdrücklich ausgenommen worden.

Tritt der Versorgungsfall nach dem 31.12.2004 ein, ist eine Abfindung nur in den Grenzen des § 3 BetrAVG zulässig. Dies bedeutet, dass nur Mini-Renten abfindbar sind. Renten, die die vorgegebene Obergrenze überschreiten, sind nicht abfindbar. Die Obergrenze liegt bei 1 % der Bezugsgröße gem. § 18 SGB IV. Dies bedeutet im Jahre 2007, dass nur Renten bis zu einem Betrag von 24,50 € (alte Bundesländer; 21,00 € neue Bundesländer; 2008: 24,85 €/21,00 €) monatlich abfindbar sind. Wird der Grenzbetrag überschritten, ist eine Abfindungszahlung, auch wenn sie im Einvernehmen mit dem Versorgungsempfänger erfolgt, unwirksam, weil sie gegen das gesetzliche Verbot verstößt.

2. Zeitraum

Das Abfindungsverbot entsteht mit dem Rentenbeginn und endet i.d.R. mit dem Tod des Versorgungsempfängers oder mit Ablauf der Frist, für die eine Rente als Zeitrente gezahlt wird.[23]

3. Wechsel der Rentenart

Wird im Anschluss an eine Alters- oder Invaliditätsleistung eine Hinterbliebenenrente gezahlt, ist offen, ob hinsichtlich der **Hinterbliebenenleistung** ein ursprünglich bei der Alters- oder Invaliditätsleistung bestehendes Abfindungsverbot fortwirkt oder nicht. Es müsste für jede eigenständige Leistungsart nach der hier vertretenen Auffassung eigenständig geprüft werden, ob die Obergrenze eingreift. War also z.B. an den ehemaligen Arbeitnehmer eine Altersrente in Höhe von 30 € monatlich zu zahlen, verstirbt dieser Rentner und hat seine Witwe einen Anspruch auf 60 % dieses Betrages, müsste diese Rente abfindbar sein, da sie die 1 %-Grenze nicht übersteigt. Diese Auffassung kollidiert nicht mit dem Sinn und Zweck des Gesetzes, denn eine Hinterbliebenenleistung muss nicht lebenslänglich gezahlt werden. Die Zahlung einer Witwen-/Witwerrente wird üblicherweise eingestellt, wenn sich die Witwe/der Witwer wieder verheiratet.[24] Soweit es um Waisenleistungen geht, ist eine zeitliche Befristung immer vorgegeben, weil überhaupt

---

23 BAG 18.3.2003, 3 AZR 313/02, EzA § 7 BetrAVG Nr. 68, NZA 2004, 848.
24 BAG 16.4.1997, 3 AZR 28/96, EzA § 1 BetrAVG Hinterbliebenenversorgung, DB 1997, 107, BB 1997, 1903.

nur Kinder begünstigt sein können, die bestimmte Voraussetzungen erfüllen.[25]

III. Abfindungen in bestehenden Arbeitsverhältnissen

36 Auf Arbeitnehmer, die im Zeitpunkt einer Abfindung in einem Arbeitsverhältnis stehen, ist § 3 BetrAVG nicht anzuwenden.[26]

37 Das Abfindungsverbot greift auch nicht, wenn bei einem fortbestehenden Arbeitsverhältnis eine Umgestaltung der Versorgung vorgenommen wird. Denn § 3 BetrAVG will nicht eine »Versteinerung« der einmal eingegangenen Versorgungsverpflichtungen erzwingen. Eine Umgestaltung ist folglich möglich, wenn sich die Parteien (Arbeitnehmer/Arbeitgeber; Betriebsrat/Arbeitgeber)[27] hierauf verständigen.[28] Sie können, solange die Beendigung des Arbeitsverhältnisses nicht ansteht, Versorgungsanwartschaften einschränken, aufheben und abfinden oder von einer Rentenzusage in eine adäquate Kapitalleistung überwechseln.[29]

38 Besteht das Arbeitsverhältnis noch, soll dieses aber demnächst beendet werden, greift dagegen das Abfindungsverbot des § 3 BetrAVG, wenn im Beendigungszeitpunkt die gesetzlichen Unverfallbarkeitsvoraussetzungen erfüllt sein werden. Dies gilt unabhängig davon, ob der Arbeitnehmer bei Abschluss einer Abfindungsvereinbarung von der bevorstehenden Beendigung des Arbeitsverhältnisses Kenntnis hat oder nicht.[30] Entscheidend ist ein sachlicher und zeitlicher Zusammenhang zwischen Abfindung und Ausscheiden.[31]

39 Werden Sozialpläne abgeschlossen, die – ggf. unter bestimmten Voraussetzungen – die Beendigung von Arbeitsverhältnissen vorsehen, ist das Abfindungsverbot des § 3 BetrAVG bei Anwartschaften zu beachten, die im Ausscheidezeitpunkt unverfallbar sein werden. Für Anwartschaften, die im Beendigungszeitpunkt nicht gesetzlich unverfallbar

---

25 S. hierzu § 1 Rn. 198.
26 BAG 21.3.2000, 3 AZR 127/99, EzA § 3 BetrAVG Nr. 6, DB 2001, 2611, BB 2001, 1536; BT-Drucks. 15/2150, S. 52; zur Befreiung von der Versorgungsschuld *Reichenbach* FS Kemper, S. 366.
27 Zur Änderung s. § 1 Rn. 225 ff.
28 BAG 11.12.2001, 3 AZR 334/00, EzA § 1 BetrAVG Nr. 80, DB 2002, 2335; 20.11.2001, 3 AZR 28/01, EzA § 3 BetrAVG Nr. 8, DB 2002, 2333; 14.8.1990, 3 AZR 301/89, EzA § 17 BetrAVG Nr. 5, BAGE 65, 341, DB 1991, 501.
29 LAG Düsseldorf 2.2.2006, 11 (7) Sa 687/05, n.rkr.
30 A.A. *Höfer* (Rn. 3551.6), der allein auf bereits gekündigte Arbeitsverhältnisse abstellen will.
31 *Blomeyer/Rolfs/Otto* § 3 Rn. 23.

sein werden, ist in § 113 Abs. 1 Nr. 5 BetrVG vorgesehen, dass diese verfallenden Anwartschaften bei der Ermittlung der Abfindungshöhe berücksichtigt werden sollten.

IV. Abfindungen von Versorgungsanwartschaften anlässlich eines Betriebsübergangs

Geht das Arbeitsverhältnis eines Arbeitnehmers gem. § 613a BGB mit allen Rechten und Pflichten auf den Betriebserwerber über, besteht das Arbeitsverhältnis fort. Es wird kraft Gesetzes fortgesetzt.[32] Das BAG hat offen gelassen, ob § 3 BetrAVG bei einem Betriebsübergang anzuwenden ist oder nicht. Denn eine Abfindung der Versorgungsanwartschaften, die im Zusammenhang mit einem Betriebsübergang vorgenommen wird, verstößt gegen den Schutzzweck des § 613a Abs. 1 S. 1 BGB und ist bereits aus diesem Grunde nichtig. Dies gilt auch, wenn der Arbeitnehmer durch einen Erlassvertrag zu einem Verzicht (Teilverzicht) auf seine Versorgungsanwartschaft veranlasst werden soll. Dies gilt sowohl für im Übergangszeitpunkt **verfallbare** wie auch für **unverfallbare Versorgungsanwartschaften**.[33] Damit geht der Schutz bei einem Betriebsübergang über § 613a BGB weiter als bei einer Anwendung des § 3 BetrAVG. 40

Ohne Bedeutung ist bei § 613a BGB, auf welche Art und Weise die Arbeitnehmer zur Einschränkung ihrer Versorgungsanwartschaften veranlasst werden. Sowohl eine Abrede zwischen dem Veräußerer und dem Erwerber des Betriebes als auch eine Vereinbarung zwischen dem Veräußerer und dem Arbeitnehmer, die den Erwerber von »Altlasten« befreien soll, sind unzulässig. Verträge, mit denen die Arbeitnehmer auf ihre erdienten Anwartschaften verzichten sollen (Erlassverträge), sind unwirksam. Auch Eigenkündigungen der Arbeitnehmer oder Aufhebungsverträge stellen Umgehungen von § 613a BGB dar und sind unwirksam.[34] 41

---

32 S. hierzu § 1b Rn. 72 ff.
33 BAG 12.5.1992, 3 AZR 247/91, EzA § 613a BGB Nr. 104, BAGE 70, 209, DB 1992, 2038; 29.10.1985, 3 AZR 485/83, EzA § 613a BGB Nr. 52, BAGE 50, 62, DB 1986, 1779; 14.5.1991, 3 AZR 212/90.
34 BAG 28.4.1987, 3 AZR 75/86, EzA § 613a BGB Nr. 67, BAGE 55, 228, NZA 1988, 198.

V. Verrechnung künftiger Rentenansprüche mit einer Abfindung

42 Da vor dem 1.1.2005 das Abfindungsverbot nur gesetzlich unverfallbare Anwartschaften erfasste, nicht dagegen laufende Rentenzahlungen, kam es für **Verrechnungsklauseln** entscheidend darauf an, ob der Arbeitnehmer vor Eintritt eines Versorgungsfalles mit einer gesetzlich unverfallbaren Anwartschaft ausgeschieden ist oder als Versorgungsempfänger.[35] Bei Arbeitnehmern, deren Arbeitsverhältnis gegen Zahlung einer Abfindung für den Verlust des Arbeitsplatzes beendet wurde, wurde vielfach eine Verrechnungsklausel vereinbart, die sich auf die betriebliche Altersversorgung erstreckte. Sinn dieser Verrechnungsklausel war es, den Arbeitgeber von Zahlungsverpflichtungen freizustellen, wenn für den Verlust des Arbeitsplatzes eine Abfindung gezahlt wurde und später sich herausstellte, dass der Arbeitnehmer berufs- oder erwerbsunfähig war (heute volle oder teilweise Erwerbsminderung). War in der Verrechnungsklausel vereinbart, dass die zu zahlende Invaliditätsrente mit dem Abfindungsbetrag verrechnet werden sollte, lag ein Verstoß gegen das Abfindungsverbot vor, wenn ein Ausscheiden mit einer gesetzlich unverfallbaren Anwartschaft vorlag, also der Versorgungsfall erst nach der Beendigung des Arbeitsverhältnisses eingetreten war. Kein Verstoß gegen das Abfindungsverbot lag dagegen vor, wenn im Nachhinein die Invalidität ab einem Zeitpunkt festgestellt wurde, zu dem das Arbeitsverhältnis noch bestand.

43 Diese Differenzierung ist nur noch von Bedeutung in den Fällen, in denen der Rentenbeginn vor dem 1.1.2005 vorliegt. Bei einem Rentenbeginn ab dem 1.1.2005 gilt gleichermaßen für gesetzlich unverfallbare Anwartschaften wie auch für laufende Versorgungsleistungen das Abfindungsverbot. Folglich muss künftig bei Verrechnungsklausel die neue Rechtslage berücksichtigt werden. Solche Verrechnungsklauseln, wie sie früher verwandt wurden, sind nicht mehr zulässig. Dies bedeutet, dass eine Abfindung wegen des Verlustes des Arbeitsplatzes nicht mehr in einen Zusammenhang mit der betrieblichen Altersversorgung gebracht werden darf.

---

35 BAG 17.10.2000, 3 AZR 7/00, EzA § 3 BetrAVG Nr. 7, DB 2001, 2201; 24.3.1998, 3 AZR 800/96, EzA § 3 BetrAVG Nr. 5, DB 1998, 1340; 21.3.2000, 3 AZR 127/99, EzA § 3 BetrAVG Nr. 6, DB 2001, 2611; 22.9.1987, 3 AZR 194/86, EzA § 3 BetrAVG Nr. 2, DB 1988, 656.

C. Gestaltungsformen

I. Abfindung, Teilabfindung, Verzicht

In § 3 Abs. 6 BetrAVG ist geregelt, dass die Abfindung einmalig zu zahlen ist. Mit der Zahlung eines Abfindungsbetrages, soweit dies zulässig ist, erlischt das Schuldverhältnis. Es besteht keine Anwartschaft mehr. Handelt es sich um einen aktiven Arbeitnehmer, mit dem eine Abfindung vereinbart wird, wird gleichzeitig das Versorgungsverhältnis aufgehoben.[36] Entsprechendes gilt für einen Versorgungsempfänger, wenn der Leistungsbeginn vor dem 1.1.2005 lag.

Eine **Abfindung** liegt vor, wenn für den Verlust der Versorgungsanwartschaft oder des Anspruchs auf eine Versorgungsleistung eine Gegenleistung erbracht wird. Der Wert der betrieblichen Altersversorgung wird dann kapitalisiert. Keine Abfindung liegt vor, wenn in der Anwartschaftszeit eine Rentenzusage in eine Kapitalzusage abgeändert wurde[37] oder dem Anwärter ein Kapitalwahlrecht eingeräumt wurde, welches dieser fristgemäß ausgeübt hat.

Ein **Verzicht** auf eine Versorgungsanwartschaft liegt dagegen vor, wenn der Arbeitnehmer über einen Erlassvertrag dazu veranlasst wird, ohne Zahlung einer Gegenleistung auf seine Versorgungsrechte gänzlich zu verzichten.[38] **Eine Teilabfindung/ein Teilerlass** liegt vor, wenn nicht die gesamte Anwartschaft oder der gesamte Anspruch, sondern nur ein Teil desselben abgefunden wird, also z.B. nur eine Hinterbliebenenanwartschaft. Ein Teilverzicht liegt auch vor, wenn die Höhe der zugesagten Steigerung einer Versorgungsanwartschaft einvernehmlich zurückgenommen wird.[39] Solche Teilabfindungen sind bei aktiven Arbeitnehmern[40] und bei Versorgungsempfängern zulässig, deren Rentenbeginn vor dem 1.1.2005 liegt. Sie sind nicht zulässig bei Anwärtern, die mit einer gesetzlich unverfallbaren Anwartschaft ausgeschieden sind, wenn bei der Höhe der Altersanwartschaft die gesetzlichen Grenzen überschritten sind. Sie sind ebenfalls nicht zulässig bei Versorgungsempfängern, wenn die gezahlte Rente die Grenze des § 3 BetrAVG übersteigt.

---

36 S. dazu § 1 Rn. 22 ff.
37 LAG Düsseldorf 2.2.2006, 11 (7) Sa 687/05, n.rkr.
38 BAG 14.8.1990, 3 AZR 301/89, EzA § 17 BetrAVG Nr. 5, DB 1991, 501.
39 Unter Wahrung der Mitbestimmungsrechte des Betriebsrates, BAG 21.1.2003, 3 AZR 30/02, EzA § 3 BetrAVG Nr. 9, DB 2003, 2130.
40 Zu den Grenzen der Eingriffsmöglichkeiten, vgl. auch § 1 Rn. 235 ff.

47 Ein Erlassvertrag ist von einem **Tatsachenvergleich** abzugrenzen. Streiten sich Arbeitgeber und Arbeitnehmer bzw. Versorgungsempfänger darüber, ob überhaupt ein Versorgungsanspruch besteht und einigen sie sich in einem gerichtlichen Vergleich darauf, dass statt einer Versorgungsleistung eine Abfindung / Teilabfindung gezahlt wird, ist § 3 BetrAVG nicht verletzt, wenn im Ergebnis eine Klärung des Rechtsgrundes unterbleibt.[41]

II. Verrechnung

48 Die Verrechnung ist eine aufschiebend bedingte Tilgungsbestimmung.[42] Im Zusammenhang mit der betrieblichen Altersversorgung hat sie zum Inhalt, dass eine vom Arbeitgeber gezahlte Abfindung bei später zu zahlenden Versorgungsleistungen als Vorauszahlung auf diese Versorgungsleistungen behandelt werden soll. Eine solche Verrechnung ist zukünftig nicht mehr möglich.

III. Umgestaltung

49 Keine Abfindung i.S.v. § 3 BetrAVG liegt vor, wenn eine bestehende Versorgungszusage in der Form umgestaltet wird, dass eine gleichwertige, **inhaltlich veränderte Zusage** erteilt wird. Es erfolgt in diesem Fall weder eine Zahlung vor Eintritt eines Versorgungsfalles noch ein entschädigungsloser Verzicht auf Versorgungsrechte. So ist es zulässig, anlässlich der Beendigung des Arbeitsverhältnisses eine Invaliditätsversorgung durch eine höhere Altersversorgung zu ersetzen.[43] Ob eine Abfindung oder eine inhaltliche Veränderung vorliegt, ist durch Auslegung der getroffenen Vereinbarung zu ermitteln.

D. Bestehende Abfindungsmöglichkeiten

I. Abfindungsvereinbarung

50 In der bis zum 31.12.2004 geltenden Fassung des § 3 BetrAVG wurde zwischen dem einseitigen Abfindungsverlangen und der Abfindungs-

---

41 BAG 23.8.1994, 3 AZR 825/93, EzA § 3 BetrAVG Nr. 4, DB 1995, 52; 18.12.1984, 3 AZR 125/84, EzA § 17 BetrAVG Nr. 2, BAGE 47, 355, DB 1985, 1949; so auch OLG Frankfurt 22.2.2007, 16 U 197/06, BetrAV 2007, 283 zur heutigen Rechtslage.
42 BAG 17.10.2000, 3 AZR 7/00, EzA § 3 BetrAVG Nr. 7, DB 2001, 2201.
43 BAG 20.11.2001, 3 AZR 28/01, EzA § 3 BetrAVG Nr. 8, DB 2002, 2333.

vereinbarung, die zwischen dem Arbeitgeber und dem Arbeitnehmer zu schließen war, differenziert. Diese Unterscheidung wurde für Abfindungen ab dem 1.1.2005 aufgegeben. Nach § 3 Abs. 2 hat ausschließlich der ehemalige Arbeitgeber das Recht, einseitig eine Abfindung vorzunehmen. Dies gilt gleichermaßen für Versorgungsanwärter wie auch für Versorgungsempfänger.

Die einzige Ausnahme zu diesem Abfindungsrecht ergibt sich aus § 3 Abs. 3 BetrAVG. Während nach dem bisher geltenden Recht solche Versorgungsanwärter, die die **Beiträge zur gesetzlichen Rentenversicherung erstattet** erhalten hatten, einvernehmlich mit ihrem Arbeitgeber eine Abfindung vereinbaren konnten, haben sie nach der jetzt geltenden Gesetzesfassung ein **einseitiges Abfindungsrecht**. Sie können vom Arbeitgeber eine Abfindung verlangen. Wegen der Einzelheiten hierzu wird auf Rn. 81 ff. verwiesen. 51

Damit kommen Abfindungsvereinbarungen nur noch bei aktiven Arbeitnehmern, mit vertraglich unverfallbarer Anwartschaft ausgeschiedenen Arbeitnehmern und bei Versorgungsempfängern mit einem Rentenbeginn vor dem 1.1.2005 in Betracht, für die § 3 BetrAVG nicht gilt. 52

II. Einseitiges Abfindungsrecht des Arbeitgebers

Der Arbeitgeber hat ein einseitiges Abfindungsrecht nach § 3 Abs. 2 BetrAVG, »wenn der Monatsbetrag der aus der Anwartschaft resultierenden laufenden Leistung bei Erreichen der vorgesehenen Altersgrenze 1 vom Hundert, bei Kapitalleistungen 12/10 der monatlichen Bezugsgröße nach § 18 SGB IV« nicht übersteigen würde. Ein Zustimmungserfordernis des Anwärters ist ausdrücklich ausgeschlossen. Der externe Versorgungsträger hat kein Abfindungsrecht. Will dieser abfinden, ist eine Vollmacht des Arbeitgebers erforderlich. 53

Der Arbeitgeber hat auch ein einseitiges Abfindungsrecht, wenn die laufende Versorgungsleistung die vorgenannte 1%-Grenze nicht übersteigt. 54

Darüber hinaus besteht ein einseitiges Abfindungsrecht für die Anwartschaft, die während eines Insolvenzverfahrens erdient worden ist. Voraussetzung ist, dass die Betriebstätigkeit vollständig eingestellt und das Unternehmen liquidiert wird. 55

Besteht ein Abfindungsrecht, muss eine entsprechende Erklärung gegenüber dem Arbeitnehmer/Versorgungsempfänger abgegeben werden. **Formvorschriften** bestehen nicht. Es genügt, wenn die Erklärung 56 mündlich erfolgt. Aus Beweisgründen ist eine schriftliche Erklärung anzuraten. Da einseitig ein Recht ausgeübt wird, sollte auch der Zugang der Erklärung nachweisbar sein.

57 Soweit ein Abfindungsrecht besteht, kann es jederzeit ausgeübt werden, also beim Ausscheiden, aber auch nach dem Ausscheiden. Zwischen dem Ausscheiden und der Abfindung kann ein längerer Zeitraum liegen.

1. Bei Erreichen der Altersgrenze maßgeblicher Monatsbetrag

58 Bei einem Versorgungsanwärter, der mit einer gesetzlich unverfallbaren Anwartschaft ausgeschieden ist, ist nach **§ 2 BetrAVG** der Betrag zu ermitteln, der ihm als **Altersleistung** aufrecht zu erhalten ist. Dabei ist auf die Leistung abzustellen, die ihm bei Erreichen der vorgesehenen Altersgrenze zusteht. Hiermit ist die feste Altersgrenze gemeint, wenn eine solche vorgegeben ist oder die Regelaltersgrenze, wenn diese maßgeblich ist. Unerheblich ist, ob es sich um eine Rentenleistung oder eine Kapitalleistung oder um eine Leistung aus einem Auszahlungsplan handelt.

59 Wurde die betriebliche Altersversorgung über **mehrere Durchführungswege** abgewickelt, ist auf den Gesamtwert der aufrecht erhaltenen Altersanwartschaften abzustellen. Es kann also nicht für jeden Durchführungsweg § 3 BetrAVG einzeln angewandt werden. Dies gilt auch, wenn nebeneinander Zusagen in einem Durchführungsweg erteilt wurden. Für jede Altersversorgung bei einem Arbeitgeber ist immer nur einmalig auf die 1%-Grenze abzustellen. Dies gilt auch, wenn Renten- und Kapitalzusagen kombiniert wurden. Es ist dann anteilig die jeweilige Grenze anzuwenden.

60 Der Betrag, auf den es ankommt, ist bei einem Versorgungsanwärter der Betrag, der ihm gem. § 2 Abs. 6 BetrAVG (bis zum 31.12.2004) oder gem. § 4a Abs. 1 Nr. 1 BetrAVG mitgeteilt wurde.

61 Übersteigt dieser Wert die 1%-Grenze des § 3 Abs. 2 BetrAVG, ist eine Abfindung nicht zulässig.

62 In den Fällen, in denen unterschiedliche feste Altersgrenzen für Männer und Frauen verwendet werden, ist auf den Betrag abzustellen, der insgesamt im Falle der Altersleistung dem männlichen Arbeitnehmer zusteht, auch wenn zwischen der Vor- und der Nach-Barber-Zeit differenziert wurde.[44] In diesem Fall sind beide Leistungsteile zusammenzurechnen.

---

44 Hierzu § 6 Rn. 36 ff.

Abfindung § 3

2. Leistungszusage, beitragsorientierte Leistungszusage

Bei einer unmittelbaren Leistungszusage ergibt sich die Höhe der aufrecht zu erhaltenden Versorgungsanwartschaft aus der gem. § 2 Abs. 1 BetrAVG quotierten Leistung. Bei einer beitragsorientierten Leistungszusage, die nach dem 31.12.2000 erteilt wurde, ergibt sich die Höhe aus § 2 Abs. 5a BetrAVG. Ob bei Anwendung der versicherungsförmigen Lösung bei der Direktversicherung oder bei der Pensionskasse auf den Wert der beitragsfreien Versicherung abzustellen wäre, kann dahingestellt bleiben, weil kein Arbeitgeber in diesen Fällen ein Interesse daran haben könnte, von seinem Abfindungsrecht Gebrauch zu machen. Die Versicherung wird vom Versicherer aufrechterhalten und belastet den Arbeitgeber nicht mit Verwaltungsaufwand. Der Versicherer hat kein Abfindungsrecht, d.h. er kann sich nicht ohne eine entsprechende Vollmacht von der Verpflichtung zur Erbringung von Versorgungszahlungen lösen. Im Übrigen ist es fraglich, ob überhaupt eine Abfindung in Betracht kommen könnte. Wird der Versicherungsvertrag gekündigt, muss er beitragsfrei fortgeführt werden, wenn der Arbeitgeber von der versicherungsförmigen Lösung Gebrauch gemacht hat. Folglich gehen § 2 Abs. 2 S. 2 oder § 2 Abs. 3 S. 3 vor (lex specialis).[45] Für beitragsorientierte Leistungszusagen, die vor dem 1.1.2001 erteilt wurden, kommt das Quotierungsverfahren gem. § 2 Abs. 1 BetrAVG zur Anwendung, wenn keine Vereinbarung i.S.v. § 30g Abs. 1 BetrAVG vorliegt. Dies gilt über § 2 Abs. 4 BetrAVG entsprechend für die Unterstützungskasse. 63

Entsprechendes gilt für eine Leistungszusage oder beitragsorientierte Leistungszusage, die durch Entgeltumwandlung finanziert wurde. 64

3. Beitragszusage mit Mindestleistung

Seit dem 1.1.2002 kann in den Durchführungswegen Direktversicherung, Pensionskasse und Pensionsfonds die Beitragszusage mit Mindestleistung verwendet werden. Diese Zusagegestaltung unterscheidet sich von der herkömmlichen Leistungszusage, weil die Leistung nicht bereits in der Anwartschaftszeit bestimmt oder bestimmbar ist. Die Leistungshöhe wird erst bei Erreichen der Altersgrenze aus dem dann vorhandenen Kapital ermittelt. 65

---

45 Für einen Vorrang der Verfügungsverbote vor § 3 BetrAVG: *Andresen/Förster/ Rößler/Rühmann* Teil 10 D Rn. 12; a.A. *Höfer* (Rn. 3633 zu § 3), der von einer Durchbrechung der Verfügungsverbote durch § 3 BetrAVG ausgehen will; *Blomeyer/Rolfs/Otto* (§ 3 Rn. 16) sehen keinen Wertungswiderspruch, gehen aber davon aus, dass § 2 Abs. 2 S. 5 BetrAVG striktere Regelungen enthält, so dass der Normzweck des Abfindungsverbotes voll durchgreife.

66 Der Gesetzgeber hat es versäumt, für die neu geschaffene Beitragszusage mit Mindestleistung eine eigenständige Berechnungsvorschrift in § 3 BetrAVG aufzunehmen. Damit ist die Frage unbeantwortet, wie bei dieser Zusagegestaltung der bei Erreichen der vorgesehenen Altersgrenze maßgebliche Monatsbetrag der laufenden Versorgungsleistung bestimmt werden soll bzw. bestimmt werden kann.

67 Die Höhe der aufrecht zu erhaltenden Anwartschaft richtet sich nach § 2 Abs. 5b BetrAVG. Danach kann in der Anwartschaftszeit zwar die Mindestleistung und die Höhe der Altersleistung aus der Mindestleistung bestimmt werden, nicht aber die tatsächliche Leistung bei Erreichen der festen Altersgrenze, weil weder im Ausscheidezeitpunkt noch in einem späteren Zeitpunkt bis zum Eintritt des Versorgungsfalles Alter die Höhe des Zahlbetrages ermittelt werden kann, weil keiner die Wertentwicklung der Kapitalanlage vorhersehen kann.

68 Solange nicht geklärt ist, wie bei einer Beitragszusage mit Mindestleistung »der Monatsbetrag der aus der Anwartschaft resultierenden laufenden Leistung bei Erreichen der vorgesehenen Altersgrenze« zu ermitteln ist, sollte auf jedwede Abfindungszahlung verzichtet werden.

4. 1% der monatlichen Bezugsgröße

69 Die monatliche Bezugsgröße ergibt sich aus § 18 SGV IV. Im Jahr 2007 beträgt sie 24,50 € (West) bzw. 21,00 € (Ost) für eine Rentenzusage in der Form der Leistungszusage oder beitragsorientierten Leistungszusage (2008: 24,85 €/21,00 €).[46] Die monatliche Bezugsgröße wird jährlich neu festgesetzt. Während sie in den Jahren von 1999 bis 2004 angehoben wurde, blieb sie in den Jahren 2005 und 2006 in den alten Bundesländern konstant. Entsprechendes gilt für die neuen Bundesländer für 2008.

70 Seit 2001 hat sich die monatliche Bezugsgröße wie folgt entwickelt:

Bezugsgröße nach § 18 SGB IV
(alte Bundesländer und West-Berlin)

Jahr	Monatlich	1%
2001	2.290,59 €	22,90 €
2002	2.345,00 €	23,45 €

---

46 Für die einheitliche Anwendung der Bezugsgröße West *Blomeyer/Rolfs/Otto* § 3 Rn. 48.

Jahr	Monatlich	1 %
2003	2.380,00 €	23,80 €
2004	2.415,00 €	24,15 €
2005	2.415,00 €	24,15
2006	2.450,00 €	24,50 €
2007	2.450,00 €	24,50 €
2008	2.485,00 €	24,85 €

Bezugsgröße nach § 18 SGB IV
(Neue Bundesländer und Ost-Berlin)

Jahr	Monatlich	1 %
2001	1.932,68 €	19,32 €
2002	1.960,00 €	19,60 €
2003	1.995,00 €	19,95 €
2004	2.030,00 €	20,30 €
2005	2.030,00 €	20,30 €
2006	2.065,00 €	20,65 €
2007	2.100,00 €	21,00 €
2008	2.100,00 €	21,00 €

Es ist auf die monatliche Bezugsgröße abzustellen, die in dem Zeitpunkt gilt, in dem der Arbeitgeber von seinem Abfindungsrecht Gebrauch macht. Welche Bezugsgröße im Zeitpunkt des Ausscheidens maßgeblich war, ist ohne Bedeutung.[47] Dies bedeutet, dass bei einer Versorgungsanwartschaft, die im Zeitpunkt des Ausscheidens die Bezugsgröße noch überstieg, später eine Abfindungszahlung zulässig werden kann, wenn im Laufe der Zeit die Bezugsgröße angestiegen ist und den Betrag übersteigt, der anlässlich des Ausscheidens nach § 2 Abs. 5 BetrAVG eingefroren wurde. Denn in § 3 Abs. 2 S. 1 BetrAVG wird

---

[47] A.A. *Blomeyer/Rolfs/Otto* § 3 Rn. 48, die auf die Bezugsgröße im Ausscheidezeitpunkt abstellen wollen.

nur dieser Zeitpunkt und in § 3 Abs. 5 i.V.m. § 4 Abs. 5 BetrAVG der Abfindungswert im Zeitpunkt der Abfindungszahlung fixiert und vorgegeben, nicht dagegen der Zeitpunkt, der für das Überschreiten der 1%-Grenze maßgeblich ist.

5. Bezugsgröße bei einer Kapitalzusage

72 Für Kapitalzusagen, die in der Form von Leistungszusagen oder beitragsorientierten Leistungszusagen erteilt werden, beträgt die Obergrenze für die Abfindungsmöglichkeit 12/10 der monatlichen Bezugsgröße gem. § 18 SGB IV. Dies sind im Jahr 2007 2.940 € (West; 2008: 2.982 €) und 2.520 € (Ost; 2008: 2.520 €). Folglich können Anwartschaften auf ein Alterskapital bis zu diesem Betrag abgefunden werden.

73 Die Obergrenze hat sich in der Vergangenheit wie folgt entwickelt:

Bezugsgröße nach § 18 SGB IV
(Alte Bundesländer und West-Berlin)

Jahr	monatlich	12/10
2001	2.290,59 €	2.748,70 €
2002	2.345,00 €	2.814,00 €
2003	2.380,00 €	2.856,00 €
2004	2.415,00 €	2.898,00 €
2005	2.415,00 €	2.898,00 €
2006	2.450,00 €	2.940,00 €
2007	2.450,00 €	2.940,00 €
2008	2.485,00 €	2.982,00 €

Bezugsgröße nach § 18 SGB IV
(Neue Bundesländer und Ost-Berlin)

Jahr	Monatlich	12/10
2001	1.932,68 €	2.319,21 €
2002	1.960,00 €	2.352,00 €
2003	1.995,00 €	2.394,00 €

Jahr	Monatlich	12/10
2004	2.030,00 €	2.436,00 €
2005	2.030,00 €	2.436,00 €
2006	2.065,00 €	2.478,00 €
2007	2.100,00 €	2.520,00 €
2008	2.100,00 €	2.520,00 €

6. Ausweis in einem Betrag

Nach § 3 Abs. 6 BetrAVG ist die Abfindung gesondert auszuweisen und einmalig zu zahlen. Werden anlässlich des Ausscheidens aus verschiedenen Rechtsgründen (z.B. Verlust des Arbeitsplatzes) weitere Abfindungsbeträge vereinbart, muss die Abfindung nach § 3 BetrAVG von diesen Beträgen getrennt ausgewiesen werden.[48]

III. Ausschluss des Abfindungsrechts

1. Unzulässigkeit der Abfindung

Nach § 3 Abs. 2 S. 3 BetrAVG ist die Abfindung einer gesetzlich unverfallbaren Anwartschaft unzulässig, wenn der ausgeschiedene Arbeitnehmer von seinem **Recht auf Übertragung** der Anwartschaft auf einen neuen Arbeitgeber Gebrauch gemacht hat. Dies bedeutet, dass der Arbeitgeber sein Abfindungsrecht solange nicht geltend machen kann, wie der Arbeitnehmer nach § 4 Abs. 3 BetrAVG die Möglichkeit hat, seinen Mitnahmeanspruch geltend zu machen. Da sich der Arbeitnehmer innerhalb eines Jahres seit seinem Ausscheiden dazu entscheiden muss, ob er das Mitnahmerecht ausübt oder nicht, kann frühestens ein Jahr nach dem Ausscheiden mit einer gesetzlich unverfallbaren Anwartschaft eine Abfindung vorgenommen werden.[49] In den Fällen, in denen der ausgeschiedene Arbeitnehmer vor Ablauf der Jahresfrist unmissverständlich erklärt hat, dass er seinen Mitnahmeanspruch nicht geltend macht, sollte dennoch von einer Abfindungszahlung binnen der Jahresfrist Abstand genommen werden, da der Arbeitnehmer nicht

---

48 *Höfer* BetrAVG, Rn. 3626 f. zu § 3.
49 A.A. *Blomeyer/Rolfs/Otto* § 3 Rn. 61, die von einer sofortigen Abfindungsmöglichkeit ausgehen und meinen, damit könne dem Übertragungsanspruch des Arbeitnehmers die Grundlage entzogen werden. Dies dürfte dem Wortlaut, aber auch dem Sinn und Zweck des Gesetzes widersprechen.

auf sein Mitnahmerecht verzichten kann (§ 17 Abs. 3 S. 3 BetrAVG). Er kann mit anderen Worten trotz einer solchen Erklärung noch gegen Ende der Frist seine Entscheidung widerrufen. Dies hätte zur Konsequenz, dass die Abfindungszahlung unzulässig wird. Der Arbeitgeber, der schon eine Auszahlung des Abfindungsbetrages vorgenommen hätte, könnte wohl nur nach den Grundsätzen der ungerechtfertigten Bereicherung gem. §§ 812 ff. BGB eine Rückzahlung geltend machen. Dies wird häufig daran scheitern, dass der ehemalige Arbeitnehmer nicht mehr bereichert ist.

2. Recht auf Übertragung

76 Nach § 4 Abs. 3 BetrAVG hat das Recht auf Übertragung nur ein Arbeitnehmer, der in den Durchführungswegen Pensionskasse, Pensionsfonds oder Direktversicherung ab dem 1.1.2005 eine Versorgungszusage erhalten hat (§ 30 b BetrAVG). Zudem darf der Übertragungswert die Jahres-Beitragsbemessungsgrenze in der gesetzlichen Rentenversicherung nicht übersteigen.

77 Dies bedeutet, dass in den Durchführungswegen unmittelbare Versorgungszusage und Unterstützungskassenzusage das Abfindungsrecht gem. § 3 BetrAVG nie ausgeschlossen ist, weil in diesen Durchführungswegen kein Mitnahmeanspruch nach § 4 Abs. 3 BetrAVG besteht. In diesen beiden Durchführungswegen kann deshalb auch bereits vor Ablauf eines Jahres eine Abfindung in den Grenzen von § 3 BetrAVG vorgenommen werden.

78 In den versicherungsförmigen Durchführungswegen kann sich bei einer arbeitgeberfinanzierten betrieblichen Altersversorgung frühestens bei einem Ausscheiden am 31.12.2009 die Situation ergeben, dass der Arbeitnehmer mit einer gesetzlich unverfallbaren Anwartschaft ausscheidet und im Zusammenhang mit dem Ausscheiden oder innerhalb der Jahresfrist nach dem Ausscheiden sein Mitnahmerecht geltend macht. Denn bei diesen Neuzusagen kann frühestens nach fünfjährigem Zusagebestand die gesetzliche Unverfallbarkeit eintreten.

79 Vor dem Ablauf der Fünfjahresfrist kann sich folglich eine Kollision zwischen dem Abfindungsrecht des Arbeitgebers und dem Mitnahmeanspruch des Arbeitnehmers nur dann ergeben, wenn die betriebliche Altersversorgung aus Entgeltumwandlung finanziert wurde. Denn bei diesen Zusagen tritt sofort die gesetzliche Unverfallbarkeit ein.

Abfindung § 3

3. Versicherungsförmige Lösung

Da in den Durchführungswegen Direktversicherung und Pensionskasse die Möglichkeit besteht, dass der Arbeitgeber von der versicherungsförmigen Lösung anlässlich des Ausscheidens des Arbeitnehmers Gebrauch macht, dürfte in diesen Fällen vielfach gar nicht die Notwendigkeit bestehen, das Abfindungsrecht geltend zu machen. Im Übrigen dürfte fraglich sein, ob überhaupt ein Abfindungsrecht besteht, weil dem Arbeitnehmer damit die Möglichkeit genommen würde, die Versicherung mit eigenen Beiträgen fortzuführen. Damit dürfte nur beim Pensionsfonds ein Interesse des Arbeitgebers bestehen, sein Abfindungsrecht auszuüben. Auch hierfür gilt, dass nur der Arbeitgeber und nicht der Versorgungsträger ein Abfindungsrecht hat. Ein Pensionsfonds kann nur mit Vollmacht des Arbeitgebers abfinden. 80

IV. Abfindungsrecht des Arbeitnehmers

1. Gesetzliche Neuregelung

Bis zum 31.12.2004 hatte der mit einer gesetzlich unverfallbaren Anwartschaft ausgeschiedene Arbeitnehmer ein einseitiges Abfindungsrecht, wenn seine Versorgungsanwartschaft die 1%-Grenze (Kapital 10/12) nicht überstieg. Dieses einseitige Abfindungsrecht wurde aufgehoben. Der Arbeitnehmer hat damit nicht mehr die Möglichkeit, von sich aus eine Abfindung zu verlangen. 81

Anders ist dies bei Arbeitnehmern, die mit einer gesetzlich unverfallbaren Anwartschaft aus dem Arbeitsverhältnis ausgeschieden sind, wenn ihnen die **Beiträge zur gesetzlichen Rentenversicherung erstattet** worden sind. Während nach der bis zum 31.12.2004 geltenden Rechtslage diese ehemaligen Arbeitnehmer nur im Einvernehmen mit dem Arbeitgeber eine Abfindungszahlung bewirken konnten, hat ihnen nunmehr der Gesetzgeber über § 3 Abs. 3 BetrAVG das Recht eingeräumt, vom Arbeitgeber eine Abfindung zu verlangen. Damit entscheidet ausschließlich der Arbeitnehmer, ob er dieses Recht ausübt. Der Arbeitgeber, dem die Erstattung der Beiträge zur gesetzlichen Rentenversicherung nachgewiesen wird, kann folglich künftig nicht verhindern, dass bei ihm der Abfindungsanspruch geltend gemacht wird. 82

Da der Gesetzgeber für dieses Abfindungsrecht **keine Übergangsregelung** geschaffen hat, sind nicht nur Arbeitgeber diesem Abfindungsanspruch ausgesetzt, bei denen künftig Arbeitnehmer mit einer gesetzlich unverfallbaren Anwartschaft ausscheiden, sondern es sind auch solche Arbeitgeber betroffen, bei denen in der Vergangenheit ein Arbeitneh- 83 mer ausgeschieden ist. Dies bedeutet, dass selbst Arbeitnehmer den Abfindungsanspruch geltend machen können, die vor Jahren mit einer gesetzlich unverfallbaren Anwartschaft ausgeschieden sind, wenn ihnen die Beiträge aus der gesetzlichen Rentenversicherung erstattet worden sind. Soweit Arbeitgeber in der Vergangenheit diesen ehemaligen Arbeitnehmern eine Abfindung verweigert haben, können sie sich künftig diesem Begehren nicht mehr widersetzen. Zu beachten ist allerdings, dass nur der Anwärter und nicht der Versorgungsempfänger ein solches Abfindungsrecht hat. Ist aus einer Anwartschaft zwischenzeitlich ein Versorgungsanspruch entstanden, ist damit § 3 Abs. 3 BetrAVG nicht mehr anwendbar.

2. Erstattung von Beiträgen der gesetzlichen Rentenversicherung

84 Durch das Gesetz zur Förderung der Rückkehrbereitschaft von Ausländern[50] wurde die Möglichkeit geschaffen, unabhängig von der Höhe der Versorgungsanwartschaft eine gesetzlich unverfallbare Anwartschaft – damals einvernehmlich – abzufinden, wenn die Beiträge zur gesetzlichen Rentenversicherung erstattet worden sind. Damit sollte den Arbeitnehmern mit ausländischer Staatszugehörigkeit, die in ihre Heimatländer zurückkehren wollten, die Möglichkeit eröffnet werden, nicht nur ihre aus den eigenen Beiträgen finanzierten Anwartschaften aus der gesetzlichen Rentenversicherung zu kapitalisieren, sondern auch ihre betrieblichen Versorgungsanwartschaften.

85 Aus der einvernehmlichen Abfindung ist ein Abfindungsrecht geworden. Der Arbeitnehmer, der dieses Recht geltend macht, muss dem Arbeitgeber durch Vorlage des Bescheides seines Rentenversicherungsträgers nachweisen, dass ihm die Beiträge zur gesetzlichen Rentenversicherung erstattet worden sind. Wird dieser Nachweis nicht erbracht, kann davon ausgegangen werden, dass keine Erstattung stattgefunden hat. Es sind dann die Voraussetzungen für einen Abfindungsanspruch nicht gegeben.

V. Keine Abfindung bei Liquidation

86 Soll ein Unternehmen außerhalb eines Insolvenzverfahrens liquidiert werden, **gibt es keine besonderen Abfindungsmöglichkeiten**. Damit sind auch in dieser Situation nur in den Grenzen des § 3 BetrAVG Abfindungen möglich. Wird beim Versorgungsanwärter die 1 %-Grenze überschritten, scheidet eine Abfindung aus.

---

50 V. 28.11.1983 BGBl. I S. 1377.

Abfindung § 3

Der Gesetzgeber hat mit Wirkung ab dem 1.1.1999 für die Aufgabe des Geschäftsbetriebes mit anschließender Liquidation in § 4 Abs. 4 BetrAVG (früher § 4 Abs. 3 BetrAVG) die Möglichkeit geschaffen, auf vereinfachte Art und Weise eine schuldbefreiende Übernahme auf einen externen Versorgungsträger (Pensionskasse, Lebensversicherungsunternehmen, nicht Pensionsfonds) vorzunehmen. Der als Gegenleistung zu zahlende Einmalbeitrag ist höher als ein Abfindungsbetrag. Dies muss das Unternehmen in Kauf nehmen, wenn es sich von den Verpflichtungen befreien will. Um die steuerliche Belastung einzuschränken, wurde der Einmalbeitrag gem. § 3 Nr. 65 EStG lohnsteuerfrei gestellt mit der Konsequenz, dass erst bei Auszahlung der Versorgungsleistung diese nachgelagert zu versteuern ist. 87

VI. Abfindung in der Insolvenz

Der Teil der Versorgungsanwartschaft, der **bis zur Eröffnung des Insolvenzverfahrens** erdient wurde, wird durch den PSVaG gesichert, wenn die Voraussetzungen hierfür erfüllt sind.[51] Ist im Zeitpunkt der Eröffnung des Insolvenzverfahrens das Arbeitsverhältnis bereits beendet und der Arbeitnehmer mit einer gesetzlich unverfallbaren Anwartschaft ausgeschieden, wird ausschließlich durch den PSVaG der gesetzliche Insolvenzschutz gewährleistet. § 3 Abs. 1 S. 4 BetrAVG ist nicht anwendbar. 88

Diese Vorschrift ist folglich nur von Bedeutung für die Arbeitnehmer, die **nach Eröffnung des Insolvenzverfahrens ihr Arbeitsverhältnis fortsetzen**. Bei diesen Arbeitnehmern ist zwischen dem Teil der Versorgungsanwartschaft, der vor der Eröffnung des Insolvenzverfahrens erdient wurde, und dem Teil der Versorgungsanwartschaft, der nach der Eröffnung des Insolvenzverfahrens (Insolvenzstichtag) erdient wurde, zu differenzieren. Der erste Teil wird durch den PSVaG gesichert, wenn im Zeitpunkt der Eröffnung des Insolvenzverfahrens die gesetzlichen Unverfallbarkeitsvoraussetzungen erfüllt waren. Für den Teil der Versorgungsanwartschaft, der nach dem Insolvenzstichtag erdient wird, sieht § 3 BetrAVG eine besondere Abfindungsmöglichkeit vor, um die Liquidation eines Unternehmens im Insolvenzverfahren zu erleichtern.[52] **Ohne die Zustimmung** des Arbeitnehmers kann der Teil abgefunden werden, der während des Insolvenzverfahrens erdient wurde, wenn die **Betriebstätigkeit vollständig eingestellt** und das Unternehmen liquidiert wird. 89

---

51 S. dazu § 7 Rn. 61 ff.
52 *Berenz* Gesetzesmaterialien BetrAVG § 3, S. 150.

90 § 3 Abs. 1 S. 4 BetrAVG korrespondiert mit der Regelung in § 8 Abs. 2 BetrAVG.[53]

VII. Abfindung bei Versorgungsempfängern

1. Laufende Leistungen

91 Der Arbeitgeber hat bei laufenden Leistungen, für die der Anspruch nach dem 31.12.2004 entstanden ist, ein einseitiges Abfindungsrecht. Dies ergibt sich aus § 3 Abs. 2 S. 2 BetrAVG, wonach die Regelung des Satzes 1 entsprechend für eine Abfindung einer laufenden Leistung gilt. Dies bedeutet, dass der Arbeitgeber ohne Zustimmung des Versorgungsempfängers eine Abfindung vornehmen kann, wenn der Monatsbetrag der laufenden Leistung im Abfindungszeitpunkt 1 vom Hundert der Bezugsgröße nach § 18 SGB IV nicht übersteigt.

92 Insoweit ist Satz 1 in gewisser Weise zu modifizieren. Es kommt nicht darauf an, welche Leistung bei Erreichen der vorgesehenen Altersgrenze zu zahlen war, sondern es kann nach dem Sinn und Zweck des Gesetzes nur darauf ankommen, wie hoch die Leistung ist, die der Versorgungsempfänger tatsächlich bezieht. Es kommt auch nicht darauf an, ob eine Altersleistung bezogen wird. In Satz 1 wird deshalb auf die Altersleistung abgestellt, weil dies der einzige Zeitpunkt in der Anwartschaftszeit ist, auf den eine Versorgungsleistung immer berechnet werden kann. Vorzeitige Leistungen sind bei Anwärtern i.d.R. nicht bestimmbar. Diese Besonderheit bei Anwärtern kann bei Versorgungsempfängern unberücksichtigt bleiben. Folglich ist in den Grenzen des § 3 Abs. 1 S. 1 BetrAVG auch eine Invaliditäts-, Witwen-/Witwer- und auch eine Waisenleistung abfindbar. Auch die Altersleistung fällt unter den Anwendungsbereich des Gesetzes.

93 Die 1 %-Grenze ist im Zeitpunkt der Abfindung zu bestimmen. Übersteigt die laufende Leistung im Zeitpunkt der Abfindung den Grenzwert, besteht ein Abfindungsverbot. Dies gilt auch dann, wenn von einem Arbeitgeber oder dessen Versorgungsträger mehrere Renten an einen Versorgungsempfänger gezahlt werden. Diese sind zusammenzurechnen.

94 Die in § 3 Abs. 2 S. 1 BetrAVG enthaltene Regelung, die sich auf Kapitalzusagen bezieht, ist bei Versorgungsempfängern ohne Bedeutung. Kapitalzusagen fallen nicht unter den Anwendungsbereich des § 3 BetrAVG beim Versorgungsempfänger.

---

53 S. dazu § 8 Rn. 19 ff.

Abfindung § 3

2. Abfindung in der Insolvenz

Die besondere Regelung für Abfindungszahlungen während eines Insolvenzverfahrens gilt nicht für Versorgungsempfänger. Sie ist nur auf Anwärter anzuwenden. Zum gesetzlichen Insolvenzschutz von Versorgungsempfängern wird auf die Ausführungen in § 7 verwiesen. 95

3. Keine Abfindung bei Liquidation

Auch für Versorgungsempfänger gibt es keine besondere Regelung für den Fall, dass ein Unternehmen liquidiert wird. Auch bei einer Liquidation ist eine Abfindung von laufenden Leistungen nur in den Grenzen von § 3 BetrAVG möglich. Übersteigt die laufende Leistung die 1 %-Grenze, kommt folglich nur eine schuldbefreiende Übernahme nach § 4 Abs. 4 BetrAVG bei einem Versorgungsempfänger in Betracht, da diese Vorschrift auch laufende Leistungen der betrieblichen Altersversorgung umfasst.[54] 96

4. Abfindungsvereinbarungen

Für laufende Leistungen, bei denen der Rentenbeginn vor dem 1.1.2005 liegt, kommen Abfindungsvereinbarungen in Betracht, da für diese laufenden Leistungen § 3 BetrAVG nicht gilt. Die Vereinbarung setzt eine übereinstimmende Willenserklärung zwischen dem Arbeitgeber und dem Versorgungsempfänger voraus. Die Zustimmung der Hinterbliebenen ist nicht erforderlich, da sie nur durch einen Vertrag zugunsten Dritter hinsichtlich der Hinterbliebenenleistung begünstigt und nicht selbst Vertragspartner sind. Es kann jede laufende Leistung unabhängig von ihrer Höhe abgefunden werden. Bei einer Abfindungsvereinbarung sollte darauf geachtet werden, dass der Versorgungsempfänger am Fälligkeitsstichtag noch leben muss, weil ansonsten die vereinbarte Abfindung in den Nachlass fallen würde. Stirbt der Versorgungsempfänger, nachdem ihm ein Abfindungsangebot unterbreitet wurde, bevor er dieses angenommen hat, können seine Erben dieses nicht mehr annehmen, weil hierfür die Geschäftsgrundlage entfallen ist.[55] Es kann dann den Hinterbliebenen kein neues Angebot bezogen auf ihre Leistungen unterbreitet werden (Ausnahme: im Rahmen der 1%-Gren- 97

---

54 A.A. *Andresen/Förster/Rößler/Rühmann* (Teil 10 D Rn. 76), die möglicherweise neben der Anwendung von § 4 Abs. 4 BetrAVG eine Übertragung gem. § 4 BetrAVG auf einen anderen Schuldner für möglich halten.
55 A.A. *Andresen/Förster/Rößler/Rühmann* Teil 10 D Rn. 267.

ze), weil der Zahlungsbeginn für diese Renten immer nach dem 31.12.2004 liegt und damit das Abfindungsverbot greift.[56]

98 Da die Auszahlung eines Abfindungsbetrages an den Versorgungsempfänger bei diesem einen lohnsteuerlichen Zufluss auslöst, ist in der Praxis festzustellen, dass Abfindungsvereinbarungen mit Versorgungsempfängern nur dann realisierbar sind, wenn entweder der Arbeitgeber die zusätzliche Steuerbelastung trägt oder aber der ehemalige Arbeitnehmer seine Lebenserwartung als gering einschätzt.

99 Von einer einvernehmlichen Abfindung ist ein Vorbehalt zu unterscheiden, den der Arbeitgeber in die Versorgungszusage aufgenommen hat. Solche Vorbehalte verlieren wegen Verstoßes gegen § 3 Abs. 1 S. 2 BetrAVG ihre Wirkung, wenn ein Versorgungsempfänger nach dem 31.12.2004 die Versorgungsleistung auslöst. Soweit der Versorgungsanspruch vor dem 1.1.2005 entstanden ist, behält der Vorbehalt seine Bedeutung. Der Arbeitgeber kann einseitig eine Abfindung vornehmen. Damit wird bei diesen laufenden Leistungen eine Abfindung möglich, ohne dass der Versorgungsempfänger seine Zustimmung erteilen muss.

100 Abfindungsvorbehalte bei Versorgungsempfängern können jedoch steuerliche Probleme aufwerfen. Dabei kommt es auf die Formulierung des Vorbehalts an. Der BFH wertet einen Vorbehalt als steuerschädlich, wenn der Abfindungsbetrag, den der Arbeitgeber zahlen will, geringer ist als der Barwert der Verpflichtung. Dies hat er zumindest für einen Abfindungsvorbehalt bei einem Versorgungsanwärter entschieden.[57] Der BMF hatte zwischenzeitlich mit Schreiben vom 6.4.2005 gefordert, dass Versorgungszusagen, die einen Abfindungsvorbehalt haben, bis zum **31.12.2005** an die steuerlichen Anforderungen angepasst werden.[58]

VIII. Besonderheiten bei einzelnen Durchführungswegen

1. Unmittelbare Versorgungszusagen

101 Es ergeben sich keine Besonderheiten zu dem Vorstehenden.

---

56 A.A. *Höfer* BetrAVG, Rn. 3551.8 zu § 3.
57 BFH 10.11.1998, I R 49/97, BFHE 187, 474, DB 1999, 617, BB 1998, 581.
58 IV B 2 – S. 2176 – 10/05, BStBl. I 2005, S. 619.

2. Unterstützungskasse

§ 3 BetrAVG ist uneingeschränkt auf Unterstützungskassenzusagen anzuwenden. Auf die Art und Weise, wie die Unterstützungskasse finanziert wird, kommt es nicht an. Insbesondere ist es bei rückgedeckten Unterstützungskassen nicht zulässig, beim Ausscheiden des Arbeitnehmers mit einer gesetzlich unverfallbaren Anwartschaft auf den Arbeitnehmer die von der Unterstützungskasse abgeschlossene Rückdeckungsversicherung zu übertragen. Eine solche Abtretung von Versicherungsansprüchen ist nur in den Grenzen des § 3 BetrAVG möglich,[59] wenn der Arbeitgeber – und nicht die Unterstützungskasse – von seinem Abfindungsrecht in den Grenzen des § 3 BetrAVG Gebrauch macht. Der Unterstützungskasse steht kein Abfindungsrecht zu. Nimmt sie eine Abfindung in den Grenzen des § 3 BetrAVG vor, ohne dass der Arbeitgeber dies veranlasst hat, ist der Arbeitgeber von seiner Verpflichtung nicht frei geworden,[60] es sei denn, die Unterstützungskasse hatte eine entsprechende Vollmacht des Arbeitgebers. Diese kann sie sich z.b. im Beitrittsvertrag, mit dem der Arbeitgeber zum Trägerunternehmen wird, generell für alle zulässigen Abfindungsfälle erteilen lassen.

102

Bei der 1%-Grenze bzw. der Obergrenze von 10/12 der Bezugsgröße kommt es nicht auf den Wert der Rückdeckungsversicherung an, sondern auf den Wert der Altersanwartschaft bzw. des Versorgungsanspruchs.

3. Direktversicherung

Wurde für einen Arbeitnehmer eine Direktversicherung abgeschlossen und ist der Arbeitnehmer mit einer gesetzlich unverfallbaren Anwartschaft aus dem Arbeitsverhältnis ausgeschieden, hat der Arbeitgeber nach § 3 Abs. 2 S. 1 BetrAVG die Möglichkeit, eine unverfallbare Anwartschaft unter Anwendung des Quotierungsverfahrens aufrecht zu erhalten. Dabei richtet sich der Teil des Anspruchs, der nicht durch die beitragsfreie Direktversicherung abgedeckt wird, gegen den Arbeitgeber unmittelbar. Diesen Teil der Anwartschaft, also den Differenzanspruch, kann der Arbeitgeber in den Grenzen des § 3 BetrAVG abfinden.

103

Soll dieser Differenzanspruch abgefunden werden, liegt eine Teilabfindung vor, weil der andere Teil der Anwartschaft durch die Direktversicherung abgedeckt wird. Für diese Teilabfindung ist § 3 BetrAVG unein-

104

---

59 *Pophal* BetrAV 2003, 412.
60 A.A. wohl *Blomeyer/Rolfs/Otto* § 3 Rn. 66.

geschränkt anwendbar. Dies bedeutet, dass bezogen auf den gesamten Wert der aufrecht zu erhaltenden Anwartschaft, also nicht nur bezogen auf den Differenzbetrag, der sich gegen den Arbeitgeber richtet, der Grenzwert einzuhalten ist. Eine Abfindung ist nur zulässig, wenn die gesamte Anwartschaft unter Berücksichtigung der Leistungen aus der Direktversicherung den Grenzwert des § 3 Abs. 2 S. 1 BetrAVG nicht übersteigt.

105 Bei einer Direktversicherung besteht aber auch die Möglichkeit, die versicherungsförmige Lösung anzuwenden.[61] Wurde die Anwartschaft nach dieser Methode aufrechterhalten, kommt dem Abfindungsrecht nach § 3 BetrAVG keine Bedeutung zu.[62] Es greifen dann die gesetzlichen Verfügungsbeschränkungen. Insoweit ist § 2 Abs. 2 S. 2 ff. BetrAVG lex specialis im Verhältnis zu § 3 BetrAVG. Eine Abfindung ist nicht zulässig.[63]

106 Soweit ausnahmsweise über eine Direktversicherung bereits eine laufende Leistung erbracht wird, dürfte für Versorgungsansprüche, die nach dem 31.12.2004 entstehen, dem Abfindungsrecht des Arbeitgebers kaum eine Bedeutung zukommen, weil die Leistungen vom Versicherer erbracht werden und damit kein Verwaltungsaufwand beim Arbeitgeber entsteht.

107 Will der Arbeitgeber von seinem Abfindungsrecht in den Grenzen des § 3 BetrAVG dennoch Gebrauch machen, müsste der Versicherungsvertrag rückkaufbar sein.

108 Soweit Direktversicherungen als Rentenversicherungen mit Kapitalwahlrecht ab dem 1.1.2005 abgeschlossen werden, ist zu beachten, dass für laufende Leistungen aus diesen Direktversicherungen immer das Abfindungsverbot des § 3 Abs. 2 S. 2 BetrAVG gilt. Ist der Anspruch auf eine laufende Leistung entstanden, kann folglich nur im Rahmen der 1 %-Grenze eine Abfindung vorgenommen werden. Dieses Abfindungsrecht ist von der Kapitaloption zu unterscheiden. Mit der Kapitaloption wird dem Arbeitnehmer das Recht eingeräumt, vor Fälligwerden der Versicherungsleistung statt einer Rentenzahlung eine einmalige Kapitalauszahlung zu wählen. Dieses Wahlrecht des Arbeitnehmers ist hinsichtlich der Altersleistung auszuüben, bevor die Altersgrenze nach Maßgabe des Versicherungsvertrages erreicht wird. Macht der Versorgungsanwärter von diesem Kapitalwahlrecht Ge-

---

61 § 2 Rn. 111 ff.
62 OLG Saarbrücken 8.6.1989, 5 U 117/87, VersR 1998, 577.
63 *Andresen/Förster/Rößler/Rühmann* Teil 10 D Rn. 102.

brauch, entsteht zu keinem Zeitpunkt ein Anspruch auf eine laufende Leistung, so dass das Abfindungsverbot des § 3 BetrAVG nicht greifen kann. Da eine Kapitaloption bei diesen Versicherungen auch ausgeübt werden kann, wenn eine Hinterbliebenenleistung versichert ist, ist hinsichtlich des Optionsrechts wie folgt zu differenzieren:

Hat der versorgungsberechtigte Hinterbliebene ein solches Optionsrecht und übt er dieses innerhalb der ihm gesetzten Fristen aus, entsteht kein Anspruch auf eine laufende Leistung. Eine Kollision mit dem Abfindungsverbot des § 3 BetrAVG kann nicht eintreten. Wird die Option nicht oder nicht rechtzeitig ausgeübt, entsteht der Anspruch auf die laufende Leistung und es greift das Abfindungsverbot des § 3 BetrAVG. 109

4. Pensionskasse

Bei einer Pensionskasse gelten im Wesentlichen dieselben Ausführungen wie bei einer Direktversicherung.[64] 110

Da bei Pensionskassen Beitragszusagen mit Mindestleistung weit verbreitet sind, ist in diesem Zusammenhang auf die Ausführungen unter Rn. 65 ff. zu verweisen. 111

Sehen die Versicherungsbedingungen einer Pensionskasse vor, dass ein Teil des bei Eintritts des Versorgungsfalles vorhandenen Kapitals kapitalisiert wird (maximal 30 % des vorhandenen Kapitals), erstreckt sich nach dem diesseitigen Verständnis des § 3 BetrAVG das Abfindungsverbot nur auf den verrenteten Teil des vorhandenen Kapitals. Hinsichtlich des Betrages, der über die Teilkapitalisierung ausgezahlt wird, entsteht überhaupt kein Anspruch auf eine laufende Leistung, so dass dieser Betrag bei Anwendung der 1 %-Grenze nicht zu berücksichtigen ist. 112

5. Pensionsfonds

Die Abfindung richtet sich nach den allgemeinen Grundsätzen. Sie ist nur in den Grenzen von § 3 BetrAVG zulässig. Eine versicherungsförmige Lösung kommt nicht in Betracht. 113

Zur Abfindung bei der Beitragszusage mit Mindestleistung wird auf Rn. 65 ff. verwiesen. 114

---

[64] Zur Abfindung durch die Pensionskasse *Klein* FS Kemper, S. 258.

E. Konsequenzen des Verstoßes gegen das Abfindungsverbot

I. Nichtigkeit

115 Ist gesetzwidrig eine Abfindung vorgenommen worden, ist die Maßnahme nichtig (§ 134 BGB). Die Verpflichtung des Arbeitgebers, die zugesagten Versorgungsleistungen zu erbringen, ist nicht untergegangen.

116 Dabei ist ohne Bedeutung, ob der Arbeitgeber oder der externe Versorgungsträger das Abfindungsverbot missachtet hat. Der Arbeitgeber muss für ein Fehlverhalten seines Erfüllungsgehilfen einstehen.

II. Rückzahlung des Abfindungsbetrages

117 Der Arbeitnehmer, der eine Abfindung zu Unrecht erhalten hat, ist nach den Grundsätzen der ungerechtfertigten Bereicherung verpflichtet, den Abfindungsbetrag an den Arbeitgeber zurückzuzahlen. § 817 Abs. 2 BGB schließt den Rückzahlungsanspruch nicht aus. Diese Vorschrift gilt für alle Bereicherungsansprüche, die auf einer rechtsgrundlosen Leistung beruhen. Es genügt, dass nur der Arbeitgeber als Leistender gegen ein gesetzliches Verbot verstoßen hat. Der Anwendungsbereich des § 817 Abs. 2 BGB wird jedoch durch den Schutzzweck des gesetzlichen Verbots begrenzt. Das betriebsrentenrechtliche Abfindungsverbot verlangt nicht, dass ein Arbeitnehmer den Versorgungsanspruch, der nicht untergegangen ist, zusätzlich zur Abfindung behält.[65] Ein Bereicherungsanspruch besteht aber nur dann, wenn beim Arbeitnehmer noch eine Bereicherung vorliegt.

III. Zu geringe Abfindung

118 Die Höhe der Abfindung ist in § 3 Abs. 5 BetrAVG vorgegeben. Wird gegen diese Vorschrift verstoßen und ein geringerer Abfindungsbetrag gezahlt, ist die Abfindung unwirksam. Dies ergibt sich aus § 17 Abs. 3 S. 3 BetrAVG.

---

65 BAG 17.10.2000, 3 AZR 7/00, EzA § 3 BetrAVG Nr. 7, DB 2001, 2201; a.A. *Andresen/Förster/Rößler/Rühmann* Teil 10 D Rn. 382; *Blomeyer/Rolfs/Otto* § 3 Rn. 43.

Abfindung § 3

F. Höhe der Abfindung

In § 3 Abs. 2 BetrAVG a.F. war geregelt, dass auf den Barwert oder das Deckungskapital bei der Ermittlung des Abfindungsbetrages abzustellen ist. Soweit ein Deckungskapital nicht zum Geschäftsplan gehört, wurde auf den Zeitwert gem. § 176 Abs. 3 des Gesetzes über den Versicherungsvertrag abgestellt. Diese Regelungen wurden aufgehoben. 119

Maßgeblich ist nach § 3 Abs. 5 BetrAVG ausschließlich der Übertragungswert, der in § 4 Abs. 5 BetrAVG definiert wird. Diese Berechnungsregel gilt gleichermaßen für gesetzlich unverfallbar ausgeschiedene Anwärter wie auch für Versorgungsempfänger. Hierzu wird auf die Ausführungen in § 4 Rn. 103 ff. verwiesen. 120

G. Tarifverträge

Nach § 17 Abs. 3 S. 1 BetrAVG kann in Tarifverträgen von § 3 BetrAVG abgewichen werden. Dies bedeutet, dass die Tarifvertragsparteien die Abfindungsmöglichkeiten einschränken, aber auch erweitern können. 121

Besteht ausnahmsweise ein Tarifvertrag, in dem Abfindungsregelungen enthalten sind, muss anhand dieses Tarifvertrages geprüft werden, ob und inwieweit eine Abfindung dem Grunde und der Höhe nach zulässig ist. Anhand der tarifvertraglichen Regelung ist dann auch zu prüfen, ob gegen ein Abfindungsverbot verstoßen worden ist. 122

H. Besonderheiten bei Betriebsvereinbarungen

Beruht die betriebliche Altersversorgung auf einer Betriebsvereinbarung, kommt ein Verzicht bzw. Abfindung nur dann in Betracht, wenn im Einzelfall bei einem einzelnen Arbeitnehmer auf die Rechte aus der Betriebsvereinbarung gänzlich oder zum Teil verzichtet wird und dem einzelnen Arbeitnehmer hierfür eine Abfindung gezahlt werden soll. Eine solche Abfindung/ein solcher Verzicht ist nur mit **Zustimmung des Betriebsrates** möglich (§ 77 Abs. 4 BetrVG). Der Betriebsrat kann seine Zustimmung zum Verzicht formlos erteilen. Dabei muss er aber unmissverständlich zum Ausdruck bringen, dass er mit der Abfindung/dem Verzicht einverstanden ist. Es genügt nicht, dass der Betriebsrat sich aus der Angelegenheit heraushalten will und er lediglich eine neutrale Haltung einnimmt.[66] 123

---
66 BAG 3.6.1997, 3 AZR 25/96, EzA 77 BetrVG 1972 Nr. 59, DB 1998, 267.

124 Für die Zustimmung gelten die §§ 182 ff. BGB. Sie kann vorab als Einwilligung (§ 182 BGB) oder nachträglich als Genehmigung (§ 184 BGB) erteilt werden. Sie kann mündlich oder stillschweigend erklärt werden. Die Erklärung muss lediglich eindeutig sein.

125 Fehlt die Zustimmung des Betriebsrates, ist die Maßnahme unwirksam. Der Arbeitgeber wird nicht von seinen Leistungspflichten frei.

I. Abfindungsvorbehalte

126 Zu Zeiten, als eine Abfindung im Rahmen des § 3 BetrAVG nur einvernehmlich möglich war, haben sich viele Arbeitgeber in der Versorgungszusage vorbehalten, einseitig eine Abfindung vorzunehmen, wenn z.B. der Versorgungsfall eingetreten war. Derartige Vorbehalte haben ihre Bedeutung verloren, da nach § 3 BetrAVG der Arbeitgeber ein einseitiges Abfindungsrecht hat.

127 Formuliert ein Arbeitgeber einen Vorbehalt so, dass ihm ein einseitiges Abfindungsrecht bei einer laufenden Leistung noch so lange zusteht, bis die erste Rentenzahlung fällig geworden ist, und nimmt er aufgrund eines solchen Vorbehalts eine Abfindungszahlung vor, ist die Abfindung unwirksam, wenn der Rentenbeginn nach dem 31.12.2004 liegt. Auch wenn § 30 g Abs. 2 BetrAVG auf die »Zahlung« abstellt, ist damit nicht gemeint, dass bei einem neu entstandenem Rentenanspruch noch vor der ersten Zahlung einer Rente eine Abfindung möglich ist. Dies stellt eine Umgehung von § 3 BetrAVG dar und ist gemäß § 17 Abs. 3 S. 3 BetrAVG ohne Bedeutung.

128 Abfindungsvorbehalte, die in der Vergangenheit verwendet wurden, können steuerschädlich sein, wenn eine unmittelbare Versorgungszusage erteilt wurde. Dies gilt gleichermaßen für Vorbehalte bei Anwärtern wie auch bei Versorgungsempfängern. Wegen der Einzelheiten wird auch das BMF-Schreiben vom 6.4.2005[67] verwiesen. Vorbehalte, die die Voraussetzungen dieses Schreibens nicht erfüllen, führen dazu, dass ab dem 1.1.2006 Pensionsrückstellungen nicht mehr anerkannt werden. Folglich musste vor dem 1.1.2006 eine Anpassung der Klauseln vorgenommen werden.

---

67 IV B 2 – S 2176 – 10/05, BStBl. I 2005, S. 619.

J. Steuerliche Folgen einer Abfindung

Bei einer unmittelbaren Versorgungszusage und bei einer Zusage auf Unterstützungskassenleistungen werden die ausgezahlten Versorgungsleistungen gem. § 19 EStG versteuert, und zwar zu dem Zeitpunkt, in dem die Auszahlung (Zufluss gemäß § 11 EStG) erfolgt. Wird statt einer Rente eine Abfindung vorgenommen, ist der Abfindungsbetrag nach § 19 EStG zu versteuern. Wird eine Rente abgefunden, gilt dies entsprechend. Der Abfindungsbetrag erhöht das zu versteuernde Einkommen. Da es sich bei dem Abfindungsbetrag um eine einmalige Zahlung für eine mehrjährige Tätigkeit handelt, muss die steuerliche Progression durch die Anwendung von § 34 EStG gemindert werden. Bei einer Abfindung in einem versicherungsförmigen Durchführungsweg hängt es von der Besteuerung in der Anwartschaftsphase ab, wie der ausgezahlte Kapitalbetrag zu versteuern ist. Würden die Beiträge pauschal versteuert oder voll aus versteuertem Einkommen gezahlt, ist der ausgezahlte Betrag steuerfrei. Es werden lediglich die Zinsen nach § 20 Abs. 1 Nr. 6 EStG versteuert. Waren die Beiträge steuerfrei, ist der Auszahlbetrag voll gem. § 22 Nr. 5 EStG zu versteuern. § 34 EStG ist nicht anwendbar.[68]

129

Auch wenn Sozialversicherungsabgaben nicht zum Steuerrecht gehören, ist ein Hinweis auf § 229 SGB V erlaubt. Dort ist geregelt, dass laufende Renten krankenversicherungspflichtig sind. Wird eine laufende Rente abgefunden, bleibt sie sozialversicherungspflichtig für 120 Monate. Die Beitragspflicht besteht für maximal 10 Jahre. Entsprechendes gilt für die gesetzliche Pflegeversicherung.

130

---

68 BMF-Schreiben v. 17.11.2004 BStBl. I S. 1065, Rn. 177 (Anhang III); *Harder-Buschner* NWB Fach 3, 13240.

§ 4 Übertragung

(1) Unverfallbare Anwartschaften und laufende Leistungen dürfen nur unter den Voraussetzungen der folgenden Absätze übertragen werden.

(2) Nach Beendigung des Arbeitsverhältnisses kann im Einvernehmen des ehemaligen mit dem neuen Arbeitgeber sowie dem Arbeitnehmer

1. die Zusage vom neuen Arbeitgeber übernommen werden oder

2. der Wert der vom Arbeitnehmer erworbenen unverfallbaren Anwartschaft auf betriebliche Altersversorgung (Übertragungswert) auf den neuen Arbeitgeber übertragen werden, wenn dieser eine wertgleiche Zusage erteilt; für die neue Anwartschaft gelten die Regelungen über Entgeltumwandlung entsprechend.

(3) [1]Der Arbeitnehmer kann innerhalb eines Jahres nach Beendigung des Arbeitsverhältnisses von seinem ehemaligen Arbeitgeber verlangen, dass der Übertragungswert auf den neuen Arbeitgeber übertragen wird, wenn

1. die betriebliche Altersversorgung über einen Pensionsfonds, eine Pensionskasse oder eine Direktversicherung durchgeführt worden ist und

2. der Übertragungswert die Beitragsbemessungsgrenze in der allgemeinen Rentenversicherung nicht übersteigt.

[2]Der Anspruch richtet sich gegen den Versorgungsträger, wenn der ehemalige Arbeitgeber die versicherungsförmige Lösung nach § 2 Abs. 2 oder 3 gewählt hat oder soweit der Arbeitnehmer die Versicherung oder Versorgung mit eigenen Beiträgen fortgeführt hat. [3]Der neue Arbeitgeber ist verpflichtet, eine dem Übertragungswert wertgleiche Zusage zu erteilen und über einen Pensionsfonds, eine Pensionskasse oder eine Direktversicherung durchzuführen. [4]Für die neue Anwartschaft gelten die Regelungen über Entgeltumwandlung entsprechend.

(4) [1]Wird die Betriebstätigkeit eingestellt und das Unternehmen liquidiert, kann eine Zusage von einer Pensionskasse oder einem Unternehmen der Lebensversicherung ohne Zustimmung des Arbeitnehmers oder Versorgungsempfängers übernommen werden, wenn sichergestellt ist, dass die Überschussanteile ab Rentenbeginn ent-

sprechend § 16 Abs. 3 Nr. 2 verwendet werden. ²§ 2 Abs. 2 Satz 4 bis 6 gilt entsprechend.

(5) ¹Der Übertragungswert entspricht bei einer unmittelbar über den Arbeitgeber oder über eine Unterstützungskasse durchgeführten betrieblichen Altersversorgung dem Barwert der nach § 2 bemessenen künftigen Versorgungsleistung im Zeitpunkt der Übertragung; bei der Berechnung des Barwerts sind die Rechnungsgrundlagen sowie die anerkannten Regeln der Versicherungsmathematik maßgebend. ²Soweit die betriebliche Altersversorgung über einen Pensionsfonds, eine Pensionskasse oder eine Direktversicherung durchgeführt worden ist, entspricht der Übertragungswert dem gebildeten Kapital im Zeitpunkt der Übertragung.

(6) Mit der vollständigen Übertragung des Übertragungswerts erlischt die Zusage des ehemaligen Arbeitgebers.

Übersicht	Rn.
A. Gesetzliche Neuregelung	1
I. Portabilität	1
II. Keine Anwendung beim Betriebsübergang	9
III. Keine Anwendung beim Wechsel des Durchführungsweges	10
B. Einvernehmliche Übertragung	11
I. Einvernehmen	14
II. Übernahme der Zusage	16
III. Alle Durchführungswege	20
1. Unmittelbare Versorgungszusage	21
2. Unterstützungskassenzusage	24
3. Direktversicherung	26
4. Pensionskasse	28
5. Pensionsfonds	30
IV. Alle Zusagearten	31
1. Leistungszusage	32
2. Beitragsorientierte Leistungszusage	33
3. Beitragszusage mit Mindestleistung	34
V. Auswirkungen beim Arbeitnehmer	36
VI. Zeitlicher Geltungsbereich	37
VII. Keine steuerliche Flankierung	39
C. Übertragungswert und Neuzusage	41
I. Wert der erworbenen Anwartschaft	44
II. Wertgleiche Zusage des neuen Arbeitgebers	46
III. Erlöschen der Zusage	50
IV. Steuerliche Flankierung	51
1. Versicherungsförmige Durchführungswege	51
2. Unterstützungskasse	54
3. Unmittelbare Versorgungszusage	56

§ 4 Übertragung

D. Mitnahmeanspruch (Portabilität)   58
- I. Neuzusagen   60
- II. Unverfallbare Anwartschaft   62
- III. Durchführungswege   67
- IV. Übertragungswert und Beitragsbemessungsgrenze   69
- V. Jahresfrist   72
- VI. Verlangen   74
- VII. Verpflichtung des neuen Arbeitgebers   79
- VIII. Steuerliche Flankierung   85

E. Einstellung der Betriebstätigkeit und Liquidation   87
- I. Zeitlicher Geltungsbereich   87
- II. Einstellen der Betriebstätigkeit und Liquidation   89
- III. Übernahme der Zusage   92
- IV. Übernahmeberechtigte Versorgungsträger   94
- V. Ausgestaltung der Zusage   96
- VI. Keine Zustimmung   99
- VII. Steuerliche Flankierung   101

F. Übertragungswert   103
- I. Übertragungswert bei einer unmittelbaren Versorgungszusage   104
- II. Übertragungswert bei Unterstützungskassenzusagen   112
- III. Übertragungswert bei einer Direktversicherung, einer Pensionskasse oder einem Pensionsfonds   116

G. Erlöschen der Zusage   123

H. Öffentlicher Dienst   124

A. Gesetzliche Neuregelung

I. Portabilität

1 Mit dem Alterseinkünftegesetz[1] hat der Gesetzgeber die **Portabilität** erworbener Versorgungsanwartschaften bei einem Arbeitgeberwechsel verbessern wollen. Dem einzelnen Arbeitnehmer soll mit dem sogen. Mitnahmeanspruch die Möglichkeit eröffnet werden, bei einem Arbeitgeberwechsel seine betriebliche Altersversorgung zum neuen Arbeitgeber mitzunehmen. Geänderte wirtschaftliche Rahmenbedingungen, die daraus resultierenden Erwerbsbiographien sowie den notwendigen Ausbau der zusätzlichen betrieblichen Altersversorgung führt der Gesetzgeber als Gründe für die Schaffung des Mitnahmeanspruchs an. Dieser ist in § 4 Abs. 3 BetrAVG geregelt.

---

[1] Gesetz zur Neuordnung der einkommensteuerrechtlichen Behandlung von Altersvorsorgeaufwendungen und Altersbezügen (Alterseinkünftegesetz – AltEinkG) v. 5.7.2004 BGBl. I S. 1427.

Übertragung §4

In § 4 Abs. 1 BetrAVG wird der **persönliche Geltungsbereich** dieser 2
Norm festgelegt. Die Regeln zur Übertragung gelten für unverfallbare
Anwartschaften und laufende Leistungen. Diese dürfen nur unter den
Voraussetzungen des § 4 BetrAVG übertragen werden. Für gesetzlich
unverfallbare Anwartschaften gab es schon immer in § 4 BetrAVG a.F.
Einschränkungen zur Übernahme einer gesetzlich unverfallbaren Anwartschaft mit befreiender Wirkung. Laufende Leistungen wurden
nicht im Gesetz angesprochen. Dennoch wurden sie nach der Rechtsprechung des BAG in analoger Anwendung von § 4 BetrAVG erfasst.[2]
Insoweit ist die Erweiterung des persönlichen Geltungsbereiches keine
Neuregelung im eigentlichen Sinne.

In § 4 Abs. 2 BetrAVG werden zwei unterschiedliche Fälle der **einver-** 3
nehmlichen Übertragung geregelt, wobei der Begriff der Übertragung
der Oberbegriff ist.[3] Er umfasst die Übertragung mit Übertragungswert
und die Übernahme einer Versorgungszusage, jeweils mit befreiender
Wirkung für den ehemaligen Arbeitgeber.

Wie im bisher geltenden Recht ist in § 4 Abs. 4 BetrAVG die schuldbe- 4
freiende Übertragung einer Versorgungszusage auf eine Pensionskasse
oder auf ein Unternehmen der Lebensversicherung vorgesehen, wenn
die Betriebstätigkeit eingestellt und das Unternehmen liquidiert wird.
Diese Regelung war bisher in § 4 Abs. 3 BetrAVG zu finden.

Nur soweit § 4 BetrAVG Übertragungen zulässt, sind diese auch gestalt- 5
bar. Im Übrigen ist § 4 BetrAVG eine Verbotsnorm.[4]

§ 4 Abs. 5 BetrAVG regelt die Höhe des **Übertragungswertes.** Er wird 6
definiert als der Barwert bei einer unmittelbaren Versorgungszusage
und einer Unterstützungskassenzusage oder dem gebildeten Kapital
bei den versicherungsförmigen Durchführungswegen.[5]

In § 4 Abs. 6 BetrAVG wird angeordnet, dass mit der vollständigen 7
Übertragung des Übertragungswertes die Zusage des ehemaligen Arbeitgebers erlischt. Diese Vorschrift hat nur Bedeutung für die Übertragung nach § 4 Abs. 2 Nr. 2 BetrAVG und für den Mitnahmeanspruch
nach Abs. 3, nicht für die Übernahme der Zusage nach Abs. 2 Nr. 1.

---

2 BAG 26.6.1980, 3 AZR 156/79, EzA § 4 BetrAVG Nr. 1, DB 1980, 1641; 17.3.1987,
  3 AZR 605/85, EzA § 4 BetrAVG Nr. 3, DB 1988, 122.
3 BT-Drucks. 15/2150, S. 53.
4 *Langohr-Plato/Teslau* NZA 2004, 1301; *Förster/Cisch* BB 2004, 2126; *Höfer*
  BetrAVG, Rn. 3686.8 ff. zu § 4; *Langohr-Plato* Rechtshandbuch, Rn. 521.
5 Direktversicherung, Pensionskasse, Pensionsfonds.

§ 4 Übertragung

8 § 4 BetrAVG in seiner seit dem 1.1.2005 geltenden Fassung gilt für **alle Durchführungswege** der betrieblichen Altersversorgung. Ohne Bedeutung ist, ob die betriebliche Altersversorgung durch den Arbeitgeber oder ob sie durch eine Entgeltumwandlung finanziert wurde. Ohne Bedeutung ist auch, wann eine gesetzlich unverfallbare Anwartschaft entstanden ist und wann der Versorgungsfall eingetreten ist. Damit werden gleichermaßen Zusagen erfasst, die vor oder nach dem Inkrafttreten der Neuregelung erteilt wurden. Eine Einschränkung gibt es aber für den **Mitnahmeanspruch** gem. § 4 Abs. 3 BetrAVG. Er besteht nur für eine Versorgungszusage in den versicherungsförmigen Durchführungswegen, wenn die Zusage nach dem 31.12.2004 erteilt wurde oder erteilt wird (§ 30 b BetrAVG).

II. Keine Anwendung beim Betriebsübergang

9 Weil § 4 BetrAVG nur den Wechsel eines einzelnen Arbeitnehmers von seinem alten Arbeitgeber zu einem neuen Arbeitgeber regelt, ist diese Vorschrift nicht anzuwenden bei einem Betriebsübergang nach § 613 a BGB.[6] Entsprechendes muss für den Übergang eines Arbeitsverhältnisses im Rahmen von § 324 UmwG gelten. In diesen Fällen wird das Arbeitsverhältnis nicht beendet. Es wird vielmehr mit dem neuen Arbeitgeber fortgesetzt. Folglich kann § 4 BetrAVG nicht zur Anwendung kommen.

III. Keine Anwendung beim Wechsel des Durchführungsweges

10 § 4 BetrAVG ist auch nicht anzuwenden bei einem Wechsel des Durchführungsweges.[7] Der Wechsel des Durchführungsweges hat mit einem Wechsel des Arbeitgebers nichts zu tun. Beim Wechsel des Durchführungsweges[8] bleibt der Arbeitgeber aus dem Versorgungsverhältnis, das er selbst begründet hat, verpflichtet. Er schaltet lediglich einen externen Versorgungsträger ein, um nicht mehr selbst aus einer unmittelbaren Versorgungszusage die Leistungen erbringen zu müssen oder er wechselt z.B. von einer Pensionskasse zu einer Unterstützungskasse, bleibt aber nach § 1 Abs. 1 S. 3 BetrAVG zur Erfüllung verpflichtet, wenn der externe Versorgungsträger ganz oder teilweise hinsichtlich der Leistungserfüllung ausfällt.

---

[6] BT-Drucks. 15/2150, S. 53.
[7] BT-Drucks., a.a.O.
[8] *Reichenbach* FS Kemper, S. 370 ff.

Übertragung §4

B. Einvernehmliche Übertragung

Bei der einvernehmlichen Übertragung nach § 4 Abs. 2 BetrAVG ist zwischen der einvernehmlichen **Übernahme einer Versorgungszusage** und der Zahlung eines **Übertragungswertes** unter gleichzeitiger Erteilung einer **neuen Versorgungszusage** zu unterscheiden. Mit der letztgenannten neu geschaffenen Übertragungsmöglichkeit kann bei einem Arbeitgeberwechsel der Wert der vom Arbeitnehmer beim alten Arbeitgeber erworbenen unverfallbaren Anwartschaft in einen Kapitalbetrag umgerechnet und dieser auf den neuen Arbeitgeber übertragen werden. Dies erleichtert die »Portabilität« (zur einvernehmlichen Übertragung mit Übertragungswert vgl. Rn. 41 ff.). 11

Obwohl in § 4 Abs. 1 BetrAVG der Anwendungsbereich der Norm auf laufende Leistungen erstreckt wird, kommt eine einvernehmliche Übertragung nach § 4 Abs. 2 Nr. 2 BetrAVG bei **laufenden Leistungen** schon deshalb nicht in Betracht, weil Versorgungsempfänger in aller Regel keinen neuen Arbeitgeber haben.[9] Bleiben Versorgungsempfänger nach Eintritt des Versorgungsfalles in einem geringfügigen Beschäftigungsverhältnis tätig, wird der »Arbeitnehmer« von der Rechtsprechung so behandelt, als sei er aus dem Erwerbsleben ausgeschieden.[10] Im konkreten Fall war dem Arbeitnehmer aus der gesetzlichen Rentenversicherung eine vorzeitige Altersrente zuerkannt und gezahlt worden. Der besondere Versorgungsfall des § 6 BetrAVG ist eingetreten, unabhängig davon, ob tatsächlich Leistungen seitens des Arbeitnehmers »verlangt« worden sind. 12

Folglich ist Abs. 2 der Vorschrift nur anzuwenden, wenn ein Arbeitnehmer mit einer **gesetzlich unverfallbaren Anwartschaft** beim ehemaligen Arbeitgeber ausgeschieden ist. Nur dieser Arbeitnehmer kann bei einem neuen Arbeitgeber ein Arbeitsverhältnis begründen. Der neue Arbeitgeber ist erst dann in der Lage, die gesetzlich unverfallbare Anwartschaft vom Vorarbeitgeber zu übernehmen, wenn das Arbeitsverhältnis mit dem Arbeitnehmer rechtlich entstanden ist. Erst dann kann die Übertragung erfolgen. Erst dann kann der ehemalige Arbeitgeber von den Verpflichtungen aus der unverfallbaren Anwartschaft frei werden. Erst in diesem Zeitpunkt hat der Arbeitnehmer einen neuen Arbeitgeber. 13

---

9 *Reichenbach* FS Kemper, S. 367.
10 BAG 18.3.2003, 3 AZR 313/02, EzA § 7 BetrAVG Nr. 68, NZA 2004, 848.

I. Einvernehmen

14 Mit dem Einvernehmen, das zwischen dem ehemaligen Arbeitgeber, dem neuen Arbeitgeber und dem Arbeitnehmer bestehen muss, ist ein Vertrag gemeint, der zwischen den drei beteiligten Parteien abgeschlossen wird. Entscheidend ist, dass übereinstimmende Willenserklärungen vorliegen.

15 Das Gesetz gibt nicht vor, dass der Vertrag schriftlich zu fixieren ist. Er kann folglich auch mündlich abgeschlossen werden. Aus Beweisgründen ist eine schriftliche Vereinbarung empfehlenswert, die alle drei Beteiligten unterzeichnen.

II. Übernahme der Zusage

16 Eine befreiende Übernahme der beim alten Arbeitgeber erteilten Versorgungszusage setzt voraus, dass das von dem alten Arbeitgeber erteilte Versorgungsversprechen in vollem Umfang und unverändert vom neuen Arbeitgeber übernommen wird. Der neue Arbeitgeber verpflichtet sich, die bestehende Zusage nicht nur zu übernehmen, sondern auch fortzuführen.[11] Damit hat er die Versorgungszusage so zu erfüllen, wie sie vom ehemaligen Arbeitgeber erteilt worden ist. Für den Arbeitnehmer ändert sich nichts an seiner Versorgungssituation. Es wird lediglich der Schuldner ausgetauscht. Weil sich in vollem Umfang[12] der neue Arbeitgeber verpflichtet, die zugesagten Leistungen zu erbringen, wird mit der Schuldübernahme der ehemalige Arbeitgeber von allen Leistungspflichten freigestellt.

17 Es ist üblich, dass für die befreiende Schuldübernahme vom ehemaligen Arbeitgeber an den neuen Arbeitgeber eine Zahlung erbracht wird. Diese Gegenleistung ist aber nicht Wirksamkeitsvoraussetzung für die befreiende Schuldübernahme. Auch dann, wenn keine Gegenleistung erbracht wird, ist im Verhältnis zum Arbeitnehmer ausschließlich der neue Arbeitgeber zur Leistung verpflichtet.[13]

18 Anders als in § 4 BetrAVG a.F. wird mit der Formulierung klargestellt, dass die Zusage zu übernehmen ist, nicht nur die Verpflichtung, bei Eintritt des Versorgungsfalles Versorgungsleistungen aus einer unverfallbaren Anwartschaft zu gewähren.[14] Auch wenn in der Gesetzesbegrün-

---

11 A.A. *Förster/Cisch* BB 2004, 2127; *Höfer* BetrAVG, Rn. 3686.15 ff. zu § 4.
12 Zum Irrtum beim Verpflichtungsumfang *Rolfs* NZA 2005, 745.
13 *Cisch* DB, Beilage 3/2005, 13; *Förster/Cisch* BB 2004, 2129; *Höfer* BetrAVG, Rn. 3686.14 zu § 4; a.A. *Rolfs* NZA 2005, 745.
14 Hierzu Vorauflage, § 4 Rn. 4 ff.

dung ausgeführt wird, in § 4 Abs. 2 Nr. 2 BetrAVG werde das bisher geltende Recht fortgeführt, muss dies in Frage gestellt werden. Denn § 4 BetrAVG a.F. regelte die Übernahme von Leistungen aus einer Anwartschaft gem. § 2 BetrAVG, also aus der gesetzlich unverfallbaren Anwartschaft. Folglich konnte nach diesseitigem Verständnis auch nur die festgeschriebene Anwartschaft übernommen werden, ohne dass die Zusage fortgeführt werden musste. Dies dürfte aufgrund der Neufassung künftig nicht mehr möglich sein.[15] Von der Übernahme der Zusage ist die Frage zu unterscheiden, ob vor oder nach der Übernahme eine Änderung des Zusageinhalts möglich ist.[16] Eine Veränderung ist nach den allgemein geltenden Regeln zulässig, wenn der betroffene ehemalige Arbeitnehmer hierzu sein Einverständnis erteilt. In einem fortgeführten Arbeitsverhältnis hätten auch die Änderungsmöglichkeiten bestanden. Die Veränderungssperre des § 2 Abs. 5 BetrAVG steht dem nicht entgegen, denn es geht nicht darum, den Arbeitnehmer vor aufgedrängten Änderungen zu schützen. Er behält seine Zusage und dokumentiert durch sein Einverständnis, dass die geänderte Zusage auf den neuen Arbeitgeber übertragen wird. Wird eine Abänderung erst beim neuen Arbeitgeber vorgenommen, steht dem § 4 BetrAVG nicht entgegen. Die Übernahme der Zusage ist erfolgt. Die übernommene Zusage kann wie jede andere Zusage nach den allgemein geltenden Regeln abgeändert werden.

Zum gesetzlichen Insolvenzschutz in den ersten beiden Jahren nach Übernahme vgl. § 7 Rn. 147 ff.[17]

19

III. Alle Durchführungswege

§ 4 Abs. 2 Nr. 1 BetrAVG kommt in allen Durchführungswegen zur Anwendung. Wurde beim ehemaligen Arbeitgeber die betriebliche Altersversorgung über einen externen Versorgungsträger abgewickelt, ist an der einvernehmlichen Übernahme der Zusage nur der ehemalige Arbeitgeber beteiligt, nicht der externe Versorgungsträger. Entsprechendes gilt, wenn der neue Arbeitgeber nach Übernahme der Zusage diese über einen externen Versorgungsträger erfüllen lassen will. Auch beim neuen Arbeitgeber ist der externe Versorgungsträger an dem eigentlichen Übernahmeakt nicht beteiligt.

20

---

15 A.A. *Förster/Cisch* BB 2004, 2127; *Bode/Obenberger* Rn. 271.
16 Hierzu auch *Förster/Cisch* BB 2004, 2126.
17 *Berenz* FS Kemper, S. 21.

1. Unmittelbare Versorgungszusage

21 Hatte der ehemalige Arbeitgeber dem Arbeitnehmer eine unmittelbare Versorgungszusage erteilt, geht diese Verpflichtung auf den neuen Arbeitgeber über, unabhängig davon, ob dieser anschließend einen externen Versorgungsträger mit der Umsetzung beauftragt. Schaltet dieser einen externen Versorgungsträger ein,[18] ist die Übernahme der Zusage mit einem Wechsel des Durchführungsweges in diesem konkreten Einzelfall verbunden. Der externe Versorgungsträger muss inhaltlich die Zusage fortführen.[19]

22 Mit der Übernahme der Zusage durch den neuen Arbeitgeber wird der ehemalige Arbeitgeber von seinen Leistungspflichten frei. Eine in der **Handelsbilanz** gebildete Rückstellung ist gem. § 249 Abs. 3 HGB aufzulösen. Auch in der **Steuerbilanz** wird die gem. § 6 a EStG gebildete Pensionsrückstellung aufgelöst. Es entsteht beim ehemaligen Arbeitgeber ein Ertrag, der möglicherweise dadurch kompensiert wird, dass dieser an den neuen Arbeitgeber einen »Übernahmepreis« zahlt.

23 Beim neuen Arbeitgeber entsteht mit der Zahlung eines »Übernahmepreises« eine Betriebseinnahme, die dadurch kompensiert werden kann, dass gem. § 249 HGB in der Handelsbilanz und gem. § 6 a EStG in der Steuerbilanz eine Pensionsrückstellung gebildet wird.[20]

2. Unterstützungskassenzusage

24 Hatte der ehemalige Arbeitgeber dem Arbeitnehmer mittels einer Unterstützungskasse eine betriebliche Altersversorgung zugesagt, kann durch den neuen Arbeitgeber diese Zusage übernommen werden, indem er eine unmittelbare Versorgungszusage erteilt oder indem er Trägerunternehmen derselben Unterstützungskasse wird. Dies ist i.d.R. nur bei Gruppenunterstützungskassen möglich. Der Arbeitnehmer scheidet dann aus dem Kreis der Begünstigten des ehemaligen Arbeitgebers aus und wird in den Kreis der Begünstigten des neuen Arbeitgebers aufgenommen. Ist ein solches vereinfachtes Verfahren nicht möglich, weil der neue Arbeitgeber nicht Trägerunternehmen der bisher zuständigen Unterstützungskasse werden kann oder werden will, sollte sich der ehemalige Arbeitgeber vor Abschluss der Übernahmevereinbarung mit seiner Unterstützungskasse in Verbindung setzen, um abzu-

---

18 *Langohr-Plato* Rechtshandbuch, Rn. 523.
19 *Schnitker/Grau* NJW 2005, 11; a.A. *Cisch* DB Beilage 3/2005, 13; *Langohr-Plato/Teslau* NZA 2004, 1301.
20 Vgl. hierzu auch R 6 a (13) EStR.

klären, ob er das für diesen ehemaligen Arbeitnehmer angesammelte Vermögen ausgezahlt bekommt. Dem könnten steuerrechtliche Restriktionen, die die Unterstützungskasse zu beachten hat, entgegenstehen.

Es werden aber nicht nur »Werte« umgebucht, sondern entscheidend ist, dass die Zusage durch den neuen Arbeitgeber übernommen wird. Geht die arbeitsrechtliche Verpflichtung des ehemaligen Arbeitgebers über das Deckungsverhältnis, welches über die Unterstützungskasse besteht, hinaus, richtet sich mit der Übernahme der Zusage ein etwaiger Auffüllanspruch gegen den neuen Arbeitgeber. Dieser kann sich z.B. aus einer Verletzung des Gleichbehandlungs- oder Gleichberechtigungsgrundsatzes ergeben. Möglicherweise hat aber auch der ehemalige Arbeitgeber aus dem arbeitsrechtlichen Grundverhältnis bei der Entgeltumwandlung seine Verpflichtung zur Verschaffung einer wertgleichen Versorgungsanwartschaft nicht erfüllt.

3. Direktversicherung

Hat der ehemalige Arbeitgeber dem Arbeitnehmer mittels einer Direktversicherung Leistungen der betrieblichen Altersversorgung zugesagt, kann beim neuen Arbeitgeber diese Direktversicherungszusage mit befreiender Übernahme fortgeführt werden. Dabei ist mit Übernahme der Zusage die Übernahme des arbeitsrechtlichen Grundverhältnisses wie auch die Übernahme des Versicherungsverhältnisses gemeint. Ergeben sich aus dem arbeitsrechtlichen Grundverhältnis Verpflichtungen, die nicht durch das Versicherungsverhältnis abgedeckt sind, muss der neue Arbeitgeber auch hierfür einstehen.[21] Solche Einstandspflichten können sich aus der Verletzung des Gleichbehandlungs- oder Gleichberechtigungsgrundsatzes ergeben. Eine über das Versicherungsverhältnis hinausgehende Einstandspflicht ist bei einer betrieblichen Altersversorgung aus Entgeltumwandlung aber auch dann möglich, wenn der ehemalige Arbeitgeber dem Arbeitnehmer keine wertgleiche betriebliche Altersversorgung gem. § 1 Abs. 2 Nr. 3 BetrAVG verschafft hat. Diese Verpflichtung aus dem arbeitsrechtlichen Grundverhältnis übernimmt der neue Arbeitgeber mit der Übernahme der Zusage, d.h., er muss für eventuelle Defizite unmittelbar eintreten.

Die Übernahme der Zusage erfolgt, indem der neue Arbeitgeber Versicherungsnehmer der Direktversicherung wird und zusätzlich in das arbeitsrechtliche Grundverhältnis einsteigt. Diese Übernahme der Zusage ist von einer schlichten Fortführung einer bestehenden Direktver-

---

21 *Rolfs* a.a.O., kommt zu einer gesamtschuldnerischen Haftung.

sicherung zu unterscheiden. Diese liegt dann vor, wenn sich der neue Arbeitgeber lediglich verpflichtet, ab einem Stichtag (z.B. Beginn des Arbeitsverhältnisses, nach Ablauf der Probezeit) Beiträge an den Versicherer zu zahlen und lediglich mit Wirkung für die Zukunft im Rahmen der arbeitsrechtlichen Vereinbarung Versicherungsnehmer wird (Auf versicherungsrechtlicher Ebene wird er in vollem Umfang Versicherungsnehmer, da das Versicherungsverhältnis als solches nicht gespalten wird). Häufig hat dann der ehemalige Arbeitgeber von der versicherungsförmigen Lösung Gebrauch gemacht, die Versicherungsnehmerstellung auf den ehemaligen Arbeitnehmer übertragen und dieser hat ggf. die Versicherung für einen Übergangszeitraum mit eigenen Beiträgen fortgeführt. Diese Vorgehensweise liegt im Interesse des Arbeitnehmers, weil dadurch vermieden wird, dass die Versicherung beitragsfrei gestellt und eine neue Versicherung beim neuen Arbeitgeber abzuschließen ist. Der bestehende Versicherungsschutz bleibt erhalten. Der Arbeitnehmer kann z.B. auch weiterhin § 40 b EStG a.F. nutzen.[22] Eine solche Vorgehensweise fällt nicht unter § 4 Abs. 2 Nr. 1 BetrAVG, zum einen, weil der ehemalige Arbeitgeber an dem Vorgang nicht beteiligt ist, aber auch, weil der neue Arbeitgeber eine bestehende Direktversicherung nicht einschließlich des arbeitsrechtlichen Grundverhältnisses übernehmen will. Es wird lediglich der schon bestehende Versicherungsvertrag genutzt, um einen Neuabschluss zu vermeiden und dem Arbeitnehmer nicht nur die steuerliche Förderung zu erhalten, sondern auch einen besseren Garantiezins, den schon bestehenden Schutz bei **Berufsunfähigkeit** etc.

27a Unabhängig davon, ob der neue Arbeitgeber die Zusage übernimmt oder lediglich mit Wirkung für die Zukunft Versicherungsnehmer wird, kann der Versicherer nicht verlangen, dass mit der Vertragsübernahme der Inhalt des Versicherungsvertrages abgeändert wird. Bereits mit Abschluss des Versicherungsvertrages beim ehemaligen Arbeitgeber wird ein möglicher Wechsel in der Stellung des Versicherungsnehmers vorprogrammiert, so dass der Versicherer bei Vertragsübernahme seine Zustimmung nicht nach freiem Belieben von einer Vertragsänderung abhängig machen kann. Der Versicherer kann seine Zustimmung nur versagen, wenn sie in erheblichem Umfang seine eigenen Interessen beeinträchtigen würde. Eine solche Beeinträchtigung liegt nicht vor, wenn vor dem 1.1.2002 eine fondsgebundene Lebensversicherung abgeschlossen wurde und der Versicherungsnehmerwechsel nach dem 31.12.2001 erfolgte. In diesem Fall kann der Versicherer nicht verlangen,

---

22 BMF-Schreiben v. 20.9.2005, BetrAV 2005, 755 (Anhang IV).

Übertragung §4

dass der neue Arbeitgeber anerkennt, dass eine Beitragszusage mit Mindestleistung vorliegt.[23]

Das zwischen den Versicherungsgesellschaften abgeschlossene Übertragungsabkommen[24] lässt offen, welche Art einer Übertragung dem Versichererwechsel zugrunde liegt. Die Art der Übertragung/Übernahme ist auf arbeitsrechtlicher Grundlage zu vereinbaren. 27b

4. Pensionskasse

Die Ausführungen zur Direktversicherung gelten entsprechend. Allerdings ist eine Übernahme der Versicherung unter Fortführung der Zusage in der Regel nur dann möglich, wenn der neue Arbeitgeber Trägerunternehmen derselben Pensionskasse ist oder wird. 28

Deckungslücken, für die der neue Arbeitgeber einstehen muss, können sich aus der Verletzung des Gleichberechtigungsgrundsatzes ergeben. Enthält z.b. eine Pensionskassensatzung eine geschlechtsdiskriminierende Regelung, richtet sich der Anspruch auf Gleichbehandlung mit der nichtdiskriminierten Personengruppe unmittelbar gegen die Pensionskasse, aber auch gegen den Arbeitgeber.[25] Auch für die Pensionskasse gilt, dass der neue Arbeitgeber nicht zwingend die bestehende Zusage übernehmen muss, er auch die Möglichkeit hat, die bestehende Versicherung aus Praktikabilitätsgründen zu nutzen. 29

5. Pensionsfonds

Auch dann, wenn der ehemalige Arbeitgeber die betriebliche Altersversorgung über einen Pensionsfonds abgewickelt hat, kommt eine befreiende Übernahme der Zusage in Betracht. Der neue Arbeitgeber kann die zugesagten Leistungen unmittelbar übernehmen, er kann aber auch Trägerunternehmen des Pensionsfonds werden. Im Übrigen gelten die Ausführungen zur Direktversicherung entsprechend, wobei der Begriff Versicherung durch den Begriff Vorsorgung zu ersetzen ist. 30

IV. Alle Zusagearten

In § 4 Abs. 2 Nr. 1 BetrAVG wird nicht nach Zusagearten differenziert. Folglich ist diese Vorschrift auf alle Zusagearten anzuwenden. 31

---

23 OLG Karlsruhe 17.2.2006, 12 U 246/05, NZA-RR 2006, 318, NJW-RR 2006, 817.
24 www.GDV.de. Hierzu auch *Blumenstein* BetrAV 2006, 252.
25 BAG 7.9.2004, 3 AZR 550/03, EzA Art. 141 EG-Vertrag 1999 Nr. 16, DB 2005, 507.

1. Leistungszusage

32 Hatte der ehemalige Arbeitgeber dem Arbeitnehmer eine Leistungszusage erteilt, wird diese vom neuen Arbeitgeber übernommen.

Wurde die Leistungszusage beim ehemaligen Arbeitgeber durch einen externen Versorgungsträger umgesetzt, ist es Sache des ehemaligen Arbeitgebers, den externen Versorgungsträger zu veranlassen, die entsprechenden Mittel freizugeben oder aus eigenen Mitteln den Betrag zu leisten, den der neue Arbeitgeber als Gegenleistung fordert.

2. Beitragsorientierte Leistungszusage

33 Die vom ehemaligen Arbeitgeber dem Arbeitnehmer erteilte beitragsorientierte Leistungszusage wird vom neuen Arbeitgeber ebenfalls übernommen. Ergibt sich der Wert der Leistungen unmittelbar aus einer Fondsanlage oder aus einer Rückdeckungsversicherung, müssen auch die Versorgungsmittel übertragen werden, damit der neue Arbeitgeber in der Lage ist, uneingeschränkt das Leistungsversprechen zu erfüllen.

3. Beitragszusage mit Mindestleistung

34 Auch eine Beitragszusage mit Mindestleistung kann mit befreiender Wirkung durch den neuen Arbeitgeber vom ehemaligen Arbeitgeber übernommen werden. Da die Beitragszusage mit Mindestleistung nur in den externen Durchführungswegen Pensionskasse, Direktversicherung und Pensionsfonds umgesetzt werden kann, muss der ehemalige Arbeitgeber dafür sorgen, dass das bei dem externen Versorgungsträger für den Arbeitnehmer planmäßig angesammelte Versorgungskapital auf der Grundlage der bis zu seinem Ausscheiden geleisteten Beiträge freigegeben wird, damit der neue Arbeitgeber wieder bei einem der drei genannten Durchführungswege die Beitragszusage mit Mindestleistung fortführen kann. Wird der neue Arbeitgeber Trägerunternehmen des externen Versorgungsträgers, wird am ehesten die Fortführung der Zusage möglich sein.

35 Ausgeschlossen ist, dass der neue Arbeitgeber dem Arbeitnehmer eine unmittelbare Versorgungszusage erteilt, die er wie eine Beitragszusage mit Mindestleistung behandelt. Diese Art der Zusage kann gem. § 1 Abs. 2 Nr. 2 BetrAVG nicht als Direktzusage abgewickelt werden. Deswegen ist es nicht mit deklaratorischen Mitteln möglich, eine Beitragszusage mit Mindestleistung in diesem Durchführungsweg fortzuführen. Es dürfte eine befreiende Schuldübernahme nicht stattgefunden haben, weil die vermeintliche Übernahme gegen die vorgenannte Vorgabe verstößt.

V. Auswirkungen beim Arbeitnehmer

Die Übernahme der Zusage durch den neuen Arbeitgeber hat keinerlei Einfluss auf das Versorgungsverhältnis. Die **Unverfallbarkeitsfristen** laufen durch (§ 1 b Abs. 1 S. 5: Übernahme durch eine andere Person). An der Versorgungshöhe ändert sich nichts. Auch **Wartezeiten** sind so zu behandeln, als habe keine Übernahme stattgefunden.[26]

36

VI. Zeitlicher Geltungsbereich

Eine Übernahme nach § 4 Abs. 2 Nr. 1 BetrAVG ist ohne zeitliche Einschränkung möglich. So kann nach dieser Vorschrift auch eine gesetzlich unverfallbare Anwartschaft übernommen werden, die vor dem 1.1.2005 entstanden ist. Diese Vorschrift ist auch anzuwenden bei Arbeitnehmern, die nach dem 31.12.2004 mit einer gesetzlich unverfallbaren Anwartschaft bei einem Arbeitgeber ausscheiden.

37

Ohne Bedeutung ist auch, welcher Zeitraum zwischen dem Ausscheiden beim ehemaligen Arbeitgeber und der Begründung eines Arbeitsverhältnisses beim neuen Arbeitgeber liegt. Eine Übernahme der Zusage ist auch möglich, wenn zwischenzeitlich ein anderes Arbeitsverhältnis begründet wurde. Entscheidend ist alleine, dass im Zeitpunkt der Übernahme ein Arbeitsverhältnis beim neuen Arbeitgeber besteht.

38

VII. Keine steuerliche Flankierung

In § 3 Nr. 55 EStG ist geregelt, in welchem Umfang die arbeitsrechtliche Portabilität steuerlich flankiert wird. Da diese Vorschrift nur in den Fällen des § 4 Abs. 2 Nr. 2 und Abs. 3 BetrAVG zur Anwendung kommt, ist für die einvernehmliche Übernahme der Zusage keine steuerliche Flankierung gegeben.

39

Das BMF geht davon aus, dass eine steuerliche Flankierung nicht erforderlich ist, weil die Übernahme der Zusage – unabhängig vom Durch-

40

---

26 Zu den steuerlichen Folgen s. Rn. 39 f.

führungsweg – kein steuerlich relevanter Vorgang ist, weil ein Schuldnerwechsel stattfindet.[27]

C. Übertragungswert und Neuzusage

41 Mit § 4 Abs. 2 Nr. 2 BetrAVG hat der Gesetzgeber mit Wirkung ab dem 1.1.2005 eine **neue Übertragungsmöglichkeit** geschaffen. Diese entspricht praktischen Bedürfnissen.[28] Der Vorteil besteht darin, dass der neue Arbeitgeber nicht die Zusage des alten Arbeitgebers übernimmt, sondern er den Übertragungswert in das bei ihm bestehende Versorgungssystem einbringen kann, so dass er nicht aus unterschiedlichen Zusageinhalten verpflichtet ist.

42 Übertragen werden können nach dieser Vorschrift **unverfallbare Anwartschaften** aus **allen Durchführungswegen**, unabhängig davon, ob die Anwartschaft vor oder nach dem 1.1.2005 gesetzlich unverfallbar wurde,[29] wie sie finanziert (arbeitgeberfinanziert, Entgeltumwandlung, mischfinanziert) wurde und ob zwischenzeitlich zu einem anderen Arbeitgeber ein Arbeitsverhältnis bestanden hat.

43 Die Übertragung setzt ein **Einvernehmen** zwischen dem ehemaligen Arbeitgeber, dem neuen Arbeitgeber und dem Arbeitnehmer voraus. Hierzu wird auf Rn. 14 f. verwiesen. Das Einvernehmen erstreckt sich auf die Zahlung des Übertragungswertes und die Erteilung einer neuen Zusage mit der Folge der Enthaftung des ehemaligen Arbeitgebers gem. § 4 Abs. 6 BetrAVG.[30] Eine einvernehmliche Übertragung ohne Zahlung eines Übertragungswertes ist nach dem eindeutigen Wortlaut des Gesetzes ausgeschlossen.[31]

I. Wert der erworbenen Anwartschaft

44 Beim ehemaligen Arbeitgeber ist der Wert der vom Arbeitnehmer **erworbenen unverfallbaren Anwartschaft** zu ermitteln. Bei dem Wert handelt es sich um einen bezifferbaren Kapitalbetrag, der **Übertra-**

---

27 BMF-Schreiben v. 17.11.2004, Rn. 190 (Anhang III); zum Abkommen zur Übertragung von Direktversicherungen *Niermann/Risthaus* DB Beilage 2/2005, 66.
28 BT-Drucks. 15/2150, S. 53; *Neise* FS Kemper, S. 334.
29 *Höfer* BetrAVG, Rn. 3686.30 f. zu § 4.
30 Zur aufschiebenden Bedingung hinsichtlich der Zahlung des Übertragungswertes *Schnitker/Grau* NJW 2005, 11; zum Irrtum bzgl. des Übertragungswertes *Rolfs* NZA 2005, 745.
31 A.A. *Höfer* DB 2004, 1427.

gungswert genannt wird. Nach der Gesetzesbegründung bedarf es einer Umrechnung in einen bezifferbaren Betrag nicht, wenn sich der dem Arbeitnehmer zustehende Kapitalbetrag ohne weiteres aus einem Kapitalkonto ergibt.[32]

Die Höhe des Übertragungswertes wird in § 4 Abs. 5 BetrAVG vorgegeben. Wegen der Einzelheiten wird auf Rn. 103 ff. verwiesen.

II. Wertgleiche Zusage des neuen Arbeitgebers

Der Übertragungswert, der an den neuen Arbeitgeber gezahlt wird, muss von diesem dazu verwendet werden, dem Arbeitnehmer eine **wertgleiche Zusage** zu erteilen. Aus der Begründung des Gesetzes ergibt sich, dass die Wertgleichheit am Übertragungswert zu messen ist. Der neue Arbeitgeber habe dem Arbeitnehmer eine dem Übertragungswert wertgleiche Zusage zu geben.[33] Damit wird an eine solche Zusage der gleiche Maßstab angelegt, wie bei einer Zusage aus Entgeltumwandlung.[34]

Die Zusage, die der neue Arbeitgeber erteilt, begründet eine **neue Anwartschaft**. Es findet, anders als bei der Übernahme der Zusage, kein Schuldnerwechsel statt.[35] Es handelt sich um eine Neuzusage. Diese neue Zusage kann als Leistungszusage, beitragsorientierte Leistungszusage und auch als Beitragszusage mit Mindestleistung (bei Direktversicherung, Pensionskasse, Pensionsfonds) ausgestaltet sein. Es kann auch ein Wechsel des Durchführungsweges vorgenommen werden.[36] Die alte Zusage des ehemaligen Arbeitgebers ist nicht nachzubilden. Sie verliert ihre Identität.[37] Vor nachteiligen Veränderungen im Zusageinhalt bzw. im Durchführungsweg ist der Arbeitnehmer geschützt, weil er der Übertragung zustimmen muss. Zudem muss der neue Arbeitgeber für die Wertgleichheit einstehen. Die Wertgleichheit stellt auf die Gesamtheit der Leistungen ab.[38] Auf diese Neuzusage sind die Regelungen über Entgeltumwandlung entsprechend anzuwenden. Dies bedeutet, dass die Leistungen aus dieser Zusage sofort kraft Gesetzes unverfallbar sind und dass bei einer versicherungsförmigen Umset-

---

32 BT-Drucks. 15/2150, S. 53.
33 BT-Drucks. 15/2150, a.a.O.
34 § 1 Abs. 2 Nr. 3 BetrAVG, hierzu unter § 1 Rn. 410 ff.
35 *Reichel/Volk* DB 2005, 887; a.A. *Höfer* DB 2004, 1427.
36 *Höfer* BetrAVG, Rn. 3686.26 f. zu § 4.
37 *Reichel/Volk* DB 2005, 887; *Langohr-Plato/Teslau* NZA 2004, 1354; *Förster/Cisch* BB 2004, 2127; *Höfer* DB 2004, 1427; *ders.* BetrAVG, Rn. 3686.18 ff. zu § 4.
38 *Förster/Cisch* BB 2004, 2130.

zung die Voraussetzungen nach § 1b Abs. 5 BetrAVG erfüllt werden müssen. Auch ist nach § 16 Abs. 5 BetrAVG die Anpassung zu regeln.

48 Wird beim neuen Arbeitgeber ein externer Versorgungsträger mit der Umsetzung der wertgleichen Zusage beauftragt, kann nach der Begründung des Gesetzes der Übertragungswert vom Versorgungsträger des alten auf den Versorgungsträger des neuen Arbeitgebers unmittelbar überwiesen werden.[39] Bei den versicherungsförmigen Durchführungswegen sollte im Einzelnen geprüft werden, ob die Auflösung eines bestehenden Vertrages und der Abschluss eines neuen Vertrages wirklich für den Arbeitnehmer günstig ist. In aller Regel dürfte die in Rn. 27 angesprochene Fortführung des bestehenden Vertrages die bessere Lösung sein.

49 Der gesetzliche **Insolvenzschutz** richtet sich nach § 7 Abs. 5 S. 3 Nr. 2 BetrAVG. Dies bedeutet, dass in den ersten beiden Jahren nach Übertragung Insolvenzschutz nur insoweit besteht, wie der Übertragungswert die Beitragsbemessungsgrenze in der allgemeinen Rentenversicherung nicht übersteigt. Wurde ein höherer Betrag als Übertragungswert gem. § 4 Abs. 5 BetrAVG gezahlt, kann diesbezüglich in den ersten beiden Jahren nur ein vertraglicher Insolvenzschutz herbeigeführt werden.[40]

III. Erlöschen der Zusage

50 Der Übertragungswert wird an den neuen Arbeitgeber gezahlt. Mit der vollständigen Übertragung des Übertragungswertes erlischt gem. § 4 Abs. 6 BetrAVG die Zusage des ehemaligen Arbeitgebers. Dieser wird von allen Leistungspflichten frei.[41] Wird der Übertragungswert nicht oder nicht vollständig gezahlt, wird der ehemalige Arbeitgeber nicht frei.[42]

IV. Steuerliche Flankierung

1. Versicherungsförmige Durchführungswege

51 Wird eine einvernehmliche Übertragung gem. § 4 Abs. 2 Nr. 2 BetrAVG vorgenommen, wird die Auszahlung des Übertragungswertes nach § 3

---

39 BT-Drucks. 15/2150, S. 53.
40 BT-Drucks. 15/2150, S. 54; § 7 Rn. 147a ff.
41 Zur Frage, wann eine vollständige Übertragung des Übertragungswertes vorliegt, auch *Rolfs* NZA 2005, 745.
42 A.A. entgegen dem klaren Wortlaut des Gesetzes *Höfer* DB 2004, 1426. Wie hier *Langohr-Plato* Rechtshandbuch Rn. 538.

Übertragung § 4

Nr. 55 EStG lohnsteuerfrei gestellt. Es findet in Höhe des Übertragungswertes gem. § 4 Abs. 5 BetrAVG kein steuerlicher Zufluss statt. Voraussetzung ist, dass die neue Zusage beim neuen Arbeitgeber ebenfalls in den Durchführungswegen Direktversicherung, Pensionskasse oder Pensionsfonds umgesetzt wird.[43] Es ist nicht erforderlich, dass beide Arbeitgeber denselben Durchführungsweg gewählt haben.[44]

Eine Übertragung des Übertragungswertes in die Durchführungswege unmittelbare Versorgungszusage oder Unterstützungskasse wird nicht steuerfrei gestellt. »Überkreuzübertragungen« sind steuerlich nicht gefördert. 52

Die nach Eintritt des Versorgungsfalls ausgezahlten Versorgungsleistungen werden in voller Höhe gem. § 22 Nr. 5 EStG beim Versorgungsempfänger besteuert. 53

2. Unterstützungskasse

Der Betrag (Übertragungswert gem. § 4 Abs. 5 BetrAVG), der bei einer einvernehmlichen Übertragung von einer Unterstützungskasse oder vom Arbeitgeber an eine Unterstützungskasse gezahlt wird, ist ebenfalls gem. § 3 Nr. 55 EStG lohnsteuerfrei. Ein Zufluss (§ 11 EStG) findet beim Arbeitnehmer nicht statt. 54

Die späteren Auszahlungen der Versorgungsleistungen werden in voller Höhe gem. § 19 EStG durch den Versorgungsempfänger versteuert. 55

3. Unmittelbare Versorgungszusage

Wird eine unmittelbare Versorgungszusage des alten Arbeitgebers gem. § 4 Abs. 2 Nr. 2 BetrAVG in eine Neuzusage beim neuen Arbeitgeber überführt, ist der Übertragungswert gem. § 4 Abs. 5 BetrAVG gem. § 4 Abs. 55 EStG lohnsteuerfrei. Dies gilt auch dann, wenn eine Unterstützungskassenzusage in eine Direktzusage überführt wird. 56

Die späteren Auszahlungen im Versorgungsfall werden gem. § 19 EStG voll vom Versorgungsempfänger versteuert. 57

---

43 Bei Riesterförderung ist das BMF-Schreiben v. 17.11.2004, Rn. 232 (Anhang III) zu beachten.
44 BMF-Schreiben v. 17.11.2004, Rn. 186 ff. (Anhang III); hierzu auch *Harder-Buschner* NWB Fach 3, 13253.

D. Mitnahmeanspruch (Portabilität)

58 In § 4 Abs. 3 BetrAVG wird ein neuer Mitnahmeanspruch[45] für die Arbeitnehmer geschaffen. Diese Vorschrift gibt dem Arbeitnehmer ein **Recht auf Übertragung**. Dies ist die eigentliche »Portabilität«, weil der Arbeitnehmer einseitig ein Verlangen ausüben kann. Der Arbeitgeber kann diesen Mitnahmeanspruch nicht verhindern oder beeinflussen. Die Entscheidungsfreiheit liegt ausschließlich beim Arbeitnehmer.[46]

59 Jede Vereinbarung, egal ob sie mit dem ehemaligen oder mit dem neuen Arbeitgeber getroffen wird, die den Arbeitnehmer in seinen Mitnahmemöglichkeiten einschränken würde, wäre unwirksam, da zum Nachteil des Arbeitnehmers nicht von den gesetzlichen Bestimmungen abgewichen werden darf (§ 17 Abs. 3 S. 3 BetrAVG).

I. Neuzusagen

60 Nach § 30b BetrAVG ist § 4 Abs. 3 BetrAVG nur auf Zusagen anzuwenden, die nach dem 31.12.2004 erteilt wurden oder erteilt werden. Damit besteht kein Mitnahmeanspruch für solche Versorgungszusagen, die vor dem 1.1.2005 erteilt worden sind.

61 Die eingeschränkte Mitnahmemöglichkeit, die § 4 Abs. 3 BetrAVG a.F. für eine betriebliche Altersversorgung aus Entgeltumwandlung vorsah, ist ersatzlos untergegangen. Hierzu wird auf die Vorauflage verwiesen.

II. Unverfallbare Anwartschaft

62 Nur Arbeitnehmer, die mit einer **gesetzlich unverfallbaren Anwartschaft** beim ehemaligen Arbeitgeber ausscheiden, haben einen Mitnahmeanspruch. Dies bedeutet, dass bei einer betrieblichen Altersversorgung, die aus Entgeltumwandlung finanziert wurde, bereits im Jahre 2005 ein Mitnahmeanspruch entstehen konnte, da diese Versorgungsanwartschaften sofort gesetzlich unverfallbar sind.

63 Wird die betriebliche Altersversorgung durch den Arbeitgeber finanziert, kann sich ein Mitnahmeanspruch frühestens nach 5-jährigem Zusagebestand, d.h. frühestens mit Ablauf des 31.12.2009 ergeben.

---

45 *Rürup* FS Kemper, S. 403.
46 A.A. *Schnitker/Grau* NJW 2005, 12.

Bei vertraglich unverfallbaren Anwartschaften besteht folglich kein Mitnahmerecht. 64

Ohne Bedeutung ist, welche Zusageart der unverfallbaren Anwartschaft zugrunde liegt. Es kann eine Leistungszusage, eine beitragsorientierte Leistungszusage und eine Beitragszusage mit Mindestleistung mitgenommen werden. 65

Die Höhe der unverfallbaren Leistung und damit des Mitnahmeanspruchs richtet sich nach § 2 BetrAVG, wobei bei der beitragsorientierten Leistungszusage und bei der Zusage aus Entgeltumwandlung immer § 2 Abs. 5a BetrAVG zur Anwendung kommt, da es sich nur um Zusagen handelt, für die § 30g Abs. 1 BetrAVG nicht zur Anwendung kommt. 66

III. Durchführungswege

Ein Mitnahmeanspruch besteht nur dann, wenn die betriebliche Altersversorgung beim ehemaligen Arbeitgeber in den Durchführungswegen **Pensionsfonds, Pensionskasse** oder **Direktversicherung** durchgeführt worden ist.[47] Ohne Bedeutung ist, ob der Versorgungszusage eine Entgeltumwandlung zugrunde liegt oder ob der Arbeitgeber die betriebliche Altersversorgung finanziert hat. 67

Kein Mitnahmeanspruch besteht in den Durchführungswegen **Direktzusage** und **Unterstützungskassenzusage**. Auch wenn in diesen beiden Durchführungswegen die betriebliche Altersversorgung über Entgeltumwandlung finanziert wurde, kann der Arbeitnehmer sie beim Arbeitgeberwechsel nicht mitnehmen. Ausweislich der Gesetzbegründung sind diese beiden Durchführungswege von dem Mitnahmeanspruch ausgeschlossen, weil die Unternehmen nicht gezwungen werden sollen, die im Unternehmen gebundenen Rückstellungen beim Ausscheiden der Arbeitnehmer vorzeitig zu kapitalisieren. Auch wenn diese Begründung nur auf die Direktzusage zutrifft, hat der Gesetzgeber auch die Unterstützungskassenzusagen von der Portabilität ausgeschlossen, weil z.B. bei einer reservepolsterfinanzierten Unterstützungskasse in der Kasse kein Kapital vorhanden ist, was übertragen werden könnte. Folglich müsste der ehemalige Arbeitgeber für die Liquidität eintreten. Dies soll vermieden werden. Folglich kann in diesen beiden Durchführungswegen nur im Einvernehmen nach § 4 Abs. 2 Nr. 1 oder Nr. 2 BetrAVG eine Portabilität herbeigeführt werden. 68

---

47 Zur Kombination von Durchführungswegen *Klein* FS Kemper, S. 263 f.

IV. Übertragungswert und Beitragsbemessungsgrenze

69 Ein Mitnahmeanspruch besteht nur dann, wenn der Übertragungswert die Beitragsbemessungsgrenze in der **allgemeinen Rentenversicherung** nicht übersteigt.[48] Damit ist die Beitragsbemessungsgrenze gemeint, die im Jahr der Übertragung maßgeblich ist. Gemeint ist die Jahresbeitragsbemessungsgrenze.

70 Ausweislich der Gesetzesbegründung soll nicht zwischen der Beitragsbemessungsgrenze West und der Beitragsbemessungsgrenze Ost unterschieden werden.[49] Dies wird im Wortlaut des Gesetzes allerdings nicht zum Ausdruck gebracht.[50]

71 Übersteigt der Übertragungswert die Beitragsbemessungsgrenze, besteht überhaupt kein Mitnahmeanspruch.[51] Es gilt das »Alles-oder-Nichts-Prinzip«. Ein Mitnahmeanspruch, der teilweise geltend gemacht würde, würde dem Grundgedanken der Portabilität widersprechen, da es Sinn und Zweck des Gesetzes ist, Anwartschaften zu bündeln. Würde ein Teilanspruch beim ehemaligen Arbeitgeber bestehen bleiben, würde dieses Ziel nicht erreicht.

V. Jahresfrist

72 Der Mitnahmeanspruch kann nur innerhalb einer Einjahresfrist nach dem Ausscheiden aus dem Arbeitsverhältnis beim ehemaligen Arbeitgeber geltend gemacht werden. Die Frist wird nach dem § 187 ff. BGB berechnet. Fristbeginn ist der Tag nach dem Ausscheiden aus dem Arbeitsverhältnis. Zu berücksichtigen ist, dass der Arbeitnehmer die Frist voll ausschöpfen kann und der Arbeitgeber in den Grenzen des § 3 BetrAVG ein Abfindungsrecht nur hat, wenn der Arbeitnehmer seinen Mitnahmeanspruch nicht geltend macht.

73 Die Frist ist auf den Tag genau einzuhalten, und zwar unabhängig davon, ob der Arbeitnehmer einen neuen Arbeitgeber gefunden hat.[52] Wird das Recht auf Übertragung des Übertragungswertes verspätet geltend gemacht, besteht kein Mitnahmeanspruch. Nach Fristablauf kommt nur eine einvernehmliche Übertragung nach § 4 Abs. 2 Nr. 1

---

48 Zum Überforderungsschutz *Cisch* DB Beilage 3/2005, 15; *Förster/Cisch* BB 2004, 2128.
49 BT-Drucks. 15/2150, S. 53.
50 Nur Beitragsbemessungsgrenze West: *Langohr-Plato/Teslau* NZA 2004, 1354; *Höfer* BetrAVG, Rn. 3686.40 zu § 4.
51 BT-Drucks. 15/2150, a.a.O.
52 *Schnitker/Grau* NJW 2005, 12.

oder Nr. 2 BetrAVG in Betracht. Auch hat der Arbeitgeber nach Fristablauf das Recht zur Abfindung, wenn nach § 3 BetrAVG eine solche zulässig ist.

VI. Verlangen

Der Arbeitnehmer muss den Mitnahmeanspruch durch eine **ausdrück-** 74
liche Erklärung geltend machen. Er muss aktiv tätig werden, in dem er die Mitnahme vom ehemaligen Arbeitgeber verlangt. Die Ausübung des Rechts führt dazu, dass der ehemalige Arbeitgeber verpflichtet ist, den gem. § 4 Abs. 5 BetrAVG ermittelten Übertragungswert an den neuen Arbeitgeber oder dessen Versorgungsträger zu zahlen. Mit der vollständigen Übertragung des Übertragungswertes erlischt dann die Zusage des ehemaligen Arbeitgebers (§ 4 Abs. 6 BetrAVG). Er wird von seinen Leistungspflichten frei. Wird der Übertragungswert nicht oder nicht vollständig gezahlt, wird der ehemalige Arbeitgeber nicht frei.

Das Verlangen ist an keine Form gebunden. Eine mündliche Erklärung 75
reicht aus. Aus Beweisgründen sollte eine schriftliche Erklärung abgegeben und auch dokumentiert werden, dass dieses Schriftstück beim ehemaligen Arbeitgeber eingegangen ist.

Hat der ehemalige Arbeitgeber in den Durchführungswegen **Direkt-** 76
versicherung oder **Pensionskasse** von seinem Recht Gebrauch gemacht, den ehemaligen Arbeitnehmer auf die **versicherungsförmige Lösung** zu verweisen, richtet sich der Anspruch auf Auszahlung des Übertragungswertes unmittelbar gegen den Versorgungsträger des ehemaligen Arbeitgebers. Dabei kann der Gesetzbegründung nicht gefolgt werden, dass der Mitnahmeanspruch ins Leere liefe, wenn der ehemalige Arbeitgeber von der versicherungsförmigen Lösung Gebrauch gemacht habe. Es wird verkannt, dass beim Verweis auf die versicherungsförmige Lösung nicht notwendigerweise der Arbeitnehmer Versicherungsnehmer werden muss und mit der versicherungsförmigen Lösung das arbeitsrechtliche Grundverhältnis nicht untergeht. Es entspricht aber praktischen Bedürfnissen, dem Arbeitnehmer gegenüber dem Versorgungsträger unmittelbar das Recht einzuräumen, die Auszahlung des Übertragungswertes zu verlangen, damit dieser nicht den »Umweg« über den ehemaligen Arbeitgeber gehen muss.

Ein unmittelbarer Anspruch gegenüber dem Versorgungsträger besteht 77
auch dann, wenn der Arbeitnehmer nach dem Ausscheiden aus dem Arbeitsverhältnis die Versicherung oder Versorgung **mit eigenen Bei-**

trägen fortgeführt hat. Da eine Fortführung der Versicherung oder Versorgung in allen drei versicherungsförmigen Durchführungswegen möglich ist, richtet sich dieser Anspruch nicht nur gegen eine Pensionskasse oder ein Lebensversicherungsunternehmen, sondern auch gegen den Pensionsfonds.

78 Macht der Arbeitnehmer von seinem Mitnahmerecht Gebrauch, ist ein Abfindungsrecht des Arbeitgebers ausgeschlossen (§ 3 Abs. 2 BetrAVG).

VII. Verpflichtung des neuen Arbeitgebers

79 Nach § 4 Abs. 3 S. 3 BetrAVG ist der neue Arbeitgeber verpflichtet, dem Arbeitnehmer eine **neue Versorgungszusage** zu erteilen. Diese Versorgungszusage muss in den Durchführungswegen **Pensionsfonds, Pensionskasse** oder **Direktversicherung** umgesetzt werden. Eine Direktzusage oder eine Unterstützungskassenzusage ist ausgeschlossen.

80 Der neue Arbeitgeber bestimmt den Durchführungsweg und den Inhalt der Versorgungszusage.[53] Er kann eine Leistungszusage, beitragsorientierte Leistungszusage oder auch eine Beitragszusage mit Mindestleistung vorgeben. Die einzige gesetzliche Vorgabe, die er beachten muss, ist die Wertgleichheit.[54]

81 Damit werden solche Arbeitgeber, die ihre betriebliche Altersversorgung über eine Direktzusage oder Unterstützungskassenzusage bisher abgewickelt haben, vom Gesetzgeber gezwungen, einen weiteren versicherungsförmigen Durchführungsweg dann zur Verfügung zu stellen, wenn der erste neue Arbeitnehmer seinen Mitnahmeanspruch geltend macht. Da dieser nicht abbedungen werden kann, kann sich der neue Arbeitgeber der Umsetzung eines weiteren Durchführungsweges nicht entziehen.

82 Die neue Versorgungszusage muss dem Übertragungswert gem. § 4 Abs. 5 BetrAVG entsprechen. Sie muss **wertgleich** sein.[55] Wann eine wertgleiche Versorgungszusage vorliegt, werden die Gerichte zu entscheiden haben.

83 Für die neue Versorgungszusage gelten die Regelungen über die **Entgeltumwandlung** entsprechend. Die neue Zusage ist sofort kraft Gesetzes unverfallbar. Dem Arbeitnehmer ist ein unwiderrufliches Bezugs-

---
53 *Cisch* DB Beilage 3/2005, 15; *Schnitker/Grau* NJW 2005, 12; *Reichel/Volk* DB 2005, 888; *Langohr-Plato/Teslau* NZA 2004, 1355; *Höfer* BetrAVG, Rn. 3686.46 zu § 4.
54 *Höfer* BetrAVG, Rn. 3686.48 zu § 4.
55 Hierzu auch § 1 Rn. 410 ff.

recht oder ein Rechtsanspruch einzuräumen. Alle Überschussanteile oder Erträge sind zur Erhöhung der Leistung zu verwenden. Verfügungsmöglichkeiten durch den Arbeitgeber sind ausgeschlossen (§ 1b Abs. 5 BetrAVG). Für die Anpassung ist § 16 Abs. 5 BetrAVG zu beachten.

Der gesetzliche **Insolvenzschutz** richtet sich nach § 7 Abs. 5 S. 3 Nr. 2 BetrAVG. Dies bedeutet, dass in den ersten beiden Jahren nach Übertragung Insolvenzschutz nur insoweit besteht, wie der Übertragungswert die Beitragsbemessungsgrenze in der allgemeinen Rentenversicherung nicht übersteigt. Wurde ein höherer Betrag als Übertragungswert gem. § 4 Abs. 5 BetrAVG gezahlt, kann diesbezüglich in den ersten beiden Jahren nur ein vertraglicher Insolvenzschutz herbeigeführt werden.[56]   84

VIII. Steuerliche Flankierung

Nach § 3 Nr. 55 EStG ist die Auszahlung des Übertragungswertes steuerfrei, der an eine Pensionskasse, einen Pensionsfonds oder an ein Lebensversicherungsunternehmen gezahlt wird.   85

Die späteren Zahlungen nach Eintritt des Versorgungsfalles werden so behandelt, als habe keine Übertragung stattgefunden. Es bleibt bei der Besteuerung nach § 22 Nr. 5 EStG. Die Auszahlungen sind nachgelagert in voller Höhe zu versteuern.   86

E. Einstellung der Betriebstätigkeit und Liquidation

I. Zeitlicher Geltungsbereich

Mit Wirkung ab dem 1.1.1999 war in § 4 Abs. 3 BetrAVG a.F. eine besondere Regelung aufgenommen worden, die es ermöglichte, anlässlich des Einstellens der Betriebstätigkeit und anschließender Liquidation des Unternehmens auf vereinfachtem Wege eine Übertragung vorzunehmen. Diese Übertragungsmöglichkeit ist beibehalten worden und in § 4 Abs. 4 BetrAVG enthalten. Der Gesetzgeber geht davon aus, dass Abs. 3 a.F. und Abs. 4 n.F. identisch sind. Für diese Möglichkeit der Übertragung bestehe weiterhin ein praktisches Bedürfnis.[57]   87

---

56 BT-Drucks. 15/2150, S. 54; § 7 Rn. 147a ff.
57 BT-Drucks. 15/2150, S. 53.

88 § 4 Abs. 4 BetrAVG ist auf alle Übertragungen anzuwenden, die ab dem 1.1.2005 anlässlich einer Liquidation erfolgen. Die Vorschrift gilt für alle Durchführungswege.[58]

II. Einstellen der Betriebstätigkeit und Liquidation

89 Ein Einstellen der Betriebstätigkeit liegt vor, wenn der Arbeitgeber seine bisherigen gewerblichen oder freiberuflichen Aktivitäten nicht mehr fortsetzt. Der Grund, warum die Betriebstätigkeit eingestellt wird, ist ohne Bedeutung.

90 Die Einstellung der Betriebstätigkeit führt dazu, dass die aktiven Arbeitnehmer, die noch in einem Arbeitsverhältnis stehen, aus dem Unternehmen ausscheiden.

91 Es richtet sich nach der Rechtsform des Unternehmens, wie die Liquidation durchzuführen ist. In jedem Fall werden die laufenden Geschäfte des Unternehmens beendet, die Forderungen eingezogen, das Vermögen veräußert und die Gläubiger befriedigt. Um die Liquidation abschließen zu können, muss das Unternehmen auch von seinen Versorgungsverpflichtungen freigestellt werden. Dies bedeutet, dass laufende Leistungen abgefunden (Rentenbeginn vor 1.1.2005 = uneingeschränkte Abfindungsmöglichkeit; Rentenbeginn nach 31.12.2004 = § 3 BetrAVG, § 30 g Abs. 2 BetrAVG) oder auf einen anderen Schuldner mit befreiender Wirkung übertragen werden können, um eine Liquidation abschließen zu können.[59] Gesetzlich unverfallbare Anwartschaften müssen in einem solchen Fall (Ausnahme § 3 BetrAVG) mit befreiender Wirkung auf einen anderen Schuldner übertragen werden, da sonst eine Liquidation nicht möglich wäre. Die Übertragungsmöglichkeiten werden durch § 4 Abs. 4 BetrAVG gesetzlich vorgegeben.

III. Übernahme der Zusage

92 In § 4 Abs. 4 BetrAVG wird geregelt, dass die Zusage nur von einer Pensionskasse oder einem Unternehmen der Lebensversicherung übernommen werden kann. Da in § 4 Abs. 2 Nr. 1 BetrAVG die Übernahme

---

58 *Höfer* BetrAVG, Rn. 3686.54 zu § 4.
59 *Langohr-Plato* will den Liquidations- bzw. Einstellungsbeschluss ausreichen lassen (Rechtshandbuch Rn. 571). Ähnlich *Andresen/Förster/Rößler/Rühmann* Teil 14 A Rn. 384. Es stellt sich dann aber die Frage, ob eine Rückabwicklung vorzunehmen ist, wenn die Liquidation nicht umgesetzt wird. Zudem stellt sich die Frage, ab wann die Finanzverwaltung die Anwendung des § 3 Nr. 65 EStG zulässt.

der Zusage bei einem gesetzlich unverfallbaren Anspruch für einen ausgeschiedenen Arbeitnehmer geregelt wird, ist die Übernahme der Zusage die Übernahme der bestehenden Versorgungsverpflichtung. Insoweit unterscheidet sich § 4 Abs. 4 BetrAVG n.F. von der gesetzlichen Regelung in § 4 Abs. 3 BetrAVG a.F. Nach der bis zum 31.12.2004 geltenden Fassung war nicht die Übernahme der Zusage vorgegeben, sondern es wurde die Verpflichtung übernommen, bei Eintritt des Versorgungsfalles Versorgungsleistungen zu gewähren. Mit der Vorgabe, die Zusage übernehmen zu müssen, wird nunmehr deutlich, warum der Versorgungsempfänger bzw. der Versorgungsanwärter dem Übernahmevorgang nicht zustimmen muss. Auf dessen Einverständnis kann nur deshalb verzichtet werden, weil sich für ihn nichts ändert, wenn die bestehende Zusage wird übernommen.

Ob eine Übernahme der Zusage nach vorheriger inhaltlicher Veränderungen im Rahmen des Übernahmevorgangs noch möglich ist, wenn der Versorgungsempfänger oder Anwärter hierzu sein Einverständnis erteilt, ist offen.[60] Insoweit unterscheidet sich das Vorgehen anlässlich einer Liquidation von der einvernehmlichen Übernahme einer Zusage. Nach dem Wortlaut des Gesetzes ist das Einvernehmen des ehemaligen Arbeitnehmers nicht erforderlich. Folglich kann der ehemalige Arbeitgeber nur von seiner Verpflichtung frei werden, wenn zum Nachteil des Arbeitnehmers keine Änderungen vorgenommen werden. Es ist jedenfalls unzulässig, den Arbeitnehmer auf eine wertgleiche Versorgung zu verweisen.[61] Im Einvernehmen mit dem ehemaligen Arbeitnehmer/Versorgungsempfänger müssten Änderungen möglich sein. 93

IV. Übernahmeberechtigte Versorgungsträger

Übernahmeberechtigt ist – wie auch schon in der vorhergehenden Fassung des Gesetzes – **nur** eine **Pensionskasse** oder ein **Lebensversicherungsunternehmen**. Die Übernahme erfolgt nicht als Versorgungsträger i.S.v. § 1 Abs. 1 S. 2 BetrAVG, sondern weil mit der Übernahme der ehemalige Arbeitgeber von allen Leistungspflichten frei wird, muss originärer Versorgungsschuldner die Pensionskasse[62] oder das Lebensversicherungsunternehmen werden. Deshalb muss der Kreis der Übernahmeberechtigten auf diese beiden Institutionen beschränkt sein, da sie als Versicherungsunternehmen der Versicherungsaufsicht unterstehen und in ihren Kapitalanlagemöglichkeiten eingeschränkt 94

---

60 *Cisch* (DB 2005, 13) verneint dies.
61 *Höfer* BetrAVG, Rn. 3830 zu § 4.
62 *Klein* FS Kemper, S. 269.

sind. Die Auslagerung von Versorgungsverpflichtungen auf einen externen Versorgungsträger ohne originäre Schuldübernahme würde eine Liquidation nicht ermöglichen, weil der ehemalige Arbeitgeber auf unbeschränkte Zeit Trägerunternehmen bleiben und Beiträge an den PSVaG zahlen müsste.

95 Die befreiende Übernahme erfolgt durch einen Vertrag, der mit der Pensionskasse oder dem Lebensversicherungsunternehmen und dem ehemaligen Arbeitgeber abgeschlossen wird.

V. Ausgestaltung der Zusage

96 Ab Rentenbeginn müssen alle Überschussanteile gem. § 16 Abs. 3 Nr. 2 BetrAVG zur Erhöhung der Leistung verwendet werden. Dadurch wird sichergestellt, dass die laufenden Leistungen nach Eintritt des Versorgungsfalles über die Überschussbeteiligung angepasst werden. Wegen der Einzelheiten wird auf § 16 Rn. 92 ff. verwiesen.

97 Darüber hinaus gilt § 2 Abs. 2 S. 4 bis 6 BetrAVG entsprechend. Danach darf der ausgeschiedene Arbeitnehmer die Ansprüche aus dem Versicherungsvertrag weder abtreten noch beleihen. Er darf auch den Rückkaufswert aufgrund einer Kündigung des Vertrages nicht in Anspruch nehmen. Auch wenn in diesen Vorschriften vom Arbeitnehmer die Rede ist, gilt dies entsprechend für einen Versorgungsempfänger, wenn dessen Versorgungsverpflichtung übernommen wurde.

98 Die Verfügungsbeschränkungen führen dazu, dass die vom ehemaligen Arbeitgeber zugesagten Leistungen auch so von der Pensionskasse bzw. vom Lebensversicherungsunternehmen ausgezahlt werden, als wenn der ehemalige Arbeitgeber nicht liquidiert worden wäre.

VI. Keine Zustimmung

99 Die Übernahme der Versorgungszusage erfolgt ohne Zustimmung des Versorgungsempfängers oder des Versorgungsanwärters. Auf die Zustimmung wird deshalb verzichtet, weil sich nach der befreienden Schuldübernahme weder für den Versorgungsempfänger noch für den Versorgungsanwärter etwas ändert. Der Lebensversicherer oder die Pensionskasse hat ihn so zu behandeln, wie der ehemalige Arbeitgeber ihn hätte behandeln müssen, mit der Ausnahme, dass sich die Anpassung von laufenden Leistungen ausschließlich nach § 16 Abs. 3 Nr. 2 BetrAVG richtet.

Übertragung § 4

Es ist umstritten, ob nach § 159 VVG eine Einwilligung einzuholen ist, wenn auf das Leben des Versorgungsempfängers oder des Anwärters ein Versicherungsvertrag abgeschlossen wird.[63] Nach der hier vertretenen Auffassung ist § 159 VVG zu beachten. Die Einwilligung ist einzuholen. § 4 Abs. 4 BetrAVG ist nicht lex specialis im Verhältnis zu § 159 VVG. Denn diese Vorschrift regelt nur die arbeitsrechtliche Seite, nicht die versicherungsrechtliche. Insoweit ist aber zu beachten, dass für Kollektivlebensversicherungen in der betrieblichen Altersversorgung eine Gesetzesänderung zu erwarten ist, die dazu führen wird, dass keine Einwilligung einzuholen ist.[64] 100

VII. Steuerliche Flankierung

Für die Übernahme der Zusage muss an die Pensionskasse oder an das Lebensversicherungsunternehmen ein Einmalbeitrag gezahlt werden, der auch die zukünftig entstehenden Verwaltungskosten umfasst. Es ist nicht ausreichend, allein einen Übertragungswert gem. § 4 Abs. 5 BetrAVG zu ermitteln. In § 4 Abs. 4 BetrAVG wird nicht auf den Übertragungswert verwiesen. Wegen des Wortlauts des Gesetzes ist die z.T. in der Literatur vertretene Auffassung[65], auch bei der Liquidation sei auf den Übertragungswert abzustellen, zu verwerfen. Denn dann müssten die betroffenen ehemaligen Arbeitnehmer Leistungskürzungen hinnehmen. Dies widerspricht dem Sinn und Zweck des Gesetzes. 101

Nach § 3 Nr. 65 EStG wird dieser Betrag lohnsteuerfrei gestellt. Die späteren Auszahlungen werden gem. § 19 EStG besteuert. Die Pensionskasse oder das Lebensversicherungsunternehmen hat die Steuer wie der Arbeitgeber einzuhalten. 102

F. Übertragungswert

Bei einer Übertragung nach § 4 Abs. 2 Nr. 2 BetrAVG oder einer Übertragung nach § 4 Abs. 3 BetrAVG ist der Übertragungswert von Bedeutung, der in Abs. 5 der Vorschrift definiert wird. Dabei wird nach Durchführungswegen differenziert. 103

---

63 *Reinecke* RdA 2005, 140.
64 § 150 Abs. 2 VVG-Entwurf.
65 A.A. *Höfer* BetrAVG, Rn. 3686.55 zu § 4.

I. Übertragungswert bei einer unmittelbaren Versorgungszusage

104 Der Übertragungswert ist bei einer unmittelbaren Versorgungszusage nur von Bedeutung bei einer Übertragung nach § 4 Abs. 2 Nr. 2, nicht Nr. 1 BetrAVG.

105 Der Übertragungswert ist **der Barwert** der nach § 2 BetrAVG bemessenen künftigen Versorgungsleistung **im Zeitpunkt der Übertragung**.

106 Bei dem Arbeitnehmer, der beim ehemaligen Arbeitgeber mit einer gesetzlich unverfallbaren Anwartschaft ausgeschieden ist, ist damit bei einer Leistungszusage die gem. § 2 Abs. 1 BetrAVG quotierte Anwartschaft die Maßgröße, nach der sich der Barwert richtet. Für Versorgungszusagen, die vor dem 1.1.2001 erteilt worden sind, ist dies auch die Maßgröße, wenn eine beitragsorientierte Leistungszusage erteilt wurde oder aber die betriebliche Altersversorgung durch Entgeltumwandlung finanziert wurde. Wurde die beitragsorientierte Leistungszusage nach dem 31.12.2000 erteilt, ergibt sich der Wert der aufrecht zu erhaltenen Anwartschaft aus § 2 Abs. 5 a BetrAVG. Für diese Maßgröße ist der Barwert zu ermitteln. Entsprechendes gilt für eine Versorgungszusage aus Entgeltumwandlung, wenn diese nach dem 31.12.2000 erteilt wurde.

107 Aus der Gesetzesbegründung[66] ergibt sich, dass der Barwert **nicht** aus der **gebildeten Pensionsrückstellung** abgeleitet werden darf. Ausdrücklich wird der Teilwert gem. § 6 a EStG angesprochen.

108 Nach § 4 Abs. 5 S. 1 Hs. 2 sind bei der Berechnung des Barwerts die **Rechnungsgrundlagen** sowie die **anerkannten Regeln der Versicherungsmathematik** maßgebend. Anders als in § 3 Abs. 2 BetrAVG a.F., der Vorbild für die Definition des Übertragungswertes gewesen sein soll,[67] ist von dem »bei der jeweiligen Form der betrieblichen Altersversorgung vorgeschriebenen Rechnungszinsfuß« nicht mehr die Rede. Dies wirft die Frage auf, wie bei einer unmittelbaren Versorgungszusage der Barwert zu ermitteln. Dass dabei biometrische Risiken zu berücksichtigen sind, ergibt sich aus den anerkannten Regeln der Versicherungsmathematik.

109 Zu § 3 Abs. 2 BetrAVG a.F. wurde in der Literatur einhellig die Auffassung vertreten, dass bei einer unmittelbaren Versorgungszusage ein Zinsfuß von 6 % zu verwenden ist. Dies ist der Zinsfuß, den § 6 a EStG für die steuerliche Bewertung der Pensionsrückstellungen vor-

---

66 BT-Drucks. 15/2150, S. 54.
67 BT-Drucks. 15/2150, S. 53.

gibt. An dieser Auffassung wird z.T. in der Literatur festgehalten[68] mit der aus dem Wortlaut des Gesetzes nicht ableitbaren Begründung, dass der Gesetzgeber auf § 3 Abs. 2 BetrAVG a.F. in der Gesetzesbegründung verweist. Dabei wird allerdings übersehen, dass der Zins von 6 % in § 3 Abs. 2 BetrAVG nicht genannt wurde,[69] also im Ergebnis offen war, ob die Rechtsprechung diesen steuerlichen Zins akzeptiert hätte.

Da der Übertragungswert nur bei einer einvernehmlichen Übertragung nach § 4 Abs. 2 Nr. 2 BetrAVG von Bedeutung ist, musste der Gesetzgeber nicht regeln, welcher Zinsfuß zu verwenden ist. Wird der Übertragungswert seitens des ehemaligen Arbeitgebers mit einem Zinsfuß gerechnet, der vom Arbeitnehmer nicht akzeptiert wird, ist der Arbeitnehmer schließlich nicht verpflichtet, sein Einverständnis zur Übertragung zu erteilen. Eine Übertragung kommt dann nicht zustande. Die unverfallbare Anwartschaft verbleibt beim ehemaligen Arbeitgeber. Hat der ehemalige Arbeitgeber aufgrund der befreienden Wirkung nach § 4 Abs. 6 BetrAVG ein ureigenes Interesse daran, dass die gesetzlich unverfallbare Anwartschaft auf den neuen Arbeitgeber übergeht, muss er sich bei der Verwendung des Rechnungszinsfußes im Zweifel kompromissbereit geben. Letztlich wird es Verhandlungssache sein, mit welchem Zinsfuß der Übertragungswert berechnet wird.[70] 110

Eine andere Sicht ist aber dann geboten, wenn gem. § 3 Abs. 2 BetrAVG eine **Abfindung** durch den ehemaligen Arbeitgeber einseitig vorgenommen wird (§ 3 Rn. 53 ff.). In diesem Fall müssen die Versorgungsempfänger oder die mit gesetzlich unverfallbarer Anwartschaft ausgeschiedenen Anwärter die Abfindung hinnehmen. Nach der hier vertretenen Auffassung ist, da die Abfindung aufgedrängt wird, nicht mit dem steuerlichen Zins gem. § 6 a EStG der Barwert zu berechnen, sondern mit dem Zins, der am Kapitalmarkt bei einer Anlage durch den Arbeitnehmer/Versorgungsempfänger erzielt werden kann. Ansonsten würde die Anwartschaft/der Versorgungsanspruch entwertet. 111

II. Übertragungswert bei Unterstützungskassenzusagen

Nach § 4 Abs. 5 S. 1 BetrAVG ist auch bei einer Unterstützungskassenzusage auf den Barwert abzustellen. Auch hier gelten die Rechnungsgrundlagen sowie die anerkannten Regeln der Versicherungsmathematik. Maßgröße ist der Wert der unverfallbaren Anwartschaft nach § 2 112

---

68 *Höfer* BetrAVG, Rn. 3686.59 zu § 4.
69 *Förster/Cisch* BB 2004, 2129.
70 *Höfer* BetrAVG, Rn. 3686.60 zu § 4; *Langohr-Plato/Teslau* NZA 2004, 1355; *Reichel/Volk* DB 2005, 889; *Schnitker/Grau* NJW 2005, 13.

BetrAVG. Auf die Ausführungen in Rn. 106 kann insoweit verwiesen werden.

113 Da auch bei Unterstützungskassenzusagen der Übertragungswert nur eine Bedeutung bei einer Übertragung nach § 4 Abs. 2 Nr. 2 BetrAVG hat, ist auch bei einer Unterstützungskassenzusage letztlich der maßgebliche Zinsfuß Verhandlungssache. Hierzu kann auf die Ausführungen in Rn. 110 f. verwiesen werden.

114 Bei einer Unterstützungskassenzusage ist es jedenfalls nicht zulässig, den Arbeitnehmer auf das Reservepolster zu verweisen.[71]

115 Hinsichtlich einer aufgedrängten **Abfindung** wird auf Rn. 111 verwiesen.[72]

III. Übertragungswert bei einer Direktversicherung, einer Pensionskasse oder einem Pensionsfonds

116 Bei einer Direktversicherung, einer Pensionskasse und einem Pensionsfonds hat der Übertragungswert Bedeutung bei einer Übertragung nach § 4 Abs. 2 Nr. 2 und § 4 Abs. 3 BetrAVG.

117 Der Übertragungswert wird definiert als das **gebildete Kapital** im Zeitpunkt der Übertragung. Bei dem Begriff »gebildetes Kapital« handelt es sich um einen unbestimmten Rechtsbegriff, der auslegungsbedürftig ist. Anders als in § 3 Abs. 2 BetrAVG a.F. werden die Begriffe »geschäftsplanmäßiges Deckungskapital«, »Zeitwert gem. § 176 Abs. 3 des Gesetzes über den Versicherungsvertrag«, »Geschäftsplan« oder »Geschäftsunterlagen« nicht genannt.

118 Der Verweis auf das »gebildete Kapital« soll gleichermaßen **versicherungsförmig durchgeführte Verträge** wie auch **fondsgebundene** oder sog. **Hybridverträge** umfassen. Da die vorgenannten Begriffe durch die versicherungsförmige Umsetzung geprägt waren, hat der Gesetzgeber den Begriff gebildetes Kapital verwendet. Aus der Gesetzesbegründung ergibt sich aber, dass die bisherigen Wertungen nicht aufgegeben wurden. Der Gesetzgeber geht davon aus, dass bei fondsgebundenen und sog. Hybridverträgen der **anteilige Wert** der für den Arbeitnehmer erworbenen Fondsanteile der Übertragungswert sein kann. Bei versicherungsförmig durchgeführten Verträgen sei vom **Zeitwert** der Versicherung einschließlich der Überschuss- und Schlussüber-

---

[71] BT-Drucks. 15/2150, S. 54.
[72] Nach der hier vertretenen Auffassung kann, wie es bisher in der Literatur vertreten wurde, auch nicht der Zins von 5,5 % zur Anwendung kommen.

schussanteile ohne Abzüge auszugehen. Die Berechnung des Zeitwertes richte sich nach § 176 Abs. 3 des Versicherungsvertragsgesetzes (VAG). Anders als beim Rückkaufwert seien bei der Ermittlung des gebildeten Kapitals Abzüge nach § 176 Abs. 4 VVG nicht zulässig.[73]

Das Bundesministerium für Gesundheit und soziale Sicherung hat sich in einem Schreiben vom 14.12.2004[74] für die **Pensionskasse** und für die **Direktversicherung** wie folgt geäußert:[75] »Soweit die betriebliche Altersversorgung über eine Pensionskasse oder eine Direktversicherung durchgeführt worden ist, ergibt sich das gebildete Kapital aus dem zum Zeitpunkt der Übertragung vorhandenen **Deckungskapital** für die **ohne Abzüge** ermittelte Anwartschaft des Arbeitnehmers **zuzüglich** des Guthabens aus der **verzinslichen Ansammlung** und dem Anteil am **Schlussüberschuss**. Soweit die Berechnung des Deckungskapitals nicht zum Geschäftsplan gehört, entspricht das gebildete Kapital dem **Zeitwert** der Versicherung einschließlich der Überschuss- und Schlussüberschussanteile gem. § 176 Abs. 3 VVG ohne Abzüge. **Ohne Abzüge** »bedeutet«, dass folgende Positionen nicht abgezogen werden dürfen:

– ein Ausgleich für die risikomäßige Verschlechterung des Versicherungsbestandes,

– die mit der Stornierung und Übertragung verbundenen Verwaltungskosten,

– die noch nicht getilgten Abschlusskosten (wobei im Wege Zillmerung gedeckte Abschlusskosten als bereits getilgt gelten).«[76]

Dieser Wertung wird in der Literatur widersprochen. So wird z.B. ausgeführt, dass es Sinn und Zweck des Gesetzes sei, die Interessen der betriebstreuen Arbeitnehmer mit den Interessen derjenigen Arbeitnehmer in Einklang zu bringen bzw. gegeneinander abzuwägen, die ihren Anspruch auf Übertragung geltend machen.[77] Auch wird ausgeführt, dass bei der Ermittlung des Zeitwerts die Kapitalmarktsituation und das Sterblichkeitsrisiko berücksichtigt werden müsse. Es sei auf den Rückkaufswert abzustellen, ein Abzug für Stornokosten sei gestattet. Zudem könnten Bearbeitungsgebühren erhoben werden.[78] Kritisiert wird, dass die mit der Übertragung verbundenen Kosten grundlos

---

73 BT-Drucks. 15/2150, S. 54.
74 416–52107, BetrAV 2005, 64.
75 Hervorhebungen durch die Kommentatorin.
76 Vgl. zur Zillmerung auch *Reinecke* RdA 2005, 142.
77 *Langohr-Plato* Rechtshandbuch, Rn. 559.
78 *Höfer* BetrAVG, Rn. 3686.62 zu § 4.

dem verbleibenden Versicherungsbestand angelastet würden, würde man der in Rn. 119 geäußerten Auffassung folgen.[79] Da der Arbeitnehmer die Übertragung verlange, müsse er als Verursacher der fortzeitigen Auflösung die negativen Folgen tragen.[80] Für Versicherungen, die ab dem 1.1.2008 abgeschlossen werden, dürfte sich das gebildete Kapital nach § 169 Abs. 3 und 4 VVG-E richten.

121 Für den **Pensionsfonds** wird in dem Schreiben des Bundesministeriums für Gesundheit und soziale Sicherung vom 14.12.2004[81] ausgeführt:[82] »Soweit die betriebliche Altersversorgung über einen Pensionsfonds durchgeführt worden ist und ein **individuelles Konto** für den Arbeitnehmer geführt wird, ist das gebildete Kapital das auf diesem Konto **vorhandene Kapital, mindestens** aber der **Barwert** der vom Pensionsfonds gegebenenfalls garantierten Leistung. Bei nicht vorhandenem individuellen Konto ist das gebildete Kapital der **Barwert** der vom Pensionsfonds gegebenenfalls garantierten Leistung; im Übrigen sind die Regelungen des Pensionsplans zu berücksichtigen. Darin können z.B. Regelungen getroffen werden, wonach das gebildete Kapital der Anteil des einzelnen Arbeitnehmers am gesamten für die Versorgungsanwärter gebildeten Kapital ist, der dem Verhältnis des Barwerts seiner unverfallbaren Anwartschaft an der Summe der Barwerte aller Anwartschaften entspricht. Auch beim Pensionsfonds gilt, dass Abzüge nicht vorgenommen werden dürfen.«

122 In der Literatur wird für den Pensionsfonds dieselbe, in Rn. 120 dargestellte Kritik geäußert.

G. Erlöschen der Zusage

123 Auf das in § 4 Abs. 6 BetrAVG angeordnete Erlöschen der Zusage des ehemaligen Arbeitgebers wurde bereits in Rn. 50 und Rn. 74 eingegangen.

---

79 *Reichel/Volk* DB 2005, 890.
80 *Langohr-Plato/Teslau* NZA 2004, 1356.
81 S. dazu Rn. 119.
82 Hervorhebungen durch die Kommentatorin.

H. Öffentlicher Dienst

Auf die Übertragungsmöglichkeiten bei Versorgungswerken, die im öffentlichen Dienst vorzufinden sind, wird nicht eingegangen. Hierzu wird auf die Spezialliteratur verwiesen.[83]

---

83 *Cisch* DB Beilage 3/2005, 17; *Mühlstädt* FS Kemper, S. 303.

§ 4 a Auskunftsanspruch

(1) Der Arbeitgeber oder der Versorgungsträger hat dem Arbeitnehmer bei einem berechtigten Interesse auf dessen Verlangen schriftlich mitzuteilen,

1. in welcher Höhe aus der bisher erworbenen unverfallbaren Anwartschaft bei Erreichen der in der Versorgungsregelung vorgesehenen Altersgrenze ein Anspruch auf Altersversorgung besteht und

2. wie hoch bei einer Übertragung der Anwartschaft nach § 4 Abs. 3 der Übertragungswert ist.

(2) Der neue Arbeitgeber oder der Versorgungsträger hat dem Arbeitnehmer auf dessen Verlangen schriftlich mitzuteilen, in welcher Höhe aus dem Übertragungswert ein Anspruch auf Altersversorgung und ob eine Invaliditäts- oder Hinterbliebenenversorgung bestehen würde.

Übersicht Rn.

A. Gesetzliche Neuregelung 1
   I. Bisher geltendes Recht 1
   II. Neue Regelungsbereiche 5

B. Auskunftspflicht 13
   I. Auskunftsberechtigter Personenkreis 13
      1. Anwärter 13
         a) Aktive Anwärter 14
         b) Ausgeschiedene Anwärter 17
      2. Versorgungsempfänger 18
   II. Auskunftsverpflichtete 19
      1. Arbeitgeber 19
      2. Ehemaliger Arbeitgeber 20
      3. Neuer Arbeitgeber 21
      4. Versorgungsträger des Arbeitgebers 23
   III. Verlangen des Anwärters 26
      1. Erklärungshandlung 26
      2. Keine Frist 28
      3. Keine Form 30
      4. Berechtigtes Interesse 31
   IV. Schriftform 34

C. Umfang der Auskunft 39
   I. Höhe der Altersanwartschaft 40
      1. Leistungszusage 41
         a) Altersleistung 42
         b) Erreichbare Leistung 44

		c) Bisher erworbene Anwartschaft	46
	2.	Beitragsorientierte Leistungszusage	49
		a) Altersleistung	50
		b) Erworbene Anwartschaft	51
	3.	Beitragszusage mit Mindestleistung	55
		a) Altersleistung	56
		b) Bisher erworbene Anwartschaft	57
II.	Höhe des Übertragswertes		60
	1.	Mitnahmeanspruch	60
	2.	Übertragungswert	63
III.	Leistung aus dem Übertragungswert		64
	1.	Altersleistung	65
	2.	Invaliditätsleistung	67
	3.	Hinterbliebenenleistung	69

D. Richtige Auskunft 70
- I. Wissenserklärung 70
- II. Richtig und vollständig 71
- III. Schadensersatz 72

E. Auskunftspflichten aus anderen Normen 76
- I. Fürsorgepflicht 76
- II. Nachweisgesetz 79
- III. § 7 VVG-Entwurf und § 10 a VAG 82
  1. Direktversicherung 88
  2. Pensionskasse 89
  3. Pensionsfonds 91
- IV. § 113 VAG 92
- V. Auskunft bei Kündigung der Versicherung 92 a
- VI. Auskunft bei Scheidung 93
- VII. Betriebsvereinbarung / Tarifvertrag 94
- VIII. § 613 a BGB 96

F. Abgrenzung von Auskunft und Beratung 97
- I. Auskunft 98
- II. Beratung 101
- III. Entgeltumwandlung 103

A. Gesetzliche Neuregelung

I. Bisher geltendes Recht

In § 2 Abs. 6 BetrAVG war seit Inkrafttreten des Betriebsrentengesetzes 1 geregelt, dass dem Arbeitnehmer, der mit einer gesetzlich unverfallbaren Anwartschaft aus dem Arbeitsverhältnis ausgeschieden ist, vom ehemaligen Arbeitgeber oder dessen Versorgungsträger darüber Auskunft zu erteilen war, ob und wenn ja in welcher Höhe eine unverfallbare Anwartschaft auf eine Altersleistung (Rente oder Kapital) aufrecht zu erhalten ist.

2 Diese Vorschrift regelte weder die Form noch den Zeitpunkt der Auskunftserteilung.

3 Die Praxis – zumindest bei großen und mittleren Unternehmen – hatte sich darauf eingestellt, den ausgeschiedenen Arbeitnehmer schriftlich über die unverfallbare Anwartschaft zu informieren.

4 Wegen der Einzelheiten zur Auskunft kann auf die Ausführungen in der 1. Auflage zu § 2 Abs. 6 BetrAVG verwiesen werden.

II. Neue Regelungsbereiche

5 Mit dem Alterseinkünftegesetz[1] hat der Gesetzgeber § 2 Abs. 6 BetrAVG aufgehoben und in § 4a BetrAVG erweiterte Auskunftspflichten geschaffen. Diese bestehen unabhängig vom Durchführungsweg und von der Finanzierung der betrieblichen Altersversorgung.

6 Die Auskunftspflichten sind insoweit erweitert worden, als nunmehr nicht nur der mit gesetzlich unverfallbarer Anwartschaft **ausgeschiedene ehemalige Arbeitnehmer** zu informieren ist. Vielmehr erhalten nun auch Arbeitnehmer, die noch **im Arbeitsverhältnis** stehen, die aber bei einem fortzeitigen Ausscheiden die Unverfallbarkeitsvoraussetzungen erfüllen würden, einen eigenständigen Auskunftsanspruch.

7 Anders als nach bisher geltendem Recht müssen sowohl der ausgeschiedene wie auch der im Unternehmen verbliebene Arbeitnehmer seinen **Auskunftsanspruch geltend machen**, er muss die Auskunft verlangen.

8 Wegen des in § 4 Abs. 3 BetrAVG neu geschaffenen **Mitnahmeanspruchs** ist der Auskunftsanspruch auch dahingehend erweitert worden, dass die unverfallbar ausgeschiedenen oder ausscheidenden Arbeitnehmer vom (ehemaligen) Arbeitgeber oder dessen Versorgungsträger Auskunft darüber verlangen können, wie hoch der **Übertragungswert** ist.

9 Im Zusammenhang mit dem Mitnahmeanspruch wurde neu ein Auskunftsanspruch gegenüber dem **neuen Arbeitgeber** geschaffen. Dieser hat Auskunft darüber zu erteilen, in welcher Höhe aus dem Übertragungswert ein Anspruch auf Altersversorgung entsteht und ob eine Invaliditäts- oder Hinterbliebenenversorgung bestehen würde.

---

[1] Gesetz zur Neuordnung der einkommensteuerrechtlichen Behandlung von Altersvorsorgeaufwendungen und Altersbezügen (Alterseinkünftegesetz – AltEinkG) v. 5.7.2004 BGBl. I S. 1427 ff.

Auch wenn die Auskunftspflichten erweitert wurden, sind sie noch 10 nicht so ausgestaltet, dass die Arbeitnehmer ausreichend mit Informationen versorgt werden. Es ist nicht einzusehen, warum die Arbeitnehmer, die noch nicht die gesetzlichen Unverfallbarkeitsvoraussetzungen erfüllen, keinen Auskunftsanspruch erhalten. Gerade für diesen Personenkreis wäre es wichtig, eine Entscheidungsgrundlage z.b. für eine Entgeltumwandlung zu erhalten.

Für alle Arbeitnehmer ist ohne Zweifel die betriebliche **Alters**versor- 11 gung von besonderer Bedeutung. Für eine **Vorsorgeplanung** sind aber auch **Invaliditäts-** und **Hinterbliebenenleistungen** wichtig, so dass es zumindest wünschenswert wäre, wenn den Arbeitnehmern stichtagsbezogen mitgeteilt werden müsste, wie hoch im Fall des Eintritts der Invalidität oder im Falle des Todes aus der erteilten Versorgungszusage die zu erbringenden Leistungen wären.[2] Dass es in diesen Fällen zu einer Auskunft »Null« kommen könnte, wäre hinzunehmen, wenn z.b. Wartezeiten noch nicht erfüllt sind.

Der Gesetzgeber hat davon abgesehen, solche erweiterten Auskunfts- 12 pflichten vorzugeben. Dies hätte den Verwaltungsaufwand bei den Arbeitgebern und externen Versorgungsträgern und damit die Kosten erhöht. Für die Weiterentwicklung und Ausweitung der betrieblichen Altersversorgung wären Mehrkosten kontraproduktiv. Folglich ist die Beschränkung des Gesetzgebers nachvollziehbar.

B. Auskunftspflicht

I. Auskunftsberechtigter Personenkreis

1. Anwärter

Zum Begriff des Anwärters vgl. § 1 Rn. 22. 13

a) Aktive Anwärter

Aktive Anwärter sind die Arbeitnehmer, die in einem Arbeitsverhältnis 14 zum Arbeitgeber stehen. Sie haben einen Auskunftsanspruch, wenn sie – unterstellt, sie würden aus dem Arbeitsverhältnis ausscheiden[3] – die gesetzlichen Unverfallbarkeitsvoraussetzungen erfüllt hätten. Dieses

---

2 *Reichel/Volk* DB 2005, 891.
3 *Höfer* BetrAVG, Rn. 3865.15 zu § 4 a; *Langohr-Plato* Rechtshandbuch, Rn. 642.

fiktive Vorliegen der Unverfallbarkeit bezieht sich auf den Zeitpunkt des Auskunftsbegehrens.

15 Danach hat jeder Arbeitnehmer, der eine Entgeltumwandlung gemacht hat, sofort einen Auskunftsanspruch.[4] Ohne Bedeutung ist, wann die Entgeltumwandlung vorgenommen wurde. Erfasst sind in der Vergangenheit erteilte Versorgungszusagen nach Entgeltumwandlung sowie zukünftige Zusagen nach Zusageerteilung.

16 Der Arbeitnehmer, der »nur« eine arbeitgeberfinanzierte betriebliche Altersversorgung hat, hat einen Auskunftsanspruch frühestens nach 5-jährigem Zusagebestand.[5]

b) Ausgeschiedene Anwärter

17 Ist das Arbeitsverhältnis beendet und der Arbeitnehmer mit einer **kraft Gesetzes** unverfallbaren Anwartschaft aus dem Arbeitsverhältnis ausgeschieden, hat er einen Auskunftsanspruch. Kein Auskunftsanspruch besteht, wenn ein Arbeitnehmer mit einer vertraglich unverfallbaren Anwartschaft ausgeschieden ist.

2. Versorgungsempfänger

18 Versorgungsempfänger haben keinen Auskunftsanspruch. Folglich kann ein ehemaliger Arbeitnehmer, der eine Invaliditätsleistung bezieht, keine Auskunft zur Alters- oder Hinterbliebenenversorgung verlangen. Entsprechendes gilt für den Altersrentner.

II. Auskunftsverpflichtete

1. Arbeitgeber

19 Der Arbeitgeber, bei dem der Arbeitnehmer in einem Arbeitsverhältnis steht, ist zur Auskunft verpflichtet. Gehört das Unternehmen zu einem Konzern, richtet sich die Auskunftsverpflichtung nur gegen das Unternehmen, bei dem der Arbeitnehmer tatsächlich beschäftigt ist.

2. Ehemaliger Arbeitgeber

20 Ist ein Arbeitnehmer mit einer gesetzlich unverfallbaren Anwartschaft aus dem Arbeitsverhältnis ausgeschieden, richtet sich der Auskunfts-

---

4 S. dazu § 1 b Rn. 121 ff.
5 S. dazu § 1 b Rn. 19 ff.

anspruch gegen den ehemaligen Arbeitgeber. Gehört dieses Unternehmen zu einem Konzern, ist ausschließlich der ehemalige Arbeitgeber zur Auskunft verpflichtet.

3. Neuer Arbeitgeber

Damit der Arbeitnehmer von seinem **Mitnahmeanspruch** Gebrauch machen kann, hat der Gesetzgeber auch eine Auskunftsverpflichtung für einen neuen Arbeitgeber geschaffen. Da nach dem Wortlaut des Gesetzes der »neue Arbeitgeber« verpflichtet ist, setzt die Auskunftspflicht erst ein, wenn das Arbeitsverhältnis rechtlich entstanden ist. Wurde vor dem rechtlichen Beginn des Arbeitsverhältnisses ein Arbeitsvertrag abgeschlossen, besteht noch kein Auskunftsanspruch, weil der »neue Arbeitgeber« erst ein potentieller neuer Arbeitgeber ist.[6]

21

Wegen der Einjahresfrist, innerhalb der der Mitnahmeanspruch geltend gemacht werden muss, können in den Fällen Probleme entstehen, in denen sich das neue Arbeitsverhältnis nicht unmittelbar an das alte Arbeitsverhältnis anschließt. In diesen Fällen sollte auch ein potentieller Arbeitgeber bereit sein, schon Auskunft zu erteilen, auch wenn er hierzu noch nicht verpflichtet ist.

22

4. Versorgungsträger des Arbeitgebers

Der Auskunftsanspruch, der sich gegen den alten oder gegen den neuen Arbeitgeber richtet, kann **alternativ**[7] **auch gegenüber dem Versorgungsträger** des (ehemaligen oder neuen) Arbeitgebers geltend gemacht werden. Versorgungsträger sind der Lebensversicherer, bei dem eine Direktversicherung abgeschlossen ist oder abgeschlossen werden würde, eine Pensionskasse, dessen Trägerunternehmen der Arbeitgeber ist, ein Pensionsfonds, der für den Arbeitgeber die betriebliche Altersversorgung abwickelt oder eine Unterstützungskasse.

23

Nach dem Wortlaut des Gesetzes kann sich der Arbeitnehmer bzw. ehemalige Arbeitnehmer unmittelbar an den Versorgungsträger wenden. Dieser ist dann auch zur Auskunft verpflichtet. Vielfach wird ein Versorgungsträger aber nur nach Rücksprache mit dem Arbeitgeber überhaupt eine Auskunft erteilen können, z.B. weil er nicht weiß, ob neben der bei ihm bestehenden betrieblichen Altersversorgung weitere Ver-

24

---

6 *Langohr-Plato/Teslau* NZA 2004, 1357.
7 A.A. *Höfer* a.a.O., Rn. 3865.6 ff. zu § 4 a.

sorgungsanwartschaften begründet wurden.[8] Aus diesem Grund, aber auch um Haftungsansprüche zu vermeiden, sollte jeder Versorgungsträger, der um Auskunft gebeten wird, eine Auskunft nur nach Rücksprache mit dem Arbeitgeber erteilen.

25 Wird die betriebliche Altersversorgung eines Arbeitgebers bei mehreren Versorgungsträgern abgewickelt, besteht ein Auskunftsanspruch gegenüber jedem einzelnen Versorgungsträger.

III. Verlangen des Anwärters

1. Erklärungshandlung

26 Der Arbeitnehmer muss die Auskunft **verlangen**, d.h. er muss tätig werden. Er kann die Auskunft mündlich begehren, aber auch schriftlich.

27 Erklärt sich der Arbeitgeber bereit, von sich aus eine Auskunft zu erteilen, ist ein Verlangen des Arbeitnehmers nur dann erforderlich, wenn er außerhalb des Rhythmus einer freiwilligen Auskunft des Arbeitgebers eine Auskunft benötigt. Sieht eine Versorgungsregelung vor, dass der Arbeitgeber zur Auskunft z.B. im Jahresrhythmus verpflichtet ist, wird es in aller Regel nicht erforderlich sein, während zweier Auskunftstermine eine Auskunft zu verlangen.

2. Keine Frist

28 Der Arbeitnehmer ist bei Ausübung seines Verlangens an keine Frist gebunden. Er muss allerdings die Unverfallbarkeitsvoraussetzungen (bei aktiven Arbeitnehmern ohne Ausscheiden) erfüllen.

29 Für die Auskunftserteilung ist nicht vorgegeben, innerhalb welcher Frist sie zu erfolgen hat. Man wird eine Auskunft innerhalb angemessener Frist erwarten können. Wird der Arbeitgeber oder sonstige Versorgungsträger nicht tätig, kann der (ehemalige) Arbeitnehmer Auskunftsklage vor dem Arbeitsgericht erheben.

3. Keine Form

30 Für das **Auskunftsbegehren** ist keine Form vorgeschrieben. Zur Schriftform der Auskunft nachfolgend Rn. 34 ff.

---

8 *Höfer* a.a.O., Rn. 3865.7 zu § 4 a.

4. Berechtigtes Interesse

Einen Auskunftsanspruch hat der Arbeitnehmer bzw. ehemalige Arbeitnehmer nur bei einem berechtigten Interesse. Dieser unbestimmte Rechtsbegriff ist auslegungsbedürftig. Die Gesetzesbegründung[9] gibt eine Auslegungshilfe, in dem dort als Beispiel genannt wird, dass der Arbeitnehmer beabsichtigt, **ergänzende Eigenvorsorge** zu betreiben.[10] Da sich derartige Absichten in der privaten Sphäre des Arbeitnehmers abspielen, kann ein Arbeitnehmer eigentlich immer einen Auskunftsanspruch begründen.   31

Steht der Arbeitnehmer in einem Arbeitsverhältnis, stellt sich die Frage, ob ein berechtigtes Interesse auch vorliegt, wenn der Arbeitgeber in regelmäßigen, nicht zu langen Abständen von sich aus eine Auskunft erteilt oder aber aufgrund des Versorgungsversprechens sich zur Auskunftserteilung verpflichtet hat. In diesen Fällen ist der Arbeitnehmer in der Lage, aufgrund der ihm schon erteilten Auskunft seine Versorgungsplanung vorzunehmen. Übt er zwischen zwei Auskunftsterminen seinen Anspruch aus, wird von ihm eine entsprechende Begründung zu fordern sein.[11]   32

Ein Arbeitnehmer, der mit einer gesetzlich unverfallbaren Anwartschaft aus dem Arbeitsverhältnis ausgeschieden ist, hat immer ein berechtigtes Interesse, zum einen, weil von der Höhe der unverfallbaren Leistungen abhängig ist, wie er seine künftige Versorgungsplanung ausrichten muss, zum anderen aber auch, weil er ggf. seinen Mitnahmeanspruch geltend machen will und zudem möglichst zeitnah zum Ausscheiden geklärt werden kann, ob alle maßgeblichen Bemessungsgrundlagen zutreffend angewandt wurden. Diese sind dann noch leichter zu klären als bei Eintritt des Versorgungsfalles, der erst viele Jahre später erfolgen kann.   33

IV. Schriftform

Die Auskunft ist schriftlich zu erteilen. Damit ist die Schriftform nach § 126 BGB gemeint. Die elektronische Form nach § 126 a BGB wie auch die Textform nach § 126 b BGB scheidet aus.   34

Die schriftliche Auskunft ist auf den einzelnen Arbeitnehmer bezogen zu erteilen, muss also eindeutig erkennen lassen, dass mit den Daten   35

---

9 BT-Drucks. 15/2150, S. 54.
10 Weitere Beispiele bei *Cisch* DB Beilage 3/2005, 17.
11 *Langohr-Plato* a.a.O., Rn. 645; *Blumenstein* BetrAV 2004, 239.

dieses Arbeitnehmers, der die Auskunft verlangt, die Berechnungen und Angaben erfolgt sind.

36 Die Auskunft soll dem Arbeitnehmer **Klarheit über die Höhe** der zu erwartenden betrieblichen Versorgungsleistung bzw. über den Übertragungswert oder die Leistung aus dem Übertragungswert verschaffen. Sie muss so ausgestaltet sein, dass der (ehemalige) Arbeitnehmer sie überprüfen kann. Die Bemessungsgrundlagen und der Rechenweg sind so genau zu bezeichnen, dass der Arbeitnehmer die Berechnung nachvollziehen kann.[12]

37 Sinn und Zweck der Auskunft ist es nicht, einen Streit über den Inhalt des Versorgungsanspruchs zu beseitigen. Bestehen insoweit Meinungsverschiedenheiten über die Berechnungsgrundlagen, soll die Möglichkeit bestehen, diese vor Eintritt des Versorgungsfalles durch das Arbeitsgericht klären zu lassen.[13] Die Auskunft ist mit großer Sorgfalt zu erteilen, unabhängig davon, wer sie erteilt.[14]

38 Gibt es mehrere Versorgungszusagen oder gibt es Versorgungszusagen in mehreren Durchführungswegen, ist jeweils eine gesonderte Auskunft zu erteilen. In der schriftlichen Auskunft des (ggf. ehemaligen) Arbeitgebers sind die Auskünfte zu bündeln.

C. Umfang der Auskunft

39 Die Auskunftspflicht erfasst **alle Durchführungswege** und alle Zusagearten, soweit es um die Auskunft zur Höhe der erdienten Altersanwartschaft geht. Hinsichtlich des **Mitnahmeanspruchs** besteht eine Auskunftsverpflichtung nur in den Durchführungswegen **Direktversicherung**, **Pensionskasse** und **Pensionsfonds**. Bei einer unmittelbaren Versorgungszusage und bei einer Unterstützungskassenzusage besteht ein solches Auskunftsrecht – eine solche Auskunftspflicht – nicht, weil es in diesen Durchführungswegen keinen Mitnahmeanspruch gibt.

I. Höhe der Altersanwartschaft

40 Nach § 4a Abs. 1 Nr. 1 BetrAVG ist dem (ehemaligen) Arbeitnehmer mitzuteilen, »in welcher Höhe aus der **bisher erworbenen unverfallbaren Anwartschaft** bei Erreichen der in der Versorgungsregelung vorge-

---

12 BAG 9.12.1997, 3 AZR 695/96, EzA § 2 BetrAVG Nr. 15, DB 1998, 2331.
13 BAG 9.12.1997, 3 AZR 695/96, EzA § 2 BetrAVG Nr. 15, DB 1998, 2331.
14 *Reinecke* RdA 2005, 135.

sehenen Altersgrenze ein Anspruch auf Altersversorgung besteht.« Die Auskunftsverpflichtung erfasst folglich nur die **Altersleistung**, nicht die vorzeitige Altersleistung, auch nicht die Invaliditäts- oder Hinterbliebenenleistung(en).[15]

1. Leistungszusage

Zur Leistungszusage wird auf § 1 Rn. 148 ff. und Rn. 377 ff. verwiesen. 41

a) Altersleistung

Mit der Altersleistung ist die Leistung gemeint, die der Arbeitnehmer 42
bei Vollendung der in der Versorgungszusage vorgesehenen festen Altersgrenze (ggf. auch Regelaltersgrenze, vgl. § 2 Abs. 1 BetrAVG) verlangen kann, gerechnet mit den Bemessungsgrundlagen zum Zeitpunkt der Auskunftserteilung.[16] Es ist von der Altersleistung auszugehen, die maßgeblich wäre, würde der Arbeitnehmer zum Berechnungsstichtag mit einer unverfallbaren Anwartschaft ausscheiden. Ist er schon mit einer gesetzlich unverfallbaren Anwartschaft ausgeschieden, ist auf den Ausscheidezeitpunkt zu rechnen. § 2 Abs. 5 BetrAVG ist – bei aktiven Arbeitnehmern entsprechend – anzuwenden.

Ohne Bedeutung ist, wie die Altersleistung finanziert wurde (arbeitgeberfinanziert, Entgeltumwandlung, mischfinanziert). 43

b) Erreichbare Leistung

Auch wenn in § 4a Abs. 1 Nr. 1 BetrAVG von der »bisher erworbenen 44
unverfallbaren Anwartschaft« die Rede ist, kommt der Arbeitgeber/ Versorgungsträger nicht umhin, in einem ersten Schritt die Leistung zu ermitteln, die sich nach dem maßgeblichen Leistungsplan ohne ein vorheriges – bei aktiven Arbeitnehmern fiktives – Ausscheiden ergibt. Dies bedeutet, dass die Altersleistung mit den Bemessungsgrundlagen zum Stichtag auf die feste Altersgrenze (ggf. Regelaltersgrenze) hochzurechnen ist.

Es kann nur empfohlen werden, diesen erreichbaren Wert auch in der 45
Auskunft auszuweisen. Denn nur wenn dieser Rechengang dargestellt wird, ist erkennbar, ob z.B. bei einem dienstzeitabhängigen Leistungsversprechen alle zu berücksichtigenden Dienstjahre angesetzt wurden.

---

15 Hierzu auch *Klein* FS Kemper, S. 269.
16 *Förster/Cisch* BB 2004, 2131.

c) Bisher erworbene Anwartschaft

46 Mit der erworbenen Anwartschaft ist bei einer Leistungszusage die nach § 2 Abs. 1 BetrAVG quotierte Leistung gemeint.[17] Die erreichbare Leistung wird dabei im Verhältnis der tatsächlichen zur möglichen Betriebszugehörigkeitsdauer quotiert. Wegen der Einzelheiten wird auf die Ausführungen bei § 2 verwiesen. Bei Unterstützungskassenzusagen und bei Pensionsfondszusagen ist entsprechend zu verfahren (§ 2 Abs. 4 und § 2 Abs. 3 a BetrAVG).

47 In den Durchführungswegen **Direktversicherung** und **Pensionskasse** ist nach § 2 Abs. 2 S. 1 und § 2 Abs. 3 S. 1 BetrAVG auch das Quotierungsverfahren grundsätzlich anzuwenden. Wird der Arbeitnehmer bereits in der Versorgungszusage auf die Anwendung der versicherungsförmigen Lösung verwiesen, ist ihm der Wert aus dem Versicherungsvertrag darzustellen und zwar nicht der garantierte Wert im Pensionsalter (ggf. noch erhöht um mögliche Überschussanteile),[18] sondern der Wert aus einer beitragsfrei gestellten Versicherung im Auskunftszeitpunkt. Denn es ist nicht die erdienbare Leistung mitzuteilen, sondern die »erworbene Anwartschaft«, also das, was bei einem vorzeitigen Ausscheiden mitgenommen wird. Ob in den Fällen, in denen der Arbeitgeber erst noch entscheiden muss, ob er von der versicherungsförmigen Lösung Gebrauch machen will oder nicht, eine alternative Darstellung erfolgen muss, wird die Rechtsprechung klären müssen. Da es um die Versorgungsplanung des Arbeitnehmers geht, dürfte sich aus dem Sinn und Zweck der Regelung ableiten lassen, dass jedenfalls der geringere Wert auszuweisen ist.

48 Wurde die betriebliche Altersversorgung durch **Entgeltumwandlung** finanziert und die Zusage nach dem 31.12.2000 erteilt, richtet sich die Höhe der Altersleistung nach § 2 Abs. 5 a Hs. 1 BetrAVG (hierzu nachfolgend Rn. 51 ff.). In diesem Fall entfällt der Rechenschritt, der auf die erreichbare Leistung abstellt.

2. Beitragsorientierte Leistungszusage

49 Zur beitragsorientierten Leistungszusage wird auf die Ausführungen in § 1 Rn. 379 ff. verwiesen.

---

17 *Reinecke* RdA 2005, 131 (Fn. 31).
18 *Höfer* a.a.O., Rn. 3865.19 zu § 4 a.

a) Altersleistung

Es ist alleine die Höhe der Altersleistung – z.B. nach Maßgabe der im Leistungsplan vorgesehenen Transformationstabelle – darzustellen. 50

b) Erworbene Anwartschaft

Bei der beitragsorientierten Leistungszusage ist nach dem Zusagezeitpunkt zu unterscheiden. Wurde die Zusage vor dem 1.1.2001 erteilt, kommt das Quotierungsverfahren zur Anwendung (§ 30g Abs. 1 BetrAVG). Insoweit kann auf die Ausführungen zur Leistungszusage verwiesen werden (Rn. 42 ff.). Ohne Bedeutung ist, ob eine arbeitgeber- oder arbeitnehmerfinanzierte betriebliche Altersversorgung vorliegt. 51

Für Versorgungszusagen, die nach dem 31.12.2000 erteilt wurden und erteilt werden, ist § 2 Abs. 5a BetrAVG anzuwenden. Die »erworbene« Anwartschaft ist die im Zeitpunkt der Auskunftserteilung (aktive Arbeitnehmer) bzw. im Zeitpunkt des Ausscheidens »erreichte« Anwartschaft. Wird die Anwartschaft aus einer Transformationstabelle abgeleitet, ergibt sich die Höhe der erreichten Anwartschaft aus der Summe der Bausteine, die bis zum Auskunftszeitpunkt/Ausscheidezeitpunkt angesammelt wurden. Bei einem Sparplan ist entsprechend zu verfahren, wobei es problematisch werden kann, wenn eine variable Verzinsung zugesagt wurde. In diesem Fall dürften nach dem Sinn und Zweck der Vorschrift nur die garantierten und zugewiesenen Zinsen berücksichtigt werden, wobei eine Verweisung auf das mögliche Zinspotential möglich, aber mit entsprechenden Vorbehalten versehen sein sollte. Dies gilt entsprechend auch für Versorgungszusagen, die nach dem 31.12.2000 durch Entgeltumwandlung finanziert wurden bzw. werden. 52

Richtet sich die Höhe der Leistung nach einer Fondsanlage, die über eine Transformationstabelle mit einer garantierten Leistung verknüpft ist, ist die Leistung aus der Transformationstabelle mitzuteilen, gleichzeitig aber auch der Wert der Altersleistung aus der Fondsanlage zum Zeitpunkt der Auskunftserteilung, allerdings versehen mit dem Vorbehalt, dass die Entwicklung bis zum Erreichen der Altersgrenze nicht absehbar ist. 53

Wird die Höhe der Altersleistung bei einer beitragsorientierten Leistungszusage aus einer Rückdeckungsversicherung abgeleitet, ist, wie bei einem Ausscheiden mit Unverfallbarkeit, der Wert der (fiktiv) beitragsfrei gestellten Rückdeckungsversicherung mitzuteilen. 54

3. Beitragszusage mit Mindestleistung

55 Zur Ausgestaltung der Beitragszusage mit Mindestleistung wird auf die Ausführungen in § 1 Rn. 387 ff. verwiesen.

a) Altersleistung

56 Da die Altersleistung aus dem bei Erreichen der Altersgrenze vorhandenen Kapital erst bei **Eintritt des Versorgungsfalles** bestimmt werden kann, stellt sich bei dieser Art der Zusagegestaltung das Problem, dass zu einem Zeitpunkt vor dem Eintritt des Versorgungsfalles die mögliche Höhe einer Altersleistung nicht bestimmt werden kann. Maßgröße kann allenfalls die Mindestleistung sein.

b) Bisher erworbene Anwartschaft

57 Für die Beitragszusage mit Mindestleistung richtet sich die (bei aktiven Arbeitnehmern fiktiv) aufrechtzuerhaltende Anwartschaft in den Durchführungswegen Direktversicherung, Pensionskasse und Pensionsfonds nach § 2 Abs. 5 b BetrAVG. Es ist das dem Arbeitnehmer planmäßig zuzurechnende Versorgungskapital auf der Grundlage der bis zu seinem (fiktiven) Ausscheiden geleisteten Beiträge (zuzüglich der bis zum Eintritt des Versorgungsfalls erzielten Erträge), mindestens die Summe der bis zum (fiktiven) Ausscheiden zugesagten Beiträge abzüglich etwaiger Risikoanteile mitzuteilen. Welche Altersleistung aus einer Kapitalanlage inkl. der Erträge erzielt werden kann, ist nicht prognostizierbar. Folglich müsste es genügen, die aus der (garantierten) Mindestleistung zu erwartende Altersleistung bei Auskunftserteilung abzuleiten. Die Mindestleistung ist dabei in eine **Rentenleistung umzurechnen** mit den Faktoren, die zum Auskunftszeitpunkt maßgeblich sind. Da vielfach bei Eintritt des Versorgungsfalles andere Umrechnungsmodalitäten gelten werden, tritt der unbefriedigende Zustand ein, dass die zum Auskunftszeitpunkt ermittelte Leistung höher sein wird als die später tatsächlich gezahlte Leistung, berücksichtigt man nur die bis zum Umrechnungszeitpunkt gezahlten Beiträge. Dies dürfte darauf zurückzuführen sein, dass die biometrischen Umrechnungsmodalitäten sich im Zeitablauf wegen der Langlebigkeit verändert haben.

58 Auf eine Umrechnung in eine Rentenleistung wird man nicht verzichten können. Denn es geht um die Versorgungsplanung des Arbeitnehmers. Ihm würde eine solche nicht ermöglicht, wenn er nur die Summe der Beiträge, ggf. unter Abzug von Risikoanteilen mitgeteilt bekommen würde. Kein Arbeitnehmer kann selbst ein solches »Kapital« in eine le-

benslängliche Leistung umrechnen. Also muss dies durch den (ehemaligen) Arbeitgeber bzw. dessen Versorgungsträger vorgenommen werden, ggf. verbunden mit dem Hinweis auf die im Leistungsplan vorhandene Klausel, nach der die biometrischen Grundlagen verwendet werden, die erst bei Eintritt des Versorgungsfalles maßgeblich sind.

Für den Pensionsfonds gibt es keine Abweichung von dieser Grundregel.[19] 59

II. Höhe des Übertragungswertes

1. Mitnahmeanspruch

Das Auskunftsrecht nach § 4 a Abs. 1 S. 1 Nr. 2 BetrAVG besteht nur in den Fällen, in denen der Arbeitnehmer nach § 4 Abs. 3 BetrAVG einen Mitnahmeanspruch hat. Dies setzt eine Zusage voraus, die ab dem 1.1.2005 erteilt wurde.[20] Zudem sind nur die Durchführungswege Direktversicherung, Pensionskasse und Pensionsfonds betroffen. Ohne Bedeutung ist die Finanzierungsform. 60

Da der Mitnahmeanspruch auch davon abhängig ist, dass die Beitragsbemessungsgrenze in der gesetzlichen Rentenversicherung nicht überschritten wird, stellt sich die Frage, ob ein Auskunftsanspruch auch dann besteht, wenn die Beitragsbemessungsgrenze überschritten wird. Diese Frage wird man bejahen müssen, denn erst dann, wenn der Arbeitnehmer die Auskunft verlangt, wird der Übertragungswert berechnet. Erst wenn dieser berechnet ist, kann festgestellt werden, ob die Beitragsbemessungsgrenze überschritten ist oder nicht, mit anderen Worten kann der Arbeitnehmer erst dann wissen, ob er überhaupt einen Mitnahmeanspruch hat oder nicht. 61

Keinen Auskunftsanspruch hat ein Arbeitnehmer, bei dem nach § 4 Abs. 2 Nr. 2 BetrAVG eine einvernehmliche Übertragung mit Übertragungswert vorgenommen wird. Der Arbeitnehmer wird einer solchen Übertragung nur dann zustimmen, wenn er eine Auskunft zum Übertragungswert erhalten hat. Dabei handelt es sich um eine freiwillige Auskunft, die der Arbeitgeber schon im eigenen Interesse erteilen sollte, wenn er an einer Übertragung auf den neuen Arbeitgeber interessiert ist. Das eigene Interesse kann darin liegen, dass bei einer einvernehmlichen Übertragung der alte Arbeitgeber von seinen Leistungspflichten aus der erteilten Versorgungszusage frei wird (§ 4 Abs. 6 BetrAVG). 62

---

19 A.A. *Höfer* a.a.O., Rn. 3865.19 zu § 4 a.
20 § 30 b BetrAVG.

2. Übertragungswert

63 Der Übertragungswert gem. § 4 Abs. 5 BetrAVG ist dem Arbeitnehmer in einem Betrag mitzuteilen, wenn nur eine versicherungsförmige Versorgung besteht. Bestehen mehrere Versicherungen oder Versorgungen in mehreren Durchführungswegen, ist für jeden Durchführungsweg der Übertragungswert gesondert zu ermitteln und mitzuteilen.

III. Leistung aus dem Übertragungswert

64 Nach § 4a Abs. 2 BetrAVG hat der **neue Arbeitgeber** bei der Ausübung des Mitnahmerechtes[21] gem. § 4 Abs. 3 BetrAVG Auskunft darüber zu erteilen, welche Leistungen sich aus dem Übertragungswert in seinem Versorgungssystem ergeben. Hierfür muss der neue Arbeitgeber vom Arbeitnehmer den Übertragungswert mitgeteilt bekommen, den sein Vorarbeitgeber oder dessen Versorgungsträger ihm genannt hat.

1. Altersleistung

65 Der externe Versorgungsträger des Arbeitgebers hat diesem mitzuteilen, welche Altersleistung aus dem als Übertragungswert einzuzahlenden Einmalbeitrag finanziert werden kann. Der neue Arbeitgeber oder dessen Versorgungsträger teilt dann diesen bezifferten Betrag dem Arbeitnehmer mit.

66 Bei der Beitragszusage mit Mindestleistung wird man eine Umrechnung in eine Rentenleistung fordern müssen.[22]

2. Invaliditätsleistung

67 Auch über die Invaliditätsleistung ist vom neuen Arbeitgeber oder dessen Versorgungsträger Auskunft zu erteilen. Diese Leistung ist aber nicht zu beziffern.[23] Es ist lediglich mitzuteilen, ob es eine Invaliditätsleistung gibt. Damit hat der Arbeitnehmer nur ein eingeschränktes Informationsrecht, was aus der Sicht des Arbeitnehmers zu bedauern ist, aus Kostengründen aber nachvollziehbar ist. Ob die Versorgungsträger praktikable Lösungen im Einzelfall anbieten,[24] bleibt abzuwarten, müssen doch im Zusammenhang mit neu abzuschließenden Versiche-

---

21 *Langohr-Plato/Teslau* NZA 2004, 1357.
22 S. dazu Rn. 57 f.
23 *Höfer* a.a.O., Rn. 3865.29 zu § 4a; *Langohr-Plato* a.a.O., Rn. 648; *Langohr-Plato/Teslau* NZA 2004, 1357; *Höfer* DB 2004, 1429.
24 *Langohr-Plato* Rechtshandbuch, Rn. 649.

rungen und den im VVG geregelten erweiterten Auskunftpflichten neue Angebotsverfahren entwickelt werden, die auf die Auskunft beim Mitnahmeanspruch durchaus angewendet werden können.[25]

Offen ist, ob die abstrakten Voraussetzungen für die Invaliditätsleistung geschildert werden müssen. Offen ist auch, ob eine generelle Aussage ausreicht oder ob sie bezogen auf den konkreten Einzelfall erteilt werden muss. Es müsste ausreichen, die allgemeinen Leistungsvoraussetzungen zu schildern, da bei der Invaliditätsleistung niemand wissen kann, ob und wenn ja wann eine Invalidität eine Leistung auslösen würde. 68

3. Hinterbliebenenleistung

Die Ausführungen in Rn. 67 f. gelten auch für die Hinterbliebenenleistungen. Demnach hat der Arbeitgeber oder der Versorgungsträger nicht im Einzelfall zu prüfen, ob Hinterbliebenenleistungen ausgelöst werden können. Es reicht die Mitteilung, ob es eine Hinterbliebenenleistung gibt und wenn ja, an welche Voraussetzungen sie gebunden ist. 69

D. Richtige Auskunft

I. Wissenserklärung

Bei der Auskunft nach § 4a BetrAVG handelt es sich ebenso wie bei Auskunft nach § 2 Abs. 6 a.F. um eine reine Wissenserklärung, nicht um ein abstraktes oder deklaratorisches Schuldanerkenntnis.[26] Dies bedeutet, dass die Auskunft keine neue Rechtsgrundlage schafft, sondern vielmehr nur das mitteilt, was der schon erteilten Versorgungszusage als Verpflichtung zu entnehmen ist. Wurde eine unrichtige Auskunft erteilt, muss sie korrigiert werden.[27] 70

II. Richtig und vollständig

Die Auskunft muss richtig und vollständig sein.[28] Erteilt der Arbeitgeber nicht selbst die Auskunft, sondern sein Versorgungsträger, wird dieser als Erfüllungsgehilfe des Arbeitgebers tätig. Nach § 278 BGB haftet 71

---

25 § 7 VVG-Entwurf i.V.m. der hierzu zu erlassenden Rechtsverordnung.
26 BAG 17.6.2003, 3 AZR 462/02, EzA § 2 BetrAVG Nr. 20, DB 2004, 608; 9.12.1997, 3 AZR 695/96, EzA § 2 BetrAVG Nr. 15, DB 1998, 2331.
27 BAG 21.3.2000, 3 AZR 102/99; 9.12.1997, 3 AZR 695/96, a.a.O.
28 BAG 23.9.2003, 3 AZR 658/02, EzA § 611 BGB 2002 Fürsorgepflicht Nr. 1.

§ 4 a Auskunftsanspruch

der Arbeitgeber für eine unrichtige Auskunft des Versorgungsträgers, wenn dieser fahrlässig gehandelt hat.[29]

III. Schadensersatz

72 Hat der Arbeitgeber dem Arbeitnehmer eine unrichtige oder unvollständige Auskunft erteilt, macht er sich schadensersatzpflichtig.[30] Es muss ein schuldhaftes Verhalten vorliegen. Es genügt Fahrlässigkeit.

73 Ein Schadensersatzanspruch des Arbeitnehmers besteht dann, wenn der Arbeitnehmer im Vertrauen auf die Richtigkeit der Auskunft eine Versorgungsdisposition getroffen oder unterlassen hat. Insoweit ist der Arbeitnehmer darlegungs- und beweispflichtig.[31]

74 Für die Ermittlung der Höhe des Schadens kommt es auf die Umstände des Einzelfalls an.[32] Hat der Arbeitgeber z.B. durch Modellrechnungen den Arbeitnehmer zur Ausübung eines Wahlrechts veranlasst und trifft der Arbeitnehmer aufgrund falscher Berechnungen die für ihn ungünstige Entscheidung, muss der Arbeitgeber ihn so stellen, wie er gestanden hätte, wenn die Auskunft richtig gewesen wäre.[33] So muss z.B. der Arbeitgeber dem Arbeitnehmer Schadensersatz leisten, dem er eine zu hohe Invaliditätsleistung mitgeteilt hat, wenn es der Arbeitnehmer daraufhin unterlässt, eine private Versicherung abzuschließen.[34]

75 Es gelten die allgemeinen Regeln zu den Anspruchsgrundlagen und zur Darlegungs- und Beweislast.[35]

E. Auskunftspflichten aus anderen Normen

I. Fürsorgepflicht

76 Grundsätzlich ist auch in einem Arbeitsverhältnis jeder Vertragspartner, also auch der Arbeitnehmer, selbst für die Wahrnehmung seiner eigenen Interessen verantwortlich. Der Arbeitgeber ist nicht ohne weiteres verpflichtet, Arbeitnehmer unaufgefordert über Auswirkungen zu

---

29 BAG 21.11.2000, 3 AZR 13/00, EzA § 611 BGB Fürsorgepflicht Nr. 61, DB 2002, 227; *Reinecke* RdA 2005, 141.
30 BAG 21.3.2000, 3 AZR 102/99, n.v.
31 BAG 8.11.1983, 3 AZR 511/81, EzA § 2 BetrAVG Nr. 4, DB 1984, 836.
32 ArbG Stuttgart 17.1.2005, 19 Ca 3152/04.
33 BAG 21.11.2000 ,3 AZR 13/00, EzA § 611 BGB Fürsorgepflicht Nr. 61, DB 2002, 227.
34 LAG Frankfurt 22.8.2001, 8 Sa 146/00, EzASD 2002, Nr. 4, 23, BB 2002, 416.
35 *Reinecke* RdA 2005, 143 f.

unterrichten, die sich für ihn zur betrieblichen Altersversorgung ergeben. Hinweise und Aufklärungspflichten beruhen auf den besonderen Umständen des Einzelfalles und sind das Ergebnis einer umfassenden Interessenabwägung.[36] Derartige Nebenpflichten aus § 241 Abs. 2 BGB (früher § 242 BGB) können vor allem dadurch entstehen, dass der Arbeitgeber einen Vertrauenstatbestand oder durch sein früheres Verhalten eine Gefahrenquelle geschaffen hat. Je größer das vom Arbeitgeber beim Arbeitnehmer erweckte Vertrauen ist, desto eher treffen den Arbeitgeber Informationspflichten und desto weit reichender sind sie. Entsprechendes gilt, je größer, atypischer und schwerer erkennbar die betriebsrentenrechtlichen Gefahren für den Arbeitnehmer sind.

Grundsätzlich kann davon ausgegangen werden, dass der Arbeitnehmer gesetzliche Vorschriften zu kennen hat. Sind allerdings Vorschriften – wie § 1a Abs. 4 BetrAVG oder § 212 VVG-E – erst vor kurzem in Kraft getreten, kann der Versorgungsträger zu einem Hinweis – ggf. über den Arbeitgeber – verpflichtet sein. Dies soll auch für schon länger bestehende Regelungen gelten, wenn über sie der Arbeitnehmer die Möglichkeit eingeräumt erhält, die Versicherung oder Versorgung mit eigenen Beiträgen fortzuführen. Auf dieses Recht sei hinzuweisen.[37] Daraus lässt sich aber nicht ableiten, dass der Arbeitgeber oder Versorgungsträger über andere gesetzliche Bestimmungen informieren muss. 77

Insbesondere ist der Arbeitgeber nicht zur Beratung verpflichtet. Er muss auch nicht über die Zweckmäßigkeit unterschiedlicher Gestaltungsmöglichkeiten belehren.[38] Die Auswahl obliegt dem Arbeitnehmer. Auch müssen keine Modellrechnungen erstellt werden. Wenn allerdings solche Berechnungen vorgelegt werden, müssen sie richtig sein, insbesondere wenn der Arbeitgeber den Arbeitnehmer zu einer Entscheidung bewegen will.[39] 78

II. Nachweisgesetz

Nach § 2 des Nachweisgesetzes (NachwG) ist der Arbeitgeber verpflichtet, dem Arbeitnehmer spätestens 4 Wochen nach seiner Einstel- 79

---

36 BAG 23.9.2003, 3 AZR 658/02, EzA § 611 BGB 2002 Fürsorgepflicht Nr. 1; 11.12.2001, 3 AZR 339/00, EzA § 611 BGB Fürsorgepflicht Nr. 6, DB 2002, 2387.
37 *Reinecke* RdA 2005, 132; *Doetsch* BetrAV 2003, 50.
38 BAG 18.12.1984, 3 AZR 168/82, AP Nr. 3 zu § 1 BetrAVG Zusatzversorgungskassen; 13.12.1988, 3 AZR 322/87, BB 1989, 5122, NZA 1989, 512; 3.7.1990, 3 AZR 28/89.
39 BAG 21.11.2000, 3 AZR 13/00, EzA § 611 BGB Fürsorgepflicht Nr. 61, DB 2002, 227.

lung Auskunft darüber zu erteilen, welche Regelungen zum Entgelt für ihn gelten und welche Betriebsvereinbarungen auf dieses Arbeitsverhältnis anzuwenden sind. Zum Entgelt gehört auch die betriebliche Altersversorgung. Ist diese in einer Betriebsvereinbarung geregelt, genügt es, den Arbeitnehmer auf diese Betriebsvereinbarung zu verweisen. Die Aushändigung der maßgeblichen Regelungen in Papierform ist ratsam. Ein Verweis auf das Intranet reicht nicht aus.[40]

80 Die Auskunft nach dem Nachweisgesetz hat nichts mit der Auskunft nach § 4 a BetrAVG zu tun. Sie soll den Arbeitnehmer über seine Rechte bei Beginn des Arbeitsverhältnisses aufklären, nicht aber seine Versorgungsanwartschaft beziffern.

81 Einen Auskunftsanspruch nach § 4a BetrAVG hat der Arbeitnehmer erst, wenn er eine gesetzlich unverfallbare Anwartschaft erreicht hätte. Dies ist bei der Einstellung nicht der Fall.

III. § 7 VVG-Entwurf und § 10 a VAG

82 In § 10 a Abs. 1 S. 3 VAG i.V.m. der Anlage Teil D Abschnitt III ist geregelt, dass der Versicherer (Lebensversicherungsunternehmen und Pensionskasse, nach § 113 Abs. 2 Nr. 4 VAG gilt dies entsprechend für den Pensionsfonds) zu bestimmten Auskünften von sich aus verpflichtet ist. Er hat den Versorgungsanwärter und den Versorgungsempfänger, auch wenn sie nicht Versicherungsnehmer sind, bei **Beginn des Versicherungsverhältnisses ausführlich** und **aussagekräftig** über Name, Anschrift, Rechtsform und Sitz des Versicherungsunternehmens zu unterrichten. Wird der Vertrag mit einer Niederlassung abgeschlossen, bezieht sich die Informationspflicht auf die Niederlassung. Darüber hinaus ist über die Vertragsbedingungen und Tarifbestimmungen, soweit sie für das Versorgungsverhältnis gelten, zu informieren und eine Aussage dazu zu machen, dass deutsches Recht anzuwenden ist. Vor Versicherungsbeginn muss auch über die Laufzeit informiert werden. Darüber hinaus sind allgemeine Angaben über die für die gewählte Versorgungsart geltenden Steuerregelungen zu machen, wobei auch hierfür gilt, dass die Informationen ausführlich und aussagekräftig sein müssen. Diese Vorschrift ist in ihrem Anwendungsbereich weitergehend als § 4 a BetrAVG, weil es nicht darauf ankommt, ob eine Unverfallbarkeit besteht.

83 Während der Laufzeit des Versorgungsverhältnisses, also während der **Anwartschaftszeit** und in der **Versorgungsphase**, müssen unaufgefor-

---
40 *Doetsch* BetrAV 2003, 49.

dert Änderungen von Namen, Anschrift, Rechtsform und Sitz mitgeteilt werden. Zudem ist **jährlich**, erstmals mit Beginn des Versorgungsverhältnisses, die **voraussichtliche Höhe** der den Versorgungsanwärtern **zustehenden Leistungen** mitzuteilen. Diese Auskunft weicht von § 4 a BetrAVG ab, weil nicht die erreichte Leistung mitzuteilen ist, sondern die zustehende Leistung. Damit ist grundsätzlich die Garantieleistung inklusiv der zugeteilten Überschussanteile gemeint. Bei der **Beitragszusage mit Mindestleistung** ist jährlich über die Anlagemöglichkeiten und die Struktur des Anlageportfolios zu unterrichten und es ist über das Risikopotential und die Kosten der Vermögensverwaltung und sonstige mit der Anlage verbundenen Kosten zu informieren, soweit der Versorgungsanwärter das Anlagerisiko trägt.[41]

Die Informationspflicht geht sogar so weit, dass auch schriftlich darüber zu informieren ist, ob und wie der Versicherer ethische, soziale und ökologische Belange bei der Verwendung der eingezahlten Beiträge berücksichtigt. 84

Auf Anfrage erhalten Anwärter und Versorgungsempfänger vom Versicherer den Jahresabschluss und den Lagebericht des vorhergegangenen Geschäftsjahrs. 85

Diese Informationspflichten sind vom Versicherer zu erfüllen. Der Arbeitgeber hat mit diesen Pflichten nichts zu tun. Insbesondere haftet er nicht für die Richtigkeit und Vollständigkeit. 86

Wesentlich ist, dass diese Informationspflichten schon **vorvertraglich** einsetzen, während der Laufzeit **regelmäßig** zu erfüllen sind und – anders als bei § 4 a BetrAVG – nicht nur auf Verlangen bestehen, sondern von sich aus durch den Versorgungsträger ausgeübt werden müssen. Es kommt auch nicht darauf an, ob eine gesetzlich oder fiktiv gesetzlich unverfallbare Anwartschaft besteht. Auch der verfallbare Anwärter ist zu informieren.[42] 87

Mit Wirkung ab dem 1.1.2008 werden diese schon bestehenden Auskunftspflichten der Versicherer über § 7 VVG-E und die hierzu zeitgleich ergehende Rechtsverordnung erweitert. 87a

Nach § 7 VVG-E muss der Versicherer dem Versicherungsnehmer (Arbeitgeber) rechtzeitig vor Abgabe von dessen Vertragserklärung die Vertragsbestimmungen, die Allgemeinen Versicherungsbedingungen und weitere Angaben schriftlich vorlegen, die noch im Einzelnen in einer 87b

---

41 S. dazu § 1 Rn. 387 ff.
42 *Reinecke* RdA 2005, 132; *Hölscher* FS Kemper, S. 190.

Rechtsverordnung zu regeln sind. Diese Verpflichtung ist zum Teil deckungsgleich mit den Verpflichtungen, die sich aus § 10 a VAG ergeben. Dennoch sind neben diesen, den Arbeitnehmern / Versorgungsempfängern zu erteilenden Auskünfte auch die Vorgaben des § 7 VVG-Entwurf zu erfüllen. Der Gesetzgeber hat bewusst davon abgesehen, eine Einschränkung des zu informierenden Personenkreises vorzunehmen, da auch der Personenkreis, »der einen Versicherungsvertrag in Ausübung der gewerblichen oder selbständigen beruflichen Tätigkeit schließt«, in aller Regel ein Schutzbedürfnis habe. Es wird auch bewusst auf eine Differenzierung zwischen natürlichen und juristischen Personen verzichtet, da die Rechtsform kein geeignetes Kriterium für die Beurteilung des Schutzbedürfnisses darstelle.[43]

87c Die Rechtsverordnung wird Regelungen dazu enthalten, »welche Einzelheiten des Vertrags, insbesondere zum Versicherer, zur angebotenen Leistung und zu den Allgemeinen Versicherungsbedingungen so wie zum Bestehen eines Widerrufsrechts, dem Versicherungsnehmer mitzuteilen sind.« Für Lebensversicherungen, wie sie in der betrieblichen Altersversorgung verwendet werden, sind darüber hinaus weitere Informationen über die zu erwartenden Leistungen und die Ermittlung und Berechnung dieser Leistungen zu geben. Eine Modellrechnung ist zu übergeben. Zudem sind Informationen über die Abschluss- und Vertriebskosten zu erteilen, wenn diese mit den Prämien verrechnet werden. Auch die sonstigen Kosten sind mitzuteilen. Für Lebensversicherungen ist darüber hinaus vorgesehen, dass Informationen zur Überschussbeteiligung gegeben werden sollen. Da die Einzelheiten der Rechtsverordnung noch nicht feststehen, muss insoweit auf weitergehende Erläuterungen verzichtet werden.

1. Direktversicherung

88 Ist beim Lebensversicherungsunternehmen eine Direktversicherung abgeschlossen worden, besteht eine Auskunftsverpflichtung nach § 10 a VAG. Die versicherungsrechtliche Auskunftsverpflichtung ist von § 4 a BetrAVG abzugrenzen. Während die Auskunftspflichten nach § 10 a VAG allgemeiner Natur sind, ist die Auskunftsverpflichtung nach § 4 a BetrAVG personenbezogen. Es handelt sich um einen arbeitsrechtlichen Anspruch. Personenbezogen ist nach § 10 a VAG nur die Auskunft zur Leistungshöhe. Diese auf die Leistung bezogene Auskunft weicht von derjenigen nach § 4 a BetrAVG ab, weil nicht die erreichte Anwartschaft maßgeblich ist, sondern die erreichbare. Dies be-

---

43 So die Gesetzesbegründung, BT-Drucks. 16/3945, 59 f.

Auskunftsanspruch § 4a

deutet für diesen Durchführungsweg, dass der Anwärter zwei unterschiedliche, nicht aufeinander abgestimmte Auskünfte erhält.

2. Pensionskasse

Auch Pensionskassen sind nach § 10a VAG verpflichtet, Auskunft zu erteilen. 89

Hierfür gelten die Ausführungen in Rn. 88 entsprechend. 90

3. Pensionsfonds

Auf den Pensionsfonds ist § 10a VAG nicht unmittelbar anzuwenden. 91
Seine Auskunftspflichten richten sich nach § 113 Abs. 2 Nr. 4 VAG.

IV. § 113 VAG

Für den Pensionsfonds mussten die Auskunftspflichten gesondert geregelt werden, da der Pensionsfonds nicht zu den Versicherungsunternehmen gehört. Die Regelung in § 113 Abs. 2 Nr. 4 VAG entspricht derjenigen des § 10a VAG, so dass auf die Ausführungen unter Rn. 82 ff. zu verweisen ist. 92

V. Auskunft bei Kündigung der Versicherung

Mit dem geänderten VVG schafft der Gesetzgeber voraussichtlich eine neue Auskunftspflicht für den Fall, dass der Arbeitgeber die Beiträge nicht oder nicht fristgemäß an den Versicherer zahlt. Hierzu wird in § 166 Abs. 4 VVG-Entwurf geregelt, dass der Versicherer den Arbeitnehmer hierüber zu informieren hat, damit dieser die Möglichkeit erhält, die Versicherung mit eigenen Beiträgen fortzuführen. Das BAG[44] hatte die Möglichkeit einer solchen Auskunftspflicht angedeutet, aber offen gelassen. Das OLG Düsseldorf[45] hat eine solche Auskunftspflicht anerkannt. 92a

VI. Auskunft bei Scheidung

Nach § 12 FGG ist ein Arbeitgeber verpflichtet, im Scheidungsverfahren Auskunft zu erteilen. Diese Auskunftspflichten haben nichts mit den Auskunftspflichten nach § 4a BetrAVG zu tun. 93

---

44 BAG 11.11.1992, 3 AZR 51/92, EzA § 7 BetrAVG Nr. 45, DB 1993, 986.
45 OLG Düsseldorf 17.12.2004, 4 U 78/02, BetrAV 2003, 476.

VII. Betriebsvereinbarung/Tarifvertrag

94 Auskunftspflichten können sich auch aus einer Betriebsvereinbarung oder einem Tarifvertrag ergeben. Soweit diese über die Regelung in § 4 a BetrAVG hinausgehen, liegt eine Besserstellung des Arbeitnehmers vor, die bei der Umsetzung des Auskunftsrechts entsprechend zu berücksichtigen ist.

95 Bleiben die Regelungen der Betriebsvereinbarung hinter den Auskunftspflichten nach § 4 a BetrAVG zurück, kommen die gesetzlichen Regelungen zur Anwendung. Dies ergibt sich aus § 17 Abs. 3 S. 3 BetrAVG. In Tarifverträgen kann von § 4 a BetrAVG abgewichen werden (§ 17 Abs. 3 S. 3). Verlangt der Tarifvertrag bestimmte Informationen, die der Arbeitgeber nicht oder nicht richtig bzw. vollständig erteilt, können Schadensersatzansprüche bestehen.[46]

VIII. § 613 a BGB

96 Auch die Informationen, die gem. § 613 a Abs. 5 BGB bei einem Betriebsübergang zu erteilen sind, stehen in keinem Zusammenhang mit § 4 a BetrAVG.[47] Das BAG hat entschieden, dass der übergegangene Arbeitnehmer nur ausnahmsweise einen Anspruch gegenüber dem ehemaligen Arbeitgeber auf Auskunft darüber hat, wie hoch die bis zum Betriebsübergang erdiente Anwartschaft ist.[48]

F. Abgrenzung von Auskunft und Beratung

97 Insbesondere im Zusammenhang mit dem Anspruch auf Entgeltumwandlung wird diskutiert, ob den Arbeitgeber Auskunfts- und Beratungspflichten treffen.

I. Auskunft

98 Die Auskunftspflichten sind in § 4 a BetrAVG geregelt. Im Einzelfall können darüber hinausgehende Auskunftspflichten aus anderen Normen oder auch aus der Fürsorgepflicht abgeleitet werden. Dabei kommt es aber auf die Umstände des konkreten Einzelfalles an. Eine all-

---

46 *Reinecke* RdA 2005, 141.
47 Hierzu *Kisters-Kölkes* FS Kemper, S. 227.
48 BAG 22.5.2007, 3 AZR 357/06, FA 2007, 217; BAG 22.5.2007, 3 AZR 834/05, ZIP 2007, 1964.

gemeine, über die in § 4a BetrAVG hinausgehende Auskunfts- und Informationspflicht hat der Gesetzgeber gerade nicht normiert.[49]

Eine generelle Auskunftspflicht des Arbeitgebers über den Inhalt des Betriebsrentengesetzes oder die Anwendung von dessen Normen besteht nicht. Die Rechtsprechung geht davon aus, dass die Arbeitnehmer die gesetzlichen Vorschriften kennen müssen. Hätte der Gesetzgeber für den Anspruch auf Entgeltumwandlung oder über die fehlende Vererbbarkeit[50] Informationspflichten[51] besonderer Art schaffen wollen, hätte eine gesetzliche Regelung in § 1a BetrAVG oder § 4a BetrAVG aufgenommen werden müssen. Dies ist nicht geschehen. 99

Abgesehen von einer Informationspflicht ist es für die Wahrnehmung des Anspruchs auf Entgeltumwandlung von Nutzen, wenn der Arbeitnehmer aufgrund freier Entscheidung über die im Betrieb bestehenden Möglichkeiten zur Umsetzung des Anspruchs auf Entgeltumwandlung informiert wird. Dies kann mit den vom Arbeitgeber zu treffenden Entscheidungen zum Durchführungsweg und Versorgungsträger verbunden werden. 100

II. Beratung

Sind schon die Auskunftspflichten beschränkt, ist erst recht ein Recht auf Beratung ausgeschlossen.[52] Dabei soll unter Beratung verstanden werden, dass individuelle Umstände berücksichtigt und Ratschläge erteilt werden. Es ist nicht Aufgabe des Arbeitgebers, den Arbeitnehmer hinsichtlich seiner Vorsorgeplanung zu beraten. Dem Arbeitnehmer wird ja gerade der Auskunftsanspruch gegeben, damit er sich seinerseits um seine Versorgung kümmern kann. 101

Führt der Arbeitgeber auf freiwilliger Basis eine Beratung durch oder lässt er diese durchführen, stellt sich die Frage, ob er damit einen Haftungstatbestand auslöst. Insoweit kommt es auf die Umstände des Einzelfalles an. Dass der Arbeitgeber sich schadenersatzpflichtig machen kann, ist nicht ausgeschlossen.[53] 102

---

49 *Langohr-Plato/Teslau* NZA 2004, 1358.
50 *Müller/Straßburger* BetrAV 2004, 240.
51 Verneinend *Reinecke* RdA 2005, 141.
52 *Doetsch* BetrAV 2003, 50.
53 *Reinecke* RdA 2005, 143.

III. Entgeltumwandlung

103 Da der Gesetzgeber in § 4a BetrAVG nicht zwischen arbeitgeber- und arbeitnehmerfinanzierten Altersversorgung unterscheidet, kann aus dieser Vorschrift auch nicht abgeleitet werden, dass den Arbeitgeber bei der Entgeltumwandlung besondere Auskunfts- oder Beratungspflichten treffen.[54]

104 Ohne Zweifel ist es richtig, dass informierte Arbeitnehmer eher dazu bereit sind, eine Entgeltumwandlung vorzunehmen. Damit würde die betriebliche Altersversorgung gefördert. Aus dem Fürsorgeprinzip aber abzuleiten, dass den Arbeitgeber eine Informations- und/oder Beratungspflicht trifft, geht über den Wortlaut des § 4a BetrAVG hinaus.

---

54 *Reinecke* a.a.O., 141.

Zweiter Abschnitt
Auszehrungsverbot

§ 5 Auszehrung und Anrechnung

(1) Die bei Eintritt des Versorgungsfalles festgesetzten Leistungen der betrieblichen Altersversorgung dürfen nicht mehr dadurch gemindert oder entzogen werden, daß Beträge, um die sich andere Versorgungsbezüge nach diesem Zeitpunkt durch Anpassung an die wirtschaftliche Entwicklung erhöhen, angerechnet oder bei der Begrenzung der Gesamtversorgung auf einen Höchstbetrag berücksichtigt werden.

(2) [1]Leistungen der betrieblichen Altersversorgung dürfen durch Anrechnung oder Berücksichtigung anderer Versorgungsbezüge, soweit sie auf eigenen Beiträgen des Versorgungsempfängers beruhen, nicht gekürzt werden. [2]Dies gilt nicht für Renten aus den gesetzlichen Rentenversicherungen, soweit sie auf Pflichtbeiträgen beruhen, sowie für sonstige Versorgungsbezüge, die mindestens zur Hälfte auf Beiträgen oder Zuschüssen des Arbeitgebers beruhen.

Übersicht	Rn.
A. Allgemeines	1
B. Auszehrungsverbot	6
I. Festgesetzte Leistungen	7
II. Andere Versorgungsbezüge	8
III. Wirtschaftliche Entwicklung	11
IV. Öffentlicher Dienst	14
C. Anrechnungsverbot	16
I. Rechtsgrundlage	17
II. Eigene Beiträge des Arbeitnehmers	19
III. Anrechnung	23
IV. Kombination von Durchführungswegen	28

A. Allgemeines

§ 5 BetrAVG ist seit Inkrafttreten des BetrAVG[1] im Gesetz enthalten.   **1**
Sein Regelungsgehalt erklärt sich im Wesentlichen vor dem Hinter-

---

1 22.12.1974.

grund, dass in 1974 noch viele Gesamtversorgungszusagen[2] erteilt waren.

2 In Abs. 1 ist ein Auszehrungsverbot und in Abs. 2 ein Anrechnungsverbot enthalten. Abs. 1 ist nach Eintritt des Versorgungsfalles zu berücksichtigen, Abs. 2 bei Eintritt des Versorgungsfalles. Die Bedeutung dieser Vorschrift ist in den vergangenen Jahren stark zurückgegangen, da vielfach Gesamtversorgungszusagen abgeschafft wurden, wenn und soweit dies rechtlich möglich war. Diese Verbote sind heute im Wesentlichen nur noch von Bedeutung bei Höchstbegrenzungsklauseln.[3]

3 Die Vorschrift hat ihren Anwendungsbereich bei und nach Eintritt des Versorgungsfalles, also in der Versorgungsphase und zwar i.d.R. nur bei Rentenzusagen, nicht bei Kapitalzusagen. Renten könnten im Laufe der Zeit durch Anrechnung anderer Versorgungsleistungen ausgezehrt werden. Dies ist bei Kapitalzusagen nicht möglich, zumindest dann nicht, wenn sie in einem Betrag ausgezahlt werden.[4] Bei Kapitalleistungen kann folglich i.d.R. nur das Anrechnungsverbot nach Abs. 2 Bedeutung erlangen.

In der Anwartschaftszeit ergibt sich u.U. ein Anrechnungs- oder Auszehrungsverbot aus dem Gleichbehandlungsgrundsatz und aus Vertrauensschutzgesichtspunkten.[5] Eine Versorgungszusage, die in der Anwartschaftszeit so konzipiert ist, dass bei Eintritt des Versorgungsfalles überhaupt keine Leistungen zu zahlen sind, ist rechtsmissbräuchlich.[6]

▶ **Beispiel:**

Einem Arbeitnehmer wird eine Versorgungszusage erteilt, die auf einen Festbetrag von 1.000 € lautet. Auf diesen Betrag soll die bei Eintritt des Versorgungsfalles zu zahlende Sozialversicherungsrente angerechnet werden. Die Sozialversicherungsrente beläuft sich auf 1.050 €.

4 Wird in einem Festbetragssystem eine Versorgungsleistung zugesagt und soll die zugesagte Leistung um die Sozialversicherungsrente gekürzt werden, ist die Zusage nicht zu beanstanden, wenn die Festbe-

---

2 S. dazu § 1 Rn. 162.
3 S. dazu § 6 Rn. 65 ff.
4 Überhaupt keine Anwendung bei Kapitalleistungen: *Blomeyer/Rolfs/Otto* § 5 Rn. 22.
5 A.A. *Langohr-Plato* Rechtshandbuch, Rn. 656.
6 *BAG* 18.12.1975, 3 AZR 58/75, EzA § 242 BGB Ruhegeld Nr. 48, DB 1976, 1015.

träge der Dynamik der Sozialversicherung folgend angepasst werden. Geschieht dies nicht, und kommt es deshalb zu einer Auszehrung der Anwartschaft, ist dies unbillig.

Scheidet ein Arbeitnehmer mit einer gesetzlich unverfallbaren Anwartschaft aus dem Arbeitsverhältnis aus, ist § 2 Abs. 5 S. 4 BetrAVG zu beachten. Danach dürfen Versorgungsanwartschaften, die der Arbeitnehmer nach seinem Ausscheiden bei einem anderen Arbeitgeber erwirbt, nicht zu einer Kürzung der unverfallbaren Anwartschaft (Teilanspruch) führen.[7] Das BAG führt hierzu aus, dass dies auch für eine Höchstbegrenzungsklausel gelte.[8] 5

Nach § 17 Abs. 1 S. 1 BetrAVG können Tarifverträge von § 5 BetrAVG abweichen.[9] Die anrechenbaren Leistungen müssen klar und eindeutig beschrieben sein. Dies ist bisher – soweit ersichtlich – nicht geschehen. 5a

B. Auszehrungsverbot

Laufende Betriebsrenten dürfen nicht dadurch ausgezehrt werden, dass andere Versorgungsbezüge, die an die wirtschaftliche Entwicklung angepasst wurden, bei der Leistungsbemessung berücksichtigt werden. Dies gilt gleichermaßen für eine Minderung der gezahlten Rente als auch für einen vollständigen Entzug der Rente. 6

I. Festgesetzte Leistungen

Bei Eintritt des Versorgungsfalles werden nach Maßgabe des Leistungsplanes die Versorgungsleistungen festgesetzt. Dieser Betrag darf später nicht mehr unterschritten werden. Es ist folglich eine Versorgungszusage unzulässig, die z.B. die jeweilige Sozialversicherungsrente auf den einmal ermittelten und festgeschriebenen Rentenausgangsbetrag anrechnet. 7

▶ **Beispiel:**

Zugesagt sind 75 % der letzten Bezüge. Diese betragen bei Eintritt des Versorgungsfalles 2.000 €. Auf den sich so ergebenden Betrag von 1.500 € wird die Sozialversicherungsrente angerechnet. Diese

---

[7] S. dazu § 2 Rn. 161.
[8] *BAG* 20.3.1984, 3 AZR 22/82, EzA § 242 BGB Ruhegeld Nr. 104, DB 1984, 1995.
[9] S. dazu § 17 Rn. 23.

beläuft sich bei Rentenbeginn auf 1.100 €, d.h. es ist eine Betriebsrente in Höhe von 400 € zu zahlen.

Soll im Folgejahr die nunmehr auf 1.180 € erhöhte Sozialversicherungsrente auf den Ausgangsbetrag von 1.500 € angerechnet werden, also der Rentenzahlbetrag auf 320 € vermindert werden, verstößt dies gegen § 5 Abs. 1 BetrAVG und ist unzulässig. Denn im Laufe der Jahre würde mit jeder Anhebung der gesetzlichen Rente der vom Arbeitgeber zu zahlende Betrag immer geringer. Der Versorgungsempfänger würde immer nur eine Versorgung, die sich aus der betrieblichen und der gesetzlichen Rente zusammensetzt, in Höhe von 1.500 € erhalten.[10]

II. Andere Versorgungsbezüge

8 Andere Versorgungsbezüge sind Versorgungszahlungen, die von einem Dritten geleistet werden, z.B. von einem ehemaligen Arbeitgeber des Arbeitnehmers oder dessen Versorgungseinrichtung oder von einem in- oder ausländischen Sozialversicherungsträger. Auch die Bezüge aus einem berufsständischen Versorgungswerk stellen andere Bezüge dar.

9 Werden solche Zahlungen an die wirtschaftliche Entwicklung angepasst, darf dies nicht über eine Anrechnungsklausel zu einer Verminderung der vom Arbeitgeber zu zahlenden Rente führen.

10 Nicht angerechnet werden darf gem. § 2 Abs. 5 S. 4 BetrAVG eine gesetzlich unverfallbare Anwartschaft, die ein Arbeitnehmer bei einem Folgearbeitgeber erworben hat. Diese Anwartschaft hat mit der Zusage des Arbeitgebers nichts zu tun.

III. Wirtschaftliche Entwicklung

11 Eine Anpassung an die wirtschaftliche Entwicklung liegt vor, wenn z.B. eine Anpassung nach § 16 BetrAVG vorgenommen wird, eine Anpassung aufgrund einer Anpassungsgarantie erfolgt oder – wie in der gesetzlichen Rentenversicherung – eine gesetzliche Anhebung der laufenden Renten vorgenommen wird.

11a Eine Anpassung an die wirtschaftliche Entwicklung liegt auch vor, wenn z.B. bei jeder Tariflohnerhöhung die laufenden Renten neu berechnet werden, indem bei einer Gesamtversorgungszusage die Bemes-

---

10 *BAG* 13.7.1978, 3 AZR 873/77, EzA § 5 BetrAVG Nr. 2, DB 1978, 2274.

sungsgrundlage Gehalt um die Tarifsteigerung angepasst und hierauf die tatsächliche, i.d.R. erhöhte Sozialversicherungsrente angerechnet wird. Bei einer solchen Anpassung und Anrechnung liegt ein Verstoß gegen § 5 BetrAVG vor, wenn der Ausgangsbetrag der ursprünglich ermittelten Betriebsrente bei Rentenbeginn unterschritten wird. Eine auch nur kurzfristige Unterschreitung ist nicht zulässig.[11]

Keine Anpassung an die wirtschaftliche Entwicklung liegt vor, wenn z.b. eine Direktversicherung um Überschussanteile erhöht wird. Dies ist eine vertragsgemäße Anpassung, also gerade keine Anpassung an die wirtschaftliche Entwicklung.[12]

12–13

IV. Öffentlicher Dienst

Das Auszehrungsverbot gilt nicht für den öffentlichen Dienst. Dies ist ausdrücklich in § 18 Abs. 1 BetrAVG geregelt. Diese Vorschrift ist verfassungsgemäß.[13]

14

C. Anrechnungsverbot

Das in § 5 Abs. 2 BetrAVG enthaltene Anrechnungsverbot hat zur Folge, dass anderweitige Versorgungsleistungen auf die zugesagte betriebliche Versorgungsleistung nur in den Grenzen von Abs. 2 angerechnet werden können. Damit enthält diese Vorschrift eine Einschränkung der Vertragsfreiheit.

16

I. Rechtsgrundlage

Jede Anrechnung bedarf einer klaren und eindeutigen Rechtsgrundlage.[14] Die anrechenbaren Leistungen müssen klar und eindeutig beschrieben sein. Nur dann, wenn eine solche Anrechnungsregel vertraglich vereinbart ist, ist überhaupt zu prüfen, ob die Voraussetzungen nach § 5 Abs. 2 BetrAVG erfüllt sind.

17–18

---

11 *BAG* 13.7.1978, 3 AZR 873/77, EzA § 5 BetrAVG Nr. 2, DB 1978, 2274.
12 A.A. möglicherweise *Blomeyer/Rolfs/Otto* § 5 Rn. 41.
13 *BAG* 28.6.1983, 3 AZR 94/81, AP Nr. 7 zu § 18 BetrAVG, DB 1983, 2786.
14 *BAG* 5.9.1989, 3 AZR 654/87, DB 1990, 1143, NZA 1990, 269; 16.8.1988, 3 AZR 183/87, EzA § 5 BetrAVG Nr. 21, DB 1989, 279.

II. Eigene Beiträge des Arbeitnehmers

19–20 Eine Versorgung ist durch eigene Beiträge des Arbeitnehmers finanziert, wenn dieser die finanzielle Last getragen hat. Eine Versorgung, die ausschließlich durch Beiträge des Arbeitnehmers finanziert wurde, darf gar nicht angerechnet werden. Auch wenn nach dem Wortlaut des Gesetzes von »Beiträgen« des Arbeitnehmers die Rede ist, muss nicht zwingend eine Beitragsleistung an einen Versorgungsträger erfolgt sein. Nach dem Sinn und Zweck der Vorschrift muss das Anrechnungsverbot auch ohne eine Beitragsleistung i.e.S. gelten, also auch solche Versorgungsleistungen erfassen, die wirtschaftlich betrachtet vom Arbeitnehmer finanziert wurden, ohne dass es zu einer Beitragszahlung durch den Arbeitnehmer gekommen ist. Damit sind insbesondere Anrechnungen von Versorgungsleistungen ausgeschlossen, die durch Entgeltumwandlung finanziert wurden.[15] Entsprechendes gilt für eine vom Arbeitnehmer betriebene Eigenvorsorge.

21 Eigenvorsorge liegt vor, wenn der Arbeitnehmer im privaten Bereich oder durch Zahlung von Beiträgen aus versteuertem und verbeitragtem Einkommen die Versorgungsleistung oder einen Teil der Leistung finanziert hat z.B. durch Zahlung von Beiträgen an eine Pensionskasse. Diese Leistungen aus Eigenbeiträgen wurden bisher ausschließlich der privaten Vorsorge zugerechnet.

22 Mit der neu geschaffenen Regelung in § 1 Abs. 2 Nr. 4 BetrAVG wird eine Abgrenzung zwischen einer privaten Eigenvorsorge und einer betrieblichen Altersversorgung vorgenommen. Liegt eine vom Arbeitgeber erteilte Umfassungszusage vor, handelt es sich um betriebliche Altersversorgung. Eine Anrechnung der Leistungen aus einer Umfassungszusage ist ebenso wenig möglich wie die Anrechnung von Leistungen, die durch Eigenvorsorge finanziert wurden.

III. Anrechnung

23 Anrechenbar sind Leistungen aus der gesetzlichen Rentenversicherung, soweit sie auf Pflichtbeiträgen beruhen.[16] Anrechenbar ist nicht nur der Teil der Rente, der durch Arbeitgeberbeiträge finanziert wurde, sondern auch der Teil der Rente, den der Arbeitnehmer durch eigene Beiträge finanziert hat. Die gesamte, von Arbeitgebern, also auch Vor- oder Nacharbeitgebern finanzierte gesetzliche Rente ist anrechenbar. Anrechenbar sind auch Leistungen aus der gesetzlichen Unfallversicherung.

---

15 *Kemper/Kisters-Kölkes* Grundzüge, Rn. 514.
16 Zur Abgrenzung i.E. *Blomeyer/Rolfs/Otto*, § 5 Rn. 80 ff.

Diese werden ausschließlich durch Arbeitgeber finanziert. Allerdings ist der Teil der Rente, der Schadensersatzansprüche abdeckt, herauszurechnen.[17]

Es ist die gesamte Rente anrechenbar, die entweder ausschließlich durch den Arbeitgeber finanziert wurde oder die zumindest zur Hälfte vom Arbeitgeber finanziert wurde. Wurde die Rente gekürzt, z.B. auf Grund der Durchführung eines Versorgungsausgleichs, ist von der Rente auszugehen, die dem Arbeitnehmer zugestanden hätte, wenn in Folge des Versorgungsausgleichs weder eine Minderung noch eine Erhöhung der gesetzlichen Rente vorgenommen worden wäre.[18] Anrechenbar ist die Bruttorente, auch wenn der Versorgungsempfänger Kranken- und Pflegeversicherungsbeiträge zu tragen hat.[19]

Auch Leistungen aus gesetzlichen Versorgungssystemen, die im Ausland finanziert wurden, sind anrechenbar. Voraussetzung ist allerdings auch hier, dass die Rente mindestens zur Hälfte durch Arbeitgeberbeiträge finanziert wurde. Eine angemessene sachgerechte Pauschalierung kann in Betracht kommen, wenn es auf die individuelle Rentenbiographie nicht ankommt.[20]

Ob Erwerbseinkommen, sonstiges Einkommen und Vermögen anrechenbar sind, ist nach diesseitigem Verständnis höchstgerichtlich nicht entschieden. Zwar führt das BAG aus, dass Einkünfte aus selbstständiger und unselbstständiger Arbeit anrechenbar sind, einer Anrechnung nach § 5 Abs. 2 BetrAVG nicht entgegenstehe. Zwar regele diese Vorschrift die Anrechnung von Versorgungsbezügen. Sie sei aber nicht abschließend. Allerdings ging es im entschiedenen Fall gar nicht um eine Leistung der betrieblichen Altersversorgung, sondern um Übergangsgelder.[21] Davon zu unterscheiden sind Zahlungen, die der Arbeitgeber, der das Ruhegeld zahlt, selbst an den ehemaligen Arbeitnehmer leistet. So kann, wenn eine Anrechnungsbestimmung dies vorsieht, eine vom Arbeitgeber gezahlte Karenzentschädigung auf die Betriebsrente anzurechnen sein.[22] Abs. 2 verbietet auch nicht eine Regelung, nach der Versorgungsbezüge ruhen, wenn der Arbeitnehmer aus dem Arbeitsver-

---

17 *BAG* 6.6.1989, 3 AZR 668/87, EzA § 5 BetrAVG Nr. 22, DB 1990, 435.
18 *BAG* 20.3.2001, 3 AZR 264/00, EzA § 5 BetrAVG Nr. 31, DB 2001, 2355.
19 *BAG* 14.12.1999, 3 AZR 742/98, EzA § 1 BetrAVG Invalidität Nr. 2, DB 2001, 823.
20 *BAG* 24.4.1990, 3 AZR 309/88, EzA § 5 BetrAVG Nr. 23, DB 1990, 2172; 7.11.1984, 3 AZR 436/81, EzA § 5 BetrAVG Nr. 13, DB 1985, 2698; 29.7.2003, 3 AZR 630/02, EzA § 1 BetrAVG Ablösung Nr. 42.
21 *BAG* 9.7.1991, 3 AZR 337/90, EzA § 5 BetrAVG Nr. 25, DB 1991, 2447.
22 *BAG* 26.2.1985, 3 AZR 162/84, EzA § 74 HGB Nr. 45, DB 1985, 2053.

hältnis noch ein Aktivengehalt bezieht. Solche Regelungen sind sinnvoll und stehen mit dem Sinn und Zweck des Gesetzes in Einklang, weil bei einem Arbeitnehmer, der bei seinem Arbeitgeber noch nicht ausgeschieden ist, noch kein Versorgungsbedarf entstanden ist und eine Doppelzahlung damit vermieden werden kann. Hat aber ein Arbeitnehmer für seinen ehemaligen Arbeitgeber die volle Gegenleistung für das ihm erteilte Versorgungsversprechen bereits erbracht, stellt sich die Frage, warum die ihm zustehende Versorgungsleistung ruhen sollte, wenn er aus einem anderen Arbeitsverhältnis oder selbständiger Tätigkeit Einkommen erzielt oder gar erzielen muss, z.B. wenn er nur teilweise erwerbsgemindert ist und deshalb aus der gesetzlichen Rentenversicherung nur eine geringe Rente erhält. Besonders kritisch zu hinterfragen sind Klauseln, die eigenes Erwerbseinkommen bei einer Hinterbliebenenrente berücksichtigen wollen.

27 Sachgebundene Leistungen aus Versicherungen (z.B. Krankenversicherung, Pflegeversicherung) sind ebenfalls nicht anrechenbar, weil es sich nicht um Versorgungsbezüge handelt. Der Leistungszweck, der mit diesen Leistungen verbunden ist, würde nicht erreicht. Nicht zu den sachgebundenen Leistungen gehört der Ausgleichsanspruch des Handelsvertreters. Der Ausgleichsanspruch kann an die Stelle einer arbeitgeberfinanzierten betrieblichen Altersversorgung treten.[23]

IV. Kombination von Durchführungswegen

28 Eine Kombination von Durchführungswegen ist ohne weiteres möglich. Werden mehrere Durchführungswege miteinander kombiniert und werden die Leistungen unter Berücksichtigung dieser Durchführungswege bemessen, geht es im eigentlichen Sinne nicht um eine Anrechnung »anderer« Versorgungsbezüge, sondern um die Bemessung der vom Arbeitgeber zugesagten Leistungen, die aus verschiedenen Quellen finanziert werden.

▶ **Beispiel:**

Der Arbeitgeber sagt dem Arbeitnehmer über eine unmittelbare Versorgungszusage eine Versorgungsleistung von 500 € monatlich zu, die teilweise über eine Unterstützungskasse mitfinanziert wird. Aus der Unterstützungskassenzusage ergibt sich eine Versorgungsleistung in Höhe von 200 € monatlich. Diese Leistungen aus der Unterstützungskasse vermindern den Anspruch aus der unmittelba-

---

23 *BGH* 21.5.2003, VIII ZR 57/02, DB 2003, 68.

Auszehrung und Anrechnung § 5

ren Versorgungszusage. Folglich werden von der Unterstützungskasse 200 € und aus der unmittelbaren Versorgungszusage 300 € gezahlt. Die »Gesamtleistung« des Arbeitgebers beläuft sich damit auf 500 €.

Sieht eine betriebliche Altersversorgung des Arbeitgebers vor, dass die 29 Versorgungsleistungen zum Teil unmittelbar erbracht werden, zum Teil aber auch über eine Direktversicherung finanziert werden, kann die Leistung aus der Direktversicherung auf die Leistung aus der unmittelbaren Versorgungszusage angerechnet werden. Dabei ist es zulässig, nicht den tatsächlich von der Direktversicherung gezahlten Betrag zu berücksichtigen, sondern den Betrag, der sich aus einer Verrentung des Deckungskapitals der Direktversicherung mit dem Teilwertfaktor gem. § 6a EStG ergibt.[24]

---

24 *BAG* 23.3.1999, 3 AZR 654/97, n.v.

Dritter Abschnitt
Altersgrenze

§ 6 Vorzeitige Altersleistung

¹Einem Arbeitnehmer, der die Altersrente aus der gesetzlichen Rentenversicherung als Vollrente in Anspruch nimmt, sind auf sein Verlangen nach Erfüllung der Wartezeit und sonstiger Leistungsvoraussetzungen Leistungen der betrieblichen Altersversorgung zu gewähren. ²Fällt die Altersrente aus der gesetzlichen Rentenversicherung wieder weg oder wird sie auf einen Teilbetrag beschränkt, so können auch die Leistungen der betrieblichen Altersversorgung eingestellt werden. ³Der ausgeschiedene Arbeitnehmer ist verpflichtet, die Aufnahme oder Ausübung einer Beschäftigung oder Erwerbstätigkeit, die zu einem Wegfall oder zu einer Beschränkung der Altersrente aus der gesetzlichen Rentenversicherung führt, dem Arbeitgeber oder sonstigen Versorgungsträger unverzüglich anzuzeigen.

Übersicht	Rn.
A. Allgemeines	1
B. Voraussetzungen für die Inanspruchnahme	6
I. Inanspruchnahme der gesetzlichen Rente	6
II. Altersrenten aus der gesetzlichen Rentenversicherung	10
III. Erfüllen der Wartezeit	14
IV. Erfüllen der sonstigen Leistungsvoraussetzungen	16
V. Verlangen des Arbeitnehmers	18
1. Form, Frist	18
2. Zuständiger Versorgungsträger	20
3. Verspätetes Verlangen	22
C. Wegfall der gesetzlichen Rente	26
I. Überschreiten der Hinzuverdienstgrenzen	26
II. Bezug einer Teilrente	30
III. Informationspflichten des Arbeitnehmers	32
D. Unterschiedliche feste Altersgrenzen bei Männern und Frauen	36
I. Hintergrund	36
II. Entscheidung des EuGH	38
III. Rechtsprechung des BAG	40
E. Höhe der vorzeitigen Altersleistung	43
I. Gestaltungsfreiheit	43
II. Verzicht auf Kürzung	45

III.	Kürzungsmöglichkeiten	48
	1. Nach Leistungsplan erdiente Leistung	48
	2. Versicherungsmathematische Abschläge	52
	3. Unechter versicherungsmathematischer Abschlag	60
	4. Gleichbehandlungsgrundsatz	63
IV.	Gesamtversorgungssysteme und Limitierungsklauseln	65
V.	Direktversicherung	68
F.	**Unverfallbare Anwartschaften**	**70**
I.	Ausscheiden mit unverfallbarer Anwartschaft	70
II.	Höhe der vorzeitigen Altersleistung	71
III.	Veränderung der Unverfallbarkeitsquote	75
IV.	Gesetzliche Neuregelung	76

A. Allgemeines

§ 6 BetrAVG verfolgt das Ziel, einem Arbeitnehmer, der aus der **gesetzlichen Rentenversicherung** eine **vorzeitige Altersrente** bezieht, auch den Bezug der betrieblichen Altersleistung zum gleichen Zeitpunkt zu ermöglichen. Dieser Gleichlauf von gesetzlicher Rente und betrieblicher Altersversorgung ist seit Inkrafttreten des Betriebsrentengesetzes vorgegeben. Der Anspruch besteht gleichermaßen bei einer arbeitgeberfinanzierten betrieblichen Altersversorgung und bei einer betrieblichen Altersversorgung aus Entgeltumwandlung. 1

In § 6 BetrAVG wird nur geregelt, unter welchen Voraussetzungen ein Arbeitnehmer vorzeitig betriebliche Altersleistungen beziehen kann, der bei fortgesetztem Arbeitsverhältnis ein endgültiges Ruhegeld hätte beziehen können.[1] Nicht gesetzlich geregelt ist die Höhe der vorzeitigen Leistungen. Die Maßstäbe, die bei der **Bemessung der Leistung** anzusetzen sind, sind im Wesentlichen von der Rechtsprechung entwickelt worden.[2] 2

Die Vorschrift ist nur von Bedeutung für betriebliche Versorgungswerke, die eine **feste Altersgrenze** von mehr als 60 Jahren vorsehen.[3] Da in der gesetzlichen Rentenversicherung frühestens ab dem Alter 60 (künftig 62) eine vorzeitige Altersleistung abgerufen werden kann, ist diese Vorschrift für solche Versorgungszusagen ohne Bedeutung, die eine feste Altersgrenze von 60 Jahren vorsehen.[4] 3

---

1 BAG 28.2.1989, 3 AZR 470/87, EzA § 6 BetrAVG Nr. 12, DB 1989, 1579.
2 Vgl. Rn. 43 ff.
3 Zur festen Altersgrenze s. § 1 Rn. 36; zur Anhebung der Regelaltersgrenze in der gesetzlichen Rentenversicherung s.a. § 2 Rn. 27 ff.
4 Zum Verweis in einer Versorgungszusage auf die Regelungen in der gesetzlichen Rentenversicherung, als für Frauen ein Rentenbezug mit einem Alter

4 Für die Inanspruchnahme vorzeitiger Altersleistungen nach § 6 BetrAVG ist es ohne Bedeutung, ob ein **Kapital** oder eine **Rente** vom Arbeitgeber zugesagt wurde. Die überwiegende Bedeutung dieser Vorschrift ergibt sich jedoch für Rentenleistungen.

4a Da der Gesetzgeber für die **Beitragszusage mit Mindestleistung** keine gesonderte Regelung geschaffen hat, muss davon ausgegangen werden, dass auch bei dieser Zusageform eine vorzeitige Altersleistung zu zahlen ist, wenn aus der gesetzlichen Rentenversicherung eine vorzeitige Altersrente bezogen wird. Allerdings ist bei dieser Zusageart zu berücksichtigen, dass die Leistung aus dem angesammelten Kapital ermittelt wird, dass im Zeitpunkt des »Verlangens« vorhanden ist, also insbes. die Beiträge fehlen, die noch bis zur festen Altersgrenze zu zahlen gewesen wären.[5] Daraus ergibt sich bereits eine Kürzung, so dass weitere Kürzungen, z.B. durch versicherungsmathematische Abschläge, nicht zulässig sein dürften, zumal das vorhandene Kapital mit den Verrentungsfaktoren verrentet wird, die bei Eintritt des Versorgungsfalles maßgeblich sind. Damit wird die Bezugsdauer ausreichend berücksichtigt.[6]

5 § 6 BetrAVG ist nicht anzuwenden auf **beherrschende Gesellschafter-Geschäftsführer**.[7] Für diesen Personenkreis ist regelmäßig eine feste Altersgrenze von 65 Jahren zu vereinbaren. Nur ausnahmsweise ist eine feste Altersgrenze von 60 Jahren zulässig, wenn der beherrschende Gesellschafter-Geschäftsführer schwerbehindert ist.[8]

B. Voraussetzungen für die Inanspruchnahme

I. Inanspruchnahme der gesetzlichen Rente

6 Nur der Arbeitnehmer, der die **Altersrente aus der gesetzlichen Rentenversicherung**[9] vor Vollendung des 65. Lebensjahres als Vollrente in Anspruch nimmt, kann vom Arbeitgeber auch vorzeitig eine betriebliche Altersleistung verlangen. Ohne rechtliche und praktische Bedeu-

---

von 60 Jahren möglich war: BAG 21.8.1990, 3 AZR 422/89, EzA § 6 BetrAVG Nr. 16, DB 1991, 1632; 25.10.1988, 3 AZR 598/86, EzA § 2 BetrAVG Nr. 10, DB 1989, 634.
5 So wohl auch *Blumenstein* FS Kemper, S. 34.
6 *Langohr-Plato* Rechtshandbuch, Rn. 700 ff.; *Langohr-Plato/Teslau* DB 2003, 664.
7 S. dazu § 17 Rn. 6 ff.
8 Vgl. Abschn. 41 Abs. 9 EStR; Abschn. 32 Abs. 1 KStR.
9 Wer eine Invalidenrente aus der gesetzlichen Rentenversicherung bezieht, erfüllt nicht die Voraussetzungen.

tung ist, dass mit Wirkung ab dem 1.1.2008 der Satzteil »vor Vollendung des 65. Lebensjahres« gestrichen wird. Auch nach dieser Änderung ist entscheidend, dass aus der gesetzlichen Rentenversicherung eine vorzeitige Altersrente bezogen werden muss. Den Anspruch haben Arbeitnehmer und arbeitnehmerähnliche Personen,[10] die tatsächlich aus der gesetzlichen Rentenversicherung eine Altersrente beziehen.[11] Es muss sich dabei um eine Vollrente nach § 42 SGB VI handeln. Wird nur eine Teilrente in Anspruch genommen, besteht der Anspruch nicht. Aus dem Bescheid des zuständigen Sozialversicherungsträgers ergibt sich, welche Rente gezahlt wird.

Gemeint ist eine Rente aus der **deutschen Sozialversicherung**.[12] Dies erschließt sich aus dem Umstand, dass von der Vollrente die Rede ist. Insoweit handelt es sich um eine Besonderheit des deutschen Sozialversicherungsrechts. Arbeitnehmer, die nicht in der gesetzlichen Rentenversicherung versichert sind, haben keinen Anspruch auf eine vorzeitige Altersleistung nach § 6 BetrAVG.[13] Dies gilt insbesondere für Arbeitnehmer, die in einem **berufsständischen Versorgungswerk** versichert sind.[14]

Bei Arbeitnehmern, die nach Beendigung des Arbeitsverhältnisses nach Erfüllung der gesetzlichen Unverfallbarkeitsvoraussetzungen in ihr Heimatland zurückgekehrt sind und aus einem **ausländischen Sozialversicherungssystem** eine vorzeitige Altersleistung beziehen oder eine reguläre Altersleistung, die vor Vollendung des 65. Lebensjahres einsetzt, stellt sich die Frage, ob auch sie einen Anspruch nach § 6 BetrAVG haben.[15] Zu dieser Frage liegt bisher keine Rechtsprechung vor. Es ist aber nicht ausgeschlossen, dass zumindest solche Arbeitnehmer, die im EU-Ausland ihre Altersrente beziehen, den Arbeitnehmern gleichzustellen sind, die aus einem deutschen Sozialversicherungssys-

---

10 S. dazu § 17 Rn. 3.
11 In der Literatur (*Blomeyer/Rolfs/Otto* § 6 Rn. 44 ff. m.w.N.) wird die Auffassung vertreten, dass eine tatsächliche Zahlung der Altersrente nicht erforderlich ist.
12 *Blomeyer/Rolfs/Otto* § 6 Rn. 20.
13 Zur befreienden Lebensversicherung vgl. LAG Rheinland-Pfalz 24.7.1990, 3 Sa 254/90, NZA 1991, 939; zu befreienden Lebensversicherungen ist zu beachten, dass diese heute in der Praxis keine Bedeutung mehr haben dürften, weil die Arbeitnehmer, die solche Versicherungen noch abschließen konnten, heute bereits in den Ruhestand gegangen sind. Deshalb wird hierauf nicht mehr eingegangen.
14 *Langohr-Plato* Rechtshandbuch Rn. 681; *Höfer* BetrAVG, Rn. 4132 zu § 6.
15 Einen Anspruch verneinend: *Höfer* BetrAVG, Rn. 4092 zu § 6; *Langohr-Plato* Rn. 678 f.

tem eine vorzeitige Altersrente beziehen. Dies könnte der Grundsatz der Freizügigkeit, aber auch der arbeitsrechtliche Gleichbehandlungsgrundsatz gebieten. Sollte ein solcher Anspruch bestehen, müsste für den im Ausland lebenden Arbeitnehmer geprüft werden, ob er nach deutschem Recht eine vorzeitige Altersrente beziehen könnte. Auf die Voraussetzungen, die für eine Altersrente oder vorzeitige Altersrente in dem Sozialversicherungssystem im Ausland gelten, kommt es dagegen nicht an.[16]

9 Bei Versorgungsempfängern, die eine vorzeitige Altersrente verlangen, muss tatsächlich aus der gesetzlichen Rentenversicherung eine vorzeitige Altersrente bezogen werden. Es genügt nicht, dass nur die Voraussetzungen für den Bezug einer solchen Rente erfüllt sind. Den Bezug der gesetzlichen Rente kann sich der Arbeitgeber durch die Vorlage des Rentenversicherungsbescheides nachweisen lassen.

9a Der Arbeitnehmer scheidet mit Zuerkennung und Bezug der vorgezogenen gesetzlichen Rente bereits aus dem Erwerbsleben aus. Damit tritt der Versorgungsfall gem. § 6 BetrAVG ein. Der Versorgungsanwärter wird zum Versorgungsempfänger, auch wenn er noch in einem geringfügigen Beschäftigungsverhältnis tätig bleibt. Daran ändert sich auch nichts, wenn der Arbeitnehmer über sein Verlangen den Versorgungsanspruch erst zu einem späteren Zeitpunkt fällig stellt.[17]

II. Altersrenten aus der gesetzlichen Rentenversicherung

10 In der gesetzlichen Rentenversicherung kann die **Regelaltersrente** ab Vollendung des 65. Lebensjahres in Anspruch genommen werden (§ 35 SGB VI). Sie spielt im Zusammenhang mit § 6 BetrAVG keine Rolle.

11 Die Möglichkeit, eine **vorzeitige Altersrente** zu beziehen, haben nach § 36 SGB VI **langjährig Versicherte**, wenn sie das 62. Lebensjahr vollendet und die Wartezeit von 35 Jahren erfüllt haben. Diese Regelung gilt für alle Versicherten, die ab dem 1.1.1952 geboren worden sind. Für Versicherte, die vor dem 1.1.1952 geboren worden sind, gibt es auch die Möglichkeit, eine Altersrente wegen **Arbeitslosigkeit** oder nach **Altersteilzeitarbeit** oder eine Altersrente für **Frauen** zu beziehen. Die **Übergangsregelung** für die Altersrente wegen Arbeitslosigkeit ist in § 237 SGB VI und die Übergangsregelung für die Altersrente für Frauen ist in § 237a SGB VI enthalten. Dies bedeutet, dass die besondere Alters-

---

16 *Andresen/Förster/Rößler/Rühmann* Teil 9 A Rn. 458.
17 BAG 18.3.2003, 3 AZR 313/02, EzA § 7 BetrAVG Nr. 68, NZA 2004, 848.

rente für Frauen und für Arbeitslose für die Geburtsjahrgänge ab 1952 abgeschafft ist.

Mit dem RV-Altersgrenzenanpassungsgesetz[18] werden die Altersgrenzen auch bei den vorzeitigen Altersrenten (für langjährig Versicherte, Schwerbehinderte) sukzessive angehoben, was zu dem Ergebnis führen wird, dass zukünftig solche Leistungen erst später abgerufen werden. Auch kann, weil die Abschläge in der gesetzlichen Rentenversicherung mit der Anhebung der Altersgrenze steigen, die Bereitschaft eingeschränkt werden, überhaupt eine vorzeitige Altersrente in Anspruch zu nehmen. Hierdurch werden die Arbeitgeber langfristig entlastet.

Nach § 37 SGB VI können derzeit noch **schwerbehinderte Menschen**, die das 63. Lebensjahr vollendet haben, ebenfalls eine vorzeitige Altersrente erhalten. Voraussetzung ist die Erfüllung einer 35-jährigen Wartezeit. Werden versicherungsmathematische Abschläge beim Bezug der gesetzlichen Rente in Kauf genommen, kann eine vorzeitige Inanspruchnahme bereits ab Vollendung des 60. Lebensjahres erfolgen. Auch diese Altersgrenzen werden mit dem RV-Altersgrenzenanpassungsgesetz[19] angehoben. Für die Geburtsjahrgänge ab 1952 wird stufenweise die Altersgrenze von 63 auf das Alter 65 angehoben. Dies gilt auch für eine vorzeitige Inanspruchnahme (von 60 auf 62). Für die Geburtsjahrgänge ab 1964 ist die Altersgrenze 62 maßgeblich, die einen Abschlag von 10,8 % auslösen würde. 12

Die Möglichkeit, eine Altersrente ab Vollendung des 60. Lebensjahres zu beanspruchen, haben auch noch Versicherte, die **langjährig unter Tage** beschäftigt waren, wenn sie eine Wartezeit von 25 Jahren erfüllt haben. Dies ergibt sich aus § 40 SGB VI. Auch für diese Rentenart gilt, dass die Altersgrenze auf das Alter 62 angehoben wird. Dies gilt für Geburtsjahrgänge ab 1952. 13

Nach dem Willen des Gesetzgebers soll die Gruppe der **besonders langjährig Versicherten** in der gesetzlichen Rentenversicherung geschont werden. Wer 45 Versicherungsjahre im Alter 65 aufweist (§ 38 SGB VI), soll von diesem Zeitpunkt an eine ungekürzte gesetzliche Rente erhalten. Diese Sonderregelung wird z.T. als verfassungswidrig angesehen, weil sie Frauen benachteiligt, die in aller Regel aufgrund ihrer Erwerbsbiografie keine 45 Versicherungsjahre erreichen können. 13a

---

18 BGBl. I 2007, S. 554.
19 BGBl. I 2007, S. 554.

III. Erfüllen der Wartezeit

14 Den Anspruch auf eine vorzeitige betriebliche Altersleistung haben nur die Arbeitnehmer, die die in der Versorgungszusage vorgesehene Wartezeit erfüllt haben.[20] Ist die Wartezeit noch nicht erfüllt, besteht frühestens ein Anspruch ab Erfüllung der Wartezeit. Kann der Arbeitnehmer die in der Zusage vorgesehene Wartezeit nicht erfüllen, steht ihm auch kein Anspruch auf eine vorzeitige betriebliche Altersleistung zu.

15 Hat ein Arbeitnehmer, der aus der gesetzlichen Rentenversicherung eine vorzeitige Altersrente bezieht, im Zeitpunkt des Ausscheidens die **Wartezeit** noch **nicht erfüllt**, kann der ehemalige Arbeitnehmer auch noch **nach dem Ausscheiden** aus dem Erwerbsleben die Wartezeit **erfüllen**, wenn er aufgrund der Dienstjahre die Möglichkeit hätte, das für die feste Altersleistung vorgesehene Ruhegeld zu erhalten. Die vorzeitige Altersleistung steht ihm dann ab dem Zeitpunkt zu, ab dem er die Wartezeit erfüllt. Es kommt in einem solchen Fall nicht darauf an, ob im Zeitpunkt des Ausscheidens die gesetzlichen Unverfallbarkeitsvoraussetzungen erfüllt waren. Das Ausscheiden aus dem Erwerbsleben unter Bezug der gesetzlichen Rente ist ein Ausscheiden aufgrund eines Versorgungsfalles, also kein vorzeitiges Ausscheiden.[21]

▶ **Beispiel:**

Ein Arbeitnehmer war vom 1.3.1991 bis zum 31.12.2001 bei einem Unternehmen beschäftigt. Ihm wurde eine Versorgungszusage erteilt, nach der ihm ab Vollendung des 65. Lebensjahres eine Altersrente gezahlt werden soll, wenn er mindestens zwölf Beschäftigungsjahre zurückgelegt hat. Ab dem 1.1.2002 bezieht er eine vorzeitige Altersrente aus der gesetzlichen Rentenversicherung. Vom 1.3.2003 kann der Arbeitnehmer die vorzeitige betriebliche Rente verlangen.

IV. Erfüllen der sonstigen Leistungsvoraussetzungen

16 Gemeint sind die Leistungsvoraussetzungen, die in der Versorgungszusage aufgeführt sind. Bei der vorzeitigen Altersleistung ist vielfach Voraussetzung, dass das **Arbeitsverhältnis beendet** oder gar der Arbeitnehmer aus dem Erwerbsleben ausgeschieden ist.[22] Diese Voraus-

---

20 BAG 28.2.1989, 3 AZR 470/87, EzA § 6 BetrAVG Nr. 12, DB 1989, 1579.
21 BAG 28.2.1989, 3 AZR 470/87, EzA § 6 BetrAVG Nr. 12, DB 1989, 1579.
22 Für die Beendigung des Arbeitsverhältnisses ist § 41 SGB VI zu beachten. Hierzu ausführlich: *Andresen/Förster/Rößler/Rühmann* Teil 9 A, Rn. 92 ff.

setzung muss aber auch für den vorzeitigen Bezug einer gesetzlichen Rente erfüllt sein.[23]

Ist vor der Inanspruchnahme der vorzeitigen betrieblichen Altersleistung der Arbeitnehmer bereits mit einer gesetzlich **unverfallbaren Anwartschaft** ausgeschieden gewesen, kann er aus der unverfallbaren Anwartschaft eine vorzeitige Altersleistung abrufen, wenn er die Voraussetzung des § 6 BetrAVG erfüllt.[24] 17

V. Verlangen des Arbeitnehmers

1. Form, Frist

Der Arbeitnehmer muss die vorzeitige Altersleistung vom Arbeitgeber verlangen. Er muss tätig werden, wobei dieses Verlangen konkludent durch die Vorlage des Rentenbescheides aus der gesetzlichen Rentenversicherung ausgeübt werden kann. Damit gibt er zu erkennen, dass er das betriebliche Ruhegeld begehrt. 18

Das **Verlangen** ist an **keine Form** und grds. auch an **keine Frist** gebunden.[25] Es ist insbesondere **keine Schriftform** erforderlich. Der Arbeitnehmer muss jedoch die Unterlagen beibringen, die der Arbeitgeber benötigt, um die Anspruchsvoraussetzungen prüfen zu können. Ist in einer Versorgungszusage die Schriftform vorgegeben, ist dieses Erschwernis unbeachtlich, da insoweit eine Abweichung i.S.v. § 17 Abs. 3 S. 3 BetrAVG vorliegt. Zulässig ist es aber, in der Versorgungszusage vorzusehen, dass frühestens Versorgungszahlungen ab dem Zeitpunkt geleistet werden, ab dem das Verlangen ausgeübt wird. Dies kann auch in der Form formuliert sein, dass erst ab Antragstellung Zahlungen erfolgen.[26] 19

2. Zuständiger Versorgungsträger

Bei einer **unmittelbaren Versorgungszusage** muss der Arbeitnehmer das Verlangen gegenüber dem Arbeitgeber ausüben. Wird die betriebliche Altersversorgung über einen **externen Versorgungsträger** abgewickelt, kann der Arbeitnehmer das Verlangen gegenüber dem externen Versorgungsträger geltend machen.[27] Er kann sich aber auch unmittel- 20

---

23 Zu den Hinzuverdienstmöglichkeiten vgl. § 34 SGB VI.
24 Zur Altersrente aus unverfallbarer Anwartschaft vgl. Rn. 70 ff.
25 BGH 9.6.1980, II ZR 255/78, EzA § 17 BetrAVG Nr. 1, DB 1980, 1588.
26 BAG 18.2.2003, 3 AZR 264/02, EzA § 1 BetrAVG Nr. 83, NZA 2003, 1055.
27 *Blomeyer/Rolfs/Otto* § 6 Rn. 65.

bar an den Arbeitgeber wenden, der dann dafür Sorge tragen muss, dass der externe Versorgungsträger Kenntnis von dem Verlangen nimmt.[28]

21 Im Zusammenhang mit dem Anspruch auf **Entgeltumwandlung** sind die Unternehmen bemüht, die mit der Zahlung der betrieblichen Altersversorgung zusammenhängenden Verwaltungstätigkeiten aus dem Unternehmen auszulagern und ausschließlich die betriebliche Altersversorgung über den ausgewählten externen Versorgungsträger abzuwickeln. Deshalb hätte es sich angeboten, dass bei der betrieblichen Altersversorgung aus Entgeltumwandlung der Arbeitnehmer im Zusammenhang mit einer Inanspruchnahme gem. § 6 BetrAVG ausschließlich an den externen Versorgungsträger verwiesen wird. Eine solche Regelung ist nicht in § 6 BetrAVG aufgenommen worden, sodass der Arbeitnehmer sich bei einer betrieblichen Altersversorgung nach Entgeltumwandlung an den Arbeitgeber, aber auch an den externen Versorgungsträger wenden kann. Mit einem Verwaltungsaufwand beim Bezug einer vorzeitigen Altersleistung kann der Arbeitgeber nur einmalig bei Ausübung des Verlangens belastet werden. Dies liegt in den Grenzen der Zumutbarkeit.

3. Verspätetes Verlangen

22 Besondere Fragestellungen ergeben sich, wenn ein mit unverfallbarer Anwartschaft ausgeschiedener ehemaliger Arbeitnehmer erst **nach Vollendung des 65. Lebensjahres** auf den ehemaligen Arbeitgeber zukommt, einen Rentenbescheid eines Sozialversicherungsträgers vorlegt und sich aus diesem Rentenbescheid ergibt, dass er bereits seit einiger Zeit eine vorzeitige Altersrente aus der gesetzlichen Rentenversicherung erhält. Ob in diesem Fall das Recht, das Verlangen nach § 6 BetrAVG auszuüben, mit Vollendung des 65. Lebensjahres erloschen ist, ist ungeklärt. Im Gesetz fehlt eine Regelung, die klarstellt, dass das Verlangen nur bis zur Vollendung des 65. Lebensjahres ausgeübt werden kann. Dies ergibt sich eigentlich aus dem Sinn und Zweck der Regelung. Denn wer sein Verlangen nicht vor Vollendung des 65. Lebensjahres ausgeübt hat, begehrt keine vorzeitige Altersleistung, wenn er sich nach diesem Zeitpunkt beim ehemaligen Arbeitgeber wegen des Bezugs einer Altersleistung meldet.

---

28 A.A. *Höfer* a.a.O., Rn. 4156 ff. zu § 6, der die Auffassung vertritt, der Arbeitnehmer müsse sich immer an den externen Versorgungsträger wenden.

Vorzeitige Altersleistung § 6

▶ **Beispiel:**

Ein Arbeitnehmer, geboren am 15.3.1940, war vom 1.1.1983 bis zum 31.12.1996 bei einem Unternehmen tätig und hatte eine Versorgungszusage erhalten, die ab Vollendung des 65. Lebensjahres eine Altersrente vorsieht. Er ist mit einer gesetzlich unverfallbaren Anwartschaft ausgeschieden. Im März 2008 meldet er sich bei seinem ehemaligen Arbeitgeber und legt einen Rentenbescheid der gesetzlichen Rentenversicherung vor, aus dem sich ergibt, dass er seit dem 1.4.2003 eine vorzeitige Altersrente bezieht.

In der **Praxis** wird vielfach in den Fällen, in denen sich ein Arbeitnehmer erst nach Vollendung des 65. Lebensjahres meldet, auch noch eine vorzeitige betriebliche Altersleistung erbracht. Dies vermeidet den Streit um die Zulässigkeit des Verlangens. Wird aus der gesetzlichen Rentenversicherung die vorzeitige Altersleistung für einen Zeitraum gezahlt, für den die Einrede der Verjährung keine Bedeutung hat, wird vielfach auf den Beginn der gesetzlichen Altersrente abgestellt, auf diesen Zeitpunkt die vorzeitige Altersleistung aus der unverfallbaren Anwartschaft ermittelt und dem Arbeitnehmer der sich so ergebende Betrag nachgezahlt. 23

Sind dagegen zum Zeitpunkt des Beginns der Altersrente aus der gesetzlichen Rentenversicherung und dem Verlangen des Arbeitnehmers einzelne Rentenraten bereits **verjährt**, wird in der Praxis vielfach auf den Zeitpunkt die betriebliche Altersleistung ermittelt, zu dem noch keine Verjährung eingetreten ist.[29] Dies liegt im Interesse des Arbeitnehmers, weil ihm dann vielfach höhere Leistungen zustehen. 24

▶ **Beispiel:**

Seit dem 1.4.2003 ist die Voraussetzung für den Bezug einer vorzeitigen betrieblichen Altersrente erfüllt. Die für 2003 zu leistenden Zahlungen sind nach §§ 196, 201 BGB mit Ablauf des 31.12.2006 verjährt, wenn sich der ehemalige Arbeitgeber auf die Verjährung beruft. Gleiches gilt für die Leistungen, die für 2004 zu zahlen waren, wenn sie nicht vor dem 1.1.2008 gerichtlich geltend gemacht wurden. Es ist deshalb aus der Sicht des Versorgungsempfängers ungünstig, von einem Rentenbeginn am 1.4.2003 auszugehen, wenn z.B. versicherungsmathematische Abschläge vorzunehmen sind. Die für 2005,

---

[29] *Blomeyer/Rolfs/Otto* (§ 6 Rn. 144) wollen immer auf den Zeitpunkt des Beginns der vorzeitigen Rente abstellen.

2006 und 2007 zu zahlenden Renten sind im März 2008 noch nicht verjährt. Deswegen wäre es in dem genannten Beispiel günstiger, man würde von einem Rentenbeginn zum 1.1.2005 ausgehen und auf diesen Zeitpunkt die vorzeitige Altersrente berechnen,[30] weil dann nur für drei Monate Abschläge vorgenommen würden.[31]

25 Verlangt ein Arbeitnehmer vor Vollendung des 65. Lebensjahres eine vorzeitige Altersleistung, wird in der Praxis entsprechend verfahren, wenn bereits im Zeitpunkt des Verlangens die Verjährung – teilweise – eingetreten ist.

C. Wegfall der gesetzlichen Rente

I. Überschreiten der Hinzuverdienstgrenzen

26 Nach § 6 S. 2 BetrAVG können die betrieblichen Altersleistungen eingestellt werden, wenn die Altersrente aus der gesetzlichen Rentenversicherung wieder wegfällt. Die gesetzliche Rente entfällt, wenn ein Einkommen bezogen wird, das die **Hinzuverdienstgrenze** (§ 34 SGB VI) übersteigt.

27 Der Arbeitgeber kann die Zahlung einstellen, er muss dies aber nicht tun. Verzichtet er darauf, die Rentenzahlung einzustellen, hat er den arbeitsrechtlichen Gleichbehandlungsgrundsatz zu berücksichtigen.

28 Wird zu einem späteren Zeitpunkt die Hinzuverdienstgrenze wieder unterschritten und nimmt deshalb der gesetzliche Rentenversicherungsträger die Zahlung der vorzeitigen Altersrente wieder auf, steht dem Arbeitnehmer erneut ein Anspruch nach § 6 BetrAVG zu. Es ist die Rente zu zahlen, auf die er vor dem Wegfall einen Anspruch hatte.[32] War zwischenzeitlich nach § 16 BetrAVG eine Anpassung vorzunehmen, ist die entsprechend erhöhte vorzeitige betriebliche Altersleistung zu zahlen. Spätestens ab Vollendung des 65. Lebensjahres ist die Rentenzahlung wieder aufzunehmen.

29 Der Wegfall der gesetzlichen Rente hat nur Auswirkungen bei einer betrieblichen Rentenzusage, **nicht** bei einer zugesagten **Kapitalleis-**

---

30 Zur Verjährung s. § 18 a Rn. 2 ff.
31 S. Rn. 52 ff.
32 *Höfer* BetrAVG, Rn. 4163 ff. zu § 6; a.A. *Andresen/Förster/Rößler/Rühmann* Teil 9 A Rn. 630 ff.

tung.[33] Ist diese in einem Betrag bereits als vorzeitige Altersleistung ausgezahlt worden, kann der Wegfall der gesetzlichen Rente keine Bedeutung mehr haben. Wurde dagegen das Kapital als Rate ausgezahlt, richtet es nach den in der Versorgungszusage enthaltenen Regelungen, ob die Auszahlung noch ausstehender Raten für den Zeitraum aufgeschoben wird, in dem die vorzeitige gesetzliche Rente nicht mehr gezahlt wird.

II. Bezug einer Teilrente

Die vorstehenden Ausführungen gelten entsprechend, wenn aus einer Vollrente eine **Teilrente** (§ 42 SGB VI) wird. Es ist in diesem Fall keine Teilrente aus der betrieblichen Versorgungszusage zu zahlen. Vielmehr entfällt der Anspruch für den Zeitraum, in dem aus der gesetzlichen Rentenversicherung nur eine Teilrente gezahlt wird.   30

Für die Teilrente gelten besondere Hinzuverdienstgrenzen (§ 34 Abs. 3 Nr. 2 SGB VI). Dies kann für den Arbeitnehmer ein Anlass sein, statt der Vollrente eine Teilrente in Anspruch zu nehmen. Die Praxis zeigt allerdings, dass der Teilrente keine wesentliche Bedeutung zukommt.   31

III. Informationspflichten des Arbeitnehmers

Nach § 6 S. 3 BetrAVG ist der ausgeschiedene Arbeitnehmer verpflichtet, die **Aufnahme oder Ausübung einer Erwerbstätigkeit** dem Arbeitgeber oder dem sonstigen Versorgungsträger unverzüglich anzuzeigen. Dies gilt für den Fall, dass die Rente aus der gesetzlichen Rentenversicherung entfällt oder auf eine Teilrente reduziert wird.   32

Für die **Anzeige** ist keine Form vorgesehen. Es empfiehlt sich aber aus Nachweisgründen die Schriftform.   33

Die Anzeige hat **unverzüglich** zu erfolgen. Dies bedeutet, dass der Arbeitnehmer ohne schuldhafte Verzögerung den Arbeitgeber oder den externen Versorgungsträger zu informieren hat. Wird die Anzeige verspätet vorgenommen, erfolgt die Zahlung einer vorzeitigen betrieblichen Altersleistung ohne Rechtsgrund. Der Arbeitgeber oder der Versorgungsträger hat dann das Recht, die ohne Rechtsgrund erbrachten Leistungen zurückzufordern.[34] Auf die Einrede der Entreicherung kann sich der ehemalige Arbeitnehmer nicht berufen. Dies gilt selbst   34

---

33 *Andresen/Förster/Rößler/Rühmann* Teil 9 A Rn. 617; *Höfer* BetrAVG, Rn. 4173 ff. zu § 6.
34 Zu den Rechtsgrundlagen im Einzelnen: *Höfer* a.a.O., Rn. 4187 ff. zu § 6.

dann, wenn in der Versorgungszusage keine ausdrückliche Regelung enthalten ist, nach der zu Unrecht geleistete Zahlungen zurückzuzahlen sind.

35 Der **Rückzahlungsanspruch** besteht auch dann, wenn der Arbeitnehmer nicht bei Bezug einer vorzeitigen Altersleistung vom Arbeitgeber oder vom sonstigen Versorgungsträger darauf hingewiesen wurde, dass der Anspruch nach § 6 BetrAVG wieder entfallen kann, wenn die gesetzliche Rente wegfällt oder auf eine Teilrente beschränkt wird. Es bestehen insoweit **keine Informationspflichten**[35] des Arbeitgebers oder des Versorgungsträgers.

D. Unterschiedliche feste Altersgrenzen bei Männern und Frauen

I. Hintergrund

36 In der Vergangenheit gab es nicht selten betriebliche Versorgungsregelungen, die unterschiedliche feste Altersgrenzen für Männer und Frauen vorsahen. Vielfach konnten **Frauen** bereits ab **Vollendung des 60. Lebensjahres**, **Männer** aber erst ab **Vollendung des 65. Lebensjahres** eine betriebliche Altersleistung erhalten.

37 Die unterschiedlichen festen Altersgrenzen für Männer und Frauen waren darauf zurückzuführen, dass in der **gesetzlichen Rentenversicherung** Frauen bereits ab Vollendung des 60. Lebensjahres eine gesetzliche Rente beziehen konnten. Männer konnten in aller Regel frühestens ab Vollendung des 63. Lebensjahres aus der gesetzlichen Rentenversicherung eine vorzeitige Altersrente beanspruchen. Diese unterschiedlichen Regelungen zur Inanspruchnahme einer gesetzlichen Rente waren verfassungsrechtlich zulässig.[36] Allerdings war der Gesetzgeber aufgefordert worden, eine Angleichung der Altersgrenzen vorzunehmen, um dem sich wandelnden Erwerbsverhalten der Frauen Rechnung zu tragen. Dies ist mit dem Rentenrefomgesetz 1992[37] geschehen. Ab dem **1.1.2012** gibt es nur noch **einheitliche Voraussetzungen** für Männer und Frauen beim Bezug einer vorzeitigen gesetzlichen Altersrente.

---

35 A.A. *Höfer* BetrAVG, Rn. 4188 zu § 6.
36 BVerfG 28.1.1987, 1 BvR 455/82, BVerfGE 74, 163.
37 Gesetz zur Reform der gesetzlichen Rentenversicherung (Rentenreformgesetz 1992 – RRG 1992) v. 18.12.1989, BGBl. I S. 2261.

II. Entscheidung des EuGH

Der **Europäische Gerichtshof** hat unter dem 17.5.1990[38] entschieden, 38
dass **unterschiedliche feste Altersgrenzen** gegen Art. 119 des EWG-Vertrages (heute Art. 141 EU-Vertrag) verstoßen und deshalb rechtswidrig sind. Aus Vertrauensschutzgesichtspunkten differenziert der EuGH zwischen der sog. **Vor-Barber-Zeit** und der sog. **Nach-Barber-Zeit**. Die Vor-Barber-Zeit ist die Zeit, in der das Beschäftigungsverhältnis des einzelnen Arbeitnehmers vor dem 18.5.1990 bestanden hat. Die Nach-Barber-Zeit ist die Zeit, in der das Beschäftigungsverhältnis ab dem 18.5.1990 bestanden hat. Diese Differenzierung ist nur von Bedeutung für männliche Arbeitnehmer. Für Arbeitnehmerinnen ist die feste Altersgrenze maßgeblich, die in der Versorgungszusage vorgegeben ist.

Für die Vor-Barber-Zeit ist bei der Ermittlung der Leistungen, die der 39
Arbeitgeber zu erbringen hat, die Altersgrenze zugrunde zu legen, die für Männer maßgeblich ist. Für den Teil der betrieblichen Versorgungsleistung, der in der Nach-Barber-Zeit erdient wird, richtet sich die Altersgrenze nach derselben Regelung wie sie für Frauen anzuwenden ist. Haben Frauen ab Vollendung des 60. Lebensjahres eine ungekürzte betriebliche Altersleistung zu bekommen, ist auch bei den Arbeitnehmern eine Altersgrenze von 60 Jahren maßgeblich. Der Gesetzgeber hat diese Rechtsprechung zum Anlass genommen, § 30a BetrAVG zu schaffen.

III. Rechtsprechung des BAG

Das BAG hat im Anschluss an die Entscheidung des EuGH festgestellt, 40
dass Versorgungszusagen mit einem unterschiedlichen Zugangsalter für Männer und Frauen für eine **Übergangszeit** nicht gegen Art. 3 Abs. 2 GG verstoßen. Die Nachteile in der beruflichen Entwicklung, die durch die Festsetzung eines früheren Rentenalters in der gesetzlichen Rentenversicherung ausgeglichen wurden, rechtfertigen es über Art. 3 Abs. 2 GG, für die Vor-Barber-Zeit auch nach deutschem Verfassungsrecht unterschiedliche Altersgrenzen in der betrieblichen Altersversorgung zu berücksichtigen.[39]

---

38 EuGH 17.5.1990, C-262/88, EzA § 119 EWG-Vertrag Nr. 4; 14.12.1993, C 110/91, EzA Art. 119 EWG-Vertrag Nr. 16; hierzu auch *Berenz* BB 1996, 530.
39 BAG 18.3.1997, 3 AZR 759/95, EzA Art. 3 GG Nr. 61, DB 1997, 1475; 3.6.1997, 3 AZR 910/95, EzA Art. 119 EWG-Vertrag Nr. 45, DB 1997, 1778.

41 Die Differenzierung zwischen der Vor-Barber-Zeit und der Nach-Barber-Zeit hat Auswirkungen auf die gesetzliche **Unverfallbarkeitsquote**[40] und auf die **Höhe der vorzeitigen Altersrente**.[41]

> **Beispiel:**[42]Ein Arbeitnehmer, geboren im Februar 1934, war vom 1.10.1961 bis zum 30.9.1993 bei einem Unternehmen beschäftigt. Die ihm erteilte Versorgungszusage sah für Männer eine feste Altersgrenze von 65 Jahren vor. Die feste Altersgrenze der Frauen betrug 60 Jahre. Ab dem 1. März 1994 bezog der Arbeitnehmer aus der gesetzlichen Rentenversicherung eine Altersrente.
>
> Ohne dass vorherige Ausscheiden mit einer unverfallbaren Anwartschaft hätte dem Arbeitnehmer eine betriebliche Rente in Höhe von 405,41 € (792,91 DM) zugestanden, gekürzt im Verhältnis der abgeleisteten 32 zu 37 möglichen Dienstjahren. Da diese in der Versorgungszusage vorgesehene Kürzung nicht mit Art. 141 EU-Vertrag in Einklang steht, sind zwei Rententeile zu ermitteln, und zwar für die Vor-Barber-Zeit im Verhältnis der abgeleisteten 29 zu 37 möglichen Jahren und im Verhältnis von vier tatsächlichen zu 30 möglichen Jahren in der Nach-Barber-Zeit. Dies ergibt einen Rententeil von 317,75 € (621,47 DM) und einen zweiten Rententeil von 49,14 € (96,11 DM), also insgesamt 366,89 € (717,58 DM).
>
> Wegen des vorzeitigen Ausscheidens mit unverfallbarer Anwartschaft ist die vorgenannte Leistung zu quotieren, wobei auch hier zwischen der Vor-Barber-Zeit und der Nach-Barber-Zeit zu unterscheiden ist. In der Zeit vom 1.10.1961 bis zum 31.5.1990 wurden tatsächlich 344 Monate von 449 Monaten abgeleistet, die bis zur Vollendung des 65. Lebensjahres möglich gewesen wären. Vom 1.6.1990 bis zum 30.9.1993 waren 40 Monate von 389 Monaten abgeleistet, wobei hier auf die Altersgrenze von 60 abzustellen ist.
>
> Dies ergibt eine Unverfallbarkeitsquote von 0,7661 bzw. 0,1028, das sind 279,54 € (546,74 DM) + 40,79 € (79,77 DM) = 318,81 € (623,53 DM).
>
> Wären im vorliegenden Beispiel versicherungsmathematische Abschläge für den vorzeitigen Bezug vorgesehen gewesen, wären diese nur auf den in der Vor-Barber-Zeit erdienten Teil der Rente anzuwenden.[43]

---

40 S. dazu § 2 Rn. 33 ff.
41 S. Rn. 52 ff.
42 BAG 3.6.1997 a.a.O.
43 BAG 23.5.2000, 3 AZR 228/99, EzA § 1 BetrAVG Gleichbehandlung Nr. 20, DB 2001, 767.

Diese Grundsätze sind auch zu berücksichtigen, wenn der Arbeitnehmer, der eine vorzeitige Altersrente begehrt, **schwerbehindert** ist.[44] Der Arbeitgeber ist nicht verpflichtet, die Regelung der gesetzlichen Rentenversicherung in sein Versorgungswerk zu übernehmen. Die Besserstellung von Frauen und der Schutz von Schwerbehinderten gehören anderen rechtlichen Ordnungsbereichen an.

42

Den Grundsatz des gleichen Entgelts für Männer und Frauen haben auch die externen Versorgungsträger zu berücksichtigen, so dass auch sie aus Art. 141 EU-Vertrag verpflichtet sind für Männer und Frauen ein einheitliches Rentenzugangsalter vorzusehen. Eine Pensionskasse, die bei Männern für die Inanspruchnahme einer vorzeitigen Altersleistung Abschläge vornahm, Frauen bei einer Inanspruchnahme von Altersleistungen nach der Vollendung des 60. Lebensjahres Zuschläge gewährte, verstieß mit diesen Versicherungsbedingungen gegen Art. 141 EU-Vertrag. Für diese allein an die Geschlechtszugehörigkeit anknüpfende Ungleichbehandlung gebe es keinen Rechtfertigungsgrund. Folglich muss die Pensionskasse Männer und Frauen bei den Versorgungsleistungen gleich behandeln.[45]

42a

Soweit ein Arbeitnehmer bei einem externen Versorgungsträger, insbes. einer Pensionskasse, Eigenbeiträge geleistet hat, werden die Leistungen hieraus nicht vom Diskriminierungsverbot des Art. 141 EU-Vertrages erfasst. Es handelt sich insoweit nicht um Leistungen der betrieblichen Altersversorgung.[46]

42b

E. Höhe der vorzeitigen Altersleistung

I. Gestaltungsfreiheit

Da der Gesetzgeber selbst nicht regelt, in welcher Höhe eine vorzeitige betriebliche Altersleistung zu zahlen ist, ist es primär Aufgabe des Arbeitgebers oder des externen Versorgungsträgers, in der Versorgungszusage festzulegen, wie die vorzeitige Altersleistung zu berechnen ist. Dabei sind die **Mitbestimmungsrechte des Betriebsrates** zu beachten.[47]

43

---

44 BAG 23.5.2000, 3 AZR 228/99, EzA § 1 BetrAVG Gleichbehandlung Nr. 20, DB 2001, 767; 23.9.2003, 3 AZR 304/02, EzA § 1 BetrAVG Gleichberechtigung Nr. 13, DB 2004, 2645.
45 BAG 7.9.2004, 3 AZR 550/03, EzA Art. 141 EG-Vertrag 1999 Nr. 16, DB 2005, 507 und 3 AZR 551/03.
46 BAG 7.9.2004 a.a.O.
47 BAG 26.9.2000, 3 AZR 570/99, DB 2000, 2075; 26.3.1985, 3 AZR 236/83, EzA § 6 BetrAVG Nr. 9, DB 1985, 2617.

44 Die Leistungshöhe ist jedoch **nicht** nach **freiem Belieben** festsetzbar. Es ist nicht nur der arbeitsrechtliche **Gleichbehandlungsgrundsatz** zu berücksichtigen, sondern auch das **Äquivalentsprinzip**.

II. Verzicht auf Kürzung

45 Will der Arbeitgeber die vorzeitige Altersleistung in derselben Höhe zahlen wie die Altersleistung, die er ab Vollendung der festen Altersgrenze zugesagt hat, muss er den Verzicht auf eine Kürzung klar und eindeutig zum Ausdruck bringen. Ein Verzicht auf eine Kürzung wegen des vorzeitigen Bezuges einer Altersleistung kann sich aber auch aus einer **betrieblichen Übung** ergeben.[48]

46 Ein solcher Verzicht ist absolut **unüblich**. Er entspricht auch nicht dem allgemeinen **Gerechtigkeitsempfinden**, da nicht eingesehen wird, dass derjenige, der z.B. fünf Jahre früher eine Leistung erhält, dieselbe Leistung bekommt wie der Arbeitnehmer, der noch fünf Jahre seine Leistung erdient. Eine solche Berechnung kommt daher nur ausnahmsweise in Betracht.

47 Stellt der Arbeitgeber bei der Rentenberechnung auf die im Zeitpunkt des Ausscheidens tatsächlich bis dahin erdiente Rente ab, liegt darin ein Verzicht auf versicherungsmathematische Abschläge bzw. ein Verzicht auf eine zeitratierliche Kürzung.[49]

III. Kürzungsmöglichkeiten

1. Nach Leistungsplan erdiente Leistung

48 In der Praxis werden im Wesentlichen drei Formen der Kürzung bei vorzeitigen betrieblichen Altersleistungen angewandt. Unabhängig davon, nach welcher Methode eine Kürzung vorgenommen wird, muss diese Berechnungsregel billigenswert sein. Die Inanspruchnahme einer vorzeitigen Altersleistung kann kostenneutral ausgestaltet werden. Es ist aber nicht zulässig, eine Berechnungsregel zu wählen, die zu einer Wertungsungleichheit führt. Dies würde gegen § 6 BetrAVG verstoßen und wäre gem. § 134 BGB nichtig.[50]

49 Hat der Arbeitgeber eine Versorgungszusage erteilt, die sich nach der Anzahl der bis zum Eintritt des Versorgungsfalles abgeleisteten Dienst-

---

48 BAG 16.3.1993, 3 AZR 350/95, n.v.
49 BAG 29.7.1997, 3 AZR 114/96, EzA § 6 BetrAVG Nr. 19, NZA 1998, 544.
50 BAG 28.5.2002, 3 AZR 358/01, BAGE 101, 163.

Vorzeitige Altersleistung § 6

jahre richtet, kann die vorzeitige Altersleistung in der Form bestimmt werden, dass die bis zur Inanspruchnahme der vorzeitigen Altersleistung im Unternehmen **abgeleisteten Dienstjahre** für die Leistungshöhe zählen.[51]

Ob das BAG an dieser Rechtsprechung festhalten kann, nachdem es für die Arbeitnehmer, die mit einer gesetzlich unverfallbaren Anwartschaft aus dem Arbeitsverhältnis ausgeschieden sind, eine Hochrechnung der Dienstjahre auf das 65. Lebensjahr fordert,[52] ist offen. 50

Eine Berücksichtigung der Dienstjahre bis zum Eintritt des vorzeitigen Leistungsfalles bei einem betriebstreuen Arbeitnehmer setzt aber auf jeden Fall voraus, dass in der Versorgungszusage auch deutlich gesagt wird, dass nur die Dienstjahre bis zum Eintritt des Versorgungsfalles zählen. Wird, ohne dass dies klargestellt ist, nur faktisch so gerechnet, ist dies problematisch, da für diese Art der Berechnung eine Rechtsgrundlage fehlt. 51

2. Versicherungsmathematische Abschläge

Nachdem versicherungsmathematische Abschläge zunächst durch die Rechtsprechung nicht anerkannt worden sind, ist es heute üblich, die vorzeitige Altersleistung unter Berücksichtigung **versicherungsmathematischer Abschläge** zu berechnen. Versicherungsmathematische Abschläge berücksichtigen die kürzere Dienstzeit des Versorgungsempfängers, die höhere Lebenserwartung und damit die längere Bezugsdauer und die Zinslast aufgrund der vorzeitigen Zahlung. Zu berücksichtigen ist aber auch, dass der Arbeitgeber früher verpflichtet ist, nach § 16 BetrAVG eine Anpassungsprüfung vorzunehmen, ggf. ist auch eine Anpassungsgarantie früher zu erfüllen.[53] Wenn mit der Anhebung der Altersgrenzen für vorzeitige Altersleistungen in der gesetzlichen Rentenversicherung auch der Bezugszeitpunkt für eine betriebliche Leistung hinausgeschoben wird, ist zu prüfen, ob die schon bestehenden versicherungsmathematischen Abschläge weiterhin dem Gebot der Äquivalenz entsprechen. 52

Versicherungsmathematische Abschläge werden in aller Regel für jeden Monat vorgenommen, um den die vorzeitige Altersrente **vor Erreichen der festen Altersgrenze** in Anspruch genommen wird. Bei einer **Kapitalleistung** kann ebenfalls eine Kürzung vorgenommen werden. Aller- 53

---

[51] BAG 29.7.1997, 3 AZR 114/96, EzA § 6 BetrAVG Nr. 19, NZA 1998, 544.
[52] S. Rn. 70 ff.
[53] BAG 23.1.2001, 3 AZR 164/00, EzA § 6 BetrAVG Nr. 23, DB 2001, 1887.

dings sind versicherungsmathematische Abschläge in diesem Fall nach anderen Kriterien zu bemessen als bei einer Rentenleistung. Scheidet ein Arbeitnehmer vorzeitig mit einer gesetzlich unverfallbaren Anwartschaft aus dem Arbeitsverhältnis aus, werden versicherungsmathematische Abschläge von der Veränderungssperre gem. § 2 Abs. 5 BetrAVG erfasst.[54]

54 In welcher **Höhe** versicherungsmathematische Abschläge zulässig sind, ist offen. Nicht zu beanstanden ist ein versicherungsmathematischer Abschlag, wenn dieser **0,3 %** für jeden Vorgriffsmonat beträgt. Versicherungsmathematische Abschläge in Höhe von 0,3 % sind auch in der gesetzlichen Rentenversicherung vorgesehen. Diese Abschläge sind aus versicherungsmathematischer Sicht nicht äquivalent, weil sie den Arbeitnehmer begünstigen. Die geringen Abschläge in der gesetzlichen Rentenversicherung sind ausschließlich sozialpolitisch gewollt. Wendet ein Arbeitgeber nur derartige, geringfügige versicherungsmathematische Abschläge an, müssen auch ihm sozialpolitische Motive unterstellt werden.

55 In der Praxis sind häufig versicherungsmathematische Abschläge von **0,4 % bis 0,6 %** für jeden Vorgriffsmonat vorgesehen. Abschläge in dieser Höhe sind nicht zu beanstanden.[55] Jedenfalls ist nach der ständigen Rechtsprechung des BAG derzeit ein Abschlag bis zur Höhe von 0,5 % pro Monat der vorgezogenen Inanspruchnahme zulässig.[56] Ob höhere versicherungsmathematische Abschläge gerechtfertigt sind, ist noch nicht entschieden. Allerdings werden versicherungsmathematische Abschläge in einer Höhe von 1,07 % von der Rechtsprechung nicht anerkannt. Sie sind übermäßig.[57]

56 In welcher Höhe versicherungsmathematische Abschläge **adäquat** sind, richtet sich nach der konkreten Ausgestaltung der Versorgungszusage. Die Ermittlung der adäquaten Höhe eines versicherungsmathematischen Abschlags kann durch versicherungsmathematische Gutachter vorgenommen werden.

57 Ist in einer Versorgungszusage ein versicherungsmathematischer Abschlag vorgegeben, kann dieser nicht geändert werden, wenn generell die **Lebenserwartung** der Bevölkerung steigt. Denn die Lebenserwartung wurde bei der Festlegung des versicherungsmathematischen Ab-

---

54 BAG 17.8.2004, 3 AZR 318/03, EzA § 2 BetrAVG Nr. 22, DB 2005, 563.
55 BAG 24.7.2001, 3 AZR 567/00, EzA § 6 BetrAVG Nr. 25, DB 2002, 588.
56 BAG 28.5.2002, 3 AZR 358/01, BAGE 101, 163; 23.9.2003, 3 AZR 304/02, EzA § 1 BetrAVG Gleichberechtigung Nr. 13, DB 2004, 2645.
57 BAG 28.5.2002, 3 AZR 358/01, BAGE 101, 163.

schlags bereits berücksichtigt. Wurden hierbei veraltete Sterbetafeln angewandt, kann dies nicht zu Lasten der Arbeitnehmer gehen. Es ist Aufgabe des versicherungsmathematischen Sachverständigen, bei Festlegung des versicherungsmathematischen Abschlags geeignete Sterbetafeln anzuwenden. Dies müssen nicht die Sterbetafeln sein, die für die Berechnung der Pensionsrückstellungen gem. § 6 a EStG verwandt werden. Das Risiko, dass sich die Lebenserwartung verändert, ist bei jeder Rentenzusage gegeben. Wer die Risiken der Langlebigkeit ausschließen will, kann statt einer Rente ein Kapital zusagen.

▶ **Beispiel:**

Es ist eine Altersleistung ab Vollendung des 65. Lebensjahres in Höhe von 250 € vorgesehen. Für jeden Monat des vorzeitigen Bezuges wird ein versicherungsmathematischer Abschlag in Höhe von 0,5 % vorgenommen. Wird die Rente ab der Vollendung des 60. Lebensjahres gezahlt, ist sie um 60 Monate × 0,5 % = 30 %, d.h. um 75 € zu kürzen. Gezahlt werden folglich 175 €.

Werden versicherungsmathematische Abschläge verwendet, müssen diese für Männer und Frauen gleich hoch sein. Lediglich in der Zeit vor dem 17.5.1990 war es zulässig, zwischen Männern und Frauen zu differenzieren.[58]   57a

Ist nach Eintritt einer **Insolvenz** eine vorzeitige Altersleistung vom PSVaG zu zahlen, sind die in der Versorgungszusage vorgegebenen Kürzungsregelungen anzuwenden. Ist keine solche vorgesehen, kann der PSVaG eine Kürzung um 0,5 % für jeden vorgezogenen Monat vornehmen. Dies entspricht den allgemeinen Versicherungsbedingungen für die Insolvenzsicherung.[59]   58

Wird die betriebliche Altersversorgung durch **Entgeltumwandlung** finanziert, ist zu beachten, dass auch die dem Arbeitnehmer zugesagte vorzeitige Altersleistung dem Gebot der Wertgleichheit[60] entsprechen muss.   59

---

58 BAG 23.9.2003, 3 AZR 304/02, EzA § 1 BetrAVG Gleichberechtigung Nr. 13, DB 2004, 2645.
59 BAG 20.4.1982, 3 AZR 1137/79, EzA § 6 BetrAVG Nr. 5, DB 1982, 1830.
60 S. dazu § 1 Rn. 410 ff.

3. Unechter versicherungsmathematischer Abschlag

60 Diesen Begriff hat das BAG mit seiner Entscheidung vom 23.1.2001 geprägt.[61] Dabei handelt es sich um eine zeitratierliche Kürzung unter entsprechender Anwendung von § 2 BetrAVG.

61 Der **unechte versicherungsmathematische** Abschlag wurde früher umschrieben mit der Anwendung des Quotierungsverfahrens analog § 2 BetrAVG. Bereits mit seiner Entscheidung vom 1.6.1978[62] hat das BAG dessen Anwendung in den Fällen anerkannt, in denen die Versorgungsregelung eine Lücke enthielt, wenn es an einer ausdrücklichen Kürzungsregel in der Versorgungszusage fehlt. Mit einer solchen Mindestkürzung muss der Arbeitnehmer rechnen.[63]

62 Auch wenn seit Inkrafttreten des § 6 BetrAVG inzwischen mehr als 30 Jahre vergangen sind, ist diese Lückenfüllung noch immer von Bedeutung. Es handelt sich um eine **Auslegungsregel**, die im Fall einer lückenhaften Versorgungszusage anzuwenden ist. Eine eigene billigenswerte Regelung in der Versorgungszusage hat demgegenüber immer Vorrang.[64] Obwohl der Gesetzgeber weiß, dass § 6 BetrAVG lückenhaft ist, weil die Höhe der Leistung nicht geregelt ist, werden keine gesetzlichen Vorgaben gemacht, wie die jüngste Änderung des § 6 BetrAVG[65] zeigt. Dies ist nachvollziehbar, ist doch die Gestaltungsfreiheit[66] wichtig für die Verbreitung der betrieblichen Altersversorgung. Deshalb müssen auch die von der Rechtsprechung vor Jahren und Jahrzehnten entwickelten Auslegungsgrundsätze weiterhin Bestand haben, auch für Versorgungszusagen, die lange Zeit nach Inkrafttreten des Gesetzes erteilt wurden.

4. Gleichbehandlungsgrundsatz

63 Bei der Berechnung einer vorzeitigen Altersleistung ist der **Gleichbehandlungsgrundsatz** zu berücksichtigen. Es kann folglich nicht beliebig zwischen einer versicherungsmathematischen Kürzung oder einer zeitanteiligen Kürzung gewechselt werden.

64 Allerdings wird der Gleichbehandlungsgrundsatz nicht verletzt, wenn eine Versorgungszusage mit einer Obergrenze arbeitet und diese Ober-

---

61 BAG 23.1.2001, 3 AZR 164/00, EzA § 6 BetrAVG Nr. 23, DB 2001, 1887; 24.7.2001, 3 AZR 567/00, EzA § 6 BetrAVG Nr. 25, DB 2002, 588.
62 BAG 1.6.1978, 3 AZR 216/77, EzA § 6 BetrAVG Nr. 1, DB 1978, 1232, 1793.
63 *Langohr-Plato* Rechtshandbuch Rn. 694.
64 BAG 20.3.2001, 3 AZR 229/00, EzA § 6 BetrAVG Nr. 22, BetrAV 2002, 407.
65 RV-Altersgrenzenanpassungsgesetz BGBl I 2007, S. 554.
66 § 1 Rn. 19 ff.

grenze zu keinen Steigerungen mehr führt, wenn zwischen dem 60. und dem 65. Lebensjahr Dienstjahre abgeleistet werden.[67]

▶ **Beispiel:**

Die zugesagte Altersrente beträgt 1 % des rentenfähigen Arbeitsverdienstes je Dienstjahr, maximal 25 %. Diese 25 % sind im Alter 60 erreicht.

Bei einer solchen Berechnungsweise wirkt sich die fehlende Betriebstreue zwischen der vorgezogenen Inanspruchnahme und dem Erreichen der festen Altersgrenze regelmäßig bereits dadurch anspruchsmindernd aus, dass dieser Zeitraum nicht zu weiteren Steigerungen führt. Für eine zusätzliche zeitratierliche Kürzung besteht kein Anlass.

Die Arbeitnehmer, die vorgezogen in den gesetzlichen Ruhestand gehen und in diesem Zeitpunkt insgesamt 25 % erreicht haben, können ohne Verletzung des Gleichbehandlungsgrundsatzes dieselbe Rente wie die Arbeitnehmer erhalten, die bis zur Vollendung des 65. Lebensjahres im Betrieb bleiben. Eine solche Begünstigung besonders lange Zeit betriebstreuer Arbeitnehmer ist personalwirtschaftlich begründet. Der Arbeitgeber ist nicht verpflichtet, vorzeitig aus dem Betrieb ausgeschiedene Arbeitnehmer gleich zu behandeln.[68]

64a

IV. Gesamtversorgungssysteme und Limitierungsklauseln

Gesamtversorgungssysteme sind nicht mehr sehr weit verbreitet. Die komplexe Berechnung einer adäquaten vorzeitigen Altersleistung bei einem Gesamtversorgungssystem wird deshalb nicht vertieft.[69]

65

Mit Urteil vom 21.3.2006[70] ist die Auslegungsregel ausdrücklich aufgegeben worden, nach der die fiktive Vollrente nach Erreichen der festen Altersgrenze zunächst unabhängig von der Höchstbegrenzungsklausel

66–67

---

67 Da das BAG mit Beschluss v. 27.6.2006, 3 AZR 352/05 (A), EzA Richtlinie 2000/78 EG-Vertrag 1999 Nr. 2, DB 2006, 2524, dem EuGH die Frage vorgelegt hat, ob das Primärrecht der EU eine Diskriminierung wegen des Alters verbietet und ob sich dies auch im Rahmen der betrieblichen Altersversorgung auswirken könnte, bleibt abzuwarten, wie der EuGH entscheidet. Erst dann wird man sich mit der Frage auseinandersetzen können, ob derartige Leistungsplangestaltungen altersdiskriminierend wirken.
68 BAG 23.1.2001, 3 AZR 562/99, EzA § 6 BetrAVG Nr. 24, DB 2002, 1168.
69 Vgl. hierzu *Höfer* BetrAVG, Rn. 4253 zu § 6.
70 3 AZR 374/05, EzA § 2 BetrAVG Nr. 24, DB 2006, 2354.

zu berechnen ist.[71] Das Gericht geht nunmehr davon aus, dass Höchstbegrenzungsklauseln nicht nur dazu dienen, einer Überversorgung entgegenzuwirken. Höchstbegrenzungsklauseln könnten eine Aussage darüber treffen, welche Höchstrente angemessen sein soll. Folglich sei die Limitierungsklausel bei der Ermittlung der Vollrente anzuwenden.

V. Direktversicherung

68 Wurde eine Direktversicherung abgeschlossen und erfüllt der Arbeitnehmer die Voraussetzungen nach § 6 BetrAVG, hat er gegenüber dem Arbeitgeber einen Verschaffungsanspruch. Er hat keinen unmittelbaren Anspruch gegenüber dem Versicherer, weil § 6 BetrAVG keinen Versicherungsfall auslöst. Der Arbeitgeber als Versicherungsnehmer muss durch Kündigung den Versicherungsvertrag beenden, damit anschließend der Versicherer die Auszahlung an den Arbeitnehmer vornehmen kann.[72]

69 Um Nachteile für den Arbeitnehmer in einem solchen Fall der vorzeitigen Kündigung des Versicherungsvertrages zu vermeiden, hat das Bundesaufsichtsamt für das Versicherungswesen (heute die BAFin) empfohlen, in diesen Fällen auf Stornoabzüge zu verzichten und den Schlussüberschussanteil zu gewähren.[73]

F. Unverfallbare Anwartschaften

I. Ausscheiden mit unverfallbarer Anwartschaft

70 Auch dem Arbeitnehmer, der vor Eintritt des Versorgungsfalles das Arbeitsverhältnis beendet hat und im Beendigungszeitpunkt die gesetzlichen Unverfallbarkeitsbedingungen erfüllte, steht eine vorzeitige Altersleistung aus der unverfallbaren Anwartschaft zu, wenn er aus der gesetzlichen Rentenversicherung eine vorzeitige Altersleistung bezieht. Dies gilt auch dann, wenn in der betrieblichen Versorgungszusage eine vorzeitige Altersleistung nicht geregelt ist. Denn insoweit ist § 6 BetrAVG anzuwenden.

---

71 BAG 24.6.1986, 3 AZR 630/84, EzA § 6 BetrAVG Nr. 10 (LS), DB 1987, 691; 8.5.1990, 3 AZR 341/88, EzA § 6 BetrAVG Nr. 14, DB 1991, 284.
72 BAG 28.3.1995, 3 AZR 373/94, EzA § 1 BetrAVG Lebensversicherung Nr. 6, DB 1995, 2174.
73 VerBAV 1979, 356; hierzu auch *Andresen/Förster/Rößler/Rühmann* Teil 9 A Rn. 422.

II. Höhe der vorzeitigen Altersleistung

Die vorzeitige Altersleistung ist nach dem Leistungsplan zu bemessen, der für den ausgeschiedenen Arbeitnehmer maßgeblich war. Dabei sind die versicherungsmathematischen Abschläge anzuwenden, die im Ausscheidezeitpunkt maßgeblich waren.[74] Weil in § 2 Abs. 1 BetrAVG nur die bei Erreichen der festen Altersgrenze erreichte Altersleistung aufgeführt ist, nicht aber die Inanspruchnahme einer vorzeitigen Altersleistung erwähnt wird, ist es bei einer dienstzeitabhängigen Versorgungszusage nicht zulässig, nur die Dienstjahre zu berücksichtigen, die bis zur Inanspruchnahme der vorzeitigen Altersleistung abgeleistet wurden. Vielmehr sind die Dienstjahre bis zum Erreichen der festen Altersgrenze hoch zu rechnen. Die sich so ergebende Altersleistung kann um versicherungsmathematische Abschläge gekürzt werden. Es ist aber auch ein unechter versicherungsmathematischer Abschlag möglich, wenn keine versicherungsmathematischen Abschläge vorgesehen sind.

71

Die sich so ergebende Leistung für den betriebstreuen Mitarbeiter ist dann mit der Unverfallbarkeitsquote zu kürzen, die anlässlich des vorzeitigen Ausscheidens ermittelt wurde.

72

▶ **Beispiel:**[75]

Ein Arbeitnehmer, geboren am 21.11.1936, war vom 1.10.1979 bis zum 31.10.1993 bei einem Unternehmen beschäftigt. Die ihm für die Vollendung des 65. Lebensjahres zugesagte Altersrente belief sich für jedes abgeleistete Dienstjahr auf 9,05 € (17,70 DM). Für jeden Monat der vorzeitigen Inanspruchnahme war ein versicherungsmathematischer Abschlag von 0,3 % vorgesehen. Seit dem 1.12.1996 bezieht dieser Arbeitnehmer aus der gesetzlichen Rentenversicherung eine vorgezogene Altersrente.

Die betriebliche Altersrente ist wie folgt zu berechnen:

22 Beschäftigungsjahre × 9,05 € (17,70 DM) = 199,10 € (389,40 DM)

60 Monate × 0,3 % = 18 %

18 % von 199,10 € (389,40 DM) = 35,84 € (70,09 DM)

---

74 BAG 17.8.2004, 3 AZR 318/03, EzA § 2 BetrAVG Nr. 22, DB 2005, 563.
75 Beispiel aus BAG 24.7.2001, 3 AZR 567/00, EzA § 6 BetrAVG Nr. 25, DB 2002, 672.

$$199{,}10\ \text{€}$$
$$./.\ 35{,}84\ \text{€}$$
$$163{,}26\ \text{€}$$

$$163{,}26\ \text{€} \times \frac{169\ \text{tatsächliche Monate}}{265\ \text{mögliche Monate}} = 104{,}12\ \text{€}$$

Es ist nicht zulässig, nur 17 Jahre bei der Berechnung der Dienstjahre zu berücksichtigen.

73 Diese Berechnungsweise, die stark kritisiert worden ist,[76] beruht auf der nunmehr ständigen Rechtsprechung des BAG.[77] Dieser Rechtsprechung liegt die Überlegung zugrunde, dass es bei einem vorzeitig ausgeschiedenen Arbeitnehmer nicht zulässig ist, wegen des vorzeitigen Ausscheidens eine **dreifache Kürzung** vorzunehmen. Würde man nur die Dienstjahre zählen, die **bis zur Inanspruchnahme** der vorzeitigen Altersleistung abgeleistet wurden, würde darin eine **erste Kürzung** liegen. Würde diese Leistung um **versicherungsmathematische Abschläge** für jeden Vorgriffsmonat reduziert, läge eine **zweite Kürzung** vor. Würde diese verminderte Leistung um die **Unverfallbarkeitsquote** gekürzt, würde sich eine dritte Kürzung ergeben. Die **dritte Kürzung**, die von Gesetzes wegen durch § 2 BetrAVG vorgegeben ist, ist eine Kürzung wegen des vorzeitigen Ausscheidens. Der Arbeitnehmer, der mit unverfallbarer Anwartschaft ausgeschieden ist, hat nicht die volle, von ihm erwartete Betriebstreue erbracht. Die erste und zweite Kürzung berücksichtigen den längeren Rentenbezug. Zwar ist es zulässig, aus diesem Grund eine Kürzung vorzunehmen. Jedoch darf die vorzeitige Inanspruchnahme nicht zu einer doppelten Kürzung führen. Deshalb sind zwar versicherungsmathematische Abschläge zulässig, nicht aber eine Berücksichtigung nur der bis zur vorzeitigen Inanspruchnahme abgeleisteten Dienstjahre. Die versicherungsmathematischen Abschläge sind so zu bemessen, dass sie äquivalent sind.

73a Auch **eine Pensionskasse** hat grds. eine dreifache Kürzung zu unterlassen. Sie können zwar nur Leistungen erbringen, die satzungsgemäß vorgesehen sind und die dem Versicherungsprinzip entsprechen und

---

76 *Bepler* FS für Förster, S. 237; *Neumann* FS für Förster, S. 219; kritisch *Berenz* BetrAV 2001, 749; *Höfer* DB 2001, 2045; *Grabner/Bode* BB 2001, 2425; *Heubeck/Oster* BetrAV 2001, 230.

77 BAG 24.7.2001, 3 AZR 567/00, EzA § 6 BetrAVG Nr. 25, DB 2002, 588; 23.1.2001, 3 AZR 164/00, EzA § 6 BetrAVG Nr. 23, DB 2001, 1887; 18.11.2003, 3 AZR 517/02, EzA § 6 BetrAVG Nr. 26, DB 2004, 1375; 23.3.2004, 3 AZR 279/03, NZA 2005, 375; 7.9.2004, 3 AZR 524/03, EzA § 6 BetrAVG Nr. 27, DB 2005, 839.

Vorzeitige Altersleistung § 6

die durch die Beiträge finanziert wurden. Hat aber der externe Versorgungsträger in seinen Versorgungsbedingungen zum Ausdruck gebracht, dass er die betriebsrentenrechtlichen Versorgungsleistungen erbringen will, dann sind die von der Rechtsprechung entwickelten Grundsätze anzuwenden, zumindest dann, wenn es sich um eine Konzernpensionskasse handelt. In einer solchen Konzernpensionskasse könne davon ausgegangen werden, dass erkannte Defizite ohne großen Aufwand beseitigt werden könnten.[78] Ob dies auch für Pensionskassen gilt, die für eine Vielzahl voneinander unabhängiger Unternehmen die Altersversorgung abwickeln, ist offen.

Die Berechnung der vorzeitigen Altersrente aus einer unverfallbaren 74
Anwartschaft unterscheidet sich von der Berechnung der Invalidenrente aus unverfallbarer Anwartschaft. In diesem Fall zählen nur die bis zum Eintritt des Versorgungsfalles abgeleisteten Dienstjahre, wenn dies so in der Versorgungszusage geregelt ist.[79]

III. Veränderung der Unverfallbarkeitsquote

Man könnte daran denken, bei der Ermittlung einer vorzeitigen Alters- 75
leistung aus einer gesetzlich unverfallbaren Anwartschaft bei der Unverfallbarkeitsquote nur die Dienstjahre als mögliche Dienstjahre zu berücksichtigen, die bis zum Zeitpunkt der Inanspruchnahme abgeleistet worden sind. Dies ist zwar möglich, aber nicht geboten. Eine Veränderung der Unverfallbarkeitsquote findet nicht statt. Dies ergibt sich aus § 2 BetrAVG, der auf die mögliche Betriebszugehörigkeit bis zur Altersgrenze abstellt.

IV. Gesetzliche Neuregelung

Es war vorgesehen, § 2 BetrAVG zu ergänzen, in dem auch auf die vor- 76
zeitige Altersleistung Bezug genommen werden sollte. Damit sollte eine Korrektur der Rechtsprechung des BAG herbeigeführt werden.

Eine solche Ergänzung des Gesetzes ist unterblieben, so dass die Recht- 77
sprechung des BAG zu berücksichtigen ist.

Für die Berechnungen, die nicht mit der Rechtsprechung in Einklang 78
stehen, ist die Verjährung zu berücksichtigen. Diese richtet sich nach § 18a BetrAVG.

---

78 BAG 23.3.2004, 3 AZR 279/03, NZA 2005, 375.
79 BAG 21.8.2001, 3 AZR 649/00, EzA § 2 BetrAVG Nr. 17, DB 2002, 644.

Vierter Abschnitt
Insolvenzsicherung

§ 7 Umfang des Versicherungsschutzes

(1) ¹Versorgungsempfänger, deren Ansprüche aus einer unmittelbaren Versorgungszusage des Arbeitgebers nicht erfüllt werden, weil über das Vermögen des Arbeitgebers oder über seinen Nachlaß das Insolvenzverfahren eröffnet worden ist, und ihre Hinterbliebenen haben gegen den Träger der Insolvenzsicherung einen Anspruch in Höhe der Leistung, die der Arbeitgeber aufgrund der Versorgungszusage zu erbringen hätte, wenn das Insolvenzverfahren nicht eröffnet worden wäre. ²Satz 1 gilt entsprechend,

1. wenn Leistungen aus einer Direktversicherung aufgrund der in § 1 b Abs. 2 Satz 3 genannten Tatbestände nicht gezahlt werden und der Arbeitgeber seiner Verpflichtung nach § 1 b Abs. 2 Satz 3 wegen der Eröffnung des Insolvenzverfahrens nicht nachkommt,

2. wenn eine Unterstützungskasse oder ein Pensionsfonds die nach ihrer Versorgungsregelung vorgesehene Versorgung nicht erbringt, weil über das Vermögen oder den Nachlass eines Arbeitgebers, der der Unterstützungskasse oder dem Pensionsfonds Zuwendungen leistet (Trägerunternehmen), das Insolvenzverfahren eröffnet worden ist.

³§ 11* des Versicherungsvertragsgesetzes findet entsprechende Anwendung. ⁴Der Eröffnung des Insolvenzverfahrens stehen bei der Anwendung der Sätze 1 bis 3 gleich

1. die Abweisung des Antrags auf Eröffnung des Insolvenzverfahrens mangels Masse,

2. der außergerichtliche Vergleich (Stundungs-, Quoten- oder Liquidationsvergleich) des Arbeitgebers mit seinen Gläubigern zur Abwendung eines Insolvenzverfahrens, wenn ihm der Träger der Insolvenzsicherung zustimmt,

3. die vollständige Beendigung der Betriebstätigkeit im Geltungsbereich dieses Gesetzes, wenn ein Antrag auf Eröffnung des Insol-

---

* Ab 1. 1. 2008: »§ 14« gem. VVG-E, BT-Drucks. 16/5862 v. 28. 6. 2007 S. 80.

venzverfahrens nicht gestellt worden ist und ein Insolvenzverfahren offensichtlich mangels Masse nicht in Betracht kommt.

(1a) ¹Der Anspruch gegen den Träger der Insolvenzsicherung entsteht mit dem Beginn des Kalendermonats, der auf den Eintritt des Sicherungsfalles folgt. ²Der Anspruch endet mit Ablauf des Sterbemonats des Begünstigten, soweit in der Versorgungszusage des Arbeitgebers nicht etwas anderes bestimmt ist. ³In den Fällen des Absatzes 1 Satz 1 und 4 Nr. 1 und 3 umfaßt der Anspruch auch rückständige Versorgungsleistungen, soweit diese bis zu sechs Monaten vor Entstehen der Leistungspflicht des Trägers der Insolvenzsicherung entstanden sind.

(2) ¹Personen, die bei Eröffnung des Insolvenzverfahrens oder bei Eintritt der nach Abs. 1 Satz 4 gleichstehenden Voraussetzungen (Sicherungsfall) eine nach § 1b unverfallbare Versorgungsanwartschaft haben, und ihre Hinterbliebenen haben bei Eintritt des Versorgungsfalls einen Anspruch gegen den Träger der Insolvenzversicherung, wenn die Anwartschaft beruht,

1. auf einer unmittelbaren Versorgungszusage des Arbeitgebers oder

2. auf einer Direktversicherung und der Arbeitnehmer hinsichtlich der Leistungen des Versicherers widerruflich bezugsberechtigt ist oder die Leistungen aufgrund der in § 1b Abs. 2 Satz 3 genannten Tatbestände nicht gezahlt werden und der Arbeitgeber seiner Verpflichtung aus § 1b Abs. 2 Satz 3 wegen der Eröffnung des Insolvenzverfahrens nicht nachkommt.

²Satz 1 gilt entsprechend für Personen, die zum Kreis der Begünstigten einer Unterstützungskasse oder eines Pensionsfonds gehören, wenn der Sicherungsfall bei einem Trägerunternehmen eingetreten ist. ³Die Höhe des Anspruchs richtet sich nach der Höhe der Leistungen gemäß § 2 Abs. 1, 2 Satz 2 und Abs. 5, bei Unterstützungskassen nach dem Teil der nach der Versorgungsregelung vorgesehenen Versorgung, der dem Verhältnis der Dauer der Betriebszugehörigkeit zu der Zeit vom Beginn der Betriebszugehörigkeit bis zum Erreichen der in der Versorgungsregelung vorgesehenen festen Altersgrenze entspricht, es sei denn, § 2 Abs. 5a ist anwendbar. ⁴Für die Berechnung der Höhe des Anspruchs nach Satz 3 wird die Betriebszugehörigkeit bis zum Eintritt des Sicherungsfalles berücksichtigt. ⁵Bei Pensionsfonds mit Leistungszusagen gelten für die Höhe des Anspruchs die Bestimmungen für unmittelbare Versorgungszusagen entspre-

chend, bei Beitragszusagen mit Mindestleistung gilt für die Höhe des Anspruchs § 2 Abs. 5 b.

(3) [1]Ein Anspruch auf laufende Leistungen gegen den Träger der Insolvenzsicherung beträgt im Monat höchstens das Dreifache der im Zeitpunkt der ersten Fälligkeit maßgebenden monatlichen Bezugsgröße gemäß § 18 des Vierten Buches Sozialgesetzbuch. [2]Satz 1 gilt entsprechend bei einem Anspruch auf Kapitalleistungen mit der Maßgabe, daß zehn vom Hundert der Leistung als Jahresbetrag einer laufenden Leistung anzusetzen sind.

(4) [1]Ein Anspruch auf Leistungen gegen den Träger der Insolvenzsicherung vermindert sich in dem Umfang, in dem der Arbeitgeber oder sonstige Träger der Versorgung die Leistungen der betrieblichen Altersversorgung erbringt. [2]Wird im Insolvenzverfahren ein Insolvenzplan bestätigt, vermindert sich der Anspruch auf Leistungen gegen den Träger der Insolvenzsicherung insoweit, als nach dem Insolvenzplan der Arbeitgeber oder sonstige Träger der Versorgung einen Teil der Leistungen selbst zu erbringen hat. [3]Sieht der Insolvenzplan vor, daß der Arbeitgeber oder sonstige Träger der Versorgung die Leistungen der betrieblichen Altersversorgung von einem bestimmten Zeitpunkt an selbst zu erbringen hat, entfällt der Anspruch auf Leistungen gegen den Träger der Insolvenzsicherung von diesem Zeitpunkt an. [4]Die Sätze 2 und 3 sind für den außergerichtlichen Vergleich nach Absatz 1 Satz 4 Nr. 2 entsprechend anzuwenden. [5]Im Insolvenzplan soll vorgesehen werden, daß bei einer nachhaltigen Besserung der wirtschaftlichen Lage des Arbeitgebers die vom Träger der Insolvenzsicherung zu erbringenden Leistungen ganz oder zum Teil vom Arbeitgeber oder sonstigen Träger der Versorgung wieder übernommen werden.

(5) [1]Ein Anspruch gegen den Träger der Insolvenzsicherung besteht nicht, soweit nach den Umständen des Falles die Annahme gerechtfertigt ist, daß es der alleinige oder überwiegende Zweck der Versorgungszusage oder ihre Verbesserung oder der für die Direktversicherung in § 1 b Abs. 2 Satz 3 genannten Tatbestände gewesen ist, den Träger der Insolvenzsicherung in Anspruch zu nehmen. [2]Diese Annahme ist insbesondere dann gerechtfertigt, wenn bei Erteilung oder Verbesserung der Versorgungszusage wegen der wirtschaftlichen Lage des Arbeitgebers zu erwarten war, daß die Zusage nicht erfüllt werde. [3]Ein Anspruch auf Leistungen gegen den Träger der Insolvenzsicherung besteht bei Zusagen und Verbesserungen von Zu-

sagen, die in den beiden letzten Jahren vor dem Eintritt des Sicherungsfalls erfolgt sind, nur

1. für ab 1.1.2002 gegebene Zusagen, soweit bei Entgeltumwandlung Beträge von bis zu 4 vom Hundert der Beitragsbemessungsgrenze in der allgemeinen Rentenversicherung für eine betriebliche Altersversorgung verwendet werden oder
2. für im Rahmen von Übertragungen gegebene Zusagen, soweit der Übertragungswert die Beitragsbemessungsgrenze in der allgemeinen Rentenversicherung nicht übersteigt.

(6) Ist der Sicherungsfall durch kriegerische Ereignisse, innere Unruhen, Naturkatastrophen oder Kernenergie verursacht worden, kann der Träger der Insolvenzsicherung mit Zustimmung der Bundesanstalt für Finanzdienstleistungsaufsicht die Leistungen nach billigem Ermessen abweichend von den Absätzen 1 bis 5 festsetzen.

Übersicht	Rn.
A. Allgemeines	1
B. Versorgungsempfänger bei Eintritt des Sicherungsfalls (§ 7 Abs. 1 BetrAVG)	4
I. Versorgungsempfänger	4
1. Insolvenzgeschützte Leistungen	4
2. Ausnahmen	10
a) Betriebliche Altersversorgung i.S.d. BetrAVG	10
b) Übergangsgeld	11
c) Gestaltungsrechte	14
II. Erfasste Durchführungswege	19
III. Sicherungsfall	21
1. Grundsatz	21
2. Gerichtlicher Sicherungsfall	26
a) Eröffnung des Insolvenzverfahrens (§ 7 Abs. 1 S. 1 BetrAVG)	27
b) Abweisung mangels Masse (§ 7 Abs. 1 S. 4 Nr. 1 BetrAVG)	30
3. Außergerichtlicher Sicherungsfall	33
a) Außergerichtlicher Vergleich (§ 7 Abs. 1 S. 4 Nr. 2 BetrAVG)	33
b) Vollständige Beendigung der Betriebstätigkeit (§ 7 Abs. 1 S. 4 Nr. 3 BetrAVG)	39
IV. Höhe der Leistung	43
1. Grundsatz	43
2. Fälligkeit	49
V. Entstehung und Ende des Anspruch (§ 7 Abs. 1 a BetrAVG)	53
1. Entstehung und Ende	53
2. Rückständige Versorgungsleistungen	57

§ 7   Umfang des Versicherungsschutzes

	VI.	Rechtsweg	59
C.	**Unverfallbare Anwartschaften (§ 7 Abs. 2 BetrAVG)**		**61**
	I.	Grundsatz	61
	II.	Gesetzliche Unverfallbarkeit	62
		1. Betriebliche Altersversorgung im Sinne des BetrAVG	67
		2. Übergangsgeld	69
		3. Betriebsübergang nach § 613a BGB	71
	III.	Erfasste Durchführungswege	76
	IV.	Sicherungsfall	77
	V.	Berechnung der Leistungen	78
		1. Grundsatz	78
		2. Arbeitgeberfinanzierte Leistungszusage	89
		a) Unmittelbare Versorgungszusage	90
		b) Direktversicherung	91
		c) Unterstützungskasse	93
		d) Pensionsfonds	94
		3. Leistungszusage aus Entgeltumwandlung	95
		a) Unmittelbare Versorgungszusagen	96
		b) Direktversicherung	99
		c) Unterstützungskasse	101
		d) Pensionsfonds	103
		4. Beitragsorientierte Leistungszusagen	104
		5. Beitragszusage mit Mindestleistung	106
	VI.	Beginn und Ende der Leistungen	109
	VII.	Rechtsweg	110
D.	**Höchstgrenzen der insolvenzgeschützten Leistungen (§ 7 Abs. 3 BetrAVG)**		**111**
	I.	Allgemeines	111
	II.	Höchstgrenze	112
	III.	Berechnungsstichtag	118
	IV.	Hinterbliebenenrenten	122
E.	**Minderung der Leistung (§ 7 Abs. 4 BetrAVG)**		**124**
	I.	Grundsatz	124
	II.	Leistungsträger	125
		1. Arbeitgeber	125
		2. Sonstige Versorgungsträger	128
F.	**Schutz des PSVaG vor Missbrauch (§ 7 Abs. 5 BetrAVG)**		**131**
	I.	Grundsatz	131
	II.	§ 7 Abs. 5 S. 1 BetrAVG	133
	III.	§ 7 Abs. 5 S. 2 BetrAVG	135
	IV.	§ 7 Abs. 5 S. 3 BetrAVG	137
		1. Prinzip	137
		2. Ausnahmen	143a
		a) § 7 Abs. 5 S. 3 Nr. 1 BetrAVG (Entgeltumwandlung)	144
		b) § 7 Abs. 5 S. 3 Nr. 2 BetrAVG (Portabilität)	147a
G.	**Außergewöhnliche Risiken (§ 7 Abs. 6 BetrAVG)**		**148**

A. Allgemeines

Die gesetzliche Insolvenzsicherung der betrieblichen Altersversorgung 1
durch den PSVaG ist eine **Ausfallsicherung**. Sie dient der Sicherstellung der Ansprüche der Versorgungsberechtigten bei **Insolvenz des Arbeitgebers**. Gesichert werden im Rahmen der gesetzlichen Vorschriften die bei Eintritt der Insolvenz **laufenden Versorgungsleistungen** (Renten), **Kapitalzusagen** sowie **gesetzlich unverfallbare Anwartschaften**.[1] Dies gilt auch dann, wenn dem Versorgungsberechtigten weitergehende – private – Sicherungsrechte eingeräumt wurden (z.B. die Verpfändung einer Rückdeckungsversicherung), die seinen Anspruch auf betriebliche Altersversorgung im Fall der Insolvenz des Arbeitgebers sichern.[2] Er kann die Leistung jedoch nur einmal fordern. Grundlage der Ansprüche der Versorgungsberechtigten nach Grund und Höhe ist allein die jeweilige Versorgungsregelung des insolventen Arbeitgebers. Zentrale Vorschrift zur **Leistungserbringung** durch den PSVaG ist § 7 BetrAVG.

Arbeitgeber ist diejenige juristische oder natürliche Person, mit welcher 1a
der Arbeitsvertrag geschlossen ist; dies gilt auch in einem Konzern. Der Konzern ist kein Rechtssubjekt, das eine eigene Rechtsfähigkeit aufweist und kann deshalb nicht Arbeitgeber sein. Entscheidend für die Eintrittspflicht des PSVaG ist immer die Insolvenz des konkreten Arbeitgebers des Versorgungsberechtigten.[3]

Der PSVaG ist nicht Rechtsnachfolger des insolventen Arbeitgebers be- 2
zogen auf die betriebliche Altersversorgung, sondern Schuldner einer Ausfallhaftung.[4] Die Versorgungsberechtigten haben einen **gesetzlichen Anspruch** (gesetzliches Schuldverhältnis) aufgrund der Insolvenz des Arbeitgebers **gegen den PSVaG**.[5] Ihre Ansprüche gegenüber dem Arbeitgeber gehen grds. auf den PSVaG über.[6]

---

1 Allgemein zur Insolvenzsicherung der betrieblichen Altersversorgung vgl. Merkblatt 300/M 3 des PSVaG, das im Internet unter www.psvag.de zur Verfügung steht. Zu Praxisgesichtspunkten für die Sicherung betrieblicher Versorgungszusagen in einer Großinsolvenz, *Birkenbeul* BetrAV 2006, 227.
2 VerwG Düsseldorf 6.12.2005, 16 K 180/04, r.k.r., BetrAV 2006, 297 zur Verpfändung der Rückdeckungsversicherung bei einer Gruppenunterstützungskasse. *Andresen/Förster/Rößler/Rühmann* Teil 13 A, Rn. 411; *Blomeyer/Rolfs/Otto* Rn. 54 ff. zu § 7; *Höfer* BetrAVG, Rn. 4397 ff. zu § 7; zur Insolvenzsicherungspflicht vgl. § 10 Rn. 3.
3 *Paulsdorff* Rn. 141 zu § 7.
4 BAG 23.3.1999, 3 AZR 625/97, EzA § 7 BetrAVG Nr. 58, DB 1999, 2015.
5 *Blomeyer/Rolfs/Otto* Rn. 9 zu § 7.
6 Vgl. i.E. § 9 Rn. 10–19 und *Berenz* DB 2004, 1098.

3 Der PSVaG hat auch dann einzustehen, wenn der Arbeitgeber in der Vergangenheit trotz bestehender Insolvenzsicherungspflicht **keine Beiträge gezahlt** hat. Andererseits besteht keine Einstandspflicht des PSVaG, wenn vom Arbeitgeber Beiträge gezahlt worden sind, der geltend gemachte Anspruch aber nach den Regeln des BetrAVG nicht sicherungsfähig ist.[7]

B. Versorgungsempfänger bei Eintritt des Sicherungsfalls (§ 7 Abs. 1 BetrAVG)

I. Versorgungsempfänger

1. Insolvenzgeschützte Leistungen

4 Arbeitnehmer, die bei Eintritt eines Sicherungsfalls i.S.d. § 7 Abs. 1 BetrAVG alle Voraussetzungen für den Bezug einer Leistung der betrieblichen Altersversorgung erfüllt haben und Leistungen beziehen, sind **Versorgungsempfänger** und haben Insolvenzschutz nach Maßgabe des § 7 Abs. 1 BetrAVG. Der Versorgungsempfänger genießt Insolvenzschutz unabhängig davon, ob er bis zum Eintritt des Versorgungsfalls eine gesetzlich unverfallbare Anwartschaft erworben hatte.[8]

5 Regelmäßig setzen die laufenden Leistungen des Arbeitgebers nach Erreichen der in der Versorgungszusage bestimmten Altersgrenze und dem Ausscheiden des Arbeitnehmers aus dem Arbeitsverhältnis ein (**Altersrente**). Vor Erreichen der Altersgrenze kann der Versorgungsfall der **Invalidität** in Betracht kommen. Dies gilt auch, falls die Voraussetzungen für den Bezug einer **Invalidenrente** der gesetzlichen Rentenversicherung nach dem Eintritt des Sicherungsfalls für ein zeitlich davor liegendes **Datum** festgestellt werden.[9] Auch die danach gezahlte Rente ist eine laufende Leistung i.S.d. § 7 BetrAVG, wenn die Versorgungszusage Invaliditätsleistungen vorsieht.

6 Darüber hinaus kann der Versorgungsberechtigte die **vorzeitige Altersrente** nach § 6 BetrAVG geltend machen. Dabei muss der Versorgungsberechtigte neben dem Vorliegen der Voraussetzungen des § 6

---

[7] BGH 16.1.1981, II ZR 140/80, ZIP 1981, 892; *Andresen/Förster/Rößler/Rühmann* Teil 13 A, Rn. 10; *Langohr-Plato* Rn. 841 f.; *Paulsdorff* Rn. 14 zu § 7; DLW-*Dörner* C/Rn. 3099; vgl. i.E. dazu § 7 Rn. 10.
[8] *Blomeyer/Rolfs/Otto* Rn. 25 zu § 7; *Höfer* BetrAVG Rn. 4329 zu § 7; *Langohr-Plato* Rn. 738.
[9] BAG 26.1.1999, 3 AZR 464/97, EzA § 7 BetrAVG Nr. 59, DB 1999, 1563.

Umfang des Versicherungsschutzes § 7

BetrAVG[10] die vorzeitige Altersleistung auch vom Arbeitgeber verlangen. Wird diese vor dem Eintritt des Sicherungsfalls verlangt, wird er vom PSVaG als Versorgungsempfänger nach § 7 Abs. 1 BetrAVG eingeordnet. Wird das Verlangen nach dem Eintritt des Sicherungsfalls geltend gemacht, ist der Versorgungsberechtigte – bei gegebener gesetzlicher Unverfallbarkeit – als Anwärter nach § 7 Abs. 2 BetrAVG zu behandeln.[11]

Zu den Versorgungsempfängern gehören auch diejenigen Arbeitnehmer, die zwar alle Voraussetzungen für den Leistungsbezug erfüllt haben, aber noch keine Leistungen beziehen, weil sie z.b. beim Arbeitgeber über die in der Versorgungsordnung vorgesehene Altersgrenze hinaus noch weiter arbeiten (sog. **technische Rentner**).[12] Bei Eintritt eines Sicherungsfalls werden diese demnach wie Versorgungsempfänger nach § 7 Abs. 1 BetrAVG eingeordnet und nicht als Anwärter mit einer ratierlichen Berechnung des Anspruchs gem. § 7 Abs. 2 BetrAVG. 7

Laufende Leistungen sind auch dann insolvenzgeschützt, wenn die Versorgungszusage erst bei Eintritt des Versorgungsfalls erteilt wurde, also keine Anwartschaftsphase vorausgegangen ist.[13] 8

Ausdrücklich unter Insolvenzschutz stehen auch die Leistungen an **Hinterbliebene**, wenn die Versorgungszusage Hinterbliebenenleistungen vorsieht (§ 7 Abs. 1 S. 1 BetrAVG). Der Arbeitgeber kann das Risiko begrenzen, Hinterbliebenenleistungen zu gewähren durch Spätehe-, Ehedauer- oder Altersdifferenzklauseln.[14] Der Versorgungsanspruch der Hinterbliebenen beruht auf dem Rentenstammrecht des Arbeitnehmers; er teilt das Schicksal der Hauptrente (akzessorisch).[15] Das gilt auch für den gesetzlichen Insolvenzschutz. Nur wenn und soweit Ansprüche aus der Versorgungszusage insolvenzgeschützt sind, besteht auch für die daraus abgeleitete Hinterbliebenenversorgung Insolvenzschutz.[16] 9

---

10 Vgl. § 6 Rn. 6 ff., insb. 9.
11 BGH 4.5.1981, II ZR 100/80, AP Nr. 9 zu § 1 BetrAVG Wartezeit; *Andresen/Förster/Rößler/Rühmann* Teil 13 A, Rn. 527; *Höfer* BetrAVG, Rn. 4327 zu § 7.
12 BAG 18.3.2003, 3 AZR 313/02, EzA § 7 BetrAVG Nr. 68 (kein § 613a BGB bei technischem Rentner), BB 2004, 269; 26.1.1999, 3 AZR 464/97, EzA § 7 BetrAVG Nr. 59.
13 BAG 8.5.1990, 3 AZR 121/89, EzA § 7 BetrAVG Nr. 35, DB 1990, 2375. Zu beachten ist hier die Vorschrift zum Schutz des PSVaG vor missbräuchlicher Inanspruchnahme seiner Leistungen nach § 7 Abs. 5 S. 3 BetrAVG, vgl. Rn. 131 ff.
14 S. dazu § 1 Rn. 196 f.
15 *Blomeyer/Rolfs/Otto* Rn. 28 zu § 7.
16 BAG 12.6.1990, 3 AZR 524/88, EzA § 322 ZPO Nr. 8, DB 1990, 2271; *Paulsdorff* § 7 Rn. 45.

2. Ausnahmen

a) Betriebliche Altersversorgung im Sinne des BetrAVG

10 Eine vom Arbeitgeber versprochene Leistung ist nur dann nach § 7 BetrAVG insolvenzgesichert, wenn es sich um **betriebliche Altersversorgung** i.S.d. Betriebsrentengesetzes handelt.[17] Ob dies der Fall ist, richtet sich danach, ob die in § 1 Abs. 1 S. 1 BetrAVG abschließend aufgezählten Voraussetzungen erfüllt sind.[18] Es kommt nicht darauf an, wie eine vom Arbeitgeber in Aussicht gestellte Leistung bezeichnet worden ist.

10a Der von der gesetzlichen Insolvenzsicherung **erfasste Personenkreis** (Arbeitnehmer) sowie die **erfassten Arbeitgeber** ergeben sich aus § 17 BetrAVG.[19]

b) Übergangsgeld

11 In einer Versorgungsregelung kann die feste Altersgrenze auch auf einen früheren Zeitpunkt als die Regelaltersgrenze für den Bezug der gesetzlichen Rentenversicherung (Vollendung des 65. Lebensjahres) festgelegt werden.[20] Sofern diese Grenze nicht vor der Vollendung des 60. Lebensjahres liegt, kann Insolvenzschutz bestehen, sofern in der Versorgungsordnung das frühere Endalter vorgesehen ist.[21] Rentenleistungen ab dieser Altersgrenze sind laufende Leistungen i.S.d. § 7 Abs. 1 BetrAVG.

11a Beendet der Arbeitnehmer vor Eintritt des Versorgungsfalls das Arbeitsverhältnis, so kann in diesem Zusammenhang eine feste Altersgrenze nicht mit Wirkung für die Insolvenzsicherung herabgesetzt wer-

---

17 Zu Arbeitsverhältnissen mit Auslandsberührung vgl. Merkblatt 300/M 7 des PSVaG und zur Insolvenzsicherung der betrieblichen Altersversorgung in den neuen Bundesländern (Zusagen ab 1992) das Merkblatt 210/M 20, die im Internet unter www.psvag.de zur Verfügung stehen.
18 BAG 3.11.1998, 3 AZR 454/97, EzA § 7 BetrAVG Nr. 56, DB 1998, 2428; vgl. allgemein § 1 Rn. 27–53 zur Einordnung von z.B. Deputaten als betriebliche Altersversorgung. Zur Insolvenzsicherung in den neuen Bundesländern vgl. Merkblatt 210/M 20 des PSVaG, das im Internet unter www.psvag.de zur Verfügung steht.
19 Zu den Auswirkungen eines Wechsels vom Arbeitnehmer- in den Unternehmer-Status auf die Insolvenzsicherung vgl. § 11 Rn. 23 und das Merkblatt 300/M 2 des PSVaG, das im Internet unter www.psvag.de zur Verfügung steht.
20 Hierher gehört nicht der Fall des vorzeitigen Altersrentenbezugs nach § 6 BetrAVG.
21 BGH 3.2.1986, II ZR 54/85, ZIP 1986, 523.

den. Die feste Altersgrenze legt nämlich den Zeitpunkt fest, bis zu dem der Arbeitnehmer betriebstreu sein soll. Dies ist jedoch aufgrund der vorzeitigen Beendigung des Arbeitsverhältnisses nicht mehr möglich.[22]

Wenn die Altersgrenze auf einen Zeitpunkt vor Vollendung des 60. Lebensjahres festgelegt wird, handelt es sich in der Regel um **nicht insolvenzgeschütztes Übergangsgeld**.[23] Sie sind auch dann nicht betriebliche Altersversorgung i.S.d. Betriebsrentengesetzes, wenn sie sich der Höhe nach an einer in Aussicht gestellten Betriebsrente orientieren.[24] Eine Ausnahme gilt nur dann, wenn sachliche, im Beschäftigungsverhältnis liegende Gründe für eine Altersgrenze vor Vollendung des 60. Lebensjahres gegeben sind (z.B. bei Bergleuten oder Piloten).[25] 12

Wird bei Insolvenzeintritt Übergangsgeld bezogen, so besteht Insolvenzschutz nur in Höhe einer unverfallbaren Anwartschaft i.S.d. § 7 Abs. 2 BetrAVG, wenn die gesetzlichen Unverfallbarkeitsvoraussetzungen zum Zeitpunkt des Ausscheidens erfüllt waren. 13

c) Gestaltungsrechte

Vereinbarungen zwischen Arbeitgeber und Versorgungsberechtigtem wirken sich auf die Eintrittspflicht des PSVaG aus. 14

Hat der Versorgungsberechtigte wirksam auf seine betriebliche Altersversorgung **verzichtet** (§ 397 BGB), entfällt die Eintrittspflicht des PSVaG. In diesem Fall hätte der Arbeitgeber auch nicht leisten müssen, wenn er solvent geblieben wäre.[26] 15

Ist dem Arbeitnehmer in einem früheren Prozess mit dem Arbeitgeber der Versorgungsanspruch **rechtskräftig aberkannt** worden, so gilt dies auch für den PSVaG, der wie der Arbeitgeber zur Leistung nicht verpflichtet ist.[27] 16

Auch Regelungen über Grund und Höhe der betrieblichen Altersversorgung zwischen Arbeitgeber und Arbeitnehmer in einem **gerichtlichen** 17

---

22 BAG 14.12.1999, 3 AZR 684/98, EzA § 7 BetrAVG Nr. 63, DB 2000, 2536; 20.11.2001, 3 AZR 28/01, EzA § 3 BetrAVG Nr. 8, DB 2002, 2333.
23 BAG 24.6.1986, 3 AZR 645/84, EzA § 7 BetrAVG Nr. 20, DB 1987, 587; 10.3.1992, 3 AZR 153/91, EzA § 1 BetrAVG Lebensversicherung Nr. 3, DB 1993, 490; 28.1.1986, 3 AZR 312/84, EzA § 59 KO Nr. 14, DB 1987, 52.
24 BAG 26.4.1988, 3 AZR 411/86, EzA § 7 BetrAVG Nr. 25, DB 1988, 1019.
25 Weiterführend: Merkblatt 300/M 4 des PSVaG, das im Internet unter www.psvag.de zur Verfügung steht.
26 *Paulsdorff* Rn. 75 zu § 7.
27 BAG 23.3.1999, 3 AZR 625/97, EzA § 7 BetrAVG Nr. 58, DB 1999, 2015.

Vergleich sind wirksam und binden auch den PSVaG.[28] Dies gilt auch für einen **Teilerlassvertrag** in einem fortbestehenden Arbeitsverhältnis.[29]

18 Arbeitnehmer des ursprünglich die betriebliche Altersversorgung zusagenden Arbeitgebers, die auf den **Rechtsnachfolger** übergegangen sind, werden dort vom Insolvenzschutz erfasst, wenn die Rechtsnachfolge wirksam ist. Sofern die Rechtsnachfolge unwirksam ist, kommt insoweit ein Insolvenzschutz dieser Arbeitnehmer beim Rechtsnachfolger nicht in Betracht; Insolvenzschutz besteht weiterhin beim früheren Arbeitgeber.[30] Eine wirksame Rechtsnachfolge kommt nach **§ 4 BetrAVG** (Einzelrechtsnachfolge)[31] sowie als **(partielle) Gesamtrechtsnachfolge etwa nach dem UmwG**[32] **in Betracht. Ein Betriebsübergang nach § 613 a BGB** (Einzelrechtsnachfolge) wirkt sich nur auf die zum Zeitpunkt des Übergangs aktiven Arbeitnehmer aus.[33]

18a Nach der Rechtsprechung des BAG besteht seit der Streichung des Sicherungsfalls der wirtschaftlichen Notlage (§ 7 Abs. 1 S. 3 Nr. 5 BetrAVG in der bis 31.12.1998 gültigen Fassung) durch das EGInsO das von der Rechtsprechung aus den Grundsätzen über den Wegfall der Geschäftsgrundlage entwickelte Recht zum Widerruf insolvenzgeschützter betrieblicher Versorgungsrechte wegen wirtschaftlicher Notlage nicht mehr. Ein solches Recht kann auch nicht auf die in einer Versorgungsordnung aufgenommenen steuerunschädlichen Vorbehalte gestützt werden. Diese Vorbehalte wirken nur deklaratorisch; sie begründen kein eigenständiges Recht zum Widerruf der betrieblichen Versorgungsansprüche- und Anwartschaften.[34]

II. Erfasste Durchführungswege

19 Insolvenzschutz besteht bei den Durchführungswegen der betrieblichen Altersversorgung, bei denen im Fall der Insolvenz des Arbeitge-

---

28 BAG 18.12.1984, 3 AZR 125/84, EzA § 17 BetrAVG Nr. 2, DB 1985, 1949.
29 BAG 14.8.1990, 3 AZR 301/89, EzA § 17 BetrAVG Nr. 5, DB 1991, 501.
30 BAG 28.2.1989, 3 AZR 29/88, EzA § 613 a BGB Nr. 84, DB 1989, 1679; *Blomeyer/Rolfs/Otto* Rn. 80 zu § 7; *Paulsdorff* Rn. 139 zu § 7.
31 Vgl. i.E. § 4.
32 Vgl. i.E. § 4 Rn. 9.
33 Vgl. Rn. 71–75.
34 BAG 17.6.2003, 3 AZR 396/02, EzA § 7 BetrAVG Nr. 69, DB 2004, 324; BGH 13.7.2006, IX ZR 90/05, DB 2006, 1951, 1952 f.; i.E. *Höfer* BetrAVG, Rn. 4381 ff. zu § 7; Zum Widerruf der betrieblichen Versorgungsansprüche nach neuer Rechtslage, *Uhlenbruck* KSI 2006, 121.

Umfang des Versicherungsschutzes § 7

bers die Erfüllung der Ansprüche der Versorgungsberechtigten gefährdet ist.[35] Dazu gehört nach § 7 BetrAVG die

- **Unmittelbare Versorgungszusage** (§ 7 Abs. 1 S. 1 BetrAVG),

- Zusage über eine **Direktversicherung**, wenn ein widerrufliches Bezugsrecht eingeräumt ist oder bei unwiderruflichem Bezugsrecht die Ansprüche aus dem Versicherungsvertrag abgetreten, verpfändet[36] oder beliehen sind (§ 7 Abs. 1 S. 2 Nr. 1 BetrAVG).[37] Zu beachten ist, dass bei ab 2001 über eine Direktversicherung neu erteilte Entgeltumwandlungszusagen nach § 1b Abs. 5 BetrAVG dem Arbeitnehmer von Beginn an ein unwiderrufliches Bezugsrecht eingeräumt und das Recht zur Verpfändung, Abtretung oder Beleihung durch den Arbeitgeber ausgeschlossen werden muss. In diesen Fällen besteht demnach keine Insolvenzsicherungspflicht und damit auch kein Insolvenzschutz.

- Zusage über eine **Unterstützungskasse**[38] (§ 7 Abs. 1 S. 2 Nr. 2 BetrAVG),

- Zusage über einen **Pensionsfonds**[39] (§ 7 Abs. 1 S. 2 Nr. 3 BetrAVG).

---

35 Zur Abgrenzung zwischen insolvenzsicherungspflichtiger betrieblicher Altersversorgung und nicht erfassten sonstigen betrieblichen Versorgungsleistungen vgl. § 10 Rn. 2–5. Zu den einzelnen Durchführungswegen vgl. § 1 Abs. 1 und § 1b Abs. 2–4 BetrAVG.
36 Die Verpfändung ist im Gesetz nicht ausdrücklich erwähnt, ist aber vom Normzweck her mit einzubeziehen. *Blomeyer/Rolfs/Otto* Rn. 60 zu § 7.
37 Nicht insolvenzgeschützt sind Auswirkungen auf die Direktversicherung, weil der Arbeitgeber die Beiträge an den Versicherer nicht vertragsgemäß entrichtet hat. Den Fall der Beschädigung einer Direktversicherung durch Prämienrückstände führt das Gesetz nicht als versichertes Risiko auf. BAG 17.11.1992, 3 AZR 51/92, EzA § 7 BetrAVG Nr. 45; *Langohr-Plato* Rn. 730 f. m.w.N.
38 Zur Abwicklung von Entgeltumwandlungszusagen bei rückgedeckter Gruppenunterstützungskasse vgl. Merkblatt 110/M 8 des PSVaG, das im Internet unter www.psvag.de zur Verfügung steht.
39 Vgl. zu Pensionsfonds Merkblatt 300/M 14 des PSVaG, das im Internet unter www.psvag.de zur Verfügung steht.

```
                    ┌─────────────────────────────┐
                    │    Durchführungswege        │
                    │ der betrieblichen Altersversorgung │
                    └─────────────────────────────┘
                         ↙              ↘
```

Insolvenzsicherung durch den PSVaG	Keine Insolvenzsicherung durch den PSVaG
Die Ansprüche der Versorgungsberechtigten sind durch eine Insolvenz des Arbeitgebers gefährdet	Nach Ansicht des Gesetzgebers sind die Ansprüche der Versorgungsberechtigten durch eine Insolvenz des Arbeitgebers nicht gefärdet
– **unmittelbare Versorgungszusage** (§ 1 Abs. 1 iVm § 7 Abs. 1, 2 BetrAVG) – **Direktversicherung** Soweit ein widerrufliches Bezugsrecht besteht oder bei unwiderruflichem Bezugsrecht die Ansprüche abgetreten, verpfändet oder beliehen sind – Ausnahmefall (§ 1b Abs. 2 iVm § 7 Abs. 1, 2 BetrAVG) – **Unterstützungskasse** (§ 1b Abs. 4 iVm § 7 Abs. 1, 2 BetrAVG) – **Pensionsfonds** (§ 1b Abs. 3 iVm § 7 Abs. 1, 2 BetrAVG)	– **Direktversicherung** Soweit ein unwiderrufliches Bezugsrecht besteht und die Ansprüche nicht abgetreten, verpfändet oder beliehen sind – Regelfall (§ 1b Abs. 2 BetrAVG) – **Pensionskasse** (§ 1b Abs. 3 BetrAVG)

III. Sicherungsfall

1. Grundsatz

21 Die die Eintrittspflicht des PSVaG auslösenden Sicherungsfälle sind **abschließend** in § 7 Abs. 1 S. 1 und S. 4 Nr. 1 bis 3 BetrAVG **aufgeführt**. Abzustellen ist dabei immer auf den Eintritt des Sicherungsfalls beim Arbeitgeber[40], nicht beim externen Versorgungsträger (Unterstützungskasse, Pensionsfonds). Dies gilt auch, wenn die Unterstützungskasse selbst über ausreichendes Vermögen zur Leistungserbringung verfügt.[41]

---

40 Zum Begriff des Arbeitgebers vgl. § 17 Rn. 4 ff.
41 Vgl. § 9 Rn. 25.

Ein Sicherungsfall mit der Folge der Eintrittspflicht für den PSVaG kann 22
auch bei einer inländischen Niederlassung eines **ausländischen Arbeitgebers** vorliegen, wenn die Niederlassung nach § 102 EGInsO insolvenzfähig ist.[42]

Gesetzliche Änderungen im Hinblick auf die Sicherungsfälle des § 7 23
BetrAVG ergaben sich mit der Einführung der Insolvenzordnung im Einführungsgesetz zur Insolvenzordnung[43] (EGInsO), in Kraft getreten am 1.1.1999.[44]

Ein **(Teil-) Widerruf** der Versorgungszusage durch den Arbeitgeber auf- 24
grund einer **schlechten wirtschaftlichen Situation des Arbeitgebers** ist arbeitsrechtlich **unwirksam**.[45] Bis zum Eintritt eines Sicherungsfalls bleibt der Arbeitgeber zur Zahlung der betrieblichen Altersversorgung verpflichtet.

Die **Liquidation** eines Unternehmens stellt keinen Sicherungsfall für 25
den PSVaG dar. Im Rahmen der Liquidation sind die Ansprüche der Versorgungsberechtigten wie die der anderen Gläubiger zu befriedigen.[46]

2. Gerichtlicher Sicherungsfall

Gerichtliche Sicherungsfälle sind die **Eröffnung des Insolvenzverfah-** 26
rens sowie die **Abweisung des Antrags auf Eröffnung des Insolvenzverfahrens mangels Masse**. Erforderlich ist ein Insolvenzantrag eines Gläubigers oder des Schuldners (§ 13 InsO). Rechtgrundlage ist die **Insolvenzordnung**[47] (InsO); mit ihr wurden die bis dahin geltende Konkursordnung[48] (KO), die Vergleichsordnung[49] (VerglO) sowie die für die neuen Länder geltende Gesamtvollstreckungsordnung[50] (GesVO) abgelöst.

---

42 BAG 12.2.1991, 3 AZR 30/90, EzA § 9 BetrAVG Nr. 4 (zu § 238 KO), DB 1991, 1735.
43 Vom 5.10.1994 BGBl. S. 2911, 2947. Zum Überblick über die Systematik der Insolvenzordnung und die Auswirkungen auf die betriebliche Altersversorgung, *Berenz* BetrAV 1999, 149, Zur Rechtsstellung des PSVaG vor und in der Unternehmensinsolvenz, *Wohlleben* BetrAV 2006, 217.
44 Übergangsbestimmung enthält § 31 BetrAVG.
45 BAG 17.6.2002, 3 AZR 396/02, EzA § 7 BetrAVG Nr. 69, DB 2004, 324; vgl. i.E. § 7 Rn. 18 a.
46 Vgl. Merkblatt 300/M 8 des PSVaG, das im Internet unter www.psvag.de zur Verfügung steht.
47 Vom 5.10.1994 BGBl. I S. 2866 (InsO) bzw. S. 2911 (EGInsO).
48 Vom 10.2.1877 RGBl. S. 351.
49 Vom 26.2.1935 RGBl. I S. 321.
50 Vom 23.5.1991 BGBl. I S. 1191.

a) Eröffnung des Insolvenzverfahrens (§ 7 Abs. 1 S. 1 BetrAVG)

27 Die Eröffnung des Insolvenzverfahrens setzt voraus, dass ein **Eröffnungsgrund** – drohende Zahlungsunfähigkeit, Zahlungsunfähigkeit oder Überschuldung (§ 16 InsO) – gegeben ist.

28 Eröffnet wird das Insolvenzverfahren durch den **Eröffnungsbeschluss** des Insolvenzgerichts (§ 27 InsO). Dieser enthält Name und Gewerbe des Schuldners, nennt den Insolvenzverwalter sowie Tag und Stunde der Eröffnung des Insolvenzverfahrens.

29 Die **Eintrittspflicht des PSVaG** ist an das **Datum der Eröffnung** des Insolvenzverfahrens geknüpft (Eintritt des Sicherungsfalls, § 7 Abs. 1 S. 1 letzter Hs. i.V.m. Abs. 1 a BetrAVG); vorher bestehen keine Rechtspflichten des PSVaG zur Zahlung von Leistungen.

b) Abweisung mangels Masse (§ 7 Abs. 1 S. 4 Nr. 1 BetrAVG)

30 Das Insolvenzgericht weist den Antrag auf Eröffnung des Insolvenzverfahrens ab, wenn das Vermögen des Schuldners – also des Arbeitgebers – voraussichtlich nicht ausreichen wird, um die Kosten des Verfahrens zu decken (§ 26 Abs. 1 S. 1 InsO).

31 Die **Eintrittspflicht des PSVaG** ist an das **Datum des Abweisungsbeschlusses** des Insolvenzgerichts geknüpft (Eintritt des Sicherungsfalls, § 7 Abs. 1 S. 3 Nr. 1 i.V.m. Abs. 1 a BetrAVG); vorher bestehen keine Rechtspflichten des PSVaG zur Zahlung von Leistungen.

Sicherungsfälle nach § 7 Abs. 1 BetrAVG	
gerichtliche Sicherungsfälle: – Eröffnung des Insolvenzverfahrens (§ 7 Abs. 1 Satz 1 BetrAVG) – Abweisung mangels Masse (§ 7 Abs. 1 Satz 4 Nr. 1 BetrAVG)	außergerichtliche Sicherungsfälle: – Außergerichtlicher Vergleich (§ 7 Abs. 1 Satz 4 Nr. 2 BetrAVG) – Vollständige Beendigung der Betriebstätigkeit und ein Insolvenzverfahren kommt offensichtlich mangels Masse nicht in Betracht (§ 7 Abs. 1 Satz 4 Nr. 4 BetrAVG)

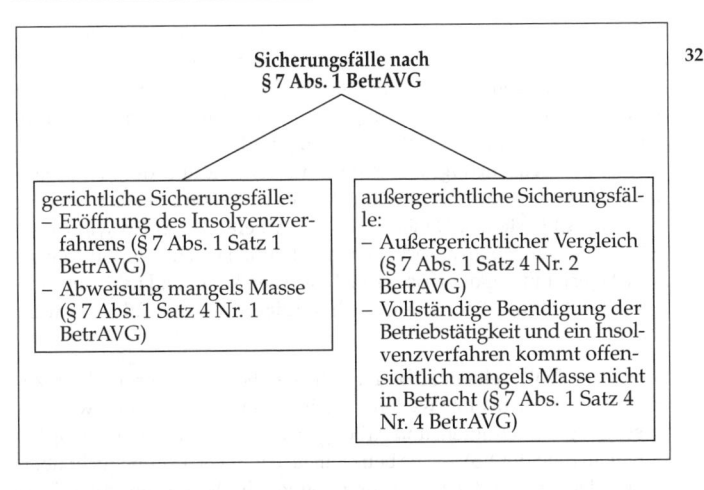

32

3. Außergerichtlicher Sicherungsfall

a) Außergerichtlicher Vergleich (§ 7 Abs. 1 S. 4 Nr. 2 BetrAVG)

Der außergerichtliche Vergleich des Arbeitgebers mit seinen Gläubigern zur Abwendung eines Insolvenzverfahrens ist ein Sicherungsfall i.S.d. § 7 BetrAVG, wenn der **PSVaG dem Vergleich zustimmt**.[51] In Betracht kommt ein Stundungs-, Quoten- oder Liquidationsvergleich (§ 7 Abs. 1 S. 4 Nr. 2 BetrAVG). Durch das Zustimmungserfordernis wird verhindert, dass ein Versorgungsberechtigter dem Vergleich zustimmt und dadurch zu Lasten des PSVaG dessen Einstandspflicht auslöst.[52]

33

Der Vergleich muss ausgewogen sein, darf also nicht im Wesentlichen zu Lasten der Pensionäre gehen.[53] Von den Anspruchsberechtigten aus betrieblicher Altersversorgung und damit vom PSVaG dürfen **keine Sonderopfer** zur besseren Befriedigung anderer Gläubiger verlangt werden. Alle Gläubiger, die Anteilseigner und ggf. auch die aktive Belegschaft sollen angemessen zur Erhaltung des Unternehmens beitragen, was eine gleichmäßige Verteilung der Lasten voraussetzt.[54]

34

---

[51] Vgl. Merkblatt 110/M 1 des PSVaG, das im Internet unter www.psvag.de zur Verfügung steht. Zur Rechtsstellung des PSVaG im außergerichtlichen Vergleich, *Uhlenbruck* KSI 2006, 121.

[52] *Andresen/Förster/Rößler/Rühmann* Teil 13 A, Rn. 72; *Blomeyer/Rolfs/Otto* Rn. 102 zu § 7.

[53] BAG 30.10.1984, 3 AZR 236/82, EzA § 242 Betriebliche Übung Nr. 14, DB 1985, 1747.

[54] BAG 24.4.2001, 3 AZR 402/00, EzA § 7 BetrAVG Nr. 64, DB 2001, 1787.

35 Soll das Unternehmen **fortgeführt** werden, so muss der Arbeitgeber in seinem Antrag auf Zustimmung zum außergerichtlichen Vergleich **substantiiert darlegen**, dass Art und Ausmaß der geplanten Maßnahmen in Form einer Stundung, Kürzung oder Einstellung laufender Leistungen zur Fortführung des Betriebs unumgänglich notwendig sind und dass **realistische Erfolgsaussichten** auf Vermeidung des wirtschaftlichen Zusammenbruchs und auf Wiederherstellung der Ertragskraft (**Sanierung**) bestehen. Daher muss der Arbeitgeber einen wirtschaftlichen Sanierungsplan ausarbeiten, der deutlich macht, wie eine dauerhafte Überwindung der Krise erreicht werden kann, und nach vernünftiger Beurteilung einer dafür sachkundigen Stelle Erfolg erwarten lässt.[55]

36 Sofern der PSVaG einem außergerichtlichen Fortführungsvergleich zustimmt, endet nicht ohne weiteres das Versorgungsverhältnis zwischen Versorgungsberechtigtem und Arbeitgeber. Es bleibt in dem Umfang bestehen, in dem der PSVaG die betriebliche Altersversorgung nicht übernimmt. Diesen Teil der Versorgung können die Versorgungsberechtigten weiterhin vom Arbeitgeber verlangen.[56]

37 Der PSVaG ist weder verpflichtet, dem außergerichtlichen Vergleich zuzustimmen[57], noch besteht ein Rechtsanspruch auf Zustimmung.[58] Erfolgt keine Zustimmung, bestehen die Versorgungsansprüche der Begünstigten unverändert gegenüber dem Arbeitgeber.[59] Werden ihre Ansprüche von diesem nicht erfüllt, so können die Versorgungsberechtigten den PSVaG zur Leistung verpflichten, in dem sie einen Insolvenzantrag[60] stellen und das Insolvenzverfahren vom zuständigen Gericht eröffnet oder die Eröffnung mangels Masse abgewiesen wird. Dabei ist zu beachten, dass der PSVaG nur begrenzt für vor Eintritt des Siche-

---

55 Vgl. i.E. hierzu BAG 24.4.2001, 3 AZR 402/00, EzA § 7 BetrAVG Nr. 64, DB 2001, 1787.
56 BAG 9.11.1999, 3 AZR 361/98, EzA § 7 BetrAVG Nr. 62, DB 2001, 932.
57 *Blomeyer/Rolfs/Otto* Rn. 103 ff. zu § 7; *Bode/Obenberger* Rn. 436; *Höfer* BetrAVG, Rn. 4356 zu § 7.
58 ArbG Köln 3.12.2004, 12 Ca 5950/04, rkr., n.v.; *Blomeyer/Rolfs/Otto* Rn. 105 zu § 7; *Höfer* BetrAVG, Rn. 4359, 4361 zu § 7; *Langohr-Plato* Rn. 721; *Paulsdorff* Rn. 253 zu § 7; a.A. *Diller* ZIP 1997, 765.
59 BGH 12.12.1991, IX ZR 178/91, ZIP 1992, 191; *Höfer* BetrAVG, Rn. 4352 zu § 7; *Paulsdorff* Rn. 253 zu § 7.
60 Dem PSVaG selbst hat der Gesetzgeber kein besonderes Recht zur Beantragung eines Insolvenzverfahrens eingeräumt (*Pausldorff/Wohlleben* S. 1655, 1657). Der Arbeitgeber kann jedoch bereits bei drohender und nicht – wie früher – erst bei eingetretener Zahlungsunfähigkeit ein gerichtliches Insolvenzverfahren einleiten, § 18 InsO.

rungsfalls nicht gezahlte Rentenleistungen eintritt, § 7 Abs. 1a BetrAVG.[61]

Die **Eintrittspflicht des PSVaG** ergibt sich aus dem in der Zustimmungserklärung zum Vergleich festgelegten Datum (Eintritt des Sicherungsfalls), vorher bestehen keine Rechtspflichten des PSVaG zur Zahlung von Leistungen.[62] Die Vorschrift des § 9 Abs. 4 S. 2 BetrAVG findet entsprechende Anwendung.[63] 38

b) Vollständige Beendigung der Betriebstätigkeit (§ 7 Abs. 1 S. 4 Nr. 3 BetrAVG)

Ein Sicherungsfall liegt auch vor bei vollständiger Beendigung der Betriebstätigkeit im Geltungsbereich des BetrAVG, wenn ein Antrag auf Eröffnung eines Insolvenzverfahrens nicht gestellt worden ist **und** ein Insolvenzverfahren offensichtlich mangels Masse nicht in Betracht kommt. Es handelt sich um einen **Auffangtatbestand** für Fälle, in denen der Arbeitgeber infolge Zahlungsunfähigkeit seine Zahlungen einstellt und keine Anstalt macht, ein förmliches Insolvenzverfahren einzuleiten.[64] Die **Zahlungsunfähigkeit** des Arbeitgebers ist zwar kein im Gesetz ausdrücklich genanntes Merkmal, aber dennoch **Grundvoraussetzung der Eintrittspflicht des PSVaG**.[65] Eine bloße **Zahlungsunwilligkeit** reicht nicht aus.[66] 39

Vollständige Beendigung der Betriebstätigkeit bedeutet Einstellung des mit dem Betrieb verfolgten arbeitstechnischen und unternehmerischen Zwecks unter Auflösung der organisatorischen Einheit des Unternehmens.[67] 40

Ein Insolvenzverfahren kommt offensichtlich mangels Masse nicht in Betracht, wenn zwar die Voraussetzungen für die Stellung eines Insolvenzantrages an sich gegeben sind (Insolvenzfähigkeit und -grund), die Konsequenz einer Abweisung mangels Masse durch das Insolvenzgericht jedoch offensichtlich ist. Das Merkmal der offensichtlichen Masselosigkeit ist eine anspruchsbegründende Tatsache.[68] 41

---

61 Vgl. Rn. 53 ff.
62 BAG 14.12.1993, 3 AZR 618/93, EzA § 7 BetrAVG Nr. 47; *Langohr-Plato* Rn. 721; *Paulsdorff* Rn. 18 zu § 7.
63 Vgl. § 9 Rn. 32.
64 *Blomeyer/Rolfs/Otto* Rn. 109 zu § 7; *Paulsdorff* Rn. 160 zu § 7.
65 BAG 20.11.1984, 3 AZR 444/82, EzA § 7 BetrAVG Nr. 15.
66 *Andresen/Förster/Rößler/Rühmann* Teil 13 A, Rn. 86.
67 BAG 20.11.1984, 3 AZR 444/82, EzA § 7 BetrAVG Nr. 15, DB 1985, 1479.
68 BAG 9.12.1997, 3 AZR 429/96, EzA § 7 BetrAVG Nr. 55, DB 1998, 1570.

42 Der Sicherungsfall wird ausgelöst, wenn **objektiv eine Masselosigkeit** vorliegt (Eintritt des Sicherungsfalls). Entscheidend ist die Sicht eines entsprechend unterrichteten, unvoreingenommenen Betrachters. Nach der Rechtsprechung des BAG kommt es zwar nicht darauf an, über welche Kenntnisse der Betriebsrentner oder der PSVaG verfügen.[69] In der Praxis bedarf die Feststellung des Sicherungsfalls allerdings einer plausiblen Darlegung der Masselosigkeit.

IV. Höhe der Leistung

1. Grundsatz

43 Versorgungsempfänger haben **grds.** einen Anspruch in Höhe der Leistung, die der **Arbeitgeber** aufgrund der Versorgungszusage **zu erbringen hätte**, wenn das Insolvenzverfahren nicht eröffnet worden wäre (§ 7 Abs. 1 S. 1 BetrAVG).[70] Gesichert ist damit der Anspruch auf laufende Leistungen oder eine Kapitalleistung, die sich aus der Versorgungszusage ergibt. Die Höchstgrenze der insolvenzgeschützten Leistungen des PSVaG ergibt sich aus § 7 Abs. 3 BetrAVG.[71]

44 Sofern in der Versorgungszusage die **Anrechnung anderer Versorgungsleistungen** oder sonstiger Bezüge vorgesehen ist, ist dies auch für den PSVaG bindend.[72]

45 Ob der Versorgungsempfänger zu dem von der gesetzlichen Insolvenzsicherung **erfassten Personenkreis** gehört und der **insolvente Arbeitgeber vom BetrAVG erfasst** wird, ergibt sich aus § 17 BetrAVG.

46 Zu einer Anpassung der Versorgungsleistung nach § 16 BetrAVG ist der PSVaG nicht verpflichtet.[73] Im Insolvenzfall muss der PSVaG eine Anpassungsverpflichtung des Arbeitgebers bei bereits laufenden Ver-

---

69 BAG 9.12.1997, 3 AZR 429/96, EzA § 7 BetrAVG Nr. 55, DB 1998, 1570.
70 Zur Anrechnung von Vordienstzeiten für die Höhe der insolvenzgeschützten Leistungen vgl. § 1b Rn. 104–107, § 11 Rn. 20–22. Zum Wechsel von Arbeitnehmer- zum Unternehmer-Status vgl. § 11 Rn. 23.
Zu den Auswirkungen eines Betriebsübergangs auf die Eintrittspflicht des PSVaG vgl. Rn. 71–75 a.
Zur Höhe der insolvenzgeschützten Leistung bei einer Beitragszusage mit Mindestleistung (Mindestleistungsrente), beitragsorientierten Leistungszusage sowie einer Entgeltumwandlungszusage vgl. Merkblatt 300/M 14 des PSVaG, das im Internet unter www.psvag.de zur Verfügung steht.
71 Vgl. Rn. 111–123 a.
72 *Höfer* BetrAVG, Rn. 4450 zu § 7.
73 BAG 22.3.1983, 3 AZR 574/81, EzA § 16 BetrAVG Nr. 14, DB 1983, 780; 5.10.1993, 3 AZR 698/92, EzA § 16 BetrAVG Nr. 25, DB 1994, 687; vgl. § 16 Rn. 20–23.

sorgungsleistungen nur dann übernehmen, wenn sich – unabhängig von § 16 Abs. 1 BetrAVG – der künftige Anspruch auf Anpassung dem Grunde und der Höhe nach bereits aus der Versorgungszusage ergibt.[74] Der Arbeitgeber muss demnach eine **dynamische Rente** zugesagt haben, nach der er sich verpflichtet, den Versorgungsanspruch nach bestimmten Kriterien (feststehende Bemessungsfaktoren) unabhängig von BetrAVG anzupassen. Dann muss auch der PSVaG hierfür einstehen und seine Leistungen entsprechend dieser Zusage erhöhen.[75] Folglich ist auch die 1 %-ige Erhöhung der laufenden Leistungen nach § 16 Abs. 3 Nr. 1 BetrAVG insolvenzgesichert.

Hat der Arbeitgeber die Versorgungsordnung unter Beachtung der rechtlichen Möglichkeiten[76] geändert, so richtet sich regelmäßig auch die Eintrittspflicht des PSVaG danach. Dies gilt auch für Einschränkungen der Leistungshöhe. Die Darlegungs- und Beweislast für ausreichende Eingriffsgründe des Arbeitgebers in die Versorgungsordnung trifft den PSVaG.[77] 47

Ansprüche des Versorgungsberechtigten auf eine Erstattung von **Zinsen oder Kosten** gegenüber dem PSVaG bestehen nicht. Das BetrAVG sieht eine Kostenerstattung nicht vor.[78] Unberührt davon bleibt die gesetzliche Verpflichtung zur Erstattung von Prozesskosten bei Rechtsstreitigkeiten mit dem PSVaG. 48

2. Fälligkeit

Es ist zwischen der **regelmäßigen Fälligkeit** der laufenden Leistung und dem Zeitpunkt der **ersten Fälligkeit** der Leistungen des PSVaG zu unterscheiden. 49

Die **regelmäßige Fälligkeit der laufenden Leistung** richtet sich nach der in der Versorgungsordnung vorgesehenen Fälligkeit der Zahlung. In der Regel werden Betriebsrenten am Ende des Monats für diesen Monat gezahlt (nachträglich).

---

74 BAG 26.1.1999, 3 AZR 464/97, EzA § 7 BetrAVG Nr. 59, DB 1999, 1563; 8.6.1999, 3 AZR 39/98, EzA § 7 BetrAVG Nr. 60, DB 1999, 2071.
75 Hierzu gehören auch Versorgungszusagen nach den Richtlinien des Essener Verbandes: BAG 15.2.1994, 3 AZR 705/93, EzA § 7 BetrAVG Nr. 48, NZA 1994, 943.
76 Zu den Eingriffsmöglichkeiten vgl. § 1 Rn. 210–315.
77 BAG 21.11.2000, 3 AZR 91/00, EzA § 1 BetrAVG Ablösung Nr. 26, DB 2000, 2435.
78 *Blomeyer/Rolfs/Otto* Rn. 197 zu § 7.

§ 7 Umfang des Versicherungsschutzes

50 Die **erstmalige Fälligkeit der Leistungen des PSVaG** richtet sich nach § 14 VVG (§ 7 Abs. 1 S. 3 BetrAVG). Geldleistungen sind danach mit Beendigung der zur Feststellung des Versicherungsfalls und des Umfangs der Leistungen des Versicherers nötigen Erhebungen (Anspruchsprüfung durch den PSVaG) fällig (§ 14 Abs. 1 VVG), also mit dem Zeitpunkt der Erteilung des Leistungsbescheids durch den PSVaG gegenüber dem Versorgungsberechtigten. Der Bezug auf diese Vorschrift ist konsequent, denn der PSVaG muss nach Eintritt eines Sicherungsfalls zunächst die zur Leistungsfeststellung erforderlichen Unterlagen und Auskünfte einholen und prüfen. Dem entsprechen die Auskunfts- und Mitteilungspflichten des Insolvenzverwalters im Insolvenzverfahren als Schnittstelle zwischen Versorgungsberechtigten und PSVaG (§ 11 Abs. 3 BetrAVG). Die Möglichkeit des Versorgungsberechtigten, Abschlagszahlungen in Höhe eines unstreitigen Teils zu verlangen, richten sich nach § 14 Abs. 2 VVG.

51 **Verzugszinsen** fallen nicht an, solange die Fälligkeit nach § 14 Abs. 1 VVG nicht eingetreten ist und der Versorgungsberechtigte nicht nachgewiesen hat, dass Erhebungen des PSVaG zur Zahlung von Versorgungsleistungen nicht mehr erforderlich sind.[79]

52 Mit Eintritt der Fälligkeit nach § 14 VVG hat der PSVaG sowohl die rückständigen Leistungen zu zahlen als auch die Zahlung der laufenden Leistungen aufzunehmen.

52a Bei der **Fälligkeit einer Invalidenrente** sind Besonderheiten im Zusammenhang mit Entgeltersatzleistungen zu beachten, falls die Voraussetzungen für den Bezug der Invalidenrente der gesetzlichen Rentenversicherung nach dem Eintritt des Sicherungsfalls für ein zeitlich davor liegendes Datum festgestellt werden.[80] Der Anspruch auf Leistung einer Invalidenrente durch den PSVaG ist so lange nicht fällig, wie der Versorgungsberechtigte **Entgeltersatzleistungen** erhält, die während eines bestehenden Arbeitsverhältnisses gezahlt werden und der parallele Bezug von Entgeltersatzleistung und betrieblicher Rente durch die Versorgungsordnung ausgeschlossen ist. Entgeltersatzleistungen sind Entgeltfortzahlung im Krankheitsfall, Krankengeld der Krankenkasse, Übergangsgeld des Rentenversicherungsträgers sowie Insolvenzgeld.[81] Die Fälligkeit und damit der Beginn der Leistungen des PSVaG setzt erst ein, wenn die Zahlung der Entgeltersatzleistung aufhört.

---
79 *Höfer* BetrAVG, Rn. 4311 zu § 7.
80 Vgl. Rn. 5.
81 Nicht zu den Entgeltersatzleistungen gehört das Arbeitslosengeld, BAG 26.1.1999, 3 AZR 464/97, EzA § 7 BetrAVG Nr. 59, DB 1999, 1563.

Sofern der gesetzliche Rentenversicherungsträger den Beginn der Zahlung seiner **Invalidenrente** auf einen in der **Vergangenheit liegenden Zeitpunkt festlegt**, werden für diesen Zeitraum gezahlte Entgeltersatzansprüche – z.B. Krankengeld der Krankenkasse – zwischen den Sozialversicherungsträgern erstattet.[82] Im Ergebnis hat der Versorgungsberechtigte dann ab diesem Zeitpunkt keine Entgeltersatzleistung erhalten, sondern Invalidenrente. In diesem Fall beginnt die Leistungspflicht des PSVaG grundsätzlich zu dem Zeitpunkt, ab dem die Invalidenrente der gesetzlichen Rentenversicherung gezahlt wird, frühestens jedoch unter Beachtung von § 7 Abs. 1 a BetrAVG. 52b

Je nach Fallgestaltung kann der Zahlungsbeginn auch hinausgeschoben sein. Das BAG hat festgestellt, dass der Betriebsrentenanspruch wegen Erwerbsunfähigkeit ruht, solange der Versorgungsberechtigte Krankengeld erhält. Dabei ist es unerheblich, dass der Rentenversicherungsträger die von ihm rückwirkend bewilligte Erwerbsunfähigkeitsrente mit dem für denselben Zeitraum gezahlten Krankengeld verrechnet. Da dem Versorgungsberechtigten nach § 50 Abs. 1 S. 2 SGB V auch der überschießende Betrag des Krankengeldes verbleibt, fehlt insoweit der Versorgungsbedarf (im entschiedenen Fall überstieg der verbliebene Betrag die betriebliche Erwerbsminderungsrente). Wirtschaftlich betrachtet möchte das BAG dem Versorgungsberechtigten im Ergebnis nicht mehr zukommen lassen als die Summe aus der Erwerbsminderungsrente der Rentenversicherung und der betrieblichen Erwerbsminderungsrente; sofern das gezahlte Krankengeld diesen Betrag erreicht oder übersteigt ist für den betroffenen Zeitraum folglich keine betriebliche Erwerbsminderungsrente zu zahlen.[83] Diese Berechnungsgrundsätze finden auch auf den PSVaG Anwendung.

V. Entstehung und Ende des Anspruch (§ 7 Abs. 1 a BetrAVG)

1. Entstehung und Ende

Der **Anspruch** des Versorgungsempfängers gegen den PSVaG **entsteht** mit dem Beginn des Kalendermonats, der auf den Eintritt des Sicherungsfalls folgt (§ 7 Abs. 1 a S. 1 BetrAVG). Diese Vorschrift entspricht dem Charakter der Betriebsrente als Monatsleistung.[84] Wenn das Insolvenzverfahren z.B. am 16.4 eines Jahres eröffnet wird, entsteht der Anspruch gegen den PSVaG erst am 1.5. des Jahres. 53

---

82 BAG 26.1.1999, 3 AZR 464/97, EzA § 7 BetrAVG Nr. 59, DB 1999, 1563.
83 BAG 17.10.2000, 3 AZR 359/99, EzA § 242 BGB Nr. 113 Ruhegeld = DB 2001, 392.
84 *Blomeyer/Rolfs/Otto* Rn. 189 zu § 7.

54 Soweit vom Arbeitgeber oder sonstigen Versorgungsträger schon vor dem Entstehen des Anspruchs gegen den PSVaG Leistungen erbracht worden sind, sind die entsprechenden Zahlungsverpflichtungen durch Erfüllung (§ 362 BGB) erloschen (§ 7 Abs. 4 BetrAVG). Der PSVaG wird in diesem Umfang schon dem Grunde nach nicht eintrittspflichtig.[85]

55 Der **Anspruch endet** mit Ablauf des Sterbemonats des Begünstigten, soweit in der Versorgungszusage des Arbeitgebers nicht etwas anderes bestimmt ist (§ 7 Abs. 1 a S. 2 BetrAVG).

56 Die **Verjährung der Leistungen** auf betriebliche Altersversorgung ist in § 18 a BetrAVG geregelt. Diese Vorschrift gilt auch für die gesetzliche Insolvenzsicherung.

2. Rückständige Versorgungsleistungen

57 Aufgrund von § 7 Abs. 1 a S. 3 BetrAVG haben die Versorgungsberechtigten bei den Sicherungsfällen

– Eröffnung des Insolvenzverfahrens,

– Abweisung des Antrags auf Eröffnung eines Insolvenzverfahrens mangels Masse,

– vollständige Beendigung der Betriebstätigkeit im Geltungsbereich des BetrAVG, wenn ein Antrag auf Eröffnung eines Insolvenzverfahrens nicht gestellt worden ist und ein Insolvenzverfahren offensichtlich mangels Masse nicht in Betracht kommt

zusätzlich einen **Anspruch auf Versorgungsleistungen**, die vom Arbeitgeber **vor Eintritt eines der genannten Sicherungsfälle nicht gezahlt worden sind**. Auf den Sicherungsfall des außergerichtlichen Vergleichs erstreckt sich diese gesetzliche Regelung ausdrücklich nicht, da hier der Leistungsbeginn in der Zustimmungserklärung des PSVaG festgelegt wird.[86]

58 Der Anspruch auf rückständige Versorgungsleistungen reicht **maximal bis zu sechs Monaten vor Entstehen der Leistungspflicht** des PSVaG (§ 7 Abs. 1 a S. 3 BetrAVG). Hier ist zu beachten, dass die Leistungspflicht mit Beginn des Kalendermonats entsteht, der auf den Eintritt des Sicherungsfalls folgt (§ 7 Abs. 1 a S. 1 BetrAVG).

---

85 *Höfer* BetrAVG, Rn. 4520 zu § 7.
86 *Paulsdorff* Rn. 18 und 26 zu § 7.

Umfang des Versicherungsschutzes § 7

▶ **Beispiel:**

Das Insolvenzverfahren ist am 16.4.2007 eröffnet worden. Der Arbeitgeber hat seit Juni 2006 keine Versorgungsleistungen mehr erbracht. Der Anspruch der Versorgungsberechtigten entsteht am 1.5.2007 (§ 7 Abs. 1 a S. 1 BetrAVG). Rückständige Versorgungsleistungen werden demnach für sechs Monate vor Entstehung der Leistungspflicht erbracht, also ab 1.11.2006 (§ 7 Abs. 1 a S. 3 BetrAVG).

Oktober 2006	November 2006	Dezember 2006	Januar 2007	Februar 2007	März 2007	April 2007	Mai 2007	Juni 2007
						Insolvenz 16.4.2007	Beginn der Leistungspflicht ab 1.5.2007	

1. Schritt: Insolvenzdatum → 16.4.2007
2. Schritt: Beginn der Leistungspflicht des PSVaG nach § 7 Abs. 1 a BetrAVG
   → ab 1.5.2007
3. Schritt: Rückstände ab Beginn der Leistungspflicht maximal 6 Monate zurück
   → ab 1.11.2006

VI. Rechtsweg

Für Klagen der Versorgungsberechtigten und ihrer Hinterbliebenen gegen den PSVaG auf Leistungen der gesetzlichen Insolvenzsicherung (dem Grunde und der Höhe nach) ist i.d.R. der Rechtsweg vor die **Arbeitsgerichte** eröffnet (§ 2 Abs. 1 Nr. 5 ArbGG, § 17 ZPO). Örtlich zuständig ist ausschließlich das Arbeitsgericht Köln.[87]   59

Für Rechtsstreitigkeiten der Nicht-Arbeitnehmer (§ 17 BetrAVG, z.B. Organmitglieder juristischer Personen) sind die **ordentlichen** Gerichte (i.d.R. das Landgericht) – örtlich ausschließlich Köln – zuständig.   60

C. Unverfallbare Anwartschaften (§ 7 Abs. 2 BetrAVG)

I. Grundsatz

Arbeitnehmer, die bei Eintritt eines Sicherungsfalls nach § 7 Abs. 1 BetrAVG eine **gesetzlich unverfallbare Anwartschaft** haben, erfahren **Insolvenzschutz** durch den PSVaG nach § 7 Abs. 2 BetrAVG. Sie erhal-   61

---

[87] BAG 22.11.1983, 5 AS 19/89, DB 1984, 300: Bei allen speziellen Fragen der Insolvenzsicherung ist es zweckmäßig, die Klagen bei dem für den PSVaG zuständigen Arbeitsgericht Köln zu konzentrieren.

ten beim künftigen Eintritt des Versorgungsfalls (Alter oder Invalidität) vom PSVaG Leistungen der betrieblichen Altersversorgung, soweit diese Versorgungsfälle von der Zusage erfasst werden. Ausdrücklich unter Insolvenzschutz stehen auch die Leistungen an die Hinterbliebenen der unmittelbar Versorgungsberechtigten, soweit die Versorgungszusage Hinterbliebenenleistungen vorsieht (§ 7 Abs. 2 S. 1 BetrAVG).[88]

II. Gesetzliche Unverfallbarkeit

62 **Ausschließlich gesetzlich unverfallbare Anwartschaften** unterliegen dem Insolvenzschutz und zwar sowohl diejenigen der zum Zeitpunkt des Eintritts des Sicherungsfalls noch im Unternehmen beschäftigten Arbeitnehmer als auch der mit einer gesetzlich unverfallbaren Anwartschaft vorher ausgeschiedenen Versorgungsberechtigten.[89] Hierbei gelten für Entgeltumwandlungszusagen Besonderheiten.[90]

63 Vertragliche Unverfallbarkeitsvereinbarungen zwischen Arbeitgeber und Arbeitnehmer haben keinen Einfluss auf die gesetzliche Insolvenzsicherung. Die gesetzliche Insolvenzsicherung steht **nicht zur Disposition der Parteien** des Versorgungsvertrages.[91]

Vereinbarungen zwischen Arbeitgeber und Versorgungsberechtigten wirken sich auf die Eintrittspflicht des PSVaG aus.[92]

64 Die Anrechnung von **Vordienstzeiten** kann sich auf die gesetzliche Unverfallbarkeit auswirken.[93]

65 Ebenso wirkt sich ein **Wechsel vom Arbeitnehmer- zum Unternehmerstatus** auf die gesetzliche Unverfallbarkeit der Anwartschaft aus.[94]

66 Ist dem Arbeitnehmer in einem früheren Prozess mit dem Arbeitgeber der Versorgungsanspruch rechtskräftig aberkannt worden, so gilt dies auch für den PSVaG, der wie der Arbeitgeber zur Leistung nicht verpflichtet ist.[95]

---

[88] Vgl. weiterführend Rn. 4–9.
[89] Zu den Voraussetzungen der gesetzlichen Unverfallbarkeit vgl. § 1 b und § 30 f BetrAVG und das Merkblatt 300/M 12 des PSVaG, das im Internet unter www.psvag.de zur Verfügung steht. Zur vorzeitigen Altersleistung nach § 6 BetrAVG vgl. Rn. 4–9 a.
[90] Vgl. § 10 Rn. 68–80.
[91] BAG 14.12.1999, 3 AZR 684/98, EzA § 7 BetrAVG Nr. 63, DB 2000, 2536; *Berenz* BB 2001, 1093.
[92] Vgl. Rn. 14–18 a.
[93] Vgl. § 1 b Rn. 104–107, § 11 Rn. 20–22.
[94] Vgl. § 11 Rn. 23.
[95] BAG 23.3.1999, 3 AZR 625/97, EzA § 7 BetrAVG Nr. 58, DB 1999, 2015.

1. Betriebliche Altersversorgung im Sinne des BetrAVG

Eine vom Arbeitgeber versprochene Leistung ist nur dann nach § 7 67
BetrAVG insolvenzgesichert, wenn es sich um **betriebliche Altersversorgung i.S.d. Betriebsrentengesetzes** handelt.[96] Ob dies der Fall ist, richtet sich danach, ob die in § 1 Abs. 1 S. 1 BetrAVG abschließend aufgezählten Voraussetzungen erfüllt sind.[97] Es kommt nicht darauf an, wie eine vom Arbeitgeber in Aussicht gestellte Leistung bezeichnet worden ist.

Der von der gesetzlichen Insolvenzsicherung **erfasste Personenkreis** 68
(Arbeitnehmer) sowie die **erfassten Arbeitgeber** ergeben sich aus § 17 BetrAVG.

2. Übergangsgeld

In einer Versorgungsregelung kann die feste Altersgrenze auch auf 69
einen früheren Zeitpunkt als die Regelaltersgrenze für den Bezug der gesetzlichen Rentenversicherung (Vollendung des 65. Lebensjahres) festgelegt werden.[98] Sofern diese Grenze nicht vor der Vollendung des 60. Lebensjahres liegt, ist sie im Rahmen des Insolvenzschutzes gem. § 7 Abs. 2 BetrAVG zu beachten, sofern in der Versorgungsordnung das frühere Endalter vorgesehen ist.[99]

Beendet der Arbeitnehmer vor Eintritt des Versorgungsfalls das Ar- 69a
beitsverhältnis, so kann in diesem Zusammenhang eine feste Altersgrenze nicht mit Wirkung für die Insolvenzsicherung herabgesetzt werden. Die feste Altersgrenze legt nämlich den Zeitpunkt fest, bis zu dem der Arbeitnehmer betriebstreu sein soll. Dies ist jedoch aufgrund der vorzeitigen Beendigung des Arbeitsverhältnisses nicht mehr möglich.[100]

Hat der Arbeitgeber auch für den Fall, dass der Dienstvertrag gekün- 70
digt bzw. nicht verlängert wird, ein Ruhegeld vor Vollendung des 60.

---

96 Zu Arbeitsverhältnissen mit Auslandsberührung vgl. Merkblatt 300/M 7 des PSVaG und zur Insolvenzsicherung der betrieblichen Altersversorgung in den neuen Bundesländern (Zusagen ab 1992) das Merkblatt 210/M 20, die im Internet unter www.psvag.de zur Verfügung stehen.
97 BAG 3.11.1998, 3 AZR 454/97, EzA § 7 BetrAVG Nr. 56, DB 1998, 2428; vgl. allg. § 1 Rn. 27–53 und zum Insolvenzschutz § 11 Rn. 15 f.
98 Hierher gehört nicht der Fall des vorzeitigen Altersrentenbezugs nach § 6 BetrAVG.
99 BGH 3.2.1986, II ZR 54/85, ZIP 1986, 523.
100 BAG 14.12.1999, 3 AZR 684/98, EzA § 7 BetrAVG Nr. 63, DB 2000, 2536; 20.11.2001, 3 AZR 28/01, EzA § 3 BetrAVG Nr. 8, DB 2002, 2333.

Lebensjahres zugesagt (**Übergangsgeld**) und bezieht der Versorgungsberechtigte am Stichtag des Eintritts des Sicherungsfalls noch keine Leistungen, besteht **Insolvenzschutz nur**, wenn der Versorgungsberechtigte die **gesetzlichen Unverfallbarkeitsvoraussetzungen** erfüllt. Wird dem Begünstigten wegen Eintritts der Insolvenz gekündigt, so kann zwar mit Ablauf der Kündigungsfrist der Versorgungsfall laut Zusage eintreten, jedoch bleibt dies ohne Auswirkung auf die Insolvenzsicherung durch den PSVaG. Die Höhe der insolvenzgeschützten Leistung ist nach § 7 Abs. 2 BetrAVG ratierlich zu errechnen, abgestellt auf den Zeitpunkt der Insolvenz und auf die feste Altersgrenze laut Versorgungszusage.[101]

3. Betriebsübergang nach § 613a BGB

71 Geht ein Betrieb oder Betriebsteil durch Rechtsgeschäft auf einen anderen Inhaber über, so tritt dieser gem. § 613a Abs. 1 S. 1 BGB in die Rechte und Pflichten aus den im Zeitpunkt des Übergangs bestehenden Arbeitsverhältnissen ein (Einzelrechtsnachfolge). Zu den Rechten und Pflichten aus einem Arbeitsverhältnis gehören auch Anwartschaften auf eine betriebliche Altersversorgung.

72 § 613a BGB regelt nur den **Übergang der Ansprüche der zum Zeitpunkt des Betriebsübergangs aktiven Arbeitnehmer**. Die Ansprüche der vor dem Betriebsübergang mit einer unverfallbaren Anwartschaft ausgeschiedenen Arbeitnehmer sowie die der Bezieher laufender Leistungen richten sich weiterhin gegen den Betriebsveräußerer.[102]

---

101 Vgl. Rn. 11–13. Weiterführend: Merkblatt 300/M 4 des PSVaG, das unter www.psvag.de zur Verfügung steht.
102 Zur Behandlung der technischen Rentner beim Betriebsübergang vgl. § 7 Rn. 7.

Umfang des Versicherungsschutzes § 7

▶ **Beispiel:**

Betriebsveräußerer wird nach dem Betriebsübergang insolvent

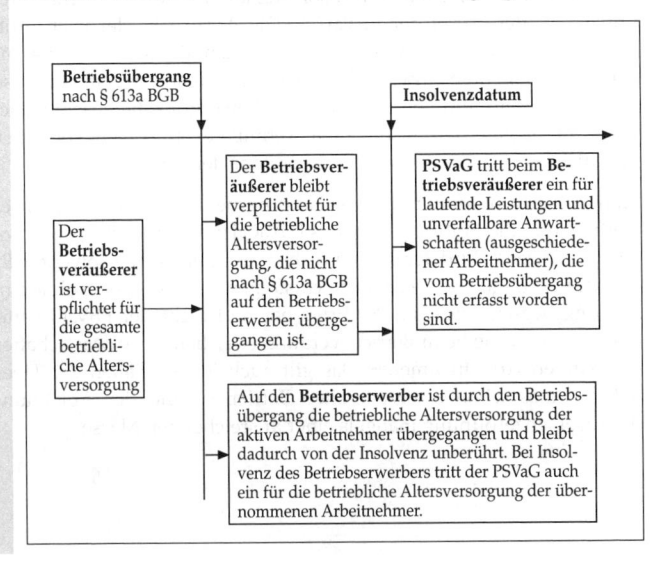

```
Betriebsübergang
nach § 613a BGB                    Insolvenzdatum
```

Der Betriebsveräußerer ist verpflichtet für die gesamte betriebliche Altersversorgung	Der Betriebsveräußerer bleibt verpflichtet für die betriebliche Altersversorgung, die nicht nach § 613a BGB auf den Betriebserwerber übergegangen ist.	PSVaG tritt beim Betriebsveräußerer ein für laufende Leistungen und unverfallbare Anwartschaften (ausgeschiedener Arbeitnehmer), die vom Betriebsübergang nicht erfasst worden sind.
	Auf den **Betriebserwerber** ist durch den Betriebsübergang die betriebliche Altersversorgung der aktiven Arbeitnehmer übergegangen und bleibt dadurch von der Insolvenz unberührt. Bei Insolvenz des Betriebserwerbers tritt der PSVaG auch ein für die betriebliche Altersversorgung der übernommenen Arbeitnehmer.	

Wird der **Betriebserwerber insolvent**, tritt der PSVaG nur für die nach 73
§ 613a BGB übergegangenen Ansprüche nach den gesetzlichen Vorschriften ein.

Wird der **Betriebsveräußerer insolvent**, bezieht sich die Eintrittspflicht 74
des PSVaG nur auf die laufenden Leistungen und die unverfallbaren Anwartschaften, die vom Betriebsübergang nicht erfasst worden sind.

Wird der **Betrieb** jedoch **im Rahmen eines Insolvenzverfahrens veräußert**, ist § 613a BGB nicht anwendbar, soweit diese Vorschrift die 75
Haftung des Betriebserwerbers für schon entstandene Ansprüche der aktiven Arbeitnehmer vorsieht. Insoweit haben die Verteilungsgrundsätze des Insolvenzverfahrens Vorrang.[103] Das bedeutet für die betriebliche Altersversorgung, dass der Erwerber zwar in die Versorgungsanwartschaften der begünstigten aktiven Arbeitnehmer eintritt,

---

103 Die unter Geltung der Konkursordnung entwickelten Grundsätze zur Modifizierung einer Haftung nach § 613a BGB sind auch im Rahmen der Insolvenzordnung anzuwenden. BAG 20.6.2002, 8 AZR 459/01, EzA § 613a BGB Nr. 211, DB 2003, 100.

dass er aber im Versorgungsfall nur die nach Eröffnung des Insolvenzverfahrens[104] erdiente Versorgungsleistung schuldet. Für die beim insolventen Veräußerer bis zum Insolvenzfall erdienten unverfallbaren Anwartschaften haftet der **PSVaG**[105]. Die Ansprüche der nach Eröffnung des Insolvenzverfahrens und vor dem Betriebsübergang mit einer unverfallbaren Anwartschaft ausgeschiedenen Arbeitnehmer sowie die im Zeitraum neu eingetretenen Versorgungsfälle richten sich weiterhin gegen den insolventen Veräußerer (Insolvenzverwalter) und nicht gegen den Betriebserwerber oder den PSVaG.

75a Maßgeblicher Zeitpunkt für diese Haftungsbegrenzung des Betriebserwerbers und die Eintrittspflicht des PSVaG ist die Eröffnung des Insolvenzverfahrens. Wird der Betrieb vorher auf einen nicht insolventen Erwerber übertragen, so treten die Rechtsfolgen des § 613a BGB ohne eine Haftungsbegrenzung ein. Der Erwerber und nicht der PSVaG haftet dann auch für die beim Betriebsveräußerer erdienten Anwartschaften der aktiven Arbeitnehmer.[106] Das gilt auch in den Fällen der Übernahme eines schon insolvenzreifen Betriebs[107] und der Ablehnung der Insolvenzeröffnung mangels einer ausreichenden Masse.[108]

---

104 BAG 19.5.2005, 3 AZR 649/03, EzA § 613a BGB Nr. 33.
105 BAG 19.5.2005, 3 AZR 649/03, EzA § 613a BGB Nr. 33; 23.7.1991, 3 AZR 366/90, EzA § 613a BGB Nr. 94, DB 1992, 96.
106 BAG 23.7.1991, 3 AZR 366/90, EzA § 613a BGB Nr. 94, DB 1992, 96.
107 BAG 15.11.1978, 3 AZR 199/77, EzA § 613a BGB Nr. 21.
108 BAG 20.11.1984, 3 AZR 584/83, EzA § 613a BGB Nr. 41, DB 1985, 1135.

▶ **Beispiel:**

Betriebsveräußerer wird vor dem Betriebsübergang insolvent

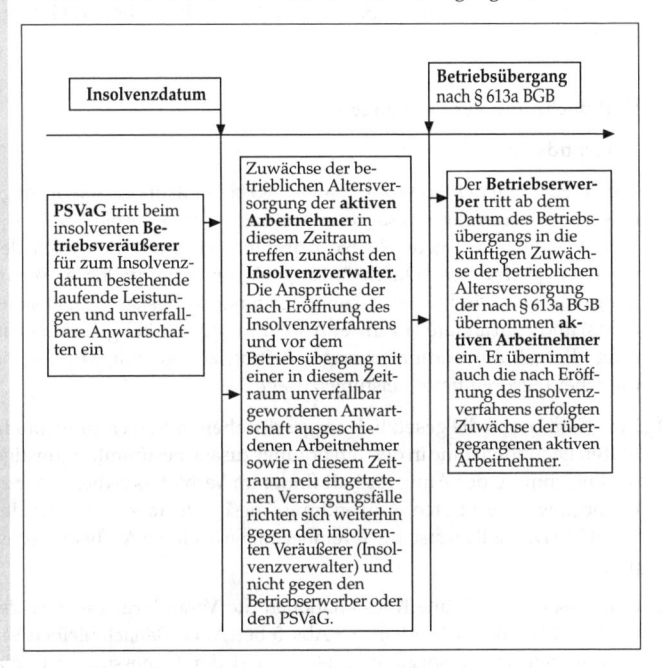

Insolvenzdatum		Betriebsübergang nach § 613a BGB
PSVaG tritt beim insolventen **Betriebsveräußerer** für zum Insolvenzdatum bestehende laufende Leistungen und unverfallbare Anwartschaften ein	Zuwächse der betrieblichen Altersversorgung der **aktiven Arbeitnehmer** in diesem Zeitraum treffen zunächst den **Insolvenzverwalter.** Die Ansprüche der nach Eröffnung des Insolvenzverfahrens und vor dem Betriebsübergang mit einer in diesem Zeitraum unverfallbar gewordenen Anwartschaft ausgeschiedenen Arbeitnehmer sowie in diesem Zeitraum neu eingetretenen Versorgungsfälle richten sich weiterhin gegen den insolventen Veräußerer (Insolvenzverwalter) und nicht gegen den Betriebserwerber oder den PSVaG.	Der **Betriebserwerber** tritt ab dem Datum des Betriebsübergangs in die künftigen Zuwächse der betrieblichen Altersversorgung der nach § 613a BGB übernommenen **aktiven Arbeitnehmer** ein. Er übernimmt auch die nach Eröffnung des Insolvenzverfahrens erfolgten Zuwächse der übergegangenen aktiven Arbeitnehmer.

III. Erfasste Durchführungswege

Insolvenzschutz besteht nach § 7 Abs. 2 S. 1 i.V.m. Abs. 1 BetrAVG bei den Durchführungswegen der betrieblichen Altersversorgung, bei denen im Fall der Insolvenz des Arbeitgebers die Erfüllung der Ansprüche der Versorgungsberechtigten gefährdet ist.[109]

---

[109] Vgl. Rn. 19 f.; Zur Abwicklung von Anwartschaften aufgrund Entgeltumwandlungszusagen über eine rückgedeckte Gruppenunterstützungskasse nach Eintritt der Insolvenz des Arbeitgebers, *Berenz* BetrAV 2006, 514.

IV. Sicherungsfall

77 Die eine Eintrittspflicht des PSVaG auslösenden Sicherungsfälle sind abschließend in § 7 Abs. 1 S. 1 und S. 4 Nr. 1 bis 3 BetrAVG aufgeführt.[110]

V. Berechnung der Leistungen

1. Grundsatz

78 Die Berechnung der Höhe der vom PSVaG bei Eintritt des Versorgungsfalls zu erbringenden Versorgungsleistung ist in § 7 Abs. 2 S. 3 bis 5 BetrAVG detailliert geregelt. Sie **differenziert** zum einen nach den insolvenzgeschützten **Durchführungswegen** (unmittelbare Versorgungszusage, Direktversicherung, Unterstützungskasse, Pensionsfonds) und zum anderen nach der **Art der Zusage** (Arbeitgeberfinanzierung, Entgeltumwandlungszusage, Beitragszusage mit Mindestleistung, beitragsorientierte Leistungszusage).

79 Der PSVaG ist an die **gesetzlich vorgeschriebenen Berechnungsmodalitäten** gebunden. Eine in der Versorgungszusage bestimmte »günstigere« Berechnung der Anwartschaft findet im Verhältnis Arbeitgeber zu Versorgungsberechtigten Anwendung, diese gilt aber nicht für den PSVaG.[111] Dies gilt ebenso für Vereinbarungen in einem Aufhebungsvertrag.[112]

80 Gemeinsam gilt für alle Konstellationen die **Veränderungssperre** des § 7 Abs. 2 S. 3 BetrAVG i.V.m. § 2 Abs. 5 BetrAVG. Danach bleiben Veränderungen der Versorgungsregelung und der Bemessungsgrundlagen für die Leistung der betrieblichen Altersversorgung außer Betracht, soweit sie nach Eintritt des Sicherungsfalls eintreten; dies gilt auch für die Bemessungsgrundlagen anderer Versorgungsbezüge, die bei der Berechnung der Leistung der betrieblichen Altersversorgung zu berücksichtigen sind.[113]

81 Hat der Arbeitgeber die Versorgungsordnung unter Beachtung der rechtlichen Möglichkeiten[114] geändert, so richtet sich auch die Eintritts-

---

110 Vgl. Rn. 21–42.
111 BAG 17.6.2003, 3 AZR 462/02, EzA § 2 BetrAVG Nr. 20; 12.3.1991, 3 AZR 63/90, EzA § 7 BetrAVG Nr. 41, DB 1991, 2552; *Blomeyer/Rolfs/Otto* Rn. 219 zu § 7; *Höfer* BetrAVG, Rn. 4465 zu § 7; vgl. § 2 Rn. 18.
112 BAG 9.11.1999, 3 AZR 361/98, EzA § 7 BetrAVG Nr. 62, DB 2001, 932.
113 BAG 22.11.1994, 3 AZR 767/93, EzA § 7 BetrAVG Nr. 50, DB 1995, 582; vgl. § 2 Rn. 150–154.
114 Zu den Eingriffsmöglichkeiten vgl. § 1 Rn. 210–315.

pflicht des PSVaG danach. Dies gilt auch für Einschränkungen der Leistungshöhe.

Die vertragliche Anrechnung von **Vordienstzeiten** kann sich auf die Höhe der insolvenzgeschützten Leistungen und deren Berechnung auswirken.[115]

82

Ebenso kann sich die Anrechnung von **Nachdienstzeiten** unter bestimmten Bedingungen auf die Höhe der insolvenzgeschützten Leistungen auswirken.[116] Dies gilt zumindest dann, wenn der Arbeitnehmer vorzeitig aus dem Arbeitsverhältnis ausscheidet, um mit Vollendung des 60. Lebensjahres die vorgezogene Altersrente in der gesetzlichen Rentenversicherung in Anspruch nehmen zu können, und der Arbeitgeber die Zeit vom vorzeitigen Ausscheiden bis zur Vollendung des 60. Lebensjahres als versorgungssteigernde Dienstzeit anerkennt.[117]

83

Ebenso wirkt sich ein **Wechsel von Arbeitnehmer- zum Unternehmer-Status** auf die Höhe der Anwartschaft aus, da als Ausgangsbasis der weiteren Berechnung der Anwartschaft nur Betriebszugehörigkeitszeiten zählen, die als Arbeitnehmer zurückgelegt worden sind, nicht jedoch Zeiten eigener unternehmerischer Tätigkeit.[118]

84

Eine vertraglich versprochene Anpassung der Rentenanwartschaft nach **variablen** Bezugsgrößen (**Dynamik**), die bei einem **Rentenempfänger** zum Zeitpunkt des Eintritts des Sicherungsfalls insolvenzgesichert ist,[119] ist bei einem Versorgungsberechtigten mit einer **unverfallbaren Anwartschaft** nicht insolvenzgesichert. Sein Anspruch richtet sich gem. § 7 Abs. 2 S. 3 nach § 2 Abs. 1, Abs. 2 und Abs. 5 BetrAVG. Damit sind Veränderungen der Bemessungsgrundlagen für die Berechnung des Betriebsrentenanspruchs, die nach dem Insolvenzfall eintreten, für die Berechnung des Anspruchs gegen den PSVaG unerheblich. Die Veränderungssperre des § 2 Abs. 5 BetrAVG wirkt im Rahmen des Insolvenzschutzes nach § 7 Abs. 2 BetrAVG nicht nur bis zum Eintritt des Versorgungsfalls. Auch Veränderungen der Bemessungsgrundlagen nach Eintritt des Versorgungsfalls sind für die Berechnung des Teilanspruchs gegenüber dem PSVaG unbeachtlich.[120] **Anders** ist dies bei einer Anpassung aufgrund einer **fixen Bezugsgröße** (z.B. 1 % p.a.).

85

---

115 Vgl. § 1 b Rn. 104–107, § 11 Rn. 20–22.
116 Sofern nicht einer der Fälle des Versicherungsmissbrauchs i.S.d. § 7 Abs. 5 BetrAVG vorliegt.
117 BAG 10.3.1992, 3 AZR 140/91, EzA § 7 BetrAVG Nr. 43, DB 1992, 2251.
118 Vgl. § 11 Rn. 23.
119 Vgl. Rn. 43–52 b.
120 BAG 22.11.1994, 3 AZR 767/93, EzA § 7 BetrAVG Nr. 50, DB 1995, 582.

Diese Anpassung wird bei unverfallbaren Anwartschaften nach Eintritt des Versorgungsfalls vom PSVaG bei seinen Leistungen berücksichtigt.

86 Eine Besonderheit gilt bei der Berechnung der unverfallbaren Anwartschaft, wenn die Versorgungszusage aufgrund einer einschränkenden Neuordnung vor Eintritt des Sicherungsfalls verschlechtert worden ist. Der zum Umstellungszeitpunkt **erdiente Besitzstand** ist vom PSVaG zu sichern und darf nicht unterschritten werden. Dies ist eine Ausnahme von den Berechnungsgrundsätzen des § 7 Abs. 2 S. 3 BetrAVG, eine zeitratierliche Kürzung nach § 2 Abs. 1 BetrAVG erfolgt insoweit nicht.[121]

87 Soweit der Arbeitnehmer vor Eintritt des Sicherungsfalls mit einer unverfallbaren Anwartschaft ausgeschieden ist und nach Insolvenz vorzeitige Altersleistung nach § 6 BetrAVG geltend macht, ist Ausgangsbasis der Berechnung der Leistungshöhe § 2 Abs. 1 BetrAVG.[122]

88 Ansprüche des Versorgungsberechtigten auf eine Erstattung von **Zinsen oder Kosten** gegenüber dem PSVaG bestehen nicht. Das BetrAVG sieht eine Kostenerstattung nicht vor.[123] Unberührt davon bleibt die gesetzliche Verpflichtung zur Erstattung von Prozesskosten bei Rechtsstreitigkeiten mit dem PSVaG.

2. Arbeitgeberfinanzierte Leistungszusage

89 Arbeitgeberfinanzierte Leistungszusagen können über alle insolvenzgeschützten Durchführungswege (unmittelbare Versorgungszusage, Direktversicherung, Unterstützungskasse, Pensionsfonds) erteilt werden (§§ 7 Abs. 2, 1 Abs. 1, 1b Abs. 2 bis 4 BetrAVG).

a) Unmittelbare Versorgungszusage

90 Es wird eine **ratierliche Berechnung** entsprechend dem Verhältnis der tatsächlich erreichten zu der bis zur Vollendung des 65. Lebensjahres (ab 2008 wird die Regelaltersgrenze in der gesetzlichen Rentenversicherung stufenweise auf die Vollendung des 67. Lebensjahres angehoben) oder einem früheren nach der Versorgungsordnung bestimmten Endalter erreichbaren Betriebszugehörigkeit vorgenommen (§ 7 Abs. 2 S. 3

---

121 BAG 21.3.2000, 3 AZR 93/99, EzA § 6 BetrAVG Nr. 21, DB 2001, 206; 22.9.1987, 3 AZR 662/85, EzA § 1 BetrAVG Ablösung Nr. 1, DB 1988, 291.
122 Vgl. ausführlich dazu *Berenz* DB 2001, 2346; s.a. § 2 Rn. 47–49.
123 *Blomeyer/Rolfs/Otto* Rn. 197 zu § 7.

BetrAVG i.V.m. § 2 Abs. 1 BetrAVG).[124] Für die Berechnung der Höhe des Anspruchs wird die Betriebszugehörigkeit bis zum Eintritt des Sicherungsfalles berücksichtigt (§ 7 Abs. 2 S. 4 BetrAVG); bei Austritt aus dem Betrieb mit einer unverfallbaren Anwartschaft vor Eintritt des Sicherungsfalls wird die Betriebszugehörigkeit bis zum Betriebsaustritt herangezogen.

b) Direktversicherung

Die Höhe des Anspruchs richtet sich nach § 7 Abs. 2 S. 3 BetrAVG i.V.m. § 2 Abs. 2 S. 2 BetrAVG. Danach tritt an die Stelle der ratierlichen Berechnung nach § 2 Abs. 1 BetrAVG die von dem Versicherer auf Grund des Versicherungsvertrages zu erbringende Versicherungsleistung (sog. **versicherungsvertragliche Lösung**).[125] Der PSVaG stellt danach die Leistungen aus den bis zur Insolvenz gezahlten Beiträgen sicher, die der Versicherer aufgrund des Versicherungsvertrages zu erbringen hätte, wenn der Sicherungsfall nicht eingetreten wäre. Seine Einstandspflicht beschränkt sich auf den Ausgleich des Fehlbetrags der Direktversicherung.[126] Für die Berechnung der Höhe des Anspruchs wird die Betriebszugehörigkeit bis zum Eintritt des Sicherungsfalles berücksichtigt (§ 7 Abs. 2 S. 4 BetrAVG); bei Austritt aus dem Betrieb mit einer unverfallbaren Anwartschaft vor Eintritt des Sicherungsfalls wird die Betriebszugehörigkeit bis zum Betriebsaustritt herangezogen. 91

Der PSVaG hat nach § 8 Abs. 2 S. 3 BetrAVG die Möglichkeit, beschädigte Direktversicherungen durch eine Abfindungszahlung zu »heilen«.[127] 92

c) Unterstützungskasse

Die Höhe der Versorgung richtet sich nach dem Teil der nach der Versorgungsregelung vorgesehenen Versorgung, der dem Verhältnis der Dauer der Betriebszugehörigkeit zu der Zeit vom Beginn der Betriebszugehörigkeit bis zum Erreichen der in der Versorgungsregelung vorgesehenen festen Altersgrenze entspricht (§ 7 Abs. 2 S. 3 BetrAVG). Es findet demnach die **ratierliche Berechnung** wie bei arbeitgeberfinanzierten unmittelbaren Versorgungszusagen Anwendung.[128] Für die Berech- 93

---

124 Vgl. i.E. § 2 Rn. 58–68, 83–92.
125 Vgl. zur versicherungsvertraglichen Lösung § 2 Rn. 111–134 b.
126 *Blomeyer/Rolfs/Otto* Rn. 227 zu § 7; *Höfer* BetrAVG, Rn. 4478 zu § 7; *Paulsdorff* Rn. 377 ff. zu § 7.
127 Vgl. § 8 Rn. 25–28.
128 Vgl. Rn. 90.

nung der Höhe des Anspruchs wird die Betriebszugehörigkeit bis zum Eintritt des Sicherungsfalls berücksichtigt (§ 7 Abs. 2 S. 4 BetrAVG); bei Austritt aus dem Betrieb mit einer unverfallbaren Anwartschaft vor Eintritt des Sicherungsfalls wird die Betriebszugehörigkeit bis zum Betriebsaustritt herangezogen.

d) Pensionsfonds

94 **Es wird eine ratierliche Berechnung** wie bei unmittelbaren Versorgungszusagen vorgenommen (§ 7 Abs. 2 S. 5 und S. 3 BetrAVG i.V.m. § 2 Abs. 1 BetrAVG).[129] Für die Berechnung der Höhe des Anspruchs wird die Betriebszugehörigkeit bis zum Eintritt des Sicherungsfalls berücksichtigt (§ 7 Abs. 2 S. 5 i.V.m. S. 3 und S. 4 BetrAVG); bei Austritt aus dem Betrieb mit einer unverfallbaren Anwartschaft vor Eintritt des Sicherungsfalls wird die Betriebszugehörigkeit bis zum Betriebsaustritt herangezogen.

3. Leistungszusage aus Entgeltumwandlung

95 Eine Leistungszusage aufgrund Entgeltumwandlung kann über alle insolvenzgeschützten Durchführungswege (unmittelbare Versorgungszusage, Direktversicherung, Unterstützungskasse, Pensionsfonds) erteilt werden (§ 7 Abs. 2 i.V.m. § 1 Abs. 2 Nr. 3 BetrAVG).[130]

a) Unmittelbare Versorgungszusagen

96 Bei der Berechnung der unverfallbaren Anwartschaft ist zu differenzieren zwischen Entgeltumwandlungszusagen vor und ab 2001.

97 Bei einer **Entgeltumwandlungszusage vor 2001** gilt die ratierliche Berechnung nach § 2 Abs. 1 BetrAVG wie bei arbeitgeberfinanzierten unmittelbaren Versorgungszusagen (§ 7 Abs. 2 S. 3 i.V.m. § 30 g S. 1 BetrAVG).[131]

98 Für **Entgeltumwandlungszusagen ab 2001** gilt § 7 Abs. 2 S. 3 BetrAVG i.V.m. § 2 Abs. 5 a BetrAVG (§ 30 g Abs. 1 S. 1 BetrAVG). Danach bemisst sich die Anwartschaft aus der vom Zeitpunkt der Zusage auf betriebliche Altersversorgung bis zum Eintritt des Sicherungsfalls erreichten Anwartschaft auf Leistungen aus den bis dahin umgewandelten Ent-

---

129 Vgl. Rn. 90.
130 Vgl. § 1 Rn. 396–446 b.
131 Vgl. Rn. 90.

geltbestandteilen.[132] Für die Berechnung der Höhe des Anspruchs wird die Betriebszugehörigkeit bis zum Eintritt des Sicherungsfalls berücksichtigt (§ 7 Abs. 2 S. 4 BetrAVG); bei Austritt aus dem Betrieb mit einer unverfallbaren Anwartschaft vor Eintritt des Sicherungsfalls wird die Betriebszugehörigkeit bis zum Betriebsaustritt herangezogen. Im Einvernehmen zwischen Arbeitgeber und Arbeitnehmer kann diese Anwartschaftsberechnung auch für vor 2001 erteilte Entgeltumwandlungszusagen angewendet werden (§ 30 g Abs. 1 S. 2 BetrAVG). Dies gilt dann auch für den Insolvenzschutz.

b) Direktversicherung

Die Berechnung der insolvenzgeschützten Leistung einer Leistungszusage aufgrund einer **vor 2001 erteilten Entgeltumwandlungszusage** erfolgt entsprechend der Berechnung bei einer arbeitgeberfinanzierten Direktversicherung (§ 7 Abs. 2 S. 3 i.V.m. § 2 Abs. 2 S. 2 i.V.m. § 30 g Abs. 1 S. 1 BetrAVG).[133] 99

Für **Entgeltumwandlungszusagen ab 2001** gilt § 7 Abs. 2 S. 3 BetrAVG i.V.m. § 2 Abs. 5 a BetrAVG (§ 30 g Abs. 1 S. 1 BetrAVG). Danach bemisst sich die Anwartschaft aus der vom Zeitpunkt der Zusage auf betriebliche Altersversorgung bis zum Eintritt des Sicherungsfalls erreichten Anwartschaft auf Leistungen aus den bis dahin umgewandelten Entgeltbestandteilen. Für die Berechnung der Höhe des Anspruchs wird die Betriebszugehörigkeit bis zum Eintritt des Sicherungsfalls berücksichtigt (§ 7 Abs. 2 S. 4 BetrAVG); bei Austritt aus dem Betrieb mit einer unverfallbaren Anwartschaft vor Eintritt des Sicherungsfalls wird die Betriebszugehörigkeit bis zum Betriebsaustritt herangezogen. Diese Anwartschaftsberechnung kann im Einvernehmen zwischen Arbeitgeber und Arbeitnehmer auch für vor 2001 erteilte Entgeltumwandlungszusagen angewendet werden (§ 30 g Abs. 1 S. 2 BetrAVG). Dies gilt dann auch für den Insolvenzschutz. 100

c) Unterstützungskasse

Die Berechnung erfolgt für **Entgeltumwandlungszusagen vor 2001** wie bei einer arbeitgeberfinanzierten Zusage (§§ 7 Abs. 2 S. 3, 2 Abs. 5 a, 30 g S. 1 BetrAVG).[134] 101

---

132 Vgl. i.E. § 2 Rn. 12, 162–168.
133 Vgl. Rn. 91 f.
134 Vgl. Rn. 93.

102 Für **Entgeltumwandlungszusagen ab 2001** gilt § 7 Abs. 2 S. 3 BetrAVG i.V.m. § 2 Abs. 5 a BetrAVG (§ 30 g Abs. 1 S. 1 BetrAVG). Danach bemisst sich die Anwartschaft aus der vom Zeitpunkt der Zusage auf betriebliche Altersversorgung bis zum Eintritt des Sicherungsfalls erreichten Anwartschaft auf Leistungen aus den bis dahin umgewandelten Entgeltbestandteilen.[135] Für die Berechnung der Höhe des Anspruchs wird die Betriebszugehörigkeit bis zum Eintritt des Sicherungsfalls berücksichtigt (§ 7 Abs. 2 S. 4 BetrAVG); bei Austritt aus dem Betrieb mit einer unverfallbaren Anwartschaft vor Eintritt des Sicherungsfalls wird die Betriebszugehörigkeit bis zum Betriebsaustritt herangezogen. Diese Anwartschaftsberechnung kann im Einvernehmen zwischen Arbeitgeber und Arbeitnehmer auch für vor 2001 erteilte Entgeltumwandlungszusagen angewendet werden (§ 30 g Abs. 1 S. 2 BetrAVG). Dies gilt dann auch für den Insolvenzschutz.

d) Pensionsfonds

103 Die Berechnung erfolgt **ausschließlich nach § 2 Abs. 5 a BetrAVG** (vgl. § 7 Abs. 2 S. 3 BetrAVG). Danach bemisst sich die Anwartschaft aus der vom Zeitpunkt der Zusage auf betriebliche Altersversorgung bis zum Eintritt des Sicherungsfalls erreichten Anwartschaft auf Leistungen aus den bis dahin umgewandelten Entgeltbestandteilen. Für die Berechnung der Höhe des Anspruchs wird die Betriebszugehörigkeit bis zum Eintritt des Sicherungsfalls berücksichtigt (§ 7 Abs. 2 S. 4 BetrAVG); bei Austritt aus dem Betrieb mit einer unverfallbaren Anwartschaft vor Eintritt des Sicherungsfalls wird die Betriebszugehörigkeit bis zum Betriebsaustritt herangezogen. Entgeltumwandlungszusagen über Pensionsfonds sind erst ab 2002 möglich, da der Durchführungsweg über Pensionsfonds erst ab 2002 zur Verfügung steht.

4. Beitragsorientierte Leistungszusagen

104 Beitragsorientierte Leistungszusagen können über alle insolvenzgeschützten Durchführungswege (unmittelbare Versorgungszusage, Direktversicherung, Unterstützungskasse, Pensionsfonds) und sowohl arbeitgeberfinanziert als auch aufgrund Entgeltumwandlung erteilt werden (§§ 7 Abs. 2, 1 Abs. 2 Nr. 1 BetrAVG).[136]

---

135 Zur Abwicklung von Entgeltumwandlungszusagen bei rückgedeckter Gruppenunterstützungskasse vgl. Merkblatt 110/M 8 des PSVaG, das im Internet unter www.psvag.de zur Verfügung steht.
136 Vgl. i.E. § 1 Rn. 379–386.

Bei der Berechnung der insolvenzgeschützten Anwartschaft ist zu **dif- 105 ferenzieren nach Zusagen ab 2001 und vor 2001** wie bei der Berechnung einer Leistungszusage aus Entgeltumwandlung.[137]

5. Beitragszusage mit Mindestleistung

Beitragszusagen mit Mindestleistung können über zwei insolvenzge- 106 schützte Durchführungswege (Direktversicherung, Pensionsfonds) und sowohl arbeitgeberfinanziert als auch aufgrund Entgeltumwandlung erteilt werden (§§ 7 Abs. 2, 1 Abs. 2 Nr. 2 BetrAVG).[138] Für die gesetzliche Insolvenzsicherung relevant ist in der Praxis nur der ab 2002 zur Verfügung stehende Durchführungsweg über **Pensionsfonds**, Direktversicherungen sind nur in wenigen Fällen insolvenzsicherungspflichtig.[139]

Die Berechnung der Höhe der insolvenzgeschützten Anwartschaft er- 107 folgt nach § 2 Abs. 5 b BetrAVG, auf den § 7 Abs. 2 S. 5 BetrAVG Bezug nimmt. Danach richtet sich die Anwartschaft nach dem planmäßig zuzurechnenden Versorgungskapital auf der Grundlage der bis zum Eintritt des Sicherungsfalls geleisteten Beiträge, mindestens die Summe der bis dahin zugesagten Beiträge, soweit sie nicht rechnungsmäßig für einen biometrischen Risikoausgleich verbraucht wurden (Mindestkapital).[140] Darüber hinausgehende »Erträge« sichert der PSVaG nicht, da der Arbeitgeber insoweit nicht haftet (§ 1 Abs. 2 Nr. 2 BetrAVG).[141] Für die Berechnung der Höhe des Anspruchs wird die Betriebszugehörigkeit bis zum Eintritt des Sicherungsfalls berücksichtigt; bei Austritt aus dem Betrieb mit einer unverfallbaren Anwartschaft vor Eintritt des Sicherungsfalls wird die Betriebszugehörigkeit bis zum Betriebsaustritt herangezogen.

---

137 Vgl. Rn. 95–103.
138 Vgl. i.E. § 1 Rn. 387–395.
139 Vgl. Rn. 19 f.
140 Vgl. Merkblatt 300/M 14 des PSVaG, das im Internet unter www.psvag.de zur Verfügung steht. Zur Möglichkeit des Pensionsfonds, nach Insolvenz des Trägerunternehmens künftig selbst die Leistungen zu erbringen vgl. § 8 Abs. 1a BetrAVG.
141 *Höfer* BetrAVG Rn. 4498 zu § 7.

108

Berechnung der Höhe der unverfallbaren Anwartschaft durch den PSVaG

	arbeitgeberfinanzierte Zusage	Leistungszusage — Entgeltumwandlungszusagen und beitragsorientierte Leistungszusage (arbeitgeberfinanziert und Entgeltumwandlung)		Beitragszusage mit Mindestleistung (ab 2002) arbeitgeberfinanzierte Zusage und Entgeltumwandlung
		Zusage vor 2001	Zusage ab 2001	
unmittelbare Versorgungszusage	**Ratierliche Berechnung** nach § 2 Abs. 1 BetrAVG (Verhältnis der tatsächlichen Dauer der Betriebszugehörigkeit bis zum Eintritt des Sicherungsfalls oder dem vorherigen Ausscheiden aus dem Betrieb zu der nach der Versorgungsordnung und der dort bestimmten festen Altersgrenze erreichbaren Betriebszugehörigkeit).	Wie bei einer arbeitgeberfinanzierten unmittelbaren Leistungszusage.	**Tatsächlich erreichte Anwartschaft** nach § 2 Abs. 5 a BetrAVG (vom Zeitpunkt der Zusage bis zum Eintritt des Sicherungsfalls oder dem vorherigen Ausscheiden aus dem Betrieb erreichte Anwartschaft auf Leistungen aus den bis dahin umgewandelten Entgeltbestandteilen).	Durchführungsweg nicht vorgesehen.
Direktversicherung	**Versicherungsvertragliche Lösung** nach § 2 Abs. 2 Satz 2 BetrAVG (vom Versicherer auf Grund des Versicherungsvertrages zu erbringende Versicherungsleistung).	Wie bei einer arbeitgeberfinanzierten Leistungszusage über eine Direktversicherung.	Wie bei einer unmittelbaren Versorgungszusage ab 2001.	**Mindestleistungsrente** nach § 2 Abs. 5 b BetrAVG (Summe der bis zum Sicherungsfall oder dem vorherigen Ausscheiden aus dem Betrieb zugesagten Beiträge, soweit sie nicht rechnungsmäßig für einen biometrischen Risikoausgleich verbraucht wurden), sofern der Arbeitgeber keine weitergehende Zusage erteilt hat.

Umfang des Versicherungsschutzes § 7

	arbeitgeberfinanzierte Zusage	Leistungszusage Entgeltumwandlungszusagen und beitragsorientierte Leistungszusage (arbeitgeberfinanziert und Entgeltumwandlung)		Beitragszusage mit Mindestleistung (ab 2002) arbeitgeberfinanzierte Zusage und Entgeltumwandlung
		Zusage vor 2001	Zusage ab 2001	
Unterstützungskasse	**Ratierliche Berechnung** nach § 7 Abs. 2 Satz 3 BetrAVG (Verhältnis der tatsächlichen Dauer der Betriebszugehörigkeit bis zum Eintritt des Sicherungsfalls oder dem vorherigen Ausscheiden aus dem Betrieb zu der nach der Versorgungsordnung und der dort bestimmten festen Altersgrenze erreichbaren Betriebszugehörigkeit).	Wie bei einer arbeitgeberfinanzierten Leistungszusage über eine Unterstützungskasse.	Wie bei einer unmittelbaren Versorgungszusage ab 2001.	Durchführungsweg nicht vorgesehen.
Pensionsfonds	**Ratierliche Berechnung** nach § 2 Abs. 1 BetrAVG (Verhältnis der tatsächlichen Dauer der Betriebszugehörigkeit bis zum Eintritt des Sicherungsfalls oder dem vorherigen Ausscheiden aus dem Betrieb zu der nach der Versorgungsordnung und der dort bestimmten festen Altersgrenze erreichbaren Betriebszugehörigkeit).	Durchführungsweg vor 2002 nicht vorgesehen.	Die Berechnung der Anwartschaft erfolgt wie bei einer unmittelbaren Versorgungszusage ab 2001. Der Durchführungsweg Pensionsfonds steht erst ab 2002 zur Verfügung.	Wie bei Beitragszusage mit Mindestleistung über Direktversicherungen.

VI. Beginn und Ende der Leistungen

109 Der Beginn der Leistungen des PSVaG bei einer insolvenzgesicherten unverfallbaren Anwartschaft ist orientiert am **Eintritt des Versorgungsfalls** beim Anwärter. Teilt der Versorgungsberechtigte diesen dem PSVaG nicht binnen einen Jahres mit, droht unter Umständen die Verjährung von einzelnen Monatsraten.[142] Das Ende der Leistungen richtet sich nach § 7 Abs. 1 a BetrAVG.[143]

VII. Rechtsweg

110 Der Rechtsweg für Klagen der Anwärter oder ihrer Hinterbliebenen gegen den PSVaG entspricht dem Rechtsweg bei Klagen von Versorgungsempfängern gegen den PSVaG.[144]

D. Höchstgrenzen der insolvenzgeschützten Leistungen (§ 7 Abs. 3 BetrAVG)

I. Allgemeines

111 Durch das Rentenreformgesetz 1999[145] wurde die Höchstgrenze der monatlichen Leistungen der gesetzlichen Insolvenzsicherung vom Dreifachen der Beitragsbemessungsgrenze in der Rentenversicherung der Arbeiter und Angestellten auf das Dreifache der Bezugsgröße gem. § 18 SGB IV – im Ergebnis ungefähr auf die Hälfte – reduziert. Gleichzeitig wurde Satz 3 des § 7 Abs. 3 BetrAVG neu eingefügt mit einer speziellen Höchstgrenze für Entgeltumwandlungszusagen.[146] Diese spezielle Höchstgrenze wurde durch das Altersvermögensgesetz[147] für ab 2002 erteilte Entgeltumwandlungszusagen bis 4 % der Beitragsbemessungsgrenze in der Rentenversicherung der Arbeiter und

---

142 Vgl. § 9 Rn. 4.
143 Vgl. Rn. 53–56.
144 Vgl. Rn. 59 f.
145 Gesetz zur Reform der gesetzlichen Rentenversicherung (Rentenreformgesetz 1999 – RRG 1999) v. 16.12.1997 BGBl. I S. 2998, 3025.
146 § 7 Abs. 3 S. 3 BetrAVG lautete: Im Falle einer Entgeltumwandlung (§ 1 Abs. 2) treten anstelle der Höchstgrenzen drei Zehntel der monatlichen Bezugsgröße gem. § 18 des Vierten Buches Sozialgesetzbuch, wenn nicht eine nach Barwert oder Deckungskapital mindestens gleichwertige, vom Arbeitgeber finanzierte betriebliche Altersversorgung besteht.
147 Gesetz zur Reform der gesetzlichen Rentenversicherung und zur Förderung eines kapitalgedeckten Altersvorsorgevermögens (Altersvermögensgesetz – AVmG) v. 26.6.2001 BGBl. I S. 1983, 2010.

Angestellten weiter differenziert (§ 7 Abs. 3 S. 4 BetrAVG).[148] Durch das Hüttenknappschaftliche Zusatzversicherungs-Neuregelungs-Gesetz[149] wurden in § 7 Abs. 3 die Sätze 3 und 4 BetrAVG – die speziellen Regelungen der Höchstgrenzen bei Entgeltumwandlungszusagen – mit Wirkung ab 1.7.2002 gestrichen. Damit gilt **ab 1.7.2002 wieder eine einheitliche Höchstgrenze** der insolvenzgeschützten Leistungen für arbeitgeberfinanzierte Zusagen wie für Entgeltumwandlungszusagen.

II. Höchstgrenze

Die Leistungen der gesetzliche Insolvenzsicherung sind begrenzt auf das **Dreifache der im Zeitpunkt der ersten Fälligkeit maßgebenden monatlichen Bezugsgröße gem. § 18 des Vierten Buches Sozialgesetzbuch (§ 7 Abs. 3 S. 1 BetrAVG).**[150] 2008 beträgt die monatliche Höchstgrenze in den alten Ländern 7.455 € und in den neuen Ländern 6.300 €. 112

Die **Differenzierung** zwischen den **alten und neuen Ländern** ergibt sich u.a. aus dem Verweis in § 7 Abs. 3 S. 1 BetrAVG auf die monatliche Bezugsgröße gem. § 18 SGB IV.[151] Die monatliche Bezugsgröße für die alten Länder ergibt sich aus § 18 Abs. 1 SGB IV und die für die neuen Länder aus § 18 Abs. 2 SGB IV. 113

Die Höchstgrenze nach § 7 Abs. 3 S. 1 BetrAVG gilt für Leistungen der betrieblichen Altersversorgung des insolventen (früheren) Arbeitgebers. Dabei ist unbeachtlich, ob der Versorgungsbegünstigte aus einer oder mehreren Versorgungszusagen eines Arbeitgebers (arbeitgeberfinanziert oder Entgeltumwandlung) begünstigt ist. In der **Summe der unterschiedlichen Versorgungszusagen** eines Arbeitgebers besteht Insolvenzschutz **bis zur Höchstgrenze** (absolute Grenze des § 7 Abs. 3 S. 1 BetrAVG). Anders ist dies, wenn der Versorgungsberechtigte eine originäre Versorgungsleistung als Arbeitnehmer und zusätzlich eine abgeleitete Leistung (z.B. Hinterbliebenenleistung) vom selben Arbeitgeber erhält. In dieser Fallkonstellation wird die Grenze des § 7 Abs. 3 114

---

148 § 7 Abs. 3 S. 4 BetrAVG lautete: Satz 3 findet keine Anwendung auf die nach § 1 b Abs. 5 unverfallbaren Anwartschaften, soweit sie auf einer Entgeltumwandlung in Höhe der Beträge nach § 1 a Abs. 1 beruhen.
149 Gesetz zur Einführung einer kapitalgedeckten Hüttenknappschaftlichen Zusatzversicherung und zur Änderung anderer Gesetze (Hüttenknappschaftliches-Zusatzversicherungs-Neuregelungs-Gesetz-HZvNG) v. 21.6.2002 BGBl. I S. 2167, 2178.
150 Vgl. Merkblatt 300/M 13 des PSVaG, das im Internet unter www.psvag.de zur Verfügung steht.
151 *Höfer* BetrAVG, Rn. 4518 zu § 7; a.A. *Blomeyer/Rolfs/Otto* Rn. 256 zu § 7.

BetrAVG an der jeweiligen Leistung gemessen und nicht an der Höhe der addierten Leistungen.

115 Ein Versorgungsbegünstigter kann mehrere Ansprüche aus unterschiedlichen Insolvenzen gegenüber dem PSVaG erwerben, wenn er nacheinander bei unterschiedlichen Arbeitgebern tätig war und diese insolvent geworden sind. Hier gilt die Höchstgrenze nach § 7 Abs. 3 S. 1 BetrAVG jeweils auf einen Arbeitgeber bezogen.[152] Anknüpfungspunkt des § 7 BetrAVG ist der **Eintritt des Sicherungsfalles beim konkreten (früheren) Arbeitgeber** des Versorgungsbegünstigten.

116 Die **Höchstgrenze von Kapitalleistungen** ist durch eine Umrechnung auf Basis der monatlichen Höchstleistungen zu ermitteln. Dabei sind zehn vom Hundert der Kapitalleistung als Jahresbetrag einer laufenden Leistung anzusetzen (§ 7 Abs. 3 S. 2 BetrAVG). Daraus ergibt sich das **120fache** der maximalen monatlichen Leistung (2008 alte Länder: 7.455 € × 120 = 894.600 €, neue Länder: 6.300 € × 120 = 756.000 €).

117

Höchstgrenzen der insolvenzgeschützten Leistungen				
	Alte Länder		Neue Länder	
	mtl. Leistung	Kapitalleistung	mtl. Leistung	Kapitalleistung
1999	6.764,40 €	811.728,00 €	5.690,67 €	682.880,40 €
2000	6.871,77 €	824.612,40 €	5.583,30 €	669.996,00 €
2001	6.871,77 €	824.612,40 €	5.789,04 €	694.684,80 €
2002	7.035,00 €	844.200,00 €	5.880,00 €	705.600,00 €
2003	7.140,00 €	856.800,00 €	5.985,00 €	718.200,00 €
2004	7.245,00 €	869.400,00 €	6.090,00 €	730.800,00 €
2005	7.245,00 €	869.400,00 €	6.090,00 €	730.800,00 €
2006	7.350,00 €	882.000,00 €	6.195,00 €	743.400,00 €
2007	7.350,00 €	882.000,00 €	6.300,00 €	756.000,00 €
2008	7.455,00 €	894.600,00 €	6.300,00 €	756.000,00 €

---

152 A.A. *Langohr-Plato* Rn. 768.

III. Berechnungsstichtag

Das Datum für die Ermittlung der Höchstgrenze ist der **Zeitpunkt der ersten Fälligkeit** (§ 7 Abs. 3 S. 1 BetrAVG) und nicht das Datum, an dem der Anspruch entsteht. Der Anspruch entsteht mit dem Beginn des Kalendermonats, der auf den Eintritt des Sicherungsfalls folgt (§ 7 Abs. 1 a BetrAVG). Demgegenüber richtet sich die erstmalige Fälligkeit der Leistungen des PSVaG nach § 14 VVG (§ 7 Abs. 1 S. 3 BetrAVG). Geldleistungen sind danach mit Beendigung der zur Feststellung des Versicherungsfalls und des Umfangs der Leistungen des Versicherers nötigen Erhebungen fällig (§ 14 Abs. 1 VVG)[153], also dem Zeitpunkt der Erteilung des Leistungsbescheids durch den PSVaG gegenüber dem Versorgungsberechtigten. 118

Das bedeutet für die **Empfänger laufender Leistungen** zum Zeitpunkt des Eintritts des Sicherungsfalls, dass ein Anstieg der Bezugsgröße des § 18 SGB IV zwischen der Entstehung des Anspruchs und seiner ersten Fälligkeit dem Rentner zugute kommt.[154] Mit dem Eintritt der ersten Fälligkeit steht die monatliche Versorgungsleistung des PSVaG regelmäßig auch für die Zukunft fest, die Höchstgrenze greift nur bei der erstmaligen Festsetzung der Leistungen.[155] 119

Eine **Anpassung** kommt i.d.R. nicht in Betracht.[156] Sofern der PSVaG ausnahmsweise zur Dynamisierung verpflichtet ist, erfolgt diese ausgehend von der durch die Höchstgrenze gekappten Leistung. Diese Erhöhungen reichen dann ggf. jeweils bis zu der dann geltenden Höchstgrenze (Kappung).[157] 120

Bei einer **unverfallbaren Anwartschaft** erfolgt die Berechnung der Höchstleistung ebenfalls zum Zeitpunkt der ersten Fälligkeit der Versorgungsleistung. Dies ist frühestens der Zeitpunkt des Eintritts des Versorgungsfalls, nicht der Eintritt des Sicherungsfalls. Ausschlaggebend für die Höchstgrenze der insolvenzgeschützten Leistung ist dann das Dreifache der Bezugsgröße nach § 18 SGB IV zu diesem Zeitpunkt.[158] 121

---

153 Vgl. Rn. 49–52 b.
154 *Blomeyer/Rolfs/Otto* Rn. 254 zu § 7; *Höfer* BetrAVG, Rn. 4313 zu § 7; *Paulsdorff* Rn. 406 zu § 7.
155 *Blomeyer/Rolfs/Otto* Rn. 263 zu § 7.
156 Vgl. Rn. 43–48.
157 BGH 21.3.1983, II ZR 174/82, DB 1983, 1261.
158 *Höfer* BetrAVG, Rn. 4514 zu § 7.

IV. Hinterbliebenenrenten

122 Der Versorgungsanspruch der Hinterbliebenen beruht auf dem Rentenstammrecht des Arbeitnehmers; er teilt das Schicksal der Hauptrente. Das gilt auch für den gesetzlichen Insolvenzschutz. Daraus folgt, dass sich auch die Höhe der Hinterbliebenenleistung nach der Höhe der Versorgungsleistung an den unmittelbar Berechtigten richtet, sie ist akzessorisch. Nur wenn und soweit ein Anspruch oder eine Anwartschaft insolvenzgeschützt ist, hat der PSVaG für daraus abgeleitete Ansprüche oder Anwartschaften auf Hinterbliebenenversorgung einzustehen.[159]

123 Wenn die Leistung des PSVaG an den versorgungsberechtigten Arbeitnehmer bereits nach § 7 Abs. 3 BetrAVG in der Höhe begrenzt war, ergibt sich die Höhe der Hinterbliebenenrente folgerichtig aus dem begrenzten Betrag.[160] Dabei kann es an sich keine Rolle spielen, ob der unmittelbar Versorgungsberechtigte bereits eigene Leistungen der gesetzlichen Insolvenzsicherung bezogen hat oder ob er schon vor der Insolvenz verstorben ist und bereits Hinterbliebenenleistungen gezahlt wurden. Andernfalls erhielte ein Hinterbliebener ggf. eine relativ höhere Rentenzahlung aus der gesetzlichen Insolvenzsicherung als der verstorbene unmittelbar Versorgungsberechtigte. Dies ist mit dem Sinn und Zweck des § 7 Abs. 3 BetrAVG nicht vereinbar.[161] Der Prozentsatz der Hinterbliebenenrente von der Hauptrente richtet sich nach der Versorgungszusage, § 7 Abs. 3 BetrAVG betrifft nur die Höhe der sich danach ergebenden Rente.

123a Dieser Auffassung hat sich der BGH für den Fall nicht angeschlossen, dass der unmittelbar Versorgungsberechtigte vor Eintritt der Insolvenz verstirbt. Dann bemisst sich die Höhe der insolvenzgeschützten Leistung an die Witwe nach der gem. § 7 Abs. 1 BetrAVG ermittelten Leistung an den unmittelbar Versorgungsberechtigten. An dem sich daraus ableitenden Witwenrentenanspruch ist dann die Höchstgrenze nach § 7 Abs. 3 BetrAVG zu messen. Der BGH begründet seine Entscheidung mit dem Wortlaut des Gesetzes, auf die o.g. Argumente der Akzessorietät geht er nicht ein.[162] Wie die Witwenrente zu berechnen ist, wenn der originär Versorgungsberechtigte nach Eröffnung des Insolvenzverfahrens stirbt, hat der BGH nicht entschieden.

---

159 BAG 12.6.1990, 3 AZR 524/88, EzA § 322 ZPO Nr. 8, DB 1990, 2271; *Paulsdorff* Rn. 406 zu § 7.
160 *Paulsdorff* Rn. 407 zu § 7; a.A. *Andresen/Förster/Rößler/Rühmann* Teil 13 A, Rn. 808; *Blomeyer/Rolfs/Otto* Rn. 268 zu § 7; *Höfer* BetrAVG, Rn. 4509 f. zu § 7.
161 *Paulsdorff* Rn. 407 zu § 7.
162 BGH 11.10.2004, II ZR 403/02 und II ZR 369/02, DB 2005, 344, BB 2004, 2639, ZIP 2004, 2297.

E. Minderung der Leistung (§ 7 Abs. 4 BetrAVG)

I. Grundsatz

Der **PSVaG** soll bei Eintritt eines Sicherungsfalls (§ 7 Abs. 1 BetrAVG) **nicht stärker belastet** werden als erforderlich. Daher regelt § 7 Abs. 4 BetrAVG, dass sich der Anspruch der Versorgungsberechtigten gegen den PSVaG in dem Umfang vermindert, in dem der Arbeitgeber oder sonstige Versorgungsträger die Leistungen der betrieblichen Altersversorgung erbringen.[163]

124

II. Leistungsträger

1. Arbeitgeber

Ob der insolvente Arbeitgeber nach Eintritt des Sicherungsfalls noch Leistungen der betrieblichen Altersversorgung erbringen kann, die den PSVaG entlasten, ist abhängig von der Art des Sicherungsfalls. Bei einem gerichtlichen Insolvenzverfahren, das zur **Abwicklung des insolventen Unternehmens** (Gemeinschuldner) führt, kommen künftige Leistungen des Gemeinschuldners an die Versorgungsberechtigten in der Regel nicht in Betracht.

125

Anders ist dies, wenn im Rahmen eines Insolvenzverfahrens das **Fortbestehen des insolventen Unternehmens** gesichert ist und im Insolvenzplan (§§ 217 ff. InsO)[164] eine entsprechende Regelung vorgesehen ist. Diesen Gedanken hat der Gesetzgeber in § 7 Abs. 4 S. 2 und 3 BetrAVG aufgenommen. Danach vermindert sich der Anspruch gegen den PSVaG nach der Bestätigung des Insolvenzplans insoweit, als nach dem Insolvenzplan der Arbeitgeber einen Teil der Leistungen selbst zu erbringen hat (§ 7 Abs. 4 S. 2 BetrAVG). Sieht der Insolvenzplan vor, dass der Arbeitgeber die Leistungen der betrieblichen Altersversorgung von einem bestimmten Zeitpunkt an selbst zu erbringen hat, entfällt der Anspruch auf Leistungen gegen den PSVaG von diesem Zeitpunkt an (§ 7 Abs. 4 S. 3 BetrAVG). Dabei soll im Insolvenzplan vorgesehen sein, dass bei einer nachhaltigen Besserung der wirtschaftlichen Lage des Arbeitgebers die vom PSVaG zu erbringenden Leistungen

126

---

163 Zum Übergang von Rechten der Versorgungsberechtigten auf den PSVaG, die zur Verminderung des Schadens beim PSVaG führen, vgl. § 9 Rn. 10–21. Zur Leistung betrieblicher Altersversorgung durch den Arbeitgeber oder sonstigen Versorgungsberechtigten vor dem Entstehen des Anspruchs gegenüber dem PSVaG vgl. Rn. 53–56.

164 Zu den Besonderheiten der Insolvenzsicherung im Insolvenzplan vgl. *Bremer* BetrAV 2006, 230; *Paulsdorff/Wohlleben* S. 1665 ff.

ganz oder zum Teil vom Arbeitgeber wieder übernommen werden (sog. **Besserungsklausel,** § 7 Abs. 4 S. 5 BetrAVG).[165]

127 Der Arbeitgeber ist bei einem **außergerichtlichen Vergleich** mit dem PSVaG nach der darin getroffenen Vereinbarung regelmäßig auch künftig zur Leistung verpflichtet. Dies mindert die Eintrittspflicht des PSVaG entsprechend. Meist wird in einem außergerichtlichen Vergleich auch eine sog. Besserungsmöglichkeit **vereinbart,** nach der der PSVaG i.d.R. bei einer Besserung der wirtschaftlichen Lage des Arbeitgebers zu seiner Entlastung eine Geldzahlung bekommt.

2. Sonstige Versorgungsträger[166]

128 Zahlungen einer **Direktversicherung** vermindern den Anspruch des Versorgungsberechtigten gegen den PSVaG.[167] Eine Anrechnung erfolgt, wenn es sich um eine »beschädigte« Direktversicherung handelt oder eine anderweitige Anrechnung in der Versorgungszusage ausdrücklich vorgesehen ist. Keine Anrechnung erfolgt dann, wenn der Versorgungsberechtigte aus zwei Versorgungszusagen Leistungen erhält (unmittelbare Zusage und Direktversicherung) und eine Anrechnungsbestimmung nicht vorliegt.

129 **Unterstützungskassen** kommen als sonstige Versorgungsträger nach § 7 Abs. 4 S. 1 BetrAVG nicht in Betracht, da ihr – ggf. anteiliges – Vermögen nach § 9 Abs. 3 BetrAVG mit dem Eintritt des Sicherungsfalls auf den PSVaG übergeht.

130 **Pensionsfonds** können als sonstige Träger der Versorgung in Betracht kommen, wenn sie die betriebliche Altersversorgung nach Eintritt des Sicherungsfalls beim Trägerunternehmen selbst weiterführen (§ 8 Abs. 1 a BetrAVG).

130a Leistungen aus einer an den Versorgungsberechtigten **verpfändeten Rückdeckungsversicherung** (oder sonstigem privaten Sicherungsmittel) kommen als Leistung eines sonstigen Versorgungsträgers nicht in Betracht. Diese Ansprüche gehen nach § 9 Abs. 2 S. 1 BetrAVG auf den PSVaG über, der seinerseits an den Versorgungsberechtigten entsprechende Leistungen erbringt.[168] Dabei kann der PSVaG den Versor-

---

165 *Gareis* ZInsO 2007, 23; *Flitsch/Chardon* DZWIR 2004, 485.
166 Hierher gehört nicht der Fall eines Schuldbeitritts, vgl. § 9 Rn. 15.
167 Der PSVaG kann »beschädigte« Direktversicherungen »heilen« mit dem Ergebnis, dass der Versorgungsberechtigte Leistungen nur noch aus der Direktversicherung erhält, vgl. § 8 Rn. 24–28.
168 Vgl. § 9 Rn. 10 ff.; zur Systematik i.E. *Berenz* DB 2004, 1098.

gungsberechtigten nicht auf sein Sicherungsmittel verweisen und sich dadurch seiner gesetzlich zugewiesenen Aufgabe entziehen.[169]

Sofern die **Rückdeckungsversicherung zugunsten des Versorgungsberechtigten freigegeben** wird – vom Arbeitgeber oder Insolvenzverwalter – und der Versorgungsberechtigte letztlich Leistungen hieraus erhält, ist dies eine seinen Anspruch gegenüber dem PSVaG mindernde Leistung eines sonstigen Versorgungsträgers i.S.d. § 7 Abs. 4 S. 1 BetrAVG.[170] 130b

F. Schutz des PSVaG vor Missbrauch (§ 7 Abs. 5 BetrAVG)

I. Grundsatz

§ 7 Abs. 5 BetrAVG ist die notwendige Vorschrift zum **Schutz der zu Zwangsbeiträgen verpflichteten Mitglieder des PSVaG vor dem Missbrauch** der gesetzlichen Insolvenzsicherung.[171] Ein Arbeitgeber könnte angesichts einer drohenden Insolvenz seinen Arbeitnehmern als letzte Wohltat noch Versorgungszusagen erteilen oder bestehende Versorgungszusagen erhöhen, obwohl klar ist, dass der PSVaG die Versorgungsleistungen letztlich erbringen muss. **Ausgenommen** sind **planmäßige Verbesserungen**, die in der Versorgungsordnung vorgesehen sind.[172] 131

Die Vorschrift des § 7 Abs. 5 BetrAVG differenziert zwischen drei unterschiedlichen Tatbeständen, deren Erfüllung einen Anspruch gegenüber dem PSVaG nicht entstehen lassen. Sämtliche Ausschlusstatbestände setzen voraus, dass die Versorgungszusage im Hinblick auf den gesetzlichen Insolvenzschutz erstmals erteilt oder bei bestehender Zusage verbessert worden ist.[173] 132

II. § 7 Abs. 5 S. 1 BetrAVG

Ein Anspruch gegen den PSVaG besteht nicht, soweit nach den Umständen des Falles die Annahme gerechtfertigt ist, dass es der alleinige oder 133

---

169 BGH 9.2.1981, II ZR 171/79, ZIP 1981, 898.
170 BGH 28.9.1981, II ZR 181/80, AP Nr. 12 zu § 7 BetrAVG; *Blomeyer/Rolfs/Otto* Rn. 272 zu § 7.
171 Ausführlich zur Systematik des § 7 Abs. 5 S. 3 BetrAVG, *Berenz* FS Kemper, S. 5 ff.; *ders.* BetrAV 2005, 518.
172 BAG 26.4.1994, 3 AZR 981/93, EzA § 16 BetrAVG Nr. 27, DB 1994, 1831; vgl. § 7 Rn. 143.
173 BAG 26.4.1994, 3 AZR 981/93, EzA § 16 BetrAVG Nr. 27, DB 1994, 1831.

überwiegende Zweck der Versorgungszusage oder ihrer Verbesserung oder der Beleihung, Abtretung oder Verpfändung einer Direktversicherung gewesen ist, den PSVaG in Anspruch zu nehmen (§ 7 Abs. 5 S. 1 BetrAVG). Eine Verbesserung der Zusage wird durch jede Maßnahme erwirkt, die den Versorgungsberechtigten gegenüber der ursprünglichen vertraglichen Ausgestaltung der Versorgungszusage hinsichtlich des Insolvenzschutzes begünstigt.[174] Danach entsteht bei Erfüllung dieses Tatbestandes **kein Anspruch gegen den PSVaG**.

133a Der Arbeitnehmer verliert den Insolvenzschutz nach § 7 Abs. 3 S. 1 BetrAVG aber nur dann, wenn er mit dem Arbeitgeber missbräuchlich zusammenwirkt und den missbilligten Zweck zumindest erkennen konnte.[175] Dies ist dann der Fall, wenn sich für ihn die Erkenntnis aufdrängen musste, wegen der wirtschaftlichen Lage des Arbeitgebers sei ernsthaft damit zu rechnen, dass die Zusage nicht erfüllt werde.[176]

134 Den **Nachweis** der Umstände, die die Annahme eines Missbrauchs nach § 7 Abs. 5 S. 1 BetrAVG rechtfertigen, hat nach Auffassung des BAG[177] der PSVaG zu erbringen. Dies führt in der Praxis zu erheblichen Beweisproblemen und im Ergebnis dazu, dass diese Vorschrift zum Schutz des PSVaG wenig geeignet ist.

III. § 7 Abs. 5 S. 2 BetrAVG

135 Satz 2 der Vorschrift bezieht sich auf den ersten Satz und ergänzt dessen Tatbestand. Sie findet keine Anwendung auf die Beleihung, Abtretung oder Verpfändung einer Direktversicherung mit unwiderruflichem Bezugsrecht.[178] Ein Anspruch gegen den PSVaG besteht danach nicht, soweit bei Erteilung oder Verbesserung der Versorgungszusage wegen der wirtschaftlichen Lage des Arbeitgebers zu erwarten war, dass die Zusage nicht erfüllt wird (§ 7 Abs. 5 S. 2 BetrAVG). Das Gesetz stellt damit eine **widerlegliche Vermutung des Missbrauchs** auf.[179] Wenn dem PSVaG der Nachweis der schlechten wirtschaftlichen Lage des Arbeitgebers zum Zeitpunkt der Zusage oder Verbesserung der Zusage gelingt, wird vermutet, dass die Erfüllung der Zusage nicht zu erwarten war. Damit kehrt sich die Beweislast um, und der Versorgungsberech-

---

174 BAG 29.11.1988, 3 AZR 184/87, EzA § 7 BetrAVG Nr. 27, DB 1989, 786.
175 BAG 17.10.1995, 3 AZR 420/94, EzA § 7 BetrAVG Nr. 52, DB 1995, 2176; DLW-*Dörner* C/Rn. 3169.
176 BAG 19.2.2002, 3 AZR 137/01, EzA § 7 BetrAVG Nr. 66, DB 2002, 2115.
177 BAG 26.6.1990, 3 AZR 641/88, EzA § 1 BetrAVG Nr. 59, DB 1990, 2475.
178 BAG 17.10.1995, 3 AZR 420/94, EzA § 7 BetrAVG Nr. 52, DB 1996, 1426.
179 BAG 2.6.1987, 3 AZR 764/85, EzA § 7 BetrAVG Nr. 24, DB 1987, 2211.

tigte muss nachweisen, dass die Versorgungszusage zu diesem Zeitpunkt nicht rechtsmissbräuchlich war.[180] Kann der PSVaG diese objektiven wirtschaftlichen Umstände darlegen, ist es also Sache des Arbeitnehmers, die sich daraus ergebende Vermutung des § 7 Abs. 5 S. 1 BetrAVG zu widerlegen.[181]

Ein Arbeitnehmer verliert den Insolvenzschutz jedoch nur dann, wenn er an der missbräuchlichen Maßnahme des Arbeitgebers beteiligt war oder er den missbilligten Zweck der Maßnahme zumindest **erkennen konnte**.[182] Insoweit greift dann wieder der Mechanismus des § 7 Abs. 5 S. 1 BetrAVG[183] Dadurch ist im Ergebnis auch die Beweiserleichterung des Satz 2 zum wirksamen Schutz des PSVaG vor Missbrauch wenig geeignet. 136

IV. § 7 Abs. 5 S. 3 BetrAVG

1. Prinzip

Ein Anspruch gegen den PSVaG besteht grds. nicht bei Zusagen oder **Verbesserungen von Zusagen die** in den beiden letzen Jahren vor dem Eintritt des Sicherungsfalls erfolgt sind (§ 7 Abs. 5 S. 3 1. Hs. BetrAVG).[184] Das Gesetz erwähnte in der bisherigen Fassung die Erteilung einer Zusage nicht. Was für die Verbesserung einer Zusage gilt, muss aber erst recht für die Erteilung gelten.[185] Der Anwendungsbereich der Ausschlussfrist erstreckte sich also auch nach früherem Recht sowohl auf Verbesserungen als auch auf die Erteilung einer Versorgungszusage. Mit der neuen Formulierung des Gesetzestextes durch das Alterseinkünftegesetz ist nunmehr eine Klarstellung durch den Gesetzgeber erfolgt, die materielle Rechtslage hat sich dadurch gegenüber der Vergangenheit nicht geändert.[186] 137

Auch eine Vereinbarung zwischen Arbeitgeber und Arbeitnehmer aus Anlass des Eintritts des Arbeitnehmers in den Ruhestand, also zu Beginn des Ruhestands, über Grund und Höhe einer Betriebsrente, ist eine Versorgungszusage i.S.d. BetrAVG und unterliegt damit der Kon- 138

---

180 BAG 29.11.1988, 3 AZR 184/87, EzA § 7 BetrAVG Nr. 27, DB 1988, 2567; *Andresen/Förster/Rößler/Rühmann* Teil 13 A, Rn. 1006; *Paulsdorff* Rn. 431 zu § 7.
181 BAG 19.2.2002, 3 AZR 137/01, EzA § 7 BetrAVG Nr. 66, DB 2002, 2115.
182 BAG 19.2.2002, 3 AZR 137/01, EzA § 7 BetrAVG Nr. 66, DB 2002, 2115.
183 Vgl. § 7 Rn. 133a.
184 Vgl. § 7 Rn. 133 zur Definition der Verbesserung von Zusagen.
185 BAG 24.11.1998, 3 AZR 423/97, EzA § 7 BetrAVG Nr. 57, DB 1999, 914.
186 *Höfer* BetrAVG, Rn. 4573.1 zu § 7.

trolle auf Missbrauch der Insolvenzversicherung nach Maßgabe des § 7 Abs. 5 BetrAVG.[187]

139 Unter **Verbesserung** ist jede Maßnahme des Arbeitgebers zu verstehen, die den Versorgungsempfänger begünstigt.[188] Rentenerhöhungen nach § 16 BetrAVG in den beiden letzten Jahren vor Eintritt des Insolvenzfalles nehmen daher am Versicherungsschutz ebenfalls nicht teil (auch nicht, wenn sie auf einem gerichtlichen Urteil beruhen).[189] Trifft der Arbeitgeber die Entscheidung, die laufende Rente an einen eingetretenen Kaufkraftverlust entsprechend der Leistungsfähigkeit des Unternehmens anzupassen, so stellt diese Entscheidung eine Verbesserung der bis dahin erteilten Versorgungszusage dar.

139a Im Hinblick auf die Anpassung gem. § 16 BetrAVG gab es zwischenzeitlich eine missverständliche Gesetzesformulierung. Ursprünglich stellte die Vorschrift darauf ab, »..., soweit sie (die Zusagen) in dem letzten Jahr vor dem Eintritt des Sicherungsfalles größer gewesen sind als in dem diesem Jahr vorangegangenen Jahr«. Mit der Erhöhung der Ausschlussfrist von einem auf zwei Jahre durch das Einführungsgesetz zur Insolvenzordnung wurde der Wortlaut – ohne konkrete Begründung des Gesetzgebers – in »..., soweit sie (Verbesserungen der Zusagen) in den beiden letzten Jahren vor dem Eintritt des Sicherungsfalles vereinbart worden sind« geändert. Neben der Erweiterung auf zwei Jahre wurde also auch aufgenommen, dass die Verbesserung in dem betreffenden Zeitraum »vereinbart« worden sein sollte. Daraus hat das BAG geschlossen, dass es – im Gegensatz zum früheren Recht – nach neuem Recht darauf ankommt, dass die Verbesserung durch eine »Vereinbarung« zustande gekommen ist und dass diese Vereinbarung in den beiden letzten Jahren vor Eintritt des Sicherungsfalls getroffen wurde. Im entschiedenen Fall kam der Senat folgerichtig zu dem Ergebnis, dass eine Anpassung nach § 16 BetrAVG, die durch ein streitiges Gerichtsurteil erfolgt und innerhalb des Zwei-Jahres-Zeitraums rechtskräftig geworden ist und sich auf ein Anpassungsdatum außerhalb der Ausschlussfrist bezieht, einer vom Gesetz nunmehr geforderten Vereinbarung nicht gleichsteht. In der Konsequenz findet § 7 Abs. 5 S. 3 BetrAVG dann keine Anwendung und der PSVaG muss auch für diese Anpassung eintreten.[190] Mit der Änderung des § 7 Abs. 5 S. 3 BetrAVG durch das Alterseinkünftegesetz ist diese missverständliche Formulierung wieder klarstellend auf den Rechtszustand zurückge-

---

187 BAG 29.11.1988, 3 AZR 184/87, EzA § 7 BetrAVG Nr. 27, DB 1988, 2567.
188 Vgl. § 7 Rn. 133.
189 BAG 26.4.1994, 3 AZR 981/93, EzA § 16 BetrAVG Nr. 27, DB 1994, 1831.
190 BAG 18.3.2003, 3 AZR 120/02, EzA § 7 BetrAVG Nr. 67, DB 2004, 84.

führt worden, der von 1975 bis 1998 gegeben war. Nunmehr ist im Eingangssatz des § 7 Abs. 5 S. 3 BetrAVG von »..., die in den beiden letzten Jahren vor dem Eintritt des Sicherungsfalls erfolgt sind, ...« die Rede. Damit werden auch streitige Urteile zur Anpassung nach § 16 BetrAVG erfasst, die innerhalb der Zwei-Jahres-Ausschlussfrist rechtskräftig werden, denn die dadurch bedingte Verbesserung der Zusage »erfolgt« ja im Ausschlusszeitraum.

Bei der Regelung des § 7 Abs. 5 S. 3 1. Hs. BetrAVG handelt es sich um eine **unwiderlegbare Vermutung**,[191] die den PSVaG von Darlegungs- und Beweislasten befreit. Die Missbrauchsvermutung des Gesetzes kann selbst dann nicht widerlegt werden, wenn der Berechtigte das Fehlen einer Missbrauchsabsicht nachweist.[192] Auf den subjektiven Tatbestand kommt es – anders als in Satz 1 der Vorschrift – nicht an. 140

Von § 7 Abs. 5 S. 3 1. Hs. BetrAVG wird nach der Rechtsprechung des BAG die **Beleihung, Verpfändung oder Abtretung einer Direktversicherung** im Zwei-Jahres-Zeitraum nicht erfasst, da sie dort nicht ausdrücklich geregelt ist.[193] Anders ist dies nur dann, wenn der PSVaG konkrete Tatsachen dafür vortragen kann, dass der Arbeitgeber etwa die Ansprüche aus dem Versicherungsvertrag missbräuchlich beliehen hat und der Arbeitnehmer daran beteiligt war. Dann liegt ein Fall des Missbrauchs nach § 7 Abs. 5 S. 1 BetrAVG vor.[194] 141

Die Zwei-Jahres-Ausschlussfrist betrifft den Zeitraum vor dem Eintritt des Sicherungsfalls. Für den **Zeitpunkt der Verbesserung der Zusage** kommt es auf die Verpflichtung des Arbeitgebers gegenüber dem Versorgungsberechtigten an.[195] 142

Von der Zwei-Jahres-Ausschlussfrist des § 7 Abs. 5 S. 3 BetrAVG wird nur die Verbesserung oder die Erteilung einer Zusage innerhalb der Zwei-Jahres-Frist erfasst. Deswegen werden **planmäßige oder automatische Verbesserungen auf Grund einer vor der Frist liegenden Zusage nicht** dem § 7 Abs. 5 S. 3 BetrAVG zugeordnet, mag deren Wirkung auch erst kurz vor der Insolvenz des Arbeitgebers eintreten.[196] 143

---

191 BAG 24.6.1986, 3 AZR 645/84, EzA § 7 BetrAVG Nr. 20, DB 1987, 587; *Höfer* BetrAVG, Rn. 4559 zu § 7.
192 BAG 26.4.1994, 3 AZR 981/93, EzA § 16 BetrAVG Nr. 27, DB 1994, 1831.
193 BAG 26.6.1990, 3 AZR 641/88, EzA § 1 BetrAVG Nr. 59 (für die Beleihung), DB 1990, 2475.
194 BAG 17.10.1995, 3 AZR 420/94, EzA § 7 BetrAVG Nr. 52, DB 1995, 2126.
195 BAG 2.6.1987, 3 AZR 764/85, EzA § 7 BetrAVG Nr. 24, DB 1987, 2211.
196 BAG 2.6.1987, 3 AZR 764/85, EzA § 7 BetrAVG Nr. 24, DB 1987, 2211; *Blomeyer/Rolfs/Otto* Rn. 287 zu § 7; *Paulsdorff* Rn. 426 zu § 7.

2. Ausnahmen

143a Zwei Ausnahmen von der Zwei-Jahres-Ausschlussfrist finden sich in § 7 Abs. 5 S. 3 Nr. 1 und Nr. 2 BetrAVG.[197]

a) § 7 Abs. 5 S. 3 Nr. 1 BetrAVG (Entgeltumwandlung)

144 Eine **Ausnahme** vom Leistungsausschluss gilt für Entgeltumwandlungszusagen. Danach findet für **ab 2002 erteilte Entgeltumwandlungszusagen** die Zwei-Jahres-Ausschlussfrist keine Anwendung, **soweit Beträge bis 4 % der Beitragsbemessungsgrenze in der allgemeinen Rentenversicherung** für eine betriebliche Altersversorgung verwendet werden.[198] Die Regelungen der Sätze 1 und 2 des § 7 Abs. 5 S. 3 BetrAVG finden im Rahmen der Entgeltumwandlung keine Einschränkung. Bei Erfüllung ihres Tatbestandes ist also auch bei Entgeltumwandlungszusagen ein Ausschluss des Insolvenzschutzes gegeben.

145 Die Anwendung dieser Ausnahmeregelung für Entgeltumwandlungszusagen setzt nicht voraus, dass der Versorgungsberechtigte auch die Voraussetzungen eines Anspruchs auf Entgeltumwandlung bis 4 % der Beitragsbemessungsgrenze in der allgemeinen Rentenversicherung nach § 1a BetrAVG erfüllt. Nach § 17 Abs. 1 S. 3 BetrAVG gilt § 1a BetrAVG nur für Arbeitnehmer, die in der gesetzlichen Rentenversicherung pflichtversichert sind. Für die Anwendung des § 7 Abs. 5 S. 3 Nr. 1 BetrAVG ist dagegen nur die 4 %-Grenze entscheidend.[199]

146 Dabei ist zwischen den **alten und neuen Ländern** zu **differenzieren**. Dies folgt aus dem Verweis in § 7 Abs. 5 S. 3 Nr. 1 BetrAVG auf die Beitragsbemessungsgrenze in der allgemeinen Rentenversicherung. Die Beitragsbemessungsgrenze für die alten Länder ergibt sich aus § 159 SGB VI und die für die neuen Länder aus § 228a SGB VI.

146a 2008 beträgt die Beitragsbemessungsgrenze in der allgemeinen Rentenversicherung für die alten Länder 63.600 € p.a. und für die neuen Länder 54.000 € p.a. Nach § 7 Abs. 5 S. 3 Nr. 1 BetrAVG besteht für eine im Jahr 2008 erteilte Entgeltumwandlungszusage sofortiger Insolvenzschutz, soweit in den alten Ländern ein Betrag bis zu 2.544 € p.a. (4%

---

[197] Ausführlich dazu *Berenz* FS Kemper, S. 5 ff.; *ders.* BetrAV 2005, 518.
[198] Eingefügt durch das Gesetz zur Einführung einer kapitalgedeckten Hüttenknappschaftlichen Zusatzversicherung und zur Änderung anderer Gesetze (Hüttenknappschaftliches Zusatzversicherungs-Neuregelungs-Gesetz – HZvNG) v. 21.6.2002 BGBl. I S. 2167, 2178; vgl. i.E. § 10 Rn. 68–80.
[199] *Höfer* BetrAVG, Rn. 4573.2 zu § 7.

von 63.600 €) und in den neuen Ländern bis zu 2.160 € p.a. (4% von 54.000 €) umgewandelt wird.

In diesen Fällen besteht also unmittelbar mit dem Eintritt der gesetzlichen Unverfallbarkeit durch das Erteilen der Entgeltumwandlungszusagen gesetzlicher Insolvenzschutz. Zu beachten ist, dass Ausgangspunkt dieser Ausnahmeregelung die Höhe des Entgelts ist, das in betriebliche Altersversorgung umgewandelt wird. Die sich aus den bis 4% der Beitragsbemessungsgrenze in der allgemeinen Rentenversicherung ergebenden Versorgungsleistungen sind für jedes Kalenderjahr gesondert zu berechnen. 147

b) § 7 Abs. 5 S. 3 Nr. 2 BetrAVG (Portabilität)

Die zweite **Ausnahme** von der Anwendung der Zwei-Jahres-Ausschlussfrist bezieht sich auf für im Rahmen von Übertragungen gegebene Zusagen (Portabilität), **soweit der Übertragungswert die Beitragsbemessungsgrenze in der allgemeinen Rentenversicherung nicht übersteigt** (2008: 63.600 € p.a. alte Länder und 54.000 € p.a. neue Länder).[200] Bei einem niedrigeren oder gleich hohen Übertragungswert besteht demnach für diesen Wert unmittelbar mit der Übertragung der Zusage auf den neuen Arbeitgeber im Fall der Insolvenz des übernehmenden Arbeitgebers innerhalb der ersten zwei Jahre Eintrittspflicht des PSVaG.[201] 147a

Der Gesetzgeber will damit erreichen, dass die Mobilität der Arbeitnehmer nicht durch die Ausschlussfrist nach § 7 Abs. 5 S. 3 Nr. 2 BetrAVG eingeschränkt wird.[202] Die Übertragung einer Versorgungszusage vom ehemaligen Arbeitgeber auf den neuen Arbeitgeber ist als Erteilung einer neuen Zusage beim neuen Arbeitgeber einzuordnen, der sich im Hinblick auf die betriebliche Altersversorgung erstmals gegenüber dem Arbeitnehmer arbeitsrechtlich bindet. Folglich findet § 7 Abs. 5 S. 3 1. Hs. BetrAVG grundsätzlich Anwendung. 147b

---

200 Eingefügt durch das Gesetz zur Neuordnung der einkommensteuerlichen Behandlung von Altersvorsorgeaufwendungen und Altersbezügen (Alterseinkünftegesetz) v. 5.7.2004, in Kraft getreten am 1.1.2005 BGBl. I S. 1427, 1444.
201 Zu den Auswirkungen der Übertragung einer Versorgungszusage vom ehemaligen auf den neuen Arbeitgeber auf die gesetzliche Insolvenzsicherung hat der PSVaG ein neues Merkblatt (300/M 15) erstellt, das im Internet unter www.psvag.de zur Verfügung steht.
202 BT-Drucks. 15/2150, S. 54.

147c Wird über den in § 7 Abs. 5 S. 3 Nr. 2 BetrAVG genannten Grenzwert hinaus ein höherer Betrag vom abgebenden auf den aufnehmenden Arbeitgeber mitgenommen, so ist dieser in den ersten zwei Jahren ggf. – privat – vertraglich zu sichern; der PSVaG ist davon nicht betroffen.[203]

147d Die Regelungen der Sätze 1 und 2 des § 7 Abs. 5 S. 3 BetrAVG finden im Rahmen der Portabilität keine Einschränkung. Bei Erfüllung ihres Tatbestandes ist also auch bei Übertragungen nach § 4 BetrAVG ein Ausschluss des Insolvenzschutzes gegeben.

147e Hinzuweisen ist auf das Recht des Arbeitnehmers, innerhalb eines Jahres nach Beendigung des Arbeitsverhältnisses von seinem ehemaligen Arbeitgeber verlangen zu können, dass der Übertragungswert der Zusage auf den neuen Arbeitgeber übertragen wird, wenn die betriebliche Altersversorgung über einen Pensionsfonds, eine Pensionskasse oder eine Direktversicherung durchgeführt wird und der Übertragungswert die Beitragsbemessungsgrenze in der allgemeinen Rentenversicherung nicht übersteigt (§ 4 Abs. 3 S. 1 BetrAVG).[204] Die **Ausnahme** von der Zwei-Jahres-Ausschlussfrist in § 7 Abs. 5 S. 3 Nr. 2 BetrAVG bei der Insolvenzsicherung **korrespondiert mit diesen Werten** (2008: 63.600 € p.a. alte Länder und 54.000 € p.a. neue Länder).

147f Die Zwei-Jahres-Ausschlussfrist mit der **Ausnahme** für Übertragungswerte bis zur Höhe der Beitragsbemessungsgrenze in der allgemeinen Rentenversicherung findet auf **alle Alternativen** der Übertragung nach § 4 BetrAVG Anwendung.[205] In § 7 Abs. 5 S. 3 Nr. 2 BetrAVG wird nicht nach den verschiedenen Alternativen einer Übertragung nach § 4 BetrAVG differenziert. Vielmehr stellt diese Vorschrift allgemein auf »im Rahmen von Übertragungen« gegebene Zusagen ab. Der Begriff der Übertragung ist jedoch der Oberbegriff für beide Übertragungsarten, also sowohl für die Schuldübernahme als auch für die Übertragung des Übertragungswertes.[206]

G. Außergewöhnliche Risiken (§ 7 Abs. 6 BetrAVG)

148 Ist der Sicherungsfall durch kriegerische Ereignisse, innere Unruhen, Naturkatastrophen oder Kernenergie verursacht worden, kann der

---

203 BT-Drucks. 15/2150, S. 54.
204 Der Übertragungsanspruch findet nur Anwendung auf Zusagen, die nach dem 31.12.2004 erteilt werden (§ 30b BetrAVG).
205 *Höfer* BetrAVG, Rn. 4573.4 f. zu § 7.
206 BT-Drucks. 15/2150, S. 1444.

PSVaG mit Zustimmung der **Bundesanstalt für Finanzdienstleistungsaufsicht** die Leistungen nach billigem Ermessen abweichend von den Abs. 1 bis 5 festsetzen.

§ 8 Übertragung der Leistungspflicht und Abfindung

(1) Ein Anspruch gegen den Träger der Insolvenzsicherung auf Leistungen nach § 7 besteht nicht, wenn eine Pensionskasse oder ein Unternehmen der Lebensversicherung sich dem Träger der Insolvenzsicherung gegenüber verpflichtet, diese Leistungen zu erbringen, und die nach § 7 Berechtigten ein unmittelbares Recht erwerben, die Leistungen zu fordern.

(1 a) ¹Der Träger der Insolvenzsicherung hat die gegen ihn gerichteten Ansprüche auf den Pensionsfonds, dessen Trägerunternehmen die Eintrittspflicht nach § 7 ausgelöst hat, im Sinne von Absatz 1 zu übertragen, wenn die Bundesanstalt für Finanzdienstleistungsaufsicht hierzu die Genehmigung erteilt. ²Die Genehmigung kann nur erteilt werden, wenn durch Auflagen der Bundesanstalt für Finanzdienstleistungsaufsicht die dauernde Erfüllbarkeit der Leistungen aus dem Pensionsplan sichergestellt werden kann. ³Die Genehmigung der Bundesanstalt für Finanzdienstleistungsaufsicht kann der Pensionsfonds nur innerhalb von drei Monaten nach Eintritt des Sicherungsfalles beantragen.

(2) ¹Der Träger der Insolvenzsicherung kann eine Anwartschaft ohne Zustimmung des Arbeitnehmers abfinden, wenn der Monatsbetrag der aus der Anwartschaft resultierenden laufenden Leistung bei Erreichen der vorgesehenen Altersgrenze eins vom Hundert, bei Kapitalleistungen zwölf Zehntel der monatlichen Bezugsgröße nach § 18 des Vierten Buches Sozialgesetzbuch nicht übersteigen würde oder wenn dem Arbeitnehmer die Beiträge zur gesetzlichen Rentenversicherung erstattet worden sind. ²Dies gilt entsprechend für die Abfindung einer laufenden Leistung. ³Die Abfindung ist darüber hinaus möglich, wenn sie an ein Unternehmen der Lebensversicherung gezahlt wird, bei dem der Versorgungsberechtigte im Rahmen einer Direktversicherung versichert ist. ⁴§ 2 Abs. 2 Satz 4 bis 6 und § 3 Abs. 5 gelten entsprechend.

Übersicht	Rn.
A. Möglichkeiten der Leistungserbringung (§ 8 Abs. 1 BetrAVG)	1
I. Durch den PSVaG	1
II. Durch eine Pensionskasse oder ein Unternehmen der Lebensversicherung	4
1. Gesetzliche Ermächtigung	4
2. Konsortium	5
a) Grundsatz	5

	b) Rechtsbeziehungen	11
B.	Sonderfall Pensionsfonds (§ 8 Abs. 1 a BetrAVG)	16
C.	Abfindung von Renten und Anwartschaften (§ 8 Abs. 2 BetrAVG)	19
	I. Grundsatz	19
	II. Abfindungsmöglichkeiten	20
	1. Beachtung der Wertgrenze	20
	2. Ohne Beachtung der Wertgrenze	24
	a) Beiträge zur ges. Rentenversicherung sind erstattet	24
	b) In eine bestehende Direktversicherung	25
	III. Abfindungssystematik	28

A. Möglichkeiten der Leistungserbringung (§ 8 Abs. 1 BetrAVG)

I. Durch den PSVaG

Nach § 7 BetrAVG haben die Versorgungsberechtigten einen **gesetzlichen Anspruch gegen den PSVaG** auf Zahlung der insolvenzgesicherten betrieblichen Altersversorgung. Dieser Anspruch entsteht bei **laufenden Rentenleistungen** mit dem Beginn des Kalendermonats, der auf den Eintritt des Sicherungsfalls folgt (§ 7 Abs. 1 a BetrAVG).[1] Solange ein Versorgungsfall noch nicht eingetreten ist, haben die Versorgungsberechtigten eine **gesetzliche Anwartschaft** gegenüber dem PSVaG.

Zahlungen an die Versorgungsberechtigten erbringt der PSVaG unmittelbar regelmäßig nur bei Kapitalzusagen und im Zusammenhang mit der zeitlich befristeten Übernahme von Verpflichtungen bei einem außergerichtlichen Vergleich. Im Regelfall – bei Eröffnung des gerichtlichen Insolvenzverfahrens oder dessen Abweisung mangels Masse – überträgt der PSVaG die **Auszahlung der Leistungen auf ein Konsortium** von zurzeit 56 Unternehmen der Lebensversicherung.[2]

In geeigneten Fällen kann nach der Eröffnung des Insolvenzverfahrens eine baldige Rentenzahlung über den Insolvenzverwalter aufgenommen werden. Der Insolvenzverwalter zahlt dann über den »**alten Zahlungsweg**«, wie er vor Insolvenz bestand, vorübergehend die Renten mit Mitteln des PSVaG an die Versorgungsberechtigten weiter. Dies ist eine Überbrückungsmaßnahme zwischen der Eröffnung des Insolvenzverfahrens und der Zahlungsaufnahme durch das Konsortium nach

1

2

3

---
1 Vgl. § 7 Rn. 53–56.
2 Vgl. Rn. 5–15.

der Bearbeitung der einzelnen Rentenfälle. Damit werden längere Unterbrechungen der Zahlung der Renten verhindert.

II. Durch eine Pensionskasse oder ein Unternehmen der Lebensversicherung

1. Gesetzliche Ermächtigung

4 § 8 Abs. 1 BetrAVG eröffnet für den PSVaG die Möglichkeit, den gegen ihn bestehenden gesetzlichen Anspruch mit befreiender Wirkung zu übertragen. Dies setzt zum einen voraus, dass eine Pensionskasse oder ein **Unternehmen der Lebensversicherung** sich gegenüber dem PSVaG zur **Leistungserbringung verpflichtet**. Zum anderen müssen die Versorgungsberechtigten ein unmittelbares Recht gegenüber der Pensionskasse oder dem Unternehmen der Lebensversicherung erwerben, die insolvenzgesicherte Leistung auf betriebliche Altersversorgung zu fordern. Die Möglichkeit der Übertragung der Leistungspflicht vom PSVaG auf eine Pensionskasse hat in der Praxis kaum Bedeutung.

2. Konsortium

a) Grundsatz

5 Der PSVaG hat seit Beginn seiner Tätigkeit von der gesetzlichen Möglichkeit Gebrauch gemacht, die Auszahlung über Unternehmen der Lebensversicherung vornehmen zu lassen. Konkret überträgt er gegen Zahlung eines Einmalbetrags bei Leistungsbeginn die Leistungserbringung an den Versorgungsempfänger auf ein **Konsortium von zurzeit 56 Unternehmen der Lebensversicherung**, das sich gegenüber dem Rentner zur Zahlung verpflichtet.

6 Was nach § 8 Abs. 1 BetrAVG für die Übertragung vom PSVaG auf ein Unternehmen der Lebensversicherung gilt, muss erst recht für einen Zusammenschluss in Form eines **Konsortiums** gelten, also mehrere Unternehmen der Lebensversicherung. Die Übertragung der Zahlungsverpflichtung auf das Konsortium anstelle eines Unternehmens der Lebensversicherung führt zur Risikoverteilung auf eine Vielzahl von Lebensversicherungsunternehmen, bei der jeder Konsorte entsprechend seiner Quote im Konsortium einsteht. Im Rahmen der Leistungsabwicklung trägt das Konsortium das Risiko der Langlebigkeit der Versorgungsempfänger sowie das Risiko, den rechnungsmäßig kalkulierten Zins auch zu erwirtschaften.

Übertragung der Leistungspflicht und Abfindung § 8

Aufgrund des Vertrages mit dem Konsortium besteht ein **eigener Abrechnungsverband**. Die **Überschussanteile** daraus stehen dem PSVaG zu[3] und dienen der Minderung der künftigen Beitragslast seiner Mitglieder.[4]

Geschäftsführender Versicherer des Konsortiums für den PSVaG ist die Allianz Lebensversicherungs-AG, Reinsburgstr. 19 in 70178 Stuttgart. Dieser vertritt das Konsortium gerichtlich und außergerichtlich.

Rückständige Leistungen werden entweder vom PSVaG direkt oder vom Konsortium zusammen mit der Auszahlung der ersten laufenden Leistung erbracht.[5] Einmalige Kapitalleistungen aus der Versorgungszusage sowie Kapitalabfindungen nach § 8 Abs. 2 BetrAVG zahlt der PSVaG unmittelbar.

Zu Beginn des Jahres 2007 erhalten vom Konsortium rd. 448.000 Betriebsrentner aufgrund der Insolvenz ihres früheren Arbeitgebers monatlich insgesamt rd. 57 Mio. €.[6] Weitere rd. 168.000 Anwärter aus diesen Insolvenzen werden im Laufe der nächsten 30 Jahre ihre beim PSVaG gesicherte Betriebsrente abrufen.[7]

b) Rechtsbeziehungen

Die Verpflichtung des Konsortiums gegenüber dem Versorgungsberechtigten ergibt sich aus dem Rahmenvertrag zwischen dem Konsortium und dem PSVaG, in dem der PSVaG als Versicherungsnehmer den Versorgungsberechtigten ein unwiderrufliches Bezugsrecht einräumt. Es handelt sich um einen **echten Vertrag zugunsten Dritter (der Rentner)** gem. § 328 Abs. 1 BGB.[8]

Die in § 8 Abs. 1 BetrAVG vorgesehene Regelungsmöglichkeit der Abwicklung der gesetzlichen Zahlungsverpflichtung des PSVaG über Unternehmen der Lebensversicherung (Konsortium) stellt eine **gesetzliche Schuldbefreiung für den PSVaG** dar, die abweichend von § 415 BGB nicht der Zustimmung der nach § 7 BetrAVG berechtigten Rentner bedarf.[9]

---

3 *Blomeyer/Rolfs/Otto* § 8 Rn. 16; *Höfer* BetrAVG, Rn. 4625 zu § 8.
4 Zum Finanzierungsverfahren des PSVaG vgl. § 10 Rn. 35–49 f.
5 *Paulsdorff* § 8 Rn. 12.
6 www.psvag.de unter dem Stichwort »Wir über uns«, »Fakten & Zahlen«.
7 Bericht über das Geschäftsjahr 2006 des PSVaG, S. 7 ff. Zum Finanzierungsverfahren des PSVaG vgl. § 10 Rn. 35–49 f.
8 *Blomeyer/Rolfs/Otto* § 8 Rn. 11; *Höfer* BetrAVG, Rn. 4626 zu § 8.
9 *Blomeyer/Rolfs/Otto* § 8 Rn. 9.

§ 8 Übertragung der Leistungspflicht und Abfindung

13 Entsprechend dem vorher Gesagten wird der PSVaG von seiner gesetzlichen Leistungspflicht jeweils im konkret beim Konsortium versicherten Versorgungsfall befreit. Der **Versorgungsempfänger** hat einen **eigenen Anspruch gegenüber dem Konsortium**. In der Folge richten sich z.B. Pfändungs- und Überweisungsbeschlüsse gegen Versorgungsberechtigte, die bereits Leistungen des Konsortiums erhalten, gegen das Konsortium und nicht gegen den PSVaG. Lediglich bei Anwärtern merkt der PSVaG die Pfändung vor für den Fall des Eintritts des Versorgungsfalls.

14 Das Konsortium ist Zahlstelle gem. § 202 SGB V für die Abführung des **Kranken- und Pflegeversicherungsbeitrags** der Rentner und nach § 3 Nr. 65 EStG zur Erhebung der **Lohnsteuer** verpflichtet.

15 Abb.: Rechtsbeziehungen zwischen den Beteiligten

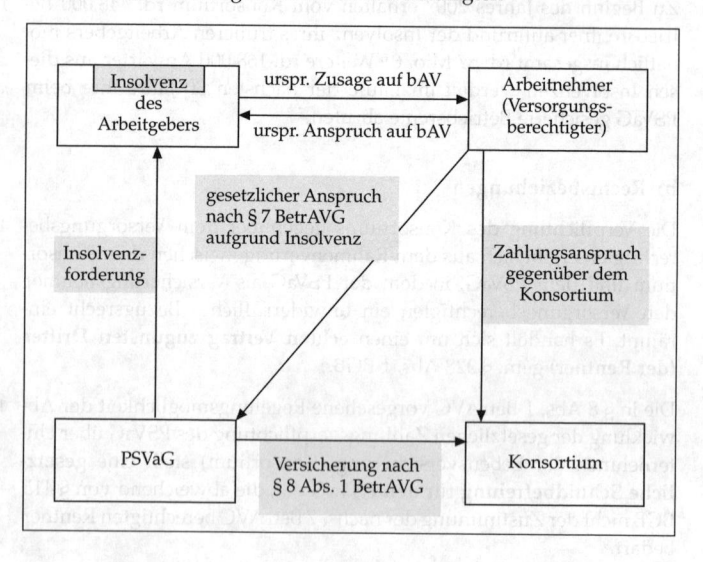

```
┌─────────────────────────────────────────────────────────────────┐
│  ┌───────────┐    urspr. Zusage auf bAV    ┌───────────────┐    │
│  │ Insolvenz │ ──────────────────────────▶ │ Arbeitnehmer  │    │
│  │    des    │                             │ (Versorgungs- │    │
│  │Arbeitgebers│ ◀───────────────────────── │ berechtigter) │    │
│  └───────────┘    urspr. Anspruch auf bAV  └───────────────┘    │
│        ▲                                           │            │
│        │          gesetzlicher Anspruch            │            │
│        │          nach § 7 BetrAVG                 │            │
│        │          aufgrund Insolvenz               │            │
│  Insolvenz-                                    Zahlungsanspruch │
│  forderung                                     gegenüber dem    │
│        │                                       Konsortium       │
│        │                                           │            │
│  ┌───────────┐                             ┌───────────────┐    │
│  │           │    Versicherung nach        │               │    │
│  │   PSVaG   │ ──────────────────────────▶ │  Konsortium   │    │
│  │           │    § 8 Abs. 1 BetrAVG       │               │    │
│  └───────────┘                             └───────────────┘    │
└─────────────────────────────────────────────────────────────────┘
```

B. Sonderfall Pensionsfonds (§ 8 Abs. 1 a BetrAVG)

16 Der Arbeitgeber kann betriebliche Altersversorgung über **Pensionsfonds** zusagen (§ 1 b Abs. 3 BetrAVG). Der Eintritt des Sicherungsfalls beim Arbeitgeber als Trägerunternehmen des Pensionsfonds löst die Eintrittspflicht des PSVaG aus (§ 7 Abs. 1 S. 2 Nr. 2 und Abs. 2 S. 2 BetrAVG).

Übertragung der Leistungspflicht und Abfindung §8

Der **Pensionsfonds kann** jedoch die gegen den PSVaG gerichteten Ansprüche **selbst erfüllen**, wenn er dies innerhalb von drei Monaten nach Eintritt des Sicherungsfalls bei der Bundesanstalt für Finanzdienstleistungsaufsicht **beantragt** und diese dies genehmigt.[10] Die Genehmigung kann nur erteilt werden, wenn durch Auflagen der Bundesanstalt für Finanzdienstleistungsaufsicht die **dauernde Erfüllbarkeit der Leistungen** in der Höhe, die sich aus dem Pensionsplan ergibt, sichergestellt werden kann (§ 8 Abs. 1 a S. 2 BetrAVG). 17

Bei Erteilung der **Genehmigung** hat der PSVaG die gegen ihn gerichteten Ansprüche auf den Pensionsfonds entsprechend § 8 Abs. 1 BetrAVG zu übertragen. Ein Anspruch der Versorgungsberechtigten gegen den PSVaG auf Leistungen nach § 7 BetrAVG besteht dann nicht mehr, § 8 Abs. 1 a S. 1 i.V.m. § 8 Abs. 1 BetrAVG. Das **Vermögen des Pensionsfonds** verbleibt in diesem Fall beim Pensionsfonds (vgl. § 9 Abs. 3 a BetrAVG). 18

C. Abfindung von Renten und Anwartschaften (§ 8 Abs. 2 BetrAVG)

I. Grundsatz

§ 8 Abs. 2 BetrAVG begründet für den **PSVaG** ein **Recht zur Abfindung** von **Anwartschaften und laufenden Leistungen**. Eine **Zustimmung des Versorgungsberechtigten ist nicht notwendig**; dies gilt für alle Abfindungsmöglichkeiten des PSVaG (§ 8 Abs. 2 S. 1 BetrAVG). Ein Versorgungsberechtigter kann demnach eine Abfindung nicht verhindern. Andererseits besteht **keine Verpflichtung zur Abfindung**; die betroffenen Versorgungsberechtigten können also nicht verlangen, dass ihre Anwartschaft oder laufende Leistung vom PSVaG abgefunden wird.[11] Dies gilt sowohl für arbeitgeberfinanzierte Zusagen als auch für Entgeltumwandlungszusagen. Die Beendigung des Arbeitsverhältnisses ist für eine Abfindung durch den PSVaG ohne Bedeutung. Das Abfindungsrecht besteht auch dann, wenn der Versorgungsberechtigte beim die Eintrittspflicht des PSVaG auslösenden Arbeitgeber weiter beschäftigt bleibt. 19

---

10 *Blomeyer/Rolfs/Otto* § 8 Rn. 20 ff.; *Höfer* BetrAVG, Rn. 4629 ff. zu § 8.
11 *Andresen/Förster/Rößler/Rühmann* Teil 13 A, Rn. 1238, 1270; *Höfer* BetrAVG, Rn. 4638 ff. zu § 8.

II. Abfindungsmöglichkeiten

1. Beachtung der Wertgrenze

20 Die Abfindungsregelung des § 8 Abs. 2 BetrAVG orientiert sich grds. an der **Höhe der laufenden monatlichen Versorgungsleistung**, die bei Erreichen der vorgesehenen Altersgrenze zu zahlen wäre.[12] Diese darf 1 % **der monatlichen Bezugsgröße** nach § 18 SGB IV, bei Kapitalleistungen 12/10 dieser Bezugsgröße, nicht übersteigen. Dies gilt sowohl für arbeitgeberfinanzierte Zusagen als auch für Entgeltumwandlungszusagen. Höhere monatliche Versorgungsleistungen können nur abgefunden werden, wenn die Beiträge zur gesetzlichen Rentenversicherung erstattet worden sind[13] oder von der Abfindungsmöglichkeit nach § 8 Abs. 2 S. 3 BetrAVG[14] Gebrauch gemacht wird (an ein Unternehmen der Lebensversicherung).

21 Basis für die Wertgrenze der Abfindungsmöglichkeit ist die Höhe der Bezugsgröße nach § 18 SGB IV, wie sie **im Zeitpunkt der Abfindung** besteht. So ist eine Abfindungszahlung unmittelbar an den Versorgungsberechtigten im Jahr 2008 bis zu einer monatlichen Rente in Höhe von 24,85 € (alte Länder und West-Berlin) bzw. 21,00 € Beitrittsgebiet (neue Bundesländer und Ost-Berlin) möglich.[15] Für die Berechnung der Höhe der Abfindung gilt § 3 Abs. 5 BetrAVG entsprechend (§ 8 Abs. 2 S. 4 BetrAVG). § 3 Abs. 5 BetrAVG verweist wiederum auf die Vorschrift des § 4 Abs. 5 BetrAVG, der Abfindungsbetrag berechnet sich also wie der Übertragungswert im Falle der Portabilität.[16]

22 **Abb.:** Bezugsgröße nach § 18 SGB IV
(Alte Bundesländer und West-Berlin)

Jahr	monatlich	1 %	12/10
2001	2.290,59 €	22,90 €	2.748,70 €
2002	2.345,00 €	23,45 €	2.814,00 €

---

12 Zur Abfindung von Entgeltumwandlungszusagen bei rückgedeckter Gruppenunterstützungskasse vgl. Merkblatt 110/M 8 des PSVaG, das im Internet unter www.psvag.de zur Verfügung steht.
13 Vgl. Rn. 24.
14 Vgl. Rn. 25.
15 Die Differenzierung zwischen den alten und neuen Ländern ergibt sich u.a. aus dem Verweis in § 8 Abs. 2 S. 1 BetrAVG auf die monatliche Bezugsgröße gem. § 18 SGB IV. Die monatliche Bezugsgröße für die alten Länder ergibt sich aus § 18 Abs. 1 SGB IV und die für die neuen Länder aus § 18 Abs. 2 SGB IV.
16 *Feldkamp* BetrAV 2006, 232.

Übertragung der Leistungspflicht und Abfindung § 8

Jahr	monatlich	1 %	12/10
2003	2.380,00 €	23,80 €	2.856,00 €
2004	2.415,00 €	24,15 €	2.898,00 €
2005	2.415,00 €	24,15 €	2.898,00 €
2006	2.450,00 €	24,50 €	2.940,00 €
2007	2.450,00 €	24,50 €	2.940,00 €
2008	2.485,00 €	24,85 €	2.982,00 €

Abb.: Bezugsgröße nach § 18 SGB IV
(Neue Bundesländer und Ost-Berlin)

Jahr	monatlich	1 %	12/10
2001	1.932,68 €	19,32 €	2.319,21 €
2002	1.960,00 €	19,95 €	2.394,00 €
2003	1.995,00 €	19,95 €	2.394,00 €
2004	2.030,00 €	20,30 €	2.436,00 €
2005	2.030,00 €	20,30 €	2.436,00 €
2006	2.065,00 €	20,65 €	2.478,00 €
2007	2.100,00 €	21,00 €	2.520,00 €
2008	2.100,00 €	21,00 €	2.520,00 €

2. Ohne Beachtung der Wertgrenze

a) Beiträge zur gesetzlichen Rentenversicherung sind erstattet

Ohne Beachtung der Wertgrenze von 1 % der monatlichen Bezugsgröße nach § 18 SGB IV kann eine Anwartschaft vom PSVaG abgefunden werden, wenn dem Arbeitnehmer die **Beiträge zur gesetzlichen Rentenversicherung erstattet worden sind** (vor allem bei ausländischen Arbeitnehmern, die in ihr Heimatland zurückkehren).[17] Dies

24

---

17 Die Erstattung richtet sich nach § 210 SGB VI. Sozialversicherungsabkommen mit einem ausländischen Staat schließen die Erstattung aus, wenn sie ein

gilt sowohl für arbeitgeberfinanzierte Zusagen als auch für Entgeltumwandlungszusagen.

b) In eine bestehende Direktversicherung

25 Nach § 8 Abs. 2 S. 3 BetrAVG kann eine Anwartschaft oder laufende Leistung vom PSVaG abgefunden werden, wenn der Abfindungsbetrag **unmittelbar an ein Unternehmen der Lebensversicherungswirtschaft** gezahlt wird, bei dem der Versorgungsberechtigte im Rahmen einer Direktversicherung **zum Zeitpunkt des Eintritts des Sicherungsfalls bereits versichert ist**. Dies gilt sowohl für arbeitgeberfinanzierte Zusagen als auch für Entgeltumwandlungszusagen. Die im Einzelfall zu zahlende Abfindung ist der **Höhe nach nicht begrenzt**.[18]

26 Damit ist die Möglichkeit eröffnet, durch Vorauszahlungen, Verpfändung, Beleihung oder Abtretung beschädigte Direktversicherungen zu »heilen«, indem die Begünstigten durch Einzahlungen des PSVaG an das Versicherungsunternehmen so gestellt werden, als wäre ihre Direktversicherung im Zeitpunkt des Eintritts des Sicherungsfalles nicht beeinträchtigt gewesen (Leistung an den Versorgungsberechtigten aus einer Hand).[19] Auch diese Zahlung des PSVaG ist **ohne Zustimmung des Versorgungsberechtigten** möglich, wobei es sich hierbei nicht um eine Abfindung im eigentlichen Sinn handelt, sondern vielmehr um die Aufrechterhaltung des bisherigen Durchführungswegs der betrieblichen Altersversorgung.

27 Mit dem Verweis auf § 2 Abs. 2 Sätze 4–6 in § 8 Abs. 2 S. 4 BetrAVG ist klargestellt, dass Ansprüche der Versorgungsberechtigten aus der Direktversicherung schon vor Insolvenz bestanden haben müssen, also durch die Abfindungszahlung des PSVaG **keine neue Versorgung aufgebaut wird**. Gleichzeitig soll mit dem Verweis auf die genannten Regelungen des § 2 BetrAVG verhindert werden, dass sich der Versorgungsbegünstigte nach der Abfindungszahlung in die Lebensversicherung durch den PSVaG und dem Erhalt der Versicherungsnehmerstellung am Vermögen der betrieblichen Altersversorgung entgegen dem Sinn und Zweck der Versorgung vorzeitig bedient.

Recht zur freiwilligen Versicherung in der deutschen Rentenversicherung vorsehen (§ 210 Abs. 1 Nr. 1 SGB VI ist dann nicht erfüllt).
18 *Höfer* BetrAVG, Rn. 4653 zu § 8.
19 *Höfer* BetrAVG, Rn. 4653 zu § 8.

III. Abfindungssystematik

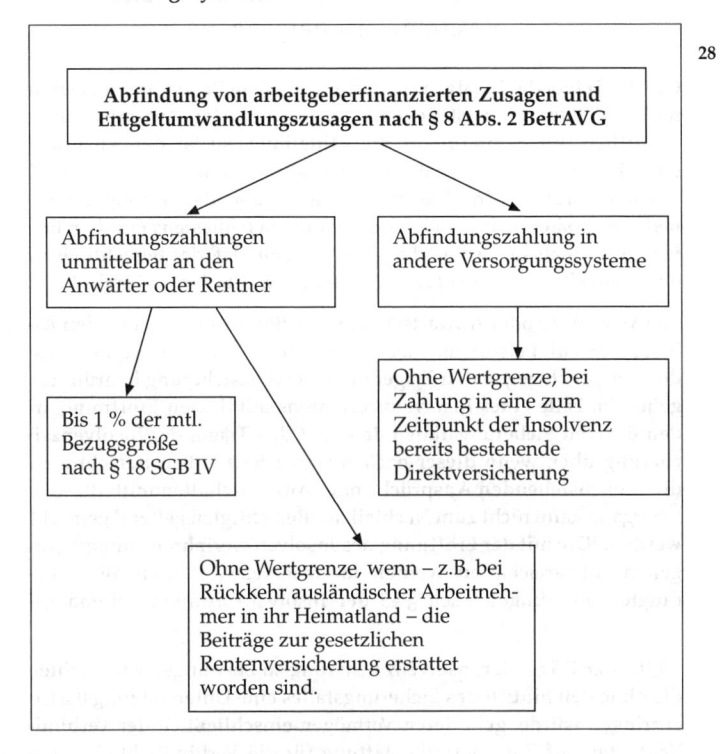

28

Abfindung von arbeitgeberfinanzierten Zusagen und Entgeltumwandlungszusagen nach § 8 Abs. 2 BetrAVG

- Abfindungszahlungen unmittelbar an den Anwärter oder Rentner
  - Bis 1 % der mtl. Bezugsgröße nach § 18 SGB IV
- Abfindungszahlung in andere Versorgungssysteme
  - Ohne Wertgrenze, bei Zahlung in eine zum Zeitpunkt der Insolvenz bereits bestehende Direktversicherung

Ohne Wertgrenze, wenn – z.B. bei Rückkehr ausländischer Arbeitnehmer in ihr Heimatland – die Beiträge zur gesetzlichen Rentenversicherung erstattet worden sind.

§ 9 Mitteilungspflicht; Forderungs- und Vermögensübergang

(1) [1]Der Träger der Insolvenzsicherung teilt dem Berechtigten die ihm nach § 7 oder § 8 zustehenden Ansprüche oder Anwartschaften schriftlich mit. [2]Unterbleibt die Mitteilung, so ist der Anspruch oder die Anwartschaft spätestens ein Jahr nach dem Sicherungsfall bei dem Träger der Insolvenzsicherung anzumelden; erfolgt die Anmeldung später, so beginnen die Leistungen frühestens mit dem Ersten des Monats der Anmeldung, es sei denn, daß der Berechtigte an der rechtzeitigen Anmeldung ohne sein Verschulden verhindert war.

(2) [1]Ansprüche oder Anwartschaften des Berechtigten gegen den Arbeitgeber auf Leistungen der betrieblichen Altersversorgung, die den Anspruch gegen den Träger der Insolvenzsicherung begründen, gehen im Falle eines Insolvenzverfahrens mit dessen Eröffnung, in den übrigen Sicherungsfällen dann auf den Träger der Insolvenzsicherung über, wenn dieser nach Absatz 1 Satz 1 dem Berechtigten die ihm zustehenden Ansprüche oder Anwartschaften mitteilt. [2]Der Übergang kann nicht zum Nachteil des Berechtigten geltend gemacht werden. [3]Die mit der Eröffnung des Insolvenzverfahrens übergegangenen Anwartschaften werden im Insolvenzverfahren als unbedingte Forderungen nach § 45 der Insolvenzordnung geltend gemacht.

(3) [1]Ist der Träger der Insolvenzsicherung zu Leistungen verpflichtet, die ohne den Eintritt des Sicherungsfalles eine Unterstützungskasse erbringen würde, geht deren Vermögen einschließlich der Verbindlichkeiten auf ihn über; die Haftung für die Verbindlichkeiten beschränkt sich auf das übergegangene Vermögen. [2]Wenn die übergegangenen Vermögenswerte den Barwert der Ansprüche und Anwartschaften gegen den Träger der Insolvenzsicherung übersteigen, hat dieser den übersteigenden Teil entsprechend der Satzung der Unterstützungskasse zu verwenden. [3]Bei einer Unterstützungskasse mit mehreren Trägerunternehmen hat der Träger der Insolvenzsicherung einen Anspruch gegen die Unterstützungskasse auf einen Betrag, der dem Teil des Vermögens der Kasse entspricht, der auf das Unternehmen entfällt, bei dem der Sicherungsfall eingetreten ist. [4]Die Sätze 1 bis 3 gelten nicht, wenn der Sicherungsfall auf den in § 7 Abs. 1 Satz 4 Nr. 2 genannten Gründen beruht, es sei denn, daß das Trägerunternehmen seine Betriebstätigkeit nach Eintritt des Sicherungsfalls nicht fortsetzt und aufgelöst wird (Liquidationsvergleich).

Mitteilungspflicht; Forderungs- und Vermögensübergang § 9

(3 a) Absatz 3 findet entsprechende Anwendung auf einen Pensionsfonds, wenn die Bundesanstalt für Finanzdienstleistungsaufsicht die Genehmigung für die Übertragung der Leistungspflicht durch den Träger der Insolvenzsicherung nach § 8 Abs. 1 a nicht erteilt.

(4) [1]In einem Insolvenzplan, der die Fortführung des Unternehmens oder eines Betriebes vorsieht, kann für den Träger der Insolvenzsicherung eine besondere Gruppe gebildet werden. [2]Sofern im Insolvenzplan nichts anderes vorgesehen ist, kann der Träger der Insolvenzsicherung, wenn innerhalb von drei Jahren nach der Aufhebung des Insolvenzverfahrens ein Antrag auf Eröffnung eines neuen Insolvenzverfahrens über das Vermögen des Arbeitgebers gestellt wird, in diesem Verfahren als Insolvenzgläubiger Erstattung der von ihm erbrachten Leistungen verlangen.

(5) Dem Träger der Insolvenzsicherung steht gegen den Beschluß, durch den das Insolvenzverfahren eröffnet wird, die sofortige Beschwerde zu.

Übersicht Rn.

A. Mitteilungspflichten (§ 9 Abs. 1 BetrAVG) 1
   I. Pflicht des PSVaG 1
      1. Laufende Leistungen 2
      2. Unverfallbare Anwartschaften 3
   II. Unterbliebene Mitteilung 4

B. Gesetzlicher Forderungsübergang (§ 9 Abs. 2 BetrAVG) 10
   I. Grundsatz 10
   II. Zeitpunkt 12
   III. Forderungsrechte 13
   IV. Nicht zum Nachteil des Berechtigten 18
   V. Forderungsanmeldung im Insolvenzverfahren 20

C. Vermögensübergang bei Unterstützungskassen (§ 9 Abs. 3 BetrAVG) 22
   I. Grundsatz 22
   II. Dotierte Unterstützungskasse 26
   III. Auflösung der Unterstützungskasse 27
   IV. Gruppenunterstützungskasse 28
   V. Forderungsanmeldung im Insolvenzverfahren 28 b

D. Vermögensübergang bei Pensionsfonds (§ 9 Abs. 3 a BetrAVG) 29

E. Insolvenzplan, sofortige Beschwerde (§ 9 Abs. 4, 5 BetrAVG) 31

A. Mitteilungspflichten (§ 9 Abs. 1 BetrAVG)

I. Pflicht des PSVaG

1 Der **PSVaG ist verpflichtet**, die Versorgungsberechtigten (ggf. auch Hinterbliebene[1]) über die ihnen nach § 7 BetrAVG zustehenden insolvenzgeschützten Ansprüche oder Anwartschaften **schriftlich zu informieren** (Mitteilungspflicht nach § 9 Abs. 1 S. 1 BetrAVG). Dazu erhalten die Versorgungsempfänger sog. **Leistungsbescheide** und die Versorgungsanwärter sog. **Anwartschaftsausweise** vom PSVaG. Dabei handelt es sich nicht um Verwaltungsakte, denn die Beziehungen zwischen dem PSVaG und den Versorgungsberechtigten aufgrund des Eintritts eines Sicherungsfalls sind dem privaten Recht zuzuordnen.[2] Der PSVaG ist zu dieser Mitteilung auch dann verpflichtet, wenn er die Auszahlung der Versorgungsleistung nach § 8 BetrAVG auf Dritte überträgt.

1. Laufende Leistungen

2 Die **Bezieher laufender Leistungen** sind vom PSVaG über die zu zahlende betriebliche Altersversorgung **dem Grunde** (Alters-, Invaliditäts- oder Hinterbliebenenleistungen) **und der Höhe nach** zu informieren. Dazu erhalten die Versorgungsempfänger einen sog. Leistungsbescheid. Der Leistungsbescheid ist **nicht konstitutiv** für die Leistung, da der Anspruch des Versorgungsempfängers gegenüber dem PSVaG immer kraft Gesetzes nach § 7 Abs. 1 BetrAVG entsteht.[3]

2. Unverfallbare Anwartschaften

3 Versorgungsberechtigte mit einer **gesetzlich unverfallbaren Anwartschaft** sind vom PSVaG hierüber und im Rahmen des Möglichen auch über die **Höhe** ihrer Anwartschaft zu informieren. Dazu erhalten die Anwärter einen sog. Anwartschaftsausweis. Auch der Anwartschaftsausweis ist – wie der Leistungsbescheid – **nicht konstitutiv** für die spätere Leistung des PSVaG; er könnte es schon wegen der Vorläufigkeit der darin getroffenen Feststellungen auch nicht sein.[4] Der Anspruch der Anwärter gegenüber dem PSVaG entsteht immer kraft Ge-

---

1 Ein eigener Mitteilungsanspruch eines Hinterbliebenen entsteht erst mit dem Todesfall des unmittelbar Versorgungsberechtigten.
2 Vgl. § 10 Rn. 18–20.
3 BGH 3.2.1986, II ZR 54/85, DB 1986, 1118; *Blomeyer/Rolfs/Otto* § 9 Rn. 14; *Höfer* BetrAVG, Rn. 4666 zu § 9; *Paulsdorff* § 9 Rn. 1.
4 *Paulsdorff* § 9 Rn. 2.

setzes nach § 7 Abs. 2 BetrAVG.[5] Bei (späterem) Eintritt des konkreten Versorgungsfalls erfolgt unter Berücksichtigung der dann gegebenen tatsächlichen Verhältnisse (z.b. Änderung des Familienstandes oder der gesetzlichen Vorschriften) die Leistungsfestsetzung.[6]

II. Unterbliebene Mitteilung

Unterbleibt die Mitteilung des PSVaG nach § 9 Abs. 1 S. 1 BetrAVG, ist 4 der Versorgungsberechtigte verpflichtet, seinen Anspruch oder seine Anwartschaft beim PSVaG spätestens ein Jahr nach Eintritt des Sicherungsfalls **anzumelden** (§ 9 Abs. 1 S. 2 BetrAVG).[7] Erfüllt der Versorgungsberechtigte diese Meldepflicht, dann werden die insolvenzgeschützten Leistungen – auch rückwirkend – erbracht.[8] Erfolgt die Anmeldung durch den Versorgungsberechtigten später als ein Jahr nach Eintritt des Sicherungsfalls, so beginnen die Leistungen des PSVaG frühestens mit dem Ersten des Monats der Anmeldung, es sei denn, dass der Berechtigte an der rechtzeitigen Anmeldung ohne sein Verschulden verhindert war (§ 9 Abs. 1 S. 2 BetrAVG).

Fristbeginn ist der Tag des Eintritts des Sicherungsfalls[9], das Fristende 5 berechnet sich nach §§ 187, 188 BGB. Durch die Anmeldung entsteht der Anspruch gegen den PSVaG nicht, dieser besteht bereits kraft Gesetzes.[10]

Bei der Jahresfrist handelt es sich um eine **Ausschlussfrist**.[11] Allerdings 6 greift diese Ausschlussfrist nicht ein, wenn den Versorgungsberechtigten kein **Verschulden** an der Verspätung der Geltendmachung seiner Ansprüche trifft (§ 9 Abs. 1 S. 2 letzter Halbsatz BetrAVG). Ein schuldhaftes Verhalten setzt wenigstens voraus, dass der Versorgungsberechtigte von der Insolvenz Kenntnis hatte oder hätte haben müssen.[12]

Die **Ausschlussfrist** berührt zwar nicht den Anspruch des Versor- 7 gungsberechtigten dem Grunde oder der Höhe nach, aber den **Beginn**

---

5 BGH 3.2.1986, II ZR 54/85, DB 1986, 1118; *Blomeyer/Rolfs/Otto* § 9 Rn. 14; *Höfer* BetrAVG, Rn. 4666 zu § 9; *Paulsdorff* § 9 Rn. 1.
6 *Blomeyer/Rolfs/Otto* § 9 Rn. 8.
7 BAG 9.12.1997, 3 AZR 429/96, EzA § 7 BetrAVG Nr. 55.
8 Zu Zahlungen von ggf. rückständigen Versorgungsleistungen für die Zeit vor Eintritt des Sicherungsfalls, vgl. § 7 Rn. 57 f.
9 *Blomeyer/Rolfs/Otto* § 9 Rn. 20; vgl. § 7 Rn. 26–44.
10 Vgl. Rn. 1–3.
11 *Blomeyer/Rolfs/Otto* § 9 Rn. 20.
12 *Blomeyer/Rolfs/Otto* § 9 Rn. 24; *Höfer* BetrAVG, Rn. 4675 zu § 9; *Paulsdorff* § 9 Rn. 10.

der Leistungspflicht des PSVaG. Bezieher laufender Leistungen zum Zeitpunkt des Eintritts des Sicherungsfalls sollten demnach die Jahresfrist einhalten, um einen verspäteten Leistungsbeginn zu verhindern.

8 Für Inhaber einer **gesetzlich unverfallbaren Anwartschaft** ist der Beginn der Leistungen des PSVaG ohnehin erst der (spätere) Eintritt des Versorgungsfalls. Konsequenterweise ist der **Beginn der Jahresfrist** des § 9 Abs. 1 S. 2 BetrAVG dann nicht der Zeitpunkt des Eintritts des Sicherungsfalls, sondern der **Eintritt des konkreten Versorgungsfalls**.[13]

9 Hat der Berechtigte einen Anwartschaftsausweis erhalten, ist der PSVaG bei verspäteter Anmeldung seines Versorgungsfalls nur durch die **Verjährungsvorschriften** vor der Geltendmachung von Ansprüchen für lange zurückliegende Zeiträume geschützt.[14] Die Regelung des § 9 Abs. 1 S. 2 2. Hs. BetrAVG (Beginn der Leistungen frühestens mit dem Ersten des Monats der Anmeldung der Ansprüche) findet dann keine Anwendung.

B. Gesetzlicher Forderungsübergang (§ 9 Abs. 2 BetrAVG)

I. Grundsatz

10 Aufgrund des Eintritts eines Sicherungsfalls beim Arbeitgeber erhält der Versorgungsberechtigte einen **gesetzlichen Anspruch gegen den PSVaG**.[15] Der Anspruch oder die Anwartschaft des Versorgungsberechtigten aus der Versorgungszusage – der nicht ohne weiteres aufgrund der Insolvenz wertlos sein muss – richtet sich weiterhin gegen den insolventen Arbeitgeber. Der Eintritt der Sicherungsfalls führt nicht dazu, dass Versorgungsansprüche Kraft Gesetzes erlöschen.[16] Da der Versorgungsberechtigte vom PSVaG seine Leistungen erhält, ordnet § 9 Abs. 2 S. 1 BetrAVG einen **gesetzlichen Forderungsübergang** seines Anspruchs oder seiner Anwartschaft gegen den Arbeitgeber **auf den**

---

13 *Andresen/Förster/Rößler/Rühmann* Teil 13 A, Rn. 1176; *Paulsdorff* § 9 Rn. 9; a.A. *Blomeyer/Rolfs/Otto* § 9 Rn. 21; *Höfer* BetrAVG, Rn. 4672 zu § 9, die es bei der strengen Anwendung des Gesetzes – Zeitpunkt des Eintritts des Sicherungsfalls – lassen wollen.
14 BAG 21.3.2000, 3 AZR 72/99, EzA § 9 BetrAVG Nr. 8, DB 2000, 1236 (im entschiedenen Fall lagen zwischen dem Eintritt des Versorgungsfalls und der Anmeldung rd. neun Jahre).
15 Vgl. § 7 Rn. 1–3.
16 BAG 9.11.1999, 3 AZR 361/98, EzA § 7 BetrAVG Nr. 62, DB 2001, 932.

PSVaG an.[17] Weil der PSVaG für die Erfüllung der Leistungen aus der betrieblichen Altersversorgung einsteht, soll er eventuell vorhandene werthaltige Ansprüche zur Schadenminderung nutzen können.[18] Der Forderungsübergang hindert nicht die gesetzliche Eintrittspflicht des **PSVaG, er kann den Versorgungsberechtigten nicht auf seine Sicherungsrechte verweisen**.[19] Der Forderungsübergang findet ohne Rücksicht darauf statt, wann der Versorgungsfall eintritt und wann bei unverfallbaren Anwartschaften ein Zahlungsanspruch gegen den Träger der Insolvenzsicherung entsteht.[20]

Soweit der PSVaG im Zusammenhang mit einem Insolvenzverfahren **Ansprüche** des Versorgungsberechtigten **bestreitet**, ist er auf dessen Verlangen verpflichtet, die übergegangenen Ansprüche an den Versorgungsberechtigten **abzutreten** oder diesen zu **ermächtigen**, einen Rechtsstreit gegen die Insolvenzmasse im eigenen Namen zu führen.[21] Der Versorgungsberechtigte hat also die Wahl, entweder vom PSVaG die Abtretung der umstrittenen Ansprüche zu fordern und zu versuchen, auf andere Weise Befriedigung zu erlangen, oder auf seinem Standpunkt zu beharren und seine Ansprüche gegen den PSVaG weiterzuverfolgen.[22]

II. Zeitpunkt

Hinsichtlich des Zeitpunkts des Forderungsübergangs auf den PSVaG ist zu **differenzieren** (§ 9 Abs. 2 S. 2 BetrAVG). Im Fall eines gerichtlichen Insolvenzverfahrens gehen die Ansprüche oder Anwartschaften mit dessen Eröffnung auf den PSVaG über; der Übergang ist nicht abhängig von Vorleistungen des PSVaG.[23] In den übrigen Sicherungsfällen ist der Zeitpunkt des gesetzlichen Forderungsübergangs abhängig von der Mitteilung der den Berechtigten zustehenden Ansprüche oder Anwartschaften durch den PSVaG nach § 9 Abs. 1 BetrAVG.

---

17 Ausführlich zur Systematik des § 9 Abs. 2 BetrAVG *Berenz* DB 2004, 1098, BetrAV 2004, 455.
18 BAG 9.11.1999, 3 AZR 361/98, EzA § 7 BetrAVG Nr. 62, DB 2001, 932.
19 *BGH* 9.3.1981, II ZR 171/79, ZIP 1981, 898, 900.
20 BAG 12.4.1983, 3 AZR 607/80, EzA § 9 BetrAVG Nr. 1, DB 1983, 1826.
21 BAG 12.4.1983, 3 AZR 607/80, EzA § 9 BetrAVG Nr. 1, DB 1983, 1826.
22 BAG 12.4.1983, 3 AZR 607/80, EzA § 9 BetrAVG Nr. 1, DB 1983, 1826.
23 BAG 12.12.1989, 3 AZR 540/88, EzA § 9 BetrAVG Nr. 3.

III. Forderungsrechte

13 Der Forderungsübergang nach § 9 Abs. 2 S. 1 BetrAVG betrifft **alle insolvenzgeschützten Versorgungsansprüche aus betrieblicher Altersversorgung**, die den Versorgungsberechtigten gegenüber dem Arbeitgeber zustehen. Der PSVaG tritt insoweit an die Stelle des Versorgungsberechtigten, ohne dass sich an der Rechtsqualität der Ansprüche gegen den Arbeitgeber etwas ändert.[24]

14 Der Forderungsübergang erfasst auch alle mit der Forderung auf betriebliche Altersversorgung **akzessorisch verbundenen Rechte**, die der Verstärkung der Forderung dienen.[25]

15 Zu den Forderungen, die nach § 9 Abs. 2 S. 1 BetrAVG übergehen, gehören u.a.:

- **Pfandrechte** der Versorgungsberechtigten an Rückdeckungsversicherungen und sonstige Pfandrechte (z.B. an einem Wertpapierdepot);[26]

- bei sog. Contractual Trust Arrangements (CTA-Modellen) gehen je nach Ausgestaltung des Modells die Pfandrechte der Versorgungsberechtigten an dem Rückübertragungsanspruch der auf den »Trust« übertragenen Vermögensgegenstände auf den PSVaG über oder bei der sog. doppelseitigen Treuhand das eigenständige Forderungsrecht (Sicherungstreuhand) des Versorgungsberechtigten gegenüber dem »Trust«.[27]

- **Hypotheken** der Versorgungsberechtigten;[28]

- **Bürgschaften**, die zur Absicherung der Ansprüche aus betrieblicher Altersversorgung eingeräumt sind.[29] Der Bürge kann sich nicht auf den Wegfall der Geschäftsgrundlage berufen wegen der unvorhergesehenen Insolvenz;[30]

---

24 BGH 23.1.1992, IX ZR 94/91, ZIP 1992, 342, 344.
25 BAG 12.12.1989, 3 AZR 540/88, EzA § 9 BetrAVG Nr. 3.
26 *Andresen/Förster/Rößler/Rühmann* Teil 13 A, Rn. 1340; *Blomeyer/Rolfs/Otto* § 9 Rn. 45; *Höfer* BetrAVG, Rn. 4685 zu § 9.
27 Zum Verhältnis CTA zur gesetzlichen Insolvenzsicherung durch den PSVaG, *Berenz* DB 2006, 2125. Zur Ausgestaltung der CTA-Modelle vgl. *Höfer* BetrAVG, Rn. 4599 ff. zu § 9; *Küppers/Louven* BB 2004, 337 (340 u. 342); *Langohr-Plato* Rn. 820.
28 *Andresen/Förster/Rößler/Rühmann* Teil 13 A, Rn. 1340; *Höfer* BetrAVG, Rn. 4685 zu § 9; *Paulsdorff* § 9 Rn. 19.
29 BAG 12.12.1989, 3 AZR 540/88, EzA § 9 BetrAVG Nr. 3, DB 1990, 895.
30 BGH 13.5.1993, IX ZR 166/92, ZIP 1993, 903, 906.

- **Schuldbeitritt** eines Dritten zur Absicherung der Ansprüche aus betrieblicher Altersversorgung.[31] Der Anspruch des Versorgungsberechtigten gegen den PSVaG vermindert sich nicht um die Ansprüche aus dem Schuldbeitritt. Er erhält aufgrund der Insolvenz einen gesetzlichen Anspruch gegenüber dem PSVaG.[32] Der PSVaG kann sich aufgrund des gesetzlichen Forderungsübergangs an den schuldbeitretenden Dritten halten;[33]

- Forderung gegenüber einem **früheren Einzelunternehmer** nach § 28 HGB, der sein Unternehmen in eine KG eingebracht hat;[34]

- Forderung gegen **(ausgeschiedene) persönlich haftende Gesellschafter** (§§ 128, 161 HGB) im Anwendungsbereich des Nachhaftungsbegrenzungsgesetzes während eines Zeitraums von fünf Jahren nach Eintragung des Ausscheidens im Handelsregister.[35]

Aufgrund des Forderungsübergangs haftet der Arbeitgeber – soweit Insolvenzschutz besteht – nur noch gegenüber dem PSVaG und nicht mehr dem Versorgungsberechtigten gegenüber. Dieser kann seinen Arbeitgeber bzgl. insolvenzgeschützter Ansprüche oder Anwartschaften auch nicht mehr verklagen.[36] Einwendungen gegen die Forderung kann der Arbeitgeber auch gegenüber dem PSVaG erheben (§§ 404, 412 BGB).[37]

16

Nicht akzessorische Sicherungsrechte – Grundschuld, abgetretene Forderung – gehen nicht nach § 9 Abs. 2 BetrAVG auf den PSVaG über. Unter dem Aspekt der Schadensminderung ist der PSVaG aber berechtigt, vom Versorgungsberechtigten die Abtretung zu verlangen.[38] Andernfalls könnte der PSVaG den Versorgungsberechtigten auf die Verwertung seines nicht akzessorischen Sicherungsrechts verweisen.[39]

17

---

31 BAG 12.12.1989, 3 AZR 540/88, EzA § 9 BetrAVG Nr. 3, DB 1990, 895.
32 Zum Zeitpunkt des Entstehens des Anspruchs gegenüber dem PSVaG vgl. § 7 Rn. 53–58.
33 BAG 12.12.1989, 3 AZR 540/88, EzA § 9 BetrAVG Nr. 3, DB 1990, 895.
34 BAG 23.1.1990, 3 AZR 171/88, EzA § 28 HGB Nr. 1, DB 1990, 1466.
35 *Paulsdorff* § 9 Rn. 61 ff. Während eines Insolvenzverfahrens ist für die Geltendmachung dieser Forderungen der Insolvenzverwalter zuständig (§ 93 InsO).
36 BAG 12.4.1983, 3 AZR 607/80, EzA § 9 BetrAVG Nr. 1, DB 1983, 1826.
37 *Andresen/Förster/Rößler/Rühmann* Teil 13 A, Rn. 1445.
38 *Berenz* DB 2004, 1098 = BetrAV 2004, 455; *Paulsdorff* § 9 Rn. 19.
39 *Höfer* BetrAVG, Rn. 4685 zu § 9.

IV. Nicht zum Nachteil des Berechtigten

18 Der **Übergang eines Sicherungsrechts** auf den PSVaG kann **nicht zum Nachteil des Berechtigten** geltend gemacht werden (§ 9 Abs. 2 S. 2 BetrAVG). Der gesetzliche Forderungsübergang auf den PSVaG nach § 9 Abs. 2 S. 1 BetrAVG findet demnach zunächst grds. statt bei Bestehen einer Eintrittspflicht des PSVaG.[40] Dabei ist entscheidend, ob der PSVaG »nach objektiver Rechtslage« die Versorgungsansprüche zu befriedigen hat.[41] Der **Versorgungsberechtigte** hat allerdings ein **vorrangiges Zugriffsrecht** auf das Sicherungsrecht bzw. die Teilhabe am Erlös aus der Verwertung des Rechts. Dies gilt jedoch nur für den Fall, dass sein Anspruch auf betriebliche Altersversorgung vom **PSVaG nicht voll befriedigt** wird.[42] Der PSVaG hat insoweit ggf. die (teilweise) Rückübertragung des Sicherungsrechts an den Versorgungsberechtigten vorzunehmen oder dem Versorgungsberechtigten den ersten Zugriff auf den Erlös zu gestatten.

19 Ein **Anwendungsfall** des § 9 Abs. 2 S. 2 BetrAVG ist z.b. die Leistungsbegrenzung des PSVaG der Höhe nach durch § 7 Abs. 3 BetrAVG. Bezüglich des die **Höchstgrenze übersteigenden Teils des Versorgungsanspruchs** kann der Versorgungsberechtigte sich zunächst aus dem Sicherungsrecht befriedigen. Ist der Erlös aus dem Sicherungsrecht (z.B. mtl. Leistungen aus einer verpfändeten Rückdeckungsversicherung) höher als der nicht insolvenzgeschützte Teil der Zusage, darf sich der PSVaG hieraus bis zur Höhe seiner Eintrittspflicht befriedigen. Ein danach noch vorhandener Erlös steht dem insolventen Arbeitgeber (Insolvenzmasse) zu.

---

40 BAG 12.4.1983, 3 AZR 607/80, EzA § 9 BetrAVG Nr. 1, DB 1983, 1826.
41 BAG 9.11.1999, 3 AZR 361/98, EzA § 7 BetrAVG Nr. 62, DB 2002, 932.
42 BAG 12.12.1989, 3 AZR 540/88, EzA § 9 BetrAVG Nr. 3, DB 1990, 895; vgl. auch Schreiben des PSVaG vom 14.1.1999, BetrAV 1999, 106 f.

Mitteilungspflicht; Forderungs- und Vermögensübergang   § 9

▶ **Beispiel:**

Leistungsbegrenzung des PSVaG und Sicherungsrechte

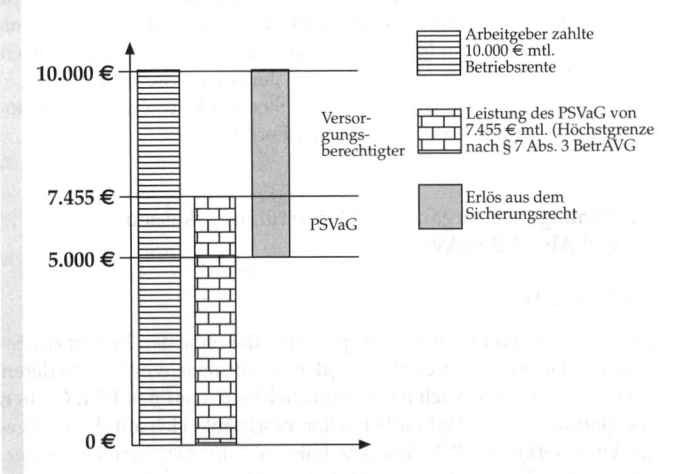

[Diagramm: Balkendiagramm mit Werten 10.000 €, 7.455 €, 5.000 €, 0 €; Legende: Arbeitgeber zahlte 10.000 € mtl. Betriebsrente; Leistung des PSVaG von 7.455 € mtl. (Höchstgrenze nach § 7 Abs. 3 BetrAVG); Erlös aus dem Sicherungsrecht; Säulen beschriftet mit „Versorgungsberechtigter" und „PSVaG"]

Der Arbeitgeber zahlte eine monatliche Betriebsrente in Höhe von 10.000 €. Nach Insolvenz leistet der PSVaG 7.455 € mtl. (Höchstgrenze nach § 7 Abs. 3 BetrAVG in 2008, alte Länder). Der Ausfall des Versorgungsberechtigten beträgt danach noch 2.545 € mtl. Der Erlös aus dem Sicherungsrecht beträgt 5.000 €. Hieraus darf sich zunächst der Versorgungsberechtigte bedienen, soweit er noch einen Nachteil hat, also 2.545 € mtl. (§ 9 Abs. 2 S. 2 BetrAVG). Der überschießende Betrag steht dem PSVaG zu (§ 9 Abs. 2 S. 1 BetrAVG).

V. Forderungsanmeldung im Insolvenzverfahren

Die mit der Eröffnung des Insolvenzverfahrens auf den PSVaG übergegangenen Anwartschaften werden im Insolvenzverfahren als unbedingte Forderungen nach § 45 der Insolvenzordnung geltend gemacht. Demnach werden neben den **Ansprüchen aus Rentenzahlungen auch die Anwartschaften kapitalisiert zur Insolvenztabelle angemeldet.** Der Rechnungszins, den der PSVaG zugrunde legt, beträgt 5,5 %.[43] Zum Verhältnis der aufgrund § 9 Abs. 2 BetrAVG vom PSVaG zur Insol-

---

43 BAG 11.10.1988, 3 AZR 295/87, ZIP 1989, 319; grundlegend zur Forderungsberechnung, *Hoppenrath* BetrAV 1982, 7.

venztabelle angemeldeten Forderungen zu denen aufgrund § 9 Abs. 3 BetrAVG vgl. Rn. 28 b.

21 Für die Berechnung der Forderung des PSVaG ist der Wert zugrunde zu legen, der für den Zeitpunkt der **Eröffnung des Insolvenzverfahrens** ermittelt werden kann (§ 45 InsO). Die tatsächliche Entwicklung nach diesem Zeitpunkt, z.B. das Risiko aus der ungewissen künftigen Lebenserwartung (Langlebigkeitsverlust, Sterblichkeitsgewinn) hat demnach keinen Einfluss auf die Höhe der Forderung.[44]

C. Vermögensübergang bei Unterstützungskassen (§ 9 Abs. 3 BetrAVG)

I. Grundsatz

22 Ist der PSVaG zu Leistungen verpflichtet, die ohne den Eintritt des Sicherungsfalles eine **Unterstützungskasse** erbringen würde, geht deren **Vermögen einschließlich der Verbindlichkeiten auf den PSVaG über**; die Haftung für die Verbindlichkeiten beschränkt sich auf das übergegangene Vermögen (§ 9 Abs. 3 S. 1 BetrAVG).[45] Der Vermögensübergang tritt auch dann ein, wenn die Unterstützungskasse noch keine laufenden Leistungen erbringt, sondern bei ihr lediglich unverfallbare Anwartschaften bestehen.[46]

23 Die Regelungen über den Übergang des Vermögens der Unterstützungskasse gelten **grds. für alle in § 7 Abs. 1 BetrAVG genannten Sicherungsfälle**. Die **einzige Ausnahme** besteht bei einem **außergerichtlichen Vergleich** nach § 7 Abs. 1 S. 4 Nr. 2 BetrAVG, sofern der **Arbeitgeber weiter existiert** (Stundungs- oder Quotenvergleich). Bei einem Liquidationsvergleich kommt es zum Vermögensübergang (§ 9 Abs. 3 S. 4 BetrAVG). Ein Vermögensübergang tritt also immer dann ein, wenn ein Sicherungsfall vorliegt, der zur Einstellung der Betriebstätigkeit des Arbeitgebers führt. Der Zeitpunkt des Vermögensübergangs ist der Tag des Eintritts des Sicherungsfalls.[47]

24 Zum Vermögen gehören auch Forderungen (z.B. **Darlehensforderungen**) der Unterstützungskasse gegenüber dem (insolventen) Trägerunternehmen.[48] Der Vermögensübergang erfasst auch **Grundvermögen**

---
44 *Paulsdorff* § 9 Rn. 39.
45 Ausführlich zur Systematik des § 9 Abs. 3 BetrAVG *Berenz* DB 2006, 1006.
46 DLW/*Dörner* C/Rn. 3196.
47 Vgl. § 7 Rn. 21–42.
48 BAG 6.10.1992, 3 AZR 41/92, EzA § 9 BetrAVG Nr. 6, DB 1993, 987.

der Unterstützungskasse (z.B. Werkswohnungen). Mit dem gesetzlichen Vermögensübergang auf den PSVaG ist das Grundbuch unrichtig. Der PSVaG hat einen Anspruch auf Grundbuchberichtigung, der nur insoweit durch öffentliche Urkunden (§ 29 Abs. 1 GBO) nachzuweisen ist, als sich der Grund für den Vermögensübergang aus dem jeweiligen Sicherungsfall ergibt (z.B. Beschluss über die Eröffnung oder Abweisung des Insolvenzverfahrens).[49]

Durch den gesetzlichen Vermögensübergang wird sichergestellt, dass 25 das **Vermögen der Unterstützungskasse** – die aufgrund der Insolvenz kein solventes Trägerunternehmen mehr hat – für den vorgesehenen **Zweck der betrieblichen Altersversorgung** verwandt wird.[50] Dies gilt auch, wenn die Unterstützungskasse selbst über ausreichendes Vermögen zur Leistungserbringung verfügt (**voll- oder überdotiert**).[51]

II. Dotierte Unterstützungskasse

Wenn die übergegangenen **Vermögenswerte** den Barwert – ermittelt 26 nach § 10 Abs. 2 BetrAVG[52] – der Ansprüche und Anwartschaften gegen den Träger der Insolvenzsicherung **übersteigen**, hat dieser den übersteigenden Teil entsprechend der Satzung der Unterstützungskasse zu verwenden (§ 9 Abs. 3 S. 2 BetrAVG), was zur **Erhöhung der laufenden Leistungen und der unverfallbaren Anwartschaften** der betroffenen Versorgungsberechtigten führen kann. Denkbar ist auch, dass dann die Versorgungsberechtigten mit verfallbaren Anwartschaften Leistungen erhalten. Der PSVaG verwertet das übergegangene Vermögen zeitnah, um die damit verbundene Entlastungswirkung für seine zu Zwangsbeiträgen verpflichteten Mitglieder alsbald zu erzielen und – im Fall des Übersteigens – den Versorgungsberechtigten die ihnen ggf. zustehenden Leistungsverbesserungen möglichst bald zukommen zu lassen.

III. Auflösung der Unterstützungskasse

Aufgrund des gesetzlichen Vermögensübergangs auf den PSVaG tritt 27 bei der Unterstützungskasse Vermögenslosigkeit ein. Die deswegen an-

---

49 Ausführlich zum Vermögensübergang bei Grundvermögen einer Unterstützungskasse, *Schulte* Rpfleger 2007, 365, BetrAV 2007, 527.
50 *Berenz* DB 2006, 1006; *Höfer* BetrAVG, Rn. 4718 zu § 9.
51 BAG 12.2.1991, 3 AZR 30/90, EzA § 9 BetrAVG Nr. 4, DB 1991, 1735.
52 *Andresen/Förster/Rößler/Rühmann* Teil 13 A, Rn. 1495; *Blomeyer/Rolfs/Otto* § 9 Rn. 80; *Höfer* BetrAVG, Rn. 4727 zu § 9; *Paulsdorff* § 9 Rn. 86.

§ 9 Mitteilungspflicht; Forderungs- und Vermögensübergang

stehende **Auflösung der Unterstützungskasse** ist nach deren Satzungsregelung zu vollziehen. Der PSVaG ist dabei grds. nicht eingebunden. Eine Gruppenunterstützungskasse kann grds. erst aufgelöst werden, wenn das letzte Trägerunternehmen insolvent ist.

27a Aufgrund der eingetretenen Vermögenslosigkeit der Unterstützungskasse kann dennoch **kein gerichtliches Insolvenzverfahren** über die Unterstützungskasse eröffnet werden. Es liegt kein Insolvenzgrund (Überschuldung, Zahlungsunfähigkeit oder drohende Zahlungsunfähigkeit) wegen der betrieblichen Altersversorgung vor. In der Zeit vor der Eröffnung des Insolvenzverfahrens hat der Arbeitgeber (Trägerunternehmen) für die Ansprüche der Versorgungsberechtigten einzustehen (§ 1 Abs. 1 S. 3 BetrAVG). Nach Eröffnung des Insolvenzverfahrens über das Vermögen des Arbeitgebers ist der PSVaG eintrittspflichtig für die betriebliche Altersversorgung und Vermögen sowie Verbindlichkeiten der Unterstützungskasse gehen nach § 9 Abs. 3 S. 1 BetrAVG auf ihn über.[53] Im Ergebnis hat das Insolvenzgericht also den Antrag auf Eröffnung des Insolvenzverfahrens über eine Unterstützungskasse als unbegründet abzuweisen.[54]

IV. Gruppenunterstützungskasse

28 Bei einer Unterstützungskasse mit mehreren Trägerunternehmen (**Gruppenunterstützungskasse**) hat der PSVaG einen Anspruch gegen die Unterstützungskasse auf einen Betrag, der dem Teil des Vermögens der Kasse entspricht, der auf das Unternehmen entfällt, bei dem der Sicherungsfall eingetreten ist (§ 9 Abs. 3 S. 3 BetrAVG). Es kommt also zunächst nicht zu einem gesetzlichen Vermögensübergang. Der PSVaG erhält einen Zahlungsanspruch gegen die Gruppenunterstützungskasse.[55]

28a Hintergrund des Zahlungsanspruchs ist die Überlegung, dass die Gruppen-Unterstützungskasse nach der Insolvenz eines Trägerunternehmens nach wie vor als Unterstützungskasse mit Trägerunternehmen existiert und weiter tätig ist. Dass dann das Vermögen der Gruppen-Unterstützungskasse den einzelnen Trägerunternehmen zugeordnet wird (segmentiertes Kassenvermögen) und nur dieses dann jeweils das Schicksal des individuellen Trägerunternehmens teilt, erscheint sinnvoll. Die Reduzierung dieses Vermögensteils auf einen Zahlungs-

---

53 Weiterführend *Berenz* DB 2006, 1006.
54 AG Nürnberg – Insolvenzgericht – Beschluss v. 17.10.2006, 8011 IN 1055/06, n.v.
55 Vgl. § 9 Rn. 27 f. zur Auflösung einer Gruppenunterstützungskasse.

anspruch in § 9 Abs. 3 S. 3 BetrAVG erscheint aber nicht zwingend. So heißt es in der Begründung des Gesetzgebers zur Vorschrift des § 9 Abs. 3 S. 3 BetrAVG[56] nicht, dass das entsprechende Vermögen auf den PSVaG übergeht. Vielmehr wird dort darauf abgestellt, dass ein entsprechender Teil des Vermögens auf den PSVaG zu übertragen ist. Vermögen in diesem Sinne ist aber nicht ausschließlich gleichzusetzen mit einem Zahlungsanspruch des PSVaG gegenüber der Gruppen-Unterstützungskasse. Wenn das Vermögen z.B. in Zahlungsansprüchen, also einer Forderung, besteht, so kann auch dieses Vermögen auf den PSVaG übergehen. Das Vermögen der anderen Trägerunternehmen der Gruppen-Unterstützungskasse wird dadurch nicht beeinträchtigt. Im Rahmen der teleologischen Auslegung des § 9 Abs. 3 S. 3 BetrAVG ist also festzustellen, dass auch Forderungen der Gruppen-Unterstützungskasse auf den PSVaG übergehen.[57]

V. Forderungsanmeldung im Insolvenzverfahren

Der Forderungsübergang nach § 9 Abs. 3 BetrAVG umfasst auch Forderungen der Unterstützungskasse gegenüber dem Arbeitgeber, z.B. Darlehensforderungen. Diese sind vom PSVaG entsprechend im Insolvenzverfahren geltend zu machen, also zur Insolvenztabelle anzumelden. Andererseits gehen die Ansprüche der Arbeitnehmer aus betrieblicher Altersversorgung nach § 9 Abs. 2 BetrAVG auf den PSVaG über.[58] Die im Insolvenzverfahren vom PSVaG anzumeldende Forderung aufgrund § 9 Abs. 2 BetrAVG ergibt sich letztlich daraus, dass von der Gesamtforderung derjenige Betrag abzusetzen ist, der tatsächlich aus dem Vermögen der Unterstützungskasse erzielt werden kann. Es ist also zunächst das Vermögen der Unterstützungskasse festzustellen. Dieser Betrag – bei übergegangenen Forderungen der Unterstützungskasse gegen das insolvente Unternehmen in Höhe der Insolvenzquote auf die nach § 9 Abs. 3 BetrAVG angemeldete Forderung – ist dann von der Insolvenzforderung nach § 9 Abs. 2 BetrAVG abzuziehen.[59]

28b

---

56 *Berenz* Gesetzesmaterialien, S. 281 f.
57 *Berenz* DB 2006, 1006, 1008.
58 Vgl. § 9 Rn. 10 ff., insbes. Rn. 20.
59 BAG 6.10.1992, 3 AZR 41/92, EzA § 9 BetrAVG Nr. 6, DB 1993, 987; *Höfer* BetrAVG, Rn. 4690 zu § 9.

D. Vermögensübergang bei Pensionsfonds (§ 9 Abs. 3a BetrAVG)

29 Die Vorschrift über den Vermögensübergang bei einer Unterstützungskasse findet entsprechende Anwendung auf einen **Pensionsfonds**, wenn die Bundesanstalt für Finanzdienstleistungsaufsicht die **Genehmigung** für die Übertragung der Leistungspflicht des PSVaG auf den Pensionsfonds nach § 8 Abs. 1a nicht erteilt.[60] Wird die Genehmigung der Bundesanstalt für Finanzdienstleistungsaufsicht zur Rückübertragung der Leistungspflicht nach § 8 Abs. 1a BetrAVG erteilt, findet naturgemäß kein Vermögensübergang auf den PSVaG statt und der Pensionsfonds kann ohne Trägerunternehmen seine Geschäfte weiter betreiben.

30 Nur wenn die **Genehmigung nicht erteilt wird, geht das Vermögen des Pensionsfonds** auf den PSVaG über (§ 9 Abs. 3a BetrAVG). Die Nichterteilung liegt vom Normzweck her auch dann vor, wenn der Pensionsfonds den nach § 8 Abs. 1a BetrAVG erforderlichen Antrag bei der Bundesanstalt für Finanzdienstleistungsaufsicht nicht oder nicht fristgerecht stellt. Nur dann ist sichergestellt, dass das Vermögen des Pensionsfonds für den vorgesehenen Zweck der betrieblichen Altersversorgung verwandt wird.

E. Insolvenzplan, sofortige Beschwerde (§ 9 Abs. 4, 5 BetrAVG)

31 In einem Insolvenzplan, der die Fortführung des Unternehmens oder eines Betriebes vorsieht, kann für den PSVaG eine **besondere Gruppe** gebildet werden (§ 9 Abs. 4 S. 1 BetrAVG). Dadurch kann die besondere Stellung des PSVaG im Insolvenzplanverfahren angemessen berücksichtigt werden.[61]

32 Sofern im Insolvenzplan nichts anderes vorgesehen ist, kann der PSVaG, wenn innerhalb von drei Jahren nach der Aufhebung des Insolvenzverfahrens ein Antrag auf Eröffnung eines neuen Insolvenzverfahrens über das Vermögen des Arbeitgebers gestellt wird, in diesem Verfahren als Insolvenzgläubiger Erstattung der von ihm erbrachten Leistungen verlangen (§ 9 Abs. 4 S. 2 BetrAVG). Die Sonderregelung des § 255 InsO – Wiederaufleben von gestundeten und teilweise erlassenen

---

60 *Höfer* BetrAVG, Rn. 4739 ff. zu § 9; vgl. § 8 Rn. 16 ff.
61 *Gareis* ZInsO 2007, 24; *Höfer* BetrAVG, Rn. 4742 ff. zu § 9.

Forderungen bei Nichterfüllung des Insolvenzplans – passt nicht auf die langfristige Aufteilung der Verpflichtungen aus betrieblicher Altersversorgung zwischen dem PSVaG und dem Schuldner.[62] Daher kann der PSVaG die Erstattung seiner Leistungen nach § 9 Abs. 4 S. 2 BetrAVG verlangen. Dieser Rechtsgedanke gilt auch für den außergerichtlichen Vergleich, der ja eine Art außergerichtlicher Insolvenzplan ist.

Dem Träger der Insolvenzsicherung steht gegen den Beschluss, durch den das **Insolvenzverfahren eröffnet** wird, die **sofortige Beschwerde** zu (§ 9 Abs. 5 BetrAVG). Dadurch kann im Einzelfall vermieden werden, dass sich der Schuldner durch die an die Eröffnung des Insolvenzverfahrens geknüpfte Eintrittspflicht des PSVaG allzu leicht von seiner betrieblichen Altersversorgung befreien kann.[63] 33

Dem PSVaG steht analog § 9 Abs. 5 BetrAVG auch gegen die **Abweisung eines Eröffnungsantrags mangels Masse** die **sofortige Beschwerde** zu.[64] Bei der Abweisung mangels Masse ist die Situation für den PSVaG vergleichbar mit derjenigen bei der Eröffnung des gerichtlichen Insolvenzverfahrens. Insoweit ist von einer planwidrigen Regelungslücke in § 9 Abs. 5 BetrAVG auszugehen. 33a

---

62 *Flitsch/Chardon* DZWIR 2004, 485.
63 *Höfer* BetrAVG, Rn. 4747 zu § 9.
64 LG Duisburg 27.4.2006, 7 T 116/06, NZI 2006, 535, ZIP 2006, 1507; *Gareis* ZInsO 2007, 25 f.

§ 10 Beitragspflicht und Beitragsbemessung

(1) Die Mittel für die Durchführung der Insolvenzsicherung werden auf Grund öffentlich-rechtlicher Verpflichtung durch Beiträge aller Arbeitgeber aufgebracht, die Leistungen der betrieblichen Altersversorgung unmittelbar zugesagt haben oder eine betriebliche Altersversorgung über eine Unterstützungskasse, eine Direktversicherung der in § 7 Abs. 1 Satz 2 und Abs. 2 Satz 1 Nr. 2 bezeichneten Art oder einen Pensionsfonds durchführen.

(2) [1]Die Beiträge müssen den Barwert der im laufenden Kalenderjahr entstehenden Ansprüche auf Leistungen der Insolvenzsicherung decken zuzüglich eines Betrages für die aufgrund eingetretener Insolvenzen zu sichernden Anwartschaften, der sich aus dem Unterschied der Barwerte dieser Anwartschaften am Ende des Kalenderjahres und am Ende des Vorjahres bemisst. [2]Der Rechnungszinsfuß bei der Berechnung des Barwerts der Ansprüche auf Leistungen der Insolvenzsicherung bestimmt sich nach § 65 des Versicherungsaufsichtsgesetzes; soweit keine Übertragung nach § 8 Abs. 1 stattfindet, ist der Rechnungszinsfuß bei der Berechnung des Barwerts der Anwartschaften um ein Drittel höher. [3]Darüber hinaus müssen die Beiträge die im gleichen Zeitraum entstehenden Verwaltungskosten und sonstigen Kosten, die mit der Gewährung der Leistungen zusammenhängen, und die Zuführung zu einem von der Bundesanstalt für Finanzdienstleistungsaufsicht festgesetzten Ausgleichsfonds decken; § 37 des Versicherungsaufsichtsgesetzes bleibt unberührt. [4]Auf die am Ende des Kalenderjahres fälligen Beiträge können Vorschüsse erhoben werden. [5]Sind die nach den Sätzen 1 bis 3 erforderlichen Beiträge höher als im vorangegangenen Kalenderjahr, so kann der Unterschiedsbetrag auf das laufende und die folgenden vier Kalenderjahre verteilt werden. [6]In Jahren, in denen sich außergewöhnlich hohe Beiträge ergeben würden, kann zu deren Ermäßigung der Ausgleichsfonds in einem von der Bundesanstalt für Finanzdienstleistungsaufsicht zu genehmigenden Umfang herangezogen werden.

(3) Die nach Absatz 2 erforderlichen Beiträge werden auf die Arbeitgeber nach Maßgabe der nachfolgenden Beträge umgelegt, soweit sie sich auf die laufenden Versorgungsleistungen und die nach § 1 b unverfallbaren Versorgungsanwartschaften beziehen (Beitragsbemessungsgrundlage); diese Beträge sind festzustellen auf den Schluß des Wirtschaftsjahres des Arbeitgebers, das im abgelaufenen Kalenderjahr geendet hat:

Beitragspflicht und Beitragsbemessung § 10

1. Bei Arbeitgebern, die Leistungen der betrieblichen Altersversorgung unmittelbar zugesagt haben, ist Beitragsbemessungsgrundlage der Teilwert der Pensionsverpflichtung (§ 6a Abs. 3 des Einkommensteuergesetzes).

2. ¹Bei Arbeitgebern, die eine betriebliche Altersversorgung über eine Direktversicherung mit widerruflichem Bezugsrecht durchführen, ist Beitragsbemessungsgrundlage das geschäftsplanmäßige Deckungskapital oder, soweit die Berechnung des Deckungskapitals nicht zum Geschäftsplan gehört, die Deckungsrückstellung. ²Für Versicherungen, bei denen der Versicherungsfall bereits eingetreten ist, und für Versicherungsanwartschaften, für die ein unwiderrufliches Bezugsrecht eingeräumt ist, ist das Deckungskapital oder die Deckungsrückstellung nur insoweit zu berücksichtigen, als die Versicherungen abgetreten oder beliehen sind.

3. Bei Arbeitgebern, die eine betriebliche Altersversorgung über eine Unterstützungskasse durchführen, ist Beitragsbemessungsgrundlage das Deckungskapital für die laufenden Leistungen (§ 4d Abs. 1 Nr. 1 Buchstabe a des Einkommensteuergesetzes) zuzüglich des Zwanzigfachen der nach § 4d Abs. 1 Nr. 1 Buchstabe b Satz 1 des Einkommensteuergesetzes errechneten jährlichen Zuwendungen für Leistungsanwärter im Sinne des § 4d Abs. 1 Nr. 1 Buchstabe b Satz 2 des Einkommensteuergesetzes.

4. Bei Arbeitgebern, soweit sie betriebliche Altersversorgung über einen Pensionsfonds durchführen, ist Beitragsbemessungsgrundlage 20 vom Hundert des entsprechend Nummer 1 ermittelten Betrages.

(4) ¹Aus den Beitragsbescheiden des Trägers der Insolvenzsicherung findet die Zwangsvollstreckung in entsprechender Anwendung der Vorschriften der Zivilprozeßordnung statt. ²Die vollstreckbare Ausfertigung erteilt der Träger der Insolvenzsicherung.

Übersicht	Rn.
A. Beitragspflicht (§ 10 Abs. 1 BetrAVG)	1
I. Grundsatz	1
II. Insolvenzsicherungspflichtige Durchführungswege	2
III. Zwangsversicherung	6
IV. Beginn und Ende der Beitragspflicht	8
V. Auswirkungen eines Sicherungsfalls	13
VI. PSVaG als beliehenes Unternehmen (öffentliches Recht)	18

VII.	Feststellung der Beitragspflicht	21
	1. Erlass von Bescheiden durch den PSVaG	22
	2. Jährliche Beitragsbescheide	27
	3. Rechtsmittel	29
VIII.	Fälligkeit	32

B. Beitragsaufkommen (§ 10 Abs. 2 BetrAVG) 35
I.	Grundsatz	35
II.	Barwert der im laufenden Jahr entstehenden Ansprüche auf Leistungen und der Betrag für die zu sichernden Anwartschaften	36
	1. Barwert der im laufenden Kalenderjahr entstehenden Ansprüche auf Leistungen	41
	a) Laufende Leistungen aus neuen Insolvenzen	41
	b) Umwandler aus früheren Insolvenzen	41b
	c) Rechnungszinsfuß für laufende Leistungen	41c
	2. Betrag für die aufgrund eingetretener Insolvenzen zu sichernden Anwartschaften	41e
	a) Anwartschaften aus neuen Insolvenzen	41e
	b) Übertragung auf eine Lebensversicherung	41f
	c) Methode der Differenzfinanzierung	41g
	d) Rechnungszinsfuß bei Anwartschaften	41i
	e) Rechnungszinsfuß und Differenzfinanzierung	41l
	aa) Gleich hoher Rechnungszinsfuß	41m
	bb) Höherer Rechnungszinsfuß	41n
	cc) Niedrigerer Rechnungszinsfuß	41o
	dd) Sonstige Barwertabweichungen	41p
III.	Verwaltungskosten und sonstige Kosten	42
IV.	Verlustrücklage und Ausgleichsfonds	43
V.	Höhe des Beitrags	46
	1. Grundsatz	46
	2. Glättungsverfahren	49a
	3. Vorschuss	49f

C. Berechnung der Beitragsbemessungsgrundlage (§ 10 Abs. 3 BetrAVG) 50
I.	Grundsatz	50
	1. Unmittelbare Versorgungszusagen	52
	2. Unterstützungskassen	53
	3. Direktversicherungen	54
	4. Pensionsfonds	55
	5. Änderungen der betrieblichen Altersversorgung beim einzelnen Arbeitgeber	57
	6. Kleinstbetragsregelungen	58
	a) Alle Durchführungswege	58
	b) Unmittelbare Zusagen	60
II.	Besonderheiten	61
	1. Höchstgrenze nach § 7 Abs. 3 BetrAVG	61
	2. Beitragszusage mit Mindestleistung	64
	3. Entgeltumwandlungszusagen	68
	a) Vor 2001 erteilte Entgeltumwandlungszusagen	70
	b) Im Jahr 2001 erteilte Entgeltumwandlungszusagen	74

c) Ab 2002 erteilte Entgeltumwandlungszusagen	76
d) Verwaltungsvereinfachung	79
4. Portabilität (§ 7 Abs. 5 Satz 3 Nr. 2 BetrAVG)	81
5. Nachträgliche Korrektur der Beitragsbemessungsgrundlage	83
D. Zwangsvollstreckung (§ 10 Abs. 4 BetrAVG)	85

A. Beitragspflicht (§ 10 Abs. 1 BetrAVG)

I. Grundsatz

§ 10 BetrAVG regelt die **Finanzierung der gesetzlichen Insolvenzsicherung der betrieblichen Altersversorgung**.[1] Die Mittel für die Durchführung werden auf Grund **öffentlich-rechtlicher Verpflichtung durch Beiträge aller insolvenzsicherungspflichtigen Arbeitgeber** aufgebracht. Der von der gesetzlichen Insolvenzsicherung **erfasste Personenkreis** (Arbeitnehmer) sowie die **erfassten Arbeitgeber** ergeben sich aus § 17 BetrAVG. Der Gesetzgeber hat das Rechtsverhältnis bzgl. der Melde- und Beitragspflichten zwischen dem PSVaG und seinen Mitgliedsunternehmen dem öffentlichen Recht zugeordnet.

II. Insolvenzsicherungspflichtige Durchführungswege

Insolvenzsicherungspflichtig sind von den Durchführungswegen der betrieblichen Altersversorgung diejenigen, bei denen im Fall der Insolvenz des Arbeitgebers die Erfüllung der Ansprüche der Versorgungsberechtigten gefährdet ist.[2] Dazu gehört nach § 10 Abs. 1 BetrAVG die Zusage über

- eine **unmittelbare Versorgungszusage** des Arbeitgebers (Direktzusage),

- eine **Direktversicherung**, wenn ein widerrufliches Bezugsrecht eingeräumt ist oder bei unwiderruflichem Bezugsrecht die Ansprüche aus dem Versicherungsvertrag abgetreten, verpfändet oder beliehen sind. Zu beachten ist, dass bei ab 2001 über eine Direktversicherung neu erteilten Entgeltumwandlungszusagen nach § 1 b Abs. 5 BetrAVG dem Arbeitnehmer von Beginn an ein unwiderrufliches Bezugsrecht

---

[1] Zum Finanzierungsverfahren vgl. *Hoppenrath* FS Kemper, S. 211 ff.; *Hoppenrath/Berenz* DB 2007, 630 = BetrAV 2007, 215; *Windel/Hoppenrath* Teil 100, Rn. 63 ff.
[2] Zu denkbaren Auswirkungen von Änderungen der bisherigen gesetzlichen Systematik auf das Finanzierungsverfahren des PSVaG, *Hoppenrath* BetrAV 2001, 114.

eingeräumt und das Recht zur Verpfändung, Abtretung oder Beleihung durch den Arbeitgeber ausgeschlossen werden muss. In diesen Fällen besteht demnach keine Insolvenzsicherungspflicht und damit auch kein Insolvenzschutz.

- eine **Unterstützungskasse**, dies gilt ohne Einschränkung auch für eine sog. kongruent rückgedeckte Unterstützungskasse und zwar unabhängig davon, ob die Rückdeckungsversicherung an den Versorgungsberechtigte verpfändet worden ist oder nicht[3]

- einen **Pensionsfonds**.

3 Dies gilt auch dann, wenn dem Versorgungsberechtigten weitergehende – **private** – **Sicherungsmittel** eingeräumt werden (z.B. die Verpfändung einer Rückdeckungsversicherung), die seinen Anspruch auf betriebliche Altersversorgung im Fall der Insolvenz des Arbeitgebers sichern.[4] Auch vertraglich gegen Insolvenz gesicherte Ansprüche unterliegen folglich der **Beitragspflicht zum PSVaG**.

4 **Nicht insolvenzsicherungspflichtig**, weil aus Sicht des Gesetzgebers durch die Insolvenz des Arbeitgebers nicht gefährdet, ist die Zusage über

- eine **Direktversicherung**, wenn ein unwiderrufliches Bezugsrecht besteht und die Ansprüche aus dem Versicherungsvertrag nicht abgetreten, verpfändet oder beliehen sind,

- eine **Pensionskasse**.

4a Zur **Tätigkeit ausländischer Einrichtungen der betrieblichen Altersversorgung in Deutschland** sieht der Gesetzentwurf des Pensionsfondsrichtlinie-Umsetzungsgesetzes[5] vor, dass die BaFin feststellt, welchem Durchführungsweg i.S.d. BetrAVG die Tätigkeit der ausländischen Einrichtung zuzuordnen ist (Entwurf § 118 e VAG). Ihre Feststellungen übermittelt die BaFin an die Einrichtung und den PSVaG. Diese Einordnung bzgl. der Durchführungswege der betrieblichen Altersversorgung ist für den PSVaG dann bindend im Hinblick auf die Insolvenzsicherungspflicht und den Insolvenzschutz im Zusammenhang mit der Tätigkeit der ausländischen Einrichtung in Deutschland.

---

3 VerwG Düsseldorf 6.12.2005, 16 K 180/04, BetrAV 2006, 297; VerwG Hamburg 28.11.2006, 15 E 674/06, n.rkr., BetrAV 2007, 184.
4 Vgl. § 7 Rn. 1.
5 Entwurf eines Gesetzes zur Änderung des Versicherungsaufsichtsgesetzes, insbes. zur Durchführung der EG Richtlinie 2003/41/EG v. 3.6.2003 über die Tätigkeiten und die Beaufsichtigung von Einrichtungen der betrieblichen Altersversorgung (Pensionsfondsrichtlinie-Umsetzungsgesetz) v. 19.10.2004.

Die Anteile der einzelnen Durchführungswege an der Beitragsbemes- 5
sungsgrundlage des PSVaG betrugen 2006 87,0 % für unmittelbare Versorgungszusagen, 12,9 % für Unterstützungskassen und 0,1 % für Direktversicherungen. Pensionsfonds sind seit 2002 insolvenzsicherungspflichtig; sie spiegeln sich angesichts ihres geringen Volumens noch nicht wieder.

Durchführungswege der betrieblichen Altersversorgung	
Insolvenzsicherung durch den PSVaG Die Ansprüche der Versorgungsberechtigten sind durch eine Insolvenz des Arbeitgebers gefährdet	**Keine Insolvenzsicherung durch den PSVaG** Nach Ansicht des Gesetzgebers sind die Ansprüche der Versorgungsberechtigten durch eine Insolvenz des Arbeitgebers nicht gefärdet
– **unmittelbare Versorgungszusage** (§ 1 Abs. 1 i.V.m. § 7 Abs. 1, 2 BetrAVG) – **Direktversicherung** Soweit ein widerrufliches Bezugsrecht besteht oder bei unwiderruflichem Bezugsrecht die Ansprüche abgetreten, verpfändet oder beliehen sind – Ausnahmefall (§ 1b Abs. 2 i.V.m. § 7 Abs. 1, 2 BetrAVG) – **Unterstützungskasse** (§ 1b Abs. 4 i.V.m. § 7 Abs. 1, 2 BetrAVG) – **Pensionsfonds** (§ 1b Abs. 3 i.V.m. § 7 Abs. 1, 2 BetrAVG)	– **Direktversicherung** Soweit ein unwiderrufliches Bezugsrecht besteht und die Ansprüche nicht abgetreten, verpfändet oder beliehen sind – Regelfall (§ 1b Abs. 2 BetrAVG) – **Pensionskasse** (§ 1b Abs. 3 BetrAVG)

III. Zwangsversicherung

Der Gesetzgeber hat die gesetzliche Insolvenzsicherung als **Zwangsver-** 6
sicherung beim **PSVaG** ausgestaltet, da alle Arbeitgeber mit insolvenzsicherungspflichtiger betrieblicher Altersversorgung an der Finanzierung von Gesetzes wegen beteiligt sind (§ 10 Abs. 1 BetrAVG). Dabei handelt es sich von der Struktur her nicht um die konkrete Versicherung des einzelnen Arbeitgebers durch Zahlung eines individuellen Beitrags für seine betriebliche Altersversorgung. Vielmehr ist **Basis** der gesetz-

lichen Insolvenzsicherung durch den PSVaG die **Solidargemeinschaft der Arbeitgeber**, die gemeinsam die Aufwendungen für die Sicherung der betrieblichen Altersversorgung der insolventen Arbeitgeber tragen.[6] Die von den einzelnen Mitgliedern des PSVaG zu meldende **Beitragsbemessungsgrundlage**[7] **dient als Maßstab für ihren Umlageanteil am zu finanzierenden Schadenvolumen**. Das individuelle Insolvenzrisiko des einzelnen Arbeitgebers bleibt bei der Bestimmung der Beitragspflicht unberücksichtigt.[8] Deshalb gilt für alle Arbeitgeber ein **einheitlicher Beitragssatz**; bei Pensionsfonds gilt jedoch eine ermäßigte Beitragsbemessungsgrundlage, § 10 Abs. 3 Nr. 4 BetrAVG. Wenn ein Arbeitgeber Beiträge an den PSVaG abführt, obwohl die Ansprüche / Anwartschaften auf betriebliche Altersversorgung nicht der Insolvenzsicherungspflicht unterfallen, entsteht im Sicherungsfall keine Leistungspflicht für den PSVaG.[9]

7 **Beitragspflichtig** ist der die betriebliche Altersversorgung **zusagende Arbeitgeber** und nicht eventuelle externe Versorgungsträger (Unterstützungskasse, Pensionsfonds, Direktversicherung; § 10 Abs. 1 BetrAVG). Das Gesetz sieht vor, dass der aus einer Versorgungszusage verpflichtete Arbeitgeber im Wege der **eigenverantwortlichen Selbstveranlagung** seiner Melde- und Beitragspflicht nachzukommen hat.[10]

IV. Beginn und Ende der Beitragspflicht

8 Die **Beitragspflicht beginnt** mit der Erfüllung der gesetzlichen Voraussetzungen. Dies sind grundsätzlich[11]

– der **Eintritt der ersten gesetzlich unverfallbaren Anwartschaft** oder

– die **Aufnahme einer laufenden Versorgungsleistung**.[12]

Trifft dies für mehrere Fälle zu verschiedenen Zeitpunkten innerhalb des gleichen Jahres zu, so bestimmt der früheste den Beginn der Insolvenzsicherungspflicht.[13]

---

6 BVerwG 18.12.1986, 3 C 39.81, ZIP 1987, 521; ausführlich dazu *Paulsdorff* § 10 Rn. 25.
7 Vgl. § 11 Rn. 34–47.
8 *Blomeyer/Rolfs/Otto* § 10 Rn. 2.
9 BAG 23.3.1999, 3 AZR 625/97, EzA § 7 BetrAVG Nr. 58, DB 1999, 2015.
10 Zur Rechtsberatung durch den PSVaG vgl. § 14 Rn. 13 f.
11 Vgl. zu Besonderheiten bei Entgeltumwandlungszusagen § 10 Rn. 68–80.
12 Zur Insolvenzsicherung in den neuen Bundesländern vgl. Merkblatt 210/M 20 des PSVaG, das im Internet unter www.psvag.de zur Verfügung steht.
13 *Paulsdorff* § 10 Rn. 63.

Fristbeginn und -ablauf richten sich nach den allgemeinen Vorschriften der §§ 186 ff. BGB. Bei einem Versorgungsfall ist anhand der konkreten Umstände zu entscheiden, ob der Tag des Eintritts des Versorgungsfalls bei der Berechnung der Frist mitzählt oder nicht (§ 187 BGB). Der Eintritt der gesetzlichen Unverfallbarkeit ist abhängig davon, unter welchen Umständen die Versorgungszusage erteilt worden ist.[14]

9

Für das **erste Jahr der Insolvenzsicherungspflicht** – Beginnjahr – erhebt der PSVaG nur einen anteiligen Jahresbeitrag, der dem Verhältnis der insolvenzsicherungspflichtigen zur Gesamtzahl der Tage in diesem Jahr entspricht, falls die Mitgliedschaft erst im Laufe des Kalenderjahres begonnen hat. Dies entspricht der Regelung des § 25 Abs. 1 VAG, die auch auf den PSVaG Anwendung findet.[15]

10

Dabei kann die Beitragsbemessungsgrundlage, die für die Meldung des zweiten Jahres zu ermitteln ist, aus **Vereinfachungsgründen** auch der Meldung des ersten Jahres zugrunde gelegt werden (§ 6 Abs. 3 AIB[16]). Beide Beiträge – also der ggf. anteilige für das Erstjahr und der volle für das Zweitjahr – werden zusammen am **Ende des Zweitjahres erhoben**. Es bleibt dem betreffenden Arbeitgeber jedoch unbenommen, für das erste Jahr der Insolvenzsicherungspflicht exakte Werte nachzuweisen (§ 6 Abs. 3 AIB).

11

Die **Beitragspflicht endet** mit dem Tag, an dem der Arbeitgeber die oben angeführten gesetzlichen Voraussetzungen zur Teilnahme an der gesetzliche Insolvenzsicherung nach § 11 Abs. 1 BetrAVG nicht mehr erfüllt (z.B. der letzte Rentner stirbt oder die Anwärter werden abgefunden).[17] Endet die Insolvenzsicherungspflicht im Laufe eines Kalenderjahres, so ist der Beitrag für dieses Jahr ebenfalls nach § 25 Abs. 1 VAG zu berechnen. Der PSVaG erhebt danach nur einen anteiligen Jahresbeitrag, der dem Verhältnis der insolvenzsicherungspflichtigen zur Gesamtzahl der Tage in diesem Jahr entspricht. Diese Regelung findet nur Anwendung, wenn die Insolvenzsicherungspflicht des Arbeitgebers insgesamt beendet wird. Bei fortbestehender Mitgliedschaft werden Bestandsänderungen – also Zu- und Abgänge einzelner insolvenzsicherungspflichtiger Tatbestände – nur entsprechend dem Stichtagsprinzip des § 10 Abs. 3 BetrAVG erfasst. Sie werden also nicht zeitanteilig erfasst.[18]

12

---

14 Vgl. § 1b Rn. 35–52.
15 BVerwG 14.3.1991, 3 C 24.90, ZIP 1991, 668.
16 Die AIB sind im Internet unter www.psvag.de einsehbar.
17 BVerwG 14.3.1991, 3 C 24.90, ZIP 1991, 668.
18 *Paulsdorff* § 10 Rn. 24.

V. Auswirkungen eines Sicherungsfalls

13 Der **Eintritt eines Sicherungsfalls** nach § 7 Abs. 1 BetrAVG wirkt sich auf die **Beitragspflicht** wie folgt aus:

– Eröffnung des gerichtlichen Insolvenzverfahrens (§ 7 Abs. 1 S. 1 BetrAVG):

Die **Beitragspflicht des insolventen Arbeitgebers endet** grundsätzlich mit dem Tag der Eröffnung des Insolvenzverfahrens. Sofern im Rahmen des Insolvenzverfahrens aufgrund eines **Insolvenzplan das frühere Unternehmen weiter existiert**, besteht unter den Voraussetzungen des § 11 Abs. 1 BetrAVG künftig die Beitragspflicht zum PSVaG, wenn insolvenzsicherungspflichtige betriebliche Altersversorgung (weiter) durchgeführt wird.

14 – Abweisung des Antrags auf Eröffnung eines Insolvenzverfahrens mangels Masse (§ 7 Abs. 1 S. 4 Nr. 1 BetrAVG):

Die **Beitragspflicht des insolventen Arbeitgebers endet** mit dem Tag des gerichtlichen Abweisungsbeschlusses. Eine Fortführung des Unternehmens und damit eine eventuelle weitere Beitragspflicht kommt hier nicht in Betracht.

15 – Außergerichtlicher Vergleich (Stundungs-, Quoten- oder Liquidationsvergleich; § 7 Abs. 1 S. 4 Nr. 2 BetrAVG):

Sowohl bei einem **Stundungs-** als auch bei einem **Quotenvergleich** existiert das Unternehmen künftig weiter. Die Beitragspflicht zum PSVaG hängt somit davon ab, ob das weiter bestehende Unternehmen insolvenzsicherungspflichtige betriebliche Altersversorgung durchführt. Beim **Liquidationsvergleich** ist entscheidend für die Beendigung der Beitragspflicht, ab welchem Zeitpunkt keine insolvenzsicherungspflichtige betriebliche Altersversorgung mehr durchgeführt wird.

16 – Vollständige Beendigung der Betriebstätigkeit (§ 7 Abs. 1 S. 4 Nr. 3 BetrAVG):

Die **Beitragspflicht des insolventen Arbeitgebers endet** mit dem Tag der vollständigen Beendigung der Betriebstätigkeit. Eine Fortführung des Unternehmens und damit eine eventuelle weitere Beitragspflicht kommt hier nicht in Betracht.

Beitragspflicht und Beitragsbemessung § 10

Abb.: Melde- und Beitragspflichten bei Eintritt eines Sicherungsfalls 17

Art des Sicherungsfalls	Melde- und Beitragspflicht bis zum Eintritt des Sicherungsfalls	Melde- und Beitragspflicht ab dem Eintritt des Sicherungsfalls
Eröffnung des gerichtlichen Insolvenzverfahrens (ohne Insolvenzplan)	Arbeitgeber	Keine Insolvenzsicherungspflicht
Eröffnung des gerichtlichen Insolvenzverfahrens (mit Insolvenzplan)	Arbeitgeber	Arbeitgeber (Sofern der Arbeitgeber aufgrund des Insolvenzplans weiter existiert, kann insolvenzsicherungspflichtige betriebliche Altersversorgung [weiter] durchgeführt werden)
Abweisung des Insolvenzantrags mangels Masse	Arbeitgeber	Keine Insolvenzsicherungspflicht (Das Unternehmen besteht nicht mehr)
Außergerichtlicher Vergleich (Stundungsvergleich)	Arbeitgeber	Arbeitgeber (Der Arbeitgeber existiert weiter, insolvenzsicherungspflichtige betriebliche Altersversorgung kann [weiter] durchgeführt werden)
Außergerichtlicher Vergleich (Quotenvergleich)	Arbeitgeber	Arbeitgeber (Der Arbeitgeber existiert weiter, insolvenzsicherungspflichtige betriebliche Altersversorgung besteht in Höhe der Quote)
Außergerichtlicher Vergleich (Liquidationsvergleich)	Arbeitgeber	Arbeitgeber (Bis zu dem Zeitpunkt, ab dem die Insolvenzsicherungspflicht nicht mehr gegeben ist)

Art des Sicherungsfalls	Melde- und Beitragspflicht bis zum Eintritt des Sicherungsfalls	Melde- und Beitragspflicht ab dem Eintritt des Sicherungsfalls
Vollständige Beendigung der Betriebstätigkeit	Arbeitgeber	Keine Insolvenzsicherungspflicht (Das Unternehmen besteht nicht mehr

VI. PSVaG als beliehenes Unternehmen (öffentliches Recht)

18 Der **PSVaG** ist als juristische Person des Privatrechts aufgrund der öffentlich-rechtlichen Beitragspflicht der insolvenzsicherungspflichtigen Arbeitgeber ein mit Aufgaben und Befugnissen der öffentlichen Verwaltung **beliehenes Unternehmen** und insoweit Träger hoheitlicher Gewalt.[19] Das öffentlich-rechtliche Verhältnis zwischen dem beliehenen Unternehmen und den Beitragspflichtigen entsteht aufgrund staatlicher Beleihung und steht unter staatlicher Aufsicht. Der staatlichen **Aufsicht** durch die Bundesanstalt für Finanzdienstleistungsaufsicht unterliegt der PSVaG auch wegen seiner Rechtsform als Versicherungsverein auf Gegenseitigkeit.[20]

19 Für das Verhalten des PSVaG gegenüber den Arbeitgebern gilt das **Verwaltungsverfahrensgesetz** (VwVfG), weil er in seiner Eigenschaft als beliehenes Unternehmen als Behörde tätig wird (§ 1 Abs. 4 VwVfG). Im Einzelnen enthält das VwVfG Regelungen über das Zustandekommen, die Form, die Bestandskraft und Aufhebung eines Verwaltungsaktes sowie sonstige allg. Grundsätze des Verwaltungsverfahrens. Diese gelten auch für den Bereich des Beitragseinzugs und den damit zusammenhängenden Regelungsbereichen in §§ 10 a und 11 BetrAVG. Die **hoheitliche Tätigkeit** des PSVaG erstreckt sich folglich auf die **Beitragsfestsetzung, den Beitragseinzug nebst -vollstreckung**[21] **und die dazu erforderlichen Auskünfte.**[22] Inhalt und Umfang der hoheitlichen Tätigkeit ergeben sich aus den einschlägigen Vorschriften.

20 Demgegenüber sind alle anderen Bereiche der Tätigkeit des PSVaG – insbesondere die Leistungserbringung aufgrund eines Sicherungsfalls – dem Privatrecht zugeordnet.

---

19 *Andresen/Förster/Rößler/Rühmann* Teil 13 B, Rn. 105 ff.; *Höfer* BetrAVG, Rn. 4755 zu § 10; *Paulsdorff* § 10 Rn. 5.
20 Vgl. § 14 Rn. 1.
21 Zur Vollstreckung, die teilweise öffentlich-rechtlich und teilweise zivilrechtlichen Regeln folgt, vgl. i.E. § 10 Rn. 83.
22 *Andresen/Förster/Rößler/Rühmann* Teil 13 B, Rn. 276.

VII. Feststellung der Beitragspflicht

Aufgrund seiner Stellung als beliehenes Unternehmen sind die Bescheide des PSVaG über die Feststellung der Insolvenzsicherungspflicht (dem Grunde und der Höhe nach) **Verwaltungsakte** i.S.d. § 35 VwVfG.

1. Erlass von Bescheiden durch den PSVaG

Die Erhebung des Beitrags aufgrund der Angaben des Arbeitgebers im Rahmen der Selbstveranlagung nach § 11 BetrAVG[23] erfolgt in jedem **Einzelfall** durch einen **bezifferten Beitragsbescheid** des PSVaG, der ein Verwaltungsakt i.S.d. § 35 VwVfG ist. Voraussetzung dafür ist die vollständige und rechtzeitige Meldung des Arbeitgebers.

Wenn die Meldung des Arbeitgebers nicht korrekt ist, kann der PSVaG einen **Auskunfts-, Vorlage- oder Meldebescheid** erlassen, der den Arbeitgeber verpflichtet, seinen Mitteilungspflichten nach § 11 Abs. 1 oder 2 BetrAVG nachzukommen.[24]

Wenn die Insolvenzsicherungspflicht dem Grunde nach bestritten wird, kann der PSVaG einen **Beitragsgrundlagenbescheid** erlassen, mit dem er die Pflicht des Arbeitgebers zur Zahlung von Beiträgen dem Grunde nach – nicht nur der Höhe nach – festgestellt wird.[25] Mit einem Beitragsgrundlagenbescheid kann der PSVaG z.B. nach einem Betriebsübergang nach § 613a BGB gegenüber dem Erwerber verbindlich festlegen, dass betriebliche Altersversorgung in insolvenzsicherungspflichtiger Form durchgeführt wird.

Wenn die Grundlagen für die Festsetzung der Beitragshöhe feststehen, der Arbeitgeber also seinen Mitteilungspflichten nach § 11 BetrAVG vollständig und richtig nachgekommen ist, erlässt der PSVaG den bezifferten **Beitragsbescheid**.

Auch der Bescheid des PSVaG über die Feststellung des **Nichtbestehens** der Insolvenzsicherungspflicht ist ein Verwaltungsakt.

2. Jährliche Beitragsbescheide

Auf Basis der nach § 11 Abs. 2 BetrAVG jährlich gemeldeten Beitragsbemessungsgrundlagen durch die insolvenzsicherungspflichtigen Ar-

---
23 Vgl. § 14 Rn. 13 f.
24 BVerwG 22.11.1994, 1 C 22.92, ZIP 1995, 403.
25 BVerwG 28.6.1994, 1 C 20.92, ZIP 1994, 1455.

beitgeber erteilt der PSVaG grds. allen Mitgliedern **Mitte November jeden Jahres** einen bezifferten **Beitragsbescheid für das laufende Jahr**. Zugleich erteilt der PSVaG i.d.R. einen **Vorschussbescheid über den Beitragsvorschuss für das folgende Jahr** (kombinierter Beitrags- und Vorschussbescheid).

28 Außerhalb dieser regelmäßig wiederkehrenden gesetzlich geregelten Beitragsbescheidung werden nur im konkreten Einzelfall, der eine individuelle Klärung bzgl. der Insolvenzsicherungspflicht erfordert, entsprechende nachträgliche Beitrags- und Vorschussbescheide erteilt. Sobald in diesen Fällen die Grundlagen der Melde- und Beitragspflicht zur gesetzlichen Insolvenzsicherung geklärt sind, werden weitere Bescheide im dargestellten jährlichen Rhythmus erteilt, sofern die gesetzliche Insolvenzsicherungspflicht feststeht.

3. Rechtsmittel

29 Gegen Bescheide des PSVaG über Grund und/oder Höhe der Beitragspflicht kann der Arbeitgeber zunächst **Widerspruch** einlegen und im Rahmen des Vorverfahrens nach § 68 VwGO dem PSVaG eine Überprüfung seiner Bescheidung ermöglichen. Der Widerspruch ist eine zwingende Prozessvoraussetzung, sodass eine Klage ohne vorherige Durchführung des Widerspruchverfahrens grds. unzulässig ist. Da eine nächsthöhere Behörde nicht besteht, ist der PSVaG zugleich zuständige Widerspruchsbehörde (§ 73 Abs. 1 S. 2 Nr. 1 VwGO).

30 Ein Widerspruch durch den Arbeitgeber gegen einen Beitragsbescheid hat **keine aufschiebende Wirkung** (§ 80 Abs. 2 Nr. 1 VwGO). Bei den Kraft öffentlich-rechtlicher Verpflichtung (§ 10 BetrAVG) an den PSVaG zu entrichtenden Beiträgen handelt es sich um öffentliche Abgaben i.S.d. § 80 Abs. 2 S. 1 Nr. 1 VwGO.[26] Beitragsbescheide des PSVaG sind daher sofort vollziehbar, Beitragsforderungen auf jeden Fall fristgemäß zu zahlen.

31 Der PSVaG erlässt einen **Widerspruchsbescheid**. Sofern dem Widerspruch abgeholfen wird, richtet sich die Pflichten des Arbeitgebers gegenüber dem PSVaG den konkreten Regelungsgegenstand betreffend nach dem Inhalt des Widerspruchsbescheids. Sofern der PSVaG dem Widerspruch nicht abhilft, kann der Arbeitgeber **Klage** (i.d.R. Anfechtungsklage) vor dem Verwaltungsgericht erheben. Die Erhebung der Klage hat – wie die Einlegung des Widerspruchs – keine aufschiebende Wirkung (§ 80 Abs. 2 Nr. 1 VwGO). Örtlich zuständig ist das für den Sitz

---

26 BVerwG 4.10.1994, 1 C 41.92, ZIP 1995, 41 ff., 44.

des klagenden Arbeitgebers zuständige Verwaltungsgericht (§ 52 Nr. 3 S. 2 VwGO).

Die Erhebung einer Klage befreit den Arbeitgeber nicht von seiner Melde- und Beitragspflicht. Um seine Rechte zu wahren, müsste der Arbeitgeber ggf. für jedes folgende Jahr gegen den Beitragsbescheid des PSVaG Widerspruch einlegen und nach Erlass des Widerspruchsbescheides auch insoweit Klage erheben. Zur **Vereinfachung des Verfahrens** kann der Arbeitgeber auch seiner Melde- und Beitragspflicht – insbes. der fristgemäßen Zahlung der Beiträge – nachkommen, gegen den Beitragsbescheid des PSVaG jedoch Widerspruch erheben und unter Hinweis auf das bereits rechtshängige Gerichtsverfahren eine Aussetzung des Widerspruchsverfahrens beantragen. Nach Beendigung des Rechtsstreits werden dann auch die betreffenden Beitragsjahre, für die Widerspruch eingelegt worden ist, entsprechend dem Ausgang des Rechtsstreits eingeordnet. 31a

VIII. Fälligkeit

Die Beiträge zur gesetzlichen Insolvenzsicherung werden nach § 10 Abs. 2 S. 3 BetrAVG grds. **am Ende des Kalenderjahres fällig.** Dabei tritt die Fälligkeit erst ein, wenn der jeweils verpflichtete Arbeitgeber einen bezifferten Beitragsbescheid erhalten hat. Der Beitrag ist in einem Betrag und vollständig zu entrichten.[27] **Eine Ermäßigung oder gar einen Erlass des Beitrags – z.B. für Unternehmen in einer wirtschaftlichen Krise – sieht das Gesetz nicht vor.** 32

Ergänzend zu dieser gesetzlichen Regelung enthält § 6 Abs. 3 AIB die **konkretisierende Bestimmung,** dass der Beitrag einen Monat nach Zugang des Beitragsbescheides fällig ist. Der (Jahres-)Beitragsbescheid ergeht gegen Mitte November eines Jahres, sodass insofern die **Fälligkeit** einen Monat später, also **nach Mitte Dezember** liegt (§ 10 Abs. 2 S. 3 AIB). In Anbetracht der Ferienzeit/Feiertage Ende jeden Jahres dient es der ordentlichen Abwicklung der Finanzierung, wenn die Beiträge noch vor dem Ende des Jahres gezahlt werden. 33

Die **Fälligkeit** des zusammen mit dem Beitrag für das laufende Jahr geltend gemachten Vorschuss für das folgende Jahr (kombinierter Beitrags- und Vorschussbescheid) ergibt sich aus dem Bescheid. Sie liegt i.d.R. am Ende des 1. Quartals. 34

---

27 Eventuelle Kosten des Arbeitgebers für die Überweisung des Beitrags können nicht in Abzug gebracht werden (§ 270 BGB).

B. Beitragsaufkommen (§ 10 Abs. 2 BetrAVG)

I. Grundsatz

35 Die Beiträge der Arbeitgeber müssen

- den **Barwert der im laufenden Kalenderjahr entstehenden Ansprüche auf Leistungen** der Insolvenzsicherung zuzüglich eines **Betrages für die aufgrund eingetretener Insolvenzen zu sichernden Anwartschaften**, der sich aus dem Unterschied der Barwerte dieser Anwartschaften am Ende des Kalenderjahres und am Ende des Vorjahres bemisst,

- die im gleichen Zeitraum entstehenden **Verwaltungskosten** und die **sonstigen Kosten**, die mit der Gewährung der Leistungen zusammenhängen,

- die Zuführung zu einem von der Bundesanstalt für Finanzdienstleistungsaufsicht festgesetzten **Ausgleichsfonds** sowie

- die Bildung einer **Verlustrücklage** nach § 37 des Versicherungsaufsichtsgesetzes (VAG)

decken (§ 10 Abs. 2 S. 1–3 BetrAVG).

II. Barwert der im laufenden Jahr entstehenden Ansprüche auf Leistungen und der Betrag für die zu sichernden Anwartschaften

36 Durch das »Gesetz zur Änderung des Betriebsrentengesetzes und anderer Gesetze« vom 2.12.2006 ist das Finanzierungsverfahren der gesetzlichen Insolvenzsicherung der betrieblichen Altersversorgung auf **vollständige Kapitaldeckung** umgestellt worden. Diese Umstellung tritt in Kraft ab dem Beitragsjahr 2006. Die Finanzierung der gesetzlichen Insolvenzsicherung erfolgte von 1975 bis 2005 im sog. Rentenwertumlageverfahren. Bei diesem System wurden die im betreffenden Jahr entstehenden Ansprüche ausfinanziert, nicht aber die unverfallbaren Anwartschaften.[28]

37 Als Effekt des Rentenwertumlageverfahrens waren aus den Insolvenzen bis zum 31.12.2005 rd. 167.000 Anwartschaften beim PSVaG registriert, bei denen der Versorgungsfall im Laufe der kommenden mehr

---

28 Vgl. zum Rentenwertumlageverfahren die Vorauflage der Kommentierung unter § 10 Rn. 36 ff. Zum neuen Finanzierungsverfahren des PSVaG, *Hoppenrath/Berenz* DB 2007, 630, BetrAV 2007, 215.

als 30 Jahre eintreten wird und die nachzufinanzieren waren. Die Summe der Barwerte hierfür beträgt rd. 2,2 Mrd. € (berechnet mit einem Rechnungszinsfuß von 3,67 %). Dieser Betrag ist aufgrund der hohen Zahl von Insolvenzen in den letzten Jahren deutlich angestiegen. Auf die den PSVaG finanzierenden Arbeitgeber kam damit ein Risiko zu, das es durch die Umstellung auf vollständige Kapitaldeckung abzufedern galt.

Durch die neue Regelung in § 10 Abs. 2 BetrAVG wird bestimmt, dass die Beiträge der insolvenzsicherungspflichtigen Arbeitgeber den gesamten Schaden aus den im Kalenderjahr neu eintretenden Sicherungsfällen decken müssen. Hierdurch wird die Finanzierung der gesetzlichen Insolvenzsicherung der betrieblichen Altersversorgung unabhängiger von Strukturentscheidungen der Unternehmen und so insgesamt zukunftssicherer gestaltet.[29] 38

Die Finanzierung der bis 2005 aufgelaufenen unverfallbaren Anwartschaften, bei denen ein Versorgungsfall noch nicht eingetreten ist, ist in § 30i BetrAVG geregelt. 39

Der Schaden eines Jahres besteht aus der **Addition zweier Elemente**, nämlich 40

– zum einen dem Barwert der im laufenden Kalenderjahr entstehenden Ansprüche auf Leistungen und

– zum anderen dem Betrag für die zu sichernden gesetzlich unverfallbaren Anwartschaften, der sich nach dem Gesetzeswortlaut als Differenz von zwei Barwerten ergibt, nämlich aus dem Barwert – oder besser der Summe der Barwerte – für die vom PSVaG gesicherten Anwartschaften, bei denen also noch kein Versorgungsfall eingetreten ist, am Ende des jeweiligen Kalenderjahres und dem entsprechenden Barwert am Ende des Vorjahres.

1. Barwert der im laufenden Kalenderjahr entstehenden Ansprüche auf Leistungen

a) Laufende Leistungen aus neuen Insolvenzen

Mit dem **Begriff** der im laufenden Kalenderjahr entstehenden Ansprüche auf Leistungen (§ 10 Abs. 2 S. 1 1. Hs. BetrAVG) sind die Zusagen 41

---

[29] Vgl. BT-Drucks. 16/1936 S. 6; *Gunkel* BetrAV 2006, 213. Siehe ausführlich zur Begründung der Umstellung des Finanzierungsverfahrens auf vollständige Kapitaldeckung *Hoppenrath* FS Kemper, S. 211 ff.; *ders.* FS Andresen, S. 115 ff.; *Hundt* BetrAV 2006, 209; *Murmann* BetrAV 2006, 210.

auf betriebliche Altersversorgung des insolventen Arbeitgebers erfasst, bei denen der Versorgungsfall schon vor dem Sicherungsfall eingetreten ist (**laufende Leistungen**). Diese Rentenleistung muss der PSVaG entsprechend seinem gesetzlichen Auftrag übernehmen.[30]

41a Auch die künftige Erhöhung von Leistungen aufgrund **vertraglicher Dynamisierungsklauseln** nach Eintritt der Bedingung zählt zu den im laufenden Kalenderjahr entstehenden Ansprüchen auf Leistungen.

b) Umwandler aus früheren Insolvenzen

41b Zu den im laufenden Jahr entstehenden Ansprüchen zählen auch die sog. **Umwandler** (vom Anwärter zum Versorgungsfall). Dies sind im laufenden Jahr eintretende Versorgungsleistungen von gesetzlich unverfallbaren Anwärtern aus Insolvenzen früherer Jahre.

c) Rechnungszinsfuß für laufende Leistungen

41c Der Barwert der im laufenden Jahr entstehenden Ansprüche ist der Betrag, der unter Berücksichtigung eines angenommenen Zinsertrags ausreicht, um dem Berechtigten, sei er bereits Rentner bei Insolvenz oder sei er Umwandler, die zugesagte Versorgungsleistung (Rente/Kapital) ggf. lebenslänglich zu zahlen. Die Berechnung erfolgt nach versicherungsmathematischen Grundsätzen unter Berücksichtigung der statistischen Lebenserwartung des Berechtigten.

41d Der **Rechnungszinsfuß** bei der Berechnung des Barwerts der im laufenden Jahr entstehenden Ansprüche ist in § 10 Abs. 2 S. 2 1. Hs. BetrAVG gesetzlich vorgeschrieben und bestimmt sich nach § 65 VAG, der den Zinsfuß bestimmt, der bei den Unternehmen der Lebensversicherung der Kalkulation der Tarife zugrunde gelegt wird. Im Jahr 2006 betrug dieser Zinssatz 2,75 % und 2,25 % ab 1. Januar 2007.

2. Betrag für die aufgrund eingetretener Insolvenzen zu sichernden Anwartschaften

a) Anwartschaften aus neuen Insolvenzen

41e Mit dem **Begriff** der aufgrund eingetretener Insolvenzen zu sichernden Anwartschaften (§ 10 Abs. 2 S. 1 2. Hs. BetrAVG) sind die Zusagen auf betriebliche Altersversorgung von insolventen Arbeitgebern erfasst,

---

30 Vgl. zur Sicherung der Versorgungsempfänger bei Eintritt des Sicherungsfalls § 7 Rn. 4 ff.

bei denen bei Eintritt des Sicherungsfalls gesetzlich unverfallbare Anwartschaften auf Leistungen der betrieblichen Altersversorgung bestehen (gesetzlich unverfallbare Anwartschaften aus neuen Insolvenzen). Diese Anwartschaften muss der PSVaG entsprechend seinem gesetzlichen Auftrag sichern.[31]

b) Übertragung der Anwartschaft auf eine Lebensversicherung

Der PSVaG kann von der nach § 8 Abs. 1 BetrAVG vorgesehenen Möglichkeit Gebrauch machen, und sich von der Verpflichtung aus einer gesetzlich unverfallbaren Anwartschaft durch **Abschluss einer Lebensversicherung** (Rechnungszinsfuß nach § 65 VAG) gegen Einmalprämie befreien (§ 10 Abs. 2 S. 2 2. Hs. i.V.m. § 8 Abs. 1 BetrAVG). Der Gesetzgeber geht jedoch davon aus, dass der PSVaG im Regelfall die Anwartschaften nicht versichert, sondern als Verpflichtung passiviert und den Gegenwert als eigene Kapitalanlage führt.[32]

41f

c) Methode der Differenzfinanzierung

Die Höhe der jedes Jahr zusätzlich zu den Ansprüchen[33] zu finanzierenden gesetzlich unverfallbaren Anwartschaften wird nach der Methode der **Differenzfinanzierung** ermittelt.[34] Ausgangspunkt ist die Überlegung, dass der Bestand der Anwartschaften sich vom Ende des Vorjahres im laufenden Kalenderjahr im Wesentlichen durch die Zugänge aus neuen Insolvenzen und durch die Abgänge in Form der Umwandler verändert hat. Letztere wechseln also von den Anwartschaften in den Bereich der im laufenden Jahr entstehenden Ansprüche. Diese sind aber bereits durch die Finanzierung der im laufenden Kalenderjahr entstehenden Ansprüche erfasst (§ 10 Abs. 2 Satz 1 BetrAVG). Die **Bestandsveränderung der Anwartschaften** ergibt sich insgesamt durch folgende Ab- und Zugänge:

41g

---

31 Vgl. zur Sicherung der gesetzlich unverfallbaren Anwartschaften bei Eintritt des Sicherungsfalls § 7 Rn. 61 ff.
32 Vgl. BT-Drucks. 16/1936 S. 7; aus rein praktischen Überlegungen ist auch fraglich, ob der Weg über § 8 Abs. 1 BetrAVG in nennenswertem Umfang erfolgen kann, d.h., ob von Lebensversicherungsunternehmen entsprechende Tarife für ggf. kompliziert zu berechnende Anwartschaften angeboten werden.
33 Vgl. Rn. 41–41b.
34 Grundlegend *Hoppenrath* FS Andresen, S. 115 ff. Die Methode der Differenzfinanzierung liegt auch der jährlichen Ermittlung der Höhe der Rückstellung bei Pensionszusagen nach § 6a EStG zugrunde.

- Abgang durch den Eintritt des Versorgungsfalls (sog. Umwandler),[35]
- Abgang durch die Abfindung der Anwartschaft,
- Abgang durch die Übertragung der Anwartschaft auf eine Lebensversicherung,[36]
- Zugang aus neuen Insolvenzen.

41h Diese Bestandsänderungen werden durch die **Methode der Differenzfinanzierung** erfasst. Der Betrag, der im laufenden Jahr für die Anwartschaften zusätzlich zu finanzieren ist, ist definiert als Unterschied der Barwerte der Anwartschaften am Ende des Kalenderjahres und am Ende des Vorjahres (§ 10 Abs. 2 S. 1 BetrAVG). Es wird also grundsätzlich der Barwert des gesamten Bestandes der Anwartschaften am Ende des Kalenderjahres mit dem am Ende des Vorjahres verglichen. In der Differenz spiegeln sich alle o.g. Änderungen des »Altbestandes« wieder einschließlich der hinzugekommenen Anwartschaften aus neuen Insolvenzen. Dabei sind die Abgänge aus dem Vorjahresbestand i.d.R. Fälle, für die der PSVaG die Leistungen aufnimmt, die also bei den im laufenden Kalenderjahr entstehenden Ansprüchen erfasst sind.[37] In der Differenz spiegeln sich aber auch andere Elemente wieder, wie z.B. der rechnungsmäßige Zins und mögliche Bewertungsdifferenzen. Letztere entstehen dadurch, dass sich der Bestand in Bezug auf den Eintritt von Versorgungsfällen möglicherweise anders verhält, als mit den verwendeten biometrischen Grundlagen kalkuliert.

d) Rechnungszinsfuß bei Anwartschaften

41i Der **Barwert** der gesetzlich unverfallbaren Anwartschaften ist der Betrag, der unter Berücksichtigung eines angenommenen Zinsertrags ausreicht, um dem Berechtigten bei künftigem Eintritt des Versorgungsfalls die zugesagte Rente oder den zugesagten Kapitalbetrag zu zahlen. Die Berechnung erfolgt nach **versicherungsmathematischen Grundsätzen** unter Berücksichtigung der statistischen Lebenserwartung des Berechtigten sowie anderer Parameter, wie z.B. Invalidisierungs- oder Verheiratungswahrscheinlichkeit.

41j Der **Rechnungszinsfuß** bei der Berechnung des Barwertes der gesetzlich unverfallbaren Anwartschaften ist in § 10 Abs. 2 S. 2 2. Hs. BetrAVG

---

35 Vgl. Rn. 41b. Zu nennen ist hier auch der Fall, dass ein Anwärter verstirbt und keine Hinterbliebenenleistungen gezahlt werden müssen.
36 Vgl. Rn. 41 f.
37 Vgl. Rn. 41b.

gesetzlich vorgeschrieben. Er ist bestimmt als der um ein Drittel höhere Wert nach § 65 VAG, also ebenso flexibel ausgestaltet wie bei der Berechnung der Barwerte für bereits laufende Leistungen. Im Jahr 2006 betrug der so erhöhte Wert 3,67 % und 3,0 % ab 1. Januar 2007. § 65 VAG bestimmt den Zinsfuß, der bei den Unternehmen der Lebensversicherung der Kalkulation der Tarife zugrunde gelegt wird.

Der gegenüber der Barwertberechnung für bereits laufende Leistungen erhöhte Rechnungszinsfuß ist gerechtfertigt, weil ansonsten unberücksichtigt bliebe, dass mit dem Rechnungszinsfuß für Lebensversicherungen künftig Zinsüberschüsse erzielt würden, die nur den jeweiligen und künftigen Beitragszahlern zugute kommen, nicht aber denjenigen, die in der Zwischenzeit ihre Versorgungsverpflichtungen in einen Durchführungsweg ohne bzw. mit einer ermäßigten Insolvenzsicherungspflicht übertragen haben[38] und hierdurch künftig von der Beitragszahlungspflicht ganz oder zum weit überwiegenden Teil befreit sind. 41k

e) Rechnungszinsfuß und Differenzfinanzierung

Die Methode der Differenzfinanzierung stellt ab auf den Unterschied der Barwerte der Anwartschaften am Ende des Kalenderjahres und am Ende des Vorjahres (§ 10 Abs. 2 S. 1 BetrAVG). Bei einer **Änderung des Rechnungszinsfusses nach § 65 VAG** wie z.B. von 2006 (2,75 %) zu 2007 (2,25 %) ist wie folgt zu verfahren: 41l

Zum 31.12.2007 ist der Barwert

- **der Anwartschaften aus Insolvenzen, die bis 31.12.2006 eingetreten sind** mit dem um ein Drittel erhöhten Rechnungszinsfuß nach § 65 VAG zu ermitteln, also mit **3,67 %** (2,75 % nach § 65 VAG, erhöht um ein Drittel).

- **der Anwartschaften aus neuen Insolvenzen, die im Jahr 2007 eingetreten sind** mit dem um ein Drittel erhöhten Rechnungszinsfuß in Höhe von **3,0 %** zu ermitteln (2,25 % nach § 65 VAG, erhöht um ein Drittel).

Hierdurch ergeben sich **Anwärter(teil)bestände** mit jeweils eigenem Rechnungszinsfuß. Die Anpassung des gesamten Anwartschaftsbestandes an spätere Änderungen des Rechnungszinsfusses (nach oben oder unten) ist nicht erforderlich. Zum Zeitpunkt dieser Änderung ist nämlich noch nicht absehbar, welcher Rechnungszinsfuß bei künftigem

---

38 Vgl. BT-Drucks. 16/1936, S. 7.

(ggf. viele Jahre späterem) Eintritt des Versorgungsfalls für die Finanzierung der laufenden Leistung anzuwenden ist. Bei Eintritt des Versorgungsfalls kann der Rechnungszinsfuß nach § 65 VAG gleich hoch, höher oder niedriger sein als der Rechnungszinsfuß, der in der Vergangenheit im Jahr des Eintritts der Insolvenz zur Ermittlung des Barwerts der Anwartschaften anzuwenden war.

aa) Gleich hoher Rechnungszinsfuß

41m Wenn der Rechnungszinsfuß für die Finanzierung der zu erbringenden Leistung und der für die Berechnung des Barwerts der konkreten Anwartschaft gleich hoch ist, dann ist die Versorgungsleistung ausfinanziert. Das setzt voraus, dass der Rechnungszinsfuß nach § 65 VAG zum Zeitpunkt des Eintritts des Versorgungsfalls entsprechend höher ist als zum Zeitpunkt der ersten Berechnung des Barwerts der Anwartschaft am Ende des Insolvenzjahres. Für eine Anwartschaft aus einer Insolvenz des Jahres 2007 müsste der Rechnungszinsfuß nach § 65 VAG bei Eintritt des Versorgungsfalls dann 3,0 % betragen und bei einer Anwartschaft aus 2006 dementsprechend 3,67 %.

bb) Höherer Rechnungszinsfuß

41n Wenn der Rechnungszinsfuß für die Finanzierung der zu erbringenden Leistung höher ist als der für die Berechnung des Barwerts der konkreten Anwartschaft, ist der Barwert der Anwartschaft höher als zur Finanzierung der Leistung erforderlich. Für eine Anwartschaft aus einer Insolvenz des Jahres 2007 müsste der Rechnungszinsfuß nach § 65 VAG bei Eintritt des Versorgungsfalls dann höher als 3,0 % sein und bei einer Anwartschaft aus 2006 dementsprechend höher als 3,67 %. Diese Barwertdifferenz kommt den insolvenzsicherungspflichtigen Arbeitgebern im Jahr des Eintritts des Versorgungsfalls zugute. Der Betrag wirkt reduzierend bei der Kalkulation des Beitragssatzes.

cc) Niedrigerer Rechnungszinsfuß

41o Wenn der Rechnungszinsfuß für die Finanzierung der zu erbringenden Leistung niedriger ist als der für die Berechnung des Barwerts der Anwartschaft, ist der Barwert der Anwartschaft niedriger als zur Finanzierung der Leistung erforderlich. Für eine Anwartschaft aus einer Insolvenz des Jahres 2007 müsste der Rechnungszinsfuß nach § 65 VAG bei Eintritt des Versorgungsfalls dann niedriger als 3,0 % sein und bei einer Anwartschaft aus 2006 dementsprechend niedriger als 3,67 %.

Die Barwertdifferenz ist von den zum Zeitpunkt des Eintritts des Versorgungsfalls insolvenzsicherungspflichtigen Arbeitgebern zu finanzieren. Dies entspricht der bisherigen Systematik des Finanzierungsverfahrens und ist keine Neuerung aufgrund der Umstellung des Finanzierungsverfahrens auf vollständige Kapitaldeckung.

dd) Sonstige Barwertabweichungen

Unabhängig von der Entwicklung des Rechnungszinsfusses nach § 65 VAG kann es zu einer Differenz zwischen dem Barwert der Anwartschaft und dem zu finanzierenden Barwert der laufenden Leistung im Versorgungsfall kommen. Der Barwert der Zugänge der Anwartschaften wird im Insolvenzjahr entsprechend der zugrunde liegenden Versorgungsordnung u.a. unter Berücksichtigung des dort festgelegten Endalters (z.B. Vollendung des 65. Lebensjahres) berechnet, sowie anschließend zu jedem 31.12. der Folgejahre bis zum Eintritt des Versorgungsfalles. Wenn der Versorgungsfall vorzeitig eintritt (Alter, Invalidität, Tod), richtet sich die Höhe der für die Finanzierung der nun einsetzenden laufenden Leistung nach den dafür geltenden Bedingungen entsprechend der Versorgungsordnung. Somit kommt es in diesen Fällen zu einem Unterschied zwischen dem Barwert der Anwartschaft zum 31.12. des Jahres vor Eintritt des Versorgungsfalles und dem erforderlichen Finanzierungsaufwand in Höhe des Barwertes für die laufende Leistung. Diese ist dann unter Berücksichtigung der ggf. unterschiedlichen Rechnungszinsfüsse entsprechend einzuordnen.[39]

41p

Es ist möglich, dass ein Zugang (unverfallbare Anwartschaft aus neuer Insolvenz) im selben Jahr noch zum Abgang wird (Umwandler). Auch dies wird durch die Methode einerseits die Ansprüche (Renten, Umwandler) zu kalkulieren und andererseits die Differenz der Barwerte der Anwartschaften zu ermitteln erfasst.[40]

41q

Auch werden mit der Differenzmethode etwaige erforderliche Änderungen der versicherungsmathematischen Rechnungsgrundlagen (Biometrie) erfasst. Der hieraus ggf. erforderliche zusätzliche Finanzierungsbedarf wird somit dem Jahr, in dem die Veränderung wirksam wird, zugeordnet.

41r

Sofern diese Methode der Differenzfinanzierung zu einem **negativen Ergebnis** führt, d.h., die Barwerte der Abgänge aus dem Bestand größer als die Barwerte der Zugänge sind, reduziert sich der von den Arbeitge-

41s

---
39 Vgl. Rn. 41 m ff.
40 Vgl. Rn. 35 ff.

bern im laufenden Jahr zu finanzierende Schaden um diesen Betrag. Insoweit erfolgt dann eine finanzielle Entlastung gegenüber dem bisherigen Finanzierungsverfahren. Dies kann z.b. eintreten, wenn viele Versorgungsfälle aus Anwartschaften (Umwandler) eintreten, der Barwert der Anwartschaften des Vorjahres also dementsprechend sinkt und aus neuen Insolvenzen nur wenige oder keine Anwartschaften hinzukommen.

41t Auch bei Anwendung der **Methode der Differenzfinanzierung** im Rahmen der Umstellung des Finanzierungsverfahrens auf vollständige Kapitaldeckung bleibt das Finanzierungsverfahren des PSVaG **ein Bedarfsdeckungsverfahren**. Der jährlich erforderliche Bedarf wird auf die insolvenzsicherungspflichtigen Arbeitgeber umgelegt.

III. Verwaltungskosten und sonstige Kosten

42 Die Beiträge der Arbeitgeber müssen auch die **im laufenden Kalenderjahr entstehenden Verwaltungskosten und die sonstigen Kosten**, die mit der Gewährung der Leistungen zusammenhängen, decken (§ 10 Abs. 2 S. 3 1. Hs.). Die Verwaltungskosten umfassen sämtliche Personal- und Sachkosten, die durch die Erfüllung der gesetzlichen Aufgabe dem PSVaG als Träger der Insolvenzsicherung der betrieblichen Altersversorgung entstehen. Zu den sonstigen Kosten, die mit der Gewährung der Leistungen der gesetzlichen Insolvenzsicherung zusammenhängen, gehören die Nebenkosten, die der Gesetzgeber nicht konkret angeben wollte oder konnte.

IV. Verlustrücklage und Ausgleichsfonds

43 Nach § 10 Abs. 2 S. 3 2. Hs. BetrAVG müssen auch die **Zuführung zur Verlustrücklage sowie zum Ausgleichsfonds** im jeweils laufenden Kalenderjahr durch die Beiträge gedeckt werden.

43a Das Gesetz bestimmt, dass § 37 VAG Anwendung findet. Danach hat die Satzung zu bestimmen, dass zur Deckung eines außergewöhnlichen Verlustes aus dem Geschäftsbetrieb eine **Verlustrücklage zu bilden** ist, welche Beträge jährlich zurückzulegen sind und welchen Mindestbetrag die Rücklage erreichen muss. Dieser Verpflichtung ist der PSVaG in § 5 Abs. 1 seiner Satzung nachgekommen. Der Verlustrücklage waren bis zur Höhe von 50 Mio. €, beginnend mit dem Geschäftsjahr 1995, jährlich mindestens 10 Mio. € zuzuführen. Seit 2000 werden ihr jährlich 2 % der Verlustrücklage, mindestens 1 Mio. € zugeführt. Eine Zuführung kann für ein Geschäftsjahr unterbleiben, in dem sich überdurchschnittliche Schadensaufwendungen ergeben. Eine Zuführung kann auch dann unterbleiben, wenn die Verlustrücklage mehr als 20 % des Durchschnittsschadens der letzten fünf Jahre beträgt. Die Höhe der Verlustrücklage betrug zum 31.12.2006 rd. 58,8 Mio. €.

Zur Höhe der im **Ausgleichsfonds anzusammelnden Mittel** hat die 44 Bundesanstalt für Finanzdienstleistungsaufsicht (BaFin) festgelegt, dass diese den durchschnittlichen Jahresschadenaufwand der jeweils letzten fünf Jahre (Zielgröße) abdecken muss.[41] Die jährlichen Zuführungen zum Ausgleichsfonds errechnen sich aufgrund eines von der BaFin festgesetzten Verfahrens in Abhängigkeit von der tatsächlichen Höhe des Ausgleichsfonds und der Höhe der Zielgröße.

Der **Ausgleichsfonds kann** in einem von der BaFin zu genehmigenden 45 Umfang **zur Ermäßigung der Beiträge herangezogen werden**, wenn sich ansonsten außergewöhnlich hohe Beiträge ergeben würden (§ 10 Abs. 2 S. 6 BetrAVG). Von dieser Möglichkeit hat der PSVaG in den Jahren 1982, 1993, 1996 und 2002 Gebrauch gemacht. Die Höhe des Ausgleichsfonds betrug am 31.12.2006 rd. 588 Mio. €.

V. Höhe des Beitrags

1. Grundsatz

Der **Beitragssatz** ergibt sich aus dem **Verhältnis des Beitragsbedarfs** 46 **zur Höhe der Beitragsbemessungsgrundlage** (§ 10 Abs. 2, 3 BetrAVG). Der Beitragsbedarf ergibt sich aus dem Saldo zwischen der Aufwands- und der Ertragseite des PSVaG.

Zur **Aufwandsseite** zählen: 47

– der auf das **volle Jahr hochgerechnete Schadenaufwand**, also der **Barwert** der im laufenden Kalenderjahr entstehenden Ansprüche zuzüglich der **Betrag** für die aufgrund eingetretener Insolvenzen zu sichernden gesetzlich unverfallbaren Anwartschaften in Form der Differenz der Barwerte dieser Anwartschaften am Ende des Kalenderjahres und am Ende des Vorjahres,[42] **vermindert um die Erträge** nach § 9 Abs. 2 und 3 BetrAVG **aus der Abwicklung von Insolvenzverfahren** (z.B. Quotenzahlungen, Vermögensübergang bei Unterstützungskassen),[43]

---

41 *Blomeyer/Rolfs/Otto* § 10 Rn. 65; *Höfer* BetrAVG, Rn. 3125 zu § 10.
42 Vollständige Kapitaldeckung, vgl. Rn. 35 ff.
43 Vgl. § 9 Rn. 10–28a.

– die **Verwaltungskosten und sonstige Kosten** des PSVaG,[44]

– die Zuführung zur **Verlustrücklage und zum Ausgleichsfonds**.[45]

48 Zur **Ertragseite** zählen:

– **Netto-Erträge aus Kapitalanlagen**,

– **Überschussbeteiligung** vom Konsortium für das Vorjahr,[46]

– ggf. vorzunehmende Verrechnung der vorjährigen **Rückstellung für Beitragsrückerstattung**,

– ggf. Inanspruchnahme des **Ausgleichsfonds**.[47]

49 Die **Beitragsbemessungsgrundlage** ergibt sich aus der jährlichen Meldung der insolvenzsicherungspflichtigen Arbeitgeber nach § 10 Abs. 3 BetrAVG i.V.m. § 11 Abs. 2 BetrAVG. Auf Basis der so ermittelten Werte wird regelmäßig im November eines Jahres vom Vorstand mit Zustimmung des Aufsichtsrats des PSVaG der für alle Arbeitgeber einheitliche Beitragssatz für das laufende Jahr festgesetzt. Aus diesem Grund wird der Schadenaufwand auf das volle Jahr hochgerechnet. Auf dieser Basis werden dann die Beitragsbescheide festgesetzt. Der gewichtete durchschnittliche Beitragssatz für die Jahre 1975 bis 2006 beträgt 2,6 Promille.

2. Glättungsverfahren

49a In § 10 Abs. 2 S. 5 BetrAVG hat der Gesetzgeber neben der schon bisher möglichen Inanspruchnahme des Ausgleichsfonds[48] ein **Verfahren zur Glättung von Beitragsspitzen** eingeführt. Der von den insolvenzsicherungspflichtigen Arbeitgebern zu finanzierende erforderliche Beitrag kann, soweit er den des Vorjahres übersteigt, auf das laufende und die folgenden vier Jahre verteilt werden, also über maximal fünf Jahre. Das Glättungsverfahren ist geeignet, die Belastung der Arbeitgeber während der Umstellung des Finanzierungsverfahrens auf vollständige Kapitaldeckung und natürlich auch in der Zeit danach in einem vertretbaren Rahmen zu halten.[49]

---

44 Vgl. Rn. 42.
45 Vgl. Rn. 43–45.
46 Vgl. § 8 Rn. 5–10.
47 Vgl. Rn. 45.
48 Vgl. Rn. 45.
49 *Hoppenrath* FS Andresen, S. 115 ff.; *Hoppenrath/Berenz* DB 2007, 630.

Beitragspflicht und Beitragsbemessung § 10

Ausgangspunkt der Anwendung des Glättungsverfahrens ist der **Vergleich** der erforderlichen Beiträge im **aktuellen Jahr** zu denen des **Vorjahres**. Hierzu gehören nach dem Wortlaut des Gesetzes die nach den Sätzen 1 bis 3 von § 10 Abs. 2 BetrAVG erforderlichen Beiträge.[50] Ist die auf dieser Basis festgestellte Differenz z.B. 100 Mio. €, so können diese über maximal fünf Jahre verteilt werden, belastet die Arbeitgeber also im ersten Jahr nicht mit zusätzlich zu finanzierenden 100 Mio. € sondern bei der längstmöglichen Laufzeit des Glättungsverfahrens und Gleichverteilung im laufenden und den nächsten vier Jahren mit jeweils »nur« 20 Mio. €. Durch dieses Glättungsverfahren können die **Beitragssätze** im Zeitablauf **tendenziell gleichmäßiger ausfallen** und höhere Beitragssatzsprünge vermieden werden.

49b

Gegenüberzustellen sind nach dem Gesetzeswortlaut die nach den Sätzen 1 bis 3 des § 10 Abs. 2 BetrAVG erforderlichen Beiträge. Bei dem Vergleich der erforderlichen Beiträge im aktuellen Jahr zu denen des Vorjahres sind folglich ggf. bestehende **Tilgungsraten** aus der Anwendung des Glättungsverfahrens in **früheren Jahren außer acht** zu lassen.

49c

Hinzuweisen ist darauf, dass ein solches Glättungsverfahren, durch das die Finanzierung bestimmter Teile des bereits eingetretenen Schadens in die nächsten bis zu vier Jahre verschoben wird, nur dann vertretbar ist, wenn dies nicht die **Liquidität des PSVaG** beeinträchtigt. Diese Voraussetzung ist durch die Umstellung des Finanzierungsverfahrens auf **vollständige Kapitaldeckung** erfüllt. Die Rückstellung für die zu sichernden gesetzlich unverfallbaren Anwartschaften kann hier als Puffer dienen.

49d

Das Glättungsverfahren ist **unabhängig vom Ausgleichsfonds**, der nur mit Zustimmung der BaFin in wirklichen »Katastrophenjahren« – wie bisher – als Reserve zur Verfügung steht.[51] Das Glättungsverfahren ist als flexibles und wirksames zusätzliches Element zur Verstetigung der Beiträge und zur Dämpfung von Beitragsspitzen konzipiert. Die **Flexibilität** zeigt sich darin, dass der Gesetzgeber das Glättungsverfahren als »Kann«-Regelung vorgesehen hat und auch eine strenge Verteilung auf fünf Jahre nicht zwingend ist. Dadurch kann der PSVaG flexibel auf die Entwicklung in der Praxis reagieren. Die Zustimmung zur Inanspruchnahme des Glättungsverfahrens durch die BaFin ist nicht erforderlich und daher vom Gesetzgeber nicht vorgesehen.

49e

---

50 Vgl. zur Aufwandseite der Finanzierung des PSVaG Rn. 47.
51 Vgl. Rn. 45.

3. Vorschuss

49f Der PSVaG erteilt grds. allen Mitgliedern Mitte November jeden Jahres einen bezifferten Beitragsbescheid für das laufende Jahr, der am Ende des Kalenderjahres fällig ist.[52] Zur Sicherstellung der Liquidität des PSVaG im Hinblick auf die Leistungsverpflichtung aus im Kalenderjahr neu eintretenden Insolvenzen kann der PSVaG auf die am Ende des Kalenderjahres fälligen Beiträge **Vorschüsse erheben** (§ 10 Abs. 2 S. 4 BetrAVG).

C. Berechnung der Beitragsbemessungsgrundlage (§ 10 Abs. 3 BetrAVG)

I. Grundsatz

50 Der nach § 10 Abs. 2 BetrAVG ermittelte Gesamtbedarf des PSVaG wird durch eine Aufteilung auf alle insolvenzsicherungspflichtigen Arbeitgeber finanziert. Das Verteilungsprinzip sieht eine Heranziehung des einzelnen Arbeitgebers entsprechend seinem relativen Anteil an der Summe des Gesamtwertes aller insolvenzsicherungspflichtigen betrieblichen Altersversorgungen vor. Der Wert der betrieblichen Altersversorgung des einzelnen Arbeitgebers ist dessen **individuelle Beitragsbemessungsgrundlage**, die Summe aller Beitragsbemessungsgrundlagen die **(Gesamt-)Beitragsbemessungsgrundlage des PSVaG**. Der für alle Arbeitgeber einheitliche Beitragssatz ergibt sich dadurch, dass der Beitragsbedarf ins Verhältnis zur (Gesamt-)Beitragsbemessungsgrundlage gesetzt wird (§ 10 Abs. 2 Satz 2 BetrAVG).

51 Die **Beitragsbemessungsgrundlage** bezieht sich auf die **laufenden Versorgungsleistungen** und die nach § 1 b BetrAVG – **gesetzlich** – **unverfallbaren Anwartschaften** (§ 10 Abs. 3 BetrAVG). Sie ist festzustellen auf den Schluss des Wirtschaftjahres des Arbeitgebers (**Bilanzstichtag**), das im abgelaufenen Kalenderjahr geendet hat (**Stichtagsprinzip**). Das Gesetz enthält differenzierte Regelungen zur Berechnung der Beitragsbemessungsgrundlage für die einzelnen unter Insolvenzschutz stehenden Durchführungswege der betrieblichen Altersversorgung (§ 10 Abs. 3 Nr. 1 bis 4 BetrAVG). Dabei wird **kein insolvenzsicherungsspezifisches Berechnungsverfahren** entwickelt. Vielmehr orientiert sich die Ermittlung der Beitragsbemessungsgrundlage an Bewertungsregeln des Steuerrechts. Dadurch sollten gesonderte Berechnungen weitgehend vermieden werden. Die dem PSVaG im Rahmen der Meldung

---

52 Vgl. Rn. 27, 32.

der Beitragsbemessungsgrundlage vorzulegenden Unterlagen ergeben sich aus § 11 Abs. 2 BetrAVG.

1. Unmittelbare Versorgungszusagen

Bei Arbeitgebern, die Leistungen der betrieblichen Altersversorgung unmittelbar zugesagt haben, ist Beitragsbemessungsgrundlage der **Teilwert der Pensionsverpflichtung** nach § 6a Abs. 3 EStG, der einen Rechnungszins von 6% vorschreibt. 52

2. Unterstützungskassen

Bei Arbeitgebern, die eine betriebliche Altersversorgung über eine Unterstützungskasse durchführen, ist Beitragsbemessungsgrundlage das **Deckungskapital für die laufenden Leistungen** (§ 4d Abs. 1 Nr. 1 Buchstabe a EStG) zzgl. **des Zwanzigfachen** der nach § 4d Abs. 1 Nr. 1 Buchstabe b S. 1 EStG **errechneten jährlichen Zuwendungen für Leistungsanwärter** i.s.v. § 4d Abs. 1 Nr. 1 Buchstabe b S. 2 EStG. 53

3. Direktversicherungen

Bei Arbeitgebern, die eine betriebliche Altersversorgung über eine Direktversicherung zusagen ist zu **differenzieren** (§ 10 Abs. 3 Nr. 2 BetrAVG): 54

– Bei Direktversicherungen mit **widerruflichem Bezugsrecht** das vom Lebensversicherungsunternehmen berechnete geschäftsplanmäßige Deckungskapital oder, soweit die Berechnung des Deckungskapitals nicht zum Geschäftsplan gehört, die Deckungsrückstellung (§ 10 Abs. 3 Nr. 2 BetrAVG), Gewinnanteile sind jeweils mit einzubeziehen, wenn sie den Arbeitnehmern zustehen;

– Bei Direktversicherungen mit **unwiderruflichem Bezugsrecht**, die **abgetreten** oder **verpfändet** sind, das vom Lebensversicherungsunternehmen berechnete geschäftsplanmäßige Deckungskapital oder, soweit die Berechnung des Deckungskapitals nicht zum Geschäftsplan gehört, die Deckungsrückstellung (§ 10 Abs. 3 Nr. 2 BetrAVG), Gewinnanteile sind jeweils mit einzubeziehen, wenn sie den Arbeitnehmern zustehen;

– Bei Direktversicherungen mit **unwiderruflichem Bezugsrecht**, die **beliehen** sind, der vom Lebensversicherungsunternehmen bescheinigte beliehene Betrag (§ 10 Abs. 3 Nr. 2 BetrAVG).

4. Pensionsfonds

55 Bei Arbeitgebern, die eine betriebliche Altersversorgung über einen Pensionsfonds durchführen, ist Beitragsbemessungsgrundlage 20 % des **Teilwerts der Pensionsverpflichtung nach § 6 a Abs. 3 EStG** mit dem gesetzlich vorgeschriebenen Rechnungszins von 6 % entsprechend der Regelung für unmittelbare Versorgungszusagen.[53] Mit dem gegenüber einer Direktzusage des Arbeitgebers auf ein Fünftel ermäßigten Beitrag für die Insolvenzsicherung bei der Durchführung der betrieblichen Altersversorgung über einen Pensionsfonds soll nach der Begründung des Gesetzgebers dem geringeren Insolvenzrisiko Rechnung getragen werden.[54]

56 Abb.: Berechnung der Beitragsbemessungsgrundlage

Durchführungsweg	Berechnungsvorschrift für die Ermittlung der Beitragsbemessungsgrundlage
unmittelbare Versorgungszusage	§ 10 Abs. 3 Nr. 1 BetrAVG i.V.m. § 6 a Abs. 3 EStG
Unterstützungskasse	§ 10 Abs. 3 Nr. 3 BetrAVG i.V.m. § 4 d Abs. 1 Nr. 1 a und § 4 d Abs. 1 Nr. 1 b S. 1 und 2 EStG
Direktversicherung	widerrufliche oder (unwiderrufliche) abgetretene, beliehene oder verpfändete Direktversicherung: **§ 10 Abs. 3 Nr. 2 BetrAVG** unwiderrufliche, die nicht abgetreten, verpfändet oder beliehen sind: keine Insolvenzsicherungspflicht
Pensionsfonds	§ 10 Abs. 3 Nr. 4 BetrAVG i.V.m. § 10 Abs. 3 Nr. 1 BetrAVG i.V.m. § 6 a Abs. 3 EStG

5. Änderungen der betrieblichen Altersversorgung beim einzelnen Arbeitgeber

57 **Änderungen in der Struktur** der insolvenzsicherungspflichtigen betrieblichen Altersversorgung beim einzelnen Arbeitgeber **wirken sich auf die Berechnung der Beitragsbemessungsgrundlage aus.** Da diese jährlich vorzunehmen ist (§ 11 Abs. 2 S. 1 BetrAVG), erfolgt in diesem

---

53 Gesetz zur Änderung des Sozialgesetzbuches und anderer Gesetze vom 24.7.2003 (BGBl. I S. 1526). Mit dem rückwirkenden Inkrafttreten ab 1.1.2002 besteht schon bei der ersten Meldung von Pensionsfondszusagen – die bis zum 30.9.2003 vorzunehmen ist – die Meldepflicht nur in Höhe der ermäßigten Beitragsbemessungsgrenze.
54 *Berenz* Gesetzesmaterialien, S. 322.

Zusammenhang jeweils die **Aktualisierung**.[55] Es gilt das **Stichtagsprinzip** des § 10 Abs. 3 BetrAVG, nämlich die Beurteilung der Situation am Schluss des Wirtschaftsjahres des Arbeitgebers (Bilanzstichtag), das im abgelaufenen Kalenderjahr geendet hat (regelmäßig der 31. 12. dieses Jahres[56]). Änderungen in der Struktur der insolvenzsicherungspflichtigen betrieblichen Altersversorgung können sich z.B. ergeben durch Verbesserungen oder Verschlechterungen der Zusagen im rechtlich zulässigen Rahmen, durch Eintreten von Versorgungsfällen, Tod von Rentnern, Eintritt der gesetzlichen Unverfallbarkeit oder auch durch Änderung/Hinzutreten/Wegfall eines Durchführungsweges.[57]

6. Kleinstbetragsregelungen

a) Alle Durchführungswege

Im Jahr 1990 wurde durch Beschluss der Mitgliederversammlung des PSVaG v. 20.6.1990 und Genehmigung der Bundesanstalt für Finanzdienstleistungsaufsicht v. 1.8.1990 die sog. **Kleinstbetragsregelung**[58] **für die Mitglieder des PSVaG eingeführt (§ 9 AIB). Auf Antrag** können Mitglieder des PSVaG, die eine **Beitragsbemessungsgrundlage von bis zu 60.000 €** haben, an der Kleinstbetragsregelung teilnehmen. Danach wird die zu Beginn nachgewiesene Beitragsbemessungsgrundlage für die Dauer von fünf Jahren unverändert verwandt. Die Beiträge werden am Ende des Fünf-Jahres-Turnus mit den für die einzelnen Jahre festgelegten Beitragssätzen in einem Beitrag erhoben. Grund für die Einführung dieser Vorschrift ist der Effekt, dass bei einer Beitragsbemessungsgrundlage bis zu 60.000 € die Kosten für die Ermittlung dieser Bezugsgröße oft höher sein können, als sich daraus ergebende Beitrag, der an den PSVaG zu zahlen ist. 58

Die Kleinstbetragsregelung findet nur Anwendung, wenn das betreffende Mitglied ausdrücklich die Teilnahme beantragt. Sofern ein teilnahmeberechtigtes Mitglied nicht mehr an der Kleinstbetragsregelung teilnehmen möchte, kann es dies dem PSVaG schriftlich mitteilen. 59

---

55 *Andresen/Förster/Rößler/Rühmann* Teil 13 A, Rn. 640 ff.
56 Liegt der Bilanzstichtag z.B. am 30. 9., ist dieser Stichtag für die Berechnung der Beitragsbemessungsgrundlage des folgenden Jahres maßgeblich.
57 Vgl. zu den Auswirkungen der Änderung des Durchführungswegs der betrieblichen Altersversorgung das Merkblatt 300/M 9, das im Internet unter www.psvag.de zur Verfügung steht.
58 Vgl. zu den Einzelheiten dieses Verfahrens das Merkblatt 210/M 21 b des PSVaG und § 9 der AIB des PSVaG, die unter www.psvag.de im Internet zur Verfügung stehen.

b) Unmittelbare Zusagen

60 Als Alternative zur jährlichen Einholung eines versicherungsmathematischen Gutachtens bietet der PSVaG für **unmittelbare Versorgungszusagen mit einer Beitragsbemessungsgrundlage bis 250.000 €** Sonderregelungen[59] an, die im Wesentlichen Folgendes vorsehen:

- Bei **reinen Rentnerbeständen** aus unmittelbaren Versorgungszusagen und einer **Beitragsbemessungsgrundlage von 60.000 € bis 150.000 €** kann eine einmal nachgewiesene Beitragsbemessungsgrundlage für diesen Personenkreis unverändert für die Folgejahre gemeldet werden;

- Bei **reinen Rentnerbeständen von 150.000 € bis 250.000 €** kann in dem versicherungsmathematischen Gutachten neben der Ermittlung des Barwerts für das Meldejahr eine Vorausberechnung für die vier folgenden Jahre durchgeführt werden; in diesem Fall werden die auf fünf Jahre vorausberechneten Werte als Meldung für das jeweilige Jahr zugrunde gelegt;

- Bei **reinen Anwärterbeständen oder gemischten Anwärter- und Rentnerbeständen mit einer Beitragsbemessungsgrundlage von 60.000 € bis 250.000 €** erhöht der PSVaG für die vier gutachtenfreien Jahre die Beitragsbemessungsgrundlage des Vorjahres jeweils pauschal um 15 %.

II. Besonderheiten

1. Höchstgrenze nach § 7 Abs. 3 BetrAVG

61 Ein die **Höchstgrenze nach § 7 Abs. 3 BetrAVG (3 fache der Bezugsgröße nach § 18 SGB IV)**[60] **übersteigender Teil einer Zusage** auf betriebliche Altersversorgung **untersteht nicht dem** gesetzlichen Insolvenzschutz. Im Jahr 2008 beträgt die Höchstgrenze in den alten Bundesländern 7.455 € (in den neuen 6.300€) monatlich.[61] Kapitalleistungen sind nach § 7 Abs. 3 Satz 2 BetrAVG in einen Anspruch auf monatlich laufende Leistungen umzurechnen.

---

59 Vgl. zu den Einzelheiten dieses Verfahrens §§ 10 und 11 der AIB des PSVaG, die unter www.psvag.de im Internet zur Verfügung stehen.
60 Vgl. i.E. § 7 Rn. 111 ff.
61 Zur Differenzierung zwischen den alten und neuen Ländern vgl. § 7 Rn. 113.

Beitragspflicht und Beitragsbemessung § 10

Höchstgrenzen der insolvenzgeschützten Leistungen nach § 7 Abs. 3 BetrAVG 62

	Alte Länder		Neue Länder	
	mtl. Leistung	Kapitalleistung	mtl. Leistung	Kapitalleistung
1999	6.764,40 €	811.728,00 €	5.690,67 €	682.880,40 €
2000	6.871,77 €	824.612,40 €	5.583,30 €	669.996,00 €
2001	6.871,77 €	824.612,40 €	5.789,04 €	694.684,80 €
2002	7.035,00 €	844.200,00 €	5.880,00 €	705.600,00 €
2003	7.140,00 €	856.800,00 €	5.985,00 €	718.200,00 €
2004	7.245,00 €	869.400,00 €	6.090,00 €	730.800,00 €
2005	7.245,00 €	869.400,00 €	6.090,00 €	730.800,00 €
2006	7.350,00 €	882.000,00 €	6.195,00 €	743.400,00 €
2007	7.350,00 €	882.000,00 €	6.300,00 €	756.000,00 €
2008	7.455,00 €	894.600,00 €	6.300,00 €	756.000,00 €

Es erscheint bei einem Überschreiten dieser Höchstgrenze unbillig, die gesamte Pensionsverpflichtung der Beitragsbemessung zu unterwerfen. Daher akzeptiert der PSVaG Meldungen, die auf Basis des insolvenzgeschützten Teils der Pensionsverpflichtungen beruhen.[62] Alternativ können die meldepflichtigen Arbeitgeber den Teilwert der gesamten Pensionsverpflichtung – also einschließlich des nicht insolvenzgeschützten Teils – melden, um gesonderte Berechnungen bezogen auf den insolvenzgeschützten Teil der Zusage zu vermeiden.[63] Diese Verfahrensweise empfiehlt sich z.B. bei nur geringer Überschreitung der Grenze.

2. Beitragszusage mit Mindestleistung

Die **Einstandspflicht des PSVaG** bei Beitragszusagen mit Mindestleistung (§ 1 Abs. 2 Nr. 2 BetrAVG) richtet sich nach der **arbeitsrechtlichen Verpflichtung des Arbeitgebers** aus der Versorgungszusage. Dies ergibt sich für laufende Leistungen aus § 7 Abs. 1 BetrAVG, der den Verpflichtungsumfang des PSVaG nach der Leistung bemisst, die der solvente Arbeitgeber aufgrund der Versorgungszusage zu erbringen hätte, wenn das Insolvenzverfahren nicht eröffnet worden wäre. Bei unver- 64

---

[62] Vgl. Merkblatt 300/M 13 des PSVaG, das im Internet unter www.psvag.de zur Verfügung steht.
[63] Vgl. Merkblatt 300/M 13 des PSVaG, das im Internet unter www.psvag.de zur Verfügung steht.

fallbaren Anwartschaften ergibt sich dies aufgrund der Verweisung in § 7 Abs. 2 BetrAVG auf die Berechnungsvorschrift des § 2 Abs. 5 b BetrAVG.

65 Folglich ist der Berechnung der **Beitragsbemessungsgrundlage auch nur diese Mindestleistung** zugrunde zu legen. Sofern der Arbeitgeber in der Zusage eine weitergehende Verpflichtung übernommen hat – z.B. einen **Garantiezins** – ist dies auch in die Beitragsbemessungsgrundlage aufzunehmen.

66 Als insolvenzsicherungspflichtiger Durchführungsweg kommt aus Sicht der gesetzlichen Insolvenzsicherung bei dieser Zusageform praktisch nur der **Pensionsfonds** in Frage (Direktversicherungen unterliegen nur selten der Insolvenzsicherungspflicht, vgl. § 7 BetrAVG).

67 Bei einer Beitragszusage mit Mindestleistung – ohne weitergehende arbeitsrechtliche Verpflichtung des Arbeitgebers – ist Basis für die Höhe der **Beitragsbemessungsgrundlage**:

- Bei **Versorgungsempfängern** grds. die Höhe der Mindestleistung, also der Leistung aus der Summe der bis zum Eintritt des Versorgungsfalls oder dem vorherigen Ausscheiden zugesagten Beiträge, soweit sie nicht rechnungsmäßig für einen biometrischen Risikoausgleich verbraucht wurden (**Mindestleistungsrente**);

- Bei gesetzlich **unverfallbaren Anwartschaften** die Summe der bis zum Eintritt des Sicherungsfalls oder dem vorherigen Ausscheiden zugesagten Beiträge, soweit sie nicht rechnungsmäßig für einen biometrischen Ausgleich verbraucht wurden (**Mindestleistung**).

3. Entgeltumwandlungszusagen (§ 7 Abs. 5 S. 3 Nr. 1 BetrAVG)

68 Nach § 7 Abs. 5 S. 3 1. Hs. BetrAVG werden von der gesetzlichen Insolvenzsicherung Zusagen und Verbesserungen von Zusagen nicht berücksichtigt, soweit sie in den **letzten beiden Jahren vor Eintritt des Sicherungsfalls** erfolgt sind (**Ausschlussfrist**).[64] Aufgrund des sofortigen Eintritts der gesetzlichen Unverfallbarkeit mit Erteilung einer **Entgeltumwandlungszusage (Zusagen ab 2001)** bestand die Situation, dass der PSVaG in den ersten zwei Jahren nach Erteilung der Zusage im Fall einer Insolvenz des Arbeitgebers keine Leistungen gewährt, obwohl die Zusage bereits gesetzlich unverfallbar ist. Daher bestand für diesen Zeitraum von zwei Jahren auch keine Melde- und Beitragspflicht zum PSVaG.

---

64 Vgl. § 7 Rn. 137 ff., i.E. *Berenz* FS Kemper, S. 5 ff.

Beitragspflicht und Beitragsbemessung § 10

Mit der Einfügung einer Nr. 1 in § 7 Abs. 5 S. 3 BetrAVG[65] hat der Gesetzgeber eine **Ausnahmeregelung** von der Zwei-Jahres-Ausschlussfrist für ab **1.1.2002 gegebene Entgeltumwandlungszusagen getroffen**, die sich wie folgt auf die Melde- und Beitragspflicht zum PSVaG auswirkt. 69

a) Vor 2001 erteilte Entgeltumwandlungszusagen

Melde- und Beitragspflichten zur gesetzlichen Insolvenzsicherung bestehen, wenn eine Entgeltumwandlungszusage **gesetzlich unverfallbar** ist oder ein **Versorgungsfall** eintritt. 70

Bei Entgeltumwandlungszusagen, die vor 2001 erteilt wurden, müssen grds. die **bis 2000 geltenden Unverfallbarkeitsfristen** am Bilanzstichtag erfüllt sein, d.h. Vollendung des 35. Lebensjahres und die Versorgungszusage hat zu diesem Zeitpunkt 71

– mindestens zehn Jahre

– oder bei mindestens zwölfjähriger Betriebszugehörigkeit mindestens drei Jahre

bestanden (§ 30 f S. 1 1. Hs. BetrAVG).

Dabei gilt die nachfolgende **Ausnahmeregelung**: Sofern Anwartschaften nach den bis 2000 geltenden Regelungen nicht bis zum 1.1.2006 unverfallbar werden, ist Unverfallbarkeit ausnahmsweise (§ 30 f S. 1 2. Hs. BetrAVG) 72

– **ab dem** 1.1.2006 gegeben, sofern der Versorgungsberechtigte dann auch das 30. Lebensjahr vollendet hat (Meldepflicht besteht ab 2006);

– anderenfalls tritt Unverfallbarkeit erst mit der **nach dem** 1.1.2006 liegenden Vollendung des 30. Lebensjahres ein.

Die Zwei-Jahres-Ausschlussfrist des § 7 Abs. 5 S. 3 1. Hs. BetrAVG greift nicht, da die Unverfallbarkeitsfristen länger als zwei Jahre sind. 73

b) Im Jahr 2001 erteilte Entgeltumwandlungszusagen

Trotz der ab 2001 geltenden sofortigen gesetzlichen Unverfallbarkeit von Zusagen aufgrund Entgeltumwandlung (vgl. § 1b Abs. 5 74

---

[65] Ursprünglich eingefügt durch das Gesetz zur Einführung einer kapitalgedeckten Hüttenknappschaftlichen Zusatzversicherung und zur Änderung anderer Gesetze (Hüttenknappschaftliches Zusatzversicherungs-Neuregelungs-Gesetz – HZvNG) v. 21.6.2002 BGBl. I S. 2167, 2178.

BetrAVG) beginnen die **Melde- und Beitragspflichten erst zwei Jahre nach Erteilung der Zusage**. Die Zwei-Jahres-Ausschlussfrist des § 7 Abs. 5 S. 3 1. Hs. BetrAVG findet hier Anwendung.

75 Bei bereits aus anderen Gründen bestehender Melde- und Beitragspflicht ist diese Zusage entsprechend dem gesetzlichen Stichtagsprinzip erstmals in die Meldung des Jahres einzubeziehen, deren maßgeblicher Bilanzstichtag zwei Jahre nach der Erteilung der Zusage liegt. Bei vom Kalenderjahr abweichenden Wirtschaftsjahren ist das Stichtagsprinzip des § 10 Abs. 3 BetrAVG zu beachten. Arbeitgeber, die noch nicht Mitglied des PSVaG sind, müssen sich innerhalb von drei Monaten nach Ablauf von zwei Jahren ab Zusageerteilung beim PSVaG melden (vgl. § 11 Abs. 1 BetrAVG).

c) Ab 2002 erteilte Entgeltumwandlungszusagen

76–77 Nach § 7 Abs. 5 S. 3 Nr. 1 BetrAVG gilt die **Ausschlussfrist von zwei Jahren** gem. § 7 Abs. 5 S. 3 1. Hs. BetrAVG **nicht für ab 2002 erteilte Entgeltumwandlungszusagen, soweit Beträge von bis zu 4 %** der Beitragsbemessungsgrenze in der allgemeinen Rentenversicherung umgewandelt werden. Hier ist folglich zu **differenzieren** nach Teilen der Anwartschaften, die auf umgewandeltem Entgelt von jährlich bis zu und über 4 % dieser Grenze (2008: 2.544 € p.a. alte Länder, 2.160 € p.a. neue Länder) beruhen:

- **Bis zu 4 % BBG:** Diese Teilanwartschaft unterliegt wegen der sofortigen gesetzlichen Unverfallbarkeit **unmittelbar der Melde- und Beitragspflicht**. Die zweijährige Ausschlussfrist findet nach § 7 Abs. 5 S. 3 Nr. 1 BetrAVG insoweit keine Anwendung.

- Bei bereits aus anderen Gründen bestehender Melde- und Beitragspflicht ist dieser Teil der Zusage entsprechend dem gesetzlichen Stichtagsprinzip erstmals in die Meldung des Jahres einzubeziehen, deren maßgeblicher Bilanzstichtag nach der Erteilung der Zusage liegt.

- Bei vom Kalenderjahr abweichenden Wirtschaftsjahren ist das Stichtagsprinzip des § 10 Abs. 3 BetrAVG zu beachten. Arbeitgeber, die noch nicht Mitglied des PSVaG sind, müssen sich innerhalb von drei Monaten ab Zusageerteilung beim PSVaG melden.

- **Über 4 % BBG:** Diese Teilanwartschaft unterliegt – obwohl sofort gesetzlich unverfallbar – wegen der hierfür bestehenden zweijährigen Ausschlussfrist des § 7 Abs. 5 Satz 3 1. Halbsatz BetrAVG der **Melde- und Beitragspflicht erst zwei Jahre nach Erteilung der Zusage**.

Beitragspflicht und Beitragsbemessung § 10

Bei bereits aus anderen Gründen bestehender Melde- und Beitrags- 78
pflicht ist dieser Teil der Zusage entsprechend dem gesetzlichen Stichtagsprinzip erstmals in die Meldung des Jahres einzubeziehen, deren maßgeblicher Bilanzstichtag zwei Jahre nach der Erteilung der Zusage liegt. Bei vom Kalenderjahr abweichenden Wirtschaftsjahren ist das Stichtagsprinzip des § 10 Abs. 3 BetrAVG zu beachten.

d) Verwaltungsvereinfachung

Bei **Entgeltumwandlungszusagen** sind für die Bestimmung des bei- 79
tragspflichtigen Teils der Pensionsverpflichtungen eigentlich gesonderte Berechnungen bezogen auf den insolvenzgeschützten Teil der Zusage erforderlich, je nach dem, ob die Zusage im Jahr 2001 oder ab 2002 und in welcher Höhe erteilt wurde. Zur Vermeidung solcher Berechnungen und damit zur **Verwaltungsvereinfachung** können die meldepflichtigen Arbeitgeber die auf Entgeltumwandlung beruhenden Anwartschaften auch bereits in den ersten beiden Jahren in ihre Beitragsbemessungsgrundlage mit einbeziehen – also einschließlich des nicht insolvenzgeschützten Teils –, um auf diesem Weg besondere Berechnungen der Anwartschaften zu vermeiden.

Abb.: Beginn der Melde- und Beitragpflicht (Insolvenzsicherungs- 80
pflicht) bei Entgeltumwandlung

Erteilung der Entgeltumwandlungszusagen vor 2001	Insolvenzsicherungspflicht besteht – bei Erfüllung der bis 2001 geltenden Unverfallbarkeitsfristen (35. Lebensjahr vollendet und entweder 10 Jahre Zusagedauer oder 3 Jahre Zusagedauer und 12 Jahre Betriebszugehörigkeit; Ausnahme in § 30 f Satz 1 2. Halbsatz BetrAVG) oder – bei **Eintritt eines Versorgungsfalls** (außerhalb der Zwei-Jahres-Frist des § 7 Abs. 5 Satz 3 BetrAVG).
Erteilung der Entgeltumwandlungszusagen im Jahr 2001	Die Entgeltumwandlungszusage ist zwar mit ihrer Erteilung sofort gesetzlich unverfallbar, Insolvenzsicherungspflicht besteht aber – erst **zwei Jahre nach Erteilung der Zusage** (§ 7 Abs. 5 Satz 3 BetrAVG).
Erteilung der Entgeltumwandlungszusagen ab 2002	Entgeltumwandlung **bis 4 % der BBG** in der allg. Rentenvers.: – Insolvenzsicherungspflicht besteht für diesen Teil mit Erteilung der Zusage (§ 7 Abs. 5 Satz 3 Nr. 1 BetrAVG). Entgeltumwandlung **über 4 % der BBG** in der allg. Rentenvers.: – Insolvenzsicherungspflicht besteht für diesen Teil entsprechend einer Entgeltumwandlungszusage im Jahr 2001.

4. Portabilität (§ 7 Abs. 5 S. 3 Nr. 2 BetrAVG)

81 Durch das Alterseinkünftegesetz ist mit Wirkung ab 1.1.2005 eine weitere **Ausnahme vom Leistungsausschluss** innerhalb von zwei Jahren vor der Insolvenz eingeführt worden. Danach besteht auch in den ersten beiden Jahren gesetzlicher Insolvenzschutz für im Rahmen von Übertragungen gegebenen Zusagen, soweit der **Übertragungswert die Beitragsbemessungsgrenze in der allgemeinen Rentenversicherung** (2008: 63.600 € p.a. alte Länder und 54.000 € p.a. neue Länder) **nicht übersteigt** (§ 7 Abs. 5 S. 3 Nr. 2 BetrAVG).[66]

82 Es erscheint bei einem Überschreiten dieser Grenze unbillig, die gesamte Pensionsverpflichtung der Beitragsbemessung zu unterwerfen. Daher akzeptiert der PSVaG Meldungen, die auf Basis des insolvenzgeschützten Teils der Pensionsverpflichtungen beruhen.[67] Alternativ können die meldepflichtigen Arbeitgeber den Teilwert der gesamten Pensionsverpflichtung – also einschließlich des nicht insolvenzgeschützten Teils – melden, um gesonderte Berechnungen bezogen auf den insolvenzgeschützten Teil der Zusage zu vermeiden.[68] Diese Verfahrensweise empfiehlt sich z.B. bei nur geringer Überschreitung der Grenze.

5. Nachträgliche Korrektur der Beitragsbemessungsgrundlage

83 Der Beitragsbescheid des PSVaG beruht auf der vom Arbeitgeber selbstverantwortlich ermittelten Beitragsbemessungsgrundlage. Sofern diese **Beitragsbemessungsgrundlage falsch ermittelt** worden ist – zu hoch oder zu niedrig – richten sich die Möglichkeiten der nachträglichen **Änderung eines Beitragsbescheids** nach §§ 48 ff. VwVfG.[69] Der PSVaG ist nur auf Basis eines neuen Beitragsbescheides berechtigt, Nachforderungen zu erheben oder Erstattungen vorzunehmen. Dabei wird immer der Beitragssatz angewendet, der in dem von der Korrektur betroffenen Jahr galt.

84 Die Verzinsung und Verjährung von Nachforderungsansprüchen des PSVaG sowie Erstattungsansprüchen der Arbeitgeber sind in § 10a BetrAVG geregelt.

---

66 Vgl. § 7 Rn. 147a; iE *Berenz* FS Kemper, S. 5 ff.
67 Vgl. Merkblatt 300/M 13 des PSVaG, das im Internet unter www.psvag.de zur Verfügung steht.
68 Vgl. Merkblatt 300/M 13 des PSVaG, das im Internet unter www.psvag.de zur Verfügung steht.
69 *Andresen/Förster/Rößler/Rühmann* Teil 13 B, Rn. 680; *Höfer* BetrAVG, Rn. 4923 zu § 10.

D. Zwangsvollstreckung (§ 10 Abs. 4 BetrAVG)

Die Zwangsvollstreckung findet in **entsprechender Anwendung der ZPO** statt (§ 10 Abs. 4 S. 1 BetrAVG). Als sog. beliehenes Unternehmen erlässt der PSVaG Beitragsbescheide, aus denen er erforderlichenfalls unmittelbar die Vollstreckung betreiben kann (§ 10 Abs. 4 S. 2 BetrAVG). Für Rechtsstreitigkeiten ist der Rechtsweg zu den Verwaltungsgerichten eröffnet.[70]

85

---

70 *Blomeyer/Rolfs/Otto* § 10 Rn. 182; *Höfer* BetrAVG, Rn. 4937 zu § 10; *Paulsdorff* § 10 Rn. 130.

§ 10 a Säumniszuschläge; Zinsen; Verjährung

(1) Für Beiträge, die wegen Verstoßes des Arbeitgebers gegen die Meldepflicht erst nach Fälligkeit erhoben werden, kann der Träger der Insolvenzsicherung für jeden angefangenen Monat vom Zeitpunkt der Fälligkeit an einen Säumniszuschlag in Höhe von bis zu eins vom Hundert der nacherhobenen Beiträge erheben.

(2) [1]Für festgesetzte Beiträge und Vorschüsse, die der Arbeitgeber nach Fälligkeit zahlt, erhebt der Träger der Insolvenzsicherung für jeden Monat Verzugszinsen in Höhe von 0,5 vom Hundert der rückständigen Beiträge. [2]Angefangene Monate bleiben außer Ansatz.

(3) [1]Vom Träger der Insolvenzsicherung zu erstattende Beiträge werden vom Tage der Fälligkeit oder bei Feststellung des Erstattungsanspruchs durch gerichtliche Entscheidung vom Tage der Rechtshängigkeit an für jeden Monat mit 0,5 vom Hundert verzinst. [2]Angefangene Monate bleiben außer Ansatz.

(4) [1]Ansprüche auf Zahlung der Beiträge zur Insolvenzsicherung gemäß § 10 sowie Erstattungsansprüche nach Zahlung nicht geschuldeter Beiträge zur Insolvenzsicherung verjähren in sechs Jahren. [2]Die Verjährungsfrist beginnt mit Ablauf des Kalenderjahres, in dem die Beitragspflicht entstanden oder der Erstattungsanspruch fällig geworden ist. [3]Auf die Verjährung sind die Vorschriften des Bürgerlichen Gesetzbuchs anzuwenden.

Übersicht

	Rn.
A. Beitragsforderung des PSVaG	1
I. Entstehung	1
II. Fälligkeit	3
III. Säumniszuschlag (§ 10 a Abs. 1 BetrAVG)	5
1. Verstoß des Arbeitgebers gegen die Meldepflichten	5
2. Rechtsmittel	9
IV. Verzugszinsen (§ 10 a Abs. 2 BetrAVG)	10
1. Verstoß des Arbeitgebers gegen die Zahlungspflicht	10
2. Rechtsmittel	14
B. Erstattung (§ 10 a Abs. 3 BetrAVG)	15
I. Grundsatz	15
II. Fälligkeit der Erstattung	16
III. Verzinsung des Erstattungsbetrags	19
IV. Rechtsmittel	20
C. Verjährung (§ 10 a Abs. 4 BetrAVG)	21

A. Beitragsforderung des PSVaG

I. Entstehung

Die Beitragspflicht entsteht mit der **Erfüllung der gesetzlichen Voraus-** 1
setzungen. Dies sind der Eintritt der ersten gesetzlich unverfallbaren
Anwartschaft oder der Eintritt eines Versorgungsfalls.[1]

Fristbeginn und -ablauf richten sich nach den allgemeinen Vorschrif- 2
ten der §§ 186 ff. BGB.[2]

II. Fälligkeit

Die Beiträge zur gesetzlichen Insolvenzsicherung werden jeweils im 3
Dezember eines Kalenderjahres fällig. Die Fälligkeit des zusammen
mit dem Beitrag für das laufende Jahr geltend gemachten Vorschusses
für das folgende Jahr (kombinierter Beitrags- und Vorschussbescheid)
ergibt sich aus dem Bescheid.[3]

Vor Fälligkeit kann der PSVaG die Leistung nicht verlangen, der (Bei- 4
trags-)Schuldner kann sie aber vorher bewirken (Erfüllbarkeit, § 271
Abs. 2 BGB). Durch vorfällige Zahlung des Beitragsschuldners tritt Erfüllung ein wie bei Erfüllung der fälligen Leistung (§ 362 Abs. 1 BGB).

III. Säumniszuschlag (§ 10 a Abs. 1 BetrAVG)

1. Verstoß des Arbeitgebers gegen die Meldepflichten

Wenn der Arbeitgeber gegen seine **Meldepflichten** nach § 11 Abs. 1 und 5
2 BetrAVG vorsätzlich oder fahrlässig **verstößt** und deshalb der PSVaG
die Beiträge erst verspätet geltend machen kann, kann er vom meldepflichtigen Arbeitgeber für jeden angefangenen Monat vom Zeitpunkt
der Fälligkeit[4] an einen **Säumniszuschlag bis zu 1 % p.M.** erheben. Die
Fälligkeit bezieht sich dabei auf den Zeitpunkt, zu dem der Beitrag bei
ordnungsgemäßer Meldung durch den Arbeitgeber fällig gewesen wäre.

Die Höhe des Säumniszuschlagssatzes berücksichtigt, dass die Melde- 6
pflicht ausschließlich in der Sphäre des Arbeitgebers liegt. Gleichzeitig

---

1 Vgl. i.E. § 11 Rn. 2–9.
2 Vgl. i.E. § 11 Rn. 5.
3 Vgl. zur Fälligkeit i.E. § 10 Rn. 32–34.
4 Vgl. Rn. 3 f.

kann individuellen Umständen durch das dem PSVaG eingeräumte Ermessen Rechnung getragen werden.

7 Die Säumniszuschläge werden im Allgemeinen zusammen mit dem **Beitragsbescheid** (Verwaltungsakt) des PSVaG geltend gemacht, mit dem die verspätet gemeldete Beitragsbemessungsgrundlage beschieden wird, da der PSVaG seine Tätigkeit im Rahmen der § 10a BetrAVG als beliehenes Unternehmen ausübt.[5] Sie können aber auch durch einen **gesonderten Bescheid** über Säumniszuschläge gem. § 10a Abs. 1 BetrAVG geltend gemacht werden.

8 Aus diesem Beitragsbescheid findet die Zwangsvollstreckung in entsprechender Anwendung der Vorschriften der Zivilprozessordnung statt (§ 10 Abs. 4 BetrAVG).

2. Rechtsmittel

9 Im Hinblick auf Rechtsmittel des Arbeitgebers gegen den Bescheid sowie die Zwangsvollstreckung des Bescheides durch den PSVaG gelten die allg. Regeln.[6]

IV. Verzugszinsen (§ 10a Abs. 2 BetrAVG)

1. Verstoß des Arbeitgebers gegen die Zahlungspflicht

10 Sofern der Arbeitgeber den im Beitragsbescheid des PSVaG zu zahlenden **Beitrag erst nach dessen Fälligkeit**[7] **zahlt**, muss der PSVaG Verzugszinsen erheben (§ 10a Abs. 2 BetrAVG). Aus dem eindeutigen Wortlaut des Gesetzes ergibt sich, dass der Arbeitgeber sich durch sein pflichtwidriges Verhalten ohne weiteres in Verzug befindet. Einer besonderen Mahnung durch den PSVaG bedarf es nicht.

11 Aus der zwingenden gesetzlichen Regelung folgt, dass der PSVaG **Verzugszinsen mit 0,5 % p.M.** geltend machen muss.[8]

12 Bei den Verzugszinsen bleiben **angefangene Monate** außer Ansatz. Verzugszinsen sind daher nur für ganze Monate zu zahlen. Dabei wird auf volle Kalendermonate abgestellt.

13 Die Verzugszinsen werden durch einen **Bescheid** (Verwaltungsakt) über Verzugszinsen gemäß § 10a Abs. 2 BetrAVG geltend gemacht,

---
5 *Höfer* BetrAVG, Rn. 4952 zu § 10a.
6 Vgl. § 10 Rn. 29–31a (Rechtsmittel) und Rn. 85 (Zwangsvollstreckung).
7 Vgl. Rn. 1 f.
8 *Blomeyer/Rolfs/Otto* § 10a Rn. 13.

da der PSVaG seine Tätigkeit im Rahmen der § 10 a BetrAVG als beliehenes Unternehmen ausübt.[9]

2. Rechtsmittel

Im Hinblick auf Rechtsmittel des Arbeitgebers gegen den Bescheid sowie die Zwangsvollstreckung des Bescheides durch den PSVaG gelten die allg. Regeln.[10]   14

B. Erstattung (§ 10 a Abs. 3 BetrAVG)

I. Grundsatz

Der Beitragsbescheid des PSVaG beruht auf der vom Arbeitgeber selbstverantwortlich ermittelten Beitragsbemessungsgrundlage. Sofern diese **Beitragsbemessungsgrundlage zu hoch** ermittelt worden ist, kann der PSVaG auf Basis einer korrigierten Meldung einen neuen Beitragsbescheid erlassen und den vom Arbeitgeber zu viel gezahlten Beitrag erstatten. Die **Verzinsung** der Erstattungsansprüche setzt die Fälligkeit der Erstattungsansprüche voraus.   15

II. Fälligkeit der Erstattung

Grundlage für eine Erstattung ist ein Bescheid des PSVaG, mit dem der vorangegangene Beitragsbescheid ganz oder teilweise aufgehoben und der Erstattungsbetrag festgesetzt wird.   16

Fällig werden die Erstattungsansprüche mit Zustellung des Bescheides über die teilweise oder vollständige **Aufhebung des Beitragsbescheides**, im Allgemeinen also mit Ablauf des dritten Tages nach Versand des Bescheides (§ 41 Abs. 2 VwVfG).   17

Lehnt der PSVaG eine Erstattung von Beiträgen ab und wird der Erstattungsanspruch durch eine **Leistungsklage** vor den Verwaltungsgerichten erstritten, so wird der Erstattungsanspruch samt Erstattungszinsen entsprechend der Entscheidung des Gerichts fällig.[11]   18

---

9 *Höfer* BetrAVG, Rn. 4961 zu § 10 a.
10 Vgl. § 10 Rn. 29 ff. (Rechtsmittel) und Rn. 85 (Zwangsvollstreckung).
11 *Langohr-Plato* Rn. 838.

III. Verzinsung des Erstattungsbetrags

19 Vom PSVaG zu erstattende Beiträge werden vom Tag der Fälligkeit oder bei Feststellung des Erstattungsanspruchs durch gerichtliche Entscheidung vom Tage der Rechtshängigkeit an mit **0,5 %** (gesetzlich zwingend vorgeschriebene Höhe)[12] **verzinst**. Angefangene Monate bleiben außer Ansatz (§ 10 a Abs. 3 S. 2 BetrAVG).

IV. Rechtsmittel

20 Lehnt der PSVaG eine Erstattung von Beiträgen ab, kann der Arbeitgeber nach Durchführung des Vorverfahrens (Widerspruch und ablehnender Widerspruchsbescheid des PSVaG) seinen Erstattungsanspruch durch eine **Leistungsklage** vor den Verwaltungsgerichten geltend machen. Insoweit geltend im Hinblick auf die Rechtsmittel des Arbeitgebers die allg. Regeln entsprechend.[13]

C. Verjährung (§ 10 a Abs. 4 BetrAVG)

21 Ansprüche auf Zahlung der Beiträge zur Insolvenzsicherung gem. § 10 sowie Erstattungsansprüche nach Zahlung nicht geschuldeter Beiträge zur Insolvenzsicherung verjähren in **sechs Jahren** (§ 10 a Abs. 4 S. 1 BetrAVG). Die Verjährungsfrist orientiert sich an der Aufbewahrungsfrist des § 11 Abs. 2 S. 2 BetrAVG.

22 Die **Verjährungsfrist beginnt** mit Ablauf des Kalenderjahres, in dem die Beitragspflicht entstanden oder der Erstattungsanspruch fällig geworden ist (§ 10 a Abs. 4 S. 2 BetrAVG). Auf die Verjährung sind die Vorschriften des Bürgerlichen Gesetzbuchs anzuwenden (§ 10 a Abs. 4 S. 3 BetrAVG).

---

12 *Blomeyer/Rolfs/Otto* § 10 a Rn. 15.
13 Vgl. § 10 Rn. 29 ff. (Rechtsmittel) und Rn. 85 (Zwangsvollstreckung).

§ 11 Melde-, Auskunfts- und Mitteilungspflichten

(1) ¹Der Arbeitgeber hat dem Träger der Insolvenzsicherung eine betriebliche Altersversorgung nach § 1b Abs. 1 bis 4 für seine Arbeitnehmer innerhalb von 3 Monaten nach Erteilung der unmittelbaren Versorgungszusage, dem Abschluß einer Direktversicherung oder der Errichtung einer Unterstützungskasse oder eines Pensionsfonds mitzuteilen. ²Der Arbeitgeber, der sonstige Träger der Versorgung, der Insolvenzverwalter und die nach § 7 Berechtigten sind verpflichtet, dem Träger der Insolvenzsicherung alle Auskünfte zu erteilen, die zur Durchführung der Vorschriften dieses Abschnittes erforderlich sind, sowie Unterlagen vorzulegen, aus denen die erforderlichen Angaben ersichtlich sind.

(2) ¹Ein beitragspflichtiger Arbeitgeber hat dem Träger der Insolvenzsicherung spätestens bis zum 30. September eines jeden Kalenderjahres die Höhe des nach § 10 Abs. 3 für die Bemessung des Beitrages maßgebenden Betrages bei unmittelbaren Versorgungszusagen und Pensionsfonds auf Grund eines versicherungsmathematischen Gutachtens, bei Direktversicherungen auf Grund einer Bescheinigung des Versicherers und bei Unterstützungskassen auf Grund einer nachprüfbaren Berechnung mitzuteilen. ²Der Arbeitgeber hat die in Satz 1 bezeichneten Unterlagen mindestens 6 Jahre aufzubewahren.

(3) ¹Der Insolvenzverwalter hat dem Träger der Insolvenzsicherung die Eröffnung des Insolvenzverfahrens, Namen und Anschriften der Versorgungsempfänger und die Höhe ihrer Versorgung nach § 7 unverzüglich mitzuteilen. ²Er hat zugleich Namen und Anschriften der Personen, die bei Eröffnung des Insolvenzverfahrens eine nach § 1 unverfallbare Versorgungsanwartschaft haben, sowie die Höhe ihrer Anwartschaft nach § 7 mitzuteilen.

(4) Der Arbeitgeber, der sonstige Träger der Versorgung und die nach § 7 Berechtigten sind verpflichtet, dem Insolvenzverwalter Auskünfte über alle Tatsachen zu erteilen, auf die sich die Mitteilungspflicht nach Abs. 3 bezieht.

(5) In den Fällen, in denen ein Insolvenzverfahren nicht eröffnet wird (§ 7 Abs. 1 Satz 4) oder nach § 207 der Insolvenzordnung eingestellt worden ist, sind die Pflichten des Insolvenzverwalters nach Absatz 3 vom Arbeitgeber oder dem sonstigen Träger der Versorgung zu erfüllen.

§ 11 Melde-, Auskunfts- und Mitteilungspflichten

(6) Kammern und andere Zusammenschlüsse von Unternehmern oder anderen selbständigen Berufstätigen, die als Körperschaften des öffentlichen Rechts errichtet sind, ferner Verbände und andere Zusammenschlüsse, denen Unternehmer oder andere selbständige Berufstätige kraft Gesetzes angehören oder anzugehören haben, haben den Träger der Insolvenzsicherung bei der Ermittlung der nach § 10 beitragspflichtigen Arbeitgeber zu unterstützen.

(7) Die nach den Absätzen 1 bis 3 und 5 zu Mitteilungen und Auskünften und die nach Abs. 6 zur Unterstützung Verpflichteten haben die vom Träger der Insolvenzsicherung vorgesehenen Vordrucke zu verwenden.

(8) ¹Zur Sicherung der vollständigen Erfassung der nach § 10 beitragspflichtigen Arbeitgeber können die Finanzämter dem Träger der Insolvenzsicherung mitteilen, welche Arbeitgeber für die Beitragspflicht in Betracht kommen. ²Die Bundesregierung wird ermächtigt, durch Rechtsverordnung mit Zustimmung des Bundesrates das Nähere zu bestimmen und Einzelheiten des Verfahrens zu regeln.

Übersicht	Rn.
A. Grundsatz	1
B. Begründung der Mitgliedschaft (§ 11 Abs. 1 S. 1 BetrAVG)	2
I. Zeitlicher Ablauf	2
II. Meldepflichtiger Arbeitgeber	10
III. Mitteilungsgegenstand betriebliche Altersversorgung	15
1. Betriebliche Altersversorgung	15
2. Erfasste Durchführungswege	17
3. Eintritt des Versorgungsfalls	18
4. Unverfallbarkeit	19
a) Gesetzliche Unverfallbarkeit	19
b) Anrechnung von Vordienstzeiten	20
c) Wechsel Arbeitnehmer-Unternehmer-Status	23
IV. Besonderheiten im ersten Jahr	24
V. Pflichtverletzung	25
C. Allgemeine Auskunfts- und Vorlagepflicht (§ 11 Abs. 1 S. 2 BetrAVG)	27
I. Generalklausel	27
II. Verpflichtete Personen	29
III. Pflichtverletzung	30
D. Meldung der Beitragsbemessungsgrundlage (§ 11 Abs. 2 S. 1 BetrAVG)	34
I. Grundsatz	34
II. Sonderregelungen	38

III.	Mitteilungspflichtige Daten	39
	1. Beitragsbemessungsgrundlage (Nachweise)	39
	2. Meldung und Beitragserhebung im Jahresablauf	42
IV.	Aufbewahrungspflicht (§ 11 Abs. 2 S. 2 BetrAVG)	43
V.	Pflichtverletzung	45

E. Auskunfts- und Mitteilungspflichten nach einem Sicherungsfall (§ 11 Abs. 3–5 BetrAVG) — 48

I.	Mitteilungspflichten bei Insolvenzverfahren (§ 11 Abs. 3 BetrAVG)	48
	1. Voraussetzungen	48
	2. Inhalt der Mitteilungen	50
	3. Zeitpunkt und Form der Mitteilung	53
II.	Auskunftspflichten bei Insolvenzverfahren (§ 11 Abs. 4 BetrAVG)	55
III.	Mitteilungspflichten bei sonstigen Sicherungsfällen (§ 11 Abs. 5 BetrAVG)	57
IV.	Pflichtverletzung	58

F. Unterstützung bei der Ermittlung der beitragspflichtigen Arbeitgeber (§ 11 Abs. 6 BetrAVG) — 63

I.	Amtshilfe durch berufsständische Einrichtungen	63
II.	Pflichtverletzung	66

G. Vordrucke des PSVaG (§ 11 Abs. 7 BetrAVG) — 68

I.	Gesetzliche Pflicht zur Verwendung	68
	1. § 11 Abs. 1 S. 1 BetrAVG	69
	2. § 11 Abs. 1 S. 2 BetrAVG	71
	3. § 11 Abs. 2 S. 1 BetrAVG	72
	4. § 11 Abs. 2 S. 2 BetrAVG	75
	5. § 11 Abs. 3 BetrAVG	76
	6. § 11 Abs. 5 BetrAVG	78
II.	Pflichtverletzung	80

H. Beteiligung der Finanzämter (§ 11 Abs. 8 BetrAVG) — 82

A. Grundsatz

Die Durchführung der gesetzlichen Insolvenzsicherung der betrieblichen Altersversorgung setzt voraus, dass der **PSVaG** die dafür **erforderlichen Informationen vollständig und rechtzeitig** erhält.[1] Vor diesem Hintergrund werden in § 11 BetrAVG Mitteilungs-, Auskunfts- sowie Unterlagenvorlage- und -aufbewahrungspflichten geregelt.[2] Dabei

---

[1] Zur Durchführung der Melde- und Beitragspflichten vgl. *Staier* in Schack/Tacke/Thau, S. 166 f.
[2] Zu den Pflichten des Arbeitgebers im Zusammenhang mit der gesetzlichen Insolvenzsicherung der betrieblichen Altersversorgung – Systematik des § 11 BetrAVG, *Berenz* BetrAV 2006, 225.

bezieht sich die Informationsnotwendigkeit sowohl auf die **Beitragsseite (§ 10 BetrAVG)** als auch auf die **Leistungsseite (§ 7 BetrAVG)**.[3]

B. Begründung der Mitgliedschaft (§ 11 Abs. 1 S. 1 BetrAVG)

I. Zeitlicher Ablauf

2 Die **Begründung der Mitgliedschaft** eines Arbeitgebers beim PSVaG

– sog. Erstmeldung – soll innerhalb von drei Monaten,

– nach Erteilung einer Zusage (gilt nur für ab 2002 erteilte Entgeltumwandlungszusagen)[4]

oder

– nach Eintritt der ersten gesetzlich unverfallbaren Anwartschaft[5]

oder

– nach der Aufnahme einer laufenden Versorgungsleistung

erfolgen.

3 Zwar besteht die **Mitteilungspflicht** nach dem Gesetzeswortlaut innerhalb von drei Monaten nach Erteilung der unmittelbaren Versorgungszusage, dem Abschluss einer Direktversicherung oder der Errichtung einer Unterstützungskasse oder eines Pensionsfonds (§ 11 Abs. 1 S. 1 i.V.m. § 1 b Abs. 1 bis 4 BetrAVG). Andererseits waren bislang nur laufende Versorgungsleistungen und gesetzlich unverfallbare Anwartschaften aufgrund eines gewissen Fristenablaufs insolvenzgesichert. Deshalb verlangte der PSVaG eine Mitteilung i.S.d. § 11 Abs. 1 S. 1 BetrAVG erst dann, wenn die Voraussetzungen für eine Insolvenzsicherung erfüllt waren. Ursprünglich dürfte es sich beim Gesetzeswortlaut um ein Redaktionsversehen des Gesetzgebers gehandelt haben.[6] Mittlerweile stehen ab 2002 erteilte **Entgeltumwandlungszusagen** teilweise

---

3 Allgemeine Hinweise zur Meldung der insolvenzsicherungspflichtigen Arbeitgeber enthalten die Merkblätter 210/M 21 und 210/M 21 a des PSVaG, die im Internet unter www.psvag.de zur Verfügung stehen.
4 Zu Besonderheiten bei Entgeltumwandlungszusagen vgl. § 10 Rn. 68–80.
5 Zu den Auswirkungen der gesetzlichen Unverfallbarkeit auf die Insolvenzsicherung vgl. Merkblatt 300/M 12 des PSVaG, das im Internet unter www.psvag.de zur Verfügung steht.
6 *Paulsdorff* § 11 Rn. 6.

schon **mit Erteilung der Zusage** unter Insolvenzschutz.[7] Folglich findet in diesem Fällen die gesetzliche Regelung – Mitteilungspflicht innerhalb von drei Monaten nach Erteilung der Versorgungszusage – unmittelbar Anwendung.

Ansonsten wird eine Meldung vor Eintritt der genannten Voraussetzungen vom PSVaG aus Gründen der Verwaltungsökonomie nicht registriert, sondern dem Arbeitgeber mit der Aufforderung zurückgegeben, die Meldung spätestens drei Monate nach Beginn der Insolvenzsicherungspflicht vorzunehmen. 4

Fristbeginn und -ablauf richten sich nach den allg. Vorschriften der §§ 186 ff. BGB. Der Eintritt eines Versorgungsfalls dürfte in der Regel um 0.00 Uhr des betreffenden Tages eintreten, sodass dieser Tag bei der Berechnung der Frist mitzählt (§ 187 Abs. 2 BGB). Der Eintritt der gesetzlichen Unverfallbarkeit ist abhängig davon, unter welchen Umständen die Versorgungszusage erteilt worden ist.[8] 5

Dabei ist die **Drei-Monats-Frist keine Ausschlussfrist**. Auch nach Ablauf dieser Frist können Arbeitgeber die Meldungen nachholen. Der Ablauf der Frist dokumentiert den Zeitpunkt, mit dessen Überschreiten ein meldepflichtiger Arbeitgeber eine Ordnungswidrigkeit begeht (§ 12 Abs. 1 Nr. 1 BetrAVG) und ggf. Säumniszuschläge zu entrichten hat (§ 10a Abs. 1 BetrAVG). 6

Die **Mitteilung** zur Begründung der Mitgliedschaft beim PSVaG **kann formlos** geschehen unter Angabe der vom Arbeitsamt anlässlich der Anmeldung sozialversicherungspflichtiger Arbeitnehmer vergebenen **achtstelligen Betriebsnummer (nach DEÜV[9]), jedoch bietet der PSVaG zur Vereinfachung und Beschleunigung der ersten Kontaktaufnahme ein Formular im Internet** an (www.psvag.de). Der Arbeitgeber erhält nach Meldung des Beginns der Insolvenzsicherungspflicht vom PSVaG den zur Meldung der Beitragsbemessungsgrundlage erforderlichen Erhebungsbogen mit entsprechenden Erläuterungen. 7

---

7 Zu Besonderheiten bei Entgeltumwandlungszusagen vgl. § 10 Rn. 68–80.
8 Vgl. § 1b Rn. 35–52.
9 Verordnung über die Erfassung und Übermittlung von Daten für die Träger der Sozialversicherung (Datenerfassungs- und Übermittlungsverordnung – DEÜV) v. 10.2.1998, BGBl. I S. 343.

8 Abb.: Begründung der Mitgliedschaft beim PSVaG[10]

> **1. Voraussetzungen**
>
> – Erteilung einer Zusage (gilt nur für ab 2002 erteilte Entgeltumwandlungszusagen) oder
>
> – Eintritt der ersten gesetzlich unverfallbaren Anwartschaft oder
>
> – Aufnahme einer laufenden Versorgungsleistung.
>
> **2. Frist**
>
> – Innerhalb von drei Monaten nach Eintritt einer der Voraussetzungen nach Nr. 1.
>
> **3. Art und Weise**
>
> – Erste Kontaktaufnahme mit dem PSVaG entweder
>
> – formlos oder mittels Formular aus dem Internet (www.psvag.de)
>
> – unter Angabe der achtstelligen Betriebsnummer nach DEÜV.
>
> **4. Weiteres Vorgehen**
>
> – Informationen über die weitere Abwicklung der Melde- und Beitragspflichten erhält der Arbeitgeber vom PSVaG.

9 § 11 Abs. 1 S. 1 BetrAVG bezieht sich nur auf die erstmalige Meldung von insolvenzsicherungspflichtiger betrieblicher Altersversorgung und der daraus folgenden Mitgliedschaft beim PSVaG. Nach Begründung der Mitgliedschaft sind künftige Änderungen – z.B. hinzukommende oder wegfallende Versorgungsempfänger oder Anwärter – nicht mehr nach § 11 Abs. 1 S. 1 BetrAVG zu melden, sondern in die darauffolgenden jährlichen Meldungen nach § 11 Abs. 2 BetrAVG einzubeziehen.

II. Meldepflichtiger Arbeitgeber

10 Die **Mitteilungspflicht** nach § 11 Abs. 1 S. 1 BetrAVG **obliegt dem Arbeitgeber**, nicht etwa einem externen Versorgungsträger (Unterstützungskasse, Direktversicherung oder Pensionsfonds). Das Gesetz sieht

---

10 Zu Besonderheiten bei Entgeltumwandlungszusagen vgl. § 10 Rn. 68–80.

vor, dass der aus einer Versorgungszusage verpflichtete Arbeitgeber im Wege der eigenverantwortlichen Selbstveranlagung seiner Melde- und Beitragspflicht nachzukommen hat.[11]

Dabei hat jeder aus der betrieblichen Altersversorgung **arbeitsrechtlich** **verpflichtete Arbeitgeber eine eigene Meldung** abzugeben. »Sammelmeldungen« von rechtlich verbundenen Unternehmen (z.B. Konzernen, sonstige Unternehmensgruppen, Anlage- und Betriebsgesellschaften) erfüllen nicht die in § 11 Abs. 1 S. 1 BetrAVG geforderten Meldepflichten und werden daher vom PSVaG nicht akzeptiert.

Meldepflichtig ist neben einer rechtlich selbstständigen Niederlassung eines ausländischen Unternehmens auch eine inländische Betriebsstätte eines ausländischen Unternehmens, die nach deutschem Recht im Inland als Rechtsperson auftritt.[12]

Meldepflichtig ist auch ein **früherer Eigenbetrieb einer Gebietskörperschaft**, dessen Arbeitnehmer eine unmittelbare Versorgungszusage erhalten haben, wenn der Eigenbetrieb in eine privatrechtliche Gesellschaft umgewandelt wird. Ab diesem Zeitpunkt endet die Freistellung von der Insolvenzsicherungspflicht gem. § 17 Abs. 2 BetrAVG.[13] In die Meldung zum PSVaG sind dabei auch die während der Existenz des Eigenbetriebs eingetretenen laufenden Leistungen und gesetzlich unverfallbaren Versorgungsanwartschaften einzubeziehen.[14]

Der **Arbeitgeber kann** zur Erfüllung seiner Mitteilungspflichten auch **Dritte bevollmächtigen**. In Betracht kommen neben speziellen Dienstleistern vor allem externe Versorgungsträger wie Pensionsfonds, (Gruppen-)Unterstützungskassen. Dabei sind für jeden insolvenzsicherungspflichtigen Arbeitgeber separate Meldungen abzugeben. Ein Fehlverhalten seiner Bevollmächtigten ist aber dem Arbeitgeber – auch im Hinblick auf eine Ordnungswidrigkeit nach § 12 Abs. 1 Nr. 1 BetrAVG – zuzurechnen.[15]

---

11 Zur Rechtsberatung durch den PSVaG vgl. § 14 Rn. 13 f. Zu Vereinfachungen für den Arbeitgeber bei Meldungen und Beitragszahlungen an den PSVaG *Feder* BetrAV 2006, 224.
12 BAG 12.2.1991, 3 AZR 30/90, EzA § 9 BetrAVG Nr. 4, DB 1991, 1735 zur rechtlich unselbstständigen, aber insolvenzfähigen Niederlassung eines ausländischen Unternehmens. Zum Begriff des Arbeitgebers i.S.d. Insolvenzsicherung der betrieblichen Altersversorgung vgl. Merkblatt 300/M 6 und zu Arbeitsverhältnissen mit Auslandsberührung vgl. Merkblatt 300/M 7 des PSVaG, die im Internet unter www.psvag.de zur Verfügung stehen.
13 BVerwG 13.7.1999, 1 C 13.98, ZIP 1999, 1816.
14 BVerwG 13.7.1999, 1 C 13.98, ZIP 1999, 1816.
15 *Höfer* BetrAVG, Rn. 4986 zu § 11.

14a Zur **Vereinfachung** der Melde-, Auskunfts-, Mitteilungs- und Beitragszahlungspflichten bei Pensionsfonds und Gruppen-Unterstützungskassen ist eine Abwicklung über den **externen Versorgungsträger** möglich. Dazu bedarf es der Bevollmächtigungen des externen Versorgungsträgers durch den Arbeitgeber (Trägerunternehmen), die gesetzlichen Pflichten gem. §§ 10 und 11 Abs. 1, 2 und 7 BetrAVG wahrzunehmen. Eine derartige Vereinbarung entlastet den Arbeitgeber und dient der effizienten Abwicklung. Der externe Träger braucht dem PSVaG nur eine Meldung der Beitragsbemessungsgrundlagen für alle Trägerunternehmen zu erstatten, erhält nur einen Beitrags- und Vorschussbescheid vom PSVaG und zahlt den Beitrag und den Vorschuss an den PSVaG jeweils in einer Summe. Diese Regelung gilt nur für ausdrücklich bevollmächtigte externe Versorgungsträger und erfasst nur die über ihn durchgeführte betriebliche Altersversorgung. Sofern ein Arbeitgeber noch anderweitige betriebliche Altersversorgung durchführt, muss er die Melde-, Auskunfts-, Mitteilungs- und Beitragszahlungspflichten diesbezüglich selbst gegenüber dem PSVaG erfüllen.

III. Mitteilungsgegenstand betriebliche Altersversorgung

1. Betriebliche Altersversorgung

15 Der Arbeitgeber hat dem PSVaG das Bestehen einer insolvenzsicherungspflichtigen betrieblichen Altersversorgung mitzuteilen. Von der Insolvenzsicherungspflicht werden nur Zusagen erfasst, die der **Definition der betrieblichen Altersversorgung nach dem BetrAVG** entsprechen (§ 11 Abs. 1 S. 1 i.V.m. § 1b Abs. 1 bis 4 BetrAVG).[16] Danach umfasst die betriebliche Altersversorgung Leistungen der Alters-, Invaliditäts- oder Hinterbliebenenversorgung, die einem Arbeitnehmer aus Anlass seines Arbeitsverhältnisses vom Arbeitgeber zugesagt worden sind.

16 Die Mitteilung nach § 11 Abs. 1 S. 1 BetrAVG dient dem PSVaG lediglich zur Begründung der Mitgliedschaft. **Weitere Einzelheiten** – etwa Name und konkrete Versorgungszusage für einzelne Personen – **sind nicht mitteilungspflichtig**.

---

16 Zu Arbeitsverhältnissen mit Auslandsberührung vgl. Merkblatt 300/M 7 des PSVaG und zur Insolvenzsicherung der betrieblichen Altersversorgung in den neuen Bundesländern (Zusagen ab 1992) das Merkblatt 210/M 20, die im Internet unter www.psvag.de zur Verfügung stehen, vgl. § 1 Rn. 27–53.

2. Erfasste Durchführungswege

Die Mitteilungspflicht beschränkt sich auf die **insolvenzsicherungspflichtigen Durchführungswege** der betrieblichen Altersversorgung:[17]

- Unmittelbare Versorgungszusage (Direktzusage),

- Direktversicherung, wenn ein widerrufliches Bezugsrecht eingeräumt ist oder bei unwiderruflichem Bezugsrecht die Ansprüche aus dem Versicherungsvertrag abgetreten, verpfändet oder beliehen sind,[18]

- Zu beachten ist, dass bei ab 2001 über eine Direktversicherung neu erteilte Entgeltumwandlungszusagen nach § 1b Abs. 5 BetrAVG dem Arbeitnehmer von Beginn an ein unwiderrufliches Bezugsrecht eingeräumt und das Recht zur Verpfändung, Abtretung oder Beleihung durch den Arbeitgeber ausgeschlossen werden muss. In diesen Fällen besteht demnach keine Insolvenzsicherungspflicht und damit auch kein Insolvenzschutz.

- Unterstützungskassen,[19]

- Zusagen über einen Pensionsfonds.[20]

---

17 Vgl. § 10 Abs. 3 BetrAVG und § 10 Rn. 2–5.
18 Nicht erfasst sind Auswirkungen auf die Direktversicherung, weil der Arbeitgeber die Prämien nicht vertragsgemäß entrichtet hat. Die Beschädigung einer Direktversicherung durch Prämienrückstände führt das Gesetz nicht als versichertes Risiko auf. BAG 17.11.1992, 3 AZR 51/92, EzA § 7 BetrAVG Nr. 45, DB 1993, 986; *Langohr-Plato* Rn. 730 f. m.w.N.
19 Zu aktuellen Entwicklungen bei Unterstützungskassenzusagen aus Sicht des PSVaG, *Staier* BetrAV 2006, 220.
20 Zu Pensionsfonds vgl. Merkblatt 300/M 14 des PSVaG, das im Internet unter www.psvag.de zur Verfügung steht.

Durchführungswege der betrieblichen Altersversorgung	
Insolvenzsicherung durch den PSVaG Die Ansprüche der Versorgungsberechtigten sind durch eine Insolvenz des Arbeitgebers gefährdet	**Keine Insolvenzsicherung durch den PSVaG** Nach Ansicht des Gesetzgebers sind die Ansprüche der Versorgungsberechtigten durch eine Insolvenz des Arbeitgebers nicht gefärdet
– **unmittelbare Versorgungszusage** (§ 1 Abs. 1 i.V.m. § 7 Abs. 1, 2 BetrAVG) – **Direktversicherung** Soweit ein widerrufliches Bezugsrecht besteht oder bei unwiderruflichem Bezugsrecht die Ansprüche abgetreten, verpfändet oder beliehen sind – Ausnahmefall (§ 1b Abs. 2 i.V.m. § 7 Abs. 1, 2 BetrAVG) – **Unterstützungskasse** (§ 1b Abs. 4 i.V.m. § 7 Abs. 1, 2 BetrAVG) – **Pensionsfonds** (§ 1b Abs. 3 i.V.m. § 7 Abs. 1, 2 BetrAVG)	– **Direktversicherung** Soweit ein unwiderrufliches Bezugsrecht besteht und die Ansprüche nicht abgetreten, verpfändet oder beliehen sind – Regelfall (§ 1b Abs. 2 BetrAVG) – **Pensionskasse** (§ 1b Abs. 3 BetrAVG)

3. Eintritt des Versorgungsfalls

18 Von den Mitteilungspflichten des Arbeitgebers wird auch der **Beginn einer laufenden Versorgungsleistung** erfasst, sofern bis zu diesem Zeitpunkt keine gesetzliche unverfallbare Anwartschaft vorliegt.[21]

4. Unverfallbarkeit

a) Gesetzliche Unverfallbarkeit

19 Erfasst werden **nur gesetzlich unverfallbare Anwartschaften**. Dies ergibt sich aus der Verweisung in § 11 Abs. 1 S. 1 BetrAVG auf § 1b Abs. 1 bis 4 BetrAVG. Arbeitsrechtlich zulässige und für den Versorgungsberechtigten günstigere Regelungen (z.B. vertraglich vereinbarte Unver-

---

21 Vgl. Rn. 2–9.

fallbarkeit) führen nicht zu einem Insolvenzschutz über die gesetzlichen Voraussetzungen hinaus.[22] Der gesetzliche Insolvenzschutz kann **nicht durch vertragliche Vereinbarungen vorzeitig herbeigeführt** werden. Die nachträgliche Vereinbarung, den Versorgungsberechtigten so zu stellen, als wäre das Arbeitsverhältnis nicht unterbrochen worden, führt nur zu einer vertraglichen, nicht zu einer gesetzlichen Unverfallbarkeit.[23]

b) Anrechnung von Vordienstzeiten

Die **Anrechnung von Vordienstzeiten** (Betriebszugehörigkeit oder Zusagedauer) kann sich für den gesetzlichen Insolvenzschutz sowohl im Hinblick auf die **Erfüllung der gesetzlichen Unverfallbarkeit**[24] **einer Versorgungszusage als auch durch die beabsichtigte Erhöhung der versorgungsfähigen Dienstzeit auf die Berechnung der Höhe der insolvenzgeschützten Leistung nach § 2 Abs. 1 BetrAVG auswirken.**[25] Die vom BAG entwickelten Grundsätze zur Anrechnung von Vordienstzeiten gelten sowohl für die Berechnung der Betriebszugehörigkeit als auch für die Berechnung der Zusagedauer. Die für die gesetzliche Unverfallbarkeit maßgebliche Zusagedauer beginnt nicht vor der Betriebszugehörigkeit.[26] 20

Die Anrechnung von Vordienstzeiten, die bei einem früheren Arbeitgeber zurückgelegt wurden, führt jedoch nur unter **bestimmten** von der Rechtsprechung aufgestellten **Voraussetzungen** zur gesetzlichen Unverfallbarkeit und damit zum **Insolvenzschutz** durch den PSVaG oder zur Erhöhung des Anspruchs.[27] Diese können wie folgt beschrieben werden: 21

---

22 BAG 22.2.2000, 3 AZR 4/99, EzA § 1 BetrAVG Nr. 72, DB 2000, 482.
23 BAG 21.1.2003, 3 AZR 121/02, EzA § 1 b BetrAVG Nr. 1, DB 2003, 2711.
24 Durch die Anrechnung von Vordienstzeiten, wenn die Betriebszugehörigkeit beim neuen Arbeitgeber allein für die gesetzliche Unverfallbarkeit nicht ausreicht.
25 Davon zu unterscheiden ist die Übernahme einer Versorgungsverpflichtung nach § 4 BetrAVG.
26 BAG 21.1.2003, 3 AZR 121/02, EzA § 1 b BetrAVG Nr. 1, DB 2003, 2711.
27 BAG 22.2.2000, 3 AZR 4/99, EzA § 1 BetrAVG Nr. 72, DB 2000, 482; 26.9.1989, 3 AZR 814/87, EzA § 7 BetrAVG Nr. 31, DB 1990, 383; DLW-*Dörner* C/Rn. 3138 f.

> **Voraussetzungen der Anrechnung von Vordienstzeiten mit Wirkung für die gesetzliche Insolvenzssicherung**
>
> 1. Die Anrechnung einer noch verfallbaren Anwartschaft bezieht sich nicht nur auf die Erfüllung von Wartezeiten und/oder die versorgungsfähige Dienstzeit für die **Höhe** der Versorgungszusage, sondern auch auf deren **Unverfallbarkeit**.
> 2. Angerechnet wird eine von einer **Versorgungszusage begleitete Beschäftigungszeit**, die unmittelbar und nahtlos an das Arbeitsverhältnis **heranreicht**, das eine neue Versorgungsanwartschaft begründet.
> 3. Die Anrechnung ist mit Wirkung für den Insolvenzschutz nur möglich, wenn die verfallbare Versorgungsanwartschaft aus dem früheren Arbeitsverhältnis **noch nicht erloschen** ist, also die Anrechnungsvereinbarung vor der Beendigung dieses Arbeitsverhältnisses getroffen wird

22 Die vertragliche Anrechnung von Vordienstzeiten mit Wirkung für den Insolvenzschutz ist also **ausgeschlossen**, wenn schon allein aufgrund der Vordienstzeit eine **gesetzlich unverfallbare Anwartschaft** besteht.[28] In diesen Fällen kommt allenfalls eine Übernahme nach § 4 BetrAVG in Betracht, die im Falle ihrer Wirksamkeit ebenfalls die Insolvenzsicherungspflicht auslöst.

c) Wechsel Arbeitnehmer-Unternehmer-Status

23 Der **Wechsel vom Arbeitnehmer- in den Unternehmerstatus** oder umgekehrt kann unabhängig davon, wann die Versorgungszusage erteilt wurde, zu einem **zeitanteiligen Insolvenzschutz** führen. Ausschlaggebend dafür ist, inwieweit die Versorgungszusage durch eine Tätigkeit als Arbeitnehmer und inwieweit durch eine als Unternehmer erdient worden ist:[29]

– Bei **laufenden Versorgungsleistungen** besteht Insolvenzschutz für den Teil der Versorgung, der dem Verhältnis der Summe der Arbeitnehmerzeiten zur gesamten Tätigkeitsdauer im Unternehmen entspricht;

---

28 BAG 28.3.1995, 3 AZR 496/94, EzA § 1 BetrAVG Nr. 70, DB 1995, 1867.
29 Vgl. Merkblatt 300/M 1 des PSVaG, das im Internet unter www.psvag.de zur Verfügung steht.

– Bei **Anwärtern** besteht Insolvenzschutz, wenn durch Tätigkeitszeiten als Arbeitnehmer die gesetzlichen Unverfallbarkeitsvoraussetzungen erfüllt sind, ggf. auch durch Addition von vor und nach einer Unternehmerzeit verbrachten Arbeitnehmerzeiten. Für die Berechnung der Unverfallbarkeitsfristen rechnen Zeiten nicht mit, in denen der Versorgungsberechtigte als Unternehmer tätig war. Liegt aufgrund der Arbeitnehmerzeiten eine gesetzlich unverfallbare Anwartschaft vor, besteht Insolvenzschutz für den Teil der zugesagten Versorgung, der dem Verhältnis der Summe der Arbeitnehmerzeiten zu der insgesamt bis zur festen Altersgrenze laut Versorgungsregelung möglichen Betriebszugehörigkeit entspricht.

IV. Besonderheiten im ersten Jahr

Für das **erste Jahr der Mitgliedschaft** – Beginnjahr – erhebt der PSVaG nur einen **anteiligen Jahresbeitrag**, der dem Verhältnis der insolvenzsicherungspflichtigen Tage zur Gesamtzahl der Tage in diesem Jahr entspricht, falls die Beitragspflicht erst im Laufe eines Kalenderjahres begonnen hat. Dabei kann die Beitragsbemessungsgrundlage, die für die Meldung des zweiten Jahres zu ermitteln ist, aus Vereinfachungsgründen auch der Meldung für das erste Jahr zugrunde gelegt werden.[30] Zwei weitere Alternativen zur Meldung der Beitragsbemessungsgrundlage für das Erstjahr ergeben sich aus § 6 Abs. 3 der Allgemeinen Versicherungsbedingungen für die Insolvenzsicherung der betrieblichen Altersversorgung (AIB) des PSVaG. 24

V. Pflichtverletzung

Die Verletzung der Pflichten nach § 11 Abs. 1 S. 1 BetrAVG ist eine **Ordnungswidrigkeit** nach § 12 Abs. 1 Nr. 1 BetrAVG. Dabei ist dem Arbeitgeber auch ein Fehlverhalten seiner Bevollmächtigten zuzurechnen.[31] 25

Ein Verstoß gegen die Pflichten nach § 11 Abs. 1 BetrAVG kann einen Anspruch des PSVaG auf Säumniszuschläge nach § 10 a Abs. 1 BetrAVG auslösen.[32] 26

---

30 Vgl. § 10 Rn. 8–12.
31 *Höfer* BetrAVG, Rn. 4986 zu § 11.
32 Im Übrigen ist die in § 11 Abs. 1 S. 1 BetrAVG formulierte Pflicht ein Schutzgesetz i.S.d. § 823 Abs. 2 BGB, wie alle Pflichten des § 11 BetrAVG: AG Stuttgart 29.4.1986, 1 C 14356/85, DB 1987, 692; *Höfer* BetrAVG, Rn. 5038 zu § 11; *Paulsdorff* § 11 Rn. 31. Der PSVaG kann demnach einen über § 10 a BetrAVG hinausgehenden Schaden zivilrechtlich geltend machen.

C. Allgemeine Auskunfts- und Vorlagepflicht (§ 11 Abs. 1 S. 2 BetrAVG)

I. Generalklausel

27 Die Regelung enthält – unabhängig von der Mitteilungspflicht nach Satz 1 des § 11 Abs. 1 BetrAVG – eine **allgemeine Auskunfts- und Unterlagenvorlagepflicht**. Sie bestimmt als **Generalklausel** eine umfassende Pflicht zur Auskunft über Tatsachen und die Vorlage aller Unterlagen, die der PSVaG zur Durchführung der gesetzlichen Insolvenzsicherung nach den §§ 7–15 BetrAVG benötigt. Dies betrifft sowohl die **öffentlich-rechtliche Beitragsseite** als auch die **privatrechtliche Leistungsseite** im Zusammenhang mit einem Sicherungsfall. Die Pflichten nach § 11 Abs. 1 S. 2 BetrAVG werden erst dann ausgelöst, wenn der **PSVaG ein konkretes Informationsverlangen** im Zusammenhang mit der Durchführung der gesetzlichen Insolvenzsicherung geltend macht, in der Regel zunächst eine Auskunft verlangt.

28 Sofern durch das Auskunftsverlangen des PSVaG Kosten entstehen (z.B. notarielle Beurkundung), hat diese der Auskunftspflichtige zu tragen. Eine Kostenerstattung durch den PSVaG sieht das Gesetz nicht vor.

II. Verpflichtete Personen

29 Auskunftspflichtig bzw. zur Unterlagenvorlage **verpflichtet** sind

- der **Arbeitgeber**,

- der **sonstige Träger der Versorgung** (Pensionsfonds, [Gruppen-] Unterstützungskassen und Lebensversicherungsunternehmen bei Direktversicherungen),

- der **Insolvenzverwalter**,

- die **nach § 7 BetrAVG Berechtigten**, also sowohl Versorgungsempfänger (§ 7 Abs. 1 BetrAVG) als auch insolvenzgesicherte Anwartschaftsberechtigte (§ 7 Abs. 2 BetrAVG) sowie deren Hinterbliebene.

III. Pflichtverletzung

30 Die Verletzung der Pflichten nach § 11 Abs. 1 S. 2 BetrAVG ist eine **Ordnungswidrigkeit** nach § 12 Abs. 1 Nr. 2 BetrAVG.

31 Eine konkrete Anfrage des PSVaG zu Themen der öffentlich-rechtlichen Beitragsseite löst als Verwaltungsakt die öffentlich-rechtliche Aus-

kunfts- und Unterlagenvorlagepflicht des Befragten aus.[33] Bei pflichtwidrigem Unterlassen der gebotenen Verpflichtung kann der PSVaG einen Bescheid (Verwaltungsakt) erlassen, der sich auf die jeweilige konkrete Verpflichtung bezieht. Der Rechtsweg gegen diese Bescheide ist vor die Verwaltungsgerichte eröffnet.

Die allgemeine Auskunfts- und Vorlagepflicht nach § 11 Abs. 1 S. 2 BetrAVG gilt auch für Gruppenunterstützungskassen im Hinblick auf die Mitteilung der Trägerunternehmen gegenüber dem PSVaG.[34] Bedenken aus Gründen des Datenschutzes greifen nicht. Dem PSVaG ist in § 11 Abs. 1 S. 2 BetrAVG zur Erfüllung seiner gesetzlichen Aufgabe ausdrücklich ein Auskunftsanspruch eingeräumt. Nur auf diesem Weg ist die vollständige Erfassung der nach § 10 BetrAVG insolvenzsicherungspflichtigen Trägerunternehmen bei Gruppenunterstützungskassen möglich. Ob die Gruppenunterstützungskassen die Auskunfts- und Vorlagepflicht nach § 11 Abs. 1 S. 2 BetrAVG trifft ist Gegenstand eines Verwaltungsgerichtsverfahrens vor dem VerwG Hamburg (9 K 24/07).

31a

Eine konkrete Anfrage des PSVaG zu Themen der Leistungen im Zusammenhang mit einem Sicherungsfall löst demgegenüber als privatrechtlicher Akt die zivilrechtliche Auskunfts- und Unterlagenvorlagepflicht des Befragten aus.[35] Diese kann vom PSVaG mittels einer Leistungsklage vor den ordentlichen Gerichten durchgesetzt werden. Für die Durchsetzung gegenüber den nach § 7 BetrAVG berechtigten Versorgungsempfängern und Anwärtern sind i.d.R. die Arbeitsgerichte zuständig (§ 2 Abs. 1 Nr. 5 ArbGG).

32

Im Übrigen ist § 11 Abs. 1 S. 2 BetrAVG ein Schutzgesetz i.S.d. § 823 Abs. 2 BGB, sodass der PSVaG ggf. einen durch die Pflichtverletzung entstandenen Schaden zivilrechtlich geltend machen kann.[36]

33

D. Meldung der Beitragsbemessungsgrundlage (§ 11 Abs. 2 S. 1 BetrAVG)

I. Grundsatz

Zur gesetzlichen Insolvenzsicherung beitragspflichtige **Arbeitgeber** haben dem PSVaG **spätestens bis zum 30. September jeden Kalenderjahres die Höhe der** nach § 10 Abs. 3 BetrAVG maßgeblichen **Beitrags-**

34

---

33 BVerwG 22.11.1994, 1 C 22.92, ZIP 1995, 403; *Blomeyer/Rolfs/Otto* § 11 Rn. 30.
34 *J. Uhlenbruck* BetrAV 2007, 226.
35 LG Köln 28.12.1988, 24 O 82/87, DB 1989, 1780; *Blomeyer/Rolfs/Otto* § 11 Rn. 30.
36 AG Stuttgart 29.4.1986, 1 C 14356/85, DB 1987, 692; *Paulsdorff* § 11 Rn. 31.

bemessungsgrundlage mitzuteilen. Diese jährliche Mitteilung ist festzustellen auf den Schluss des Wirtschaftsjahres des Arbeitgebers (Bilanzstichtag), das im abgelaufenen Kalenderjahr geendet hat.[37]

35 Die Erfüllung der jährlich wiederkehrenden Mitteilungspflicht obliegt dem dazu **gesetzlich verpflichteten Arbeitgeber** – sie trifft nicht den Versorgungsträger –, ohne dass es einer Aufforderung durch den PSVaG bedarf. Die Mitteilung der Beitragsbemessungsgrundlage erfolgt im Rahmen einer **eigenverantwortlichen Selbstveranlagung** des beitragspflichtigen Arbeitgebers.[38]

36 Die **Kosten** der Ermittlung und Mitteilung der Beitragsbemessungsgrundlage gegenüber dem PSVaG hat der Arbeitgeber zu tragen.[39] Eine Kostenerstattung durch den PSVaG sieht das Gesetz nicht vor.

37 Der Arbeitgeber ist verpflichtet, die jährliche Meldung der Beitragsbemessungsgrundlage auf **Formularen** (sog. **Erhebungsbögen**) abzugeben, die der **PSVaG vorgibt** (§ 11 Abs. 7 BetrAVG).[40] Soweit die insolvenzsicherungspflichtigen Arbeitgeber dem PSVaG bekannt sind, erhalten sie unaufgefordert jedes Jahr gegen Ende des I. Quartals den entsprechenden Erhebungsbogen übersandt. Sollte dieser nicht bis Anfang Juni eines Jahres vorliegen oder der Arbeitgeber einen Ersatzbogen benötigen, können diese unter Angabe der achtstelligen Betriebsnummer (DEÜV)[41] beim PSVaG angefordert werden. Im Internet unter www.psvag.de sind Erläuterungen zum Ausfüllen des Erhebungsbogens abrufbar.

II. Sonderregelungen

38 Abweichend vom gesetzlich vorgeschriebenen Melde- und Beitragsverfahren haben die Mitgliederversammlungen vom 20.6.1990 und 3.7.2002 **Sonderregelungen** beschlossen, die **Arbeitgebern mit geringen Beitragsbemessungsgrundlagen** Verwaltungs- und damit auch Kostenaufwand bei der Erfüllung ihrer jährlichen Meldepflichten ersparen (sog. Kleinstbetragsregelung).[42] Die Inanspruchnahme der Sonderregelungen muss beim PSVaG **beantragt werden**.

---

37 Für die konkrete Ermittlung der Beitragsbemessungsgrundlage vgl. § 10 Abs. 3 BetrAVG.
38 Zur Rechtsberatung durch den PSVaG vgl. § 14 Rn. 13–14.
39 *Höfer* BetrAVG, Rn. 5009 zu § 11.
40 Vgl. Rn. 68–81 zu den vom PSVaG vorgeschriebenen Vordrucken.
41 Vgl. Rn. 2–9.
42 Vgl. zu den Einzelheiten § 10 Rn. 58 ff.

III. Mitteilungspflichtige Daten

1. Beitragsbemessungsgrundlage (Nachweise)

Neben dem ausgefüllten Erhebungsbogen müssen dem PSVaG vom beitragspflichtigen Arbeitgeber bestimmte Unterlagen über die Berechnung der Beitragsbemessungsgrundlage überlassen werden. Die dem **Erhebungsbogen beizufügenden Nachweise** zur Berechnung der Höhe der Beitragsbemessungsgrundlage sind: 39

Nachweise zur Berechnung der Höhe der Beitragsbemessungsgrundlage	
unmittelbare Versorgungszusagen	Ein aus dem versicherungsmathematischen Gutachten abgeleitetes Kurztestat des versicherungsmathematischen Sachverständigen. Das vollständige versicherungsmathematische Gutachten muss nicht vorgelegt werden.
Unterstützungskassen	Eine nachprüfbare Berechnung. Berechnet der Arbeitgeber die Beitragsbemessungsgrundlage für seine Unterstützungskasse selbst, so muss er das Ergebnis in dem vom PSVaG vorgeschriebenen Kurznachweis[43] darstellen. Alternativ kann er auch den Weg über ein aus dem versicherungsmathematischen Gutachten abgeleitetes Kurztestat des versicherungsmathematischen Sachverständigen gehen.
Direktversicherungen	Eine Bescheinigung des entsprechenden Lebensversicherers. Es genügt, dem Erhebungsbogen das Blatt der Bescheinigung des Lebensversicherungsunternehmens beizufügen, das die Anzahl der gesetzlich unverfallbaren Anwartschaften und den meldepflichtigen Betrag enthält.
Pensionsfondszusagen	Ein aus dem versicherungsmathematischen Gutachten abgeleitetes Kurztestat des versicherungsmathematischen Sachverständigen mit der Angabe von 20 % des nach § 6 a EStG ermittelten Teilwerts. Das vollständige versicherungsmathematische Gutachten muss nicht vorgelegt werden.

Der PSVaG bietet zum Herunterladen im Internet unter **www. psvag.de** 40
Nachweisformulare zum Erhebungsbogen an:

– Kurztestat des versicherungsmathematischen Sachverständigen für unmittelbare Versorgungszusagen,

– Kurztestat des versicherungsmathematischen Sachverständigen für Pensionsfondszusagen,

---

43 Vgl. Rn. 74.

§ 11 Melde-, Auskunfts- und Mitteilungspflichten

- Kurztestat des versicherungsmathematischen Sachverständigen für Unterstützungskassen oder einen Kurznachweis bei Berechnung durch den Arbeitgeber.

41 Vollständige versicherungsmathematische Gutachten, Bescheinigungen des Lebensversicherungsunternehmens und detaillierte Berechnungen für die Unterstützungskassen fordert der PSVaG nur bei Bedarf an und kann deren Vorlage dann nach § 11 Abs. 1 S. 2 BetrAVG verlangen. Diese **ausführlichen Berechnungsgrundlagen** der Beitragsbemessungsgrundlage sind **sechs Jahre aufzubewahren**.[44]

2. Meldung und Beitragserhebung im Jahresablauf

42 Aus dem gesetzlich festgelegten Melde- und Beitragserhebungsverfahren (§§ 10 und 11 BetrAVG) ergibt sich für die meldepflichtigen Arbeitgeber regelmäßig folgender Zeitablauf:

- Gegen Ende des I. Quartals erhalten sie vom PSVaG den sog. Erhebungsbogen zur Meldung ihrer Beitragsbemessungsgrundlagen;

- In den Erhebungsbogen sind für jeden konkret gegebenen Durchführungsweg die Anzahl der meldepflichtigen laufenden Leistungen und unverfallbaren Anwartschaften einschließlich der jeweiligen Summen der entsprechenden Beitragsbemessungsgrundlagen einzutragen;

- Der ausgefüllte Erhebungsbogen einschließlich der vorgeschriebenen Nachweisen ist bis 30. September des betreffenden Jahres wieder an den PSVaG zurückzusenden;

- Etwa Mitte November erhalten sie auf Basis der im Erhebungsbogen gemeldeten Beitragsbemessungsgrundlage und des festgelegten Beitragssatzes den Beitragsbescheid, bei dem der erhobene Vorschuss in Abzug gebracht wird. Der Beitrag ist am Jahresende fällig;[45]

- Gleichzeitig wird mit dem Jahresbeitragsbescheid für das Folgejahr i.d.R. ein Vorschuss auf Basis der im Erhebungsbogen gemeldeten Beitragsbemessungsgrundlage erhoben, der im Frühjahr des nächsten Jahres fällig ist.

---

44 Vgl. Rn. 43 f.
45 Vgl. § 10 Rn. 32 ff.

IV. Aufbewahrungspflicht (§ 11 Abs. 2 S. 2 BetrAVG)

Die für die Ermittlung der Beitragsbemessungsgrundlage erforderlichen **Berechnungsgrundlagen** sind **mindestens sechs Jahre aufzubewahren**. Dadurch soll es dem PSVaG ermöglicht werden, eine Vorlage der Unterlagen nach § 11 Abs. 2 S. 1 BetrAVG zu verlangen, um die Richtigkeit der mitgeteilten Beitragsbemessungsgrundlage überprüfen zu können.[46] Die Unterlagen sind demnach erst auf Verlangen des PSVaG vorzulegen. 43

Die **Aufbewahrungsfrist** von sechs Jahren **beginnt** mit dem 30. September eines Kalenderjahres.[47] Dies ist der Zeitpunkt, bis zu dem die Höhe der Beitragsbemessungsgrundlage dem PSVaG mitgeteilt werden muss (§ 11 Abs. 2 S. 1 BetrAVG).[48] Dementsprechend **endet** die Aufbewahrungsfrist mit Ablauf des 30. September des auf das jeweilige Kalenderjahr folgenden sechsten Jahres (§§ 187 Abs. 2 i.V.m. § 188 Abs. 2 BGB). Es **empfiehlt** sich aber, im Hinblick auf die Verjährung der Beitrags- sowie der Beitragserstattungsansprüche nach § 10 a Abs. 4 BetrAVG von sechs Jahren beginnend mit dem Ablauf des Kalenderjahres, in dem die Beitragspflicht entstanden oder der Erstattungsanspruch fällig geworden ist, die Aufbewahrungsfrist nach § 11 Abs. 2 S. 2 BetrAVG mindestens bis zum Ende des sechsten Kalenderjahres nach der jeweiligen Meldung der Beitragsbemessungsgrundlage auszudehnen. 44

V. Pflichtverletzung

Die Mitteilungs- und Unterlagenvorlagepflicht nach § 11 Abs. 2 BetrAVG gehört zum **öffentlich-rechtlichen Mitgliedschaftsverhältnis** zwischen Arbeitgeber und PSVaG und obliegt dem verpflichteten Arbeitgeber **ohne Aufforderung durch den PSVaG**. Bei pflichtwidrigem Unterlassen der Verpflichtung kann der PSVaG einen sog. **Meldebescheid** (Verwaltungsakt) erlassen.[49] Der Rechtsweg gegen den Meldebescheid ist für den Arbeitgeber vor die Verwaltungsgerichte eröffnet. 45

---

46 *Höfer* BetrAVG, Rn. 3294 zu § 11; *Paulsdorff* § 11 Rn. 18 ff.
47 *Andresen/Förster/Rößler/Rühmann* Teil 13 B, Rn. 805; *Blomeyer/Rolfs/Otto* § 11 Rn. 44; a.A. *Höfer* BetrAVG, Rn. 5015 zu § 11, der ohne weitere Begründung auf den Zeitpunkt des Zugangs der Mitteilung der Beitragsbemessungsgrundlage beim PSVaG abstellt.
48 Bei verspäteter Meldung zählt die Frist ab dem Zeitpunkt des Zugangs der Meldung beim PSVaG.
49 BVerwG 22.11.1994, 1 C 22.92, ZIP 1995, 403.

46 Ein Verstoß des Arbeitgebers gegen seine Verpflichtung nach § 11 Abs. 2 S. 1 BetrAVG ist eine Ordnungswidrigkeit nach § 12 Abs. 1 Nr. 1 BetrAVG und kann einen Anspruch des PSVaG auf Säumniszuschläge nach § 10 a Abs. 1 BetrAVG auslösen.[50]

47 Ein Verstoß des Arbeitgebers gegen seine Verpflichtung nach § 11 Abs. 2 S. 2 BetrAVG ist eine Ordnungswidrigkeit nach § 12 Abs. 1 Nr. 3 BetrAVG. Im Übrigen ist § 11 Abs. 2 S. 2 BetrAVG ein Schutzgesetz i.S.d. § 823 Abs. 2 BGB, sodass der PSVaG ggf. einen über den Bereich des § 10 a BetrAVG hinausgehenden Schaden zivilrechtlich geltend machen kann.[51]

E. Auskunfts- und Mitteilungspflichten nach einem Sicherungsfall (§ 11 Abs. 3–5 BetrAVG)

I. Mitteilungspflichten bei Insolvenzverfahren (§ 11 Abs. 3 BetrAVG)

1. Voraussetzungen

48 § 11 Abs. 3 BetrAVG begründet für den Insolvenzverwalter die Pflicht, dem PSVaG alle für die Durchführung der gesetzlichen Insolvenzsicherung der Ansprüche der Versorgungsberechtigten erforderlichen Angaben zu machen. Der PSVaG ist demnach nicht verpflichtet, von sich aus zu ermitteln und sich die Unterlagen und Informationen selbst zu verschaffen.

49 Die **Mitteilungspflicht** des Insolvenzverwalters **entsteht** mit der Eröffnung des Insolvenzverfahrens durch das Insolvenzgericht.[52] Andererseits kann es sich in der Praxis empfehlen, dass schon der vorläufige Insolvenzverwalter Kontakt mit dem PSVaG aufnimmt. Dies kommt insbesondere dann in Betracht, wenn die Eröffnung des Insolvenzverfahrens wahrscheinlich ist. Dann gewinnen der Insolvenzverwalter und der PSVaG eine gewisse Vorlaufzeit für die Erfassung und den Transfer von Daten. Je schneller der PSVaG die zur Bearbeitung erforderlichen

---

50 Im Übrigen ist die in § 11 Abs. 2 S. 1 BetrAVG formulierte Pflicht ein Schutzgesetz i.S.d. § 823 Abs. 2 BGB, wie alle Pflichten des § 11 BetrAVG: AG Stuttgart 29.4.1986, 1 C 14356/85, DB 1987, 692; *Höfer* BetrAVG, Rn. 5038 zu § 11; *Paulsdorff* § 11 Rn. 31. Der PSVaG kann demnach einen über § 10 a BetrAVG hinausgehenden Schaden zivilrechtlich geltend machen.
51 AG Stuttgart 29.4.1986, 1 C 14356/85, DB 1987, 692; *Höfer* BetrAVG, Rn. 5039 zu § 11; *Paulsdorff* § 11 Rn. 31.
52 Vgl. i.E. Merkblatt 110/M 4 des PSVaG, das im Internet unter www.psvag.de zur Verfügung steht.

Informationen hat, desto schneller bekommen die Versorgungsberechtigten ihre Leistungen und desto kleiner ist der Zeitraum, in dem die Rentenzahlungen aufgrund der Insolvenz unterbrochen sind. Das ist auch im Interesse des Insolvenzverwalters und des insolventen Unternehmens, weil diese dadurch von einer Vielzahl von Anfragen und Beschwerden verschont bleiben.

2. Inhalt der Mitteilungen

Der Insolvenzverwalter hat dem Träger der Insolvenzsicherung nach 50
§ 11 Abs. 3 BetrAVG

– die **Eröffnung des Insolvenzverfahrens**,

– Namen und Anschriften der **Versorgungsempfänger** und die Höhe ihrer Versorgung

– unverzüglich mitzuteilen.

Er hat zugleich Namen und Anschriften der Personen, die bei Eröff- 51
nung des Insolvenzverfahrens eine **gesetzlich unverfallbare Versorgungsanwartschaft** haben, sowie die Höhe ihrer Anwartschaft mitzuteilen.

Der **PSVaG verlangt im Rahmen einer ersten Mitteilung des Insol-** 52
venzverwalters folgende Angaben und Unterlagen:

– **Beschluss** über die Eröffnung des Insolvenzverfahrens,

– **Anzahl** der Versorgungsempfänger und der Anwärter mit unverfallbarer Anwartschaft sowie weitere detaillierte Angaben,[53]

– **Versorgungsregelungen** über die verschiedenen Durchführungswege der betrieblichen Altersversorgung des Betriebes und deren Verlauf in der Vergangenheit,

– **Unmittelbare Versorgungszusage und Pensionsfonds**: Letztes vorliegendes versicherungsmathematische Gutachten,

– **Unterstützungskasse**: Letzte vorliegende nachprüfbare Berechnung,[54]

---

[53] Vgl. i.E. Merkblatt 110/M 5 des PSVaG, das im Internet unter www.psvag.de zur Verfügung steht.
[54] Vgl. i.E. Merkblatt 110/M 7 des PSVaG, das im Internet unter www.psvag.de zur Verfügung steht.

– **Direktversicherung**: Letzte vorliegende Bescheinigungen des Versicherers über die Höhe des Deckungskapitals, aktueller Stand der Beleihung, Verpfändung oder Abtretung.[55]

3. Zeitpunkt und Form der Mitteilung

53 Voraussetzung für eine zeitnahe Leistungsgewährung durch den PSVaG an die Rentner ist die vollständige und schnelle Mitteilung der erforderlichen Daten durch den Insolvenzverwalter an den PSVaG nach Eröffnung des Insolvenzverfahrens. Deshalb sieht das Gesetz vor, dass der Insolvenzverwalter dem PSVaG die Eröffnung des Insolvenzverfahrens sowie Namen, Anschriften und die Höhe der Versorgungsleistung **unverzüglich mitzuteilen** hat, also ohne schuldhaftes Zögern (§ 11 Abs. 3 S. 1 BetrAVG i.V.m. § 121 Abs. 1 BGB). Da nach § 11 Abs. 3 S. 2 BetrAVG »zugleich« die Informationen bzgl. der unverfallbaren Anwartschaften mitzuteilen sind, sind auch diese unverzüglich vorzunehmen.[56]

54 Der Insolvenzverwalter ist **verpflichtet**, zur Mitteilung der persönlichen Daten der Rentner und Anwärter die **vom PSVaG vorgegebenen Vordrucke oder vorbereitete Dateien**[57] **zu verwenden** (vgl. § 11 Abs. 7 BetrAVG).

II. Auskunftspflichten bei Insolvenzverfahren (§ 11 Abs. 4 BetrAVG)

55 Gegenüber dem PSVaG ist **primär der Insolvenzverwalter mitteilungspflichtig** (§ 11 Abs. 3 BetrAVG). Zu seiner Unterstützung sind ihm gegenüber

– der **Arbeitgeber**,

– der **sonstige Träger der Versorgung** (Unterstützungskasse, Pensionsfonds, Versicherer bei Direktversicherungen),

– und die **nach § 7 BetrAVG Berechtigten** (Rentner und Anwärter)

verpflichtet, Auskünfte über alle Tatsachen zu erteilen, auf die sich die Mitteilungspflicht des Insolvenzverwalters nach § 11 Abs. 3 BetrAVG bezieht (§ 11 Abs. 4 BetrAVG). Dabei richtet sich der Inhalt der Aus-

---

55 Vgl. i.E. Merkblatt 110/M 6 des PSVaG, das im Internet unter www.psvag.de zur Verfügung steht.
56 *Blomeyer/Rolfs/Otto* § 11 Rn. 53.
57 Diese stehen im Internet unter www.psvag.de zur Verfügung.

kunft nach der Mitteilungspflicht des Insolvenzverwalters aus § 11 Abs. 3 BetrAVG. Die Auskünfte müssen bei Verlangen des Insolvenzverwalters unverzüglich gegeben werden, da dieser seinerseits zur unverzüglichen Mitteilung an den PSVaG verpflichtet ist.

Gegenüber dem PSVaG ist nur der **Insolvenzverwalter zur Auskunft** 56 **verpflichtet.** Der PSVaG kann jedoch von seinem allg. Auskunftsrecht nach § 11 Abs. 1 S. 2 BetrAVG Gebrauch machen und daher von den oben genannten Personen und Institutionen auch unmittelbar Auskünfte verlangen.

III. Mitteilungspflichten bei sonstigen Sicherungsfällen (§ 11 Abs. 5 BetrAVG)

In den Sicherungsfällen, in denen es nicht zur Eröffnung des Insolvenz- 57 verfahrens kommt, also

- der **Abweisung des Antrags auf Eröffnung eines Insolvenzverfahrens mangels Masse** (§ 207 InsO, § 7 Abs. 1 S. 4 Nr. 1 BetrAVG);

- dem **außergerichtlichen Vergleich** (Stundungs-, Quoten- oder Liquidationsvergleich) des Arbeitgebers mit seinen Gläubigern zur Abwendung eines Insolvenzverfahrens, wenn ihm der Träger der Insolvenzsicherung zustimmt (§ 7 Abs. 1 S. 4 Nr. 2 BetrAVG);

- der **vollständigen Beendigung der Betriebstätigkeit** im Geltungsbereich dieses Gesetzes, wenn ein Antrag auf Eröffnung eines Insolvenzverfahrens nicht gestellt worden ist und ein Insolvenzverfahren offensichtlich mangels Masse nicht in Betracht kommt (§ 7 Abs. 1 S. 3 Nr. 1 BetrAVG)

sind die Pflichten des Insolvenzverwalters nach § 11 Abs. 3 BetrAVG vom Arbeitgeber oder dem sonstigen Träger der Versorgung zu erfüllen. Dabei richten sich Verpflichtungsumfang sowie Zeitpunkt und Form der Mitteilung an den PSVaG nach den Bestimmungen des § 11 Abs. 3 BetrAVG.

IV. Pflichtverletzung

Werden die Pflichten nicht erfüllt, ist im Hinblick auf deren **Durchsetz-** 58 **barkeit** nach den einzelnen Verpflichtungen aus § 11 Abs. 3–5 BetrAVG zu **differenzieren.**

Verstoß des Insolvenzverwalters gegen seine Mitteilungspflicht nach 59 § 11 Abs. 3 BetrAVG:

– die Durchsetzung des Mitteilungsanspruchs kann der PSVaG im Wege der Leistungsklage vor einem ordentlichen Gericht geltend machen;[58]

– stellt eine Ordnungswidrigkeit nach § 12 Abs. 1 Nr. 1 BetrAVG dar.

60 **Verstoß des Arbeitgebers, des sonstigen Trägers der Versorgung** (Unterstützungskasse, Pensionsfonds, Versicherer bei Direktversicherungen) oder der **nach § 7 BetrAVG Versorgungsberechtigten** Rentner und Anwärter gegen die Auskunftspflicht nach § 11 Abs. 4 BetrAVG:

– die Durchsetzung des Auskunftsanspruchs kann der Insolvenzverwalter im Wege der Leistungsklage vor einem ordentlichen Gericht geltend machen. Für die Durchsetzung gegenüber den nach § 7 BetrAVG berechtigten Versorgungsempfängern und Anwärtern sind die Arbeitsgerichte zuständig (§ 2 Abs. 1 Nr. 5 ArbGG);

– stellt eine Ordnungswidrigkeit nach § 12 Abs. 1 Nr. 2 BetrAVG dar.

61 **Verstoß des Arbeitgebers** oder **des sonstigen Trägers der Versorgung** (Unterstützungskasse, Pensionsfonds, Versicherer bei Direktversicherungen) gegen die Pflichten nach **§ 11 Abs. 5 BetrAVG**:

– die Durchsetzung erfolgt wie bei § 11 Abs. 3 BetrAVG im Wege der Leistungsklage vor einem ordentlichen Gericht, da auf diese Vorschrift in § 11 Abs. 5 BetrAVG verwiesen wird;

– stellt eine Ordnungswidrigkeit nach § 12 Abs. 1 Nr. 1 BetrAVG dar.

62 Im Übrigen sind § 11 Abs. 3–5 BetrAVG Schutzgesetze i.S.d. § 823 Abs. 2 BGB, sodass der PSVaG ggf. einen durch die Pflichtverletzung entstandenen Schaden zivilrechtlich geltend machen kann.[59]

F. Unterstützung bei der Ermittlung der beitragspflichtigen Arbeitgeber (§ 11 Abs. 6 BetrAVG)

I. Amtshilfe durch berufsständische Einrichtungen

63 **Kammern und andere Zusammenschlüsse** von Unternehmern oder anderen selbstständigen Berufstätigen, die als Körperschaften des öffentlichen Rechts errichtet sind, ferner **Verbände und andere Zusammenschlüsse**, denen Unternehmer oder andere selbstständige Berufstä-

---

58 *Höfer* BetrAVG, Rn. 5021 zu § 11.
59 AG Stuttgart 29.4.1986, 1 C 14356/85, DB 1987, 692; *Höfer* BetrAVG, Rn. 5038 zu § 11; *Paulsdorff* § 11 Rn. 31.

tige kraft Gesetzes angehören oder anzugehören haben, **haben den PSVaG** bei der Ermittlung der nach § 10 BetrAVG beitragspflichtigen Arbeitgeber **zu unterstützen**.

Die Unterstützungspflicht bezieht sich nur auf die **Ermittlung der insolvenzsicherungspflichtigen Arbeitgeber**, also im Regelfall auf die Mitteilung dieser Kenntnis an den PSVaG. 64

Insbesondere bei Beginn der Geschäftstätigkeit des PSVaG im Jahr 1975, und auch bei der Ausdehnung der gesetzlichen Insolvenzsicherung auf die neuen Länder ab 1992, war der PSVaG auf die Hilfe der genannten Institutionen angewiesen. 65

II. Pflichtverletzung

Die Verletzung der Pflichten nach § 11 Abs. 6 BetrAVG ist keine Ordnungswidrigkeit nach § 12 BetrAVG. Die Amtshilfe kann vom PSVaG (als auf der Beitragsseite öffentlich-rechtlich tätiges »beliehenes« Unternehmen) vor den Verwaltungsgerichten durch Leistungsklage erzwungen werden.[60] 66

Im Übrigen ist § 11 Abs. 6 BetrAVG Schutzgesetz i.S.d. § 823 Abs. 2 BGB, sodass der PSVaG ggf. einen durch die Pflichtverletzung entstandenen Schaden zivilrechtlich geltend machen kann.[61] 67

G. Vordrucke des PSVaG (§ 11 Abs. 7 BetrAVG)

I. Gesetzliche Pflicht zur Verwendung

Für bestimmte Auskünfte und Mitteilungen sieht § 11 Abs. 7 BetrAVG vor, dass die Verpflichteten die **vom PSVaG vorgesehenen Vordrucke** verwenden. Im Einzelnen betrifft dies folgende Pflichten: 68

1. § 11 Abs. 1 S. 1 BetrAVG

Nach § 11 Abs. 1 S. 1 BetrAVG hat der Arbeitgeber dem PSVaG eine betriebliche Altersversorgung bei gesetzlicher Unverfallbarkeit oder Eintritt eines Versorgungsfalls innerhalb von drei Monaten mitzuteilen. 69

---

60 *Blomeyer/Rolfs/Otto* § 11 Rn. 85.
61 AG Stuttgart 29.4.1986, 1 C 14356/85, DB 1987, 692; *Höfer* BetrAVG, Rn. 5039 zu § 11; *Paulsdorff* § 11 Rn. 31.

70 **Vordrucke** des PSVaG sind zu diesen Pflichten **nicht vorgeschrieben**. Die Mitteilung zur Begründung der Mitgliedschaft beim PSVaG kann formlos[62] geschehen, jedoch bietet der PSVaG als **Service** zur Vereinfachung und Beschleunigung der **ersten Kontaktaufnahme ein Formular im Internet an (www.psvag.de)**.

2. § 11 Abs. 1 S. 2 BetrAVG

71 Nach § 11 Abs. 1 S. 2 BetrAVG sind der Arbeitgeber, der sonstige Träger der Versorgung, der Insolvenzverwalter und die nach § 7 BetrAVG Berechtigten verpflichtet, dem PSVaG alle Auskünfte zu erteilen, die zur Durchführung der Vorschriften über die gesetzliche Insolvenzsicherung erforderlich sind, sowie Unterlagen vorzulegen, aus denen die erforderlichen Angaben ersichtlich sind.

Vordrucke des PSVaG sind zu diesen Pflichten **nicht vorgeschrieben**.

3. § 11 Abs. 2 S. 1 BetrAVG

72 Nach § 11 Abs. 2 S. 1 BetrAVG hat ein beitragspflichtiger Arbeitgeber dem PSVaG spätestens bis zum 30. September eines jeden Kalenderjahres die Höhe der Beitragsbemessungsgrundlage mitzuteilen.

73 Als **Vordruck** sind vom PSVaG die **Erhebungsbogen** für das betreffende Beitragsjahr vorgeschrieben. Diese wird den Arbeitgebern vom PSVaG jeweils gegen Ende des I. Quartals zur Verfügung gestellt.

74 Zum Herunterladen im Internet unter www.psvag.de gibt es als **Service Nachweisformulare** für:

– Kurztestat des versicherungsmathematischen Sachverständigen für unmittelbare Versorgungszusagen,

– Kurztestat des versicherungsmathematischen Sachverständigen für Pensionsfondszusagen,

– Kurztestat des versicherungsmathematischen Sachverständigen für Unterstützungskassen oder einen Kurznachweis bei Berechnung durch den Arbeitgeber.

---

62 Vgl. zu den erforderlichen Angaben Rn. 2–9.

… Melde-, Auskunfts- und Mitteilungspflichten … § 11

4. § 11 Abs. 2 S. 2 BetrAVG

Die allgemeine Aufbewahrungspflicht des Arbeitgeber von sechs Jahren nach § 11 Abs. 2 S. 2 BetrAVG im Zusammenhang mit der Meldung der Beitragsbemessungsgrundlage nach § 11 Abs. 2 S. 1 BetrAVG. 75

Vordrucke des PSVaG sind zu diesen Pflichten **nicht vorgeschrieben.**

5. § 11 Abs. 3 BetrAVG

Nach § 11 Abs. 3 BetrAVG hat der Insolvenzverwalter dem PSVaG die Eröffnung des Insolvenzverfahrens, Namen und Anschriften der Versorgungsempfänger und die Höhe ihrer Versorgung unverzüglich mitzuteilen. Er hat zugleich Namen und Anschriften der Personen, die bei Eröffnung des Insolvenzverfahrens eine gesetzlich unverfallbare Versorgungsanwartschaft haben, sowie die Höhe ihrer Anwartschaft mitzuteilen. 76

Folgende **Vordrucke** sind vom PSVaG **vorgeschrieben** und stehen zum Ausdrucken oder zum Herunterladen für die elektronische Bearbeitung im Internet unter **www.psvag.de** zur Verfügung: 77

– für die Mitteilung von Personen, die zum Zeitpunkt der Eröffnung des Insolvenzverfahrens insolvenzgesicherte Leistungen der betrieblichen Altersversorgung bezogen haben;

– für die Mitteilung von Personen, die zum Zeitpunkt der Eröffnung des Insolvenzverfahrens eine insolvenzgesicherte unverfallbare Anwartschaft auf Leistungen der betrieblichen Altersversorgung haben.

6. § 11 Abs. 5 BetrAVG

Nach § 11 Abs. 5 BetrAVG sind in den Fällen, in denen ein Insolvenzverfahren nicht eröffnet wird (§ 7 Abs. 1 S. 4 BetrAVG) oder nach § 207 InsO eingestellt worden ist, die Pflichten des Insolvenzverwalters nach § 11 Abs. 3 BetrAVG vom Arbeitgeber oder dem sonstigen Träger der Versorgung zu erfüllen. 78

Vordrucke des PSVaG sind zu diesen Pflichten **vorgeschrieben** wie bei § 11 Abs. 3 BetrAVG.

79 Abb.: Gesetzliche Pflicht zur Verwendung von Vordrucken des PSVaG

	Vordruck vorgeschrieben	Serviceangebot des PSVaG
§ 11 Abs. 1 S. 1 BetrAVG Begründung der Mitgliedschaft beim PSVaG	nein	Formular und Merkblätter im Internet.
§ 11 Abs. 1 S. 2 BetrAVG Generalklausel	nein	Merkblätter im Internet.
§ 11 Abs. 2 S. 1 BetrAVG Jährliche Meldung der Beitragsbemessungsgrundlage	Erhebungsbogen	Nachweisformulare und Merkblätter im Internet.
§ 11 Abs. 2 S. 2 BetrAVG Allgemeine Aufbewahrungsfrist	nein	Merkblätter im Internet.
§ 11 Abs. 3 BetrAVG Mitteilungspflichten des Insolvenzverwalters bei Insolvenzverfahren	Mitteilung der laufenden Leistungen und unverfallbaren Anwartschaften (Vordrucke zum Ausdrucken oder zum Herunterladen im Internet für die elektronische Bearbeitung)	Vordrucke und Merkblätter im Internet.
§ 11 Abs. 5 BetrAVG Mitteilungspflichten des Arbeitgebers und sonstigen Trägers der Versorgung in den Sicherungsfällen außerhalb eines Insolvenzverfahrens.	Mitteilung der laufenden Leistungen und unverfallbaren Anwartschaften (Vordrucke zum Ausdrucken oder zum Herunterladen im Internet für die elektronische Bearbeitung)	Vordrucke und Merkblätter im Internet.

II. Pflichtverletzung

80 Die Verletzung der Pflichten nach § 11 Abs. 7 BetrAVG ist für sich genommen **keine Ordnungswidrigkeit** nach § 12 BetrAVG. Der PSVaG kann allerdings Mitteilungen, die nicht auf den von ihm vorgegebenen Vordrucken erfolgen, zurückweisen mit der Rechtsfolge, dass sie als nicht abgegeben gelten.[63] Wenn der Arbeitgeber dadurch seine Auskunfts- oder Mitteilungspflichten nach § 11 Abs. 2 S. 1 BetrAVG verletzt

---

63 *Blomeyer/Rolfs/Otto* § 11 Rn. 24; *Paulsdorff* § 11 Rn. 29.

– z.B. seine korrekte Meldung auf dem vorgeschriebenen Vordruck zu spät erfolgt –, liegt darin eine Ordnungswidrigkeit nach § 12 Abs. 1 Nr. 1 BetrAVG.[64]

Im Übrigen ist § 11 Abs. 7 BetrAVG Schutzgesetz i.S.d. § 823 Abs. 2 BGB, sodass der PSVaG ggf. einen durch die Pflichtverletzung entstandenen Schaden zivilrechtlich geltend machen kann.[65]

81

H. Beteiligung der Finanzämter (§ 11 Abs. 8 BetrAVG)

Zur Sicherung der vollständigen Erfassung der nach § 10 BetrAVG beitragspflichtigen Arbeitgeber **können die Finanzämter** dem Träger der Insolvenzsicherung mitteilen, welche Arbeitgeber für die Beitragspflicht in Betracht kommen. Zu beachten ist, dass die Finanzämter nicht verpflichtet sind, den PSVaG bei der Ermittlung der beitragspflichtigen Arbeitgeber zu unterstützen. § 11 Abs. 8 BetrAVG ermächtigt (»können«) die Finanzämter lediglich, solche Informationen an den PSVaG weiterzugeben.

82

Die Umsetzung dieser Ermächtigung kann durch Erlass einer Rechtsverordnung erfolgen, die das Nähere bestimmt und Einzelheiten des Verfahrens regelt. Da sich in der Praxis kein Bedarf für eine Mitteilung beitragspflichtiger Arbeitgeber durch die Finanzämter an den PSVaG ergeben hat, ist eine entsprechende Rechtsverordnung auch nicht ergangen. Die Bestimmung des § 11 Abs. 8 BetrAVG ist bislang nicht praktisch relevant geworden. Sie ist wohl eher im Zusammenhang mit § 14 Abs. 3 BetrAVG zu sehen, also für den Fall, dass die Aufgabe der gesetzliche Insolvenzsicherung der betrieblichen Altersversorgung statt vom PSVaG von der Kreditanstalt für Wiederaufbau wahrgenommen worden wäre.

83

---

64 *Höfer* BetrAVG, Rn. 5037 zu § 11.
65 AG Stuttgart 29.4.1986, 1 C 14356/85, DB 1987, 692; *Höfer* BetrAVG, Rn. 5038 zu § 11; *Paulsdorff* § 11 Rn. 31.

§ 12 Ordnungswidrigkeit

(1) Ordnungswidrig handelt, wer vorsätzlich oder fahrlässig

1. entgegen § 11 Abs. 1 Satz 1, Abs. 2 Satz 1, Abs. 3 oder Abs. 5 eine Mitteilung nicht, nicht richtig, nicht vollständig oder nicht rechtzeitig vornimmt,

2. entgegen § 11 Abs. 1 Satz 2 oder Abs. 4 eine Auskunft nicht, nicht richtig, nicht vollständig oder nicht rechtzeitig erteilt oder

3. entgegen § 11 Abs. 1 Satz 2 Unterlagen nicht, nicht richtig, nicht vollständig oder nicht rechtzeitig vorlegt oder entgegen § 11 Abs. 2 Satz 2 Unterlagen nicht aufbewahrt.

(2) Die Ordnungswidrigkeit kann mit einer Geldbuße bis zu zweitausendfünfhundert Euro geahndet werden.

(3) Verwaltungsbehörde im Sinne des § 36 Abs. 1 Nr. 1 des Gesetzes über Ordnungswidrigkeiten ist die Bundesanstalt für Finanzdienstleistungsaufsicht.

Übersicht	Rn.
A. Ordnungswidrigkeit (§ 12 Abs. 1 BetrAVG)	1
I. Grundsatz	1
1. Mitteilungspflichten (§ 12 Abs. 1 Nr. 1 BetrAVG)	3
2. Auskunftspflichten (§ 12 Abs. 1 Nr. 2 BetrAVG)	4
3. Umgang mit Unterlagen (§ 12 Abs. 1 Nr. 3 BetrAVG)	6
II. Schuldhaft	7
B. Geldbuße (§ 12 Abs. 2 BetrAVG)	8
C. Verwaltungsbehörde (§ 12 Abs. 3 BetrAVG)	11
D. Rechtsmittel	12

A. Ordnungswidrigkeit (§ 12 Abs. 1 BetrAVG)

I. Grundsatz

1 Die **Melde- und Beitragspflicht** der Arbeitgeber ist **öffentlich-rechtlich** ausgestaltet (§ 10 BetrAVG). Dementsprechend wird die **Nichteinhaltung** dieser Pflichten als **Verwaltungsunrecht** eingeordnet und richtet sich nach dem **Gesetz über Ordnungswidrigkeiten** (OWiG). § 12 BetrAVG sanktioniert die Nichteinhaltung von Mitteilungs- und Auskunftspflichten sowie den nicht ordnungsgemäßen Umgang mit Unter-

Ordnungswidrigkeit § 12

lagen im Zusammenhang mit der Durchführung der gesetzlichen Insolvenzsicherung, die in § 11 Abs. 1–5 BetrAVG begründet werden.

Die in § 12 BetrAVG **enumerativ aufgeführten Pflichten** können von   2
dem Arbeitgeber, dem Insolvenzverwalter, den Versorgungsberechtigten und den Versorgungsträgern (Unterstützungskasse, Pensionsfonds, Direktversicherung) verletzt werden. Darüber hinaus kommen auch Organmitglieder juristischer Personen und vom Arbeitgeber beauftragte Personen, die an sich dem Arbeitgeber obliegende Aufgaben wahrnehmen, in Betracht (§ 9 OWiG).

1. Mitteilungspflichten (§ 12 Abs. 1 Nr. 1 BetrAVG)

Der Tatbestand der Ordnungswidrigkeit ist erfüllt, wenn der gesetzlich   3
zur Mitteilung Verpflichtete **eine Mitteilung nicht, nicht richtig, nicht vollständig oder nicht rechtzeitig vorgenommen hat**. Die erfassten Pflichten zur Mitteilung im Einzelnen:

– Nach § 11 Abs. 1 S. 1 BetrAVG hat der Arbeitgeber dem PSVaG eine betriebliche Altersversorgung bei gesetzlicher Unverfallbarkeit oder Eintritt eines Versorgungsfalls innerhalb von drei Monaten mitzuteilen.[1]

– Nach § 11 **Abs. 2 S. 1** BetrAVG hat ein beitragspflichtiger Arbeitgeber dem PSVaG spätestens bis zum 30. September eines jeden Kalenderjahres die Höhe der Beitragsbemessungsgrundlage mitzuteilen.[2]

– Nach § 11 **Abs. 3** BetrAVG hat der Insolvenzverwalter dem PSVaG die Eröffnung des Insolvenzverfahrens, Namen und Anschriften der Versorgungsempfänger und die Höhe ihrer Versorgung unverzüglich mitzuteilen. Er hat zugleich Namen und Anschriften der Personen, die bei Eröffnung des Insolvenzverfahrens eine gesetzlich unverfallbare Versorgungsanwartschaft haben, sowie die Höhe ihrer Anwartschaft mitzuteilen.[3]

– Nach § 11 **Abs. 5** BetrAVG sind in den Fällen, in denen ein Insolvenzverfahren nicht eröffnet wird (§ 7 Abs. 1 S. 4 BetrAVG) oder nach § 207 InsO eingestellt worden ist, die Pflichten des Insolvenzverwalters nach § 11 Abs. 3 BetrAVG vom Arbeitgeber oder dem sonstigen Träger der Versorgung zu erfüllen.[4]

---

1 *Blomeyer/Rolfs/Otto* § 11 Rn. 2–26.
2 *Blomeyer/Rolfs/Otto* § 11 Rn. 34–47.
3 *Blomeyer/Rolfs/Otto* § 11 Rn. 48–54.
4 *Blomeyer/Rolfs/Otto* § 11 Rn. 57.

2. Auskunftspflichten (§ 12 Abs. 1 Nr. 2 BetrAVG)

4 Der Tatbestand der Ordnungswidrigkeit ist erfüllt, wenn der gesetzlich zur Auskunft Verpflichtete eine **Auskunft nicht, nicht richtig, nicht vollständig oder nicht rechtzeitig erteilt hat.** Die erfassten Pflichten zur Auskunft im Einzelnen:

- Nach § 11 Abs. 1 S. 2 BetrAVG sind der Arbeitgeber, der sonstige Träger der Versorgung, der Insolvenzverwalter und die nach § 7 BetrAVG Berechtigten verpflichtet, dem PSVaG alle Auskünfte zu erteilen, die zur Durchführung der Vorschriften über die gesetzliche Insolvenzsicherung erforderlich sind.[5]

- Nach § 11 Abs. 4 BetrAVG sind der Arbeitgeber, der sonstige Träger der Versorgung und die nach § 7 BetrAVG Berechtigten verpflichtet, dem Insolvenzverwalter Auskünfte über alle Tatsachen zu erteilen, auf die sich die Mitteilungspflicht nach § 11 Abs. 3 BetrAVG bezieht.[6]

5 **Abb.:** Schema der einzelnen Pflichten nach § 11 BetrAVG und die jeweilige Sanktion in § 12 BetrAVG

Pflichten nach § 11 BetrAVG	Sanktion in § 12 BetrAVG
§ 11 Abs. 1 – Satz 1 (Mitteilung) – Satz 2 1. Hs. (Auskunft) – Satz 2 2. Hs. (Unterlagen)	§ 12 Abs. 1 Nr. 1 § 12 Abs. 1 Nr. 2 § 12 Abs. 1 Nr. 3
§ 11 Abs. 2 – Satz 1 (Mitteilung) – Satz 2 (Aufbewahrung)	§ 12 Abs. 1 Nr. 1 § 12 Abs. 1 Nr. 3
§ 11 Abs. 3 (Mitteilung)	§ 12 Abs. 1 Nr. 1
§ 11 Abs. 4 (Auskunft)	§ 12 Abs. 1 Nr. 2
§ 11 Abs. 5 (Mitteilung)	§ 12 Abs. 1 Nr. 1
§ 11 Abs. 6 (Kammern etc.)	keine Sanktion
§ 11 Abs. 7 (Vordrucke)	keine Sanktion
§ 11 Abs. 8 (Finanzamt)	keine Sanktion

---

5 *Blomeyer/Rolfs/Otto* § 11 Rn. 27–33.
6 *Blomeyer/Rolfs/Otto* § 11 Rn. 55 f.

3. Umgang mit Unterlagen (§ 12 Abs. 1 Nr. 3 BetrAVG)

Der Tatbestand der Ordnungswidrigkeit ist erfüllt, wenn **Unterlagen nicht, nicht richtig, nicht vollständig oder nicht rechtzeitig vorgelegt** oder entgegen der gesetzlichen Pflicht **nicht aufbewahrt** werden. Die erfassten Pflichten zum Umgang mit Unterlagen im Einzelnen: 6

- Im Zusammenhang mit der Mitteilungspflicht nach **§ 11 Abs. 1 S. 2 BetrAVG**.[7]

- Die allgemeine Aufbewahrungspflicht von Unterlagen des Arbeitgebers von sechs Jahren im Zusammenhang mit der Meldung der Beitragsbemessungsgrundlage nach § 11 Abs. 2 S. 2 BetrAVG.[8]

II. Schuldhaft

Die Verpflichteten Personen müssen schuldhaft, also **vorsätzlich oder fahrlässig** handeln (§ 12 Abs. 1 1. Hs. BetrAVG i.V.m. § 10 OWiG). Bei einem Pflichtverstoß dürfte i.d.R. mindestens Fahrlässigkeit vorliegen, also ein schuldhaftes Verhalten i.S.d. § 12 BetrAVG. 7

B. Geldbuße (§ 12 Abs. 2 BetrAVG)

Die Ordnungswidrigkeit kann mit einer **Geldbuße bis zu 2.500 €** geahndet werden. Die Mindesthöhe beträgt 5 € (§ 17 Abs. 1 OWiG), bei Fahrlässigkeit höchstens die Hälfte des angedrohten Höchstbetrages (§ 17 Abs. 2 OWiG), also 1.250 €. 8

Grundlage für die Bemessung der Geldbuße sind die **Bedeutung der Ordnungswidrigkeit** und der Vorwurf, der den Täter trifft (§ 17 Abs. 3 OWiG). 9

Die Geldbuße soll den wirtschaftlichen Vorteil, den der Täter aus der Ordnungswidrigkeit gezogen hat, übersteigen. Reicht das gesetzliche Höchstmaß hierzu nicht aus, so kann es **überschritten** werden (§ 17 Abs. 4 OWiG). Der wirtschaftliche Vorteil liegt regelmäßig im Zinsgewinn aus nicht gezahlten Beiträgen. Diesen sanktioniert bereits die Vorschrift des § 10a BetrAVG (Säumniszuschläge, Verzugszinsen). § 17 Abs. 4 OWiG dürfte daher einen Anwendungsbereich vor allem dann haben, wenn wirtschaftliche Vorteile – nämlich die Nichtzahlung von 10

---

7 Vgl. Rn. 3 und § 11 Rn. 2–26.
8 Vgl. § 11 Rn. 34–47.

Beiträgen an den PSVaG – aufgrund der sechsjährigen Verjährung von § 10a BetrAVG nicht mehr erfasst werden (§ 10a Abs. 4 BetrAVG).[9]

C. Verwaltungsbehörde (§ 12 Abs. 3 BetrAVG)

11 Zuständige Verwaltungsbehörde für die Verfolgung einer Ordnungswidrigkeit ist die **Bundesanstalt für Finanzdienstleistungsaufsicht**, die nach § 14 Abs. 1 BetrAVG gleichzeitig Aufsichtsbehörde des PSVaG ist und die erforderliche Sachkunde besitzt.[10]

D. Rechtsmittel

12 Gegen einen Bußgeldbescheid kann der Betroffene innerhalb von zwei Wochen nach Zustellung schriftlich oder zur Niederschrift bei der Bundesanstalt für Finanzdienstleistungsaufsicht **Einspruch** einlegen (§ 67 Abs. 1 OWiG). Über den Einspruch entscheidet das Amtsgericht Frankfurt/Main (§ 68 OWiG). Gegen den Beschluss des Amtsgerichts ist **Rechtsbeschwerde** zum Oberlandesgericht Frankfurt/Main (§ 79 OWiG) gegeben.

§ 13 *(Aufgehoben)*

Ursprünglich war hier die Änderung des ArbGG im Hinblick auf die prozessuale Zuständigkeit der Arbeitsgerichte für Streitigkeiten wegen Ansprüchen auf Leistungen der gesetzliche Insolvenzsicherung geregelt. Diese findet sich heute in § 2 Abs. 1 Nr. 5 ArbGG.

---

9 *Blomeyer/Rolfs/Otto* Rn. 20 zu § 12.
10 *Höfer* BetrAVG, Rn. 5054 zu § 12; *Paulsdorff* § 11 Rn. 3.

§ 14 Träger der Insolvenzsicherung

(1) ¹Träger der Insolvenzsicherung ist der Pensions-Sicherungs-Verein Versicherungsverein auf Gegenseitigkeit. ²Er ist zugleich Träger der Insolvenzsicherung von Versorgungszusagen Luxemburger Unternehmen nach Maßgabe des Abkommens vom 22. September 2000 zwischen der Bundesrepublik Deutschland und dem Großherzogtum Luxemburg über Zusammenarbeit im Bereich der Insolvenzsicherung betrieblicher Altersversorgung. ³Er unterliegt der Aufsicht durch die Bundesanstalt für Finanzdienstleistungsaufsicht. ⁴Die Vorschriften des Versicherungsaufsichtsgesetzes gelten, soweit dieses Gesetz nichts anderes bestimmt.

(2) ¹Der Bundesminister für Arbeit und Sozialordnung weist durch Rechtsverordnung mit Zustimmung des Bundesrates die Stellung des Trägers der Insolvenzsicherung der Kreditanstalt für Wiederaufbau zu, bei der ein Fonds zur Insolvenzsicherung der betrieblichen Altersversorgung gebildet wird, wenn

1. bis zum 31. Dezember 1974 nicht nachgewiesen worden ist, daß der in Absatz 1 genannte Träger die Erlaubnis der Aufsichtsbehörde zum Geschäftsbetrieb erhalten hat,

2. der in Absatz 1 genannte Träger aufgelöst worden ist oder

3. die Aufsichtsbehörde den Geschäftsbetrieb des in Absatz 1 genannten Trägers untersagt oder die Erlaubnis zum Geschäftsbetrieb widerruft.

²In den Fällen der Nummern 2 und 3 geht das Vermögen des in Absatz 1 genannten Trägers einschließlich der Verbindlichkeiten auf die Kreditanstalt für Wiederaufbau über, die es dem Fonds zur Insolvenzsicherung der betrieblichen Altersversorgung zuweist.

(3) ¹Wird die Insolvenzsicherung von der Kreditanstalt für Wiederaufbau durchgeführt, gelten die Vorschriften dieses Abschnittes mit folgenden Abweichungen:

1. In § 7 Abs. 6 entfällt die Zustimmung der Bundesanstalt für Finanzdienstleistungsaufsicht.

2. ¹§ 10 Abs. 2 findet keine Anwendung. ²Die von der Kreditanstalt für Wiederaufbau zu erhebenden Beiträge müssen den Bedarf für die laufenden Leistungen der Insolvenzsicherung im laufenden Kalenderjahr und die im gleichen Zeitraum entstehenden Verwaltungskosten und sonstigen Kosten, die mit der Gewährung der

Leistungen zusammenhängen, decken. ³Bei einer Zuweisung nach Absatz 2 Nr. 1 beträgt der Beitrag für die ersten 3 Jahre mindestens 0,1 vom Hundert der Beitragsbemessungsgrundlage gemäß § 10 Abs. 3; der nicht benötigte Teil dieses Beitragsaufkommens wird einer Betriebsmittelreserve zugeführt. ⁴Bei einer Zuweisung nach Absatz 2 Nr. 2 oder 3 wird in den ersten 3 Jahren zu dem Beitrag nach Nummer 2 Satz 2 ein Zuschlag von 0,08 vom Hundert der Beitragsbemessungsgrundlage gemäß § 10 Abs. 3 zur Bildung einer Betriebsmittelreserve erhoben. ⁵Auf die Beiträge können Vorschüsse erhoben werden.

3. ¹In § 12 Abs. 3 tritt an die Stelle der Bundesanstalt für Finanzdienstleistungsaufsicht die Kreditanstalt für Wiederaufbau.

²Die Kreditanstalt für Wiederaufbau verwaltet den Fonds im eigenen Namen. ³Für Verbindlichkeiten des Fonds haftet sie nur mit dem Vermögen des Fonds. ⁴Dieser haftet nicht für die sonstigen Verbindlichkeiten der Bank. ⁵§ 11 Abs. 1 Satz 1 des Gesetzes über die Kreditanstalt für Wiederaufbau in der Fassung der Bekanntmachung vom 23. Juni 1969 (BGBl. I S. 573), das zuletzt durch Art. 14 des Gesetzes vom 21. Juni 2002 (BGBl. I S. 2010) geändert worden ist, ist in der jeweils geltenden Fassung auch für den Fonds anzuwenden.

Übersicht	Rn.
A. PSVaG als Träger der Insolvenzsicherung (§ 14 Abs. 1 BetrAVG)	
I. Gründung	1
II. Aufgabe	2
III. Organisation	5
IV. Statistik 2006	6
V. Informationen zur Insolvenzsicherung	10
1. Internet	10
2. Kontakt	12
3. Rechtsberatung	13
B. Kreditanstalt für Wiederaufbau (§ 14 Abs. 2 und 3 BetrAVG)	15

A. PSVaG als Träger der Insolvenzsicherung (§ 14 Abs. 1 BetrAVG)

I. Gründung

1 Der PENSIONS-SICHERUNGS-VEREIN, Versicherungsverein auf Gegenseitigkeit (PSVaG) wurde am **7.10.1974** als **Selbsthilfeeinrichtung**

der deutschen Wirtschaft, durch

- die Bundesvereinigung der Deutschen Arbeitgeberverbände e.V., Berlin
- den Bundesverband der Deutschen Industrie e.V., Berlin
- den Verband der Lebensversicherungs-Unternehmen e.V., Bonn[1]

gegründet und hat seine Geschäftstätigkeit am 1.1.1975 aufgenommen. Entsprechend dem Charakter der betrieblichen Altersversorgung ist der PSVaG privatrechtlich organisiert und unterliegt als **Versicherungsverein auf Gegenseitigkeit** (VVaG) der Aufsicht durch die Bundesanstalt für Finanzdienstleistungsaufsicht (§ 14 Abs. 1 Satz 3 BetrAVG).

II. Aufgabe

Der PSVaG wurde vom Gesetzgeber zum Träger der Insolvenzsicherung der betrieblichen Altersversorgung bestimmt (§ 14 Abs. 1 BetrAVG) und steht für die Erfüllung der Leistungen aus betrieblichen Altersversorgungszusagen bei Insolvenz des Arbeitgebers – soweit diese gem. § 7 BetrAVG unter Insolvenzschutz stehen – ein.[2] **Rechtsgrundlage** seiner Tätigkeit sind die §§ 7–15 des Betriebsrentengesetzes (BetrAVG)[3], seine Satzung sowie die Allgemeinen Versicherungsbedingungen für die Insolvenzsicherung der betrieblichen Altersversorgung (AIB). Die Vorschriften des Versicherungsaufsichtsgesetzes gelten, soweit das BetrAVG nichts anderes bestimmt.

Sein **alleiniger Zweck** ist die Insolvenzsicherung der betrieblichen Altersversorgung in der **Bundesrepublik Deutschland** nach den Vorschriften des BetrAVG sowie seit 1.1.2002 auch im **Großherzogtum Luxemburg** aufgrund des Abkommens zwischen der Bundesrepublik Deutschland und dem Großherzogtum Luxemburg über Zusammenar-

---

1 Fusioniert zum Gesamtverband der Deutschen Versicherungswirtschaft e.V., Berlin.
2 Allg. zur Insolvenzsicherung durch den PSVaG, *Berenz* Arbeit und Arbeitsrecht 2005, S. 488; zur Insolvenzsicherung der betrieblichen Altersversorgung nach geltendem Recht, *Hoppenrath* BetrAV 2002, 731. Zu den Möglichkeiten der Insolvenzsicherung vgl. *Hoppenrath/Wohlleben* FS für Förster, S. 285; Zur Insolvenzsicherung für Betriebsrenten als politische Aufgabe vgl. *Andresen* BetrAV 2006, 211.
3 Zu den Materialien des Gesetzgebers zum BetrAVG vgl. *Berenz* Gesetzesmaterialien.

beit im Bereich der betrieblichen Altersversorgung[4]. In den **neuen Ländern** ist das BetrAVG – und damit auch die gesetzliche Insolvenzsicherung der betrieblichen Altersversorgung – am 1.1.1992 in Kraft getreten.[5] Aufgrund seiner Aufgabenstellung ist der PSVaG grds. von allen in Betracht kommenden Steuern befreit.

4 Die Mittel für die Durchführung der Insolvenzsicherung werden aufgrund öffentlich-rechtlicher Verpflichtung durch Beiträge der insolvenzsicherungspflichtigen Arbeitgeber aufgebracht. Zur Erfüllung seiner gesetzlichen Einstandspflicht wurde der PSVaG mit öffentlich-rechtlicher Beitragshoheit ausgestattet (sog. beliehenes Unternehmen, vgl. § 10 Abs. 1 BetrAVG). Die Rechtsbeziehungen zu den Versorgungsberechtigten nach Eintritt eines Sicherungsfalls richten sich nach zivilrechtlichen Grundsätzen (vgl. § 7 BetrAVG).

III. Organisation

5 Der Vorstand des PSVaG besteht aus mindestens zwei Personen, wobei ein Vorstandsmitglied zum Vorsitzenden des Vorstandes bestellt wird (§ 34 VAG und § 9 der Satzung). Der Aufsichtsrat besteht aus zwölf Personen (§ 10 der Satzung). Oberstes Organ des PSVaG ist die Mitgliederversammlung, in der jedes Mitglied (Mitgliedsunternehmen) eine Stimme hat (§ 15 der Satzung). Es kann ein Beirat bestellt werden, der Aufsichtsrat und Vorstand berät (§ 20 der Satzung). Die Zusammensetzung des Vorstands, des Aufsichtsrats sowie des Beirats kann im Internet unter **www.psvag.de** eingesehen werden.

IV. Statistik 2006

6 Ende 2006 hatte der PSVaG

– 64.696 Mitgliedsunternehmen, bei denen

– rd. 3,8 Mio. Betriebsrentner und

– rd. 5,8 Mio. Anwärter

---

4 Bekanntmachung über das Inkrafttreten des deutsch-luxemburgischen Abkommens über Zusammenarbeit im Bereich der Insolvenzsicherung betrieblicher Altersversorgung, BGBl. II 2002 S. 319.
5 Gesetz zu dem Vertrag v. 31.8.1990 zwischen der Bundesrepublik Deutschland und der Deutschen Demokratischen Republik über die Herstellung der Einheit Deutschlands (Einigungsvertrag), BGBl. II 1990 S. 885. §§ 1 bis 18 BetrAVG finden danach auf Zusagen Anwendung, die nach dem 31.12.1991 erteilt werden. Vgl. Merkblatt 210/M 20, das im Internet unter www.psvag.de zur Verfügung steht.

Träger der Insolvenzsicherung § 14

unter **Insolvenzschutz** standen. Der Kapitalwert der unter Schutz stehenden Versorgungsverpflichtungen betrug **rd. 264 Mrd.** €.

Die **Auszahlung** der wegen Insolvenz eines Arbeitgebers vom PSVaG zu übernehmenden Renten überträgt dieser nach entsprechender Prüfung grds. einem **Konsortium** von zurzeit 56 Lebensversicherungsunternehmen (§ 8 Abs. 1 BetrAVG). Ende 2006 erhielten auf diesem Weg rd. 448.000 Rentenempfänger **rd. 57,0 Mio. € monatlich** an Betriebsrenten ausgezahlt. Die Durchschnittsrente der neuen Versicherungsfälle im Jahr 2006 betrug 143 € p.M. mit einer großen Schwankungsbreite (max. das Dreifache der mtl. Bezugsgröße nach § 18 SGB IV, vgl. § 7 Abs. 3 BetrAVG). 7

Die Finanzierung der Insolvenzsicherung basiert auf Beiträgen der insolvenzsicherungspflichtigen Arbeitgeber aufgrund öffentlich-rechtlicher Verpflichtung. 2006 wurde das bis dahin geltende Rentenwertumlageverfahren auf ein Kapitaldeckungsverfahren umgestellt. Durch die Beiträge wird der Barwert der im laufenden Kalenderjahr entstehenden Ansprüche auf Leistungen und für die zu sichernden Anwartschaften der Unterschiedsbetrag der Barwerte am Ende des laufenden und des vorherigen Kalenderjahres gedeckt.[6] Der Barwert der bis zum 31.12.2005 aufgrund eingetretener Insolvenzen noch zu sichernden Anwartschaften wird einmalig auf die beitragspflichtigen Arbeitgeber auf Basis ihrer Beitragsbemessungsgrundlage 2005 umgelegt (§ 30 i BetrAVG). 8

Weitere statistische Angaben finden sich unter www.psvag.de im Internet unter dem Stichwort »Fakten & Zahlen«. 9

V. Informationen zur Insolvenzsicherung

1. Internet

Unter **www.psvag.de** sind im Internet 10

– Informationen über das Unternehmen und seine Organe,

– die Satzung und die Allgemeinen Versicherungsbedingungen für die gesetzliche Insolvenzsicherung der betrieblichen Altersversorgung (AIB)

zu finden.

---

6 Vgl. zum Finanzierungsverfahren § 10 Abs. 2 BetrAVG.

§ 14   Träger der Insolvenzsicherung

11 Darüber hinaus stehen die

– **Merkblätter**[7] **des PSVaG sowie**

– **Formulare und Erläuterungen zur Abwicklung der Meldepflichten** sowohl betreffend die Beitragsseite als auch die Leistungsseite

– Liste der Publikationen

zur Verfügung

Schließlich finden sich unter der Rubrik »Aktuelles« u.a. Pressemitteilungen und die letzten Geschäftsberichte (auch Kurzfassungen in Englisch).

2. Kontakt

12 Der PSVaG hat seinen Sitz in Köln:

Adresse: PSVaG
Berlin-Kölnische-Allee 2–4
50969 Köln
Telefon: 02 21/9 36 59–0
Telefax: 02 21/9 36 59–2 99
Internet: www.psvag.de
E-mail: info@psvag.de

3. Rechtsberatung

13 Der PSVaG darf **Rechtsberatung** zu Fragen der Mitgliedschaft **nur in einem allgemeinen Rahmen** vornehmen. Aufgrund der gesetzlich und satzungsmäßig eng umrissenen Aufgabenstellung, die keine allgemeine Rechtsberatung umfasst, ist eine – den PSVaG in einem eventuellen späteren Sicherungsfall bindende – **konkrete Stellungnahme grds. nicht möglich**. Daher kann er bei über seine Aufgabenstellung hinausgehenden Fragen nur empfehlen, die Hilfe eines sachkundigen Beraters in Anspruch zu nehmen. Dies gilt auch für die Klärung und Durchsetzung von Ansprüchen. Namen und Anschriften von Beratern darf der PSVaG jedoch nicht nennen; dafür sind die einschlägigen Kammern oder Verbände bzw. berufsständischen Vereinigungen zuständig. Im

---

7 Die Merkblätter informieren in allgemeiner Form über die gesetzliche Insolvenzsicherung aufgrund des BetrAVG und geben die jeweils aktuelle Rechtsauffassung des PSVaG wieder. Sie stehen unter dem Vorbehalt, dass sich die Rechtslage – insbesondere durch die Rechtsprechung – ändert. Merkblätter haben nicht den Charakter von Verwaltungsrichtlinien und -anordnungen.

Übrigen sieht das BetrAVG das **Prinzip der eigenverantwortlichen Selbstveranlagung** des Arbeitgebers vor, die zuerst ihn aufruft, selbst zu prüfen, ob bei ihm bestehende Zusagen auf Leistungen der betrieblichen Altersversorgung der Insolvenzsicherung unterliegen. Eine Verlagerung der Verantwortung im Zusammenhang mit der Erfüllung der gesetzlichen Melde- und Beitragspflichten auf den PSVaG ist im BetrAVG nicht vorgesehen.

Betriebliche Altersversorgung in insolvenzsicherungspflichtiger Form ist im Rahmen des BetrAVG beim PSVaG gegen die Folgen der Insolvenz des Arbeitgebers gesichert. Daraus ergibt sich, dass sich der **PSVaG erst nach Eintritt der Insolvenz eines Arbeitgebers mit der konkret bestehenden betrieblichen Altersversorgung** unter Berücksichtigung der dann gegebenen Rechtslage im Einzelnen befasst. Erst zu diesem Zeitpunkt ordnet er den gegebenen Sachverhalt rechtlich ein und sichert ggf. bestehende Versorgungszusagen unter Beachtung der dann geltenden Sach- und Rechtslage unter Insolvenzschutz. 14

B. Kreditanstalt für Wiederaufbau

(§ 14 Abs. 2 und 3 BetrAVG)

Für den Fall, dass der PSVaG sich auflöst oder die Bundesanstalt für Finanzdienstleistungsaufsicht ihm die Erlaubnis zum Geschäftsbetrieb widerruft bzw. den Geschäftsbetrieb untersagt, würde die Kreditanstalt für Wiederaufbau durch Rechtsverordnung des zuständigen Bundesministers – mit Zustimmung des Bundesrates – zum Träger der Insolvenzsicherung. 15

Von einer Kommentierung dieser Vorschriften wird abgesehen. Der PSVaG hat seit 1975 die gesetzliche Insolvenzsicherung der betrieblichen Altersversorgung erfolgreich durchgeführt. Von daher ist auf absehbare Zeit nicht damit zu rechnen, dass diese Vorschriften angewendet werden müssen. 16

§ 15 Verschwiegenheitspflicht

¹Personen, die bei dem Träger der Insolvenzsicherung beschäftigt oder für ihn tätig sind, dürfen fremde Geheimnisse, insbesondere Betriebs- oder Geschäftsgeheimnisse nicht unbefugt offenbaren oder verwerten. ²Sie sind nach dem Gesetz über die förmliche Verpflichtung nichtbeamteter Personen vom 2. März 1974 (Bundesgesetzbl. I S. 469, 547) von der Bundesanstalt für Finanzdienstleistungsaufsicht auf die gewissenhafte Erfüllung ihrer Obliegenheiten zu verpflichten.

Übersicht	Rn.
A. Verschwiegenheitspflicht (§ 15 S. 1 BetrAVG)	1
I. Verpflichteter Personenkreis	1
II. Geschützte Daten	2
III. Förmliche Verpflichtung (§ 15 S. 2 BetrAVG)	4
B. Sanktion bei Verstößen	5
I. Strafrechtlich	5
II. Zivilrechtlich	6

A. Verschwiegenheitspflicht (§ 15 S. 1 BetrAVG)

I. Verpflichteter Personenkreis

1 Alle beim **PSVaG beschäftigten Personen** – auch nach dem Ausscheiden aus dem aktiven Arbeitsverhältnis – und alle Personen, die für den **PSVaG tätig werden** (z.B. Sachverständige, Berater, freiberufliche Mitarbeiter) unterliegen der Verschwiegenheitspflicht.[1]

II. Geschützte Daten

2 Der Verschwiegenheitspflicht unterliegen **fremde Geheimnisse** – Betriebs- und Geschäftsgeheimnisse –, **die nicht unbefugt offenbart oder verwertet werden dürfen**.

3 Zu den fremden Geheimnissen gehören insbesondere:

– **Daten im Zusammenhang mit der Durchführung der Melde- und Beitragspflicht** (insbesondere Beitragsbemessungsgrundlage, Existenz einer insolvenzsicherungspflichtigen betrieblichen Altersver-

---

[1] *Blomeyer/Rolfs/Otto* Rn. 2 zu § 15.

sorgung, Zahl der gemeldeten Rentner und Anwärter, Inhalt von Versorgungszusagen, Beteiligungsverhältnisse der Gesellschafter);

- **Daten im Zusammenhang mit der Einleitung und Abwicklung eines Sicherungsfalls** (insbesondere wirtschaftliche Lage eines Unternehmens, Inhalt von Versorgungszusagen, Höhe der Zahlung durch den PSVaG, Höhe der gesetzlichen Rente, Besteuerungsgrundlagen).

III. Förmliche Verpflichtung (§ 15 S. 2 BetrAVG)

Die beim PSVaG Beschäftigten und für ihn tätigen Personen sind von der Bundesanstalt für Finanzdienstleistungsaufsicht nach dem Gesetz über die förmliche Verpflichtung nicht beamteter Personen auf die gewissenhafte Erfüllung ihrer Obliegenheiten zu verpflichten. 4

B. Sanktion bei Verstößen

I. Strafrechtlich

Mit der förmlichen Verpflichtung nach dem Gesetz über die förmliche Verpflichtung nicht beamteter Personen werden diese Personen zu **»für den öffentlichen Dienst besonders Verpflichteten«** i.S.d. § 203 Abs. 2 S. 1 Nr. 2 i.V.m. § 11 Abs. 1 Nr. 4 StGB. Bei Verletzung der Pflichten aus § 15 BetrAVG können sie daher nach §§ 203–205 StGB (Verletzung von Privatgeheimnissen, Verwertung fremder Geheimnisse) auf Antrag strafrechtlich verfolgt werden. Die Strafandrohung sieht Freiheitsstrafen bis zu zwei Jahren oder Geldstrafen vor. 5

II. Zivilrechtlich

Der durch die Verletzung der Pflichten des § 15 BetrAVG Geschädigte hat einen Schadensersatzanspruch gegen den Täter. § 15 S. 1 BetrAVG ist ein Schutzgesetz i.S.d. § 823 Abs. 2 BGB. 6

In der Regel liegt gleichzeitig auch eine Verletzung des Arbeits-/Dienstvertrages mit dem PSVaG vor. 7

Fünfter Abschnitt
Anpassung

§ 16 Anpassungsprüfungspflicht

(1) Der Arbeitgeber hat alle drei Jahre eine Anpassung der laufenden Leistungen der betrieblichen Altersversorgung zu prüfen und hierüber nach billigem Ermessen zu entscheiden; dabei sind insbesondere die Belange des Versorgungsempfängers und die wirtschaftliche Lage des Arbeitgebers zu berücksichtigen.

(2) Die Verpflichtung nach Absatz 1 gilt als erfüllt, wenn die Anpassung nicht geringer ist als der Anstieg

1. des Verbraucherpreisindexes für Deutschland oder

2. der Nettolöhne vergleichbarer Arbeitnehmergruppen des Unternehmens im Prüfungszeitraum.

(3) Die Verpflichtung nach Absatz 1 entfällt, wenn

1. der Arbeitgeber sich verpflichtet, die laufenden Leistungen jährlich um wenigstens eins vom Hundert anzupassen,

2. die betriebliche Altersversorgung über eine Direktversicherung im Sinne des § 1b Abs. 2 oder über eine Pensionskasse im Sinne des § 1b Abs. 3 durchgeführt wird, ab Rentenbeginn sämtliche auf den Rentenbestand entfallende Überschussanteile zur Erhöhung der laufenden Leistungen verwendet werden und zur Berechnung der garantierten Leistung der nach § 65 Abs. 1 Nr. 1 Buchstabe a des Versicherungsaufsichtsgesetzes festgesetzte Höchstzinssatz zur Berechnung der Deckungsrückstellung nicht überschritten wird oder

3. eine Beitragszusage mit Mindestleistung erteilt wurde; Absatz 5 findet insoweit keine Anwendung.

(4) [1]Sind laufende Leistungen nach Absatz 1 nicht oder nicht in vollem Umfang anzupassen (zu Recht unterbliebene Anpassung), ist der Arbeitgeber nicht verpflichtet, die Anpassung zu einem späteren Zeitpunkt nachzuholen. [2]Eine Anpassung gilt als zu Recht unterblieben, wenn der Arbeitgeber dem Versorgungsempfänger die wirtschaftliche Lage des Unternehmens schriftlich dargelegt, der Versorgungsempfänger nicht binnen drei Kalendermonaten nach Zugang

der Mitteilung schriftlich widersprochen hat und er auf die Rechtsfolgen eines nicht fristgemäßen Widerspruchs hingewiesen wurde.

(5) Soweit betriebliche Altersversorgung durch Entgeltumwandlung finanziert wird, ist der Arbeitgeber verpflichtet, die Leistungen mindestens entsprechend Absatz 3 Nr. 1 anzupassen oder im Falle der Durchführung über eine Direktversicherung oder eine Pensionskasse sämtliche Überschussanteile entsprechend Absatz 3 Nr. 2 zu verwenden.

(6) Eine Verpflichtung zur Anpassung besteht nicht für monatliche Raten im Rahmen eines Auszahlungsplans sowie für Renten ab Vollendung des 85. Lebensjahres im Anschluss an einen Auszahlungsplan.

Übersicht	Rn.
A. Anpassungsprüfungs- und Anpassungsentscheidungspflicht (§ 16 Abs. 1 und 2 BetrAVG)	1
I. Normzweck	1
II. Gegenstand der Anpassung	3
1. Laufende Leistungen der betrieblichen Altersversorgung	3
2. Durchführungswegunabhängige Verpflichtung	9
III. Anpassungsschuldner	10
1. Arbeitgeber	10
2. Rechtsnachfolger	12
3. Sonderproblem: Rentnergesellschaft	17
4. Keine Verpflichtung externer Versorgungsträger	18
5. Grundsätzlich keine Verpflichtung des Pensions-Sicherungs-Vereins	20
IV. Anpassungsberechtigte	24
V. Prüfungszeitpunkt und Prüfungszeitraum	28
1. Individuelle Ermittlung der Prüfungszeitpunkte	28
2. Bündelung des Prüfungstermins	31
3. Maßgeblicher Prüfungszeitraum	35a
VI. Ermittlung des Anpassungsbedarfs / Anpassungsmaßstab	36
1. Belange der Versorgungsempfänger	36
a) Teuerungsausgleich	37
b) Reallohnbezogene Obergrenze	43
c) Nachholende Anpassung	47
d) Nachträgliche Anpassung	54
2. Wirtschaftliche Lage des Arbeitgebers	60
3. Sonderproblem: Wirtschaftliche Lage im Konzern	72
4. Sonderproblem: Rentnergesellschaft	80
VII. Ermessensentscheidung des Arbeitgebers	82
VIII. Mitbestimmungsfreiheit der Anpassungsentscheidung	85
IX. Überprüfung und Durchsetzung der Anpassungsentscheidung	86

§ 16 Anpassungsprüfungspflicht

B. Ausschluss der Anpassungsprüfungs- und Anpassungs-
entscheidungsverpflichtung (§ 16 Abs. 3 BetrAVG) 89
   I. Anpassungsgarantie 89
   II. Überschussverwendung zugunsten der Leistungsempfänger 92
   III. Ausschluss bei Beitragszusage mit Mindestleistung 93

C. Fortfall der nachholenden Anpassung bei zu Recht
unterbliebener Anpassung (§ 16 Abs. 4 BetrAVG und
§ 30 c Abs. 2 BetrAVG) 95

D. Anpassung bei ab dem 1.1.2001 erteilten Entgeltumwandlungszusagen (§ 16 Abs. 5 BetrAVG und § 30 c Abs. 3 BetrAVG) 100

E. Keine Anpassung bei Auszahlungsplänen (§ 16 Abs. 6 BetrAVG) 101

F. Bilanzierungsfragen 104
   I. Bilanzierung der Rentenerhöhung zum Anpassungs-
zeitpunkt 104
   II. Bilanzierung zwischen den Anpassungszeitpunkten 105
   III. Bilanzierung bei unterbliebener Anpassung 107
      1. Rechtmäßig unterbliebene Anpassung 107
      2. Rechtswidrig unterbliebene Anpassung 108

G. Checkliste zur Anpassung der laufenden Leistungen nach § 16
BetrAVG 112

A. Anpassungsprüfungs- und Anpassungsentscheidungspflicht (§ 16 Abs. 1 und 2 BetrAVG)

I. Normzweck

1 Mit § 16 BetrAVG soll der insbes. bei Dauerschuldverhältnissen bestehenden Problematik der Entwertung der laufenden Leistungen der betrieblichen Altersversorgung durch den Anstieg der Lebenshaltungskosten entgegengewirkt werden. Dabei hat der Gesetzgeber auf eine Indexierung bzw. eine automatische Anpassung der Rentenleistungen verzichtet. Die **Geldentwertung** soll vielmehr dadurch **ausgeglichen bzw. abgemildert** werden, dass dem die betriebliche Altersversorgung zusagenden Arbeitgeber die Verpflichtung auferlegt wird, alle drei Jahre eine Anpassung der laufenden Renten zu prüfen und über die Höhe einer eventuellen Rentenanpassung nach billigem Ermessen zu entscheiden. In diesem Zusammenhang sind sowohl die wirtschaftliche Lage des Arbeitgebers als auch die Belange der Versorgungsempfänger zu berücksichtigen.

2 Mit dieser Anpassungsprüfungs- und -entscheidungsverpflichtung hat der Gesetzgeber das in der deutschen Wirtschaftsordnung grds. geltende Nominalwertprinzip eingeschränkt. Dieses besagt, dass eine be-

stimmte Währungseinheit als solche abstrakt geschuldet ist, d.h. unabhängig von ihrer Kaufkraft definiert wird und damit nominell – trotz eines Wertverlustes – unverändert bleibt.[1] Das nach dem Nominalwertprinzip ausschließlich beim Rentenempfänger liegende Risiko, entwertetes Geld zu erhalten, wurde mithin verringert, da die Betriebsrentner nach dem Ausscheiden aus dem Arbeitsleben nichts mehr einzusetzen haben, um die bereits erdiente Versorgung vor dem Kaufkraftverlust zu bewahren.[2]

II. Gegenstand der Anpassung

1. Laufende Leistungen der betrieblichen Altersversorgung

Nach dem Wortlaut des § 16 Abs. 1 BetrAVG erstreckt sich die Anpassungsprüfungs- und -entscheidungsverpflichtung des Arbeitgebers ausschließlich auf laufende Leistungen der **betrieblichen Altersversorgung**. Anpassungsgegenstand sind damit all diejenigen Leistungen der Alters-, Invaliditäts- oder Hinterbliebenenversorgung, die einem Arbeitnehmer aus Anlass seines Arbeitsverhältnisses vom Arbeitgeber zugesagt werden.[3] Andere, nicht unter den Begriff der betrieblichen Altersversorgung fallende betriebliche Leistungen, wie bspw. Übergangsgelder[4], Vorruhestandsgelder oder auch Sterbegeldzahlungen, sind dagegen nicht nach § 16 BetrAVG zu überprüfen bzw. anzupassen.[5] Die Verpflichtung nach § 16 BetrAVG besteht bei Realleistungen ebenfalls nicht, da sich bei diesen Sach- oder Nutzungsleistungen das Problem des Kaufkraftverlustes naturgemäß nicht stellt. 3

Werden derartige nicht anpassungspflichtige Leistungen zeitlich später durch betriebliche Versorgungsleistungen abgelöst oder ersetzt, so sind Letztere an den Vorgaben des § 16 BetrAVG zu messen.[6] 4

Weiteres Tatbestandsmerkmal des § 16 Abs. 1 BetrAVG ist das Vorliegen von **laufenden Leistungen**. Darunter sind regelmäßig wiederkehrende Leistungen zu verstehen und zwar unabhängig davon, ob sie lebenslänglich oder lediglich temporär gewährt werden, denn auch bei vergleichsweise kurzen Rentenlaufzeiten, wie etwa bei der in aller Regel 5

---

1 *Teichmann* in: Soergel § 242 BGB Rn. 251 ff.
2 BAG 15.9.1977, 3 AZR 654/76, EzA § 16 BetrAVG Nr. 6, DB 1977, 1353.
3 Vgl. hierzu § 1 Abs. 1 S. 1 BetrAVG.
4 Vgl. hierzu aber BAG 18.3.2003, 3 AZR 315/02, DB 2004, 1624, das einen Übergangszuschuss als betriebliche Altersversorgung einordnet.
5 Zur Abgrenzung der Leistungen der betrieblichen Altersversorgung s. § 1 Rn. 27–53, insbes. Rn. 52 f.
6 BGH 28.9.1981, II ZR 181/80, DB 1982, 126.

aus steuerlichen Gründen auf die Vollendung des 25. Lebensjahres zeitlich zu begrenzenden Gewährung von Waisenrenten, stellt sich das Problem des inflationsbedingten Kaufkraftverlustes.

6 Dagegen besteht **keine Anpassungspflicht** bei einmaligen **Kapitalzahlungen**. Das ergibt sich zum einen aus dem klaren Wortlaut der Vorschrift; zum anderen ist der Versorgungsempfänger ab dem Zeitpunkt der Auszahlung des Kapitalbetrages selbst imstande, dem Geldwertverfall vorzubeugen.

7 Bei Auszahlung des Kapitalbetrages in mehreren Raten kann die Abgrenzung, ob noch die Gewährung einer Kapitalleistung im Vordergrund steht, oder ob durch die Anzahl der zu zahlenden Raten bereits der Charakter einer laufenden Leistung erreicht ist, schwierig sein. Eine Kapitalleistung liegt vor, soweit eine Auszahlung in maximal fünf Raten vereinbart wird.[7] Wird dagegen die Auszahlung von mehr als fünf Raten vereinbart, so wird die Abgrenzung zwischen laufenden Leistungen und der Gewährung eines Kapitalbetrages anhand der im konkreten Einzelfall maßgeblichen besonderen Umstände vorzunehmen sein.

8 Aus dem Wortlaut des § 16 Abs. 1 BetrAVG ergibt sich im Umkehrschluss, dass **Versorgungsanwartschaften nicht anzupassen** sind, denn die Vorschrift schreibt nur die Anpassung von laufenden Leistungen der betrieblichen Altersversorgung vor.[8] Auch die während der Anwartschaftsphase eingetretene Entwertung ist bei einer späteren Anpassung des zum Anspruch erstarkten Versorgungsrechts nicht zu berücksichtigen.[9]

2. Durchführungswegunabhängige Verpflichtung

9 Die gesetzliche Anpassungsprüfungs- und -entscheidungsverpflichtung besteht nach dem eindeutigen Wortlaut für Leistungen der betrieblichen Altersversorgung, unabhängig davon, ob sie unmittelbar vom Arbeitgeber erbracht werden oder ob sich der Arbeitgeber eines rechtlich selbstständigen Versorgungsträgers bedient, mit dessen Hilfe er die Versorgungsleistungen mittelbar erbringt. Diese durchführungs-

---

[7] So auch *Höfer* BetrAVG, Rn. 5120 f. zu § 16; *Blomeyer/Rolfs/Otto* § 16 Rn. 41, die unter Hinweis auf die gem. § 16 Abs. 6 BetrAVG bei Auszahlungsplänen nicht bestehende Anpassungsprüfungs- und -entscheidungsverpflichtung, unabhängig von der Anzahl der Raten, eine Verpflichtung zur Anpassung generell ablehnen.
[8] BAG 15.9.1977, 3 AZR 654/76, EzA § 16 BetrAVG Nr. 6, DB 1977, 1353.
[9] BAG 15.9.1977, 3 AZR 654/76, EzA § 16 BetrAVG Nr. 6, DB 1977, 1353.

wegunabhängige Verpflichtung entspricht auch dem Gesetzeszweck,[10] denn wenn über die gesetzlich normierte Anpassungsverpflichtung dem Wertverfall der betrieblichen Versorgungsleistungen vorgebeugt werden soll, dann ist es unerheblich, ob die betrieblichen Leistungen vom Arbeitgeber direkt oder lediglich mittelbar erbracht werden.

III. Anpassungsschuldner

1. Arbeitgeber

Normadressat der Anpassungsprüfungs- und -entscheidungsverpflichtung ist nach dem Wortlaut des § 16 Abs. 1 BetrAVG **allein** der **Arbeitgeber**, also derjenige, der dem Versorgungsempfänger gegenüber aus der ursprünglich erteilten Zusage verpflichtet ist. Aufgrund der entsprechenden Geltung der Vorschrift auch für den Arbeitnehmern gleichgestellte Nicht-Arbeitnehmer,[11] trifft die Anpassungsverpflichtung darüber hinaus auch solche Unternehmen, welche den betreffenden Personen die Gewährung von Leistungen der betrieblichen Altersversorgung versprochen haben. Für Arbeitgeber des öffentlichen Dienstes i.S.d. § 18 BetrAVG findet § 16 BetrAVG dagegen keine Anwendung.[12]

Der **Grundsatz**, wonach die Anpassungsverpflichtung für dasjenige Unternehmen Anwendung findet, welches als Arbeitgeber die entsprechende Versorgungszusage erteilt hat, **gilt auch** dann, wenn der Arbeitgeber in einen **Konzern** eingebunden ist, denn der Konzern als solcher kann nicht (ehemaliger) Arbeitgeber sein; Arbeitgeber ist vielmehr das jeweilige konzerngebundene Einzelunternehmen.[13]

2. Rechtsnachfolger

Die Anpassungsverpflichtung trifft nicht notwendigerweise den ehemaligen Arbeitgeber, der dem Versorgungsberechtigten das Versorgungsversprechen gegeben hat. Sie kann auch auf einen Rechtsnachfolger dieses Arbeitgebers durch vertragliche Vereinbarung oder kraft Gesetzes übergehen.

Insoweit kommen als Rechtsnachfolger zunächst **Folgearbeitgeber** in Betracht, welche eine gesetzlich unverfallbare Versorgungsanwart-

---

10 Vgl. Rn. 1 f.
11 Vgl. § 17 Abs. 1 S. 2 BetrAVG.
12 Vgl. § 18 Abs. 1 BetrAVG.
13 Zur Beurteilung der wirtschaftlichen Lage im Konzern s. Rn. 72 ff.

schaft bzw. welche eine Versorgungszusage nach § 4 BetrAVG übernommen haben.

14 Auch in den Fällen des **Betriebsübergangs** nach § 613a BGB geht die Verpflichtung zur Anpassungsprüfung und -entscheidung für Versorgungsverpflichtungen aus bestehenden Arbeitsverhältnissen auf den Betriebserwerber über, sodass für ab dem Zeitpunkt des Betriebsübergangs eintretende Versorgungsfälle nunmehr der neue Arbeitgeber die Anpassung nach Maßgabe des § 16 BetrAVG schuldet.[14] Für die bereits vor dem Betriebsübergang unter Aufrechterhaltung einer unverfallbaren Anwartschaft ausgeschiedenen Arbeitnehmer bzw. bereits begünstigten Rentenempfänger bleibt allerdings weiterhin der Betriebsveräußerer verpflichtet.

15 Ein Übergang der Verpflichtung auf einen Rechtsnachfolger ist auch in den Fällen der **Umwandlung** nach dem Umwandlungsgesetz möglich.

16 Gleiches gilt im Falle des Ablebens des ursprünglichen Anpassungsverpflichteten, denn mit dem Erbfall geht die Pflicht des Arbeitgebers aus § 16 BetrAVG auf den Erben über.[15] Diese Pflicht zur Anpassung der Betriebsrente trifft den Erben des ehemals einzelkaufmännisch tätigen früheren Arbeitgebers selbst dann, wenn er dessen Geschäft nicht fortführt.[16]

3. Sonderproblem: Rentnergesellschaft

17 Auch ein nicht mehr auf Dauer werbend am Markt tätiges Unternehmen, das liquidiert wurde und dessen einziger verbliebener Geschäftszweck die Abwicklung seiner Versorgungsverbindlichkeiten ist (sog. **Rentnergesellschaft**), hat eine Anpassung der Betriebsrenten zu überprüfen und hierüber nach billigem Ermessen zu entscheiden.[17] Das Gleiche gilt, wenn der ehemalige Arbeitgeber als Abwicklungsgesellschaft zwar nicht mehr werbend am Markt tätig ist, jedoch über die Betriebsrentnerbetreuung hinaus im Bereich der Geschäftsabwicklung noch unternehmerisch aktiv ist.[18]

---

14 BAG 21.2.2006, 3 AZR 216/05, EzA § 16 BetrAVG Nr. 45, DB 2006, 2131.
15 Vgl. §§ 1922, 1967 BGB.
16 BAG 9.11.1999, 3 AZR 420/98, EzA § 16 BetrAVG Nr. 33, DB 2000, 1867.
17 BAG 23.10.1996, 3 AZR 514/95, EzA § 16 BetrAVG Nr. 31, DB 1997, 1287.
18 BAG 25.6.2002, 3 AZR 226/01, EzA § 16 BetrAVG Nr. 40, DB 2003, 1584.

4. Keine Verpflichtung externer Versorgungsträger

Auch im Falle der mittelbaren Durchführung der betrieblichen Alters- 18
versorgung über einen rechtlich selbstständigen Versorgungsträger verbleibt die Verpflichtung zur Anpassungsprüfung nach dem eindeutigen Wortlaut des § 16 Abs. 1 BetrAVG beim **Arbeitgeber**. Lebensversicherungsunternehmen, Pensionskassen, Unterstützungskassen und Pensionsfonds sind keine Arbeitgeber; der Arbeitgeber bedient sich ihrer lediglich zur Abwicklung der betrieblichen Altersversorgung, ohne jedoch dadurch von seiner arbeitsrechtlichen Verpflichtung aus dem Grundverhältnis frei zu werden.[19]

Allerdings enthalten die Beitrags- und Leistungsbestimmungen der ge- 19
nannten Versorgungsträger regelmäßig Bestimmungen zur Anpassung der laufenden Leistungen, die den Maßgaben des § 16 BetrAVG – zumindest teilweise – Rechnung tragen. Soweit über diese Anpassungsregelungen der Anspruch des Versorgungsberechtigten erfüllt wird, ist der Arbeitgeber von seiner Verpflichtung nach § 16 BetrAVG befreit.

5. Grundsätzlich keine Verpflichtung des Pensions-Sicherungs-Vereins

§ 16 BetrAVG verpflichtet ausweislich seines Wortlauts nur den Arbeit- 20
geber, **nicht** jedoch den **PSVaG** als Träger der gesetzlichen Insolvenzsicherung.[20] Eine andere Auffassung würde insoweit zu Wertungswidersprüchen führen, denn die Versorgungsberechtigen eines zahlungsfähigen Unternehmens mit schlechter Ertragslage müssten größere Opfer erbringen, als ihnen bei einer Insolvenz oder wirtschaftlichen Notlage des Unternehmens abverlangt werden könnten. Sie hätten im Notfall Anspruch auf eine kaufkraftgesicherte Rente, während sie bei wirtschaftlichen Schwierigkeiten, die keinen Sicherungsfall bewirken, die Entwertung ihrer Versorgung hinnehmen müssten.

Dies bedeutet jedoch nicht, dass der PSVaG in keinem Fall und unter 21
keinen Umständen auf die Entwicklung der Kaufkraft reagieren müsste:

So geht das BAG davon aus, dass **bei umfassenden Wirtschaftseinbrüchen** mit einer ungewöhnlich hohen Inflationsrate eine aus den Grund-

---

19 Vgl. § 1 Abs. 1 S. 3 BetrAVG sowie § 1 Rn. 201 ff.; die Anpassungsverpflichtung entfällt für den Arbeitgeber bei den versicherungsförmigen Durchführungswegen aber u.a. in den Fällen, in denen eine Beitragszusage mit Mindestleistung vorliegt, vgl. § 16 Abs. 3 Nr. 3 BetrAVG.
20 BAG 22.3.1983, 3 AZR 574/81, EzA § 16 BetrAVG Nr. 14, DB 1983, 780.

sätzen von Treu und Glauben abgeleitete **Verpflichtung** zu einem angemessenen **Teuerungsausgleich** besteht.[21]

22 Weiterhin hat die höchstrichterliche Rechtsprechung ausdrücklich klargestellt, dass der PSVaG **die Anpassungsverpflichtung** des insolventen Arbeitgebers dann zu übernehmen hat, **wenn** die Versorgungszusage eine **vertragliche Anpassungsklausel** enthält, die zu einer Dynamisierung der Betriebsrente führt. Sofern dabei eine Ermessensentscheidung erforderlich ist, muss der PSVaG im Insolvenzfall anstelle des zahlungsunfähigen Arbeitgebers den Umfang der zu erbringenden Versorgungsleistung bestimmen.[22] Diese Übernahme der Anpassungsverpflichtung durch den PSVaG gilt uneingeschränkt, sofern der Versorgungsberechtigte bei Eintritt des Insolvenzfalles bereits laufende Versorgungsleistungen bezogen hat. Wegen § 2 Abs. 5 BetrAVG und der dort geregelten Veränderungssperre ist der PSVaG jedoch **nicht** an die vertragliche Anpassungsverpflichtung gebunden, wenn bei Eintritt des Sicherungsfalles lediglich eine **gesetzlich aufrechtzuerhaltende** Anwartschaft vorlag **und** die Anpassungsverpflichtung an **variable Bezugsgrößen** gekoppelt ist, deren künftige Veränderung bei Eintritt des Versorgungsfalles nicht bekannt ist.[23]

23 Die **Anpassungspflicht** des Arbeitgebers muss der PSVaG **auch** dann übernehmen, **wenn** zugunsten des Arbeitnehmers eine **betriebliche Übung** gegolten hat, die inhaltlich zu Ansprüchen der Arbeitnehmer führte, die Betriebsrente in regelmäßigen Abständen nach Maßgabe feststehender, von den Vorgaben des § 16 BetrAVG unabhängigen Bezugsgrößen anzupassen.[24]

IV. Anpassungsberechtigte

24 Anpassungsberechtigt nach § 16 BetrAVG sind ausschließlich **die dem persönlichen Geltungsbereich des Betriebsrentengesetzes unterfallenden Personen**[25] sowie – sofern die Versorgungszusage auch Leistun-

---

21 BAG 22.3.1983, 3 AZR 574/81, EzA § 16 BetrAVG Nr. 14, DB 1983, 780.
22 BAG 22.3.1983, 3 AZR 574/81, EzA § 16 BetrAVG Nr. 14, DB 1983, 780.
23 So auch *Höfer* BetrAVG, Rn. 5413 zu § 16.
24 LAG Köln 15.6.1988, 2 Sa 357/88, (rkr.), BB 1989, 357; nach BAG 25.4.2006, 3 AZR 50/05, n.v., stellt eine betriebliche Übung, die dem versorgungsverpflichteten Arbeitgeber keinen Entscheidungsspielraum belässt und ihn unabhängig von der Belastbarkeit des Unternehmens zum vollen Ausgleich des Geldwertverlustes verpflichtet, allerdings einen Ausnahmetatbestand dar, der nur dann als gegeben angesehen werden kann, wenn das Verhalten des Arbeitgebers deutlich auf einen entsprechenden Verpflichtungswillen hinweist.
25 Vgl. § 17 Abs. 1 S. 1 und 2 BetrAVG.

gen für den Fall des Ablebens des originär Versorgungsberechtigten vorsieht – deren Hinterbliebene.

Auf Versorgungsleistungen, die **Unternehmern** gewährt werden, finden die Vorschriften des § 16 BetrAVG dagegen keine Anwendung, soweit nicht ihre entsprechende Geltung in der Versorgungszusage vertraglich bestimmt ist. Allerdings kommen bei diesen Personengruppen die von der Rechtsprechung des BGH entwickelten, an **Treu und Glauben** orientierten vorgesetzlichen Anpassungsgrundsätze zum Tragen, wonach ab dem Zeitpunkt, ab dem die eingetretene Teuerung eine Stillhaltegrenze von 33 1/3 % überschreitet, eine Anpassung vorzunehmen ist.[26]

25

Versorgungsrechte, die sowohl auf Dienstzeiten beruhen, in denen der Berechtigte dem persönlichen Geltungsbereich des Betriebsrentengesetzes unterfiel, als auch auf Dienstzeiten, in denen der Berechtigte den Status eines Unternehmers hatte, sind nach den Grundsätzen des § 2 BetrAVG zeitanteilig zu quotieren. Ein Teuerungsausgleich erfolgt dann für den Anteil der Versorgungsleistung, der im Arbeitnehmerstatus erdient wurde, nach Maßgabe des § 16 BetrAVG. Für den komplementären Leistungsanteil gelten die Grundsätze der vorgesetzlichen Anpassungsrechtsprechung des BGH.

26

Ausnahmsweise kann aus Vereinfachungsgründen aber eine Anpassung insgesamt nach § 16 BetrAVG oder ausschließlich nach den Grundsätzen von Treu und Glauben erfolgen, soweit entweder der Arbeitnehmerstatus oder die Unternehmereigenschaft völlig überwiegt.[27]

27

V. Prüfungszeitpunkt und Prüfungszeitraum

1. Individuelle Ermittlung der Prüfungszeitpunkte

Nach § 16 Abs. 1 BetrAVG ist der Arbeitgeber verpflichtet, alle drei Jahre eine Anpassung der laufenden Leistungen zu prüfen. Dies bedeutet, dass der Arbeitgeber grds. **für jeden einzelnen Versorgungsberechtigten** getrennt in zeitlichen Abschnitten von jeweils drei Jahren nach dem **individuellen Leistungsbeginn** eine Anpassungsprüfung vorzunehmen und hierbei die exakte Inflationsrate im maßgeblichen Prüfungszeitraum zu ermitteln hat.

28

Die Drei-Jahres-Frist beginnt somit grds. jeweils mit der **erstmaligen Inanspruchnahme** der laufenden Leistungen. Dies gilt unabhängig da-

29

---

26 BGH 6.4.1981, II ZR 252/79, DB 1981, 1454.
27 BGH 6.4.1981, II ZR 252/79, DB 1981, 1454.

von, ob eine gem. § 6 BetrAVG beanspruchbare vorzeitige Altersrente nicht beantragt wird, eine laufende Leistung von Anfang an ruht oder eine Versorgungsleistung nach anfänglicher Gewährung zwischenzeitlich ruht. Eine Ausnahme von diesem Grundsatz besteht nur im Falle von vom Versorgungsberechtigten nicht verschuldeten Verzögerungen, welche zur Nachzahlung von Versorgungsleistungen führen. Hier gilt als Fristbeginn der jeweilige Zeitpunkt, ab dem der Versorgungsberechtigte seine Leistungen erstmalig erhalten hätte, wenn die von ihm nicht zu vertretende Verzögerung nicht eingetreten wäre.

30 Ein Wechsel der Leistungshöhe oder des Versorgungsträgers der betrieblichen Versorgungsleistungen lässt die Drei-Jahres-Frist unberührt. Das Gleiche gilt im Falle des Wechsels der Leistungsart: Wenn der ursprüngliche Rentenbezieher verstirbt und die bisher gewährte Rente durch eine Hinterbliebenenleistung ersetzt wird, ist zur Ermittlung des Drei-Jahres-Zeitraums weiterhin auf den Beginnzeitpunkt der ursprünglichen Rente abzustellen. Verstirbt der Arbeitnehmer dagegen, ohne vorher selbst eine Rente bezogen zu haben, so ist wiederum auf den erstmaligen Bezug dieser abgeleiteten Versorgungsleistung abzustellen.

2. Bündelung des Prüfungstermins

31 Anstelle der starren, individuellen Ermittlung der jeweiligen Prüfungstermine kann sich der Arbeitgeber aber auch dafür entscheiden, die in einem Jahr fälligen **Anpassungsprüfungen der Betriebsrenten zusammenzufassen** und zu einem bestimmten Zeitpunkt innerhalb oder am Ende des Jahres vorzunehmen.[28] Diese **Bündelung der Prüfungsstichtage** wird von der Rechtsprechung – auch unter Hinweis auf die ebenfalls einheitlich zur Mitte des Jahres stattfindende Anpassung der Leistungen in der gesetzlichen Rentenversicherung – vor allem deshalb als zulässig erachtet, da sie einerseits dem Arbeitgeber erheblichen Verwaltungsaufwand erspart und andererseits der Rentner im Extremfall allenfalls drei Jahre und elf Monate auf die erste Anpassung seiner Betriebsrente warten muss. Diese durch die verspätete Anpassung entstehenden Nachteile sind für den Rentenempfänger hinnehmbar, zumal ein entsprechend angewachsener höherer Teuerungsausgleich zu berücksichtigen ist.

---

28 BAG 28.4.1992, 3 AZR 142/91, EzA § 16 BetrAVG Nr. 22, DB 1992, 2401.

Anpassungsprüfungspflicht § 16

Bei dieser verzögerten erstmaligen Rentenfestsetzung handelt es sich um einen einmaligen Vorgang. In der Folgezeit muss der Drei-Jahres-Zeitraum eingehalten werden.[29]

32

Von dem gesetzlich vorgegeben dreijährigen **Pflichtprüfungsturnus kann nicht** durch vorgezogene Anpassungsprüfungen **abgewichen werden**.[30] Allerdings ist der Arbeitgeber in diesen Fällen der **freiwilligen** vorgezogenen **Anpassung** ebenso wie in Fällen der **überobligatorischen Anpassung** anlässlich früherer Pflichtprüfungsstichtage berechtigt, die vorgenommenen Anpassungen **gegenzurechnen**. Bei der Ermittlung des Anpassungsbedarfs steht daher die bereits vorzeitig erbrachte Erhöhung der Versorgungsleistungen nicht mehr zusätzlich zum Teuerungsausgleich an, da der Arbeitgeber insoweit den Anspruch bereits erfüllt hat.

33

Auch eine **Verkürzung des Prüfungszeitraums** im Zusammenhang mit der **ersten Anpassungsprüfung**, um einen festen Drei-Jahres-Turnus im Hinblick auf die Anpassungsprüfungen nach § 16 BetrAVG für sämtliche Versorgungsverpflichteten zu erreichen, ist nicht zu beanstanden.[31] Begründet wird dies damit, dass dem Versorgungsempfänger bei Vorverlegung der ersten Anpassung und daran anschließender Einhaltung der Drei-Jahres-Frist auf die gesamte Laufzeit der Betriebsrente gesehen mehr Vor- als Nachteile entstehen. Neben dieser Begünstigung der Betriebsrentner dient die beschriebene Vorgehensweise auch der Verwaltungsvereinfachung beim anpassungsverpflichteten Arbeitgeber. Auch bei dieser Sonderform der Bündelung von Anpassungsterminen kann es zu einer Verzögerung der ersten Anpassungsüberprüfung kommen, wenn nicht alle Neurentner bei der ersten auf den Rentenbeginn folgenden Anpassungsprüfung miteinbezogen werden, weil z.B. der Rentenbeginn nur wenige Monate vor dem Prüfungstermin liegt. Sofern sich diese Verzögerung aber in den Grenzen des bislang von der Rechtsprechung als zulässig anerkannten Rahmens bewegt – also nicht zu einem elf Monate überschreitenden ersten Prüfungszeitraum führt – ist sie nicht zu beanstanden.[32] Auch eine **Verkürzung des Prüfungszeitraums für bereits laufende Renten** dürfte rechtlich anerkannt werden, da die damit einhergehenden verwaltungstechnischen Gründe die Vorverlegung i.d.R. sachlich rechtfertigen werden. Es ist allerdings darauf hinzuweisen, dass das BAG die Zulässigkeit einer einheitlichen Anpassungsentscheidung im dreijährigen Rhythmus für den

34

---
29 BAG 28.4.1992, 3 AZR 142/91, EzA § 16 BetrAVG Nr. 22, DB 1992, 2401.
30 BAG 1.7.1976, 3 AZR 791/75, EzA § 16 BetrAVG Nr. 1, DB 1976, 885.
31 BAG 30.8.2005, 3 AZR 395/04, EzA § 16 BetrAVG Nr. 43, DB 2006, 732.
32 BAG 30.8.2005, 3 AZR 395/04, EzA § 16 BetrAVG Nr. 43, DB 2006, 732.

gesamten Rentnerbestand **nur für die Fälle festgestellt** hat, bei denen die **erste** Anpassungsprüfung vorverlegt oder verzögert wird. Die Zulässigkeit der **Umstellung der laufenden Rentenbezieher**, deren Betriebsrente wenigstens bereits einmal angepasst wurde, in dieses System könnte daher u.U. noch einer gerichtlichen Überprüfung unterzogen werden. Eine Verzögerung der Anpassungsprüfung anlässlich der Umstellung auf die neue Anpassungssystematik dürfte dagegen rechtlich nicht zulässig sein, denn das BAG hat in seinen die Zulässigkeit der Bündelung von Prüfungsstichtagen betreffenden Entscheidungen stets betont, dass Verzögerungen nur bei der Erstanpassung tolerierbar seien und in der Folgezeit stets der dreijährige Prüfungszeitraum einzuhalten sei.

35 Für sog. **Altrenten**, das sind Renten, die bereits vor dem 1.1.1972 erstmalig gewährt wurden, hat die Rechtsprechung als ersten Prüfungsstichtag einheitlich den 1.1.1975 festgesetzt.[33] Damit ergibt sich eine **starre Anpassungsregelung** für diese Versorgungsleistungen. Für die zum 1.1.1975 vorzunehmende Erstanpassung der Altrenten wurde den Anforderungen des § 16 BetrAVG genügt, wenn der Kaufkraftverlust der Leistungen der betrieblichen Altersversorgung zur Hälfte ausgeglichen wurde (sog. **Hälftelungsanpassung**).[34] Für die in der Folgezeit vorzunehmenden Anpassungen wurde diese Ausnahme von der Rechtsprechung allerdings nicht mehr toleriert, sodass grds. der volle Kaufkraftverlust zum Ausgleich anstand.

3. Maßgeblicher Prüfungszeitraum

35a § 16 Abs. 1 BetrAVG legt mit dem dreijährigen Turnus für die Anpassungsprüfung des Arbeitgebers lediglich den Prüfungstermin fest. Eine eindeutige Aussage dazu, wie der in § 16 Abs. 2 BetrAVG genannte Prüfungszeitraum abzugrenzen ist, innerhalb dessen die jeweiligen Anpassungsmaßstäbe auszuwerten sind, enthält das Gesetz dagegen nicht. In Übereinstimmung mit der zur Vorfassung des § 16 BetrAVG hierzu ergangenen Rechtsprechung[35] hat das BAG[36] klargestellt, dass der für die Ermittlung des Anpassungsbedarfs maßgebliche Prüfungszeitraum – trotz Neufassung des § 16 BetrAVG – weiterhin **vom Rentenbeginn**[37] **bis zum jeweiligen Anpassungsstichtag** reiche,

---
33 BAG 1.7.1976, 3 AZR 791/75, EzA § 16 BetrAVG Nr. 1, DB 1976, 885.
34 BAG 15.9.1977, 3 AZR 654/76, EzA § 16 BetrAVG Nr. 6, DB 1977, 1353.
35 BAG 21.8.2001, 3 AZR 589/00, EzA § 16 BetrAVG Nr. 39, DB 2001, 1331.
36 BAG 30.8.2005, 3 AZR 395/04, EzA § 16 BetrAVG Nr. 43, DB 2006, 732.
37 Nach BAG 25.4.2006, 3 AZR 159/05, DB 2006, 2639 ist dies anders im Kondi-

denn nur so könne eine Auszehrung der Betriebsrenten durch Beibehaltung bzw. Wiederherstellung des ursprünglich vorausgesetzten Verhältnisses von Leistung und Gegenleistung vermieden werden. Sowohl für die reallohnbezogene Obergrenze als auch für den Teuerungsanstieg müsse aus diesem Grunde jeweils auch der gleiche Prüfungszeitraum gelten (»**Gleichlauf der Prüfungszeiträume**«). Dabei ist im Hinblick auf die Ermittlung des Kaufkraftverlusts jeweils auf die Indexwerte der Monate abzustellen, die dem erstmaligen Rentenbezug und den jeweiligen Anpassungsstichtagen unmittelbar vorausgehen. Die Zahlung der erhöhten Rente müsse sich schließlich unmittelbar an den Prüfungszeitraum anschließen. Dieser von § 16 BetrAVG für den Anpassungsbedarf vorgegebene Prüfungszeitraum sei zwingend und stehe nicht zur Disposition des Arbeitgebers.[38]

Im Ergebnis müssen – insbesondere bei einem in der Vergangenheit erfolgten Wechsel des Beurteilungsmaßstabs zur Ermittlung des Anpassungsbedarfs – sowohl der Teuerungsanstieg als auch die Nettolohnentwicklung jeweils vom Rentenbeginn bis zum (ggf. für den gesamten Rentnerbestand einheitlichen) aktuellen Prüfungsstichtag ermittelt, einander gegenüber gestellt und der neue Rentenbetrag – gemessen an der Ausgangsrente – mindestens auf den niedrigeren der beiden Referenzbeträge angehoben werden.

VI. Ermittlung des Anpassungsbedarfs/Anpassungsmaßstab

1. Belange der Versorgungsempfänger

Der Gesetzgeber regelt mit § 16 Abs. 2 BetrAVG im Wege einer gesetzlichen Fiktion, unter welchen Voraussetzungen er die Anpassungsprüfungsverpflichtung als erfüllt ansieht. Nach § 16 Abs. 2 Nr. 1 BetrAVG ist der Anpassungsbedarf des Rentenempfängers nach dem **seit dem individuellen Rentenbeginn eingetretenen Kaufkraftverlust** der Rente zu bestimmen. Dieser wurde – für Prüfungsstichtage bis einschließlich 1.1.2003 – noch gemessen am »Preisindex für die Gesamtlebenshaltung von Vier-Personen-Haushalten von Arbeitern und Angestellten mit mittleren Einkommen«. Nach § 16 Abs. 2 Nr. 2 BetrAVG kann **an Stelle des Teuerungsausgleichs** auch eine **geringere Anpassungsrate** gewährt werden, **wenn** innerhalb des zur Überprüfung anstehenden Zeitraums die »Nettolöhne vergleichbarer Arbeitnehmer-

---

tionenkartell des Bochumer Verbandes: Anstelle des Rentenbeginns ist hier – jedenfalls für die bis zum Versorgungsfall betriebstreuen Arbeitnehmer – der letzte vor Rentenbeginn festgelegte Anpassungsstichtag maßgeblich.
38 BAG 25.4.2006, 3 AZR 159/05, DB 2006, 2639.

gruppen des Unternehmens« **geringer gestiegen** sind als die Verbraucherpreise. Der Vergleichsmaßstab von Inflations- und Nettoeinkommensanstieg war in Anlehnung an die ständige Rechtsprechung des BAG[39] im Zuge des Rentenreformgesetzes 1999 als arbeitsrechtlich maßgeblicher Überprüfungs- und Anpassungsmaßstab im Betriebsrentengesetz festgeschrieben worden.

36a Die Regelung des § 16 Abs. 2 BetrAVG hat das nach Abs. 1 der Vorschrift grds. bestehende Ermessen des Arbeitgebers nicht beseitigt. Nach der erstgenannten Bestimmung gilt die Verpflichtung zu einer ermessensfehlerfreien Anpassungsentscheidung allerdings als erfüllt, wenn die Anpassung nicht geringer ausfällt als der Anstieg der Teuerung bzw. derjenige der Nettolöhne vergleichbarer Arbeitnehmergruppen des Unternehmens. § 16 Abs. 2 BetrAVG erhöht dadurch die Rechtssicherheit, dass eine bestimmte Berechnung der Geldentwertung und der reallohnbezogenen Obergrenze ausdrücklich gebilligt wird. Die Formulierung »gilt als erfüllt« bringt zum Ausdruck, dass es keiner weiteren Prüfung mehr bedarf, wenn der Arbeitgeber diesen Weg beschreitet. Das heißt aber nicht, dass andere Berechnungsmethoden ermessensfehlerhaft sind. Wenn der Arbeitgeber sich daher für eine andere Berechnungsart entscheidet, ist zusätzlich noch eine Billigkeitskontrolle erforderlich. Diese ist mit Prozessrisiken verbunden.[40]

a) Teuerungsausgleich

37 Ausgangspunkt der Anpassungsentscheidung ist der Anpassungsbedarf der Versorgungsempfänger. Dieser richtet sich nach dem zwischenzeitlich eingetretenen Kaufkraftverlust. Dabei war die Teuerungsrate für Anpassungsstichtage **bis** einschließlich **1.1.2003** auf Grundlage des bis dahin maßgeblichen »**Preisindex für die Gesamtlebenshaltung von Vier-Personen-Haushalten von Arbeitern und Angestellten mit mittlerem Einkommen**« zu ermitteln. Hierzu ist bspw. für den Anpassungsstichtag 1.1.2003 der Kaufkraftverlust nach folgender Formel zu ermitteln:

$$(Index_{Dez2002} / Index_{Vormonat\ Rentenbeginn} - 1) \times 100\,\% = Teuerungsanstieg$$

38 Die Veröffentlichung der getrennten Preisindizes für das frühere Bundesgebiet sowie die neuen Länder und Berlin (Ost) sowie der unter-

---

[39] BAG 16.12.1976, 3 AZR 795/75, EzA § 242 BGB Ruhegeld Nr. 60, DB 1977, 96; 11.8.1981, 3 AZR 395/80, EzA § 16 BetrAVG Nr. 12, DB 1981, 1783.
[40] BAG 9.11.1999, 3 AZR 432/98, EzA § 1 BetrAVG Ablösung Nr. 23, DB 2001, 876.

schiedlichen Haushaltstypen wurde mit der Veröffentlichung der Dezemberindizes 2002 eingestellt. Für Prüfungsstichtage **nach dem 1.1.2003** ist dann der für Deutschland einheitliche Preisindex auf Grundlage eines neu zusammengestellten Warenkorbes, welcher nur noch für alle privaten Haushalte ermittelt wird, heranzuziehen.

In diesem Zusammenhang hat der Gesetzgeber § 16 Abs. 2 Nr. 1 BetrAVG geändert[41] und den bisher maßgeblichen »Preisindex für die Lebenshaltung von Vier-Personen-Haushalten von Arbeitern und Angestellten mit mittlerem Einkommen« ab diesem Jahr durch den alleinig berechneten »**Verbraucherpreisindex für Deutschland**« mit der Basis »2000 = 100« ersetzt. Zudem wurde in der **Übergangsregelung des § 30 c Abs. 4 BetrAVG** bestimmt, dass für die Erfüllung der Anpassungsprüfungspflicht für Zeiträume vor dem 1.1.2003 § 16 Abs. 2 Nr. 1 BetrAVG mit der Maßgabe gilt, dass an die Stelle des Verbraucherindexes für Deutschland der Preisindex für die Lebenshaltung von Vier-Personen-Haushalten von Arbeitern und Angestellten mit mittlerem Einkommen tritt. Aus dieser Gesetzesänderung ergeben sich nunmehr grds. zwei unterschiedliche Verfahrensansätze zur Ermittlung des Preisanstiegs für Prüfungszeiträume, die sowohl Zeiten vor dem 1.1.2003 als auch nach dem 31.12.2002 umfassen: 39

Einerseits könnte die Teuerungsrate für den Drei-Jahres-Zeitraum aus den seit 2003 maßgeblichen Indizes berechnet werden, wobei als Ausgangswert der aus den gem. dem Verbraucherindex für Deutschland zurückentwickelten Werten bestimmte Index zugrunde gelegt würde (Rückrechnungsmethode). Andererseits könnte der Preisanstieg für den Prüfungszeitraum aber auch für den Zeitraum ab 2003 aus den seit 2003 maßgeblichen Indizes ermittelt werden. Für den Zeitraum bis Ende 2002 wäre die Preissteigerung aus den dem bisherigen Preisindex entnommenen Werten zu ermitteln (Splittingmethode).

Nach dem Wortlaut der Übergangsvorschrift ist der zuletzt genannten Variante grds. der Vorzug zu geben. 40

Grundsätzlich konnte bislang die Ermittlung der für die Anpassungsprüfung maßgeblichen Teuerungsrate sowohl auf Basis der Monats- als auch auf Basis der Jahreswerte erfolgen.[42] Da bei der erstmaligen Anpassungsprüfung nach Rentenbeginn jedoch generell auch unterjährige Preissteigerungen zu berücksichtigen sind, gibt das BAG allerdings in 40a

---
41 Vgl. Art. 3 des Gesetzes zur Änderung von Fristen und Bezeichnungen im Neunten Buch Sozialgesetzbuch und zur Änderung anderer Gesetze, BGBl. 2003 I S. 462.
42 LAG Hamburg 28.1.2002, 4 Sa 20/01, n.v.

seiner neuesten Rechtsprechung[43] die **Verwendung von Monatsindexwerten zwingend** vor.

41 Auf die entsprechend der oben dargestellten Formel ermittelte Teuerungsrate sind **weder Abschläge** wegen normaler, vom Rentenempfänger hinzunehmender Teuerung vorzunehmen,[44] **noch** ist die Berücksichtigung einer **Obergrenze** sachlich gerechtfertigt. Das BAG hat die Annahme, dass die Betriebsrenten zusammen mit den Sozialversicherungsrenten nicht mehr als einen bestimmten Prozentsatz der Bezüge vergleichbarer aktiver Arbeitnehmer betragen dürfen (sog. **absolute Obergrenze**) ebenso abgelehnt, wie auch einen Vergleich der Entwicklung der Gesamtversorgung des Rentenempfängers zur Nettoeinkommensentwicklung vergleichbarer aktiver Arbeitnehmer im Prüfungszeitraum (sog. **relative Obergrenze**).[45]

42 Die nach der oben dargestellten Formel ermittelte Teuerungsrate wird darüber hinaus auch **nicht durch** andere **externe Einflussgrößen modifiziert**. So ist die Dynamisierung der Renten aus der Sozialversicherung ebenso außer Acht zu lassen,[46] wie die individuelle Belastung des Rentenempfängers mit gesetzlichen Abgaben.[47] Damit ergibt sich der grundsätzliche Anpassungsbedarf für den aktuellen Prüfungszeitraum ausschließlich aus dem durch Betrachtung der maßgeblichen Preisindizes ermittelten Prozentsatz. Um diesen Steigerungssatz muss der aktuelle Rentenzahlbetrag grds. erhöht werden.

b) Reallohnbezogene Obergrenze

43 Die am Preisindex für die Lebenshaltung orientierte Kaufkrafterhaltung der betrieblichen Versorgungsleistungen kann jedoch unterbleiben, soweit sie über diejenigen nettolohnbezogenen Einkommenssteigerungen hinausgeht, welche sich für vergleichbare Mitarbeiter des Unternehmens während des maßgeblichen Prüfungszeitraums ergeben haben. Diesen vom BAG entwickelten Maßstab[48] hat der Gesetzgeber in § 16 Abs. 2 Nr. 2 BetrAVG nunmehr bestätigt und für verbindlich er-

---

43 BAG 30.8.2005, 3 AZR 395/04, EzA § 16 BetrAVG Nr. 43, DB 2006, 732.
44 BAG 16.12.1976, 3 AZR 795/75, EzA § 242 BGB Ruhegeld Nr. 60, DB 1977, 96.
45 BAG 15.9.1977, 3 AZR 654/76, EzA § 16 BetrAVG Nr. 6, DB 1977, 1353 zur absoluten Obergrenze sowie BAG 11.8.1981, 3 AZR 395/80, EzA § 16 BetrAVG Nr. 12, DB 1981, 1783.
46 BAG 15.9.1977, 3 AZR 654/76, EzA § 16 BetrAVG Nr. 6, DB 1977, 1353.
47 BAG 14.2.1989, 3 AZR 313/87, EzA § 16 BetrAVG Nr. 20, DB 1989, 1422; 23.5.2000, 3 AZR 103/99, EzA § 16 BetrAVG Nr. 36, DB 2001, 2506.
48 BAG 11.8.1981, 3 AZR 395/80, EzA § 16 BetrAVG Nr. 12, DB 1981, 1783; 14.2.1989, 3 AZR 313/87, EzA § 16 BetrAVG Nr. 20, DB 1989, 1422.

klärt.[49] Es ist nach Auffassung des BAG durchaus sachgerecht, die **Wertentwicklung der Betriebsrenten mit** der **Reallohnentwicklung** zu **vergleichen**, die sich für die aktive Belegschaft in dem Unternehmen ergibt, das die Versorgung aufbringt. Wenn sogar die aktive Belegschaft, auf deren Arbeitskraft das Unternehmen dringend angewiesen ist, keinen vollen Teuerungsausgleich erhalten kann, wenn also die Nettoverdienste im Durchschnitt weniger ansteigen als der Verbraucherpreisindex für Deutschland, müssen sich auch die Betriebsrentner mit einer entsprechend geringeren Anpassungsrate begnügen. Eine Bevorzugung der Versorgungsberechtigten würde auf Unverständnis der aktiven Belegschaft stoßen und wäre i.d.R. mit der wirtschaftlichen Lage des Unternehmens schwer vereinbar.

Will der Arbeitgeber bei der Anpassungsprüfung den Kaufkraftverlust 44 der Betriebsrenten daher nicht voll ausgleichen, muss er eine **Vergleichsberechnung** vornehmen. Dabei kommt es bei der Ermittlung der Nettolöhne innerhalb eines typischen Teils der Belegschaft **nicht** auf die **individuellen Steuer- und Beitragssätze** einzelner Arbeitnehmer an, **sondern** nur auf **Durchschnittsbeträge**, wie sie in der Fachpresse veröffentlicht werden.[50]

Das BAG räumt dem Arbeitgeber bzgl. der im Gesetz vorgesehenen **Bil-** 45 **dung von Arbeitnehmergruppen** einen weitgehenden **Entscheidungsspielraum** ein.[51] Es bleibt dem Arbeitgeber überlassen, ob er eine gröbere oder eine differenziertere Einteilung vornimmt. Der Entscheidungsspielraum ist nicht überschritten, wenn klare, verdienstbezogene Abgrenzungskriterien die Gruppenbildung als sachgerecht erscheinen lassen. Die Gerichte haben nicht zu prüfen, ob eine andere Einteilung in ihren Augen gerechter oder zweckmäßiger wäre. Daher hält es das BAG für zulässig, beispielsweise alle außertariflichen Angestellten zu einer Arbeitnehmergruppe zusammenzufassen.

Allerdings ist nach Ansicht des BAG eine bestimmte Gruppenbildung 46 nicht zwingend geboten.[52] Es verschafft den Arbeitgebern aber eine erhöhte Rechtssicherheit, wenn sie den vom Gesetzgeber ausdrücklich gebilligten Weg beschreiten. Entscheidet sich der Arbeitgeber für eine andere Berechnungsart, so ist noch eine Billigkeitskontrolle erforderlich, welche mit Prozessrisiken verbunden ist. Eine Abweichung von der im Gesetz vorgesehenen und für interessengerecht erachteten Be-

---

49 *Berenz* Gesetzesmaterialien BetrAVG § 16, S. 403.
50 BAG 11.8.1981, 3 AZR 395/80, EzA § 16 BetrAVG Nr. 12, DB 1981, 1783.
51 BAG 23.5.2000, 3 AZR 103/99, EzA § 16 BetrAVG Nr. 36, DB 2001, 2506.
52 BAG 30.8.2005, 3 AZR 395/04, EzA § 16 BetrAVG Nr. 43, DB 2006, 732.

rechnungsmethode ist daher zwar möglich, sie bedarf aber einer tragfähigen Begründung. An sie dürfen wegen des weiten Ermessensspielraums des Arbeitgebers keine zu hohen Anforderungen gestellt werden. Bei der Bewertung eines von § 16 Abs. 2 Nr. 2 BetrAVG abweichenden Anpassungsmodells ist von wesentlicher Bedeutung, inwieweit es sich in die Gesamtkonzeption des Versorgungswerks einfügt und den Interessen der Versorgungsempfänger Rechnung trägt. Die Vorteile und Nachteile sind nicht punktuell zu einem einzelnen Anpassungsstichtag, sondern langfristig und generalisierend festzustellen. Da bei einer unternehmensübergreifenden reallohnbezogenen Obergrenze sowohl Risiken wie Chancen sinken, wird es sich häufig um eine ausgewogene interessengerechte Lösung handeln.[53]

c) Nachholende Anpassung

47 Nach einer Grundsatzentscheidung des BAG ist zur Ermittlung des Anpassungsbedarfs der Betriebsrenten grundsätzlich auf die **seit Rentenbeginn eingetretene Verteuerung der Lebenshaltungskosten**[54] bzw. die im gleichen Zeitraum zu verzeichnende **Entwicklung der reallohnbezogenen Obergrenze**[55] abzustellen. Hat ein Arbeitgeber daher die Betriebsrenten in der Vergangenheit **wegen schlechter wirtschaftlicher Lage** nicht oder nicht in vollem Umfang angepasst, dann steht das insgesamt angesammelte Anpassungsdefizit zusätzlich zum Ausgleich des Wertverlustes aus dem aktuellen dreijährigen Prüfungszeitraum zur Anpassungsprüfung an (sog. **nachholende Anpassung**). Hierbei ist zu beachten, dass für Anpassungszeiträume vom Rentenbeginn bis zum 1.1.1975 nur der halbe Teuerungsausgleich (»Hälftelungsprinzip«) gewährt werden muss.[56] Sofern zwischenzeitlich auch höhere Anpassungsraten als geschuldet gewährt wurden (»überobligatorische Anpassungen«), können diese bei späteren Anpassungsprüfungen wieder verrechnet werden und führen demzufolge zu einer Minderung des insgesamt nachzuholenden Anpassungsbedarfs.

48 Sofern der Arbeitgeber eine Anpassung allerdings **zu Recht ganz oder teilweise unterlassen** hat, ist er nach § 16 Abs. 4 BetrAVG nicht verpflichtet, diese Anpassung in der Zukunft nachzuholen. Diese Regelung gilt nach § 30 c Abs. 2 BetrAVG allerdings nur für **ab dem 1.1.1999**

---

53 BAG 30.8.2005, 3 AZR 395/04, EzA § 16 BetrAVG Nr. 43, DB 2006, 732.
54 BAG 28.4.1992, 3 AZR 142/91, EzA § 16 BetrAVG Nr. 22, DB 1992, 2401.
55 BAG 30.8.2005, 3 AZR 395/04, EzA § 16 BetrAVG Nr. 43, DB 2006, 732.
56 BAG 15.9.1977, 3 AZR 654/76, EzA § 16 BetrAVG Nr. 6, DB 1977, 1903.

unterbliebene Anpassungen.[57] Dies bedeutet, dass insoweit, als eine Anpassung wegen der wirtschaftlichen Lage des Arbeitgebers zu Recht unterblieben ist und nach § 16 Abs. 4 BetrAVG i.V.m. § 30 c Abs. 2 BetrAVG bei späteren Anpassungsentscheidungen nicht mehr nachgeholt werden muss, sowohl der im maßgeblichen dreijährigen Prüfungszeitraum verzeichnete Anstieg des Verbraucherpreisindexes als auch die damals zu verzeichnenden Reallohnerhöhungen bei nachfolgenden Anpassungsentscheidungen **dauerhaft unberücksichtigt** bleiben dürfen.[58] Für die Praxis bedeutet dies, dass Arbeitgeber, die eine Anpassung zu Recht unterlassen wollen, den im Zeitraum seit der letzten Anpassungsprüfung entstandenen Anstieg der Teuerung und der vergleichbaren Nettolöhne ermitteln und vorhalten müssen.

Für bei Prüfungsstichtagen vor dem 1.1.1999 zu Recht unterlassene Anpassungen bleibt es aus Gründen des Vertrauensschutzes bei der Verpflichtung zur nachholenden Anpassung folgend den Grundsätzen der bislang ergangenen BAG-Rechtsprechung.[59] Die in der Literatur vertretene Auffassung, der Gesetzgeber habe mit § 16 Abs. 4 BetrAVG die nachholende Anpassung unter den dort genannten Bedingungen auch für Bezugszeiten vom Rentenbeginn bis zum 31.12.1998 außer Kraft gesetzt,[60] findet im Gesetz selbst keine Stütze. 49–50

Die **nachholende Anpassung** berücksichtigt lediglich bei der aktuell anstehenden Entscheidung den bestehenden, bislang noch nicht ausgeglichenen Anpassungsbedarf. Sie **berührt** aber **frühere Anpassungsentscheidungen nicht** und führt daher auch nicht zu einer Nachzahlungsverpflichtung des Arbeitgebers, sondern bewirkt lediglich, dass die zukünftigen Rentenzahlungen auch den bislang noch nicht erfüllten Anpassungsbedarf berücksichtigen. 51

Der Arbeitgeber darf auch im Falle der nachholenden Anpassung seine wirtschaftliche Lage berücksichtigen.[61] Er kann die Anpassung der Betriebsrenten insoweit ablehnen, als dadurch das Unternehmen übermäßig belastet würde. Insbesondere in den Fällen, in denen in der Vergangenheit – bspw. mangels wirtschaftlicher Leistungsfähigkeit des Arbeitgebers – kein voller Geldwertausgleich gewährt wurde, ist besonders sorgfältig zu prüfen, ob die volle nachholende Anpassung eine übermäßige Belastung verursachen würde. Ein voller Ausgleich des Anpas- 52

---

57 Vgl. Rn. 95 ff.
58 BAG 30.8.2005, 3 AZR 395/04, EzA § 16 BetrAVG Nr. 43, DB 2006, 732.
59 LAG Düsseldorf 11.6.2004, 18 Sa 1605/03, DB 2005, 59.
60 *Feudner* DB 2005, 2.
61 Vgl. hierzu auch Rn. 60 ff.

sungsstaus kann einen wirtschaftlich gerade wieder erstarkten Arbeitgeber überfordern. Im Einzelfall kann dies dazu führen, dass einem Arbeitgeber, der seine Leistungsfähigkeit nach wirtschaftlichen Schwierigkeiten zurück gewonnen hat, zwar eine beschränkte Anpassung, nicht aber eine volle nachholende Anpassung zumutbar ist.

53 Die nachholende Anpassung kann jedenfalls dann unterbleiben, wenn schon eine Anpassung im aktuellen dreijährigen Prüfungszeitraum infolge schlechter wirtschaftlicher Situation des Unternehmens zu Recht unterlassen, also nicht im vollen Umfang gewährt wird. Eine nachholende Anpassung kommt somit erst dann wieder in Frage, wenn sich die wirtschaftliche Situation des Arbeitgebers neben einem Ausgleich des vollen Kaufkraftverlusts in den letzten drei Jahren zusätzlich als belastungsfähig erweist.

d) Nachträgliche Anpassung

54 Von der nachholenden Anpassung ist die sog. **nachträgliche Anpassung** zu unterscheiden. Durch eine nachträgliche Anpassung soll die Betriebsrente bezogen auf einen früheren Anpassungsstichtag unter Berücksichtigung der damaligen wirtschaftlichen Lage des Unternehmens erhöht werden.[62] Die nachträgliche Anpassung und die von der Rechtsprechung hierzu entwickelten Grundsätze der nachträglichen Anpassung kommen **seit dem 1.1.1999** immer dann zur Anwendung, wenn die **Voraussetzungen des § 16 Abs. 4 BetrAVG nicht erfüllt** sind. Mithin ist eine nachträgliche Anpassung dann grds. gegeben,

– wenn der anpassungspflichtige Arbeitgeber überhaupt keine Anpassungsprüfung vorgenommen hat und eine Anpassung tatsächlich vorzunehmen gewesen wäre oder

– wenn der Arbeitgeber sich gegen eine volle oder teilweise Anpassung entscheidet, diese Entscheidung nicht den Maßgaben des § 16 BetrAVG entspricht und die Fiktion des § 16 Abs. 4 S. 2 BetrAVG nicht eingreift.

55 § 16 Abs. 4 S. 2 BetrAVG sieht vor, dass eine Anpassung **als zu Recht unterblieben gilt**, wenn der Arbeitgeber den Versorgungsempfänger schriftlich über die wirtschaftliche Lage des Unternehmens unterrichtet, ihn hierbei darauf hinweist, dass er der Mitteilung binnen drei Kalendermonaten zu widersprechen hat, wenn er mit ihr nicht einverstan-

---

[62] BAG 17.4.1996, 3 AZR 56/95, EzA § 16 BetrAVG Nr. 30, DB 1996, 2496.

den ist und der Versorgungsempfänger daraufhin innerhalb der Drei-Monats-Frist tatsächlich nicht widerspricht.

Im Hinblick auf die **Rechtslage vor dem 1.1.1999** galten ähnliche Grundsätze, welche durch die Rechtsprechung entwickelt wurden. Insbesondere hat die Rechtsprechung zu der Rügepflicht des Versorgungsempfängers grundlegende, auch heute noch gültige Aussagen[63] getroffen, welche die Rechtzeitigkeit einer solchen Rüge betreffen:

Hat der Arbeitgeber **ausdrücklich** eine **Anpassungsentscheidung** getroffen oder gibt er durch die vorgenommene Leistungserhöhung **konkludent** zu verstehen, dass es mit dieser Anhebung sein Bewenden haben soll, so muss der Versorgungsempfänger für den Fall, dass er die getroffene Entscheidung für unrichtig hält, **vor dem nächsten Anpassungsstichtag** dem Arbeitgeber gegenüber wenigstens außergerichtlich geltend machen, dass er die getroffene Entscheidung für nicht rechtmäßig erachtet. Eine ausdrückliche Anpassungsentscheidung des Arbeitgebers liegt insoweit auch vor, wenn der Arbeitgeber erklärt, dass zum aktuellen Prüfungsstichtag keine Anpassung erfolgen kann (sog. Null-Anpassung).

Macht der Versorgungsberechtigte seine Rüge nicht im genannten Zeitraum, also innerhalb von drei Jahren nach dem Anpassungsstichtag geltend, so erlischt sein Anspruch auf Korrektur der früheren Anpassungsentscheidung, denn mit dem nächsten Anpassungsstichtag entsteht ein neuer Anspruch auf Anpassungsprüfung und -entscheidung.

War der **Arbeitgeber** dagegen **vollkommen untätig**, hat er also die Betriebsrenten bis zum nächsten Anpassungsstichtag weder erhöht, noch sich zur Anpassung ausdrücklich geäußert, so hat er damit stillschweigend erklärt, dass er zum zurückliegenden Anpassungsstichtag keine Anpassung vornimmt. Die Erklärung des Versorgungsschuldners, nicht anpassen zu wollen, gilt nach Ablauf von drei Jahren ab dem Anpassungstermin als abgegeben. Der Rentenempfänger kann die stillschweigend abgelehnte Anpassungsentscheidung in diesem Fall **bis zum übernächsten Anpassungstermin rügen**. Insgesamt hat der Versorgungsempfänger bei dieser Fallkonstellation daher sechs Jahre ab dem Zeitpunkt der unterlassenen Anpassungsentscheidung Zeit, seine Beanstandung gegenüber dem Arbeitgeber wenigstens außergerichtlich geltend zu machen.

Hat der Versorgungsempfänger die Anpassungsentscheidung nach § 16 BetrAVG rechtzeitig gerügt, so muss er grundsätzlich bis zum Ab-

---
[63] BAG 25.4.2006, 3 AZR 372/05, DB 2006, 2527.

lauf des nächsten auf die Rügefrist folgenden Anpassungszeitraums Klage erheben. Andernfalls ist das Klagerecht verwirkt.[64]

59 Bei einer infolge rechtzeitiger Rüge vorzunehmenden Prüfung einer nachträglichen Anpassung ist jeweils auf diejenige **wirtschaftliche Lage des Arbeitgebers** abzustellen, die zum **Zeitpunkt der nichtordnungsgemäßen Anpassungsentscheidung** vorgelegen hat. Eine nachträgliche Anpassung setzt voraus, dass sie den Arbeitgeber nach seiner damaligen wirtschaftlichen Lage nicht überforderte. Die Beurteilungsgrundlage ist dabei die wirtschaftliche Entwicklung des Unternehmens in der Zeit vor dem Anpassungsstichtag, soweit daraus Schlüsse für die weitere Entwicklung des Unternehmens gezogen werden können. In diesem Zusammenhang kann die tatsächliche wirtschaftliche Entwicklung in der Zeit nach dem Anpassungsstichtag die frühere Prognose entweder bestätigen oder entkräften. Nur insoweit sind die wirtschaftlichen Daten bis zur letzten Tatsachenverhandlung zu berücksichtigen.[65] Insbesondere nicht vorhersehbare, neue Rahmenbedingungen spielen bei der Beurteilung der wirtschaftlichen Lage keine Rolle, denn ansonsten könnte sich der Arbeitgeber durch die pflichtwidrige Verzögerung der gebotenen Anpassungsentscheidung einen Rechtsvorteil verschaffen, welchen er bei ordnungsgemäßer Vornahme der Anpassungsentscheidung nicht gehabt hätte. Derartige Veränderungen wirken sich erst auf die nächste Anpassungsprüfung aus oder können ausnahmsweise zu einem Widerruf der Versorgungszusage wegen wirtschaftlicher Notlage berechtigen.[66]

59a Weiterhin ist zu beachten, dass ein Rentenempfänger, der das Rügerecht nach den vorstehenden Grundsätzen ausübt, sich ggf. die Einrede der Verjährung entgegenhalten lassen muss.

▶ **Beispiel:**

Beispiel für eine nachholende Anpassung: Arbeitgeber A hat die laufenden Renten zum 1.1.2002 nicht angepasst, weil die wirtschaftliche Lage des Unternehmens dies nicht erlaubte. Gemäß § 16 Abs. 4 S. 1 BetrAVG ist A nicht verpflichtet, diese zu Recht unterbliebene Anpassung bei einer späteren wirtschaftlichen Erholung des Unternehmens, beispielsweise zum Anpassungsprüfungsstichtag 1.1.2008 nachzuholen. Sowohl der im maßgeblichen, vor dem 1.1.2002 liegenden dreijährigen Prüfungszeitraum verzeichnete An-

---

64 BAG 25.4.2006, 3 AZR 372/05, DB 2006, 2527.
65 BAG 17.4.1996, 3 AZR 56/95, EzA § 16 BetrAVG Nr. 30, DB 1996, 2496.
66 BAG 17.4.1996, 3 AZR 56/95, EzA § 16 BetrAVG Nr. 30, DB 1996, 2496.

Anpassungsprüfungspflicht § 16

stieg des Verbraucherpreisindexes als auch die im selben Zeitraum zu verzeichnenden Reallohnerhöhungen dürfen bei nachfolgenden Anpassungsentscheidungen dauerhaft unberücksichtigt bleiben. Hätte A hingegen bereits im Jahre 1996 die laufenden Leistungen wegen der schlechten wirtschaftlichen Lage des Unternehmens nicht angepasst, und hätte sich das Unternehmen zum übernächsten Anpassungsstichtag 1.1.2002 wieder völlig erholt, müsste es den zum 1.1.2002 aktuell anstehenden, seit Rentenbeginn eingetretenen Anpassungsbedarf – also unter Berücksichtigung der für den Stichtag 1.1.1996 noch ausstehenden Anpassung –, letztere jedoch erst mit Wirkung ab dem 1.1.2002, ausgleichen.

Beispiel für eine nachträgliche Anpassung: Arbeitgeber A hat die Anpassung der laufenden Leistungen zum 1.1.2002 unterlassen, weil er die Anpassungsprüfung überhaupt nicht vorgenommen hat. Tatsächlich hätte das Unternehmen eine Anpassung der laufenden Leistungen durchaus vornehmen können. Die Rentenempfänger wurden nicht informiert. Rentner R rügt die fehlende Entscheidung im Mai 2004, ohne eine Antwort zu erhalten. Er verklagt den A im November 2006 auf eine Anpassung ab dem 1.1.2002.

Dieser Fall betrifft eine nachträgliche Anpassung, da die Anhebung der laufenden Rentenleistungen überhaupt nicht geprüft wurde. Hier ist die Rüge rechtzeitig ausgeübt worden, da unterstellt wird, dass A die Erklärung gegenüber R, nicht anpassen zu wollen, zum 31.12.2004 abgibt. Auch die Klage wurde rechtzeitig, nämlich vor Ablauf des nächsten auf die Rügefrist folgenden Anpassungszeitraums (hier ist das der 31.12.2007), erhoben. Stellt sich nun im Rahmen des Gerichtsverfahrens heraus, dass A am 1.1.2002 tatsächlich zur Anpassung verpflichtet gewesen wäre, muss er die unterlassene Rentensteigerung grundsätzlich für den Bezugszeitraum bereits ab dem 1.1.2002 nachzahlen und zukünftig die entsprechend höhere Rente leisten.

Vorliegend kommt allerdings hinzu, dass die Ansprüche auf eine nachträgliche Rentenanpassung für das Jahr 2002 zum 31.12.2005 gemäß § 195 BGB verjährt sind. R kann nur noch Ansprüche auf eine nachträgliche Anpassung ab dem 1.1.2003 verlangen.

2. Wirtschaftliche Lage des Arbeitgebers

Wie sich aus dem Wortlaut des § 16 Abs. 1 BetrAVG ergibt, darf der Arbeitgeber bei der Anpassungsprüfung und -entscheidung seine wirt- 60

§ 16 Anpassungsprüfungspflicht

schaftliche Lage berücksichtigen. Der jeweils ermittelte Anpassungsbedarf darf also insoweit unbefriedigt bleiben, als eine verminderte Anpassung gem. der wirtschaftlichen Lage des Arbeitgebers als vertretbar erscheint.

61 Dabei ist die **wirtschaftliche Lage** des Arbeitgebers **nicht** gleichzusetzen mit der **wirtschaftlichen Notlage**.[67]

62 Bei der Beurteilung der wirtschaftlichen Lage müssen **vorrangig der Betrieb** und seine **Arbeitsplätze erhalten** bleiben.[68] Die Betriebspensionäre müssen insoweit auf ihren früheren Betrieb und seine Arbeitnehmer Rücksicht nehmen, zumal dieser Betrieb und seine aktiven Arbeitnehmer die Erträge erwirtschaften, die notwendig sind, um unter anderem auch die Leistungen der betrieblichen Altersversorgung erbringen zu können. Dies gilt auch dann, wenn es um die Frage der Anhebung der Versorgungsleistungen geht.

63 Im Gegensatz zu den vergangenheitsbezogen zu ermittelnden Belangen der Rentenempfänger müssen die **voraussichtliche Entwicklung der wirtschaftlichen Lage** des Unternehmens und die Auswirkungen eines Teuerungsausgleichs – **ausgehend von den Verhältnissen am Anpassungsstichtag** – abgeschätzt werden, denn die Erhöhung der Renten wirkt erst nach dem Stichtag als Geldabfluss aus dem Unternehmen.[69] Beurteilungsgrundlage für die langfristig zu erstellende Prognose ist die bisherige wirtschaftliche Entwicklung des Unternehmens in der Zeit vor dem Anpassungsstichtag, soweit daraus Schlüsse für die weitere Entwicklung des Unternehmens gezogen werden können.[70] Insoweit steht dem Arbeitgeber zwar ein Beurteilungsspielraum zu; für seine Einschätzung der künftigen Entwicklung muss aber eine durch Tatsachen gestützte Wahrscheinlichkeit sprechen. Die Prognose muss realitätsgerecht und vertretbar sein.[71] **Auf die Zukunft bezogen** bedeutet die Frage nach der wirtschaftlichen Lage des Arbeitgebers, dass die

---

[67] Vgl. zur Situation nach früher geltendem Recht BAG 15.9.1977, 3 AZR 654/76, EzA § 16 BetrAVG Nr. 16, DB 1977, 1804.
[68] BAG 15.9.1977, 3 AZR 654/76, EzA § 16 BetrAVG Nr. 16, DB 1977, 1804.
[69] BAG 17.10.1995, 3 AZR 881/94, EzA § 16 BetrAVG Nr. 29, DB 1996, 1425; 23.4.1985, 3 AZR 156/83, EzA § 16 BetrAVG Nr. 16, DB 1985, 1030.
[70] Nach BAG 25.5.2006, 3 AZR 50/05, n.v., gilt im Hinblick auf die Frage, über wie viele Jahre hinweg die bisherige wirtschaftliche Entwicklung des Unternehmens auszuwerten ist, ein Zeitraum von drei Jahren als Mindestzeitraum, der nicht stets und unter allen Umständen als ausreichend anzusehen ist. Auf längere Zeiträume ist insbesondere dann zurückzugreifen, wenn die spätere Entwicklung zu berechtigten Zweifeln an der Vertretbarkeit der Prognose des Arbeitgebers führt.
[71] BAG 25.4.2006, 3 AZR 50/05, n.v.

durch den Teuerungsausgleich verursachten Belastungen ermittelt und in ihren Auswirkungen für die wirtschaftliche Entwicklung des Unternehmens abgeschätzt werden müssen. Das Gesetz verlangt daher eine Prognose, wie sie der Betriebswirtschaftslehre nicht fremd ist und auch in anderen Zusammenhängen gefordert wird.[72] Bei der Erstellung der Prognose muss nach Berücksichtigung aller aussagekräftiger Kriterien feststehen, dass das Unternehmen die Kraft hat, die Anpassungsbelastung zu tragen. Eine Prüfung kann sich nicht darauf beschränken, einzelne positive Positionen zu bewerten und das isolierte Einzelergebnis mit der Anpassungslast zu vergleichen. Eine billige Entscheidung verlangt vielmehr die **Beurteilung der wirtschaftlichen Lage des Unternehmens im Ganzen**, darf also nicht die negativen Positionen außer Betracht lassen.[73]

Die **Substanz des Unternehmens muss erhalten bleiben**, seine gesunde wirtschaftliche Entwicklung darf nicht verhindert und die Arbeitsplätze dürfen nicht durch eine langfristige Auszehrung in Gefahr gebracht werden.[74] Dementsprechend ist der am Anpassungsstichtag absehbare Investitionsbedarf zu berücksichtigen, denn auch Erneuerungs- und Rationalisierungsinvestitionen sichern die Wettbewerbsfähigkeit und damit letztlich Arbeitsplätze. Insoweit kann für die Beurteilung der wirtschaftlichen Lage auf die Grundsätze zurückgegriffen werden, die das BAG zu Eingriffen in die erdiente Dynamik aufgestellt hat.[75] Liegen infolge der wirtschaftlichen Lage Gründe vor, die solche Eingriffe rechtfertigen, so kann der Arbeitgeber auch die Anpassung laufender Betriebsrenten ablehnen.[76]

64

Der Arbeitgeber kann die Anpassung der Betriebsrenten an die Kaufkraftentwicklung auch dann ganz oder teilweise ablehnen, wenn und soweit dadurch das Unternehmen **übermäßig belastet** würde. Übermäßig ist die Belastung dann, wenn es dem Unternehmen mit einiger Wahrscheinlichkeit nicht möglich sein wird, den Teuerungsausgleich aus dem Wertzuwachs des Unternehmens und dessen Erträgen in der Zeit nach dem Anpassungsstichtag aufzubringen.[77] Bei der insoweit anzustellenden Prognose muss auf die Unternehmensentwicklung in der Zeit vor dem Anpassungsstichtag abgestellt werden.

65

---

72 BAG 23.4.1985, 3 AZR 156/83, EzA § 16 BetrAVG Nr. 16, DB 1985, 1030.
73 BAG 14.2.1989, 3 AZR 191/87, EzA § 16 BetrAVG Nr. 21, DB 1989, 1471.
74 BAG 14.2.1989, 3 AZR 191/87, EzA § 16 BetrAVG Nr. 21, DB 1989, 1471.
75 Vgl. hierzu § 1 Rn. 247 ff. und Rn. 261 ff.
76 BAG 13.12.2005, 3 AZR 217/05, EzA § 16 BetrAVG Nr. 44, DB 2006, 1687.
77 BAG 28.4.1992, 3 AZR 142/91, EzA § 16 BetrAVG Nr. 22, DB 1992, 2401.

§ 16 Anpassungsprüfungspflicht

66 Um nicht die Wettbewerbsfähigkeit des Unternehmens zu gefährden, muss eine **angemessene Eigenkapitalverzinsung zugebilligt** werden.[78] Bei der Berechnung der Eigenkapitalverzinsung ist einerseits auf die Höhe des Eigenkapitals, andererseits auf das erzielte Betriebsergebnis abzustellen. Beide Bemessungsgrundlagen sind ausgehend von den handelsrechtlichen Jahresabschlüssen nach betriebswirtschaftlichen Grundsätzen zu bestimmen. Die in den handelsrechtlichen Jahresabschlüssen ausgewiesenen Überschüsse oder Fehlbeträge bilden einen geeigneten Einstieg zur Feststellung des erzielten Betriebsergebnisses, wobei betriebswirtschaftlich gebotene Korrekturen vorzunehmen sind.[79] Bei der Berechnung der Eigenkapitalverzinsung ist der handelsrechtliche Eigenkapitalbegriff gem. § 266 Abs. 3 Buchst. A HGB zugrunde zu legen. Dabei sind i.d.R. bei der im Rahmen des § 16 BetrAVG zu prüfenden Eigenkapitalverzinsung auch Gewinnrücklagen und Gewinnvorträge zum Eigenkapital zu zählen. Die durch die Verhältnisbildung von Gewinn vor Steuern und dem Eigenkapital ermittelte **Eigenkapitalrendite wird** sodann **mit der Umlaufrendite öffentlicher Anleihen zuzüglich eines 2 %igen Risikozuschlages verglichen.**[80]

67 **Wenn** die um diesen Risikozuschlag **erhöhte Rendite** der festverzinsbaren Wertpapiere **nicht erreicht** wird, ist **keine Anpassung** vorzunehmen, da das Unternehmen dann die nötige Rentabilität nicht erzielt und die Anpassungslasten somit nicht aus dem Wertzuwachs finanzieren kann.

68 **Erreicht** indessen das **Unternehmen** prospektiv die angegebene **Mindestverzinsung**, muss weiterhin geprüft werden, ob der überschießende Gewinn zur Befriedigung des Anpassungsbedarfs ausreicht. Sofern die Anpassungslast geringer ist als der überschießende Gewinn, muss eine Vollanpassung vorgenommen werden, da in diesem Fall hinreichendes Anpassungspotenzial besteht. Kann die Anpassungslast dagegen nicht aus dem überschießenden Gewinn gedeckt werden, muss noch eine zukunftsorientierte Liquiditätsprüfung angestellt werden. Wenn danach die Liquidität des Unternehmens die Anpassungslasten nicht verträgt und damit die fortdauernde Zahlungsfähigkeit des Unternehmens nicht dauerhaft gewährleistet werden kann, kann ggf. eine an sich gebotene Anpassung solange aufgeschoben werden, wie der Liquiditätsengpass andauert.[81]

---

78 Zuletzt BAG 23.5.2000, 3 AZR 146/99, EzA § 16 BetrAVG Nr. 37, DB 2000, 1126.
79 BAG 23.5.2000, 3 AZR 146/99, EzA § 16 BetrAVG Nr. 37, DB 2000, 1126.
80 BAG 23.5.2000, 3 AZR 146/99, EzA § 16 BetrAVG Nr. 37, DB 2000, 1126.
81 Vgl. hierzu *Höfer* BetrAVG, Rn. 5306 zu § 16.

Anpassungsprüfungspflicht § 16

Eine unzureichende Eigenkapitalverzinsung ist aber nicht der einzige 69
Grund, der nach § 16 BetrAVG eine Nichterhöhung der Betriebsrente
rechtfertigen kann. Die **fehlende Belastbarkeit des Unternehmens**
kann sich **auch aus** einer **Eigenkapitalauszehrung** ergeben. Verlustvorträge sind dabei zu berücksichtigen.[82] Auch bei einer durch verlorenes Eigenkapital entstandenen ungenügenden Eigenkapitalausstattung muss zunächst verlorene Vermögenssubstanz wieder aufgebaut werden, bevor eine Anpassung in Betracht kommt.[83]

Von einer **fehlenden Belastbarkeit** des Unternehmens ist auch dann 70
auszugehen, wenn das Eigenkapital unter das Stammkapital der Gesellschaft sank, daraufhin die Gesellschaft durch zusätzliche Einlagen eine Kapitalrücklage bildete, die anschließend erzielten Gewinne nicht ausgeschüttet, sondern zur Verbesserung der Eigenkapitalausstattung verwandt wurden und trotzdem das Stammkapital bis zum nächsten Anpassungsstichtag ohne die Kapitalrücklage voraussichtlich nicht wieder erreicht wird.[84]

Wird eine Anpassung von Betriebsrenten mit der Begründung abge- 71
lehnt, sie würde zu einer übermäßigen wirtschaftlichen Belastung führen, so trägt der Arbeitgeber insoweit die **Darlegungs- und Beweislast**.
Die Mitteilung von Verlusten, mit denen einzelne Handelsbilanzen
oder Betriebsergebnisberechnungen abgeschlossen haben, reicht als
Vortrag insoweit nicht aus. Solche Ergebnisse erlauben i.d.R. nur i.V.m.
den übrigen Bilanzdaten, also ihren Berechnungsgrundlagen, Rückschlüsse auf die wirtschaftliche Lage eines Unternehmens. Sofern der
Arbeitgeber seiner Darlegungslast nur genügen kann, indem er Betriebs- oder Geschäftsgeheimnisse preisgibt, muss ihn das Gericht mit
den Mitteln des Prozessrechts schützen. Insoweit kommen der zeitweise Ausschluss der Öffentlichkeit nach § 52 ArbGG, § 172 GVG
ebenso in Betracht wie strafbewehrte Schweigegebote nach § 174 Abs. 2
GVG.[85]

3. Sonderproblem: Wirtschaftliche Lage im Konzern

Grundsätzlich trifft die Anpassungsverpflichtung dasjenige Unterneh- 72
men, welches als Arbeitgeber die entsprechende Versorgungszusage erteilt bzw. im Wege der Rechtsnachfolge übernommen hat. Dieser
Grundsatz gilt auch dann, wenn der Arbeitgeber in einen Konzern ein-

---

82 BAG 23.5.2000, 3 AZR 83/99, EzA § 16 BetrAVG Nr. 35, DB 2002, 155.
83 BAG 18.2.2003, 3 AZR 172/02, EzA § 16 BetrAVG Nr. 42, DB 2003, 2606.
84 BAG 23.1.2001, 3 AZR 287/00, EzA § 16 BetrAVG Nr. 38, DB 2001, 2507.
85 BAG 23.4.1985, 3 AZR 548/82, EzA § 16 BetrAVG Nr. 17, DB 1985, 1030.

gebunden ist, denn der Konzern als solcher kann nicht (ehemaliger) Arbeitgeber sein; der **Arbeitgeber** ist vielmehr **das jeweilige, konzerngebundene Einzelunternehmen.**

73 Ganz **ausnahmsweise** kann es bei der Ermittlung des Anpassungsschuldners im Konzern jedoch zu dem Ergebnis kommen, dass ein **anderes Konzernunternehmen,** das nicht Arbeitgeber des ehemaligen Arbeitnehmers ist, zur Anpassungsprüfung verpflichtet ist. Dies kann dann in Betracht kommen, wenn die Versorgungszusage oder ihre Begleitumstände ergeben, dass hinter der erteilten Zusage der ganze Konzern stehen soll und für deren Erfüllung eintreten wird. In einem solchen Fall darf das Vertrauen des Versorgungsberechtigten nicht enttäuscht werden, dass die Rente auch bei ungünstiger Lage des Arbeitgebers angepasst wird, wenn jedenfalls die wirtschaftliche Lage der Konzernmutter eine Anpassung gestattet.[86] Wenn daher durch Erklärungen oder entsprechendes Verhalten des im Konzernverbund herrschenden Unternehmens bei den Versorgungsberechtigten ein **schutzwürdiges Vertrauen** daraus entsteht, dass das herrschende Unternehmen sicherstellen werde, dass die Versorgungspflichten des beherrschten Unternehmens ebenso erfüllt werden wie die Versorgungsansprüche der eigenen Betriebsrentner, besteht die Anpassungsverpflichtung zusätzlich für die Konzernobergesellschaft.[87]

74 Für die Beurteilung des Kriteriums der wirtschaftlichen Lage des Arbeitgebers ist **grds.** auf die jeweilige **wirtschaftliche Lage des versorgungsverpflichteten Unternehmens** abzustellen. Gehört der Arbeitgeber **allerdings** einem Konzern an, so hängt es von den Umständen des Falles ab, inwieweit bei der Würdigung der wirtschaftlichen Lage auch die Lage anderer Konzerngesellschaften zu berücksichtigen ist. Zurechnungstatbestände können sich ua aus der Versorgungszusage, der Konzernform und der Konzernpolitik ergeben.[88] Daher ist bei Konzernunternehmen jeweils das **Vorliegen spezieller konzernrechtlicher Besonderheiten** sorgfältig zu **prüfen,** welche dazu führen können, dass hinsichtlich der wirtschaftlichen Lage ausnahmsweise nicht auf die eigene Konzerntochter abzustellen ist, sondern auf die wirtschaftliche Lage eines anderen Konzernunternehmens.

---

86 BAG 19.5.1981, 3 AZR 308/80, EzA § 16 BetrAVG Nr. 11, DB 1981, 2333.
87 BAG 17.4.1996, 3 AZR 56/95, EzA § 16 BetrAVG Nr. 30, DB 1996, 2496; zuletzt bestätigt durch BAG 18.2.2003, 3 AZR 172/02, EzA § 16 BetrAVG Nr. 42, DB 2003, 2606.
88 BAG 19.5.1981, 3 AZR 308/80, EzA § 16 BetrAVG Nr. 11, DB 1981, 2333.

Anpassungsprüfungspflicht § 16

Das BAG ist zunächst davon ausgegangen, dass hierfür eine **enge wirt-** 75
schaftliche Verknüpfung der Unternehmen Voraussetzung ist.[89] Diese
Voraussetzung sah das BAG **bei Bestehen eines Beherrschungs- oder**
Gewinnabführungsvertrages zwischen der Konzernobergesellschaft
und dem in Anspruch genommenen Unternehmen als erfüllt an, mit
der Konsequenz, dass es **dann** in aller Regel auf **die wirtschaftliche**
Lage der Konzernobergesellschaft abstellte. Ausnahmsweise sah das
BAG das Vorliegen einer engen wirtschaftlichen Verknüpfung dann
nicht als gegeben an, wenn das in Anspruch genommene Unternehmen
entweder **wirtschaftlich unbeeinflusst** handeln konnte **oder** trotz der
wirtschaftlichen Einbindung in den Konzern **so gehandelt** hat, wie es
unter Wahrung der eigenen Interessen als **selbstständige Gesellschaft**
gehandelt hätte.[90] Dieselben Grundsätze wandte das BAG auch ohne
Abschluss eines Beherrschungs- oder Gewinnabführungsvertrages
bei einem **qualifiziert faktischen Konzern** an, sofern das herrschende
Unternehmen die Geschäfte des beherrschten Unternehmens dauernd
und umfassend geführt hat, denn in diesem Fall ist die wirtschaftliche
Abhängigkeit des beherrschten Unternehmens vom herrschenden Unternehmen
dieselbe wie bei einem Vertragskonzern.[91]

Diese **Rechtsprechung wurde** in einer grundlegenden Entscheidung 76
wesentlich **modifiziert**.[92] Ein sog. **Berechnungsdurchgriff** – also eine
Berücksichtigung der wirtschaftlichen Lage des beherrschenden Konzernunternehmens
– kommt danach nur noch dann in Betracht, wenn
zu dem bloßen Konzernsachverhalt weitere Umstände hinzutreten.
Ein Berechnungsdurchgriff und damit das Abstellen auf die wirtschaftliche
Lage der Konzernobergesellschaft ist nach der Entscheidung nur
mehr dann zulässig, wenn die nachfolgenden **Voraussetzungen kumulativ**
erfüllt sind:[93]

Es bedarf zunächst einer **wesentlich verdichteten Konzernverbindung**
zwischen dem Unternehmen, das Versorgungsschuldner ist,
und dem Mutterunternehmen, auf dessen wirtschaftliche Lage es bei
der Anpassungsprüfung ankommen soll. Diese Voraussetzung ist er-

---

89 BAG 14.2.1989, 3 AZR 191/87, EzA § 16 BetrAVG Nr. 21, DB 1989, 1471.
90 BAG 14.2.1989, 3 AZR 191/87, EzA § 16 BetrAVG Nr. 21, DB 1989, 1471.
91 BAG 28.4.1992, 3 AZR 244/91, EzA § 16 BetrAVG Nr. 23, DB 1992, 2402.
92 BAG 4.10.1994, 3 AZR 910/93, EzA § 16 BetrAVG Nr. 28, DB 1994, 2095; zuletzt
   bestätigt durch BAG 18.2.2003, 3 AZR 172/02, EzA § 16 BetrAVG Nr. 42, DB
   2003, 2606.
93 Beachte insoweit aber die Ankündigung des BAG 25.4.2006, 3 AZR 50/05, n.v.,
   wonach es bei gegebenem Anlass wegen der neueren Rechtsprechung des
   BGH zur Durchgriffshaftung bei existenzgefährdendem Eingriff die Voraussetzungen
   des Berechnungsdurchgriffs überprüfen werde.

füllt, wenn zwischen Mutter- und Tochterunternehmen ein Beherrschungs- oder Ergebnisabführungsvertrag besteht. Es kann aber auch ausreichen, dass die Obergesellschaft die Geschäfte des Tochterunternehmens tatsächlich dauernd und umfassend geführt hat (sog. qualifiziert faktischer Konzern).

77 Daneben ist für einen Berechnungsdurchgriff erforderlich, dass die **Leitungsmacht** vom herrschenden Unternehmen in einer Weise **ausgeübt** worden ist, die **keine angemessene Rücksicht auf die Belange der abhängigen Gesellschaft** genommen, sondern stattdessen Interessen anderer dem Konzern angehörender Unternehmen oder der Konzernobergesellschaft in den Vordergrund gestellt hat. Ist es dadurch zu einer wirtschaftlichen Lage des Tochterunternehmens gekommen, die dessen Leistungsfähigkeit ausschließt, ist die wirtschaftliche Lage des herrschenden Unternehmens in die Anpassungsprüfung mit einzubeziehen.

78 Zur Begründung des zusätzlichen Tatbestandsmerkmals der nachteiligen Einflussnahme verweist das BAG darauf, dass ein Berechnungsdurchgriff nur dann in Frage kommen kann, wenn sich eine konzerntypische Gefahr für das Tochterunternehmen und damit für den Begünstigten verwirklicht hat.

79 Im Rahmen der Verteilung der **Darlegungs- und Beweislast** greift die Rechtsprechung auf allg. Rechtsgrundsätze zurück. Danach muss der Versorgungsempfänger die für ihn günstigen Tatsachen, also die Voraussetzungen für den Berechnungsdurchgriff, darlegen und beweisen. Dabei ist allerdings eine lediglich beispielhafte Darstellung der Ausübung der Leitungsmacht im Konzerninteresse und eine nachvollziehbare Erklärung, weshalb hierdurch eine Verschlechterung der wirtschaftlichen Lage der Untergesellschaft eingetreten ist, für einen den Berechnungsdurchgriff rechtfertigenden Vortrag ausreichend.[94]

4. Sonderproblem: Rentnergesellschaft

80 Eine Anpassung der Betriebsrenten ist auch von sog. **Rentnergesellschaften** zu prüfen.[95] Für die Bewertung der Leistungsfähigkeit der Rentnergesellschaft kommt es grds. **nur auf die Erträge und Wertzuwächse** des für die Erfüllung der Versorgungsverbindlichkeiten im

---

94 BAG 14.12.1993, 3 AZR 519/93, EzA § 16 BetrAVG Nr. 26, DB 1994, 1147; 18.2.2003, 3 AZR 172/02, EzA § 16 BetrAVG Nr. 42, DB 2003, 2606.
95 Vgl. zum Begriff der Rentnergesellschaft und deren grundsätzlicher Stellung als Anpassungsschuldner Rn. 17.

Zeitpunkt der Liquidation vorgesehenen Vermögens an. Ein **Eingriff in die Substanz des Vermögens kann** vom Versorgungsschuldner **nicht verlangt werden.** Die Vermögenssubstanz dient vielmehr dazu, die laufenden Renten in ihrer bisherigen Höhe aufzubringen.

Der Umfang der Anpassungspflicht ergibt sich daraus, in welchem Maß Betriebsrentenerhöhungen unter Berücksichtigung der sonstigen Rentenverbindlichkeiten aus den Erträgen des Unternehmensvermögens finanziert werden können. Dabei ist **auch** von den hiernach zu erwartenden Erträgen vor ihrer Heranziehung zur Finanzierung der Anpassungslasten eine **angemessene Eigenkapitalverzinsung** abzusetzen. Als angemessene Eigenkapitalverzinsung ist in diesem Fall **allerdings nur der Prozentsatz anzusetzen, der bei** einer **langfristigen Anlage in festverzinsliche Wertpapiere** durchschnittlich **zu erzielen ist. Für einen Zuschlag,** wie er bei aktiven Arbeitgebern angemessen ist, deren in das Unternehmen investiertes Eigenkapital einem erhöhten Risiko ausgesetzt ist, **besteht** bei einer Rentnergesellschaft **kein Anlass.**[96] 81

VII. Ermessensentscheidung des Arbeitgebers

Nach Feststellung der für die Anpassungsprüfung maßgeblichen Faktoren – im Prüfungszeitraum eingetretene Teuerung, im gleichen Zeitraum beobachtete Entwicklung der Nettolöhne vergleichbarer Arbeitnehmergruppen sowie Beurteilung der wirtschaftlichen Lage – muss der Arbeitgeber unter Abwägung sämtlicher Umstände eine dem **billigen Ermessen genügende Entscheidung** bzgl. der Anpassung der laufenden Leistungen treffen. Im Rahmen der Abwägung kann der Arbeitgeber zusätzlich weitere Belange für seine Entscheidungsfindung heranziehen, denn die in § 16 Abs. 1 BetrAVG genannten Belange sind nach dessen Wortlaut (»insbesondere«) nicht abschließend. Dem Arbeitgeber steht bei seiner Entscheidung daher ein gewisser **Entscheidungsspielraum** zu. 82

Dabei ist grds. der objektiv festgestellte, volle Anpassungsbedarf, der sich nach einem Vergleich von Teuerungsanstieg und Nettolohnentwicklung aus dem jeweils niedrigeren Wert ergibt, zu erfüllen, sofern nicht die Anpassung wegen schlechter wirtschaftlicher Lage unterbleiben darf. Aber selbst bei Bejahung einer schlechten wirtschaftlichen Lage und damit einhergehend einer Verneinung der Vollanpassung 83

---

96 BAG 9.11.1999, 3 AZR 420/98, EzA § 16 BetrAVG Nr. 33, DB 2000, 1867.

ist zu prüfen, ob nicht eine zumindest teilweise Anhebung der Versorgungsleistungen billigem Ermessen entspricht.

84 Insoweit ist dann auch der allgemein geltende **Grundsatz der arbeitsrechtlichen Gleichbehandlung** ebenso zu beachten wie eine ggf. bestehende **betriebliche Übung**.

VIII. Mitbestimmungsfreiheit der Anpassungsentscheidung

85 Die Anpassungsprüfung und -entscheidung ist **mitbestimmungsfrei**, denn der Betriebsrat ist nicht zur Vertretung der Rentenempfänger legitimiert. Es fehlt ihm an einer Regelungsbefugnis für bereits beendete Arbeitsverhältnisse.[97]

IX. Überprüfung und Durchsetzung der Anpassungsentscheidung

86 Der Versorgungsempfänger kann eine nicht den Maßgaben des § 16 BetrAVG entsprechende Entscheidung des Arbeitgebers gerichtlich überprüfen lassen. Dies ergibt sich aus einer **entsprechenden Anwendung** der Vorschrift des **§ 315 Abs. 3 S. 2 BGB**.[98]

87 Statthafte Klageart ist dabei in aller Regel die **Leistungsklage**, da einer Feststellungsklage, mit dem Antrag, einen dem billigen Ermessen entsprechenden Erhöhungsbetrag festzustellen, die besondere Prozessvoraussetzung des Feststellungsinteresses fehlen wird. Dabei ist der Klageantrag auch dann bestimmt, wenn von einer genauen Bezifferung abgesehen wird.[99] Die allg. Prozessvoraussetzung des Rechtsschutzbedürfnisses kann auch für Prüfungsstichtage nach dem 31.12.1998 nicht unter Hinweis darauf verneint werden, dass dem Versorgungsberechtigten die Einlegung eines Widerspruchs offen gestanden hätte, denn bei dem in § 16 Abs. 4 S. 2 BetrAVG vorgesehenen Widerspruch handelt es sich nicht um eine Prozessvoraussetzung oder um ein Rechtsmittel;[100] die nicht fristgemäße Beanstandung der Beurteilung der wirtschaftlichen Lage des Arbeitgebers durch den Versorgungsempfänger führt lediglich dazu, dass im Rahmen der materiellen Überprüfung der Anpassungsentscheidung **unwiderleglich vermutet** wird, dass die Anpassung zu Recht unterblieben ist.

---

97 BAG 25.10.1988, 3 AZR 483/86, EzA § 77 BetrVG 1972 Nr. 26, DB 1988, 2312.
98 Vgl. *Höfer* BetrAVG, Rn. 5354 zu § 16; *Blomeyer/Rolfs/Otto* § 16 Rn. 267.
99 Vgl. *Zöller* ZPO, 22. Aufl., § 253 Rn. 14; BAG 17.10.1995, 3 AZR 881/94, EzA § 16 BetrAVG Nr. 29.
100 So aber *Ahrend/Förster/Rößler/Rühmann* Teil 11 B, Rn. 1686.

Der **Arbeitgeber** ist im Hinblick darauf, dass seine Entscheidung billi- 88
gem Ermessen entspricht, **darlegungs- und beweispflichtig**, denn
nur er wird darlegen können, welchen Maßstab er zur Entscheidungsfindung angelegt hat.[101] Dabei sind im Hinblick auf die Offenlegung
von Betriebs- bzw. Geschäftsgeheimnissen die von der Rechtsprechung
entwickelten Grundsätze zu beachten.[102]

B. Ausschluss der Anpassungsprüfungs- und Anpassungsentscheidungsverpflichtung (§ 16 Abs. 3 BetrAVG)

I. Anpassungsgarantie

Nach § 16 Abs. 3 Nr. 1 i.V.m. § 30 c Abs. 1 BetrAVG besteht die Möglich- 89
keit, die in § 16 Abs. 1 BetrAVG festgeschriebene Verpflichtung – jedenfalls **für** sog. **Neuzusagen ab dem 1.1.1999** – auf eine Erhöhung von **1 %
jährlich** zu begrenzen (Anpassungsgarantie), sofern eine solche Rentendynamik **vertraglich zugesagt** wird. Diese Möglichkeit der Abwahl
besteht bei **sämtlichen Durchführungswegen** der betrieblichen Altersversorgung. Sie wird aber hauptsächlich bei der Direktzusage herangezogen.

Vorteil dieser Möglichkeit ist zum einen, dass der künftige, durch die 90
Rentenanpassung veranlasste Versorgungsaufwand für die Neuzusagen kalkulierbar wird. Zum anderen ist der Zusatzaufwand im Rahmen
der Direktzusage bei entsprechender schriftlicher Verpflichtung des Arbeitgebers über die Pensionsrückstellungen nach § 6 a EStG steuerlich
vorfinanzierbar.[103] Darüber hinaus entfällt der mit der Anpassungsprüfungspflicht nach § 16 Abs. 1 BetrAVG einhergehende Verwaltungsaufwand zur Ermittlung der Anpassungsrate. Außerdem führt die automatische Rentenanpassung für den Versorgungsberechtigten dazu,
dass sein Anspruch auch im Falle der Insolvenz vom PSVaG jährlich angepasst wird.[104]

Die 1 %ige Anpassungsgarantie kann allerdings auch zu **Nachteilen** für 91
den Arbeitgeber führen. Dies ist dann der Fall, wenn entweder die Teuerung im zu beurteilenden Jahr weniger als 1 % beträgt, oder wenn aufgrund der schlechten wirtschaftlichen Lage des Arbeitgebers bzw. des

---

101 *Palandt* 66. Aufl., § 315 BGB Rn. 19.
102 BAG 23.4.1985, 3 AZR 548/82, EzA § 16 BetrAVG Nr. 17, DB 1985, 1030; vgl. auch Rn. 71.
103 BFH 25.10.1995, I R 34/95, BStBl. 1996 II S. 403.
104 Vgl. Rn. 22.

geringen Anstiegs der Nettolöhne vergleichbarer Arbeitnehmergruppen eine Anpassung nicht in Höhe von 1 % bzw. gar nicht zu erfolgen hätte. Der Arbeitgeber muss infolge der Rentenanpassungsgarantie nämlich auch in diesen Fällen die laufenden Rentenleistungen jeweils um 1 % erhöhen.

II. Überschussverwendung zugunsten der Leistungsempfänger

92 Nach § 16 Abs. 3 Nr. 2 BetrAVG ist auch im Fall der Durchführungswege **Direktversicherung** oder **Pensionskasse** eine Überprüfung entbehrlich, wenn die auf den Rentenbestand entfallenden **Überschussanteile** ab Rentenbeginn ausschließlich **zur Erhöhung der laufenden Leistungen verwendet werden** und zur Berechnung der garantierten Leistung der nach § 65 Abs. 1 Nr. 1 a VAG festgesetzte Höchstzinssatz zur Berechnung der Deckungsrückstellung nicht überschritten wird.

92a Eine Besonderheit besteht hier für gemäß § 118 b Abs. 3 bzw. 4 VAG **regulierte Pensionskassen**. Dies sind Pensionskassen, welche einer umfangreichen Kontrolle durch die Bundesanstalt für Finanzdienstleistungsaufsicht unterliegen und dieser u.a. ihre Versicherungstarife zur Genehmigung vorzulegen haben. Solche Kassen verfügen teilweise über Versicherungstarife, bei denen die Leistungen nicht nach dem Höchstzinssatz gem. § 65 Abs. 1 Nr. 1 a VAG, sondern nach einem geschäftsplanmäßigen, den Höchstzinssatz ggf. auch übersteigenden Zins berechnet werden, wobei der zugrunde liegende Geschäftsplan durch die Bundesanstalt für Finanzdienstleistungsaufsicht genehmigt ist. Diese besondere Fallgestaltung wird von § 16 Abs. 3 Nr. 2 BetrAVG formal nicht erfasst. Allerdings ist hier eine entsprechende Anwendung mit der Folge geboten, den Höchstzinssatz bei diesen Kassen durch den jeweiligen geschäftsplanmäßigen Zins zu ersetzen. Dies ist für den Rentenempfänger nicht nachteilig, da die Genehmigung und Überwachung des Geschäftsplans der jeweiligen Pensionskasse durch die Bundesanstalt für Finanzdienstleistungsaufsicht die langfristige Finanzierbarkeit derartiger Tarife und eine angemessene Überschussbeteiligung sicherstellt.[105]

92b Die genannte Vorschrift findet – anders als § 16 Abs. 3 Nr. 1 BetrAVG – auch für vor dem 1.1.1999 erteilte Zusagen Anwendung.

---

105 So auch *Höfer* BetrAVG, Rn. 5464 ff zu § 16.

III. Ausschluss bei Beitragszusage mit Mindestleistung

Gemäß § 16 Abs. 3 Nr. 3 BetrAVG entfällt die Anpassungsverpflichtung nach § 16 Abs. 1 BetrAVG bei laufenden Leistungen auf Grundlage einer Beitragszusage mit Mindestleistung gem. § 1 Abs. 2 Nr. 2 BetrAVG.

93

Dies gilt **auch** in den Fällen, in denen die Beitragszusage mit Mindestleistung im Wege der **Entgeltumwandlung** finanziert wird. Der insoweit auf den ersten Blick bestehende Widerspruch zur Regelung des § 1 b Abs. 5 Nr. 1 BetrAVG, welcher für den Fall des vorzeitigen Ausscheidens die Verwendung der anfallenden Überschüsse bei Direktversicherungen, Pensionskassen und Pensionsfonds zur Leistungserhöhung vorschreibt, ist nicht gegeben, denn der Arbeitnehmer hat bei diesem besonderen Zusagetyp ohnehin einen Anspruch auf das gesamte Versorgungskapital einschließlich der Erträge.[106]

94

C. Fortfall der nachholenden Anpassung bei zu Recht unterbliebener Anpassung (§§ 16 Abs. 4 BetrAVG und 30 c Abs. 2 BetrAVG)

§ 16 Abs. 4 BetrAVG **schränkt** die von der Rechtsprechung entwickelten **Grundsätze zur nachholenden Anpassung ein**.[107] Die Vorschrift regelt, dass im Falle einer zu Recht unterbliebenen Anpassung keine Verpflichtung des Arbeitgebers besteht, die Anpassung in der Zukunft nachzuholen. Diese Regelung gilt nach § 30 c **Abs. 2 BetrAVG** allerdings nur **für ab dem 1.1.1999 unterbliebene Anpassungen**. Für bei Prüfungsstichtagen vor dem 1.1.1999 zu Recht unterlassenen Anpassungen bleibt es aus Gründen des Vertrauensschutzes bei der Verpflichtung zur nachholenden Anpassung folgend den Grundsätzen der bislang ergangenen BAG-Rechtsprechung.[108]

95

Nach § 16 Abs. 4 S. 2 BetrAVG gilt eine Anpassung als zu Recht unterblieben, wenn der Arbeitgeber dem Versorgungsempfänger die wirtschaftliche Lage des Unternehmens schriftlich darlegt, der Versorgungsempfänger nicht binnen drei Kalendermonaten nach Zugang der Mitteilung schriftlich widersprochen hat und er auf die Rechtsfolgen eines nicht fristgemäßen Widerspruchs hingewiesen wurde. Sofern

96

---

106 Vgl. *Blomeyer* DB 2001, 1413; *Höfer* BetrAVG, Rn. 5475 f zu § 16.
107 Vgl. Rn. 47 ff.
108 Vgl. Rn. 48.

sämtliche genannten Voraussetzungen vorliegen, wird **unwiderleglich vermutet**, dass die Anpassung zu Recht unterblieben ist.

97 Widerspricht der Versorgungsempfänger der vom Arbeitgeber getroffenen Entscheidung und hilft der Arbeitgeber dieser Entscheidung daraufhin nicht ab, so kann der Rentenempfänger die Anpassungsentscheidung gerichtlich überprüfen lassen.

98 Die Anforderungen an die schriftliche Darlegung der wirtschaftlichen Lage des Unternehmens sind gesetzlich nicht geregelt. Insoweit steht dem Arbeitgeber ein Beurteilungsspielraum im Hinblick darauf zu, in welchem Umfang dem Versorgungsberechtigten Informationen erteilt werden müssen. Es kann davon ausgegangen werden, dass dem Rentenempfänger die aus Sicht des Arbeitgebers maßgeblichen Informationen zumindest insoweit offengelegt werden müssen, dass eine eigenständige Überprüfung durch den ehemaligen Arbeitnehmer erfolgen kann.

99 Da die Fiktion in Satz 2 nur einen Fall einer zu Recht unterbliebenen Anpassung regelt, ergibt sich, dass auch bei Vorliegen anderer Sachverhalte grds. eine zu Recht unterbliebene Anpassung vorliegen kann.[109]

D. Anpassung bei ab dem 1.1.2001 erteilten Entgeltumwandlungszusagen (§ 16 Abs. 5 und § 30 c Abs. 3 BetrAVG)

100 Soweit betriebliche Altersversorgung durch Entgeltumwandlung finanziert wird, besteht für den Arbeitgeber eine Verpflichtung, die **Anpassung nach den Maßgaben des § 16 Abs. 3 BetrAVG** vorzunehmen. Der Arbeitgeber muss sich also dazu verpflichten, die laufenden Leistungen mindestens mit jährlich 1 % anzupassen. Bei Durchführung der betrieblichen Altersversorgung über eine Direktversicherung oder eine Pensionskasse kann der Arbeitgeber anstelle dieser 1 %igen Erhöhungsgarantie aber auch sämtliche auf den Rentenbestand entfallenden Überschussanteile ab Rentenbeginn zur Erhöhung der laufenden Leistungen verwenden. Die in Abs. 5 getroffene Regelung gilt gem. **§ 30 c Abs. 3 BetrAVG** allerdings **nur für nach dem 31.12.2000 erteilte Versorgungszusagen**.

100a Für vor dem 1.1.2001 erteilte, über Entgeltumwandlung finanzierte Versorgungszusagen bleibt es dagegen grds. bei der Anpassungsprüfungsverpflichtung gem. § 16 Abs. 1 und 2 BetrAVG. Der Arbeitgeber kann

---

[109] So auch *Höfer* BetrAVG, Rn. 5481 ff.; *Blomeyer/Rolfs/Otto* § 16 Rn. 101.

Anpassungsprüfungspflicht   § 16

sich von dieser Verpflichtung allerdings freizeichnen, wenn er die Voraussetzungen des § 16 Abs. 3 Nr. 1 (nur bei Zusagen, die ab dem 1.1.1999 erteilt wurden) bzw. Nr. 2 BetrAVG erfüllt.

E. Keine Anpassung bei Auszahlungsplänen (§ 16 Abs. 6 BetrAVG)

Gemäß § 16 Abs. 6 BetrAVG besteht keine Anpassungsverpflichtung für monatliche Raten im Rahmen eines Auszahlungsplans sowie für Renten ab Vollendung des 85. Lebensjahres im Anschluss an einen Auszahlungsplan. 101

Gemäß § 1 Abs. 1 S. 1 Nr. 4 AltZertG werden bei einem Auszahlungsplan ab dem Beginn der Auszahlungsphase gleichbleibende oder steigende monatliche Zahlungen bis zum vollendeten 85. Lebensjahr gewährt. Diese Mindestleistungsgarantie gilt auch dann, wenn der Versorgungsberechtigte zuvor versterben sollte. Ab dem 85. Lebensjahr muss sich an den Auszahlungsplan eine lebenslange obligatorische Altersrente anschließen, deren Höhe die letzte feste monatliche Auszahlungsrate vor diesem Zeitpunkt mindestens erreicht. 102

Die durch das HZvNG geänderte Vorschrift regelt zum einen, dass eine Anpassungsprüfungsverpflichtung für die nach dem Auszahlungsplan zu gewährenden monatlichen Raten entbehrlich ist;[110] sie stellt zum anderen klar, dass für die im Anschluss ggf. zu zahlenden Rentenleistungen eine Anhebung ebenfalls ausgeschlossen ist. Damit **entfällt die Anpassungsverpflichtung für sämtliche in Zusammenhang mit Auszahlungsplänen stehende Leistungen**. 103

F. Bilanzierungsfragen

I. Bilanzierung der Rentenerhöhung zum Anpassungszeitpunkt

Da die Verpflichtung nach § 16 BetrAVG auf die Erhöhung der laufenden Leistungen gerichtet ist, werden die **Erhöhungen** im Zeitpunkt der Anpassung Teil der Rente und stellen **keine eigenständigen Verpflichtungen** des Unternehmens dar. Somit können die Erhöhungsbeträge bei einer unmittelbaren Versorgungszusage nicht gesondert aus- 104

---

110 Diesen alleinigen Regelungsinhalt hatte noch die nach dem Altersvermögensgesetz geltende Fassung des § 16 Abs. 6 BetrAVG, welche bis einschließlich 30.6.2002 Geltung hatte.

gewiesen werden; sie sind vielmehr in die Bewertung der Pensionsverpflichtung mit einzubeziehen. Dementsprechend gilt ein Passivierungswahlrecht nach Art. 28 Abs. 1 EGHGB einheitlich, soweit die Versorgungszusage bereits zum 31.12.1986 bestanden hat. Die Erhöhungsverpflichtung ist damit ebenso zu behandeln wie die Pensionsverpflichtung selbst.[111] Für nach dem 31.12.1986 erteilte Versorgungszusagen besteht dagegen eine – ebenfalls einheitlich für Erhöhungsverpflichtung und Verpflichtung zur Gewährung der laufenden Leistungen geltende – Passivierungspflicht.

II. Bilanzierung zwischen den Anpassungszeitpunkten

105 In den Jahren zwischen zwei Anpassungsprüfungsstichtagen liegt hinsichtlich der bereits eingetretenen Teuerung weder eine rechtliche – insoweit ist der Wortlaut des § 16 Abs. 1 BetrAVG eindeutig – noch eine wirtschaftliche Verpflichtung des Arbeitgebers vor.

106 Eine wirtschaftliche Verpflichtung besteht vor dem Anpassungsstichtag nicht, da in den Zwischenjahren die wirtschaftliche Lage zum Anpassungsstichtag noch nicht hinreichend konkretisiert ist. Dies bedeutet, dass eine Bilanzierung von Verpflichtungen im Umfang der zwischenzeitlich eingetretenen Verteuerung in den Jahren zwischen zwei Prüfungsstichtagen ausscheidet. Insoweit kommt auch keine Pflicht zur Angabe einer Verpflichtung im Anhang zur Bilanz nach Art. 28 Abs. 2 EGHGB in Betracht.[112]

III. Bilanzierung bei unterbliebener Anpassung

1. Rechtmäßig unterbliebene Anpassung

107 Die unter Ziff. I und II dargelegten Grundsätze gelten auch für die Bilanzierung unterbliebener Anpassungen, die zu Recht unter Hinweis auf eine ungenügende wirtschaftliche Lage des Arbeitgebers abgelehnt wurden.[113]

2. Rechtswidrig unterbliebene Anpassung

108 Bei einer rechtswidrig unterlassenen Anpassung haben die Rentenempfänger nach den von der Rechtsprechung des BAG entwickelten Grund-

---

111 Stellungnahme des HFA 3/1993 zur Bilanzierung und Prüfung der Anpassungspflicht von Betriebsrenten, WP 1994, 24.
112 Stellungnahme des HFA a.a.O.
113 Stellungnahme des HFA a.a.O.

sätzen zur nachträglichen Anpassung nicht nur für die Zukunft einen Anspruch auf erhöhte Rentenzahlungen, der in die Bemessung der Pensionsverpflichtung einzubeziehen ist, sondern auch einen Anspruch auf Auszahlung der rückständigen Erhöhungsbeträge.[114] Der in die Zukunft gerichtete Anspruch auf erhöhte Rentenzahlungen ist dabei bilanziell in der Weise zu berücksichtigen, dass im Rahmen der Ermittlung der Pensionsrückstellungen von fiktiv erhöhten Rentenzahlungen auszugehen ist. Dieser Erhöhungsanteil muss ggf. mit einem geschätzten Grad der Inanspruchnahme gewichtet werden. Auch insoweit gilt wiederum der Grundsatz, dass die Erhöhung der Pensionsverpflichtung nicht von der übrigen Pensionsverpflichtung getrennt werden kann, sodass auch insoweit eine Passivierungspflicht für Altzusagen besteht, soweit bereits bisher Rückstellungen gebildet worden sind.[115]

Die vorstehenden **Grundsätze gelten ausschließlich für die handelsbilanzielle Behandlung** von rechtswidrig unterbliebenen Anpassungen und haben daher keine Gültigkeit in ertragsteuerlicher Hinsicht. 109

Hinsichtlich der bereits angesprochenen Nachzahlungspflicht besteht insoweit eine Ungewissheit, als nicht vorhersehbar ist, welche und wie viele Rentner vor Ablauf der Verjährungsfrist von ihrem Anspruch Gebrauch machen werden. Aus diesem Grunde ist die Nachzahlungsverpflichtung aus einer nachträglichen Rentenanpassung nicht eindeutig quantifizierbar. Die Rückstellung für diese Nachzahlungspflicht muss daher unter Berücksichtigung des sog. **Bestandsrisikos**, also der Wahrscheinlichkeit der Inanspruchnahme, und des sog. **Betragsrisikos** – also der Begrenzung durch die Verjährungsfristen nach § 18 a S. 2 BetrAVG, § 195 BGB ermittelt werden. 110

Da es sich bei der Rückstellung für die Nachzahlungspflicht nicht um eine von Leib und Leben abhängige Pensionsrückstellung handelt, sondern vielmehr um eine sonstige Rückstellung, besteht aufgrund der Nichtanwendbarkeit der Vorschrift des Art. 28 EGHGB Passivierungspflicht. 111

---

114 Vgl. zur nachträglichen Anpassung Rn. 54 ff.
115 Vgl. hierzu die Ausführungen unter Rn. 104.

G. Checkliste zur Anpassung der laufenden Leistungen

112

	Direktzusage	Unterstützungskasse	Pensionskasse	Direktversicherung	Pensionsfonds
Kapitalleistungen	I.d.R. keine Anpassungsprüfungspflicht des Arbeitgebers bei Bezug einer Kapitalleistung; einzelfallabhängige Betrachtung bei Vereinbarung von Ratenzahlung				
Auszahlungsplan	nicht anwendbar			keine Anpassungsprüfungspflicht	
Rentenleistungen § 16 Abs. 1 BetrAVG	Bei laufenden Leistungen grds. Anpassungsprüfung und -entscheidung im Abstand von drei Jahren (billiges Ermessen, Abwägung wirtschaftlicher Belange mit Interessen der Leistungsempfänger)				
Umfang der Anpassungspflicht § 16 Abs. 2 BetrAVG	§ 16 Abs. 2 Nr. 1 BetrAVG: Anpassung gilt als erfüllt, wenn nicht geringer als Anstieg des Verbraucherpreisindexes für Deutschland § 16 Abs. 2 Nr. 2 BetrAVG: Anpassungspflicht nur insoweit, als die Nettolöhne vergleichbarer Arbeitnehmergruppen im Unternehmen angestiegen sind				
Mindestanpassung § 16 Abs. 3 Nr. 1 BetrAVG	Anpassungsprüfungsverpflichtung entfällt, wenn Zusageerteilung nach dem 31.12.1998 erfolgt und sich der Arbeitgeber zur Anpassung der laufenden Leistungen um jährlich mindestens 1 % verpflichtet hat				
Überschussanteile § 16 Abs. 3 Nr. 2 BetrAVG	nicht anwendbar		Keine Anpassungsprüfungsverpflichtung, wenn ab Rentenbeginn sämtliche auf den Rentenbestand entfallenden Überschussanteile zur Erhöhung der laufenden Leistungen verwendet werden und der vom VAG vorgegebene Höchstzinssatz zur Ermittlung der Deckungsrückstellung bei Berechnung der garantierten Leistung nicht überschritten wird	nicht anwendbar
Beitragszusage mit Mindestleistung § 16 Abs. 3 Nr. 3 BetrAVG	nicht anwendbar		Keine Anpassungsprüfungspflicht		

Sechster Abschnitt
Geltungsbereich

§ 17 Persönlicher Geltungsbereich und Tariföffnungsklausel

(1) ¹Arbeitnehmer im Sinne der §§ 1 bis 16 sind Arbeiter und Angestellte einschließlich der zu ihrer Berufsausbildung Beschäftigten; ein Berufsausbildungsverhältnis steht einem Arbeitsverhältnis gleich. ²Die §§ 1 bis 16 gelten entsprechend für Personen, die nicht Arbeitnehmer sind, wenn ihnen Leistungen der Alters-, Invaliditäts- oder Hinterbliebenenversorgung aus Anlass ihrer Tätigkeit für ein Unternehmen zugesagt worden sind. ³Arbeitnehmer im Sinne von § 1 a Abs. 1 sind nur Personen nach den Sätzen 1 und 2, soweit sie aufgrund der Beschäftigung oder Tätigkeit bei dem Arbeitgeber, gegen den sich der Anspruch nach § 1 a richten würde, in der gesetzlichen Rentenversicherung pflichtversichert sind.

(2) Die §§ 7 bis 15 gelten nicht für den Bund, die Länder, die Gemeinden sowie die Körperschaften, Stiftungen und Anstalten des öffentlichen Rechts, bei denen das Insolvenzverfahren nicht zulässig ist, und solche juristische Personen des öffentlichen Rechts, bei denen der Bund, ein Land oder eine Gemeinde kraft Gesetzes die Zahlungsfähigkeit sichert.

(3) ¹Von den §§ 1 a, 2 bis 5, 16, 18 a Satz 1, §§ 27 und 28 kann in Tarifverträgen abgewichen werden. ²Die abweichenden Bestimmungen haben zwischen nichttarifgebundenen Arbeitgebern und Arbeitnehmern Geltung, wenn zwischen diesen die Anwendung der einschlägigen tariflichen Regelung vereinbart ist. ³Im übrigen kann von den Bestimmungen dieses Gesetzes nicht zuungunsten des Arbeitnehmers abgewichen werden.

(4) Gesetzliche Regelungen über Leistungen der betrieblichen Altersversorgung werden unbeschadet des § 18 durch die §§ 1 bis 16 und 26 bis 30 nicht berührt.

(5) Soweit Entgeltansprüche auf einem Tarifvertrag beruhen, kann für diese eine Entgeltumwandlung nur vorgenommen werden, soweit dies durch Tarifvertrag vorgesehen oder durch Tarifvertrag zugelassen ist.

§ 17 Persönlicher Geltungsbereich und Tariföffnungsklausel

Übersicht	Rn.
A. Regelungsgegenstand des § 17 BetrAVG	1
B. Persönlicher Geltungsbereich (§ 17 Abs. 1 BetrAVG)	2
I. Der Begriff des Arbeitnehmers (§ 17 Abs. 1 S. 1 BetrAVG)	2
II. Arbeitnehmerähnliche Personen (§ 17 Abs. 1 S. 2 BetrAVG)	3
III. Abgrenzung zum Unternehmer	4
1. Einzelkaufleute, Personengesellschaften	4
2. Kapitalgesellschaften, Mehrheitsgesellschafter	5
3. Kapitalgesellschaften, Minderheitsgesellschafter	6
4. Mittelbare Beteiligungen	7
5. Prüfungsschema des PSVaG für den Unternehmer	11
6. Wechsel von Arbeitnehmer- zu Unternehmerstatus	14
7. Anwendung des § 17 Abs. 1 BetrAVG auf Niederlassungen	15
IV. Persönlicher Anwendungsbereich für den Anspruch aus Entgeltumwandlung (§ 17 Abs. 1 S. 3 BetrAVG)	16
C. Kein Insolvenzschutz für Bereiche des öffentlichen Dienstes (§ 17 Abs. 2 BetrAVG)	18
I. Fehlende Insolvenzfähigkeit	19
II. Sicherstellung der Zahlungsfähigkeit	20
D. Tarifdispositivität des BetrAVG (§ 17 Abs. 3 BetrAVG)	23
I. Anspruch auf Entgeltumwandlung	24
II. Ermittlung einer vorzeitigen Altersrente aus unverfallbarer Versorgungsanwartschaft	29
III. Tariffeste Bestimmungen	30
E. Geltung des § 17 BetrAVG in den neuen Bundesländern	32
F. Verhältnis des BetrAVG zu vorgesetzlichen Regelungen (§ 17 Abs. 4 BetrAVG)	37
G. Umwandlung von auf Tarifvertrag beruhenden Entgeltansprüchen (§ 17 Abs. 5 BetrAVG)	38

A. Regelungsgegenstand des § 17 BetrAVG

1 § 17 BetrAVG befasst sich in den Abs. 1 und 2 grundlegend mit dem persönlichen und sachlichen Anwendungsbereich des Gesetzes (zum zeitlichen Anwendungsbereich vgl. § 32 BetrAVG). Weiterhin definiert § 17 Abs. 3 BetrAVG den Charakter des BetrAVG als Arbeitnehmerschutzgesetz und die Voraussetzungen, unter denen Abweichungen von den Schutzbestimmungen des Gesetzes zulässig sind. § 17 Abs. 4 BetrAVG enthält Aussagen über den Umgang mit einer Gesetzeskonkurrenz. § 17 Abs. 5 BetrAVG schließlich stellt besondere Anforderungen für die Entgeltumwandlung im Tarifbereich auf.

B. Persönlicher Geltungsbereich (§ 17 Abs. 1 BetrAVG)

I. Der Begriff des Arbeitnehmers (§ 17 Abs. 1 S. 1 BetrAVG)

§ 17 Abs. 1 BetrAVG regelt den persönlichen Anwendungsbereich des Betriebsrentengesetzes und erklärt Arbeiter und Angestellte sowie Auszubildende zu Normadressaten. Die Begriffsterminologie »Arbeiter und Angestellte« beinhaltet heute keine realistische Differenzierung mehr, da diese Gruppen im modernen Arbeitsrecht durch den Begriff des **Arbeitnehmers**[1] ersetzt werden. Nach herrschender Meinung ist Arbeitnehmer, wer nach den Weisungen des Arbeitgebers in persönlicher Abhängigkeit tätig ist, mithin eine nach Ort, Zeit und Art vom Arbeitgeber bestimmte Tätigkeit durchführt.[2] Insbesondere das Kriterium der Fremdbestimmung ist im Einzelfall für die konkrete Erwerbstätigkeit sorgfältig zu prüfen, um eine Person als Arbeitnehmer qualifizieren zu können. Wer eine Ausbildung nach dem Berufsbildungsgesetz vornimmt, wird durch das Gesetz dem Arbeitnehmer gleichgestellt und unterfällt dessen Schutzbestimmungen. Arbeitnehmer sind nicht nur die traditionell, im Betrieb des Arbeitgebers auf Vollzeitbasis tätigen Arbeitnehmer, sondern auch Teilzeitbeschäftigte und Heimarbeiter. Familiäre Bindungen zum Arbeitgeber schließen die Arbeitnehmereigenschaft nicht grds. aus. Eine Ausnahme kann sich nur dann ergeben, wenn der Bestand des Arbeitsverhältnisses nicht ernsthaft dem Unternehmensinteresse dient, sondern missbräuchlich Insolvenzschutz herstellen soll.[3]

2

II. Arbeitnehmerähnliche Personen (§ 17 Abs. 1 S. 2 BetrAVG)

Darüber hinaus erweitert § 17 Abs. 1 S. 2 BetrAVG den persönlichen Anwendungsbereich des Gesetzes. So gilt das BetrAVG auch für andere Personen als Arbeitnehmer entsprechend, solange ihnen Leistungen der Alters-, Invaliditäts- oder Hinterbliebenenversorgung aus Anlass ihrer Tätigkeit für ein Unternehmen zugesagt sind. Diese Definition erfasst selbstständig Tätige wie die Vertreter der freien Berufe und gewerbliche Handelsvertreter. Auch Organpersonen wie GmbH-Geschäftsführer, Vorstandsmitglieder eines Vereins oder einer Aktienge-

3

---

1 *Blomeyer/Rolfs/Otto* § 17 Rn. 4 ff.; *Goldbach/Obenberger* Betriebsrentengesetz 2005, Rn. 2.
2 BAG 9.7.2003, 5 AZR 595/02, EzA § 256 ZPO Nr. 3; 12.9.1996, 5 AZR 1066/94, EzA § 611 BGB Arbeitnehmerbegriff Nr. 58, DB 1996, 2083; 12.9.1996, 5 AZR 104/95, EzA § 611 BGB Arbeitnehmerbegriff Nr. 60, DB 1997, 1037; 6.5.1998, 5 AZR 347/97, EzA § 611 BGB Arbeitnehmerbegriff Nr. 66, DB 1998, 2275.
3 *Blomeyer/Rolfs/Otto* § 17 Rn. 10 ff.

sellschaft sind **arbeitnehmerähnliche Personen**, solange sie nicht gesellschaftsrechtlich an dem Unternehmen beteiligt sind.[4] Ist dies der Fall, hängt die Anwendung des Betriebsrentengesetzes davon ab, ob die jeweilige Person als Unternehmer auftritt.

Erforderlich ist jedoch in jedem Fall, dass ein privatrechtlicher Vertrag zwischen den Parteien besteht, auf dessen Grundlage die Tätigkeit für das Unternehmen ausgeführt wird. Dies kann beispielsweise im Falle eines Rechtsanwalts ein Dienstvertrag oder im Falle eines Handwerkers ein Werkvertrag sein. Versorgungszusagen in derartigen Rechtsbeziehungen sind in der Praxis eher selten anzutreffen. Dagegen ist es nicht ausreichend, wenn die erbrachte Tätigkeit dem Unternehmen lediglich wirtschaftlich zugute kommt.[5]

III. Abgrenzung zum Unternehmer

1. Einzelkaufleute, Personengesellschaften

4   Nicht vom Schutzbereich des Gesetzes erfasst sind **Unternehmer**, da diese für sich selbst und nicht i.S.v. § 17 Abs. 1 S. 2 BetrAVG für ein anderes Unternehmen tätig sind. Unternehmer sind nach der Rechtsprechung des BGH grds. die persönlich (d.h. unbeschränkt) haftenden Gesellschafter eines Unternehmens.[6] Mithin können Einzelkaufleute und persönlich haftende Gesellschafter von Personengesellschaften sich nicht auf den Schutz des BetrAVG berufen. Von diesem Grundsatz bestehen Ausnahmen, beispielsweise wenn der persönlich haftende Gesellschafter seine Gesellschafterrechte im Innenverhältnis gegenüber den anderen Gesellschaftern nicht ausübt, sondern an deren Entscheidungen gebunden ist. Auch wird der Kommanditist einer KG, als ein auf den Betrag seiner Vermögenseinlage beschränkt haftender Gesellschafter, nicht per se vom Anwendungsbereich des Betriebsrentengesetzes erfasst, sondern kann – in Abhängigkeit von der konkreten Beteiligungsquote und der Ausführung des Anstellungsverhältnisses – bei entsprechender Leitungsmacht nicht als arbeitnehmerähnliche Person, sondern als Unternehmer angesehen werden.[7]

---

4 *Höfer* BetrAVG, Rn. 5581 zu § 17.
5 BAG 20.4.2004, 3 AZR 297/03, DB 2004, 2432.
6 BGH 9.6.1980, II ZR 255/78, DB 1980, 1588.
7 BGH 1.2.1999, II ZR 276/97, DB 1999, 630.

2. Kapitalgesellschaften, Mehrheitsgesellschafter

Bei **Kapitalgesellschaften** ist stets zu prüfen, ob die Person, die für die Gesellschaft tätig ist, aufgrund ihrer **zusätzlichen** Gesellschafterstellung die Entscheidungsprozesse des Unternehmens lenkt bzw. maßgeblich beeinflussen kann. So steht der Alleingesellschafter einer Kapitalgesellschaft ebenso wie der Einzelkaufmann stets außerhalb des BetrAVG. Typischer Fall eines Unternehmers ist weiterhin der **Mehrheitsgesellschafter** einer GmbH, der **gleichzeitig Geschäftsführer** ist. Als Mehrheit in diesem Sinne ist wohl auch bereits eine Beteiligung von 50 % anzusehen, da diese dem Gesellschafter die Möglichkeit verleiht, Mehrheitsbeschlüsse effizient zu verhindern und somit maßgeblichen Einfluss auszuüben.[8] Es ist jedoch nicht auszuschließen, dass im Einzelfall die Mehrheitsbeteiligung des Gesellschafters und die tatsächliche Leitungsmacht innerhalb des Unternehmens in einem Maß divergieren, dass sich ein arbeitnehmerähnliches Verhältnis aufdrängt.

3. Kapitalgesellschaften, Minderheitsgesellschafter

Abgesehen von dem Mehrheitsgesellschafter können auch Organpersonen, die **Minderheitsgesellschafter** mit einer geringeren Beteiligung als 50 % sind, Unternehmer i.S.d. § 17 Abs. 1 S. 2 BetrAVG sein. Die Rechtsprechung hat eine Mindestquote von 10 % aufgestellt, unterhalb der eine unternehmerische Leitungsmacht nicht begründet werden kann.[9] Verfügt ein Gesellschafter jedoch über eine Beteiligung von mehr als 10 % und kann er gemeinsam mit anderen Minderheitsgesellschaftern eine Stimmenmehrheit erreichen, liegt grds. eine ausreichende Leitungsmacht vor. Sofern eine Addition von Minderheitsbeteiligungen zu einer Stimmenmehrheit von exakt 50 % führt, geht eine Auffassung in der Literatur weiterhin von einer ausreichenden Leitungsmacht der Minderheitengesellschafter aus.[10] Die höchstrichterliche Rechtsprechung und ihr folgend der PSVaG lehnen demgegenüber eine Unternehmerstellung in diesen Fällen in der Regel ab.[11] Nicht ausreichend geklärt ist, ob die unbedeutende Minderheitsbeteiligung auch dann unberücksichtigt bleibt, wenn die Beteiligungsquote sonsti-

---

8 *Höfer* BetrAVG, Rn. 5593 zu § 17.
9 BAG 25.1.2000, 3 AZR 769/98, EzA § 17 BetrAVG Nr. 9, DB 2001, 959; BGH 14.7.1980, II ZR 224/79, DB 1980, 1993.
10 *Höfer* BetrAVG, Rn. 5601 zu § 17; neuerdings auch das LG Köln 16.8.2001 – 24 O 21/01 – ZIP 2001, 1649, das schon bei 47 % der Anteile die Anwendbarkeit des BetrAVG verneint.
11 BGH 25.9.1989, II ZR 259/88, DB 1989, 2425; 28.4.1980, II ZR 254/78, BB 1980, 1046; PSVaG-Merkblatt 300/M 1, Ziff. 3.3.1.3.

ger Gesellschafter-Geschäftsführer untersucht wird. Hieraus können sich für die Praxis im Einzelfall Probleme ergeben. Geringe Differenzen in der Beteiligungsquote können dann über die Unternehmerstellung eines Gesellschafter-Geschäftsführers und die Anwendung des BetrAVG entscheiden.

▶ **Beispiel:**

Verfügt der Gesellschafter-Geschäftsführer G über 42 % der GmbH-Anteile, während der Gesellschafter-Geschäftsführer F nur über 8 % der Anteile verfügt, so ist G bei einer Berücksichtigung der Anteile von F als Unternehmer anzusehen, da er gemeinsam mit F einen Stimmenanteil von 50 % erreichen kann. Würde G nur über 41 % der Anteile verfügen, wäre er hingegen nicht als Unternehmer zu qualifizieren. Bei Außerachtlassung des 8 %igen Gesellschafteranteils von F hingegen wäre G in beiden Fällen Minderheitsgesellschafter und unterfiele dem Anwendungsbereich des BetrAVG.

4. Mittelbare Beteiligungen

7 Sog. **mittelbare Beteiligungsformen** können ebenfalls eine Unternehmerposition begründen. In der Praxis hat sich der BGH insbesondere mit der GmbH & Co. KG befasst, bei der die keinen eigenen Geschäftsbetrieb unterhaltende GmbH Komplementärin und Gesellschafterin der KG und die GmbH-Gesellschafter als Gesellschafter-Geschäftsführer für die KG tätig sind. Zu prüfen ist hierbei, in welchem Umfang der Gesellschafter-Geschäftsführer an der Komplementär-GmbH und an der KG beteiligt ist. Der BGH rechnet hier dem Gesellschafter die mittelbare Beteiligung an der KG (über die Beteiligung der GmbH) anteilig und eine Beteiligung des Gesellschafters an der KG unmittelbar zu.[12]

---

12 BGH 28.4.1980, II ZR 254/78, DB 1980, 1434.

Persönlicher Geltungsbereich und Tariföffnungsklausel § 17

▶ **Beispiel:**

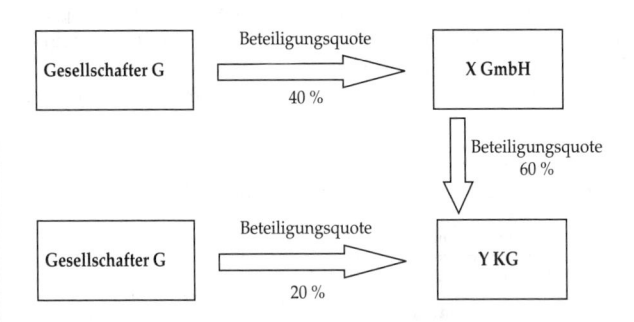

```
Gesellschafter G  →(Beteiligungsquote 40%)→  X GmbH
                                                ↓ Beteiligungsquote 60%
Gesellschafter G  →(Beteiligungsquote 20%)→  Y KG
```

Die Beteiligung der X GmbH an der Y KG in Höhe von 60 % begründet für G, der zu 40 % an der GmbH beteiligt ist, eine mittelbare Quote von 24 %. Hinzu kommt seine unmittelbare Beteiligungsquote von 20 %, sodass ihm nach der Rechtsprechung des BGH eine Quotenbeteiligung von 44 % zuzurechnen ist. 8

Wäre G zu mindestens 50 % an der GmbH beteiligt, wäre zu überlegen, ob ihm wegen der mehrheitlichen Beherrschung der Gesellschaft nicht deren gesamte Beteiligung an der KG zuzurechnen wäre. Dies führt allerdings zu Schwierigkeiten, wenn ein weiterer Gesellschafter ebenfalls zu 50 % an der GmbH beteiligt wäre. Dann wäre weiterhin gleichmäßig aufzuteilen. 9

Das Beispiel zeigt, dass die Ermittlung der Beherrschungsquote nicht immer zu eindeutigen Ergebnissen führt, sodass die Umstände im konkreten Fall stets gesondert gewürdigt werden müssen. 10

Bei Fallgestaltungen, in denen die keinen eigenen Geschäftsbetrieb unterhaltende Komplementär-GmbH nicht an der KG beteiligt ist, sind die Beteiligungsverhältnisse in der Komplementär-GmbH unerheblich. Damit unterfallen in dieser Konstellation sogar Gesellschafter-Geschäftsführer einer Einmann-GmbH dem persönlichen Geltungsbereich des Betriebsrentengesetzes, solange sie an der KG mit weniger als 50 % beteiligt sind.[13] 10a

---

[13] *Paulsdorff* § 7 Rn. 487.

5. Prüfungsschema des PSVaG für den Unternehmer

11 Die Anwendung des BetrAVG auf Unternehmer hat seine praktische Relevanz im gesetzlichen **Insolvenzschutz**. Der PSVaG tritt gem. §§ 7 ff. BetrAVG bei Eintritt eines Sicherungsfalles nur für diejenigen Versorgungsrechte ein, welche dem Schutz bzw. dem persönlichen Anwendungsbereich des BetrAVG unterfallen.

12 Der PSVaG verwendet gem. Merkblatt 300/M 1 folgendes Schema für die Beurteilung des persönlichen Anwendungsbereichs:

Gesellschaftsform	Insolvenzsicherung
Einzelunternehmen	– Keine Sicherung des Inhabers – Grds. keine Sicherung des stillen Gesellschafters **Ausnahme:** Insolvenzschutz, wenn zusätzlich zu stiller Beteiligung auch ernsthaftes Arbeitsverhältnis
Personengesellschaft – BGB-Gesellschaft – OHG – KG, KGaA	– Keine Sicherung der Gesellschafter – Keine Sicherung der Komplementäre – Grds. keine Sicherung für Komplementär **Ausnahme:** Insolvenzschutz für Komplementär, wenn dieser bei wirtschaftlicher Betrachtung nur angestellter Komplementär ist (d.h. Auftritt als Gesellschafter im Außenverhältnis; Bindung gegenüber beherrschendem Kommanditist im Innenverhältnis) – Grds. keine Sicherung für Kommanditist **Ausnahme:** Insolvenzschutz für Kommanditist, wenn zusätzlich ernsthaftes Arbeitsverhältnis aber: Kein Insolvenzschutz für Kommanditist, wenn ausnahmsweise geschäftsführungsähnliche Leitungsmacht und entsprechende Kapitalbeteiligung

– GmbH & Co. KG	– Sicherung abhängig von der jeweiligen Gesellschaftskonstruktion:
	  – Bei einheitlichem Geschäftsbetrieb zwischen KG und GmbH bestimmt sich Insolvenzsicherung nach unmittelbarer und ggf. mittelbarer Beteiligung an der KG
	  – Wenn GmbH eigenen Geschäftsbetrieb über Geschäftsführung der KG hinaus hat, bestimmt sich Insolvenzsicherung bei Zusage der GmbH nach der Beteiligung an der GmbH

Kapitalgesellschaften/ vergleichbare Zusammenschlüsse (Genossenschaft, Verein etc.) – GmbH	– Sicherung abhängig von dem Kapitaleinsatz und der tatsächlichen Möglichkeit zur Einflussnahme – Sicherung, wenn Leitungsmacht ohne Kapitalbeteiligung – Sicherung, wenn nur ein Geschäftsführer mit Kapitalbeteiligung oder Stimmrecht unter 50 %; keine Sicherung ab 50 % – Keine Sicherung, wenn mehrere Geschäftsführer mit Kapitalbeteiligung oder Stimmrecht von insgesamt mehr als 50 %; Sicherung, wenn 50 % insgesamt nicht überschritten wird **Ausnahme:** wenn ein Geschäftsführer mehr als 50 % Kapitalbeteiligung oder Stimmrecht hält, Sicherung für verbleibenden Geschäftsführer

Gesellschaftsform	Insolvenzsicherung
	Ausnahme: Sicherung für einzelnen Geschäftsführer, wenn Kapitalbeteiligung oder Stimmrecht des einzelnen Geschäftsführers unter 10 % liegt

– AG, sonstige Zusammenschlüsse
– Sonderfall Beteiligung des Ehegatten des Gesellschafter-Geschäftsführers oder Geschäftsführers am Kapital und/oder Stimmrecht
	– wie GmbH, Besonderheiten des jeweiligen Statuts (Gesellschaftsvertrag bzw. -satzung) sind zu beachten
	– Zurechnung von Kapitalbeteiligung oder Stimmrechten des Ehegatten:
	  – Zurechnung bei Gütergemeinschaft oder Stimmrechtsbindung
	  – Keine Zurechnung bei Zugewinngemeinschaft oder Gütertrennung

Wer als Unternehmer keine arbeitnehmerähnliche Person i.S.d. § 17 Abs. 1 S. 2 BetrAVG ist, kann mithin vom PSVaG bei Eintritt eines Sicherungsfalls keine Leistungen erwarten. Er ist ggf. darauf verwiesen, beizeiten eigene privatrechtliche Sicherungsmaßnahmen zu ergreifen[14] oder einen Durchführungsweg zu wählen, welcher unabhängig von der Insolvenz des Unternehmens besteht (Direktversicherung, Pensionskasse, Pensionsfonds).

6. Wechsel von Arbeitnehmer- zu Unternehmerstatus

Sofern ein Unternehmer von der Position des Unternehmers in den Status eines vom Schutzbereich des Gesetzes erfassten Arbeitnehmers oder einer arbeitnehmerähnlichen Person **wechselt**, sind die jeweiligen, im Arbeitnehmerstatus verbrachten Zeiten vom Anwendungsbereich des Gesetzes erfasst.[15]

7. Anwendung des § 17 Abs. 1 BetrAVG auf Niederlassungen

Die Anwendung des Betriebsrentengesetzes setzt schließlich auch voraus, dass der jeweilige Arbeitgeber in Deutschland eine eigene Rechtspersönlichkeit darstellt, welche auch Träger von Rechten und Pflichten nach deutschem Recht sein kann. Diese Frage stellt sich insbesondere

---

14 In Betracht kommt beispielsweise eine zivilrechtlich wirksame und insolvenzfeste Verpfändung entsprechender Vermögenswerte, wie der Anspruch des Arbeitgebers aus einer Rückdeckungsversicherung, aus einem Wertpapierdepot etc. Privatrechtliche Sicherungsmaßnahmen sind jeweils nach den konkreten Anforderungen des Einzelfalls auszuwählen und sorgfältig vertraglich zu gestalten.
15 PSVaG-Merkblatt 300/M 1, Ziff. 3.5.

bei Niederlassungen ausländischer Arbeitgeber im Bereich der deutschen Insolvenzsicherung. Sofern derartige Niederlassungen als eigene Rechtspersönlichkeiten Träger von Rechten und Pflichten sein können, unterfallen sie grds. als Arbeitgeber auch dem Anwendungsbereich des BetrAVG, insbesondere dem Insolvenzschutz.[16] Es können jedoch durchaus auch Fallgestaltungen auftreten, in denen die Arbeitgebereigenschaft fehlt, beispielsweise wenn eine unselbstständige Niederlassung eines internationalen Rechtsträgers Arbeitnehmer in Deutschland beschäftigt und die Arbeitsverhältnisse (nur) dem internationalen Rechtsträger zuzuordnen sind. Hier ist es nicht auszuschließen, dass derartige Niederlassungen (teilweise), beispielsweise wegen fehlendem deutschen Arbeitsverhältnis und/oder fehlender Insolvenzfähigkeit, nicht dem Anwendungsbereich des BetrAVG unterliegen.[17]

IV. Persönlicher Anwendungsbereich für den Anspruch aus Entgeltumwandlung (§ 17 Abs. 1 S. 3 BetrAVG)

16 Ein eingeschränkter persönlicher Anwendungsbereich des Betriebsrentengesetzes gilt für den **Anspruch aus Entgeltumwandlung** gem. § 1a BetrAVG. Nur diejenigen Personen, welche unter § 17 Abs. 1 S. 1 und 2 BetrAVG fallen, sind gem. § 17 Abs. 1 S. 3 BetrAVG als Arbeitnehmer für den Anspruch auf Entgeltumwandlung anzusehen, wenn sie in der gesetzlichen Rentenversicherung pflichtversichert sind. Hiermit fallen diejenigen Arbeitnehmer aus dem Anwendungsbereich des § 1a BetrAVG heraus, welche wegen mangelnder Pflichtversicherung in der gesetzlichen Rentenversicherung von den durch das AVmEG eingeführten Kürzungen der Versorgungsrechte im Rahmen der gesetzlichen Rentenversicherung nicht betroffen sind, beispielsweise die in der gesetzlichen Rentenversicherung freiwillig Versicherten, die Vertreter der freien Berufe oder auch Personen, die in einer berufsständischen Versorgungseinrichtung versichert sind, wie Ärzte, Apotheker, Wirtschaftsprüfer, Rechtsanwälte etc.[18] Des Weiteren sind auch Vorstände von Aktiengesellschaften – allerdings beschränkt auf diese Vorstandstätigkeit – kraft § 1 S. 4 SGB VI von der Rentenversicherungspflicht befreit.[19]

17 Es bestehen einige Verbindungen zwischen dem Anwendungsbereich des Anspruchs auf Entgeltumwandlung im Rahmen der betrieblichen

---

16 BAG 12.2.1991, 3 AZR 30/90, EzA § 9 BetrAVG Nr. 4, DB 1991, 1735.
17 FK-InsO/*Wimmer* 3. Aufl., Anh. I Rn. 4.; *Höfer* BetrAVG, 4433 zu § 7.
18 *Sasdrich/Wirth* BetrAV 2001, 401.
19 Vgl. hierzu auch die Erörterungen unter § 1a Rn. 5f.

Altersversorgung und der steuerlichen sog. **»Riester«-Förderung** gem. §§ 10 a, 79 ff. EStG. Diese Förderung ist (neben der Erfüllung anderer Voraussetzungen) grds. auch nur für diejenigen möglich, welche in der gesetzlichen Rentenversicherung pflichtversichert sind. Allerdings geht der Anwendungsbereich der Riester-Förderung weiter und erfasst beispielsweise auch nicht pflichtversicherte Ehegatten und auch Beamte[20]. Eine völlige Übereinstimmung besteht daher nicht.

C. Kein Insolvenzschutz für Bereiche des öffentlichen Dienstes (§ 17 Abs. 2 BetrAVG)

Eine Einschränkung des **sachlichen Anwendungsbereichs** des BetrAVG enthält § 17 Abs. 2 BetrAVG. Dieser schließt Bund, Länder und Gemeinden (Gebietskörperschaften) und bestimmte juristische Personen des öffentlichen Rechts von der gesetzlichen Insolvenzsicherung durch den PSVaG gem. §§ 7 bis 15 BetrAVG aus. Öffentlich-rechtliche Organisationen unterfallen dieser Insolvenzsicherungspflicht nach dem Willen des Gesetzgebers nicht, sofern sie nicht insolvent werden können (Gebietskörperschaften) oder wenn die Insolvenz aufgrund Landesrechtes unzulässig ist. Ferner sollen auch diejenigen Körperschaften nicht der Insolvenzsicherungspflicht unterliegen, für welche der Bund oder das Land die Zahlungsfähigkeit kraft Gesetzes sicherstellt. 18

I. Fehlende Insolvenzfähigkeit

Nicht fähig zur Insolvenz sind öffentlich-rechtliche Gebietskörperschaften, zu denen der Bund, die Länder und die Gemeinden zählen. Eine Unzulässigkeit der Insolvenz kann ferner gesetzlich für Körperschaften, Stiftungen und Anstalten des öffentlichen Rechts angeordnet werden. § 12 Abs. 1 Nr. 2 InsO sieht hierzu vor, dass das Bundesland per Landesgesetz die Eröffnung des Insolvenzverfahrens über eine juristische Person des öffentlichen Rechtes, die seiner Aufsicht unterliegt, für unzulässig erklären kann. Dies bedeutet, dass das jeweilige Bundesland die Entscheidung treffen kann, eine juristische Person des öffentlichen Rechts der Insolvenzsicherungspflicht durch den PSVaG zu unterwerfen oder im Fall der Zahlungsunfähigkeit oder Überschuldung dieser juristischen Person selbst für die Leistungen einzustehen, welche andernfalls vom PSVaG erbracht würden.[21] 19

---

20 *Bode/Grabner* S. 102.
21 *Höfer* BetrAVG, Rn. 5637 ff. zu § 17.

II. Sicherstellung der Zahlungsfähigkeit

20 Schließlich sind auch solche Personen des öffentlichen Rechts nicht insolvenzsicherungspflichtig, für die der Bund, ein Land oder eine Gemeinde **kraft Gesetzes die Zahlungsfähigkeit sichert**. Zu dieser Gruppe gehören beispielsweise die Ortskrankenkassen (§ 146a SGB V), Pflegekassen (§ 46 Abs. 5 SGB XI), Berufsgenossenschaften (§ 120 SGB VII), Bundesknappschaften (§ 215 SGB VI), kommunalen Sparkassen und Landesbanken.

21 Zu beachten ist allerdings, dass die Gewährträgerschaft für die Sparkassen und Landesbanken wegen Konflikts mit Europäischem Gemeinschaftsrecht nicht unbegrenzt fortbesteht, sondern aufgrund einer Einigung zwischen der Bundesregierung und der Europäischen Kommission vom 17.7.2001 wesentlich abgeändert wurde. Nach einem Übergangszeitraum von vier Jahren lief die Gewährträgerhaftung zum Juli 2005 nach einem gestaffelten Zeitplan aus: Für Verbindlichkeiten, die bis zum 18.7.2001 begründet wurden, besteht die Gewährträgerhaftung unbegrenzt fort. Für diejenigen Verbindlichkeiten, die in der Zeit vom 19.7.2001 bis zum 18.7.2005 vereinbart wurden, besteht weiterhin Gewährträgerhaftung, wenn deren Laufzeit nicht über den 31.12.2015 hinausgeht. Für ab dem 19.7.2005 begründete Verbindlichkeiten besteht keine Gewährträgerhaftung mehr.[22]

22 Zu beachten ist schließlich, dass privatrechtlich organisierte Einrichtungen des öffentlichen Rechts, wie Gesellschaften mit beschränkter Haftung oder Aktiengesellschaften nicht von § 17 Abs. 2 BetrAVG erfasst werden, sondern immer der gesetzlichen Pflicht zur Insolvenzsicherung beim PSVaG unterfallen.

D. Tarifdispositivität des BetrAVG (§ 17 Abs. 3 BetrAVG)

23 § 17 Abs. 3 BetrAVG regelt die **Tarifdisposivität** des Betriebsrentengesetzes. Die gesetzlichen Bestimmungen der §§ 1a, 2 bis 5, 16, 18a S. 1, 27 und 28 BetrAVG über den Anspruch auf Entgeltumwandlung (§ 1a BetrAVG), die gesetzliche Unverfallbarkeit von Versorgungsanwartschaften (§ 2 BetrAVG) und deren Abfindung (§ 3 BetrAVG), die Übertragung von Versorgungsanwartschaften (§ 4 BetrAVG), den Auskunftsanspruch (§ 4a BetrAVG) und die Anrechnung von sonstigen

---

22 Deutscher Sparkassen- und Giroverband, Fakten, Analysen, Positionen/16: Für die Kunden der Sparkasse ändert sich nichts – Informationen zu Anstaltslast und Gewährträgerhaftung (www.dsgv.de, Presseforum, Faktenpapiere).

Ansprüchen auf Versorgungsrechte (§ 5 BetrAVG) sowie die Bestimmungen zur Rentenanpassung (§ 16 BetrAVG), zur 30-jährigen Verjährungsfrist (§ 18 a S. 1 BetrAVG) und zu Übergangsregelungen (§§ 27, 28 BetrAVG) können tarifvertraglich abgeändert werden. Dies beinhaltet auch eine Abweichung zu Ungunsten des Arbeitnehmers. Allerdings sind die Tarifparteien hierbei an zwingendes Recht, wie beispielsweise den allgemeinen Gleichheitssatz gebunden, der beispielsweise den Ausschluss von in Teilzeit beschäftigten Arbeitnehmern von Leistungen der betrieblichen Altersversorgung nicht ohne sachlichen Grund zulässt.[23]

I. Anspruch auf Entgeltumwandlung

Wichtigster Anwendungsbereich in diesem Zusammenhang sind derzeit tarifvertragliche Regelungen zur steuerlichen Förderung gem. §§ 10a, 79 ff. EStG, konkret deren Ausschluss, im Bereich des **Anspruchs auf Entgeltumwandlung**. 24

Die Reichweite des § 17 Abs. 3 BetrAVG ist zum Teil umstritten. So wird hierzu vertreten, der Anspruch auf Entgeltumwandlung dürfe durch die Tarifvertragsparteien nicht völlig ausgeschlossen werden.[24] Dies scheint auch grds. sachgerecht zu sein, da der Gesetzgeber mit der Schaffung der neuen gesetzlichen Bestimmung die Verbreitung der Entgeltumwandlung und den damit verbundenen Aufbau einer zusätzlichen Versorgung aus betrieblicher Altersversorgung fördern wollte. 25

Allerdings erwartet der Gesetzgeber von den Tarifparteien auch, dass diese betriebs- bzw. unternehmensübergreifende Standards erarbeiten, welche den Betrieben unnötigen Verwaltungsaufwand ersparen. Dies mag auch beinhalten, einzelnen Gruppen von Mitarbeitern den Anspruch auf Entgeltumwandlung zu versagen, wie beispielsweise neu eingestellten Mitarbeitern bis zum Ablauf der Probezeit. Weiterhin kann es angemessen sein, den Anspruch auf Entgeltumwandlung für Mitarbeiter von neu gegründeten Unternehmen bzw. für Kleinunternehmen auszuschließen, um diese von dem mit der Entgeltumwandlung verbundenen Verwaltungsaufwand – wie beispielsweise den weit- 26

---

23 Beispielhaft BAG 15.10.2003, 4 AZR 606/02, EzA § 4 TzBfG Nr. 7, DB 2004, 1154; 9.3.1994, 4 AZR 301/93, DB 1994, 2138 zu einer unzulässigen tarifvertraglichen Ungleichbehandlung Teilzeitbeschäftigter.
24 *Bode/Grabner* S. 82; *Höfer* Das neue Betriebsrentenrecht, Rn. 280 ff.; *Schliemann* DB 2001, 2554.

§ 17 Persönlicher Geltungsbereich und Tariföffnungsklausel

gehenden Informations- und Aufklärungspflichten, ggf. auch der Abwicklung der Versorgungsansprüche selbst – zu entlasten.[25]

27 Ferner steht den Tarifparteien die Kompetenz zu, wesentliche Aspekte der Entgeltumwandlung abweichend vom Gesetz zu regeln. So kann der Arbeitnehmer, welcher einen Anspruch auf Entgeltumwandlung über einen Pensionsfonds, eine Pensionskasse oder eine Direktversicherung hat, nach § 1 a Abs. 3 BetrAVG grds. fordern, dass die jeweilige Durchführung die Voraussetzungen für eine steuerliche Förderung gem. § 10 a, Abschn. XI EStG erfüllt. Eine Auffassung vertritt hierzu, dass es den Tarifparteien verwehrt sei, diesen Anspruch des Mitarbeiters einzuschränken.[26] Dies erscheint jedoch zu weitgehend. Der Gesetzgeber wollte den Tarifparteien mit der Neuregelung des § 17 Abs. 3 BetrAVG einen weiten Ermessensspielraum einräumen. Daher muss es den Tarifparteien gestattet sein, die Pflicht des Arbeitgebers zur Gewährung einer nach § 10 a, Abschn. XI EStG steuerlich geförderten Entgeltumwandlung auszuschließen. Ein wesentlicher Rechtsverlust des Mitarbeiters ist hiermit nicht verbunden, da diesem weiterhin die Möglichkeit verbleibt, diese steuerliche Förderung über den Weg der privaten Eigenvorsorge in Anspruch zu nehmen.[27]

28 Zahlreiche Tarifvertragsparteien haben sich dazu entschlossen, die Altersvorsorge durch Entgeltumwandlung tarifvertraglich zu regeln. Diese Entwicklung begann im Jahr 2000 und setzte sich in den folgenden Jahren verstärkt fort. Insgesamt sind bis zum Jahresende 2004 in nahezu 400 Tarifbereichen (bis zum Jahresende 2003 rund 370) Tarifverträge zur Altersvorsorge abgeschlossen worden. In den Bereichen mit zusätzlicher Altersvorsorge bzw. Entgeltumwandlung sind etwa 20 Millionen Arbeitnehmerinnen und Arbeitnehmer beschäftigt. Das sind rund 81 % der Arbeitnehmer, für die in Deutschland insgesamt Tarifverträge bestehen.[28]

---

25 *Sasdrich/Wirth* BetrAV 2001, 401; *Blomeyer* DB 2001, 1413; *Steinmeyer* BetrAV 2001, 727.
26 *Ahrend/Förster/Rühmann* § 17 Rn. 8, sowie *Heither* NZA 2001, 1275.
27 *Höfer* Das neue Betriebsrentenrecht, Rn. 280 ff.; *Schliemann* DB 2001, 2554; *Sasdrich/Wirth* BetrAV 2001, 401.
28 Bericht des vormaligen Bundesministeriums für Arbeit und Wirtschaft »Tarifvertragliche Arbeitsbedingungen im Jahr 2004« vom Februar 2005; dieser Bericht findet sich im Internet bei »www.bmas.bund.de« mittels Suche-Funktion.

Persönlicher Geltungsbereich und Tariföffnungsklausel   § 17

II. Ermittlung einer vorzeitigen Altersrente aus unverfallbarer Versorgungsanwartschaft

Auch tarifvertragliche Regelungen über die Ermittlung des **unverfallbaren Versorgungsrechtes** gehen der gesetzlichen Regelung des § 2 BetrAVG vor. So hat das BAG den Tarifparteien für die Ermittlung der vorgezogenen Altersrente aus einer unverfallbaren Versorgungsanwartschaft aufgrund der tarifvertraglichen Regelungsbefugnis eine Berechnungsmethode zugestanden, welche die Richter im nichttariflichen Bereich nur eingeschränkt akzeptieren.[29]   29

III. Tariffeste Bestimmungen

Das Gesetz lässt **keine tarifvertragliche Abweichung** von einigen Bestimmungen des BetrAVG zu. So können die Tarifparteien nicht abweichend von den Regelungen des Betriebsrentengesetzes festlegen, unter welchen Umständen von einer Zusage auf Leistungen der betrieblichen Altersversorgung auszugehen (§ 1 Abs. 1 BetrAVG) ist oder wann eine Altersversorgung aus Entgeltumwandlung vorliegt (§ 1 Abs. 2 Nr. 3 BetrAVG). Auch fällt die gesetzliche Festlegung der Unverfallbarkeitsvoraussetzungen (§ 1 b BetrAVG) nicht unter die Regelungsbefugnis der Tarifparteien. Dies gilt schließlich auch für die Festlegung der Voraussetzungen und Bedingungen der unterschiedlichen Durchführungswege der betrieblichen Altersversorgung. Des Weiteren sind die Bestimmungen zur vorzeitigen Altersleistung (§ 6 BetrAVG) und zur gesetzlichen Insolvenzsicherung (§§ 7 bis 15 BetrAVG) nicht tarifdispositiv. Die Tarifvertragsparteien können auch nicht über den Geltungsbereich des Gesetzes selbst (§ 17 BetrAVG) und über die Sonderregelungen für den öffentlichen Dienst (§ 18 BetrAVG) verfügen.   30

Zu beachten ist, dass abweichende Tarifvertragsbedingungen gem. § 4 Abs. 1 TVG grds. nur zwischen den beiderseits tarifgebundenen Vertragsparteien gelten. Sie können jedoch auch zwischen **nicht tarifgebundenen** Arbeitgebern und Arbeitnehmern Geltung haben, wenn die Anwendung der Tarifvertragsbestimmungen zwischen diesen im Arbeitsvertrag vereinbart ist.   31

---

29 BAG 23.1.2001, 3 AZR 164/00, EzA § 6 BetrAVG Nr. 23, DB 2001, 1887; 24.7.2001, 3 AZR 567/00, EzA § 6 BetrAVG Nr. 25, DB 2002, 588; 24.7.2001, 3 AZR 681/00, EzA § 2 BetrAVG Nr. 18, DB 2002, 590 m. Anm. *Grabner/May*; *Grabner/Bode* BB 2001, 2425.

E. Geltung des § 17 BetrAVG in den neuen Bundesländern

32 Mit der Wiedervereinigung war unter anderem die Frage zu klären, ob und ab wann das Betriebsrentengesetz auch für die neuen Bundesländer gelten sollte. Diese Frage wurde im Einigungsvertrag dahingehend entschieden, dass das BetrAVG zum 1.1.1992 in Kraft trat.[30] Das Betriebsrentengesetz ist mithin später als die meisten arbeitsrechtlichen Bestimmungen für die neuen Bundesländer in Kraft getreten. Für den Großteil des deutschen Arbeitsrechtes galt der 3.10.1990 als maßgebliches Datum. Hintergrund für diese verspätete Geltung war der Wunsch des Gesetzgebers, den PSVaG vor Risiken zu schützen, welche zum Zeitpunkt des Abschlusses des Einigungsvertrages nicht absehbar waren. Es war nicht klar, ob und in welchem Umfang Versorgungsrechte in den neuen Bundesländern bestehen würden und in welchem Umfang mit Insolvenzen im Beitrittsgebiet zu rechnen war.

33 Mithin nehmen Versorgungszusagen, die **vor dem 1.1.1992** in den neuen Bundesländern **erteilt** und auch **ab dem 1.1.1992 nicht erneuert** wurden, nicht am Schutz des Betriebsrentengesetzes teil.[31] Besondere Relevanz entfaltet dieser Umstand im Hinblick auf die Frage der Unverfallbarkeit und der Rentenanpassung. Hierbei sind folgende zwei Zeiträume zu unterscheiden:

Für Versorgungszusagen, die **vor dem 3.10.1990 erteilt** wurden und ab **dem 1.1.1992 nicht erneuert** wurden, gilt allenfalls das allgemeine Recht der betrieblichen Altersversorgung, das nicht im Betriebsrentengesetz seinen Niederschlag gefunden hat, und dies auch nur sehr eingeschränkt.[32] Die vorgesetzliche Rechtsprechung des BAG zur Unverfallbarkeit und zur Anpassung von Betriebsrenten ist grundsätzlich nicht anwendbar. Lediglich in außergewöhnlichen Ausnahmefällen lässt sich zumindest eine Anpassung aus Treu und Glauben ableiten.[33]

Versorgungszusagen, welche ab dem 3.10.1990, aber vor dem 1.1.1992 erteilt und ab dem 1.1.1992 nicht erneuert worden sind, können ebenfalls nicht nach den Regelungen des BetrAVG, jedoch nach der Rechtsprechung über die vorgesetzliche Unverfallbarkeit des BAG unverfallbar werden.[34] Auch im Hinblick auf die Rentenanpassung findet für die im genannten Zeitraum erteilten Zusagen zwar nicht die Regelung des

---

30 Einigungsvertrag, Anl. I, Kap. VIII, Sachgebiet A, Abschn. II Nr. 16.
31 BAG 24.3.1998, 3 AZR 778/96, EzA § 16 Nr. 3 BetrAVG, DB 1998, 1641.
32 BAG 27.2.1996, 3 AZR 242/95, DB 1996, 2343.
33 BAG 24.3.1998, 3 AZR 778/96, EzA § 16 Nr. 3 BetrAVG, DB 1998, 1641.
34 BAG 10.3.1972, 3 AZR 278/71, EzA § 242 BGB Ruhegeld Nr. 11, DB 1972, 1486.

§ 16 BetrAVG Anwendung; es gelten aber auch insoweit die vorgesetzlichen höchstrichterlichen Grundsätze zur Betriebsrentenanpassung.[35]

Eine Zusage, welche **ab dem 1.1.1992 erteilt** bzw. vorher erteilt, aber nach diesem Zeitpunkt **erneuert** worden ist, unterfällt grds. den Bestimmungen des BetrAVG. Im Hinblick auf die gesetzlichen Unverfallbarkeitsfristen ist dabei zu berücksichtigen, dass Zeiten der Betriebszugehörigkeit, welche vor dem 1.1.1992 zurückgelegt wurden, im Rahmen der sog. alternativen Unverfallbarkeitsvoraussetzung berücksichtigt werden können. Dieser Fall ist insbesondere bei ausdrücklicher Anrechnung derartiger vorgesetzlicher Dienstzeiten oder auch im Rahmen eines Betriebsübergangs gegeben.[36]

34

Wie sich herausstellte, spielte die betriebliche Altersversorgung in den neuen Bundesländern nur eine sehr untergeordnete Rolle. In mehreren Entscheidungen musste sich das BAG mit der bekanntesten Form einer betrieblichen Altersversorgung in den neuen Bundesländern befassen, welche auf der sog. Anordnung zur Einführung einer Zusatzversorgung für die Arbeiter und Angestellten in den wichtigsten volkseigenen Betrieben beruhte. Diese Anordnung erfolgte auf Grundlage einer Verordnung des Ministerrats der DDR vom 10.12.1953[37] und datiert vom 9.3.1954 (sog. AO 1954).[38] Die Urteile des BAG befassten sich mit der Frage, ob Rechte auf Grundlage der AO 1954 betriebliche Altersversorgung darstellen, was das BAG bejahte. Des Weiteren wurde eine Zusatzversorgung nach der AO 1954 nur dann gewährt, wenn diese spätestens am 31.12.1991 bereits als laufende Leistung gezahlt wurde. Andernfalls verfalle die entsprechende Anwartschaft.[39] Diese Rechtsfolge wird darauf gestützt, dass der Einigungsvertrag ausdrücklich vorsieht, die AO 1954 nur bis zum 31.12.1991 anzuwenden.

35

Das BAG hat hier einen Kompromiss zwischen der Auffassung des Bundesministeriums der Finanzen, welches sämtliche Leistungen und Anwartschaften ab dem 1.1.1992 verfallen lassen wollte[40] und einer vermittelnden Auffassung gezogen, welche laufende Leistungen weiter erhalten und erdiente Anwartschaften zeitanteilig bis zum 31.12.1991 aufrechterhalten wollte.[41]

36

---

35 *Höfer* BetrAVG, Rn. 1492 f zu ART.
36 BAG 19.12.2000, 3 AZR 451/99, EzA § 613 a BGB Nr. 197, DB 2001, 2407.
37 GBl. DDR S. 1219.
38 GBl. DDR S. 301 – AO 1954.
39 BAG 27.2.1996, 3 AZR 242/95, DB 1996, 2343.
40 BMF-Schreiben v. 21.6.1991, IV B 2/S 2176 – 23/91, DB 1991, 1417.
41 *Griebeling* BAV, Rn. 914 f.

F. Verhältnis des BetrAVG zu vorgesetzlichen Regelungen (§ 17 Abs. 4 BetrAVG)

37 § 17 Abs. 4 BetrAVG kann als eine **Konkurrenzklausel** zwischen dem BetrAVG und Gesetzesregelungen, die vor dem Inkrafttreten des Betriebsrentengesetzes mit dem Bereich der betrieblichen Altersversorgung befasst waren, verstanden werden. Derartige gesetzliche Regelungen gelten weiter und werden durch das BetrAVG, als späteres und möglicherweise spezielleres Gesetz, nicht abgelöst. Hierzu gehört das Gesetz zur hüttenknappschaftlichen Pensionsversicherung im Saarland vom 22.12.1971 (heute abgelöst durch das HZvNG) und andere einzelne Gesetzesregelungen. Allerdings war auch eine Ausnahmeregelung von diesem Grundsatz erforderlich, da durch § 18 BetrAVG in bestehende Gesetzesregelungen für den öffentlichen Dienst eingegriffen wurde. Dies erklärt den Vorbehalt im Hinblick auf § 18 BetrAVG.

G. Umwandlung von auf Tarifvertrag beruhenden Entgeltansprüchen (§ 17 Abs. 5 BetrAVG)

38 Mit der Regelung des § 17 Abs. 5 BetrAVG hat der Gesetzgeber eine ausdrückliche Normierung zur **Umwandlung tarifvertraglicher Entgeltansprüche** vorgenommen. Die Norm gilt gem. § 30 h BetrAVG für Zusagen aus Entgeltumwandlung, die nach dem 29.6.2001 erteilt wurden. Ansprüche, welche in einem Tarifvertrag geregelt sind, sind einer Entgeltumwandlung nur zugänglich, wenn die Tarifvertragsparteien dies entweder selbst ausdrücklich regeln oder wenn sie im Wege einer Öffnungsklausel eine entsprechende Regelung (Betriebsvereinbarung, Einzelarbeitsvertrag) ausdrücklich zulassen.

39 Derartige Bestimmungen sind bereits in einer Vielzahl von Variationen vorhanden. So existieren detaillierte Regelungen im Tarifvertrag der Chemischen Industrie, welcher die Umwandlung von Entgeltansprüchen aus der tariflichen Sonderzahlung, des Anspruchs auf Urlaubsgeld und anderen tariflich geregelten Entgeltansprüchen behandelt. Ebenso bestehen in anderen Tarifbereichen, wie dem der metallverarbeitenden Industrie, umfangreiche Vorschriften zu den Voraussetzungen einer Entgeltumwandlung von tarifvertraglichen Ansprüchen.

40 Diese Ergänzung des Gesetzes gibt Anlass zu der Frage, wie mit Entgeltumwandlungsvereinbarungen früheren Datums, insbesondere sog. Gehaltsumwandlungsdirektversicherungen, zu verfahren ist, welche eine Umwandlung tarifgebundener Entgeltansprüche ohne entsprechende

tarifvertragliche Erlaubnis regelten. Grundsätzlich ließe sich argumentieren, dass derartige Vereinbarungen angesichts der Festlegung des Gesetzgebers wegen Verstoßes gegen § 4 Abs. 1 TVG **unwirksam** sind und nicht über das tarifvertragliche Günstigkeitsprinzip des § 4 Abs. 3 TVG »geheilt« werden können. Als Folge stünde dem Mitarbeiter grds. noch ein Anspruch auf Barvergütung der unwirksam umgewandelten tariflichen Entgeltbestandteile zu. In der Vielzahl der Fälle wird dieser Anspruch jedoch bereits verjährt bzw. verfallen sein. Andererseits haben mehrere Untersuchungen gezeigt, dass die Verlagerung der Barvergütung von der aktiven Erwerbsphase in die Ruhestandsphase erhebliche Vorteile für den Arbeitnehmer beinhalten kann.[42]

Ein Tarifvertrag über Ausmaß und Umfang der Entgeltumwandlung entfaltet wie auch sonst im allgemeinen Tarifrecht gem. § 4 Abs. 1 TVG seine normative Wirkung grds. nur dann, wenn sowohl der Arbeitgeber als auch der Arbeitnehmer **tarifgebunden** sind. Ein tarifgebundener Arbeitgeber wird in der Praxis die Regelungen eines Tarifvertrages auch für die nichtgebundenen Arbeitnehmer umsetzen, beispielsweise im Zuge einer Betriebsvereinbarung. Sollte ein Tarifvertrag über Entgeltumwandlung gem. § 5 TVG für allgemeinverbindlich erklärt werden, entfaltet er für sämtliche Unternehmen und deren Beschäftigte im Geltungsbereich der Allgemeinverbindlicherklärung bindende Wirkung. 41

---

42 *Bode* DB 1997, 1769; *Bode/Grabner* S. 219 f.; *Bode/Grabner/Stein* DB 2001, 1893.

§ 18 Sonderregelungen für den öffentlichen Dienst

(1) Für Personen, die

1. bei der Versorgungsanstalt des Bundes und der Länder (VBL) oder einer kommunalen oder kirchlichen Zusatzversorgungseinrichtung pflichtversichert sind, oder

2. bei einer anderen Zusatzversorgungseinrichtung pflichtversichert sind, die mit einer der Zusatzversorgungseinrichtungen nach Nummer 1 ein Überleitungsabkommen abgeschlossen hat oder aufgrund satzungsrechtlicher Vorschriften der Zusatzversorgungseinrichtungen nach Nummer 1 ein solches Abkommen abschließen kann, oder

3. unter das Gesetz über die zusätzliche Alters- und Hinterbliebenenversorgung für Angestellte und Arbeiter der Freien und Hansestadt Hamburg (Erstes Ruhegeldgesetz – 1. RGG), das Gesetz zur Neuregelung der zusätzlichen Alters- und Hinterbliebenenversorgung für Angestellte und Arbeiter der Freien und Hansestadt Hamburg (Zweites Ruhegeldgesetz – 2. RGG) oder unter das Bremische Ruhelohngesetz in ihren jeweiligen Fassungen fallen oder auf die diese Gesetze sonst Anwendung finden,

gelten die §§ 2, 5, 16, 27 und 28 nicht, soweit sich aus den nachfolgenden Regelungen nichts Abweichendes ergibt; § 4 gilt nicht, wenn die Anwartschaft oder die laufende Leistung ganz oder teilweise umlage- oder haushaltsfinanziert ist.

(2) Bei Eintritt des Versorgungsfalles erhalten die in Absatz 1 Nr. 1 und 2 bezeichneten Personen, deren Anwartschaft nach § 1 b fortbesteht und deren Arbeitsverhältnis vor Eintritt des Versorgungsfalles geendet hat, von der Zusatzversorgungseinrichtung eine Zusatzrente nach folgenden Maßgaben:

1. Der monatliche Betrag der Zusatzrente beträgt für jedes Jahr der aufgrund des Arbeitsverhältnisses bestehenden Pflichtversicherung bei einer Zusatzversorgungseinrichtung 2,25 vom Hundert, höchstens jedoch 100 vom Hundert der Leistung, die bei dem höchstmöglichen Versorgungssatz zugestanden hätte (Voll-Leistung). Für die Berechnung der Voll-Leistung

   a) ist der Versicherungsfall der Regelaltersrente maßgebend,

   b) ist das Arbeitsentgelt maßgebend, das nach der Versorgungsregelung für die Leistungsbemessung maßgebend wäre, wenn im Zeitpunkt des Ausscheidens der Versicherungsfall im Sinne der Versorgungsregelung eingetreten wäre,

c) finden § 2 Abs. 5 Satz 1 und § 2 Abs. 6 entsprechende Anwendung,

d) ist im Rahmen einer Gesamtversorgung der im Falle einer Teilzeitbeschäftigung oder Beurlaubung nach der Versorgungsregelung für die gesamte Dauer des Arbeitsverhältnisses maßgebliche Beschäftigungsquotient nach der Versorgungsregelung als Beschäftigungsquotient auch für die übrige Zeit maßgebend,

e) finden die Vorschriften der Versorgungsregelung über eine Mindestleistung keine Anwendung und

f) ist eine anzurechnende Grundversorgung nach dem bei der Berechnung von Pensionsrückstellungen für die Berücksichtigung von Renten aus der gesetzlichen Rentenversicherung allgemein zulässigen Verfahren zu ermitteln. Hierbei ist das Arbeitsentgelt nach Buchstabe b zugrunde zu legen und – soweit während der Pflichtversicherung Teilzeitbeschäftigung bestand – diese nach Maßgabe der Versorgungsregelung zu berücksichtigen.

2. Die Zusatzrente vermindert sich um 0,3 vom Hundert für jeden vollen Kalendermonat, den der Versorgungsfall vor Vollendung des 65. Lebensjahres eintritt, höchstens jedoch um den in der Versorgungsregelung für die Voll-Leistung vorgesehenen Vomhundertsatz.

3. Übersteigt die Summe der Vomhundertsätze nach Nummer 1 aus unterschiedlichen Arbeitsverhältnissen 100, sind die einzelnen Leistungen im gleichen Verhältnis zu kürzen.

4. Die Zusatzrente muss monatlich mindestens den Betrag erreichen, der sich aufgrund des Arbeitsverhältnisses nach der Versorgungsregelung als Versicherungsrente aus den jeweils maßgeblichen Vomhundertsätzen der zusatzversorgungspflichtigen Entgelte oder der gezahlten Beiträge und Erhöhungsbeträge ergibt.

5. Die Vorschriften der Versorgungsregelung über das Erlöschen, das Ruhen und die Nichtleistung der Versorgungsrente gelten entsprechend. Soweit die Versorgungsregelung eine Mindestleistung in Ruhensfällen vorsieht, gilt dies nur, wenn die Mindestleistung der Leistung im Sinne der Nummer 4 entspricht.

§ 18 Sonderregelungen für den öffentlichen Dienst

6. Verstirbt die in Absatz 1 genannte Person, erhält eine Witwe oder ein Witwer 60 vom Hundert, eine Witwe oder ein Witwer im Sinne des § 46 Abs. 1 des Sechsten Buches Sozialgesetzbuch 42 vom Hundert, eine Halbwaise 12 vom Hundert und eine Vollwaise 20 vom Hundert der unter Berücksichtigung der in diesem Absatz genannten Maßgaben zu berechnenden Zusatzrente; die §§ 46, 48, 103 bis 105 des Sechsten Buches Sozialgesetzbuch sind entsprechend anzuwenden. Die Leistungen an mehrere Hinterbliebene dürfen den Betrag der Zusatzrente nicht übersteigen; gegebenenfalls sind die Leistungen im gleichen Verhältnis zu kürzen.

7. Versorgungsfall ist der Versicherungsfall im Sinne der Versorgungsregelung.

(3) Personen, auf die bis zur Beendigung ihres Arbeitsverhältnisses die Regelungen des Ersten Ruhegeldgesetzes, des Zweiten Ruhegeldgesetzes oder des Bremischen Ruhelohngesetzes in ihren jeweiligen Fassungen Anwendung gefunden haben, haben Anspruch gegenüber ihrem ehemaligen Arbeitgeber auf Leistungen in sinngemäßer Anwendung des Absatzes 2 mit Ausnahme von Absatz 2 Nr. 3 und 4 sowie Nr. 5 Satz 2; bei Anwendung des Zweiten Ruhegeldgesetzes bestimmt sich der monatliche Betrag der Zusatzrente abweichend von Absatz 2 nach der nach dem Zweiten Ruhegeldgesetz maßgebenden Berechnungsweise.

(4) Die Leistungen nach den Absätzen 2 und 3 werden, mit Ausnahme der Leistungen nach Absatz 2 Nr. 4, jährlich zum 1. 7. um 1 vom Hundert erhöht, soweit in diesem Jahr eine allgemeine Erhöhung der Versorgungsrenten erfolgt.

(5) Besteht bei Eintritt des Versorgungsfalles neben dem Anspruch auf Zusatzrente oder auf die in Absatz 3 oder Absatz 7 bezeichneten Leistungen auch Anspruch auf eine Versorgungsrente oder Versicherungsrente der in Absatz 1 Satz 1 Nr. 1 und 2 bezeichneten Zusatzversorgungseinrichtungen oder Anspruch auf entsprechende Versorgungsleistungen der Versorgungsanstalt der deutschen Kulturorchester oder der Versorgungsanstalt der deutschen Bühnen oder nach den Regelungen des Ersten Ruhegeldgesetzes, des Zweiten Ruhegeldgesetzes oder des Bremischen Ruhelohngesetzes, in deren Berechnung auch die der Zusatzrente zugrunde liegenden Zeiten berücksichtigt sind, ist nur die im Zahlbetrag höhere Rente zu leisten.

(6) Eine Anwartschaft auf Zusatzrente nach Absatz 2 oder auf Leistungen nach Absatz 3 kann bei Übertritt der anwartschaftsberechtig-

ten Person in ein Versorgungssystem einer überstaatlichen Einrichtung in das Versorgungssystem dieser Einrichtung übertragen werden, wenn ein entsprechendes Abkommen zwischen der Zusatzversorgungseinrichtung oder der Freien und Hansestadt Hamburg oder der Freien Hansestadt Bremen und der überstaatlichen Einrichtung besteht.

(7) ¹Für Personen, die bei der Versorgungsanstalt der deutschen Kulturorchester oder der Versorgungsanstalt der deutschen Bühnen pflichtversichert sind, gelten die §§ 2 bis 5, 16, 27 und 28 nicht. ²Bei Eintritt des Versorgungsfalles treten an die Stelle der Zusatzrente und der Leistungen an Hinterbliebene nach Absatz 2 und an die Stelle der Regelung in Absatz 4 die satzungsgemäß vorgesehenen Leistungen; Absatz 2 Nr. 5 findet entsprechend Anwendung. ³Die Höhe der Leistungen kann nach dem Ausscheiden aus dem Beschäftigungsverhältnis nicht mehr geändert werden. ⁴Als pflichtversichert gelten auch die freiwillig Versicherten der Versorgungsanstalt der deutschen Kulturorchester und der Versorgungsanstalt der deutschen Bühnen.

(8) Gegen Entscheidungen der Zusatzversorgungseinrichtungen über Ansprüche nach diesem Gesetz ist der Rechtsweg gegeben, der für Versicherte der Einrichtung gilt.

(9) Bei Personen, die aus einem Arbeitsverhältnis ausscheiden, in dem sie nach § 5 Abs. 1 Satz 1 Nr. 2 des Sechsten Buches Sozialgesetzbuch versicherungsfrei waren, dürfen die Ansprüche nach § 2 Abs. 1 Satz 1 und 2 nicht hinter dem Rentenanspruch zurückbleiben, der sich ergeben hätte, wenn der Arbeitnehmer für die Zeit der versicherungsfreien Beschäftigung in der gesetzlichen Rentenversicherung nachversichert worden wäre; die Vergleichsberechnung ist im Versorgungsfall aufgrund einer Auskunft der Deutschen Rentenversicherung Bund vorzunehmen.

Übersicht	Rn.
A. Regelungsgehalt	1
B. Geltungsbereich	6
C. Unverfallbarkeit im öffentlichen Dienst	13
D. Portabilität im öffentlichen Dienst	16
E. Besonderheiten bei Bühnenangehörigen	19
F. Rechtsweg, Rechtmäßigkeit	21
I. Rechtsweg	21

II. Rechtmäßigkeit der Neuregelung	23
G. Übergangsregelung für pflichtversicherte Arbeitnehmer	27
H. Versicherungsfreie Personen	28

A. Regelungsgehalt

1 Die Vorschrift des § 18 BetrAVG ist durch das Erste Gesetz zur Änderung des Gesetzes zur Verbesserung der betrieblichen Altersversorgung vom 21.12.2000 (BGBl. I S. 1914) neu gefasst worden. In die Vorschrift wurde durch Art. 8 Ziff. 13 des Gesetzes zur Neuordnung der einkommensteuerrechtlichen Behandlung von Altersaufwendungen und Altersbezügen (Alterseinkünftegesetz – AltEinkG) vom 5.7.2004 (BGBl. S. 1427) der zweite Halbsatz in Abs. 1 angefügt, wonach die neuen Regelungen zur Portabilität dann nicht gelten, wenn die Anwartschaft oder die laufende Leistung durch eine Umlage oder aus einem Haushalt finanziert wird.

1a Rechtspolitischer Hindergrund für die Neuregelung zum 1.1.2001 war ein Beschluss des BVerfG vom 15.7.1988,[1] mit dem die bisherige Regelung der Unverfallbarkeit von Ansprüchen im Rahmen der Zusatzversorgung des öffentlichen Dienstes für verfassungswidrig erklärt worden ist. Die Vorschrift ist allg. am 1.1.2001 in Kraft getreten, weil das BVerfG in seiner Entscheidung festgestellt hatte, dass die Verfassungswidrigkeit der angesprochenen früheren Norm bis 31.12.2000 nicht geltend gemacht werden kann. Demgegenüber ist die in Abs. 9 der Vorschrift enthaltene Regelung für den Erhalt der unverfallbaren Anwartschaft für Personen, die aus einem Arbeitsverhältnis mit Versicherungsfreiheit in der gesetzlichen Rentenversicherung der Arbeiter und Angestellten ausscheiden, abweichend davon rückwirkend zum 1.1.1999 in Kraft getreten. Dieses abweichende Inkrafttretensdatum ergibt sich aus dem Umstand, dass das BVerfG auch die Vorläuferregelung über die Nachversicherung dieser Personen beanstandet hatte. Die ursprünglichen Regelungen in § 18 Abs. 1 S. 1 Nr. 4 bis 6 und Abs. 6 in der bis zum 31.12.1998 geltenden Fassung war aber bereits gegenstandslos, weil die Regelung bereits vor Bekanntgabe der Entscheidung mit dem Rentenreformgesetz 1999 aufgehoben worden ist.

2 Als wichtigster Regelungsinhalt des § 18 BetrAVG ergeben sich eigenständige Unverfallbarkeitsregeln für die Zusatzversorgung des öffent-

---
[1] BVerfG 15.7.1998, 1 BvR 1554/89, 963/94, 964/94, EzA § 18 BetrAVG Nr. 10, BVerfGE 98, 365 ff., NZA 1999, 194 ff., ZTR 1999, 36 ff.

lichen Dienstes. Zwei voneinander unabhängige Regelungsbereiche sind zu unterscheiden:

- Für Arbeitnehmer, die in einem besonderen System der betrieblichen Altersversorgung versichert sind (Zusatzversorgung des öffentlichen Dienstes), hat die Vorschrift besondere Regeln für die Berechnung der Unverfallbarkeit betrieblicher Versorgungsanwartschaften beim vorzeitigen Ausscheiden eines Arbeitnehmers aus dem Arbeitsverhältnis geschaffen. Die Regelung sieht vor, dass sich auch der Anspruch der ehemaligen Arbeitnehmer des öffentlichen Dienstes an der zugesagten Versorgungsleistung orientieren soll. Abweichend von der Regel des § 2 BetrAVG wird nicht auf die Leistung abgestellt, die vom Beginn der Betriebszugehörigkeit bis zum Versorgungsfall hätte erreicht werden können, sondern auf die höchst mögliche Leistung, die der Arbeitnehmer hätte erzielen können. Von dieser Leistung erhält der Arbeitnehmer pro Jahr der Betriebszugehörigkeit 2,25 %. Daneben enthalten die Vorschriften einige weitergehende Regelungen, z.B. über die Dynamisierung der so festgestellten unverfallbaren Anwartschaft.

- Durch die in Abs. 9 enthaltene Regelung soll sichergestellt werden, dass die unverfallbare Anwartschaft nach § 2 BetrAVG bei Personen, die aus einem Arbeitsverhältnis ausscheiden, in dem sie nach § 5 Abs. 1 S. 1 Nr. 2 SGB VI versicherungsfrei waren, nicht geringer ist, als die Anwartschaft, die sich aus einer Nachversicherung der versicherungsfreien Zeit in der gesetzlichen Rentenversicherung ergeben hätte. Die Vorläuferregelung war durch das Rentenreformgesetz 1999 zum 31.12.1998 aufgehoben worden.[2] Ziel der Neuregelung war es, eine zusätzliche Nachversicherung in der gesetzlichen Rentenversicherung zu vermeiden.[3]

Zu § 18 BetrAVG war ergänzend die Übergangsvorschrift in § 30 d BetrAVG zu berücksichtigen. Grundlage dieser Übergangsregelung war die Feststellung des BVerfG,[4] dass der Gesetzgeber die Folgen der Unvereinbarkeit mit dem Grundgesetz für die Vergangenheit eingrenzen darf, um Haushaltsbelastungen und einen unangemessenen Verwaltungsaufwand zu vermeiden. Insbesondere sind damit Nachzahlungsansprüche für die Vergangenheit ausgeschlossen, währenddessen aber eine Neuberechnung aller Leistungen und Anwartschaften

---

2 Gesetz v. 16.12.1997 BGBl. I S. 2998; vgl. weiterführend auch *Mühlstädt* ZTR 1999, 343 ff.
3 *Berenz* Gesetzesmaterialien BetrAVG, Allg. Begr. S. 624 ff., § 18, S. 491 ff.
4 BVerfG 15.7.1998, a.a.O., S. 55.

für die Zukunft sicherzustellen war. Die Regelung ist durch Vollzug erledigt und damit gegenstandslos.

4 Die Vorschriften des § 18 BetrAVG und des § 30 d BetrAVG sind seit der Neuregelung des Zusatzversorgungsrechts im öffentlichen Dienst durch den Altersvorsorgeplan 2001[5] und die darauf folgende Neufassung der einschlägigen Tarifverträge[6] weitgehend gegenstandslos geworden. Die Vorschrift hat mittelbar noch eine erhebliche Bedeutung, weil die Regelung des Besitzstandes Kraft Tarifvertrages nicht nach den allg. Unverfallbarkeitsbestimmungen in § 2 BetrVG, sondern nach § 18 BetrVG durchgeführt worden ist. Eigenständige Bedeutung hat § 18 noch in der Dynamisierungsregelung in Abs. 4 und in Abs. 9.

5 Die nachfolgende Kommentierung wird ab der 3. Auflage dieses Kommentars auf wesentliche Grundzüge der Regelung beschränkt, soweit diese in der Praxis noch von Bedeutung sind; soweit die ausführliche Kommentierung dennoch benötigt wird (z.B. im Zusammenhang mit der noch nicht angeschlossenen Prüfung der Rechtmäßigkeit der Besitzstandsregelung), wird auf die Vorauflage verwiesen. Die wesentlichen Aspekte im Zusammenhang mit Fragen der Privatisierung und der Betriebsrente im öffentlichen Dienst werden im Anhang I behandelt.

B. Geltungsbereich

6 Die Vorschrift grenzt den Geltungsbereich der Sonderregelungen für den öffentlichen Dienst, die sich im Wesentlichen in einer abweichenden Formulierung einer Unverfallbarkeitsregelung und in einigen weiteren Vorschriften beschränken, entsprechend der früher geltenden Regelung nicht mit einer eigenen Definition des öffentlichen Dienstes ab.

7 Die Vorschrift behandelt Sonderregelungen für Personen, die bei bestimmten Einrichtungen versichert sind oder die unter bestimmte gesetzliche Regelungen fallen. Diese Abgrenzung entspricht der traditionellen Abgrenzung des öffentlichen Dienstes und den besonderen Regelungen, die seit Beginn an im BetrAVG getroffen worden waren. Dabei stellt Abs. 1 der Vorschrift darauf ab, dass die Sonderregelungen nur für Personen gelten, die bei bestimmten Zusatzversorgungseinrichtun-

---

[5] Vgl. hierzu Anhang I Rn. 2 f.
[6] Vgl. Tarifvertrag über die betriebliche Altersversorgung der Beschäftigten des öffentlichen Dienstes (Tarifvertrag Altersversorgung – ATV) v. 1.3.2002; Tarifvertrag über die zusätzliche Altersversorgung der Beschäftigten des öffentlichen Dienstes – Altersvorsorge-TV-Kommunal – (ATV-K) v. 1.3.2002.

Sonderregelungen für den öffentlichen Dienst § 18

gen pflichtversichert sind. Hintergrund ist gegenwärtig ein einheitliches Leistungsrecht, so dass eine einheitliche Behandlung auch gerechtfertigt erscheint.

Die Zusatzversorgungseinrichtungen des öffentlichen und kirchlichen Dienstes lassen sich wie folgt abgrenzen: 8

Die Versorgungsanstalt des Bundes und der Länder (VBL), Karlsruhe, bei der die Arbeitnehmer des Bundes und seiner Einrichtungen, der Länder und ihrer Einrichtungen und der kommunalen Arbeitgeber, die sich räumlich im Lande Niedersachsen, im Lande Schleswig-Holstein und in den östlichen Teilen von Nordrhein-Westfalen befinden, versichert sind, ist die bedeutendste und älteste dieser Einrichtungen.

Daneben bestehen die nachfolgend aufgeführten Zusatzversorgungseinrichtungen: 9

▶ **Im Tarifbereich West:**

Pfälzische Pensionsanstalt, Körperschaft des öffentlichen Rechts, Bad Dürkheim

Zusatzversorgungskasse der Gemeinden und Gemeindeverbände Darmstadt, Darmstadt

Emder Zusatzversorgungskasse für Sparkassen, Emden

Zusatzversorgungskasse der Stadt Frankfurt, Frankfurt/M.

Versorgungsanstalt der Stadt Hannover, Hannover

Kommunaler Versorgungsverband Baden-Württemberg – Zusatzversorgungskasse Karlsruhe

Zusatzversorgungskasse der Gemeinden und Gemeindeverbände des Regierungsbezirks Kassel, Kassel

Rheinische Zusatzversorgungskasse für Gemeinden und Gemeindeverbänden, Köln

Zusatzversorgungskasse der Stadt Köln, Köln

Zusatzversorgungskasse der bayer. Gemeinden München

Kommunale Zusatzversorgungskasse Westfalen-Lippe (ZKW), Münster/Westf.

Ruhegehalts- und Zusatzversorgungskasse des Saarlandes, Abt. Zusatzversorgung, Saarbrücken

Zusatzversorgungskasse der Landesbank, Stuttgart (– geschlossen –)

Zusatzversorgungskasse der Gemeinden und Gemeindeverbände des Regierungsbezirks Wiesbaden, Wiesbaden

▶ **Im Tarifbereich Ost:**

Zusatzversorgungskasse beim Kommunalen Versorgungsverband Brandenburg, Gransee

Kommunale Zusatzversorgungskasse Mecklenburg-Vorpommern, Straßburg

Zusatzversorgungskasse des Kommunalen Versorgungsverbandes Sachsen, Dresden

Kommunaler Versorgungsverband Sachsen-Anhalt, Magdeburg

Zusatzversorgungskasse beim Kommunalen Versorgungsverband Thüringen, Artern

▶ **Kirchliche Zusatzversorgungskassen**

Kirchliche Zusatzversorgungskasse Darmstadt, Darmstadt

Zusatzversorgungskasse der Evang.-Luth. Landeskirche Hannovers, Detmold

Kirchliche Zusatzversorgungskasse Rheinland-Westfalen, Dortmund

Kirchliche Zusatzversorgungskasse in Baden, Karlsruhe

Kirchliche Zusatzversorgungskasse des Verbandes der Diözesen Deutschlands, Köln.

10 Bei den Zusatzversorgungseinrichtungen, die rechtlich als Anstalten des öffentlichen Rechts organisiert sind, handelt es sich um besondere Einrichtungen, die betriebliche Altersversorgung weitgehend ohne die Bindungen des Versicherungsaufsichtsgesetzes durchführen. Nach dem Regelungscharakter und der Gestaltung der Rechtsverhältnisse handelt es sich um Pensionskassen[7]. Dies gilt jedenfalls hinsichtlich der arbeits- und steuerrechtlichen Bewertung.

11 Nach § 18 Abs. 1 Nr. 2 BetrAVG sind auch die pflichtversicherten Arbeitnehmer bei anderen Zusatzversorgungseinrichtungen in die Sonderregelung einbezogen, die mit einer der genannten Zusatzversorgungseinrichtungen ein Überleitungsabkommen zur Überleitung von

---

[7] Vgl. *Blomeyer/Rolfs/Otto* § 18 Rn. 10; *Langenbrinck/Mühlstädt* Rn. 676; *Rengier* ZTR 2005, 129, 130.

Versicherten abgeschlossen haben oder aufgrund eigener satzungsrechtlicher Vorschriften ein solches Abkommen abschließen können. Betroffen sind lediglich noch Bereiche aus der Bundesbahn-Versicherungsanstalt, soweit hier noch öffentlicher Dienst vorliegt.

Nach § 18 Abs. 1 Nr. 3 BetrAVG sind in die Regelung auch diejenigen Mitarbeiter des öffentlichen Dienstes einbezogen, die unter zwei landesgesetzliche Regelungen in Hamburg und Bremen fallen. Hierbei handelt es sich um das Gesetz über die zusätzliche Alters- und Hinterbliebenenversorgung für Angestellte und Arbeiter der Freien und Hansestadt Hamburg (Erstes Ruhegeldgesetz – 1. RGG),[8] das Gesetz zur Neuregelung der zusätzlichen Alters- und Hinterbliebenenversorgung für Angestellte und Arbeiter der Freien und Hansestadt Hamburg (Zweites Ruhegeldgesetz – 2. RGG)[9] und das Bremische Ruhelohngesetz in der jeweiligen Fassung.[10] 12

C. Unverfallbarkeit im öffentlichen Dienst

Entsprechend der in § 18 Abs. 1 BetrAVG getroffenen Regelung, gilt § 2 BetrAVG nicht, soweit der Geltungsbereich dieser Sonderregelung für den öffentlichen Dienst erfüllt ist. Damit soll für den Bereich der Zusatzversorgungseinrichtungen des öffentlichen Dienstes eine von den übrigen Regelungen des Betriebsrentenrechts abweichende Absicherung der Unverfallbarkeit geschaffen werden. Die Vorgabe des BVerfG ist zu beachten, dass bei der verfassungskonformen Neuregelung die vorzeitig aus dem öffentlichen Dienst ausscheidenden Arbeitnehmer hinsichtlich der Anwartschaften nach dem Betriebsrentengesetz nicht schlechter gestellt werden dürfen als vergleichbare Arbeitnehmer der Privatwirtschaft.[11] Nach der Gesetzesbegründung der Bundesregierung sollte mit der Neuregelung erreicht werden, dass die bei den Zusatzversorgungseinrichtungen des öffentlichen Dienstes Versicherten und vergleichbare Personen den Arbeitnehmern mit einer Altersversor- 13

---

8 Gesetz über die zusätzliche Alters- und Hinterbliebenenversorgung für Angestellte und Arbeiter der Freien Hansestadt Hamburg (Ruhegeldgesetz-RGG) i.d.F. der Bek.v. 9.4.1991 (HmbGVBl. S. 101, mehrfach geändert).
9 Vom 7.3.1995 (HmbGVBl.), zuletzt geändert durch das Gesetz zur Neuordnung des Zusatzversorgungsrechts – ZVNG v. 2.7.2003 (HmbGVBl. S. 222). Das in § 18 zitierte Ruhegeldgesetz trägt nunmehr den Titel »Hamburgisches Zusatzversorgungsgesetz«.
10 Bremisches Zusatzversorgungsneuregelungsgesetz v. 6.9.1983 (BremGBl. S. 289).
11 Vgl. hierzu und zum Folgenden *Stephan* ZTR 2001, 103 ff.

gungszusage der gewerblichen Wirtschaft weitgehend gleichgestellt werden.[12] Es handelt sich also um eine vollständige Ablösung der allg. Vorschriften in § 2 BetrAVG mit der Folge, dass die Zusatzversorgungseinrichtungen im öffentlichen Dienst für ihre Pflichtversicherten eine umfassende Sonderregelung erhalten haben.

14 Nach dem Ausscheiden aus dem Arbeitsverhältnis vor Eintritt des Versicherungsfalles behalten die Mitarbeiter, die vorher bei einer der beschriebenen Zusatzversorgungseinrichtungen des öffentlichen Dienstes pflichtversichert waren, eine unverfallbare Anwartschaft auf eine Zusatzrente, die sich bei Eintritt eines Versicherungsfalles in einen entsprechenden Rechtsanspruch umwandelt. § 18 Abs. 2 Nr. 1 S. 1 BetrAVG regelt dabei die Berechnungsweise, nach der diese Zusatzrente bei Unverfallbarkeit errechnet werden muss. Dabei wird für jedes Jahr des Bestehens des Arbeitsverhältnisses, aus dem die unverfallbare Anwartschaft entstanden ist, eine Zusatzrente in Höhe von 2,25 % der Leistung, die bei Erreichen der Altersgrenze nach dem vollendeten 65. Lebensjahr zugestanden hätte, erworben. Das Gesetz definiert die Rente, die bei Eintritt des Versicherungsfalles zustehen würde, als Voll-Leistung. Als Versicherungsfall wird in Abs. 2 Nr. 1 S. 2 Buchst. a das Erreichen der Regelaltersgrenze festgelegt.[13]

15 Bei der Freien und Hansestadt Hamburg und bei der Hansestadt Bremen bestehen teilweise abweichende Regelungen für die Zusatzversorgung der bei ihnen beschäftigten Mitarbeiter. Es gelten gesetzliche Regelungen, die eine vergleichbare Zusatzversorgung auf der Basis der jeweiligen Haushalte gewähren. Im Rahmen dieser Regelungen werden die Bestimmungen über die Unverfallbarkeit aufgrund der Voll-Leistung sinngemäß angewendet.

D. Portabilität im öffentlichen Dienst

16 Durch den mit dem Alterseinkünftegesetz mit Wirkung vom 1.1.2005 neu gefassten § 4 BetrAVG wurde die Übertragung von Versorgungsanwartschaften und Versorgungsverpflichtungen beim Arbeitgeberwechsel neu geregelt (Portabilität). Neben der bislang bereits möglichen Schuldübernahme einer erdienten Versorgungsanwartschaft durch den neuen Arbeitgeber kann künftig auch der Wert einer unverfallbar erdienten Anwartschaft übertragen werden. Grundsätzlich soll diese

---
12 *Berenz* Gesetzesmaterialien BetrAVG Allg. Begr. S. 624 ff., § 18, S. 491 ff.
13 Vgl. § 36 SGB VI.

Regelung auch für die in einer Zusatzversorgungseinrichtung des öffentlichen Dienstes pflichtversicherten Arbeitnehmer gelten[14]. Dies ergibt sich daraus, dass in § 18 Abs. 1 S. 1 Hs. 2 BetrAVG eine Ausnahme von der Regel des § 4 BetrAVG nur dann gelten soll, wenn die aus dem System der Zusatzversorgung zu übertragenden Anwartschaften oder laufenden Leistungen durch Umlagen oder aus dem Haushalt finanziert werden. Der Gesetzgeber begründet diese Ausnahmeregelung damit, dass bei umlagefinanzierten Anwartschaften kein Kapital vorhanden sei, das mitgenommen werden könnte. Die gleiche Ausnahme soll für haushaltsfinanzierte Zusatzversorgungsleistungen, wie sie in Hamburg und Bremen bestehen, gelten; im öffentlichen Dienst in Bremen und Hamburg gilt die Portabilität deshalb nicht.

Somit besteht für Anwartschaften und laufende Leistungen einer Zusatzversorgungseinrichtung des öffentlichen Dienstes, die durch Kapital gedeckt sind, auch der in § 4 Abs. 3 BetrAVG normierte Rechtsanspruch auf die Übertragung[15]. Diese Regelung gilt bei den Zusatzversorgungseinrichtungen, deren Anwartschaften und Leistungen vollständig durch Kapital gedeckt sind, uneingeschränkt. Die Beschränkung des Geltungsbereichs auf Neuzusagen ab dem 1. 1. 2005 ist zu beachten (§ 30 b BetrAVG).

Soweit die Kapitaldeckung nur teilweise besteht, kann der Rechtsanspruch nicht zum Tragen kommen. Dies ergibt sich ausdrücklich aus dem Wortlaut der Ausnahmebestimmung in § 18 Abs. 1 S. 1 Hs. 2 BetrAVG. Sonst hätte eine Aufteilung bei der Zusatzversorgungseinrichtung vorgenommen werden müssen. Nach dem Sinn und Zweck der gesetzlichen Regelung gilt die Ausnahme vom Recht auf Portabilität auch dann, wenn an Stelle einer Umlage ein Sanierungsgeld tritt. Sanierungsgelder sind pauschale Zuschüsse, die die Zusatzversorgungskassen von den beteiligten Arbeitgebern erheben, um Deckungslücken aus der vor dem 1.1.2002 gewährten Gesamtversorgung zu schließen.[16] Dies gilt namentlich für die kirchlichen Zusatzversorgungskassen, deren Finanzierung einheitlich aus einem Kapitaldeckungsbeitrag und einem zeitlich befristet zu entrichtenden Sanierungsgeld besteht. Zwar ist das Sanierungsgeld ein aliud gegenüber einer Umlage, weil sonst die eingeräumte Befreiung von der Lohnsteuerpflicht nicht zu rechtfertigen wäre. Gleichwohl ist das Sanierungsgeld als Ablösung

---

14 Vgl. die Gesetzesbegründung zum AltEinkG, BT-Drucks. 15/2150 v. 9.12.2003, S. 54.
15 Vgl. dazu näher die Kommentierung zu § 4; weiterführend *Mühlstädt* FS Kemper, S. 303 ff.
16 Vgl. näher *Berger/Kiefer/Langenbrinck* Erl. 1 zu § 17 ATV.

der laufenden Umlage im geschlossenen Gesamtversorgungssystem zu sehen. Es ist deshalb zu zahlen, weil keine Kapitaldeckung vorhanden ist. Dies rechtfertigt es, die Ausnahmebestimmung des § 18 Abs. 1 S. 1 Hs. 2 auch bei einem Sanierungsgeld anzuwenden.

E. Besonderheiten bei Bühnenangehörigen

19 Für die Arbeitnehmer, die an Bühnen oder bei Kulturorchestern beschäftigt sind, gilt i.d.R. ein von den Tarifverträgen des öffentlichen Dienstes abweichendes Tarifrecht. Dieses Tarifrecht wird vom Deutschen Bühnenverein auf Arbeitgeberseite und den Gewerkschaften der Bühnenangehörigen vereinbart. Im Rahmen dieser beiden Bereiche bestehen eigene Zusatzversorgungseinrichtungen, deren Satzungen weitgehend an die der Zusatzversorgungseinrichtungen des öffentlichen oder kirchlichen Dienstes angelehnt sind. Hierbei handelt es sich um die Versorgungsanstalt der deutschen Kulturorchester und die Versorgungsanstalt der deutschen Bühnen, die beide bei der Bayerischen Versorgungskammer gebildet sind.

20 § 18 Abs. 7 BetrAVG sieht vor, dass hinsichtlich der Berechnungen der unverfallbaren Anwartschaft die bei diesen beiden Versorgungseinrichtungen geregelten Vorschriften entsprechende Anwendung finden und die Berechnung der Zusatzrente in vergleichbarer Weise erfolgt. Die Regelung war deshalb erforderlich geworden, weil die Vorläuferregelung in § 18 Abs. 2 Nr. 3 BetrAVG a.F. infolge der Veränderung dieser Vorschrift durch das Rentenreformgesetz 1999 wegen einer fehlerhaften Umsetzung der Änderungsanträge zum ursprünglichen Gesetzentwurf irrtümlich gestrichen worden war.[17] Es wird somit der Rechtszustand wiederhergestellt, der bereits vor dem 1.1.1999 bestanden hat.

F. Rechtsweg, Rechtmäßigkeit

I. Rechtsweg

21 Auch die Neuregelung der unverfallbaren Anwartschaften für den Sonderbereich der Zusatzversorgungseinrichtungen des öffentlichen Dienstes muss sich an den Maßstäben messen lassen, die durch das BVerfG in seiner Entscheidung vom 15.7.1998 aufgestellt worden sind. Soweit einzelne Anwärter gegen die Rechtmäßigkeit der Zusatzrente

---

[17] *Berenz* Gesetzesmaterialien BetrAVG § 18, S. 497.

den Rechtsweg beschreiten, sieht § 18 Abs. 8 BetrAVG vor, dass die im Rahmen der Zusatzversorgung gültigen Rechtswege zu beschreiten sind. Sieht man von dem bei der Versorgungsanstalt des Bundes und der Länder möglichen Schiedsgerichtsverfahren einmal ab, so muss davon ausgegangen werden, dass der Rechtsweg gegen die Berechnung der Zusatzrente und damit auch gegen die Rechtmäßigkeit dieser Vorschrift grds. zu den Arbeitsgerichten gegeben ist.[18] Dies gilt nach § 2 Abs. 1 Nr. 4 Buchst. a) ArbGG jedenfalls, soweit der Arbeitnehmer seine Klage gegen den Arbeitgeber richtet[19].

Daneben ist auch die Zuständigkeit der ordentlichen Gerichte gegeben, wenn sich die Klage gegen die zuständige Zusatzversorgungseinrichtung richtet[20]. Dies hängt mit der Rechtsnatur des Beteiligungsverhältnisses des Arbeitgebers bei der Versorgungsanstalt des Bundes und der Länder und den anderen Zusatzversorgungseinrichtungen als Gruppenversicherungsvertrag zusammen.[21] Dementsprechend wird die Satzung der VBL als allg. Versicherungsbedingungen betrachtet mit der Folge, dass die Regelungen vor den ordentlichen Gerichten zu prüfen sind.[22] Demzufolge müssen rechtliche Beanstandungen bei der VBL gegenüber der Zusatzrenten entweder beim Schiedsgericht, der VBL oder bei den ordentlichen Gerichten (i.d.R. dem Landgericht Karlsruhe) erhoben werden.[23]

II. Rechtmäßigkeit der Neuregelung

Nach der hier vertretenen Auffassung hat die geltende Vorschrift des § 18 BetrAVG deshalb keine praktische Bedeutung mehr, weil die neu geordnete Zusatzversorgung des öffentlichen Dienstes nach dem Punk-

---

18 Bei den Zusatzversorgungskassen ist dies grds. nicht streitig. Vgl. zum Schiedsgerichtsverfahren bei der VBL § 57 f. der VBL-Satzung; a.A. *Stürmer* NJW 2004, 2480; teilweise differenzierend *Küpper* FS Kemper, S. 273 ff., 279.
19 Vgl. dazu ausführlich *Rengier* NZA 2004, 817, 819; *ders.* ZTR 2005, 129.
20 Vgl. BAG 10.8.2004, 5 AZB 26/04, ZTR 2004, 603; *Stürmer* NJW 2004, 2480. 2483; *Rengier* ZTR 2005, 130, 132.
21 Vgl. BSG 27.7.1972 NJW 1972, 2151 ff., 2152; Schiedsspruch des Oberschiedsgerichts der VBL 20.2.1987, OS 25/86, ZTR 1988, 86 ff.; BGH 16.3.1988, IVa ZR 154/87, ZTR 1988, 211 ff.; 16.3.1988, IVa ZR 142/87, AP Nr. 25 zu § 1 BetrAVG.
22 Vgl. BVerfG 22.3.2000, 1 BvR 1136/96, EzA Art. 3 GG Nr. 83, NJW 2000, 3341; BGHZ 103, 370 ff.; BGH 12.3.2003, IV ZR 58/02; 14.5.2003, IV ZR 72/02.
23 Vgl. auch LG Karlsruhe 30.1.2003, 6 O 197/03, BetrAV 2004, 283, bestätigt durch das OLG Karlsruhe 22.9.2005, 12 U 245/05, ZTR 2005, 288 sowie *Kühn/Kontusch* ZTR 2004, 181, *Preis/Timming* ZTR 2004, 262 und *Konrad* ZTR 2006, 356. Zur Frage der Konkurrenz von Klagen in der gleichen Sache bei Arbeits- und Zivilgerichten weiterführend *Rengier* ZTR 2005, 129, 133 f.

te-Modell hinsichtlich der Erhaltung der unverfallbaren Anwartschaften beim Ausscheiden aus der Pflichtversicherung einen völlig anderen Weg geht, als § 18 BetrAVG dies vorsieht. Deshalb hat die Frage der Rechtmäßigkeit der Vorschrift selbst bereits wegen des Zeitablaufes nur noch eine geringe Bedeutung. Sie hat aber hohe Bedeutung, weil sie im Rahmen der den Besitzstand wahrenden Regelungen durch die Tarifvertragsparteien des öffentlichen Dienstes zumindest in dem Verfahren zur Ermittlung einer unverfallbaren Anwartschaft für entsprechend anwendbar erklärt worden ist.[24]

24 Bei der rechtlichen Bewertung der Sonderregelung für den öffentlichen Dienst im Verhältnis zu der allg. Regelung in § 1 b Abs. 1 S. 1 sowie in § 2 BetrAVG kommen die Vorauflagen zu dem Ergebnis, dass eine rechtliche Begründung für die Abweichung von den allgemeinen Regeln nicht gegeben ist.[25] Für ein Abweichen von dieser Regel bedürfte es schwerwiegender Gründe, wobei der Gesetzgeber die Maßstäbe dafür selbst gesetzt hat. Denn von dem durch das BetrAVG selbst geschaffenem Grundprinzip darf nur in einem Tarifvertrag abgewichen werden, wobei von den Grundstrukturen hinsichtlich der Voraussetzungen für die Feststellung der Unverfallbarkeit nicht abgewichen werden darf.[26] Die weitere Abweichung hat der Gesetzgeber selbst in § 18 Abs. 2 BetrAVG für den öffentlichen Dienst geschaffen.

25 Tragfähige Gründe sind nicht ersichtlich, die die weiterhin bestehenden Verstöße gegen den allg. Gleichheitssatz (Art. 3 Abs. 1 GG) rechtfertigen würden. Weder das System der Gesamtversorgung des öffentlichen und kirchlichen Dienstes noch die negative Behandlung der Versorgungsanwartschaften nach einer Art Einheit des öffentlichen Dienstes, die tatsächlich gar nicht mehr besteht, rechtfertigen derartige Eingriffe. Denn auch die Anwendung der ratierlichen Berechnungsweise des § 2 Abs. 1 BetrAVG würde zu tragfähigen Ergebnissen führen.[27] Wenn aber offensichtlich aus reinen Zweckmäßigkeits- und Ersparniserwägungen von der für alle Arbeitnehmer gültigen Vorschrift abgewichen werden soll, so müsste schon ein tragender Grund dafür angegeben werden. Dies ist aber erkennbar nicht der Fall.

---

24 Vgl. Anhang I, Rn. 14.
25 Vgl. zur Übergangsvorschrift § 30 f BetrAVG und § 1 b Rn. 26 ff.
26 Vgl. § 17 Abs. 3 BetrAVG; weiterführend § 17 Rn. 29 f.
27 So hat die ABA in einer Stellungnahme im Rahmen des Gesetzgebungsverfahrens darauf hingewiesen, dass sie die uneingeschränkte Anwendung der allg. Regelung aus § 2 Abs. 1 BetrAVG befürwortet.

Das BVerfG hat sich im Beschluss vom 9.5.2007[28] ausdrücklich nicht abschließend mit der Frage der Rechtmäßigkeit von § 18 BetrAVG befasst. Zwar wurden einige Aussagen zur Rechtmäßigkeit der Vorschrift getroffen. Der Nichtannahmebeschluss wurde nämlich im Wesentlichen damit begründet, dass auch bei einer Anwendung von § 2 BetrAVG für den Beschwerdeführer keine positiven Ergebnisse erreichbar gewesen wären, so dass die Annahme der Verfassungsbeschwerde angelehnt worden ist. Eine abschließende Entscheidung ist darin nicht zu erkennen. 26

G. Übergangsregelung für pflichtversicherte Arbeitnehmer

In der Entscheidung des BVerfG vom 15.07.1998 wurde dem Gesetzgeber die Möglichkeit eingeräumt, die Folgen der Unvereinbarkeit mit dem Grundgesetz für die Vergangenheit einzugrenzen, damit Haushaltsbelastungen und ein unangemessener Verwaltungsaufwand vermieden werden konnten.[29] Aufgrund dieser Regelung sind Nachzahlungsansprüche für die Vergangenheit ausgeschlossen worden. Gleichwohl hat sich der Gesetzgeber dazu entschlossen, eine Neuberechnung aller Versorgungsanwartschaften für die Zukunft durchzuführen. Eine entsprechende Übergangsregelung findet sich im § 30d Abs. 1 BetrAVG. Die Regelung für die Übergangsfälle ist durch Zeitablauf erledigt. 27

H. Versicherungsfreie Personen

Durch Art. 8 des Rentenreformgesetzes 1999[30] wurde die früher bestehende Möglichkeit ausgeschlossen, dass Personen, die in der gesetzlichen Rentenversicherung versicherungsfrei waren, beim Ausscheiden aus dem maßgeblichen Arbeits- oder Dienstverhältnis in den Zusatzversorgungseinrichtungen nachversichert werden konnten. Bei diesem Personenkreis hat der Wegfall der Nachversicherung spezielle Probleme aufgeworfen, weil ihm bei einem vorzeitigen Ausscheiden nach § 2 BetrAVG ein Anspruch auf eine ratierliche Vollversorgung gegen den ehemaligen Arbeitgeber zusteht. Hier ergeben sich, weil keine Grundversorgung im Rahmen der gesetzlichen Rentenversicherung zur Verfügung steht, andere Quotierungen bei der Berechnung der Ge- 28

---

28 1 BvR 1700/02, BetrAV 2007, 576 f.
29 BVerfG 15.7.1998, 1 BvR 1554/89, 963/94, 964/94, EzA § 18 BetrAVG Nr. 10, BVerfGE 98, 365 ff., NZA 1999, 194 ff., ZTR 1999, 36 ff.
30 Vgl. Rentenreformgesetz 1999 v. 16.12.1997 (BGBl. I S. 2998) und Fn. 2.

samtversorgung. Denn üblicherweise wird über die betriebliche Altersversorgung keine Vollversorgung gewährt.[31] Nach der amtlichen Begründung zu § 18 Abs. 9 BetrAVG[32] soll durch die gefundene Regelung verhindert werden, dass eine zusätzliche Nachversicherung in der gesetzlichen Rentenversicherung erforderlich wird, die damit meist mit einer Überversorgung einhergeht. Eine derartige Nachversicherung ist im Recht der gesetzlichen Rentenversicherung dann vorgesehen, wenn eine Person ohne Anspruch oder Anwartschaft auf Versorgung aus dem Beschäftigungsverhältnis ausscheidet.[33] Dabei ist es der Zweck der Nachversicherung, unversorgt ausscheidenden Personen einen Teilausgleich der verlorenen Alters- und Invaliditätssicherung zu vermitteln. Der Gesetzgeber hat die Regelung deshalb getroffen, weil er der Auffassung war, dass eine ratierliche Versorgungsleistung der gesetzlichen Rente immer dann adäquat ist, wenn eine unverfallbare Anwartschaft aus einer Betriebsrente beansprucht werden kann. Dann bedarf es auch nicht der Nachversicherung in der gesetzlichen Rentenversicherung.

29 Schwierig war bei diesen Fällen bisher die Frage zu klären, ob eine ratierliche Vollversorgung der gesetzlichen Rente adäquat ist. Während nämlich die Rentenanwartschaft in der gesetzlichen Rentenversicherung durch die Dynamisierung des aktuellen Rentenwertes auch in der Zeit zwischen Ausscheiden und Eintritt des Versorgungsfalles dynamisch ist, fehlt es im BetrAVG an einer Dynamisierung in der Anwartschaftsphase.

30 Entwickeln sich Preise und Löhne nicht parallel zur Entwicklung der Anwartschaft, kann die Anwartschaft erheblich an Wert einbüßen. In § 18 Abs. 9 BetrAVG ist vorgesehen, dass die ratierliche Vollversorgung nach dem Betriebsrentengesetz nicht hinter dem Rentenanspruch zurückbleiben darf, der sich bei einer Nachversicherung in der gesetzlichen Rentenversicherung ergeben hätte. Als Anknüpfungspunkt wird nur auf die Nachversicherung in der gesetzlichen Rentenversicherung abgestellt. Es wird also im Ergebnis immer der Wert garantiert, den der Arbeitnehmer bei einer (fiktiven) Nachversicherung für die Zeit der versicherungsfreien Beschäftigung in der gesetzlichen Rentenversicherung erhalten hätte.

31 Als Verfahrensregelung wurde festgelegt, dass eine Vergleichsberechnung im Versorgungsfall aufgrund einer Auskunft der Bundesversiche-

---

31 Vgl. *Stephan* ZTR 2001, 103 ff., 107.
32 *Berenz* Gesetzesmaterialien BetrAVG § 18, S. 497.
33 Vgl. § 8 Abs. 2 S. 1 SGB VI.

rungsanstalt für Angestellte, seit der Organisationsreform der gesetzlichen Rentenversicherung durch die Deutsche Rentenversicherung Bund, vorzunehmen ist.

§ 18 a Verjährung

¹Der Anspruch auf Leistungen aus der betrieblichen Altersversorgung verjährt in 30 Jahren. ²Ansprüche auf regelmäßig wiederkehrenden Leistungen unterliegen der regelmäßigen Verjährungsfrist nach den Vorschriften des Bürgerlichen Gesetzbuchs.

1 § 18 a BetrAVG ist im Rahmen der Schuldrechtsreform in das BetrAVG eingefügt worden.[1] § 18 a BetrAVG ist die umfassende Verjährungsregel für die betriebliche Altersversorgung.[2]

2 Das Rentenstammrecht verjährt wie bisher in 30 Jahren. Die laufenden Rentenzahlungen und auch die einzelnen Anpassungsraten gem. § 16 BetrAVG unterliegen nunmehr der neuen regelmäßigen dreijährigen Verjährungsfrist gem. § 195 BGB. Die Frist beginnt immer erst am Anfang des Folgejahres, in dem der Anspruch entstanden ist.[3] Das ist der Fall, wenn der Versorgungsberechtigte seine Ansprüche geltend machen kann. Für Anpassungen gem. § 16 BetrAVG bedeutet dies, dass der Versorgungsempfänger unmittelbar aus § 16 BetrAVG entnehmen kann, wann der Arbeitgeber eine Prüfung und Entscheidung über die Anpassung der Betriebsrente nach § 315 BGB vorzunehmen hat. Die Verjährungsfrist beginnt also immer am gesetzlichen Prüfungszeitpunkt gem. § 16 BetrAVG ab Ende des betreffenden Kalenderjahrs.[4] Für Richtlinienverbände (Bochumer und Essener Verband) gilt möglicherweise etwas anderes. Hier soll der Anspruch auf höhere Betriebsrente erst mit einer entsprechenden Anpassungsentscheidung des Verbandes oder einer entsprechenden gerichtlichen Leistungsbestimmung entstehen und erst dann die Verjährungsfrist beginnen.[5]

3 Für monatliche Renten/Raten, die am 31.12.2001 bereits fällig und noch nicht verjährt waren, gilt eine zweijährige Verjährungsfrist gem. § 196 BGB a.F. Ausnahmsweise kann in einer Übergangszeit eine vierjährige Verjährungsfrist gem. § 197 BGB a.F. bei Organpersonen und Handelsvertretern zu berücksichtigen sein, wenn die neue Drei-Jahres-Frist, gerechnet ab dem 1.1.2002, günstiger ist.

---

1 Art. 5 Abs. 35 Nr. 3 des Gesetzes zur Modernisierung des Schuldrechts v. 26.11.2001, BGBl. I S. 3138.
2 BAG 12.6.2007 – 3 AZR 186/06.
3 Zu den Einzelheiten BAG 17.8.2004, 3 AZR 367/03, FA 2005, 153.
4 So BAG 28.4.1992, 3 AZR 333/91, n.v. mit Hinweis auf BGH 17.2.1971, VIII ZR 4/70, BGHZ 55, 340, 341; zweifelnd daran BAG 17.8.2004, 3AZR 367/03, FA 2005, 153.
5 So BAG 17.8.2004, 3 AZR 367/03, FA 2005, 153.

> **Beispiel:**
>
> Ein Rentenanspruch besteht seit dem 1.7.1999. Die Zwei-Jahres-Frist für die Verjährung der Renten, die für Juli bis Dezember 1999 zu zahlen waren, beginnt am 1.1.2000 und endete am 31.12.2001. Diese Rentenraten sind verjährt.
>
> Für die Renten von Januar bis Dezember 2000 beginnt die Frist am 1.1.2001 und endet am 31.12.2002.
>
> Die in 2001 zu zahlenden Renten sind mit Ablauf des 31.12.2003 verjährt. Ab 2002 gilt die dreijährige Verjährungsfrist.

In Tarifverträgen kann gem. § 17 Abs. 3 S. 1 BetrAVG von § 18 a S. 1 BetrAVG abgewichen werden. Es kann folglich vereinbart werden, dass statt der 30-Jahres-Frist eine kürzere oder längere Frist gilt. Sinnvoll wäre es, wenn die Tarifdispositivität auch den Satz 2 erfasst hätte, da sich immer wieder zeigt, dass gerade die kurzen Verjährungsfristen zum Wegfall von Ansprüchen für einzelne Zahlungszeiträume führen.

Zweiter Teil
Steuerrechtliche Vorschriften

§§ 19–25

Auf einen Abdruck und eine Kommentierung wurde verzichtet.

Dritter Teil
Übergangs- und Schlussvorschriften

§ 26 [Ausschluss der Rückwirkung]

Die §§ 1 bis 4 und 18 gelten nicht, wenn das Arbeitsverhältnis oder Dienstverhältnis vor dem Inkrafttreten des Gesetzes beendet worden ist.

Die Bestimmungen über die **gesetzliche** Unverfallbarkeit gelten nur, wenn das Arbeitsverhältnis nach dem 21. Dezember 1974 beendet worden ist. Das BetrAVG ist insoweit am 22. Dezember 1974 in Kraft getreten (§ 32 BetrAVG).

§ 27 [Direktversicherung und Pensionskassen]

§ 2 Abs. 2 Satz 2 Nr. 2 und 3 und Abs. 3 Satz 2 Nr. 1 und 2 gelten in Fällen, in denen vor dem Inkrafttreten des Gesetzes die Direktversicherung abgeschlossen worden ist oder die Versicherung des Arbeitnehmers bei einer Pensionskasse begonnen hat, mit der Maßgabe, daß die in diesen Vorschriften genannten Voraussetzungen spätestens für die Zeit nach Ablauf eines Jahres seit dem Inkrafttreten des Gesetzes erfüllt sein müssen.

Diese Vorschrift hat durch Zeitablauf ihre Bedeutung verloren.

§ 28 [Auszehrungs- und Anrechnungsverbot]

§ 5 gilt für Fälle, in denen der Versorgungsfall vor dem Inkrafttreten des Gesetzes eingetreten ist, mit der Maßgabe, daß diese Vorschrift bei der Berechnung der nach dem Inkrafttreten des Gesetzes fällig werdenden Versorgungsleistungen anzuwenden ist.

Diese Vorschrift hat durch Zeitablauf ihre Bedeutung verloren.

§ 29 [Vorzeitige Altersleistungen]

§ 6 gilt für die Fälle, in denen das Altersruhegeld der gesetzlichen Rentenversicherung bereits vor dem Inkrafttreten des Gesetzes in Anspruch genommen worden ist, mit der Maßgabe, dass die Leistungen der betrieblichen Altersversorgung vom Inkrafttreten des Gesetzes an zu gewähren sind.

1 Die Bedeutung dieser Vorschrift ist überholt. Das Gesetz ist am 22.12.1974 in Kraft getreten. Für die ehemaligen Arbeitnehmer, die zum damaligen Zeitpunkt bereits eine vorzeitige Altersrente aus der gesetzlichen Rentenversicherung erhielten, regelte diese Vorschrift den Anwendungsbereich mit der Folge, dass die damals schon vorhandenen Rentner auch in den Genuss der vorzeitigen betrieblichen Versorgungsleistungen kamen.

2 Für Arbeitnehmer, die nach dem Inkrafttreten des Gesetzes in den Ruhestand getreten sind, hatte diese Vorschrift keine Bedeutung mehr. Für sie war § 6 BetrAVG unmittelbar anzuwenden.

§ 30 [Erstmalige Beitrags- und Leistungspflicht bei Insolvenzsicherung]

¹Ein Anspruch gegen den Träger der Insolvenzsicherung nach § 7 besteht nur, wenn der Sicherungsfall nach dem Inkrafttreten der §§ 7 bis 15 eingetreten ist; er kann erstmals nach dem Ablauf von sechs Monaten nach diesem Zeitpunkt geltend gemacht werden. ²Die Beitragspflicht des Arbeitgebers beginnt mit dem Inkrafttreten der §§ 7 bis 15.

§ 30 BetrAVG bestimmt, dass Sicherungsfälle den PSVaG nur dann betreffen, wenn sie nach dem Inkrafttreten der Vorschriften über die gesetzliche Insolvenzsicherung eintreten. Die Vorschriften zur gesetzlichen Insolvenzsicherung sind am 1.1.1975 in Kraft getreten.[1] Damit werden von der gesetzlichen Insolvenzsicherung der §§ 7–15 BetrAVG alle Sicherungsfalle erfasst, die ab 1975 eingetreten sind.   1

Im ersten Halbjahr nach dem Inkrafttreten der Vorschriften über die gesetzliche Insolvenzsicherung am 1.1.1975 – also bis zum 30.6.1975 – waren die Leistungsverpflichtungen des PSVaG gestundet. Nach diesem Zeitpunkt wurden jedoch auch die Leistungsansprüche aus dem ersten Halbjahr 1975 fällig. Begründet wurde die Stundung mit der Notwendigkeit, in der Zeit des Aufbaus zunächst die erforderlichen organisatorischen und technischen Voraussetzungen für das Funktionieren der Insolvenzsicherung zu schaffen.   2

Die Beitragspflicht der insolvenzsicherungspflichtigen Arbeitgeber begann nach § 30 Satz 2 BetrAVG mit dem Inkrafttreten der Insolvenzsicherung am 1.1.1975; die Stundung der Leistungsverpflichtung nach § 30 Satz 1 BetrAVG wirkte sich darauf nicht aus.   3

In den neuen Ländern ist das BetrAVG – und damit auch die gesetzliche Insolvenzsicherung der betrieblichen Altersversorgung – am 1.1.1992 in Kraft getreten. §§ 1 bis 18 BetrAVG finden auf Zusagen Anwendung, die nach dem 31.12.1991 erteilt werden.[2]   4

Aufgrund des Abkommens zwischen der Bundesrepublik Deutschland und dem Großherzogtum Luxemburg über Zusammenarbeit im Bereich der betrieblichen Altersversorgung[3] ist der PSVaG seit 1.1.2002   5

---

1 § 32 S. 2 BetrAVG.
2 Gesetz zu dem Vertrag vom 31.8.1990 zwischen der Bundesrepublik Deutschland und der Deutschen Demokratischen Republik über die Herstellung der Einheit Deutschlands (Einigungsvertrag), BGBl. II 1990 S. 885.3.
3 BGBl. II 2002 S. 319.

auch Träger der Insolvenzsicherung der betriebliche Altersversorgung im Großherzogtum Luxemburg.[4]

---

4 Vgl. § 14 Rz 3.

§ 30 a [Leistungen der betrieblichen Altersversorgung]

(1) Männlichen Arbeitnehmern,

1. die vor dem 1.1.1952 geboren sind,
2. die das 60. Lebensjahr vollendet haben,
3. die nach Vollendung des 40. Lebensjahres mehr als 10 Jahre Pflichtbeiträge für eine in der gesetzlichen Rentenversicherung versicherte Beschäftigung oder Tätigkeit nach den Vorschriften des Sechsten Buches Sozialgesetzbuch haben,
4. die die Wartezeit nach 15 Jahren in der gesetzlichen Rentenversicherung erfüllt haben und
5. deren Arbeitsentgelt oder Arbeitseinkommen die Hinzuverdienstgrenze nach § 34 Abs. 3 Nr. 1 des Sechsten Buches Sozialgesetzbuch nicht überschreitet,

sind auf deren Verlangen nach Erfüllung der Wartezeit und sonstiger Leistungsvoraussetzungen der Versorgungsregelung für nach dem 17.5.1990 zurückgelegte Beschäftigungszeiten Leistungen der betrieblichen Altersversorgung zu gewähren. § 6 Satz 3 gilt entsprechend.

(2) Haben der Arbeitnehmer oder seine anspruchsberechtigten Angehörigen vor dem 17.5.1990 gegen die Versagung der Leistungen der betrieblichen Altersversorgung Rechtsmittel eingelegt, ist Abs. 1 für Beschäftigungszeiten nach dem 8.4.1976 anzuwenden.

(3) Die Vorschriften des Bürgerlichen Gesetzbuchs über die Verjährung von Ansprüchen aus dem Arbeitsverhältnis bleiben unberührt.

Übersicht	Rn.
A. Allgemeines	1
B. Anspruchsvoraussetzungen	7
I. Männliche Arbeitnehmer	7
II. Vor dem 1.1.1952 geboren	11
III. Vollendung des 60. Lebensjahres	12
IV. Pflichtbeiträge	14
V. Wartezeit	16
VI. Vorlage des Rentenbescheides	17
VII. Hinzuverdienstgrenze	18
VIII. Verlangen	21

IX.	Erfüllung der Wartezeit und der sonstigen Leistungsvoraussetzungen	22
X.	Leistungshöhe	24
XI.	Wegfall der Leistung	25

C. Beschäftigungszeiten vor dem 17.5.1990 — 28

D. Verjährung — 30

E. Praktische Bedeutung — 31

A. Allgemeines

1 Diese Vorschrift ist zurückzuführen auf die Entscheidung des EuGH vom 17.5.1990[1] in Sachen Barber. Aufgrund dieser Entscheidung ist zwischen der sog. **Vor-Barber-Zeit** und der **Nach-Barber-Zeit** zu unterscheiden. Die **Vor-Barber-Zeit** ist die Zeit vor dem 18.5.1990, die Nach-Barber-Zeit ist die Zeit ab dem 18.5.1990.

2 Diese Differenzierung beruht auf dem Umstand, dass in der Nach-Barber-Zeit Männer und Frauen nach denselben Regeln betriebliche Versorgungsleistungen erhalten müssen. Eine **Benachteiligung der Männer** beim Pensionsalter, bei der Leistungshöhe oder bei den sonstigen Leistungsvoraussetzungen ist ab diesem Stichtag nicht mehr zulässig.[2]

3 Ziel der Regelung in § 30 a BetrAVG ist es, für die männlichen Arbeitnehmer für die Versorgungsleistungen, die in der Nach-Barber-Zeit erdient werden, einen **Anspruch auf vorzeitige betriebliche Altersleistungen** zu schaffen. Dies geschieht, in dem in § 30 a BetrAVG die Voraussetzungen fingiert werden, die eine Frau erfüllen muss, um aus der gesetzlichen Rentenversicherung eine vorzeitige Altersrente zu erhalten. Hierzu wird auf § 237 a SGB VI verwiesen.

4 § 30 a BetrAVG verliert seine Bedeutung mit Ablauf des 31.12.2011. Ab diesem Zeitpunkt gibt es keine besonderen vorzeitigen Altersrenten aus der gesetzlichen Rentenversicherung für Frauen. Damit entfällt auch die Notwendigkeit, männliche Arbeitnehmer den Frauen gleichzustellen.

5 § 30 a BetrAVG ist durch das Rentenreformgesetz 1999[3] in das BetrAVG eingefügt worden. Diese Vorschrift ist **rückwirkend** in Kraft getreten.

---

[1] EuGH 17.5.1990, C – 262/88, EzA Art. 119 EWG-Vertrag Nr. 4, DB 1990, 1824; hierzu auch *Berenz* BB 1996, 530.

[2] BAG 7.9.2004, 3 AZR 550/03, EzA Art. 141 EG-Vertrag 1999 Nr. 16, DB 2002, 1510.

[3] Vom 16.12.1997 BGBl. I S. 2998.

Leistungen § 30 a

Ebenso wenig wie in § 6 BetrAVG wird in § 30 a BetrAVG die **Höhe** der 6
Leistungen geregelt. Insoweit gelten dieselben Grundsätze, wie sie für
die Anwendung von § 6 BetrAVG entwickelt wurden.[4]

B. Anspruchsvoraussetzungen

I. Männliche Arbeitnehmer

Der **persönliche Geltungsbereich** dieser Vorschrift ist auf **männliche** 7
Arbeitnehmer beschränkt. Hierdurch wird nicht der Gleichberechtigungsgrundsatz verletzt, denn für Frauen gilt § 237 a SGB VI unmittelbar. Dort sind dieselben Voraussetzungen für den Bezug einer gesetzlichen Altersrente genannt, wie sie § 30 a BetrAVG für männliche Arbeitnehmer fingiert.

§ 30 a BetrAVG gilt auch für männliche Arbeitnehmer, die vor Eintritt 8
des Versorgungsfalles mit einer **kraft Gesetzes unverfallbaren Anwartschaft** aus dem Arbeitsverhältnis ausgeschieden sind. Voraussetzung
ist allerdings, dass das Ausscheiden nach dem 17.5.1990 erfolgte.
Wurde das Arbeitsverhältnis vor dem 18.5.1990 beendet, kann diese Vorschrift nicht zur Anwendung kommen, da die gesamte im Unternehmen abgeleistete Dienstzeit in die Vor-Barber-Zeit fällt. Da diese Vorschrift nur Ansprüche einräumt, die die Nach-Barber-Zeit betreffen,
muss die Beendigung des Arbeitsverhältnisses auch in der Nach-Barber-Zeit erfolgt sein, da ansonsten keine Dienstzeiten aus der Nach-Barber-Zeit zu berücksichtigen sind.

Diese Vorschrift ist auch anzuwenden **auf Versorgungsempfänger**, die 9
aus dem aktiven Arbeitsverhältnis in den Ruhestand getreten sind. Voraussetzung ist auch hier, dass während des aktiven Arbeitsverhältnisses Dienstzeiten nach dem 18.5.1990 abgeleistet wurden.

In § 30 a BetrAVG ist nur von männlichen **Arbeitnehmern** die Rede. 10
Deshalb stellt sich die Frage, ob diesen Anspruch auch **Nichtarbeitnehmer** haben, die gem. § 17 Abs. 1 S. 2 BetrAVG[5] vom persönlichen Geltungsbereich des Betriebsrentengesetzes erfasst werden. Wenn überhaupt diese Vorschrift auf Nichtarbeitnehmer angewandt werden könnte, dann nur in den Fällen, in denen diese Nichtarbeitnehmer in der gesetzlichen Rentenversicherung pflichtversichert sind.

---

4 S. dazu § 6 Rn. 43 ff.
5 Vgl. § 17 Rn. 3.

II. Vor dem 1.1.1952 geboren

11 Nach § 237a SGB VI haben nur Frauen, die vor dem 1.1.1952 geboren worden sind, einen Anspruch auf eine vorzeitige Altersrente aus der gesetzlichen Rentenversicherung. Zur Gleichstellung der männlichen Arbeitnehmer musste daher auch auf diesen Stichtag abgestellt werden.

III. Vollendung des 60. Lebensjahres

12 Männliche Arbeitnehmer haben nur dann einen Anspruch auf eine vorzeitige betriebliche Altersleistung, wenn sie das 60. Lebensjahr vollendet haben. Dies bedeutet nicht, dass ab Vollendung des 60. Lebensjahres bereits der Anspruch besteht. Vielmehr müssen sämtliche, in § 30a BetrAVG genannten Voraussetzungen erfüllt sein. Der Anspruch nach dieser Vorschrift kann also auch erst nach Vollendung des 60. Lebensjahres entstehen.

13 Wenn in der Zeitspanne zwischen der Vollendung des 60. Lebensjahres und der Vollendung des 65. Lebensjahres (ggf. Regelaltersgrenze) nicht die in § 30a BetrAVG genannten Anspruchsvoraussetzungen kumulativ erfüllt werden, hat der männliche Arbeitnehmer keinen Anspruch gegenüber dem Arbeitgeber bzw. gegenüber dem externen Versorgungsträger.

IV. Pflichtbeiträge

14 § 237a SGB VI sieht für weibliche Versicherte vor, dass sie nur dann einen Anspruch auf eine vorzeitige Altersrente aus der gesetzlichen Rentenversicherung haben, wenn nach Vollendung des 40. Lebensjahres mehr als **10 Jahre Pflichtbeiträge** in die gesetzliche Rentenversicherung eingezahlt wurden. Zur Gleichstellung von Männern und Frauen ist es daher erforderlich, dass auch männliche Arbeitnehmer diese Voraussetzung erfüllen.

15 Da die männlichen Arbeitnehmer, die einen Anspruch nach § 30a BetrAVG haben, tatsächlich keine vorzeitige Altersrente aus der gesetzlichen Rentenversicherung erhalten, kann **nicht** anhand des **Bescheides des Rentenversicherungsträgers** geprüft werden, ob diese Voraussetzung erfüllt ist. Der Arbeitnehmer hat aber die Möglichkeit, sich vom Rentenversicherungsträger eine **Auskunft** über seine Anwartschaft auf eine gesetzliche Rente geben zu lassen. In dieser Auskunft sind die Zeiten, in denen Pflichtbeiträge geleistet wurden, aufgeführt. Folglich

Leistungen § 30 a

kann und muss aufgrund dieser Auskunft seitens des Arbeitgebers beurteilt werden, ob die im Gesetz genannte Voraussetzung erfüllt ist.

V. Wartezeit

Der männliche Arbeitnehmer muss die Wartezeit **von 15 Jahren** in der gesetzlichen Rentenversicherung erfüllt haben. Diese Zeiten können auch vor dem 18.5.1990 liegen. Da auch insoweit kein Rentenbescheid vorgelegt werden kann, aus dem die Wartezeit abgeleitet werden kann, muss auch insoweit eine Auskunft des Rentenversicherungsträgers genügen. 16

VI. Vorlage des Rentenbescheides

Ist in einer betrieblichen Versorgungszusage geregelt, dass durch die **Vorlage des gesetzlichen Rentenbescheides** der Nachweis zu führen ist, dass aus der gesetzlichen Rentenversicherung Leistungen bezogen werden, wird diese vertragliche Regelung durch § 30 a BetrAVG verdrängt. Denn der männliche Arbeitnehmer kann einen solchen Nachweis nicht führen. Folglich muss der Arbeitgeber selbst prüfen, ob ein Anspruch besteht. 17

VII. Hinzuverdienstgrenze

Renten aus der gesetzlichen Rentenversicherung können nur bezogen werden, wenn die in § 34 Abs. 3 Nr. 1 SGB IV genannte Hinzuverdienstgrenze nicht überschritten wird. 18

Diese Vorschrift verhindert es, dass männliche Arbeitnehmer überhaupt Leistungen nach § 30 a BetrAVG in Anspruch nehmen können. Dies gilt zumindest für die Mehrzahl der männlichen Arbeitnehmer. Denn diese Personen sind darauf angewiesen, **Arbeitseinkommen** zu beziehen, weil sie keine Ansprüche auf eine gesetzliche Rente haben. Um den Lebensunterhalt zu bestreiten, müssen sie in aller Regel mehr verdienen als es die Hinzuverdienstgrenze erlaubt. Folglich scheitert der Anspruch nach § 30 a BetrAVG daran, dass Arbeitseinkommen bezogen wird, welches **oberhalb der Hinzuverdienstgrenze** liegt. 19

In diesem Zusammenhang ist auch zu berücksichtigen, dass für den Anspruch auf die vorzeitige Altersleistung, der sich nach § 30 a BetrAVG gegen den Arbeitgeber oder gegen den externen Versorgungsträger richtet, nur die **Beschäftigungszeiten** maßgeblich sind, **die ab dem 17.5.1990 zurückgelegt wurden**. Dies bedeutet, dass der männ- 20 liche Arbeitnehmer auch nur eine **betriebliche Teilrente** beanspruchen kann. Hat er ein Arbeitseinkommen unterhalb der Hinzuverdienstgrenze und hat er nur einen Teilanspruch auf vorzeitige betriebliche Versorgungsleistungen, so dürfte er nicht in der Lage sein, den Lebensunterhalt zu bestreiten. Damit gibt diese Vorschrift zwar rechtlich einen Anspruch, führt aber faktisch nicht zu Ansprüchen, weil es sich kein männlicher Arbeitnehmer erlauben kann, von dieser Vorschrift Gebrauch zu machen.

VIII. Verlangen

21 § 6 BetrAVG sieht vor, dass der Arbeitnehmer, der aus der gesetzlichen Rentenversicherung eine vorzeitige Altersrente bezieht, auf sein Verlangen hin auch vom Arbeitgeber oder sonstigen Versorgungsträger eine vorzeitige Altersleistung erhalten kann. Dieses Verlangen setzt ein **Tätigwerden** voraus. Dieses ist weder an eine Form noch an eine Frist gebunden.[6] Da § 6 BetrAVG in den Fällen, die § 30 a BetrAVG regelt, nicht anwendbar ist, enthält diese Vorschrift selbst die Vorgabe, dass der Arbeitnehmer tätig wird. Auch für dieses Verlangen ist weder eine Form noch eine Frist vorgegeben.

IX. Erfüllung der Wartezeit und der sonstigen Leistungsvoraussetzungen

22 Gemeint ist die Wartezeit, die in der betrieblichen Versorgungsregelung enthalten ist. Diese Wartezeit muss erfüllt sein.[7]

23 Mit den sonstigen Leistungsvoraussetzungen ist häufig das **Ausscheiden aus dem Erwerbsleben**, zumindest aber aus dem Arbeitsverhältnis, gemeint. Anhand der konkreten Versorgungsregelung ist zu prüfen, welche sonstigen Leistungsvoraussetzungen für den Bezug einer vorzeitigen Altersleistung vorgesehen sind. Diese Voraussetzungen müssen erfüllt sein, wenn der männliche Arbeitnehmer nach § 30 a BetrAVG eine vorzeitige Altersleistung begehrt.

X. Leistungshöhe

24 § 30 a BetrAVG räumt dem männlichen Arbeitnehmer nur einen Anspruch auf die Leistung ein, die nach Maßgabe des betrieblichen Versorgungsversprechens auf die Zeit entfällt, die **ab dem 17.5.1990** abgeleis-

---
6 Wegen der Einzelheiten vgl. § 6 Rn. 18 ff.
7 Vgl. § 6 Rn. 16 f.

Leistungen § 30 a

tet wurde. Folglich ist zunächst die Leistung zu ermitteln, die dem Arbeitnehmer insgesamt zustehen würde. Im zweiten Schritt ist dann die Leistung zu berechnen, die auf die Zeit nach dem 17.5.1990 entfällt. Diese Leistung ist auf Verlangen des männlichen Arbeitnehmers als vorzeitige Altersleistung zu zahlen.[8]

XI. Wegfall der Leistung

In § 30 a BetrAVG wird auf § 6 S. 3 BetrAVG verwiesen. Dies bedeutet, dass der Arbeitnehmer, der eine vorzeitige Altersleistung in Anspruch nimmt, verpflichtet ist, die **Aufnahme oder Ausübung einer Beschäftigung** oder Erwerbstätigkeit dem Arbeitgeber **unverzüglich anzuzeigen**. Ist ein externer Versorgungsträger eingeschaltet, ist der externe Versorgungsträger unverzüglich zu informieren. 25

Die Aufnahme bzw. Ausübung einer Beschäftigung oder Erwerbstätigkeit führt dazu, dass der Anspruch auf die betriebliche Altersleistung entfällt. Der Anspruch entfällt für den Zeitraum, in dem die Erwerbstätigkeit ausgeübt wird.[9] 26

Soweit in § 6 S. 3 BetrAVG davon die Rede ist, dass **die Altersrente aus der gesetzlichen Rentenversicherung beschränkt** wird, kann dieser Umstand bei der Anwendung von § 30 a BetrAVG keine Rolle spielen, weil die männlichen Arbeitnehmer, die einen Anspruch aus § 30 a BetrAVG ableiten, tatsächlich keine Rente aus der gesetzlichen Rentenversicherung beziehen. Folglich kann diese Rente auch nicht beschränkt werden. 27

C. Beschäftigungszeiten vor dem 17.5.1990

§ 30 a Abs. 2 BetrAVG enthält eine **Übergangsvorschrift**. Diese dient dem Vertrauensschutz. Wer vor dem 17.5.1990 bereits ein Rechtsmittel eingelegt hatte, mit dem er die Ungleichbehandlung von Männern und Frauen geltend gemacht hat, ist auch für Zeiten vor dem 17.5.1990 eine betriebliche Altersleistung zu zahlen. Die Rückwirkung reicht bis zum 8.4.1976. Ab diesem Zeitpunkt ist die unmittelbare Wirkung des Art. 141 EU-Vertrag (früher: Art. 119 EU-Vertrag) anerkannt worden.[10] 28

---

8 Zur Berechnung vgl. § 6 Rn. 40 ff.
9 Vgl. auch § 6 Rn. 26 ff.
10 EuGH 8.4.1976 – Defrenne II – 43/75 – BB 1976, 841.

29 Diese Vorschrift hat keine praktische Bedeutung. Es sind keine Fälle bekannt, in denen vor dem 17.5.1990 ein Rechtsmittel eingelegt wurde.

D. Verjährung

30 Es gelten die Vorschriften des Bürgerlichen Gesetzbuchs.[11] Mit der Regelung im § 30 a Abs. 3 BetrAVG wird verdeutlicht, dass zwar rückwirkend ein Anspruch besteht, dieser Anspruch aber durch die Einrede der Verjährung beschränkt werden kann.

E. Praktische Bedeutung

31 § 30 a BetrAVG hat **keine praktische Bedeutung**. Die männlichen Arbeitnehmer, die durch diese Vorschrift begünstigt werden, können es sich nicht erlauben, von dieser Vorschrift Gebrauch zu machen, da sie keine Rente aus der gesetzlichen Rentenversicherung beziehen und auf ihr Arbeitseinkommen angewiesen sind.

32 Soweit ersichtlich musste sich die Rechtsprechung mit dieser Vorschrift bisher nicht auseinandersetzen.

---

11 Zur Verjährung vgl. § 18 a Rn. 1 ff.

§ 30 b [Übergangsvorschrift zu § 4]

§ 4 Abs. 3 gilt nur für Zusagen, die nach dem 31.12.2004 erteilt wurden.

Die Kommentierung dieser Vorschrift erfolgt im Rahmen von § 4 BetrAVG.

§ 30 c [Übergangsregelung für Ausnahmen von der Anpassungsprüfungspflicht]

(1) § 16 Abs. 3 Nr. 1 gilt nur für laufende Leistungen, die auf Zusagen beruhen, die nach dem 31. Dezember 1998 erteilt werden.

(2) § 16 Abs. 4 gilt nicht für vor dem 1. Januar 1999 zu Recht unterbliebene Anpassungen.

(3) § 16 Abs. 5 gilt nur für laufende Leistungen, die auf Zusagen beruhen, die nach dem 31. Dezember 2000 erteilt werden.

(4) Für die Erfüllung der Anpassungsprüfungspflicht für Zeiträume vor dem 1. Januar 2003 gilt § 16 Abs. 2 Nr. 1 mit der Maßgabe, dass an die Stelle des Verbraucherpreisindexes für Deutschland der Preisindex für die Lebenshaltung von 4-Personen-Haushalten von Arbeitern und Angestellten mit mittlerem Einkommen tritt.

Die Übergangsregelung ist im Detail unter § 16 kommentiert.[1]

---

1 Vgl. § 16 Rz 39, 48, 89, 95, 100.

§ 30 d [Übergangsregelung zu § 18]

(1) ¹Ist der Versorgungsfall vor dem 1. Januar 2001 eingetreten oder ist der Arbeitnehmer vor dem 1. Januar 2001 aus dem Beschäftigungsverhältnis bei einem öffentlichen Arbeitgeber ausgeschieden und der Versorgungsfall nach dem 31. Dezember 2000 eingetreten, sind für die Berechnung der Voll-Leistung die Regelungen der Zusatzversorgungseinrichtungen nach § 18 Abs. 1 Satz 1 Nr. 1 und 2 oder die Gesetze im Sinne des § 18 Abs. 1 Satz 1 Nr. 3 sowie die weiteren Berechnungsfaktoren jeweils in der am 31. Dezember 2000 geltenden Fassung maßgebend; § 18 Abs. 2 Nr. 1 Buchstabe b bleibt unberührt. ²Die Steuerklasse III/0 ist zugrunde zu legen. ³Ist der Versorgungsfall vor dem 1. Januar 2001 eingetreten, besteht der Anspruch auf Zusatzrente mindestens in der Höhe, wie er sich aus § 18 in der Fassung vom 16. Dezember 1997 (BGBl. I S. 2998) ergibt.

(2) Die Anwendung des § 18 ist in den Fällen des Absatzes 1 ausgeschlossen, soweit eine Versorgungsrente der in § 18 Abs. 1 Satz 1 Nr. 1 und 2 bezeichneten Zusatzversorgungseinrichtungen oder eine entsprechende Leistung aufgrund der Regelungen des Ersten Ruhegeldgesetzes, des Zweiten Ruhegeldgesetzes oder des Bremischen Ruhelohngesetzes bezogen wird, oder eine Versicherungsrente abgefunden wurde.

(3) ¹Für Arbeitnehmer im Sinne des § 18 Abs. 1 Satz 1 Nr. 4, 5 und 6 in der bis zum 31. Dezember 1998 geltenden Fassung, für die bis zum 31. Dezember 1998 ein Anspruch auf Nachversicherung nach § 18 Abs. 6 entstanden ist, gilt Absatz 1 Satz 1 für die aufgrund der Nachversicherung zu ermittelnde Voll-Leistung entsprechend mit der Maßgabe, dass sich der nach § 2 zu ermittelnde Anspruch gegen den ehemaligen Arbeitgeber richtet. Für den nach § 2 zu ermittelnden Anspruch gilt § 18 Abs. 2 Nr. 1 Buchstabe b entsprechend; für die übrigen Bemessungsfaktoren ist auf die Rechtslage am 31. Dezember 2000 abzustellen. ²Leistungen der gesetzlichen Rentenversicherung, die auf einer Nachversicherung wegen Ausscheidens aus einem Dienstverhältnis beruhen, und Leistungen, die die zuständige Versorgungseinrichtung aufgrund von Nachversicherungen im Sinne des § 18 Abs. 6 in der am 31. Dezember 1998 geltenden Fassung gewährt, werden auf den Anspruch nach § 2 angerechnet. ³Hat das Arbeitsverhältnis im Sinne des § 18 Abs. 9 bereits am 31. Dezember 1998 bestanden, ist in die Vergleichsberechnung nach § 18 Abs. 9 auch die Zusatzrente nach § 18 in der bis zum 31. Dezember 1998 geltenden Fassung einzubeziehen.

§ 30 d Übergangsregelung zu § 18

1 Die Vorschrift ist durch das Erste Gesetz zur Änderung des Gesetzes zur Verbesserung der betrieblichen Altersversorgung vom 21.12.2000 (BGBl. I S. 1914) eingeführt worden. Sie trat an die Stelle einer Vorläufer-Regelung, die inhaltlich gegenstandslos geworden war. Die Vorschrift ist am 1.1.2001 in Kraft getreten.

2 Die Vorschrift versteht sich als Übergangsregelung, die zwei Sachverhalte, die sich aufgrund von bestimmten Zeitabläufen ergeben haben, einer sachgerechten Regelung zuführen möchte:

Aufgrund einer Entscheidung des BVerfG vom 15.7.1998[1] waren bestimmte Regelungsinhalte der Vorläuferregelung des § 18 BetrAVG für verfassungswidrig erklärt worden.[2] Durch das genannte Gesetz wurde eine Neuregelung geschaffen, die den verfassungsrechtlichen Vorgaben Rechnung tragen soll.[3] Die Übergangsvorschrift des § 30 d regelt Fragen für bereits vor dem Inkrafttreten des neuen § 18 BetrAVG abgeschlossene Sachverhalte für Pflichtversicherte im öffentlichen Dienst (Abs. 1 und 2) und für Personen mit einem Anspruch auf Nachversicherung bei bestehender Freiheit von der Pflichtversicherung in der gesetzlichen Rentenversicherung (Abs. 3).

3 Die Vorschrift ist durch Vollzug erledigt worden.

---

1 BVerfG 15.7.1998, 1 BvR 1554/89, 964/94, 964/94, EzA § 18 BetrAVG Nr. 10, BVerfGE 98, 265 ff., NZA 1999, 194 ff., ZTR 1999, 36 ff.
2 Vgl. hierzu § 18 Rz 5–13.
3 Vgl. näher Anhang I.

§ 30 e [Übergangsregelung zu § 1 Abs. 2 Nr. 4]

(1) § 1 Abs. 2 Nr. 4 zweiter Halbsatz gilt für Zusagen, die nach dem 31. Dezember 2002 erteilt werden.

(2) ¹§ 1 Abs. 2 Nr. 4 zweiter Halbsatz findet auf Pensionskassen, deren Leistungen der betrieblichen Altersversorgung durch Beiträge der Arbeitnehmer und Arbeitgeber gemeinsam finanziert und die als beitragsorientierte Leistungszusage oder als Leistungszusage durchgeführt werden, mit der Maßgabe Anwendung, dass dem ausgeschiedenen Arbeitnehmer das Recht zur Fortführung mit eigenen Beiträgen nicht eingeräumt werden und eine Überschussverwendung gemäß § 1 b Abs. 5 Nr. 1 nicht erfolgen muss. ²Wird dem ausgeschiedenen Arbeitnehmer ein Recht zur Fortführung nicht eingeräumt, gilt für die Höhe der unverfallbaren Anwartschaft § 2 Abs. 5 a entsprechend. ³Für die Anpassung laufender Leistungen gelten die Regelungen nach § 16 Abs. 1 bis 4. ⁴Die Regelung in Absatz 1 bleibt unberührt.

Die Übergangsregelung ist im Einzelnen unter § 1 kommentiert.[1]

---

1 Vgl. § 1 Rz 447 f.

§ 30 f[1] [Übergangsregelung zu § 1b]

[1]Wenn Leistungen der betrieblichen Altersversorgung vor dem 1. Januar 2001 zugesagt worden sind, ist § 1 b Abs. 1 mit der Maßgabe anzuwenden, dass die Anwartschaft erhalten bleibt, wenn das Arbeitsverhältnis vor Eintritt des Versorgungsfalles, jedoch nach Vollendung des 35. Lebensjahres endet und die Versorgungszusage zu diesem Zeitpunkt

1. mindestens zehn Jahre oder

2. bei mindestens zwölfjähriger Betriebszugehörigkeit mindestens drei Jahre

bestanden hat (unverfallbare Anwartschaft); in diesen Fällen bleibt die Anwartschaft auch erhalten, wenn die Zusage ab dem 1. Januar 2001 fünf Jahre bestanden hat und bei Beendigung des Arbeitsverhältnisses das 30. Lebensjahr vollendet ist. [2]§ 1 b Abs. 5 findet für Anwartschaften aus diesen Zusagen keine Anwendung.

Die Übergangsregelung wird gemeinsam mit § 1 b kommentiert.

---

1 § 30 f i.d.F. ab 1.1.2009 durch Gesetz zur Förderung der betrieblichen Altersversorgung BR-Drucks. 540/07 v. 10. 8. 2007:
(1) [1]Wenn Leistungen der betrieblichen Altersversorgung vor dem 1. Januar 2001 zugesagt worden sind, ist § 1b Abs. 1 mit der Maßgabe anzuwenden, dass die Anwartschaft erhalten bleibt, wenn das Arbeitsverhältnis vor Eintritt des Versorgungsfalles, jedoch nach Vollendung des 35. Lebensjahres endet und die Versorgungszusage zu diesem Zeitpunkt
1. mindestens zehn Jahre oder
2. bei mindestens zwölfjähriger Betriebszugehörigkeit mindestens drei Jahre bestanden hat (unverfallbare Anwartschaft); in diesen Fällen bleibt die Anwartschaft auch erhalten, wenn die Zusage ab dem 1. Januar 2001 fünf Jahre bestanden hat und bei Beendigung des Arbeitsverhältnisses das 30. Lebensjahr vollendet ist. [2]§ 1 b Abs. 5 findet für Anwartschaften aus diesen Zusagen keine Anwendung.
(2) Wenn Leistungen der betrieblichen Altersversorgung vor dem 1. Januar 2009 und nach dem 31. Dezember 2000 zugesagt worden sind, ist § 1b Abs. 1 Satz 1 mit der Maßgabe anzuwenden, dass die Anwartschaft erhalten bleibt, wenn das Arbeitsverhältnis vor Eintritt des Versorgungsfalls, jedoch nach Vollendung des 30. Lebensjahres endet und die Versorgungszusage zu diesem Zeitpunkt fünf Jahre bestanden hat; in diesen Fällen bleibt die Anwartschaft auch erhalten, wenn die Zusage ab dem 1. Januar 2009 fünf Jahre bestanden hat und bei Beendigung des Arbeitsverhältnisses das 25. Lebensjahr vollendet ist.

§ 30 g [Übergangsregelung zu § 2 Abs. 5 a]

(1) ¹§ 2 Abs. 5 a gilt nur für Anwartschaften, die auf Zusagen beruhen, die nach dem 31. Dezember 2000 erteilt worden sind. ²Im Einvernehmen zwischen Arbeitgeber und Arbeitnehmer kann § 2 Abs. 5 a auch auf Anwartschaften angewendet werden, die auf Zusagen beruhen, die vor dem 1. Januar 2001 erteilt worden sind.

(2) § 3 findet keine Anwendung auf laufende Leistungen, die vor dem 1. Januar 2005 erstmals gezahlt worden sind.

Die Übergangsregelung wird gemeinsam mit § 2 Abs. 5 a BetrAVG kommentiert. Abs. 2 wird bei § 3 BetrAVG erläutert.

§ 30 h [Übergangsregelung zu § 17 Abs. 5]

§ 17 Abs. 5 gilt für Entgeltumwandlungen, die auf Zusagen beruhen, die nach dem 29. Juni 2001 erteilt werden.

Die Übergangsregelung wird gemeinsam mit § 17 kommentiert.[1]

---

1 Vgl. § 17 Rz 38 ff.

§ 30 i [Barwert zu sichernder Anwartschaften]

(1) ¹Der Barwert, der bis zum 31. Dezember 2005 aufgrund eingetretener Insolvenzen zu sichernden Anwartschaften, wird einmalig auf die beitragspflichtigen Arbeitgeber entsprechend § 10 Abs. 3 umgelegt und vom Träger der Insolvenzsicherung nach Maßgabe der Beträge zum Schluss des Wirtschaftsjahres, das im Jahr 2004 geendet hat, erhoben. ²Der Rechnungszinsfuß bei der Berechnung des Barwerts beträgt 3,67 vom Hundert.

(2) ¹Der Betrag ist in 15 gleichen Raten fällig. ²Die erste Rate wird am 31. März 2007 fällig, die weiteren zum 31. März der folgenden Kalenderjahre. ³Bei vorfälliger Zahlung erfolgt eine Diskontierung der einzelnen Jahresraten mit dem zum Zeitpunkt der Zahlung um ein Drittel erhöhten Rechnungszinsfuß nach § 65 des Versicherungsaufsichtsgesetzes, wobei nur volle Monate berücksichtigt werden.

(3) Der abgezinste Gesamtbetrag ist gemäß Absatz 2 am 31. März 2007 fällig, wenn die sich ergebende Jahresrate nicht höher als 50 Euro ist.

(4) Insolvenzbedingte Zahlungsausfälle von ausstehenden Raten werden im Jahr der Insolvenz in die erforderlichen jährlichen Beiträge gemäß § 10 Abs. 2 eingerechnet.

Übersicht	Rn.
A. Nachfinanzierung der in der Vergangenheit aufgelaufenen gesetzlich unverfallbaren Anwartschaften	1
I. Allgemeines	1
II. Vom Rentenwertumlageverfahren zur vollständigen Kapitaldeckung	2
B. Nachfinanzierung gemäß § 30 i BetrAVG	5
I. Barwert der nachzufinanzierenden Anwartschaften	5
II. Verpflichtete Arbeitgeber	9
III. Einmalige Beitragserhebung	10
1. Fälligkeit in 15 Raten	11
2. Anspruch auf vorfällige Zahlung	12
3. Kleinbetragsregelung	13
IV. Insolvenzbedingte Zahlungsausfälle	14

A. Nachfinanzierung der in der Vergangenheit aufgelaufenen gesetzlich unverfallbaren Anwartschaften

I. Allgemeines

Durch das »Gesetz zur Änderung des Betriebsrentengesetzes und anderer Gesetze« vom 2.12.2006 ist das Finanzierungsverfahren der gesetzlichen Insolvenzsicherung der betrieblichen Altersversorgung auf **vollständige Kapitaldeckung umgestellt** worden. Diese Umstellung tritt in Kraft ab dem **Beitragsjahr 2006** und ist im neuen § 10 Abs. 2 BetrAVG geregelt. Die Nachfinanzierung der bis zum Umstellungszeitpunkt (1975–2005) aufgelaufenen gesetzlich unverfallbaren Anwartschaften ist im neuen § 30 i BetrAVG geregelt. 1

II. Vom Rentenwertumlageverfahren zur vollständigen Kapitaldeckung

Für die Finanzierung der gesetzlichen Insolvenzsicherung galt **von 1975 bis 2005** das sog. **Rentenwertumlageverfahren**. Bei diesem System wurden die im betreffenden Jahr entstehenden Ansprüche ausfinanziert, d.h., der versicherungsmathematisch ermittelte Barwert wurde im Rahmen der jährlichen Beitragsumlage erhoben. Dies galt aber nicht für die unverfallbaren Anwartschaften, die der PSVaG aufgrund der Insolvenz des Arbeitgebers zu sichern hat. Der gesamte Barwert der im laufenden Kalenderjahr entstehenden Ansprüche ergab sich danach grds. aus der **Addition zweier Elemente**. Das eine war die Summe der Barwerte für die bei Insolvenzeröffnung in dem betreffenden Jahr bereits laufenden Leistungen, die damit für die gesamte restliche Laufzeit ausfinanziert wurden (Kapitaldeckung). Das zweite Element war die Summe der Barwerte für die laufenden Leistungen aus unverfallbaren Anwartschaften früherer Jahre, bei denen in dem betreffenden Jahr der individuelle Versorgungsfall eingetreten war, die damit erst dann für die gesamte restliche Laufzeit ausfinanziert wurden, sog. Umwandler (vom Anwärter zum Leistungsempfänger). Das Finanzierungsverfahren des PSVaG nach dem sog. Rentenwertumlageverfahren war also ein Bedarfsdeckungsverfahren; der jährlich erforderliche Bedarf wurde auf die insolvenzsicherungspflichtigen Arbeitgeber umgelegt. 2

Aus Insolvenzen die bis zum 31.12.2005 eingetreten waren, hatte der PSVaG rd. 167.000 Anwartschaften registriert, bei denen der Versorgungsfall im Laufe der kommenden mehr als 30 Jahre eintreten wird und die dann im betreffenden Jahr zu finanzieren sind. Die Summe 3 der Barwerte hierfür betrug rd. **2,2 Mrd.** € berechnet mit einem **Rechnungszinsfuß von 3,67 %**. Dieser Betrag ist aufgrund der hohen Zahl von Insolvenzen in den letzten Jahren deutlich angestiegen. Auf die den PSVaG finanzierenden Arbeitgeber kam damit ein Risiko zu, das es durch die Umstellung auf vollständige Kapitaldeckung abzufedern galt. Hierdurch wurde die Finanzierung der gesetzlichen Insolvenzsicherung der betrieblichen Altersversorgung unabhängiger von Strukturentscheidungen der Unternehmen und so insgesamt zukunftssicherer gestaltet.[1]

4 Die Umstellung des Finanzierungssystems des PSVaG auf vollständige Kapitaldeckung betrifft zum einen die künftige Finanzierung bei Eintritt neuer Sicherungsfälle, die in § 10 Abs. 2 BetrAVG für Beitragsjahre ab 2006 geregelt ist. Die bis zum Umstellungszeitpunkt aus den Jahren 1975–2005 aufgelaufenen gesetzlich unverfallbaren Anwartschaften sollen nachfinanziert werden. Dies hat der Gesetzgeber in § 30 i BetrAVG geregelt. Danach müssen die im Jahr 2005 beitragspflichtigen Arbeitgeber dies gemeinsam leisten.

B. Nachfinanzierung gemäß § 30 i BetrAVG

I. Barwert der nachzufinanzierenden Anwartschaften

5 Nachfinanziert werden muss der Barwert der bis zum 31.12.2005 aufgrund eingetretener Insolvenzen zu sichernden gesetzlich unverfallbaren Anwartschaften (§ 30 i Abs. 1 S. 1 1. Hs. BetrAVG). Der **Barwert** der gesetzlich unverfallbaren Anwartschaften ist der Betrag, der unter Berücksichtigung eines angenommenen Zinsertrags ausreicht, um dem Berechtigten bei künftigem Eintritt des Versorgungsfalls die zugesagte Rente ggf. lebenslänglich oder den zugesagten Kapitalbetrag zu zahlen. Die Berechnung erfolgt nach **versicherungsmathematischen Grundsätzen** unter Berücksichtigung der statistischen Lebenserwartung des Berechtigten.

6 Der **Rechnungszinsfuß** bei der Berechnung des Barwertes der nachzufinanzierenden gesetzlich unverfallbaren Anwartschaften ist in § 30 i Abs. 1 S. 2 BetrAVG gesetzlich vorgeschrieben in Höhe von 3,67 % und führt zu einem Barwert von rd. 2,2 Mrd. €. Damit wird gewährleis-

---

1 Vgl. BT-Drucks. 16/1936, S. 6; s. ausführlich zur Begründung der Umstellung des Finanzierungsverfahrens auf vollständige Kapitaldeckung *Hoppenrath* FS Kemper, S. 211 ff., *ders.* FS Andresen, S. 115 ff.; zum neuen Finanzierungsverfahren des PSVaG *Hoppenrath/Berenz* DB 2007, 630 = BetrAV 2007, 215.

tet, dass die beitragspflichtigen Arbeitgeber keine zu hohe Vorausfinanzierung leisten. Im Ergebnis ist ein zusätzlicher Beitrag in Höhe von 8,66 Promille bezogen auf die in 2005 gemeldete Beitragsbemessungsgrundlage (31.12.2005: 251 Mrd. €) erforderlich.

Der gegenüber der Barwertberechnung für bereits laufende Leistungen (2006: 2,75 % und ab 2007: 2,25 % nach § 65 VAG) erhöhte Rechnungszinsfuß ist gerechtfertigt, weil ansonsten unberücksichtigt bliebe, dass mit dem Rechnungszinsfuß für Lebensversicherungen künftig Zinsüberschüsse erzielt würden, die nur den jeweiligen und künftigen Beitragszahlern zugute kommen, nicht aber denjenigen, die in der Zwischenzeit ihre Versorgungsverpflichtungen in einen Durchführungsweg ohne bzw. mit einer ermäßigten Insolvenzsicherungspflicht übertragen haben.[2] Die Differenz der Barwerte der bis zum 31.12.2005 aufgrund eingetretener Insolvenzen zu sichernden Anwartschaften berechnet mit 3,0 % (bei Anwartschaften ab 2007 gemäß § 10 Abs. 2 S. 2 BetrAVG) und 3,67 % beträgt 265 Mio. €. Durch die Festschreibung des Rechnungszinses in § 30i Abs. 1 S. 2 BetrAVG wird verhindert, dass die Arbeitgeber bei der separat angelegten Finanzierung der »Altlast« mit diesem Betrag zusätzlich belastet werden.[3]

Der Rechnungszinsfuß von **3,67 %** findet **Anwendung** auf die **einmalige Berechnung** des nachzufinanzierenden Barwerts zum 31.12.2005. Diese Berechnung ist unabhängig von der Berechnung des Barwerts der **Anwartschaften aus neuen Insolvenzen**.

II. Verpflichtete Arbeitgeber

Zur Nachfinanzierung der bis zum 31.12.2005 aufgelaufenen gesetzlich unverfallbaren Anwartschaften sind diejenigen **Arbeitgeber verpflichtet**, die im Jahr **2005 beitragspflichtig** zum PSVaG sind. Diese Beitragspflicht ergibt sich aus § 30i Abs. 1 S. 1 BetrAVG. Ausschlaggebend für die Verteilung auf die einzelnen Arbeitgeber ist der **Umlageschlüssel**, der sich nach Maßgabe der Bilanzstichtage zum Schluss des Wirtschaftsjahres, das im Jahr 2004 geendet hat, ergibt.[4] Dies entspricht der Systematik der Finanzierung des PSVaG, der bis zum 30. September eines jeden Kalenderjahres die entsprechenden Daten (Beitragsbemessungsgrundlage) der insolvenzsicherungspflichtigen Arbeitgeber aus

---

2 Vgl. BT-Drucks. 16/1936, S. 7.
3 Zu den Auswirkungen der unterschiedlichen Rechnungszinsfüsse im Fall des Eintritts des Versorgungsfalls vgl. § 10 Rn. 411 ff.
4 Zu Besonderheiten bei Beginn der Insolvenzsicherungspflicht im Lauf des Jahres 2005 vgl. Rn. 10 i.V.m. § 6 Abs. 3 AIB.

dem Vorjahr erhält, um auf dieser Basis den Beitragssatz für das aktuelle Jahr festzusetzen (§ 10 Abs. 3 BetrAVG).[5] Auf diese Weise wird sichergestellt, dass die Deckungslücke von den Arbeitgebern ausgeglichen wird, die in der Zeit des Entstehens der Deckungslücke insolvenzsicherungspflichtig waren und so auch von Liquiditätsvorteilen profitieren konnten.[6]

III. Einmalige Beitragserhebung

10 Der von den zur Nachfinanzierung verpflichteten Arbeitgebern jeweils zu zahlende Betrag wird vom PSVaG einmalig erhoben (§ 30 i Abs. 1 S. 1 BetrAVG). Das bedeutet, dass diese Beträge mit einem einmaligen Bescheid geltend gemacht werden (**Einmalbeitragsbescheid**).[7]

1. Fälligkeit in 15 Raten

11 Um die Belastung der beitragspflichtigen Arbeitgeber abzumildern legt § 30 i Abs. 2 S. 1 BetrAVG fest, dass die Nachfinanzierung auf 15 Jahre verteilt wird. Dabei ist die erste Jahresrate am 31. März 2007 fällig, die weiteren zum 31. März der folgenden Kalenderjahre (§ 30 i Abs. 2 S. 2 BetrAVG). Der **Einmalbeitragsbescheid** des PSVaG legt also mit seinem Erlass die insoweit an den PSVaG zu zahlende Verbindlichkeit in **15 Jahresraten** fest. Durch diesen Zahlungsmodus wird die Zahllast auf eine überschaubare Zeitspanne ausgedehnt und so die Liquiditätsbelastung der Arbeitgeber in einem moderaten Rahmen gehalten.

2. Anspruch auf vorfällige Zahlung

12 Neben der grundsätzlichen Verteilung der Zahlungsverbindlichkeit auf 15 Jahresraten sieht § 30 i Abs. 2 S. 3 BetrAVG einen **Anspruch der Arbeitgeber** auf **vorfällige Zahlung** der Raten mit einer entsprechenden **Diskontierung** gemäß § 30 i Abs. 1 S. 2 BetrAVG vor (ein Drittel erhöhte Rechnungszinsfuß nach § 65 VAG). Maßgebend ist der Rechnungszinsfuß zum Zeitpunkt der Zahlung.[8] Dabei kann ein zahlungsverpflichteter Arbeitgeber jederzeit im Rahmen der gesamten Laufzeit für den Rest vorfällig (diskontiert) zahlen. Ist der diskontierte Betrag

---

5 Vgl. § 10 Rn. 51; § 11 Rn. 34.
6 BT-Drucks. 16/1936 S. 7.
7 Vgl. zum Erlass von Bescheiden durch den PSVaG § 10 Rn. 22 ff.
8 Unter www.psvag.de/Service/Arbeitgeber/Mitglieder steht ein sog. Diskontrechner zur Verfügung, mit dem der jeweilige Diskont individuell ermittelt werden kann.

vom Arbeitgeber an den PSVaG gezahlt worden, tritt insoweit Erfüllung seiner Verpflichtung zur Nachfinanzierung ein (§ 362 BGB). Eine Rückabwicklung, etwa um sich wieder Liquidität im Unternehmen zu verschaffen, ist ausgeschlossen. Aus Praktikabilitätsgründen werden bei der Diskontierung einzelner Jahresraten nur volle Monate berücksichtigt (§ 30 i Abs. 2 S. 3 2. Hs. BetrAVG).

3. Kleinbetragsregelung

Zur Verwaltungsvereinfachung sieht § 30 i Abs. 3 BetrAVG eine Kleinbetragsregelung vor. Ist die sich nach § 30 i Abs. 1 BetrAVG ergebende Jahresrate nicht höher als 50 €, so ist der gemäß § 30 i Abs. 2 BetrAVG abgezinste Gesamtbetrag am 31. März 2007 fällig. 13

IV. Insolvenzbedingte Zahlungsausfälle

Insolvenzbedingte Zahlungsausfälle aus dem Kreis der zur Nachfinanzierung verpflichteten Arbeitgeber werden im Jahr der Insolvenz in die erforderlichen Beiträge eingerechnet, die der PSVaG zur aktuellen Finanzierung der Insolvenzsicherung der betrieblichen Altersversorgung benötigt (§ 30 i Abs. 4 BetrAVG). Diese Regelung ist zur Sicherstellung einer ordnungsgemäßen Nachfinanzierung der gesetzlich unverfallbaren Anwartschaften nach § 30 i Abs. 1 BetrAVG erforderlich. 14

§ 31 [Übergangsregelung für den Insolvenzschutz]

Auf Sicherungsfälle, die vor dem 1. Januar 1999 eingetreten sind, ist dieses Gesetz in der bis zu diesem Zeitpunkt geltenden Fassung anzuwenden.

1 Zum 1.1.1999 sind verschiedene Änderungen des BetrAVG in Kraft getreten, die die Eintrittspflicht des PSVaG nach § 7 BetrAVG betreffen. Die Insolvenzordnung[1] (InsO) hat die bis dahin geltende Konkursordnung[2] (KO), die Vergleichsordnung[3] (VerglO) sowie die für die neuen Länder geltende Gesamtvollstreckungsordnung[4] (GesO) abgelöst. Durch das Rentenreformgesetz 1999[5] wurde ua der Sicherungsfall der wirtschaftlichen Notlage[6] gestrichen und die Höchstleistung der gesetzlichen Insolvenzsicherung reduziert auf das Dreifache der Bezugsgröße nach § 18 SGB IV.

2 § 31 BetrAVG bestimmt im Rahmen einer **Übergangsregelung**, dass auf Sicherungsfälle, die vor dem 1.1.1999 eingetreten sind, das BetrAVG in der bis zu diesem Zeitpunkt geltenden Fassung anzuwenden ist.[7]

---

1 Vom 5.10.1994, BGBl. I S. 2866 (InsO) bzw. S. 2911 (EGInsO).
2 Vom 10.2.1877, RGBl. S. 351.
3 Vom 26.2.1935, RGBl. I S. 321.
4 Vom 23.5.1991, BGBl. S. 1191.
5 Vom 16.12.1997, BGBl. I S. 2998, 3025.
6 Vgl. dazu *Höfer* BetrAVG, Rz 4381 ff. zu § 7; *Pausldorff* § 7 Rz 169 ff.; vgl. § 7 Rz 18 a.
7 Zur Anwendung der Höchstgrenzen vgl. § 7 Rz 111 ff.

§ 32 [Inkrafttreten]

¹Dieses Gesetz tritt vorbehaltlich des Satzes 2 am Tage nach seiner Verkündung in Kraft. ²Die §§ 7 bis 15 treten am 1. Januar 1975 in Kraft.

Das Gesetz ist am 21.12.1974 im Bundesgesetzblatt verkündet worden, also am 22.12.1974 in Kraft getreten.

Die Insolvenzsicherungsbestimmungen sind gem. Satz 2 am 1.1.1975 in Kraft getreten.

Anhang I

Zusatzversorgung im öffentlichen Dienst und Privatisierung

Übersicht	Rn.
A. Allgemeines	1
B. Rechtspolitische Vorgaben	2
C. Rechtsgrundlagen	4
D. Betriebsrente im öffentlichen Dienst (Punkte-Modell)	7
E. Folgen einer Privatisierung	15
I. Fälle der Privatisierung	20
II. Beendigung der Beteiligung bei der Zusatzversorgungskasse	22
III. Folgen der Kündigung für die Arbeitgeber	24
IV. Folgen der Kündigung für die Arbeitnehmer	28
V. Steuerliche Folgen	32
VI. Folgen für die Bilanz.	34
VII. Ablösung der Betriebsrente	35
VIII. Ablösung der Zusatzversorgung	39
F. Steuerrechtliche Fragen	40

A. Allgemeines

1 Hier werden als Ergänzung zu § 18 BetrAVG die in der Praxis aktuellen Fragen der Betriebsrente im öffentlichen Dienst dargestellt, die wichtigsten Eckpunkte bewertet und anhand des Meinungsstands in Rspr. und Literatur praxisnahe Lösungsvorschläge für die rechtlichen und versorgungstechnischen Fragen in Zusammenhang mit einer Privatisierung erörtert werden[1].

B. Rechtspolitische Vorgaben

2 Das bis zum Jahr 2000 praktizierte System der betrieblichen Altersversorgung im öffentlichen Dienst setzte sich als Gesamtversorgung aus Leistungen der gesetzlichen Rentenversicherung und aus ergänzenden Leistungen des Arbeitgebers – mittelbar erbracht durch Zusatzversor-

---
1 Vgl. zum Ganzen *Pühler* PersV 2005, 204 ff. m.w.N.

gungseinrichtungen – zusammen. Dieses System war aus verschiedenen rechtlichen und finanzwirtschaftlichen Gründen[2] nicht mehr weiterzuführen. Deshalb haben die Tarifvertragsparteien des öffentlichen Dienstes am 13.11.2001 den Altersvorsorgeplan 2001 vereinbart, der eine Beendigung des bisherigen Gesamtversorgungssystems beinhaltete und eine neue beitragsorientierte Lösung über das Punkte-Modell einführen sollte.[3]

Durch den Altersvorsorgeplan 2001 wurde das bisherige Gesamtversorgungssystem rückwirkend zum 31.12.2000 geschlossen. Das Jahr 2001 wurde als Übergangsjahr betrachtet. In der ab 2002 zugesagten Betriebsrente verspricht der Arbeitgeber den Arbeitnehmern einen fiktiven Beitrag von 4 % der versorgungsfähigen Entgelte. Aus diesem Beitrag, der bei der VBL und den meisten kommunalen Zusatzversorgungskassen mangels Kapitaldeckung fiktiv eingezahlt wird, werden unter Anwendung einer versicherungs-mathematisch ermittelten Transformationstabelle vom Lebensalter abhängige Versorgungspunkte errechnet. Diese Versorgungspunkte werden gegenwärtig mit einem Garantiezins von 3,25 % in der Zeit der aktiven Dienstzeit (Anwartschaft) verzinst.

C. Rechtsgrundlagen

Die arbeitsrechtliche Grundlage der Zusatzversorgung im öffentlichen Dienst ist das Versprechen auf Verschaffung der Zusatzversorgung, das sich aus den Manteltarifverträgen im öffentlichen Dienst ergibt.[4] Die Rechtsprechung hat dieses Rechtsverhältnis als Rechtsanspruch auf Verschaffung der Zusatzversorgung eingeordnet.[5] Diesen Verschaffungsanspruch erfüllt der Arbeitgeber dadurch, dass er bei einer Zusatzversorgungseinrichtung beteiligt ist, bei der er den pflichtversicherten Arbeitnehmer zur Pflichtversicherung anmeldet und die Umlagen und ggf. weitere Finanzierungsbeiträge (Zusatzbeiträge zur Kapitaldeckung, Sanierungsgeld) entrichtet.

---

2 Vgl. dazu näher *Stephan* ZTR 2002, 79 ff. und 150 ff.
3 Vgl. den Altersvorsorgeplan 2001 als Anl. 5 zum ATV, vgl. im Übrigen § 18 Fn. 6.
4 Vgl. § 25 des TV für den öffentlichen Dienst (TVöD) v. 13.9.2005 und § 25 des TV für den öffentlichen Dienst der Länder (TV-L) v. 12.10.2006. Im Folgenden wird beispielhaft die Satzung der Versorgungsanstalt des Bundes und der Länder (VBL) vom 19.9.2002, zuletzt geändert am 10.10.2006 (BAnz Nr. 219 vom 22.11.2006) zitiert.
5 Grundlegend BAG 28.7.1992, 3 AZR 553/91, ZTR 1992, 374; vgl. auch *Reinicke* FS Kemper, S. 383 ff.

5 Die wesentlichen rechtlichen Grundlagen zum Leistungsrecht und zur Finanzierung der Zusatzversorgung ergeben sich neben den Satzungen der einzelnen Zusatzversorgungskassen aus besonderen Tarifverträgen vom 1.3.2002, nämlich dem ATV und dem ATV-K[6].

6 Entsprechende Regelungen gibt es im besonderen Arbeitsrecht der Kirchen sowie bei den anderen großen Arbeitgebern, z.B. aus dem Bereich der Sozialversicherung, die eigene Tarifverträge abgeschlossen haben. Im Übrigen ergibt sich der Verschaffungsanspruch aus einzelnen Haustarifverträgen, aus Betriebsvereinbarungen oder aus Arbeitsverträgen, die eine Verweisung oder eine ausdrückliche Erwähnung einer Versicherungspflicht bei der VBL oder einer vergleichbaren Zusatzversorgungseinrichtung enthalten.[7] Allerdings haben derartige ausdrückliche Erwähnungen einer Versicherungspflicht bei der VBL oder einer anderen Zusatzversorgungseinrichtung nur eingeschränkte arbeitsrechtliche Wirkungen.[8] Soweit keine ausdrücklichen Verweisungen oder Bezugnahmen im Arbeitsvertrag enthalten sind, ergibt sich die Verpflichtung zur Verschaffung der Zusatzversorgung ausschließlich aus der Satzung der VBL oder der anderen zuständigen Zusatzversorgungseinrichtung.

D. Betriebsrente im öffentlichen Dienst (Punkte-Modell)

7 Das Punkte-Modell besteht aus verschiedenen Modellparametern, die nach statistischen Erfahrungswerten über das Alter, das Geschlecht und die Fluktuation der Versicherten in ihrem Beruf und aufgrund von versicherungsmathematischen Berechnungen über die Auswirkungen biometrischer Funktionsweisen in betrieblichen Versorgungssystemen entwickelt worden sind. Die biometrischen Grundlagen ergeben sich aus den Sterbetafeln nach *Prof. Heubeck* (Stand 1998) für Männer. Nach dem Punkte-Modell werden Leistungen ähnlich dem Entgeltpunkte-Modell in der gesetzlichen Rentenversicherung erworben – ausgedrückt in Versorgungspunkten, die durch Beitragszahlungen der Arbeitgeber an die Kasse auf der Grundlage des jeweiligen Arbeitsentgelts erworben werden.

---

6 Vgl. § 18 Fn. 6.
7 Vgl. hierzu die in § 19 und in § 20 Abs. 1 VBLS geregelten Voraussetzungen. Für die Mitglieder der kommunalen und der kirchlichen Zusatzversorgungseinrichtungen gelten entsprechende Regelungen.
8 Vgl. dazu BAG 19.11.2002, 3 AZR 311/01, n.v.

Dabei ist die Höhe der Renten abhängig von der gesamten Erwerbsbiografie. Als Leistungen für Pflichtversicherte werden nach der Erfüllung der Wartezeit von 60 Monaten gewährt:

- Altersrente im vollendeten 65. Lebensjahr; bei vorzeitiger Inanspruchnahme erfolgt ein Abschlag in Höhe von 0,3 % je Monat, höchstens von 10,8 %;
- Rente wegen vollständiger oder teilweiser Erwerbsminderung;
- Ein Anspruch auf Witwen- oder Witwerrente besteht, wenn ein Pflichtversicherter stirbt und er zum Zeitpunkt seines Todes in gültiger Ehe verheiratet war, die Höhe der Rente entspricht der jeweiligen Rentenhöhe in der gesetzlichen Rentenversicherung (große oder kleine Witwenrente), Bemessungsgrundlage ist die Erwerbsminderungsrente bzw. die bereits bezogene Rente;
- Waisenrenten.

Als Rentenformel wurde vereinbart:

Rente = (Summe aller Versorgungspunkte) × Messbetrag

Dabei errechnen sich die Versorgungspunkte aus 4 % des Entgelts, das Bemessungsgrundlage für die Betriebsrente sein wird. Dieses wird mit einem Faktor des Referenzentgelts von 1.000 € ausgedrückt.

Der Versorgungspunkt eines jeden Jahres mit einem Tabellenwert gewichtet, der sich nach versicherungsmathematischen Grundsätzen und unter Berücksichtigung biometrischer Vorgaben errechnet. Zum Beispiel beträgt der Tabellenwert für das Alter 17 (Beginn der Alterstabelle) 3,1, der Wert für das Alter 62 und älter 0,8. Bei dieser Tabelle wird berücksichtigt, dass der Beitrag in jungen Jahren dem System länger zur Verfügung steht und nicht für die Gewährung von Leistungen zu verwenden ist.

Der Messbetrag beträgt 0,4 % des Referenzentgelts.

Die fiktiv berechneten Beiträge werden in der aktiven Beschäftigungszeit bei der durch den Arbeitgeber finanzierten Betriebsrente mindestens mit 3,25 % fiktiv verzinst. Die Verzinsung in der Rentenzeit beträgt fiktiv 5,25 %, dieser Wert ist in der Transformationstabelle bereits eingerechnet. Ist die Rendite bei der Kasse höher als die genannten Werte, so werden entstandene Überschüsse nach Abzug von für soziale Komponenten zweckgebundenen Geldern der Summe der Versorgungspunkte zugerechnet und als Rente ausgezahlt.

Anhang I Betriebsrente im öffentlichen Dienst und Privatisierung

12 Der Besitzstand aus der früher gewährten Gesamtversorgung wurde in das neue System übertragen. Grundlage ist die arbeits- und tarifvertraglich begründete Anwendung der in § 18 Abs. 2 BetrAVG enthaltenen Formel. Dabei werden die Rentenanwartschaften aus der gesetzlichen Rentenversicherung mittels des durch das Bundesministerium der Finanzen bekanntgegebenen ertragsteuerlichen Näherungsverfahrens errechnet[9].

13 Für rentennahe Jahrgänge im Tarifgebiet West, die am 1.1.2002 das 55. Lebensjahr vollendet haben, wurde eine besondere Besitzstandsregelung vereinbart. Hier wird neben der beschriebenen Übergangsregelung die (fiktive) Versorgungsrente zum Pensionsalter 63 zum 31.12.2001 berechnet, wobei anstelle der Anwendung des Näherungsverfahrens eine Rentenauskunft der gesetzlichen Rentenversicherung zugrunde gelegt wird. Ergibt sich bei dieser Stichtagsberechnung eine höhere Versorgungsrentenanwartschaft als bei Anwendung von § 18 Abs. 2 BetrAVG, so wird die Differenz zur Besitzstandsrente aufgrund der allg. Übergangsregelung in zusätzliche Versorgungspunkte umgerechnet.

14 Nach der hier vertretenen Auffassung verstößt die Neuregelung des § 18 Abs. 2 BetrAVG gegen die Grundsätze, die das BVerfG in seinem Beschluss vom 15.7.1998[10] formuliert hat. Mit der Bezugnahme auf eine, jedenfalls gegen Art. 3 GG verstoßende Regelung ist die Besitzstandsregelung ebenfalls rechtswidrig. Bei den rentennahen Jahrgängen, die im Ergebnis die bisher erdiente Anwartschaft und meistens sogar die künftige Entwicklung ihrer Zusatzversorgung garantiert erhalten,[11] kann dagegen von einer rechtmäßigen Regelung gesprochen werden[12]. Demgegenüber ist Besitzstandsregelung für die rentenfernen Jahrgänge, also die Anwärter, die am 1.1.2001 das 55. Lebensjahr noch nicht vollendet haben, nicht rechtmäßig. Hier hätte nach der hier vertretenen

---

9 Vgl. FN 49.zu § 18 BetrAVG, 2. Aufl.
10 Vgl. BVerfG 15.7.1998 a.a.O. (vgl. Fn. 1). Bei dem für die Versicherten positiven Ausgang von Klagen gegen die Besitzstandsregelung haben die Tarifvertragsparteien des öffentlichen Dienstes zugesichert, dass diese Wirkungen auch bei solchen Pflichtversicherten, die kein Rechtsmittel ergriffen haben, eintreten werden. Auf die Einrede der Verjährung oder die Anwendung der in § 52 VBLS enthaltenen Ausschlussfrist wird ausdrücklich verzichtet (Erklärung v. 12.3.2003); ähnlich wie hier *Preis/Temming* ZTR 2003, 262; weitergehend § 18 Rn. 24 ff.
11 Vgl. dazu näher § 33 ATV und ATV-K.
12 Vgl. OLG Karlsruhe 7.12.2006, 12 U 91/05, ZTR 2007, 317 ff., Revision eingelegt.

Auffassung ausschließlich die Besitzstandsregelung des § 2 Abs. 1 BetrAVG angewendet werden müssen[13].

E. Folgen einer Privatisierung

Viele Einrichtungen, die als Organisationen der öffentlichen Hand geführt werden, werden im Zuge der Verminderung der Aufgaben der öffentlichen Hand privatisiert (Krankenhäuser, Energieversorgungsunternehmen, Entsorgungsunternehmen, Unternehmen des Personennahverkehrs, Flughäfen, Wohnungsunternehmen etc.). Dabei sind zwei parallele, aber höchst unterschiedlich verlaufende Entwicklungen festzustellen, die auch heute noch unterschiedlichen Rahmenbedingungen folgen: Im Tarifgebiet West des öffentlichen Dienstes, das das Gebiet der alten Bundesrepublik vor der Wiedervereinigung umfasste[14], gab es gewachsene Anwartschaften in langjährig angewendeten Systemen, bei denen nach dem ursprünglichen Einstellungsboom der 70er Jahre mit steigenden Anwärterzahlen in den vergangenen zehn Jahren massiv Arbeitsplätze abgebaut und somit weit vor der geplanten Zeit Leistungsempfänger in der Zusatzversorgung erzeugt worden waren. Hier war und ist der Ausstieg aus dem System der Zusatzversorgung nur schwer zu bewältigen, weil er hohe finanzielle Aufwendungen für die in der Vergangenheit entstandenen Versorgungsanwartschaften (Past-Service) erfordert.[15] 15

Demgegenüber ist es auch heute noch im Tarifgebiet Ost, in dem die Zusatzversorgung erstmals zum 1.1.1997 flächendeckend eingeführt wor- 16

---

13 Vgl. dazu *Pühler* Neuordnung der kirchlichen Zusatzversorgung, Gutachten für den Deutschen Caritasverband v. 7.1.2002, www.diag-mav.org/arbeitshilfen/zusatzversorgung/gutachten; LG Karlsruhe 30.1.2004, 6 O 197/03, BetrAV 2004, 283 – n. rkr.; hierzu Anm. von *Kühn/Kontusch* ZTR 2004, 316; *Hügelschäfer* ZTR 2004, 231 ff.; *ders.* ZTR 2004, 278 ff.; *Preis/Temming* ZTR 2004, 262; *dies.* Gedenkschrift für Blomeyer, S. 247; *Rengier* NZA 2004, 817; ebenso OLG Karlsruhe 22.9.2005, 12 U 102/04, ZTR 2005, 588 ff. wobei von einer eingeschränkten gerichtlichen Kontrolle wegen des Regelungscharakters als Tarifvertrag ausgegangen wird (Revision eingelegt); ebenso OLG Köln 14.6.2007, 7 U 11/07 und 7 U 17/07. Einen umfassenden Überblick über die Rspr. gibt *Wein* BetrAV 2007, 537.
14 Grundlegend ist der Tarifvertrag über den Geltungsbereich der für den öffentlichen Dienst in der Bundesrepublik Deutschland bestehenden Tarifverträge vom 1.8.1990.
15 Vgl. zum rechtspolitischen Hintergrund *Wolf/Conradi* ZTR 2007, 290 ff.; zur Erläuterung des Begriffs der Privatisierung vgl. *Pühler* PersV 2005, 204 f. m.w.N.

Anhang I   Betriebsrente im öffentlichen Dienst und Privatisierung

den ist[16], möglich, mit vertretbarem wirtschaftlichen Aufwand die Zusatzversorgung durch alternative Versorgungsmodelle abzulösen.

17 Heute gehört die Fortführung der Zusatzversorgung des öffentlichen Dienstes zu den Standardfragen, die bei der Prüfung der Privatisierung von öffentlichen Einrichtungen gestellt und beantwortet werden müssen. Denn bei jeder Neuorganisation endet die bisherige Pflichtversicherung bei einer der Zusatzversorgungseinrichtungen[17], sodass über die Fortführung entschieden werden muss. Im Folgenden werden die wesentlichen Eckpunkte für den rechtlichen Rahmen derartiger Privatisierungen zusammengestellt und die Möglichkeiten für die Gestaltung abweichender Versorgungssysteme beleuchtet.

18 Die Erfahrungen, die zwischenzeitlich mit den zwingend erforderlichen Schritten zur Prüfung und zur Ablösung der Zusatzversorgung des öffentlichen Dienstes gewonnen werden konnten, sind so weit verfestigt, dass von einem klaren und sinnvoll abgegrenzten Entscheidungsprozess gesprochen werden kann:[18]

19 Neben den erforderlichen versicherungsmathematischen Berechnungen zur Feststellung des Aufwands, der für die Finanzierung der bereits erworbenen Anwartschaften nach den Satzungen der Zusatzversorgungseinrichtungen zu entrichten ist, müssen die unterschiedlich gestalteten arbeitsrechtlichen Ausgangslagen geprüft und bewertet werden. Erweist sich ein Wechsel des Versorgungssystems und/oder des Versorgungsträgers als betriebswirtschaftlich vorteilhaft, so können in der Gestaltung des neuen Versorgungsmodells und in der vernünftigen Verteilung der Lasten in der Anwartschaftsphase individuelle Lösungen für die einzelnen Arbeitgeber gefunden werden.

I. Fälle der Privatisierung

20 Privatisierung ist begrifflich die Umwandlung von Gemeineigentum in Eigentum einzelner Personen oder Gesellschaften des Privatrechts[19]. Hierbei gibt es verschiedene Ausprägungsformen, die in ganz unter-

---

16 Vgl. TV zur Einführung der Zusatzversorgung im Tarifgebiet Ost (TV EzO) v. 1.2.1996, der am 1.1.1997 in Kraft getreten ist. Dabei ist allerdings sorgfältig zu prüfen, ob ein Wechsel des Versorgungsmodells wirtschaftlich vorteilhaft ist.
17 Mit der Übertragung von Arbeitsverhältnissen auf einen anderen Arbeitgeber, der nicht an einer Zusatzversorgungseinrichtung beteiligt ist, kann die bislang gewährte Zusatzversorgung nicht unmittelbar weiter gewährt werden
18 Vgl. vor allem zum Recht in den neuen Bundesländern *Dierkes/Geyer* FS Kemper, S. 75 ff.
19 Vgl. dazu zuletzt näher *Vogelgesang* Beteiligungsrechtliche Probleme bei der

schiedlicher Weise zeigen, dass einzelne, bislang durch die öffentliche Hand geführte Einrichtungen künftig den Regeln des Wettbewerbs gehorchen und deshalb in privater Rechtsform mit Gewinnerzielungsabsicht betrieben werden sollen. Hierbei kann es sich darum handeln, dass das »Tafelsilber der öffentlichen Hand«, nämlich die gewinnbringenden Teile wie z.B. Energieversorgungsunternehmen, mit Gewinn zur Sanierung der defizitären öffentlichen Haushalte veräußert werden sollen. Darüber hinaus gibt es aber eine ganze Reihe von Einrichtungen, die durch die öffentliche Hand nicht gewinnbringend betrieben werden können (z.B. im Bereich des Nahverkehrs, bei Krankenhäusern im Akut- und im Rehabilitationsbereich und im kulturellen Bereich), die zur Entlastung der öffentlichen Haushalte von den jährlichen Defiziten veräußert werden.

Der wichtigste Einschnitt in die bisher vom Arbeitgeber des öffentlichen Dienstes gewährte Zusatzversorgung findet bei einer materiellen Privatisierung durch die öffentliche Hand statt. Hier entledigt sich die öffentliche Hand vollständig der Durchführung einer Aufgabe, wie z.B. des Betriebs eines kommunalen Krankenhauses. Der Übertragungsweg besteht in einem Betriebsübergang, einer Umwandlung nach den Regeln des Umwandlungsgesetzes oder einem Gesellschaftsanteilsübertragungsvertrag (Anwendung von § 613 a BGB). Besonders bei derartigen Privatisierungsvorgängen prüfen private Erwerber, ob sie sich den Erwerb dieses öffentlichen Betriebes im Hinblick auf die hohen, in den Bilanzen nicht aufgedeckten Lasten der Zusatzversorgung des öffentlichen Dienstes überhaupt leisten können[20]. Arbeitsrechtlich liegt meist ein Fall von § 613 a BGB vor.

II. Beendigung der Beteiligung bei der Zusatzversorgungskasse

Der bestehende Gruppenversicherungsvertrag, den die Arbeitgeber mit der Zusatzversorgungseinrichtung abgeschlossen haben, kann nach der Satzung beendet werden. Dafür kommt, abgesehen von dem nicht weiter zu betrachtenden rechtlichen Untergang eines Arbeitgebers, nur die Kündigung der Beteiligungsvereinbarung mit der Zusatzversorgungseinrichtung in Betracht. Die Inhalte des Gruppenversiche-

---

Privatisierung, Die Personalvertretung 2005, 4 ff.; *Sterzek* in Blanke / Trümmer, Handbuch Privatisierung, 1. Aufl. 1998, Rz. 159 ff.
20 Aus betriebswirtschaftlichen Gründen wird teilweise eine Due Diligence durchgeführt, mit der die Lasten aus der Zusatzversorgung aufgedeckt werden.

rungsvertrages und die gegenseitigen Rechte und Pflichten ergeben sich dabei aus der Satzung.

23 Die Beteiligung bei der Zusatzversorgungseinrichtung kann durch Kündigung beendet werden[21]. Die Satzungen aller Zusatzversorgungseinrichtungen legen für die ordentliche Kündigung eine sechsmonatige Kündigungsfrist zum Schluss eines Kalenderjahres fest, Daneben wird die Beteiligung des Arbeitgebers auch durch Betriebsübergänge auf andere rechtlich selbständige Arbeitgeber, die nicht Mitglied der gleichen Zusatzversorgungskasse sind, beendet.[22]

III. Folgen der Kündigung für die Arbeitgeber

24 Die Umlage- und Sanierungsgeldzahlungen an die Zusatzversorgungseinrichtung entfallen ebenso wie die entsprechenden Nebenleistungen (pauschale Lohnsteuer, Solidaritätszuschlag, Lohnkirchensteuer, Sozialversicherungsbeiträge).

25 Es endet ebenso die Verpflichtung des beteiligten Arbeitgebers, jeden neu eingestellten Mitarbeiter zur Versicherung anzumelden[23]. Diese umfassende Anmeldepflicht ist für das Umlage-Finanzierungsverfahren wesentlich. Gleichzeitig enden die Rechte und Pflichten für die bis zu diesem Zeitpunkt versicherten Mitarbeiter. Es entsteht eine beitragsfreie Versicherung, die nicht mit Umlagen oder sonstigen Beiträgen finanziert werden muss. Voraussetzung ist, dass am Stichtag des Ausscheidens eine Wartezeit von 60 Umlagemonaten bereits erfüllt war[24].

26 Aufgrund der Kündigung entsteht für die an einer Zusatzversorgungskasse beteiligten Arbeitgeber die Verpflichtung zur Zahlung eines Gegenwerts.[25] Mit diesem Gegenwert sollen die finanziellen Grundlagen dafür geschaffen werden, dass die Zusatzversorgungseinrichtung weiterhin die laufenden Renten bezahlt sowie die Leistungen erbringt, die den beitragsfrei Versicherten als unverfallbare Betriebsrente aus diesem

---

21 Vgl. z.B. § 22 Abs. 1 VBLS.
22 Bei der Mitgliedschaft des neuen Arbeitgebers bei einer anderen Zusatzversorgungskasse liegt faktisch eine Überleitung vor, die besondere Vereinbarungen zwischen den beteiligten Kassen und den Arbeitgebern erfordert.
23 Vgl. z.B. § 21 Abs. 2 i.V.m. Abs. 1 S. 1 der Ausführungsbestimmungen zu § 21 Abs. 1 VBLS.
24 Vgl. z.B. § 34 Abs. 1 VBLS.
25 Vgl. § 23 Abs. 2 VBLS – bei anderen Zusatzversorgungseinrichtungen wird der Gegenwert als Ausgleichsbetrag bezeichnet; weiterführend vgl. *Kiefer/Langenbrinck* Erl. 2 zu § 23 VBLS.

Versicherungsverhältnis zustehen. Da die Zusatzversorgungseinrichtung von dem ausgeschiedenen Arbeitgeber keine Umlagen mehr für die aktiven Beschäftigten erhält, ist deshalb nach der Satzung ein nach versicherungsmathematischen Grundsätzen berechneter Ausgleich für die Zahlungsverpflichtungen vorgesehen.

Für die Berechnung des Gegenwertes enthält die Satzung der jeweiligen Zusatzversorgungseinrichtung entsprechende Festlegungen. Es geht beim Gegenwert (Ausgleichsbetrag) im Wesentlichen um die Berechnung eines Rentenbarwerts für die jeweils erdienten Anwartschaften und Rechte. Allerdings enthält die Satzung gewissermaßen politische Festlegungen für die Berechnungsweise, vor allem beim Rechnungszins und bei dem Wert für die Dynamik der Renten. Wichtig sind dabei die folgenden Festlegungen, die in einer Reihe von Streitverfahren einer gerichtlichen Prüfung auf ihre Rechtmäßigkeit unterzogen werden; allerdings liegen noch keine Urteile vor[26]:

27

➢ Die Berechtigung, beim Ausscheiden eines Arbeitgebers eine hohe Einmalzahlung zu fordern, wird grundsätzlich von den betroffenen Arbeitgebern bestritten. Neben der damit verbundenen Schaffung einer Monopolstellung der VBL, die wirtschaftlich zu einer ewigen Bindung der Arbeitgeber an diese Zusatzversorgungseinrichtung führt, spricht auch die bereits erfolgte Finanzierung der versprochenen Rentenanwartschaften über Umlagezahlungen in der Vergangenheit.

➢ Bei der Berechnung des Gegenwerts ist ein pauschaler Verwaltungskostenzuschlag für die künftig erforderlichen Verwaltungsaufwendungen (aus beitragsfreien Versicherungen und für laufende Zahlungen) zu bezahlen. Die Berechtigung ist, insbesondere bei hohen Gegenwerten die Höhe des Verwaltungskostenzuschlags ist umstritten.

➢ Die Satzung sieht bei der Berechnung des Gegenwertes auch einen pauschalen Zuschlag zur Deckung von Fehlbeträgen in Höhe von 10 % des Gegenwertes vor. Die Verpflichtung wird damit begründet, dass durch den Wegfall künftiger Umlagezahlungen das volle Finanzierungsrisiko bei der Zusatzversorgungseinrichtung verbleibt. Auch die Berechtigung und die sachlich nicht begründbare Höhe des Zuschlags werden vor den Gerichten angegriffen.

➢ Schließlich ist zur Berechnungsweise noch darauf hinzuweisen, dass die Rentenbarwerte auf das individuelle 65. Lebensjahr des ein-

---

26 Dargestellt am Beispiel der VBL, vgl. § 23 Abs. 2 VBLS.

zelnen Pflichtversicherten bezogen berechnet und dann auf den Stichtag des Ausscheidens des einzelnen Arbeitgebers abgezinst werden. Allerdings benötigen die Zusatzversorgungseinrichtungen und der von ihr zur Berechnung des Gegenwertes beauftragte versicherungsmathematische Gutachter mehrere Monate, bis das Gutachten ausgeliefert und der Gegenwert in Rechnung gestellt werden kann. Für diese Zeit berechnet die Zusatzversorgungseinrichtung einen Wertstellungszins, der sich aus dem Durchschnitt der Vermögenserträge der Zusatzversorgungseinrichtung in den vergangenen fünf Jahren errechnet und bei der VBL mindestens 5,25 % p.a. beträgt.

➢ Auch im Rahmen der bisher durchgeführten Umlagefinanzierung konnten die meisten Zusatzversorgungseinrichtungen anteilig ein Vermögen aufbauen, das zur Finanzierung der Anwartschaften zur Verfügung steht. Bislang verweigern die Zusatzversorgungskassen, bei der Höhe des Gegenwerts ein anteiliges Kassenvermögen gegenzurechnen.[27]

IV. Folgen der Kündigung für die Arbeitnehmer

28 Die Pflichtversicherung bei der Zusatzversorgungseinrichtung, über die der Arbeitgeber den eingeräumten Rechtsanspruch auf Verschaffung der Zusatzversorgung erfüllt hatte, endet. Es entsteht ein beitragsfreies Versicherungsverhältnis bei der Zusatzversorgungskasse, aus dem die Zusatzversorgungseinrichtung im Versicherungsfall entsprechende Rentenleistungen erbringt. Auch die beitragsfrei Versicherten erhalten eine Betriebsrente, die Versorgungspunkte umfasst, die sich aus der Zeit des Bestehens der Pflichtversicherung ergeben.[28]

29 Auf die Auszahlung dieses in der Zeit der Pflichtversicherung bei der Zusatzversorgungskasse erdienten Teils der Anwartschaft haben die Mitarbeiter einen Rechtsanspruch.[29] Mit der Beendigung der Beteiligung bei der Zusatzversorgungseinrichtung kann der Arbeitgeber den arbeitsrechtlichen Verschaffungsanspruch nicht mehr durch die Versicherung erfüllen. Im Rahmen des bestehenden arbeitsrechtlichen Grundverhältnisses, das durch den Arbeitsvertrag und die Bezugnahme auf die Tarifverträge begründet wird, ist dieser Rechtsanspruch in anderer Weise zu erfüllen. Der Verschaffungsanspruch wandelt sich

---
27 Vgl. dazu OLG Dresden 26.10.2006, 4 U 944/06, Revision eingelegt.
28 Vgl. § 3 Abs. 1 ATV.
29 Vgl. § 2 Abs. 5 a Hs. 2 BetrAVG; zur zeitlich beschränkten Anwendung vgl. Rz. 169 zu § 2 BetrAVG.

damit in einen Erfüllungsanspruch um[30], es entsteht mangels abweichender Regelung eine Direktzusage.

Der Inhalt als Direktzusage zur qualifizierenden Einstandspflicht ergibt sich aus dem Inhalt der Satzung bzw. dem Tarifvertrag, der weiterhin den Inhalt des Arbeitsvertrags bestimmt. Dabei haben die Mitarbeiter gegen den Arbeitgeber keinen Rechtsanspruch darauf, dass er wieder eine Beteiligung bei der früheren oder einer anderen Zusatzversorgungseinrichtung begründet. Denn der Arbeitgeber schuldet nur den Inhalt der Versorgung, nicht aber den Weg der Durchführung[31]. Dies gilt auch dann, wenn die Pflicht zur Versicherung bei der Zusatzversorgungseinrichtung in den Text der Arbeitsverträge aufgenommen worden ist. Denn eine derartige Formulierung hat nach der neueren Auffassung des BAG keine konstitutive Wirkung.[32]

Die Einstandspflicht besteht auch in den Fällen, in denen die Zusatzversorgungseinrichtung nicht oder nicht in vollem Umfang leistet. Hier handelt es sich um die Fälle der Nichterfüllung der Wartezeit für die beitragsfreie Versicherung und die Nichterfüllung der zehnjährigen Wartezeit für die Beanspruchung von Bonuspunkten aus dem von der Zusatzversorgungseinrichtung zu gewährenden Überzins für beitragsfrei Versicherte.[33]

V. Steuerliche Folgen

Die Frage, ob bei der Zahlung des Gegenwertes an die Zusatzversorgungseinrichtung Steuern zu entrichten sind, war immer umstritten. Zunächst hatte der BFH entschieden, dass derartige Zahlungen steuerfrei bleiben sollen[34]

Seit dem Jahressteuergesetz 2007[35] besteht eine gesetzliche Regelung. Danach unterliegen derartige Zahlungen der Arbeitgeber aus Anlass des Ausscheidens aus einer Zusatzversorgungskasse der Steuerpflicht[36], der Steuersatz ist auf 15 % ermäßigt[37]. Erfasst werden alle Zah-

---

30 Vgl. § 1 Abs. 1 S. 3 BetrAVG; näher Rz. 201 ff. zu § 1 BetrAVG.
31 Vgl. BAG 29.8.2000, 3 AZR 201/00, ZTR 2001, 35 f.; aus der Entscheidung des BAG 12.6.2007, 3 AZR 186/06, ist nichts anderes zu entnehmen.
32 Vgl. BAG 19.11.2001, 3 AZR 311/01.
33 Vgl. § 19 Abs. 1 S. 2 ATV; zur Wartezeit vgl. auch § 1 b Rn. 116 ff.
34 Vgl. BFH 14.9.2005 und 15.2.2006, BStBl. II 2006, S. 500, 532, 528, für Zahlungen bis einschl. 2005 vom BMF anerkannt (vgl. BMFS 30. 5.2006, IV C 5 S-53/06 I).
35 Vom 13.12.2006 BGBl. I S. 2878.
36 Vgl. § 19 Abs. 1 Nr. 3 S. 2 EStG.
37 Vgl. § 40 b Abs. 4 EStG, zzgl. Solidaritätszuschlag und Kirchensteuer.

lungen, die nach dem 23.8.2006 geleistet werden.[38] Grundsätzlich sind die rechtlichen Einwände, die gegen die ursprünglich angenommene Steuerpflicht angenommen worden waren, auch nach der gesetzlichen Neuregelung präsent. Mit einer erneuten gerichtlichen Überprüfung ist deshalb zu rechnen.

33a Darüber hinaus sind die steuerrechtlichen Folgen eines Wechsels des Durchführungswegs unmittelbare Folgen, so dass das arbeitsrechtliche Grundverhältnis daraus nicht berührt wird.

VI. Folgen für die Bilanz

34 Mit dem rechtlichen Wandel von der mittelbaren Versorgungszusage in eine Direktzusage entstehen Veränderungen für die Bilanz der Arbeitgeber, soweit diese der Bilanzierungspflicht unterliegen. Die mittelbare Versorgungszusage, die die Arbeitgeber bisher über die Zusatzversorgungseinrichtung ihren Mitarbeiterinnen und Mitarbeitern eingeräumt hatten, wurde nämlich i.d.R. nicht in der Bilanz passiviert. Allerdings war der Hauptfachausschuss des Instituts der Wirtschaftsprüfer in diesem Punkte anderer Auffassung.[39] Es bestand danach für Kapitalgesellschaften ein Passivierungswahlrecht in der Handelsbilanz.[40] Dies ergibt sich auch aus der Regelung, wonach der Arbeitgeber für die Erfüllung der Versorgungsansprüche durch den mittelbaren Versorgungsträger, hier die Zusatzversorgungseinrichtung, kraft Gesetzes einzustehen hat. Wenn künftig die internationalen Bilanzierungsregeln verbindlich eingeführt werden, muss ohnehin mit der Bilanzierung gerechnet werden.[41]

VII. Ablösung der Betriebsrente

35 Der Leistungsplan, der den Mitarbeitern des öffentlichen Dienstes versprochen worden ist, wird in keiner anderen Versorgungseinrichtung außerhalb des öffentlichen Dienstes ohne Abweichungen durchgeführt. Es sind gegenwärtig auch keine Versicherungstarife auf dem Markt ersichtlich, die gegenwärtig genau auf das Versorgungsmodell des öffentlichen Dienstes »passen«.[42] Gleichwohl bestehen Möglichkei-

---

38 Vgl. § 52 Abs. 52 a EStG.
39 Zur Bilanzierung der Lasten aus der Zusatzversorgung vgl. das Institut der Wirtschaftsprüfer IDW, FN-IDW 1998, 292.
40 Vgl. Art. 28 Abs. 1 EGHGB.
41 Zunächst a.M. *Riehl* BetrAV 2006, 521
42 Vgl. *Wegner-Wahnschaffe* ZTR 2004, 395 ff., 399 f.

ten, die Betriebsrente auch ohne arbeitsrechtliche Korrekturen auf einem anderen Weg darzustellen.

Von den nach der heutigen Fassung des Betriebsrentengesetzes zugelassenen und anerkannten Durchführungswegen der betrieblichen Altersversorgung kommen zur Erfüllung dieser ablösenden Versorgungsansprüche im Wesentlichen bestimmte Durchführungswege in Betracht. Dies ergibt sich aus der einfachen Überlegung, dass ein Durchführungsweg nur dann zur Ablösung der Zusatzversorgung des öffentlichen Dienstes geeignet sein kann, wenn er Leistungen in gleicher Höhe und in gleichem Umfang gewährleistet. Nach allgemeiner Auffassung, gibt es auf dem Markt der Versicherungsunternehmen derzeit keinen Tarif, bei dem die Zusatzversorgung durch ablösendes Versorgungssystem gewissermaßen 1:1 übernommen werden kann. 36

Als mögliche Durchführungswege bleiben im Wesentlichen die unmittelbare Versorgungszusage und die Unterstützungskasse, vor allem in der Form der rückgedeckten Unterstützungskasse, übrig. Als Begründung für die Geeignetheit dieser Durchführungswege zeigt sich, dass bei beiden Durchführungswegen der Leistungsplan des Punkte-Modells, wie er derzeit in den Satzungen der Zusatzversorgungskassen vereinbart und geregelt worden ist, abgebildet werden kann. Bei der unmittelbaren Versorgungszusage ist dies ohnehin kein Problem, weil hier weitgehend Gestaltungsfreiheit hinsichtlich der Versorgungszusage besteht. Bei der Unterstützungskasse sind trotz der Abhängigkeit vom Tarif der Rückdeckungsversicherung gewisse Regeln zu beachten, die aber ebenfalls so ausgestaltet werden können, dass auch hier die Zusatzversorgung des öffentlichen Dienstes im Ergebnis abgebildet werden kann. 37

In der Vergangenheit ist eingewandt worden, eine Unterstützungskassenzusage sei deshalb nicht zur Ablösung der Zusatzversorgung des öffentlichen Dienstes geeignet, weil sie keinen formalen Rechtsanspruch gegenüber dem Versorgungsträger einräumt. Die Rechtsprechung kommt zu dem Ergebnis, dass der Mitarbeiter gegenüber dem Arbeitgeber keinen Rechtsanspruch darauf hat, überhaupt bei einer Zusatzversorgungskasse oder einer bestimmten anderen Zusatzversorgungseinrichtung versichert zu werden. Der Arbeitgeber schuldet nämlich nur den Inhalt der Versorgung, nicht aber den Weg der Durchführung[43]. In dieser Entscheidung hat sich das BAG in der Tat auch mit der Frage befasst, ob der mangelnde Rechtsanspruch einen Mangel für die Unterstützungskasse als geeigneten Durchführungsweg darstellt. Das BAG 38

---

43 Vgl. Rn. 30 und Fn. 31 m.w.N.

hat diese Frage ausdrücklich nicht entschieden. Auch in späteren Urteilen befasst sich das BAG mit dieser Frage, ohne allerdings eine ablehnende Entscheidung zu treffen.

VIII. Ablösung der Zusatzversorgung

39 Für die Gestaltung der Arbeitsverträge bei der Ablösung der Zusatzversorgung des öffentlichen Dienstes gelten keine Besonderheiten.

➤ Abschluss eines ablösenden Tarifvertrages, der für den neuen Arbeitgeber gilt, und unter Beachtung sämtlicher Rechte der Arbeitnehmer eine Regelung zur betrieblichen Altersversorgung enthält. Die Tarifvertragsparteien sind hierbei auch in der Lage, Verschlechterungen des Versorgungsrechtes durch geringere Leistungen oder durch höhere Beiträge der Arbeitnehmer zur Finanzierung unter Beachtung der Rspr. des BAG einzuführen. Denn das Handeln der Tarifvertragsparteien ist rechtlich nur eingeschränkt überprüfbar.

➤ Die Regelung der neuen betrieblichen Altersversorgung erfolgt durch den Abschluss einer Betriebvereinbarung, soweit diese tarifvertraglich möglich (Öffnungsklausel) und mit § 77 Abs. 3 BetrVG vereinbar ist.

➤ Soweit der Arbeitgeber einem Personalvertretungsgesetz unterliegt, ist eine Neuregelung durch Dienstvereinbarung allerdings nicht abschließend möglich. Der in § 73 Abs. 1 S. 1 BPersVG enthaltene Ausschließlichkeitskatalog für Dienstvereinbarungen besagt nämlich, dass Dienstvereinbarungen mit normativer Wirkung für die Arbeitsverträge nur dann zugelassen sind, wenn sie im Bundespersonalvertretungsgesetz ausdrücklich vorgesehen sind. Es ist bereits fraglich, ob in dem in § 75 Abs. 3 BPersVG festgelegten abschließenden Katalog der Tatbestände für soziale Angelegenheiten die betriebliche Altersversorgung enthalten ist. Diese Frage kann aber im Ergebnis dahinstehen. Denn § 75 Abs. 5 S. 1 BPersVG verbietet den Abschluss von Dienstvereinbarungen bei Arbeitsentgelten und sonstigen Arbeitsbedingungen, die durch Tarifvertrag geregelt sind oder üblicherweise geregelt werden. Im Geltungsbereich der Landespersonalvertretungsgesetze gilt Entsprechendes.

➤ Schließlich bleibt als weiterer noch möglicher Weg die mühsame Änderung der einzelnen Arbeitsverträge. Hierbei ist zu berücksichtigen, dass dieser Weg vor allem dann begehbar ist, wenn der neue Versorgungsträger zu vernünftigen finanziellen Bedingungen bereit ist, die Beratung der Mitarbeiter mit zu übernehmen.

F. Steuerrechtliche Fragen

Die Umlagezahlungen der Arbeitgeber in die Zusatzversorgungskassen sind nach der ständigen Praxis der Finanzverwaltung lohnsteuerpflichtige Zukunftssicherungsleistungen i.S.d. § 2 Abs. 2 LStDV. Allerdings ist diese Auffassung neuerdings wieder umstritten.[44] Ab dem Jahr 2008 sind die Umlagen allerdings in Höhe von 1 % der Beitragsbemessungsgrenze in der gesetzlichen Rentenversicherung steuerfrei; der steuerfreie Betrag erhöht sich ab 2014 auf 2 %, ab 2020 auf 3 % und beträgt dann ab dem 1.1.2025 dauerhaft 4 % der BBG (§§ 3 Nr. 56, 52 Abs. 5 EStG).   40

Die Rentenleistungen unterliegen mit dem Ertragsanteil nach § 22 Abs. 1 S. 3 Buchst. a) aa) S. 1 EStG der Besteuerung. Soweit die Rentenleistungen auf der Finanzierung durch Sanierungsgelder beruhen, ist die Rente nach § 19 Abs. 1 S. 1 Nr. 2 EStG in vollem Umfang der Lohnsteuer zu unterwerfen.[45]   41

---

44 Vgl. FG Hannover ZTR 2007, 347 f.; hierzu vgl. auch *Seeger* BetrAV 2005, 648 ff.
45 Unklar insoweit *Sarazin* BetrAV 2003, 189 ff.

Anhang II

Einkommensteuergesetz

In der Fassung der Bekanntmachung vom 19. Oktober 2002
(BGBl. I S. 4210, ber. BGBl. 2003 I S. 179);
zuletzt geändert durch das Unternehmensteuerreformgesetz 2008 vom
14. August 2007 (BGBl. I S. 1912)

– Auszug –

...

§ 3 [Steuerfreie Einnahmen]

Steuerfrei sind

55. der in den Fällen des § 4 Abs. 2 Nr. 2 und Abs. 3 des Betriebsrentengesetzes vom 19. Dezember 1974 (BGBl. I S. 3610), das zuletzt durch Artikel 8 des Gesetzes vom 5. Juli 2004 (BGBl. I S. 1427) geändert worden ist, in der jeweils geltenden Fassung geleistete Übertragungswert nach § 4 Abs. 5 des Betriebsrentengesetzes, wenn die betriebliche Altersversorgung beim ehemaligen und neuen Arbeitgeber über einen Pensionsfonds, eine Pensionskasse oder ein Unternehmen der Lebensversicherung durchgeführt wird. Satz 1 gilt auch, wenn der Übertragungswert vom ehemaligen Arbeitgeber oder von einer Unterstützungskasse an den neuen Arbeitgeber oder eine andere Unterstützungskasse geleistet wird. Die Leistungen des neuen Arbeitgebers, der Unterstützungskasse, des Pensionsfonds, der Pensionskasse oder des Unternehmens der Lebensversicherung auf Grund des Betrages nach Satz 1 und 2 gehören zu den Einkünften, zu denen die Leistungen gehören würden, wenn die Übertragung nach § 4 Abs. 2 Nr. 2 und Abs. 3 des Betriebsrentengesetzes nicht stattgefunden hätte;

...

63. Beiträge des Arbeitgebers aus dem ersten Dienstverhältnis an einen Pensionsfonds, eine Pensionskasse oder für eine Direktversicherung zum Aufbau einer kapitalgedeckten betrieblichen Altersversorgung, bei der eine Auszahlung der zugesagten Alters-, Invaliditäts- oder Hinterbliebenenversorgungsleistungen in Form einer

Rente oder eines Auszahlungsplans (§ 1 Abs. 1 Satz 1 Nr. 4 des Altersvorsorgeverträge-Zertifizierungsgesetzes vom 26. Juni 2001 (BGBl. I S. 1310, 1322), das zuletzt durch Artikel 7 des Gesetzes vom 5. Juli 2004 (BGBl. I S. 1427) geändert worden ist, in der jeweils geltenden Fassung vorgesehen ist, soweit die Beiträge im Kalenderjahr 4 Prozent der Beitragsbemessungsgrenze in der allgemeinen Rentenversicherung nicht übersteigen. ²Dies gilt nicht, soweit der Arbeitnehmer nach § 1 a Abs. 3 des Betriebsrentengesetzes verlangt hat, dass die Voraussetzungen für eine Förderung nach § 10 a oder Abschnitt XI erfüllt werden. ³Der Höchstbetrag nach Satz 1 erhöht sich um 1 800 Euro, wenn die Beiträge im Sinne des Satzes 1 auf Grund einer Versorgungszusage geleistet werden, die nach dem 31. Dezember 2004 erteilt wurde. ⁴Aus Anlass der Beendigung des Dienstverhältnisses geleistete Beiträge im Sinne des Satzes 1 sind steuerfrei, soweit sie 1 800 Euro vervielfältigt mit der Anzahl der Kalenderjahre, in denen das Dienstverhältnis des Arbeitnehmers zu dem Arbeitgeber bestanden hat, nicht übersteigen; der vervielfältigte Betrag vermindert sich um die nach den Sätzen 1 und 3 steuerfreien Beiträge, die der Arbeitgeber in dem Kalenderjahr, in dem das Dienstverhältnis beendet wird, und in den sechs vorangegangenen Kalenderjahren erbracht hat; Kalenderjahre vor 2005 sind dabei jeweils nicht zu berücksichtigen;

...

65.

a) Beiträge des Trägers der Insolvenzsicherung (§ 14 des Betriebsrentengesetzes) zugunsten eines Versorgungsberechtigten und seiner Hinterbliebenen an eine Pensionskasse oder ein Unternehmen der Lebensversicherung zur Ablösung von Verpflichtungen, die der Träger der Insolvenzsicherung im Sicherungsfall gegenüber dem Versorgungsberechtigten und seinen Hinterbliebenen hat,

b) Leistungen zur Übernahme von Versorgungsleistungen oder unverfallbaren Versorgungsanwartschaften durch eine Pensionskasse oder ein Unternehmen der Lebensversicherung in den in § 4 Abs. 4 des Betriebsrentengesetzes bezeichneten Fällen und

c) der Erwerb von Ansprüchen durch den Arbeitnehmer gegenüber einem Dritten im Falle der Eröffnung des Insolvenzverfahrens oder in den Fällen des § 7 Abs. 1 Satz 4 des Betriebsrentengesetzes, soweit der Dritte neben dem Arbeitgeber für die Erfüllung von Ansprüchen auf Grund bestehender Versorgungsverpflichtungen oder Versorgungsanwartschaften gegenüber dem Arbeitnehmer und dessen Hinterbliebenen einsteht; dies gilt entsprechend, wenn der Dritte für Wertguthaben aus einer Vereinbarung über die Altersteilzeit nach dem Altersteilzeitgesetz vom 23. Juli 1996 (BGBl. I S. 1078), zuletzt geändert durch Artikel 234 der Verordnung vom 31. Oktober 2006 (BGBl. I S. 2407), in der jeweils geltenden Fassung oder auf Grund von Wertguthaben aus einem Arbeitszeitkonto in den im ersten Halbsatz genannten Fällen für den Arbeitgeber einsteht.

²In den Fällen nach Buchstabe a, b und c gehören die Leistungen der Pensionskasse, des Unternehmens der Lebensversicherung oder des Dritten zu den Einkünften, zu denen jene Leistungen gehören würden, die ohne Eintritt eines Falles nach Buchstabe a, b und c zu erbringen wären. ³Soweit sie zu den Einkünften aus nichtselbständiger Arbeit im Sinne des § 19 gehören, ist von ihnen Lohnsteuer einzubehalten. ⁴ Für die Erhebung der Lohnsteuer gelten die Pensionskasse, das Unternehmen der Lebensversicherung oder der Dritte als Arbeitgeber und der Leistungsempfänger als Arbeitnehmer;

66. Leistungen eines Arbeitgebers oder einer Unterstützungskasse an einen Pensionsfonds zur Übernahme bestehender Versorgungsverpflichtungen oder Versorgungsanwartschaften durch den Pensionsfonds, wenn ein Antrag nach § 4 d Abs. 3 oder § 4 e Abs. 3 gestellt worden ist;

§ 4 b Direktversicherung

¹Der Versicherungsanspruch aus einer Direktversicherung, die von einem Steuerpflichtigen aus betrieblichem Anlass abgeschlossen wird, ist dem Betriebsvermögen des Steuerpflichtigen nicht zuzurechnen, soweit am Schluss des Wirtschaftsjahres hinsichtlich der Leistungen des Versicherers die Person, auf deren Leben die Lebensversicherung abgeschlossen ist, oder ihre Hinterbliebenen bezugsberechtigt sind. ² Das gilt auch, wenn der Steuerpflichtige die Ansprüche aus dem Versicherungsvertrag abgetreten oder beliehen hat, sofern er sich der bezugsberechtigten Person gegenüber schriftlich verpflichtet, sie bei Eintritt des Versicherungsfalls so zu stellen, als ob die Abtretung oder Beleihung nicht erfolgt wäre.

EStG (Auszug) Anhang II

§ 4c Zuwendungen an Pensionskassen

(1) ¹Zuwendungen an eine Pensionskasse dürfen von dem Unternehmen, das die Zuwendungen leistet (Trägerunternehmen), als Betriebsausgaben abgezogen werden, soweit sie auf einer in der Satzung oder im Geschäftsplan der Kasse festgelegten Verpflichtung oder auf einer Anordnung der Versicherungsaufsichtsbehörde beruhen oder der Abdeckung von Fehlbeträgen bei der Kasse dienen. ²Soweit die allgemeinen Versicherungsbedingungen und die fachlichen Geschäftsunterlagen im Sinne des § 5 Abs. 3 Nr. 2 Halbsatz 2 des Versicherungsaufsichtsgesetzes nicht zum Geschäftsplan gehören, gelten diese als Teil des Geschäftsplans.

(2) Zuwendungen im Sinne des Absatzes 1 dürfen als Betriebsausgaben nicht abgezogen werden, soweit die Leistungen der Kasse, wenn sie vom Trägerunternehmen unmittelbar erbracht würden, bei diesem nicht betrieblich veranlasst wären.

§ 4d Zuwendungen an Unterstützungskassen

(1) ¹Zuwendungen an eine Unterstützungskasse dürfen von dem Unternehmen, das die Zuwendungen leistet (Trägerunternehmen), als Betriebsausgaben abgezogen werden, soweit die Leistungen der Kasse, wenn sie vom Trägerunternehmen unmittelbar erbracht würden, bei diesem betrieblich veranlasst wären und sie die folgenden Beträge nicht übersteigen:

1. bei Unterstützungskassen, die lebenslänglich laufende Leistungen gewähren:

    a) das Deckungskapital für die laufenden Leistungen nach der dem Gesetz als Anlage 1 beigefügten Tabelle. ²Leistungsempfänger ist jeder ehemalige Arbeitnehmer des Trägerunternehmens, der von der Unterstützungskasse Leistungen erhält; soweit die Kasse Hinterbliebenenversorgung gewährt, ist Leistungsempfänger der Hinterbliebene eines ehemaligen Arbeitnehmers des Trägerunternehmens, der von der Kasse Leistungen erhält. ³Dem ehemaligen Arbeitnehmer stehen andere Personen gleich, denen Leistungen der Alters-, Invaliditäts- oder Hinterbliebenenversorgung aus Anlass ihrer ehemaligen Tätigkeit für das Trägerunternehmen zugesagt worden sind;

    b) in jedem Wirtschaftsjahr für jeden Leistungsanwärter,

aa) wenn die Kasse nur Invaliditätsversorgung oder nur Hinterbliebenenversorgung gewährt, jeweils 6 Prozent,

bb) wenn die Kasse Altersversorgung mit oder ohne Einschluss von Invaliditätsversorgung oder Hinterbliebenenversorgung gewährt, 25 Prozent

der jährlichen Versorgungsleistungen, die der Leistungsanwärter oder, wenn nur Hinterbliebenenversorgung gewährt wird, dessen Hinterbliebene nach den Verhältnissen am Schluss des Wirtschaftsjahres der Zuwendung im letzten Zeitpunkt der Anwartschaft, spätestens im Zeitpunkt der Vollendung des 65. Lebensjahres erhalten können. ²Leistungsanwärter ist jeder Arbeitnehmer oder ehemalige Arbeitnehmer des Trägerunternehmens, der von der Unterstützungskasse schriftlich zugesagte Leistungen erhalten kann und am Schluss des Wirtschaftsjahres, in dem die Zuwendung erfolgt, das 28. Lebensjahr vollendet hat; soweit die Kasse nur Hinterbliebenenversorgung gewährt, gilt als Leistungsanwärter jeder Arbeitnehmer oder ehemalige Arbeitnehmer des Trägerunternehmens, der am Schluss des Wirtschaftsjahres, in dem die Zuwendung erfolgt, das 28. Lebensjahr vollendet hat und dessen Hinterbliebene die Hinterbliebenenversorgung erhalten können. ³Das Trägerunternehmen kann bei der Berechnung nach Satz 1 statt des dort maßgebenden Betrages den Durchschnittsbetrag der von der Kasse im Wirtschaftsjahr an Leistungsempfänger im Sinne des Buchstabens a Satz 2 gewährten Leistungen zugrunde legen. ⁴In diesem Fall sind Leistungsanwärter im Sinne des Satzes 2 nur die Arbeitnehmer oder ehemaligen Arbeitnehmer des Trägerunternehmens, die am Schluss des Wirtschaftsjahres, in dem die Zuwendung erfolgt, das 50. Lebensjahr vollendet haben. ⁵Dem Arbeitnehmer oder ehemaligen Arbeitnehmer als Leistungsanwärter stehen andere Personen gleich, denen schriftlich Leistungen der Alters-, Invaliditäts- oder Hinterbliebenenversorgung aus Anlass ihrer Tätigkeit für das Trägerunternehmen zugesagt worden sind;

c) den Betrag des Beitrages, den die Kasse an einen Versicherer zahlt, soweit sie sich die Mittel für ihre Versorgungsleistungen, die der Leistungsanwärter oder Leistungsempfänger nach den Verhältnissen am Schluss des Wirtschaftsjahres der Zuwendung erhalten kann, durch Abschluss einer Versicherung verschafft. ²Bei Versicherungen für einen Leistungsanwärter ist der Abzug des Beitrages nur zulässig, wenn der Leistungsanwärter die in Buchstabe b Satz 2 und 5 genannten Voraussetzungen erfüllt, die Versicherung für die Dauer bis zu dem Zeitpunkt abgeschlossen ist, für den erstmals Leistungen der Altersversorgung vorgesehen sind, mindestens jedoch bis zu dem Zeitpunkt, an dem der Leistungsanwärter das 55. Lebensjahr vollendet hat, und während dieser Zeit jährlich Beiträge gezahlt werden, die der Höhe nach gleich bleiben oder steigen. ³Das Gleiche gilt für Leistungsanwärter, die das 28. Lebensjahr noch nicht vollendet haben, für Leistungen der Invaliditäts- oder Hinterbliebenenversorgung, für Leistungen der Altersversorgung unter der Voraussetzung, dass die Leistungsanwartschaft bereits unverfallbar ist. ⁴Ein Abzug ist ausgeschlossen, wenn die Ansprüche aus der Versicherung der Sicherung eines Darlehens dienen. ⁵Liegen die Voraussetzungen der Sätze 1 bis 4 vor, sind die Zuwendungen nach den Buchstaben a und b in dem Verhältnis zu vermindern, in dem die Leistungen der Kasse durch die Versicherung gedeckt sind;

d) den Betrag, den die Kasse einem Leistungsanwärter im Sinne des Buchstabens b Satz 2 und 5 vor Eintritt des Versorgungsfalls als Abfindung für künftige Versorgungsleistungen gewährt, den Übertragungswert nach § 4 Abs. 5 des Betriebsrentengesetzes oder den Betrag, den sie an einen anderen Versorgungsträger zahlt, der eine ihr obliegende Versorgungsverpflichtung übernommen hat.

²Zuwendungen dürfen nicht als Betriebsausgaben abgezogen werden, wenn das Vermögen der Kasse ohne Berücksichtigung künftiger Versorgungsleistungen am Schluss des Wirtschaftsjahres das zulässige Kassenvermögen übersteigt. ³Bei der Ermittlung des Vermögens der Kasse ist am Schluss des Wirtschaftsjahres vorhandener Grundbesitz mit 200 Prozent der Einheitswerte anzusetzen, die zu dem Feststellungszeitpunkt maßgebend sind, der dem Schluss des Wirtschaftsjahres folgt; Ansprüche aus einer Versicherung sind mit dem Wert des geschäftsplanmäßigen Deckungskapitals zuzüglich der Guthaben aus Beitragsrückerstattung am Schluss des Wirtschaftsjahres anzusetzen, und das übrige Vermögen ist mit dem gemeinen Wert am Schluss des Wirtschaftsjahres zu bewerten. ⁴Zulässiges Kassenvermögen ist die Summe aus dem Deckungskapital für alle am Schluss des Wirtschaftsjahres laufenden Leistungen nach der dem Gesetz als Anlage 1 beigefügten Tabelle für Leistungsempfänger im Sinne des Satzes 1 Buchstabe a und dem Achtfachen der nach Satz 1 Buchstabe b abzugsfähigen Zuwendungen. ⁵Soweit sich die Kasse die Mittel für ihre Leistungen durch Abschluss einer Versicherung verschafft, ist, wenn die Voraussetzungen für den Abzug des Beitrages nach Satz 1 Buchstabe c erfüllt

sind, zulässiges Kassenvermögen der Wert des geschäftsplanmäßigen Deckungskapitals aus der Versicherung am Schluss des Wirtschaftsjahres; in diesem Fall ist das zulässige Kassenvermögen nach Satz 4 in dem Verhältnis zu vermindern, in dem die Leistungen der Kasse durch die Versicherung gedeckt sind. ⁶Soweit die Berechnung des Deckungskapitals nicht zum Geschäftsplan gehört, tritt an die Stelle des geschäftsplanmäßigen Deckungskapitals der nach § 176 Abs. 3 des Gesetzes über den Versicherungsvertrag berechnete Zeitwert, beim zulässigen Kassenvermögen ohne Berücksichtigung des Guthabens aus Beitragsrückerstattung. ⁷Gewährt eine Unterstützungskasse an Stelle von lebenslänglich laufenden Leistungen eine einmalige Kapitalleistung, so gelten 10 Prozent der Kapitalleistung als Jahresbetrag einer lebenslänglich laufenden Leistung;

2. bei Kassen, die keine lebenslänglich laufenden Leistungen gewähren, für jedes Wirtschaftsjahr 0,2 Prozent der Lohn- und Gehaltssumme des Trägerunternehmens, mindestens jedoch den Betrag der von der Kasse in einem Wirtschaftsjahr erbrachten Leistungen, soweit dieser Betrag höher ist als die in den vorangegangenen fünf Wirtschaftsjahren vorgenommenen Zuwendungen abzüglich der in dem gleichen Zeitraum erbrachten Leistungen. ²Diese Zuwendungen dürfen nicht als Betriebsausgaben abgezogen werden, wenn das Vermögen der Kasse am Schluss des Wirtschaftsjahres das zulässige Kassenvermögen übersteigt. ³Als zulässiges Kassenvermögen kann 1 Prozent der durchschnittlichen Lohn- und Gehaltssumme der letzten drei Jahre angesetzt werden. ⁴Hat die Kasse bereits zehn Wirtschaftsjahre bestanden, darf das zulässige Kassenvermögen zusätzlich die Summe der in den letzten zehn Wirtschaftsjahren gewährten Leistungen nicht übersteigen. ⁵Für die Bewertung des Vermögens der Kasse gilt Nummer 1 Satz 3 entsprechend. ⁶Bei der Berechnung der Lohn- und Gehaltssumme des Trägerunternehmens sind Löhne und Gehälter von Personen, die von der Kasse keine nicht lebenslänglich laufenden Leistungen erhalten können, auszuscheiden.

²Gewährt eine Kasse lebenslänglich laufende und nicht lebenslänglich laufende Leistungen, so gilt Satz 1 Nr. 1 und 2 nebeneinander. ³Leistet ein Trägerunternehmen Zuwendungen an mehrere Unterstützungskassen, so sind diese Kassen bei der Anwendung der Nummern 1 und 2 als Einheit zu behandeln.

(2) ¹Zuwendungen im Sinne des Absatzes 1 sind von dem Trägerunternehmen in dem Wirtschaftsjahr als Betriebsausgaben abzuziehen, in

dem sie geleistet werden. ²Zuwendungen, die bis zum Ablauf eines Monats nach Aufstellung oder Feststellung der Bilanz des Trägerunternehmens für den Schluss eines Wirtschaftsjahres geleistet werden, können von dem Trägerunternehmen noch für das abgelaufene Wirtschaftsjahr durch eine Rückstellung gewinnmindernd berücksichtigt werden. ³Übersteigen die in einem Wirtschaftsjahr geleisteten Zuwendungen die nach Absatz 1 abzugsfähigen Beträge, so können die übersteigenden Beträge im Wege der Rechnungsabgrenzung auf die folgenden drei Wirtschaftsjahre vorgetragen und im Rahmen der für diese Wirtschaftsjahre abzugsfähigen Beträge als Betriebsausgaben behandelt werden. ⁴§ 5 Abs. 1 Satz 2 ist nicht anzuwenden.

(3) ¹Abweichend von Absatz 1 Satz 1 Nr. 1 Satz 1 Buchstabe d und Absatz 2 können auf Antrag die insgesamt erforderlichen Zuwendungen an die Unterstützungskasse für den Betrag, den die Kasse an einen Pensionsfonds zahlt, der eine ihr obliegende Versorgungsverpflichtung ganz oder teilweise übernommen hat, nicht im Wirtschaftsjahr der Zuwendung, sondern erst in den dem Wirtschaftsjahr der Zuwendung folgenden zehn Wirtschaftsjahren gleichmäßig verteilt als Betriebsausgaben abgezogen werden. ²Der Antrag ist unwiderruflich; der jeweilige Rechtsnachfolger ist an den Antrag gebunden.

§ 4 e Beiträge an Pensionsfonds

(1) Beiträge an einen Pensionsfonds im Sinne des § 112 des Versicherungsaufsichtsgesetzes dürfen von dem Unternehmen, das die Beiträge leistet (Trägerunternehmen), als Betriebsausgaben abgezogen werden, soweit sie auf einer festgelegten Verpflichtung beruhen oder der Abdeckung von Fehlbeträgen bei dem Fonds dienen.

(2) Beiträge im Sinne des Absatzes 1 dürfen als Betriebsausgaben nicht abgezogen werden, soweit die Leistungen des Fonds, wenn sie vom Trägerunternehmen unmittelbar erbracht würden, bei diesem nicht betrieblich veranlasst wären.

(3) ¹Der Steuerpflichtige kann auf Antrag die insgesamt erforderlichen Leistungen an einen Pensionsfonds zur teilweisen oder vollständigen Übernahme einer bestehenden Versorgungsverpflichtung oder Versorgungsanwartschaft durch den Pensionsfonds erst in den dem Wirtschaftsjahr der Übertragung folgenden zehn Wirtschaftsjahren gleichmäßig verteilt als Betriebsausgaben abziehen. ²Der Antrag ist unwiderruflich; der jeweilige Rechtsnachfolger ist an den Antrag gebunden. ³Ist

eine Pensionsrückstellung nach § 6 a gewinnerhöhend aufzulösen, ist Satz 1 mit der Maßgabe anzuwenden, dass die Leistungen an den Pensionsfonds im Wirtschaftsjahr der Übertragung in Höhe der aufgelösten Rückstellung als Betriebsausgaben abgezogen werden können; der die aufgelöste Rückstellung übersteigende Betrag ist in den dem Wirtschaftsjahr der Übertragung folgenden zehn Wirtschaftsjahren gleichmäßig verteilt als Betriebsausgaben abzuziehen. [4]Satz 3 gilt entsprechend, wenn es im Zuge der Leistungen des Arbeitgebers an den Pensionsfonds zu Vermögensübertragungen einer Unterstützungskasse an den Arbeitgeber kommt.

...

§ 6 a Pensionsrückstellung

(1) Für eine Pensionsverpflichtung darf eine Rückstellung (Pensionsrückstellung) nur gebildet werden, wenn und soweit

1. der Pensionsberechtigte einen Rechtsanspruch auf einmalige oder laufende Pensionsleistungen hat,

2. die Pensionszusage keine Pensionsleistungen in Abhängigkeit von künftigen gewinnabhängigen Bezügen vorsieht und keinen Vorbehalt enthält, dass die Pensionsanwartschaft oder die Pensionsleistung gemindert oder entzogen werden kann, oder ein solcher Vorbehalt sich nur auf Tatbestände erstreckt, bei deren Vorliegen nach allgemeinen Rechtsgrundsätzen unter Beachtung billigen Ermessens eine Minderung oder ein Entzug der Pensionsanwartschaft oder der Pensionsleistung zulässig ist, und

3. die Pensionszusage schriftlich erteilt ist; die Pensionszusage muss eindeutige Angaben zu Art, Form, Voraussetzungen und Höhe der in Aussicht gestellten künftigen Leistungen enthalten.

(2) Eine Pensionsrückstellung darf erstmals gebildet werden

1. vor Eintritt des Versorgungsfalls für das Wirtschaftsjahr, in dem die Pensionszusage erteilt wird, frühestens jedoch für das Wirtschaftsjahr, bis zu dessen Mitte der Pensionsberechtigte das 28. Lebensjahr vollendet, oder für das Wirtschaftsjahr, in dessen Verlauf die Pensionsanwartschaft gemäß den Vorschriften des Betriebsrentengesetzes unverfallbar wird,

2. nach Eintritt des Versorgungsfalls für das Wirtschaftsjahr, in dem der Versorgungsfall eintritt.

(3) ¹Eine Pensionsrückstellung darf höchstens mit dem Teilwert der Pensionsverpflichtung angesetzt werden. ²Als Teilwert einer Pensionsverpflichtung gilt

1. vor Beendigung des Dienstverhältnisses des Pensionsberechtigten der Barwert der künftigen Pensionsleistungen am Schluss des Wirtschaftsjahres abzüglich des sich auf denselben Zeitpunkt ergebenden Barwertes betragsmäßig gleich bleibender Jahresbeträge, bei einer Entgeltumwandlung im Sinne von § 1 Abs. 2 des Betriebsrentengesetzes mindestens jedoch der Barwert der gemäß den Vorschriften des Gesetzes zur Verbesserung der betrieblichen Altersversorgung unverfallbaren künftigen Pensionsleistungen am Schluss des Wirtschaftsjahres. ²Die Jahresbeträge sind so zu bemessen, dass am Beginn des Wirtschaftsjahres, in dem das Dienstverhältnis begonnen hat, ihr Barwert gleich dem Barwert der künftigen Pensionsleistungen ist; die künftigen Pensionsleistungen sind dabei mit dem Betrag anzusetzen, der sich nach den Verhältnissen am Bilanzstichtag ergibt. ³Es sind die Jahresbeträge zugrunde zu legen, die vom Beginn des Wirtschaftsjahres, in dem das Dienstverhältnis begonnen hat, bis zu dem in der Pensionszusage vorgesehenen Zeitpunkt des Eintritts des Versorgungsfalls rechnungsmäßig aufzubringen sind. ⁴Erhöhungen oder Verminderungen der Pensionsleistungen nach dem Schluss des Wirtschaftsjahres, die hinsichtlich des Zeitpunktes ihres Wirksamwerdens oder ihres Umfangs ungewiss sind, sind bei der Berechnung des Barwertes der künftigen Pensionsleistungen und der Jahresbeträge erst zu berücksichtigen, wenn sie eingetreten sind. ⁵Wird die Pensionszusage erst nach dem Beginn des Dienstverhältnisses erteilt, so ist die Zwischenzeit für die Berechnung der Jahresbeträge nur insoweit als Wartezeit zu behandeln, als sie in der Pensionszusage als solche bestimmt ist. ⁶Hat das Dienstverhältnis schon vor der Vollendung des 28. Lebensjahres des Pensionsberechtigten bestanden, so gilt es als zu Beginn des Wirtschaftsjahres begonnen, bis zu dessen Mitte der Pensionsberechtigte das 28. Lebensjahr vollendet; in diesem Fall gilt für davor liegende Wirtschaftsjahre als Teilwert der Barwert der gemäß den Vorschriften des Betriebsrentengesetzes unverfallbaren künftigen Pensionsleistungen am Schluss des Wirtschaftsjahres;

2. nach Beendigung des Dienstverhältnisses des Pensionsberechtigten unter Aufrechterhaltung seiner Pensionsanwartschaft oder nach Ein-

Anhang II EStG (Auszug)

tritt des Versorgungsfalls der Barwert der künftigen Pensionsleistungen am Schluss des Wirtschaftsjahres; Nummer 1 Satz 4 gilt sinngemäß.

³Bei der Berechnung des Teilwertes der Pensionsverpflichtung sind ein Rechnungszinsfuß von 6 Prozent und die anerkannten Regeln der Versicherungsmathematik anzuwenden.

(4) ¹Eine Pensionsrückstellung darf in einem Wirtschaftsjahr höchstens um den Unterschied zwischen dem Teilwert der Pensionsverpflichtung am Schluss des Wirtschaftsjahres und am Schluss des vorangegangenen Wirtschaftsjahres erhöht werden. ²Soweit der Unterschiedsbetrag auf der erstmaligen Anwendung neuer oder geänderter biometrischer Rechnungsgrundlagen beruht, kann er nur auf mindestens drei Wirtschaftsjahre gleichmäßig verteilt der Pensionsrückstellung zugeführt werden; Entsprechendes gilt beim Wechsel auf andere biometrische Rechnungsgrundlagen. ³In dem Wirtschaftsjahr, in dem mit der Bildung einer Pensionsrückstellung frühestens begonnen werden darf (Erstjahr), darf die Rückstellung bis zur Höhe des Teilwertes der Pensionsverpflichtung am Schluss des Wirtschaftsjahres gebildet werden; diese Rückstellung kann auf das Erstjahr und die beiden folgenden Wirtschaftsjahre gleichmäßig verteilt werden. ⁴Erhöht sich in einem Wirtschaftsjahr gegenüber dem vorangegangenen Wirtschaftsjahr der Barwert der künftigen Pensionsleistungen um mehr als 25 Prozent, so kann die für dieses Wirtschaftsjahr zulässige Erhöhung der Pensionsrückstellung auf dieses Wirtschaftsjahr und die beiden folgenden Wirtschaftsjahre gleichmäßig verteilt werden. ⁵Am Schluss des Wirtschaftsjahres, in dem das Dienstverhältnis des Pensionsberechtigten unter Aufrechterhaltung seiner Pensionsanwartschaft endet oder der Versorgungsfall eintritt, darf die Pensionsrückstellung stets bis zur Höhe des Teilwertes der Pensionsverpflichtung gebildet werden; die für dieses Wirtschaftsjahr zulässige Erhöhung der Pensionsrückstellung kann auf dieses Wirtschaftsjahr und die beiden folgenden Wirtschaftsjahre gleichmäßig verteilt werden. ⁶Satz 2 gilt in den Fällen der Sätze 3 bis 5 entsprechend.

(5) Die Absätze 3 und 4 gelten entsprechend, wenn der Pensionsberechtigte zu dem Pensionsverpflichteten in einem anderen Rechtsverhältnis als einem Dienstverhältnis steht

...

EStG (Auszug) **Anhang II**

§ 19 [Nichtselbständige Arbeit]

(1) ¹Zu den Einkünften aus nichtselbständiger Arbeit gehören

1. Gehälter, Löhne, Gratifikationen, Tantiemen und andere Bezüge und Vorteile für eine Beschäftigung im öffentlichen oder privaten Dienst;

2. Wartegelder, Ruhegelder, Witwen- und Waisengelder und andere Bezüge und Vorteile aus früheren Dienstleistungen;

3. laufende Beiträge und laufende Zuwendungen des Arbeitgebers aus einem bestehenden Dienstverhältnis an einen Pensionsfonds, eine Pensionskasse oder für eine Direktversicherung für eine betriebliche Altersversorgung. ²Zu den Einkünften aus nichtselbständiger Arbeit gehören auch Sonderzahlungen, die der Arbeitgeber neben den laufenden Beiträgen und Zuwendungen an eine solche Versorgungseinrichtung leistet, mit Ausnahme der Zahlungen des Arbeitgebers zur Erfüllung der Solvabilitätsvorschriften nach den §§ 53 c und 114 des Versicherungsaufsichtsgesetzes, Zahlungen des Arbeitgebers in der Rentenbezugszeit nach § 112 Abs. 1 a des Versicherungsaufsichtsgesetzes oder Sanierungsgelder; Sonderzahlungen des Arbeitgebers sind insbesondere Zahlungen an eine Pensionskasse anlässlich

   a) seines Ausscheidens aus einer nicht im Wege der Kapitaldeckung finanzierten betrieblichen Altersversorgung oder

   b) des Wechsels von einer nicht im Wege der Kapitaldeckung zu einer anderen nicht im Wege der Kapitaldeckung finanzierten betrieblichen Altersversorgung.

³Von Sonderzahlungen im Sinne des Satzes 2 Buchstabe b ist bei laufenden und wiederkehrenden Zahlungen entsprechend dem periodischen Bedarf nur auszugehen, soweit die Bemessung der Zahlungsverpflichtungen des Arbeitgebers in das Versorgungssystem nach dem Wechsel die Bemessung der Zahlungsverpflichtung zum Zeitpunkt des Wechsels übersteigt. ⁴Sanierungsgelder sind Sonderzahlungen des Arbeitgebers an eine Pensionskasse anlässlich der Systemumstellung einer nicht im Wege der Kapitaldeckung finanzierten betrieblichen Altersversorgung auf der Finanzierungs- oder Leistungsseite, die der Finanzierung der zum Zeitpunkt der Umstellung bestehenden Versorgungsverpflichtungen oder Versorgungsanwartschaften dienen; bei laufenden und wiederkehrenden Zahlungen entsprechend dem periodischen Bedarf ist nur von Sanierungsgeldern auszugehen, soweit die Bemessung der Zahlungsverpflichtungen des Arbeitgebers in das Versorgungssys-

tem nach der Systemumstellung die Bemessung der Zahlungsverpflichtung zum Zeitpunkt der Systemumstellung übersteigt.

²Es ist gleichgültig, ob es sich um laufende oder um einmalige Bezüge handelt und ob ein Rechtsanspruch auf sie besteht.

(2) ¹Von Versorgungsbezügen bleiben ein nach einem Prozentsatz ermittelter, auf einen Höchstbetrag begrenzter Betrag (Versorgungsfreibetrag) und ein Zuschlag zum Versorgungsfreibetrag steuerfrei. ²Versorgungsbezüge sind

1. das Ruhegehalt, Witwen- oder Waisengeld, der Unterhaltsbeitrag oder ein gleichartiger Bezug

    a) auf Grund beamtenrechtlicher oder entsprechender gesetzlicher Vorschriften,

    b) nach beamtenrechtlichen Grundsätzen von Körperschaften, Anstalten oder Stiftungen des öffentlichen Rechts oder öffentlich-rechtlichen Verbänden von Körperschaften

oder

2. in anderen Fällen Bezüge und Vorteile aus früheren Dienstleistungen wegen Erreichens einer Altersgrenze, verminderter Erwerbsfähigkeit oder Hinterbliebenenbezüge; Bezüge wegen Erreichens einer Altersgrenze gelten erst dann als Versorgungsbezüge, wenn der Steuerpflichtige das 63. Lebensjahr oder, wenn er schwerbehindert ist, das 60. Lebensjahr vollendet hat.

...

§ 22 Arten der sonstigen Einkünfte

Sonstige Einkünfte sind

1. Einkünfte aus wiederkehrenden Bezügen, soweit sie nicht zu den in § 2 Abs. 1 Nr. 1 bis 6 bezeichneten Einkunftsarten gehören; § 15 b ist sinngemäß anzuwenden. ² Werden die Bezüge freiwillig oder auf Grund einer freiwillig begründeten Rechtspflicht oder einer gesetzlich unterhaltsberechtigten Person gewährt, so sind sie nicht dem Empfänger zuzurechnen, wenn der Geber unbeschränkt einkommensteuerpflichtig oder unbeschränkt körperschaftsteuerpflichtig ist; dem Empfänger sind dagegen zuzurechnen

a) Bezüge, die von einer unbeschränkt steuerpflichtigen Körperschaft, Personenvereinigung oder Vermögensmasse außerhalb der Erfüllung steuerbegünstigter Zwecke im Sinne der §§ 52 bis 54 der Abgabenordnung gewährt werden, und

b) Bezüge im Sinne des § 1 der Verordnung über die Steuerbegünstigung von Stiftungen, die an die Stelle von Familienfideikommissen getreten sind, in der im Bundesgesetzblatt Teil III, Gliederungsnummer 611-4-3, veröffentlichten bereinigten Fassung.

³Zu den in Satz 1 bezeichneten Einkünften gehören auch

a) Leibrenten und andere Leistungen,

aa) die aus den gesetzlichen Rentenversicherungen, den landwirtschaftlichen Alterskassen, den berufsständischen Versorgungseinrichtungen und aus Rentenversicherungen im Sinne des § 10 Abs. 1 Nr. 2 Buchstabe b erbracht werden, soweit sie jeweils der Besteuerung unterliegen. ²Bemessungsgrundlage für den der Besteuerung unterliegenden Anteil ist der Jahresbetrag der Rente. ³Der der Besteuerung unterliegende Anteil ist nach dem Jahr des Rentenbeginns und dem in diesem Jahr maßgebenden Prozentsatz aus der nachstehenden Tabelle zu entnehmen:

Jahr des Rentenbeginns	Besteuerungsanteil in %
bis 2005	50
ab 2006	52
2007	54
2008	56
2009	58
2010	60
2011	62
2012	64
2013	66
2014	68
2015	70
2016	72
2017	74

Jahr des Rentenbeginns	Besteuerungsanteil in %
2018	76
2019	78
2020	80
2021	81
2022	82
2023	83
2024	84
2025	85
2026	86
2027	87
2028	88
2029	89
2030	90
2031	91
2032	92
2033	93
2034	94
2035	95
2036	96
2037	97
2038	98
2039	99
2040	100

[4]Der Unterschiedsbetrag zwischen dem Jahresbetrag der Rente und dem der Besteuerung unterliegenden Anteil der Rente ist der steuerfreie Teil der Rente. [5]Dieser gilt ab dem Jahr, das dem Jahr des Rentenbeginns folgt, für die gesamte Laufzeit des Rentenbezugs. [6]Abweichend hiervon ist der steuerfreie Teil der Rente bei einer Veränderung des Jahresbetrags der Rente in dem Verhältnis anzupassen, in dem der veränderte Jahresbetrag der Rente zum Jahresbetrag der Rente steht, der der Ermittlung des steuerfreien Teils der

EStG (Auszug)

Rente zugrunde liegt. ⁷Regelmäßige Anpassungen des Jahresbetrags der Rente führen nicht zu einer Neuberechnung und bleiben bei einer Neuberechnung außer Betracht. ⁸Folgen nach dem 31. Dezember 2004 Renten aus derselben Versicherung einander nach, gilt für die spätere Rente Satz 3 mit der Maßgabe, dass sich der Vomhundertsatz nach dem Jahr richtet, das sich ergibt, wenn die Laufzeit der vorhergehenden Renten von dem Jahr des Beginns der späteren Rente abgezogen wird; der Prozentsatz kann jedoch nicht niedriger bemessen werden als der für das Jahr 2005;

bb) die nicht solche im Sinne des Doppelbuchstaben aa sind und bei denen in den einzelnen Bezügen Einkünfte aus Erträgen des Rentenrechts enthalten sind. ² Dies gilt auf Antrag auch für Leibrenten und andere Leistungen, soweit diese auf bis zum 31. Dezember 2004 geleisteten Beiträgen beruhen, welche oberhalb des Betrags des Höchstbeitrags zur gesetzlichen Rentenversicherung gezahlt wurden; der Steuerpflichtige muss nachweisen, dass der Betrag des Höchstbeitrags mindestens zehn Jahre überschritten wurde. ³Als Ertrag des Rentenrechts gilt für die gesamte Dauer des Rentenbezugs der Unterschiedsbetrag zwischen dem Jahresbetrag der Rente und dem Betrag, der sich bei gleichmäßiger Verteilung des Kapitalwerts der Rente auf ihre voraussichtliche Laufzeit ergibt; dabei ist der Kapitalwert nach dieser Laufzeit zu berechnen. ⁴Der Ertrag des Rentenrechts (Ertragsanteil) ist aus der nachstehenden Tabelle zu entnehmen:

Bei Beginn der Rente vollendetes Lebensjahr des Rentenberechtigten	Ertragsanteil in %
0 bis 1	59
2 bis 3	58
4 bis 5	57
6 bis 8	56
9 bis 10	55
11 bis 12	54
13 bis 14	53
15 bis 16	52
17 bis 18	51

Anhang II

EStG (Auszug)

Bei Beginn der Rente vollendetes Lebensjahr des Rentenberechtigten	Ertragsanteil in %
19 bis 20	50
21 bis 22	49
23 bis 24	48
25 bis 26	47
27	46
28 bis 29	45
30 bis 31	44
32	43
33 bis 34	42
35	41
36 bis 37	40
38	39
39 bis 40	38
41	37
42	36
43 bis 44	35
45	34
46 bis 47	33
48	32
49	31
50	30
51 bis 52	29
53	28
54	27
55 bis 56	26
57	25
58	24
59	23

EStG (Auszug)

Bei Beginn der Rente vollendetes Lebensjahr des Rentenberechtigten	Ertragsanteil in %
60 bis 61	22
62	21
63	20
64	19
65 bis 66	18
67	17
68	16
69 bis 70	15
71	14
72 bis 73	13
74	12
75	11
76 bis 77	10
78 bis 79	9
80	8
81 bis 82	7
83 bis 84	6
85 bis 87	5
88 bis 91	4
92 bis 93	3
94 bis 96	2
ab 97	1

⁵ Die Ermittlung des Ertrags aus Leibrenten, die vor dem 1. Januar 1955 zu laufen begonnen haben, und aus Renten, deren Dauer von der Lebenszeit mehrerer Personen oder einer anderen Person als des Rentenberechtigten abhängt, sowie aus Leibrenten, die auf eine bestimmte Zeit beschränkt sind, wird durch eine Rechtsverordnung bestimmt;

b) Einkünfte aus Zuschüssen und sonstigen Vorteilen, die als wiederkehrende Bezüge gewährt werden;

1a. Einkünfte aus Unterhaltsleistungen, soweit sie nach § 10 Abs. 1 Nr. 1 vom Geber abgezogen werden können;

2. Einkünfte aus privaten Veräußerungsgeschäften im Sinne des § 23;

3. Einkünfte aus Leistungen, soweit sie weder zu anderen Einkunftsarten (§ 2 Abs. 1 Satz 1 Nr. 1 bis 6) noch zu den Einkünften im Sinne der Nummern 1, 1a, 2 oder 4 gehören, z.B. Einkünfte aus gelegentlichen Vermittlungen und aus der Vermietung beweglicher Gegenstände. [2] Solche Einkünfte sind nicht einkommensteuerpflichtig, wenn sie weniger als 256 Euro im Kalenderjahr betragen haben. [3] Übersteigen die Werbungskosten die Einnahmen, so darf der übersteigende Betrag bei Ermittlung des Einkommens nicht ausgeglichen werden; er darf auch nicht nach § 10 d abgezogen werden. [4] Die Verluste mindern jedoch nach Maßgabe des § 10 d die Einkünfte, die der Steuerpflichtige in dem unmittelbar vorangegangenen Veranlagungszeitraum oder in den folgenden Veranlagungszeiträumen aus Leistungen im Sinne des Satzes 1 erzielt hat oder erzielt; § 10 d Abs. 4 gilt entsprechend;

4. Entschädigungen, Amtszulagen, Zuschüsse zu Kranken- und Pflegeversicherungsbeiträgen, Übergangsgelder, Überbrückungsgelder, Sterbegelder, Versorgungsabfindungen, Versorgungsbezüge, die auf Grund des Abgeordnetengesetzes oder des Europaabgeordnetengesetzes, sowie vergleichbare Bezüge, die auf Grund der entsprechenden Gesetze der Länder gezahlt werden. [2] Werden zur Abgeltung des durch das Mandat veranlassten Aufwandes Aufwandsentschädigungen gezahlt, so dürfen die durch das Mandat veranlassten Aufwendungen nicht als Werbungskosten abgezogen werden. [3] Wahlkampfkosten zur Erlangung eines Mandats im Bundestag, im Europäischen Parlament oder im Parlament eines Landes dürfen nicht als Werbungskosten abgezogen werden. [4] Es gelten entsprechend

a) für Nachversicherungsbeiträge auf Grund gesetzlicher Verpflichtung nach den Abgeordnetengesetzen im Sinne des Satzes 1 und für Zuschüsse zu Kranken- und Pflegeversicherungsbeiträgen § 3 Nr. 62,

b) für Versorgungsbezüge § 19 Abs. 2 nur bezüglich des Versorgungsfreibetrags; beim Zusammentreffen mit Versorgungsbezügen im Sinne von § 19 Abs. 2 Satz 2 bleibt jedoch insgesamt

EStG (Auszug)

höchstens ein Betrag in Höhe des Versorgungsfreibetrags nach § 19 Abs. 2 Satz 2 Satz 3 im Veranlagungszeitraum steuerfrei,

c) für das Übergangsgeld, das in einer Summe gezahlt wird, und für die Versorgungsabfindung § 34 Abs. 1;

5. Leistungen aus Altersvorsorgeverträgen, Pensionsfonds, Pensionskassen und Direktversicherungen. ²Soweit die Leistungen nicht auf Beiträgen, auf die § 3 Nr. 63, § 10a oder Abschnitt XI angewendet wurden, nicht auf Zulagen im Sinne des Abschnitts XI, nicht auf steuerfreien Leistungen nach § 3 Nr. 66 und nicht auf Ansprüchen beruhen, die durch steuerfreie Zuwendungen nach § 3 Nr. 56 erworben wurden,

a) ist bei lebenslangen Renten sowie bei Berufsunfähigkeits-, Erwerbsminderungs- und Hinterbliebenenrenten Nummer 1 Satz 3 Buchstabe a entsprechend anzuwenden,

b) ist bei Leistungen aus Versicherungsverträgen, Pensionsfonds, Pensionskassen und Direktversicherungen, die nicht solche nach Buchstabe a sind, § 20 Abs. 1 Nr. 6 in der jeweils für den Vertrag geltenden Fassung entsprechend anzuwenden,

c) unterliegt bei anderen Leistungen der Unterschiedsbetrag zwischen der Leistung und der Summe der auf sie entrichteten Beiträge der Besteuerung; § 20 Abs. 1 Nr. 6 Satz 2 gilt entsprechend.

³In den Fällen des § 93 Abs. 1 Satz 1 und 2 gilt das ausgezahlte geförderte Altersvorsorgevermögen nach Abzug der Zulagen im Sinne des Abschnitts XI als Leistung im Sinne des Satzes 2. ⁴Dies gilt auch in den Fällen des § 92a Abs. 3 und 4 Satz 1 und 2; darüber hinaus gilt in diesen Fällen als Leistung im Sinne des Satzes 1 der Betrag, der sich aus der Verzinsung (Zins und Zinseszins) des nicht zurückgezahlten Altersvorsorge-Eigenheimbetrags mit 5 Prozent für jedes volle Kalenderjahr zwischen dem Zeitpunkt der Verwendung des Altersvorsorge-Eigenheimbetrags (§ 92a Abs. 2) und dem Eintritt des Zahlungsrückstandes oder dem Zeitpunkt ergibt, ab dem die Wohnung auf Dauer nicht mehr zu eigenen Wohnzwecken dient. ⁵Bei erstmaligem Bezug von Leistungen, in den Fällen des § 93 Abs. 1 sowie bei Änderung der im Kalenderjahr auszuzahlenden Leistung hat der Anbieter (§ 80) nach Ablauf des Kalenderjahres dem Steuerpflichtigen nach amtlich vorgeschriebenem Vordruck den Betrag der im abgelaufenen Kalenderjahr zugeflossenen Leistungen im Sinne der Sätze 1 bis 4 je gesondert mitzuteilen.

...

§ 40 b Pauschalierung der Lohnsteuer bei bestimmten Zukunftssicherungsleistungen

(1) Der Arbeitgeber kann die Lohnsteuer von den Zuwendungen zum Aufbau einer nicht kapitalgedeckten betrieblichen Altersversorgung an eine Pensionskasse mit einem Pauschsteuersatz von 20 Prozent der Zuwendungen erheben.

(2) ¹Absatz 1 gilt nicht, soweit die zu besteuernden Zuwendungen des Arbeitgebers für den Arbeitnehmer 1 752 Euro im Kalenderjahr übersteigen oder nicht aus seinem ersten Dienstverhältnis bezogen werden. ²Sind mehrere Arbeitnehmer gemeinsam in der Pensionskasse versichert, so gilt als Zuwendung für den einzelnen Arbeitnehmer der Teilbetrag, der sich bei einer Aufteilung der gesamten Zuwendungen durch die Zahl der begünstigten Arbeitnehmer ergibt, wenn dieser Teilbetrag 1 752 Euro nicht übersteigt; hierbei sind Arbeitnehmer, für die Zuwendungen von mehr als 2 148 Euro im Kalenderjahr geleistet werden, nicht einzubeziehen. ³Für Zuwendungen, die der Arbeitgeber für den Arbeitnehmer aus Anlass der Beendigung des Dienstverhältnisses erbracht hat, vervielfältigt sich der Betrag von 1 752 Euro mit der Anzahl der Kalenderjahre, in denen das Dienstverhältnis des Arbeitnehmers zu dem Arbeitgeber bestanden hat; in diesem Fall ist Satz 2 nicht anzuwenden. ⁴Der vervielfältigte Betrag vermindert sich um die nach Absatz 1 pauschal besteuerten Zuwendungen, die der Arbeitgeber in dem Kalenderjahr, in dem das Dienstverhältnis beendet wird, und in den sechs vorangegangenen Kalenderjahren erbracht hat.

(3) Von den Beiträgen für eine Unfallversicherung des Arbeitnehmers kann der Arbeitgeber die Lohnsteuer mit einem Pauschsteuersatz von 20 Prozent der Beiträge erheben, wenn mehrere Arbeitnehmer gemeinsam in einem Unfallversicherungsvertrag versichert sind und der Teilbetrag, der sich bei einer Aufteilung der gesamten Beiträge nach Abzug der Versicherungsteuer durch die Zahl der begünstigten Arbeitnehmer ergibt, 62 Euro im Kalenderjahr nicht übersteigt.

(4) In den Fällen des § 19 Abs. 1 Satz 1 Nr. 3 Satz 2 hat der Arbeitgeber die Lohnsteuer mit einem Pauschsteuersatz in Höhe von 15 Prozent der Sonderzahlungen zu erheben.

(5) ¹§ 40 Abs. 3 ist anzuwenden. ²Die Anwendung des § 40 Abs. 1 Satz 1 Nr. 1 auf Bezüge im Sinne des Absatzes 1, des Absatzes 3 und des Absatzes 4 ist ausgeschlossen.

...

EStG (Auszug) **Anhang II**

§ 52 Anwendungsvorschriften

...

6) ¹§ 3 Nr. 63 ist bei Beiträgen für eine Direktversicherung nicht anzuwenden, wenn die entsprechende Versorgungszusage vor dem 1. Januar 2005 erteilt wurde und der Arbeitnehmer gegenüber dem Arbeitgeber für diese Beiträge auf die Anwendung des § 3 Nr. 63 verzichtet hat. ²Der Verzicht gilt für die Dauer des Dienstverhältnisses; er ist bis zum 30. Juni 2005 oder bei einem späteren Arbeitgeberwechsel bis zur ersten Beitragsleistung zu erklären. § 3 Nr. 63 Satz 3 und 4 ist nicht anzuwenden, wenn § 40 b Abs. 1 und 2 in der am 31. Dezember 2004 geltenden Fassung angewendet wird.

...

52a) ¹§ 40 b Abs. 1 und 2 in der am 31. Dezember 2004 geltenden Fassung ist weiter anzuwenden auf Beiträge für eine Direktversicherung des Arbeitnehmers und Zuwendungen an eine Pensionskasse, die auf Grund einer Versorgungszusage geleistet werden, die vor dem 1. Januar 2005 erteilt wurde. ²Sofern die Beiträge für eine Direktversicherung die Voraussetzungen des § 3 Nr. 63 erfüllen, gilt dies nur, wenn der Arbeitnehmer nach Absatz 6 gegenüber dem Arbeitgeber für diese Beiträge auf die Anwendung des § 3 Nr. 63 verzichtet hat. ³§ 40 b Abs. 4 in der Fassung des Artikels 1 des Gesetzes vom 13. Dezember 2006 (BGBl. I S. 2878) ist erstmals anzuwenden auf Sonderzahlungen, die nach dem 23. August 2006 gezahlt werden.

Anhang III

Steuerliche Förderung der privaten Altersvorsorge und betrieblichen Altersversorgung

BMF-Schreiben vom 17.11.2004[1]

– Auszug –

...

Inhalt

	Rz
B. Betriebliche Altersversorgung	154–234
I. Allgemeines	154–159
II. Lohnsteuerliche Behandlung von Zusagen auf Leistungen der betrieblichen Altersversorgung	160–213
1. Allgemeines	160
2. Entgeltumwandlung zugunsten betrieblicher Altersversorgung	161–164
3. Arbeitszeitkonten	165–167
4. Steuerfreiheit nach § 3 Nr. 63 EStG	168–184
a) Steuerfreiheit nach § 3 Nr. 63 Satz 1 und 3 EStG	168–179
aa) Begünstigter Personenkreis	168–169
bb) Begünstigte Aufwendungen	170–176
cc) Begünstigte Auszahlungsformen	177
dd) Sonstiges	178–179
b) Ausschluss der Steuerfreiheit nach § 3 Nr. 63 Satz 2 EStG	180–183
aa) Personenkreis	180
bb) Höhe und Zeitpunkt der Ausübung des Wahlrechts	181–183
c) Vervielfältigungsregelung nach § 3 Nr. 63 Satz 4 EStG	184
5. Steuerfreiheit nach § 3 Nr. 66 EStG	185
6. Steuerfreiheit nach § 3 Nr. 55 EStG	186–190
7. Förderung durch Sonderausgabenabzug nach § 10a EStG und Zulage nach Abschnitt XI EStG	191–198
8. Anwendung des § 40b EStG in der ab 1. Januar 2005 geltenden Fassung (§ 40b EStG n.F.)	199–200
9. Übergangsregelungen §§ 52 Abs. 6 und 52a EStG zur Anwendung der §§ 3 Nr. 63 EStG und 40b EStG a.F.	201–213
a) Abgrenzung von Alt-und Neuzusage	201–204
b) Weiteranwendung des § 40b Abs. 1 und 2 EStG a.F.	205–207
c) Verhältnis von § 3 Nr. 63 Satz 3 EStG und § 40b Abs. 1 und 2 Satz 1 und 2 EStG a.F.	208–209

---

[1] BStBl. 2004 I S. 1059 oder unter: http://www.bundesfinanzministerium.de/cln_02/nn_494/DE/Aktuelles/BMF_Schreiben/27653.html

d) Verhältnis von § 3 Nr. 63 Satz 4 EStG und § 40b Abs. 1 und 2 Satz 3 und 4 EStG a.F.	210
e) Keine weitere Anwendung von § 40b Abs. 1 und 2 EStG a.F. auf Neuzusagen	211
f) Verhältnis von § 3 Nr. 63 EStG und § 40b EStG a.F., wenn die betriebliche Altersversorgung nebeneinander bei verschiedenen Versorgungseinrichtungen durchgeführt wird	212–213
III. Steuerliche Behandlung der Versorgungsleistungen	214–226
1. Allgemeines	214
2. Direktzusage und Unterstützungskasse	215
3. Direktversicherung, Pensionskasse und Pensionsfonds	216–224
a) Leistungen aus kapitalgedeckten Versorgungseinrichtungen	216
aa) Leistungen, die ausschließlich auf nicht geförderten Beiträgen beruhen	217–218
bb) Leistungen, die ausschließlich auf geförderten Beiträgen beruhen	219
cc) Leistungen, die auf geförderten und nicht geförderten Beiträgen beruhen	220–222
dd) Bescheinigungspflicht	223
b) Leistungen aus umlagefinanzierten Versorgungseinrichtungen	224
4. Sonderregelung für Leistungen aus einem Pensionsfonds aufgrund der Übergangsregelung nach § 52 Abs. 34b EStG	225–226
IV. Schädliche Auszahlung von gefördertem Altersvorsorgevermögen	227–234
1. Allgemeines	227–228
2. Abfindungen von Anwartschaften, die auf nach § 10a / Abschnitt XI EStG geförderten Beiträgen beruhen	229
3. Abfindungen von Anwartschaften, die auf steuerfreien und nicht geförderten Beiträgen beruhen	230–231
4. Portabilität	232–233
5. Entschädigungsloser Widerruf eines noch verfallbaren Bezugrechts 234	
C. Anwendungsregelung	235–237

B. Betriebliche Altersversorgung

I. Allgemeines

Betriebliche Altersversorgung liegt vor, wenn dem Arbeitnehmer aus Anlass seines Arbeitsverhältnisses vom Arbeitgeber Leistungen zur Absicherung mindestens eines biometrischen Risikos (Alter, Tod, Invalidität) zugesagt werden und Ansprüche auf diese Leistungen erst mit dem Eintritt des biologischen Ereignisses fällig werden (§ 1 BetrAVG). **Werden mehrere biometrische Risiken abgesichert, ist aus steuerrechtlicher Sicht die gesamte Vereinbarung nur dann als betriebliche Al-** 154 tersversorgung anzuerkennen, wenn für alle Risiken die Vorgaben der Rz. 154–159 beachtet werden. Als Durchführungswege der betrieblichen Altersversorgung kommen die Direktzusage (§ 1 Abs. 1 Satz 2 BetrAVG), die Unterstützungskasse (§ 1 b Abs. 4 BetrAVG), die Direktversicherung (§ 1 b Abs. 2 BetrAVG), die Pensionskasse (§ 1 b Abs. 3 BetrAVG) oder der Pensionsfonds (§ 1 b Abs. 3 BetrAVG, § 112 VAG) in Betracht.

155 Nicht um betriebliche Altersversorgung handelt es sich, wenn der Arbeitgeber oder eine Versorgungseinrichtung dem nicht bei ihm beschäftigten Ehegatten eines Arbeitnehmers eigene Versorgungsleistungen zur Absicherung seiner biometrischen Risiken (Alter, Tod, Invalidität) verspricht, da hier keine Versorgungszusage aus Anlass eines Arbeitsverhältnisses zwischen dem Arbeitgeber und dem Ehegatten vorliegt (§ 1 BetrAVG).

156 Das biologische Ereignis ist bei der Altersversorgung das altersbedingte Ausscheiden aus dem Erwerbsleben, bei der Hinterbliebenenversorgung der Tod des Arbeitnehmers und bei der Invaliditätsversorgung der Invaliditätseintritt. Als Untergrenze für betriebliche Altersversorgungsleistungen bei altersbedingtem Ausscheiden aus dem Erwerbsleben gilt im Regelfall das 60. Lebensjahr. In Ausnahmefällen können betriebliche Altersversorgungsleistungen auch schon vor dem 60. Lebensjahr gewährt werden, so z.B. bei Berufsgruppen wie Piloten, bei denen schon vor dem 60. Lebensjahr Versorgungsleistungen üblich sind. Ob solche Ausnahmefälle vorliegen, ergibt sich aus Gesetz, Tarifvertrag oder Betriebsvereinbarung. **Erreicht der Arbeitnehmer im Zeitpunkt der Auszahlung das 60. Lebensjahr, hat aber seine berufliche Tätigkeit noch nicht beendet, so ist dies unschädlich.**

157 Eine Hinterbliebenenversorgung **im steuerlichen Sinne darf nur** Leistungen an die Witwe des Arbeitnehmers oder den Witwer der Arbeitnehmerin, die Kinder i.S.d § 32 Abs. 3 und 4 Satz 1 Nr. 1 bis 3 EStG, den früheren Ehegatten **oder** die Lebensgefährtin/den Lebensgefährten **vorsehen**. Der Begriff des/der Lebensgefährten/in ist dabei als Oberbegriff zu verstehen, der auch die gleichgeschlechtliche Lebenspartnerschaft mit erfasst. Ob eine gleichgeschlechtliche Lebenspartnerschaft eingetragen wurde oder nicht, ist dabei zunächst unerheblich. Für Partner einer eingetragenen Lebenspartnerschaft besteht allerdings die Besonderheit, dass sie einander nach § 5 Lebenspartnerschaftsgesetz zum Unterhalt verpflichtet sind. Insoweit liegt eine mit der zivilrechtlichen Ehe vergleichbare Partnerschaft vor. Handelt es sich dagegen um eine andere Form der nicht ehelichen Lebensgemeinschaft,

muss anhand der im BMF-Schreiben vom 25. Juli 2002 (BStBl I S. 706) genannten Voraussetzungen geprüft werden, ob diese als Hinterbliebenenversorgung anerkannt werden kann. Ausreichend ist dabei regelmäßig, wenn neben der geforderten namentlichen Benennung des/der Lebensgefährten/in in der schriftlichen Vereinbarung gegenüber dem Arbeitgeber auch versichert wird, dass eine gemeinsame Haushaltsführung besteht.

Die Möglichkeit, andere als die in Rz. 157 genannten Personen als Begünstigte für den Fall des Todes des Arbeitnehmers zu benennen, führt steuerrechtlich dazu, dass es sich nicht mehr um eine Hinterbliebenenversorgung handelt, sondern von einer Vererblichkeit der Anwartschaften auszugehen ist. Gleiches gilt, wenn bei einer vereinbarten Rentengarantiezeit die Auszahlung auch an andere als die in Rz. 157 genannten Personen möglich ist. Lediglich die Möglichkeit, ein einmaliges angemessenes Sterbegeld an andere Personen als die in Rz. 157 genannten Hinterbliebenen auszuzahlen, führt nicht zur Versagung der Anerkennung als betriebliche Altersversorgung; bei Auszahlung ist das Sterbegeld, soweit es auf steuerfrei geleisteten Beiträgen beruht, gemäß § 22 Nr. 5 Satz 1 EStG vollständig zu besteuern. Nur im Fall der Pauschalbesteuerung von Beiträgen für eine Direktversicherung nach § 40 b EStG in der am 31. Dezember 2004 geltenden Fassung (§ 40 b EStG a.F.) ist es **unschädlich, wenn** eine **beliebige Person als Bezugsberechtigte** für den Fall des Todes des Arbeitnehmers **benannt wird.** 158

Keine betriebliche Altersversorgung liegt vor, wenn zwischen Arbeitnehmer und Arbeitgeber die Vererblichkeit von Anwartschaften vereinbart ist. Auch Vereinbarungen, nach denen Arbeitslohn gutgeschrieben und ohne Abdeckung eines biometrischen Risikos zu einem späteren Zeitpunkt (z.B. bei Ausscheiden aus dem Dienstverhältnis) ggf. mit Wertsteigerung ausgezahlt wird, sind nicht dem Bereich der betrieblichen Altersversorgung zuzuordnen. Gleiches gilt, wenn von vornherein eine Abfindung der Versorgungsanwartschaft, z.B. zu einem bestimmten Zeitpunkt oder bei Vorliegen bestimmter Voraussetzungen, vereinbart ist und dadurch nicht mehr von der Absicherung eines biometrischen Risikos ausgegangen werden kann. Demgegenüber führt allein die Möglichkeit einer Beitragserstattung einschließlich der gutgeschriebenen Erträge bzw. einer entsprechenden Abfindung für den Fall des Ausscheidens aus dem Dienstverhältnis vor Erreichen der gesetzlichen Unverfallbarkeit und/oder für den Fall des Todes vor Ablauf einer arbeitsrechtlich vereinbarten Wartezeit sowie der Abfindung einer Witwenrente/Witwerrente für den Fall der Wiederheirat noch 159 nicht zur Versagung der Anerkennung als betriebliche Altersversorgung; zu den steuerlichen Folgen im Auszahlungsfall siehe Rz. 214 ff.

II. Lohnsteuerliche Behandlung von Zusagen auf Leistungen der betrieblichen Altersversorgung

1. Allgemeines

160 Der Zeitpunkt des Zuflusses von Arbeitslohn richtet sich bei einer arbeitgeberfinanzierten und einer steuerlich anzuerkennenden durch Entgeltumwandlung finanzierten betrieblichen Altersversorgung nach dem Durchführungsweg der betrieblichen Altersversorgung (vgl. auch R 129 LStR zur Abgrenzung). Bei der Versorgung über eine Direktversicherung, eine Pensionskasse oder einen Pensionsfonds liegt Zufluss von Arbeitslohn im Zeitpunkt der Zahlung der Beiträge durch den Arbeitgeber an die entsprechende Versorgungseinrichtung vor. **Erfolgt die Beitragszahlung durch den Arbeitgeber vor »Versicherungsbeginn«, liegt ein Zufluss von Arbeitslohn jedoch erst im Zeitpunkt des »Versicherungsbeginns« vor.** Die Einbehaltung der Lohnsteuer richtet sich nach § 38 a Abs. 1 und 3 EStG (vgl. auch R 115, 118 und 119 LStR). Bei der Versorgung über eine Direktzusage oder Unterstützungskasse fließt der Arbeitslohn erst im Zeitpunkt der Zahlung der Altersversorgungsleistungen an den Arbeitnehmer zu.

2. Entgeltumwandlung zugunsten betrieblicher Altersversorgung

161 Um durch Entgeltumwandlung finanzierte betriebliche Altersversorgung handelt es sich, wenn Arbeitgeber und Arbeitnehmer vereinbaren, künftige Arbeitslohnansprüche zugunsten einer betrieblichen Altersversorgung herabzusetzen (Umwandlung in eine wertgleiche Anwartschaft auf Versorgungsleistungen – Entgeltumwandlung – § 1 Abs. 2 Nr. 3 BetrAVG).

Davon zu unterscheiden sind die sog. Eigenbeiträge des Arbeitnehmers (§ 1 Abs. 2 Nr. 4 BetrAVG), bei denen der Arbeitnehmer aus seinem bereits zugeflossenen und versteuerten Arbeitsentgelt Beiträge zur Finanzierung der betrieblichen Altersversorgung leistet.

162 Eine Herabsetzung von Arbeitslohnansprüchen zugunsten betrieblicher Altersversorgung ist steuerlich als Entgeltumwandlung auch dann anzuerkennen, wenn die in § 1 Abs. 2 Nr. 3 BetrAVG geforderte Wertgleichheit außerhalb versicherungsmathematischer Grundsätze berechnet wird. Entscheidend ist allein, dass die Versorgungsleistung

zur Absicherung mindestens eines biometrischen Risikos (Alter, Tod, Invalidität) zugesagt und erst bei Eintritt des biologischen Ereignisses fällig wird.

Die Herabsetzung von Arbeitslohn (laufender Arbeitslohn, Einmal- und Sonderzahlungen) zugunsten der betrieblichen Altersversorgung wird aus Vereinfachungsgründen grundsätzlich auch dann als Entgeltumwandlung steuerlich anerkannt, wenn die Gehaltsänderungsvereinbarung bereits erdiente, aber noch nicht fällig gewordene Anteile umfasst. Dies gilt auch, wenn eine Einmal-oder Sonderzahlung einen Zeitraum von mehr als einem Jahr betrifft. 163

Bei einer Herabsetzung laufenden Arbeitslohns zugunsten einer betrieblichen Altersversorgung hindert es die Annahme einer Entgeltumwandlung nicht, wenn der bisherige ungekürzte Arbeitslohn weiterhin Bemessungsgrundlage für künftige Erhöhungen des Arbeitslohns oder andere Arbeitgeberleistungen (wie z.B. Weihnachtsgeld, Tantieme, Jubiläumszuwendungen, betriebliche Altersversorgung) bleibt, die Gehaltsminderung zeitlich begrenzt oder vereinbart wird, dass der Arbeitnehmer oder der Arbeitgeber sie für künftigen Arbeitslohn einseitig ändern können. 164

3. Arbeitszeitkonten

Vereinbaren Arbeitgeber und Arbeitnehmer, künftig fällig werdenden Arbeitslohn ganz oder teilweise betragsmäßig auf einem Konto gutzuschreiben, um ihn in Zeiten der Arbeitsfreistellung auszuzahlen (Arbeitszeitkonto), führt weder die Vereinbarung noch die Wertgutschrift auf dem Arbeitszeitkonto zum Zufluss von Arbeitslohn. Rz. 163 gilt sinngemäß. 165

Wird das Wertguthaben des Arbeitszeitkontos aufgrund einer Vereinbarung zwischen Arbeitgeber und Arbeitnehmer vor Fälligkeit (planmäßige Auszahlung während der Freistellung) ganz oder teilweise zugunsten der betrieblichen Altersversorgung herabgesetzt, ist dies steuerlich als Entgeltumwandlung anzuerkennen. Die Ausbuchung der Beträge aus dem Arbeitszeitkonto führt in diesem Fall nicht zum Zufluss von Arbeitslohn. Der Zeitpunkt des Zuflusses dieser zugunsten der betrieblichen Altersversorgung umgewandelten Beträge richtet sich nach dem Durchführungsweg der zugesagten betrieblichen Altersversorgung (vgl. Rz. 160). 166

Bei einem Altersteilzeitarbeitsverhältnis im sog. Blockmodell gilt dies in der Arbeitsphase und der Freistellungsphase entsprechend. Folglich 167 ist auch in der Freistellungsphase steuerlich von einer Entgeltumwandlung auszugehen, wenn vor Fälligkeit (planmäßige Auszahlung) vereinbart wird, das Wertguthaben des Arbeitszeitkontos oder den während der Freistellung auszuzahlenden Arbeitslohn zugunsten der betrieblichen Altersversorgung herabzusetzen.

4. Steuerfreiheit nach § 3 Nr. 63 EStG

a) Steuerfreiheit nach § 3 Nr. 63 Satz 1 und 3 EStG

aa) Begünstigter Personenkreis

168 Zu dem durch § 3 Nr. 63 EStG begünstigten Personenkreis gehören alle Arbeitnehmer (§ 1 LStDV), unabhängig davon, ob sie in der gesetzlichen Rentenversicherung pflichtversichert sind oder nicht (z.B. beherrschende Gesellschafter-Geschäftsführer, geringfügig Beschäftigte, in einem berufsständischen Versorgungswerk Versicherte).

169 Die Steuerfreiheit setzt lediglich ein bestehendes erstes Dienstverhältnis voraus. Diese Voraussetzung kann auch erfüllt sein, wenn es sich um ein geringfügiges Beschäftigungsverhältnis oder eine Aushilfstätigkeit handelt. Die Steuerfreiheit ist jedoch nicht bei Arbeitnehmern zulässig, die dem Arbeitgeber eine Lohnsteuerkarte mit der Steuerklasse VI vorgelegt haben.

bb) Begünstigte Aufwendungen

170 Zu den nach § 3 Nr. 63 EStG begünstigten Aufwendungen gehören nur Beiträge **an Pensionsfonds, Pensionskassen und Direktversicherungen**, die **zum Aufbau einer betrieblichen Altersversorgung** im Kapitaldeckungsverfahren erhoben werden. Für Umlagen, die vom Arbeitgeber an eine Versorgungseinrichtung entrichtet werden, kommt die Steuerfreiheit nach § 3 Nr. 63 EStG dagegen nicht in Betracht. Werden sowohl Umlagen als auch Beiträge im Kapitaldeckungsverfahren erhoben, gehören letztere nur dann zu den begünstigten Aufwendungen, wenn eine getrennte Verwaltung und Abrechnung beider Vermögensmassen erfolgt (Trennungsprinzip).

171 Steuerfrei sind sowohl die Beiträge des Arbeitgebers, die zusätzlich zum ohnehin geschuldeten Arbeitslohn erbracht werden (rein arbeitgeberfinanzierte Beiträge) als auch die Beiträge des Arbeitgebers, die durch Entgeltumwandlung finanziert werden (vgl. Rz. 161 ff.). **Im Fall der Finanzierung der Beiträge durch eine Entgeltumwandlung ist die Beachtung des Mindestbetrages gemäß § 1 a BetrAVG für die**

BMF-Schreiben vom 17.11.2004 (Auszug)   Anhang III

Inanspruchnahme der Steuerfreiheit nicht erforderlich. Eigenbeiträge des Arbeitnehmers (§ 1 Abs. 2 Nr. 4 BetrAVG) sind dagegen vom Anwendungsbereich des § 3 Nr. 63 EStG ausgeschlossen, auch wenn sie vom Arbeitgeber an die Versorgungseinrichtung abgeführt werden.

Die Steuerfreiheit nach § 3 Nr. 63 EStG kann nur dann in Anspruch genommen werden, wenn der vom Arbeitgeber zur Finanzierung der zugesagten Versorgungsleistung gezahlte Beitrag nach bestimmten individuellen Kriterien dem einzelnen Arbeitnehmer zugeordnet wird. Allein die Verteilung eines vom Arbeitgeber gezahlten Gesamtbeitrags nach der Anzahl der begünstigten Arbeitnehmer genügt hingegen für die Anwendung des § 3 Nr. 63 EStG nicht. Für die Anwendung des § 3 Nr. 63 EStG ist nicht Voraussetzung, dass sich die Höhe der zugesagten Versorgungsleistung an der Höhe des eingezahlten Beitrags des Arbeitgebers orientiert, da der Arbeitgeber nach § 1 BetrAVG nicht nur eine Beitragszusage mit Mindestleistung oder eine beitragsorientierte Leistungszusage, sondern auch eine Leistungszusage erteilen kann. 172

Maßgeblich für die betragsmäßige Begrenzung der Steuerfreiheit auf 4 % der Beitragsbemessungsgrenze in der **allgemeinen** Rentenversicherung ist auch bei einer Beschäftigung in den neuen Ländern oder Berlin (Ost) die in dem Kalenderjahr gültige Beitragsbemessungsgrenze (West). **Zusätzlich zu diesem Höchstbetrag können Beiträge, die vom Arbeitgeber aufgrund einer nach dem 31. Dezember 2004 erteilten Versorgungszusage (Neuzusage, vgl. Rz. 201 ff.) geleistet werden, bis zur Höhe von 1.800 Euro steuerfrei bleiben. Dieser zusätzliche Höchstbetrag kann jedoch nicht in Anspruch genommen werden, wenn für den Arbeitnehmer in dem Kalenderjahr Beiträge nach § 40 b Abs. 1 und 2 EStG a.F. pauschal besteuert werden (vgl. Rz. 208). Bei den Höchstbeträgen des § 3 Nr. 63 EStG handelt es sich jeweils um Jahresbeträge.** Eine zeitanteilige Kürzung der Höchstbeträge ist daher nicht vorzunehmen, wenn das Arbeitsverhältnis nicht während des ganzen Jahres besteht oder nicht für das ganze Jahr Beiträge gezahlt werden. **Die Höchstbeträge können erneut in Anspruch genommen werden, wenn der Arbeitnehmer sie in einem vorangegangenen Dienstverhältnis bereits ausgeschöpft hat. Im Fall der Gesamtrechtsnachfolge und des Betriebsübergangs nach § 613 a BGB kommt dies dagegen nicht in Betracht.** 173

Soweit die Beiträge **die Höchstbeträge** übersteigen, sind sie individuell zu besteuern. Für die individuell besteuerten Beiträge kann eine Förderung durch Sonderausgabenabzug und Zulage nach § 10 a und Ab- 174

Anhang III BMF-Schreiben vom 17.11.2004 (Auszug)

schnitt XI EStG in Betracht kommen (vgl. Rz. 205 ff.). **Zur Übergangsregelung des § 52 Abs. 52 a EStG siehe Rz. 191 ff.**

175 Bei monatlicher Zahlung der Beiträge bestehen keine Bedenken, wenn **die Höchstbeträge** in gleichmäßige monatliche Teilbeträge aufgeteilt **werden**. Stellt der Arbeitgeber vor Ablauf des Kalenderjahrs, z.B. bei Beendigung des Dienstverhältnisses fest, dass die Steuerfreiheit im Rahmen der monatlichen Teilbeträge nicht in vollem Umfang ausgeschöpft worden ist oder werden kann, muss eine ggf. vorgenommene Besteuerung der Beiträge rückgängig gemacht (spätester Zeitpunkt hierfür ist die **Übermittlung oder Erteilung** der Lohnsteuerbescheinigung) oder der monatliche Teilbetrag künftig so geändert werden, dass **die Höchstbeträge** ausgeschöpft **werden**.

176 Rein arbeitgeberfinanzierte Beiträge sind steuerfrei, soweit sie **die Höchstbeträge (4 %** der Beitragsbemessungsgrenze in der **allgemeinen** Rentenversicherung **sowie 1.800 Euro)** nicht übersteigen. **Die Höchstbeträge werden** zunächst durch diese Beiträge ausgefüllt. Sofern **die Höchstbeträge** dadurch nicht ausgeschöpft worden **sind**, sind die auf Entgeltumwandlung beruhenden Beiträge zu berücksichtigen.

cc) Begünstigte Auszahlungsformen

177 Voraussetzung für die Steuerfreiheit ist, dass die Auszahlung der zugesagten Alters-, Invaliditäts-oder Hinterbliebenenversorgungsleistungen in Form einer lebenslangen Rente oder eines Auszahlungsplans mit anschließender lebenslanger Teilkapitalverrentung (§ 1 Abs. 1 Satz 1 Nr. 4 AltZertG) vorgesehen ist. Im Hinblick auf die entfallende Versorgungsbedürftigkeit z.B. für den Fall der Vollendung des 27. Lebensjahres der Kinder, der Wiederheirat der Witwe/des Witwers, dem Ende der Erwerbsminderung durch Wegfall der Voraussetzungen für den Bezug (insbesondere bei Verbesserung der Gesundheitssituation oder Erreichen der Altersgrenze) ist es nicht zu beanstanden, wenn eine Rente oder ein Auszahlungsplan zeitlich befristet ist. Von einer Rente oder einem Auszahlungsplan ist auch noch auszugehen, wenn bis zu 30 % des zu Beginn der Auszahlungsphase zur Verfügung stehenden Kapitals außerhalb der monatlichen Leistungen ausgezahlt werden. Die zu Beginn der Auszahlungsphase zu treffende Entscheidung und Entnahme des Teilkapitalbetrags aus diesem Vertrag (Rz. 107) führt zur Besteuerung nach § 22 Nr. 5 EStG. Allein die Möglichkeit, anstelle dieser Auszahlungsformen eine Einmalkapitalauszahlung (100 % des zu Beginn der Auszahlungsphase zur Verfügung stehenden Kapitals) zu wählen, steht der Steuerfreiheit noch nicht entge-

gen. Die Möglichkeit, eine Einmalkapitalauszahlung anstelle einer Rente oder eines Auszahlungsplans zu wählen, gilt nicht nur für Altersversorgungsleistungen, sondern auch für Invaliditäts- oder Hinterbliebenenversorgungsleistungen. Entscheidet sich der Arbeitnehmer zugunsten einer Einmalkapitalauszahlung, so sind von diesem Zeitpunkt an die Voraussetzungen des § 3 Nr. 63 EStG nicht mehr erfüllt und die Beitragsleistungen zu besteuern. Erfolgt die Ausübung des Wahlrechtes innerhalb des letzten Jahres vor dem altersbedingten Ausscheiden aus dem Erwerbsleben, so ist es aus Vereinfachungsgründen nicht zu beanstanden, wenn die Beitragsleistungen weiterhin nach § 3 Nr. 63 EStG steuerfrei belassen werden. Bei Auszahlung oder anderweitiger wirtschaftlicher Verfügung ist der Einmalkapitalbetrag, soweit er auf steuerfrei geleisteten Beiträgen beruht, gemäß § 22 Nr. 5 Satz 1 EStG vollständig zu besteuern. Da es sich bei der Teil- bzw. Einmalkapitalauszahlung nicht um außerordentliche Einkünfte i.S.d. § 34 Abs. 2 EStG (weder eine Entschädigung noch eine Vergütung für eine mehrjährige Tätigkeit) handelt, kommt eine Anwendung der Fünftelungsregelung des § 34 EStG auf diese Zahlungen nicht in Betracht.

dd) Sonstiges

Eine Steuerfreiheit der Beiträge kommt nicht in Betracht, soweit es sich hierbei nicht um Arbeitslohn im Rahmen eines Dienstverhältnisses, sondern um eine verdeckte Gewinnausschüttung i.S.d. § 8 Abs. 3 Satz 2 KStG handelt. Die allgemeinen Grundsätze zur Abgrenzung zwischen verdeckter Gewinnausschüttung und Arbeitslohn sind hierbei zu beachten. 178

Beiträge an Pensionsfonds, Pensionskassen **und – bei Direktversicherungen – an Versicherungsunternehmen** in der EU sowie in Drittstaaten, mit denen besondere Abkommen abgeschlossen worden sind, können nach § 3 Nr. 63 EStG begünstigt sein, wenn der ausländische Pensionsfonds, die ausländische Pensionskasse **oder das ausländische Versicherungsunternehmen** aufsichtsrechtlich zur Ausübung ihrer Tätigkeit zugunsten von Arbeitnehmern in inländischen Betriebsstätten befugt sind. 179

b) Ausschluss der Steuerfreiheit nach § 3 Nr. 63 Satz 2 EStG

aa) Personenkreis

Auf die Steuerfreiheit können grundsätzlich nur Arbeitnehmer verzichten, die in der gesetzlichen Rentenversicherung pflichtversichert sind 180

Anhang III BMF-Schreiben vom 17.11.2004 (Auszug)

(§§ 1a, 17 Abs. 1 Satz 3 BetrAVG). Alle anderen Arbeitnehmer können von dieser Möglichkeit nur dann Gebrauch machen, wenn der Arbeitgeber zustimmt.

bb) Höhe und Zeitpunkt der Ausübung des Wahlrechts

181 Soweit der Arbeitnehmer einen Anspruch auf Entgeltumwandlung nach § 1a BetrAVG hat, ist eine individuelle Besteuerung dieser Beiträge bereits auf Verlangen des Arbeitnehmers durchzuführen. In allen anderen Fällen der Entgeltumwandlung (z.B. Entgeltumwandlungsvereinbarung aus dem Jahr 2001 oder früher) ist die individuelle Besteuerung der Beiträge hingegen nur aufgrund einvernehmlicher Vereinbarung zwischen Arbeitgeber und Arbeitnehmer möglich. Bei rein arbeitgeberfinanzierten Beiträgen kann auf die Steuerfreiheit nicht verzichtet werden (vgl. Rz. 176).

182 Die Ausübung des Wahlrechts nach § 3 Nr. 63 Satz 2 EStG muss bis zu dem Zeitpunkt erfolgen, zu dem die entsprechende Gehaltsänderungsvereinbarung steuerlich noch anzuerkennen ist (vgl. Rz. 163).

183 Eine nachträgliche Änderung der steuerlichen Behandlung der im Wege der Entgeltumwandlung finanzierten Beiträge ist nicht zulässig.

c) Vervielfältigungsregelung nach § 3 Nr. 63 Satz 4 EStG

184 Beiträge an einen Pensionsfonds, eine Pensionskasse oder für eine Direktversicherung, die der Arbeitgeber aus Anlass der Beendigung des Dienstverhältnisses leistet, können im Rahmen des § 3 Nr. 63 Satz 4 EStG steuerfrei belassen werden. Die Höhe der Steuerfreiheit ist dabei begrenzt auf den Betrag, der sich ergibt aus 1.800 Euro vervielfältigt mit der Anzahl der Kalenderjahre, in denen das Dienstverhältnis des Arbeitnehmers zu dem Arbeitgeber bestanden hat; der vervielfältigte Betrag vermindert sich um die nach § 3 Nr. 63 EStG steuerfreien Beiträge, die der Arbeitgeber in dem Kalenderjahr, in dem das Dienstverhältnis beendet wird, und in den sechs vorangegangenen Jahren erbracht hat. Sowohl bei der Ermittlung der zu vervielfältigenden als auch der zu kürzenden Jahre sind nur die Kalenderjahre ab 2005 zu berücksichtigen. Dies gilt unabhängig davon, wie lange das Dienstverhältnis zu dem Arbeitgeber tatsächlich bestanden hat. Die Vervielfältigungsregelung steht jedem Arbeitnehmer aus demselben Dienstverhältnis insgesamt nur einmal zu. Werden die Beiträge statt als Einmalbeitrag in Teilbeträgen geleistet, sind diese so lange steuerfrei, bis der für den Arbeitnehmer maßgebende Höchstbetrag ausgeschöpft ist. Eine Anwendung

BMF-Schreiben vom 17.11.2004 (Auszug) **Anhang III**

der Vervielfältigungsregelung des § 3 Nr. 63 Satz 4 EStG ist nicht möglich, wenn gleichzeitig die Vervielfältigungsregelung des § 40 b Abs. 2 Satz 3 und 4 EStG a.F. auf die Beiträge, die der Arbeitgeber aus Anlass der Beendigung des Dienstverhältnisses leistet, angewendet wird (vgl. Rz. 210). Eine Anwendung ist ferner nicht möglich, wenn der Arbeitnehmer bei Beiträgen für eine Direktversicherung auf die Steuerfreiheit der Beiträge zu dieser Direktversicherung zugunsten der Weiteranwendung des § 40 b EStG a.f. verzichtet hatte (vgl. Rz. 205 ff.).

5. Steuerfreiheit nach § 3 Nr. 66 EStG

Voraussetzung für die Steuerfreiheit ist, dass vom Arbeitgeber ein Antrag nach § 4 d Abs. 3 EStG oder § 4 e Abs. 3 EStG gestellt worden ist. Die Steuerfreiheit nach § 3 Nr. 66 EStG gilt auch dann, wenn beim übertragenden Unternehmen keine Zuwendungen i.S.v. § 4 d Abs. 3 EStG oder Leistungen i.S.v. § 4 e Abs. 3 EStG im Zusammenhang mit der Übernahme einer Versorgungsverpflichtung durch einen Pensionsfonds anfallen. 185

6. Steuerfreiheit nach § 3 Nr. 55 EStG

Gemäß § 4 Abs. 2 Nr. 2 BetrAVG kann nach Beendigung des Arbeitsverhältnisses im Einvernehmen des ehemaligen mit dem neuen Arbeitgeber sowie dem Arbeitnehmer der Wert der vom Arbeitnehmer erworbenen Altersversorgung (Übertragungswert nach § 4 Abs. 5 BetrAVG) auf den neuen Arbeitgeber übertragen werden, wenn dieser eine wertgleiche Zusage erteilt. § 4 Abs. 3 BetrAVG gibt dem Arbeitnehmer für Versorgungszusagen, die nach dem 31. Dezember 2004 erteilt werden, das Recht, innerhalb eines Jahres nach Beendigung des Arbeitsverhältnisses von seinem ehemaligen Arbeitgeber zu verlangen, dass der Übertragungswert auf den neuen Arbeitgeber übertragen wird, wenn die betriebliche Altersversorgung beim ehemaligen Arbeitgeber über einen Pensionsfonds, eine Pensionskasse oder eine Direktversicherung durchgeführt worden ist und der Übertragungswert die Beitragsbemessungsgrenze in der allgemeinen Rentenversicherung nicht übersteigt. 186

Der geleistete Übertragungswert ist nach § 3 Nr. 55 Satz 1 EStG steuerfrei, wenn die betriebliche Altersversorgung sowohl beim ehemaligen Arbeitgeber als auch beim neuen Arbeitgeber über einen Pensionsfonds, eine Pensionskasse oder eine Direktversicherung durchgeführt wird. Es ist nicht Voraussetzung, dass beide Arbeitgeber auch den gleichen Durchführungsweg gewählt haben. Um eine Rückabwicklung der 187 steuerlichen Behandlung der Beitragsleistungen an einen Pensionsfonds, eine Pensionskasse oder eine Direktversicherung vor der Übertragung (Steuerfreiheit nach § 3 Nr. 66 EStG, individuelle Besteuerung, Besteuerung nach § 40 b EStG) zu verhindern, bestimmt § 3 Nr. 55 Satz 3 EStG, dass die auf dem Übertragungsbetrag beruhenden Versorgungsleistungen weiterhin zu den Einkünften gehören, zu denen sie gehört hätten, wenn eine Übertragung nach § 4 BetrAVG nicht stattgefunden hätte.

188 Der Übertragungswert ist gemäß § 3 Nr. 55 Satz 2 EStG auch steuerfrei, wenn er vom ehemaligen Arbeitgeber oder von einer Unterstützungskasse an den neuen Arbeitgeber oder an eine andere Unterstützungskasse geleistet wird.

189 Die Steuerfreiheit des § 3 Nr. 55 EStG kommt jedoch nicht in Betracht, wenn die betriebliche Altersversorgung beim ehemaligen Arbeitgeber als Direktzusage oder mittels einer Unterstützungskasse ausgestaltet war, während sie beim neuen Arbeitgeber über einen Pensionsfonds, eine Pensionskasse oder eine Direktversicherung abgewickelt wird. Dies gilt auch für den umgekehrten Fall. Ebenso kommt die Steuerfreiheit nach § 3 Nr. 55 EStG bei einem Betriebsübergang nach § 613 a BGB nicht in Betracht, da in einem solchen Fall die Regelung des § 4 BetrAVG keine Anwendung findet.

190 Wird die betriebliche Altersversorgung sowohl beim alten als auch beim neuen Arbeitgeber über einen Pensionsfonds, eine Pensionskasse oder eine Direktversicherung abgewickelt, liegt im Fall der Übernahme der Versorgungszusage nach § 4 Abs. 2 Nr. 1 BetrAVG lediglich ein Schuldnerwechsel und damit für den Arbeitnehmer kein lohnsteuerlich relevanter Vorgang vor. Entsprechendes gilt im Fall der Übernahme der Versorgungszusage nach § 4 Abs. 2 Nr. 1 BetrAVG, wenn die betriebliche Altersversorgung sowohl beim alten als auch beim neuen Arbeitgeber über eine Direktzusage oder Unterstützungskasse durchgeführt wird.

7. Förderung durch Sonderausgabenabzug nach § 10 a EStG und Zulage nach Abschnitt XI EStG

191 Zahlungen im Rahmen der betrieblichen Altersversorgung an einen Pensionsfonds, eine Pensionskasse oder eine Direktversicherung können als Altersvorsorgebeiträge durch Sonderausgabenabzug nach § 10 a EStG und Zulage nach Abschnitt XI EStG gefördert werden (§ 82 Abs. 2 EStG). Die zeitliche Zuordnung der Altersvorsorgebeiträge

i.S.d. § 82 Abs. 2 EStG richtet sich grundsätzlich nach den für die Zuordnung des Arbeitslohns geltenden Vorschriften (§ 38 a Abs. 3 EStG; R 115, 118 und 119 LStR).

Um Beiträge im Rahmen der betrieblichen Altersversorgung handelt es sich nur, wenn die Beiträge für eine vom Arbeitgeber aus Anlass des Arbeitsverhältnisses zugesagte Versorgungsleistung erbracht werden (§ 1 BetrAVG). Dies gilt unabhängig davon, ob die Beiträge ausschließlich vom Arbeitgeber finanziert werden, auf einer Entgeltumwandlung beruhen oder es sich um Eigenbeiträge des Arbeitnehmers handelt (§ 1 Abs. 1 und 2 BetrAVG). Im Übrigen sind die Rz. 155 ff. zu beachten. 192

Voraussetzung für die steuerliche Förderung ist neben der individuellen Besteuerung der Beiträge, dass die Auszahlung der zugesagten Altersversorgungsleistung in Form einer lebenslangen Rente oder eines Auszahlungsplans mit anschließender lebenslanger Teilkapitalverrentung (§ 1 Abs. 1 Satz 1 Nr. 4 AltZertG) vorgesehen ist. Die steuerliche Förderung von Beitragsteilen, die zur Absicherung einer Invaliditäts- oder Hinterbliebenenversorgung verwendet werden, kommt nur dann in Betracht, wenn die Auszahlung in Form einer Rente (§ 1 Abs. 1 Satz 1 Nr. 4 AltZertG; vgl. Rz. 177) vorgesehen ist. Rente oder Auszahlungsplan in diesem Sinne liegt auch dann vor, wenn bis zu 30 % des zu Beginn der Auszahlungsphase zur Verfügung stehenden Kapitals außerhalb der monatlichen Leistungen ausgezahlt werden. Die zu Beginn der Auszahlungsphase zu treffende Entscheidung und Entnahme des Teilkapitalbetrags aus diesem Vertrag (Rz. 107) führt zur Besteuerung nach § 22 Nr. 5 EStG. Allein die Möglichkeit, anstelle dieser Auszahlungsformen eine Einmalkapitalauszahlung (100 % des zu Beginn der Auszahlungsphase zur Verfügung stehenden Kapitals) zu wählen, steht der Förderung noch nicht entgegen. Die Möglichkeit, eine Einmalkapitalauszahlung anstelle einer Rente oder eines Auszahlungsplans zu wählen, gilt nicht nur für Altersversorgungsleistungen, sondern auch für Invaliditäts- oder Hinterbliebenenversorgungsleistungen. Entscheidet sich der Arbeitnehmer zugunsten einer Einmalkapitalauszahlung, so sind von diesem Zeitpunkt an die Voraussetzungen des § 10 a und Abschnitt XI EStG nicht mehr erfüllt und die Beitragsleistungen können nicht mehr gefördert werden. Erfolgt die Ausübung des Wahlrechtes innerhalb des letzten Jahres vor dem altersbedingten Ausscheiden aus dem Erwerbsleben, so ist es aus Vereinfachungsgründen nicht zu beanstanden, wenn die Beitragsleistungen weiterhin nach § 10 a und Abschnitt XI EStG gefördert werden. Bei Auszahlung des Einmalkapitalbetrags handelt es sich um eine schädliche Verwendung i.S.d. § 93 EStG (vgl. Rz. 227 und 228), soweit sie auf steuerlich gefördertem Altersvor- 193 sorgevermögen beruht. Da es sich bei der Teil- bzw. Einmalkapitalauszahlung nicht um außerordentliche Einkünfte i.S.d. § 34 Abs. 2 EStG (weder eine Entschädigung noch eine Vergütung für eine mehrjährige Tätigkeit) handelt, kommt eine Anwendung der Fünftelungsregelung des § 34 EStG auf diese Zahlungen nicht in Betracht.

194 Altersvorsorgebeiträge i.S.d. § 82 Abs. 2 EStG **sind** auch die Beiträge des ehemaligen Arbeitnehmers, die dieser im Fall einer zunächst ganz oder teilweise durch Entgeltumwandlung finanzierten und nach § 3 Nr. 63 oder § 10a / Abschnitt XI EStG geförderten betrieblichen Altersversorgung nach der Beendigung des Arbeitsverhältnisses nach Maßgabe des § 1 b Abs. 5 Nr. 2 BetrAVG selbst erbringt. Dies gilt entsprechend in den Fällen der Finanzierung durch Eigenbeiträge des Arbeitnehmers.

195 Die vom Steuerpflichtigen nach Maßgabe des § 1 b Abs. 5 Nr. 2 BetrAVG selbst zu erbringenden Beiträge müssen nicht aus individuell versteuertem Arbeitslohn stammen (z.B. Finanzierung aus steuerfreiem Arbeitslosengeld). Gleiches gilt, soweit der Arbeitnehmer trotz eines weiterbestehenden Arbeitsverhältnisses keinen Anspruch auf Arbeitslohn mehr hat und anstelle der Beiträge aus einer Entgeltumwandlung die Beiträge selbst erbringt (z.B. während der Schutzfristen des § 3 Abs. 2 und § 6 Abs. 1 des Mutterschutzgesetzes, der Elternzeit, des Bezugs von Krankengeld **oder auch § 1 a Abs. 4 BetrAVG**) oder aufgrund einer gesetzlichen Verpflichtung Beiträge zur betrieblichen Altersversorgung entrichtet werden (z.B. nach §§ 14 a und 14 b des Arbeitsplatzschutzgesetzes).

196 Voraussetzung für die Förderung durch Sonderausgabenabzug nach § 10a EStG und Zulage nach Abschnitt XI EStG ist in den Fällen der Rz. 194 und 195, dass der Steuerpflichtige zum begünstigten Personenkreis gehört. Die zeitliche Zuordnung dieser Altersvorsorgebeiträge richtet sich grundsätzlich nach § 11 Abs. 2 EStG.

197 Zu den begünstigten Altersvorsorgebeiträgen gehören nur Beiträge, die **zum Aufbau einer betrieblichen Altersversorgung** im Kapitaldeckungsverfahren erhoben werden. Für Umlagen, die an eine Versorgungseinrichtung gezahlt werden, kommt die Förderung dagegen nicht in Betracht. Werden sowohl Umlagen als auch Beiträge im Kapitaldeckungsverfahren erhoben, gehören letztere nur dann zu den begünstigten Aufwendungen, wenn eine getrennte Verwaltung und Abrechnung beider Vermögensmassen erfolgt (Trennungsprinzip).

Die Versorgungseinrichtung hat dem Zulageberechtigten jährlich eine 198
Bescheinigung zu erteilen (§ 92 EStG). Diese Bescheinigung muss u.a.
den Stand des Altersvorsorgevermögens ausweisen (§ 92 Nr. 5 EStG).
Bei einer Leistungszusage (§ 1 Abs. 1 Satz 2 Halbsatz 2 BetrAVG) und
einer beitragsorientierten Leistungszusage (§ 1 Abs. 2 Nr. 1 BetrAVG)
kann **stattdessen** der Barwert der erdienten Anwartschaft bescheinigt
werden.

8. Anwendung des § 40b EStG in der ab 1. Januar 2005 geltenden Fassung (§ 40b EStG n.F.)

§ 40b EStG n.F. erfasst nur noch Zuwendungen des Arbeitgebers zum 199
Aufbau einer betrieblichen Altersversorgung an eine Pensionskasse,
die nicht im Kapitaldeckungsverfahren, sondern im Umlageverfahren
finanziert wird (wie z.B. Umlagen an die Versorgungsanstalt des Bundes und der Länder – VBL – bzw. an eine kommunale oder kirchliche
Zusatzversorgungskasse). Werden von einer Versorgungseinrichtung
sowohl Umlagen als auch Beiträge im Kapitaldeckungsverfahren erhoben, ist § 40b EStG n.F. auch auf die im Kapitaldeckungsverfahren erhobenen Beiträge anwendbar, wenn eine getrennte Verwaltung und Abrechnung beider Vermögensmassen (Trennungsprinzip, Rz. 170) nicht
erfolgt.

Zuwendungen des Arbeitgebers an eine Pensionskasse, die dieser auf- 200
grund einer ausschließlichen oder teilweisen Umlagefinanzierung anlässlich seines Ausscheidens für die bei der Pensionskasse verbleibenden Versorgungsverpflichtungen und Versorgungsanwartschaften erbringen muss, können in voller Höhe pauschal nach § 40b EStG n.F. besteuert werden. Dazu gehören z.B. Gegenwertzahlungen nach § 23
Abs. 2 der Satzung der Versorgungsanstalt des Bundes und der Länder
– VBL –.

9. Übergangsregelungen § 52 Abs. 6 und 52a EStG zur Anwendung des §§ 3 Nr. 63 EStG und 40b EStG a.F.

a) Abgrenzung von Alt-und Neuzusage

Für die Anwendung von § 3 Nr. 63 Satz 3 EStG sowie § 40b Abs. 1 und 2 201
EStG a.F. kommt es darauf an, ob die entsprechenden Beiträge aufgrund
einer Versorgungszusage geleistet werden, die vor dem 1. Januar 2005
(Altzusage) oder nach dem 31. Dezember 2004 (Neuzusage) erteilt wurde.

Anhang III BMF-Schreiben vom 17.11.2004 (Auszug)

202 Für die Frage, zu welchem Zeitpunkt eine Versorgungszusage erstmalig erteilt wurde, ist grundsätzlich die zu einem Rechtsanspruch führende arbeitsrechtliche bzw. betriebsrentenrechtliche Verpflichtungserklärung des Arbeitgebers maßgebend (z.B. Einzelvertrag, Betriebsvereinbarung oder Tarifvertrag). Entscheidend ist danach nicht, wann Mittel an die Versorgungseinrichtung fließen. Bei kollektiven, rein arbeitgeberfinanzierten Versorgungsregelungen ist die Zusage daher in der Regel mit Abschluss der Versorgungsregelung bzw. mit Beginn des Dienstverhältnisses des Arbeitnehmers erteilt. Ist die erste Dotierung durch den Arbeitgeber erst nach Ablauf einer von vornherein arbeitsrechtlich festgelegten Wartezeit vorgesehen, so wird der Zusagezeitpunkt dadurch nicht verändert. Im Fall der ganz oder teilweise durch Entgeltumwandlung finanzierten Zusage gilt diese regelmäßig mit Abschluss der erstmaligen Gehaltsänderungsvereinbarung (vgl. auch Rz. 161 ff.) als erteilt. Liegen zwischen der Gehaltsänderungsvereinbarung und der erstmaligen Herabsetzung des Arbeitslohns mehr als 12 Monate, gilt die Versorgungszusage erst im Zeitpunkt der erstmaligen Herabsetzung als erteilt.

203 Die Änderung einer solchen Versorgungszusage stellt aus steuerrechtlicher Sicht unter dem Grundsatz der Einheit der Versorgung insbesondere dann keine Neuzusage dar, wenn bei ansonsten unveränderter Versorgungszusage:

– die Beiträge und/oder die Leistungen erhöht oder vermindert werden,

– die Finanzierungsform ersetzt oder ergänzt wird (rein arbeitgeberfinanziert,

Entgeltumwandlung oder Eigenbeiträge i.S.d. § 1 Abs. 1 und 2 BetrAVG),

– der Versorgungsträger/Durchführungsweg gewechselt wird,

– die zu Grunde liegende Rechtsgrundlage gewechselt wird (z.B. bisher tarifvertraglich jetzt einzelvertraglich),

– eine befristete Entgeltumwandlung erneut befristet oder unbefristet fortgesetzt wird.

Eine Altzusage liegt auch im Fall der Übernahme der Zusage (Schuldübernahme) nach § 4 Abs. 2 Nr. 1 BetrAVG durch den neuen Arbeitgeber und bei Betriebsübergang nach § 613a BGB vor.

Um eine Neuzusage handelt es sich neben den in Rz. 202 aufgeführten 204
Fällen insbesondere,

- soweit die bereits erteilte Versorgungszusage um zusätzliche biometrische Risiken erweitert wird und dies mit einer Beitragserhöhung verbunden ist,
- im Fall der Übertragung der Zusage beim Arbeitgeberwechsel nach § 4 Abs. 2 Nr. 2 und Abs. 3 BetrAVG.

b) Weiteranwendung des § 40 b Abs. 1 und 2 EStG a.F.

Auf Beiträge zugunsten einer kapitalgedeckten betrieblichen Altersversorgung, die aufgrund von Altzusagen geleistet werden, kann § 40 b Abs. 1 und 2 EStG a.F. unter folgenden Voraussetzungen weiter angewendet werden: Beiträge für eine Direktversicherung, die die Voraussetzungen des § 3 Nr. 63 EStG nicht erfüllen, können weiterhin vom Arbeitgeber nach § 40 b Abs. 1 und 2 EStG a.F. pauschal besteuert werden, ohne dass es hierfür einer Verzichtserklärung des Arbeitnehmers bedarf. 205

Beiträge für eine Direktversicherung, die die Voraussetzungen des § 3 206
Nr. 63 EStG erfüllen, können nur dann nach § 40 b Abs. 1 und 2 EStG a.F. pauschal besteuert werden, wenn der Arbeitnehmer zuvor gegenüber dem Arbeitgeber für diese Beiträge auf die Anwendung des § 3 Nr. 63 EStG verzichtet hat; dies gilt auch dann, wenn der Höchstbetrag nach § 3 Nr. 63 Satz 1 EStG bereits durch anderweitige Beitragsleistungen vollständig ausgeschöpft wird. Handelt es sich um rein arbeitgeberfinanzierte Beiträge und wird die Pauschalsteuer nicht auf den Arbeitnehmer abgewälzt, kann von einer solchen Verzichtserklärung bereits dann ausgegangen werden, wenn der Arbeitnehmer der Weiteranwendung des § 40 b EStG a.F. bis zum Zeitpunkt der ersten Beitragsleistung in 2005 nicht ausdrücklich widerspricht. In allen anderen Fällen ist eine Weiteranwendung des § 40 b EStG a.F. möglich, wenn der Arbeitnehmer dem Angebot des Arbeitgebers, die Beiträge weiterhin nach § 40 b EStG a.F. pauschal zu versteuern, spätestens bis zum 30. Juni 2005 zustimmt. Erfolgt die Verzichtserklärung erst nach Beitragszahlung, kann § 40 b EStG a.F. für diese Beitragszahlung/en nur dann weiter angewendet und die Steuerfreiheit nach § 3 Nr. 63 EStG rückgängig gemacht werden, wenn die Lohnsteuerbescheinigung noch nicht übermittelt oder ausgeschrieben worden ist. Im Fall eines späteren Arbeitgeberwechsels ist in den Fällen des § 4 Abs. 2 Nr. 1 BetrAVG die Weiteranwendung des § 40 b EStG a.F. möglich, wenn der Arbeitnehmer dem

Angebot des Arbeitgebers, die Beiträge weiterhin nach § 40 b EStG a.F. pauschal zu versteuern, spätestens bis zur ersten Beitragsleistung zustimmt.

207 Beiträge an Pensionskassen können nach § 40 b EStG a.F. insbesondere dann weiterhin pauschal besteuert werden, wenn die Summe der nach § 3 Nr. 63 EStG steuerfreien Beiträge und der Beiträge, die wegen der Ausübung des Wahlrechts nach § 3 Nr. 63 Satz 2 EStG individuell versteuert werden, 4 % der Beitragsbemessungsgrenze in der allgemeinen Rentenversicherung übersteigt. Wurde im Fall einer Altzusage bisher lediglich § 3 Nr. 63 EStG angewendet und wird der Höchstbetrag von 4 % der Beitragsbemessungsgrenze in der allgemeinen Rentenversicherung erst nach dem 31. Dezember 2004 durch eine Beitragserhöhung überschritten, ist eine Pauschalversteuerung nach § 40 b EStG a.F. für die übersteigenden Beiträge möglich. Der zusätzliche Höchstbetrag von 1.800 Euro bleibt in diesen Fällen unberücksichtigt, da er nur dann zur Anwendung gelangt, wenn es sich um eine Neuzusage handelt.

c) Verhältnis von § 3 Nr. 63 Satz 3 EStG und § 40 b Abs. 1 und 2 Satz 1 und 2 EStG a.F.

208 Der zusätzliche Höchstbetrag von 1.800 Euro nach § 3 Nr. 63 Satz 3 EStG für eine Neuzusage kann dann nicht in Anspruch genommen werden, wenn die für den Arbeitnehmer aufgrund einer Altzusage geleisteten Beiträge bereits nach § 40 b Abs. 1 und 2 Satz 1 und 2 EStG a.F. pauschal besteuert werden. Dies gilt unabhängig von der Höhe der pauschal besteuerten Beiträge und somit auch unabhängig davon, ob der Dotierungsrahmen des § 40 b Abs. 2 Satz 1 EStG a.F (1.752 Euro) voll ausgeschöpft wird oder nicht. Eine Anwendung des zusätzlichen Höchstbetrags von 1.800 Euro kommt aber dann in Betracht, wenn z.B. bei einem Beitrag zugunsten der Altzusage statt der Weiteranwendung des § 40 b Abs. 1 und 2 Satz 1 und 2 EStG a.F dieser Beitrag individuell besteuert wird.

209 Werden für den Arbeitnehmer im Rahmen einer umlagefinanzierten betrieblichen Altersversorgung Beiträge an eine Pensionskasse geleistet und pauschal besteuert, ist § 40 b Abs. 1 und 2 EStG n.F. anzuwenden. Dies gilt unabhängig davon, ob die umlagefinanzierten Beiträge aufgrund einer Alt-oder Neuzusage geleistet werden. Lediglich für den Bereich der kapitalgedeckten betrieblichen Altersversorgung wurde die Möglichkeit der Pauschalversteuerung nach § 40 b EStG grds. zum 1. Januar 2005 aufgehoben. Die Inanspruchnahme des zusätzlichen Höchst-

betrags von 1.800 Euro nach § 3 Nr. 63 Satz 3 EStG für getrennt im Kapitaldeckungsverfahren erhobene Beiträge (Rz. 170) wird somit durch nach § 40b EStG n.F. pauschal besteuerte Beiträge zugunsten einer umlagefinanzierten betrieblichen Altersversorgung nicht ausgeschlossen.

d) Verhältnis von § 3 Nr. 63 Satz 4 EStG und § 40 b Abs. 1 und 2 Satz 3 und 4 EStG a.F.

Begünstigte Aufwendungen (Rz. 170 ff.), die der Arbeitgeber aus Anlass der Beendigung des Dienstverhältnisses nach dem 31. Dezember 2004 leistet, können entweder nach § 3 Nr. 63 Satz 4 EStG steuerfrei belassen oder nach § 40 b Abs. 2 Satz 3 und 4 EStG a.F. pauschal besteuert werden. Für die Anwendung der Vervielfältigungsregelung des § 3 Nr. 63 Satz 4 EStG kommt es nicht darauf an, ob die Zusage vor oder nach dem 1. Januar 2005 erteilt wurde; sie muss allerdings die Voraussetzungen des § 3 Nr. 63 EStG erfüllen (vgl. insbesondere Rz. 177 und 236). Die Anwendung von § 3 Nr. 63 Satz 4 EStG ist allerdings ausgeschlossen, wenn gleichzeitig § 40 b Abs. 2 Satz 3 und 4 EStG a.F. auf die Beiträge, die der Arbeitgeber aus Anlass der Beendigung des Dienstverhältnisses leistet, angewendet wird. Eine Anwendung ist ferner nicht möglich, wenn der Arbeitnehmer bei Beiträgen für eine Direktversicherung auf die Steuerfreiheit der Beiträge zu dieser Direktversicherung zugunsten der Weiteranwendung des § 40 b EStG a.F. verzichtet hatte (vgl. Rz. 205 ff.). Bei einer Pensionskasse hindert die Pauschalbesteuerung nach § 40 b Abs. 1 und 2 Satz 1 und 2 EStG a.F. die Inanspruchnahme des § 3 Nr. 63 Satz 4 EStG nicht. Für die Anwendung der Vervielfältigungsregelung nach § 40 b Abs. 2 Satz 3 und 4 EStG a.F. ist allerdings Voraussetzung, dass die begünstigten Aufwendungen zugunsten einer Altzusage geleistet werden. Die Höhe der begünstigten Beiträge muss dabei nicht bereits bei Erteilung dieser Zusage bestimmt worden sein (vgl. Rz. 203 zur Beitragserhöhungen). Entsprechendes gilt in den Fällen, in denen bei einer Altzusage bisher lediglich § 3 Nr. 63 EStG angewendet wurde und der Höchstbetrag von 4 % der Beitragsbemessungsgrenze in der allgemeinen Rentenversicherung erst durch die Beiträge, die der Arbeitgeber aus Anlass der Beendigung des Dienstverhältnisses nach dem 31. Dezember 2004 leistet, überschritten wird. 210

e) Keine weitere Anwendung von § 40 b Abs. 1 und 2 EStG a.F. auf Neuzusagen

211 Auf Beiträge, die aufgrund von Neuzusagen geleistet werden, kann § 40 b Abs. 1 und 2 EStG a.F. nicht mehr angewendet werden. Die Beiträge bleiben bis zur Höhe von 4 % der Beitragsbemessungsgrenze in der allgemeinen Rentenversicherung zuzüglich 1.800 Euro grundsätzlich nach § 3 Nr. 63 EStG steuerfrei.

f) Verhältnis von § 3 Nr. 63 EStG und § 40 b EStG a.F., wenn die betriebliche Altersversorgung nebeneinander bei verschiedenen Versorgungseinrichtungen durchgeführt wird

212 **Leistet** der Arbeitgeber **nach § 3 Nr. 63 Satz 1 EStG begünstigte Beiträge an verschiedene Versorgungseinrichtungen**, kann er § 40 b EStG **a.F. auf Beiträge an Pensionskassen** unabhängig von der zeitlichen Reihenfolge der Beitragszahlung anwenden, **wenn die Voraussetzungen für die weitere Anwendung der Pauschalbesteuerung dem Grunde nach vorliegen.** Allerdings muss zum Zeitpunkt der Anwendung des § 40 b EStG **a.F.** bereits feststehen oder zumindest konkret beabsichtigt sein, die nach § 3 Nr. 63 **Satz 1** EStG steuerfreien Beiträge in voller Höhe zu zahlen. Stellt der Arbeitgeber fest, dass die Steuerfreiheit noch nicht oder nicht in vollem Umfang ausgeschöpft worden ist oder werden kann, muss die Pauschalbesteuerung nach § 40 b EStG **a.F.** – ggf. teilweise – rückgängig gemacht werden; spätester Zeitpunkt hierfür ist die **Übermittlung oder Erteilung** der Lohnsteuerbescheinigung.

213 Im Jahr der Errichtung kann der Arbeitgeber für einen neu eingerichteten Durchführungsweg die Steuerfreiheit in Anspruch nehmen, wenn er die für den bestehenden Durchführungsweg bereits in Anspruch genommene Steuerfreiheit rückgängig gemacht und die Beiträge nachträglich bis **zum Dotierungsrahmen des § 40 b EStG a.F (1.752 Euro)** pauschal besteuert hat.

III. Steuerliche Behandlung der Versorgungsleistungen

1. Allgemeines

214 Die Leistungen aus einer Versorgungszusage des Arbeitgebers können Einkünfte aus nichtselbständiger Arbeit, aus Kapitalvermögen oder sonstige Einkünfte sein oder nicht der Besteuerung unterliegen.

BMF-Schreiben vom 17.11.2004 (Auszug) **Anhang III**

2. Direktzusage und Unterstützungskasse

Versorgungsleistungen des Arbeitgebers aufgrund einer Direktzusage 215
und Versorgungsleistungen einer Unterstützungskasse führen zu Einkünften aus nichtselbständiger Arbeit (§ 19 EStG).

3. Direktversicherung, Pensionskasse und Pensionsfonds

a) Leistungen aus kapitalgedeckten Versorgungseinrichtungen

Die steuerliche Behandlung der Leistungen aus einer **kapitalgedeckten** 216
Direktversicherung, Pensionskasse und Pensionsfonds in der Auszahlungsphase hängt davon **ab**, ob und inwieweit die Beiträge in der Ansparphase durch die Steuerfreiheit nach § 3 Nr. 63 EStG (vgl. Rz. 168 ff.), nach § 3 Nr. 66 EStG (vgl. Rz. 185) oder durch Sonderausgabenabzug nach § 10 a EStG und Zulage nach Abschnitt XI EStG (vgl. Rz. 191 ff.) gefördert wurden. Zu den nicht geförderten Beiträgen gehören insbesondere die nach § 40 b EStG **a.F.** pauschal besteuerten sowie die vor dem 1. Januar 2002 erbrachten Beiträge an eine Pensionskasse oder für eine Direktversicherung. Im Einzelnen gilt Folgendes:

aa) Leistungen, die ausschließlich auf nicht geförderten Beiträgen beruhen

Leistungen **aus Altzusagen (vgl. Rz. 201 ff.)**, die ausschließlich auf 217
nicht geförderten Beiträgen beruhen, sind, wenn es sich um **Rentenzahlungen** handelt, als sonstige Einkünfte gemäß **§ 22 Nr. 5 Satz 2 i.V.m. § 22 Nr. 1 Satz 3 Buchstabe a Doppelbuchstabe bb EStG** mit dem Ertragsanteil zu besteuern. **Bei Kapitalauszahlungen sind die Regelungen in Rz. 87 entsprechend anzuwenden.**

Handelt es sich um Leistungen aus Neuzusagen (vgl. Rz. 201 ff.), die die 218
Voraussetzungen des § 10 Abs. 1 Nr. 2 Buchstabe b EStG n.F. erfüllen, sind diese als sonstige Einkünfte gemäß § 22 Nr. 5 Satz 2 i.V.m. § 22 Nr. 1 Satz 3 Buchstabe a Doppelbuchstabe aa EStG zu besteuern. Liegen die Voraussetzungen des § 10 Abs. 1 Nr. 2 Buchstabe b EStG nicht vor, erfolgt bei einer Auszahlung in Form einer Rente die Besteuerung gemäß § 22 Nr. 5 Satz 2 i.V.m. § 22 Nr. 1 Satz 3 Buchstabe a Doppelbuchstabe bb EStG mit dem Ertragsanteil. Bei Kapitalauszahlungen sind die Regelungen in Rz. 87 für nach dem 31. Dezember 2004 abgeschlossene Verträge entsprechend anzuwenden.

bb) Leistungen, die ausschließlich auf geförderten Beiträgen beruhen

219 Leistungen, die ausschließlich auf geförderten Beiträgen beruhen, unterliegen als sonstige Einkünfte nach § 22 Nr. 5 Satz 1 EStG in vollem Umfang der Besteuerung (vgl. auch Rz. 93 und 94).

cc) Leistungen, die auf geförderten und nicht geförderten Beiträgen beruhen

220 Beruhen die Leistungen sowohl auf geförderten als auch auf nicht geförderten Beiträgen, müssen die Leistungen in der Auszahlungsphase aufgeteilt werden (vgl. Rz. 95 ff.). **Für die Frage des Aufteilungsmaßstabs ist das BMF-Schreiben vom 11. November 2004 (BStBl I S.) anzuwenden.**

221 Soweit die Leistungen auf geförderten Beiträgen beruhen, unterliegen sie als sonstige Einkünfte nach § 22 Nr. 5 Satz 1 EStG in vollem Umfang der Besteuerung. Dies gilt unabhängig davon, ob sie in Form der Rente oder als Kapitalauszahlung geleistet werden.

222 Soweit die Leistungen auf nicht geförderten Beiträgen beruhen, gelten die Regelungen in Rz. 217 und 218 entsprechend.

dd) Bescheinigungspflicht

223 Nach § 22 Nr. 5 Satz 7 EStG hat der Anbieter beim erstmaligen Bezug von Leistungen sowie bei Änderung der im Kalenderjahr auszuzahlenden Leistungen dem Steuerpflichtigen nach amtlich vorgeschriebenem Vordruck den Betrag der im abgelaufenen Kalenderjahr zugeflossenen Leistungen zu bescheinigen. In dieser Bescheinigung sind die Leistungen entsprechend den Grundsätzen in Rz. 95 ff. gesondert auszuweisen. Vgl. dazu BMF-Schreiben vom 11. November 2004 (BStBl I S.).

b) Leistungen aus umlagefinanzierten Versorgungseinrichtungen

224 Rentenleistungen, soweit sie umlagefinanziert sind (vgl. dazu auch Rz. 170, 197 und 199), werden nach § 22 Nr. 1 Satz 3 Buchstabe a Doppelbuchstabe bb EStG mit dem Ertragsanteil besteuert.

BMF-Schreiben vom 17.11.2004 (Auszug) **Anhang III**

4. Sonderregelung für Leistungen aus einem Pensionsfonds aufgrund der Übergangsregelung nach § 52 Abs. 34 b EStG

Haben Arbeitnehmer bereits vor dem 1. Januar 2002 von ihrem Arbeitgeber oder von einer Unterstützungskasse laufende Versorgungsleistungen erhalten und wurde diese Versorgungsverpflichtung auf einen Pensionsfonds übertragen, werden **bei** den Leistungsempfängern nach § 52 Abs. 34 b Satz 1 EStG weiterhin der Arbeitnehmer-Pauschbetrag (§ 9 a Satz 1 Nr. 1 **Buchstabe a EStG) bzw. der Pauschbetrag nach § 9 a Satz 1 Nr. 1 Buchstabe b EStG** und der Versorgungsfreibetrag **sowie der Zuschlag zum Versorgungsfreibetrag** (§ 19 Abs. 2 EStG) **berücksichtigt**. Die Leistungen unterliegen unabhängig davon als sonstige Einkünfte nach § 22 Nr. 5 Satz 1 EStG der Besteuerung. 225

Handelt es sich bereits beim erstmaligen Bezug der Versorgungsleistungen um Versorgungsbezüge i.S.d. § 19 Abs. 2 EStG, wird der Pauschbetrag nach § 9 a Satz 1 Nr. 1 Buchstabe b EStG abgezogen; zusätzlich werden der Versorgungsfreibetrag und der Zuschlag zum Versorgungsfreibetrag mit dem für das Jahr 2005 maßgebendem Vomhundertsatz und Beträgen berücksichtigt. Handelt es sich beim erstmaligen Bezug der Versorgungsleistungen nicht um Versorgungsbezüge i.S.d. § 19 Abs. 2 EStG, weil z.B. keine der Altersgrenzen in § 19 Abs. 2 EStG erreicht ist, ist lediglich der Arbeitnehmer-Pauschbetrag (§ 9 a Satz 1 Nr. 1 Buchstabe a EStG) abzuziehen. Wird eine der Altersgrenzen in § 19 Abs. 2 EStG erst zu einem späteren Zeitpunkt erreicht, sind ab diesem Zeitpunkt der für dieses Jahr maßgebende Versorgungsfreibetrag und der Zuschlag zum Versorgungsfreibetrag abzuziehen sowie anstelle des Arbeitnehmer-Pauschbetrags der Pauschbetrag nach § 9 a Satz 1 Nr. 1 Buchstabe b EStG. Ein Abzug des Versorgungs-Freibetrags nach § 19 Abs. 2 EStG in der bis zum 31. Dezember 2004 geltenden Fassung kommt nach dem 31. Dezember 2004 nicht mehr in Betracht. Dies gilt unabhängig vom Zeitpunkt der Übertragung der Versorgungsverpflichtung auf den Pensionsfonds. 226

IV. Schädliche Auszahlung von gefördertem Altersvorsorgevermögen

1. Allgemeines

Wird das nach § 10 a und Abschnitt XI EStG steuerlich geförderte Altersvorsorgevermögen an den Arbeitnehmer nicht als Rente oder im Rahmen eines Auszahlungsplans ausgezahlt, handelt es sich grundsätzlich um eine schädliche Verwendung (§ 93 Abs. 1 EStG; **Rz. 103 ff.**). Im Be- 227 reich der betrieblichen Altersversorgung kann eine solche schädliche Verwendung dann gegeben sein, wenn Versorgungsanwartschaften abgefunden oder übertragen werden. Entsprechendes gilt, wenn der Arbeitnehmer im Versorgungsfall ein bestehendes Wahlrecht auf Einmalkapitalauszahlung ausübt (vgl. Rz. 193).

228 Liegt eine schädliche Verwendung von gefördertem Altersvorsorgevermögen vor, gelten die Rz. 111 bis 130.

2. Abfindungen von Anwartschaften, die auf nach § 10a/Abschnitt XI EStG geförderten Beiträgen beruhen

229 Im Fall der Abfindung von Anwartschaften der betrieblichen Altersversorgung **gemäß § 3 BetrAVG** handelt es sich gemäß § 93 Abs. 2 Satz 3 EStG um keine schädliche Verwendung, soweit das nach § 10a und Abschnitt XI EStG geförderte Altersvorsorgevermögen zugunsten eines auf den Namen des Zulageberechtigten lautenden zertifizierten privaten Altersvorsorgevertrags geleistet wird.

3. Abfindungen von Anwartschaften, die auf steuerfreien und nicht geförderten Beiträgen beruhen

230 Wird eine Anwartschaft der betrieblichen Altersversorgung abgefunden, die ganz oder teilweise auf nach § 3 Nr. 63 EStG, § 3 Nr. 66 EStG steuerfreien oder nicht geförderten Beiträgen beruht und zugunsten eines auf den Namen des Steuerpflichtigen lautenden zertifizierten Altersvorsorgevertrags geleistet, unterliegt der Abfindungsbetrag im Zeitpunkt der Abfindung nicht der Besteuerung.

231 Wird der Abfindungsbetrag nicht entsprechend der Rz. 230 verwendet, erfolgt eine Besteuerung des Abfindungsbetrags im Zeitpunkt der Abfindung entsprechend den Grundsätzen der Rz. 217 bis 222.

4. Portabilität

232 Bei einem Wechsel des Arbeitgebers kann der Arbeitnehmer für Versorgungszusagen, die nach dem 31. Dezember 2004 erteilt werden, gemäß § 4 Abs. 3 BetrAVG verlangen, dass der bisherige Arbeitgeber den Übertragungswert (§ 4 Abs. 5 BetrAVG) auf eine Versorgungseinrichtung des neuen Arbeitgebers überträgt. Die Übertragung ist gemäß § 93 Abs. 2 Satz 2 EStG dann keine schädliche Verwendung, wenn auch nach der Übertragung eine lebenslange Altersversorgung des Arbeitnehmers i.S.d. § 1 Abs. 1 Satz 1 Nr. 4 AltZertG gewährleistet wird.

Dies gilt auch, wenn der alte und neue Arbeitgeber sowie der Arbeitnehmer sich gemäß § 4 Abs. 2 Nr. 2 BetrAVG freiwillig auf eine Übertragung der Versorgungsanwartschaften mittels Übertragungswert von einer Versorgungseinrichtung i.S.d § 82 Abs. 2 EStG auf eine andere Versorgungseinrichtung i.S.d § 82 Abs. 2 EStG verständigen.

Erfüllt die Versorgungseinrichtung des neuen Arbeitgebers nicht die Voraussetzungen des § 1 Abs. 1 Satz 1 Nr. 4 AltZertG, gelten die Rz. 217 bis 222 entsprechend. 233

5. Entschädigungsloser Widerruf eines noch verfallbaren Bezugsrechts

Hat der Arbeitnehmer für arbeitgeberfinanzierte Beiträge an eine Direktversicherung, eine Pensionskasse oder einen Pensionsfonds die Förderung durch Sonderausgabenabzug nach § 10 a EStG und Zulage nach Abschnitt XI EStG erhalten und verliert er vor Eintritt der Unverfallbarkeit sein Bezugsrecht durch einen entschädigungslosen Widerruf des Arbeitgebers, handelt es sich um eine schädliche Verwendung i.S.d. § 93 Abs. 1 EStG. Das Versicherungsunternehmen oder die Pensionskasse hat der ZfA die schädliche Verwendung nach § 94 Abs. 1 EStG anzuzeigen. Die gutgeschriebenen Zulagen sind vom Anbieter einzubehalten. Darüber hinaus hat die ZfA den steuerlichen Vorteil aus dem Sonderausgabenabzug nach § 10 a EStG beim Arbeitnehmer nach § 94 Abs. 2 EStG zurückzufordern. Der maßgebliche Zeitpunkt für die Rückforderung der Zulagen und des steuerlichen Vorteils ist der Zeitpunkt, in dem die den Verlust des Bezugsrechts begründenden Willenserklärungen (z.B. Kündigung oder Widerruf) wirksam geworden sind. Im Übrigen gilt R 129 Abs. 14 ff. LStR. 234

C. Anwendungsregelung

Dieses Schreiben ist mit Wirkung ab 1. Januar **2005** anzuwenden. 235

Bei Versorgungszusagen, die vor dem 1. Januar 2005 erteilt wurden (Altzusagen, vgl. Rz. 201 ff.), ist es nicht zu beanstanden, wenn in den Versorgungsordnungen in Abweichung von Rz. 154 ff. die Möglichkeit einer Elternrente oder der Beitragserstattung an die in Rz. 157 genannten Personen im Fall des Versterbens vor Erreichen der Altersgrenze und in Abweichung von Rz. 177 lediglich für die zugesagte Altersversorgung, nicht aber für die Hinterbliebenen- oder Invaliditätsversorgung die Auszahlung in Form einer Rente oder eines Auszahlungsplan 236

Anhang III BMF-Schreiben vom 17.11.2004 (Auszug)

vorgesehen ist. Dagegen sind Versorgungszusagen, die nach dem 31. Dezember 2004 (Neuzusagen, vgl. Rz. 201 ff.) aufgrund von Versorgungsordnungen erteilt werden, die die Voraussetzungen dieses Schreibens nicht erfüllen, aus steuerlicher Sicht nicht mehr als betriebliche Altersversorgung anzuerkennen und eine steuerliche Förderung ist hierfür nicht mehr möglich.

...

237 Die BMF-Schreiben vom:

05.08.2002–IV C 4 – S 2222 – 295/02/IV C 5 – S 2333 – 154/02 –, BStBl I S. 767,

03.12.2002 – IV C 4 – S 2222 – 434/02 –, BStBl I S. 1391,

13.12.2002 – IV C 4 – S 2222 – 441/02 –, BStBl I S. 1395,

01.07.2003 – IV C 4 – S 2222 – 112/03 –, BStBl I S. 383,

16.07.2003 – IV C 4 – S 2222 – 207/03 –, BStBl I S. 385,

17.10.2003 – IV C 4 – S 2495 – 23/03 –, BStBl I S. 509 und

11.03.2004 – IV C 4 – S 2222 – 10/04 –, BStBl I S. 407

werden mit Wirkung ab 01.01.2005 aufgehoben.

...

Anhang IV

Betriebliche Altersversorgung – Klärung weiterer Zweifelsfragen

BMF-Schreiben vom 20. September 2005, IV C 5 – S 2333 – 205/05
(BetrAV 2005, 755)

– Auszug –

a) Übertragung von Direktversicherungen

Wurde vom Arbeitgeber vor dem 1. Januar 2005 eine Versorgungszusage erteilt (Altzusage) und im Rahmen einer Direktversicherung durchgeführt, bestehen keine Bedenken, wenn nach der Übertragung dieser (Alt-)Direktversicherung unter Anwendung des Abkommens zur Übertragung von Direktversicherungen auf einen neuen Arbeitgeber bei dem neuen Arbeitgeber weiterhin von einer Altzusage ausgegangen wird. Dies gilt auch, wenn sich dabei die bisher abgesicherten biometrischen Risiken ändern, ohne dass damit eine Beitragsänderung verbunden ist. Es wird daher in diesen Fallen von der Finanzverwaltung nicht beanstandet, wenn die Beitrage für die Direktversicherung vom neuen Arbeitgeber weiter pauschal besteuert werden (§ 52 Abs. 6 und 52 a EStG i.V.m. § 40 b EStG a.F.).

Entsprechendes gilt, wenn der (Alt-)Direktversicherungsvertrag unmittelbar vom neuen Arbeitgeber fortgeführt wird. Auch insoweit bestehen keine Bedenken, wenn weiterhin von einer Altzusage ausgegangen wird und die Beitrage nach § 40 b EStG a.F. pauschal besteuert werden.

b) Zwischenzeitlich privat weitergeführte Direktversicherung

Wird eine vor dem 1. Januar 2005 abgeschlossene Direktversicherung (Altzusage) infolge der Beendigung des Dienstverhältnisses nach § 2 Abs. 2 des Betriebsrentengesetzes – BetrAVG – (versicherungsvertragliche Lösung) auf den Arbeitnehmer übertragen, dann von diesem zwischenzeitlich privat (z.B. während der Zeit einer Arbeitslosigkeit) und später von einem neuen Arbeitgeber wieder als Direktversicherung fortgeführt, bestehen ebenfalls keine Bedenken, wenn unter Berücksichtigung der Ausführungen in Rz. 203 f. des BMF-Schreibens vom 17. November 2004 (a.a.O.) bei dem neuen Arbeitgeber weiterhin von einer Altzusage ausgegangen wird. Das bedeutet insbesondere, dass der Versicherungsvertrag trotz der privaten Fortführung und der Übernahme durch den neuen Arbeitgeber – abgesehen von den in Rz. 203 genannten Fällen – keine wesentlichen Änderungen erfahren darf. Der Zeitraum der privaten Fortführung sowie die Tatsache, ob in dieser Zeit Beiträge geleistet oder der Vertrag beitragsfrei gestellt wurde, ist insoweit unmaßgeblich. Es wird von der Finanzverwaltung in diesen Fallen nicht beanstandet, wenn die Beiträge für die Direktversicherung vom neuen Arbeitgeber weiter pauschal besteuert werden (§ 52 Abs. 6 und 52a EStG i.V.m. § 40b EStG a.F.).

c) Änderung bei den biometrischen Risiken ohne Beitragserhöhung

Werden einzelne Leistungskomponenten einer betrieblichen Altersversorgung im Rahmen einer von vornherein vereinbarten Wahloption verringert, erhöht oder erstmals aufgenommen (z.B. Einbeziehung der Hinterbliebenenabsicherung nach Heirat) und kommt es infolge dessen nicht zu einer Beitragsanpassung, liegt kein Fall der Rz. 204 des BMF-Schreibens vom 17. November 2004 (a.a.O.) – Neuzusage – vor, sondern weiterhin eine Altzusage.

d) Absicherung mehrerer biometrischer Risiken

Die Formulierung »die gesamte Vereinbarung« in Rz. 154 des BMF-Schreibens vom 17. November 2004 (a.a.O.) kann als Synonym für den ansonsten in dem Schreiben verwendeten Begriff »Zusage« gesehen werden.

e) Zulässigkeit einer Waisenrente

Die von Ihnen vorgeschlagene Ausweitung des Hinterbliebenenbegriffs bei den Kindern dahingehend, dass bis zur Vollendung des 27. Lebensjahrs generell Hinterbliebenenleistungen gezahlt werden können, wird nicht aufgegriffen, da sie dem Gedanken der Versorgungsbedürftigkeit nicht hinreichend Rechnung trägt. Die Vorgaben des BMF-Schreibens vom 17. November 2005 (a.a.O.), dass eine Hinterbliebenenversorgung im steuerlichen Sinne nur Leistungen an Kinder im Sinne des § 32 Abs. 3 und 4 Satz 1 Nr. 1 bis 3 EStG vorsehen darf, ist daher unbedingt zu beachten.

f) Höhe der Sterbegeldzahlungen

Über eine Erhöhung der angemessenen Sterbegeldzahlung (z. Zt. rund 8000 Euro) ist bisher weder im Bereich der Körperschaftsteuer noch der Versicherungsaufsicht eine Entscheidung getroffen worden.

g) Zahlungsmodalitäten bei vereinbarter Rentengarantiezeit

Nach Rz. 158 Satz 2 des BMF-Schreibens vom 17. November 2004 (a.a.O.) sind Tarife oder Verträge mit Rentengarantiezeiten aus steuerlicher Sicht grds. keine förderfähige betriebliche Altersversorgung. Ist die Auszahlung der garantierten Leistungen nach dem Tod des Berechtigten hingegen ausschließlich an Hinterbliebene im engeren Sinne (Rz. 157) möglich, ist die vereinbarte Rentengarantiezeit ausnahmsweise unschädlich. Eine Option zur Einmal- oder Teilkapitalauszahlung ist in diesem Fall aber nicht mehr möglich. Es handelt sich vielmehr nur dann um unschädliche Zahlungen nach dem Tod des Berechtigten, wenn die garantierte Rente in unveränderter Höhe (einschließlich Dynamisierungen) an die versorgungsberechtigten Hinterbliebenen im engeren Sinne weiter gezahlt wird. Dabei ist zu beachten, dass die Zahlungen einerseits durch die garantierte Zeit und andererseits durch das Vorhandensein von entsprechenden Hinterbliebenen begrenzt werden. Die Zusammenfassung von bis zu 12 Monatsleistungen in einer Auszahlung sowie die gesonderte Auszahlung der zukünftig in der Auszahlungsphase anfallenden Zinsen und Erträge sind dabei möglich.

Aus Sicht der Finanzverwaltung ist es im Fall der(s) Witwe(rs) oder der Lebensgefährtin/des Lebensgefährten nicht zu beanstanden, wenn anstelle der Zahlung der garantierten Rentenleistung in unveränderter Höhe das im Zeitpunkt des Todes des Berechtigten noch vorhandene »Restkapital« ausnahmsweise lebenslang verrentet wird.

h) Ermittlung der Jahresfrist bei Ausübung des Einmalkapitalwahlrechts

Wird das Einmalkapitalwahlrecht innerhalb des letzten Jahres vor dem altersbedingten Ausscheiden aus dem Erwerbsleben ausgeübt, so wird es aus Vereinfachungsgründen von der Finanzverwaltung nicht beanstandet, wenn die Beitragsleistungen weiterhin nach § 3 Nr. 63 EStG steuerfrei belassen werden (Rz. 177 des BMF-Schreibens vom 17. November 2004 – a.a.O. –). Für die Berechnung der Jahresfrist ist dabei auf das im Zeitpunkt der Ausübung des Wahlrechts vertraglich vorgesehene Ausscheiden aus dem Erwerbsleben (Beginn der Altersversorgungsleistung) abzustellen.

i) Auszahlungsformen bei Hinterbliebenenleistungen

Auch bei den Hinterbliebenenleistungen muss als Voraussetzung für die Steuerfreiheit nach § 3 Nr. 63 EStG grds. eine Auszahlung in Form einer lebenslangen Rente oder eines Auszahlungsplans mit Restkapitalverrentung vorgesehen sein. Allerdings ist im Fall der Hinterbliebenenleistungen – wie auch bei den Altersversorgungsleistungen – allein die Möglichkeit, anstelle dieser Auszahlungsformen eine Einmalkapitalauszahlung zu wählen, noch nicht schädlich. Da die Auszahlungsphase bei der Hinterbliebenenleistung erst mit dem Zeitpunkt des Todes des ursprünglich Berechtigten beginnt, ist es aus steuerlicher Sicht nicht zu beanstanden, wenn das Wahlrecht zu diesem Zeitpunkt ausgeübt wird. Bei Auszahlung oder anderweitiger wirtschaftlicher Verfügung ist der Einmalkapitalbetrag, soweit er auf steuerfrei geleisteten Beiträgen beruht, nach § 22 Nr. 5 Satz 1 EStG vollständig zu besteuern. Eine Anwendung der Fünftelungsregelung des § 34 EStG auf diese Zahlung kommt nicht in Betracht.

j) Vererbbarkeit bei Auszahlungsplänen

Für das Vorliegen einer steuerlich anerkannten betrieblichen Altersversorgung müssen biometrische Risiken abgesichert werden (Rz. 154 ff. des BMF-Schreibens vom 17. November 2004 – a.a.O. –). Daher liegt grds. keine steuerlich begünstigte betriebliche Altersversorgung mehr vor, wenn von vornherein die Auszahlung an beliebige Dritte (z.B. die Erben) vereinbart ist. Dies gilt nicht nur bei der Auszahlung von Rentenleistungen, sondern auch im Fall des Auszahlungsplans mit Restkapitalverrentung.

k) Anwendbarkeit der Vervielfaltigungsregelung des § 40 b EStG a.F.

Da allein die Erhöhung der Beiträge und/oder Leistungen bei einer ansonsten unveränderten Versorgungszusage nach Rz. 203 des BMF-Schreibens vom 17. November 2004 (a.a.O.) noch nicht zu einer Neuzusage führt, kann die Vervielfältigungsregelung des § 40 b EStG a.F. auch dann genutzt werden, wenn der Arbeitnehmer erst nach dem 1. Januar 2005 aus dem Dienstverhältnis ausscheidet. Die Höhe der Beiträge muss dabei nicht bereits bei der Erteilung der Zusage bestimmt worden sein.

l) Mehrere Versorgungszusagen nebeneinander

Auf der Grundlage der Ausführungen in Rz. 203 und 204 des BMF-Schreibens vom 17. November 2004 (a.a.O.) ist es aus steuerlicher Sicht auch möglich, mehrere Versorgungszusagen nebeneinander – also neben einer Altzusage auch eine Neuzusage – zu erteilen.

m) Anwendungsregelung (Rz. 236)

Im Fall der nach § 40 b EStG a.F. pauschalbesteuerten (Alt-)Direktversicherungen gilt nach Rz. 158 des BMF-Schreibens vom 17. November 2004 (a.a.O.) weiterhin keine Begrenzung bezüglich des Kreises der Bezugsberechtigten. Die Möglichkeit der Beitragserstattung ist hier entsprechend der Formulierung in Rz. 159 ebenfalls einschließlich der gutgeschriebenen Erträge zu verstehen.

Stichwortverzeichnis

Abfindung
- Altregelungen **3**, 7 ff.
- Anwärter **3**, 1, 20 ff., 36 ff.
- Bezugsgröße **3**, 2, 69 ff.
- Due Diligence **3**, 114
- Durchführungswege **3**, 16 f.
- Entgeltumwandlung **3**, 18 f.
- Erstattung von Beiträgen **3**, 84 ff.
- gesetzliche Unverfallbarkeit **3**, 20 ff.
- Höhe **4**, 104 ff.
- Insolvenzsicherung **8**, 19–28
- Kapitalleistung **3**, 29
- Mitnahmeanspruch **4**, 78
- Sozialplan **3**, 39
- technischer Rentner **3**, 27, 31
- Verbot **3**, 5, 7, 21
- Versorgungsempfänger **3**, 1, 27 ff.
- vertragliche Unverfallbarkeit **3**, 25
- Vertragsfreiheit **3**, 6
- Wechsel der Rentenart **3**, 35
- Zeitraum **3**, 34

Abfindungsverbot 3, 16 ff., 28, 32

Abgrenzung
- zu anderen Arbeitgeberleistungen **1**, 52 f.

Ablösungsprinzip bei Änderung der Versorgungszusage 1, 287

Allgemeine Leistungsvoraussetzungen 1, 180 ff.
- Höchstaufnahmealter **1**, 181
- stellungsbezogene Kriterien **1**, 182 f.
- Wartezeiten **1**, 184 ff.

Altersgrenze 2, 26; **7**, 69 ff., 108
- Altersrente **7**, 5 f.
- unterschiedliche Altersgrenzen für Männer und Frauen **2**, 33 ff.; **6**, 36 ff.; **30 a**, 7 ff.
- Unverfallbarkeit **2**, 26 ff.

Änderung des Durchführungsweges 1, 213 ff.; **4**, 10

Änderung des Leistungsplans 1, 225 f.

Änderung des Rechtsbegründungsaktes 1, 216 f.

Änderung des Versorgungsverhältnisses 1, 210 ff.

Anpassung laufender Leistungen
  s. *Rentenanpassung*

Anpassungsverpflichteter 16, 10 ff.
- Anpassungsgarantie **16**, 89
- Insolvenzsicherung **7**, 46, 85, 120, 139

Anrechnung
- Anrechnungsverbot **5**, 16 ff.
- ausländische Renten **5**, 25
- eigene Beiträge **5**, 19
- Erwerbseinkommen **5**, 26
- gesetzliche Rentenversicherung **5**, 23 ff.
- gesetzliche Unfallversicherung **5**, 24
- Karenzentschädigung **5**, 26
- Kombination von Durchführungswegen **5**, 28
- Rechtsgrundlage **5**, 17
- Sachleistung **5**, 27
- Umfassungszusage **5**, 22

Anrechnung von Versorgungsbezügen 2, 155; **5**, 16 ff.

Anrechnung von Vordienstzeiten
- Insolvenzsicherung **7**, 46, 85; **11**, 20 ff.

- Unverfallbarkeit **2**, 74
Anspruch auf Entgeltumwandlung 1 a, 1 ff.; **17**, 16 f., 24 ff.
- Anspruch auf staatliche Förderung **1 a**, 42 ff.
- Anspruchsberechtigte **1 a**, 5 ff.
- Anspruchshöhe **1 a**, 15 ff.
- Anspruchsverpflichtete **1 a**, 9 f.
- befristetes Arbeitsverhältnis **1 a**, 7
- bestehende Entgeltumwandlung **1 a**, 40 ff.
- Berufsausbildung **1 a**, 7
- Durchführungswege **1 a**, 25 ff.
- Gegenstand **1 a**, 14
- geringfügige Beschäftigung **1 a**, 7
- Insolvenzsicherung **7**, 95–103, 104 f., 144 f.; **10**, 68–80
- konkurrierende Gesetze **17**, 37
- Mindestumwandlungsbetrag **1 a**, 20
- Mitbestimmung **1 a**, 56 ff.
- neue Bundesländer **17**, 32 f.
- Niederlassungen **17**, 15
- öffentlich-rechtliche Gebietskörperschaften **17**, 18 f.
- persönlicher Anwendungsbereich **17**, 16 f.
- Prüfungsschema **1 a**, 30
- Regelung durch Tarifvertrag **17**, 24 ff., 38 ff.
- Riester-Förderung **1 a**, 47 ff.
- Tarifvertragliche Entgeltansprüche **1 a**, 32 ff.
- Tarifdispositivität **1 a**, 38 f.
- Tarifvorrang **1 a**, 32 ff.
- Teilzeitbeschäftigung **1 a**, 7
- Vereinbarung **1 a**, 23 f.

Anspruchsentstehung 3, 28
Anwartschaft
 s. *unverfallbare Anwartschaft*
Anwendungsbereich BetrAVG 17, 2 f.

Arbeitgeber 1, 5, 14, 22; **3**, 53 ff.; **4**, 16 ff., 41 ff., 58 ff.; **4 a**, 19 ff.; **7**, 1, 3, 14 ff., 22, 24, 35, 71 ff., 81, 125 ff., 131; **9**, 10; **10**, 1, 6 f., 13 ff., 23, 27, 57; **10 a**, 5, 10, 15; **11**, 2, 10 ff., 29, 34; **12**, 1 ff.; **14**, 4; **16**, 10 f.
- Einstandspflicht bei mittelbaren Versorgungszusagen **1**, 201 ff.
- im Konzern **7**, 1 a; **16**, 11, 72 ff.
 s.a. *Unternehmer*

Arbeitnehmerbegriff 17, 2 f.
- arbeitnehmerähnliche Personen **17**, 3
- Außendienst **1**, 147
- Gesellschafter-Geschäftsführer **17**, 4 f., 12
- geringfügig Beschäftigte **1**, 145
- GmbH & Co. KG **17**, 7, 12
- Innendienst **1**, 147
- Mehrheitsgesellschafter einer Kapitalgesellschaft **17**, 5
- mittelbare Beteiligungsformen **17**, 7 f.
- Prüfungsschema PSVaG **17**, 12
- Statuswechsel **17**, 14
- Teilzeitbeschäftigung **1**, 144; **17**, 2
- Unternehmer **17**, 4 ff.

Arbeitnehmerbeiträge s. *Eigenbeiträge*
Arbeitsplatzwechsel in Mitgliedstaat der EU 1 b, 119 f.
Arbeitsverhältnis
- als Anlass für eine betriebliche Altersversorgung **1**, 29 ff.
- ruhendes **1 a**, 55 a ff.

Aufsichtsbehörde
 s. *Bundesanstalt für Finanzdienstleistungsaufsicht;*
 s. *Insolvenzsicherung*

Auskunft
- Beratung **4 a**, 78, 101 f.
- Betriebsübergang **4 a**, 96

Stichwortverzeichnis

- Betriebsvereinbarung **4 a**, 94 f.
- Darlegungs- und Beweislast **4 a**, 72 ff.
- Entgeltumwandlung **4 a**, 97 ff., 103 f.
- Erfüllungsgehilfe **4 a**, 71
- Fürsorgepflicht **4 a**, 76 ff.
- Gefahrenquelle **4 a**, 76
- Insolvenzsicherung **11**, 1 ff.
- Modellrechnung **4 a**, 78
- Nachweisgesetz **4 a**, 79
- Schadensersatz **4 a**, 72 ff.
- Scheidung **4 a**, 93
- Tarifvertrag **4 a**, 94 f.
- Verbraucherschutz **4 a**, 82 ff.
- Vertrauenstatbestand **4 a**, 76

Auskunftsanspruch 2, 180
- aktive Arbeitnehmer **4 a**, 6, 14 ff.
- Altersleistung **4 a**, 40, 42, 50, 56
- ausgeschiedene Anwärter **4 a**, 6, 13 ff.
- beitragsorientierte Leistungszusage **4 a**, 49 ff.
- berechtigtes Interesse **4 a**, 31 ff.
- Entgeltumwandlung **4 a**, 48
- Form **4 a**, 26 ff., 30, 34 ff.
- Frist **4 a**, 28 ff.
- Höhe **4 a**, 40 ff., 60 ff.
- Leistungszusage **4 a**, 41 f.
- PSVaG **11**, 1 ff.
- richtige Auskunft **4 a**, 70 ff.
- Übertragungswert **4 a**, 60 ff.
- Umfang **4 a**, 39
- Verlangen **4 a**, 7, 26 ff.
- Versorgungsempfänger **4 a**, 18 f.
- Versorgungsträger **4 a**, 23 ff.
- verpflichtete Arbeitgeber **4 a**, 19 ff.

Auskunftspflicht
- des Versicherers gegenüber Arbeitnehmer **4a**, 92a

Auszahlungspläne
- Anpassung **3**, 32; **16**, 101 ff.

Auszehrung 5, 6 ff.
- andere Versorgungsbezüge **5**, 8 ff.
- Auszehrungsverbot **5**, 6 ff.
- Gesamtversorgungszusage **5**, 1
- wirtschaftliche Entwicklung **5**, 11

Barwert s. *Übertragungswert*
Bausteinmodelle 1, 165
Beendigung des Arbeitsverhältnisses
- Beendigungsgründe **1 b**, 23
- Unverfallbarkeit **2**, 1 ff.
- Wartezeit **1 b**, 116
- Zeitpunkt **1 b**, 24

Begriff
- der betrieblichen Altersversorgung **1**, 27 f.

Befreiende Schuldübernahme s. *Übertragung einer Versorgungszusage*

Beitragsbemessungsgrenze 1 a, 4, 15 ff.; **7**, 144 ff.; **10**, 61 ff.

Beitragsorientierte Leistungszusage 1, 379 ff., 395
- Auskunft **4 a**, 49 ff.
- defined benefit **1**, 386
- Insolvenzsicherung **7**, 104 f.
- Rentenbaustein **1**, 383 f.
- Sparprinzip **1**, 383 f.
- Übertragung **4**, 33
- Unverfallbarkeit **2**, 10, 83 ff., 169 ff.
- Verlauf Versorgungszusage **1**, 386
- Versicherungsprinzip **1**, 383 f.

Beitragszusage 1, 158 ff., 385, 391
Beitragszusage mit Mindestleistung 1, 387 ff.
- Abfindung **3**, 65 f.
- Altersleistung **4 a**, 55
- Auskunft **4 a**, 55 ff.

Stichwortverzeichnis

- Ausschluss der Anpassung **16**, 93 f.
- biometrischer Risikoausgleich **1**, 389
- Durchführungsweg **1**, 387, 394
- Eigenbeiträge **1**, 392
- erworbene Anwartschaft **4 a**, 56
- Insolvenzsicherung **7**, 106 ff.; **10**, 64 ff.
- Mindestleistung **1**, 389
- Rentenanpassung **1**, 393, 425
- Risikoprämien **1**, 389
- Übertragung **4**, 33
- Unverfallbarkeit **2**, 10, 172 ff.
- Versorgungskapital **1**, 388
- Versorgungsleistung **1**, 390, 393

Bemessungsgrößen 1, 172 ff.

Besitzstand
- Insolvenzsicherung **7**, 86

Betriebliche Altersversorgung
- Abgrenzung zu anderen Arbeitgeberleistungen **1**, 52 f.
- Alter **1**, 36 f.
- Altersteilzeit **1**, 53
- Altersrente **1**, 35 ff.; *s.a. Insolvenzsicherung*
- arbeitgeberfinanzierte ~ **1**, 11; **1 b**, 12 ff.
- arbeitnehmerfinanzierte ~ **1**, 11, 360 ff.; **1 b**, 19 ff.
- Arbeitsverhältnis als Anlass **1**, 29 ff.
- Bausteinmodelle **1**, 165
- Beendigung des Arbeitsverhältnisses **1 b**, 22 ff.; *s.a. Beendigung des Arbeitsverhältnisses*
- Begriff **1**, 27 f.
- Beitragszusage **1**, 158
- Bemessungsgrößen **1**, 172 ff.
- Betriebsvereinbarung **1**, 112 ff., 227 ff., *s.a. Betriebsvereinbarung*
- biologisches Ereignis **1**, 35 ff.
- Deputate **1**, 53
- Direktversicherung **1**, 64 ff.; *s.a. Direktversicherung*
- Durchführungswege **1**, 54 ff.; **1 b**, 1 ff.
- Dynamisches System **1**, 162
- Einstandspflicht des Arbeitgebers **1**, 201 ff.
- Einzelzusage **1**, 104 ff., 288 ff.; **1 b**, 35 ff.
- Entgeltcharakter **1**, 27 f.
- erzwingbare Mitbestimmung des Betriebsrats **1**, 316 ff.; *s.a. Erzwingbare Mitbestimmung des Betriebsrats*
- Festbetragssystem **1**, 162
- Gesamtbetriebsrat **1**, 355
- Gesamtversorgungssystem **1**, 162
- Gesamtzusage **1**, 108 ff., 291 ff.; **1 b**, 40 ff.
- Gewinnbeteiligung **1**, 53
- Handelsvertreterzusage **1**, 53
- Hinterbliebenenrente **1**, 45 ff.; *s.a. Insolvenzsicherung*
- Insolvenzsicherung **7**, 10, 67 f.; **11**, 15 f.
- Invalidität **1**, 38 ff.
- Invalidenrente **1**, 38 ff.; *s.a. Insolvenzsicherung*
- Jubiläumsgelder **1**, 53
- Kaufpreisrente **1**, 53
- Krankenversicherungsbeiträge **1**, 53
- Konzernbetriebsrat **1**, 356
- Kündigung einer Betriebsvereinbarung über ~ **1**, 273 ff.
- Leistungsformen **1**, 168 ff.
- Leistungsplan **1**, 148 ff.
- Leistungssystem **1**, 156 ff.
- Leistungsvoraussetzungen **1**, 180 ff.; **1 b**, 53
- Leistungszusage **1**, 158
- Notfalleistungen **1**, 53

- Nutzungsrechte **1**, 53
- Pensionsfonds **1**, 81 ff.; *s.a. Pensionsfonds*
- Pensionskasse **1**, 73 ff.; *s.a. Pensionskasse*
- Rechtsbegründungsakte **1**, 100 ff., 216 f., 220 ff., 287 ff.
- Rentenanpassung **16**, 3; *s.a. Insolvenzsicherung*
- Renteneckwertsystem **1**, 163
- rückgedeckte Unterstützungskasse **1**, 96 f.
- Rückdeckungsversicherung **1**, 53
- sachlicher Geltungsbereich **1**, 5 ff.
- Sprecherausschussgesetz **1**, 119, 302
- Sterbegelder **1**, 53
- Tarifvertrag **1**, 120 ff., 280 ff.
- Teilnahmeberechtigung **1**, 153 ff.
- Treuprämien **1**, 53
- Tod **1**, 45 f.
- Übergangsgelder **1**, 53, **7**, 11 ff., 69 ff.; **16**, 3
- Unterstützungskasse **1**, 90 ff.; *s.a. Unterstützungskasse*
- Unverfallbarkeit **1 b**, 1 ff.; *s.a. Unverfallbarkeit*
- Unverfallbarkeitsmodalitäten **1 b**, 19 ff.
- Verjährung des Anspruchs **18 a**, 1 ff.
- Vermögensbildung **1**, 53
- Versorgungszusage **1**, 54 ff.; *s.a. Versorgungszusage*
- Versorgungszweck **1**, 49 ff.
- vertragliche Einheitsregelung **1**, 110 f.
- Vorruhestandsleistungen **1**, 53
- Weihnachtsgeld an Rentner **1**, 53
- Widerrufsmöglichkeiten **1**, 303 ff.
- Zusage des Arbeitgebers **1**, 1 ff.

Betriebliche Übung 1, 300 ff.; **16**, 23, 84

Betriebsrat
- erzwingbare Mitbestimmung des ~ **1**, 316 ff.; *s.a. Erzwingbare Mitbestimmung des Betriebsrats*
- mitbestimmungsfreie Räume **1**, 332
- mitbestimmungspflichtige Räume **1**, 333
- Verletzung des Mitbestimmungsrechts **1**, 357 ff.
- Vertretungskompetenz des ~ **1**, 232 ff.; **16**, 85

Betriebsübergang 16, 14
- Abfindung **3**, 40 ff.
- Insolvenzsicherung **7**, 71 ff.
- Übertragung **4**, 9
- Unverfallbarkeit **2**, 15

Betriebsvereinbarung 1, 112 ff., 227 ff.
- Kündigung **1**, 273 ff.
- Rechts- oder Billigkeitskontrolle **1**, 235 ff.
- umstrukturierende **1**, 229
- verschlechternde **1**, 231
- Zeitpunkt der Erteilung der Versorgungszusage **1 b**, 46 ff.

Betriebszugehörigkeit
- angerechnete Vordienstzeiten **7**, 64, 82; **11**, 20 ff.
- Quotierungsverfahren **2**, 3 ff.

Beweislast
- Anpassung im Konzern **16**, 79
- übermäßige wirtschaftliche Belastung bei Vornahme einer Anpassung **16**, 71
- Überprüfung der Anpassungsentscheidung **16**, 88
- Unverfallbarkeit **2**, 8; **4 a**, 73 ff.

Stichwortverzeichnis

Bezugsgröße nach SGB IV
s. *Insolvenzsicherung u. Abfindung*
Billigkeitskontrolle
s. *Rechts- oder Billigkeitskontrolle*
Biologisches Ereignis 1, 35 ff.
– Alter **1**, 36 f.
– Invalidität **1**, 38 ff.
– Tod **1**, 45 f.
Blankettzusage 1, 106, 125
Bühnenangehörige
– Besonderheiten bei ~ **1 a**, 1; **18**, 19 ff.
Bundesanstalt für Finanzdienstleistungsaufsicht 7, 148; **8**, 16 ff.; **10**, 18; **12**, 11; **14**, 1; **15**, 4

Darlegungslast s. *Beweislast*
Direktversicherung 1, 64 ff., 330 f.
– Insolvenzsicherung **7**, 19 f., 78, 91, 95; **10**, 2–5, 7, 54; **11**, 17
– Quotierungsverfahren **2**, 93 ff.
– Sonderbedingungen bei ~ **1**, 420; **1 b**, 128 ff.
– Übernahme **4**, 26 ff.
– unwiderrufliches Bezugsrecht **1 b**, 134 ff.
– versicherungsförmige Lösung **1**, 456 a; **2**, 5 ff., 111 ff.
– vorgelagerte Besteuerung **1**, 70
– Zeitpunkt der Erteilung einer Versorgungszusage **1 b**, 138 ff.
Direktzusage
s. *unmittelbare Versorgungszusage*
Diskriminierung
s. *Gleichbehandlung;* s. *Gleichbehandlungsgrundsatz*
Drei-Stufen-Theorie 1, 235 ff.
Due Diligence 2, 41; **3**, 14
Durchführungswege
– Änderung **1**, 213 ff.
– Beitragszusage mit Mindestleistung **1**, 387, 394
– der betrieblichen Altersversorgung **1**, 54 ff.
– Insolvenzsicherung **7**, 19 f., 76, 78, 89, 95, 104; **10**, 2 ff.; **11**, 17
Dynamisches System 1, 162; **2**, 72 f.

Eigenbeiträge 1, 377, 392, 447 f.
– Anwendung der Regelungen zur Entgeltumwandlung **1**, 450 f.
– Ausschluss des Anspruchs auf Entgeltumwandlung **1 a**, 41 b
– Fortsetzung der Versicherung und Versorgung **1 a**, 55 f
– Kapitaldeckung **1**, 451
– Sonderregelungen für Pensionskassen **1**, 455 ff.
– Rechtsnatur **1**, 447
– Übergangsregelungen **1**, 452 ff.
– Umfassungsregelungen **1**, 449
Einstellen der Betriebstätigkeit
s. *Übertragung einer Versorgungsanwartschaft bzw. eines Versorgungsanspruchs*
Eintritt des Versorgungsfalls
s. *Versorgungsfall*
Einzelrechtsnachfolge 2, 60; **3**, 40 f.; **4**, 9; **7**, 18, 71 ff.; s.a. *Betriebsübergang*
Einvernehmliche Übernahme s. *Übertragung einer Anwartschaft*
Einzelzusage 1, 104 ff., 288 ff.; **1 b**, 35 ff.
Elternzeit 1 a, 55 a; **1 b**, 122 f.
Entgeltersatzleistungen 7, 50 a f.
Entgeltumwandlung 1, 396 f.
– Abfindung **3**, 18
– Abgrenzung Alt- von Neuzusage **1**, 433 f.
– als betriebliche Altersversorgung **1**, 397 f.,
– Altzusagen **1**, 433 ff.; **1 b**, 12 ff.; **20**, 122 f.

766

- Anpassung **16**, 100
- Ausgestaltung **1**, 405 ff.; **1 a**, 13
- Anspruch des Arbeitnehmers *s. Anspruch auf Entgeltumwandlung*
- Durchführungsweg **1**, 400
- Entgeltansprüche **1**, 406; **1 a**, 14
- Entgeltumwandlung außerhalb § 1 a BetrAVG **1**, 361 ff.
- Entgeltumwandlung innerhalb § 1 a BetrAVG **1**, 366 ff.
- Fälligkeitsprinzip **1**, 440
- Fortführung der Zusage **1**, 420; **1 a**, 55 a ff.
- gesetzliche Unverfallbarkeitsmodalitäten **1 b**, 121
- Gestaltungsvarianten **1**, 405
- Hinterbliebenenversorgung **1**, 442 f.
- Inhalt **1**, 401 ff.; **1 a**, 11 ff.
- Insolvenzsicherung **1**, 426 ff., **7**, 95–103, 104 f., 144 ff.; **8**, 29; **10**, 68–80; **11**, 3
- Mindestverzinsung **1**, 414 f.
- Mitnahmeanspruch **4**, 38
- Neuzusagen **1**, 433 ff.; **1 b**, 12 f., 21, 121 ff.,
- Rentenanpassung **1**, 425; **16**, 100 f.
- Riester-Förderung **1**, 443 ff.; **1 a**, 42 ff.
- Schattengehalt **1**, 404, 441
- Sozialversicherungsrecht **1**, 446 ff.
- steuerrechtliche Anforderungen **1**, 438 ff.
- tarifliche Entgeltansprüche **17**, 38 ff.
- tarifvertragliche Regelung **1**, 409
- Übergangsregelungen **1**, 430 ff.
- Überschusszuteilung **1**, 417, 420
- Übertragung auf neuen Arbeitgeber **4**, 8
- unverfallbare Versorgungsanwartschaft **1**, 419 f.; **2**, 10, 89 ff., 162 ff.
- unwiderrufliches Bezugsrecht bei Direktversicherung **1**, 420
- Vereinbarung **1**, 402 f.; **1 a**, 11 ff.
- Verfügungsverbote **1**, 420
- Versorgungszusage **1**, 403, 410 f., 418
- Verwaltungskosten **1**, 416
- Vorraussetzungen **1**, 401
- Wertgleichheit **1**, 410 f.; **1 a**, 13

Erdienter Besitzstand *s. Besitzstand*

Erstmalige Zahlung 3, 28

Erzwingbare Mitbestimmung des Betriebsrats 1, 316 ff.; *s.a. Mitbestimmung*
- arbeitgeberfinanzierte betriebliche Altersversorgung **1**, 322 ff.
- Direktversicherung **1**, 330 f.
- Gesamtbetriebsrat **1**, 355
- Konzernbetriebsrat **1**, 356
- mitbestimmungsfreie Räume **1**, 332
- mitbestimmungspflichtige Räume **1**, 333
- Pensionsfonds **1**, 334 ff.
- Pensionskassen **1**, 334 ff.
- Sperrwirkung von § 87 Abs. 1 BetrVG **1**, 322 ff.; **1 a**, 57
- unmittelbare Versorgungszusagen **1**, 330 f.
- Unterstützungskassen **1**, 334 ff.

Fälligkeit der Versorgungsleistung *s. Leistungsfälligkeit*

Festbetragssystem 1, 162

Festschreibeeffekt
- Insolvenzsicherung **7**, 1 a
- Unverfallbarkeit **2**, 150 ff.

gebildetes Kapital s. Übertragungswert
Gesamtbetriebsrat 1, 355
Gesamtrechtsnachfolge 4, 9; **7**, 18
Gesamtversorgungssystem 1, 162; **2**, 156 ff.
Gesamtzusage 1, 108 ff., 291 ff.; **1 b**, 40 ff.
Gesellschafter-Geschäftsführer 17, 4 ff., 12
Gleichbehandlung 1, 133 ff., 300 ff.
Gleichbehandlungsgrundsatz 1, 133 ff., 300 ff.
Gleichberechtigungsgrundsatz 2, 33 ff.; **6**, 36 ff.

Handelsbilanz 4, 21 ff.
Hinterbliebenenleistungen 1, 22, 45 ff., 170, 196 f., 418; **2**, 45 ff.; s.a. Insolvenzsicherung
Höchstaufnahmealter 1 b, 56
Höhe der Leistung s. Leistungshöhe
Hüttenknappschaftliches Zusatzversicherungs-Neuregelung-Gesetz (HZvNG) 1, 377, 427, 448; **16**, 103

Inkrafttretensbestimmungen 1 b, 63 ff.
Insolvenzsicherung 7, 10, 67 f., 83; **11**, 15 f.
– Abfindung von Anwartschaften **8**, 19–28
– Abfindung von laufenden Leistungen **8**, 19
– Abweisung mangels Masse **7**, 30 ff.
– AIB (PSVaG) **14**, 2
– akzessorische Sicherungsrechte **7**, 1, 57
– Altersgrenze **7**, 69 f., 108
– Altersrente

s. Insolvenzsicherung, Eintritt des Versorgungsfalls
– Amtshilfe **11**, 63–65, 82 f.
– Anpassung s. Rentenanpassung
– Anspruch gegen den PSVaG **7**, 53 ff.
– Anwartschaft **7**, 61–110; **9**, 3; **11**, 19
– Anwartschaftsausweis (Anwärter) **9**, 1
– Arbeitgeber **7**, 1, 3, 14 ff., 22, 24, 35, 71 ff., 81, 125 ff., 131; **9**, 10; **10**, 1, 6 f., 13 ff., 23, 27, 57; **10 a**, 5, 10, 15; **11**, 2, 10 ff., 29, 34; **12**, 1 ff.; **14**, 4
– Arbeitgeber im Konzern **7**, 1 a
– Aufbewahrungspflichten des Arbeitgebers **11**, 43 f.
– Aufsichtsbehörde **7**, 148; **8**, 16 ff.; **10**, 18; **12**, 11; **14**, 1; **15**, 4
– außergerichtlicher Sicherungsfall **7**, 33–42
– außergerichtlicher Vergleich **7**, 33 ff.
– Ausfallhaftung des PSVaG **7**, 2
– Ausgleichsfonds **10**, 43–45
– Auskunfts- und Unterlagenvorlagepflicht **11**, 27–33, 48–62; **12**, 48–62
– ausländischer Arbeitgeber **7**, 22; **11**, 12
– arbeitgeberfinanzierte Zusage **7**, 89–94, 104, 106; **8**, 24 ff.
– Beendigung der Betriebstätigkeit **7**, 39 ff.
– Beitragsaufkommen **10**, 35–49 f
– Beitragsbemessungsgrundlage **10**, 5, 50–84; **11**, 34–47
– Beitragsbescheid des PSVaG **10**, 21–31
– Beitragserhebung im Jahresablauf **11**, 42
– Beitragserstattung **10 a**, 15 ff.

- Beitragsfälligkeit **10**, 32 ff.; **10 a**, 3 f.
- Beitragsforderung des PSVaG **10 a**, 1–14
- Beitragshöhe **10**, 46 ff.
- Beitragsorientierte Leistungszusage **7**, 104 f.
- Beitragspflicht der Arbeitgeber **10**, 1–34; **10 a**, 1
- Beitragspflicht im Sicherungsfall **10**, 13 ff.
- Beitragszusage mit Mindestleistung **7**, 106 ff.; **10**, 64 ff.
- beliehenes Unternehmen (PSVaG) **10**, 18 ff.
- Bescheide des PSVaG **10**, 21–31
- betriebliche Altersversorgung **7**, 10, 67 f.; **11**, 15 f.
- Betriebsübergang **7**, 71 ff.
- Bezugsgröße nach SGB IV **7**, 111 ff.; **10**, 61 ff.
- Bundesanstalt für Finanzdienstleistungsaufsicht **7**, 148; **8**, 16 ff.; **10**, 18; **12**, 11; **14**, 1; **15**, 4
- Datenschutz **15**, 1 ff.
- Direktversicherung **7**, 19 f., 78, 91, 95; **10**, 2 ff., 7, 54; **11**, 17
- Durchführungswege **7**, 19 f., 76, 78, 89, 95, 104; **10**, 2 ff.; **11**, 17
- Eintritt des Versorgungsfalls **7**, 109, 122 f.; **8**, 2; **9**, 8; **10**, 8; **11**, 18
- Eintrittspflicht **7**, 1 ff., 14 ff.
- Einzelrechtsnachfolge **7**, 18, 71 f.
- Entgeltumwandlung **1**, 426 ff., **7**, 95–103, 104 f., 144 ff.; **8**, 29; **10**, 68–80; **11**, 3
- erdienter Besitzstand **7**, 86
- erfasster Personenkreis **7**, 10, 45, 68; **10**, 1; **11**, 23
- Erhebungsbogen des PSVaG **11**, 37, 73, 79
- Eröffnung des Insolvenzverfahrens **7**, 27 ff.

- Finanzierung **10**, 1, 35–49 f.; **30 i**, 1 ff.
- Forderungsanmeldung in der Insolvenz **9**, 20 f., 28 b
- Forderungsübergang auf dem PSVaG **9**, 10–21
- Formulare des PSVaG **11**, 37, 68–79
- gerichtlicher Sicherungsfall **7**, 26–32
- Gesamtrechtsnachfolge **7**, 18
- gesetzliche Unverfallbarkeit **7**, 62–75; **9**, 3; **11**, 19 ff.
- Hinterbliebenenrente **7**, 9, 122 f.
- Höhe der Leistung **7**, 43–52, 78–108
- hoheitliche Tätigkeit des PSVaG **10**, 18 ff.; **14**, 4
- Insolvenzplan **7**, 126; **9**, 31 ff.; **10**, 13 ff.
- Insolvenzsicherungspflicht **10**, 1–34
- Insolvenzverfahren über Unterstützungskasse **9**, 27 a
- Invalidenrente **7**, 5
- Invalidenrente und Entgeltersatzleistung **7**, 52 a
- Kapitalzusage **7**, 16
- Katastrophenfall **7**, 148
- Kleinstbetragsregelung **10**, 58 ff.
- Konsortium des PSVaG **8**, 5–15; **14**, 7
- Kostenerstattung durch PSVaG **7**, 48, 88; **11**, 28, 36
- Kreditanstalt für Wiederaufbau **14**, 15 f.
- laufende Versorgungsleistung **7**, 1; **8**, 2
- Leistungsanrechnung **7**, 44
- Leistungsanpassung (Dynamik) **7**, 46, 85, 120, 139
- Leistungsbeginn **7**, 53, 109

Stichwortverzeichnis

- Leistungsberechnung **7**, 43–52, 78–108, 111–123
- Leistungsbescheid (Rentner) **9**, 1
- Leistungsende **7**, 55, 109
- Leistungserbringung **8**, 1–15
- Leistungsentstehung **7**, 53
- Leistungsfälligkeit **7**, 49 ff.; **9**, 4 f., 8 f.
- Leistungshöchstgrenzen **7**, 111–123; **10**, 61 ff.; **30 b**
- Leistungshöhe **7**, 43–52, 78–108
- Leistungsminderung **7**, 124–130
- Leistungsrückstände **7**, 57 ff.; **9**, 4 ff.
- Liquidation **7**, 25
- Luxemburg **14**, 3; **30**, 5
- Meldepflichten **11**, 10 ff.
- Melde- und Beitragspflichten, vereinfachtes Verfahren **11**, 14 a
- Merkblätter des PSVaG **11**, 79; **14**, 11
- Missbrauchsschutz (des PSVaG) **7**, 131–147 f
- Mitgliedschaft beim PSVaG **11**, 2–26
- Mitteilungspflichten des Arbeitgebers **11**, 10–14; **12**, 3
- Mitteilungspflichten des PSVaG **9**, 1–9
- Nachdienstzeiten **7**, 83
- neue Bundesländer **7**, 113, 146; **14**, 3; **30**, 4
- öffentliches Recht (PSVaG) **10**, 18–20
- Ordnungswidrigkeiten **11**, 25, 30, 49 f., 59–61, 80; **12**, 1–12
- Pensionsfonds **7**, 19 f., 94, 103 ff.; **8**, 16 ff.; **9**, 29 f.; **10**, 2, 5, 7, 55; **11**, 17
- Pensionskasse **7**, 19 f.; **8**, 4, 30; **10**, 4; **11**, 17
- Portabilität **7**, 147 a ff.; **10**, 81 f.
- Privatisierung **11**, 13

- PSVaG **10**, 18 ff.; **14**, 1–14; **30**, 1
- Rechnungszins **9**, 20; **10**, 41, 52, 55
- Rechtsgrundlage **14**, 2
- Rechtsmittel/-weg **7**, 59 ff., 110; **10**, 29 ff.; **10 a**, 9, 14, 20; **11**, 45, 59 ff.; **12**, 12
- Rentenanpassung **7**, 64, 82; **16**, 20 ff.
- Rentenleistungen **7**, 1, 8
- Rentenwertumlageverfahren **10**, 36 ff.; **30 i**, 2
- rückständige Versorgungsleistungen **7**, 57 f.; **9**, 4 ff.
- Satzung (PSVaG) **14**, 2
- Säumniszuschlag **10 a**, 5 ff.
- Schuldbeitritt **9**, 15
- Selbstveranlagung **10**, 7
- Sicherungsfall **7**, 21–42, 77; **9**, 27 a
- Sicherungsrechte **7**, 1; **9**, 13–19
- sofortige Beschwerde **9**, 33 f.
- sonstiger Versorgungsträger **7**, 128 ff.
- Sozialversicherungsbeiträge **8**, 14
- Späteheklausel **7**, 9
- Statuswechsel Arbeitnehmer–Unternehmer **7**, 65, 84; **11**, 23; **17**, 14
- technische Rentner **7**, 7
- Träger der Insolvenzsicherung **7**, 1–16
- Übergangsgeld **7**, 11 ff., 69 f.
- Übergangsregelung zur InsO **31**, 1 f.
- Übertragung **4**, 49
- unmittelbare Versorgungszusage **7**, 19 f., 90, 96, 104; **10**, 5, 52; **11**, 17
- Unternehmer **7**, 10, 45, 65, 68, 84; **17**, 4

Stichwortverzeichnis

- Unterstützungskasse **7**, 19 f., 93, 101 f., 104; **9**, 22 ff.; **10**, 2, 5, 7, 53
- Unterstützungskasse, Insolvenzverfahren über ~ **9**, 27a
- unverfallbare Anwartschaft **7**, 61–110; **9**, 3; **11**, 19 ff.
- Veränderungssperre **7**, 80
- Verjährung **7**, 56; **9**, 9; **10 a**, 21 f.
- Vermögensübergang bei Pensionsfonds **9**, 29 f.
- Vermögensübergang bei Unterstützungskassen **9**, 22 ff.
- Vermögensübergang bei Gruppenunterstützungskassen **9**, 28 f.
- verpfändete Rückdeckungsversicherung **9**, 15; **10**, 3
- versicherungsmathematische Gutachten **11**, 39 ff.
- Versorgungsempfänger **7**, 1, 4–60
- Verstoß des Arbeitgebers gegen Beitragspflicht **10 a**, 1–14
- vertragliche Unverfallbarkeit **7**, 63; **11**, 19
- Verzugszinsen **7**, 51; **10 a**, 10 ff.
- Verwaltungsakt **10**, 21–31
- Vordienstzeiten **7**, 64, 82; **11**, 20 ff.
- Vordrucke des PSVaG **11**, 68–81
- vorzeitige Altersrente **7**, 6
- Widerruf der Zusage wegen wirtschaftlicher Lage **7**, 18 a
- Widerspruchsverfahren **10**, 29 ff.; **10 a**, 20
- Zwangsversicherung **10**, 6 f.
- Zwangsvollstreckung **10**, 83; **10 a**, 8, 14, 20

Invalidität 2, 42 ff.

Kapitalbaustein 1, 383 f.
Kapitalleistung 3, 29 s.a. *Leistungsformen*
Kaufkraftanpassung s. *Rentenanpassung*

Kirchliche Zusatzversorgungskassen 18, 9
Kollektivlebensversicherungen 4, 100
Konzern 7, 1 a; **16**, 11, 72 ff.
Konzernbetriebsrat 1, 356
Kündigung
- einer Betriebsvereinbarung über betriebliche Altersversorgung **1**, 273 ff.
- eines Tarifvertrages **1**, 280 ff.

Leistungsbeginn s. *Versorgungsfall*
Leistungsende 7, 55, 109
Leistungsfälligkeit 1, 180 ff.; **7**, 49 ff.; **9**, 4 f., 8 f.,
Leistungshöhe
- bei Unverfallbarkeit **2**, 1 ff.
- Insolvenzsicherung **7**, 43–52, 78–108, 111–123
- Leistungsplan **1**, 148 ff.
Leistungsformen 1, 168 ff.; **3**, 29
Leistungsplan 1, 148 ff.
- Änderung **1**, 225 f.
- Unklarheitenregel **1**, 151 f.
- Widerrufsmöglichkeiten **1**, 303 ff.
Leistungsvoraussetzungen
s. *Allgemeine ~ sowie Spezielle Leistungsvoraussetzungen*
Leistungszusage 1, 158 ff., 379; **2**, 84; **4**, 32; **4 a**, 41 ff.
Limitierungsklausel 6, 65 ff.
Liquidation 4, 4, 87 f.; **7**, 25

Mindestalter 1 b, 26 ff., 53
Mindestdienstzeit 1 b, 53
Mitbestimmung s.a. *Betriebsrat*
- Anspruch auf Entgeltumwandlung **1 a**, 56 ff.
- Anpassungsentscheidung **16**, 85
Mitnahmeanspruch
- Auskunftsanspruch **4 a**, 8

Stichwortverzeichnis

- Beitragsbemessungsgrenze **4**, 69
- Durchführungswege **4**, 67 ff.
- eigene Beiträge **4**, 77
- Entgeltumwandlung **4**, 83
- Insolvenzschutz **4**, 84
- Jahresfrist **4**, 72
- neue Versorgungszusage **4**, 79
- Neuzusage **4**, 60 f
- Recht auf Übertragung **4**, 58 f.
- Übertragungswert **4**, 69 ff., 103 ff.; **4 a**, 8
- unverfallbare Anwartschaft **4**, 62
- Verlangen **4**, 74
- versicherungsförmige Lösung **4**, 76
- vertraglich Unverfallbarkeit **4**, 64
- Wertgleichheit **4**, 80

Mittelbare Versorgungszusagen
- Besonderheiten **1 b**, 133 ff.
- Direktversicherung **1 b**, 134 ff.
- Pensionsfonds **1 b**, 142
- Pensionskasse **1 b**, 142
- Unterstützungskasse **1 b**, 143 f.

m/n-tel-Verfahren s. *Quotierungsverfahren*

Nach-Barber-Zeit 2, 33 ff.; **6**, 36 ff.; **30 a**, 1 ff.

Nachdienstzeiten 2, 77 f.
Näherungsverfahren 2, 156 ff.
Neue Bundesländer
- Anordnung 1954 **17**, 35
- Anwendung BetrAVG **17**, 32 ff.
- Insolvenzsicherung **7**, 113, 146; **14**, 3; **30**, 4
- vorgesetzliche Unverfallbarkeit **17**, 33

Öffentlicher Dienst, *s.a. Privatisierung der Zusatzversorgung im öffentlichen Dienst; Sonderregelungen für den öffentlichen Dienst; Zusatzversorgung im öffentlichen Dienst*
- Abgrenzung des ~ **18**, 6 f.
- Portabilität **4**, 124
- Rechtmäßigkeit der Neuregelung **18**, 23
- Rechtsweg **18**, 21 ff.
- Regelungsgehalt des § 18 **18**, 1 ff.
- Regelungsgehalt des § 30 d **30 d**, 1 ff.
- Sonderregelungen für den ~ **18**, 1 ff.
- Übertragung **4**, 124
- Unverfallbarkeit **2**, 4
- Zusatzversorgungseinrichtungen **18**, 9

Pensionsfonds 1, 81 ff.
- beitragsorientierte Leistungszusage **2**, 148
- Beitragszusage mit Mindestleistung **2**, 149
- Insolvenzsicherung **7**, 19 f., 94, 103 ff.; **8**, 16 ff.; **9**, 29 f.; **10**, 2, 5, 7, 55; **11**, 17
- keine versicherungsförmige Lösung **2**, 9
- Sonderbedingungen bei ~ **1 b**, 128 ff.
- Quotierungsverfahren **2**, 11, 102 ff.
- und rückgedeckte Unterstützungskasse **2**, 147 ff.
- Zeitpunkt der Erteilung einer Versorgungszusage **1 b**, 142

Pensionskasse 1, 73 ff.
- Insolvenzsicherung **7**, 19 f.; **10**, 4; **11**, 17
- Liquidation **4**, 94 f.
- Sonderbedingungen bei ~ **1**, 420; **1 b**, 128 ff.

- versicherungsförmige Lösungen **1**, 456 a; **2**, 5 ff., 136 ff.
- Quotierungsverfahren **2**, 99 ff., 135
- Zeitpunkt der Erteilung einer Versorgungszusage **1 b**, 142

Pensionsrückstellung 4, 22
Pensions-Sicherungs-Verein (PSVaG)
- Insolvenzsicherung **10**, 18 ff.; **14**, 1 ff.; **30**, 1

pro-rata-temporis Methode s. *Quotierungsverfahren*

Portabilität
- öffentlicher Dienst **18**, 16 f.; s. *Mitnahmeanspruch*

Privatisierung der Zusatzversorgung im öffentlichen Dienst Anh. I, 15 ff.
- Ablösung der Betriebsrente **Anh. I**, 35 ff.
- Ablösung der Zusatzversorgung **Anh. I**, 39
- Beendigung der Beteiligung bei der Zusatzversorgungskasse **Anh. I**, 22 ff.
- Fälle der ~ **Anh. I**, 20 ff.
- Folgen der Kündigung für die Arbeitgeber **Anh. I**, 24 ff.
- Folgen der Kündigung für die Arbeitnehmer **Anh. I**, 28 ff.
- Folgen für die Bilanz **Anh. I**, 34
- steuerliche Folgen **Anh. I**, 32 ff.

Punkte-Modell Anh. I, 7 ff.

Quotierungsverfahren
- Altersgrenze **2**, 26 ff.
- Alters-, Invaliditäts-, Todesfallleistung **2**, 23
- Darlegungs- und Beweislast **2**, 8
- Insolvenzsicherung **2**, 1 ff., 17 ff.; **7**, 78 ff.
- Teilleistungsgedanke **2**, 1

- vertragliche Besserstellung **2**, 18
- zwingende Anwendung **2**, 17

Ratierliche Berechnung s. *Quotierungsverfahren*
Rechnungszins 4, 108
Rechtsgrundlage 14, 2
Rechts- oder Billigkeitskontrolle 1, 235 ff.
Rechtsbegründungsakte 1, 100 ff.
- Änderung **1**, 216 f.
- individualrechtliche ~ **1**, 220 f., 287 ff.
- individualrechtliche Vereinbarungen **1**, 102
- kollektivrechtliche ~ **1**, 222 ff.
- Kollektivverträge **1**, 102

Regelaltersgrenze 4a, 42, 44
Regelungsgehalt
- des § 1 Abs. 1 BetrAVG **1**, 1 ff.
- des § 1 Abs. 2 BetrAVG **1**, 377 f.
- des § 1 b BetrAVG **1 b**, 1 ff.
- des § 17 BetrAVG **17**, 1

Rentenanpassung 1, 393, 425
- absolute Obergrenze **16**, 41
- angemessene Eigenkapitalverzinsung **16**, 66 ff.
- Altrenten **16**, 35
- Anpassung im Konzern **16**, 11, 72 ff.
- Anpassungsbedarf **16**, 36 ff.
- Anpassungsberechtigte **16**, 24 ff.
- Anpassungsgarantie **16**, 89 ff.
- Anpassungsschuldner **16**, 10 ff.
- Auszahlungspläne **16**, 101 ff.
- Beitragszusage mit Mindestleistung **1**, 393; **16**, 93 f.
- Belange der Versorgungsempfänger **16**, 36 ff.
- Berechnungsdurchgriff **16**, 76 ff.
- betriebliche Übung **16**, 23, 84
- Betriebsübergang **16**, 14
- Bilanzierung **16**, 104 ff.

Stichwortverzeichnis

- Bündelung der Prüfungsstichtage **16**, 31 ff.
- Checkliste **16**, 112
- Durchführungsweg **16**, 9, 89
- Eigenkapitalauszehrung **16**, 69
- Eigenkapitalrendite **16**, 66 f.
- Entgeltumwandlung **16**,100 f.
- Ermessensentscheidung des Arbeitgebers **16**, 82 ff.
- freiwillige Anpassung **16**, 33 f.
- Hälftelungsanpassung **16**, 35, 47
- Investitionsbedarf **16**, 64
- Insolvenzsicherung 7, 64, 82; **16** 20 ff.
- Kapitalzahlungen **16**, 6 f.
- laufende Leistungen **16**, 5
- Mitbestimmung **16**, 85
- nachholende Anpassung **16**, 47 ff.
- nachträgliche Anpassung **16**, 54 ff.
- Nachzahlungsverpflichtung **16**, 51
- Null-Anpassung **16**, 56
- Pensions-Sicherungs-Verein **16**, 20 ff.
- Prognoseentscheidung zur wirtschaftlichen Lage **16**, 63
- Prüfungszeitpunkt **16**, 28 ff.
- Prüfungszeitraum **16**, 31 ff., 35 a ff.
- qualifiziert faktischer Konzern **16**, 75 f.
- reallohnbezogene Obergrenze **16**, 43 ff.
- relative Obergrenze **16**, 41
- Rentnergesellschaft **16**, 17, 80
- Risikozuschlag **16**, 66 f.
- Substanzerhaltung **16**, 64
- Teuerungsausgleich **16**, 37 ff.
- Übermäßige Belastung des Arbeitgebers **16**, 52 f., 65
- Überobligatorische Anpassung **16**, 33
- Überprüfung der Anpassungsentscheidung **16**, 86 ff.
- Überschussverwendung zur Leistungserhöhung **16**, 92 f.
- Unternehmer **16**, 25 ff.
- Verbraucherpreisindex für Deutschland **16**, 39 ff.
- Verkürzung des Prüfungszeitraums **16**, 34
- wirtschaftliche Lage des Arbeitgebers **16**, 60 ff.
- wirtschaftliche Notlage **16**, 61
- zu Recht unterlassene Anpassung **16**, 48, 50, 55, 95 ff.

Rentenbaustein 1, 383 f.
Renteneckwertsystem 1, 163
Rentenversicherungs-Altersgrenzenanpassungsgesetz 6, 11 a ff.
Rentenzahlung s. *Leistungsformen*
Rentenreformgesetz 1999 1, 377, 397
Rentnergesellschaft s. *Rentenanpassung*
Riester-Förderung 1 a, 42 ff., 47 ff.
- Entgeltumwandlung **1**, 443
- persönlicher Anwendungsbereich **17**, 17
- Tarifdispositivität **17**, 27

Rückdeckungsversicherung 1, 67
- Insolvenzsicherung **9**, 19; **10**, 3

Schattengehalt 1, 404, 441
Schuldbeitritt 9, 15
Sonderregelungen für den öffentlichen Dienst 18, 1 ff.; s.a. *Öffentlicher Dienst*
- Anpassungsregelung **16**, 10
- Besonderheiten bei Bühnenangehörigen **18**, 19 f.
- Geltungsbereich **18**, 6 ff.
- Portabilität **18**, 16 ff.

Stichwortverzeichnis

- Rechtmäßigkeit der Neuregelung **18**, 23 ff.
- Rechtsweg **18**, 21 ff.
- Regelungsgehalt **18**, 1 ff.
- Übergangsregelung für pflichtversicherte Arbeitnehmer **18**, 27
- Übergangsvorschrift **30 d**, 1 ff.
- Unverfallbarkeit **18**, 13 ff.
- versicherungsfreie Personen **18**, 28

Sozialversicherungsrecht
- Entgeltumwandlung **1**, 446

Spezielle Leistungsvoraussetzungen 1, 188 ff.
- Altersleistung **1**, 189
- Invaliditätsleistung **1**, 192 ff.
- vorzeitige Altersleistung **1**, 190 f.
- Todesfallleistung **1**, 195 ff.

Sprecherausschussgesetz 1, 119, 302

Sterbegelder s. *betriebliche Altersversorgung*

Steuerrecht
- Abfindung **3**, 129 f.
- Entgeltumwandlung **1**, 438 ff.; **1 a**, 47 ff.
- Liquidation **4**, 101 f.
- Mitnahmeanspruch **4**, 85
- Übertragung **4**, 39 f., 51 ff.

Tarifvertrag 1, 120 ff.
- Abweichung vom BetrAVG **17**, 23 ff.
- Anspruch auf Entgeltumwandlung **1 a**, 32 ff., 38 f.; **17**, 24 ff.
- Ausschluss Riester-Förderung **17**, 27 f.
- Ermittlung vorzeitige Altersrente **17**, 29
- Kündigung eines ~ **1**, 280 ff.
- Tarifbindung **17**, 31, 41
- tariffeste Bestimmungen **17**, 30
- Unverfallbarkeit **2**, 49

- Verjährungsfristen zum Wegfall von Ansprüchen **18 a**, 4
- Zeitpunkt der Erteilung der Versorgungszusage **1 b**, 51 f.

Technische Rentner 3, 31; **7**, 7
Teilzeit 2, 79, 153
Treuhandmodell (CTA-Modell) 9, 15
Treupflichtvorbehalt 1, 306 ff.
Todesfallleistung 2, 45 ff.

Übergangsgeld
- Insolvenzsicherung **7**, 11 ff., 69 f.

Übernahme der Versorgungszusage
- Betriebsübergang **1 b**, 78 ff.
- Gesamtrechtsnachfolge **1 b**, 75 ff.

Überschussanteile 2, 96, 128 ff.; **4**, 118 ff.

Übertragung von Versorgungsanwartschaften
- Betriebsübergang **4**, 9
- Durchführungswege **4**, 20 ff., 67 ff
- einvernehmliche Übertragung **4**, 11 ff.
- Mitnahmeanspruch **4**, 58 ff.
- Neuzusage **4**, 60 f.
- steuerliche Flankierung **4**, 39, 51 ff., 85 ff.
- Übernahme der Zusage **4**, 11 ff.
- Übertragung mit Übertragungswert **4**, 41 ff.
- Übertragungswert **4**, 103 ff.
- Wertgleichheit **4**, 46 ff.

Übertragung eines Versorgungsanspruchs 4, 12 f., 89 ff.

Übertragungswert 4, 66 f., 103 ff.
- Auskunft **4 a**, 60 ff.
- Barwert **4**, 105 ff.
- Beitragsbemessungsgrenze **4**, 69 ff.

775

Stichwortverzeichnis

- Direktversicherung **4**, 116 ff.
- gebildetes Kapital **4**, 117 ff.
- Leistung aus Übertragungswert **4 a**, 64 ff.
- Pensionsfonds **4**, 116 ff., 121
- Pensionskasse **4**, 116 ff.
- unmittelbare Versorgungszusage **4**, 104 ff.
- Unterstützungskasse **4**, 112 ff.
- Wertgleichheit **4**, 46 f.

Umfassungszusage 1, 449; **1 a**, 41 b, 55 f

Unklarheitenregel s. *Leistungsplan*

unmittelbare Versorgungszusage s.a. *Versorgungszusage*
- Insolvenzsicherung **7**, 19 f., 90, 96, 104; **10**, 5, 52; **11**, 17

Unternehmer 16, 25 ff.; **17**, 4 f.

Unterstützungskasse 1, 90 ff.
- Freiwilligkeitsvorbehalt bei ~ **1**, 313 ff.
- Insolvenzverfahren über ~ **9**, 27 a
- keine versicherungsförmige Lösung **2**, 9
- rückgedeckte ~ **1**, 96 f.
- Quotierungsverfahren **2**, 107 ff.

Unverfallbare Anwartschaft
- Insolvenzsicherung **7**, 61–110; **9**, 3; **11**, 19
- vorzeitige Altersleistung **17**, 29

Unverfallbarkeit
- Altzusagen **1 b**, 12 ff., 20, 122 f.
- Beendigung des Arbeitsverhältnisses **1 b**, 22 ff.
- Begriff **1 b**, 1 f.; **18**, 13 ff.
- Berechnungsbeispiele **2**, 69 ff.
- Berechnungsschritte **2**, 54 ff.
- Betriebszugehörigkeit **2**, 58
- Festschreibeeffekt **2**, 150 ff.
- gesetzliche **1 b**, 6 f.
- Höhe **1**, 421; **2**, 1 ff.
- im öffentlichen Dienst **18**, 13 ff.

- Insolvenzsicherung **7**, 61–110; **9**, 3; **11**, 19–23
- Mindestanspruch **2**, 80 f.
- Mitnahmeanspruch **4**, 62 ff.
- Neuzusagen **1 b**, 12 f.; **21**, 121
- richterrechtliche **1 b**, 9 ff.
- Saisonarbeitnehmer **1 b**, 33
- Unterstützungskasse **1 b**, 143 f.
- Übertragung **4**, 36
- Veränderungssperre **2**, 150 ff.
- versicherungsförmige Lösung **2**, 5 ff.
- vertragliche **1 b**, 8; **7**, 63; **11**, 19

Unverfallbarkeitsmodalitäten **1 b**, 19 ff.
- Altzusagen **1 b**, 12 ff., 20, 122 f.
- Arbeitsplatzwechsel in Mitgliedstaat der EU **1 b**, 119 f.
- bei der arbeitnehmerfinanzierten betrieblichen Altersversorgung **1 b**, 121 ff.
- Konsequenzen der Nichterfüllung **1 b**, 28
- Neuzusagen **1 b**, 12 f., 21, 121
- Vorruhestandsregelung **1 b**, 114 f.

Verjährungsfristen 18 a, 1 ff.
- Insolvenzsicherung **7**, 4 ff., 61; **10 a**, 21
- Verletzung der ~ **1**, 357 ff
- vorzeitige Altersleistung **30 a**, 30

Verrechnung s. *Abfindung*

versicherungsförmige Lösung
- Abtretung **2**, 119 ff., 137 ff.
- Beitragsrückstände **2**, 119 ff., 137 ff.
- Beleihung **2**, 119 ff., 137 ff.
- Direktversicherung **1**, 456 a; **2**, 111 ff.
- eigene Beiträge **2**, 130 ff., 144 f.
- Pensionskasse **1**, 456 a; **2**, 135 ff.
- Rückkaufwert **2**, 132, 146

- Sicherungsabtretung **2**, 122 f.
- soziale Auflage **2**, 113 ff.
- Überschussanteile **2**, 125 ff., 142
- unwiderrufliches Bezugsrecht **2**, 119 ff., 137 ff.
- Verfügungsverbot **2**, 131 b ff., 146
- Verlangen **2**, 115 ff.
- Verpfändung **2**, 127 a ff.
- Wahlrecht des Arbeitgebers **2**, 111 ff.

Versorgungsempfänger
- Insolvenzsicherung **7**, 1, 4–60

Versorgungsfall
- Alter **1**, 35 ff.
- Hinterbliebene **1**, 35 ff., 45 ff.
- Insolvenzsicherung **7**, 5 f., 9, 122 f.; **10**, 8; **11**, 8, 18
- Invalidität **1**, 35 ff., 38 ff.

Versorgungssystem
- Schließung eines ~ für Neuzugänge **1**, 218 f.

Versorgungsverhältnis
- Änderung des ~ **1**, 210 ff.

Versorgungszusage 1, 14, 35 ff., 54 ff.
- Änderung **1 b**, 66 ff.
- Betriebsvereinbarung **1**, 112 ff., 227 ff.; **1 b**, 46 ff.
- Bestandsdauer **1 b**, 29 ff.
- betriebliche Übung **1**, 126 ff., 300 ff.; **1 b**, 14, 23, 84
- Direktzusage *s. unmittelbare Versorgungszusage*
- Einstandspflicht des Arbeitgebers **1**, 201 ff.
- Einzelzusage **1**, 104 ff., 288 ff.; **1 b**, 35 ff.
- Ende der Bestandsdauer **1 b**, 32 ff.
- Formvorschriften **1**, 105, 108, 111 f., 120
- Gesamtzusagen **1**, 108 ff., 291 ff.; **1 b**, 40 ff.
- Gleichbehandlungsgrundsatz **1**, 133 ff., 300 ff.
- Höchstaufnahmealter **1 b**, 56
- Insolvenzsicherung **7**, 4 ff., 61
- Leistungsplan **1**, 148 ff., 225 ff., 303 ff.
- Mindestalter **1 b**, 26 ff., 53
- Mindestdienstzeit **1 b**, 53
- mittelbare **1**, 54, 56; **1 b**, 133 ff.
- Sprecherausschussvereinbarung **1**, 119, 302; **1 b**, 49 f.
- statusbezogene Kriterien **1 b**, 59 ff.
- Tarifvertrag **1**, 120 ff., 280 ff.; **1 b**, 51 f.
- Übernahme **1 b**, 72 ff., *s.a. Übernahme der Versorgungszusage*
- unmittelbare **1**, 54 f., 58 ff., 330 f.
- vertragliche Einheitsregelungen **1**, 110 ff., 291 ff.; **1 b**, 40 ff.
- Zeitpunkt der Erteilung **1 b**, 35 ff., 46 ff., 49 f., 51 f.
- Zusagezeitpunkt **1 b**, 66 ff., 72 ff.

Versorgungszweck 1, 49 ff.

Vertragliche Einheitsregelung 1, 110 ff., 291 ff.

Vertrauensschutz
- Anpassung im Konzern **16**, 73

Verzicht *s. Abfindung*

Vordienstzeiten
- Betriebszugehörigkeit **2**, 74 ff.
- Insolvenzsicherung **7**, 64, 82; **11**, 20–22

Vorruhestandsregelung 1 b, 114 f.

Vorschaltzeiten 1 b, 53 ff.

Vorzeitige Altersrente
- Antrag **6**, 19
- ausländische Renten **6**, 7
- Beitragzusage mit Mindestleistung **6**, 4 a

- Form **6**, 18 f.
- Frist **6**, 18 f.
- gesetzliche Rente **6**, 6 ff., 26 ff.
- Höhe **6**, 41 ff.; **30 a**, 24
- Insolvenzsicherung **7**, 6
- Kapital **6**, 4
- Leistungsvoraussetzungen **6**, 16 f.
- Rente **6**, 4
- Tarifvertrag zur Ermittlung aus unverfallbarer Versorgungsanwartschaft **16**, 29; **17**, 29
- unterschiedliche Altersgrenze für Männer und Frauen **6**, 36; **30 a**, 1 ff.
- unverfallbare Anwartschaft **6**, 70 ff.
- Verlangen **6**, 18 ff.; **30 a**, 21
- versicherungsmathematischer Abschlag **6**, 52 ff.
- Wartezeit **6**, 14 f.; **30 a**, 16

Wartezeit 1 b, 116 ff.
Wechsel des Durchführungswegs
 s. *Änderung des Durchführungswegs*
Wegfall der Geschäftsgrundlage 1, 211
Wertgleichheit s. *Entgeltumwandlung*
Widerrufsmöglichkeiten 1, 303 ff.; **1 b**, 23

- Freiwilligkeitsvorbehalt bei Unterstützungskassen **1**, 313 ff.
- steuerunschädliche Widerrufsvorbehalte **1**, 304 f.
- Treupflichtvorbehalt **1**, 306 ff.
- wirtschaftliche Lage **7**, 18 a

Zillmerungsverfahren 1, 416 a
Zusage des Arbeitgebers auf betriebliche Altersversorgung 1, 1 ff., 5 ff.
- Altzusage **1**, 43, 430 ff.; **1 b**, 12, 124 ff.
- biologisches Ereignis **1**, 35 ff.
- Einzelzusage **1**, 104 ff.
- Entschlussfreiheit **1**, 15 ff.
- Gesamtzusage **1**, 108 ff.
- Gestaltungsfreiheit **1**, 19
- Neuzusage **1**, 44, 430 ff.
- Versorgungsverhältnis **1**, 22 ff.
- Versorgungszusage **1**, 14, 54 ff.
- vertragliche Einheitsregelung **1**, 110 f.

Zusatzversorgung im öffentlichen Dienst
- Allgemeines **Anh. I**, 1
- Betriebsrente **Anh. I**, 7 ff.
- Privatisierung **Anh. I**, 15 ff.
- Punkte-Modell **Anh. I**, 7 ff.
- Rechtsgrundlagen **Anh. I**, 4
- steuerrechtliche Fragen **Anh. I**, 40 f.

Zu den Autoren

Dr. jur. Kurt Kemper, geb. am 26.7.1940 in Mülheim an der Ruhr. Nach dem Abitur 1960 bis 1964 Studium der Rechtswissenschaften an den Universitäten Freiburg i. Br. und Bonn, 1967 zweites juristisches Staatsexamen, Promotion an der Universität zu Köln bei Professor Dr. Dres. h.c. Peter Hanau zum Thema: »Die Unverfallbarkeit betrieblicher Versorgungsanwartschaften von Arbeitnehmern.« Von 1967 bis 1970 Richter im Landgerichtsbezirk Duisburg. Von 1970 bis 1998 Tätigkeit beim Fachinstitut für betriebliche Altersversorgung Höfer Vorsorge-Management (früher: Herbert E.G. Höfer) in Mülheim an der Ruhr. Von 1970 bis 1980 dort Leiter der Rechts- und Steuerabteilung, im Anschluss daran bis 1985 Leiter der Öffentlichkeitsarbeit, von 1985–1998 in einer Führungsposition im Außendienst. Seit 1971 als Rechtsanwalt zugelassen und als solcher speziell auf dem Gebiet des Arbeitsrechts der betrieblichen Altersversorgung tätig. Seit 1985 Mitglied der Prüfungskommission des Instituts der versicherungsmathematischen Sachverständigen für Altersversorgung (IVS). Von 1998–1995 Leiter des Fachausschusses Arbeitsrecht der Arbeitsgemeinschaft für betriebliche Altersversorgung e.V. (aba), seit 1993 Vorstandsmitglied der aba.

Margret Kisters-Kölkes ist Rechtsanwältin und Steuerberaterin in Mülheim an der Ruhr. Sie war von 1981 bis 2001 bei einem namhaften Fachinstitut für betriebliche Altersversorgung tätig, davon viele Jahre als Leiterin der Rechts- und Steuerabteilung. Frau Kisters-Kölkes ist seit 1982 als Rechtsanwältin zugelassen und als solche speziell auf dem Gebiet des Arbeits- und Steuerrechts der betrieblichen Altersversorgung tätig. Sie ist bekannt als Referentin und als Autorin von Fachveröffentlichungen.

Dr. jur. Claus Berenz studierte Rechtswissenschaften in Köln. Von 1991 bis Mitte 1995 Tätigkeit als wissenschaftlicher Mitarbeiter in der Abteilung Soziale Sicherung der Bundesvereinigung der Deutschen Arbeitgeberverbände. Seitdem Tätigkeit beim Pensions-Sicherungs-Verein VVaG, dem gesetzlich bestimmten Träger der Insolvenzsicherung der betrieblichen Altersversorgung. Seit mehr als neun Jahren ist Dr. Berenz Prokurist und Leiter der Rechtsabteilung des PSVaG. Veröffentlichung von Fachpublikationen sowie Vorträgen zur betrieblichen Altersversorgung. Mitglied im Fachausschuss Arbeitsrecht der Arbeitsgemeinschaft für betriebliche Altersversorgung e.V.

Zu den Autoren

Dr. jur. Christoph Bode ist Rechtsanwalt mit folgenden Tätigkeitsschwerpunkten: Beratung und Betreuung von betrieblichen Versorgungseinrichtungen für privatrechtliche Unternehmen sowie von Versorgungsträgern für den öffentlichen Dienst und für berufsständische Vereinigungen, Entwicklung und Gestaltung von Versorgungssystemen, Sachverständigenberatung zur Gesetzgebung sowie Öffentlichkeitsarbeit, u.a. durch Veröffentlichung einschlägiger Fachliteratur und Vortragsveranstaltungen, im Bereich der betrieblichen Altersversorgung, Mitglied der Arbeitsgemeinschaft für betriebliche Altersversorgung e.V. Herr Dr. Bode bedankt sich an dieser Stelle bei Rechtsanwalt **Thomas Obenberger**, Leiter der Rechtsabteilung von BodeHewitt, München, für die wertvolle Unterstützung bei der Kommentierung der einzelnen Regelungen in diesem Werk.

Dr. jur. Karl-Peter Pühler ist Rechtsanwalt in Köln. Tätigkeitsschwerpunkt Privatisierung und Ausgliederung von Teilbereichen bei öffentlichen Unternehmen und kirchlichen Trägern, vor allem bei der Ablösung der Zusatzversorgung des öffentlichen Dienstes. Seit 2003 in Bürogemeinschaft mit Dr. Kurt Kemper.